我们的产品 >>>>>>>

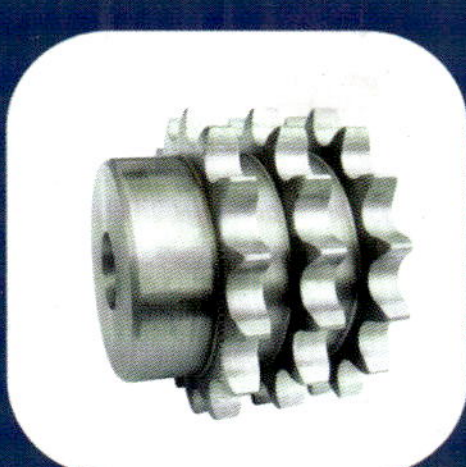

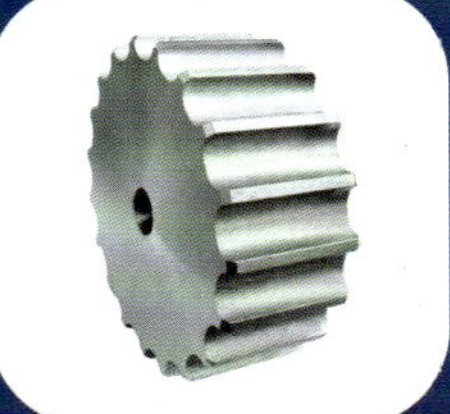

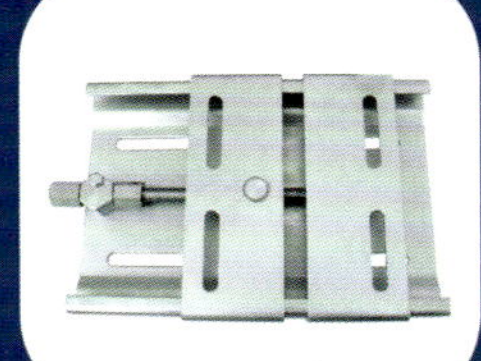

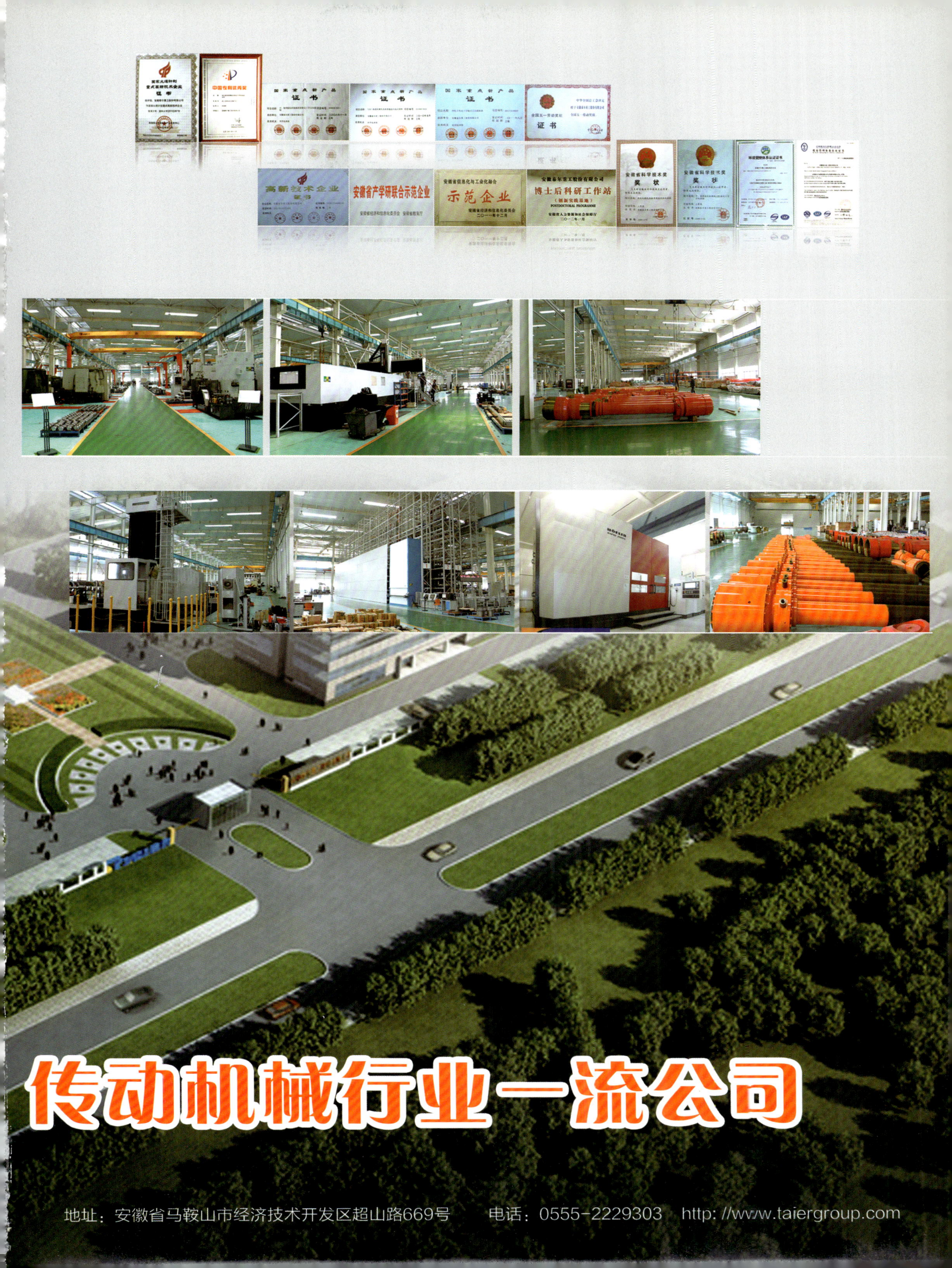

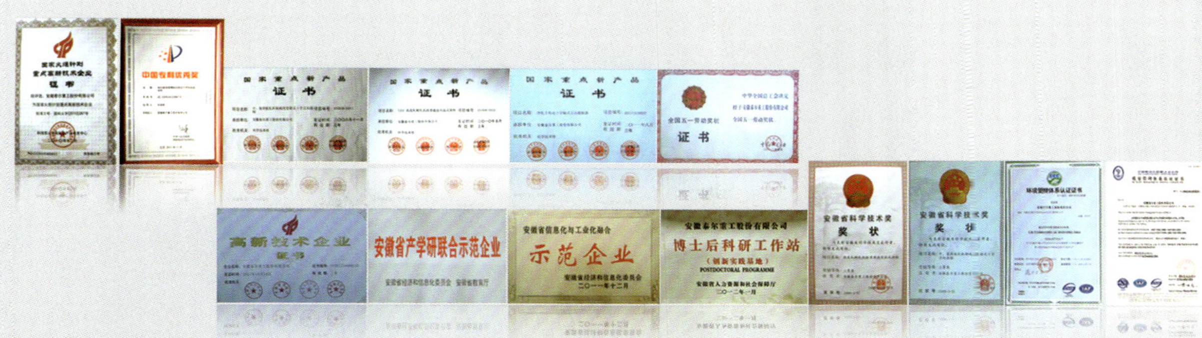
高新技术企业
安徽省产学研联合示范企业
示范企业
博士后科研工作站
安徽省科学技术奖

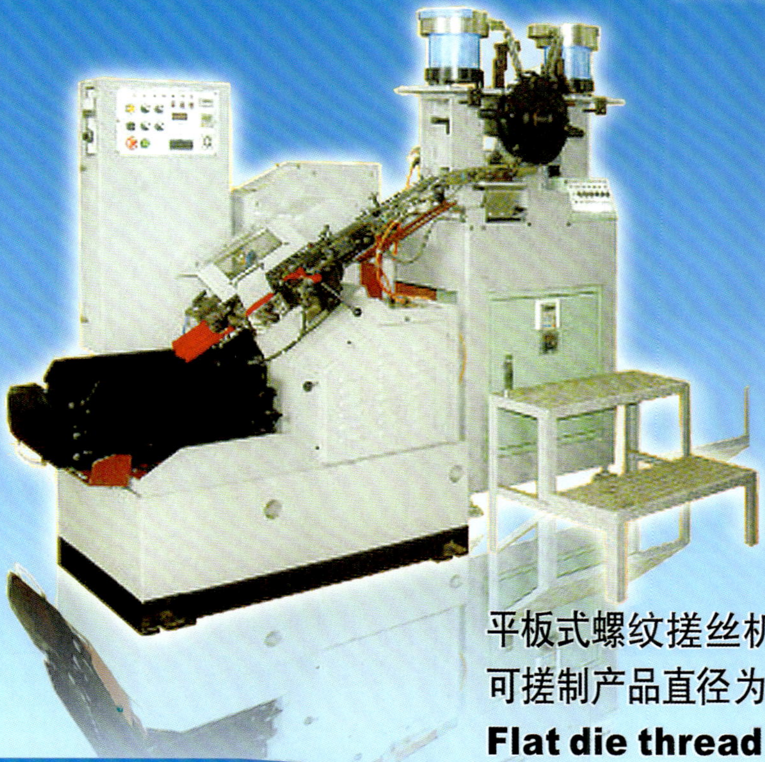

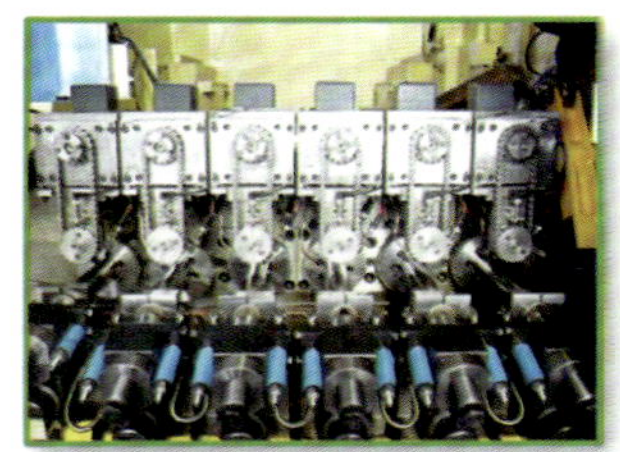

正侑機械

中国沙河机械通用零部件产业园区位于河北省沙河市市区南环路两侧，西到西环路，东至京珠高速公路，占地面积10km²。距京珠高速公路沙河出入口4km，距沙河市铁路货场2km，距邢钢有限公司15km，距邯郸机场35km，距天津港500km，距石家庄130km，距北京410km。整个园区占地面积1 000万m²，其中生产加工区面积533.4万m²，酸洗、镀锌表面处理区面积80万m²，市场交易区面积100万m²，仓储物流区面积53.3万m²，综合服务区面积33.3万m²。在总体布局上，市场交易及仓储物流居中，生产加工分列东西两厢，这样为所有的生产加工企业参与市场交易提供了便利。

中国沙河机械通用零部件产业园区，严格按照“高起点规划、高标准建设、打造产业精品”的宗旨，吸引、聚集国内的知名制造商，致力于搭建中外企业、经营客户及配套行业发展的平台。发展、壮大机械通用零部件加工业，形成一个集生产、加工、销售于一体的机械通用零部件产业园区。

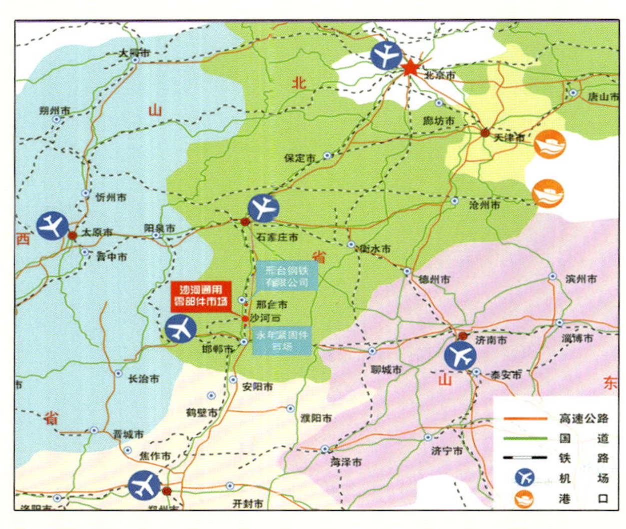

地理位置：位于河北省南部，地处晋、冀、鲁、豫接壤地带，北与邢台相邻，南与邯郸相望。

交通条件：京广铁路、107国道、京珠高速等公路干线纵贯市区；邯午铁路、南石公路横穿东西。

土地优势：尚有333.5万m²的沙荒地未被充分利用，城区范围内还有相当大的发展空间，地价较低。

能源优势：365天电力保障，北邻华北南部大型火力发电厂，市境内有7座小型发电厂，22万kV变电站两座。

优惠政策：对进驻园区的企业和经营户实行产业扶持，全程保驾护航，在占地、税收收费等各方面均给予优惠政策。

沙河市通用零部件产业园区规划图

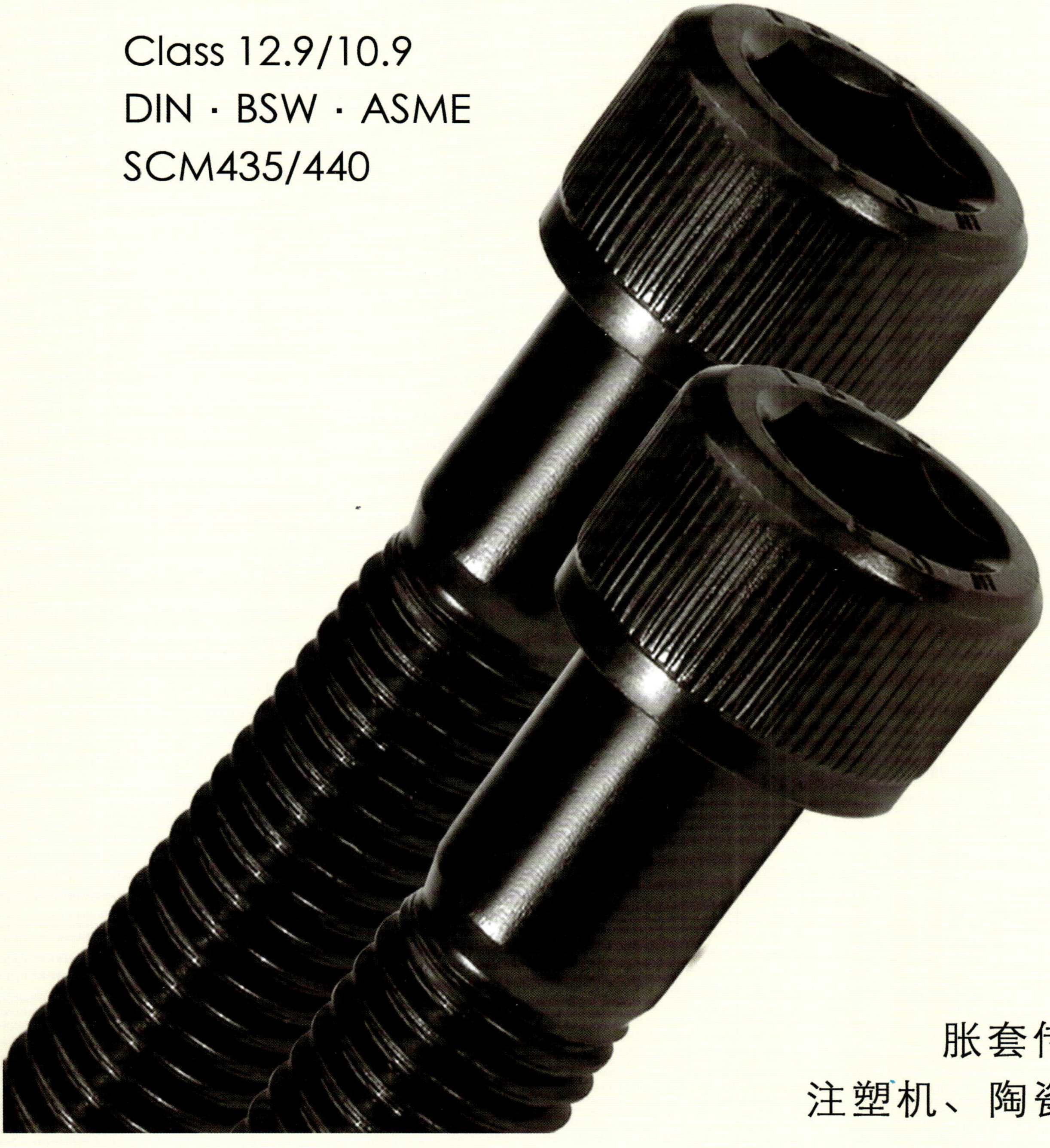

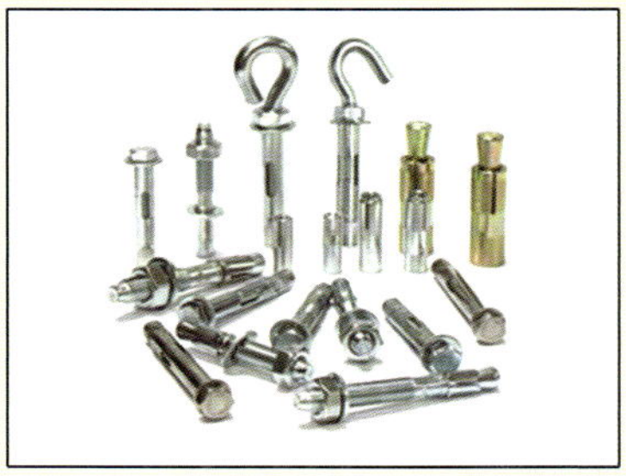

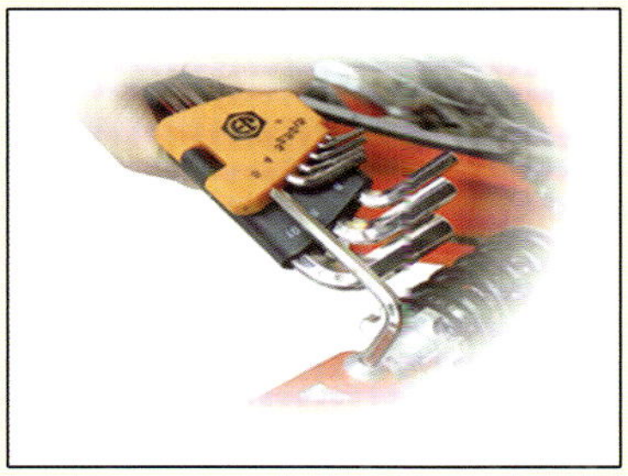

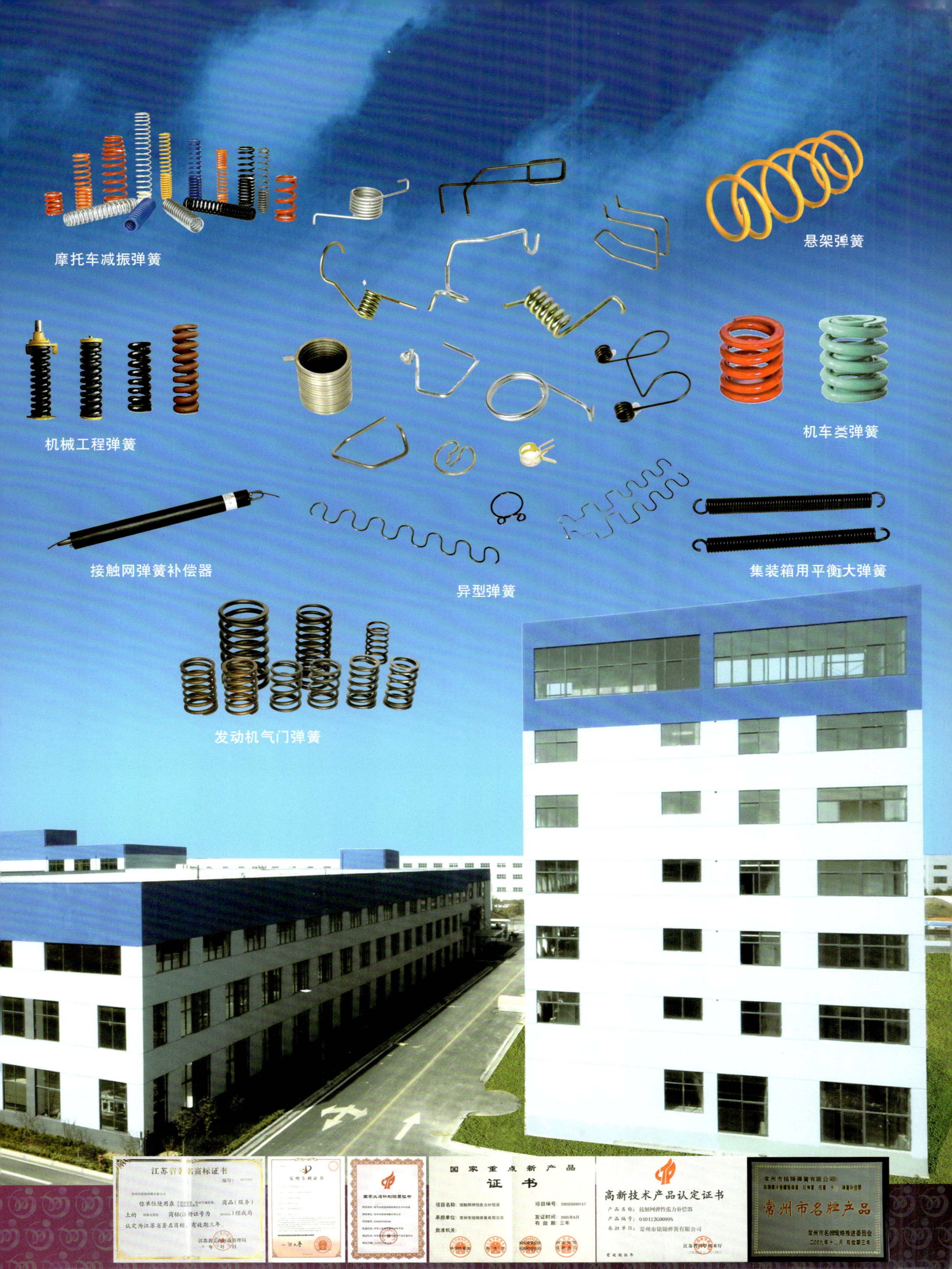

摩托车减振弹簧
悬架弹簧
机械工程弹簧
机车类弹簧
接触网弹簧补偿器
异型弹簧
集装箱用平衡大弹簧
发动机气门弹簧
国家重点新产品
证书
高新技术产品认定证书
常州市名牌产品

三A·A·双金
SANAI·SHUANGJIN
JIN YING
浙江三A弹簧有限公司
浙江双金稳定杆制造有限公司
江苏金鹰弹簧制造有限公司
Three A SPRING
稳定杆设备
弹簧设备
浙江三A弹簧有限公司是中国港台企业共同出资于1994年成立的股份制公司，中国大陆占股65%，中国港台占股35%，投资方向为专业制造汽车悬架螺旋弹簧，建有冷成形生产线2条，亦是国内悬架弹簧生产线建成较早的企业之一。公司立足于汽车工业，经过10年的拼搏发展，在2003年9月、2005年4月与上海三环弹簧有限公司等投资方合作组建重庆中海弹簧有限公司、浙江双金稳定杆制造有限公司。在2006年底经过精心考察评估后，在江苏宿迁独资建成江苏金鹰弹簧制造有限公司，公司占地面积67 367m²，注册资金3 000万元，于2008年11月开业投产。通过各投资方的强强联营，也为企业注入了强劲的活力，打开了巨大的发展空间。
公司现具有年生产500万只汽车悬架弹簧、100万根汽车稳定杆、1 000万件汽油机及柴油机气门弹簧和1 000万件其他品种弹性件的能力，年生产销售额已达到2亿元的规模。
公司占地面积20 000多m²，生产性建筑面积13 250m²，员工250人。公司拥有生产检测设备180台(套)，其中有部分为国内外先进装备，例如：W5200、PC5200、CNC65S3—5axis数控成形机等。
为了满足广大顾客不断提高的各种期望，公司在引进以上高新技术设施时，也引入了先进的管理体制，相继在2004年10月和12月通过了德国莱茵TÜV集团的ISO/T S 16949：2009国际汽车质量体系认证和中国方圆标志认证中心的ISO 14001国际环境体系认证。
"三A·双金"既命名于企业，同时也是企业的一贯宗旨。企业追求的是顾客满意，采用的途径是持续改进、减少变差与浪费，以此求得企业和各相关方的双赢。
浙江省三A弹簧有限公司
浙江双金稳定杆制造有限公司
地址：浙江省诸暨市草塔镇府洲路113号
电话：0575-87071568
传真：0575-87071577
http://www.3asprings.com
http://www.3aspring.com
E-mail:sales@3asprings.com
江苏金鹰弹簧制造有限公司
地址：江苏省宿迁市宿城经济开发区南一路
电话：0527-84696360
传真：0527-84696376
http://www.jsjyspring.com
E-mail：jsjyspring@163.com
Three A SPRING

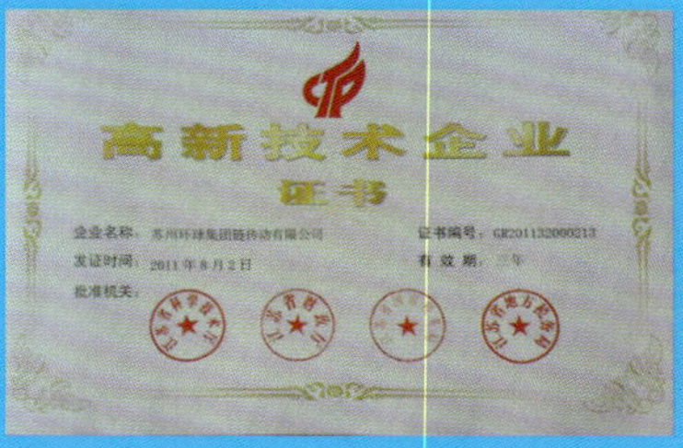

主要产品
MAIN PRODUCTS

地址：中国上海市蕰川路291号 邮编：201901 电话：0086-21-61736999
传真：0086-21-61736888 http:// www.chinaspring.com.cn

底盘件—悬架弹簧
CHASSIS- COIL SPRING

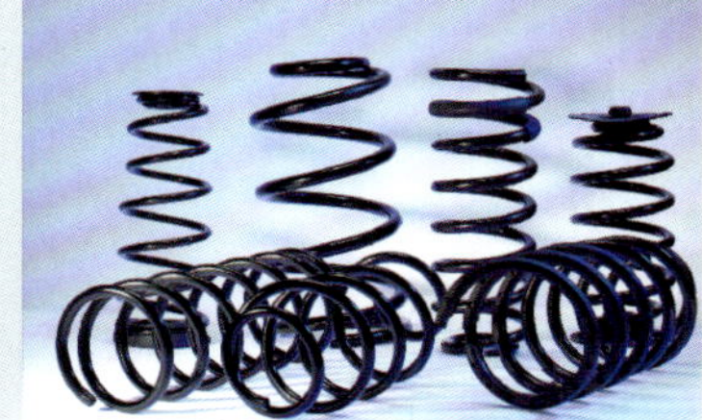

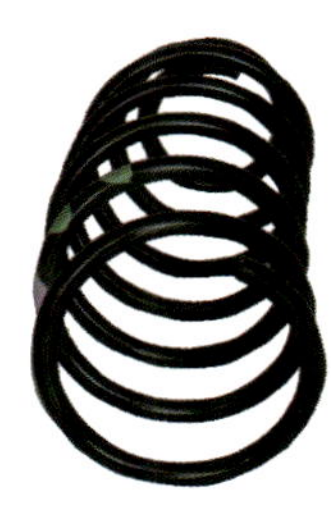

圆柱形 Cylindrical Spring	锥形 Conic Spring	腰鼓形 Barrel Spring	香蕉形 Banana Spring
偏心力型 Side Force Spring	恒刚度型 Unchanging RateSpring	组合刚度型 Multiple Rate Spring	渐变刚度型 Progressive、Rate Spring

发动机气门弹簧
ENGINE VALVE SPRING

D形钢丝弹簧 D-Profile Steel Spring	矩形钢丝弹簧 Rectangular Steel Spring	卵形钢丝弹簧 Oval Steel Spring	椭圆形钢丝弹簧 Elliptic Steel Spring	圆形钢丝弹簧 Circular Steel Spring	蜂窝形弹簧 Beehive Spring	圆锥形弹簧 Conical Spring

SAIC
上汽集团

上海中国弹簧制造有限公司（总部）

CHINA SPRING CO., LTD. HEADQUARTER

悬架弹簧/稳定杆

COIL SPRING/STAB-BAR

SHANGHAI

上海罗泾工厂

SHANGHAI LUOJING PLANT

气门弹簧/精密弹簧/异型弹簧/夹箍/杆件

VALVE SPRING/PRECISE SPRING/SHAPED SPRING/CLAMP/ROD

SHANGHAI

上海中炼

SHANGHAI NETUREN

钢丝线材

ITW

SHANGHAI

Address: 291 Wenchuan Rd, Shanghai China Post Code: 201901 Tel: 0086-21-61736999
Fax: 0086-21-61736888 URL: www.chinaspring.com.cn

底盘件 —稳定杆
CHASSIS – STAB-BAR

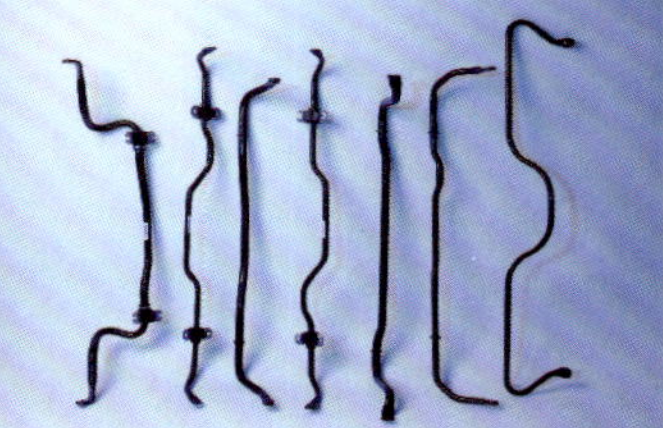

实心杆
Solid Bar

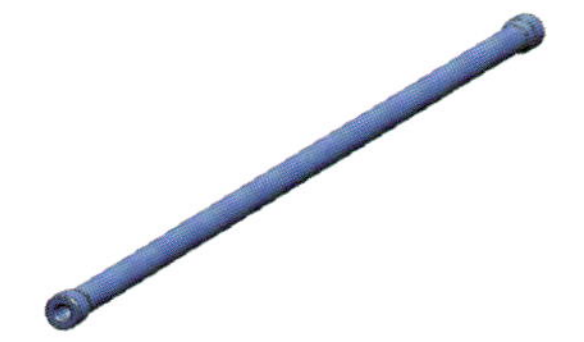

直杆
Straight Bar

空心杆
Hollow Bar

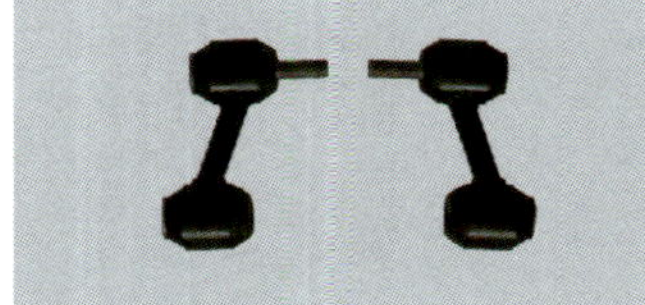

组装件
Assemblies

其他类-异型弹簧，扭杆，安全带弹簧，卡箍等
OTHERS-SHAPED SPRING, TORSION BAR, SEAT BELT SPRING, CLAMP ETC

中国机械工业年鉴系列

中国机械通用零部件工业年鉴

2012

中国机械工业年鉴编辑委员会
中国机械通用零部件工业协会 编

《中国机械通用零部件工业年鉴》2012 年刊设置综述、行业概况、企业概况、统计资料、质量与标准、大事记和附录等栏目，系统介绍了我国机械通用零部件行业的发展情况、产品技术与市场概况、行业与企业发展的轨迹和各项成就，全面系统地记载了我国机械通用零部件行业的总体运行情况与发展趋势。本年鉴采用分卷的形式，包括中国机械通用零部件工业总览、链传动行业卷、齿轮行业卷、弹簧行业卷、紧固件行业卷、粉末冶金行业卷和传动联结件行业卷。

《中国机械通用零部件工业年鉴》的主要发行对象为政府决策机构，机械通用零部件行业相关企业决策者，从事市场分析、企业规划的中高层管理人员。

图书在版编目（CIP）数据

中国机械通用零部件工业年鉴 . 2012/ 中国机械通用零部件工业协会，中国机械工业年鉴编辑委员会编 . —北京：机械工业出版社，2013.8

（中国机械工业年鉴系列）

ISBN 978-7-111-43456-6

Ⅰ . ①中… Ⅱ . ①中… ②中… Ⅲ . ①机械元件—机械工业—中国—2012—年鉴 Ⅳ . ① F426.4-54

中国版本图书馆 CIP 数据核字（2013）第 170078 号

机械工业出版社（北京市西城区百万庄大街 22 号　邮政编码 100037）

责任编辑：任智惠

北京宝昌彩色印刷有限公司印制

2013 年 8 月第 1 版第 1 次印刷

210mm×285mm•23.25 印张 •73 插页 •890 千字

定价：350.00 元

中国机械工业年鉴系列

作为『工业发展报告』

记录企业成长的每一阶段

中国机械工业年鉴

编辑委员会

中国机械通用零部件工业年鉴

化『零』为『整』

『鉴』证历史

中国机械通用零部件工业年鉴
执行编辑委员会

中国机械通用零部件工业年鉴

化「零」为「整」

「鉴」证历史

中国机械通用零部件工业年鉴
编辑出版工作人员

总　编　辑　郭　锐

主　　　编　李卫玲

副　主　编　刘世博　肖新军

执行主编　赵　敏

责任编辑　任智惠

市场编辑　张　波　董智利　江道芝　蒋　斌

地　　　址　北京市西城区百万庄大街22号（邮编100037）

编　辑　部　电话（010）88379830　传真（010）68997968

发　行　部　电话（010）68326643　传真（010）68326017

E-mail:cmiy@vip.163.com

http://www.cmiy.com　www.mepfair.com

中国机械通用零部件工业年鉴

展示行业精品

提升品牌形象

中国机械通用零部件工业年鉴
特约顾问单位特约顾问

(排名不分先后)

特约顾问单位	特约顾问
鹏驰五金制品有限公司	周启胜
晋亿实业股份有限公司	蔡永龙
深圳航空标准件有限公司	冯　春
东风汽车紧固件有限公司	雷鄂辉
浙江友信机械工业有限公司	朱启礼
上海春日机械工业有限公司	胡展飞
正侑机械（上海）有限公司	蔡正得
键财机械（上海）有限公司	陈清雄
浙江乍浦实业股份有限公司	吴其法
春雨（东莞）金属制品有限公司	吴孟宗
佛山市顺德区美格斯机械设备制造有限公司	老锡华
沙河市紧固件行业管理协会	张小更
河南省济源市虎岭产业集聚区	徐敬科
云南通海林海标准件有限公司	林海春
嘉兴国联精密机械有限公司	陈志宏
无锡务达五金制品有限公司	崔万和
湖南申亿五金标准件有限公司	王凯波
济南实达紧固件有限公司	黄　辉
东睦新材料集团股份有限公司	芦德宝
上海大隆链条厂有限公司	朱　鑫
安徽黄山恒久链传动有限公司	陈亦兵
杭州东华链条集团有限公司	宣碧华
苏州环球链传动有限公司	黄伟达
石家庄凯普特动力传输机械有限责任公司	杜　刚
浙江永美链条有限公司	吕响阳
江苏双菱链传动有限公司	王　明
浙江恒久机械集团有限公司	寿飞峰
浙江中益机械有限公司	王以南
上海中国弹簧制造有限公司	陈　麟
洛阳显恒数控机床有限公司	赵显恒
浙江省嵊州市金狮弹簧机械有限公司	李宏良
嵊州市人和弹簧机械有限公司	吴樟水
上海兴科机械设备有限公司	林炳辉
扬州核威碟形弹簧制造有限公司	俞明华
上海象虎精密机械有限公司	林贤德
浙江三A弹簧有限公司	金海宝
重庆弹簧厂	罗永江
济南精仪测控技术有限公司	于长坤
洛阳强奥机床有限公司	王建强
东莞永腾弹簧机械有限公司	叶育菱
杭州弹簧有限公司	李和平
常州市铭锦弹簧有限公司	马泽民
佛山名奥弹簧开发有限公司	陈国强
浙江万能弹簧机械有限公司	金苗兴
淳安千岛湖恒力精密弹簧有限公司	张林泉
大连弹簧有限公司	李本和
温州天和汽车部件有限公司	陈建成
杰牌控股集团有限公司	陈德木
安徽泰尔重工股份有限公司	邰正彪
贵州群建精密机械有限公司	母庚礼
无锡创明传动工程有限公司	陶燕频
江苏太平洋精锻科技股份有限公司	夏关汉
十堰市郧齿汽车零部件有限公司	姜盛堂
杭州前进齿轮箱集团有限公司	冯　光
嘉力宝控股集团有限公司	陈立新
山西大新传动技术有限公司	张新辉
山翁工业炉（嘉善）有限公司	洪进芳
山西金宇粉末冶金有限公司	刘和气

中国机械通用零部件工业年鉴

展示行业精品
提升品牌形象

中国机械通用零部件工业年鉴
特约顾问单位特约编辑

(排名不分先后)

特约顾问单位	特约编辑
鹏驰五金制品有限公司	魏　波
晋亿实业股份有限公司	涂志清
东风汽车紧固件有限公司	陈志明
浙江友信机械工业有限公司	丘博义
上海春日机械工业有限公司	张洪波
正侑机械（上海）有限公司	许龙智
键财机械（上海）有限公司	林坤生
浙江乍浦实业股份有限公司	张纪明
春雨（东莞）金属制品有限公司	王青松
佛山市顺德区美格斯机械设备制造有限公司	老嘉雯
云南通海林海标准件有限公司	海从铁
嘉兴国联精密机械有限公司	林明正
湖南申亿五金标准件有限公司	向　毅
济南实达紧固件有限公司	王玉华
东睦新材料集团股份有限公司	曹　阳
上海大隆链条厂有限公司	成道强
安徽黄山恒久链传动有限公司	程维国
杭州东华链条集团有限公司	李春妹
苏州环球链传动有限公司	张　操
石家庄凯普特动力传输机械有限责任公司	李　渊
浙江永美链条有限公司	吕　威
江苏双菱链传动有限公司	唐　瑛
浙江恒久机械集团有限公司	杨志伟
浙江中益机械有限公司	王鹏程
上海中国弹簧制造有限公司	潘　宏
浙江省嵊州市金狮弹簧机械有限公司	郑晓春
嵊州市人和弹簧机械有限公司	钱　斌
上海兴科机械设备有限公司	俞志琴
扬州核威碟形弹簧制造有限公司	徐一鸣
上海象虎精密机械有限公司	李　娜
浙江三A弹簧有限公司	金佰云
重庆弹簧厂	潘先玲
杭州弹簧有限公司	王　坚
常州市铭锦弹簧有限公司	张耀渊
佛山名奥弹簧开发有限公司	薛建华
浙江万能弹簧机械有限公司	董江涛
淳安千岛湖恒力精密弹簧有限公司	叶志龙
大连弹簧有限公司	李　超
温州天和汽车部件有限公司	陈　怡
杰牌控股集团有限公司	陆建江
安徽泰尔重工股份有限公司	夏清华
贵州群建精密机械有限公司	申曙光
无锡创明传动工程有限公司	陈永祥
江苏太平洋精锻科技股份有限公司	赵红军
十堰市郧齿汽车零部件有限公司	姜　飞
杭州前进齿轮箱集团有限公司	刘志华
嘉力宝控股集团有限公司	俞志海
山西大新传动技术有限公司	张英杰

领导关怀

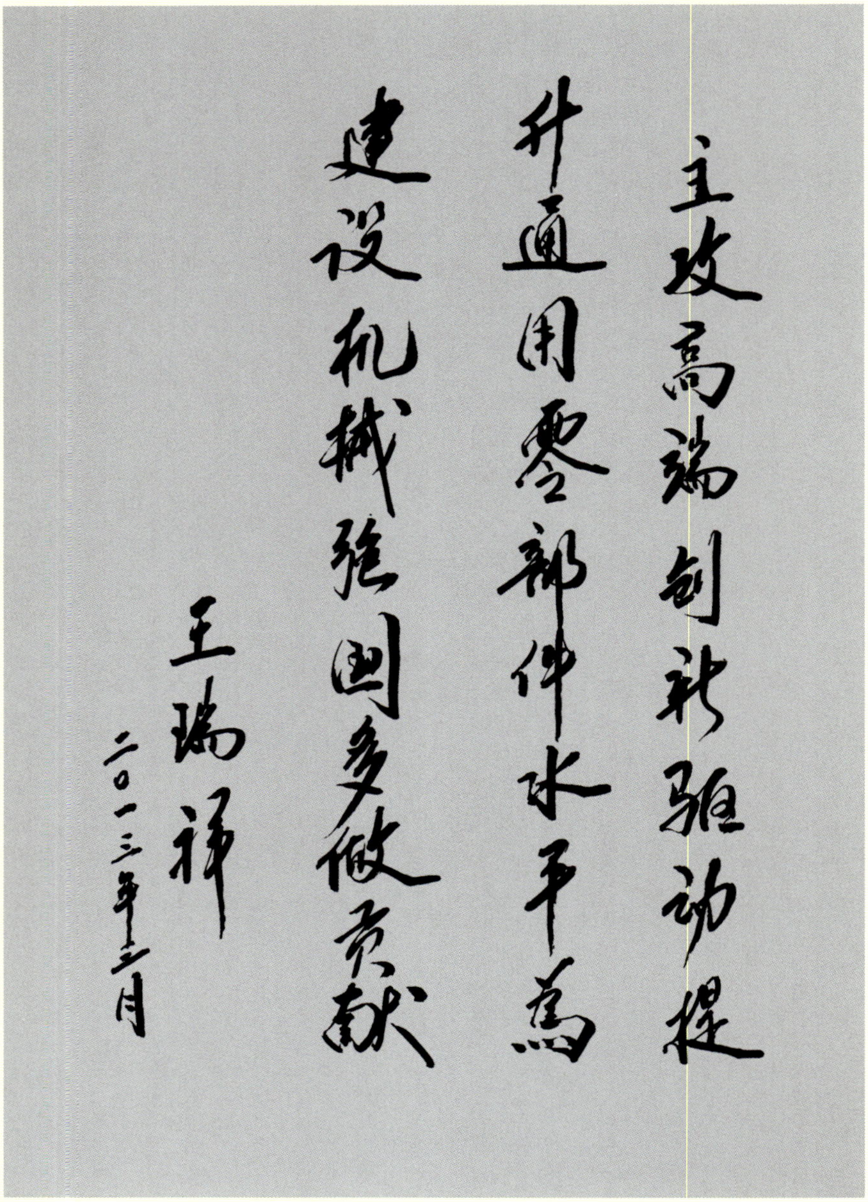

主攻高端创新驱动提升通用零部件水平为建设机械强国多做贡献

王瑞祥

二〇一三年二月

领导关怀

贯彻“布局合理、特色鲜明、集约高效、生态环保”的原则，不断优化、调整、发展机械通用零部件行业，为用户的效益、为市场的诚信、为企业的提升、为员工的福祉再做努力！

为《中国机械通用零部件工业年鉴》2012年刊出版

杨学桐

名优企业logo集锦

（LOGO排名不分先后）

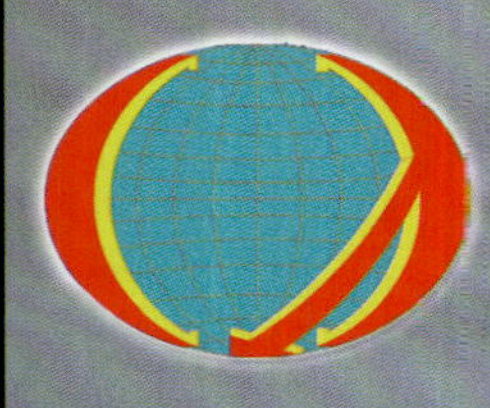

LJM.S

LION

JCM

Yeswin 友信

JERN YAO

XIANHENG
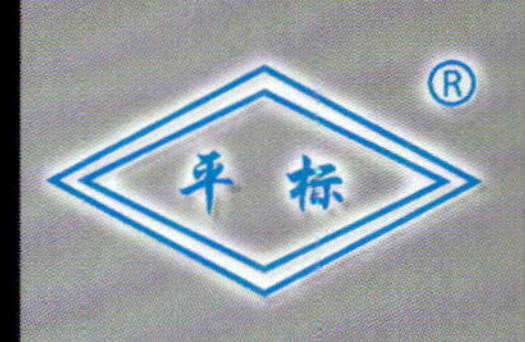
平 标

瓦標

MEIGS

虎岭产业集聚区
HULING INDUSTRY CLUSTER DISTRICT

HMGP

ADVANCE

JIE
ASIADRIVE

恒星
FIXED STAR

5S务实

NBTM

CASIC

TIANHE

CAPT POWER TRANSMISSION

SY

申亿
SHENYI

前　言

《中国机械通用零部件工业年鉴》2012 年刊顺利出版了！

2012 年是我国机械工业面临严峻挑战的一年，也是机械通用零部件行业加快结构调整，推进产业升级，着手落实“三基”规划的一年。通用基础件行业包括零部件、轴承及液气密等分行业，2012 年的总产值达到了 15 588 亿元，其中机械通用零部件全行业总产值为 3 232 亿元，增长幅度是近几年来最低的一年，只有 6.4%。

我国机械通用零部件行业发展呈现以下特点：

（1）2012 年比 2011 年虽有增长，但增幅大幅下降了 12%。

（2）行业结构调整步伐有所加快，高端产品所占的比例由 6% 上升为 12%。

（3）机械通用零部件行业为重点领域配套的能力有所增强，在汽车、航天、航空、核电及大型船舶等领域中发展了一些高端产品及其技术装备，并开始承担国家重大专项任务。

（4）行业的产业集聚进一步加强，但仍主要集中在华东等地区；行业规模有所增加，技术水平有所提升，但总的来讲，中低端产品所占的比例仍过大，处于产业链低端的产品仍占主导地位。

2012 年，面对严峻的形势，通用零部件行业积极开拓市场，扩展出口渠道，走集成、成套、品牌推进、自主创新、合作开发、与主机配套联手及产学研用结合的道路，取得了一定成效。

《中国机械通用零部件工业年鉴》2012 年刊如实记述了近年来我国机械通用零部件行业的发展历程，全面反映了行业发展的新成绩，系统介绍了链传动行业、齿轮行业、弹簧行业、紧固件行业、粉末冶金行业及传动联结件行业六个分行业的新亮点，客观展现了行业骨干企业的新面貌，真实记录了全行业发生的大事和要事，并采用了一组组数据、一张张表格，直观地反映了行业经济发展的新变化和新成效。同时，《中国机械通用零部件工业年鉴》2012 年刊还实事求是分析了当前行业经济发展存在的矛盾和问题，展望了我国通用零部件行业的发展形势，提出了具有较强针对性的建议。它的出版，不仅为业内企业总结经验、推动工作提供了有益的借鉴，而且为广大读者全面了解我国通用零部件行业的发展情况、进一步加强合作交流提供了全面和有价值的资料，也为政府部门关注和指导通用零部件行业的科学发展，提供了重要信息和参考依据。

2013 年，对于我国机械通用零部件行业既是充满挑战的一年，也是充满希望的一年。让我们站在新的历史起点上，以党的十八大精神为指引，积极实施创新发展战略，为实现零部件行业从大到强的转变而拼搏！

中国机械通用零部件工业协会理事长：

2013 年 6 月

广告索引

展示行业精品
提升品牌形象

广告索引

展示行业精品
提升品牌形象

序号　　单位名称　　页码

目　录

I　中国机械通用零部件工业总览

综　述

统计资料

企业概况

大事记

附　录

Ⅱ　链传动行业卷

综　述

行业概况

统计资料

质量与标准

大　事　记

附　　录

Ⅲ　齿轮行业卷

综　　述

行 业 概 况

统 计 资 料

质量与标准

企 业 概 况

大　事　记

Ⅳ　弹簧行业卷

综　　述

行 业 概 况

质量与标准

大　事　记

附　　录

Ⅴ　紧固件行业卷

综　　述

行 业 概 况

质量与标准

大　事　记

Ⅵ 粉末冶金行业卷

综 述

行 业 概 况

统 计 资 料

质量与标准

企 业 概 况

大 事 记

附 录

Ⅶ 传动联结件行业卷

综 述

行 业 概 况

质量与标准

企 业 概 况

大 事 记

附 录

Contents

Ⅰ A Guide to China General Machine Components Industry

Overview

Statistical data

A survey of enterprises

Chronicle of events

Appendices

Ⅱ Chain Transmission Industry

Overview

Overview of the industry

Statistical data

Quality and standard

Chronicle of events

Appendices

Ⅲ Gear Industry

Overview

Overview of the industry

Statistical data

Quality and standard

A survey of enterprises

Chronicle of events

Ⅳ Spring Industry

Overview

Overview of the industry

Quality and standard

Chronicle of events

Appendices

Ⅴ Fastener industry

Overview

Overview of the industry

Quality and standard

Chronicle of events

Ⅵ Powder Metallurgy Industry

Overview

Overview of the industry

Statistical data

Quality and standard

A survey of enterprises

Chronicle of events

Appendices

Ⅶ Transmission Coupling Industry

Overview

Overview of the industry

Quality and standard

A survey of enterprises

Chronicle of events

Appendices

深圳航标成立30周年

体系认证>>>

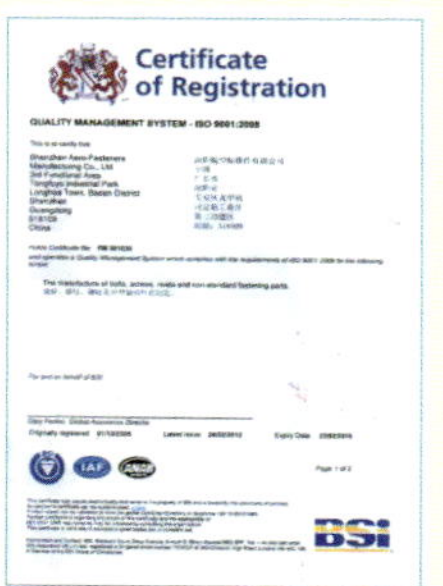

ISO9001
1996

ISO14001
2005

TS16949
2006

发展历程>>>

1982 中国航空技术进出口深圳公司、庆安集团有限公司和香港螺丝钉厂有限公司合资成立深圳航空标准件厂

1985 日商岩井株式会社加盟，中国、中国香港、日本合资成立深圳航空标准件有限公司

1991 中国率先制造压缩机高强度螺栓企业，替代进口产品

1996 中国紧固件制造行业率先取得ISO9002:1994质量体系认证

1997 公司与日本大阪螺子制作所签订技术援助协议

质量稳定 诚信为本 服务一流

公司简介>>>

深圳航空标准件有限公司（简称SHBC）成立于1982年，是中航国际控股股份有限公司(股份代号：0161. HK)全资子公司，隶属于中国航空工业集团，是一家从事生产销售标准及非标准紧固件的企业。公司从日本、中国台湾引进了世界先进的冷镦机、搓丝机、全自动网带式连续可控气氛热处理生产线、久美特高耐蚀表面处理线、全自动环保电镀线等生产设备以及扭拉试验机及化学成分分析仪等先进检验设备，主要生产汽车、摩托车、空调/冰箱压缩机、OA/IT、机械设备、通信、家电等行业的高强度螺栓、精密螺丝、螺母、垫片及其他精密异型产品。公司客户遍布中国国内及美洲、欧洲、东南亚等区域的诸多国家。目前下辖四个子公司——卓越紧固系统（上海）有限公司、惠州卓越紧固系统有限公司、湖南中航紧固系统有限公司、衡阳中航电镀中心有限公司。

2003
获得「深圳市中小企业100强」与「深圳市先进技术企业」称号

2008
通过「深圳市高新技术企业」认定

2010
成为中国航空技术深圳有限公司旗下全资子公司

2011
成为中航国际控股股份有限公司(股份代号：0161. HK)旗下全资子公司；
收购卓越紧固系统（上海）有限公司100%股权；
成立惠州卓越紧固系统有限公司

2012
成立湖南中航紧固系统有限公司；
成立衡阳中航电镀中心有限公司；
深圳龙华工厂依次通过广东省、深圳市清洁生产企业的认证

深圳航标成立30周年

主要生产设备>>>

公司始终以“技术领先”为核心战略，不断加大各项研发投入，并取得诸多研发成果。目前已实现利用冷镦工艺替代或部分替代机械切削加工工艺，并在新镀种工艺研发方面取得突破，钛合金、高低温合金制造技术也已进入研发阶段。

公司目前已获得“花键轴冷镦制造方法”“燕尾槽螺钉的冷镦模具”等6项技术专利，另有2项专利申请已进入公示环节。

科技成果及产品展示>>>

高强度螺栓>>>

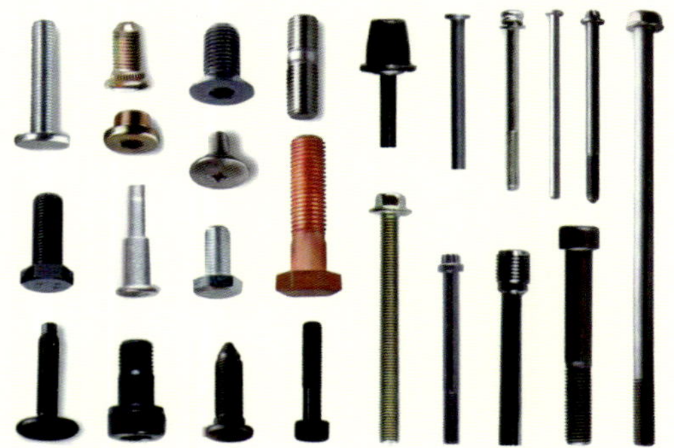

精密螺丝>>>

螺母>>>

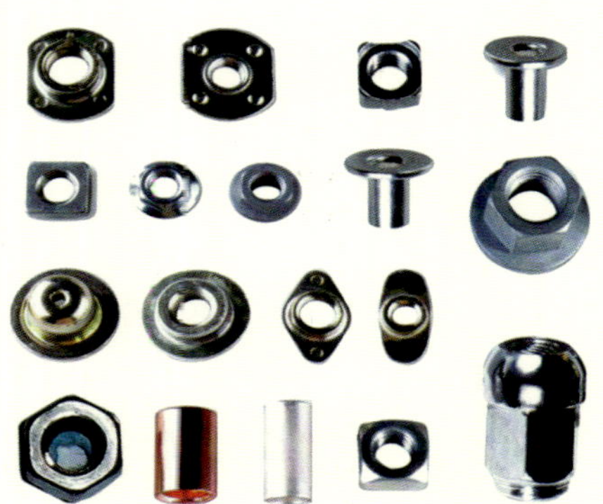

异形件>>>

质量稳定 诚信为本 服务一流

历史回眸

广东省
清洁生产企业
广东省经济和信息化委员会 广东省科学技术厅
二〇一二年四月

2012-广东省清洁生产企业

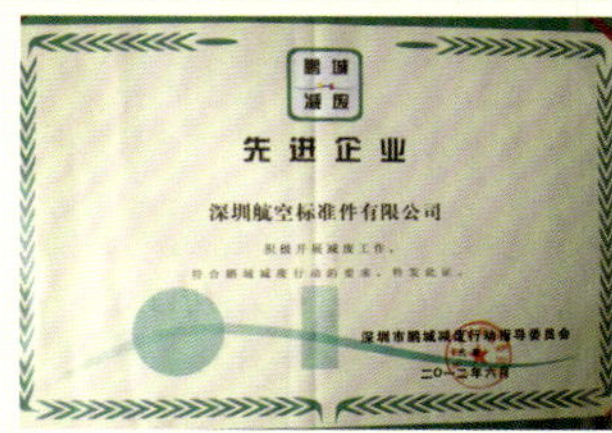

2012-鹏程减废先进企业-深圳市鹏城减废行动指导委员会

2008-深圳市高新技术企业

2013-广东省全国名牌-广东省工业合作协会

2013-中国汽车零部件行业十大年度民族企业-中国汽车行业臻选活动组委会

2009-品质优秀供应商-美的

2010-战略供应商-华意加西贝拉

2007-优秀供应商-松下万宝

2007-A级供应商-北京佩特来

2011-协作奖-三菱电机

2012-产品开发合作奖-广汽

2012-质量表彰奖-三菱电机

2012-感谢状-瑞制精密

2009-优秀品质奖-大金机电

2010-战略合作伙伴-恩布拉科

2010-质量奖-广州万宝

2011-零部件开发贡献奖-广汽获原

2011-优秀供应商-恩布拉科

深圳航标成立30周年

主要客户>>>

制冷行业>>>

TOSHIBA HITACHI

西安庆安制冷设备股份有限公司
XI'AN QINGAN REFRIGERATION EQUIPMENT CO.,LTD.

Panasonic embraco

ZANUSSI GREE格力

TCL SANYO SAMSUNG DAIKIN 大金空调

Galanz 格兰仕 GMCC美芝 三菱电机

Tecumseh HIGHLY 海立

Wanbao万宝 SECOP

机动车行业>>>

电子行业>>>

贸易伙伴>>>

贸易伙伴|貿易パートナー|Trading Partner

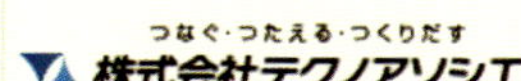

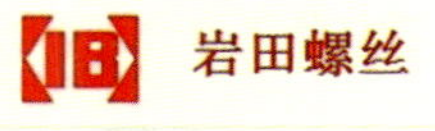

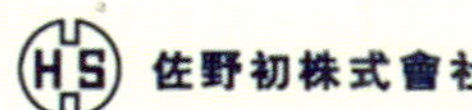

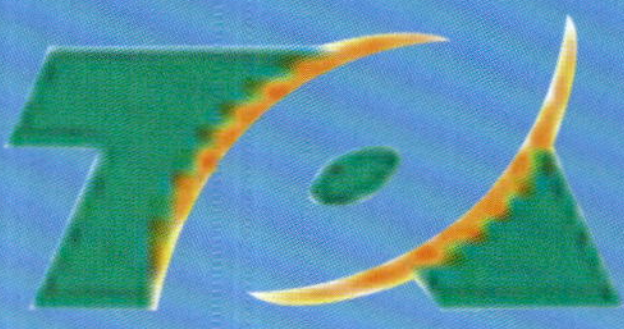

无锡创明传动工程有限公司

XUXI TRUMY TRANSMISSION ENGINEERING CO.,LTD.

无锡创明传动工程有限公司由原中国航空工业第六一四研究所传动工程公司于2001年5月改制而成，专业从事挠性联轴器的研发、生产、销售和服务。主要产品有：叠片联轴器、膜盘联轴器、蛇簧联轴器、风电联轴器及刚性联轴器等。其中叠片、膜盘联轴器于1990年获航空部门科技进步奖二等奖，1999年被认定为江苏省高新技术产品。

创明传动在传承六一四研究所专有技术的基础上进一步发展了对金属挠性联轴器的应用研究，拥有完整的设计计算方法和专业验证手段，在相关领域积累了丰富的设计和使用经验，可以为

地址：江苏省无锡新区华友二路8号　　邮编：214142　电话：0510-85701227　85709703

各种可能的工业应用提供挠性传动解决方案，现已成为国内外几乎所有知名流程动力设备厂家优先选择的合作伙伴。

公司于2003年通过了ISO9001质量体系认证，2005年通过了GJB9001质量体系认证。自2003年起，公司连续多年被认定为江苏省高新技术企业。30年来，公司及其前身与国内外众多知名的流体动力设备厂家建立了长期配套的合作关系，已经为各行业提供20多万套各类高品质的联轴器产品。

China
General Machine Components Industry Yearbook

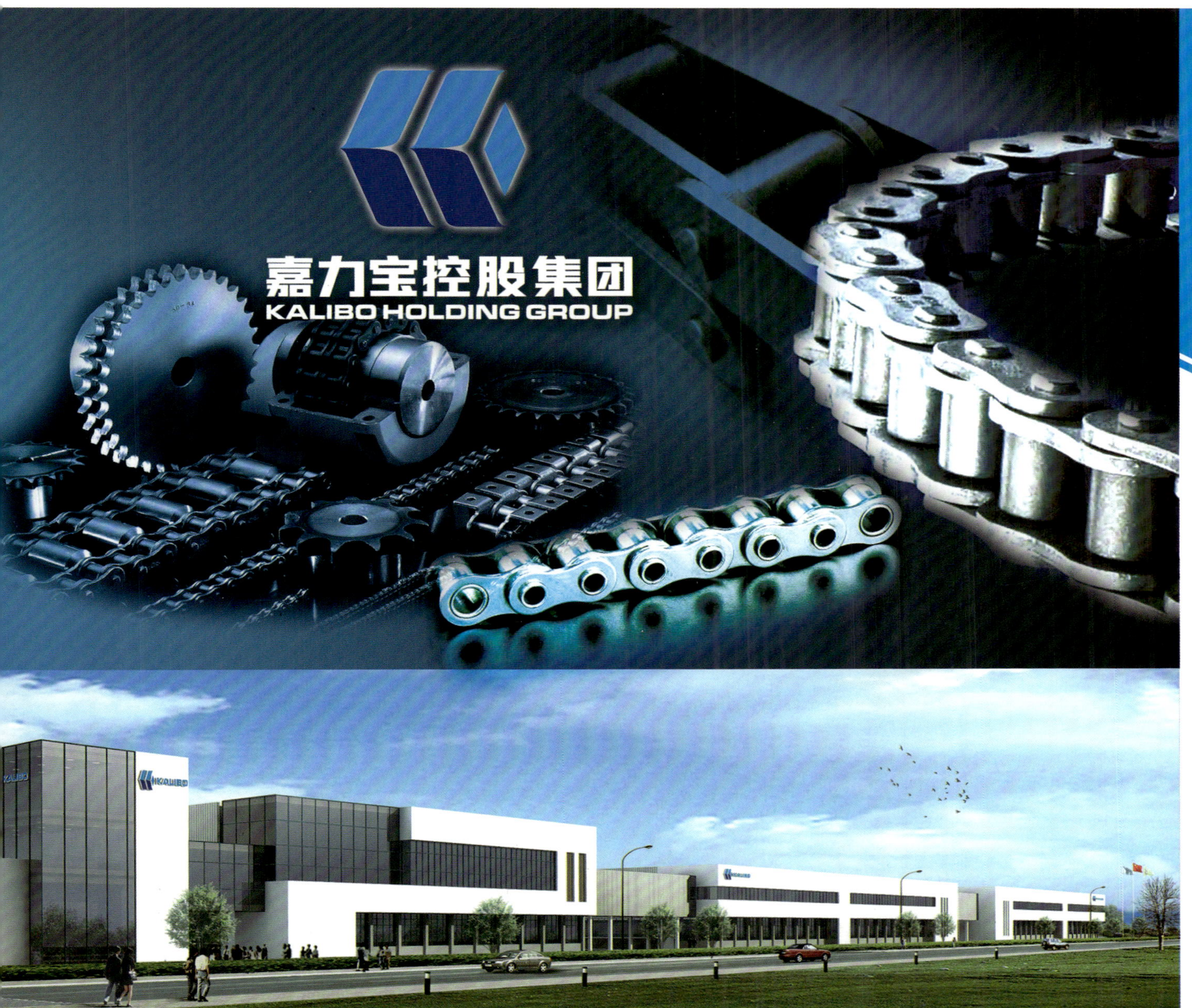
嘉力宝控股集团
KALIBO HOLDING GROUP

主要业绩：

1. 2008 年奥运会开幕式，舞台用地球升降链条就是本公司生产的大规格链条产品（LH3288，40A-2）。
2. 宝钢炼铁厂冷却系统大回环传动大规格链条 40B-3（节距 *P*63.5）。
3. 湖北 ** 冶金成套公司生产的钢板连轧系统使用的 32A-2、32A-3、40A-2、40A-3、40A-4 大规格链条。
4. 中铁 ** 局杭长高铁建设工程，900 t 高铁架梁机传输链条 48B-1（节距 *P*76.2）。
5. 齐齐哈尔 ** 机床厂生产的长度为 40m、高度为 12m 的数控重型龙门移动立式铣车床配套的重型高强度板式链条 LH4088F（节距 *P*63.5）。
6. 上海台资 ** 铝业、重庆 ** 铝业、江西 ** 铝业生产线使用的铝锭输送用 P152.4 外双侧 K1 链条。
7. 南京熊猫电子生产流水线使用的 P100 钢制倍速链条。
8. 常年大量出口欧洲流水线用 P50.8 输送链条。
9. 常年大量出口俄罗斯农机行业的 P38 联合收割机链条。

10、** 钢厂的宽厚板车间 P250 大规格钢板输送链条。

浙江永美链条有限公司
浙江永康桥下工业园区红梅路 88 号
电话：0579-87477083，87478998
传真：0579-87476005
http://www.ykchain.com

浙江巴斯曼机械有限公司
浙江省金华经济技术开发区南二环西路 2768 号
电话：0579-89119537
传真：0579-89119251
http://www.chainbsm.com

中国 恒久
浙江恒久机械集团公司是目前国内大型的链条制造企业，旗下有“恒久”“黄山”“双力”“凯旋者”四大品牌。“恒久”及“黄山”商标是国家工商部门认定的“中国驰名商标”，被评定和续评为浙江省名牌产品。公司有多项技术和产品被评定为国家高新技术和行业新产品特等奖。2012 年公司荣获国家发明专利 2 项，实用新型专利 5 项。公司通过了 ISO9001:2008、ISO14001:2004 和美国石油协会 API 认证。“恒久链条”符合 ISO、ANSI、DIN、BS 标准，集团内生产则按照更高的内控标准。集团现有五大制造基地，按标准链、非标异型链、中大节距规格和中小节距规格的专业区分进行生产，链条品类和规格达万余种，目前国内外链传动领域应用的链条都可如数生产供应。并以 60 年的专业生产经验和雄厚的技术研发能力，随时可据客户需求研制新产品。公司产品广泛应用于工程机械、农业机械、建筑机械、矿山机械、军工装备、油田机械、水泥机械、烟草机械、木材加工机械、啤酒饮料制造机械、棕榈油机械、制糖机械、汽车制造机械、叉车及立体车库等领域的链传动。恒久本着“使用户工作效率更优更大化”的原则，竭力为客户提供链传动方面优秀的解决方案。
恒久链条
电话：0575-87212388
传真：0575-87214388
http://www.hengjiu-pt.cn
E-mail：info@hengjiu-pt.com
地址：浙江省诸暨市迎宾路 8 号
邮编：311800

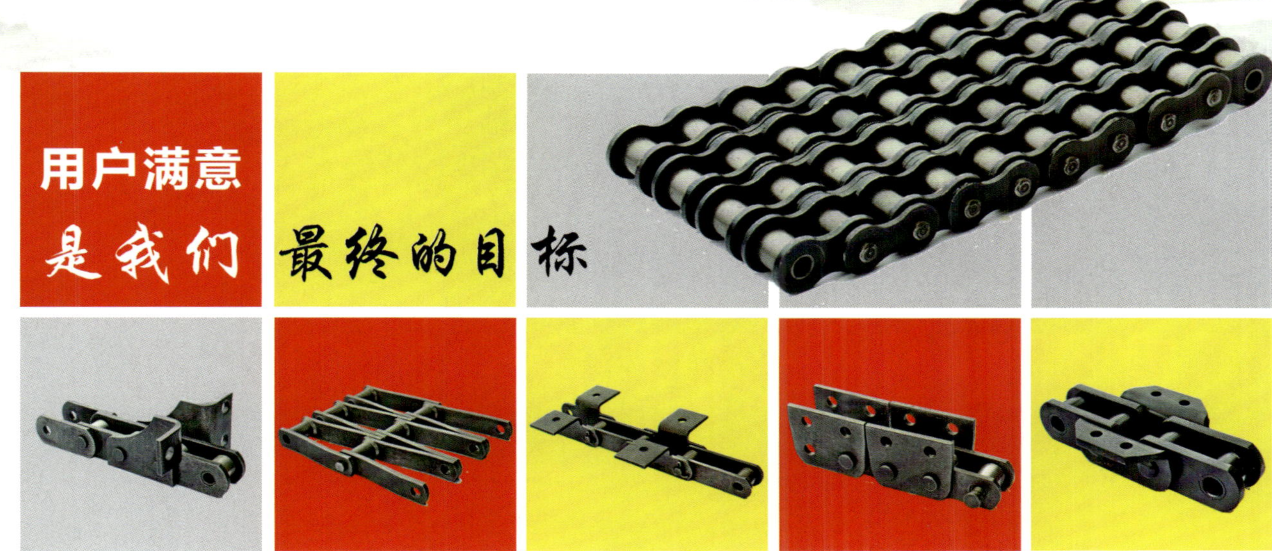

江苏双菱链传动有限公司前身为武进链条厂（始建于1952年6月，转产于1971年3月，改制于2000年4月），位于江苏省常州市西郊，近临常州机场、京沪（沪宁）铁路、京沪（沪宁）高速公路、312国道和京杭大运河，紧靠239省道，可谓水、陆、空交通便捷。现系国内大型的非标和异型输送链专业生产企业、中大规格链条出口基地和享有进出口经营权的中型企业，是中国国际贸促会、中国国际商会、中国机械通用零部件工业协会、中国名牌事业促进会、中国质量检验协会和全国链传动标准化技术委员会成员单位。

公司现有职工300多人，占地面积8.67万㎡（130亩）。拥有主要设备近千台（套）。主要产品有传动链、输送链、牵引链、专用链4大系列3 000余种规格。公司始终信奉“用户满意是我们最终的目标”，以科技创新为先导，以名、优、特产品为经营理念，凭借雄厚的技术力量、精良的加工设备和齐全的检测手段，长期形成了高品位、多品种、大批量的生产经营规模。

双菱牌链条在历次全国监督抽查中质量上乘、名列前茅。受到国家技术监督部门通报表扬，并列入《中国质量报》“质量龙虎榜”；《中国机械工业年鉴》（1995年刊）称：“在全国链条行业中，工厂规模和外贸出口额名列第二，中大规格链条生产能力名列前茅”；产品荣获第四届中国专利技术博览会和96中国专利及新产品博览会两项金奖，拥有两项国家专利，获2001、2004链条行业优秀新产品奖；蝉联1996—2008年“江苏名牌产品”、1998—2013年“江苏省著名商标”称号；相继获得“采用国际标准产品标志证书”“ISO9000质量保证体系认证证书”“ISO14001环境管理体系认证证书”“API石油链认证证书”“计量保证确认证书”“全国质量稳定合格产品证书”“国家权威机构认证质量信得过好产品”“全国产品质量、售后服务信誉双保障企业”“国家质量检测合格产品”“中国机械500强—链条10强”“中国市场公认畅销品牌”、中国制造年会全国优秀企业、全国质量服务信誉AAA级示范单位、全国质量管理优秀单位、江苏省质量管理优秀企业、常州市质量管理奖、江苏省企业信用（合同）AAA等级证书和国家机械工业科技进步奖二等奖。美国太平洋工业公司总裁曾专程送来“产品质量杰出、优良供货单位”的金匾。

公司十分珍惜近20年来形成的优势——中大规格为主、非标和异型输送链为特色，以一流的品牌和优良的服务赢得了市场，产品遍及国内30个省、市、自治区，并出口到28个国家（地区），市场占有率和覆盖面位居行业前茅。企业持续30多年产销两旺、长盛不衰。

地址(Add)：江苏省武进区湟里镇工业园区25号　邮编(P.C)：213151
电话：0519-8334561　68866671　传真：0519-83341127　83341270
http://www.jsslchain.com　E-mail:jssl@jsslchain.com

杭州萧山万隆机械有限公司创建于 1985 年，是国内集生产链条专机设备和链条产品为一体化的专业工厂，主要链条产品有石油钻井机链、汽车发动机时轨链、农业机械链条以及各种工业用标准滚子链、输送链和特种异型链。产品远销欧美、俄罗斯、中东以及东南亚各国家和地区，同时也为国内各大油田的钻井机配套，深受广大用户的欢迎。

公司是中国机械通用零部件工业协会链条分会会员单位，全国链传动标准化技术委员会会员单位，也是中石油、中石化供应商入网单位。

公司拥有先进的制造设备和检测手段，产品已通过 ISO9001:2008 质量体系认证和美国 API 石油认证。公司具有按用户要求自行设计和制造生产各种链条产品的能力。

本公司长期以来奉行“产品质量第一，价格服务优先”为宗旨，坚持以“规范自我、诚信于人”的理念为己任。欢迎国内外新老客户前来我公司考察指导，洽谈业务，共获双赢！

杭州萧山万隆机械有限公司

Hangzhou Xiaoshan Wanlong Machine Co.,Ltd.

地址：杭州市萧山区进化镇傅家工业区　　电话：+86-571-82451518　82451056（销售部）

传真：+86-571-82452779　　http://www.wlchain.com

E-mail:hzxswanlogn@163.com、kgbfzn@hotmail.com

卧式伸线机
Horizontal Type Wire Drawing Machine

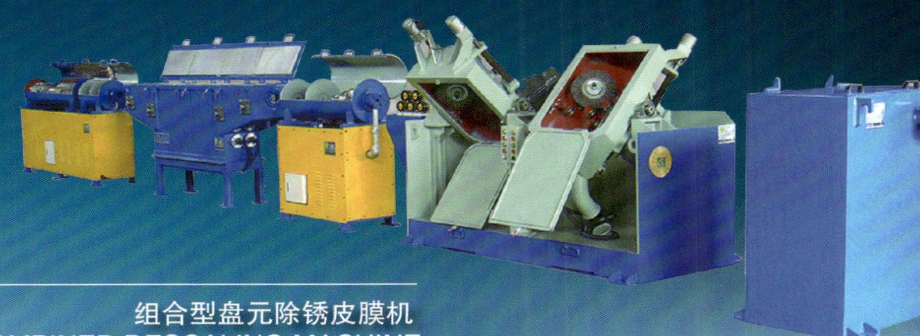

组合型盘元除锈皮膜机
COMBINED DESCALING MACHINE

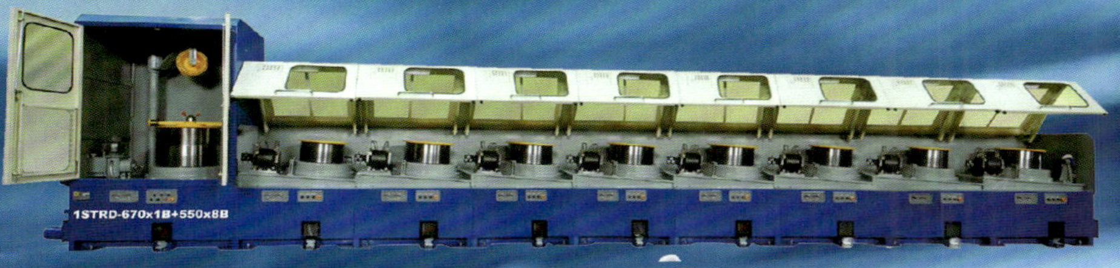

直抽式连续辊轮伸线机（无张力系列）
Straighe Line Type Wire Drawing Machine — No Dancer Arm System (Roller Cassette)

嘉兴国联精密机械有限公司　　GWO LIAN (JIAXING CITY) MACHINERY INDUSTRY CO., LTD.
中国工厂
浙江省嘉善县惠明街道成功路73号
电话（TEL）：0573-84182518　　传真（FAX）：0573-84182519
http://www.gwolian-china.com　　E-mail:sales_china.dept@gwolian.com
CHINA OFFICE:73,CHENGGONG RD.HUI MING STREET, JIASHAN COUNTY,ZHEJIANG PROVINCE.

三永电热

瓦斯处理炉

SY－838 箱式球化退火炉
CHAMBER TYPE SPHEROIDIZING ANNEALING FURNACE

SY－805 连续式光辉渗碳（调质）淬火炉（电气加热，煤气加热）
CONTINUOUS BRIGHT CARBURIZING(TEMPERING) QUENCHING FURNACE(ELECTRIC HEATING TYPE)(GAS BURNER HEATING TYPE)

SY－844 坩埚式铝合金T4热处理炉
CRUCIBLE ALUMINUM ALLOY T4 HEAT TREATMENT FURNACE

SY－840 台车式铝合金T4热处理炉
CAR-TYPE ALUMINUM ALLOY T4 HEAT TREATMENT FURNACE

SY－837 钟罩式退火（球化）炉
BELL TYPE ANNEALING (SPHEROIDIZING) FURNACE

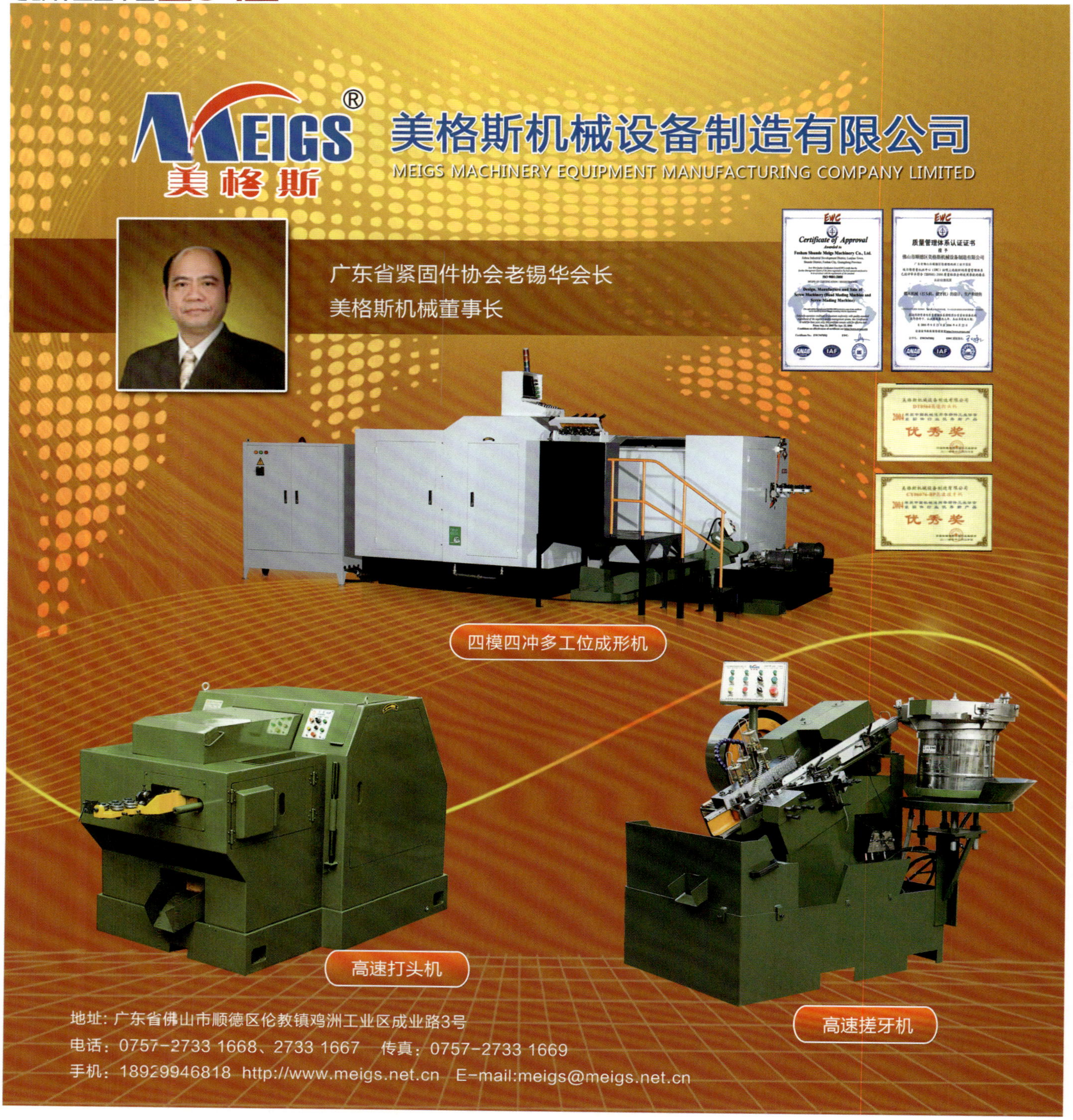

MEIGS®
美格斯

美格斯机械设备制造有限公司

MEIGS MACHINERY EQUIPMENT MANUFACTURING COMPANY LIMITED

广东省紧固件协会老锡华会长
美格斯机械董事长

四模四冲多工位成形机

高速打头机

高速搓牙机

地址：广东省佛山市顺德区伦教镇鸡洲工业区成业路3号
电话：0757-2733 1668、2733 1667　传真：0757-2733 1669
手机：18929946818　http://www.meigs.net.cn　E-mail:meigs@meigs.net.cn

美格斯机械设备制造有限公司是广东省紧固件行业协会会长单位，是一家专业研发和生产紧固件机械的企业，“以顾客为本，技术创新”是企业的宗旨。公司在吸收德国、日本先进技术的基础上不断创新研发，务求做到取各家所长，创自我特色，把技术作为企业的一大亮点。设备的整个生产过程采用科学严谨的生产管理和严格的QC管理制度，以确保企业生产出高精度、高速稳定的质优产品。设备机件采用优质材料和精密的加工，关键部件采用直接进口，整机性能更稳定、更耐用。

公司拥有完善的产品售后服务体系并扼守为客户提供优质产品的承诺。我们的产品以顺德这个美丽的珠三角城市为中心，先后辐射到国内20多个省市和东南亚各国的广大市场。在质优和完善产品售后服务的强大后盾支撑下，公司得到了客户的一致好评。“做好每一台设备，做好每一个客户”是我们的企业目标。我们热忱为您服务！

扬州核威碟形

Yang zhou He wei Disc

公司简介

扬州核威碟形弹簧制造有限公司创建于 1984 年，是国内率先专业制造碟形弹簧的厂家，2006 年被认定为江苏省高新技术企业，2009 年被认定为国家高新技术企业，也是中国机械通用零部件工业协会早期评选出的“自主创新先进企业”，现为中国机械通用零部件工业协会理事单位和弹簧分会理事单位。20 余年来，公司为大亚湾核电站、三峡工程水下发电机组、载人宇宙飞船、壳牌大型煤气化装置等重大工程配套服务。我们的产品在鞍钢连铸生产线、一拖联合收割机、徐工集团、上海电气电站集团、东方电机、哈尔滨汽轮机厂、二重以及国防工程里都得到了良好的应用。

公司拥有自动精冲生产线、数控机床、等温热处理生产线，ISO9001 质量管理体系；公司所属“扬州市碟形弹簧隔震装置工程技术研究中心”“扬州市碟形弹簧检测中心”和“碟形弹簧研究所”拥有的精良检测手段和优化设计软件都使产品质量得到可靠的保证。

公司连续被评为“重合同、守信用企业”“产品质量信得过企业”，产品是“扬州市名牌产品”，“瘦西湖”商标早在 2008 年就被认定为江苏省著名商标，并为军工产品注册了“核威”商标。我们的产品曾获国家多项奖励并认定为江苏省高新技术产品，拥有多项专利。我们将继续坚持“精心制造、创一流品牌；持续改进、让顾客满意”的质量方针，竭诚为国内外用户服务。

核威 碟簧

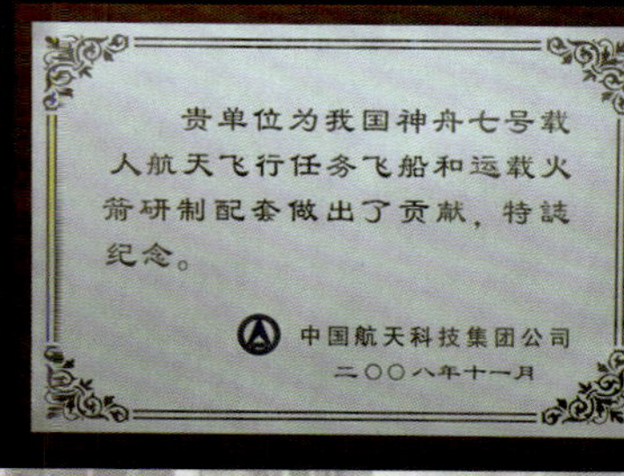

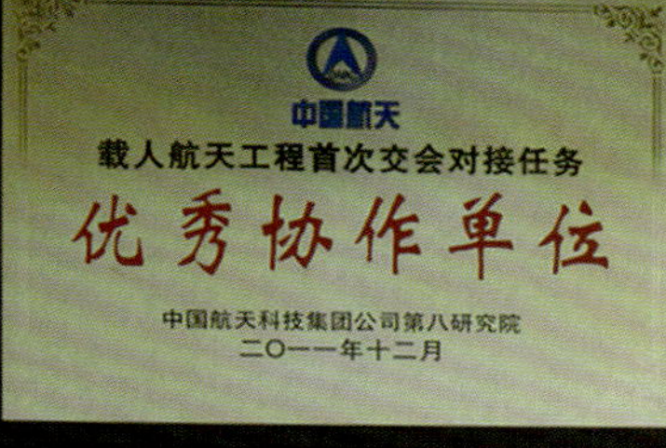

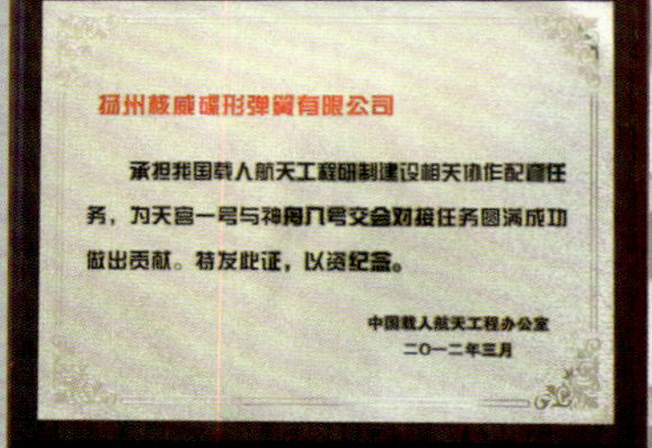

扬州核威
碟形弹簧制造有限公司

弹簧制造有限公司
Spring Manufacture Co.,Ltd.

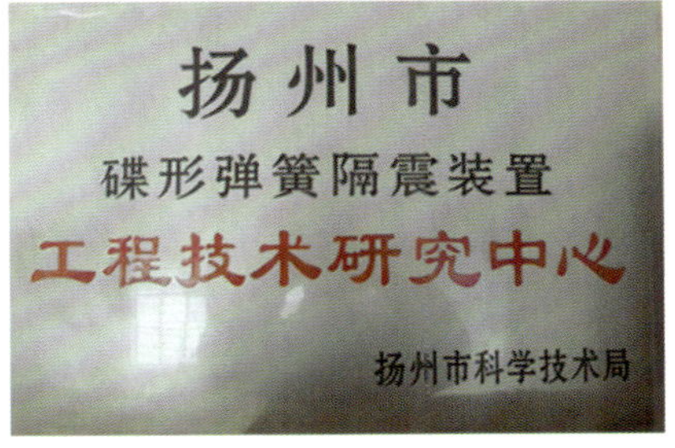

◎ 地址：江苏省扬州市维扬经济开发区双塘西路9号　◎ 邮编：225008
◎ 电话：0514-87631188　87301143　87300916　◎ 传真：0514-87631485　◎ http://www.yzhw.com

MOOOO SPRING 名奥弹簧

佛山名奥弹簧开发有限公司成立于1992年，是由中、日合资兴建的专业生产各类精密弹簧的高新技术制造企业。合资中方（佛山通宝股份有限公司）是国内生产电器温控器、电工材料和精密合金材料的重要制造企业，生产经验丰富，经济实力雄厚；合资日方（名兴发条株式会社）有80余年弹簧制造经验，在日本是围绕丰田、本田、日产等知名汽车企业配套各类高精密弹簧件、冲压/钣金件等的高新技术制造企业，拥有较高的弹簧制造技术及开发技术能力，为名奥公司提供技术支持。公司自成立之初就确立高起点、高质量的经营方针，投产初期就全套引进两条20世纪90年代日本先进弹簧生产线及其他单机和检验/试验设备，专业生产发动机气门弹簧、制动器弹簧、离合器弹簧、转向器弹簧、电子节气阀弹簧、真空助力器弹簧、车身/门锁弹簧、天窗弹簧、柴油机油泵油嘴弹簧、军工通信簧、列车受电弓弹簧以及各类精密电器弹簧等。十几年来，名奥公司已经形成年产1.3亿件弹簧的生产能力，产品质量稳定，性价比高。公司主要技术骨干都到日本进行过技术研修和生产培训，引进日本先进的丰田精益生产管理模式及现场开展5S评比活动。

名奥公司大力推行丰田精益生产管理方式，现场开展班组互相评比5S活动，注重员工素质教育、提升质量意识、职业技能培训，力争打造出一支开发技术能力强、生产技术水平高、爱厂如家的生产技术骨干队伍。公司视产品品质为企业生命，2001年通过ISO9001质量体系认证，结合全面质量管理，建立适应本企业特点且行之有效的质量保证体系，2003年通过QS9000质量体系认证，并于2010年通过TS16949:2009认证，以适应本公司在汽车行业的发展要求。

通过精益生产，不断提高技术水平及生产效率，努力降低生产成本，为顾客提供质量稳定、价格合理、服务满意的产品。公司经过多年的发展，与国内外知名企业建立了配套关系（如爱信精机集团、日信工业、爱三工业、嘉陵集团、电装、东风集团、大长江集团、宗申集团、轻骑集团、北车集团、武汉中原等）。同时，名奥公司通过为日系客户的配套，提升了自身的能力和知名度，随着公司的业务不断发展和壮大，名奥产品已从国内走向世界。

20周年
名奥弹簧
公司地址：广东省佛山市禅城区港口路22号
联系电话：0757-83831485　83101034
http: //www.meioku.com
邮编：528041
传真：0757-83318124　83831696
E-mail：yingxiaobu_123@163.com

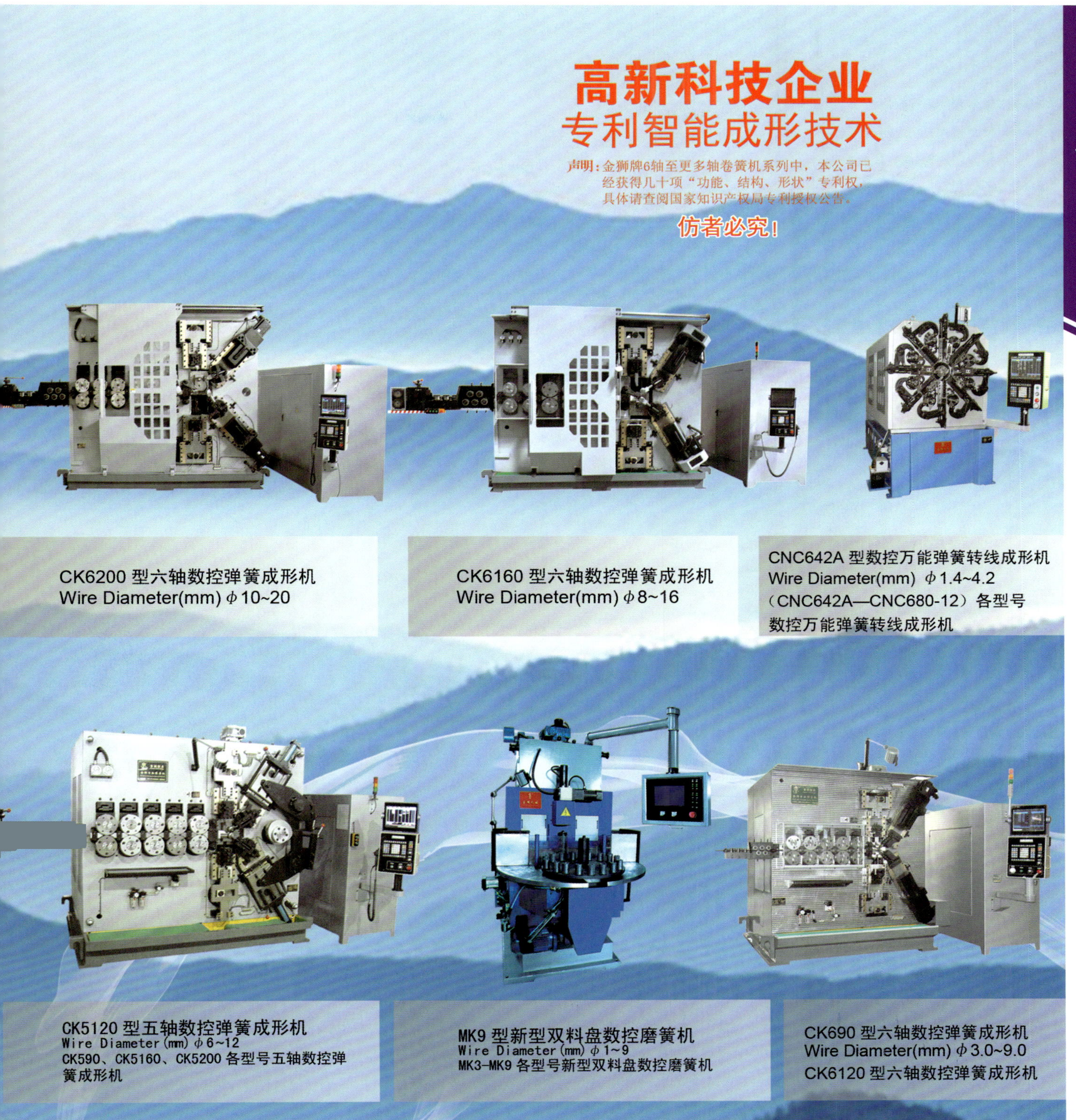

高新科技企业
专利智能成形技术
声明：金狮牌6轴至更多轴卷簧机系列中，本公司已经获得几十项“功能、结构、形状”专利权，具体请查阅国家知识产权局专利授权公告。
仿者必究！
CK6200 型六轴数控弹簧成形机
Wire Diameter(mm) φ10~20
CK6160 型六轴数控弹簧成形机
Wire Diameter(mm) φ8~16
CNC642A 型数控万能弹簧转线成形机
Wire Diameter(mm) φ1.4~4.2
（CNC642A—CNC680-12）各型号
数控万能弹簧转线成形机
CK5120 型五轴数控弹簧成形机
Wire Diameter(mm) φ6~12
CK590、CK5160、CK5200 各型号五轴数控弹簧成形机
MK9 型新型双料盘数控磨簧机
Wire Diameter(mm) φ1~9
MK3-MK9 各型号新型双料盘数控磨簧机
CK690 型六轴数控弹簧成形机
Wire Diameter(mm) φ3.0~9.0
CK6120 型六轴数控弹簧成形机

浙江万能
ZHEJIANG OMNIPOTENT

浙江万能弹簧机械有限公司

Zhejiang Omnipotent Spring Machine Co.,Ltd.

浙江万能弹簧机械有限公司位于全国闻名的越剧之乡、领带之乡、茶叶之乡，中国电脑弹簧机械重点生产基地——浙江嵊州。本公司是一家专业生产电脑弹簧机械及配套产品设备的国家高新技术企业。目前已拥有电脑数控卷簧机、电脑数控磨簧机、自动卷簧机、扭簧机、回火炉、调直机六大系列30多个品种。

公司下设万能弹簧机械工程技术研究开发中心，专业聘请德国弹簧机械专家，并和国内高等院校长期合作，采用国际领先技术，集弹簧机械测试、科研、开发于一体，可根据用户要求设计制造各种规格的产品。经过几年不懈的努力，公司已被列为省级弹簧机械重点龙头企业，"万能"系列产品已成为中国弹簧机械行业知名品牌，并率先进入欧洲市场及东南亚等国家和地区，深受国内外客商的青睐！

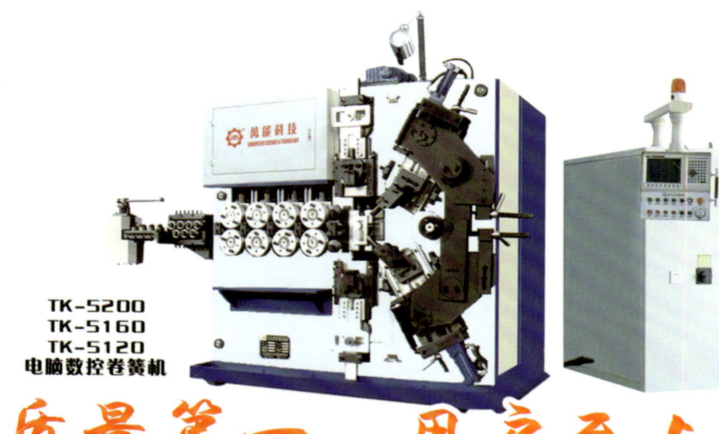

质量第一　用户至上

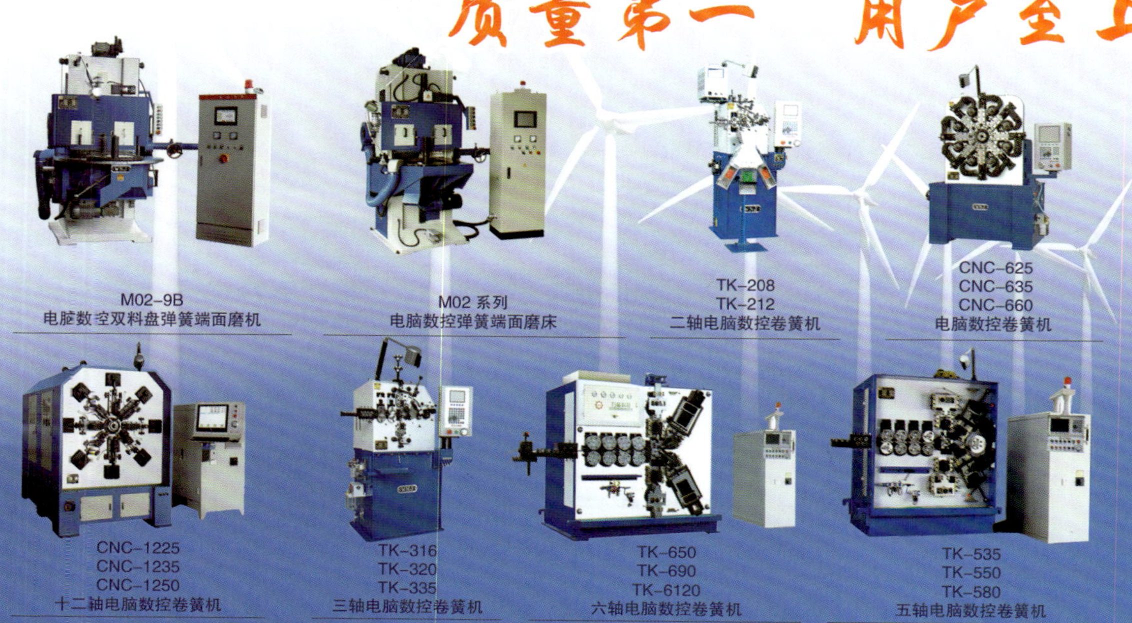

地 址：浙江省嵊州市三江街道兴盛街2790号
电 话：0575-83030220 83371122 谢经理 邢经理
传 真：0575-83341382
国内免费咨询电话：400-188-5668
http://www.chinathjx.com
E-mail:cnthjx@yahoo.com.cn

无凸轮电脑多轴多功能弹簧机创始者

Camless CNC Multi-Axes Spring Machine

国内领先专利技术

专业制造、销售CNC电脑弹簧机

www.vinstoncnc.com

- 是率先专业制造CNC电脑多轴多功能弹簧机的美资企业。
- 国内领先、无凸轮设计、兼备1组自由手。
- 调机、生产速度比传统凸轮机快达50%以上，确保精度准确稳定生产。
- 可生产各种各样传统和非传统的高难度弹簧。

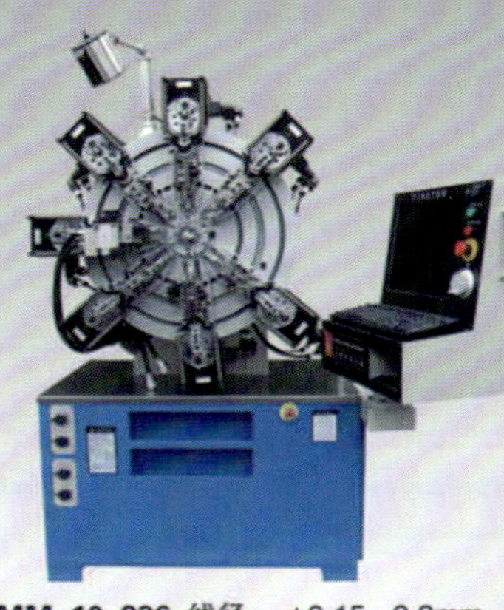

CMM-10-236 线径：φ0.15～2.3mm
10轴电脑多功能弹簧制造机

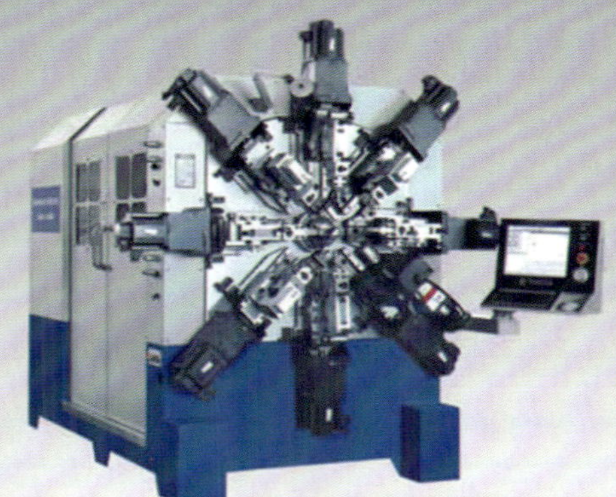

CMM-12-600R转线机 φ2.0～6.0mm
12轴电脑多功能弹簧制造机

- 非皮带传动，纯日本**齿轮**传动
- 工位电机**后置**
- 机械手可以上下左右移动和**任意手臂组合**
- 速度比之前机型快达50%以上
- 精密度更高，更稳定
- 伺服马达力度更大，更坚固
- 外型更简洁，更实用

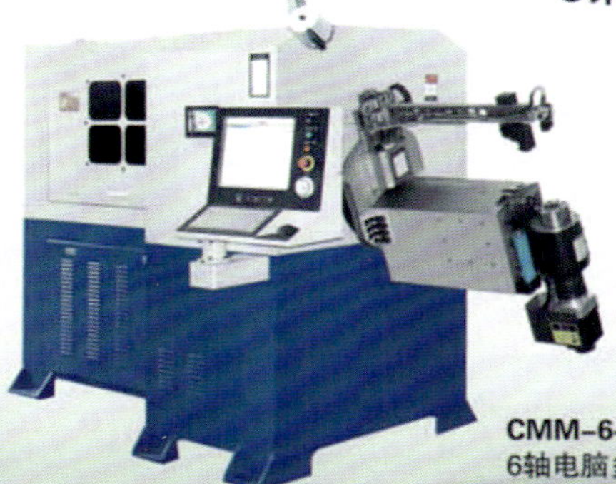

CMM-6-800R线成型机 φ0.3～8.0mm
6轴电脑多功能线成型制造机

CMM-12-450R 线径：φ1.2～4.5mm
12轴电脑多功能弹簧制造机

中国制造基地：广东省东莞市寮步镇下岭贝工业园
电话：0769-83260992 83260982
手机：13802386228
传真：0769-83261992 邮编：523411
http://www.vinstoncnc.com
E-mail: info@vinstoncnc.com jian_hui_ye@163.com

无锡办事处：江苏省无锡市中元路8号汇坚国际五金城1251号(312国道锡通物流对面)
电话：0510-82490539 手机：13812539666
传真：0510-82490539 联系人：龚先生

重庆办事处：重庆青木关管桥村花学堂门面
电话：023-65608268 手机：13648441993

美国销售部：NUTECH, INC
Address:625 W Madison Street#2907.Chicago IL 60661
Phone:(808)227-5189
Fax:(866)927-9088
http://www.vinstonus.com

南美销售部：SOUTH AMERICA VINSTON BRAZIL
Address: Rua Amazonas, 161 Sao Paulo SP 01123 030
Tel: 11 3326 6173 E-mail: spring@springtec.com.br
http://www.springtec.com.br

永腾自动化设备有限公司
Vinston Machinery LTD

济南精仪测试技术有限公司

济南精仪测试技术有限公司属高新技术型企业，专业研制生产弹簧测试仪器及金属、非金属材料试验机。目前公司生产的试验机有弹簧拉压、扭转、疲劳和材料试验四大类上百个品种，广泛适用于各类弹簧、弹簧元件及金属、非金属材料的检测及质量控制。产品畅销全国各地并出口到欧洲、东南亚等国家和中国港澳台地区，深受广大用户好评。公司可根据用户要求专门设计制造各类试验机。

TLD 2A-20A 型

TLD 500A-2000A 型

TLD 100SD-5000SD 型

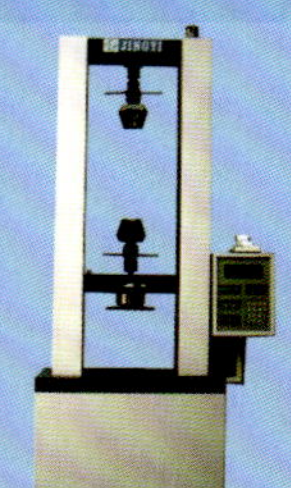

TLD 5000S-300000S 型

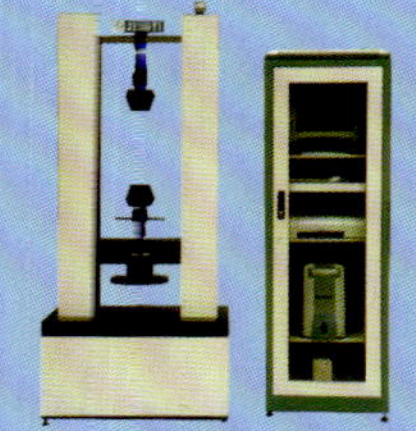

TLW 5000-300000 型

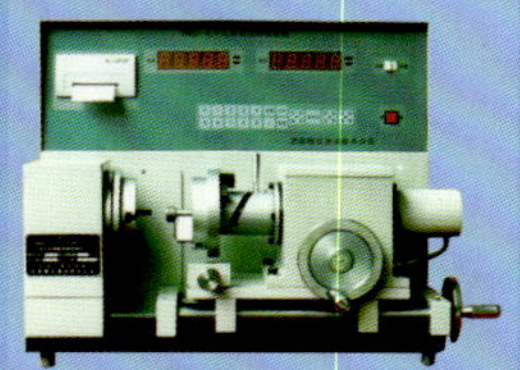

TND 20-100000 型

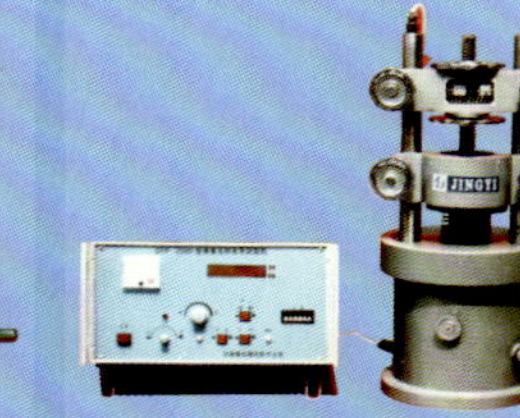

DTP 1000-3000 型

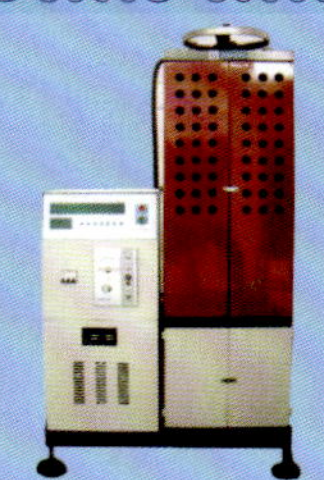

TPJ 500-20000 型

主要产品：

序号	名 称	型 号	序号	名 称	型 号
1	电子式弹簧拉压试验机	TLD 系列	8	微机控制弹簧拉压试验机	TLW 系列
2	数显式弹簧拉压试验机	TLS 系列	9	微机控制气弹簧试验机	WQT 系列
3	电子式弹簧扭转试验机	TND 系列	10	弹簧高频疲劳试验机	DTP 系列
4	电子式弹簧扭转试验机	TNS 系列	11	机械式弹簧疲劳试验机	TPJ 系列
5	电子式拉压力试验机	LYD 系列	12	电子式弹簧拉压试验机	TLD-S 系列
6	数显式拉压力试验机	LYS 系列	13	电子式橡胶弹簧试验机	XTD 系列
7	电子式拉扭试验机	LND 系列	14	拔弹力试验机	TLD-B 系列

联系人：于长坤 13706418102

地址：山东省济南市市中区玉函路 10 号　　邮编：250002

电话：0531-82028434 82733443 82051658　　传真：0531-82028434 82733443

http://www.jn-jingyi.com　　E-mail：yck@jn-jingyi.com

嵊州市人和弹簧机械有限公司

Shengzhou Renhe Spring Machinery Co., Ltd.

嵊州市人和弹簧机械有限公司，位于浙江省嵊州市三江开发区，紧邻宁波港，毗邻104国道、上三高速、甬金高速，地理位置优越，交通十分便利。

嵊州市人和弹簧机械有限公司，是一家集科研与生产为一体的现代化高新技术企业，公司建立了从采购、生产、检验、销售和售后服务全过程的质量保证体系，拥有精湛的生产工艺，完善的检测手段，依托科技力量，设有开发研制中心，具有很强的产品研发、制造实力，是规模型专业生产高档弹簧机械设备的基地，现公司专业制造电脑数控弹簧机、电脑数控磨簧机等高端数控弹簧机及配套设备，产品面向欧美及中国市场。本公司设备先进，技术力量雄厚，“用户至上”是我们的宗旨，公司可满足各种用户对弹簧机的特种需求。

展望未来，公司以一个积极，全新的姿态，不断引进人才、先进的技术和管理理念，一如既往的本着“以人为本，务实创新”的企业精神，迎接新的挑战。

Shengzhou City, Zhejiang Province, and the Spring Machinery Co., Ltd., is located in Shengzhou City, Zhejiang Province, Sanjiang Development Zone, close to Ningbo Port, near 104 national highway, the three high-speed, high Ningbo gold. Location and convenient transportation.

Shengzhou City, Zhejiang Province, and the Spring Machinery Co., Ltd., is a research and production into a modem high-tech enterprises, the company established from procurement, production, testing, sales and service the whole process of quality assurance system, with superb production technology, perfect testing means, relying on scientific and technological strength, with development research Zhongxin, with strong product development, manufacturing strength, Guimo type Zhuanye production Gaodang spring machinery Shebei base, now Gongsi professional Zhizaodiannao CNC spring machine, CNC spring grinder and other high-end CNC spring machines and related equipment, products for Europe and the United States and China. The advanced equipment, strong technical force, "customer first" is our aim, the company can meet customers special requirements of spring machine.

Looking ahead, the company is a positive, new attitude, the introduction of talent, advanced technology and management concepts, as always, the spirit of" people-oriented, pragmatic and innovative" spirit of enterprise, to meet new challenges.

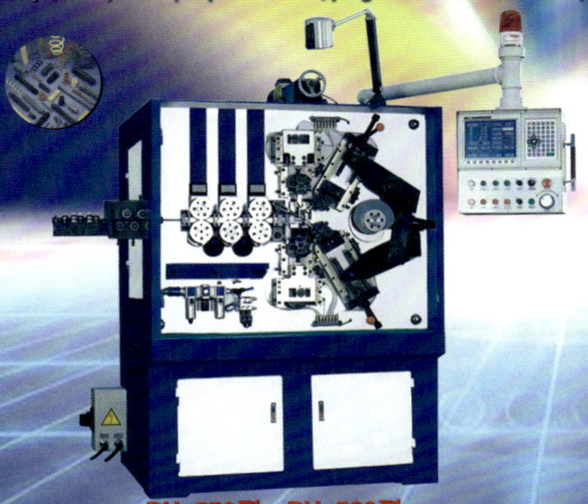

RH-550型、RH-580型
电脑数控卷簧机
CNC SPRING COILING MACHINE

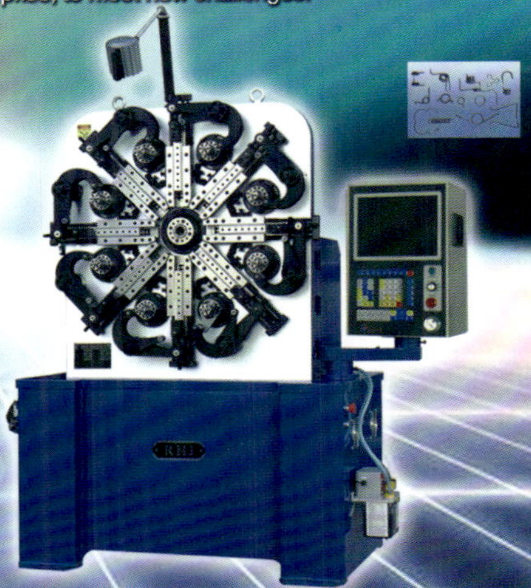

RH-635型、RH-625型
电脑数控卷簧机
CNC SPRING COILING MACHINE

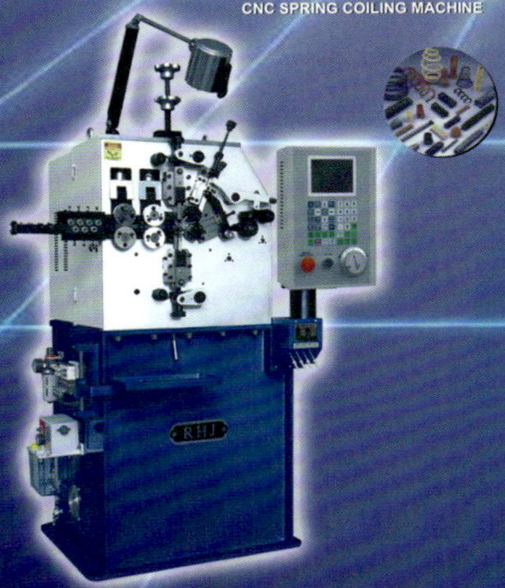

RH-335型、RH-320型、RH-316型
电脑数控卷簧机
CNC SPRING COILING MACHINE

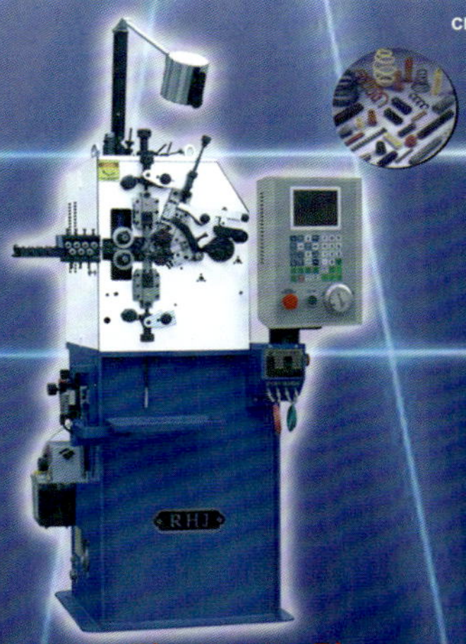

RH-212型、RH-208型
电脑数控卷簧机
CNC SPRING COILING MACHINE

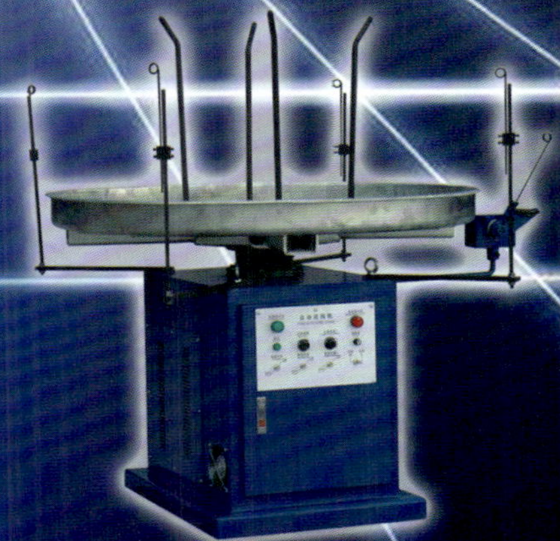

SXJ300型、SXJ150型、SXJ70型
电脑数控卷簧机
CNC SPRING COILING MACHINE

地址：浙江省嵊州市领带园四路11号 TEL: 0575-83552288 83332288 FAX: 0575-83359788 Http://www.rhthjx.com E-mail: web@rhthjx.com

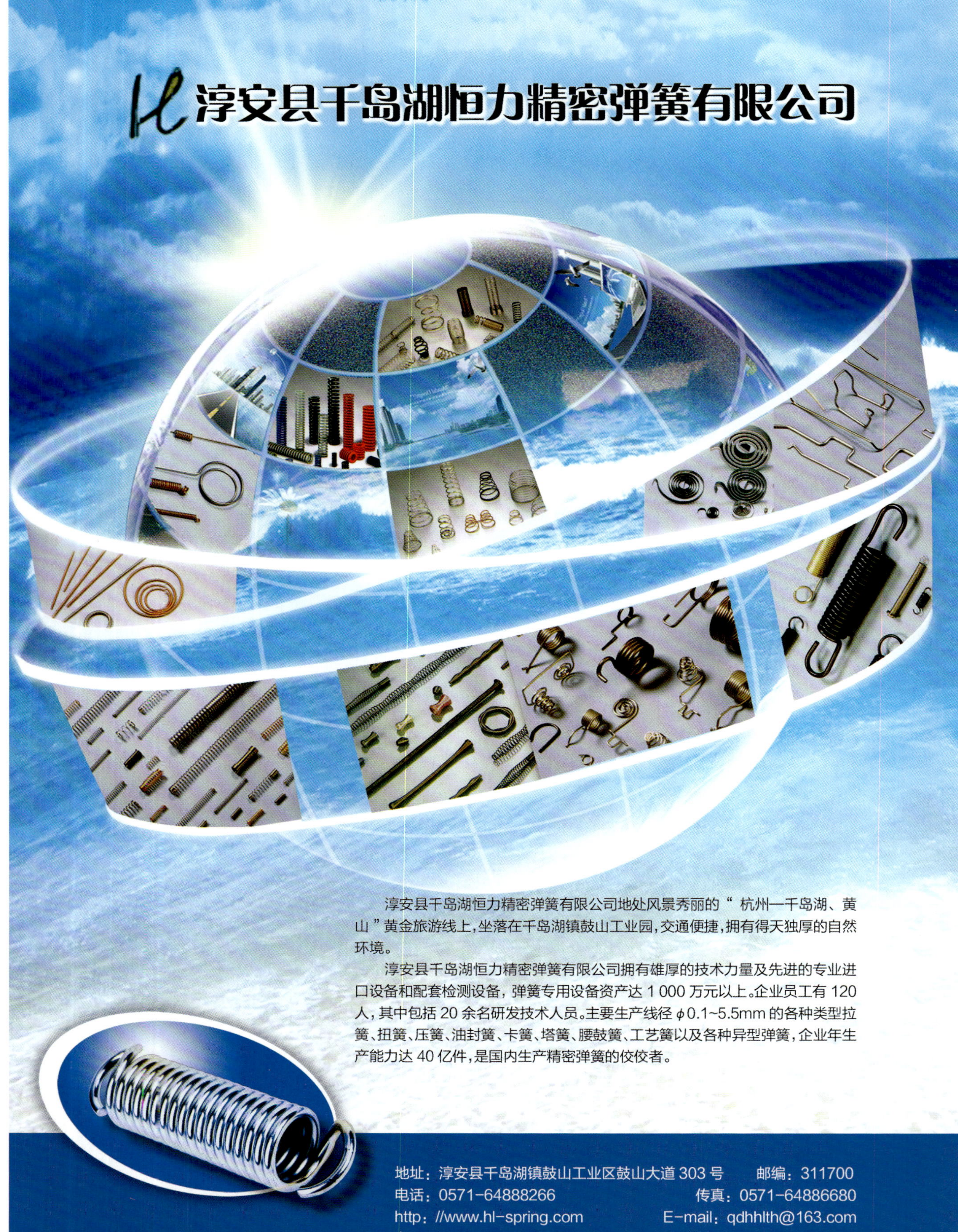
淳安县千岛湖恒力精密弹簧有限公司

洛阳显恒数控机床有限公司

新品预告：25mm数控压簧机将于2013年8月隆重推出！

精益求精 追求卓越

2013 精品推荐

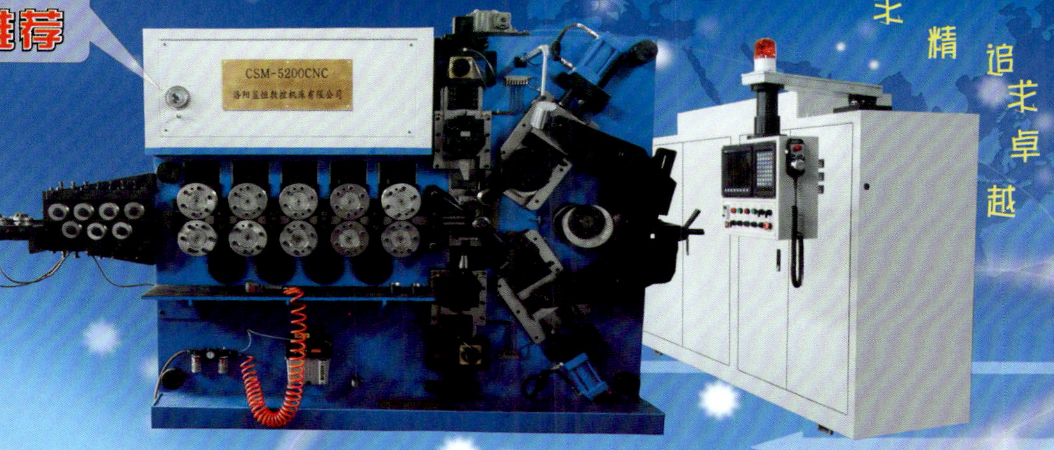

CSM-5200CNC 数控卷簧机

加工线径范围	Φ8～20mm
弹簧最大直径	Φ280mm
凸轮轴最高转速	60 r/min
最高送料速度	30m/min
送料精度	±0.1mm
伺服电动机功率	55 kW+22 kW×2+11 kW ×2
机器重量	23500 kg

CSM-5160CNC数控卷簧机

该机采用日本进口交流伺服电动机，由工业电脑控制，送线精确、调整灵活、操作方便。该设备可用于各种钢丝材料绕制圆柱形、中凸、圆锥形、固定和变动节距、左旋或右旋，端面靠合和不靠合等压力弹簧。既适合单品种大批量生产，更适宜于多品种单件小批量生产。

加工线径范围	Φ6～16mm
弹簧最大直径	Φ260mm
凸轮轴最高转速	60 r/min
最高送料速度	51m/min
送料精度	±0.1mm
伺服电动机功率	37 kW+15 kW×2 +11 kW ×2
机器重量	17000 kg

地址：河南省洛阳市高新开发区丰华路银昆科技园1号
电话：0379-62265677　　62621996
传真：0379-62266577　　62621998
联系人：赵显恒　　手机：13837979177
http://www.lyjhj.cn　　www.lythj.cn
E-mail：cncspring@163.com

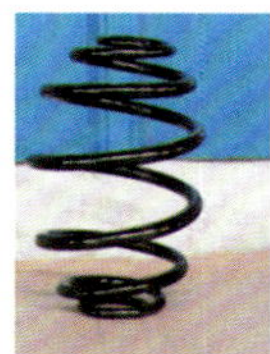

洛阳强奥机床有限公司

LUOYANG QIANGAO MACHINE CO.,LTD.

洛阳强奥机床有限公司成立十几年来，以弹簧设备制造、维修改造、配件供应为主。秉承“服务至上、信誉第一、质量第一”的宗旨，以全国知名技术、装配人员为骨干，把卷簧机的“实用性、先进性、匹配性”应用到设备上来，配置日本进口伺服电动机、德国联轴器、中国台湾恒欣系统，使卷簧机的噪声、寿命、精度大为改善，台湾恒欣系统操作更为简便，断料报警功能使操作更加安全。

http://www.lyqy.net

SCM3–50CNC
SCM5–50CNC 型电脑数控卷簧机

SCM3–80CNC
SCM5–80CNC 型数控卷簧机

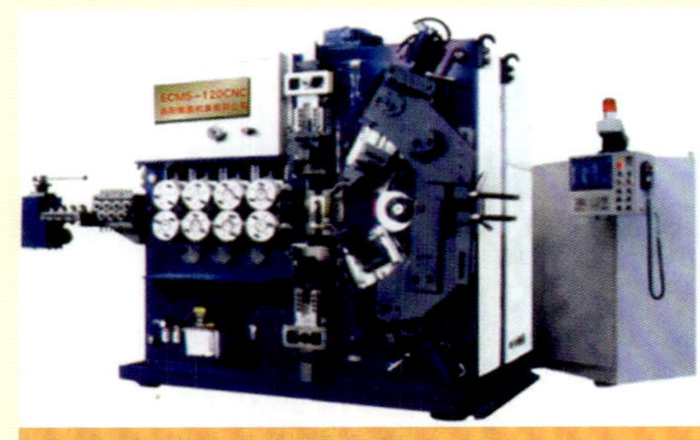

SCM3–120CNC
SCM5–120CNC 型数控卷簧机

SCM5–160CNC型数控卷簧机

SCM5–200CNC型数控卷簧机

型号规格 项目	SCM3-50	SCM5-50	SCM3-80	SCM5-80	SCM3-120	SCM5-120	SCM5-160	SCM 5-200
可卷钢丝直径（mm）	2~5	2~5	3~8	5~8	4~12	4~12	6~16	9~20
弹簧最大外径（mm）	90	90	140	140	150	150	250	260
送料精度（mm）	0.1	0.1	0.1	0.1	0.1	0.1	0.1	0.1
旋绕比	4~14	4~14	4~12	4~12	4~12	4~12	4~15	4~12
最大送料长度（mm）	任意长	任意长	任意长	任意长	任意长	任意长	任意长	任意长
生产率/最大送料速度	120m/min	120m/min	100m/min	100m/min	55 m/min	55m/min	30 件/min	30 件/min
送料电功率（kW）	15	15	25	25	30	30	37	55
变径电功率（kW）	5.5	3.5	7	4.5	15	7	11	11
切断电功率（kW）	5.5	2×3.5	7	2×7.0			2×15	2×22
边距电功率（kW）	3.5	3.5	3.5	3.5	5.5	5.5	4.4	4.4
主机净重（kg）	4000	4000	8000	8000	12000	12000	13000	14000
电气柜净重（kg）					800	800	1000	1000
主机尺寸（mm）	1300×1050×1850	1300×1050×1850	1740×1650×1855	1740×1650×1855	3200×1800×2300	3200×1800×2300	4000×1790×2530	4280×1860×2550
电气柜尺寸（mm）					1500×900×1850	1500×900×1850	2550×800×1800	2550×800×1800

地址：河南省洛阳市瀍河区（310国道瀍河桥东路北瀍河工业园） 邮编：471002 电话：0379-63532782
传真：0379-63532783 联系人：王建强 总经理 手机：18937946869 13837999728 E-mail：lywangjianqiang@163.com

山西金宇粉末冶金有限公司

山西金宇粉末冶金有限公司是专业研发生产粉末冶金制品的企业。企业拥有强大的科技力量和自主开发能力，先进的生产技术和设备，实行科学、严谨、高效的管理体制。企业坚持“以人为本，以德为魂，勤奋创新，团结共赢”的企业精神；坚持“以质为本，以诚为魂，务实创新，专精特强”的经营宗旨，赢得了国内外用户的高度赞誉。

公司生产的铁基、铜基、铝基、不锈钢、摩擦材料等零件，广泛用于汽车、摩托车、家用电器、液压、纺织、印刷及包装等诸多机电产品领域。

我们热忱欢迎国内外用户惠顾，我们将以一流的产品和服务使您满意。

以质为本 以诚为魂

务实创新 专精特强

地址：山西省临猗县城郇阳西街439号 电话：0359-4022080 传真：0359-4022019

E-mail: root@jy2718.com http: //www.jy2718.com

NBTM

NBTM
东睦新材料集团股份有限公司

东睦新材料集团股份有限公司是由原宁波东睦粉末冶金有限公司改制而成的，率先在国内上市的外资控股公司。公司注册资本19 550万元。

东睦新材料集团股份有限公司是目前国内大型的粉末冶金机械零件制造企业之一，是“国家重点高新企业”。公司目前拥有八家以粉末冶金产业为主业的控股子公司或全资公司，2012年末公司的净资产超过7.22亿元，总资产超过16亿元，总产能超过45 000t/a 。产品广泛应用于轿车、摩托车、冰箱和空调压缩机、电动工具及家用电器等行业，其中部分产品出口到美国、日本和欧洲等国家和地区。

公司具有50多年的粉末冶金专业生产经验，拥有包括CNC成形压力机在内的一整套国际先进的粉末冶金生产设备和技术。同时，公司十分重视科技进步和新产品开发，建立了“宁波粉末冶金工程技术中心（省级）”和“宁波市区模具中心”，能自制各种粉末冶金模具，生产各种粉末冶金零件。

业务联系

公司图文传真：0574–87831133
国内销售一科：0574–87399810
国内销售二科：0574–87890420
进出口贸易科：0574–87883563
粉末冶金工程技术中心：0574–87840881
87876183
品质保证部：0574–87841339
证券、投资者关系管理：0574–87841061

http://www.pm-china.com

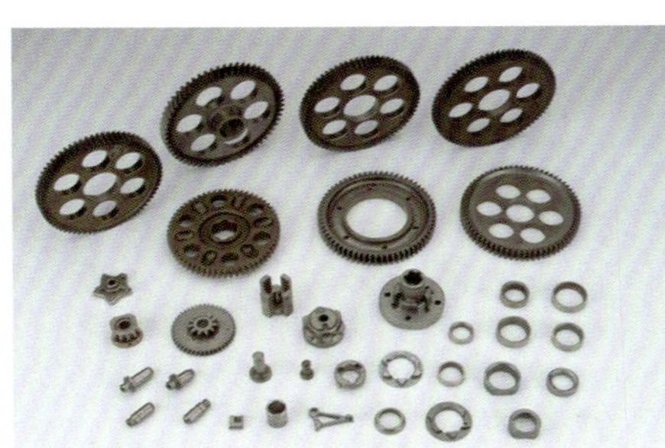

东睦集团及控股子公司　地址	邮政编码	业务联系电话
东睦新材料集团股份有限公司 浙江省宁波市鄞州工业园区（姜山）景江路8号	邮编：315191	电话：0574–87898505
连云港东睦新材料有限公司 江苏省连云港市开发区黄海大道36号	邮编：222047	电话：0518–82342246
山西东睦华晟粉末冶金有限公司 山西省运城市临猗县华晋大道168号	邮编：044100	电话：0359–4065718
东睦（天津）粉末冶金有限公司 天津市西青经济开发区赛达二大道16号	邮编：300385	电话：022–23889319
东睦（江门）粉末冶金有限公司 广东省江门市西宏达路9号	邮编：529000	电话：0750–3282800
长春富奥东睦粉末冶金有限公司 吉林省长春市汽车产业开发区东风大道越野路	邮编：130011	电话：0431–85903408
南京东睦粉末冶金有限公司 江苏省南京市高新开发区高科七路7号	邮编：210061	电话：025–58843438

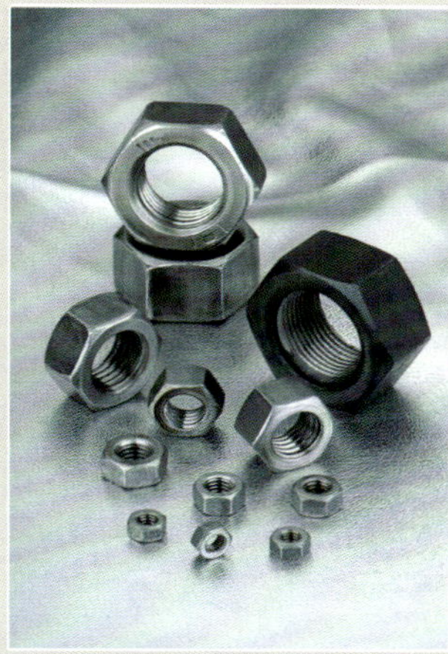

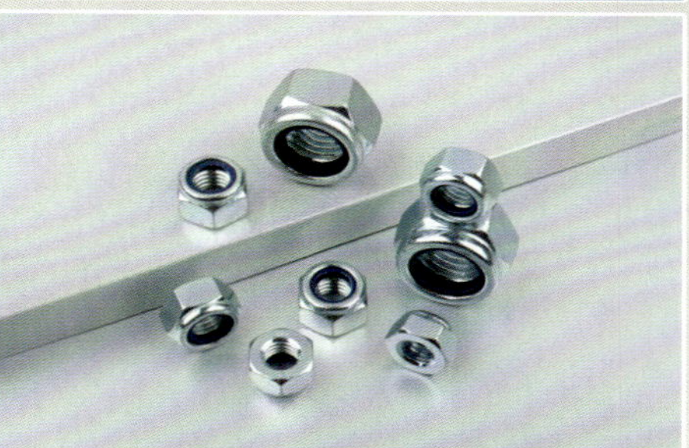
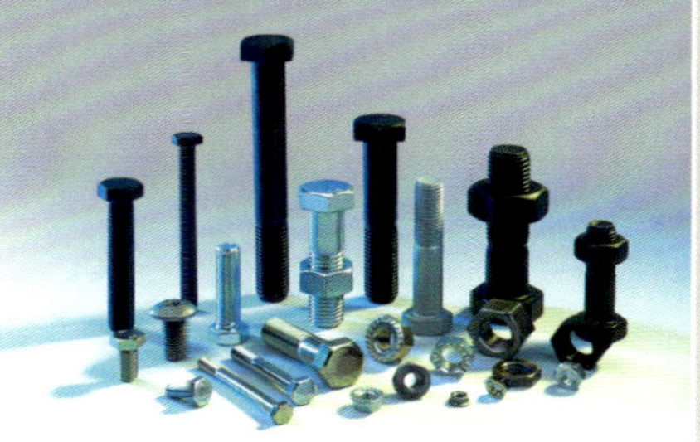

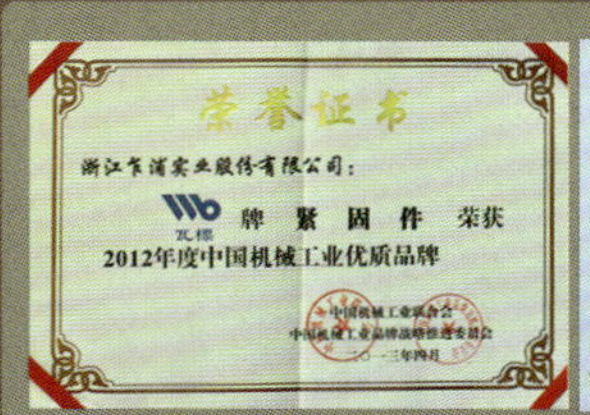

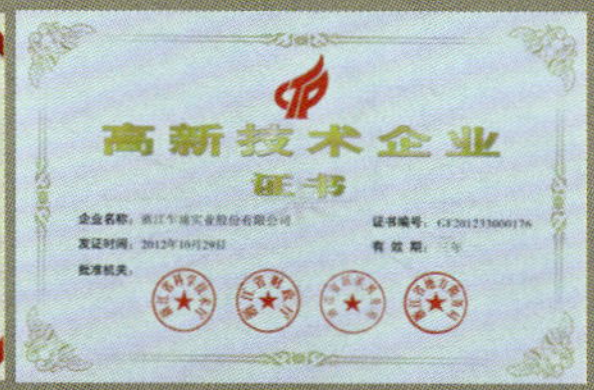

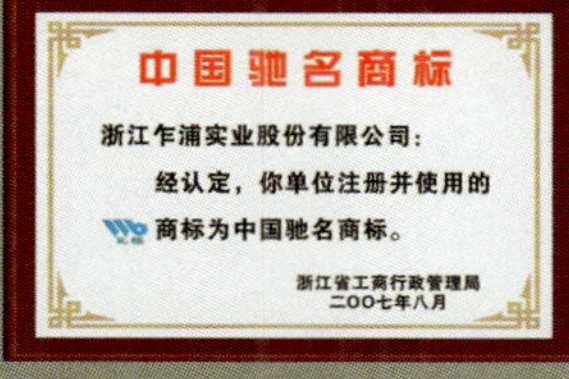

地址：浙江省嘉兴市乍浦经济开发区　　邮编：314201

电话：0573-85520590（国际业务） 85520127（国内销售）　　传真：0573-85520333

http://www.washan.com　　E-mail:sales@washan.com

春雨（东莞）五金制品有限公司

CHUNYU（DONGGUAN）METAL PRODUCTS CO.,LTD.

春雨（东莞）五金制品有限公司，于 1995 年经广东省东莞市政府批准设立，1998 年正式投产，位于广东省东莞市大朗镇松木山经济开发区，占地面积 20.9 万 m^2、投资额 6 500 万美元，由中国台湾春雨集团旗下士高乐公司投资创立，主要生产磨光钢棒、磨光线材、球化退火线材、螺钉、螺母、攻牙螺钉等紧固件产品，春雨（东莞）五金制品有限公司承继集团 60 余年紧固件之文明，秉持以良好的品质服务社会之宗旨，因提供具有竞争力的产品而享誉世界。

公司产品销往世界各国，主要销往欧洲：英国、德国、法国、意大利、匈牙利、奥地利；美洲：加拿大；亚洲：日本、印尼、马来西亚等国家，在中国大陆也有一定的内销市场，主要销售磨光钢棒、磨光线材、球化退火线材、汽车、钢结构、电子、家电及家具类螺钉螺母等高品质、高要求之产品。

公司组建了一支实力非常强大的研发团队，进行产品研发及技术开发之工作，并已通过 ISO9001：2008、ISO/TS16949：2009 质量体系及 ISO14001：2004 环境体系认证。公司生产的高强度螺栓荣获“广东省名牌产品”称号。公司将不断加强技术与品质的提升，使永续的产品能受到国内外各界更充分的肯定，造福全球！

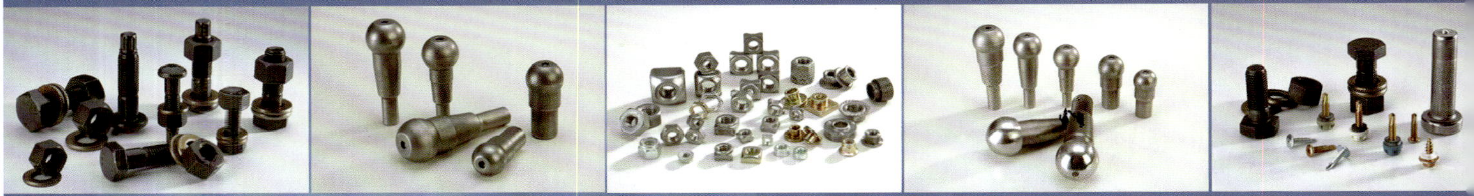

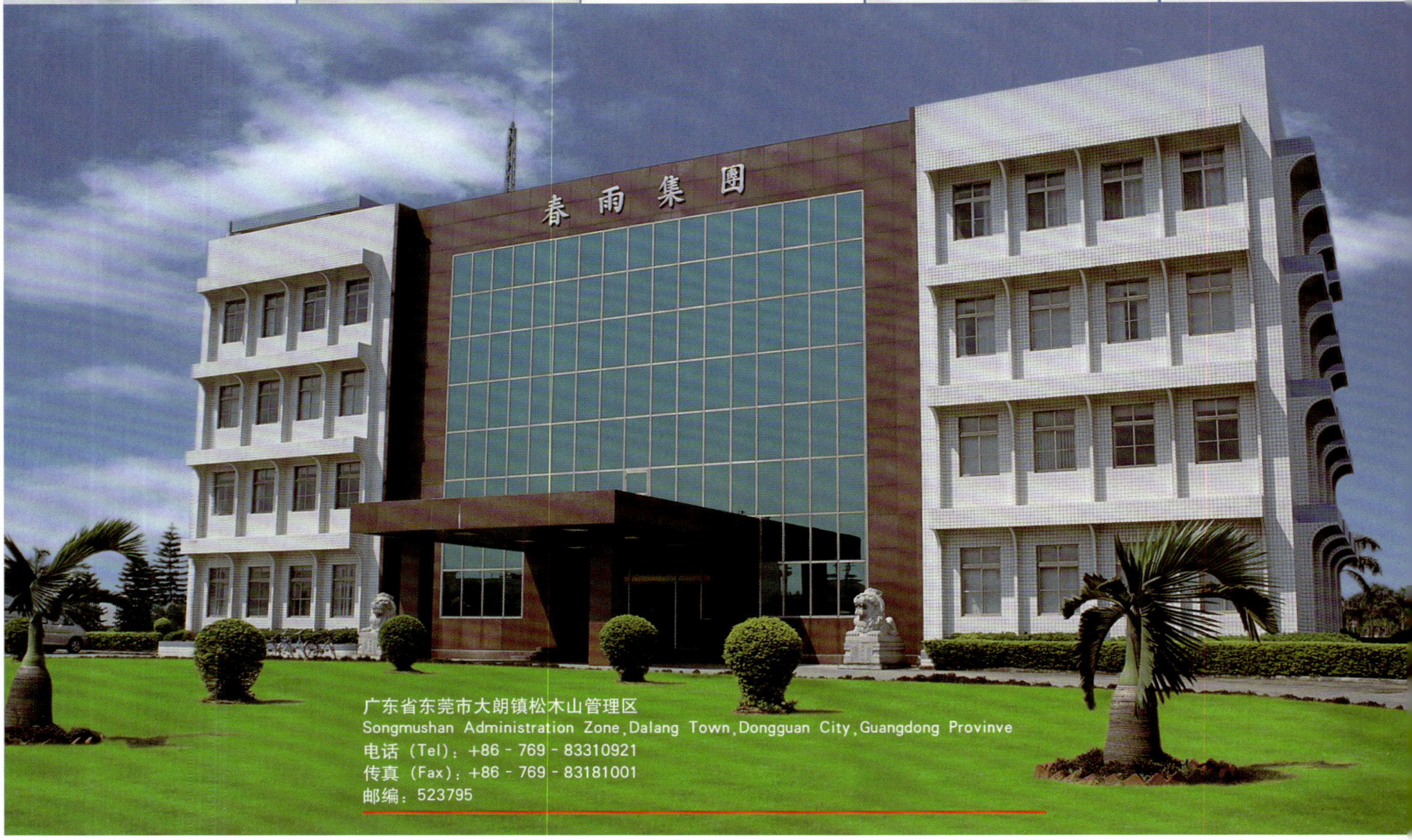

广东省东莞市大朗镇松木山管理区
Songmushan Administration Zone, Dalang Town, Dongguan City, Guangdong Provinve
电话（Tel）：+86 - 769 - 83310921
传真（Fax）：+86 - 769 - 83181001
邮编：523795

创造 效益 服务

Founded and invested in 1995 by Shigaoye Company under Chun Yu Group upon approval by Dongguan Municipal Government of Guangdong Province and put into production duly in 1998, CHUN YU (DONGGUAN) METAL PRODUCTS CO.,LTD is situated in Economic & Technological Development Zone of Songmushan of Dalang Town, Dongguan City, Guangdong Province, covers a land area of 313.5mu, has an investment of USD 65million and mainly manufactures such fasteners as polished steel rod, polished wires, spheroidizing wires, live wire bus, screws, nuts, tapping screw. Chun Yu (Dongguan) Hardware Products Co., Ltd is highly reputed in the world for inheriting the 60 years' civilization of the group in manufacturing fasteners, adhering to the goal of serving the society with the best quality service and providing most competitive products.

The company has formed a powerful team of research and development for products and technology, passing the authentication of ISO9001:2008, ISO/TS16949:2009 quality system and ISO14001:2004 environment system, Our construction bolts have won the title of "Famous Brand OF Guangdong Province"keeps improving technology and quality to make the agelong products recognized at home and abroad, and brings benefit to the world!

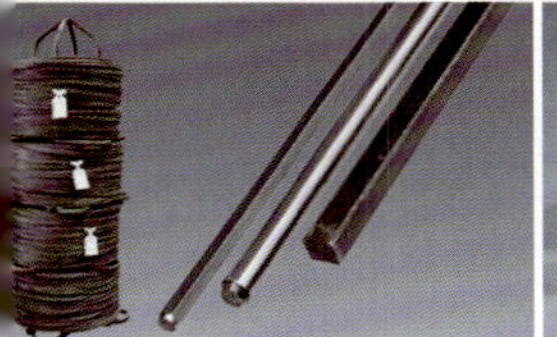

东风汽车紧固件有限公司
DONG FENG MOTOR FASTENER CO.,LTD.
DFMF
东风汽车紧固件有限公司坐落在武当山北麓汉水之滨的新兴汽车城——湖北省十堰市大岭路40号。公司始建于1969年，是东风汽车零部件集团的全资子公司。经过40多年的建设与发展，公司研发、装备、管理等综合竞争实力处于国内汽车紧固件行业领先水平，是中国机械通用零部件工业协会紧固件分会副会长单位，汽车紧固件产销量位居行业前列。
公司占地面积21.3万m²，工业建筑面积10.27万m²，至2011年年底，拥有装备精良的高效率生产设备1 200余台（套），各类检测试验设备200余台（套），资产总额3.8亿元，员工1 200人，其中工程技术人员116人。公司主要生产各类汽车用螺栓、螺母、管接件及异形件等10 000余种，年生产能力4万余t。产品覆盖东风商用车的重、中、轻系列车型和东风乘用车，以及国内乘用车、发动机等配套市场。
公司奉行“顾客至上，诚信为本，持续改进，追求卓越”的质量方针。1997年通过ISO9001质量体系认证，2002年通过QS9000质量体系认证，2004年通过ISO/TS16949质量体系认证，2006年通过神龙汽车公司安全件审核。
公司奉行“安全零事故，污染零排放，能源零浪费”的环境/职业健康安全方针。2001年通过GB/T24001（idt ISO14001）环境管理体系认证，2005年通过GB/T28001职业健康安全管理体系认证。
随着中国汽车工业的快速发展，公司注重发挥十堰、武汉和上海三大汽车紧固件制造基地的协同优势，形成三足鼎立、优势互补、协同发展的格局，进一步强化国内一流汽车紧固件制造企业的优势地位。
地址：湖北省十堰市大岭路40号 邮编：442061
电话：0719-8224468 传真：0719-8269449、8213214
销售热线：0719-8225873 服务热线：0719-8222466
43th
风雨兼程 携手奋进

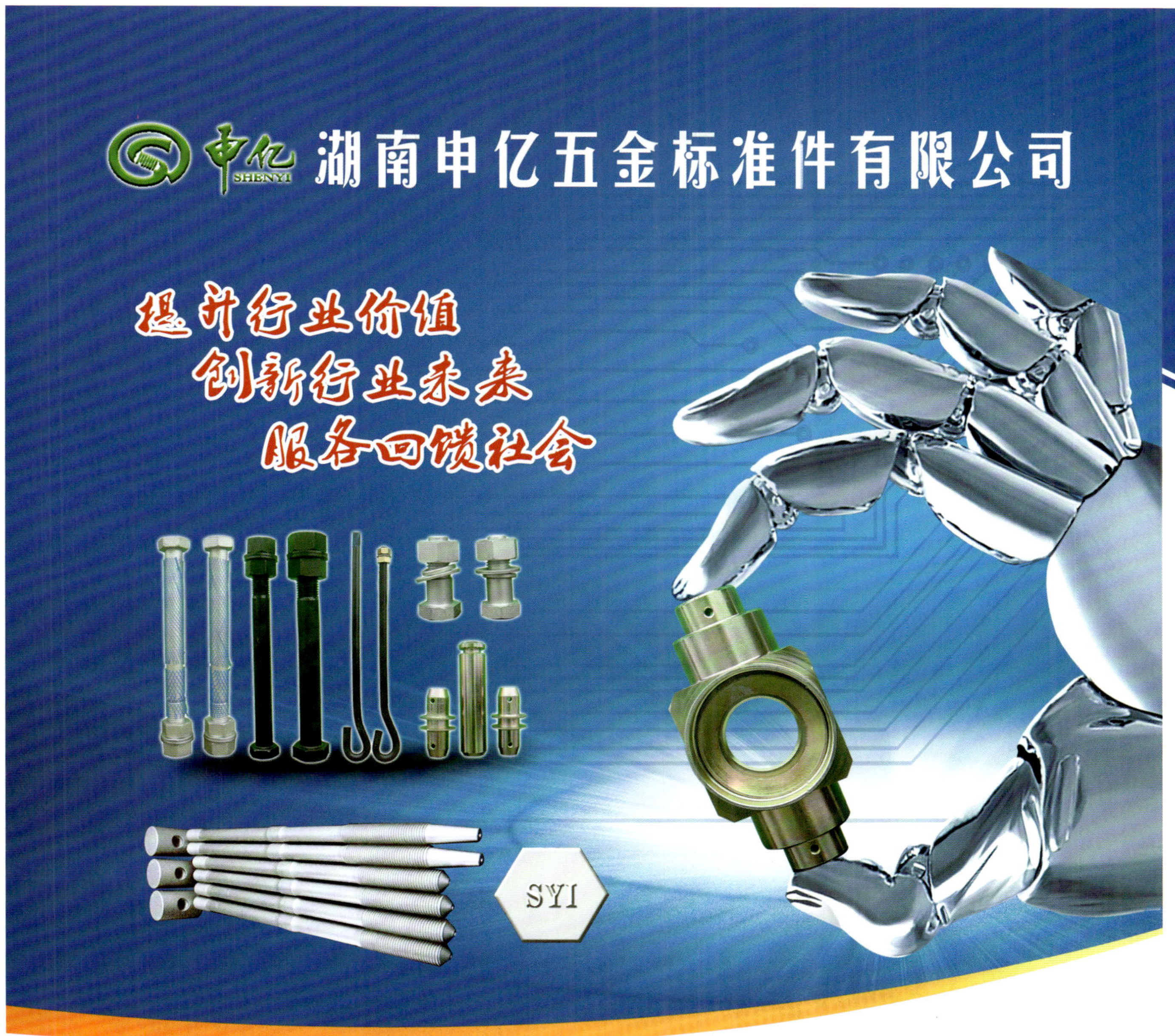

公司总部位于湖南长沙，是集产品制造、批发、配套、零售为一体的综合性专业公司。重点销售高品质紧固件及定制非标准紧固件，产品广泛用于装备制造、机械制造、工程设备、钢架厂房、铁路机车、公路桥梁、城建、电力、石化、通信、风能、航空、汽车、建筑装饰等各行业。公司凭借长期经营管理经验及雄厚的技术实力，在国内行业中赢得了良好的品质信誉，具备了强大的配套供应能力。

公司拥有专业素质的管理人才队伍，实现电脑网络全程跟踪管理，确保了产品在流通过程中的准确性与及时性，以高效率、高品质满足各行业的需求。我们的目标：处理好每一份订单，服务好每一位客户。公司成立近20年来，通过全体员工的不断开拓与努力，现业务网点已分布到全国30多个省市，业务已遍布全国。公司在上海、长沙自主建有完善的配套物流中心，产品可方便快捷运达全国各地。

申亿技术支持专线：0731-82990135　0731-85051206
申亿销售热线：400-0731-950　0731-82181831
0731-82180887　0731-85163936

申亿不锈钢公司：0731-82282040　0731-82282041
申亿服务热线：0731-85051206　0731-85015726
申亿传真：0731-82181926

公司地址：湖南省长沙市雨花区
http://www.chinashenyi.com
E-mail: shenyi@shenyigs.com

综合索引

化『零』为『整』
『鉴』证历史

中国工业年鉴出版基地

中国机械通用零部件工业总览

全面系统地记载我国机械通用零部件行业近年的行业发展历程、整体运行状况和重要事件，分析国内外经济形势，展示企业风采，提出行业自主创新发展的战略思考

P3～79

链传动行业卷

回顾总结我国链传动行业近年的发展情况 ，记录行业生产、技术和新产品发展情况；公布行业各项经济技术指标；分析国内外市场动向 ，提出行业发展的总体思路、发展目标及政策建议；概述链传动行业质量与标准化工作；链传动行业大事记

P83～132

齿轮行业卷

回顾总结我国齿轮行业近年发展情况， 记录行业生产、技术和新产品发展情况；公布行业各项经济技术指标；分析国内外市场动向， 提出行业发展的总体思路、发展目标及政策建议；概述齿轮行业质量与标准化工作

P135～214

弹簧行业卷

回顾总结我国弹簧行业近年发展情况，记录行业生产、技术和新产品发展情况；分析国内外市场动向， 提出行业发展的总体思路、发展目标及政策建议；概述弹簧行业质量与标准化工作

P217～248

紧固件行业卷

回顾总结我国紧固件行业近年发展情况，记录行业生产、技术和新产品发展情况；分析国内外市场动向，提出行业发展的总体思路、发展目标及政策建议；概述紧固件行业质量与标准化工作

P251～288

粉末冶金行业卷

回顾我国粉末冶金行业 60 年发展历程 ，总结近年的经济运行状况 记录行业生产、技术和新产品发展情况；公布行业各项经济技术指标；分析国内外市场动向 ，提出行业发展的总体思路、发展目标及政策建议；概述粉末冶金行业质量与标准化工作

P291～340

传动联结件行业卷

回顾总结我国传动联结件行业近年发展情况 ，记录行业生产、技术和新产品发展情况；分析国内外市场动向，提出行业发展的总体思路、发展目标及政策建议；概述传动联结件行业质量与标准化工作

P343～372

编辑说明

一、《中国机械工业年鉴》是由中国机械工业联合会主管、机械工业信息研究院主办、机械工业出版社出版的大型资料性、工具性年刊，创刊于 1984 年。

二、根据行业需要，1998 年中国机械工业年鉴编辑委员会开始出版分行业年鉴，逐步形成了“中国机械工业年鉴系列”。该系列现已出版了《中国电器工业年鉴》《中国工程机械工业年鉴》《中国机床工具工业年鉴》《中国通用机械工业年鉴》《中国机械通用零部件工业年鉴》《中国模具工业年鉴》《中国液压气动密封工业年鉴》《中国重型机械工业年鉴》《中国农业机械工业年鉴》《中国石油石化设备工业年鉴》《中国塑料机械工业年鉴》《中国齿轮工业年鉴》《中国磨料磨具工业年鉴》《中国热处理行业年鉴》和《中国机电产品市场年鉴》。

三、《中国机械通用零部件工业年鉴》由中国机械工业年鉴编辑委员会和中国机械通用零部件工业协会共同编撰，2003 年创刊。2012 年刊设置综述、行业概况、企业概况、统计资料、质量与标准、大事记和附录等栏目，采用分卷的形式，分为：中国机械通用零部件工业总览、链传动行业卷、齿轮行业卷、弹簧行业卷、紧固件行业卷、粉末冶金行业卷、传动联结件行业卷，集中反映了我国机械通用零部件行业的发展情况、产品技术与市场概况、行业与企业发展的轨迹和各项成就，全面系统地记载了我国机械通用零部件行业的总体运行情况与发展趋势。

四、统计资料中的数据由中国机械通用零部件工业协会及其 6 个分会提供，数据截至 2012 年 12 月 31 日。

五、《中国机械通用零部件工业年鉴》的主要发行对象为政府决策机构、机械工业相关企业决策者和从事市场分析、企业规划的中高层管理人员以及国内外投资机构、贸易公司、银行、证券、咨询服务部门和科研单位的机电项目管理人员等。

六、在年鉴编撰过程中得到了中国机械通用零部件工业协会及其 6 个分会和机械通用零部件行业内众多专家、学者、工程技术人员和企业的大力支持和帮助，在此表示衷心感谢。

八、由于水平有限，难免出现错误和疏漏，敬请批评指正。

中国机械工业年鉴编辑部

2013 年 6 月

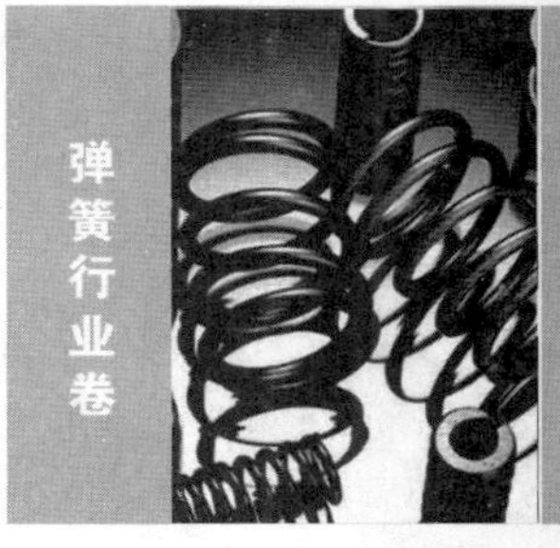

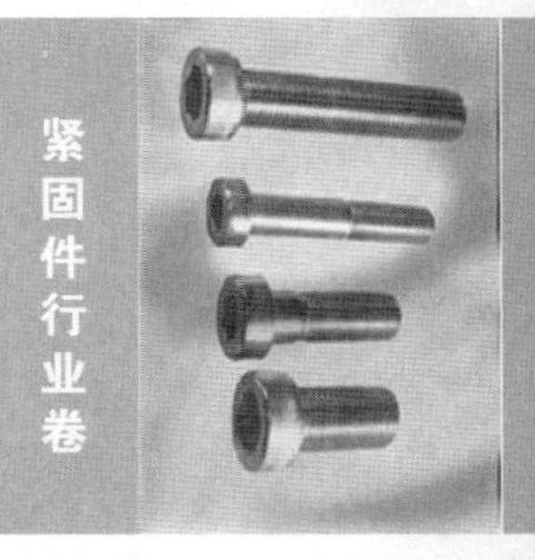

I 中国机械通用零部件工业总览

全面系统地记载我国机械通用零部件行业近年的行业发展历程、整体运行状况和重要事件，分析国内外经济形势，展示企业风采，提出行业自主创新发展的战略思考

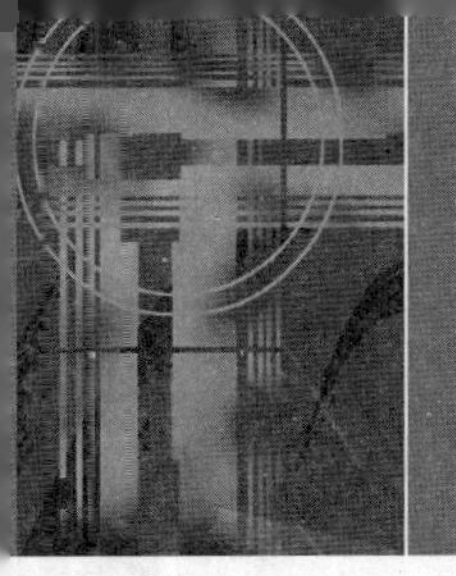
中国机械通用零部件工业总览

链传动行业卷
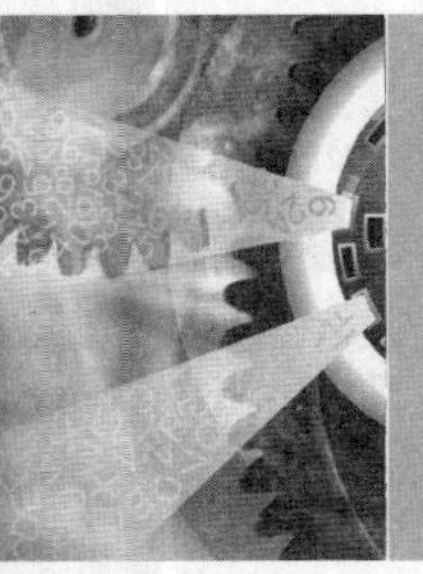
齿轮行业卷
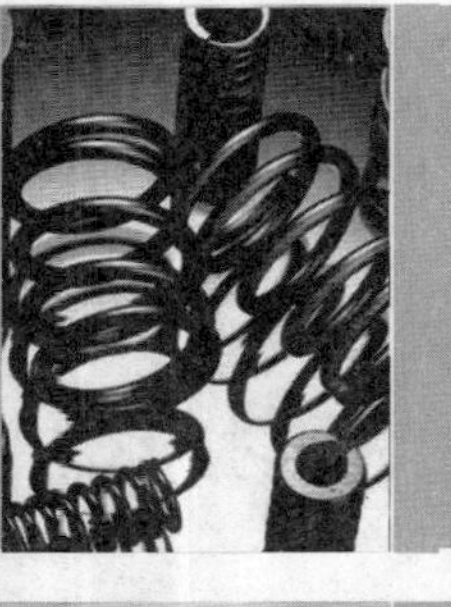
弹簧行业卷
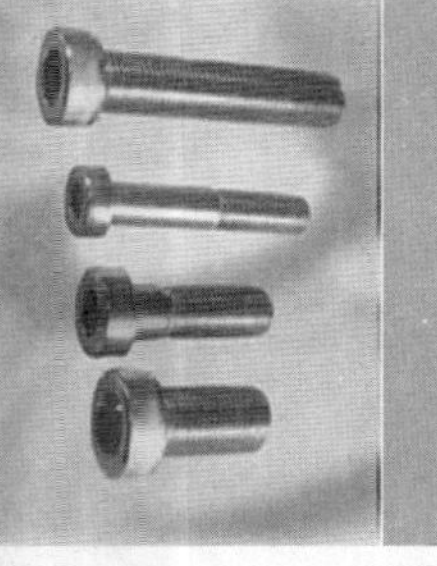
紧固件行业卷

粉末冶金行业卷

传动联结件行业卷

中国机械通用零部件工业年鉴 2012

I 中国机械通用零部件工业总览

综述

统计资料

企业概况

大事记

附录

综　　述

“三位一体”推动机械通用零部件产业由大到强

机械基础件是机器设备的重要组成部分，大到重大装备、国防军工，小到日常生活、家庭用品都离不开机械基础件。可以这样说，机械基础件的水平决定了主机的水平，机械基础件的质量决定了主机的质量，机械基础件的产业规模直接制约着主机的产业规模。因基础零部件失效导致主机失效的案例比比皆是，没有高质量高可靠性的机械基础件，就没有现代装备制造业。由齿轮、紧固件、链传动、弹簧、粉末冶金和传动联结件六个分行业组成的机械通用零部件行业，近年来无论在自主创新能力上，还是在产品质量上，都有很大的提升，也为国家装备制造业提供了大量高质量的配套件。机械通用零部件行业在“十二五”期间，将对国家现代装备制造业和战略性新兴产业的发展，继续发挥举足轻重的作用。

近十年来，尤其是“十一五”期间，机械通用零部件行业得到了快速发展，技术、装备水平不断提高，产业规模不断扩大。据统计，全行业年销售收入增长率连续多年保持在15%以上，出口增长率保持在20%以上。2011年全行业年销售收入为3 037亿元。紧固件、齿轮的产业规模在全世界名列前茅。

但是，通用零部件行业如同整个装备制造业一样，也存在着高端不足、中低端过剩、大而不强的状况，与国外同行的先进水平相比还有不小差距。企业自主创新能力不足，产品结构调整困难，行业科学发展体系和机制还不够完善。整个行业存在着发展不平衡、不协调、不可持续的问题。国家需求的一些重大装备的高端零部件仍需依赖进口。

近年来，由于行业的发展和广大企业的努力，机械基础件的地位和作用愈发引起了政府和整个装备制造业的高度重视。传统的重主机、轻零部件的认识已经逐步转变到主机和零部件同步发展的理念，从而在规划、政策、资金等方面加大了对基础零部件的支持力度，促进零部件行业实现由大到强的转变。

实现零部件行业由大到强的目标任务是宏伟的，实现起来是有相当大的难度的。这需要政府、企业和协会三位一体同心协力共同推进，具体落实各项政策措施，依靠全社会的力量，在几年时间内脚踏实地、埋头苦干，才能够使通用零部件行业在“十二五”期间在由大到强的道路上迈出坚实的一步。

一、政府的引导和支持是通用零部件行业由大到强的前提和保证

没有政府的支持，靠行业自身自然发展很难实现由大到强。在市场经济条件下，政府对通用零部件行业发展的作用主要体现在引导方面。

一是规划引导。由政府出台的规划指明了产业发展的方向，引导企业向规划指引的方向发展。近几年，工信部经过调查研究，组织行业专家参与起草、并相继发布了《基础零部件调整振兴实施方案》《机械基础件　基础制造工艺和基础材料产业“十二五”发展规划》（简称三基规划）、《机械通用零部件行业“十二五”发展规划》等重要文件。这标志着国家对机械基础件产业发展的重视和指导日益具体化。

“三基”规划从发展现状与面临形势、指导思想与发展目标、发展重点、主要任务、保障措施、规划组织实施六个方面做了详细的论述和部署。提出了“十二五”期间提升“三基”产业整体水平和国际竞争力，为实现装备制造业由大变强奠定坚实基础的目标。其中在重点发展的11类机械基础件中，涵盖了机械通用零部件行业的全部六个分行业，并提出了超大型、高参数齿轮及传动装置，高速链传动系统，高可靠性联轴器、制动器、离合器，高强度紧固件，高应力、高可靠性弹簧，高密度、高强度粉末冶金零件产品的发展方向。“三基”规划列举的这些项目，既为行业的发展提供了难得的机遇，也对行业发展提出了巨大的挑战。

二是政策引导。近年来国家有关部委相继出台了一系列支持基础零部件发展的政策性文件。如：国家发改委相继发布的《装备产业技术进步和技术改造投资方向》《产业结构调整指导目录》等文件，积极引导了机械通用零部件行业重点项目的发展；工信部发布的《工业转型升级投资指南》《重大装备自主创新指导目录（2012版）》《产业关键共性技术发展指南》等文件中，国家都从政策上明确支持了本行业6个分行业的十余项重大发展内容。除了这些引导性政策外，国家也出台了一些有利于关键零部件发展的财税政策，如进口免税及出口退税、研发费用加计扣除、固定资产加速折旧等。

三是资金引导。除了政策引导外，国家通过不同渠道对关键基础零部件产业给予了一定的资金支持。在国家

"863"计划、"973"计划、国家火炬计划、国家科技支撑计划、国家科技重大专项中都有涉及关键基础零部件的相关内容。此外,科技部主持的科技型中小企业技术创新基金,财政部、工信部主持的中小企业发展专项资金,科技部主持的国家工程技术研究中心、国家重点实验室,发改委主持的企业技术中心认定等,具备条件的零部件企业都可以申请并获得一定的资金支持。近年来,国家发改委、工信部联合启动了"产业振兴和技术改造"专项资金,财政部和工信部组织的国家重大科技成果转化项目资金,大都涵盖了本行业发展的重点项目。2012 年,为了落实"三基"规划,工信部已经从国家争取到了部分资金支持,启动了"三基"专项。这一专项的实质性启动,为本行业关键技术的突破和实现产业化提供了持久的资金支持。

二、企业在通用零部件行业由大到强过程中要担当起主体作用

外因是变化的条件,内因是变化的根本。不管政府如何支持,没有企业的内生动力,振兴零部件行业只能是纸上谈兵。只有龙头企业和为数众多的中小企业经过一段时间的努力达到了大而强或小而强的程度,整个零部件行业才有望实现由大到强的转变。而要做到这些,必须克服急功近利的浮躁心态,沉下心来苦练内功,抓住"十二五"期间的难得机遇,乘势而上。

一是以国家大力发展现代装备制造业和战略性新兴产业为契机,用足用好国家支持零部件产业发展的扶持政策。尽管目前企业承受着国内外经济放缓、需求不足的双重压力,但我国经济长期向好的基本面没有变,国家实现工业化、城镇化的方针没有变,"十二五"期间风电、核电、高铁、航空航天、海洋工程、新能源汽车及新型农机等继续发展的趋势没有变。因此,为主机配套的关键零部件的市场需求很大。企业要认真分析自己面临的机遇和挑战,自己的优势和劣势,从而制定出自己的产品竞争战略。如前所述,国家有很多支持零部件发展的"计划""专项"和政策,有的包含在大项目内,有的独立成项,需要企业经常关注这些信息,按照规定的渠道争取。近年来已有不少企业获得了宝贵的国家资金支持或贷款贴息,对企业的技术改造和产品升级起到了关键作用。

二是贯彻主攻高端、创新驱动的指导思想,加快产品结构调整。大型骨干企业具有技术、装备、人才优势,通常都有自己的企业技术中心或研究院。这些企业要通过自主创新、集成创新、引进消化再创新等方式,瞄准为国家重大装备配套的关键零部件开展攻关活动,在高端产品上与国外同行在同一平台竞争,为实现关键零部件的国产化作贡献。如:杭州前进齿轮箱集团股份有限公司建有国家级企业技术中心,下属 7 个研发部和产品实验基地,近年来不断开发出船用、工程机械、风电新型齿轮箱,2011 年研发成功的倾角传动船用齿轮箱为国内首创,获 3 项国家发明专利;上海汽车变速器有限公司与世界知名公司组成联合开发团队,开发出了我国首台拥有自主知识产权的双离合变速器,并批量投产。对于占零部件行业 90% 以上的中小企业来说,当务之急是摒弃长期以来的产品低端、低价、无序竞争的格局,要走"专、精、特"之路,在细分市场的高端占有一席之地。"专"就是专业化,在自己具有优势的某个领域实行专业化研发、专业化生产、专业化营销,成为主机厂不可或缺的专业配套商;"精"是指精品化,要在产品设计、项目规划、人才培养、质量控制、供应链管理各方面建立保证体系,确保精品化战略顺利实施;"特"就是特色化发展,产品要有特色,服务也要有特色,通过长期培育,逐渐形成具有自己特色的品牌,在市场竞争中以特取胜。如大连弹簧有限公司是一家只有 100 多人的小企业,但他们致力于高应力、耐低温弹簧的研究开发,产品已批量向高铁和卡特皮勒公司供货。

三是提升管理水平,这是在不确定环境下的生存发展之道。当今的世界,形势瞬息万变,难以预测,不确定的环境已成为常态,企业的生存环境也面临诸多挑战。首先,国际经济格局发生了很大变化。近年来先有金融风暴后有欧债危机,在发达国家经济不景气、外需减少的情况下,贸易保护主义大行其道,使过去传统的海外市场受到巨大冲击。如欧盟对我国紧固件的反倾销,使我国占有的欧盟市场损失殆尽。其次,国内资金、环境、人力资源的硬约束增强。我国零部件企业大都是劳动密集型中小企业,生产过程对环境有不同程度的影响。人力资源成本的大幅提升和环境治理成本的增加使得一些企业不堪重负。再次,产品结构处于价值链的低端。由于内需不旺,主机厂销售不畅,首先冲击零部件供应商,加上产品档次不高,同质化严重,更使竞争加剧。过去企业提高产品档次很大程度上靠引进消化,现在由于我国经济的快速发展已引起一些发达国家的不安,因此,对外开放的格局正在发生微妙的变化,如现在我们到日本去访问,很少再有业内同行同意参观他们的企业。基于以上分析,可以预期零部件行业很难再持续前些年的高速发展,在未来相当长的时间段将处于中速发展的态势。在这样的情况下,再依靠上规模、铺摊子、粗放式的管理是没有出路的,必须审时度势,在战略管理、生产管理、营销管理及人力资源管理等方面引进先进的理念和方式,向管理要效益。如杭州东华链条集团有限公司在内部管理上学习国外先进管理理念,实施"TPS"管理,推行"精益生产"模式;在资本运作方面,成功收购德国 KÖBO 公司,已成为我国民营企业海外并购的典型案例。"DONGHUA"商标已在 70 多个国家和地区注册,并以其高品质的产品和完善的服务,成为国际链条行业的著名品牌。

三、行业协会在通用零部件行业由大到强中要起到强力助推作用

中国机械通用零部件工业协会(简称协会)是政府和企业之间的桥梁和纽带。行业协会的主要职能是服务,要为政府服务、为行业服务、为企业服务。在政府职能转变的情况下,协会的重要性日益显现。协会虽不能制定政策,也不能参与生产经营,但在通用零部件行业由大到强方面可以发挥强有力的助推作用。

一是协助政府做好规划、计划，为零部件行业争取政策支持。近年来我国高端装备制造进步很快，与国际先进水平的差距不大，但与其配套的关键零部件与国外先进水平的差距很大，这制约了重大装备自主化的发展。协会和相关企业通过各种渠道不断向政府有关部门反映情况，争取对零部件行业的支持，引起了中央和各级政府的高度重视。在国家制定的涉及装备制造业的各项规划中大都包含了基础零部件的内容，同时针对基础零部件单独出台了“振兴方案”和“三基”规划。在规划的制定过程中，一般都委托协会进行调查研究，找准制约行业发展的关键因素和行业的主攻方向，提出支持基础零部件行业发展的政策建议；在国家出台的一系列“计划”“专项”执行过程中，协会在获得信息后及时向有关企业通报情况，帮助企业通过规定的渠道进行申报。近年来，协会已帮助紧固件行业申报成功了一项国家重大科技专项，帮助部分企业申报成功了产业振兴技术改造专项，推荐了一批有代表性的项目入围“三基”专项。同时，协会还及时向有关部门反映行业情况，在行业的进出口税收调、企业收购等方面发挥了积极的作用，并得到了政府的认可。

二是以提高行业整体水平为目标，搭建行业共性服务平台。首先，搭建信息交流、技术交流、岗位培训、标准服务平台，构建合作发展机制。协会和各分会利用年会、各种交流会和培训会等方式开展丰富多彩的活动，有效地促进了政府与企业之间、本行业企业之间、行业上下游产业链之间的信息和技术的交流，深受行业企业的欢迎。其次，搭建国际交流和国内行业企业展示平台。协会每年组织十多个团组，数百人赴国外参观考察、参加国际会议和展览，对展示我国机械通用零部件行业的企业形象和产品，了解国外同行的技术发展态势起到了积极作用。邀请美国、欧洲有关协会和企业代表来华演讲。亚洲五地域紧固件业协会交流会已经举办了十多年，对互通信息起到了一定作用。在国内产业链对接方面，协会本着上下游沟通理解和相互协作的思想，初步开展了一些工作。如组织召开了上游钢铁等原材料企业与通用零部件企业的产业链高峰论坛、汽车整车厂与紧固件企业的对接会、齿轮加工装备企业与齿轮生产商对接会等。第三，搭建展览和贸易平台。协会与德国汉诺威展览公司联合主办的亚洲动力传动与零部件展览会已举办多年，这一展会是亚洲最大，世界第二大规模的同类展会，每年吸引多达6万余人的海内外买家和专业观众，是行业企业展示形象、广交朋友、获得信息、贸易洽谈的极好平台。我国通用零部件行业的众多企业连续多年参加这个展会，获得了丰硕的成果。

三是以落实“三基”规划和行业“十二五”规划为落脚点，实施“七个一批”工程。即支持一批行业发展重点项目，发展一批标志性关键产品，打造一批行业企业和产品品牌，认定一批“专精特”企业，培育一批具有核心竞争力的大型企业集团，建设一批产业集聚区，支持一批公共服务平台。协会要重点关注“三基”规划中列出的重点项目和标志性关键产品，经过调查研究和充分论证，建立备选项目库，以备政府在实施年度计划时及时进入项目指南。另外，结合协会每年开展的优秀新产品评选活动，筛选一批代表行业先进水平的关键零部件产品，编制关键核心产品推广目录，向政府和重大装备主机厂推荐，并根据市场反馈信息不断提高产品的质量和档次，最终形成行业标志性关键产品。要研究分析行业企业获得国家级、省级驰名商标、名牌产品、高新技术企业和协会自主创新先进企业称号的情况，加大宣传力度，并利用协会渠道向有关部门推荐名牌产品和名牌企业，推荐明星企业家。通用零部件行业中只有齿轮行业有几家超百亿元的大型企业集团，其余大部分是中小型民营企业。因此，协会在重视龙头企业带动作用的同时，关注的焦点是量大面广的中小型企业。协会已制定了专、精、特企业的评选办法，将开展专、精、特企业评选活动，并将获奖企业向工信部推荐。目的是利用各种方式引导企业向专业化、精品化、特色化发展。要梳理目前已经形成的产业集聚区的情况，要配合地方政府引导集聚区向规模化、集约化、产业链完整、品牌影响力强的方向发展。目前，协会在宁波市、温州市政府支持下，通过专家考察论证已认定两市为紧固件产业集聚区。行业原有一些科研机构在计划经济时期承担着行业共性技术研发、质量检测、标准制订、科研成果推广等任务，改制后这些职能正在弱化。协会要调研分析这些服务平台的现状，通过各种方式，扶持这些机构加强为行业服务的职能。

我们相信只要政府、企业、协会三位一体朝着一个目标协同努力，经过几年艰苦奋斗，就一定能够实现机械通用零部件行业由大到强的转变。

〔撰稿人：中国机械通用零部件工业协会王长明〕

我国机械通用零部件行业发展综述

一、前言

机械通用零部件行业包括齿轮、紧固件、链条、弹簧、粉末冶金和传动联结件六个分行业，其产品应用遍及工业领域的各个行业，是各类机械产品和重大技术装备中应用最广、用量最大及品种最多的机械基础元件。2010年统计数据表明，我国机械通用零部件企业有几万家，规模以上的生产企业有5 000多家，其中主要骨干企业200余家。在企业性质上，国有、集体、民营、中外合资、国外独资和国内上市股份有限公司等多元化的运作模式，有效地激励了企业的发展。2011年，机械通用零部件行业的年产总值已超过3 000亿元大关，达到3 037亿元；行业进出口总额达到270多亿美元，其中出口额达105亿美元。我国机械通用零部件的市场销售额已经排在世界前列,我国也已经成为机械通用零部件产业的制造大国,其中紧固件产量占据全球第一位,齿轮、链条的产量分别为全球第三位。在行业通过实施"十一五"规划,并已形成规模大、门类齐全、基础坚实的产业基础上,又通过制定和实施行业"十二五"规划,使机械通用零部件行业正在进入一个"破蛹化蝶"式的新的历史发展阶段。

近几年,机械通用零部件行业首先经历了"结构调整,创新发展",强调企业要坚持做大做强的发展阶段;又转化为以"创新、突破、转型、发展"为基本思想,强调做强做大的发展阶段;进入"十二五"规划时期,明确提出了"深入贯彻落实科学发展观,以自主创新为驱动力,以转变经济发展方式为主线,以重大装备配套为依托,突破关键技术,提升高端制造能力,加快推进机械零部件制造业由大变强的进程"的指导思想。

我们欣喜地看到,机械通用零部件企业经过近几年国内外市场竞争的锤炼、全球金融危机的考验以及企业自身运营发展的实践,已经摈弃了市场经济初级阶段的低层次产品生产方式和低质、低价的竞争模式。在"十二五"开局的两年里,很多企业已经加速了自身发展方式的结构转变,企业产品的转型升级也已初见成效。

整个行业在认识上逐步提升,推动行业在产业布局上体现出三个调整:布局调整、结构调整和发展方式调整;在企业发展方向上体现出三从态势:从大向强、从国内向国际、从低价格竞争向高技术品牌竞争;在产品升级方面体现出三高趋势:高质量、高技术、高附加值。以加快转变经济发展方式为主线,以增强企业自主创新能力为驱动,以提高企业产品性能质量为落脚点,以国家重点工程和重点项目的装备发展为依托,坚持"由大向强"的转型发展理念已经成为全行业企业的共识,并已付诸行动。

二、机械通用零部件行业发展基本态势

(一)行业发展环境分析

机械通用零部件行业在"十一五"后期和"十二五"初期的发展过程中,国家先后发布了《装备制造业调整与振兴规划》《机械基础零部件产业振兴实施方案》和《机械基础件、基础制造工艺和基础材料产业"十二五"发展规划》。这些政策性极强的文件,为基础零部件产业的发展提供了极为良好的环境和广阔的市场空间,为装备制造业和基础零部件的发展给予了有力的政策引导,使行业在坚持科学发展观和产业经济发展效益等方面都取得了可喜的成绩。

另一方面,2008年爆发的全球金融经济危机及其后续延伸的不利影响,造成国内外经济形成了长期非常复杂而动荡的发展态势,直至2012年,依然笼罩着对行业发展非常不利的影响,使行业发展的速度趋缓。

"十一五"期间,国家在中长期科技发展规划纲要(2006—2020年)的有关制造业领域优先主题中明确地提出了"重点研究开发重大装备所需的关键基础件和通用部件的设计、制造和批量生产的关键技术"。2009年5月,国务院发布的《装备制造业调整和振兴规划》指出:坚持发展整机与提高基础配套水平相结合,从政策上根本调整了机械工业已往"重装备,轻零部件"的发展弊端。尤其是2010年10月,工信部发布了《机械基础零部件产业振兴实施方案》,2011年11月发布了《机械基础件、基础制造工艺和基础材料产业"十二五"发展规划》,这两份针对机械基础零部件产业发展的重要政策性文件,直接反映出机械通用零部件行业亟需突破的关键项目,并指明了行业的重点产品发展方向,为行业的发展提供了极为有利的宏观政策支持环境和指导作用。另外,国务院及其国家相关部委先后发布的《"十二五"国家战略性新兴产业发展规划》《当前优先发展的高技术产业化重点领域指南》《产业关键共性技术发展指南》《重大装备自主创新指导目录》及《装备制造业技术进步和技术改造投资方向》等政策性文件,大都涵盖了对齿轮、紧固件、链条链轮、弹簧、传动联结件和粉末冶金这些机械通用零部件行业发展的积极支持和引导,这些充分体现了国家政府明显地加强了对机械基础件产业的支持力度。这使机械通用零部件行业深刻感受到:目前是国家利好政策支持的新的历史发展时期,对行业企业在面对国内外各种困难和复杂的环境中,坚持企业的发展起到了极为重要的作用。

《装备制造业调整和振兴规划》提出的在汽车、轨道交通、船舶工业、风力发电、核电及工程机械等十大领域重点工程和九大产业重点项目中的发展政策,为机械零部件行业开辟了广阔的市场空间,大幅拉动了机械通用零部件行业的快速发展;两份针对机械基础件的政策文件,极大地鼓舞了正在遭遇国际金融危机严重影响且处在刚刚步入转型升级的基础件企业的信心。有了市场、有了政策、有了方向,基础零部件行业遇到了有史以来宏观发展的利好政策,必须迎来行业的持续发展。

众所周知,在这一时期内,行业发展的国际环境一直处于低潮。表现为:2008年以来,爆发了美国次贷债务经济危机,逐步演化成政府的债务,金融体系越来越脆弱,美国宏观经济政策效率面临着递减趋势,财政政策可操作的空间越来越小;欧债危机日趋恶化,并从希腊向西班牙等国蔓延;受美元、欧元下行拖累,世界经济下行风险进一步加大,发达国家普遍陷入高赤字、高债务及高失业困境;新兴经济体的国家经济增速也深受欧美债务影响而回落;几年来世界经济复苏进程艰难曲折,发展缓慢无力。

我国面对国际经济发展的颓势,尽管采取了一系列的经济拉动政策,减缓了全球性经济危机对行业的影响,但是,机械通用零部件行业原有的快速发展态势受到了明显抑制,尤其是占据基础零部件产业出口主导地位的机械通用零部件行业的出口业务。随着欧盟对钢制紧固件发起的反倾销,使得行业出口业务的增长受到进一步遏制。无论如何,世界性的经济危机大环境对行业的发展带来了诸多不利影响,但同时也使行业企业在世界经济发展大潮中经受了锻炼和考验。

（二）行业经济发展主要成就

1. 行业生产总值发展情况

机械通用零部件行业在“十一五”末期至“十二五”初期阶段，实现了生产总值较大幅度的增长，由 2009 年的 2 059亿元增长到 2012 年的 3 232 亿元，实现同比增长 57%，年均增长率接近 16.3%。另外，从行业企业的经济发展能力看，涌现出一大批亿元以上的企业，其中 100 亿元以上的企业 2 家，50 亿元以上的企业 4 家，10 亿元以上的企业约 30 家。整个行业企业的发展基础更加坚实，技术底蕴更加深厚。2009—2012 年行业生产总值及各专业产值见图 1。

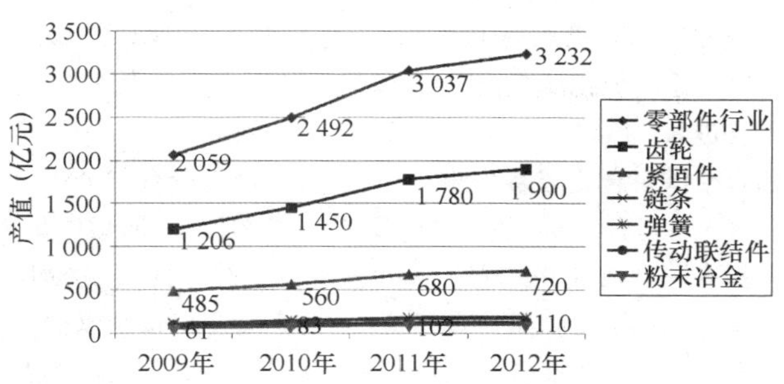

图 1　2009—2012 年行业生产总值及各专业产值

2011 年机械通用零部件行业六个专业的产值贡献分布见图 2。从图中可以看出，齿轮行业的产值已成为机械通用零部件行业的主导部分，其占据了行业总产值的 59%；紧固件占据了行业总值的 22%，是行业的第二个贡献大户；其他四个专业虽然产值所占行业总值的比例较小，但其发展潜力及在机械行业发展中的作用，决不容忽视。

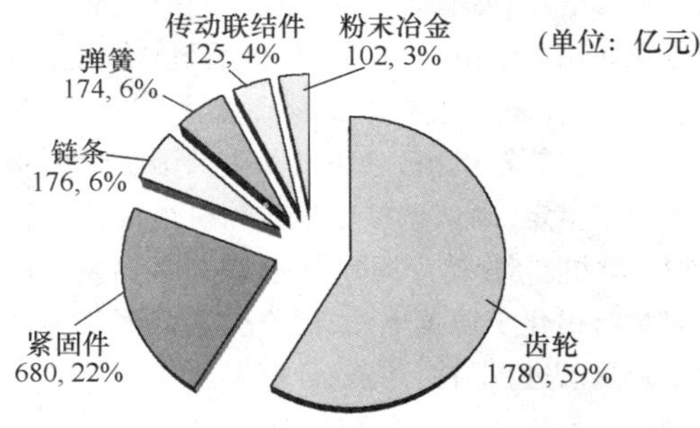

图 2　2011 年机械通用零部件行业六个专业的产值贡献分布

2. 行业进出口发展情况

行业外贸出口总体发展向好，承接加工订单能力和销售服务能力都有新的提高。行业出口额由 2009 年的 53.9 亿美元增至 2012 年的 115.3 亿美元，增长幅度翻了一番，出口产品的质量水平亦不断提高，出口的范围已达 100 多个国家和地区。机械通用零部件进出口总值已成为机械基础件行业（还包括轴承、模具、液压、气动、密封件等）进出口总值的主体。特别值得提出的是：紧固件、齿轮和链条专业的国际市场开拓成绩突出，其中我国已成为世界紧固件第一出口大国。

行业外贸进口情况一直保持较大幅度的增长，由 2009 年的 106.6 亿美元增至 2012 年的 166.6 亿美元，实现增幅 56%。特别应指出的是：2009 年，受全球金融危机影响，行业进口额增幅明显降低；而 2010 年的行业进口额疾速增长，这主要是因为 2010 年我国汽车工业发展很快，并成为世界第一汽车生产大国，造成汽车自动变速器的大量进口所致；2012 年受全球经济复苏乏力影响，行业总进口额有所下降。2009—2012 年行业进出口情况见图 3，2011 年行业进口额各专业贡献分布见图 4，2011 年行业出口额各专业贡献分布见图 5。

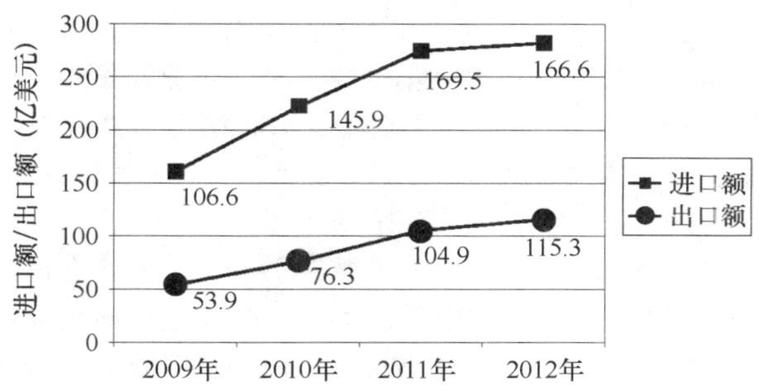

图 3　2009—2012 年行业进出口情况

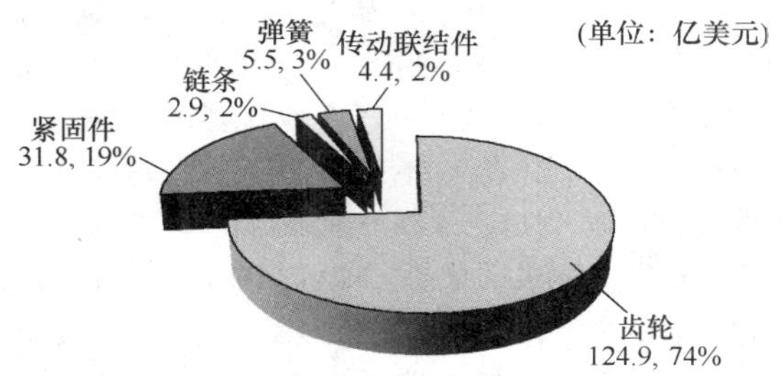

图 4　2011 年行业进口额各专业贡献分布

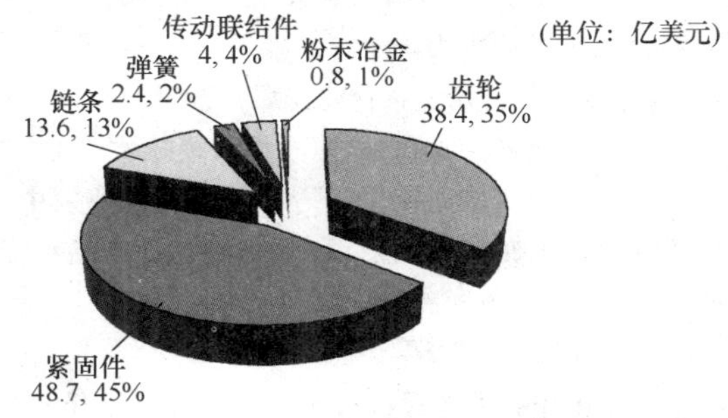

图 5　2011 年行业出口额各专业贡献分布

图 4、图 5 表明：在进口方面，齿轮专业的进口额占据行业进口总额的 74%，紧固件专业的进口额占据行业进口总额的 19%；在出口方面，紧固件专业出口额占行业出口总额的 45%，齿轮专业的出口额占行业出口总额的 35%。

行业的进出口总量为贸易逆差，且不断加大，已从 2005 年的 13.6 亿美元扩大到 2010 年的 69.6 亿美元。主要原因是齿轮专业的进口量逐年增长很快。

三、行业技术发展成就

行业企业进入“十一五”后期，一方面，企业进一步经历了更为激烈的市场竞争实践，从而对科学发展的认识更为深刻；另一方面，在国家产业政策引导下，增强自主创新能力，提升在市场中的核心竞争力，加速推动产业转型升级已成为企业在发展过程中的共识。自2011年开始，进入“十二五”发展时期，行业加速了企业发展方式的转变和企业产品转型升级的发展。以加快转变经济发展方式为主线，以增强企业自主创新能力为驱动，以提高企业产品性能质量为落脚点，以国家重点工程和重点项目的装备发展为依托，坚持“由大向强”的转型发展已经成为全行业企业共同的实践行动。

1. 企业自主创新体系建设

企业的自主创新建设，一方面主要是通过以产品结构升级优化为方向，从招纳技术人才入手，建设企业的技术研发中心和配套相应的激励机制，以及加大企业开发经费的投入等多种模式，把提升企业核心竞争力、增强产品技术含量的自主创新工作逐步纳入企业良性循环的发展轨道；另一方面，企业以与科研院所、大专院校及国外合作商建立联合技术开发或技术合作为渠道，广泛建立技术合作关系，有效提升企业技术发展空间和水平，实现不断完善企业的自主技术创新体系。首先，企业通过原始创新、集成创新，或在消化引进技术基础上的再创新(即二次创新)等多种形式，获得了大量的产品开发技术成果，助推企业取得稳定的发展和效益。其次，企业依据自身发展的实情，因势利导不同程度地开展了企业在管理方面的创新。很多企业采用了ERP等系统实现了企业技术业务和人为行为的统一管理，促进企业在经营成本、人力资源、物流组织等方面取得了积极的成果。如杭州前进齿轮箱集团有限公司建立的全方位的技术创新体系，通过“研发技术创新、生产制造创新、市场营销创新、管理运作创新”的“四创新”工作措施，极大地提高了企业在船舶、风电、工程机械等领域内的市场竞争力。

目前，行业内已有几十家企业先后被授予“国家创新型试点企业”“国家级产品检测中心”“国家级技术中心”“国家重点实验室”“省级博士工作站”及“省级技术研发中心”等称号。行业企业拥有自主知识产权的成果、产品和专利明显增多。

2. 自主创新的典型成果

自主创新工作有力地促进行业企业在新产品开发方面取得了新的成绩。其一，体现在企业的产品自主设计研发能力提升；其二，涌现出一批技术先进、性价比高、有竞争力的新产品。

行业骨干企业经过不断地注入技术和资金，逐步完善自身产品的技术研发体系。目前，相当数量的骨干企业已经采用了现代的计算机设计，实现了产品CAD/CAM/CAE的三维、动态、仿真等优化设计和制造，有效地提升了新产品的设计开发水平和能力。有的企业还在引进国外零部件产品专业设计软件的基础上，结合自身产品发展阶段，开发了更适合企业应用的产品设计软件，并逐渐形成了从新产品设计、研发、制造、验证、修正到批量生产的整个过程的分析和考证系统。在采用先进的生产管理模式方面，企业已经先后开始应用并扩展诸如ERP系统、精益生产方式(JIT)、全面规范化生产维护(TNPM)及新产品开发先期计划(APQP)等系统，促进了企业的业务和行为管理水平，推动企业提升了产品的质量和技术水平。有些龙头企业，还拥有了对产品升级系列化进行研发的Know－How技术或专利，成为企业发展的核心关键技术。这些都积极支持了企业的再发展，增强了企业在国内外市场上的核心竞争力。

我国零部件行业的自主创新的典型成果列举如下：东华链条集团的高精高速链条研发项目——“基于复杂多元变异Hy－Vo链数字化设计方法研究及平台开发”，属于国家“863”项目，已取得了实用性成果，经过一汽ET3发动机正时链系统模拟试验，已经达到国际同类产品的先进水平，并已进入一汽轿车的配套体系，成为我国首家进入一汽集团合格供应商的链条企业；上海中国弹簧制造有限公司已实现全部产品进行三维CAD/CAE技术设计、验证和仿真，并拥有一系列自主研发的Know－How技术专利，成为通用汽车亚洲地区的弹簧产品供应商，且产品还出口到欧美的OEM市场；10.9级高强度紧固件产品已进入风电、汽车及高速铁路领域；烟台高新区以高端装备、高精尖的工艺和技术生产的钛金紧固件产品填补了国内空白；具有高科技含量的9挡“大力金刚”系列变速器，是拥有自主知识产权的新产品，已应用于重型载货汽车；拥有自主知识产权的6挡湿式双离合器变速器DCT360已顺利批产，并投放轿车市场；多家工业齿轮公司已经成功生产了1.5MW、2.0MW及3.0MW风机配套齿轮增速器，部分产品还出口国外；拥有自主知识产权的装配QJ805变速器总成的客车，已成为国家级大型重要活动(如国庆)用车；“先进船舶推进系统与高速轻量化船用齿轮箱制造”的研发项目已成功应用于船舶制造业；技术长期受美国、德国及日本等发达国家制约的国产大型核电齿轮箱机组，已通过国内及国际经销商专家组的科技成果鉴定，确认该核电齿轮箱机组填补了国内空白，各项技术性能指标达到国际先进水平，并安装于辽宁红沿河核电站与福建宁德核电站；国产的变截面、变刚度、高应力汽车弹簧已进入国内独资、合资和民营企业生产的各种汽车的配套系统，并且还能出口海外；国产的多种精密弹簧已成功用于我国生产的航天器上；我国自行研发生产的粉末冶金高性能刹车摩擦副产品已成功应用在国产大飞机上，并取代了进口产品。这些典型的新开发产品不但满足了我国装备制造业的配套需求，其技术在行业内还具有非常广泛的带动作用。

此外，创新驱动建设还推动行业企业获得了一批重要技术成果。其中先后获得中国机械工业科学技术奖二等奖6项：高性能船舶动力传动系统齿轮箱关键技术及产业化，波音737－700/800飞机国产粉末冶金刹车盘副的研制，JRT0540扶梯减速器，FD1660型风力发电机齿轮箱，GVL1400双机并车带PTO船用离合减速齿轮箱，汽车自动变速器成套齿轮近净成形关键技术开发及产业化；获得三等奖6项;复合锻造重型农业机械锥齿轮,大模数直齿轮精密成形技术,流体控制阀用小模数精密蜗杆副,分体调心联轴器,新型立式磨机减速器的研发与产业化,钢结构用扭剪型高强度螺栓连接副。另外,"多功能船用离合齿轮箱关键技术研究及应用"获首届海洋工程科学技术奖二等奖,"8.8~10.9级紧固件用冷作强化非调质钢研究开发"获得安徽省科学技术奖二等奖。

通过企业在坚持产品升级优化方面的努力和实践,在2009—2011年内,协会先后评选出行业技术创新优秀产品特等奖78项、优秀奖73项,以及创新产品20项;于2009年和2011年分两批共评选出58家行业自主创新先进企业。

实践表明,自主创新为企业提升了发展空间,增强了市场竞争力,带来了活力,赢得了效益。如有的企业在坚持"开拓市场,以技术创新开路"的实践中,提高了企业的利润空间,实现了经营利润的50%来自于其自主创新的效益,特别是在金融危机时期的严峻形势下,更彰显出了企业极强的市场竞争力。越来越多的企业已经认识到:没有自主创新,就没有企业的发展;只有加强自主创新,企业才能在市场竞争中拥有优势地位。

3. 技术改造主要情况

无论是行业企业的自身发展需要,还是市场竞争的战略发展要求,企业加大技术改造力度,促进机械通用零部件产品质量和水平的提高,已成为近几年企业发展的主流。企业依据产品种类、市场需求、技术实施及经费投入等实际情况,主要在产品成形工艺、热加工工艺、制造装备和一系列配套监测实验设备等方面较大幅度开展了技术改造,为企业的进一步发展奠定了坚实的基础。

根据企业发展的不同要求,行业的技术改造工作通过提高自动化、智能化、集成化及绿色制造为水平,加速了企业技术改造的进程。主要体现在以下方面:

(1)加强与钢铁企业合作,先后开发出部分高纯度、高精度、高性能及高质量的钢种,尤其是特种钢(高淬透性、抗疲劳、耐腐蚀、耐高温)、非调质钢、不锈钢和紧固件用精轧线材。如在紧固件产业密集区,钢铁厂普遍引进或建设了高质量的精轧生产线;首批铁路专用$60Si_2Mn$弹簧钢,在安钢第一炼轧厂高线顺利打包下线,经检验其产品性能和表面质量良好,完全符合相关技术要求;马钢8.8~10.9级紧固件用冷作强化非调质钢研究开发成功,使紧固件生产企业可省去冷镦前的退火工序、成形后的淬火、回火工序,体现了节能环保,经济和社会效益显著,支持了我国低碳经济的发展。

(2)大力推进非调质钢及低温快速球化新工艺和免退火新技术,提高了原材料加工工艺水平。

(3)加强和提高工模具制造技术水平,采取超硬和超韧性的新型材料。

(4)推广真空热处理、保护气氛热处理、可控碳氮共渗、新型表面镀覆工艺等,提高了工模具、产品的内在质量和寿命。

(5)行业企业购置国外先进的制造装备、测试及测量设备,或引进国际先进的机械零部件生产制造工艺和技术,已经和正在实现产品的半自动化或自动化生产线制造,尤其是在线监测控制的应用,提高了产品制造稳定性、精度和生产效率。如浙江乍浦实业股份有限公司瞄准紧固件高端产品的发展方向,新建了以国外先进冷镦机等生产设备为主的高品质产品生产线,显著提高了企业产品质量;钱江弹簧北京公司在定位高端汽车零部件的指导思想下,坚持从设备到工艺高起点定位,按照"低碳工业"和"节能减排"要求,引进了德国采用国际领先的中频加热技术生产的、具有热效率高、晶粒细、无脱碳优点的先进热卷悬架弹簧设备。

(6)增添或改进基于环保、节能方面的设备、装置或工艺技术。目前,行业内已有十几家的上市公司,它们借助于资本市场的资金优势,几乎都在企业的技术改造上投入了大量资金,以先进的产品制造技术和新装备进行了技术改造,在大幅度提高产品质量的同时,抢占市场的制高点。东睦新材料集团股份有限公司借助资本市场实力,推进自主创新平台建设,加强企业技术改造。其中投资数亿元,实施了针对汽车、摩托车粉末冶金零件的生产线技术改造和环保、节能型压缩机粉末冶金零件生产能力的技术改造项目;晋亿实业股份公司投入数亿元,建立了专业为高速铁路配套的紧固件产品生产基地,引进国外先进设备、仪器,建设成紧固件产品的柔性生产线,先后中标京沈铁路、西兰铁路等国家高铁项目,已成为我国高铁紧固件配套的主力供应商;上海中国弹簧制造有限公司每年投资千万元用于企业技术创新建设。目前已实现产品三维CAD/CAE技术设计、验证和仿真,并拥有一系列自主研发的Know-How技术专利,从而成为通用汽车亚洲地区的零部件供应商,且产品还出口欧美OEM市场。

行业的龙头和骨干企业多以数千万元乃至上亿元的投入增添产品制造的关键设备和测试仪器。其中,主要是购置国外先进的多轴数控高效制造或成形设备、快速高精度测量或分析数字仪器仪表等;一般的民营企业也能依据自身发展情况,适当投资购置国内的先进制造设备、测量设备,以提高企业的生产能力和水平,甚至通过自己动手制造技术可行的工艺装备和夹具等办法,提高产品的制造水平。

四、产业布局和产品结构调整取得成效

多年来,我国机械通用零部件行业坚持贯彻科学发展观,坚持以调整产业结构和转变生产发展方式为主线的指导思想,经过市场竞争的实践和探索,明显加快了产业布局调整的步伐,企业也积极强化了产品结构优化升级的运作。

1. 产业布局调整

在产业布局方面,行业依据不同的情况,已形成企业向产业链配套的产业集聚区进驻;向配套的装备主机厂地区转移;从能源、用地等紧张地区向可拓展地区发展等多种产业布局的调整模式。

在从能源、用地等紧张地区向可拓展地区的转移发展方面,具有典型代表意义的是紧固件的企业布局转移。随着沿海地区土地资源的进一步匮乏,环境、劳动力、能源和运输压力的不断增大,紧固件企业实现了从宁波一带向邢台钢铁公司周边地区转移、温州的紧固件企业向江西万年县标准件工业园的转移。这样既降低了建设成本、物流运输成本,又可解决土地、劳动力、电力短缺等问题。又如,浙江中益机械有限公司在四川眉山建立了德恩机械有限公司,扩展了企业经营业务范围。

另外,很多企业在加速自身产品结构升级的同时,也注意了自身产品结构布局的调整。如:上海中国弹簧制造有限公司在市政府的支持下,以科技创新为先导,在罗泾地区建设了具有先进水平的厂区,为其发展再添新动力;重庆齿轮箱有限责任公司为发展高端新产品,在重庆江津德感工业园区建立新区,做强三大优势产业,发展三个新兴产业,并于新区成立重庆高精齿轮传动设备有限公司,为打造"百亿重齿""百年企业"提供有力的支撑;杭州弹簧有限公司基于"做精、做强、做优"思想,进行产品布局和结构调整,在嘉兴桐乡建设新厂,成立全资子公司,承担热卷弹簧、截锥涡卷弹簧、高精度螺旋弹簧等新产品的生产;钱江弹簧有限公司以"走和谐之路、创一流品牌"为企业使命,强调把"以人为本、科学发展"的理念贯穿到企业发展实践的每个环节,并瞄准为北京地区汽车配套高端弹簧产品的目标,按照"低碳工业"和"节能减排"要求,积极实施低能耗、低排放、低污染目标的生产方针,针对轿车悬架弹簧、发动机气门弹簧和轿车稳定杆产品,全部采用世界一流水平的自动化生产线,在北京顺义定址成立钱江弹簧北京分公司,努力打造拥有现代制造技术水平的新区;恒久链条集团继在江西、安徽收购链条企业后,继续扩大规模,在绩溪又新建数万平方米的厂房,购置先进设备,突出非标异型链的研发生产优势,推动非标链条的制造水平再上新台阶,其分公司安徽黄山恒久链传动有限公司还获得行业协会授予的"中国非标异型链研发生产基地"荣誉称号。

2. 产业集聚区建设

产业集聚区是企业产业链协调发展重要的模式。各集聚区充分利用自身优势,在获得地方政府的积极支持下,一方面积极发展高端产品,着力打造地区企业的品牌形象;另一方面注重发展现代制造服务业,逐步实现设施现代化、管理规范化、信息网络化的服务系统,努力打造国内外一流、高效益、具有国际影响的产业集聚区形象,推动集聚区的良性发展。随着地区政府加速了区域经济的配套建设,紧固件、齿轮及链条行业在近几年发展中的集聚效应取得了长足进步。

依据紧固件专业企业自身的发展特点,经过多年的布局和市场调整,并在地方政府的大力支持下,目前已逐步形成了宁波、温州、冀南、海盐和佛山等紧固件产业集聚区,其中,由协会授予的"中国紧固件之都"荣誉称号花落宁波,"中国紧固件之城"荣誉称号落户温州。这些集聚区的特点是:企业集中,产品细分,产业规模较大,产业链配套完善,获得当地政府的积极支持。目前,紧固件产业较为集中的以上地区的总销售额可占紧固件行业总值的60%以上,产业集聚发展效应非常明显。

齿轮专业正在形成"一区四基地"的产业格局:即以重庆为齿轮产业集聚区,以西安、杭州、南京、大连四个地区为齿轮产业基地的格局。重庆市政府坚持加强产业集群的配套能力建设的战略,重庆在汽车、摩托车、船舶及风电等多种国家重点装备主机产业快速发展的带动下,培育了一批以齿轮为重要零部件的配套企业,从而形成了国内齿轮企业最为集中的区域。重庆齿轮集聚区在技术、品种及加工能力等方面已处于国内先进水平,并基本满足该地区主机装备的配套需求。西安、杭州、南京、大连四个地区的齿轮产业基地,发挥了各自在地区政策、传动产业、技术人才和市场等方面的优势,形成了齿轮品种齐全、技术领先,产品享誉全国、辐射全球的庞大市场。

链传动专业已形成以江苏、浙江两省为重点的链条产品结构升级发展互动区域。首先,包括诸暨、武义及嵊州等地在内的杭州地区是链条企业最为集聚的地区,链条两大龙头企业杭州东华链条集团有限公司和浙江恒久机械集团有限公司均在该区,该区的合计产值占链条行业总产值的30%以上。其次,包括江苏的苏州、无锡、常州、泰州的链条产业带集聚区,其合计产值占链条行业总产值的20%。江、浙两省链条集聚区的发展已经体现出龙头企业的带动引导作用强,骨干企业发展后劲足,以及企业联动效应好的发展特点。江、浙地区链传动行业的合计销售额约占行业总销售额的70%,产业发展已明显形成了链传动企业区域联动的积极效应。

3. 产品结构优化升级

产品结构的优化升级是机械通用零部件行业发展的必然,是市场竞争的要求,更是国家装备制造业对基础零部件的要求。

作为地方经济产品优化升级发展的代表,浙江省紧固件协会为推动紧固件产品结构的转型升级做出了一系列努力。浙江省紧固件协会通过发挥本省的国家标准件产品质量监督检验中心的作用,整合社会资源建立浙江省海盐标准件技术创新服务平台,创建海盐首家省级博士后科研工作站,坚持运用国际标准质量认证体系规范产品生产等多种措施,有效地推动了浙江的紧固件产品转型升级。浙江地区在逐步开发国际紧固件市场的过程中,已成为我国紧固件出口海外的强大基地,产品的转型升级也有效推动了企业产品进入为装备配套的新领域。如:浙江七丰五金标准件有限公司研发的高强度高速铁路螺纹道钉产品,不仅得到德国的VOSSLOH公司的质量认证,还获得了上海铁路局物资采购市场准入证,其产品已投入武广客运专线和京沪高铁运行;浙江海泰克研发有限公司生产的紧固件产品中,高强度产品占比已由原来的30%左右上升到

50%以上，产品附加值也从每吨4 000元提升到每吨1万元以上；浙江新东方紧固件有限公司斥资1.2亿元专门开发汽车用高端紧固件，主要是为汽车发动机和气缸配套的螺栓等。海盐县在《紧固件产业调整和振兴规划》中，非常明确地指出，必须将长期徘徊在低端市场的海盐紧固件“拧”上高端市场，提升配套生产技术水平，提高产品附加值。

在其他专业领域，东睦新材料集团股份有限公司注重建设资源节约型企业，把节能减排作为调整经济结构、转变增长方式的突破口，扎实做好节能降耗工作，确保实现节能减排约束性指标，顺利完成了上海通用汽车配套的3个绿色供应链项目，助推企业进入通用汽车优秀绿色供应商行列。该公司的汽车粉末冶金零件生产工艺和质量有了较大幅度的增长，并为宝马、奥迪等轿车变速系统、发动机平衡系统、VVT系统实现配套生产；洛阳机床公司通过强化产品的结构升级和技术改造，取得了突破进展，先后将产品出口印度、缅甸和波兰，还取得了系列卷簧设备进军欧洲市场的CE认证许可；株洲沃尔得特种齿轮有限公司承担的“大规格高精度高速重载圆弧锥齿轮开发与研究”项目，是我国重大装备在基础件领域的一次重大突破，再一次打破了国外对我国的技术垄断；上汽标准件公司生产的10.9级紧固件经装车试验和严格的测试，已成功打入通用汽车配套系统；綦江齿轮传动公司积极开发“安全、绿色、节能减排、低碳”的环保变速器，获得多家主机厂褒奖；贵州航天精工制造公司是一家长期生产不锈钢紧固件、钛合金紧固件、高低温紧固件的优势企业。2010年，该公司生产的高锁螺栓、螺母标准件经审查认定，已纳入ARJ21－700飞机合格供应商目录，从而成为大飞机标准件配套的合格供应商。

4. 企业兼并重组，逐步实现资源的优化配置

随着产业结构布局的深度调整，企业通过兼并重组逐步实现资源的优化配置已成为企业由大向强发展的一种重要模式。除国内企业的并购重组或股份投入外，更为可喜的是，我国的机械零部件企业已经开始采用投资或全资收购国外企业的模式，使企业以国际市场经营者的形象跨入了一个新的时代。杭州东华链条集团有限公司在继收购东风农机、兴化齿轮厂后，于2009年年末全资收购了德国第二大工程输送链条制造商KOBO公司，2010年又参股日本EK公司。东华集团在国际上的大手笔运作，促进了东华集团在产品设计、工艺、制造、工装设备、物流及员工素质等方面全面与国际接轨，大大提高了东华的国际化水平。目前，东华集团的产品已达到欧洲和日本链条制造标准的水平，使东华集团成为了国际中高档链条市场的有力竞争者。同时，通过与德国KOBO公司、日本EK公司共同参加各种国际展会，迅速扩大了东华集团产品的知名度，并不断提升市场占有率，使其成为机械零部件行业收购国外知名企业的范例。

在国内资源整合方面：中国航空工业标准件制造有限公司投资海盐来宝五金公司，进一步扩展汽车、摩托车和工程机械、轨道交通等高强度民用紧固件产品；海盐则借助于国家央企的实力，促进其与地方民企合作，由航天精工有限公司、国家标准件产品质量监督检验中心、浙江七丰五金标准件有限公司、浙江新东方紧固件有限公司等联姻，筹建“航空航天标准件产业化基地”，为实现海盐紧固件企业转型升级吹响了冲锋号；上海集优集团收购上海高强度螺栓公司和紧固件研究所；深圳航空标准件公司收购上海卓越公司发展汽配产品；瑞安标准件公司收购重庆两个厂，转型生产汽摩配件；苏州环球链条集团、神王集团相继在苏北征地建厂，调整产品结构，扩大生产规模；上海球明标准件公司在天津静海投资建厂，生产高端汽车标准件；鹏驰五金在昆山投资建厂，生产高强度紧固件。以上这些不同所有制企业间的合作为实现优势互补、加快产品的转型升级开辟了新路。近几年来，这种兼并重组、战略转移的例子不胜枚举，已经形成了一种发展趋势，促进了机械通用零部件行业的产业集中度稳步提高，资源优化配置日益明显。

五、行业的品牌建设

俗话说“低端企业做制造，高端企业做品牌”。品牌已经成为企业没有列入资产负债表中的重要无形资产，可见品牌建设对企业的发展至为重要。

多年来，机械通用零部件行业企业在品牌建设方面做了大量卓有成效的工作，使行业对国家装备制造业、乃至在国际上的积极作用和影响正在逐步提升。以杭州东华链条集团有限公司为代表的一批骨干企业，虽然依据企业具体情况采取了不同的运作方法，但都把企业的品牌建设毫无例外地列入了企业发展战略规划中。首先，企业在注重提供高品质产品和做好售后服务的基础上，分别在企业内部生产管理中，实施TPS管理、推行“精益生产”模式；在资本运作方面，有针对性地收购国外企业、控股国外企业或与国外企业合资建厂；在扩大宣传方面，积极参加国内外著名的大型机械传动展览或大型贸易展览，加强企业中英文网站的建设，不断更新和完善、并保持与可能客户的在线通道联系，并展示蓬勃发展的企业形象，广泛建立国际商业合作关系；在营销品牌建设方面，企业加速在国内外建立产品营销服务站点，积极申报中国驰名商标，乃至在海外多个国家和地区完成企业商标注册，如“DONGHUA”商标在80多个国家和地区注册，青岛“征和”品牌已在60多个国家注册。这些工作极大地扩展了企业的品牌在国内外方面的认可度。此外，行业中相当数量骨干企业的产品已经实施了诸多先进国家的零部件技术标准，如DIN、BS、JIS、ANSI、GM等，很多企业已经取得了美国、德国、意大利、法国等许多国际知名公司的多种产品的生产许可证，在扩大产品出口的同时，成为海外OEM的可靠供应商，将产品打入国际市场。

另外，常熟标准件厂在欧洲投资200多万美元，建立了奥根紧固件有限公司，在扩大企业生产规模的同时，还扩展

了企业品牌在欧洲的影响;企业出席国际上的专业技术会议,如上海中国弹簧厂首次参加世界弹簧工业大会,并在会上作了专题发言,展示了我国弹簧制造业快速崛起的形象;恒久集团"黄山"牌非标异型链已驰名海外,恒久集团"黄山"牌工程机械链条在美国的市场占有率已达到20%。积极的品牌建设,在提升企业国内外品牌影响力的同时,也为企业赢得了丰厚的品牌效益。

企业的品牌建设工作还体现在很多行业企业和企业领导相继获得了各种荣誉称号。在中国机械工业联合会组织的"装备中国功勋企业"评选中,杭州前进齿轮箱集团股份有限公司、陕西法士特汽车传动集团公司荣获"装备中国功勋企业"称号;在"装备中国功勋企业家"评选中,杭州东华链条集团有限公司董事长宣碧华荣获"装备中国功勋企业家"称号;获得"中国机械工业优秀企业家"称号的有7人,他们是:王以南(浙江中益机械有限公司),冯光(杭前进齿轮箱集团股份有限公司),吴长鸿(浙江双环传动机械有限公司),陈德木(杰牌控股集团有限公司),黄伟达(苏州环球集团有限公司),李政(德州齿轮有限公司),李和平(杭州弹簧有限公司);在"中国工业行业排头兵企业"的单项奖中,杭州前进齿轮箱集团股份有限公司的总经理茅建荣获得"中国齿轮、传动和驱动部件制造行业排头兵领军人物"称号,该公司获得"中国齿轮、传动和驱动部件制造行业排头兵科技创新企业"称号;在"振兴装备制造业中小企业之星"评选中,安徽黄山恒久链传动有限公司总经理陈亦兵、上海金马高强度紧固件有限公司董事长王章友、浙江长兴西林链条链轮有限公司董事长兼总经理马锦华及陕西金宇粉末冶金有限公司董事长刘和气获得"振兴装备制造业中小企业之星"明星企业家称号,同时这4家企业获得"振兴装备制造业中小企业之星"明星企业的荣誉称号;在"中国机械工业百强企业"评选中,南京高精传动设备制造集团有限公司、杭州前进齿轮箱集团股份有限公司位列其中;在"汽车工业三十强企业"中,陕西法士特汽车传动集团有限责任公司榜上有名。

六、行业发展的主要问题

机械通用零部件行业在近四年的发展中,取得了长足进步。行业从"十一五"到"十二五"的发展过程,既是从量变转向质变的发展过程,也是行业经受锻炼和洗礼的凤凰涅槃时期。期许行业新的发展,必须正视目前行业发展仍存在的亟待解决的主要问题。

1. 行业企业核心技术的自主创新能力有待进一步提高

市场经济的实践已经证明,行业企业的核心技术是企业发展的原动力。无论是确立企业在市场上的领先态势,还是确立企业在产品质量上的优势地位,以及在提升产品的附加值、品牌建设等方面,自主创新能力建设都可助推企业取得良性的稳定发展,所以创建企业自己的核心技术极为重要。同时也应看到,对机械通用零部件行业的中小企业而言,企业核心技术的建立、应用和发展过程确实是一个冲破涅槃的历程。企业的决策者在把握产品细分市场的基础上,更需要有市场发展的战略眼光,创建企业的自主创新体系,精心部署企业产品核心技术的发展,以解决企业科研开发力量薄弱、资金投入不足、技术发展缓慢的通病。为缩小我国机械基础件与国际水平的差距,行业企业应在加强在产品的优化设计、现代制造、质量控制、性能验证以及发展现代制造服务业等方面的技术创新能力,建立企业自身特有或独有的核心技术,使行业的产品结构实现全面的优化升级,培育企业在市场发展中的技术核心优势。

2. 坚持科学发展观,加速行业经济增长方式的转变

随着我国经济的深入发展,以往的高能源消耗、高污染排放的生产方式已经逐步被现代绿色生产所替代,我国低价格劳动力的优势也正在逐步丧失,这也是世界经济发展的大势所趋。在跨进"十二五"规划的新时期,加速转变行业经济增长方式为行业由"大"向"强"的发展提出了新任务。绿色制造技术是在保证产品的功能、质量、成本的前提下,综合考虑环境影响和资源利用效率,建立生产、消费与环境、资源相互协调的一种新型发展模式。目前,国际上已有20多个国家实施了"绿色环境"标志和产品的认证,从而在国际市场竞争中获得了优势地位和更多的市场份额。从行业企业战略发展的角度分析,坚持发展绿色制造技术,培育和发展新兴产业,将成为今后现代企业经济发展的主流和方向。

3. 加速推进行业共性技术服务的平台建设

由于机械通用零部件行业以中小型企业居多,相对来说在技术研发、高精测量、试验验证等综合能力方面较弱,所以组建行业共性技术服务平台的工作,已成为目前促进行业发展的当务之急。目前,尽管各个行业都有一些单位和设备可以提供部分技术服务,但是,其中大部分设备已经不能满足现代产品的测试需求。另外,从充分发挥资源效率而言,亟待对目前行业中现存的几种共性服务资源进行整合,包括沿留下来的测试设备,部分企业依据自身发展需要而购置的新设备,以及基于产业集聚区发展已经建成的各式检测中心或机构等共性服务资源,以发挥更大的作用。再有,要在理顺各个行业共性服务能力和资源的基础上,着眼于行业产品的发展方向,有计划、有步骤地增补新的测试设备。所以要在行业现有技术归口的重点科研院所及现有的以重点骨干企业为主的国家级工程中心、检测监督中心、重点实验室等基础上,加强统筹规划、整合资源、明确目标、充实力量,加速由行业组织协调、国家支持、企业运作、为行业企业实现共性技术服务的平台建设,使其成为提供行业共性技术研发、产品检测试验、工艺数据库、标准实施、国内外行业发展信息、人才培训以及网络服务的综合性、专业性的服务型企业。行业共性服务平台,将在相当长的一段历史时期,为推动基础零部件产业向纵深发展发挥重要的作用。

4. 国际资本对我国机械通用零部件行业的影响

无论如何,国际资本进入我国是全球经济发展的必

然。但由于我国目前较为薄弱的机械基础件产业，正经历着由大向强转变的发展阶段，面对强大的国际资本，无疑将遭遇更大的挑战。目前，外商大量资金进入我国的关键基础件领域，对国内的基础零部件市场已形成供应链式的封闭垄断，不仅利润通过这个供应链传导出去，而且对整个产业安全，甚至经济安全都会产生非常重大的影响。一方面，国内装备制造业的龙头企业为满足装备发展需求，已经和正在收购国外著名的零部件生产企业为自己配套，从而加速企业的国际化发展；另一方面，国际著名的零部件制造商看准我国市场，加大在我国投资建设零部件制造厂的力度；再有，跨国的主机装备公司与为其配套的零部件企业已经形成同盟关系，在核心技术和关键零部件领域，外资控股的产业垄断趋势明显。由此可见，我国零部件行业企业除了核心技术自身较为缺失外，还面临另外的三大挑战：自主零部件成本优势受到削弱，标准法规的提升对自主零部件企业形成技术与成本方面的双重压力，以及模块化生产与同步开发的普及给自主的零部件企业形成越来越高的技术壁垒。这些问题在为汽车零部件配套的产品上表现非常突出。全球汽车零部件巨头集团在我国的投资策略都非常开放，正逐步完成在我国的连环布局，并占据了60%以上的市场份额。如，近几年我国从国外进口的汽车自动变速器产品的年度进口额已达到90多亿美元。

当然，国际资本的进入有利于行业产品的快速升级，同时也加速了国内企业的国际化竞争进程。因此，我国机械通用零部件行业，尤其是关键零部件的生产企业，必须兼顾利弊，扬长避短，加速创造企业的核心技术、提升自身实力，冲破行业技术和产业布局困境。这一点也必须引起国家和行业主管部门的重视，对基础零部件产业的发展积极支持和密切关注，共同创造我国基础零部件行业快速发展的有利环境，加速推进“中国制造”向“中国创造”的转变。

七、尾声

近四年来，行业企业经历了“十一五”向“十二五”转型发展的关键历史阶段，也经受了从国际到国内的复杂宏观环境和残酷市场竞争的严峻考验。当我们回顾往事时，有欣慰，更有感慨。欣慰的是我们创造了行业经济发展的几度峰值：行业总产值突破3 000亿元大关，行业出口额突破100亿美元大关，行业出现了产值超100亿元的企业；感慨的是我们从困难的锤炼中收获了坚强，从市场的竞争中感悟出了智慧，从企业的创新中积聚了力量，从行业的发展中赢得了尊严。无论如何，坚持科学发展观，以创新为驱动力，做“大”更要做“强”、加速“产业结构调整”、推进“产品优化升级”已成为企业发展战略的基本思想，并已成为行业企业发展的共识和自觉行动。《中国机械通用零部件行业‘十二五’发展规划》是行业共同努力的方向，国家发布的“三基规划”将指导行业不断提升整体技术发展水平。我们已经认识到，行业的发展已经从速度型的增长阶段转而进入质量型的稳定增长时期，正处于一个从量变向质变新飞跃的发展过程。尽管这个过程刚刚开始，可能还会遇到困难；尽管这个开始仍显得那么脆弱，但这个升华和转型的过程，正在孕育着一个新的发展阶段，即向建设发达的机械通用零部件强国的方向前进。

〔撰稿人：中国机械通用零部件工业协会张立友〕

我国机械通用零部件行业“十二五”发展规划

工业和信息化部装备工业司

我国机械通用零部件行业是由齿轮、紧固件、链条链轮、弹簧、粉末冶金零件、传动联结件等制造行业组成，是重要的机械基础件产业。我国机械通用零部件行业“十二五”发展规划是集全行业领导、专家、企业家的智慧编制的，是导向性、服务性规划，可以根据形势变化做必要的调整。

一、行业现状

（一）成就与问题

回顾总结“十一五”行业发展：成就显著，结构性矛盾突出，发展方式亟待转变。

1. 成就

（1）已形成规模大、门类齐全、基础坚实的产业。经过多年发展，我国基础零部件行业已经形成门类齐全、规模大、具有一定国际竞争力的产业体系，成为国民经济的重要基础产业之一。目前，我国机械通用零部件企业有几万家，规模以上的生产企业有5 000多家，其中主要骨干企业200余家，年销售额超过2 500多亿元，出口70多亿美元。我国机械通用零部件市场销售额已经排在世界前列，我国已经成为基础零部件制造大国。

（2）产业技术水平显著提高，市场竞争力进一步提升。机械通用零部件行业工业总产值已连续多年保持年均20%以上增速，产业技术水平显著提高，产品结构不断优化和提升，国内外市场发展势头强劲。国产产品国内市场占有率已达85%左右，军工项目所需配套件大部分由国内提供，重大技术装备高端零部件的自主配套能力显著提高，出口额大幅度增长，出口年均增长率30%，通用零部件行业已成为机电产品出口大户，国际竞争力进一步提升。通用零部件进出口总额在机械基础件进出口总额中占据主体地位，其进口值约占80%，出口值约占60%。

（3）企业管理功能、发展理念、队伍建设进步显著。企业管理功能、发展理念有质的飞跃，企业管理层的管理运营素质有明显提高。企业领导重视采用先进制造技术，重视企业的质量管理，重视企业员工的培训培养，重视企业软件实力的建设，企业管理正由粗放式管理向精细化管理方向发展。

2. 问题

现阶段行业发展的主要问题是产业大而不强，结构性矛盾突出，主要表现在以下方面：

(1)关键零部件大量依赖进口，核心技术受制于人。2010年，机械通用零部件进口135亿美元，出口70亿美元，贸易逆差65亿美元。汽车自动变速器和高速列车变速器等大量进口，核心技术受制于人，2010年齿轮进口104亿美元，逆差80亿美元。我国是紧固件出口大国，但进出口平均价差高达6~8倍之多。

(2)产业结构不合理，产品品质差距明显。低层次产品重复建设，中低档产品产能过剩，高档产品产能不足，同质化恶性竞争严重。据初步统计，我国机械通用零部件产值高档产品仅约占10%，中档产品约占50%，低档产品约占40%。产业集中度低，前10家企业合计产值约占行业总产值的30%。

产品质量的稳定性、一致性、可靠性差距较大，产品寿命较短，一般为国外同类产品寿命的30%~70%，距用户要求有相当差距。生产效率、能耗、物耗、排放及环保等差距也很大。

(3)高级技术人才缺少，装备技术水平较低。高级创新型技术人才短缺，产业熟练技术工人匮乏现象也较普遍，目前行业内工程技术人员只占在职人员的5%~6%，而在一线从事设计、工艺的人员占比不足2%。

高档设备少，中低档设备多，规模以上企业高档设备数量仅占行业设备拥有量的约1%；数控加工设备少，普通加工设备多；单机多，自动化智能化成线生产设备少；手工抽检多，在线检测少。本行业现有专机水平与国外差距明显。

(二)机遇、挑战

1. 政策环境有利发展

长期以来，重主机、轻零部件发展是装备制造业发展中的突出问题。目前在国家重点支持发展的18个重大技术装备重点领域中，大部分产品的关键基础件依靠进口。基础零部件严重滞后主机发展的局面已引起国家高度重视，加速高端零部件的发展已成为装备制造业的战略性问题。为此国家出台一系列政策措施，如《机械基础件产业振兴实施方案》和《机械基础件、基础制造工艺及基础材料"十二五"发展规划》，要求"突破一批基础零部件关键制造技术，产品技术水平达到21世纪初国际先进水平"，这为基础零部件行业的发展创造了良好政策环境。

2. 传统产业升级和战略性新兴产业为通用零部件行业发展提供机遇

国家加大科技创新力度，加速传统产业转型升级，提高重大装备自主化水平，做大做强装备制造业，提高产品质量和技术水平，将推动基础零部件产业进一步发展。

(1)国内市场。"十二五"期间，为保持国内经济持续平稳发展，国家采取一系列拉动内需的政策，内需市场将得到进一步发展，并成为行业发展的主导市场。"十二五"期间，受政府拉动内需政策的驱动，汽车、铁路、公路、发电、输配电、环保等设备制造业及基础设施建设将保持持续稳定发展，作为工业产品的重要基础件，机械通用零部件仍有广阔的市场空间。由于汽车零部件的"全球化"采购和跨国公司的"本地化"配套，齿轮、紧固件、链条、弹簧、粉末冶金零件、联轴器及制动器等企业不仅要面对新汽车市场，同时要服务于巨大的维修配件市场。

齿轮市场分布：汽车齿轮约占40%，其他车辆齿轮约占25%，工业齿轮约占35%。

紧固件市场分布：工业机械(汽车、发电、环保等设备)占25%~28%，建筑工程(铁路、桥梁、公路、钢结构、维修)占20%~25%，电子电器占10%~12%、其他约占5%，出口占30%~40%。、

链条市场分布：汽车链、摩托车链约占40%，农机链约占12%，工程机械链约占15%，输送链、扶梯链合计约占13%，其他约占20%。

粉末冶金零件市场分布：汽车配件约占34%，摩托车配件约占16%，家电配件约占26%，电动工具约占9%，工程机械约占6%，农机约占3%，其他约占6%。

传动联结件市场分布：90%销量集中于起重运输机械、冶金机械、矿山机械、工程机械、船舶、港口装卸机械、纺织机械、塑料机械等市场。"十二五"期间，随着风电机组、交通运输设备、海洋工程装备的迅猛发展，联轴器、制动器将会得到快速发展。

(2)国外市场。"十二五"期间，行业面对的国内外环境和市场需求结构将发生重大变化。国际贸易缓慢恢复，在抓好内销的同时，也不能放松出口。同时要主动调整外销区域的分布和营销比例、营销策略，使出口的结构更趋合理。预计"十二五"期间，行业产品年均出口增长率约10%。

世界紧固件市场在2011—2015年期间，将以年均3%~4%的速度增长，紧固件出口仍将保持上升态势。

齿轮出口潜力很大，预计"十二五"期间，年均出口增长率约10%，预计2015年出口额约50亿美元。

世界工业链条需求量每年以7%的速度增长。2015年，世界链条总销售额约40亿美元，链轮约8亿美元。届时，我国链条出口10亿美元，约占世界总销售额的25%；链轮出口约1.5亿美元，约占世界总销售额的19%。

国家大力推进战略性新兴产业发展，发展低碳经济，推进节能减排，积极培育新的经济增长点，为高端零部件产业发展带来新的机遇。

"十二五"期间，航空、航天、高速铁路、海洋工程、智能装备等高端制造装备将保持快速发展。大飞机"十二五"

将投入600亿元，高铁2010—2012年投入维持在8 000亿元水平，海洋工程装备“十二五”将投入2 500亿元，智能装备到2020年80%的高档数控机床与基础制造装备将立足国内。上述五大装备都需要配套高档基础零部件，将为高端基础零部件创造巨大的市场空间。

全球经济复苏为零部件稳定和扩大国际市场提供了机会。零部件行业一定要抓住机遇，乘势而上，加快发展，创造新的辉煌。

3. 把握大趋势，积极应对挑战

“十二五”时期，世界经济正处于后金融危机时代，其间，世界经济格局将发生极其深刻的变化，且又充满变数。行业要以国家发展模式为准绳，以创新为驱动力，以转型升级为主线，开创零部件产业发展的新局面。

“十二五”期间，行业面临许多困难和不确定因素。高端产品市场与国外企业的竞争力差距仍很大，受到国外跨国公司的技术壁垒和配套系统限制，国产通用零部件很难进入整车或主机配套领域。国外反倾销等贸易保护主义抬头，也使产业的可持续较快发展面临严峻的挑战。

发达国家“再工业化”的政策旨在加大出口减少进口，这也会影响我国零部件出口。大量高端零部件的进口，对我国机械零部件企业向高端发展构成新的压力。通货膨胀、人民币汇率升值、贸易保护主义、成本大幅增加、新的社会矛盾及复杂的国际环境等一系列问题，也是零部件企业不得不面对的问题，对此，零部件行业应保持清醒头脑。

4. 销售额预测

根据“十一五”行业发展的情况，结合“十二五”国内外市场形势分析，“十二五”末期机械通用零部件行业销售预测见表1。

表1 “十二五”末期机械通用零部件行业销售预测

行业名称	2010年销售额(亿元)	2015年销售额(亿元)
通用零部件合计	2 500	4 800
齿轮	1 460	2 940
紧固件	560	900
工业链条	148	270
弹簧	145	290
传动联结件	106	240
粉末冶金零件	83	130

二、发展思路

(一)指导思想

深入贯彻落实科学发展观，以自主创新为驱动力，以转变发展方式为主线，以重大装备配套为依托，突破关键技术，提升高端制造能力，加快推进零部件制造业由大变强的进程。

行业发展的关键在技术，基础在结构，根本在人才。要坚持“创新驱动，调整转型，提高质效”三项指导原则。

1. 创新驱动

以自主创新为驱动力，把加强自主创新作为转变发展方式的中心环节，提升基础零部件的精度一致性、稳定性和可靠性及服役寿命；要创新研发模式，加强共性技术服务平台建设，加强人才培养，提高基础技术水平和创新服务能力等。

结合国家重大装备项目，突破关键技术瓶颈，拥有一批自主知识产权的核心技术，在某些细分市场中拥有国际先进技术，实现从“中国制造”到“中国创造”的新跨越。

2. 调整转型

把产业组织结构和产品结构作为结构调整的主攻方向。加强产品结构、产业结构和商业模式的调整，坚持绿色发展，积极推进企业由生产制造型向现代制造服务型的转变调整，加快制造业服务化。

3. 提高质效

加快创新跨越、调整转型，切实提高增长的质量、效益和效率，实现高质、高效的发展目标；力争销售额增速高于产值增速，利润增速高于销售额增速。

(二)目标

关键零部件配套能力显著提高，产业结构优化成效显著，增长方式明显转变，现代制造服务业发展初显成效，产业平稳较快发展，通用零部件产品进入世界中高档水平。

1. 关键零部件配套能力显著提高

重大装备关键零部件国产化率由30%提高到50%。新产品产值约占工业总值的比重由20%提高到30%以上。部分重要零部件产品的可靠性、使用寿命接近或达到国际先进水平。

2. 产业结构优化成效显著

发展一批具有国际竞争力的机械零部件供应企业集团，产业集群，专、精、特企业，形成市场配套网络。

形成150亿～200亿元的产业集群6个，200亿元以上企业2家，100亿～200亿元企业1家，50亿～100亿元企业2家，10亿～50亿元企业50家。发展一批专、精、特企业。前10家企业产业集中度由30%提高到40%。

3. 发展方式明显转变

原材料利用率提高5%～7%，单位增加值能耗降低15%，排污降低20%。龙头企业现代制造服务业销售额占销售总额的比重显著提高，达20%～30%。构建集零部件工贸、网络、物流和制造为一体的国际化供应商3～5个，零部件专业市场3～5个，国家知名品牌产品25～30个，国际知名品牌10个。

4. 产业销售额平稳较快发展

2011—2015年，销售额年均增长14%，2015年销售额由2010年的2 500亿元提高到4 800亿元。出口年均增长10%，2015年出口额由2010年的70亿美元提高到100亿美元。

三、高端创新专项

创新发展是硬道理。我国高端零部件制造技术同国外先进水平相比还有10～15年差距,“十二五”是高端零部件发展的关键时期,瞄准世界先进技术,务求实现高端零部件快速发展。行业“十二五”重点创新发展任务如下:

(一)超大型、长寿命齿轮及传动装置

1. 重点研发的产品和技术

重点开发:功率≥2MW、噪声≤95dB、机械效率≥97%、寿命≥20年的兆瓦级风力发电齿轮箱;时速≥200km/h的高速列车齿轮传动装置;功率6 500kW的核电循环水泵齿轮箱;功率2×750kW、生产能力≥3 000t/h、设计寿命20 000h的大功率采煤机齿轮箱;功率550kW、设计寿命15 000h的掘进机齿轮传动装置;传递功率6 000～12 000kW、设计寿命20年的高转速大功率齿轮调速装置;传递功率350kW的大型电液动力换档变速器;功率2 000kW、转速29 700r/min的污水处理设备用高速齿轮变速器;大型露天矿挖掘机和自卸车用液力变速器;军舰和船用大型齿轮传动装置;高精度低噪声长寿命大中型螺旋锥齿轮;汽车自动变速器及关键零部件等。

重点攻克:基于载荷谱的动态仿真产品设计和开发技术,齿轮抗疲劳、长寿命研究与制造技术,高品质材料技术,精密热处理技术,表面改性技术,精密加工技术等共性关键技术。

2. 重点需求的材料

低碳钢如20钢,低碳合金钢如20Cr、20CrMnTi等,中碳钢如35钢、45钢等,中碳合金钢如40Cr、42CrMo、35CrMo等。承受动载荷和重载荷的汽车变速器齿轮和汽车后桥齿轮一般采用碳含量在0.10%～0.25%的合金渗碳钢,如20CrMnTi、20SiMnVB等;飞机、坦克发动机的齿轮采用高淬透性合金渗碳钢,如$20Cr_2Ni_4$、$18Cr_2Ni_4WA$等。开发齿轮钢稀土-碳共渗技术,显著提高齿轮钢抗内氧化能力,降低齿根部位的非马组织,可缩短渗碳时间30%,单件产品制造成本降低16%,大幅度提高齿轮寿命,形成有中国特色的齿轮系列钢种,达到国外先进水平。

3. 重点突破的制造装备与工艺

节能环保干切技术和装备;高速高精滚齿、剃齿和强力珩齿技术及装备;轮齿表面改性技术;在线检测和无损检测技术及装备;全新产品开发试验技术及装备;动态工序监控智能化热处理技术和真空洁净热处理技术;产品轻量化工艺与装备成套技术;少无切削近净成形加工技术;汽车驱动桥螺旋锥齿轮数字化闭环制造技术。

(二)高强度紧固件

1. 重点研发的产品和技术

重点开发:强度≥10.9级、疲劳寿命≥500万次、不良品率<60PPM的发动机紧固件系列(连杆螺栓、缸盖螺栓、飞轮螺栓等);疲劳寿命≥500万次、耐腐蚀性能>700h为风电机组配套的大规格高强度紧固件;疲劳寿命≥500万次、抗干扰的核电专用紧固件;耐腐蚀性能>700h、适应高低温环境、不良品率<60PPM的为高速铁路配套的扣件系统;疲劳寿命≥500万次的飞机及航天专用铝镁合金紧固件、特殊异型紧固件、组合螺钉及组合件、不锈钢紧固件、铝钛合金紧固件;IT产业微型螺钉、自锁类紧固件、化学涂覆类紧固件等。

重点攻克:大规格紧固件的冷镦技术和装备,复杂形状紧固件精密成形技术、自动化智能化冷镦精密成形技术,突破高品质材料技术、精密热处理技术、表面改性技术等共性关键技术。

2. 重点需求的关键材料

解决不锈钢、高温合金钢、铝镁合金、铝钛合金等专用材料在紧固件行业中的批量应用。在冷镦线材方面,应研究发展非调质钢、耐延迟断裂超细化合金钢、超高强度钢、免退火和简化退火线材等。

3. 重点突破的制造工艺

重点攻克精密热处理技术、表面改性技术、精密高效冷镦成形装备与工艺技术、高速精密镦锻成形技术,同时完善高强度紧固件镦、滚、挤、拉成形工艺和非调质钢紧固件生产工艺,研究智能化六工位冷成形制造工艺和紧固件高性能高速工模具制造工艺。

(三)高速、高精度链条

1. 重点研发的产品和技术

重点开发:最高转速6 000r/min、寿命25万km、链条磨损伸长率<1%的汽车发动机正时链;大功率(排量在6 000mL以上)V型发动机正时链系统;最高转速≥5 000r/min的汽车自动变速器的Hy-Vo高速齿形链;抗疲劳、大转矩CVT无级变速器专用链;高精度低噪声链轮;高强度重载链;寿命达到进口链条水平的抗疲劳、耐磨损、耐腐蚀的特异链;摩托车发动机强化齿形链;汽轮机专用哈瓦链;重载机械用高性能特种链条等;污水处理设备链;免维护喂料机链;除尘旋转板链条;高精链条智能化自动装配生产线。

重点攻克:高精链条啮合与失效机理、精密高效冲裁成形装备与制造工艺技术、精密热处理技术、表面改性技术、智能化装配、自动检测分选生产线等共性关键技术。

2. 重点需求的关键材料

要解决链条制造用的专用钢材,如:GB/T 13795—1992工业链条冷轧带钢、GB/T 13796—1992工业链条冷拉钢、汽车CVT用特种免热处理高强薄钢板等。

3. 重点突破的制造工艺

重点攻克特殊焊接、精密冲裁、热处理工艺、表面改性技术等。

(四)高应力、抗疲劳弹簧

1. 重点研发的产品和技术

重点开发:工作应力>1 200MPa、疲劳寿命>100万次的气门弹簧和悬架弹簧、稳定杆、高速列车转向架弹簧、轨道交通制动器弹簧。

重点攻克:弹性装置及产品CAE设计技术,仿真、参数化设计技术，组合强化喷丸技术，纳米陶瓷涂层复合强化抗疲劳技术，产品验证试验设计，仿真实现模拟试验，复合涂料保护涂层等共性关键技术。

2. 重点需求的关键材料

围绕汽车、高速列车、航天航空、军工等的需求，开发高档弹簧钢，如高应力悬架弹簧用钢、气门弹簧用钢及高铁弹簧钢。

3. 重点突破的制造工艺

智能化自动化弹簧制造生产线，集成控制技术，特殊强化热处理工艺与专用设备，组合喷丸强化工艺与专用装备，纳米陶瓷涂层复合强化抗疲劳技术。

（五）高密度、高强度粉末冶金零件

1. 重点研发的产品

重点开发：密度≥7.25g/cm³、强度≥1 000MPa 的高精度汽车粉末冶金零件；含油密度≥7.0g/cm³、径向压溃强度 310MPa 的高精度粉末冶金含油轴承；大型客机、高速列车、船舶制动用高性能粉末冶金摩擦材料及刹车片（盘）。

2. 重点攻克材料和工艺

高压缩性钢、铁粉体材料；成形压力大于 600MPa、高速、温压、高密度成形工艺技术；轧压表面致密化、硬化改性技术；硬化烧结和微波烧结工艺技术；粉末冶金零件材料配方及加工工艺。

（六）高可靠性联轴器、制动器

1. 重点研发的产品

重点发展：最大力矩 80 000kN·m 的大功率风电机组制动器、膜片联轴器；20m³、35m³、55m³ 的大型全断面隧道掘进机和采煤机的鼓形齿联轴器、膜片联轴器、电磁离合器和智能化制动器；高性能紧急制动轨道交通制动器、联轴器；汽车自动变速器湿式离合器。

重点攻克：风电机组联轴器、制动盘和限矩器一体化设计制造技术，汽车湿式离合器动态接合特性技术，电液智能制动器可靠性分析技术。

2. 重点突破的制造工艺

重点突破：水－空交替控时淬火冷却技术、低压渗碳高压气淬技术、精密零件先进表面改性技术、复合共渗层超细晶深层扩散强韧化与微变形控制技术，以及滚压工艺技术与专用装备。

四、措施与政策

积极贯彻落实工信部《机械基础零部件产业振兴实施方案》《机械基础件、基础制造工艺及基础材料‘十二五’规划》及《高端装备制造业专项发展规划》，切实提升自主创新能力，加快机械通用零部件行业由大变强的进程。

（一）措施

1. 以创新为驱动力，提升高端零部件制造能力

（1）瞄准关键技术，突破发展瓶颈。①加快特种专用钢材研发。高品质和特种专用钢材是高端零部件升级发展的基础，加强与冶金材料部门沟通互动，推动供需双方协力开发新的钢种，把提升关键钢材的品质和开发特种专用材料列入创新发展规划，逐步减少特种专用钢材的进口。②促进自动化、智能化专用设备开发，提升工艺技术水平。据统计，行业规模以上企业的高档设备仅占设备拥有量的1%左右，高档装备不足严重制约高端零部件的发展。零部件企业要加强与专用装备制造企业互动合作，推进创新发展，研制出先进的专用装备。重点抓好紧固件智能冷镦成形机、链条智能化自动装配生产线、汽车和高铁用弹簧的制造与检测成套设备的研发；高效和精密大型数控铣齿机、高速高密度粉末冶金零件 CNC 成形压机以及在线检测和无损检测技术及装备、新产品开发试验技术与装备的研发。在此基础上，提升高精度复杂成形技术和特大特小件成形工艺技术水平，以重大装备专项为依托，突破工艺技术瓶颈，掌握关键零部件发展的主导权。支持企业加强细分市场产品的深度开发，加强特色技术的创新和推广应用，以特色技术推进产品结构调整，以特色产品进入高端市场，走专而强、强而大的发展道路。积极支持企业充分利用国家政策进行高水平的技术改造。③加强表面改性技术研究，提高抗疲劳寿命。机械零部件产品的疲劳寿命是高端产品品质最重要的特征之一，零件表面质量、表面完整性是决定零件疲劳寿命最主要因素，特别是随着零部件向高应力、轻量化及长寿命的方向发展，疲劳寿命问题更显突出。因此研究探索各种先进的表面改性技术的工程应用是非常重要的。纳米金属陶瓷技术是提高疲劳寿命的高技术解决方案，利用纳米材料膜的高强度、高硬度、高耐磨性、耐腐蚀性及耐高温性等方面的特性，以及独特的修复微裂纹的功能，可以显著提高零部件的抗疲劳寿命。④加强精密热处理技术研发。提升零部件热处理水平是目前行业面临的一项共性关键技术。发展智能化动态工序过程监控技术、精确热处理技术、真空洁净和控制气氛热处理技术，保证获得产品的高性能金相组织。

（2）提升标准水平，推动产品升级。提升标准水平，促进新技术、新工艺、新设备、新材料的推广应用，淘汰落后产品，推动产品优化升级。跟踪国际先进技术发展趋势，注重与国际标准接轨，积极参与国际标准制（修）订工作，从整体上提升行业水平，促进自主创新产品进入国际市场。中国机械通用零部件工业协会要积极参与国家和行业标准的宣贯工作，提高行业贯彻标准的水平。

2. 调整优化结构，夯实创新发展的基础

经济结构的战略性调整是转变行业经济发展方式的主攻方向，是确保产业创新发展的基础。

（1）加速产业结构优化调整。调整优化的重点是：优化集聚区结构和基地建设，发展大型龙头企业，培育专、精、特企业。①优化产业集聚区结构。要着力优化产业集聚区产业链的结构，建立上下游产业链的配套系统，提升专业化和集成化水平，形成为主机提供成套服务的能力，

增强整体竞争优势。健全完善企业生产、销售、服务的组织形式,合理配置资源,整合区域内热处理、表面处理等基础工艺能力,形成纵向脉络清晰、横向互相支持的产业格局。支持嘉兴(海盐)、宁波、温州、冀南(永年、沙河)等发展成200亿元的紧固件产业集聚区;支持江苏汽车、农机、工程机械齿轮和重庆汽车摩托车、风电机组、船舶和轨道交通齿轮两个地区发展成200亿元的齿轮产业集聚区;支持西安和南京发展成200亿元的特大型齿轮制造基地;推进辽宁大连、浙江、天津等建成大型齿轮传动装置配套制造基地;支持杭州地区发展成汽车链条制造基地,黄山和苏州等发展成特种链制造基地。弹簧企业主要分布在上海、浙江、广东、江苏、天津等地,逐步形成汽车气门弹簧、稳定杆、悬架弹簧等制造基地。粉末冶金零件企业大多集聚在江苏、浙江、广东、上海四省市,要逐步形成粉末冶金零件产业基地。集中在温州一带的60余家传动联结件企业,形成服务冶金设备、重型机械及工程机械等行业传动件制造基地;镇江一带40余家企业,形成服务船舶、纺织机械、塑料机械及轻工机械等行业产业园。发展全球化大型龙头企业集团。推进专业化重组,健全产业配套体系,发展一批高起点、大规模、专业化企业。要打造几个拥有著名品牌和自主知识产权、主业突出、核心竞争力强、具有国际竞争力的全球化的企业集团。②培育专、精、特企业。积极推进中小企业专业化、特色化发展,发展一大批专、精、特企业,提升零部件产品的技术质量水平。认真分析行业企业发展现状,借鉴国内外企业发展的经验,引导企业向专、精、特方向发展,培育发展细分市场上全球排位前列的企业。

(2)加速企业产品结构优化调整,争创名牌产品。①以调整优化生产要素为抓手,加速企业结构调整。"十二五"要加速信息化与工业化的融合,提升自动化智能化生产线制造能力。加强节能降耗减排,淘汰落后产能,从抓好生产要素出发,如能耗、物耗、环保、技术、质量和品种等,用先进制造技术和科学管理提升产业水平,切实把企业结构调整落到实处,大幅度提升企业结构层次。②促进企业由生产型制造向服务型制造转变。加强延伸微笑曲线的两头服务,是企业转型发展的重要举措。鼓励有条件的企业,延伸扩展研发、设计及信息化服务等业务,为其他企业提供社会化服务。支持骨干企业在工程分承包、分系统集成、提供配套解决方案及再制造等方面开展增值服务。发展营销网络,提高售后服务质量,以优质服务开拓市场。培育现代制造服务业示范中心。大力开展集生产、收购、检测、存储、包装、贴牌及发送为一体的全流程服务及集信息流、物流为一体的服务,展示产业新的发展方向,逐步实现由生产型制造向服务型制造转变。③鼓励企业争创国内、国际知名品牌。鼓励龙头骨干企业走出国门,整合全球技术市场资源,布局全球,加速中国品牌走向世界,提升自主品牌在国际、国内两个市场的知名度。争创国家名牌和行业名牌,要把创名牌工作作为产品结构调整、开拓国内外市场头等大事来抓,要努力突破本行业尚无世界名牌的局面。

3. 加强人才队伍建设,提高行业共性技术服务能力

(1)人才是企业创新发展的根本。要加强人才队伍建设,重点吸收和培养创新型研发设计人才、开拓型经营管理人才、高级技能人才等专业人才,要学习借鉴已有的职业技能鉴定分中心的经验,创造条件建立更多的国家授权的职业培训分中心,提高职工队伍素质,满足企业可持续发展要求。

(2)建立开放的行业技术研发和服务体系。各专业都要建立本行业产品检测中心,面向全行业提供技术服务和支持。建立和完善齿轮行业技术研发和服务中心,紧固件行业技术中心,链传动产品共性技术服务中心,弹簧试验、检测技术中心,传动联结件技术服务中心,粉末冶金零件技术研发和质量检测中心。

(3)搞好技术贸易交流平台。把行业主办的国际动力传动与零部件展览会做大做强,让展览会成为宣传企业形象、塑造知名品牌、进行经贸洽谈及交流技术市场信息等活动平台,进一步强化展会的国际化、专业化的特点,更好为企业服务。

(4)加强行业自律。全面推进诚信经营、行业自律发展,建立互惠互利、合作共赢的发展机制。

(二)政策

(1)努力宣传基础零部件在装备制造业发展中的重要作用,把发展基础零部件高端产品作为重大装备自主化的战略性问题来抓。各级政府结合具体产业优势,要研究制定支持本地区机械基础件行业发展的政策。

(2)设立关键基础件专项创新基金,对突破关键零部件核心技术的项目给予重点支持。

(3)制定鼓励主机厂采用首批国产关键零部件新品的优惠政策,对创新产品给予税收减免的优惠政策。对于产业急需而国内尚无法满足要求的专用制造设备,给予进口免税的优惠。

(4)制定鼓励企业加大技术创新、技术改造投入的政策,对创新和技术改造投入占营业收入5%及以上的企业,实行所得税减免政策。鼓励零部件企业进行海外兼并,以资本运作方式吸纳先进技术和创新发展的新产品。

(5)加大对基础零部件行业共性技术服务平台的支持,促进建成较为完善的新产品开发、性能检测鉴定、行业信息与数据库等技术服务系统,提高面向全行业的服务能力和水平。

(6)积极与冶金部门协调关键零部件对高品质钢材和特殊钢材的需求,逐步提升关键零部件用材国产化率。

〔供稿单位:中国机械通用零部件工业协会〕

“十二五”我国机械通用零部件行业为重大工程、重大装备配套的关键零部件产品

1.“十二五”齿轮行业为重大工程、重大装备配套的关键零部件产品

序号	产品名称	主要技术指标	关键技术	市场需求预测
一	汽车关键零部件			
1	满足节能环保和新能源汽车要求的自动变速器总成	AMT与DCT：比传统机械变速器每百公里节油5%～10%，AMT换挡响应时间≤0.65s，DCT实现无动力中断换挡，换挡平顺性、产品可靠性和总成寿命达到国际先进水平。 CVT(EM-CVT、HN-CVT)：最高传动效率达到94%，产品寿命大于25万km； 6～8AT：6～8个前进挡，输入转矩180～320N·m，产品可靠性和总成寿命达到国际先进水平	TCU与ECU通信协议开发； TCU硬件与底层驱动程序的模块化与标准化； 我国路况典型载荷谱研究与模拟载荷谱建立； 传感器与执行机构共性零部件研发与产业化	“十二五”期间，我国汽车自动变速器产量年均增速约20%，将明显高于整车的平均增速。到2015年年末，我国国产汽车自动变速器占国内市场份额的比例将上升到50%左右。届时，年需求量将达约700万台，其中，AT约占50%，350万台；CVT约占14%，98万台；DCT约占21%，147万台；AMT约占15%，105万台。若AMT能在换挡品质和换挡动力中断方面取得更好的突破，则其市场份额还会大大提高
2	节能环保自动变速器关键零部件	行星排：适用于乘用车的国际先进的行星传动。模数1.5mm，齿宽10～20mm，精度DIN7级（内齿）、DIN6级（外齿），综合重叠系数≥3，传动比0.6～2.7，行星架动平衡≤16g·mm，噪声≤65dB，传动效率≥98%； 金属带：带环各层受力不均匀度≤5%，带环拉应力降低20%～27%，轴向压力减少20%，金属带传动效率提高1.2%，百公里综合油耗降低5%，寿命大于25万km； 锥轮锥盘：锥面角度公差≤40″，两轴径同轴度≤0.008mm，球道跳动≤0.012mm，寿命大于25万km； TCU：电磁兼容性能达到国际先进水平，寿命≥6 000h； 变矩器：变矩比1.7～2.3，能容5.0～200N·m，最大效率≥85%； 电磁阀：比例流量阀额定电压12V、额定压力10MPa、输出流量0～9L/min、最大电流2.4A、滞环8%、响应时间<10ms；比例压力阀额定电压12V、额定压力10MPa、输出压力0～8MPa、滞环5%、响应时间<10ms；高速开关阀额定电压12V、额定压力1.5MPa、流量2.3L/min、响应时间<5ms	行星排设计、制造、装配及试验技术； 完全自主知识产权的曲母线钢带和活齿钢带发明专利及其制造与试验技术； 锥轮锥盘设计与制造技术； TCU软件开发、硬件制造及其试验技术； 变矩器设计、制造及试验技术； 电磁阀设计、制造及试验技术	节能环保自动变速器关键零部件市场随变速器总成的增长而增长，前景十分广阔
3	高精度低噪声长寿命大中型螺旋锥齿轮	精度达到AGMA11-13级，噪声70～75dB，疲劳寿命≥100万次； 采用精锻近净成形技术生产，生产效率提高70%，综合成本降低20%，材料利用率提高25%，技术达到世界先进水平	螺旋锥齿轮研齿技术、磨齿技术及精密锻造近净成形技术	高精度、低噪声和长寿命大中型螺旋锥齿轮在大中型高档豪华客车和城市轨道交通车辆领域市场前景广阔，“十二五”期间市场需求约15亿元

（续）

序号	产品名称	主要技术指标	关键技术	市场需求预测
4	高精特汽车齿轮	高性能、长寿命、中小模数、复杂异型齿轮零件，适合绿色高效、超大批量生产，精度达4~5级，材料利用率提高20%~30%	近净成形技术、精密热处理技术	"十二五"期间年需求约8亿元
二	清洁高效发电设备			
1	兆瓦级风电齿轮箱	功率≥2.5MW； 噪声≤95dB； 机械效率≥97%； 寿命≥20年	小夹角齿轮传动设计技术、基于风电载荷谱的动态优化设计技术、风电齿轮箱功率分流技术、高可靠性强化试验技术、高速多级传动润滑技术	国内市场对兆瓦级风力发电机组需求十分迫切。国家规划2020年风电装机容量要达到3 000万kW。2020年之前，我国风电机组每年至少装机约190万kW，风电齿轮箱产值约120亿元。近海风电场建设已被列入国家可再生能源规划，预计到2020年，我国海上风电装机容量将达到100万kW
2	火电立磨减速机	功率150~1 000kW； 输入转速990r/min； 传递转矩27.7~329kN·m； 垂直静载荷800~2 500kN； 垂直动载荷2 000~6 500kN	推力轴承高承载能力下的可靠性技术研究； 润滑冷却系统、控制系统技术研究； 高可靠性的密封、防渗漏技术研究； 高功率密度、高承载能力下的轻量化技术研究	受国家"电力中长期发展规划"政策拉动，电力行业发展迅猛，至2010年年底，全国装机容量达到8.6亿kW，"十一五"期间年均新增6 500万kW。国家的能源结构在相当长的时间段内主要还是依靠火电，年新增火电机组占比按70%计算，燃煤机组需新增4 225万kW，市场容量大
3	核电循环水泵齿轮箱	承受泵推力型HDB410T齿轮箱： 功率6 500kW； 输入转速745r/min； 传递转矩456kN·m； 承受泵的最大推力1 438kN； 承受泵的最大径向力37kN； 不承受泵推力型HDB420齿轮箱： 功率6 500kW； 输入转速994r/min； 传递转矩585kN·m； 承受齿轮箱行星（含自身）重力15kN	人字齿轮行星传动均载系统的技术研究； 齿轮箱轴承配置形式技术研究，其中包括安装、维护、拆卸方便的轴向、径向组合滑动轴承的技术研究； 持久可靠的密封系统技术研究； 安全、环保、节能、可靠、智能的润滑系统技术研究	根据国家核电中长期规划，到2020年，我国将开工建设40座以上百万千瓦的核电机组，届时在役运行的核电总规模相当于目前的20个大亚湾核电站。核电站三回路所需的循环水泵齿轮箱大约在400台（套），每年的配套产值都在1.5亿元以上
三	轨道交通：高速列车齿轮传动装置	速度≥200km/h的高速列车专用齿轮箱： 功率1 800kW； 中心距362mm； 输入转矩3 500N·m； 输入转速2 255~6 000r/min； 传动比7.69	高速重载齿轮高功率密度设计技术；齿轮的齿面强化/涂层技术；高速齿轮传动的热分析技术和润滑技术	到2012年每年需生产高速动车组300列，需齿轮箱合计4 800套，按每套15万元计，产值可达7.2亿元
四	大型采煤机			
1	大功率采煤机齿轮减速箱	采煤高度2.5~4.5m； 截深800~1 000mm； 截割功率与供电电压2×750kW,3 300V； 生产能力≥3 000t/h； 摇臂大修周期500万t； 整机大修周期1 000万t； 设计寿命20 000h	低速重载复杂工况与恶劣使用环境下齿轮长寿命和高可靠性动态仿真设计与制造技术、润滑与冷却技术、试验技术	我国煤炭产量占世界总产量的42%左右，产量增量占世界的80%以上。据有关权威机构预测，到2020年，我国煤炭需求将达到38亿t左右，"十二五"期间自主品牌的大功率高可靠性的采煤机齿轮减速箱具有广阔的市场前景

（续）

序号	产品名称	主要技术指标	关键技术	市场需求预测
2	大功率掘进机齿轮传动装置	定位最大可掘高度5m； 定位最大可掘宽度6m； 截割压力80～100MPa； 截割电动机功率300～360kW； 总功率550kW； 设计寿命15 000h	低速、重载、复杂使用环境下齿轮长寿命、高可靠性动态仿真设计与制造技术	我国煤炭产量占世界总产量的42%左右，产量增量占世界的80%以上。据有关权威机构预测，到2020年，我国煤炭需求将达到38亿t左右，“十二五”期间自主品牌的大功率高可靠性的采煤机齿轮减速箱具有广阔的市场前景
五	新兴产业：污水处理装置用高速齿轮箱	功率100～2 000kW； 输入转速2 980～29 700r/min； 增速比3.22	齿轮箱结构优化技术；齿轮渗碳淬火、磨齿技术；推力盘氮化处理技术；齿轮修形技术	城镇污水集中处理厂建设是我国一项紧迫、艰巨和长期的任务，污水处理装置用齿轮箱市场前景十分广阔

2.“十二五”紧固件行业为重大工程、重大装备配套的关键零部件产品

序号	产品名称	主要技术指标	关键技术	市场需求预测
一	发动机螺栓（连杆螺栓，缸盖螺栓，飞轮螺栓）	强度＞10.9级，疲劳寿命＞500万次，不良品率＜60PPM	冷挤压工艺，热处理及表面处理工艺，检测技术等	为汽车配套/替代进口
二	风力发电机组配套螺栓	疲劳寿命＞500万次，耐腐蚀性能＞700h	大规模产品的加工工艺及检测技术	为风电机组配套/替代进口
三	核电机组专用紧固件	疲劳寿命＞500万次，抗干扰性好	热处理及表面处理技术，耐高温性能	为核电机组配套/替代进口
四	高速铁路配套扣件系统	耐腐蚀性能＞700h，适应高低温环境，不良品率＜60PPM	材料表面处理技术，产品稳定性，检测方法	为高铁配套/替代进口
五	飞机及航天专用紧固件	疲劳寿命＞500万次，产品稳定性高	钛铝镁合金材料的成形工艺，热处理工艺及检测技术等	为飞机配套/替代进口

3.“十二五”链传动行业为重大工程、重大装备配套的关键零部件产品

序号	技术名称	主要技术指标	关键技术	市场需求预测
一	高速高性能汽车链传动系统			
1	发动机正时链	最高转速≥6 000r/min，寿命25万km，链条磨损伸长率＜1%	国内产品使用寿命已达到20万km，链条磨损伸长率＜1%，与国外同类产品相比有明显差距。关键技术在制造精度、抗疲劳、耐磨损制造技术	据统计，汽车发动机正时传动系统50%以上采用正时链，产值可达数十亿元。目前大多数正时链仍依靠进口，须加快推进产业化
2	大功率（排量在6 000mL以上）V型发动机正时链传动系统（包括一个主动链轮、两个凸轮轴链轮、一个惰链轮、正时链、导轨和张紧器）	产品设计、工艺和技术先进、合理、稳定，最小抗拉载荷21.5kN，疲劳寿命≥1 000万次，700h耐磨伸长率≤0.8%，完全能适应大功率（6 000mL）V型发动机正时链要求	一是大功率V型汽车发动机正时链系统的设计方法；二是根据设计方法，研制一种全新的V型汽车发动机正时链系统，它包括一个主动链轮、两个凸轮轴链轮、一个惰链轮、正时链、导轨和张紧器	为解决新四代主战坦克发动机应用的正时齿带传动或齿轮传动而引发的正时系统体积庞大笨重、噪声大、振动大和使用寿命低等问题，实现年产10万套大功率（排量6 000mL以上）V型发动机正时链系统的产量目标，以满足市场需求

（续）

序号	技术名称	主要技术指标	关键技术	市场需求预测
3	汽车自动分档变速器、四轮驱动分动箱的Hy-Vo链或高速齿形链	最高转速≥5 000r/min，持续300h，链条磨损伸长率＜0.4%，且链条零件无损坏	目前国内的链条磨损伸长率＜0.5%，与国外相比仍存在一定差距。关键技术是制造精度、抗疲劳、耐磨损	世界上几乎所有中高档汽车的自动变速器和四驱分动箱系统均采用高速齿形链和Hy-Vo链。国内市场一直依赖进口，须加快推进产业化
4	CVT无级变速器专用无级变速链（又名：摆销链）	工作中心距220mm；链条最大工作拉力10kN；销轴最大工作轴向压力55kN；最大线速度35m/s，寿命达到40万km； 在转速5 000r/min时，噪声＜75dB；环境工作温度－40～140℃； 与使用传动带的现有CVT相比，可发挥更高的燃效性能，最佳燃效提高4%～5%	产品性能设计，产品制造技术（特殊焊接、精密冲裁、自动装配等），链条关键部件的集成研发技术，抗疲劳性能、大转矩	汽车CVT无级变速器链条系统，与传统AT变速器相比，节油10%～15%，废气排放减少4%。CVT的用途可扩展到级别高的多功能运动车（SUV）的车型，以及其他领域车辆，目前一汽奥迪A6无级变速器，日产轩逸、丰田卡罗拉变速器（SuperCVT-i无级变速系统）、奇瑞汽车、长城汽车也相继进行CVT变速器项目产业化工作，有些业已量产，其市场需求预测10亿元以上。目前，国内该产品尚无自主研发，属空白
5	高精度无声链链轮	齿形精度超过6级标准，表面粗糙度*Ra* 0.4～0.8； 链轮与链条精确啮合，满足高速工况下传动平稳、无噪声，使用寿命达到国际同类产品先进水平； 渗碳、碳氮共渗的深度和硬度达到和超过国际发达国家先进水平	高精度链轮的啮合机制，提高毛坯质量，高精度加工技术与热处理工艺技术及设备等	主要用于中高档汽车及大功率摩托车发动机链传动系统，市场潜力大，须加快推进产业化
二	核电汽轮机链传动系统：核电汽轮机专用哈瓦链	用于核电汽轮机组，可实现300MW亚临界、600MW超临界汽轮机组的盘车链传动变速器总成（链条和链轮），额定转速1 000r/min，起动转矩达到300～760N·m	具有国家自主知识产权的新一代哈瓦链的啮合机制研究、产业化制造技术	包括为核电领域配套的汽轮机专用哈瓦链，及今后可能引领全球为风电机组配套的新一代哈瓦链。其市场需求预测将在5 000万元以上
三	耐复杂环境特殊链条：高强度重载链	我国STH系列链条的主要技术性能指标达到或超过日本椿本公司同类产品水平	在疲劳、耐磨等性能指标上仍有一定差距，需要继续重点突破	主要应用于重型机械、冶金设备、石油设备、矿山设备、港口机械等行业，一直以来该产品依靠进口，目前正逐步替代进口。由于应用领域极其广泛，市场巨大，要加快实现产业化
四	抗疲劳、耐磨损、耐腐蚀特种链	其抗疲劳、耐磨损和耐腐蚀综合性能指标比国内现有水平，分别提高60%、70%和2倍。耐腐蚀：在5% HCl和5% NaOH的溶液中进行强腐蚀试验，48h不锈，滚子无损坏；耐磨性高，抗冲击性好	对严酷服役条件下失效机理的研究；疲劳强化技术、表面改性技术	主要应用于高温、粉尘、腐蚀等工况极其恶劣场合的一些重载机械等，市场需求的空间很大。另外，污水处理设备等环境保护领域需求量大，要加快实现产业化
五	摩托车发动机强化齿形链	主要性能指标达到日本DID公司和美国摩尔斯公司同类产品水平	提高原材料技术标准及质量，提高疲劳与可靠性寿命，采用链条零件热处理强化工艺，如销轴表面复合硬化处理等	可替换老产品，替代进口，市场前景广阔，要加快实现产业化

4. “十二五”弹簧行业为重大工程、重大装备配套的关键零部件产品

序号	产品名称	主要技术指标	关键技术	市场需求预测
一	汽车和工程机械用高端悬架弹簧	工作应力≥1 200MPa,达到国际同类产品水平	提高弹簧钢丝品质、成形技术和表面强化技术水平	2010 年悬架弹簧市场需求 7 000 万件,“十二五”期间需求量继续增长
二	气门弹簧	工作应力≥970MPa,疲劳寿命超过 3 000 万次,达到国际同类产品水平	提高弹簧钢丝品质、成形技术和喷丸表面强化技术水平;采用国产弹簧钢丝和纳米陶瓷涂层强化技术	气门弹簧市场需求量大,2010 年超过 2.5 亿件,“十二五”期间需求量继续增长
三	高铁转向架弹簧	对侧向力方向、负荷、刚度要求高,表面脱碳层厚度≤0.20mm,高抗腐蚀性	负荷圈接触线要求,侧向刚度要求	2010—2011 年,每年销量 20 万件以上
四	轨道交通制动器弹簧	紧凑型弹簧	变径腰鼓形非线性弹簧	2010—2011 年,每年销量 20 万件以上
五	液压件弹簧	极限应力为 1 000 ~ 1 300MPa,可靠性≥1 000 万次	小旋绕比(C≤4)以及大高径比(b≥5)弹簧的成形制造技术;可靠性检测技术;特殊材料(3J1/3J5 等)在液压件弹簧上的应用	2010—2011 年,每年销量 8 000 万件
六	稳定杆	工作应力≥1 000MPa,寿命 10 万次,重量较实心稳定杆减轻 40% ~50%。达到国际同类产品水平	汽车稳定杆轻量化技术,精密成形技术,内壁喷丸表面强化技术	2010 年销量 1 250 万件,“十二五”期间需求量继续增长

5. “十二五”传动联结件行业为重大工程、重大装备配套的关键零部件产品

序号	产品名称	主要技术指标	关键技术	市场需求预测
一	大型清洁高效发电装备			
1	大功率风力发电机(组)及其配套部件锁紧盘	回转直径 340 ~ 800mm,传递转矩 714 ~ 8 365kN · m,轴向力 5 103 ~ 25 615kN	液压、机械两种	国家《新能源产业振兴规划》草案,2020 年我国风电总装机容量将达 1.5 亿 kW,按 1.5MW 单机容量计算,风电机组装机数量为 100 万台,市场空间巨大
2	大功率风力发电机(组)及其配套部件刹车用制动器、膜片联轴器	为 1.5MW 风电机组配套:额定力矩 15 000kN · m,最大力矩 30 000kN · m,最大轴向纠偏量 ±8mm,最大角向纠偏量 2°; 为 2.5MW 风电机组配套:额定力矩 25 000kN · m,最大力矩 50 000kN · m,最大轴向纠偏量 ±8mm,最大角向纠偏量 1.5°; 为 4MW 风电机组配套:额定力矩 40 000kN · m,最大力矩 80 000kN · m,最大轴向纠偏量 ±8mm,最大角向纠偏量 1.5°	联轴器、制动盘和限矩器设计为一体,使齿轮箱与发电机间电绝缘,重量轻,打滑力矩精度 ±10%。	国家《新能源产业振兴规划》草案,2020 年我国风电总装机容量将达 1.5 亿 kW,按 1.5MW 单机容量计算,风电机组装机数量为 100 万台,市场空间巨大
二	大型冶金成套设备			
1	大型薄板热连轧成套设备电磁离合器、鼓形齿接轴、万向接轴(十字头)	轧辊宽度≥600 ~4 800mm,产品厚度 >4mm,回转直径 600 ~ 1 350mm,力矩 1 200 ~ 12 000kN · m,轴向倾角(水平)≤10°,轴向倾角(立辊)≤15°,使用寿命≥4 年	材料热处理技术,表层强化技术,抗疲劳、长寿命设计制造技术	大型薄板热连轧、冷连轧等成套设备是经认定为国家自主创新产品、优先纳入《政府采购自主创新产品目录》,享受政府采购政策支持的重要设备,是国家急需加强自主创新的薄弱环节
2	大型薄板冷连轧成套设备液压锁紧盘、液压安全联轴器	轧辊宽度≤2 500mm,产品厚度≤4.0mm,回转直径 600 ~ 1 350mm,力矩 1 200 ~ 12 000kN · m,轴向倾角(水平)≤10°,轴向倾角(立辊)≤15°,使用寿命≥4 年	材料热处理技术,表层强化技术,抗疲劳、长寿命设计制造技术	大型薄板热连轧、冷连轧等成套设备是经认定为国家自主创新产品、优先纳入《政府采购自主创新产品目录》,享受政府采购政策支持的重要设备,是国家急需加强自主创新的薄弱环节

（续）

序号	产品名称	主要技术指标	关键技术	市场需求预测
3	连续热镀锌生产线成套设备制动器、鼓形齿接轴、万向接轴（十字头）	年产量≥50万t，产品厚度0.3～3.0mm宽度900～1 850mm，回转直径600～1 350mm，力矩1 200～12 000kN·m，轴向倾角（水平）≤10°，轴向倾角（立辊）≤15°，使用寿命≥4年	材料热处理技术，表层强化技术，抗疲劳、长寿命设计制造技术	大型薄板热连轧、冷连轧等成套设备是经认定为国家自主创新产品、优先纳入《政府采购自主创新产品目录》，享受政府采购政策支持的重要设备，是国家急需加强自主创新的薄弱环节
4	连轧管机用鼓形齿式万向联轴器	传递转矩≥3 000kN·m； 工作转矩6.88～189.8kN·m； 工作角位移0.5°～1.5°； 换辊拆卸角位移1.5°～5.5°； 联轴器整体长度2.88～4.77m； 轴向滑动行程500～660mm	自动复位功能：连轧管机更换轧辊结束后，卸掉液压缸动力，靠弹簧装置的弹力自动复位	
三	大型煤炭设备			
1	大型正铲式矿用挖掘机鼓形齿式联轴器	回转直径220～520mm； 许用转矩12 000～51 000N·m	矿山作业，振动大、载荷不稳定，过载系数大； 许用转矩是常规回转直径联轴器转矩的2.5～3.5倍； 材质和热处理要求高，要求寿命长； 工作环境恶劣，要求润滑性好，密封好	《关于加快振兴装备制造业的若干意见》指出，要发展大型煤炭井下综合采掘、提升和洗选设备，实现大型综合采掘、提升和洗选设备国产化
2	大型非公路矿用自卸车前制动器、后制动器	回转直径220～520mm； 许用转矩：12 000～51 000N·m 回转直径220～520mm； 许用转矩：12 000～51 000N·m	矿山作业，振动大、载荷不稳定，过载系数大； 许用转矩是常规回转直径联轴器转矩的2.5～3.5倍； 材质和热处理要求高，要求寿命长； 工作环境恶劣，要求润滑性好，密封好	《关于加快振兴装备制造业的若干意见》指出，要发展大型煤炭井下综合采掘、提升和洗选设备，实现大型综合采掘、提升和洗选设备国产化
3	大型煤炭采掘设备限矩器、偶合器	回转直径220～520mm； 许用转矩：12 000～51 000N·m	矿山作业，振动大、载荷不稳定，过载系数大； 许用转矩是常规回转直径联轴器转矩的2.5～3.5倍； 材质和热处理要求高，要求寿命长； 工作环境恶劣，要求润滑性好，密封好	《关于加快振兴装备制造业的若干意见》指出，要发展大型煤炭井下综合采掘、提升和洗选设备，实现大型综合采掘、提升和洗选设备国产化
四	高速铁路、城市轨道交通设备			
1	城市轨道交通设备鼓形齿式联轴器、制动盘	正常压力范围750～900KPa；紧急制动响应时间≤1.7s；最大载荷下列车紧急制动距离≤215m；平均制动减速度为1.0m/s^2；紧急制动减速度为1.2m/s^2；常用制动冲击率为0.75m/s^2，计算用制动粘着系数为0.14～0.16，停放制动要求满足AW3载荷	重载、高速及高精度的动平衡	至2016年我国将新建轨道交通线路89条，总建设里程为2 500km，投资规模达9 937.3亿元

（续）

序号	产品名称	主要技术指标	关键技术	市场需求预测
2	大功率交流传动电力/内燃机车弹性联轴器、单元制动器、鼓形齿式联轴器	不需要拆卸的鼓形齿式联轴器寿命：高速列车最大250万km，地铁最大90万km，电车最大40万km； 每隔5年或60万km换润滑油一次，轴向倾角≤8°； 低噪声特性； 最大转速6 000r/min； 转矩250～630 000N·m	减速性能：时速320～230km/h时，减速度为0.34m/s²；时速230～0km/h时，减速度为0.60m/s²	2012年和谐号大功率机车的保有量达到9 600辆，大功率交流传动电力/内燃机车保有量年增长率为30%以上

6.“十二五”粉末冶金零件行业为重大工程、重大装备配套的关键零部件产品

序号	产品名称	主要技术指标	关键技术	市场需求预测
一	高密度、高强度及高精度汽车粉末冶金零件	产品密度7.25～7.6g/cm³（高度低于30mm），产品密度≥7.2g/cm³（高度大于30mm）； 强度≥1 000MPa； 精度IT7级	粉末冶金材料设计及粉末加热系统； 高密度成形技术及高速CNC成形压机； 烧结气氛控制技术（控制氧、碳、氮含量及烧结变形）； 高精度模具和模架开发及模壁润滑系统，解决异型复杂结构零件精度问题； 解决薄壁结构零件的烧结变形问题	主要用于汽车等高要求领域
二	节材环保型高精度粉末冶金含油轴承	含油密度≥7.0g/cm³； 径向压溃强度310MPa； 产品无污染，达到欧盟ROHS指令环保要求； 耐腐蚀、表面硬度高、自润滑运行噪声低； 超微小粉末冶金含油轴承	研发无铅、节铜、省能、价廉、优质的Fe-Sn-Cu粉末冶金含油轴承及添加适量稀土元素的新材料粉末冶金含油轴承，跟踪研发替代微小型滚动轴承的粉末冶金含油轴承	广泛用于汽车、摩托车、家电、缝纫机、IT产品（手机、计算机）、办公机械、各种微电机、食品机械、制药机械等
三	高性能粉末冶金摩擦材料及刹车片（盘）	大型客机用：使用寿命达1 500个循环，与国外水平相当； 高速火车用：达到日本、德国同类产品水平； 风力发电制动系统用： 静摩擦系数≥0.48； 动摩擦系数0.41～0.50； 磨损率≤0.1×10^{-7}cm³/J。 船舶制动系统用：多孔隙摩擦片达到德国马森公司同类产品性能指标	粉末冶金摩擦材料烧结技术； 粉末冶金摩擦材料配方及工艺控制技术	主要用于国内试航的波音大型客机的制动系统，时速200～320km/h的高速火车制动系统，风速5～15m/s的节能风力发电制动系统

〔供稿单位：中国机械通用零部件工业协会〕

中国机械通用零部件工业协会主要工作情况

中国机械通用零部件工业协会(简称协会)的行业工作本着"为行业企业服务、为国家政府服务"两个服务的宗旨,在"深入贯彻落实科学发展观,以自主创新为驱动力,以转变经济发展方式为主线,以重大装备配套为依托,突破关键技术,提升高端制造能力,加快推进机械零部件制造业由大变强的进程"指导思想的指导下,加速促进产业结构调整,推动产品优化升级,提高企业素质,着力打造又强又大的机械通用零部件产业。这也是制定和贯彻落实行业"十二五"发展规划的基本目标。行业协会围绕这个思想,开展了一系列服务工作。

1. 反映企业诉求,宣贯国家产业政策,促进行业企业科学发展

协会作为国家政府和企业间的桥梁纽带,积极做好两个服务,一直是行业协会的主导工作。协会在建立和完善与国家发改委、工业和信息化部、财政部、国家统计局及海关总署等部门保持联系通道的基础上,一方面积极学习和宣贯国家的产业政策,包括行业规划、经济形势和政策支持等,另一方面还认真参加有关国家产业政策、规划的编制工作。协会先后参加了国家工业和信息化部的《机械基础件振兴实施方案》《机械基础件、基础制造工艺和基础材料产业"十二五"发展规划》文件的编制,并在国家政府发展的产业项目计划、国家产业结构调整指导目录、产业关键共性技术发展指南、工业转型升级重点技术改造投资指南、制定机械通用零部件行业"十二五规划"、自主创新目录、进出口税目和关税调整、国际贸易交往、应诉反倾销与反倾销、工业品牌建设、推荐"装备中国功勋企业""中国机械工业优秀企业家"等方面做了大量工作,提供了积极的建议、行业数据和相关企业情况。这些工作把机械通用零部件行业发展紧密地与国家的产业政策结合起来,有效地促进了行业的科学发展,同时彰显了机械通用零部件行业在国家机械工业发展战略上的作用。

针对行业的发展,协会积极加强政府产业政策与企业发展项目的对接工作,先后依据工信部、发改委等部门制定的产业政策,推荐和组织企业积极申报转型升级技术改造项目、04专项、行业关键研发项目、行业关键共性项目和"三基规划"等十余个项目。这些工作获得了国家政府产业部门对机械通用零部件行业企业的深度理解和认可,并有效地提升了基础零部件行业在机械装备产业中的地位和影响力。其中协会推荐和组织申报的04专项中"高速精密多工位冷镦成形成套设备"项目通过评审,并获得国家资金支持。

此外,协会还在行业品牌建设、行业统计、技术标准宣贯及制订、质量管理、人才培训、贸易摩擦、行业自律等方面与协会下属的各个分会密切配合,做了积极有效的工作。

协会行业会刊《机械传动与零部件》和协会网站"中国机械通用零部件行业网"(www. cmca-view. com)坚持两个服务的宗旨,宣传国家产业政策信息,反映企业发展面貌,增强行业间的信息交流沟通,进一步提高了为企业服务的水平。

2. 搭建贸易平台,促进企业开拓国内外市场

(1)主办"亚洲国际动力传动与控制技术展览暨中国紧固件、弹簧及制造装备展览会"。近年来,协会坚持每年在上海新国际博览中心举办"亚洲国际动力传动与控制技术展览暨中国紧固件、弹簧及制造装备展览会"(简称PTC)。PTC展览会是亚洲最大的国际性展览,每年吸引数十个国家和地区的千余家展商参展,并引起国内外各种机械传动组织的密切关注。该展览的大规模、专业化的工业盛会效应,为本协会六个专业的200余家企业展示企业的新形象、新产品、新技术提供了最佳的交流平台。特别是行业企业展示的新技术、新产品引起国内外同行和参观者的热切关注,展台一直门庭若市。另外,在展会同期,协会还坚持举办与企业发展和市场密切相关的风电、核电、轨道交通、精密成形、汽车用紧固件、环保包装、现代机械传动等领域的前沿技术及钢材供应企业的专业主题讲座,增强零部件企业与下游配套装备主机厂、上游钢铁原材料厂的沟通和交流。通过展会,企业不仅与国内外的采购商建立了直接的联系和对话,也在产品购销方面能够实现数千万元的意向或购销订单。

(2)加强与国际同行的交流和交往。依据国际市场的动态,协会适时组团进行出国考察、参展和交流,建立和密切与国际同行的联系,推动行业企业的产品进入国际市场。近几年,协会在各分会的积极合作与支持下,先后组团出访美国、西班牙、德国、日本及韩国等20余个国家或地区进行参展、出访和参加国际会议等活动,为企业发展国际贸易和掌握国际同行的技术发展态势发挥了积极的作用。同时,在可能的情况下,协会还为赴国外参展的企业争取国家对中小企业开拓国际市场的基金补贴,以减轻出国企业的负担。

另一方面,协会还相继邀请了世界各国的著名公司,如美国、德国、意大利、英国等国知名公司的有关专业的专家来华参加协会举办的各种专业会议,进行交流与合作,扩展行业发展的视角。这些活动,无论从加速企业拓展国际市场,还是把握国际同类产品技术水平方面,都为企业的发展带来积极的收效。

3. 加强协会正规化建设,提升协会服务的质量和水平

近年来,在国家民政部、国资委和中国机械工业联合会上级领导的关心支持下,协会的自身建设工作取得了很大的进展。具体工作包括:从如期召开协会的常务理事扩大会议、顺利完成协会领导班子换届,到各分会成功召开理事

会推动企业发展；从协会纳入民政部后对行业协会进行评估，到完善协会秘书处的制度建设；从贯彻国资委《关于开展行业协会存在突出问题整改工作的通知》155 号文件要求，到协会和分会进行自查；从加强协会党支部建设，到协会向舟曲灾区捐款献爱心等。这些标志着协会在履行行业服务宗旨的职能作用同时，不断加强宣传贯彻国家对行业协会的规范管理工作，逐步推进行业协会的正规化建设，并纳入国家对行业协会的正规管理范畴。

（1）2010 年 3 月，行业协会顺利完成了第四届向第五届理事大会的选举转换，选出了第五届理事会、常务理事、理事长等领导及秘书处组织机构，并将协会常务理事从 9 个扩展到 50 个，协会理事从 50 个扩展为 150 个，为协会工作的进一步发展奠定了组织基础。另外，依据协会工作发展需求，会议还通过了协会《章程》的修改议案，并经民政部审批，于 2010 年 8 月 17 日正式生效。

（2）依据民政部、国资委发布的文件要求，协会先后完成了每个年度的财政核审，协会年审，开展民政部协会评估等工作的安排方案，以及贯彻国资委 155 号文件，制定协会整改实施步骤措施及提出自查报告等工作。

（3）建章立制，以制度规范协会和分支机构的活动。在调研和吸收兄弟协会管理经验的基础上，依据国家对协会的有关管理规定，制定了“秘书处工作职责条例”“协会分支机构管理办法”，开展了协会“创先争优活动”等工作。协会还通过理顺协会党员的组织关系，建立了协会党支部，开展了党支部的工作。

（4）在国家民政部、国资委和中国机械联合会领导的支持下，协会依据国资委国资发研究〔2010〕155 号文“关于开展行业协会存在突出问题整改工作的通知”、民政部民函〔2010〕93 号“关于开展全国性行业协会商会、基金会和民办非企业单位评估工作的通知”要求，本着边检查，边整改，边工作的思路，先后在协会秘书处和各分支机构秘书处开展了自查自纠工作，并依据自查出的问题，剖析主要原因，提出整改措施，自觉把协会的行为规范到国家规定和协会章程的范围内。在提高认识、明确整改目标的基础上，协会对原齿轮分会秘书处存在的问题进行了核审，改组了齿轮分会秘书处，停止了原秘书长的职务；并采取了宣布原“中国机械通用零部件工业协会齿轮专业协会”公章作废、停止使用未经民政部登记注册“中国齿轮专业协会”的名称、宣布“中国齿轮专业联盟”未经民政部审批登记，是非法的、无效的组织等一系列具体措施，有效地推进了协会对自身存在问题的整改。

〔撰稿人：中国机械通用零部件工业协会张立友〕

加强协会建设　提升服务水平

随着改革开放的深入发展，中国机械通用零部件工业协会（简称协会）在坚持为政府服务、为企业服务的宗旨指导下，发挥着越来越重要的作用。依据国家对行业协会的管理要求，协会近年来进一步加强了自身建设，以“服务立会、和谐办会、依法治会”的理念，逐步完善和规范自身行业行为，在实践“两个服务”的工作中，不断提升了协会的行业服务水平。

一、坚持协会理事会制度，认真完成理事会换届工作

依据协会章程要求，协会坚持每年按要求召开理事会（或理事扩大会议），并通过理事会，审议协会上一年度工作，落实协会下一年度工作。理事会闭会期间，协会重大事项坚持召开常务理事会议（或通讯会议）通过后执行，并通过协会秘书处贯彻落实理事会（或常务理事会）的决定。

2010 年 3 月，协会召开了第五届会员大会。在充分民主酝酿、认真履行换届程序、经过上级批准的基础上，以无记名投票方式，进行了协会理事会的换届选举工作，选举产生了第五届协会常务理事会以及由杨学桐为协会理事长和七名副理事长组成的领导班子。根据行业工作需求和广大会员企业的呼声，第五届理事会理事成员扩大到 150 名，常务理事成员扩大到 50 名。

依据在新时期的协会工作改革发展要求，为完善以章程为核心的管理制度，本次大会还一致通过了协会修改章程的报告，经国资委审核、民政部批准的新章程于 2010 年 8 月 17 日起生效。

大会还依据协会换届要求，相继通过了“协会会费收支情况的报告”“会费标准及会费管理办法的报告”及“社会团体换届及法人代表变更审计报告”等文件。

2011 年，依据协会工作发展需求，为进一步完善协会领导班子建设，增强协会的代表性和凝聚力，经协会理事会通过，增补了 4 名协会副理事长。

二、制定内部管理制度

依据民政部《社会团体登记管理条例》、国务院《关于加快推进行业协会商会改革和发展的若干意见》及国资委《规范行业协会运作暂行办法》等文件要求，为规范协会行业工作行为，协会秘书处于 2010 年 12 月制定了协会《分支机构管理办法》，2011 年 3 月制定了《中国机械通用零部件行业自律公约》，并分别经过常务理事会和协会理事会通过后生效。

为规范和加强秘书处工作，2010 年 10 月，协会进一步完善制定了《秘书处工作职责条例》。

三、认真整改，坚持规范协会工作

为进一步规范行业协会的管理运作，2010 年 10 月国资委发布 155 号文件《关于开展行业协会存在突出问题整改工作的通知》，决定对行业协会存在的突出问题进行整改。协会在中国机械工业联合会领导下，认真安排协会和各分会秘书处进行了文件学习，并通过对照与自查找出了自身存在的问题。协会还通过秘书长工作会议，解读了文件精神，提出了“协会整改方案”。通过自查小金库、剖析主要原因,提出整改措施,制定了整改计划,并报送了中国机械工业联合会党委。大家一致认为,必须把协会的行为规范到符合国家规定和自觉执行以章程为核心的管理范围。在提高认识、明确整改目标的基础上,协会对原齿轮分会秘书处存在的问题进行了核审,改组了齿轮分会秘书处,停止了原秘书长的职务;协会还配合市检察院对齿轮分会原秘书处进行了财务审计,执行中国机械工业联合会对原秘书处若干问题的处理意见,并采取了一系列具体措施,如宣布原"中国机械通用零部件工业协会齿轮专业协会"公章作废,停止使用未经民政部登记注册的"中国齿轮专业协会"的名称,声明"中国齿轮专业联盟"未经民政部审批登记,是非法的、无效的组织等,有效地推进协会对自身存在问题的整改。

另一方面,协会坚持执行国家发布的《民间非营利组织会计制度》,贯彻中国机械工业联合会发布的"关于加强社会团体分支机构资产财务管理的若干意见"等文件精神,进一步加强协会资产财务管理,提高财务管理水平。在协会和各分会秘书长工作会议上,在组织学习、认真领会文件精神基础上,逐步理顺了协会和各分会秘书处的财务管理关系,健全了协会的财务管理与核算制度,加强了财务监管。明确了严格按照民间非营利组织会计报表制度进行编报财务账目,并向上级管理机关全面、真实、完整、准确地反映协会整体的财务收支状况的要求。

协会的整改工作,得到了上级领导管理部门的认可,并有效地促进了协会工作的顺利开展。

四、党支部建设、开展创先争优活动

依据国务院 36 号文件和中国机械工业联合会党委要求,在理顺协会党员组织关系的基础上,于 2010 年 6 月建立了协会党支部,杜国森为党支部书记,并按中国机械工业联合会党委要求开展了党支部的工作。2010 年 8 月,协会与各分会秘书处工作人员积极响应中国机械工业联合会党委的号召,组织了向甘肃舟曲特大泥石流灾区"献爱心,送温暖"的捐款活动。

为进一步调动各分支机构和工作人员的积极性,鼓励勤恳为行业服务的协会工作人员,进一步提高协会凝聚力,加速协会纳入民政部对社会团体的评估工作,协会决定开展创先争优评选工作。经协会秘书长工作会议推荐、常务理事会批准,协会授予"链传动分会"先进分会的荣誉称号,授予王民梁、汪士宏两位同志"优秀协会工作者"荣誉称号。

五、例行工作

协会严格按照《社会团体登记管理条例》和《民间非营利组织会计制度》的规定编制年度工作报告,接受民政部的年检,并均通过了检查。

依据国资委对行业协会的管理要求,协会在"国资委行业协会综合管理与服务平台"上完善了协会信息备案,并通过这个平台,按要求随时完成协会提交在网上的履行文件的审批手续、进行所有备案材料的更新及发布重要信息等工作。

接受中国机械工业联合会的领导,按照其管理规定,建立和完善了协会党政管理、业务管理、信息和更新管理,以及防火、防盗、网络等安全管理系统。接受西城区月坛街道委员会的管理,按时完成街道委员会安排的有关调查、统计等工作。

通过协会不断加强自身建设的工作和实践,提高了秘书处人员的基本素质,理顺了协会各部门、各层面的工作协调关系,有效推动了秘书处的职能管理工作,促进了协会的发展。

〔撰稿人:中国机械通用零部件工业协会马桂珍〕

统 计 资 料

我国机械通用零部件行业统计数据及发展态势

我国机械通用零部件行业在“十一五”期间，总体上行业经济运行发展势头良好，并基本保持了每年 15% 的年平均增长幅度。

一、近年机械通用零部件行业的年度基本数据

2006—2012 年行业年度基本数据见表 1，2006—2012 年行业总产值见图 1，2006—2012 年行业进出口额见图 2。

表 1　2006—2012 年行业年度基本数据

年份	总产值（亿元）	同比增长（%）	进口额（亿美元）	出口额（亿美元）
2006	1 254	16.7	59.71	42.60
2007	1 600	27.6	79.51	56.75
2008	1 793	12.1	100.10	75.95
2009	2 059	14.8	106.70	53.80
2010	2 492	21.0	145.90	76.30
2011	3 037	21.8	169.50	104.90
2012	3 232	6.4	166.62	115.30

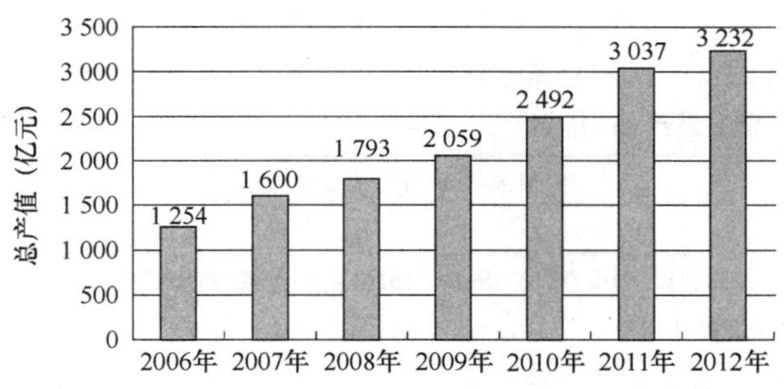

图 1　2006—2012 年行业总产值

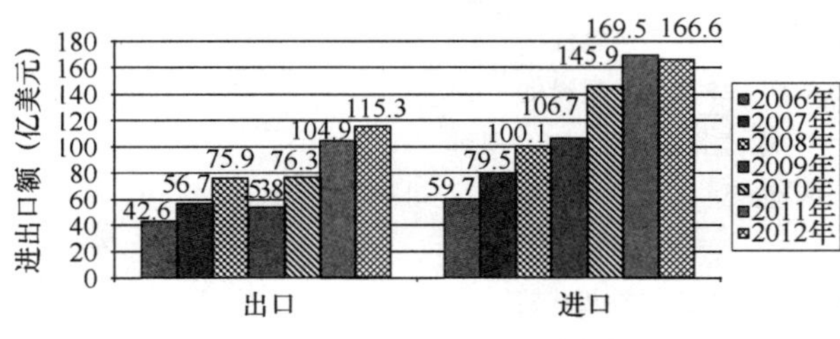

图 2　2006—2012 年行业进出口额

二、近年机械通用零部件行业各专业的经济运行基本数据

1. 近年机械通用零部件行业各专业的总产值数据

2009—2012 年各专业的总产值见表 2 及图 3。

表 2　2009—2012 年各专业的总产值

（单位：亿元）

专业	2009 年	2010 年	2011 年	2012 年
齿轮	1 206	1 450	1 780	1 950
紧固件	485	560	680	670
链传动	110	148	176	190
弹簧	108	145	174	188
传动联结件	89	106	125	135
粉末冶金	61	83	102	99

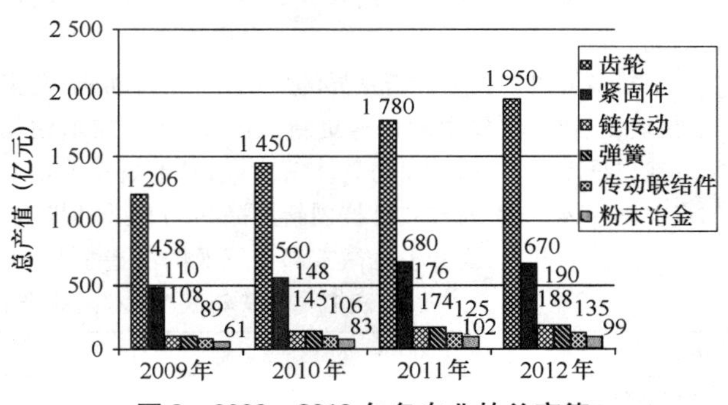

图 3　2009—2012 年各专业的总产值

2. 近年机械通用零部件行业各专业的出口基本数据

2009—2012 年各专业的出口额见表 3 及图 4。

表 3　2009—2012 年各专业的出口额

（单位：亿美元）

专业	2009 年	2010 年	2011 年	2012 年
齿轮	17.1	27.2	38.4	45.4
紧固件	25.0	36.5	48.7	47.1
链传动	7.8	7.1	10.6	14.8
弹簧	1.2	1.9	2.4	2.8
传动联结件	1.9	2.8	4.0	4.3
粉末冶金	0.8	0.8	0.8	0.9

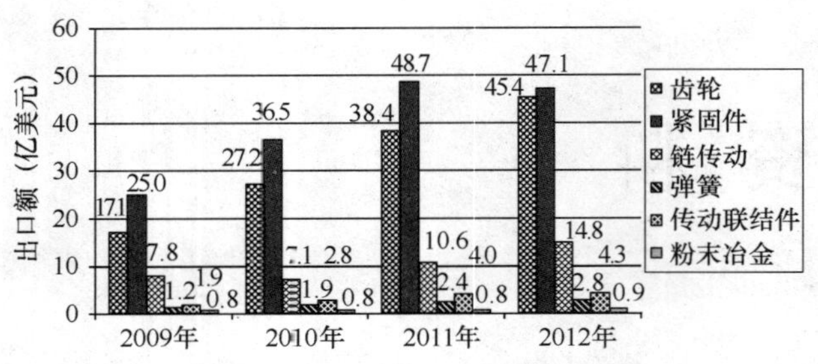

图4　2009—2012 年各专业出口额

3. 近年机械通用零部件行业各专业的进口基本数据

2009—2012 年各专业的进口额见表4 及图5。

表4　2009—2012 年各专业的进口额

（单位：亿美元）

专业	2009 年	2010 年	2011 年	2012 年
齿轮	72.6	106.1	124.9	122.50
紧固件	22.8	28.6	31.8	31.00
链传动	2.1	2.3	2.9	2.90
弹簧	3.9	5.4	5.5	5.35
传动联结件	5.3	3.5	4.4	4.87

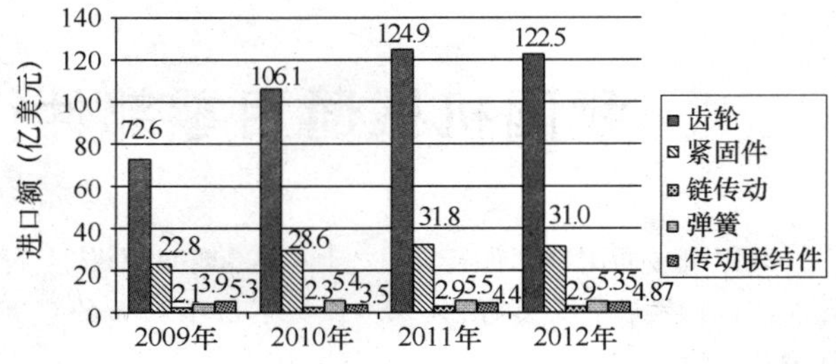

图5　2009—2012 年各专业进口额

〔撰稿人：中国机械通用零部件工业协会张立友〕

2009—2011 年我国机械通用零部件行业“技术创新产品”获奖项目汇总

为了进一步加强我国机械通用零部件行业的自主创新能力建设，大力促进各企业的技术创新、科技进步，推动新产品的研制、开发及应用，经上级领导单位批准，中国机械通用零部件工业协会在行业内开展了“技术创新产品”的评选活动。

面对世界科学技术日新月异的发展，工业自动化、数字化、模块化、智能化技术的快速更新，行业企业在技术创新发展战略推动下，依据企业的具体情况，通过不断完善企业的自主创新体系，不断开展科技创新产品活动，有效促进了企业新产品的开发，提升了机械零部件行业的制造工艺、生产能力及科技水平。评选活动在不断推动企业的创新驱动能力提升的同时，也进一步增强了中国机械通用零部件工业协会的凝聚力。

一、2009 年“技术创新产品”获奖情况

2009 年，技术创新产品的申报单位共有36 家，申报项目59 项。共评出新产品特等奖27 项，新产品优秀奖32 项。其中，紧固件行业特等奖5 项，优秀奖9 项；弹簧行业特等奖3 项，优秀奖5 项；链传动行业特等奖5 项，优秀奖8 项；粉末冶金行业特等奖14 项，优秀奖6 项；齿轮行业优秀奖4项。2009 年获“技术创新产品”奖的企业及产品见表1。

表1　2009 年获“技术创新产品”奖的企业及产品（排名不分先后）

获奖级别	获奖企业名称	获奖产品名称及型号
链传动分会		
特等奖	苏州环球链传动有限公司	TL135Ha、TL135Hb、TL135Hc、TL135Hd 系列重载、高疲劳梯级链
特等奖	杭州东华链条集团有限公司	HV3F2 高速齿形链
特等奖	杭州顺峰链业有限公司	LH0844 高强度高空作业升降机链条
特等奖	浙江华港链传动有限公司	高精度双侧锥滚轮导轨链
特等奖	诸暨链条总厂	链斗输送机
优秀奖	浙江八方机械有限公司	10A、08B、428H 型选管机
优秀奖	安徽黄山恒久链传动有限公司	C2082H－RP 免维护喂料机链
优秀奖	安徽黄山中友链条制造有限公司	35SS－IV 柔性线路板回流焊机链
优秀奖	安徽黄山中友链条制造有限公司	08HK 防弯链
优秀奖	浙江恒久机械集团有限公司	LT－3810 套筒卷制机
优秀奖	杭州东华链条集团有限公司	BL623F4 高疲劳性能板式链
优秀奖	杭州顺峰链业有限公司	520HV 彩色高强度赛车链条

（续）

获奖级别	获奖企业名称	获奖产品名称及型号
优秀奖	浙江华港链传动有限公司	高强度重载耙链
紧固件分会		
特等奖	上海金马高强紧固件有限公司	30 000N·m 转矩轴力试验机
特等奖	上海上标汽车紧固件有限公司	SGM 轿车发动机悬挂螺栓
特等奖	宁波时代紧固件制造有限公司	汽车用球头销
特等奖	宁波安拓实业有限公司	多孔线束套
特等奖	舟山市 7412 工厂	M6 ~ M12 三角杆自攻螺钉
优秀奖	湖北博士隆科技有限公司	伞形抽芯铆钉
优秀奖	上海标五高强度紧固件有限公司	120°小沉头不锈钢铆螺母
优秀奖	上海标五高强度紧固件有限公司	7411 钢结构连接副
优秀奖	浙江宏星紧固件有限公司	M10 ×0. 95 －5H 螺母
优秀奖	宁波日升紧固件有限公司	不锈铁大扁头三角自攻锁紧螺钉
优秀奖	宁波东港紧固件制造有限公司	DIN912 内六角螺钉
优秀奖	宁波安拓实业有限公司	木工扁钻
优秀奖	宁波安拓实业有限公司	套筒扳手接头
优秀奖	宁波东港紧固件制造有限公司	DIN7991 锯齿形内六角防松螺钉
弹簧分会		
特等奖	中国弹簧制造有限公司	VS300 空心稳定杆
特等奖	洛阳机床有限责任公司	M7790K－20 弹簧端面磨床
特等奖	浙江美力弹簧有限公司	油门踏杆
优秀奖	中国弹簧制造有限公司	B517 偏心力螺旋弹簧
优秀奖	洛阳机床有限责任公司	Z54K－60 数控热卷弹簧机
优秀奖	洛阳机床有限责任公司	M7766K－12 弹簧端面磨床
优秀奖	上海核工碟形弹簧制造有限公司	带锥度锻坯碟形弹簧
优秀奖	浙江万能弹簧机械有限公司	TK－5160 型电脑数控卷簧机
粉末冶金分会		
特等奖	兴城市粉末冶金有限公司	激光烧结热挤压制作进气门、排气门阀座
特等奖	东睦新材料集团股份有限公司	VCT 系统烧结转子
特等奖	东睦新材料集团股份有限公司	粉末冶金组合齿轮
特等奖	东睦新材料集团股份有限公司	真空泵粉末冶金内转子
特等奖	东睦新材料集团股份有限公司	汽车转子泵粉末冶金转子
特等奖	重庆华孚工业股份有限公司	C50 三号粉末冶金齿毂
特等奖	黄石赛福摩擦材料有限公司	高弹橡胶湿式离合器片
特等奖	扬州保来得科技实业有限公司	粉末冶金烧结焊汽车自动变速器轮毂
特等奖	扬州保来得科技实业有限公司	粉末冶金烧结焊汽车自动变速器支架
特等奖	扬州保来得科技实业有限公司	粉末冶金汽车行李箱传动齿轮
特等奖	扬州保来得科技实业有限公司	粉末冶金差速齿轮
特等奖	杭州粉末冶金研究所	汽车车轿差速器用湿式炭－炭摩擦片
特等奖	浙江中平粉末冶金有限公司	粉末冶金免加工双凹阀板
特等奖	浙江中平粉末冶金有限公司	粉末冶金双凸台活塞
优秀奖	东睦新材料集团股份有限公司	转向泵粉末冶金配油盘
优秀奖	杭州粉末冶金研究所	胶粘型湿式铜基摩擦片
优秀奖	杭州粉末冶金研究所	平面波形对偶钢片摩擦片
优秀奖	扬州保来得科技实业有限公司	粉末冶金内螺旋齿轮
优秀奖	扬州保来得科技实业有限公司	粉末冶金汽车变速器齿环
优秀奖	海安县鹰球集团有限公司	汽车粉末冶金低噪声新型油泵齿轮

（续）

获奖级别	获奖企业名称	获奖产品名称及型号
齿轮分会		
优秀奖	北方重工沈阳重型机械集团传动设备分公司	大模数蜗杆副加工技术
优秀奖	浙江长城减速机有限公司	烟气脱硫吸收塔专用搅拌机
优秀奖	浙江长泰机械有限公司	SC8S45 汽车变速器
优秀奖	杭州依维柯汽车变速器有限公司	H314.5 系列汽车变速器

二、2010 年“技术创新产品”获奖情况

2010 年，技术创新产品的申报单位共有 47 家，申报项目 69 项。共评出新产品特等奖 24 项，新产品优秀奖 25 项，创新产品 20 项。其中，紧固件行业特等奖 9 项，优秀奖 10 项；链传动行业特等奖 6 项，优秀奖 9 项；弹簧行业创新产品 20 项；粉末冶金行业特等奖 8 项，优秀奖 5 项；齿轮行业特等奖 1 项；联结件行业优秀奖 1 项。2010 年获“技术创新产品”奖的企业及产品见表 2。

表 2　2010 年获“技术创新产品”奖的企业及产品（排名不分先后）

获奖级别	获奖企业名称	获奖产品名称及型号
链传动分会		
特等奖	青岛征和工业有限公司	SCL04CF 汽车发动机用强化齿形链
特等奖	浙江长兴西林链条链轮有限公司	P110 输送链
特等奖	杭州东华链条集团有限公司	PT100SLR 免维护梯级链
特等奖	杭州东华链条集团有限公司	CL06F2 齿形链
特等奖	杭州顺峰链业有限公司	630H 农业旋耕机高强度滚子链
特等奖	诸暨链条总厂	卸船机专用提升链
优秀奖	杭州东华链条集团有限公司	16ALTF10 立体车库链条
优秀奖	杭州东华链条集团有限公司	MT112F2 - P - 125 汽车壳体涂装线输送链条
优秀奖	杭州东华链条集团有限公司	P180F4 水泥中央提升机链
优秀奖	杭州东华链条集团有限公司	P150F82 等钢管制造生产线链条
优秀奖	苏州环球链传动有限公司	P78.1 高耐磨输送链
优秀奖	浙江长兴西林链条链轮有限公司	LL1644F1 叉车板式链
优秀奖	杭州顺峰链业有限公司	35T 高速卡丁车专用传动链条
优秀奖	浙江华涛链传动有限公司	高强度冷坯焊接输送链
优秀奖	安徽黄山恒久链传动有限公司	WH157HS 高性能焊接弯板链
紧固件分会		
特等奖	湖北博士隆科技有限公司	间隙式调整器（公差调整器）
特等奖	上海申光高强度螺栓有限公司	M48 ~ M64 系列风力发电 10.9 级大直径高强度螺栓连接副
特等奖	上海金马高强紧固件有限公司	高强度铆钉、高强度不锈钢铆钉
特等奖	南京云帆科技实业有限公司	螺母防松防盗装置
特等奖	上海沪西高强度螺栓螺帽厂	M36 ~ M120 抗延迟断裂 10.9 级大直径高强度六角螺栓
特等奖	东风汽车紧固件有限公司	涂胶飞轮螺栓
特等奖	宁波东港紧固件制造有限公司	Q151B 组合式螺栓
特等奖	宁波九龙紧固件制造有限公司	柔性高强度螺栓
特等奖	舟山市 7412 工厂	M6 ~ M12 耐热不锈钢螺栓
优秀奖	浙江乍浦实业有限公司	刹车系统防松防腐外螺纹连接件
优秀奖	上海申光高强度螺栓有限公司	高强度不锈钢环槽铆钉连接副
优秀奖	宁波日升紧固件有限公司	内六角圆柱头防盗螺钉
优秀奖	宁波宁力高强度紧固件有限公司	M30 × 120 机车转向轴螺栓
优秀奖	南京科润工业介质有限公司	PR506 余热发黑剂
优秀奖	上海市紧固件和焊接材料技术研究所	8T4.8 × 20 盘头带垫薄板用钻挤自攻螺钉
优秀奖	济南实达紧固件有限公司	M16 三角头连接螺栓
优秀奖	宁波安拓实业有限公司	两用套筒

（续）

获奖级别	获奖企业名称	获奖产品名称及型号
优秀奖	浙江宏星紧固件有限公司	M4－18 防滑自攻螺钉
优秀奖	东风汽车紧固件有限公司	带螺纹的圆锥形尾端导向螺栓
弹簧分会		
创新产品	中国弹簧制造有限公司	Epsilon 悬架弹簧
创新产品	中国弹簧制造有限公司	Epsilon 稳定杆
创新产品	中国弹簧制造有限公司	DELTA 后悬架弹簧
创新产品	中国弹簧制造有限公司	弹簧的感应加热变径棒材多次负荷成形技术
创新产品	洛阳机床有限责任公司	M7735K－316 弹簧端面磨床
创新产品	杭州弹簧有限公司	重型车制动调节拉簧
创新产品	杭州弹簧有限公司	液压控制和传统系统新型结构新涂层弹簧
创新产品	杭州弹簧有限公司	船用或石油钻井平台用超高可靠性动力发动机气门弹簧
创新产品	扬州核威碟形弹簧有限公司	7 930kN 碟形弹簧隔振装置
创新产品	大连弹簧有限公司	超临界电站锅炉全量型安全阀弹簧
创新产品	大连弹簧有限公司	超临界电站锅炉弹簧支吊架
创新产品	湖北宝马弹簧有限公司	汽车起动机对顶波簧
创新产品	济南时代试金仪器有限公司	TNS－W2000 微机控制弹簧扭转疲劳试验机
创新产品	济南时代试金仪器有限公司	TFY－200010 弹簧负荷分选机
创新产品	济南时代试金仪器有限公司	TPJ－W3V011 微机控制弹簧疲劳试验机
创新产品	浙江美力弹簧有限公司	多重变刚度汽车悬架弹簧
创新产品	山东汽车弹簧有限公司	比亚迪 M6 前弹簧
创新产品	山东汽车弹簧有限公司	比亚迪 M6 后弹簧
创新产品	上海三环弹簧有限公司	大众 Model－Z 行李箱拉簧
创新产品	上海三环弹簧有限公司	安全带弹簧
粉末冶金分会		
特等奖	东睦（天津）粉末冶金有限公司	变速器换挡块
特等奖	上海汽车粉末冶金有限公司	BPSILON 2 系列转向管柱粉末冶金零件
特等奖	扬州保来得科技实业有限公司	粉末冶金汽车 ABS 速度检知盘
特等奖	扬州保来得科技实业有限公司	粉末冶金汽车转向器面凸轮
特等奖	扬州保来得科技实业有限公司	粉末冶金烧结焊偏心斜齿轮
特等奖	东睦新材料集团股份有限公司	F347729－0131 型 VVT 链轮
特等奖	东睦新材料集团股份有限公司	粉末冶金滚套
特等奖	东睦新材料集团股份有限公司	曲轴正时链轮［5015425］
优秀奖	海安县鹰球集团有限公司	粉末冶金高耐磨球铰
优秀奖	南通富仕液压机床有限公司	FS79Z 系列干粉自动成形液压机及模架
优秀奖	杭州前进齿轮箱集团股份有限公司粉末冶金厂	某航空飞机制动器摩擦片
优秀奖	黄石赛福摩擦材料有限公司	工程车辆湿式驱动桥用摩擦片
优秀奖	湖南顶立科技有限公司	超细粉体材料专用无舟皿带式炉
齿轮分会		
特等奖	南京科润工业介质有限公司	KR－SQTⅡ淬火介质冷却特性测试仪
传动联结件分会		
优秀奖	山西大新传动技术有限公司	SJ－LX 注塑机专用支架及联轴器

三、2011 年“技术创新产品”获奖情况

2011 年，技术创新产品申报单位共有 65 家，申报项目 107 项。共评出新产品特等奖 32 项，新产品优秀奖 47 项，创新产品 28 项。其中，链传动行业特等奖 9 项，优秀奖 10 项；紧固件行业特等奖 13 项，优秀奖 12 项；弹簧行业创新产品 28 项；粉末冶金行业特等奖 5 项，优秀奖 14 项；齿轮行业特等奖 4 项，优秀奖 10 项；联结件行业特等奖、优秀奖各 1 项。2011 年获“技术创新产品”奖的企业及产品见表 3。

表 3　2011 年获“技术创新产品”奖的企业及产品(排名不分先后)

获奖级别	获奖企业名称	获奖产品名称及型号
链传动分会		
特等奖	浙江金盾链条制造有限公司	SH160 - 1000 鼓风带式冷却机用超大节距叉形板式链条
特等奖	杭州东华链条集团有限公司	HX20AF1 烘箱输送链条
特等奖	杭州东华链条集团有限公司	CL05D 无声链
特等奖	苏州环球链传动有限公司	免维护、免保养的梯级链
特等奖	浙江恒久机械集团有限公司	81X 系列链条自动装配机
特等奖	安徽黄山恒久链传动有限公司	湿地式挖掘机驱动链
特等奖	浙江长兴西林链条链轮有限公司	XL196S 有衬套板式链
特等奖	湖州求精汽车链传动有限公司	小排量乘用车发动机链传动正时系统
特等奖	太仓椿盟链传动有限公司	自动圆铆接头组装机
优秀奖	浙江华睿链传动有限公司	20AF12 - 12 长附板双挂乳胶输送链
优秀奖	南京利民机械有限责任公司	节能型表面渗铬(汽车)发动机正时链条
优秀奖	杭州自强链传动有限公司	P609. 6F3 污水处理链
优秀奖	杭州自强链传动有限公司	16BSLRF4(CP)免维护滚子链
优秀奖	浙江长兴西林链条链轮有限公司	08B - 2BJL 覆膜链条
优秀奖	杭州顺峰链业有限公司	25 汽车中控门自动关闭系统传动链条
优秀奖	杭州顺峰链业有限公司	520NV 系列越野摩托车专用链条
优秀奖	太仓椿盟链传动有限公司	链条智能化自动检测生产线
优秀奖	绩溪黄山实业有限公司	车用无缝链滚子、套筒
优秀奖	诸暨链条总厂	内装料链斗式提升机
紧固件分会		
特等奖	上海申光高强度螺栓有限公司	风力发电叶片螺栓伸出距离可控低温 T 型螺母
特等奖	上海申光高强度螺栓有限公司	风力发电塔架用自润滑高强度螺栓连接副
特等奖	大连圣特金属新材料研发有限公司	系列复合冷作模具钢
特等奖	湖北博士隆科技有限公司	汽车钣金压铆螺母
特等奖	超捷紧固系统(上海)股份有限公司	汽车发动机气门控制机构液压气门挺柱(ϕ8. 675mm × 26. 6mm)、圆柱套(02 - TDOOH - 1)
特等奖	上海沪西高强度螺栓螺帽厂	ZP28A - 130 型滚丝机
特等奖	上海上标汽车紧固件有限公司	乘用车接地螺栓
特等奖	宁波安拓实业有限公司	汽车刹车系统用调节螺母
特等奖	宁波安拓实业有限公司	高档自行车离合系统用圆锥
特等奖	宁波宁力高强度紧固件有限公司	M22 × 1. 5 × 78 杆部带齿圆柱头螺栓
特等奖	舟山市 7412 工厂	M5 ~ M8 压铆螺栓
特等奖	宁波思进机械有限公司	SJBF - 134L 环保型多工位高速全自动冷镦机
特等奖	浙江高强度紧固件有限公司	核电专用螺栓类核级紧固件(材质为 0Cr15Ni25Ti2MoAIVB)
优秀奖	上海申光高强度螺栓有限公司	高强度预应力锚固螺栓及组合装置
优秀奖	上海申光高强度螺栓有限公司	风力发电叶片用内六角可调节叶片螺栓
优秀奖	常熟标准件厂	TY800 脱油机,TY300 脱油机(带提升斗)
优秀奖	超捷紧固系统(上海)股份有限公司	汽车电子刹车系统传动接头杆
优秀奖	上海市紧固件和焊接材料技术研究所	监控器支撑架(万向定位支架)
优秀奖	上海沪西高强度螺栓螺帽厂	NJCS1200/680 螺栓转矩测试机
优秀奖	上海上标汽车紧固件有限公司	乘用车方向盘固定螺栓
优秀奖	宁波安拓实业有限公司	高强度建筑用强力锤钉式锚栓
优秀奖	宁波安拓实业有限公司	液压软管接头装置
优秀奖	宁波日升紧固件有限公司	压铆螺钉
优秀奖	宁波中京联合科技实业有限公司	表面处理方式为粉末渗锌的钢结构用高强度螺栓连接副

（续）

获奖级别	获奖企业名称	获奖产品名称及型号
优秀奖	浙江高强度紧固件有限公司	核电专用螺母类核级紧固件（材质为1Cr13）
弹簧分会		
创新产品	扬州核威碟形弹簧有限公司	高速铁路用安全垫圈
创新产品	天津机辆轨道交通装备有限责任公司	时速250km/h动车组一系钢弹簧
创新产品	杭州富春弹簧有限公司	双质量飞轮弧形弹簧
创新产品	杭州钱江弹簧有限公司	J43弧形（C形）偏心力弹簧
创新产品	杭州钱江弹簧有限公司	TCS－SR型大型机械扭簧
创新产品	杭州钱江弹簧有限公司	转向系统波形弹簧
创新产品	杭州钱江弹簧有限公司	电动工具手柄调挡定位弹片
创新产品	盐城海旭数控装备有限公司	XZJ360－1CNC全自动销轴机
创新产品	盐城海旭数控装备有限公司	DJH－860高精度数控八轴圆柱螺旋压缩弹簧成形机
创新产品	盐城海旭数控装备有限公司	DJH－5200高精度数控卷簧机
创新产品	扬州弹簧有限公司	350km/h动车组转向架弹簧
创新产品	杭州弹簧有限公司	环保设备用异形截面弹簧
创新产品	杭州弹簧有限公司	为海洋工程配套的高精度高可靠性气门弹簧
创新产品	杭州弹簧有限公司	蓄电堆储能压紧弹簧
创新产品	广州华德汽车弹簧有限公司	5VL气门弹簧
创新产品	湖北鑫宝马弹簧有限公司	汽车双质量飞轮弧形减振弹簧
创新产品	大连弹簧有限公司	超超临界电站锅炉弹簧支吊架
创新产品	浙江美力科技股份有限公司	等线径变刚度汽车悬架弹簧
创新产品	福建立洲集团控股有限公司	双质量飞轮弧形弹簧
创新产品	济南时代试金仪器有限公司	PLS－60电液伺服稳定杆疲劳试验系统
创新产品	济南时代试金仪器有限公司	TLW－HG300微机控制弹簧横向刚度试验机
创新产品	济南时代试金仪器有限公司	TPJ－WG20机械式稳定杆疲劳试验机
创新产品	济南时代试金仪器有限公司	TYE－W1000微机控制液压式弹簧压力试验机
创新产品	上海中国弹簧制造有限公司	DELTA稳定杆
创新产品	上海中国弹簧制造有限公司	EPSILON悬架弹簧
创新产品	上海三环弹簧有限公司	A15弹性夹箍
创新产品	上海三环弹簧有限公司	（马睿利）双头扭簧
创新产品	上海核工碟形弹簧制造有限公司	电梯安全钳U形弹簧
粉末冶金分会		
特等奖	扬州保来得科技实业有限公司	粉末冶金弧齿锥齿轮
特等奖	东睦新材料集团股份有限公司	VVT进/排气链轮[10110510a/10110511a]
特等奖	东睦新材料集团股份有限公司	VVT定子
特等奖	东睦新材料集团股份有限公司	真空泵转子、联轴器[5015425]
特等奖	上海汽车粉末冶金有限公司	真空泵转子和连接器系列零件的开发及批产
优秀奖	重庆江州粉末冶金科技有限公司	轨道车380离合器从动盘总成
优秀奖	重庆江州粉末冶金科技有限公司	汽车用凸轮轴、曲轴皮带轮（465）
优秀奖	海安县鹰球集团有限公司	射钉枪快夹主体
优秀奖	扬州保来得科技实业有限公司	粉末冶金汽车刹车系统止推块
优秀奖	东睦新材料集团股份有限公司	偏心环/转子[C14T1011033/C14T1011034]
优秀奖	东睦新材料集团股份有限公司	A839斜带轮
优秀奖	东睦新材料集团股份有限公司	油泵齿轮[S005 703/S005 713]
优秀奖	东睦新材料集团股份有限公司	平衡轴链轮总成[904 911 1]
优秀奖	杭州前进齿轮箱集团股份有限公司粉末冶金厂	铜基喷撒摩擦片的多因素影响研究
优秀奖	杭州前进齿轮箱集团股份有限公司粉末冶金厂	纳米增强高性能铜基摩擦片

（续）

获奖级别	获奖企业名称	获奖产品名称及型号
优秀奖	南通富士液压机床有限公司	FS72Z - 1500H 型磁性材料干式成形液压机(15 000kN)
优秀奖	黄石赛福摩擦材料有限公司	拖拉机制动器摩擦片
优秀奖	重庆华孚工业股份有限公司	换挡柄[BS14R - 1702015 - 07]
优秀奖	山西金宇粉末冶金有限公司	工程机械液压马达粉末冶金“阀盘”
齿轮分会		
特等奖	杭州依维柯汽车变速器有限公司	H331.6 系列汽车变速器
特等奖	天津天海同步器有限公司	F4A4、4HP20 自动变速器行星排总成制造技术
特等奖	宁波东力传动设备股份有限公司	DLH/DLB 系列模块化高精行星减速器
特等奖	杭州前进齿轮箱集团股份有限公司	倾角传动高速船用齿轮箱
优秀奖	泰州市海博汽车科技有限公司	双离合器自动变速器轿车同步器(DCT)
优秀奖	杭州依维柯汽车变速器有限公司	H914.2 特种车变速器
优秀奖	天津天海精密锻造有限公司	精锻汽车同步器钢基齿环
优秀奖	天津天海精密锻造有限公司	汽车自动变速器超越离合器齿圈
优秀奖	天津中德传动有限公司	ZD. F4S1000A 电控机械式自动变速器
优秀奖	天津中德传动有限公司	ZD. F6S1680 变速器总成
优秀奖	宁波东力传动设备股份有限公司	DLP 系列模块化高精行星减速器
优秀奖	杭州前进齿轮箱集团股份有限公司	GCS700B 船用齿轮箱
优秀奖	杭州前进齿轮箱集团股份有限公司	ZL60 工程机械变速箱
优秀奖	杭州前进齿轮箱集团股份有限公司	机械式路面铣刨机变速箱
传动联结件分会		
特等奖	德阳立达基础件有限公司	6MW 风机试验台用 SWC1 280 型十字万向联轴器
优秀奖	德阳立达基础件有限公司	带液压调整器的贯通式联轴器

〔撰稿人:中国机械通用零部件工业协会姚海光〕

2012 年“自主创新优秀新产品”获奖项目

为了进一步贯彻《机械基础件、基础制造工艺和基础材料产业“十二五”发展规划》,大力促进中国机械通用零部件工业协会(简称协会)各行业企业的技术创新、科技进步,有效地推动新产品的研制开发,以技术创新推动产品结构调整和经济转型,协会决定开展 2012 年“自主创新优秀新产品”评选活动。2012 年,经企业自报,各分会专家委员会的推荐评选,协会常务理事会批准,六个分会共计 56 家单位的 81 项产品荣获“自主创新优秀新产品”称号。其中,链传动分会特等奖 10 项、优秀奖 11 项;紧固件分会特等奖 7 项、优秀奖 12 项;弹簧分会特等奖 9 项、优秀奖 16 项;粉末冶金分会特等奖 6 项、优秀奖 7 项;齿轮分会特等奖 2 项;传动联结件分会特等奖 1 项。

2012 年“自主创新优秀新产品”特等奖获奖企业及产品见表 1,2012 年“自主创新优秀新产品”优秀奖获奖企业及产品见表 2。

表 1　2012 年“自主创新优秀新产品”特等奖获奖企业及产品(排名不分前后)

获奖等级	企 业 名 称	创新产品名称及型号
链传动分会		
特等奖	湖州求精汽车链传动有限公司	HMQ 小排量乘用车发动机正时系统
特等奖	太仓椿盟链传动有限公司	多功能智能化链条自动组装机
特等奖	苏州环球链传动有限公司	160 - 2 超高强度驱动链
特等奖	杭州东华链条集团有限公司	CL04DF3 汽车发动机用正时无声链
特等奖	杭州东华链条集团有限公司	C2060F77ORK1F2 带密封圈农机链
特等奖	杭州自强链传动有限公司	ST135F17SLR 环保梯级链

（续）

获奖等级	企 业 名 称	创新产品名称及型号
特等奖	杭州顺峰链业有限公司	SUV 汽车用 05HT 双 VVT 顶置凸轮轴发动机正时链
特等奖	浙江长兴西林链条链轮有限公司	C2100HF－GK1－B－V 输送链
特等奖	安徽黄山恒久链传动有限公司	US－5030 长冲程重载荷抽油机链
特等奖	青岛征和工业有限公司	大功率（排量 6L 以上）汽车 V 型柴油发动机正时齿形链系统
紧固件分会		
特等奖	舟山市 7412 工厂	耐热不锈钢螺母
特等奖	宁波安拓实业有限公司	连接钢绞线多孔锚环
特等奖	宁波北仑华申紧固件有限公司	钢球紧定螺钉
特等奖	浙江高强度紧固件有限公司	深海专用紧固件
特等奖	浙江高强度紧固件有限公司	抗 H2S 应力腐蚀 B7M 中强度紧固件
特等奖	浙江友信机械工业有限公司	多工位翼型成型机
特等奖	山翁工业炉（嘉善）有限公司	罩井式球化退火炉
弹簧分会		
特等奖	杭州弹簧有限公司	高应力、高可靠性液压件弹簧
特等奖	广州华德汽车弹簧有限公司	高应力驻车制动弹簧
特等奖	大连弹簧有限公司	耐低温、高应力涨紧机构弹簧
特等奖	济南时代试金仪器有限公司	TLS－W1000K 微机控制卡箍三点四点力学性能试验机
特等奖	扬州核威碟形弹簧制造有限公司	汽轮机阀门自动控制碟形弹簧
特等奖	中钢集团郑州金属制品研究院有限公司	2 000MPa 级悬架弹簧用淬回火弹簧钢丝
特等奖	上海三环弹簧有限公司	压簧自动检测机
特等奖	上海中国弹簧制造有限公司	NMS 稳定杆
特等奖	浙江美力科技股份有限公司	内圈张紧支撑的组合气门弹簧
粉末冶金分会		
特等奖	东睦新材料集团股份有限公司	GF6 Gen3 六速自动变速器油泵粉末冶金零件
特等奖	山西东睦华晟粉末冶金有限公司	362 减速器行星齿轮架
特等奖	扬州保来得科技实业有限公司	汽车发动机可变气门正时系统 VVT 油泵转子
特等奖	上海汽车粉末冶金有限公司	EA211 发动机带轮系列粉末冶金零件
特等奖	重庆华孚工业股份有限公司	驻车限位块/1702675－DF515A01
特等奖	桐城市汽车部件有限公司	大功率天然气（CNG）发动机高耐磨性气门座圈材料开发
齿轮分会		
特等奖	哈尔滨精达测量仪器有限公司	大规格高端齿轮测量中心
特等奖	杰牌控股集团有限公司	JRPH18300 行星减速机
传动联结件分会		
特等奖	山西大新传动技术有限公司	ZJ－JQJ 剪切机张紧联结套

表 2　2012 年“自主创新优秀新产品”优秀奖获奖企业及产品（排名不分前后）

获奖等级	企 业 名 称	创新产品名称及型号
链传动分会		
优秀奖	太仓椿盟链传动有限公司	全自动智能化油压铆头机
优秀奖	杭州自强链传动有限公司	160HSPF1－2 高强度滚子链
优秀奖	杭州顺峰链业有限公司	06CF－2 汽车发动机机油泵链条
优秀奖	杭州顺峰链业有限公司	700 系列工业污水处理用链条
优秀奖	杭州顺峰链业有限公司	摩托车用野外链条安装器具
优秀奖	浙江长兴西林链条链轮有限公司	08B－1BJL 覆膜夹持链

（续）

获奖等级	企业名称	创新产品名称及型号
优秀奖	浙江华港链传动有限公司	16A-2平顶输送链
优秀奖	诸暨链条总厂	中央链
优秀奖	武义东风链条有限公司	斗式提升机用高温输送链
优秀奖	安徽黄山恒久链传动有限公司	NSE1000H熟料提升机链
优秀奖	绩溪黄山实业有限公司	精密无缝套筒
紧固件分会		
优秀奖	无锡市金中元机械有限公司	环保型系列拉铆螺母
优秀奖	浙江精艺标准件有限公司	自开式组合螺钉
优秀奖	湖北博士隆科技有限公司	双面沉头空芯铆钉
优秀奖	上海上标汽车紧固件有限公司	新能源轿车车身悬挂式螺栓
优秀奖	上海市紧固件和焊接材料技术研究所	M8~M10内六角冲挤模
优秀奖	宁波九龙紧固件制造有限公司	凹凸锁紧双螺母
优秀奖	宁波中京电气科技有限公司	重载荷的锯齿形螺纹紧固件
优秀奖	宁波宁力高强度紧固件有限公司	T型半圆头螺栓
优秀奖	宁波安拓实业有限公司	快速脱模装置
优秀奖	宁波日升紧固件有限公司	平头压铆螺钉
优秀奖	浙江高强度紧固件有限公司	核电专用45 #螺母类核级紧固件
优秀奖	浙江高强度紧固件有限公司	核电专用42CrMoE螺栓类核级紧固件
弹簧分会		
优秀奖	杭州钱江弹簧有限公司	32328217/218刹车系统弹簧
优秀奖	杭州钱江弹簧有限公司	涡轮增压器挡圈
优秀奖	杭州钱江弹簧有限公司	北汽萨博组合气门弹簧
优秀奖	武汉市立通弹簧有限公司	有色冶金熔炼炉弹性骨架变截面截锥涡卷弹簧
优秀奖	武汉市立通弹簧有限公司	钢包滑动水口机构碟形弹簧组
优秀奖	杭州弹簧有限公司	铁路机车转向架弹簧
优秀奖	洛阳机床有限责任公司	M7660-60型弹簧端面磨床
优秀奖	浙江万能弹簧机械有限公司	CNC-1250型十二轴电脑数控卷簧机
优秀奖	大连弹簧有限公司	高铁（时速350~380km/h）用高性能钢弹簧
优秀奖	济南时代试金仪器有限公司	TLS-S2000II数显式弹簧拉压试验机
优秀奖	济南时代试金仪器有限公司	TNS-WP多工位弹簧扭转疲劳试验机
优秀奖	山东联美汽车弹簧有限公司	轨道列车使用的扭杆
优秀奖	盐城海旭数控装备有限公司	DJH-880CNC高精度八轴数控卷簧机
优秀奖	中钢集团郑州金属制品研究院有限公司	汽车座椅用涡卷弹簧扁钢丝（3.5×12）
优秀奖	上海中国弹簧制造有限公司	高应力气门弹簧
优秀奖	上海三环弹簧有限公司	座椅坐垫网架总成
粉末冶金分会		
优秀奖	南通富仕液压机床有限公司	干粉自动成形液压机
优秀奖	东睦新材料集团股份有限公司	高精度不锈钢定子（B059）
优秀奖	东睦（天津）粉末冶金有限公司	北汽动力链轮
优秀奖	扬州保来得科技实业有限公司	汽车发电机、起动机转子
优秀奖	扬州保来得科技实业有限公司	高精度粉末冶金调速滑动齿圈
优秀奖	海安鹰球集团有限公司	智能手机开瓶扳手
优秀奖	黄石赛福摩擦材料有限公司	减速器用高弹橡胶摩擦片

〔撰稿人：中国机械通用零部件工业协会姚海光〕

我国机械通用零部件行业“自主创新先进企业”评选活动概况

为深入贯彻落实党的十七大科学发展观，坚持全面协调可持续发展的精神，推动我国机械通用零部件行业企业的技术自主创新工作，促进企业产品结构科学转型和提升产品技术水平，经上级领导单位批准，中国机械通用零部件工业协会决定在本行业内开展“自主创新先进企业”的评选活动，对在新技术、新工艺、新装备、新产品开发等方面取得突出成绩的企业进行表彰。评选活动自2007年开始，每两年评选一次，已先后举办了两届，共计评出58个“自主创新先进企业”。机械通用零部件行业第一届“自主创新先进企业”见表1，机械通用零部件行业第二届“自主创新先进企业”见表2。

表1　机械通用零部件行业第一届“自主创新先进企业”（排名不分先后）

所属分会	序号	获奖企业名称	所属分会	序号	获奖企业名称
紧固件分会	1	上海上标汽车紧固件有限公司	链传动分会	11	浙江中益机械有限公司
	2	常熟市标准件厂	弹簧分会	12	上海中国弹簧制造有限公司
	3	温州亿力机械发展有限公司		13	杭州弹簧有限公司
	4	宁波市翔翔大型紧固件有限公司		14	扬州核威碟形弹簧制造有限公司
齿轮分会	5	杭州前进齿轮箱集团股份有限公司		15	杭州钱江弹簧有限公司
	6	宁波东力传动设备股份有限公司	粉末冶金分会	16	东睦新材料集团股份有限公司
	7	南京高精传动设备制造集团有限公司		17	海安县鹰球集团有限公司
	8	重庆齿轮箱有限责任公司		18	黄石赛福摩擦材料有限公司
链传动分会	9	杭州东华链条集团有限公司		19	杭州前进齿轮箱集团杭州粉末冶金研究所
	10	浙江恒久机械集团有限公司		20	重庆华孚工业股份有限公司

表2　机械通用零部件行业第二届“自主创新先进企业”（排名不分先后）

所属分会	序号	获奖企业名称	所属分会	序号	获奖企业名称
紧固件分会	1	宁波九龙紧固件制造有限公司	链传动分会	20	浙江恒久机械集团有限公司
	2	宁波宁力高强度紧固件有限公司		21	安徽黄山恒久链传动公司
	3	宁波中京联合科技实业有限公司		22	苏州环球集团有限公司
	4	宁波中斌紧固件制造有限公司		23	青岛征和工业有限公司
	5	宁波东港紧固件制造有限公司		24	浙江中益机械有限公司
	6	宁波安拓实业有限公司		25	杭州顺峰链业有限公司
	7	舟山市正源标准件有限公司	弹簧分会	26	上海中国弹簧制造有限公司
	8	浙江高强度紧固件有限公司		27	大连弹簧有限公司
	9	金鼎紧固件有限公司		28	杭州弹簧有限公司
	10	腾龙精线集团有限公司	粉末冶金分会	29	东睦新材料集团股份有限公司
	11	宁波海信铁路器材有限公司		30	上海汽车粉末冶金有限公司
	12	宁波思进机械有限公司		31	扬州保来得科技实业有限公司
	13	宁波标准件厂		32	杭州前进齿轮箱集团杭州粉末冶金研究所
	14	宁波浩渤工贸有限公司		33	重庆华浩冶炼有限公司
	15	舟山市7412工厂		34	重庆华孚工业股份有限公司
	16	浙江宏星紧固件公司		25	海安县鹰球集团有限公司
	17	温州亿力机械发展有限公司		36	诸城华日粉末冶金有限公司
齿轮分会	18	杰牌控股集团有限公司		37	湖南顶立科技有限公司
链传动分会	19	杭州东华链条集团有限公司	传动联结件分会	38	石家庄链轮总厂

〔撰稿人：中国机械通用零部件工业协会张立友〕

我国机械通用零部件行业“专、精、特企业”

为鼓励行业企业向专业化、精品化、特色化的方向发展,依据工业和信息化部“三基规划”培育“专、精、特企业”的工作部署,在企业申报基础上,经中国机械通用零部件工业协会专家委员会评审和常务理事会批准,决定授予东华链条集团公司等26家企业为“专、精、特企业”。我国机械通用零部件行业“专、精、特企业”见下表。

我国机械通用零部件行业“专、精、特企业”(排名不分先后)

序号	企业名称	序号	企业名称
1	杭州东华链条集团有限公司	14	宁波中京联合科技实业有限公司
2	浙江恒久机械集团有限公司	15	浙江高强度紧固件有限公司
3	安徽黄山恒久链传动有限公司	16	舟山市7412工厂
4	苏州环球集团有限公司	17	腾龙精线集团有限公司
5	青岛征和工业有限公司	18	上海中国弹簧制造有限公司
6	杭州顺峰链业有限公司	19	大连弹簧有限公司
7	浙江中益机械有限公司	20	杭州弹簧有限公司
8	浙江华港链传动有限公司	21	济南时代试金仪器有限公司
9	浙江金盾链条制造有限公司	22	东睦新材料集团股份有限公司
10	诸暨链条总厂	23	扬州保来得科技实业有限公司
11	宁波安拓实业有限公司	24	重庆华孚工业股份有限公司
12	宁波东港紧固件制造有限公司	25	杭州杰牌传动科技有限公司
13	宁波思进机械股份有限公司	26	泰尔重工股份有限公司

〔撰稿人:中国机械通用零部件工业协会张立友〕

企 业 概 况

——特别协办单位简介

浙江中益机械有限公司

浙江中益机械有限公司(2005 年 12 月由原嵊州市机械链轮厂改制而成)创建于 1954 年,是我国大型的标准链轮生产厂家,也是我国早期的链轮制造企业。公司占地面积 42 万 m^2,生产车间面积 14 万 m^2,现有员工 1 200 多人。公司拥有加工中心、数控机床等各类机床 1 000 多台(套),并配备了三坐标仪等各类精密检测设备,可运用先进的三维机械设计软件等进行产品设计和新产品开发。公司专业生产各类不同的传动零部件,如标准链轮、锥孔链轮、特殊链轮、联轴器、轴、齿轮、同步带轮、皮带轮、锥套、胀套及齿条等,年产量可达2 000多万件(套),年产值 3.6 亿元。公司的产品结构已从标准件链轮的单一格局向非标传动件等多元化方向发展。在经济全球化发展的当今,公司将一如既往地坚持以优质产品获得市场,以满足顾客的需求作为企业的最高目标,不断做实、做强、做大,敢为人先、沉着机智地开拓市场。公司产品主要销往北美洲、南美洲、欧洲、非洲和俄罗斯、日本、韩国、中东及东南亚等国家和地区,销售网络遍及全球。

公司一贯重视管理创新和科技进步工作,已积极引进企业资源计划系统(ERP)软件进行管理。在近年来获得了“管理示范企业”“技术改造先进企业”“出口创汇先进企业”及“AAA 级资信企业”等荣誉。公司已于 1999 年顺利通过了 ISO 9002:1994 质量保证体系认证,2003 年又通过了 ISO 9001:2000 质量管理体系认证,2006 年 6 月公司启动并实施了 ISO/TS 16949:2002 质量管理体系。2006 年公司获得了“浙江名牌(SZS:链轮、齿轮)”和 2008 年浙江省机械制造行业“安全生产标准化企业”等殊荣,这促使公司的管理水平再上了一个新的台阶。

“雄关漫道真如铁,而今迈步从头越”,公司将一如既往地坚持“以人为本”的思想,不断地在改革中求创新,在创新中求发展,紧紧把握时代发展的脉搏,团结拼搏、锐意进取,在世界经济一体化的大潮中铸就公司新的辉煌。

〔供稿单位:浙江中益机械有限公司〕

东华链条　中国链传动行业的引领者

杭州东华链条集团有限公司(简称东华集团)创建于 1991 年 11 月,现拥有杭州自强链传动有限公司等 4 家全资子公司,是一家包含链条、链轮、齿轮等多种传动产品的专业制造企业。经过多年发展,现已成为全国民营 500 强企业。东华集团公司注册资金 1.6 亿元,占地面积 26.7 万 m^2(400 余亩),建筑面积 25 万 m^2,设备 3 000 余台(套),年生产能力 3 000 多万 m。东华集团是中国机械通用零部件工业协会链传动分会理事长单位。

东华集团凭借强大的实力,2003 年收购杭州盾牌链传动有限公司和江苏常州东风农机集团有限公司,2007 年收购江苏兴化齿轮有限公司,2009 年收购德国百年链条企业 K? BO 公司,2010 年参股日本 EK 公司。2009 年,东华集团先后在德国、荷兰、美国、英国及泰国建立了销售公司。

东华集团现有“東華(DONGHUA)”“自强”和“盾牌”三大品牌,“DONGHUA”牌商标已在美国、欧洲、日本等 70 多个国家及地区注册,并于 2008 年被认定为中国驰名商标;“自强”牌链条为浙江省名牌产品、浙江省著名商标。公司主要生产各种规格的标准链条和非标链条,如输送链、不锈钢链及农机链等,销售网遍布全国。公司 50% 以上的产品销往海外,包括欧美、日本及东南亚等国家和地区。在世界许多一流企业里,都能看到东华链条的身影,如公司为江迪尔、纽荷兰、克拉斯、久保田及洋马等企业提供链条。

东华集团拥有强大的技术力量,400 多名技术人员在公司内部设立的省级技术中心、东华院士工作站、东华博士后科研工作站平台上研制各类特种、高精度、高强度链条产品,实施汽车关键零部件模具计划、国家“863”计划项目,至今已累计开发 8 000 多个品种、10 000 多种规格的链条,拥有各类有效自主专利 52 项。公司开发的新产品包括航空链、各种农机链条、冶金链条、扶梯链条、高速齿形链条、汽车发动机正时链条及免维护链条等一系列具有较高技术水准和高质量的链条,其中汽车分动箱哈瓦式高速齿形链、航空链填补了国内空白,技术达到国际水平,取代了进口。东华集团连续多年作为我国链条行业唯一的企业代表,参加 ISO/TC100 国际链条标准的制订和修改,还与浙江大学、吉林大学、全国链传动标准化技术委员会、全国链传动研究所、浙江应用工程材料研究所及武汉材料保护研究所等国内知名高校和研究所建立了稳固的合作关系，并与全国链传动研究所合作成立了我国第一个汽车链条研究所。

东华集团设备先进，拥有慢走丝线切割机、坐标磨床、电火花加工等高精度数控设备，保证模具达到一流精密水准；先进高效、环保的连酸连轧线是我国链条行业内最大的原材料改制设备。公司还建立了完善的质量管理体系，配置了先进齐全的检测和试验设备，自1996年开始就先后通过了ISO 9002认证、ISO 9001认证、API认证、ISO/TS 16949认证、ISO 10012认证。2008年，东华集团获得“出口免验企业”称号。在生产上实行精益制造，充分运用各种先进的工艺和技术，从材料选择、改制到零件制造，从零件热处理到链条自动装配，从质量控制到产品检测和试验，从订单处理到售后服务，每个工序，每个环节，每个性能，东华集团都要求做到细致周到，丝丝入扣。

东华集团十分重视对环境的保护和节能降耗工作，产品从设计到成品全过程体现环保和节能降耗。2002年，东华集团在行业内率先通过了ISO 14001环境管理体系认证，之后又通过了清洁生产和循环经济审核，获得了“浙江省绿色企业”称号。

“不断开发和满足客户的需求是我们永恒的追求”。东华集团将一如既往秉承“诚信、务实、创新、求更好”的企业精神，以信心和实力打造国际一流的链传动企业，打造百年东华！

〔供稿单位：杭州东华链条集团有限公司〕

黄山恒久坚定走“专精特新”发展之路

安徽黄山恒久链传动有限公司（简称黄山恒久）坐落在安徽省绩溪县生态工业园，相对于沿海经济发达省市的同行而言，论陆路、水路及空中交通，没有优势；论协作环境，也没有优势；论上下游厂商地缘对接，还是没有优势。面对先天不足，黄山恒久在董事会的坚强领导下，坚定走“专精特新”的发展道路，扬长避短，攻坚克难，矢志不渝地推进企业转型升级，发展如火如荼。

一、走专业化发展之路，因为黄山恒久坚信“不专业，就难以出精品”

2004年改制以来，黄山恒久心无旁骛，非常坚定，专注于研发生产“黄山”牌非标异型工业链，并凭借“比客户期盼做得更好，比同行做得更好，比过去做得更好，比现在做得更好”的执着精神，使之成为同行无法替代的知名品牌。如今，“黄山”牌不锈钢平顶链、水泥链、烟机链、油田链、洗煤机链等主导产品已成功为国内主机厂商配套，并以自主品牌出口欧美等地。

二、走精细化发展之路，因为黄山恒久坚信“不精耕细作，就没有好的效益”

近年来，黄山恒久围绕“夯基础，强管理，精耕细作促效益”做文章，稳步推行了5S、精益生产、ERP管理模式，不断提升管理精益化、品质精良化及服务精致化。

做管理精益化，黄山恒久着力于“两大支柱”建设，一是管理骨干队伍的知识化、专业化建设，二是管理方式的信息化、网络化建设，从而实现了传统管理和创新管理的无缝对接，形成了内部管理的快速反应机制，增强了全员高度的责任意识、危机意识和创新意识，提高了团结向心力使企业在发展的任何阶段都能更好地把握前进方向，规避内外风险，又稳又好又快的发展。

为实现品质精良化，黄山恒久专注于在贯彻各种质量规程和质量标准的过程中，始终精准地重视全员质量意识的培训、质量技能的培训，特别是质量责任心的提高。通过完善全员年度质量意识与技能提升培训、内部质量投诉制度，抓住源头，控制过程，把握关键，确保终端，带来了良好的“黄山”品牌效应和市场信誉。

黄山恒久把提升服务精致化的功夫下在资质打造上，如涉及企业生产许可、质量以及环保等方面的特种资质。如2009年通过了3A级计量检测（确认）资质认证，2010年通过了美国API Q1质量体系认证（国际石油、天然气行业产品准入许可证）及国家3A级标准化良好行为企业认证，2011年荣获“中国驰名商标”，还有以欧标高速输送平顶链为代表的20多项产品被认定为高新技术产品。资质就是服务，资质就是形象，正是这些资质不断孵化了和孵化着让客户感到满意的精致服务，实现了连续8年重大服务投诉零记录。

三、走特色化发展之路，因为黄山恒久深信“没有特色，就是平庸，更不具优势”

改制以来，黄山恒久坚持做特色产品，办特色企业。在产品发展方向上始终坚持“人无我有，人有我专，人专我精，人精我特，人特我新”的研发方针，成功量产了具有自主知识产权的新型洗煤机链、速冻隧道链、湿地式挖掘机驱动链等特色产品，实现可替代进口，并以“黄山”自主品牌出口欧美等地区。2010年年初，公司被中国机械通用零部件工业协会冠名为“中国非标异型链研发生产基地”，并新建了“年产3万t非标异型链投资项目”暨中国非标异型链研发生产新基地项目。该基地于2011年年底竣工投产，初步实现了冲压自动化、热处理智慧化、金切加工数控化、链条装配机械化，为形成特色产品、特色服务奠定了坚实的基础。

与此同时，黄山恒久积极探索特色企业文化建设，实现由从国有企业管理向现代企业制度转身。30多年的发展，让黄山恒久人在秉承传统的同时，走出了一条具有本地特色的企业文化建设之路。公司不满足于停留在让员工“有事干、有饭吃”的层面，如今，激发员工创造活力、满足员工成长诉求，已成为黄山恒久塑造企业文化的重头戏。

塑造特色企业文化，黄山恒久从关爱员工的点滴做起。建立健全了《特困职工互助资金制度》《员工子女教育基金管理规定》等维护好、实现好、发展好员工切身权益的管理规章制度，及时帮助困难职工家庭挖掉“三座大山”——就业难、看病难、读书难。

塑造特色企业文化，黄山恒久不仅着力于满足员工的物质需求，更着眼于满足员工的精神需求。如今，从班组管理看板到厂务管理通报，从“发红包”到“拉家常”、“谈理想”，从先进集体、优秀员工的评比表彰到优秀供货商、协作厂的评比表彰，这些有声有色的“做秀”，得到了全体员工和广大协作厂商的认同、拥护、践行，不单使员工和相关方体会到自身价值，更让他们看到了黄山恒久长远的发展规划。

塑造特色企业文化，黄山恒久最关注的一条是让员工参与管理，与企业共同成长。为此，想方设法提供员工的培训平台，让员工的职业生涯规划和企业的发展规划相结合，让员工的努力能得到肯定，同时让员工能获得进步成长的空间。如建立了“创新激励基金”，对善于发现问题、解决问题、敢于创新、善于创新的员工予以物质奖励，仅2012年1—8月就采纳合理化建议50多条，实现各类技术创新、管理创新30多项，先后对优秀提案者进行了表彰奖励。

四、走高新化发展之路，因为黄山恒久深信“没有高新技术产品，就没有核心竞争力”

黄山恒久始终重视自主创新能力建设，坚持依靠自主技术创新和管理进步，积极开发高科技、高难度、高质量产品，致力于产品的国产化研究开发。一方面，依托省级企业技术中心，以高新技术产品和高技能产品撬动高端市场、高端客户，不搞低质低价的恶性竞争，走差异化发展之路；另一方面，主动顺应主机需求和市场发展趋势，不断积累经验，推陈出新，努力探索新技术、新工艺、新材料的应用，提高企业信息化、数字化、智能化水平，以及创新管理模式，实现产品和服务创新，以新取胜，保持发展优势。近年来，公司主攻高强度、高耐磨、高疲劳链条及耐腐蚀水处理链和抗盐蚀表面涂层链条、免维护自润滑链条等产品的研发生产，多项技术指标达到或接近国际先进水平。

自主创新让黄山恒久人尝到了甜头，看到了奔头。自2008年以来，共申请专利14项，已获得专利11项，其中与产品有关的专利9项，是全国非标异型链制造厂商中专利数量最多的企业之一。2010年，公司被再次认定为“安徽省高新技术企业”。2011年，公司被中国机械通用零部件工业协会授予“自主创新先进企业”称号。2012年，公司被中国机械工业联合会授予“振兴装备制造业中小企业之星明星企业”称号，还荣获“安徽省两化融合示范企业”称号。

雄关漫道真如铁，而今迈步从头越。在复杂多变的经济发展环境下，面对日趋激烈的市场竞争，黄山恒久人更加清醒地意识到，企业要更好地成长起来，只能靠自己，以市场为导向，加大自主创新力度，建立自主品牌，提升产品附加值，不断地创新产品和服务，走“专精特新”的发展道路，才能变危为机，实现逆势增长。

〔撰稿人：安徽黄山恒久链传动有限公司程维国〕

浙江永美链条有限公司
（浙江巴斯曼机械有限公司）

浙江永美链条有限公司（简称永美链条）是我国专业生产链条的大型制造基地之一，是中国机械通用零部件工业协会链传动分会副理事长单位，全国链传动标委会成员单位。

永美链条享有中国驰名商标、浙江省著名商标称号。永美链条成功地为2008奥运会开幕式舞台升降设备提供了链条安全传动保障。

永美链条麾下有两个链条制造基地，占地面积11万m^2。其中一个是浙江省永康市桥下工业园区的永美链条，占地面积4万m^2；另一个是位于浙江金华国家级经济技术开发区的浙江巴斯曼机械有限公司，占地面积7万m^2。公司年销售、生产能力达到2.5亿元以上。

公司专业生产和销售高品质链条、链轮等，有传动链、输送链、曳引链、特殊链四大类产品。公司产品主要应用于机械工业、农业机械、起重机械、筑路机械、森林采伐、木材加工、造纸业、叉车业、立体停车库、汽车装配流水线、家电、日化、涂装、制罐机械等各种流水线、矿山冶金机械、水稻联合收割机、大型联合收获机械、水泥提升机等各种机械传动和输送设备。

公司采用现代化的企业管理系统（ERP）；具有先进的产品设计软件（CAD/PROE、CAM）；配备精良的生产装备，如自动送料高速多颗落料压力机、机械手自动下料机、高速铆销机、自动卷管机、程控网带炉、转炉联控系统、高速装配机、自动预拉跑合流水线和自动上油流水线等；应用业内技术领先的加工工艺，如精密冲裁、销轴自动倒角、喷丸、链板热处理后挤孔、大规格链条自动装配流水线、大规格链条由500kN整链预拉机预拉等。

公司产品质量达到国际先进标准水平，符合ISO国际标准及DIN、JIS、ANSI等国外标准。

公司产品除了为奥运会开幕式上用的设备成功配套外，还分别为高铁架梁机械、钢厂大型输送机械、大型集装箱堆高机叉车、出口大型组合机床配套。

公司鼎承“顾客满意是企业永恒的追求，持续改进是企业努力的方向”方针，与用户合作共赢，共同发展，时刻等待着为用户解决疑难杂症。

公司董事长吕响阳同志于1958年出生，浙江永康人。现任永康市龙山镇乔三村党支部书记、村民主任，浙江永美链条有限公司董事长。被授予浙江省“为民好书记”、浙江省新农村建设“金牛奖”，连续三届被评为浙江省优秀共产党员，金华市、永康市劳动模范，永康市“心系群众奉献不止的带头人”，以及金华市先进社会主义事业建设者等荣誉称号。吕响阳还是勤劳致富的带头人，浙江永美链条有限公司创办多年以来，被评为永康市百强企业、纳税大户，“永美”牌链条还荣获中国驰名商标和浙江省著名商标，成为2008年北京奥运会专用链条。

〔供稿单位：浙江永美链条有限公司〕

崛起的沙河　腾飞的产业

——河北省沙河市机械通用零部件产业园区

近年来，为进一步优化产业结构、转变发展方式，推动沙河市经济又好又快发展，沙河市市委、市政府在中国机械通用零部件工业协会和紧固件专业分会的支持下，决定利用自身优势，依托邢钢优质工业线材基地，抓住机械通用零部件产业由沿海向内地转移的机遇，大力发展机械通用零部件产业作为新兴产业。通过几年的努力，沙河市机械通用零部件产业已具备了相当的规模，截至2011年年底，生产厂家已达到74家，年产量达到24万t，年销售额达到17亿元。今后，沙河市仍将继续努力，力争把机械通用零部件产业打造成沙河市的一个支柱性产业。

一、沙河市建设机械通用零部件产业园区，发展通用零部件产业优势明显

(1)优越的交通区位，为沙河市承接转移提供了便利。沙河市位于环渤海经济圈和中原经济圈的交接地带，沙河在方圆500km的交通圈内有北京、天津、济南、青岛、郑州、太原及石家庄等40余座大中型城市，是沟通京、津、晋、冀、鲁、豫的交通枢纽，铁路、公路，国道、省道纵横交错。在这些城市中分布有各类机械制造企业，机械通用零部件市场需求空间很大。当前国际国内产业转移步伐进一步加快，环渤海地区作为继“珠三角”“长三角”之后中国第三个“增长极”正在加速崛起，沙河市拥有直接受益、承接转移、借力提升、后来居上的难得机遇。从我国机械通用零部件行业来看，大约70%的产品产自“长三角”和“珠三角”，在多种因素的作用下，这些地区的机械通用零部件产业转移已成为大势所趋。把握大势，承接转移，发展通用零部件产业，沙河市有着得天独厚的优势。

(2)在基础设施和生产要素的提供上，沙河市有着明显的比较优势。经过多年的发展，市区的城市功能和工业园区基础设施日益完善。沙河市拥有220kV变电站2座，110kV变电站6座，35kV变电站12座，全市年供电能力达25亿kW·h。同时，沙河市还有8家企业自备电厂，全部建成投产后除自用外，剩余电量7.9亿kW·h。所以，在沙河市除正常检修外，一般不停电。沙河市是华北地区为数不多的通天然气的县(市)之一，年供气量1.3亿m^3。沙河市的人力资源丰富，现有剩余劳动力4万余名。市职教中心已开设机械、数控等专业，专门培训机械及通用零部件方面的专业人才，通过培训为企业提供人才支撑。

(3)良好的发展环境，将成为沙河市发展的新优势。沙河市着力优化发展环境，所有具备行政许可职能的部门，全部实行窗口式办公、一站式服务和导引代办服务，切实减少办事环节，简化审批手续，提高办事效率。同时，沙河市成立了“优化环境办公室”和“企业服务中心”，制定了“宁静工作日”“规费一口清”及“项目帮办制”等优化发展环境机制，全方位为企业搞好服务，创造良好的发展环境。沙河市全力维护企业合法权益，严格执行公务人员破坏环境“一次查实下岗制”，严厉打击那些到企业“吃、拿、卡、要”等行为，对侵犯投资者合法权益的行为，发现一起查处一起，决不姑息迁就。沙河市零部件产业园区郑重承诺：产业园区“无三乱”，企业生产经营零干扰。

二、沙河市机械通用零部件产业园区发展规划

到2015年，沙河市机械通用零部件年生产能力将达到50万t，年销售额达到40亿元，年纳税额达到1.1亿元，年利润额达到2亿元，安排从业人员4 000人，形成电力紧固件、阀门紧固件、暖通紧固件、轻轨紧固件及建筑紧固件等8大类、200多个品种。

三、沙河市机械通用零部件产业园区惠企政策

沙河市为了大力发展机械通用零部件产业，扶持机械通用零部件产业园区做大做强，形成规模效应，按照“高起点规划、高标准建设、打造产业精品”的宗旨，致力于搭建中外企业、经营客户及配套行业的发展平台。同时，沙河市还制订了一系列的惠企政策，鼓励中外企业及客商入驻园区。

(1)凡进入园区的客商一律实行纳税贡献奖励，征收的企业所得税地方留成部分，前两年全部，第3~5年按60%，第6~10年按40%，奖励入驻园区的所缴纳税收的纳税企业。年销售收入在2 000万元以上的企业，除享受本条企业所得税的纳税奖励外，其缴纳的增值税的地方留成部分，前两年按50%，后三年按30%奖励入驻园区的纳税企业。

(2)对入驻中国(沙河)机械通用零部件专业产品流通、展示市场，且又在沙河市行政区划内投资生产通用零部件的企业，除第5条的税收优惠外，其上缴到财政国库的房地产税、印花税、车船使用税、土地使用税等地方税费，按前五年全部、后五年减半的比例由财政奖励纳税企业。由市场管理委员会和财政部门按半年核对、年度奖励兑现。对入驻园区的生产企业，其投资总额在2 000万元以上的（不含土地投资），其缴纳的增值税地方留成部分，按第1～5年全部、第6～10年30%的比例奖励该纳税企业。

（3）在通用零部件园区内既买门店又办厂的企业，充分享受利用“三废”减免税、国产设备投资抵免企业所得税、技术开发费增长抵扣企业所得税等税收优惠政策。

1）对企业生产的部分资源综合利用产品，实行增值税即征即退政策；对企业生产的属于国家列举的享受税收优惠政策新型墙体材料目录中的部分新型墙体材料产品，实行增值税减半征收。

2）外商投资企业和外国企业投入资本金达到企业各方已到位资本金25%以上的，并且购买国产设备符合国家《外商投资企业产业指导目录》（除列入《外商投资项目不予免税的进口商品目录》和《国内投资项目不予免税的进口商品目录》外），可享受国产设备退税。外商投资企业和外国企业在其投资总额内购买的符合国家产业政策项目的国产设备，其购买国产设备投资的40%可从购置设备当年比前一年新增的企业所得税中抵免。

3）凡在我国境内投资于符合国家产业政策的技术改造项目的内资企业，报经税务机关批准后，其项目所需国产设备投资的40%可从企业技术改造项目设备购置当年比前一年新增的企业所得税中抵免。

4）技术开发费增长抵扣企业所得税。盈利的国有、集体工业企业，以及国有、集体企业控股并从事工业生产经营的股份制企业、联营企业和高新技术企业，其发生的技术开发费比上年增长10%（含）以上的，报经税务机关批准后，除按规定据实扣除外，可再按其实际发生额的50%，直接抵扣当年应纳税所得额。

（4）对入驻园区的生产、经营企业，自入驻之日起，五年内免征城市排水设施有偿使用费、水土流失防治费、环保监测费、旧城改造费等政府有关部门的各种收费。

（5）内资企业、外商有特殊要求的，实行一事一议一策，特事特办。

冀南明珠沙河市，一座新兴的城市。凭借其成熟的劳动力供给，充足的电力保障，良好的区位优势，优惠的投资政策和巨大的市场优势，必将成为有识之士发展企业的首选之地，沙河将以博大的胸怀和诚挚的热情，笑迎四海宾朋、八方来客！

〔供稿单位：河北省沙河市机械通用零部件产业园〕

济源市虎岭产业集聚区

虎岭产业集聚区位于济源市区西南部，是河南省180家重点发展的产业集聚区之一。集聚区远期规划面积35km^2，2020年前规划建设面积18.97km^2，重点发展先进装备制造、精细化工、电子电器及钢材深加工等主导产业。

集聚区现入驻企业62家。其中，有河南济钢、中原特钢、豫港焦化、金马焦化、金利铅业、富泰华精密电子（富士康）等大型企业6家，规模以上企业32家。2012年，集聚区实现主营业务收入444亿元，固定资产投资完成90.7亿元，税收收入完成7.8亿元。集聚区现有企业从业人员达到4.5万人，建成区面积7.61km^2。集聚区先后荣获“河南省信息化和工业化融合实验区”“河南省特色装备产业基地”“河南省特色招商产业园”“河南省最具投资法制环境产业集聚区”“河南省新型工业化示范产业集聚区”、河南省“十快”产业集聚区及河南省“十强”产业集聚区等荣誉称号。

集聚区基础设施完备。近年来累计投入资金46亿元，修建道路69km、铁路专用线6km，铺设供水管线28km、雨污管线56km、燃气管线53km、、供热管线18km，架设和改造电力线路50km，河道治理3.4km，开发建设标准化厂房面积76万m^2，建设综合服务区1个，区内实现了“七通一平”，基本具备企业入驻条件。

集聚区围绕先进装备制造和精细化工等主导产业，以专业园区建设为抓手，着力打造特色产业集群。规划建设装备制造产业园，加快实施中煤科工“三机一架”项目，推动中原特钢与兵装集团扩大合作，重点实施中原特钢液压缸生产线、石油钻杆生产线、高洁净重型装备关重件、铸管模加工、锻钢冶金冷轧辊生产线等项目，培育装备制造产业集群，着力打造特种装备制造千亿元产业基地。

集聚区规划建设钢材深加工产业园，并将其作为虎岭产业集聚区规划建设的六大专业园区之一。该钢材深加工产业园是集聚区根据发展规划，为培育和壮大装备制造主导产业，依托集聚区产业现状，围绕河南济钢等龙头企业的产业发展，着力打造钢材深加工产业集群，提升产业项目科技水平的有效载体。目前，钢材深加工产业园规划设计方案经过多次专家论证，已经完成，规划占地面积约173.3万m^2（2 600亩）。可形成年处理120万t特殊钢材的产业集群，实现产值超200亿元。根据钢材深加工项目的特点，重点实施济钢高强度机械用钢、高洁净机械用大型铸锻钢件及高速线材等项目，大力发展钢丝、钢丝绳、钢帘线、轮胎钢丝、预应力钢丝钢绞线、低碳钢丝、紧固件、钢棒加工等产品项目，形成钢材深加工产业集群。

集聚区规划建设煤化工精细化产业园，依托金马焦化等大型企业，重点实施苯加氢、炭黑、丁二酸等项目；依托洛阳石化发展聚丙烯、塑料制品和化纤产业，打造煤化工精细化工产业集群。

集聚区还要规划建设新材料加工产业园，以天昱公司的太阳能玻璃生产为方向，引进、整合、提升玻璃深加工产业，形成新型建材深加工产业集群。

集聚区全力打造富士康电子产业园，加快虎岭产业集聚区高新技术产业的发展步伐。富士康集团累计在集聚区投资180亿元建设电子产业园项目，重点从事模具制造和手机关键零部件的研发，投产后预计每天产能达到40万套，年销售收入预计达到300亿元，可吸纳就业10万人。

在济源市市委、市政府的正确领导下，在河南省产业集聚区发展联席办公会议的指导下，虎岭产业集聚区将深入贯彻落实科学发展观，以加快经济发展方式转变为主线，以突出项目建设为中心，狠抓基础设施建设，全方位开展招商引资。通过5~10年的跨越式发展，到2020年，基本实现精细化工基地、装备制造基地、电子电器基地、钢材深加工基地建设的目标，把虎岭产业集聚区建成名副其实的综合型、创新型、生态型、循环经济型产业集聚区。

〔供稿单位：济源市虎岭产业集聚区〕

深圳航空标准件有限公司

深圳航空标准件有限公司（简称SHBC）成立于1982年，是深圳中航集团股份有限公司（股份代号：0161. HK）全资子公司，隶属于中国航空工业集团，是一家从事生产销售标准及非标准紧固件的企业。

公司从日本和我国台湾引进了世界先进的冷镦机、搓丝机、全自动网带式连续可控气氛热处理生产线、“久美特”高耐蚀表面处理线及全自动环保电镀线等设备主要生产汽车、摩托车、空调/冰箱压缩机、OA/IT、机械设备、通信、家电等行业的高强度螺栓、精密螺钉、螺母、垫片及其他精密异形产品。公司客户遍布我国国内及美洲、欧洲及东南亚的诸多国家和地区。

作为国内第一批生产高强度螺栓以取代进口产品的紧固件企业，公司先后获得了“深圳市中小企业100强”“深圳市先进技术企业”及“深圳市高新技术企业”等荣誉称号及多项国家级专利项目。目前公司下辖两家子公司——卓越紧固系统（上海）有限公司和惠州卓越紧固系统有限公司。同时正在筹建的湖南中航紧固系统有限公司及衡阳中航电镀中心有限公司，建成后将成为服务于航空、轨道交通、汽车及新能源等产业的生产基地。

结合公司近三年发展过程中所取得的成就，对公司的经营情况概述如下：

一、经营管理方面

1. 抓住市场机遇，加快业务发展

在制冷行业板块，公司凭借稳定的质量、优质的服务，使市场份额得到稳步提升。与多家企业建立起了战略合作关系。同时，也成为该行业海外巨头的首选供货商。

在汽车行业板块，公司从20世纪90年代开始进入汽车配套行业，并进行相关产品的生产，当时主要向上海大众配套精密螺丝。近年来，公司不断加大在汽车产业方面的投入，并以每年30%的速度保持增长。截至2011年年底，汽车业务在公司的销售份额占比达到40%。此外，近年来随着合资车企进一步加快产品国产化的力度和步伐，公司在和这些车企进行合作的过程中，凭借稳定的质量，领先的技术与优秀的设备加工能力，重点开发高精尖产品特别是异型件，从而说明客户加快了推进产品国产化的速度，与客户实现互利双赢。

在OA/IT行业板块，公司积极拓展新的业务领域，通过技术创新，用冷镦加工替代切削加工，既节能降耗又提高了效率，为通信行业顾客创造了价值，同时为公司实现2012年度的经营目标夯实了市场基础。目前公司已与几家知名企业达成合作。

2. 贯彻卓越运营理念，实现管理盈利

通过优化工艺、合理选择采购付款方式及原料回收再利用等降低生产成本；通过技术改造达到节能减耗，提高热处理工序的产能及生产效率；开展提速增效活动，提高资产运营效率；通过广泛关注并积极利用政府政策，多次获得技术研发等补贴款项；合理规划融资工作，在满足资金需求的同时，有效降低了资金使用成本。

3. 加强内部风险控制力度，风险控制效果明显

通过全面自查、梳理和整改，深化和细化了公司内部风险管控工作，进一步完善内部控制制度，使主要经营风险处在可控范围。

4. 清晰发展战略，尝试新的业务拓展方式

作为一家致力于打造中国紧固件行业领先地位的企业，公司保持快速并可持续的发展尤为重要。正是为了尽早实现这一愿景，2011年公司收购了卓越紧固系统（上海）有限公司，并成立了惠州卓越紧固系统有限公司。

目前，该项收购工作的效果已按照预期逐步展现，公司的战略布局已初步形成。公司将借此充分利用深圳、惠州和上海三地的区域优势和三家工厂互补的产品结构，形成覆盖华东、华南及周边地区的辐射网络，从而加快公司在国内市场的业务拓展速度。

同时，公司还正在湖南衡阳筹建一个服务于航空、汽车、工程装备及新能源等产业的高端零部件生产基地。该项目建成后，期望将提升公司航空钛合金紧固件、汽车高端紧固件的本土配套能力和产品档次，改变航空、汽车行业紧固件依赖进口的局面，为中国航空、汽车工业的自主发展作出公司应有的贡献。

二、质量管理方面

公司在1996年成为国内首家取得ISO 9002:1994质量体系认证的紧固件企业，并在2006年获得ISO/TS 16949:2002质量体系认证。目前，公司的质量、环境、化学物质管理体系按期更新、持续有效运行。

此外，公司持续推进全面质量管理，以质量求效益、促

发展,在企业内部大力推进 QC 七大手法,APQP、FMEA、MSA、PPAP、SPC 五大核心管理工具及精益生产和六西格玛管理方法,打造零缺陷管理的企业文化,最终实现顾客不良最小化,保持卓越质量的公司品牌形象。

公司后期计划逐步整合三个工厂的质量体系资源,构筑三个工厂各自的品质管理和质量控制运营模式的同一平台,建立有效的质量综合管理体系;推进质量优化运营,为实现经营战略目标服务。依据公司行业及产品质量发展的需要,对于新增行业及产品要求,策划品质管理及质量控制方法,从而提高企业竞争力。实现工厂检测设备资源共享,建立试验检测中心并取得第三方实验认可资格。

三、技术创新方面

在技术研发上,公司利用冷镦工艺替代或部分替代机械切削加工工艺,为客户、企业创造价值;开发新镀种工艺,满足汽车环保产品对表面耐腐蚀性能的要求;研发钛合金、高低温合金制造技术,线材加工技术,使产品进军航空、军用领域;优化工艺设计,节约材料、提高模具寿命,减少模具使用数量;通过引进技术人才、先进设备及先进的过程控制技术提升高附加值汽车零件的生产能力;引入专业加工设备和专业分析软件,组建专业研发团队。

此外,随着公司近年来对自主研发技术保护意识的提升,共提出 8 项专利申请,其中 2 项自主新型专利申请已获批,其他 6 项已被受理或进入公示环节。

四、品牌建设方面

公司的品牌建设大致经历了品牌初步认知、品牌重视、品牌战略及品牌管理四个阶段。公司自 1982 年成立之初,就意识到品牌对一个企业的重要性,因此在 1986 年即注册并取得了"三力"牌商标。20 世纪 90 年代,公司成为我国紧固件制造行业中首先获得 ISO 9002:1994 质量体系认证的企业,随后又获得 ISO 14000:2004 环境体系认证及 ISO/TS 16949:2002 质量体系认证 。此外,公司还先后获得了"深圳市中小企业 100 强""深圳市先进技术企业""深圳市高新技术企业"等荣誉称号。但是公司的品牌建设也曾走过一段弯路。自 2008 年起,公司重新制定了自己的品牌战略,加强了对知识产权的保护,致力于品牌知名度的进一步提升。

在公司未来的品牌建设过程中,在注重基础管理工作的同时,重心将逐渐从"提高意识"转到"提升能力",从"注重数量"到"量质并进",从"关键环节控制"转到"项目全程管理"上来。以知识产权为重要手段,促进公司在重点、重大科研项目上取得重大突破,不断扩大在市场上的竞争优势。

五、社会责任方面

1. 环境保护、节能降耗方面

公司在成立之初便制定了保护环境方面的制度,经过 30 年的发展,其更成为了企业文化的一部分。基于公司环境保护的理念和环境保护的社会化责任感,公司在实际生产中切实采取以下措施以实现环保目标。

(1)严格遵守与公司经济活动相关的各项法律法规及其他要求,为环境保护作出努力。

(2)努力预防环境污染,以节能降耗为目标,不断完善环境管理体系。

(3)通过培训和交流等活动,使员工理解、贯彻和执行环境方针。

(4)建议顾客采用环保产品,采用环保电镀工艺进行产品表面处理。

(5)积极推进"清洁生产"这一全新的发展战略,通过管理创新、技术创新,加大污水处理设施投资力度,节能降耗,做到污水处理达标排放和回收水再利用。

也正是由于长期以来对环境保护的重视,以及众多落到实处的措施,公司在 2011 年参加深圳市政府、广东省政府进行的清洁生产企业认证时,顺利通过并获发奖牌。

2. 公益慈善方面

公司以集团公益慈善平台为依托,积极参加爱心基金、义工联、蓝粉笔乡村教师培训、募师支教等工艺活动。公司认为,企业作为社会的组成部分,投身社会公益事业、关怀和扶助弱势群体,既是企业人文关怀的体现,也是企业与社会分享经济成果的重要方面,更是一家国企"取之于民,用之于民"的最终价值的体现。

六、企业核心发展战略

公司基于市场、面向顾客制定出的未来发展战略中将以"技术创新、速度制胜、管理盈利"三方面作为指导性战略。

技术创新体现在以下两个方面:第一,它是一种技术行为,在企业的生产过程中,通过产品创新、工艺创新、技术改造、引入先进设备和先进的制造技术来保证这种技术创新的实现;第二,它是一种经济行为,强调市场的导向作用。以市场为导向,追求技术创新的有效性,为顾客创造价值的同时获得良好的经济效益。

速度制胜强调的是企业在整个供应链中的快速反应和整合能力,具体来讲就是依靠"三个速度":

市场反应速度——能够对客户的需求变化做出迅速反应;把握不同客户、不同区域的特点,尽量压低库存;高效组织生产配送,使产品送达到客户的时间尽量缩短。

产品研发速度——通过建立高效的联动开发体系,使公司具有快速开发响应速度,缩短产品研发周期,塑造良好的品牌形象。

企业发展速度——站在全球的高度思考和洞悉全球市场,通过自身产品结构转型升级,以及投资、收购、并购等资本运作方式,增强企业竞争实力,实现企业的快速持续发展。

管理盈利是指随着公司收购项目及后续建设项目的推进,公司的管理面临着一个新的挑战,公司需进一步优化管理系统,完善生产管理、市场营销管理、财务管理、质量管理、技术开发和成果转化管理等管理体系,优化组织结构,并在提高管理效率的同时降低管理成本,向管理要效益,适应发展需要。

〔供稿单位:深圳航空标准件有限公司〕

实施科技创新　提升品牌质量

浙江乍浦实业股份有限公司(简称乍浦实业)是国内一家传统的紧固件规模民营企业,也是全国紧固件行业龙头企业之一,拥有30年的产品研发和生产经验。公司自成立以来,通过不断的技术创新和有计划的规模扩张,产品销量逐年扩大,行业地位不断提高。近年来,公司先后获得“中国驰名商标”“国家高新技术企业”及“浙江省优秀民营企业”等多项荣誉称号。2012年公司年销售额达9.3亿元,各项经济指标分别位列全国同行业第三。

一、实施技术改造　增强企业综合竞争力

近年来随着全球汽车工业和紧固件技术的高速发展,公司连续几年投三资进行技术改造,不断引进高端生产设备,调整产品结构,提高市场综合竞争力。公司现配备的280多台(套)进口或国产先进设备均代表着当前国内最先进生产水平,其中从奥地利引进的电加热罩式退火炉是代表当今世界球化退火工艺技术最先进的设备;从意大利引进的联合冷成形机是当今世界最先进的冷成形机;而从德国和荷兰引进的全自动螺栓、螺母挑选机可使公司生产的产品达到汽车联接件零缺陷的高标准。公司通过自控掌握紧固件的生产关键制造程序及完美的质量管理与全面成本控制实现了低成本、高质量、一条龙、规模化生产。目前,公司产品包括汽车专用、铁路机车、电力设备、船舶、通用紧固件、航空航天特殊用途紧固件以及非标异型紧固件七大系列、上万种规格。汽车专用联接件最高达12.9级标准,已成为美国最大汽车件采购公司(世界500强企业)和国内众多汽车制造企业的供货商;铁路机车、电力设备、船舶用高强度紧固件长期为中国北车集团公司、法国电力公司、江南造船厂等大型企业的供货;通用标准紧固件是国内著名品牌,优质产品,瓦标外六角螺母和内六角螺栓远销世界各国,享誉全球。特别是瓦标高强度内六角螺栓系列产品,精选优质结构合金钢,历经繁杂而严密的生产工艺生产,为世界高端紧固件客商的首选产品;航空航天特殊用途紧固件为航天集团专门生产;非标异型件产品形态各一,专为特别领域打造,用以应对工业生产的发展之需。公司充分利用现有的技术、研发、规模、品牌的优势,全系统运用ASP、ERP企业软件管理,依托一流的硬件设施,搞好产品研发,严格按照国标、美标、德标、日标及英标生产,实施质量跟踪管理,不断提高产品质量和档次,保证产品达到国际领先品质。

二、注重品牌建设　打造诚信企业

品牌既是企业生产产品或提供服务的质量象征,又是为企业创造财富的无形资产。实施品牌战略有利于树立产品和服务的良好声誉和信誉,提高产品和服务的附加值,增强产品和服务开拓、占领、巩固市场的能力。乍浦实业多年来坚持“以质量求生存、以信誉求发展”的企业宗旨,把大力实施“品牌战略”作为公司提高企业核心竞争力的重要举措来抓。首先是积极实施创品牌之路。从1998年5月公司向国家工商行政管理局申请注册瓦标商标以来,品牌建设连年上新台阶:2005年瓦标牌商标和产品分别被认定为嘉兴市著名商标和嘉兴市名牌产品;2006年瓦标牌商标和产品被认定为浙江省著名商标和浙江省名牌产品;2007年5月瓦标牌商标又被国家工商总局认定为中国驰名商标,成为全国紧固件行业第一家获得中国驰名商标的企业;2009年瓦标产品被认定为浙江省出口名牌产品。随后公司又在美国、欧盟注册海外商标,扩大产品在海外的知名度。同时公司为保护瓦标商标,又向国家商标局成功注册了64类瓦标商标全类注册。通过商标、品牌的申报和培育,瓦标牌商标和紧固件已被国内外众多客户指定为首选产品。其次,公司狠抓产品质量,严格推行全面质量管理,不断完善质量管理体系。公司已通过ISO 9001:2008质量管理体系,ISO/TS 16949:2009汽车质量管理体系,GB/T 24001—2004环境管理体系,GB/T 28001—2001职业健康安全管理体系,GJB 9001B—2009国家军用标准质量管理体系等多项国际标准化认证,现已形成从原材料采购、研发设计、生产制造到成品出厂的一整套完整的质量控制体系。三是加大对品牌的宣传,扩大知名度。公司坚持对瓦标商标长期稳定的宣传、使用。多年来充分利用广交会、国际五金展、各种形式的户外广告、宣传册以及电视、报刊等媒介,加大对瓦标品牌的宣传。品牌战略的实施使公司的品牌形象大幅提升,为产品拓展市场提供了有力支撑。以市场为本、以客户需求为导向的乍浦实业不仅着眼于国内市场,更重视开拓国际市场。公司在国内26个省市有专业经销商,产品还远销西欧、美国、巴西、中东、韩国、日本、俄罗斯及南非等40多个国家和地区。四是履行社会责任,以诚信立足市场。乍浦实业始终坚持诚信至上的原则,规范经营,规范管理。多年来公司在快速发展的同时,积极承担社会责任和义务。公司积极参与企业所在地的新农村建设,出资500多万元修桥铺路、建敬老院等;向嘉兴、平湖市、县两级慈善机构捐款500多万元,为近30多名贫困学生和本公司困难职工捐款30多万元。公司与职工开展工资集体协商机制,不断提高职工工资福利待遇,全额缴纳社会养老保险费用,连续多年被嘉兴市评为和谐企业。积极参加各类行业协会工作。公司先后荣获浙江省AAA级纳税信誉企业、浙江省守法诚信进出口示范企业、浙江省工商企业“守合同重信用”AAA级信用单位、浙江省银行系统AAA级信用企业等多项荣誉称号。公司能严格落实产品生产质量管理,至今未发生过消费者投诉和纠纷。

三、牵手世界品牌　实现从大到强转变

首先是科技创新。自主研发、科技创新,为公司抢占市场赢得了先机;提升改造,打造高端紧固件市场,是公司转型升级的着眼点。近年来乍浦实业用高新技术改造传统产业,不断推进科技创新,重视产品开发和研究。公司2007年与浙江工业大学联合成立技术研发中心,进行汽车联接件、非标异型紧固件的开发和技术研究;率先引进国外紧固件技术和质量管理专家来公司进行技术指导和管理;引进国内紧固件专业人才,招聘150多名大学生充入公司研发部门和各个工作岗位,激发了公司科技创新的活力。公司申请了多项发明专利和实用新型专利,并将成果转化应用。参与制订行业国家标准,每年有省市科技项目立项。公司研发中心被认定为嘉兴市高新技术研发中心,2009年10月公司在国内紧固件行业率先被认定为国家高新技术企业。其次是牵手世界品牌。与过去“拿来主义”技改不同的是,近年来,乍浦实业选择了将引进来的先进技术消化吸收,并在此基础上进行改造和创新,自主创新能力产生了质的飞跃。公司把转型升级的目标瞄准了汽车高端紧固件、航天航空与军工高端紧固件和高分子复合材料三个目标。自2009年6月汽车高端紧固件项目投产以来,2012年初公司又牵手世界知名品牌与南美一家著名汽车件公司成功进行紧密技术合作;与世界500强企业、全球最大的美国一家汽车紧固件采购商合作,形成了汽车紧固件从制造到销售的完整产业链条。乍浦实业通过这些世界品牌进入了国外汽车紧固件高端市场,并将在此基础上扩展国内市场。在创新战略的驱动下,乍浦实业与国内大企业强强联手,与专家技术人员合作,生产特殊用途高端紧固件,涉足高分子复合材料项目,形成乍浦实业又一个利润增长极。

乍浦实业在转型升级道路上迈出的每一步都坚实稳健,没有让“转型升级”成为一句空话。乍浦实业用创新创造了市场,必将真正实现从大到强的转变。

〔供稿单位:浙江乍浦实业股份有限公司〕

东风汽车紧固件有限公司

一、企业发展概况

东风汽车紧固件有限公司是东风汽车零部件(集团)有限公司的全资子公司,始建于1969年。历经了40多年的建设与发展,目前公司研发、装备、管理等综合竞争实力处于国内汽车紧固件行业领先水平,是中国机械通用零部件工业协会紧固件分会副会长单位。公司主要生产各类汽车用螺栓、螺母、管接件、异形件等10 000余种,年生产能力达4万余吨。产品覆盖东风商用车重、中、轻系列车型和东风乘用车,以及国内乘用车、发动机等主要配套市场,汽车紧固件产销量位居行业前列。

至2012年年底,公司固定资产总额3.8亿元,占地面积21.3万m^2,工业建筑面积10.27万m^2,拥有装备精良的高效率生产设备1 200余台(套),各类检测试验设备200余台(套),员工总数1 200人,其中工程技术人员120余人。

公司注重以科技为先导,以质量拓市场,以诚信求发展,致力于“做中国最好的汽车紧固件供应商,成为国际知名的汽车紧固件集成供应商”的企业愿景,愿同国内外新老用户竭诚合作,力求更好,共创辉煌。

二、企业改革历程

沿袭了近30年计划经济体制管理模式下的东风汽车公司标准件厂,于1997年5月28日,正式挂牌成立东风汽车紧固件有限公司,由此开启了企业由计划经济向市场经济转轨,建立规范的公司法人治理结构的新纪元。

1999年,受亚洲金融危机的冲击,公司经营一度陷入非常困难的境地。面对外部环境和内部资金短缺以及产品结构矛盾的重围,公司开展了“解放思想,转变观念大讨论”活动,强化了“企业要在市场中竞争,员工必须在岗位上竞争;企业要在市场中有所为,员工必须在岗位上有所为”的思想观念,为公司体制机制改革奠定了坚实的思想基础。

2000年2月28日,经国家经贸委批准,公司“高强度紧固件技术改造项目”列入国家重点技术改造“双高一优”项目导向计划。公司先后投资1亿元逐步对冷成形一分厂、特殊工艺分厂部分设备及污水处理系统等进行全面改造,新增各类设备设施21台(条、项),完成了热处理、表面处理设备的全部更新及材料改制、冷成形、检测等设备部分更新的技改技措项目。同时完成了弹簧车间资产和产品的整体划转工作,在原基础上兴建了高强度螺栓生产基地。2003年7月,“双高一优”项目全面竣工,年生产能力达到14 000t以上,其中每年新增高强度螺栓生产能力2 084t,增加高强度螺栓销售收入5 210万元。“双高一优”及技改技措项目建设,不仅实现了公司装备技术含量提高、生产效率提高、产品实物质量提高和制造成本降低的“三高一低”的目的,还加快了公司产品结构调整,产品结构得到初步优化,提高了公司高强度汽车紧固件的市场占有率和企业的整体竞争力。

2003年6月,东风汽车紧固件有限公司整体进入东风汽车公司与NISSAN合资的东风汽车有限公司。按照合资公司管理架构逐步完善了以利润为中心、以KPI绩效管理为导向的子公司运营管控模式。公司不断优化组织结构，注重提升管理效率和经营业绩，进一步增强了企业竞争力，走向了持续稳健经营的发展道路。

2010—2011年，根据公司事业发展的需要，东风汽车紧固件有限公司加速推进了向高强度、高精度、高附加值方向转型升级，向乘用车市场发展的步伐。依据公司“十堰、上海、武汉”三地四厂的产业布局，作为“攀登131”重要支撑的武汉乘用车紧固件新工厂项目，于2011年11月18日，在武汉市蔡甸常福工业园隆重奠基，由此吹响了公司全面挺进乘用车紧固件高端市场的号角，翻开了公司第三次创业的新篇章。2013年6月，武汉新工厂项目一期工程全面竣工投产，到年底将形成月产540t乘用车紧固件的生产能力。新工厂释放出来的产能又将对公司的CPT计划和TNF计划形成全面支持。

三、生产经营管理模式

2003年进入东风汽车有限公司以后，公司按照日产公司管理方式，以促进事业快速发展、减少权力耗散为目的，构建矩阵管理方式，实现了经营团队获取订单、制造团队满足订单，并完成了经营与制造相对独立的、以“大制造、大销售、大采购”为核心的企业流程再造和管理创新。

在推进“大制造”流程再造方面，公司建立了以市场客户需求为导向的新品研发流程管理体系，优化了三层次(市场需求、生产制造、入库发交)计划管理体系，完善了物料资源保障管理体系，初步实现了流程规范化、制造精益化、效益最大化。

在推进“大销售”方面，通过深入推进“TNF”市场拓展计划，强化营销管理，创新营销方法，优化了市场结构，扩大了市场份额，为公司可持续发展提供了有力支撑。

在推进“大采购”方面，注重发挥集团公司采购平台优势，通过建立供应商准入机制，构建供应商评价体系，优化供应商队伍，降低了采购成本，提高了资源保障能力。

在方针管理方面，以公司年度方针和中期事业计划为依据，将方针逐步展开到各个职能管理部门和生产部门，通过深入挖掘达成方策，发动全员共同参与，有组织的运行PDCA循环，形成了日监控、月分析、季诊断三位一体的运营管控体系，从而确保公司年度经营目标和中期事业计划达成。

在KPI绩效管理方面，建立了从公司、职能部门、员工三层次关键绩效指标管理体系，将KPI的达成情况与员工的薪酬分配、职级晋升进行挂钩考核，在确保经营目标达成的同时，实现“人与事业共成长、企业与社会共和谐”的良好发展局面。

在项目管理方面，公司注重在市场开拓、新品研发、事业计划、课题改善等重点工作中，强化计划、组织、控制、评价的全过程管控，通过项目管理，发挥资源效率最大化和CFT团队协同作用，促进重点管理项目目标实现。

2012年，东风汽车紧固件有限公司应用集团公司DPMS精益制造管理工具，构建了东风紧固件精益制造管理体系(DongFeng Fastener Production Way简称DFPW)，通过成立专项业务推进CFT小组，重点做好以下八方面的提升工作：一是方针现场小组的基础管理水平提升；二是质量改善小组的品质保证能力提升；三是CPU改善小组的成本竞争能力提升；四是安技改善小组的安全环保水平提升；五是生产管理改善小组的交付能力提升；六是TPM改善小组的装备利用效率提升；七是物流改善小组的物流效率提升；八是效率提升改善小组的制造效率提升。制造系统要紧紧围绕高效率、高品质、低成本、零伤害的要求展开制造业务各项管理工作。各部门和系统充分发挥“大制造”体制的协同优势，全力以赴提高制造效率。

在日常管理工作中，通过深入开展QCD改善、CPU管控、KYT活动、OEE提升等，提升了质量管理、制造管理、安全管理、设备管理等现场管理水平，从而实现了管理的科学化、标准化、规范化、制度化，进一步提高了经营质量和客户满意度。

四、主要经营业绩

1997—2002年公司主要经营指标见图1，2003—2012年公司主要经营指标见图2。

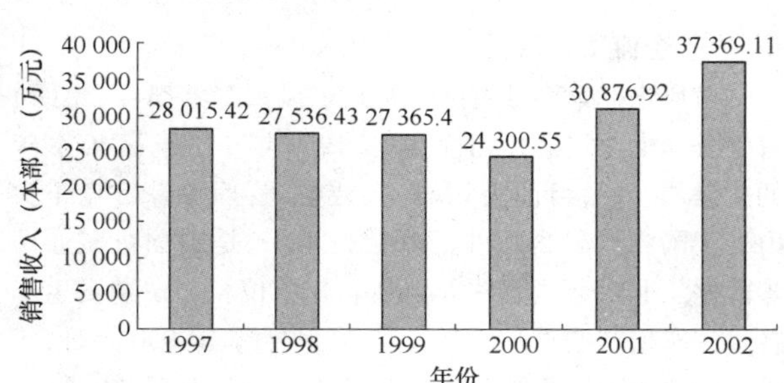

图1 1997—2002年公司主要经营指标

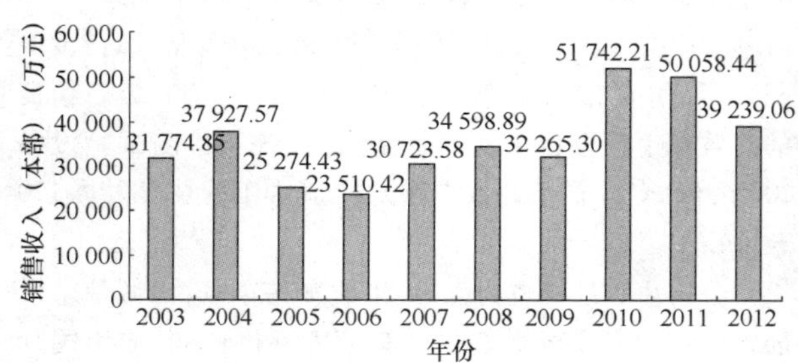

图2 2003—2012年公司主要经营指标

五、对外合作

1994年4月，东风汽车紧固件有限公司(持股比例60%)和上海浦东星火开发区联合发展有限公司(持股比例40%)共同投资建设的上海东风汽车专用件有限公司成立，位于上海市浦东新区星火开发区白石路88号。该公司现已发展成为国内紧固件行业技术和工艺设备先进的企业之一。其围绕“创建汽车螺母国内第一品牌,并成为特色的螺栓供应商”这一发展战略,在我国汽车紧固件行业中享有较高的声誉。

上海东风汽车专用件有限公司注册资金 5 149.24 万元,占地面积 15 358m^2,工业建筑面积 9 255m^2。主要生产各类焊接螺母及焊接螺栓、法兰面螺母、车轮螺母、自排屑法兰面锁紧螺母、全金属六角法兰面锁紧螺母、非金属嵌件六角锁紧螺母、六角法兰面齿面锁紧螺母、带垫圈组合螺母及其他车用异形件等品种达 600 余种,年制造能力约 5 500t,公司先后通过了 ISO 9002、ISO/TS 16949 质量体系认证。

1996 年 3 月,由东风汽车紧固件有限公司、日本佐贺铁工所、日本青山制作所、日本神钢商事株式会所 4 方共同投资成立了上海特强汽车紧固件有限公司,位于上海奉贤滨海镇星火开发区民乐路 251 号。该公司注册资金 2 500 万美元,其中东风汽车紧固件有限公司持股 18%,日本佐贺铁工所持股 63%,日本青山制作所 12%,日本神钢商事株式会所 7%。该公司占地面积 60 412m^2,工业建筑面积 19 194m^2,年制造能力 5 000t,年销售收入17 000 万元。主要生产轿车及发动机用高强度螺栓,品种达 1 000余种。公司先后通过了 ISO/TS 16949 质量体系认证和 ISO14000 环境管理体系认证。

六、核心科研成果

近年来,公司紧密跟踪汽车紧固件前沿技术,大力推进科技攻关、基础课题研究、竞品分析、知识产权保护等科技活动,加快新材料、新工艺、新技术的开发和应用步伐,不断提高公司核心竞争力。自主研发了铆螺栓、MJ 螺纹螺栓、耐热钢螺栓、楔形防松螺母等紧固件行业技术领先的新产品;在《汽车标准件手册(1998 版)》的基础上,通过修订和发布《汽车标准件手册(2012 版)》,向战略客户展示了公司在该领域的技术积累优势,扩大了公司产品在与整车、发动机同步开发中的影响力和话语权;通过推进无铬达克罗工艺的研究与应用,实现了无铬达克罗零件表面处理的批量自制;通过对神龙 EB\EP 发动机和 X7 发动机的缸盖螺栓、主轴承盖螺栓、飞轮螺栓等关键产品的开发,进一步强化了公司在发动机高强度螺栓研发领域的行业竞争优势,以神龙、比亚迪、广汽菲亚特、东风日产和东风乘用车紧固件的开发、制造和批量供货为标志,公司在国内高端汽车紧固件市场的综合竞争实力得到了明显加强。近五年来,公司共完成科技攻关项目 55 项,申报(拥有)发明专利 4 项,实用新型专利 4 项。

七、重点工程项目

2011 年 11 月 18 日,东风汽车紧固件有限公司在武汉蔡甸区常福工业园举行新工厂开工奠基仪式,独资建设东风汽车紧固件有限公司武汉工厂。该项目总投资 1.934 9亿元,占地面积 66 667m^2(100 亩),建筑面积 30 000 m^2。其中一期建筑面积 18 000 m^2,二期建筑面积 12 000 m^2。工厂建设分两期建设实施:2013 年 7 月一期 SOP,原工厂 PV 紧固件转移到新工厂生产;2014 年 6 月,二期建成,产能将提升至 2 万 t。

八、企业发展愿景

公司的发展愿景是:做中国最好的汽车紧固件供应商,成为国际知名的汽车紧固件集成供应商。

公司的“十二五”战略规划为:公司制定了“攀登 131”中期事业计划。即:到 2017 年销售收入突破 10 亿元;加快十堰、武汉、上海三大汽车紧固件制造基地建设,形成三足鼎立、优势互补、协同发展的格局;打造国内一流的汽车紧固件集成供应商。公司致力为客户创造价值,为员工创造机会,为股东创造财富,为社会创造效益,从而为实现东风汽车零部件(集团)有限公司“人与事业共成长,企业与社会共和谐”的企业使命作出应有的贡献。

〔撰稿人:东风汽车紧固件有限公司陈志明〕

上海春日机械工业有限公司

上海春日机械工业有限公司(上海春日)是中国台湾春日机械工业股份有限公司(台湾春日)在中国大陆设立的股份公司,是专业设计制造用于紧固件和其他金属零件成形用冷镦成形机、螺纹搓丝机等机械和模具的制造商。

台湾春日以其母公司和世界著名的紧固件制造商——春雨集团 50 余年制造紧固件的经验和技术为依托,经过近 40 年的不懈努力,自主研发并制造出 10 个大类、102 个型号的冷镦成形机、螺纹搓丝机等机械,具有设计先进、结构实用、制造精密、性能稳定、易操作维护和性能价格比优异等特点,被广泛用于汽车、铁路、航空、建筑和电子电器制造等行业加工制造各类紧固件和异形件。截至 2010 年年底,台湾春日已向世界各地的数百家用户交付了 13 000 余台各种型号的冷镦成形和搓丝等设备,成为世界上生产同类机械规模最大的制造商。上海春日秉承台湾春日的经营理念,以“向中国和世界各地用户提供最具竞争力的紧固件制造设备”为使命,在中国大陆的上海市拥有面积超过 4 万 m^{2}的自建厂房和数十台大型先进的数控机械加工和检测设备,自 1999 年 6 月投产以来已向国内外的 300 余家用户交付了约 4 000 台各类冷镦成形和搓丝机械,为我国和世界其他地区高速发展的汽车零件、建筑、电子电器及紧固件等制造业提供了强有力的设备和技术支持,同时也建立起了“上海春日”作为世界最具竞争力的冷镦成形和搓丝机械制造商之一的良好企业形象和产品品牌。

上海春日坚持“顾客满意、敬业合作、创意革新”的经营理念，依托中国台湾，扎根大陆，面向世界，与用户齐努力、共发展，为国内外紧固件和其他金属成型零件制造业的发展和进步不断作出积极的贡献！

〔供稿单位：上海春日机械工业有限公司〕

江苏太平洋精锻科技股份有限公司

江苏太平洋精锻科技股份有限公司注册资本为 1.5 亿元。公司主营业务为汽车精锻齿轮及其他精密锻件的研发、生产与销售，是具有国际一流水平的精锻齿轮供应商。

公司是一家具有自主创新能力，拥有自主知识产权，掌握先进的齿轮模具设计开发与制造核心技术，采用冷温热精密锻造成形技术专业化制造汽车齿轮的高新技术企业。公司现拥有专利 38 项，其中发明专利 10 项，实用新型专利 28 项。公司建立了省级企业技术中心、江苏省近净成形用长寿命模具设计工程技术研究中心和博士后创新实践基地，并与华中科技大学材料成形与模具技术国家重点实验室合作成立了“精密锻造技术研究开发中心”。公司的研发成果荣获国家科学技术进步奖二等奖、江苏省科学技术奖一等奖及中国机械工业科学技术奖二等奖。

公司是国内轿车领域精锻齿轮产销量最大的供应商。主要产品为汽车差速器半轴齿轮和行星齿轮、汽车变速器结合齿轮。公司产品得到了国内外具有领先水平的整车制造商或其动力总成供应商的高度认可，进入了吉凯恩(GKN)、麦格纳(MAGNA)、德国大众(VW)、通用(GM)、及格特拉克(GETRAG)等著名企业的全球采购体系，是国内同行业企业中唯一一家同时为大众汽车、通用汽车、福特汽车及丰田汽车等公司的众多车型配套精锻齿轮的企业。

〔供稿单位：齿轮分会秘书处〕

十堰市郧齿汽车零部件有限公司

十堰市郧齿汽车零部件有限公司(原郧阳汽车齿轮总厂)是国内最大的发动机正时齿轮专业化生产企业之一，以生产“郧齿”牌发动机正时齿轮著称。公司具有雄厚的齿轮设计和制造能力，拥有先进的数控齿轮生产检测设备，与大专院校、科研机构有着长期的合作研发关系。公司主要生产汽车发动机齿轮和油泵齿轮等汽车零部件共 150 多个品种，广泛适用于东风、五十岭、福田、长城、江淮、全顺、康明斯、珀金斯、凯马、开普等机型，具备大批量的生产能力，产品畅销全国各地，并出口国外市场。

公司坚持“技术创新，管理严谨，服务周到，精益求精”的质量方针，通过了 ISO 9001、QS 9000、TS 16949 质量体系认证和 ISO 14001 环境管理体系认证。“郧齿”牌正时齿轮荣获“国家级重点新产品”“湖北名牌产品”“知名商标”“国家级科技成果”“中国齿轮名优产品”和“中国知名齿轮十佳品牌”。企业先后荣获“全国诚信单位”“科技进步奖”“成果推广奖”“科技型中小型企业创新奖”及“优秀新产品奖”等荣誉称号；公司被认定为高新技术企业、科技示范企业、专利明星企业、质量管理先进企业及重合同守信用企业，湖北省分行业十强企业，安全级企业，知识产权管理与保护先进工程重点保护单位和国家火炬计划十堰汽车关键零部件产业化基地骨干企业。公司拥有 11 项发明专利，多次被东风公司、江铃公司、北汽福田及成发公司等授予“优秀供应商”称号。

〔供稿单位：齿轮分会秘书处〕

杭州杰牌传动科技有限公司

杰牌控股集团有限公司坐落于钱塘江南岸，毗邻杭州萧山国际机场和沪杭甬高速公路。公司始创于 1988 年，以 8 000 元起步，秉承“一流、专业、联盟”的经营理念，走过了“做产品、做品牌、做标准”的发展历程，通过持续不断的技术创新、管理创新和品牌经营，现已发展成为占地面积 20 万 m^2，建筑面积 15 万 m^2，产业涉及传动设备和建设机械两大领域的现代化企业集团。公司现拥有杭州万杰减速机有限公司生产的蜗杆减速机、杭州杰牌传动科技有限公司生产的齿轮减速机、杭州科曼萨杰牌建设机械有限公司生产的塔式起重机三大具有世界一流技术水平的主导产品，这为公司的永续经营奠定了扎实的基础。在未来的发展中，公司将致力于杰牌传动研究院、杰牌管理学院和杰牌传动销售服务中心的“二院一中心”项目建设，做专做强主业，实现“亚洲传动专家、整体传动解决方案供应商”的企业愿景。

〔供稿单位：齿轮分会秘书处〕

杭州前进齿轮箱集团有限公司成功提供某国舰船主推进系统

自2012年10月，杭州前进齿轮箱集团有限公司（简称杭齿）首次出口设计难度最大、技术含量最高的两台（套）五叶可调螺旋桨后，2013年2月又有两台（套）同规格产品销往境外。至此，杭齿凭借雄厚的实力完整地为M国海军护卫舰提供了包括齿轮箱、螺旋桨等在内的主推进系统，成为名副其实的世界先进水平快速船舶主推进系统集成打包供货商。

自建厂以来，杭齿在船舶传动领域经历了半个世纪的锤炼，积累了非常丰富的设计、制造经验，拥有中国名牌“前进”牌齿轮箱，对船舶、船厂和船东的了解深入而透彻。进入21世纪以来，杭齿主动接受市场挑战，在制造传统产品的同时又承担起了螺旋桨、轴系、齿轮箱、高弹、液压和遥控操作系统在内的所有设备的集成打包任务，在有些项目中甚至也将主机打包在内，打破了国内主要依赖进口的局面。2006年，杭齿和国际知名船用公司法国马森达成协议，成立合资公司——杭州前进马森船舶传动有限公司，合资公司的业务涵盖法国马森的船用传动产品和可调桨（CCP）。通过高薪聘请外国专家，杭齿的技术团队在可调桨的设计上做了多方面的改良和提升，在产品的研发和发展领域上做了不懈的努力，将船舶推进技术提升到了一个新的层次和境界，使产品成功进入军用推进系统，即海军战斗舰艇（舰艇为双机双桨推进，总设计功率超过10 000kW，航速要求大于25节）。目前，杭齿能够提供含高弹、齿轮箱、轴系、螺旋桨、液压控制等在内的整体解决方案，产品广泛应用于国内民用船舶市场，同时出口至韩国、新加坡、印度尼西亚、缅甸、荷兰和土耳其等国。

海军战斗舰船除体积轻、速度快外，还有特殊的工况要求，如：定量的吃水限制，执行巡逻任务时螺旋桨必须保持低噪声，高速追逐时保持高航速。因此对船舶的推进系统有非常严格苛刻的要求，要求齿轮箱重量轻、体积小、精度高，要求螺旋桨直径小、噪声低、效率高。所有这些都决定了军用船舶的传动装置设计、制造具有很高的技术难度，只有经验最丰富的船舶推进系统制造商才能堪当重任。

杭齿生产的GCH700齿轮箱，采用轻量化设计，具有重量轻、结构紧凑的特点。齿轮材料采用高强度合金钢，渗碳淬火处理，经磨齿精度高达DIN4级，能够有效地降低重量和噪声；轴承设计考虑到抗冲击的要求，全部采用滚动形式，这种设计能够有效地提高舰船的成活率；密封设计考虑带水工作的工况，可以保证船舶在机舱进水后仍能工作一定的时间，以便顺利返回港口。

在可调桨的设计中，设计部门和制造团队携手合作，螺旋桨由最先进的设计软件设计。桨叶采用大侧斜设计，使桨叶表面应力的分布更加合理，与船艉伴流场间的关系更加协调，极大地提高了船舶的快速性能，可有效降低螺旋桨的空泡、振动、噪声。桨毂采用五叶结构，通过曲柄滑块机构传递驱动力，实现螺距调整；桨毂体为特殊的高速型轮廓，可以有效地消除桨毂涡流，降低阻力，为水动力增添了更多的益处。所有零件均通过有限元分析（FEM）提高产品的可靠性，保证可调桨可以吸收110%的全主机功率以及特定的冲击载荷。可调桨的轴系由桨轴、艉管轴、中间轴组成，轴系长达30m，桨轴、艉管轴采用的合金钢材料在保证系统强度的同时又有效地减轻了重量，满足了舰船轻型快速的要求，轴系联结采用液压套筒式联轴节，可以有效地降低安装和维护的成本和工时。整个轴系通过合理的校中和回旋振动计算，根据轴承载荷分布，调整轴系上轴承的布置，以提高轴承的使用寿命。

齿轮箱前端配有OD箱（配油器），其转子内有两个液控单向阀，可以保证桨叶螺距在液压系统出现故障时保持在最后一个命令的位置，通过两个直线式位移传感器将螺距信号输出到遥控系统和显示设备。液压系统为双泵系统，主泵为齿轮箱机带泵，提高船舶运行的安全性，电动泵安装在液压泵站上做为备用；螺距控制阀由遥控系统激发，将工作油导入OD箱，液压系统为弹性安装，降低了传播至船体和周围水域的噪声；遥控系统采用目前世界上最先进的欧洲进口品牌，采用多冗余度设计，可采用闭环、开环控制，带有联控模式，能有效地提高船舶的机动性和可靠性，与舰船使命完美匹配。

产品交付用户后，杭齿还为该国海军工程师和电气工程师提供了长达一个月的培训，培训内容包括齿轮箱的设计、制造、安装、使用与维护，可调桨的安装、使用、维护，可调桨子系统总的液压与遥控原理介绍、使用和故障处理。目前杭齿生产的M国海军护卫舰主推进系统的整体设计与制造技术已经达到世界最先进水平，其技术含量已远远超过一般的商业船舶，也完全适用于国内军船、海舰船、渔政船等要求较高的现代化先进船舶。

〔供稿单位：杭州前进齿轮箱集团有限公司〕

中弹坚持技术突破　实现驱动转型发展

在日趋激烈的市场竞争中，上海中国弹簧制造有限公司（简称中弹公司）的产品年产量增长率连续多年保持在15%以上，预计2015年的合并销售收入较2010年将翻一番。企业的飞速发展，离不开科研和产品开发团队的卓越贡献。作为综合性弹簧产品公司，中弹公司不断加大对科技项目的投入和研究，提高企业产品（尤其是核心产品）的技术开发能力和生产能力，在全国汽车市场弹簧配套领域一直处于领先地位。公司产品不仅为中国汽车主机厂配套供货，还为欧美汽车企业（包括北美三大汽车公司）提供OEM配套。

2012年，中弹公司迎来75周年华诞，全新的技术中心正式投入使用，自主创新能力再上台阶。公司将继续致力于成为成长性、创新型、高品质的弹簧和相关产品的设计、制造、销售商；成为中国弹簧行业持续发展的引领者；成为世界先进水平的赶超者。

一、快速崛起 走向世界

作为中国弹簧行业的排头兵，中弹公司面临的竞争对手都是世界一流的弹簧制造企业，公司内部有个比喻："我们一直在参加'世界杯'"。在全球范围的角逐中，中弹公司先进的产品研发能力和规模化的生产能力，为提升企业的核心竞争力打下了坚实基础。十多年来，公司在科研和产品开发方面取得了诸多进展，借助中国汽车市场"井喷"的"东风"，在"世界杯"的赛场上站稳了脚跟，其悬架弹簧和稳定杆的生产能力和规模居全球前列。

1998年，中弹公司的悬架弹簧制造工艺已与国际先进水平相当，遥遥领先于国内其他企业，气门弹簧和稳定杆的制造工艺均居国内领先地位。1999年，公司为别克轿车的前后悬架弹簧、稳定杆、气门弹簧及变速箱弹簧批量供货，产品范围进一步扩大。大约从2000年起，中弹公司的技术人员到国外先进的弹簧制造企业交流和考察时，便不再能自由出入国外一流工厂车间，只因对方已视其为主要竞争对手，以防泄露材料、工艺、设备等信息。

2001—2002年，公司初步形成自主的研究开发体系，完成了设计计算和初步的系统分析，步入世界先进行列；空心稳定杆技术日趋成熟，高应力气门弹簧的开发在中国弹簧行业取得里程碑式的进展。此后两年，在围绕主导产品进行能级提升改造的同时，以自主创新为主的研究开发中心体系基本建立，较完整地涵盖产品设计/开发、生产工艺/工序设计、试验/检测/验证三大部分。

2005年，公司重新完善技术中心体系建设及人才培养，新招聘了一批博士生和硕士生，聘请外籍专家担任技术中心主任，负责重点产品的研发和技术检测。除完成常规的新产品开发工作外，新建成的研究开发中心加大力量对喷丸、应力精密测试等基础项目进行研究和改进；加快对正在运用的CAD、CAE等开发软件进行二次开发；在研究开发悬架弹簧技术日益成熟的基础上，逐步把研发范围扩向稳定杆、气门弹簧和其他产品。

2006年，在各主机厂的技术评审会上，中弹公司始终得到高度认可。公司被评定为上海市高新技术企业，并顺利通过上海市市级技术中心的评审。在全国弹簧行业中成立了以中弹公司为主要核心的标准化制定委员会。2008年，中弹公司成立"中国弹簧行业职业技能鉴定中心"，承担弹簧产品相关技能的培训和鉴定工作，为提高全国弹簧行业的技能水平作出了贡献。

公司积极参加日本、美国等海外学术交流。2011年9月23日，由欧洲弹簧工业联盟ESF主办的第六届世界弹簧工业大会在巴黎召开。中弹公司代表中国弹簧专业协会和全国弹簧标准化技术委员会，首次出席此会议。公司总工程师张俊作了"中国弹簧工业发展现状及中国制造企业发展态势"的专题发言，获得了论坛主持者、法国弹簧协会和欧洲弹簧工业联盟与会专家们的一致好评，充分展示了中弹公司引领中国弹簧制造业快速崛起、走向世界的良好形象。

二、科技发展 创新发展

多年来，在提高企业技术水平的实践中，中弹公司走出了一条富有自身特色的"科技发展、创新发展"之路。

首先，作为国资上市企业，中弹公司在关键技术层面只能依靠自己，没有任何外方支持，这在无形中培养了从领导到各级员工的危机意识和技术创新意识。公司十分重视技术管理的体系、规范和流程建设，注重技术传承，形成了良好的技术氛围。高额的科技投入、有效的激励机制，促使公司上下勇于接受技术挑战，钻研技术，由模仿及逆向技术开发，向多方向（欧美、日韩方式）、多层次（高端型、性价比、经济型）技术储备和产品同步开发渐进，研发团队也通过产品开发项目获得了实在的锻炼。

其次，中弹公司素来注重产品的精确设计计算，尤其是对数学模型和力学性能的技术掌握。通过细致的分析、研究和论证，充分简化产品功能并加强针对性，不断优化，最大限度挖掘材料的潜能，提升设计开发高端产品必需的技术能力，实现产品轻量化、节能减排。每年，公司都有两个以上的产学研项目，与高校联合开发精细设计、新型高强度材料应用、新型工艺应用等。目前，公司内部的弹簧参数化设计软件已优于国际公开销售的最好的商业化弹簧设计软件。

公司同样注重产品批量制造过程的设计能力。冷成形、热成形、多工步、一次成形等多种成形工艺都得到了很好发展。公司已掌握各种先进的热处理技术、强化喷丸技术，以及智能热压、数码照相检测、快速在线负荷测试分选等世界主流的先进工艺技术，结合自行开发并取得专利的专用设备，应用于规模化批量生产。其中，针对变径原材料的热处理技术——"多频组合感应加热"属于国际首创，以至被国外先进弹簧厂家仿效。迄今，中弹公司仍是国内唯一能够批量生产非线性特性变径弹簧的企业。

中弹公司在满足用户的要求与期望方面下了很大的功夫，拥有高度专业化的计算机模拟、仿真技术和产品验证测试能力。公司瞄准用户需求，通过与世界先进水平的对标，制定完善相应的技术发展路线图，进行技术储备和产品储备，实现未来用户的潜在期望值。2004年，公司成为美国通用汽车Epsilon II平台的合作设计开发供应商，是国内众多整车厂的产品设计者或变更设计者。目前，中弹公司是国内弹簧行业中规模最大、测试试验设备设施最多和专业化程度最高的企业，也是我国弹簧行业检测分中心。

公司以同步开发、用户体验、经验传承等来制定和实施技术发展规划，健全技术体系，优化开发流程，构建双技术平台，共享技术资源。同时，依靠自主开发、自主设计，强调产品责任，在满足技术参数和质量指标的基础上，更加重视质量控制，为用户提供更完美的技术解决方案和安全可靠的产品。

三、技术中心 如虎添翼

2010 年下半年，中弹公司开始规划建设新的技术中心，并在一年内确定了方案，于 2012 年上半年启动施工。新建技术中心将助推中弹公司进一步提升技术开发能力，规范技术管理工作，并为企业的长远发展奠定基础。

目前，中弹公司已经具备所有弹性零件、部件及悬架总成的综合检验、验证能力和设施，能够反映产品在实际使用中的情况。在新建技术中心的推动下，公司的试验能力将从零件级逐步扩展至系统级，新产品产值率在 65% 以上。管理人员已从硬件和软件两方面着手，为企业的技术水平再上台阶做好了充分准备。

在硬件方面，新建技术中心将配备完善系统级的试验设备，装备开发总体上从模仿阶段跨入创新阶段，设备开发进一步专业化并规模化，设备性能、可靠性逐步向国外一流厂商靠拢，制造成本具备竞争力，设计和制造周期不断加快，每年新装备研发品种两个以上。

公司将持续增加研发费用的投入，确保每年投入的研发费用不低于当年销售收入的 3%；制定各年的科技研发项目，平均每年科技项目不低于 50 个；确保每年申报专利不少于十项，其中，发明专利不少于两项；每年有两个以上的高新技术成果转化项目。同时，夯实现行技术水平，同步产品和工艺过程开发，在五年内逐步实现三大目标——具备产品验证能力，具备产品及过程设计能力，具备概念设计能力，至 2015 年达到主动性、创新性设计开发，成为设计供应商，努力建设我国弹簧行业的国家级技术中心、国家级认可实验室，试验能力通过大众、通用、福特等主要主机厂的实验室认证。

在软件方面，技术创新体系、工作流程、激励机制和人才队伍建设等齐头并进。中弹公司一直以来都是我国弹簧行业的高技能人才培养基地。随着产品扩展和研究开发的领域越来越大，层次越来越深，企业也需要进一步健全科技队伍。公司将在原有技术中心人员的基础上，大量招聘应届毕业生作为人才储备，同时向社会广泛招聘专家级技术人员，补充产品链上下游的技术能力。

根据现有规划，到 2015 年，公司技术中心的员工人数将从目前的 122 人增加至 200 人，其中开发人员占总人数的 70%。2012 年 6 月起，公司已开始实行技术人员双通道晋升机制，建立五级管理岗位（经理、副经理、科、室、员）和五级技术岗位（专家、高级主管、主管、工程师、助理工程师），为每位技术人员提供充分的发展空间，确保人尽其才。

未来，中弹公司将秉承“环绕创新、环绕精益、环绕满意”的“三环”核心价值观，注重观念创新、机制创新，尤其是在实现技术突破、驱动转型发展方面，进一步加大科技投入和能级提升力度，广泛招揽和悉心培养优秀工程技术人才；完善技术创新体系；贯彻“可靠的质量、合理的成本、满意的服务”的经营理念，以领先的科技、优良的装备、精湛的工艺确保质量，以创新的管理、有效的控制、持续的改进控制成本，以健全的网络、快速的机制、高效的团队提供服务。中弹公司力求在“世界杯”的赛场上取得好成绩。

〔供稿单位：上海中国弹簧制造有限公司〕

应对形势破难题 调整思路稳发展

杭州弹簧有限公司在 2012 年公司上半年度工作会议上提出了“应对形势破难题，调整思路稳发展”、“站稳脚跟，稳中求进”的工作思路。

2012 年上半年，面临我国经济形势复杂、多变、困难的局面，公司的生产经营也遇到了改制以来最大的困难。在经济大环境不如人意的情况下，公司沉着应对严峻形势，积极调整思路，寻找稳健发展的突破口，以极大的热情，发扬艰苦努力的精神，奋力拼搏，取得了不俗的业绩。

一是内贸、外贸两条线同时并举，奋力开拓市场。销售额比上年同期还是有一定幅度的增长，尤其是出口额增长了 79%，资金回笼也比上年同期增长 10%。

二是狠抓新产品开发。完成了新产品开发 214 种，其中重点项目有：船用发动机气门弹簧，中国重汽 D08、D20 气门弹簧，为重型汽车和小排量轿车发动机配套的气门弹簧，为工程机械配套的高应力液压件弹簧以及为机车铁路配套的转向架弹簧等。

三是大力推进技改项目。2012 年上半年，公司新增多轴电脑卷簧机三台，解决了双回位拉簧批量生产问题；对汽油机气门弹簧生产线进行了工艺验证；热卷簧中频感应加热自动化生产线已趋完善，形成了新的生产能力；如期完成了桐乡二期土建工程，生活配套设施建设也进展顺利。

四是加强企业的内部管理。公司通过了 IRIS 国际铁路质量管理体系、ISO 9001 质量体系、ISO 14001 环境体系及 OHSAS 28001、职业安全健康体系认证，并已向分公司有效延伸，加强了对管理人员、中层干部的绩效考核工作，试行了生产流水线产量承包考核，调整了包装车间产值承包计酬工时，完善了电子商务系统，为电子商务业务的开拓创造了有利条件等。

面对不容乐观的国内外经济形势的严峻考验，中小企业，尤其是弹簧行业的企业怎么办？公司提出：坚定信心、沉着应对、练好内功、创新发展，采取六大对策：

(1)本着“居安思危”、“以丰补歉”的原则，在形势好的时候，坚持“研发一代、制造一代、储备一代”，占领市场留有余地，主导产品市场一旦下滑，用储备产品开拓储备市场对主业损失予以弥补，确保渡过难关。

(2)“东方不亮西方亮，黑了北方有南方”。公司高度重视市场预测，适时地进行市场拓展，紧跟国家的产业政策，按国家的发展规划，大力开发市场需求大、适销对路的新产品，如为铁路机车、能源装备、环保机械、海洋工程装备及高端装备等配套的产品研发。

(3)“堤内损失堤外补”。国内市场低迷，公司就力争在国际市场上有所扩展。随着欧美经济的持续下滑，许多国外企业前来中国寻找供应商，给国内企业带来了许多商机。要充分利用网络、电子商务及展会等平台，努力与国际企业接轨，大力开拓国际市场，尤其是注重开发那些短、平、快的产品，短即开发周期短，平即新产品对研发能力的要求与现有研发能力基本平衡，快即见效快。

(4)把握好“转型升级”的时机和力度，抓好高技术含量、高附加值的新产品的研发。因为“转型升级”需要投入、需要成本，故时机的把握和力度的控制很重要。“盲目的转型，刻意的升级”往往适得其反，事倍功半、得不偿失。

(5)脚踏实地办好实体经济，抓好“主业”，不盲目转行转产，不盲目投资；市场定位要符合企业核心竞争力的实际；扩大规模要量力而行，严防资金链断裂，资本运作留有余地。

(6)冷静分析形势，眼睛向内、练好内功、提升素质和夯实基础，要抓住有利时机，抓好技术研发、质量控制和企业管理，在这些方面公司有很多事情要做。公司要暂时适度的降低经营规模、压缩生产成本、调整发展战略和加强培训练兵，提升企业整体员工素质和核心竞争力，以等待时机，再铸辉煌。

〔供稿单位：杭州弹簧有限公司〕

大连弹簧的创新之路

大连弹簧有限公司(大连弹簧厂)始建于1958年。公司坚持技术创新和管理创新，先后获得辽宁省腾龙企业、辽宁省高新技术企业、管理进步示范型企业、国家级高新技术企业和自主创新先进企业等称号。公司近几年来在自主创新产品研发制造方面取得以下突破和成绩。

一、利用新传动原理和新加工工艺建成高新弹簧生产线

在公司新建的大型热卷弹簧生产线上，弹簧钢的加热和回火均采用微机控制，每一区域的具体温度由计算机即时显示，实施24h监控，并且定期存储备查；弹簧在配备了西门子控制系统的数控卷簧机上卷制成形；弹簧入水温度的控制由远红外线测温仪监控，在报警后入水；水中搅拌装置由PLC控制；弹簧的两端面在公司自行设计制造并申请了国家专利的数控双端面磨簧机上一次磨平，充分保证了弹簧的垂直度、平行度和平面度；弹簧的负荷、刚度和自由高度均在微机控制弹簧试验机上检测、存储和打印；弹簧在线上自行喷涂和烘干，然后包装发运出厂。形成了具有国际先进水平的高新弹簧生产线。

二、持续创新，加强对高应力、耐低温弹簧的研发

从1997年开始，公司就把为工程机械配套弹簧的目标锁定在世界工程机械巨头——卡特彼勒公司身上。当时，公司用面包车将试制的弹簧送到徐州，请卡特彼勒公司的美国高管人员鉴定。卡特彼勒公司对产品质量要求极其苛刻，特别是对弹簧耐低温冲击要求达 -40℃，由于国内材料无法达到要求，所以产品迟迟没有实现国产化。十几年来，公司始终不言放弃，经常和卡特彼勒公司有关人员沟通联系。2011年公司在借鉴国外经验的基础上，主动和国内钢厂共同研究开发高应力、耐低温弹簧材料，价格比国外相近材料低15%。通过公司的新弹簧生产线设备加工，特别是加强对制造过程中关键工序的控制，终于生产出采用国产材料制作的高应力、耐低温弹簧。卡特彼勒公司把公司的产品与原来给其配套的日本企业产品进行了对比性检验。经检验，公司的产品垂直度最大偏差为4～5mm，而日本配套企业的产品最大偏差为12～13mm；-40℃耐低温冲击性能双方均可满足；在弹簧载荷、刚度都符合工艺要求的前提下对弹簧进行疲劳试验，试验大纲要求弹簧疲劳次数为16万次，公司的产品达23万次没有断裂，而日本配套企业的产品在21.58万次时弹簧出现断裂。公司产品的性价比高于日本配套企业产品，卡特彼勒公司于是决定将主导产品转由公司生产，目前已实现大批量供货。在此基础上，公司选用不同材料，为国际、国内的多个主机用户配套了长寿命、高应力、耐低温弹簧，提高了企业的核心竞争力。

三、积极研制用于新型发电设备的新技术、新产品

公司加大研发投入力度，研制了多项用于新型发电设备的超临界、超超临界电站锅炉支吊架、循环流化床脱硫脱硝装置上用的弹簧支吊架等高新技术产品。

我国电站锅炉正在向超超临界发展，为此公司在引进国外技术的基础上，通过消化吸收，实现超超临界电站锅炉支吊架国产化。该弹簧支吊架可满足温度650℃以上、工作压力28MPa、载荷476 500～966 220N的高温高压大载荷要求。近几年各大锅炉厂开展大型、环保、低耗节能的超临界、超超临界电站锅炉和大型循环流化床锅炉的研制工作，公司积极参与到研发工作当中，先后为哈尔滨锅炉厂有限

公司给玉环电厂建造的全国首座 4 台 1 000MW 超超临界电站锅炉，东方锅炉集团给秦皇岛电厂建造的 2 台 300MW 循环流化床锅炉，上海锅炉厂给云南小龙潭电厂建造的 2 台 300MW 循环流化床锅炉配套了用于脱硫脱硝装置上的弹簧支吊架，受到了各大锅炉厂的一致好评。与此同时，公司还积极开发国际市场，为世界 500 强企业——美国福斯特惠勒公司配套了循环流化床锅炉用弹簧支吊架，实现了自营出口，凭借公司开发的高新产品，打开了美国、北美及亚洲市场。

四、瞄准高速铁路市场，积极开发高新产品

近年来，公司瞄准铁路大提速的市场契机，积极研发高速铁路弹簧，与大连机车就时速达 200km 的内燃机车项目签订了开发协议。公司采用 52CrMoV4 银亮材为大连机车试制的 HXN3 大功率交流传动内燃机车一系弹簧，经铁道部产品质量监督检验中心机车车辆配件检验站进行 200 万次疲劳寿命试验，结果合格，现已批量供货。同时为青岛四方 350km/h 动车组项目试制的样品通过了 440 万次疲劳试验，已进入到首件检验阶段，为公司高新弹簧产品打开了新的市场。

五、注重厂校合作，致力于培育新人

公司与大连市的各大高校紧密合作，接受在校生实习，既给了年轻人学以致用、施展自己才华的平台，又为企业注入了新的思想和活力。此外，公司还与大连工业大学的师生联合开发了吊架选型软件，将传统的纸面查找、选型工作电子化、模块化，使员工和客户都能够从繁琐的重复劳动中解放出来，大大提高了工作效率，获得了客户的一致好评。有了一定的合作基础后，公司将厂校联合更进一步，2011 年又与大连工业大学合作开发了经营、生产、财务综合管理系统，结合 ERP 系统，对公司的仓储和物流进行全面管理和监控，达到降低成本、提高企业盈利水平的目的，成为机械制造型企业通过厂校联合、共同研发实现生产、办公电子化的典范。

公司不断创新、不断开拓，已经取得了可喜的成绩，然而创新之路漫漫，有志于将“中国制造”变为“中国创造”的大连弹簧人将会立足创新驱动的潮头，以毫不懈怠、锐意进取为己任，以市场竞争、实业报国为动力，为我国弹簧行业的腾飞做出更多贡献！

〔供稿单位：大连弹簧有限公司〕

质的追求　心的飞跃

——三 A · 双金品牌

一、发展概况

浙江三 A 弹簧有限公司(简称三 A · 双金)成立于 1994 年，位于越国古都、西施故里——诸暨，是专业生产制造汽车用悬架螺旋弹簧的现代化企业。目前企业占地面积超 20 000m^2，生产性建筑面积 13 250m^2，建有冷热成形生产线四条，是国内最早建成悬架螺旋弹簧生产线的企业之一。企业在 2003 年先后被评为“国际采购与投资入编单位”和“浙江省诚信企业”。2004 年，公司产品荣获“全国质量信得过产品”称号。2004—2006 年，三 A 和双金分别通过了德国莱茵 TÜV 公司 ISO/TS 16949:2002 国际汽车质量体系认证和中国方圆标志认证委员会的 ISO 14001 国际环境体系认证。2010 年 9 月公司启动并实施了 ISO/TS 16949:2009 质量管理体系。

浙江三 A 弹簧有限公司在 2005 年 4 月注册成立了三 A · 双金公司，同时开始汽车稳定杆的生产制造。在广大客户的关爱下，三 A · 双金公司在汽车弹簧生产领域辛勤耕耘，日益发展壮大。目前，集团公司旗下已拥有浙江三 A 弹簧有限公司、重庆中海弹簧有限公司、浙江双金稳定杆制造有限公司三大合资公司，以及江苏金鹰弹簧制造有限公司一个独资公司，年生产销售能力达到 2 亿元。

二、坚持创新之路

众所周知，改革开放以来，中国经济建设取得了举世瞩目的成绩，一大批实力型国有、民营企业迅速崛起。但在市场爆发式增长的背后，各方也都看到，一系列困难仍然限制着企业的发展速度及空间，其中最重要的一点就是创新。“三 A 人”从 20 世纪 80 年代初就开始思变求发展，在当时国内根本无企业生产矩形模具弹簧，就连技术标准图纸都没有的情况下，公司员工硬是拆卸分析国外进口件，摸索着落实原材料问题、工艺问题、设备问题。经过无数次试验和改进之后，最终编制整理出台了一套国内首创的“矩形弹簧目录规格书”，不仅非常清晰地阐述了“日标与美标”产品的技术要求，还准确规范了国内加工制造矩形弹簧的行业标准，此举为矩形弹簧国产化奠定了基础。至今，这套标准材料仍被行业内普遍使用。

1994 年，民族汽车工业刚刚萌芽，三 A 弹簧又一次抓住机遇，先人一步开始汽车悬架弹簧的生产制造。通过“三 A 人”的团结、自强、刻苦与努力，克服众多障碍和困难后，在 1995 年年底顺利建成了国内第二条汽车悬架弹簧生产线，制造出了品质堪比进口件，而价格仅为其四分之一的优质汽车悬架弹簧。在当时“三 A 人”因为对自己产品质量的信任，向国内的汽车行业喊出了“断一只弹簧，赔一辆轿车”的质量豪言，由此三 A 弹簧成为主要为汽车 OEM 配套企业。

深知企业的资源和优势有限，所以合理而科学的多元化经营策略应保持产业间的高度关联性，以发展相关产业为主攻目标。浙江三 A 弹簧有限公司在 2005 年 4 月注册成立三 A · 双金公司，调整产业结构，尝试生产具有高科技含量附加值、竞争相对不激烈的汽车稳定杆。由此标志着三 A 弹簧向多元化发展。

三、坚持品牌之路

品牌是质量的保证，是优质的服务，是企业文化的结晶，是企业的一个象征。产品质量是打造品牌的基础，技术创新和科学管理是确保品牌竞争力的源泉。

质量高于一切，三A·双金追求的产品质量零缺陷，得益于严谨而科学的工艺和一支强有力的管理队伍。近年来，公司每年多批次对员工进行基本技能和岗位知识的培训，这使得公司员工的综合素质得以大大提升。公司同样把先进技术装备放在重要位置，先后引进了大量先进设备，例如W5200、PC5200、CNC65S3－5axis数控成形机等。先进装备的引进，不仅淘汰了落后的设备，构成了企业设备先进、水平一流的生产能力，而且极大增强了企业的实力。

同时，公司切实依据顾客的需求，对产品的原辅助材料、半成品、成品以及制造过程进行全面细致地测量和监视，并在法定检定的基础上大力开展各种方式的测量系统分析（MSA），从而确保获得稳定与准确的检测结果，为技术革新和持续改进产品质量提供了科学依据。三A·双金还拥有一批年轻、睿智、充满创新精神的高素质开发人员，针对不同地区消费者的需求，开发专业的、针对性强的产品，从而使三A·双金品牌成为众多客户的一致首选。目前，三A·双金弹簧系列产品除服务奇瑞、吉利、长城、比亚迪等国内知名企业外，已远销美洲、欧洲及亚洲等国际市场。

四、发展愿景

随着经济的发展，竞争日益激烈，客户的需求在增加，要求也越来越多，三A·双金公司一如既往地奉行“以诚信对待品质，以品质塑造品牌，以品牌开拓市场，以市场促进发展”的宗旨坚持“质量第一，信誉第一”的原则，向国内外客户提供最优质的服务。展望未来之路，三A·双金公司将继续发扬“品牌A、效率A、创新A”的三A精神，脚踏实地，立足汽车工业，打造弹簧之最！

公司挚诚欢迎各类人才到公司施展才华，共展鸿图。

〔供稿单位：浙江三A弹簧有限公司〕

神王集团的六个“新突破”

江苏神王集团有限公司（简称神王集团）创建于1976年，原为拉丝厂，1996年改制更名为江苏神王金属制品有限公司，2009年6月成立江苏神王集团有限公司，注册资本一亿元，在国内弹簧行业中属于中型规模企业。目前拥有五个全资子公司和一个中德合资公司。神王集团占地面积33.3万m^2（500亩），其中苏州公司占地面积13.3万m^2（200亩），姜堰公司占地面积20万m^2（300亩），正在投资建设中，总设计能力20万t，主导产品是各种用途的钢丝绳和油淬火弹簧钢丝。公司产品主要应用于煤矿、汽车、石油、港口、铁路、钢厂、电梯及渔业等领域。公司产品出口到美国、欧洲、亚洲等40多个国家和地区。神王集团是全国煤炭行业金属制品定点生产企业，也是参与一般用途和重要用途钢丝绳国家标准起草的单位，并与德国著名企业固丝德夫沃夫成立了合资公司。

神王集团2011年销售额3.6亿元，是2005年的6.3倍，是1996年的13.5倍。预计未来三年内销售收入将在现有基础上实现翻一番。神王集团的发展战略方针是：稳步增长、转型升级、提升品牌。公司在以下六个方面有了新的突破。

一、技术改造新突破

为了更好地为客户提供新的产品和服务，神王集团果断淘汰落后产能，改造旧的生产线，不断进行技术改造，逐步更新设备，提升产品品质。自2005年以来，先后投资合计超过了一亿元，新增改建厂房3万m^2，引进和采购了一批先进的设备，引进德国技术，实现产品结构更多样、品质更优越；组建研发团队，开发新产品，拓展新市场，使公司综合实力达到国内同行业领先水平。公司的技改项目于2009年2月通过了苏州市经贸委企业投资项目备案，并在同年5月列入了江苏省经贸委第一批结构调整和产业审计的重点技术改造项目。公司将购置油淬火钢丝连续涡流检测设备，以提高钢丝的表面质量，确保弹簧的疲劳寿命。

二、科技研发新突破

神王集团深刻理解“科技是第一生产力”的内涵，不断加大研发投入力度，积极培育拥有自主知识产权的新工艺和新产品。截至2011年年底，公司已经申请专利106个，并获15个实用新型专利和32个外观专利证书，获得“苏州市2010年度专利大户”。公司积极进行产学研合作，与东南大学材料科学与工程学院进行了研发和质量控制项目合作，与北京科技大学、以色列进行了高性能金属线材的电化学拉拔新技术项目合作。神王集团将成立研发公司，进一步推进产学研的合作。

三、开发产品新突破

神王集团在与客户的长期合作中，深深感到企业要不断进取，生产和销售与市场适销对路的钢丝和钢丝绳。为此，公司引进人才，购置先进的设备，提升生产人员的技术水平。公司的重点产品——高附加值的油淬火弹簧钢丝，可以代替目前国内市场依赖进口的产品，为客户创造更大的价值，实现合作双赢。

四、服务内涵新突破

“我们的服务，您的放心”。多年来，神王集团重视用心服务，用心服务不仅是每个销售人员的职责，更是每个员工的职责。由于神王集团坚持以“为市场生产建设服务”为宗旨，以专业的技术、严谨的品质管理，完善的服务，积极经营钢丝和钢丝绳业务，目前，公司已经与江苏、山东、河北、山西、江西、安徽、河南、四川、重庆、陕西、宁夏等省市的许多企业集团建立了不同形式的合作关系。随着企业的发展，将会有更多的企业成为神王集团的合作伙伴。

五、企业文化建设新突破

为了推动企业的持续发展进步，神王集团非常重视企业的文化建设，领导班子通过宣传、教育、培训、思想工作和文化娱乐等方式，最大限度地统一员工的意志，规范员工的行为，凝聚员工的力量。从确立企业文化建设的战略，到营造企业人本文化建设、规范企业制度文化建设、打造企业团队文化建设、重视企业质量文化建设和关注企业安全文化建设，都有一套比较完整的制度和健全的活动作为保证。

六、品牌建设新突破

神王集团一直坚信品牌建设是企业发展壮大的必由之路，也是企业走向成熟的显著标志。2009 年“神王”商标荣获了“江苏省著名商标” 称号，2010 年获“江苏名牌产品”称号，公司连续两年获区委区政府“名品名牌”企业称号。神王集团励志品牌新目标：争取三至五年内获得“中国驰名商标”和“中国名牌产品”。公司要不断强化品牌建设，励志做“充满活力的百年老企”是神王集团品牌建设矢志不渝的方向。

〔供稿单位：江苏神王集团有限公司〕

把握发展机遇“万能”活力展露

走进坐落于浙江省嵊州经济开发区的浙江万能弹簧机械有限公司(简称“万能”)，映入眼帘的是高档气派的办公大楼，整齐划一的生产车间，错落有致的绿化厂区。置身其中，扑面而来的是“万能”的勃勃生机和活力。

“万能”是一家专业生产电脑数控弹簧机械及配套产品设备的浙江省高新技术企业，中国弹簧专业协会理事单位。公司率先通过 ISO 9001 国际质量管理体系认证。公司下设万能弹簧机械工程技术研发中心，聘请德国专家并与国内高等院校长期合作，采用国际先进技术，集弹簧机械测试、科研和开发于一体。公司占地面积 3.8 万 m^2，现有员工 200 多人，其中高级工程师 2 人，工程师 6 人，专业工程技术人员 15 人。可根据用户要求设计制造各种规格的产品。目前已拥有电脑数控卷簧机、电脑数控磨簧机、自动卷簧机、扭簧机、回火炉和调直机等六大系列 30 多个品种的生产设备。公司产品连续五年获中国机械通用零部件行业优秀新产品奖，产品已获国家专利。经过几年的努力，“万能”系列产品已成为我国弹簧机械行业知名品牌，公司被列为省级弹簧机械重点龙头企业，产品率先进入欧洲市场及东南亚等国家和地区，深受国内外客商的青睐！

为了适应现代企业管理制度的需要，企业于 2001 年更名为嵊州市万能弹簧机械有限公司。为保证公司的稳健经营和快速发展，公司管理层审时度势，提出了要“诚信经营、客户至上、科技创新、以市场为导向”的战略方针。

一、“万能”紧紧把握客户的利益

“万能”处处为客户着想，关注每个细节。在开拓业务时，向客户承诺如果产品在三个月内有质量问题可无条件退货。在售后服务方面，建厂以来一直恪守省内 24h、省外 48h 内上门服务的承诺。优质高效的服务为“万能”攻克市场堡垒立下了汗马功劳，老客户保持常年合作，新客户幕名而来。严格遵守合同约定是“万能”定下的规矩，任何人都不得擅自违约。有时候突遇市场变化，有些订单不但不赚钱反而会亏损。有失必有得，短期吃亏换来的是客户的信任，随之而来的是源源不断的订单。公司相信因为诚信，“万能”会越走越远。

在国外销售方面，充分利用互联网这个平台，把公司的简介、实力、产品和服务等都展现在网上。这使公司产品的出口比重从零增至 30%，产品销往 10 多个国家和地区，曾有位网络客户在走访几家供应商后，最终还是选择了“万能”。他在“万能”看货后当场下单，后来也成为了公司的老客户。

二、“万能”紧紧把握科技的不断创新

纵观公司发展的历程，科技创新是提高产品竞争力的重要保证。在这方面，公司决策层舍得投入。公司长年聘请德国专家担任技术顾问，与大专院校建立长期合作关系，同时，公司每年都要派出技术骨干参加培训，并建立了人才储备库。在硬件设施方面，斥资数十万元购置检测设备。按照公司技改计划，每年对落后设备进行更新换代。

三、“万能”紧紧把握市场的脉搏

公司决策层运筹帷幄，紧紧把握市场导向和潮流。创业之初，由于市场定位准确，公司有力地抓住了本地区弹簧机械竞争对手少的商机，抢先一步；当竞争比较激烈时，“万能”注重市场适销产品的开发，如 TK 系列和 CNC 型电脑数控弹簧机的开发；充分利用“人无我有，人有我优”的策略，使企业的产品逐步与国际接轨。

四、“万能”紧紧把握品牌形象的塑造

随着公司规模的壮大和整体实力的提升，2007 年公司再次更名为浙江万能弹簧机械有限公司。随着企业的发展，公司在管理、销售、宣传及参展等方面投入了大量资金，使企业在竞争中立于不败之地。2009 年 4 月 17 ~ 19 日，公司成功承办了中国机械通用零部件工业协会弹簧分会会员大会，来自五湖四海的会员 200 多人在嵊州举行了盛大的行业会议，为弹簧行业的经济发展和产业结构调整注入新的活力。通过这次会议，公司的销售业绩、品牌知名度、美誉度和影响力等都得到了快速的提升，使企业成为我国弹簧行业的新生力量。

市场经济风起云涌，弹簧机械的竞争日趋激烈。站在新的起跑线上，“万能人”展望未来，成竹在胸。在未来五年内，“万能”人将继续秉承“诚信经营、客户至上、科技创新、以市场为导向”的经营宗旨，发扬艰苦创业的优良传统，继续做大做强弹簧主业，为我国弹簧行业作出更大的贡献而努力奋斗！

〔供稿单位：浙江万能弹簧机械有限公司〕

抓产品结构调整　促企业不断发展

重庆亮友弹簧有限公司成立14年以来取得了日新月异的进步。从开始的租赁生产用房到现在拥有2万余m^2的厂房，销售额从最初的200万元到现在的7 000多万元，公司还建立健全了党组织和工会组织，职工队伍稳定且不断壮大，员工工资日益增长，社会保障制度执行完善，这是公司不断进行产品结构调整取得的成果。

公司在发展的过程中切实感受到产品结构调整常态化、产品结构多元化是企业生存和发展的根本。成立之初，产品结构比较单一，主要产品只有摩托车减振弹簧系列，1999年产值200万元。经过六年多的发展，到2005年年产值达2 000多万元. 但是2004—2005年几乎是维持经营，没有增长。2006年，市场出现严重的价格竞争，由于减振弹簧本就处于微利状态，所以出现了销售困境和企业利润严重下滑。公司董事会及时对市场进行分析，认为企业仅靠生产单一的摩托车减振弹簧将难以持续生产经营，需要调整产品结构，增加产品品种，开发弹簧市场，于是决定投入资金购买先进设备。2006—2007年总投资800余万元购进20余台数控卷簧机设备和弹簧检测设备，面对市场开发了摩托车发动机弹簧系列、通机弹簧系列、汽车弹簧、俄罗斯产雪地车弹簧以及一些军用弹夹簧。企业同时狠抓产品质量，使公司成为宗申、力帆及隆鑫等主机厂家的重点配套单位，并且企业在市场的知名度得到大大提升，年产值在2008年达到4 000余万元。

2009年，由于全球金融危机的影响，摩配行业再次受到冲击。国家对产业结构的调节政策导向也发生了变化。公司再次对市场变化进行分析，认为汽车配件较摩托车配件有更为广阔的前景。为使产品结构适应市场需要，公司于2010年投资2 000万元，扩建生产车间5 000多m^2，新增机械人焊接设备八台，烤漆生产线条，开发汽车座椅骨架。此项目解决了100多名社会人员就业，并得到市经委的肯定。在保持公司传统的弹簧类产品外，又开发生产了汽车、摩托车弹簧和汽车座椅骨架组合体，2010年初见成效，年产值6 300多万元，新增产值2 016万元，2012年产值超过7 000万元。

公司将继续坚持产品结构的调整，以适应市场变化，并加强现有产品品质的提升和成本的控制。公司将在新的战略下，以资本运营为基础，通过技术和管理推动，发挥调整产品结构的作用，实现盈利目标。

〔供稿单位：重庆亮友弹簧有限公司〕

海纳特钢努力打造“弹簧钢丝超市”

20世纪70年代初，借助改革开放的强劲东风，诸暨的弹簧产业开始起步并得到快速发展，成了名副其实的“弹簧之乡”。弹簧行业的蓬勃发展，凸显了弹簧市场的巨大商机，1993年，诸暨市金腾钢丝厂应运而生。经过几年的艰苦创业，企业在本地区市场有了较高的知名度。2001年，企业自筹资金近200万元，在大唐工业区购置近1万m^2的地，创建了诸暨市海纳特钢有限公司（简称海纳特钢），开始了油淬火回火弹簧钢丝生产销售的新里程。公司成立以后一直秉持“和谐精进”的企业精神，立足弹簧钢丝市场，积极稳健地融入市场竞争中，依靠合理的价格、科学的管理、过硬的质量和良好的信誉，得到了众多弹簧企业的好评，企业知名度和信誉度大幅度提高。海纳特钢用十年时间在弹簧钢丝领域深耕细作，成功将产品触角延伸至弹簧钢系列的方方面面。产品不断扩充，逐渐覆盖线径1.0～18.0mm之间的冷拉、退火、油淬火回火和热轧状态的各类合金钢、碳素钢及异形弹簧钢丝。企业规模从成立之初的一条油淬火回火钢丝生产线，发展到如今的已拥有油淬火感应生产线三条，线径7mm以下的油淬火生产线四条，异形弹簧钢丝生产线一条。

2006年公司又在江苏启东滨海工业园区购置13.3万m^2（200亩）的地，成立了启东市海纳特钢有限公司。建成面积共3万m^2的厂房、宿舍、办公楼等，第一条生产线在2009年8月正式投产，随后又陆续建成三条生产线，形成年产3万t弹簧钢丝的生产能力。面积1.5万m^2的生产车间包括带有净化装置的表面处理车间，在线喷丸拉拔生产线，一条感应加热热处理生产线和二条天燃气加热热处理生产线。

经过多年的风雨洗礼，海纳特钢以其科学的管理模式、卓越的研发能力、雄厚的制造实力、完善的服务体系、独特的企业文化和广阔的市场前景成为我国规模最大的弹簧钢丝生产基地之一。公司还在行业内率先通过了ISO/TS 16949:2002质量管理体系认证和ISO 14001环境管理体系认证。公司现为上海中国弹簧制造有限公司、浙江三A弹簧有限公司、广州华德汽车弹簧有限公司和重庆渝安集团公司等国内知名弹簧企业提供原材料，并且产品还出口到欧洲、非洲及东南亚等地区。

“海纳百川，取则行远”。海纳特钢将在努力建成“弹簧钢丝超市”的战略指引下，不断开拓新的未来！

〔供稿单位：诸暨市海纳特钢有限公司〕

常州市铭锦弹簧有限公司

一、发展概况

常州市铭锦弹簧有限公司成立于2000年12月，前身是1992年创建的武进市三联弹簧厂。公司地处常州太湖湾旅游开发区。经过20年的发展，公司已成为集科研、开发、制造及服务为一体的冷卷螺旋弹簧专业化生产企业。公司占地面积8.8万m^2(132亩)，建筑面积8.6万m^2，现有员工400余人，其中各类工程技术人员120余人，总资产4.2亿元。

20年来，公司制定发展规划，健全管理体制，转换经营机制，注重自主创新，坚持经济效益、社会效益和生态效益相统一，逐步实现产业做大、主业做精和企业做强的发展之路。目前公司是江苏省高新技术企业，江苏省民营科技企业，江苏省轨道交通产业技术协会会员单位、中国机械通用零部件工业协会弹簧分会理事单位，中国机械工程学会弹簧失效分会和全国弹簧标准化技术委员会委员。

二、生产经营与主导产品

20年来，随着企业资本、生产经营规模及员工数量的扩大，公司以科学性、技术性和艺术性三者结合的规范管理，实现了降低生产成本，提高生产效率，提升产品质量。在当前的宏观调控形势下，公司加快产品差异化，坚持立足弹簧制造、产业联动发展的经营思路，使公司步入了健康发展的良性循环轨道。

公司拥有进口的弹簧数控自动卷簧机和数控自动磨簧机，弹簧自动生产线2条、电泳漆和喷塑线各1条，以及精良的检测和试验设备，能够生产线径从0.4～38mm的各种规格的冷卷弹簧，具有适应市场变化、把握机遇和迎接挑战的能力。“铭锦”牌产品是“常州市名牌产品”和“全国质量检验稳定合格产品”，“铭锦”商标是“江苏省著名商标”。公司的主导产品如下：

(1)摩托车减振、缓冲弹簧。公司生产的“铭锦”牌摩托车减振、缓冲弹簧质量优良、性能稳定。1 000余种型号规格的弹簧，可为铃木、五羊本田、雅马哈、金城、光阳及豪爵等车型提供全面稳定的大批量配套。

(2)接触网弹簧补偿器。公司技术中心凭自身的技术力量，成功研制出接触网弹簧补偿器，该产品填补了国内空白，其技术水平达到了国外同类产品先进水平。接触网弹簧补偿器系列产品，成为地铁、轻轨及高速电气化铁路工程的国产化配套部件。

(3)折叠集装箱自动平衡拉簧。广东新会中集运输设备有限公司是国内唯一生产折叠集装箱的企业，其产品的主要配套部件——自动平衡拉簧全部由国外进口。公司紧跟市场需求，经十多次反复试验，成功研制出折叠集装箱自动平衡拉簧，产品质量稳定可靠、品种规格齐全，可替代进口产品，并已形成了批量供货。

(4)发动机气门弹簧、卡簧、拉簧及扭转簧等系列产品。公司采用优质的原材料、先进的加工工艺生产该系列弹簧，并具备大批量的生产制造能力，可为单缸、双缸及四缸柴油机全面配套。

(5)多种规格的异形弹簧、轨道交通专用弹簧、纺机弹簧、座椅弹簧及阀门弹簧等。该系列产品种达400余个，公司具备材料线径0.4～38mm的新品开发和冷卷弹簧批量生产的能力。

(6)工程机械弹簧和机车类弹簧。公司加大技改投入力度，开发热卷簧生产线，生产线径规格18～70mm的弹簧，满足了客户的批量需求。

三、质量保证体系与质量管理

公司推行全面质量管理，不断建立健全质量管理体系，使质量管理工作规范化、制度化。公司结合自身的特点制定适合本企业的质量保证模式，紧密围绕保证和提高产品质量进行持续改进。公司在2000年1月通过了ISO 9002:94质量管理体系认证；2003年4月通过了ISO 9001:2000质量管理体系认证；2010年4月通过了ISO 9001:2008质量管理体系认证；2008年3月通过了ISO 14001:2004环境管理体系认证，认真承担起社会环保职责；2008年5月和2012年11月又进一步通过了ISO/TS 16949:2002和ISO/TS 16949:2009质量管理体系认证，为公司产品进军汽车行业奠定了基础。

质量管理的本质是决策，质量管理的目的在于通过决策进行有条理、系统化的工作，以求得最佳的质量效果。公司质量管理与人员素质提高相辅相成，互相促进：只有加强培育，提高人员素质，公司质量管理才有基础保证，才能树立起公司的形象和信誉；公司质量管理工作的规范化、科学化有助于促进人才队伍的培养，人才队伍是决定公司整体竞争力强弱的关键。建立充满生机和活力的人才培养、使用、激励和保护机制，强调以人为本，充分发挥广大质量管理人员的积极性和创造性，使公司产品质量始终满足客户的需求。

20年来，公司坚持开展“加强科学管理，纠正不良习惯，强化过程控制，提高产品质量”的活动，完善公司的各项管理规章制度，规范产品生产程序，有效控制产品质量。公司要求全体员工树立质量第一的思想，并明确各部门、各科室及各车间人员的质量责任、任务和期限，使其做到各司其职、各负其责,形成群众性的质量管理活动。尤其是积极开展质量管理小组活动,充分发挥广大员工的聪明才智和主人翁精神,使公司的管理水平提高到新的水平,产品质量更上新台阶。公司获得"常州市质量管理奖"和"全国质量诚信优秀示范企业"荣誉称号。

公司视产品质量为生命,注重通过加强质量管理和质量控制来提高质量保证能力。公司建立了完整的质量管理和环境管理体系,建立了一套完整的新产品开发规程和流程,采用了供应商管理、进料检验、生产工序控制及成品验收的全过程控制的方法,并不断加强环保治理工作。公司在产品质量控制中三要抓好五个方面工作:

(1)以技术标准作为生产的依据。

(2)做好工艺纪律监督。

(3)增强质检人员责任心和提高检验技能。

(4)人的因素第一,创建优秀团队。

(5)做好产品的售后服务工作,这是企业持续稳定发展的重点。

四、科技创新与品牌建设

公司坚持走科技兴企、技术创新之路,在推进产品结构调整中更新投资观念,不断提高产品的科技含量,加大新设备、新材料、新工艺及新技术的应用。

公司于2006年建立了市级企业技术中心和检测中心,形成了产、学、研相结合的技术创新体系,围绕核心技术加大科研开发经费投入,不断增强自主科研开发能力,研制成功一批具有自主知识产权、科技含量高和适应市场需求的新产品。其中弹簧张力补偿器系列产品被认定为"江苏省高新技术产品"和"国家重点新产品",并被列入"国家火炬计划项目"。摩托车减振弹簧、内燃机气门弹簧、折叠集装箱自动平衡拉簧及轨道交通用减振降音器等产品拥有自主知识产权,共获得专利22项,其中发明专利1项,实用新型专利16项,外观设计专利5项。"弹簧补偿器"专利获得"中国国际专利与名牌博览会金奖"。

品牌是一种无形资产。品牌就是知名度,企业有了知名度,就具有了凝聚力与扩散力。公司结合自身特点,整合自身优势及产品渠道方面的资源,集中优势以点突破,有针对性地细化市场,打造自己的品牌。

20年来,公司以市场为主线,以名牌为核心,以科技创新为主题,坚持以名牌产品来打造名牌企业的战略路线。公司把"质量意识,成本意识、市场意识、服务意识"作为品牌建设的基础,利用营销塑造品牌,全面提升企业形象。品牌是企业和产品形象的代表,公司于2000年在国内注册了"铭锦"商标,并在印度、马来西亚、印度尼西亚、越南等国家和中国台湾也进行了商标注册,以良好的品牌形象抢占国内和国际市场。

五、产品标准化工作

公司标准化工作的基础较好,热心标准化工作,深刻认识到参与国家、行业标准的制修订工作对于企业生存、发展及占有市场的重要性。公司被全国弹簧标准化技术委员会授予"弹簧标准化技术研发试验基地"和"全国弹簧标准化工作先进单位"。公司在2007年参与制定的国际标准ISO 11891《热卷螺旋压缩弹簧技术条件》,已于2011年7月在意大利召开的ISO/TC 227第七届国际弹簧年会上全票通过,进入了出版阶段,实现了常州市历史上制定国际标准零的突破。公司负责起草制定了3项行业标准:JB/T 10417—2004《摩托车减震弹簧　技术条件》、JB/T 10802—2007《弹簧喷丸强化　技术规范》、TB/T 2075.14—2010《电气化铁道接触网零部件　第14部分:弹簧补偿装置》。负责修订了GB/T 16947—2009《螺旋弹簧疲劳试验规范》、GB/T 1239.1—2009《冷卷圆柱螺旋拉伸弹簧技术条件　第1部分:拉伸弹簧》、GB/T 1239.3—2009《冷卷圆柱螺旋扭转弹簧技术条件　第3部分:扭转弹簧》、JB/T 10591—2007《内燃机　气门弹簧　技术条件》及GB/T 23935—2009《圆柱螺旋弹簧设计计算》等10多项国家和行业标准。

六、信息化建设

公司坚持以信息化建设来提升企业的核心竞争力。运用科学发展观的理论来指导企业的信息化建设。近年来,信息化知识在公司各个部门得到普及,同时,公司紧密结合各个发展阶段的核心需求,遵循"量力而行、合理定位、统筹分步、注重实效"的原则,持续推动企业信息化的扩展和深化,并取得一定成效,公司成为"2011年常州市两化融合示范企业"。

"十二五"期间,公司信息化建设将进入一个快速发展阶段。公司投入200多万元全面推进以ERP、PDM/CAPP、OA等企业级信息系统为核心的信息集成平台建设,不断扩展和优化网络和硬件基础架构,强化安全保障和防御机制,并在此基础上积极开展远程智能监控(信息化采集和现场监控)和物流管理系统等平台建设,带动从技术开发到生产经营全流程的数字化进程,促进产品研发效率、质量的全面提升,为激发创新能力和开发水平、降低研发成本和周期、加快产品升级和结构优化提供了强有力的支撑。

七、发展方向与目标

20年的历史,20年的努力,20年的艰辛,20年的市场。公司以快速发展的规模,高标准的产品质量,务实的研发能力,突出的品牌理念,丰富的客户资源,系列化的产品规格,在国内弹簧行业、轨道交通及电气化铁路接触网系统占据了一席之地。"十二五"期间,公司将继续实施转型升级,加大研发投入,调整产品结构,提高自主创新能力和质量水平,增强品牌的核心竞争力。

公司的持续性目标是:通过不断发展"铭锦"自主专用技术来创造竞争优势;建立"铭锦"品牌的文化和声誉,并不断发扬光大。

公司远期目标:通过制造在行业内具有开创性或领先性的产品,使"铭锦"弹簧成为在国内外弹簧领域里的一流企业和品牌。

〔供稿单位:常州市铭锦弹簧有限公司〕

科技进步为动力　自主创新占高端

扬州核威碟形弹簧制造公司是国内较早成立的碟形弹簧专业制造公司，系中国机械通用零部件工业协会会员单位及弹簧分会理事单位。公司现有员工 90 人，大专以上学历的人员 29 人，占员工总数的 32%。随着市场竞争越来越激烈，公司确定了“以科技进步为动力，以自主创新占高端”的市场营销战略，避开低价的恶性竞争。

一、充分发挥科技进步和科学管理两个轮子的保障能力

通过技术改造，公司的科研能力得以不断提升，不断研制出新材料、新工艺、新技术和新产品，现已获得 4 项发明专利、4 项实用新型专利，1 项发明专利已进入实质审查。经扬州市科技局批准，公司成立了“扬州市碟形弹簧隔震装置工程技术研究中心”。公司的产品研发投入经费逐年增加，近年来共开发了 20 多项新产品，其中“核电用耐高温无磁碟形弹簧”于 2011 年被评定为国家重点新产品，1 项产品获江苏省科技型企业创新资金立项并已完成验收，6 项产品被评定为江苏省高新技术产品，3 项产品被中国机械通用零部件工业协会评为弹簧行业的“创新产品”，为载人航天工程配套的碟形弹簧获得了中国航天科技集团颁发的“荣誉证书”。“瘦西湖”牌碟形弹簧被扬州市质量监督局评定为“扬州市名牌产品”，“瘦西湖”商标被江苏省工商行政管理局连续评定为“江苏省著名商标”。为了公司的发展，为军工配套产品注册了“核威”商标。

公司注重企业的科学管理，十几年前就通过了 ISO 9002 质量保证体系的认证，随后又通过了 ISO 9001:2008 质量管理体系认证。同时公司实施 5S 现场管理、六西格码培训及在企业内部建立局域网，并引入金蝶 ERP 生产管理，使公司的员工素质和产品质量显著提高，产品质量全部符合 GB/T 1972—2005《碟形弹簧》标准的要求，成为“扬州市质量信用产品”，公司也被多家用户评为“优秀供应商”。由于公司产品立足“高、精、尖”，在激烈的竞争市场中，凭借自主创新，不断在新产品、新材料、新工艺和新技术上有所突破，因而避开了低档次、低价格的恶性竞争，获得了较高的企业效益和社会效益。公司产值逐年上升，保持了区域骨干纳税单位和同行业领军企业的地位。

二、外引内培，加紧科技人才队伍的建设

“外引内培”是公司人才队伍建设的指导思想。虽然公司有一部分大专学历以上的员工，但是能在专业上有创新建树的人才很稀缺。一方面，公司真诚对待每一位员工，尊重知识、尊重人才，通过改善他们的生活待遇、强化激励机制等措施来增强企业员工的凝聚力、上进心，让他们接受“继续教育”，有伸展自己本领的舞台；另一方面，公司不断招聘具有大学本科学历以上的专业人员形成大才梯队。目前，公司把关键岗位的 17 名年轻员工已培养成工艺技术人员和销售工程师。近年来，中国机械工程学会弹簧失效分析与预防委员会聘用了公司 4 名员工为国家弹簧失效分析工程师，1 名员工为弹簧分析失效专家和 1 名员工为顾问；全国弹簧标准化委员会聘用了公司 1 名员工为标准化委员和顾问。公司在国内机械类丛书、杂志及学术年会上发表了大量论文，参与编辑了机械工业出版社出版的“弹簧手册”及其最新版的文稿，参与了碟形弹簧国家标准的审定，起草了“膜片弹簧”和“齿面放松垫圈”等行业标准，并参与了国家人力资源和社会保障部委托的全国“弹簧工”、“弹簧检查工”职业标准、培训大纲及教材的编写及人员培训考核工作。

公司与中南大学粉末冶金研究院、武汉大学化学院、南京工业大学陶瓷研究所、扬州大学机械工程学院及江苏大学交通工程学院等有着多年的产学研合作关系。公司为中国机械科学研究总院、中国水利水电科学院的项目——“向家坝升船机船厢纵导向机构地震缓冲装置”提供了大量动静态试验数据，填补了国家空白。

三、加强基础设施建设，重视试验设备添置

产品质量离不开试验手段。为确保名牌战略的实施，公司与扬州市产品质量监督检验所合作，将“扬州市碟形弹簧检测中心”设于公司内，并与公司的碟形弹簧研究所合署工作，对全市碟形弹簧的质量进步起到了良好的推广作用。公司及时增添了高温试验炉，进口了低温试验箱、盐雾试验装置、200 ~ 2 000kN 系列碟簧测力机、激光打印机和荧光磁粉检测机，还计划进口先进的化学成分光谱分析仪。这些足以确保产品的名牌品质。

在“自主创新、转型升级”的正确发展思想指导下，公司的知名度不断提高。早在 2006 年公司即被认定为江苏省高新技术企业，2009 年又被中国机械通用零部件工业协会评为“自主创新先进企业”，同时被相关部门认定为“国家级高新技术企业”，并在 2012 年通过复评。公司产品在我国石化工程、冶金建设、核电建设及航天航空工程配套领域独占鳌头。为适应发展的需要，公司又在扬州维扬经济开发区征地建设新厂，并于 2012 年 5 月投入使用，这对公司扩大影响、提高品牌效应、塑造良好形象以及碟形弹簧产业的进步将起到积极的推动作用。

〔供稿单位：扬州核威碟形弹簧制造公司〕

东睦新材料集团股份有限公司

国家实行改革开放政策以后，我国的粉末冶金企业，特别是归口于原机械工业部基础零部件司的国有粉末冶金企业，开始各自探索我国粉末冶金企业的发展道路。东睦新材料集团股份有限公司（简称东睦集团）的前身是宁波粉末冶金厂，在“六五”期间实施了引进国外先进设备和技术的技术改造，走上“消化吸收引进技术，形成自主研发能力”的企业发展之路。在随后的“七五”和“八五”期间，东睦集团消化吸收先进技术，自筹资金不断实施技术改造，积极开拓市场，使东睦集团的技术开发能力和生产能力快速提升，知名度和市场占有率明显提高。东睦集团在实现技术创新的同时，又不失时机地推进机制创新，引进境外投资，成立宁波东睦粉末冶金有限公司，导入合资企业机制，探索企业加快发展之路。随后公司通过改制，于2004年5月在上海证券交易所成功发行股票并上市。同时，东睦集团通过实施行业内的收购兼并，在国内先后收购和设立了八家控股子公司，初步形成了以东睦本部为技术研发中心、业务管理中心和质量控制中心，以各控股子公司为专业生产基地和客服基地，以宁波为中高端粉末冶金产品生产基地和出口产品生产基地的总体战略布局，构建东睦集团全方位战略平台，提升了东睦集团的核心竞争力，实现公司股东、客户、供应商、全体员工以及社会利益的最大化。

至2009年年末，东睦集团注册资本为19 550万元，总资产超过14亿元，净资产为6.43亿元，粉末冶金结构零件总产能超过45 000t/a，是我国专业生产粉末冶金结构零件的唯一一家上市公司，已成为我国粉末冶金零件行业的龙头企业及国家重点高新技术企业。

一、三步上一个台阶，实施技术创新，大幅提升自主开发能力

东睦集团前身宁波粉末冶金厂抓住引进国外设备和技术的契机，于1983年与国外先进粉末冶金公司签订了为期五年的粉末冶金专用设备进口和粉末冶金技术培训合同。公司先后派遣了材料研究、模具设计、模具制造、工艺管理、生产管理等方面的人员30多人次赴国外培训，将他们培养成公司生产和自主研发的核心人员。公司抓住引进的冰箱压缩机关键粉末冶金零件国产化的契机，积极开拓，成功占领了国内绝大部分冰箱压缩机粉末冶金零件的市场。

“七五”期间，东睦集团又组织实施了“节能节材示范项目”的技术改造，使东睦集团的粉末冶金零件生产能力、技术实力进一步提升。东睦集团及时对接国内空调压缩机粉末冶金零件的开发，拓展新的市场空间，成功占领了国内空调压缩机粉末冶金零件的市场。

“八五”期间，东睦集团进一步加大了技术改造力度，使当时的关键生产工序的加工设备及模具制造设备都采用了进口的先进设备，提升了整体生产能力，技术开发能力也进一步提高。

通过三次大的技术改造项目的实施，到“八五”末期，东睦集团粉末冶金年生产能力达到了3 500t，东睦集团的生产能力和技术研发能力登上了新台阶，形成自主研发较高难度的粉末冶金结构零件的能力。

二、机制创新，企业发展如虎添翼

东睦集团在积极实施技术改造，提升研发能力和生产能力，满足不断增长的国内粉末冶金市场需求的同时，还积极探索机制的创新。

1. 引进国外投资，导入合资企业机制

1995年6月，东睦集团成功引进国外投资，企业整体与日本的睦特殊金属工业株式会社合资，成立了宁波东睦粉末冶金有限公司，导入合资企业的机制。不仅解决了快速发展过程中的资金“瓶颈”问题，还充分利用合资企业的激励机制，更大限度地实施人才激励和积极实施规范管理。

2. 股权激励

2000年8月，东睦集团进一步推进激励机制，由公司管理层及核心技术人员、骨干员工出资设立了投资公司，受让原宁波机械控股集团股份有限公司持有的公司30%的国有股股权，使公司经营层及核心技术人员、骨干员工间接成为了公司的股东，公司经营业绩与公司管理层及核心技术人员、骨干员工的利益更加密切。

3. 改制并成功发行股票、上市

2001年8月，东睦集团正式整体改制成股份制企业，2004年4月19日获准发行4 500万股人民币普通股（A股），并于5月11日在上海证券交易所成功上市，成为我国首家上市的粉末冶金结构零件专业生产企业及沪深两市首家A股上市的外资控股公司，使公司的经营更加透明和更加规范。

三、不断技术创新，为企业发展提供保障

东睦集团重视技术创新和自主研发能力的培育，设立了粉末冶金工程技术中心和粉末冶金模具制造中心，在实施技术改造的同时，加大了对粉末冶金工程技术中心和粉末冶金模具制造中心的资金投入，使之成为公司持续发展的两大“引擎”，公司的技术研发和自主创新能力得到不断提高。2001年，东睦集团的粉末冶金工程技术中心被浙江省科技厅认定为“省级高新技术研究开发中心”，公司的模具制造中心被宁波市经济委员会认定为“宁波市区模具中心”，公司的“粉末冶金汽车、摩托车关键零件项目”被科技部认定为“火炬计划项目”。2002年10月，公司被科技部认定为“国家火炬计划高新技术企业”。

2004年5月，东睦集团首次公开发行股票并上市。募集资金项目中包括了“扩建省级粉末冶金工程技术中心技术改造项目”和“粉末冶金模具制造中心技术改造项目”，合计投入技术改造资金1亿元，进一步提升了公司的技术创新和自主研发能力。

在2001—2010年中国机械通用零部件工业协会举办的历届行业优秀新产品评选中，公司共获得28项优秀新产品奖，其中特等奖18项，优秀奖10项。

自2002年至今，公司共申请发明专利7项，实用新型专利11项。

四、构建东睦集团战略平台

自2000年3月起，东睦集团根据战略发展需要，投资设立了宁波明州东睦粉末冶金有限公司，并在随后的几年中先后在江苏连云港、山西运城、天津、广东江门、吉林长春、江苏南京及浙江宁波等地，并购或设立控股子公司或全资子公司，专业从事粉末冶金零件生产及相关贸易，实现专业化生产和就近配套服务，提升公司产品和服务的价值，逐渐构筑东睦集团战略发展平台，形成了以东睦本部为技术研发中心、质量控制中心、业务和财务管理中心，以集团本部和各控股子公司为专业生产基地和客服基地、以宁波为中高端产品生产基地和出口基地的东睦集团战略布局，以逐步提升东睦集团核心竞争力，实现公司股东、客户、全体员工及社会的利益最大化，以优质、先进的粉末冶金产品和技术，服务于粉末冶金下游产业，促进社会和谐发展和环境友好。

〔供稿单位：粉末冶金分会秘书处〕

山西金宇粉末冶金有限公司

山西金宇粉末冶金有限公司，地处山西省临猗县城郇阳西街439号，现有职工450余人，占地面积2.3万m^2，资产总计1.7亿元，负债率47%。

公司生产多种型号、多种材质的粉末冶金零件，产品品种达300多种，可为中型载货汽车、轿车、摩托车、工程机械等机械产品，空调器、电冰箱、洗衣机、电风扇等家用电器，及纺织机械、印刷机械、包装机械等轻工设备配套。

公司从1976年开始生产粉末冶金零件，至今已有30多年历史。多年来，特别是20世纪80年代以来，在国家改革开放的大政方针指引下，在各级政府的关怀下，公司坚持“技术创新，科技兴企”的发展战略，坚持“质量第一，诚信至上”的经营理念，坚持“团结拼搏，开拓创新”的企业精神，不断扩大科技投入，大胆引进国内外先进的新技术、新工艺及新材料，开发研制高精尖产品。公司先后完成了国家、省、地区科技攻关项目15项，国家中小型企业创新基金项目3项，有4种产品荣获国家级新产品奖、熊猫精品奖。这些获奖的产品和项目为企业带来巨大的经济效益，使公司由小到大、由弱到强快速发展起来，现已成为我国粉末冶金行业的“五强企业”之一，山西省高新技术企业，省、地区、县“先进企业”，临猗县“利税大户”。公司先后通过了ISO 9001:2000国际质量管理体系认证，ISO/TS 16949汽车零部件制造质量管理体系认证。

〔供稿单位：粉末冶金分会秘书处〕

泰尔重工股份有限公司

泰尔重工股份有限公司成立于2001年12月，位于马鞍山市经济技术开发区，是专业研发、生产和销售剪刃、万向轴、联轴器的国家火炬计划高新技术企业。

公司秉着“精勤治业，追求卓越”的管理理念，经过十多年的快速成长和蕴积，现已成为中国钢铁工业协会理事单位、中国有色金属加工工业协会副理事单位、中国重型机械工业协会重型基础件分会理事单位、中国机械通用零部件工业协会会员单位、全国轧钢信息网网员单位，安徽省高新技术企业、安徽省“双高”企业及安徽省创新型试点企业。

公司2002年首次通过ISO 9001质量管理体系认证，2008年首次通过ISO 14001环境管理体系认证。

2005年“泰尔”商标被评为安徽省著名商标，2010年“泰尔”牌万向轴被认定为安徽省名牌。

2009年、2011年，公司两度被安徽省人民政府评为“守合同重信用先进单位”；2010年，公司被认定为安徽省创新型试点企业，并被确立为安徽省产学研联合示范企业及安徽省传动机械工程技术研究中心；2012年公司被确立组建安徽省博士后科研工作站。

公司“中、宽厚板轧机辊端用交错式十字万向联轴器”“TJGZ热连轧精轧机组重载鼓形齿式联轴器”、“冷轧主传动十字轴式万向联轴器”分别于2008年、2010年、2011年被认定为国家重点新产品。

公司始终坚持“专业化、标准化、国际化”的基本发展思路和“以客户、员工为根本，以社会、股东为责任”的企业价值观，锐意进取，不断创新，于2010年1月在深圳证券交易所成功上市，股票简称“泰尔重工”、股票代码“002347”。

〔供稿单位：传动联结件分会秘书处〕

石家庄凯普特动力传输机械有限责任公司

石家庄凯普特动力传输机械有限责任公司(原石家庄链轮总厂)拥有各类金属切削机床及配套设备800余台,具备铸造、焊接、热处理、表面处理等门类齐全的热加工设备和手段。公司主要产品有各类标准链轮、锥套、同步带轮、V型带轮、联轴器、齿轮、齿条、胀套、驱动器及其他各类传动件,近十个系列、上万种规格。公司产品全部采用国际标准(ISO)及先进工业国家标准(DIN、ANSI、BS)。公司于1996年通过ISO 9001质量管理体系认证,2006年通过ISO/TS 16949认证。优良的品质、严格的质量管理使得公司于1993年获得外贸自营出口权,产品远销亚洲、欧洲、北美洲、非洲及澳大利亚等国家和地区,是目前国内最大的系列链轮传动件出口企业,被国家经贸委、外贸部评为全国机电产品出口先进单位,被河北省评为"河北省著名商标企业"。

〔供稿单位:传动联结件分会秘书处〕

无锡创明传动工程有限公司

无锡创明传动工程有限公司是由原中国航空工业第六一四研究所传动工程公司于2001年5月整体改制成立的股份制公司,2003年被评定为江苏省高新技术企业。公司的前身六一四研究所传动公司早在20世纪80年代初就开始从事叠片、膜盘挠性联轴器的研究、制造及应用服务工作。

公司主要产品有金属叠片挠性联轴器和金属膜盘挠性联轴器真空断路器。叠片联轴器产品分为8大系列250多种型号,目前投入使用的最大转矩为200kN·m,最大功率为55 000kW,最大转速60 000r/min,最大角向补偿能力为1°,最大轴向补偿能力为±7.5mm。

无锡创明传动工程有限公司秉承"传递动力、创造明天"的理念,以优质的产品服务于客户。目前,公司已有数十万套各种型号的联轴器广泛应用于航空、船舶、石化、核电、造纸、煤炭及制冷等领域。

〔供稿单位:传动联结件分会秘书处〕

大　事　记

2009—2012年我国机械通用零部件行业大事记

2009年

1月

月内　玉鼠回宫，金牛贺岁。藉农历新春佳节将至之际，中国机械通用零部件工业协会（简称协会）祝会员企业及广大关注行业网站的网友们牛年吉祥，企业不断发展，并感谢大家对协会工作的支持。鼠年时光即去：江南冰冻灾害和汶川地震曾带给九州撕心的悲痛和经受凤凰涅磐的考验；北京奥运亦曾创造无与伦比的辉煌与胜利的激情；年末，美国次贷危机引发的全球金融风暴又跌宕而起。无论如何，零部件行业胜利而坚强地走过来了，留下的是珍藏的记忆。牛年即将来临，正是：牛耕沃野千畦绿，鹊闹红梅万朵红。“保增长”使行业有了信心，“调结构”使行业发展更加科学，“扩内需”使行业更加求实，“破瓶颈”使行业更加齐心。新春的到来，人们的脸上平添了几分愉悦，大地焕发了春意盎然的生机。零部件行业依然将矢志不渝的守护阳光，坚定地走向牛气十足的新一年。

月内　商务部发布公告，决定自即日起对原产于欧盟的进口碳钢紧固件进行反倾销立案调查。被调查产品及调查范围包括原产于欧盟的进口碳钢紧固件，即碳钢制的用于紧固连接的机械零件，应用范围包括汽车工业、电子产品、电子设备、机械设备、建筑及一般工业用途等，具体产品包括木螺钉、自攻螺钉、螺钉和螺栓（无论是否带有螺母或垫圈，但不包括用于固定铁轨用的螺钉以及杆径未超过6mm的螺钉和螺栓）和垫圈。被调查产品范围不包括螺母。商务部于2008年12月1日正式收到中国机械通用零部件工业协会紧固件专业协会代表国内碳钢紧固件产业提交的反倾销调查申请，申请人请求对原产于欧盟的进口碳钢紧固件进行反倾销调查。

3月

24—25日　协会四届八次常务理事扩大会在重庆召开，协会常务理事单位及会员企业的代表、工信部有关部门领导等100余人参加了会议。会上，工信部装备司重大技术装备处张荣瀚副处长为与会者解读了国家《装备制造业调整与振兴规划》，增强了大家对行业发展的信心。会议期间，大家交流了金融危机给行业带来的影响、行业面临的困难和应对的措施，并对“团结奋进共度难关，在危机中抢抓机遇，力促产业升级”的发展理念达成了共识。

月内　协会开展的首届“自主创新先进企业”的评选表彰活动，经申报、评审、初选结果网上公示后，评选出本行业“2007—2008年度自主创新先进企业”20家。在协会四届八次常务理事扩大会上对这20家“2007—2008年度机械零部件行业自主创新先进企业”进行了表彰，并颁发了证书。

4月

月内　协会发出“关于贯彻国家振兴装备制造业意见的通知”，指出协会是国家“关键零部件”工作的依托单位。协会所属六个专业——紧固件、链传动、齿轮、弹簧、粉末冶金和传动联结件已列入国家关键零部件行业振兴工作的规划范畴。要求各分会秘书处、会员企业认真学习贯彻国家“装备制造业调整与振兴规划”，积极争取和参与振兴制造装备业的立项工作，可通过向各级政府有关部门汇报，并争取支持。通知希望有关企业及时与协会秘书处保持联系与沟通，促进企业立项工作的进展。

月内　中国机械通用零部件工业协会“2008年度自主创新优秀新产品”评选揭晓。评出新产品特等奖27项，新产品优秀奖24项。其中，紧固件行业特等奖9项，优秀奖9项；弹簧行业特等奖4项，优秀奖2项；链传动行业特等奖5项，优秀奖8项；粉末冶金行业特等奖8项，优秀奖5项；传动联结件行业特等奖1项。

28日　中国机械通用零部件工业协会李晓山名誉会长遗体告别仪式在八宝山公墓举行。李晓山同志系中共党员、原机械电子工业部机械基础产品司局长、离休干部，于2009年4月22日因病医治无效在北京逝世，享年81岁。中共中央政治局常委、全国政协主席贾庆林前往参加吊唁。来自全国各地的机械通用零部件行业的企业领导、同事及亲朋好友等60余人怀着沉痛的心情敬送花圈花篮，向李晓山同志的遗体致礼告别。

5月

12日　国家“装备制造业调整和

振兴规划”正式发布。规划指出要大幅提高基础配套件和基础工艺水平，坚持发展整机与提高基础配套水平相结合的发展思想和原则。

7月

16日 工信部装备司机械处王建宇处长及韩行二人走访了协会，深入了解我国机械通用零部件行业的发展情况。刘元杰会长热诚接待，并介绍了我国机械通用零部件行业的发展情况。杜国森秘书长和张立友副秘书长同时参加了会议。

8月

17—21日 刘元杰会长、张立友副秘书长一行二人先后走访上海、杭州、宁波、常州、南京、马鞍山等市的重点企业，与协会的副理事长、有关企业领导就行业发展态势及协会的换届筹备工作情况，进行了充分、认真地交流。在走访中还在促进企业自主创新、推动标准工作发展及搞好行业统计工作等方面交换了意见，并达成共识。

9月

4日 协会秘书长工作会议在北京银岛饭店召开。协会及各分会的秘书长、统计工作人员等共19人到会。会议对协会统计工作、标准工作和“十二五”规划编制工作等进行了深入地交流和研讨，使协会本年度工作得到进一步的落实。

10月

25日 协会第四届第九次常务理事会在上海华晶宾馆举行，刘元杰理事长主持会议。会议对协会即将换届的候选理事长人选、秘书长人选、换届程序、文件等筹备工作进行了认真讨论和审查，并肯定了换届的人选安排和准备工作。

26日 由中国机械通用零部件工业协会、机械工业信息研究院联合主办，中国机械工业年鉴社承办的“现代机械传动新技术、新产品交流研讨会暨《中国机械通用零部件工业年鉴》2009年刊赠书仪式”在上海PTC展览会M17会议室进行。行业企业代表、专家共50余人齐聚一堂，共同探讨交流机械传动新技术、新产品的发展和应用状况。同期举行了《中国机械通用零部件工业年鉴》2009年刊的赠书仪式。该年鉴是具有专业权威性、企业风貌性、数据统计性、代表人物性的图文并茂的一部行业发展手册和资料工具参考书。该书在行业企业及其专家的大力支持下，在年鉴编辑部的辛勤工作下，在国庆60周年和协会成立20周年的时候，顺利出版并与大家见面。会上进行了新书首发揭幕仪式，并向支持的企业赠送了图书。

26—29日 由中国机械通用零部件工业协会、中国液压气动密封件工业协会、德国汉诺威展览公司、汉诺威米兰展览（上海）有限公司共同主办的“2009亚洲国际动力传动与控制技术、紧固件弹簧展览会”在上海新国际博览中心举行。来自27个国家和地区的1 307家海内外知名企业汇聚一堂，在71 000m^{2}的展出面积上竞相演示卓越技术，各类展品涵盖整个机械传动领域，营造了大规模、专业化的工业盛会效应，为展商与观众全方位展示和寻求动力传动领域的最新产品和尖端技术提供了平台。

11月

月内 美国国际贸易委员会6日初裁定，终止对华紧固件反倾销反补贴的合并调查。我国商务部公平贸易局负责人9日就此发表谈话表示，美方的这一决定是在我国产业积极抗辩后基于客观事实作出的正确判断，我国鼓励两国产业加强合作提高竞争力，实现互利共赢，避免动辄寻求贸易保护。

据悉，此案件是2006年美国对华开启“双反”调查以来的23起案件中唯一一起以无损害初裁终止调查的案件。

月内 杭州东华链条集团有限公司董事长宣碧华与德国KoboKTB公司总经理JochenBovenkamp签署了“东华集团全资收购德国KoboKTB公司的协议”。本次国际收购事件，开启了我国基础零部件民营企业全资收购国外著名企业的新篇章。

12月

7日 协会换届工作组全体成员在北京三里河46号院的会议室召开换届工作会议，刘元杰理事长主持会议。会议上，刘元杰理事长首先介绍了近期协会换届主要工作的进展、下一步工作安排，以及上级领导对协会本次换届审批的主要情况。在此基础上，会议对本次换届入选的理事、常务理事候选单位及其代表人进行了研究和落实，讨论评议了协会新一届理事会的“换届选举办法”，并初选了9名选举工作的监票、计票人员。会议还对拟提交换届会员代表大会审议的“换届工作报告”“章程修改审议稿”及其“章程修改的说明”等主要的报告进行了介绍和评议，并提出了修改意见。大家一致表示，要以认真的工作态度和积极协作的精神把协会的换届工作做好。

月内 经中国机械工业科学技术奖评审委员会评审和中国机械工业科学技术奖管理委员会批准，决定表彰2009年度中国机械工业科学技术奖奖励项目共334项，其中特等奖4项，一等奖23项，二等奖125项，三等奖182项。我国机械通用零部件行业经协会推荐和派出专家参与评审委员会的认真评选，获得4项二等奖和4项三等奖。

2010年

1月

月内 中国机械通用零部件工业协会授予安徽黄山恒久链传动有限公

司为“中国非标异型链研发生产基地”荣誉称号。

25 日 中共中央总书记、国家主席、中央军委主席胡锦涛莅临法士特集团公司考察调研企业自主创新工作。考察期间,胡锦涛总书记详细了解了法士特变速器产品的制造流程、科技含量、使用性能、适用范围、市场占有率以及企业在科学发展、自主创新、新品研发、生产经营、市场开拓等方面取得的成就。法士特集团公司董事长李大开向胡锦涛总书记汇报了企业的生产经营和创新发展等有关情况。

28 日 协会秘书长工作会议在北京银岛饭店召开。协会及六个分会的秘书长共 18 人到会,刘元杰理事长主持会议。会议就我国机械通用零部件行业在 2009 年金融危机和国际贸易保护主义冲击下,所经历的困难和面临的挑战及取得的宝贵经验等进行了认真地总结。同时,与会者认真地讨论研究了编制行业“十二五”规划等行业进一步发展的大事。会议还进一步明确了继续完善协会换届的有关准备工作,并明确了 2010 年 3 月完成换届工作的计划。本次会议,既有回顾总结和经验交流,又有展望未来和规划部署,认真而热烈,团结而振奋。

2 月

10 日 工信部装备工业司发文至协会,要求协会加紧做好机械通用零部件行业“十二五”发展规划及前期研究工作,并着手对行业发展的战略思想、预期目标、应对策略及措施建议等工作进行调研。协会同时要求各分会秘书处及会员企业准备相关信息和资料,以便共同制订出符合机械通用零部件行业发展的科学规划。

3 月

12 日 协会第五届会员代表大会在南宁凤凰宾馆召开。来自机械通用零部件行业及其相关行业企业的 170 余人参加了会议。工信部装备司和中国机械工业联合会的有关领导到会,并作了重要讲话。会议安排了协会换届选举、修改章程、进行国家机械工业政策及企业发展交流的主题内容。中国工业报派出记者到会。会议通过无记名投票选举了第五届理事会领导:杨学桐任理事长,7 名协会副理事长,其中王长明任常务副理事长兼秘书长,以及 50 名协会常务理事;会议还通过了修改章程的报告,并由秘书处报送国资委、民政部审批。

5 月

12—15 日 中国机械通用零部件工业协会、中国机电一体化技术应用协会、中国液压气动密封件工业协会、中国机械工程学会和汉诺威米兰展览(上海)有限公司共同在北京举办了 2010 国际现代工厂/过程自动化技术与装备展览会、北京国际动力传动与控制技术展览会和中国国际物料搬运与物流技术展览会。展会在北京国际展览中心举行,共吸引了来自工业自动化、动力传动和物流三大领域的 403 家展商参展,展出面积 2 万 m^2。为期四天的展会共迎来海内外观众 24 950 人次。三展联动,吸引了中央电视台、北京电视台、新华社等众多媒体进行现场报道。展会同期还举办了“第四届工业自动化技术高峰论坛”等 12 场专题研讨会,众多国内外专家就重要产品领域进行了高端对话和探讨,深受与会者的欢迎。

6 月

3 日 由协会组织会员企业赴西班牙的访问团一行 34 人,相继参观了在毕尔巴鄂市举办的第 26 届国际机床/欧洲精密机床工具展、西班牙机床量具展(BIEMH 展览会),还先后访问了位于毕尔巴鄂市的达诺巴特(DANOBAT)集团公司研究部和工厂、麦德龙(METRA)公司,并特别详细地了解这两家公司生产的主要数控设备产品的制造过程、关键工序和设备的基本性能。通过这次赴国外参观展览,访问团成员普遍感到能够较为细致地目睹和了解国外加工工厂情况,尤其是能实地考察像达诺巴特这样的国际知名集团公司的设备生产过程,确实是一件难得的事情。大家一致认为不虚此行,并希望协会多组织类似的参观考察活动。

21—22 日 协会在北京召开了以编制机械通用零部件行业“十二五”规划为主题的秘书长工作会议。王长明常务副理事长兼秘书长、刘元杰名誉理事长和各位副秘书长,以及协会的各分会秘书长、专家等 13 人到会,大家积极认真地研讨分析了齿轮、紧固件、链条、弹簧、粉末冶金、传动联结件六个专业的现状、发展态势以及为国家装备制造业的配套情况,并提出了本行业的“十二五”规划初稿。

28 日 商务部发布 2010 年第 40 号公告:根据《中华人民共和国反倾销条例》的规定,商务部于 2008 年 12 月 29 日发布公告,决定对原产于欧盟的进口碳钢紧固件进行反倾销调查。经调查最终裁定,在本案调查期内,原产于欧盟的进口碳钢紧固件存在倾销,使我国国内碳钢紧固件产业受到实质损害,且倾销与实质损害之间存在因果关系,做出决定,自 2010 年 6 月 29 日起,对原产于欧盟的进口碳钢紧固件征收反倾销税。

7 月

13 日 美国爱默生(EMERSON)集团动力传动全球副总裁 Mr. Brad Gossard 及中国区经理叶晓霖等一行四人来访中国机械通用零部件工业协会。协会常务副理事长兼秘书长王长明,传动联结件分会秘书长明翠新,机械科学研究总院副总工程师于革刚等热情接待来访的美国爱默生集团高层访问团,双方就我国动力传动行业的发展、技术及标准等进行了交流。

8 月

9 日 协会在三里河 46 号召开

支部扩大会暨在京秘书长工作会议。会上，首先由协会特别顾问、协会党支部书记杜国森传达了联合会中组部关于加强支部工作的要求，并介绍了协会党支部近期的主要工作情况，接着由王长明秘书长传达了“中国机械联合会召开协会负责人工作会议”的精神，并特别传达了中机联财〔2010〕268号“关于做好事业单位‘小金库’治理工作、‘回头看’和关于开展民政部协会评估工作的通知”文件的精神。明确要求协会的各项工作要逐步纳入民政部评估标准的规范管理要求之中，改进不符合评估标准的部分，尽快接受民政部的评估，使协会的工作更上一层楼。

17日 民政部批准了《中国机械通用零部件工业协会章程》修改稿，并自本日起协会新章程正式生效。

18日 协会秘书处及在京的齿轮分会、粉末冶金分会和传动联结件分会秘书处工作人员积极响应中国机械工业联合会党委的号召，进行了向甘肃舟曲特大泥石流灾区“献爱心，送温暖”的捐款活动。共有18人捐款总计3 700元，送交了中机联财务处。

9月

20日 英国收购与联盟国际有限公司总裁保罗·金斯顿（Paul J Kingston）先生访问了协会。王长明常务副理事长热情接待了保罗·金斯顿先生，并对双方感兴趣的内容进行了交流，刘元杰名誉会长和张立友副秘书长同时参加了座谈。

月内 中国机械通用零部件工业协会2009年度自主创新优秀新产品评选揭晓。2009年自主创新产品申报单位共有36家，申报项目59项。评出新产品特等奖27项，新产品优秀奖28项。其中：紧固件行业特等奖5项，优秀奖9项；弹簧行业特等奖3项，优秀奖5项；链传动行业特等奖5项，优秀奖8项；粉末冶金行业特等奖14项，优秀奖6项。

10月

15日 国资委发布国资发研究〔2010〕155号文“关于开展行业协会存在突出问题整改工作的通知”。文件指出：为进一步规范国务院国有资产监督管理委员会负责联系的行业协会的管理运作，促进协会规范健康发展，更好地发挥协会服务与自律功能，根据《社会团体登记管理条例》（国务院令第250号）、《国务院办公厅关于加快推进行业协会商会改革和发展的若干意见》（国办发〔2007〕36号）、《国务院国有资产监督管理委员会行业协会工作暂行办法》（国资研究〔2004〕834号）和《国务院国有资产监督管理委员会规范行业协会运作暂行办法》（国资发研究〔2007〕199号）等有关规定，国资委决定对行业协会存在的突出问题开展整改。要求严格规范协会的内部运作机制，严格管理协会各类机构。对协会各类机构（包括分支机构、代表机构、办事机构和实体机构）疏于管理导致管理失控的，要及时采取有效措施，切实加强管理。对行业协会当前存在的突出问题进行认真整改，纠正行业协会在内部管理及运作中的不规范行为，促进行业协会加强自身建设，增强服务能力，提高服务水平，实现规范发展，更好地发挥行业协会在国家经济建设中的重要作用。

25—28日 “2010亚洲国际动力传动与控制技术展览会—国际机械传动与零部件及制造装备展览会（PTCASIA—MTPE）”在上海新国际博览中心举行。来自全国各地的政府及行业协会领导、专家学者、企业领导、媒体记者和海外宾客莅临展会。本次展会有来自海内外机械动力传动与控制技术领域内的1 300余家参展商，在69 000m^{2}的面积上全方位展示了新设备、新技术、新产品等成果；近5万观众涌进展馆，参观浏览了各个展位。本次展会无论在展商规模、面积、参观人数方面，还是在产品展示质量等方面，都充分体现了该展会行业交流沟通的一次盛大聚会。

会议期间，中国汽车工业协会和中国机械通用零部件工业协会共同主办了“汽车用紧固件配套工作座谈会”，来自工业和信息化部、中国汽车工业协会、中国机械通用零部件工业协会的有关领导，行业专家及汽车、零部件、原材料等企业领导共计70余人济济一堂，共同探讨了汽车用配套紧固件产业链上、下游行业企业协调发展的大计。

11月

月内 工信部发布《机械基础零部件产业振兴实施方案》，这是国家政府部门第一次针对基础零部件产业发布的政策性文件，对行业的发展具有极强的指导作用和深远的意义。协会自始至终参加了相关工作，包括提供行业发展素材及文件的起草、修改、完善、定稿等。

月内 协会依据国务院国有资产监督管理委员会发布的《关于开展行业协会存在突出问题整改工作的通知》（国资发研究〔2010〕155号），为加强规范行业协会的管理运作，促进协会规范健康发展，协会提出了自身整改工作的目标和要求，整改工作的重点内容、进度要求和组织实施，旨在提高协会为企业和政府服务的素质水平。

12月

26日 根据国资委155号文件要求，经协会五届二次常务理事会讨论通过，协会发布了《中国机械通用零部件工业协会分支机构管理办法》。

2011年

1月

20日 中国机械通用零部件工业协会秘书长工作会议在北京召开，链传动、紧固件、齿轮、弹簧、粉末冶金和传动联结件六个分会的秘书长、专家总计19人到会,大家共同商议、研究了机械通用零部件行业的发展工作。本次会议是总结经验,继往开来的重要会议。协会要抓住国家政策利好的时机,积极落实既定的工作目标,推动行业企业转变发展方式,提升发展水平。协会要以"服务立会、和谐办会、依法治会"的理念,加强自身建设,进一步提高工作人员的职业素质水平。

3 月

21—23 日 协会第五届二次理事扩大会议在福建武夷山市召开。20 日晚,协会召开了五届三次常务理事会议,听取了协会秘书处关于贯彻国资委155 号文件、对协会存在突出问题进行整改的工作汇报;讨论研究、并通过了五届二次理事扩大会议的主要内容、会议议程。21 日,参加五届二次理事扩大会议的150 余名企业代表济济一堂,共议机械通用零部件行业发展大事,相互交流企业发展经验。工信部装备司机械处韩行副处长到会,并做了重要讲话。会议取得了圆满成功。

在五届二次理事扩大会议上,表彰了38 家获得协会"2009 ~ 2010 年度自主创新先进企业"荣誉称号的企业;宣读了链传动分会获得"先进分会",王民梁、汪士宏获得"优秀协会工作者"称号的表彰决定,并向他们颁发了荣誉证书。

"中国机械通用零部件工业协会自律公约"经协会五届二次理事会通过,于2011 年3 月21 日起生效。

27 日 发改委发布《产业结构调整指导目录(2011 年本)》(2011 第9 号令)。指出:为加快转变经济发展方式,推动产业结构调整和优化升级,完善和发展现代产业体系,根据《国务院关于发布实施〈促进产业结构调整暂行规定〉的决定》(国发〔2005〕40 号),形成了《产业结构调整指导目录(2011 年本)》。机械通用零部件行业多项产品均列入鼓励类产品范围。它们是:中高性能基础件(高性能齿轮、12.9 级及以上螺栓、高强度弹簧、长寿命轴承等)用特殊钢棒线材,高强度(12.9 级以上)、异形及钛合金紧固件,航空、航天、发动机等用弹簧,微型精密传动联结件(离合器),大型轧机联结轴;新型粉末冶金零件:高密度($\geq 7.0g/cm^3$)、高精度、形状复杂的结构件;高速列车、飞机摩擦装置;含油轴承;动车组用齿轮变速箱,船用可变桨齿轮传动系统,2.0MW 以上风电用变速箱,冶金矿山机械用变速箱;汽车动力总成,工程机械、大型农机用链条;动力换挡变速器,湿式驱动桥,回转支承,液力变矩器,双离合器变速器(DCT),电控机械变速器(AMT)等。

4 月

月内 中国机械通用零部件工业协会王长明常务副理事长、杜国森特别顾问、姚海光副秘书长一行三人专程赶到德国参加了2011 汉诺威工业博览会。

月内 经过考核组专家的全面考核,中国机械通用零部件工业协会正式授予宁波市"中国紧固件之都"称号。

月内 中国机械通用零部件工业协会"2010 年度自主创新产品"评选揭晓。本年度自主创新产品申报单位共有47 家,申报项目69 项。评出新产品特等奖24 项,新产品优秀奖25 项,创新产品20 项。其中:紧固件行业特等奖9 项,优秀奖10 项;链传动行业特等奖6 项,优秀奖9 项;弹簧行业创新产品20 项;粉末冶金行业特等奖8 项,优秀奖5 项;齿轮行业特等奖1 项;联结件行业优秀奖1 项。

5 月

23 日 由中国机械通用零部件工业协会与上海钢联电子商务股份有限公司携手主办的"钢铁与机械基础零部件产业链高峰论坛"在苏州胥城大厦顺利召开,全国机械基础零部件与钢铁产业相关企业的百余位嘉宾到会,热情参与了高峰论坛的研讨交流。

27 日 由中国机械工业联合会、中国汽车工业协会主办,中国机经网承办的"2011 年中国机械工业百强企业,汽车工业三十强企业信息发布会暨机械工业发展战略研讨会"在北京隆重召开。机械工业百强企业中,本行业的南京高精传动设备制造集团有限公司、杭州前进齿轮箱集团股份有限公司在列;在汽车工业三十强企业中,本行业的陕西法士特汽车传动集团有限责任公司在列。

7 月

月内 工信部发布《机械通用零部件行业"十二五"发展规划》。本规划由工信部委托协会编制,并在工信部的多次审核后、批准定稿。

月内 协会发布"停止齿轮分会秘书处秘书长职务的通知",并决定由明翠新同志代理齿轮分会秘书长职务。通知还宣布未经在民政部注册的"中国机械通用零部件协会齿轮专业协会"印章予以废止,启用在民政部注册的"中国机械通用零部件工业协会齿轮分会"印章。

8 月

月内 协会发布公告:"中国齿轮专业协会"未在民政部注册,更没有法人资格,开展的一切活动都不具有合法性;会员企业缴纳会费应索要财政部监制的带有编号的社会团体会费收据,不能提供此收据的应拒绝交纳。

9 月

3—4 日 由中国机械通用零部件工业协会齿轮分会牵手中国机械工程学会机械传动分会、全国齿轮标准化技术委员会、齿轮行业生产力促进中心联合举办的"2011 年齿轮行业年会及技术标准研讨会"在山东省青岛市胜利油田管理局疗养院召开。

10 月

25—28 日 "2011 亚洲国际动力

传动与控制技术展览会—国际机械传动与零部件及制造装备展览会(PTCASIA—MTPE)"在上海新国际博览中心举行。在亚洲国际动力传动展20周年之际,PTC展览会的规模再度升级,共吸引国内外1950家展商参展,展出面积达12万m^2,较去年增长26%。流体动力传动、机械传动与零部件、压缩气体技术、紧固件及弹簧、轴承及其专用设备五大专题板块的隆重推出,不仅为展商更方便地找到产品归属提供指引,也为观众直击目标群体带来便利。

展会组织安排了千人开幕晚宴,会上授予东华链条集团、石家庄凯普特、上汽标、杰牌、兴科等20家中外企业"杰出贡献奖"。

展会期间协会还与机械工业信息研究院产业与市场研究所共同举办了"关键基础零部件在轨道交通中的应用研讨会",获得与会代表的热烈欢迎。

11月

月内 工信部发布《机械基础件基础制造工艺和基础材料产业"十二五"发展规划》。该规划列出了机械通用零部件行业的重点发展方向(项目37项),同时还指出了行业基础工艺、基础材料的重点发展任务和要求,为本行业的技术创新、产品优化升级、结构调整以及专精特企业的发展、产业集聚区的建设等明确了具体的发展方向。协会积极参加了文件的起草、修改、完善和定稿的工作,并提供了行业的发展素材,反映了行业发展的基本状况。

月内 以协会(CMCA)刘元杰名誉理事长为代表团团长,由郑州机械研究所、杭州前进齿轮箱集团股份有限公司、杭州东华链条集团有限公司、苏州亚太金属有限公司、上海中机浦发国际贸易有限公司和协会人员等18人组成的参展访问代表团,赴美参加了由美国齿轮制造业协会(AGMA)主办的GEAR EXPO 2011齿轮展览会,并受到美国齿轮制造业协会(AGMA)领导的热情接待。展会期间,CMCA代表团团长刘元杰与AGMA主席Matt Mondek、总裁Joe Franklin及其技术委员会主席Ph. D. Phil Terry等在展会贵宾会议室亲切会见。在双方共叙长期合作的友好气氛中,就积极推进以齿轮传动为平台,吸引链传动、带传动及传动联结件等多种传动部件的企业家参加中美两地的有关齿轮传动工业展会与进一步的合作,达成了共识。

月内 协会发布公告指出:"中国齿轮专业协会"网站因违规使用未经民政部登记的虚构社团名称,提供虚假信息,已被政府主管部门依法关闭。齿轮企业沟通信息请与中国机械通用零部件工业协会齿轮分会秘书处联系。齿轮分会网站正在建设中,建成后网址将另行通知。

2012年

1月

7日 协会秘书长工作会议在河北沙河召开,协会主要领导和各分会秘书长等17人参加了会议。会议主要内容如下:会议传达了国资委对行业协会提出的新的工作要求;对2011年协会和各分会的主要工作进行了总结和交流,特别指出2011年行业的总产值已经突破了3 000亿元大关,同比增长率达到23%;行业的进、出口总值都创出历史最高值,分别增长12%和29%;会议还对2012年协会的总体工作进行了部署。

2月

6日 国务院发布"关于印发质量发展纲要(2011—2020年)的通知",协会研究了文件的宣贯工作,安排了行业质量发展的具体工作。

16日 王长明常务副理事长参加了中国机械工业联合会三届四次会员大会。

17日 商务部、国资委在北京召开了"掌握世贸规则提高国际竞争力"大会,邀请各有关协会和中央企业参加会议。协会王长明常务副理事长、杜国森高级顾问参加了大会。会上商务部部长陈德铭、国资委主任王勇、中国驻世贸组织首任大使孙振宇作了专题报告,内容丰富,分析透彻,对本行业参与国际竞争具有重要指导意义。协会组织的紧固件系列反倾销措施案作为七个成功案例之一被收录入会议文件。

4月

24日 协会五届三次理事扩大会议在河南济源市召开,来自全国各地的协会理事及企业家代表共计230余人济济一堂,共议行业发展大事。会议对落实行业的"三基规划"工作作了重点部署,还安排了企业发展经验交流。国务院、发改委、工信部有关部门领导参会。中国工业报、机电商报、济源日报等参会并对会议进行了报道。济源市政府对本次会议给予了鼎力支持。

5月

月内 经协会推荐,由宁波思进机械有限公司等五个单位申报的国家04专项——"高速精密多工位冷镦成形成套设备"项目通过评审,并获得国家资金支持。

6月

月内 经会员企业申报,协会审核,协会向工信部装备司申报了行业第一批"三基规划"落实项目,包括行业共性技术服务平台建设和技术开发及产业化项目。

7月

9日 国务院《"十二五"国家战略性新兴产业发展规划》发布,高端装备制造产业中的航空装备、轨道交通装备和智能制造装备，新能源产业中的风能产业，新能源汽车中的零部件等为机械通用零部件行业的产品优化升级和市场发展明确了发展方向。

8 月

月内 依据“三基规划”列出的机械通用零部件行业重点发展的37项工作部署要求，本着项目技术对口，企业产品升级有规划、有信心，产品配套主机厂需求迫切的精神，协会刘元杰名誉理事长、张立友副秘书长于8月下旬分别走访了江浙一带的弹簧和齿轮企业，并向企业介绍了“三基规划”重点发展项目《项目申报书》编撰的具体要求和注意事项，获得了企业的积极响应和支持，进一步推动了三基项目工作的落实。

13 日 王长明常务副理事长、杜国森特别顾问应邀出席中国机械工业联合会在北京市中国职工之家召开的“中小企业明星企业家新闻发布会”，中国机械通用零部件工业协会推荐的安徽黄山恒久链传动有限公司总经理陈亦兵、上海金马高强度紧固件有限公司董事长王章友、浙江长兴西林链条链轮有限公司董事长兼总经理马锦华、陕西金宇粉末冶金有限公司董事长刘和气等被授予“振兴装备制造业中小企业之星”明星企业家称号，四家企业同时也获得“振兴装备制造业中小企业之星”明星企业的荣誉称号。

9 月

月内 民政部委托北京市民政局执法检查大队调查处理了违规设立“中国齿轮产业联盟”的问题。“中国齿轮产业联盟”未经主管部门批准，未经民政部登记注册违规设立，私刻公章，属于违法违规私自开展活动。按照北京市民政局要求，“联盟”负责人已上交了“中国齿轮产业联盟”公章，并写出书面保证，保证以后不再使用“中国齿轮产业联盟”名义开展活动。

5 日 协会秘书长工作会议在延庆县快乐假日大酒店举行。协会及各个分会的秘书长、财务负责人共计16人到会。会议对上半年机械通用零部件行业的经济运行发展态势，各分行业的主要发展情况，进行了热烈、认真地介绍和交流。通过本次会议，大家一致表示，必须正视行业企业发展中的困难，审时度势，抓住可能的利好时机，坚持科学发展，共同携手推动行业进一步发展。

10 月

9 日 协会王长明常务副理事长、邸敏洁副秘书长率团赴美国参加拉斯维加斯紧固件展览会，我国有120余家企业参加了展览。王长明副理事长还与美国主办方就提高展会服务水准、扩大展会规模等事宜进行了热情会谈，并取得了积极成果。

28 日 中国机械通用零部件工业协会齿轮分会以及传动联合结件分会主办，由上海钢联电子商务股份有限公司承办，郑州机械研究所、机械工业信息研究院协办的“2012 国际动力传动峰会暨齿轮分会年会”在上海圆满结束。会议得到了工业和信息化部装备司、中国机械通用零部件工业协会、机械科学研究总院、美国齿轮制造商协会、英国齿轮协会、西门子有限公司、中南大学、德国机械制造商联合会(VDMA)、欧洲齿轮传动制造商协会(EUROTRANS)等单位的鼎力支持。国内外知名齿轮生产企业、供应企业、齿轮钢生产钢厂、齿轮用户等单位代表，近300人及专家学者济济一堂，对齿轮技术的发展方向、生产制造、材料供应、市场需求等齿轮行业发展的焦点进行了热烈地研讨和交流。最后，在“中国齿轮行业50强暨最具市场创新10强企业”颁奖典礼的热烈掌声中，会议圆满结束。

20 日 温州市紧固件行业经中国机械通用零部件工业协会委派的专家组调研考察，顺利通过其申报的“中国紧固件之城”称号的评审，中国机械通用零部件工业协会授予了温州市紧固件行业地区为“中国紧固件之城”称号，至此“中国紧固件之城”落户温州。

29 日至 11 月 1 日 “2012 亚洲国际动力传动与控制技术展览会—国际机械传动与零部件及制造装备展览会(PTCASIA—MTPE)”在上海新国际博览中心举行，来自20余个国家和地区的1 500余家知名展商参加展会。其中200余家通用零部件企业携其近两年开发的新产品、新技术共同亮相本次展会，成为展会一大亮点。同期，协会还举办了“国际齿轮制造前沿技术高峰论坛”，由德玛吉公司和格里森公司专家分别就“德马吉万能加工中心齿轮加工技术”和“格里森普法特高端齿轮加工技术”作了精彩的报告。PTC ASIA 在走过20周年的里程碑后，本届亚洲国际动力传动展站上了新起点，继续保持其亚洲第一、世界第二的行业展览会的领先地位。展会卓有成效地提高了展品的专业性和针对性，并受到参展商和采购商、观众的热切拥戴，纷纷表示这是国内外企业形象展示和交流的弥足珍贵的平台。

11 月

26 日 协会转发国家发改委、工信部发布的《关于开展2013年产业振兴和技术改造专项有关工作的通知》(发改办产业[2012]3154号)，文件重点支持技术改造专项范围包括本行业以下项目：①高速列车齿轮传动装置；②节能环保自动变速器及关键零部件；③船用大型齿轮传动装置；④汽车发动机与自动变速箱链条；⑤汽车发动机紧固件；⑥汽车悬架弹簧；⑦汽车高强度粉末冶金零件。协会在积极加强与行业企业交流的情况下，希望具备条件的企业按照文件要求，认真撰写申报材料，主动与本省有关政府部门联系，落实企业技术改造项目申报工作，积极争取国家政府的支持，推动行业企业发展。

〔撰稿人：中国机械通用零部件工业协会张立友〕

附　录

中国机械通用零部件工业协会章程

第一章　总则

第一条　协会名称:中国机械通用零部件工业协会。

英文译名:CHINA GENERAL MACHINE COMPONENTS INDUSTRY ASSOCIATION(CMCA)。

第二条　协会是由齿轮、紧固件、链传动、弹簧、粉末冶金及传动联结件六个行业的生产企业、事业单位、科研院校及与本行业密切相关的单位自愿组成的全国性、行业性、非营利性的社会组织,是经民政部核准登记注册的社会团体法人。

第三条　协会宗旨:高举中国特色社会主义伟大旗帜,以邓小平理论和“三个代表”重要思想为指导,深入贯彻科学发展观,全心全意为行业服务,为会员和政府服务,促进我国机械通用零部件工业的健康发展。

协会遵守国家宪法,法律、法规和国家政策,严格自律。

第四条　协会接受业务主管单位国务院国有资产监督管理委员会和社团登记管理机关民政部的业务指导和管理监督。

第五条　协会住所设在北京市。

第二章　业务范围

第六条　协会的业务范围。

(一)对机械通用零部件行业改革发展情况进行调查研究,反映行业企业愿望和诉求,为政府制订行业改革方案、发展规划、产业政策、技术政策、法律法规及技术项目论证等重大决策提供建议,为促进行业企业科学发展服务。

(二)组建行业技术和经济信息网络,根据授权开展行业统计工作,掌握机械产品及通用零部件行业的国内外市场动态和技术进步发展趋势,进行市场预测预报,为政府和企业决策提供信息服务。

(三)推进机械通用零部件产业结构优化调整,总结交流企业发展、管理的经验,支持企业优化重组,发展现代制造服务业,提高企业的市场竞争力。

(四)组织企业进行技术研发合作交流,推广新产品、新技术、新工艺及新材料,为企业提供技术咨询、技术服务,推动企业自主创新体系建设,提升企业核心技术水平和生产制造能力,促进形成有自主知识产权的品牌产品。

(五)组织市场信息交流发布、商贸洽谈及产品展销等活动,帮助企业拓展市场。

(六)对行业职工队伍素质和结构进行分析、研究、预报,制订行业人才发展规划,根据需要组织专项职业培训,促进企业不断提高职工业务水平和整体素质。

(七)促进会员企业精神文明建设,推动企业培育企业精神和企业文化,履行社会责任,提升企业形象。

(八)组织企业开展各种形式的国际技术、经济交流活动,组织人员出访和接待来访,受政府委托承办或根据市场和行业发展需要举办本行业的国内及国际展览会,为企业开拓国内外市场创造条件。

(九)根据本行业特点,制订本行业的行规行约,建立行业自律机制,规范行业自律管理和市场行为,加强行业企业诚信建设,促进企业公平竞争。

(十)积极参与及配合有关部门组织制订和实施各类标准,包括:技术标准,产品质量标准,各项管理标准等。

(十一)协调行业内部的价格自律工作,对机械行业的产品价格,特别是出口和投标价格进行引导,防止低价倾销、价格垄断,维护行业整体利益和消费者的合法权益

(十二)参与协调国际贸易摩擦争端,组织企业进行对国外反倾销、反补贴的应诉工作,维护企业和行业的整体利益和合法权益,协助和支持企业开展国际化经营。

(十三)承担政府委托和企业要求的其他工作。

第三章　会员

第七条　协会的会员主要是单位会员。

第八条　凡从事齿轮、紧固件、链传动、弹簧、粉末冶金、传动联结件以及相关的专用设备、仪器仪表、原辅材料生产、经营的企业、科研、设计、学校等单位均可自愿申请入会,经批准后成为本协会单位会员。

提名为协会的主要负责人者应吸收为本会个人会员。

第九条　申请加入本协会,应拥护本协会的章程,并积极履行会员的权利和义务。

第十条　会员入会的程序

(一)提交入会申请书。

（二）经理事会或常务理事会讨论通过，或根据协会授权，由分支机构研究通过；

（三）由协会理事会颁发中国机械通用零部件工业协会会员证书，并进行备案。

第十一条　会员享有下列权利：

（一）协会的选举权、被选举权和表决权；

（二）参加协会举办的各种活动；

（三）取得协会服务的优先权；

（四）对协会工作的批评建议权和监督权；

（五）退会自由权。

第十二条　会员有下列义务：

（一）执行协会的决议。

（二）维护协会合法权益。

（三）完成协会交办的工作。

（四）按规定交纳会费。

（五）向协会反映情况，按要求提供有关的统计资料。

第十三条　会员退会应书面通知协会，并交回会员证书。会员如果一年不缴纳会费或不参加本协会活动的，视为自动退会。

第十四条　会员如果有严重违反本章程的行为，经协会理事会或常务理事会通过，予以除名。

第四章　组织机构和负责人的产生与罢免

第十五条　协会的最高权力机构是会员代表大会，会员代表按分配的名额，由协会民主协商或选举产生。

第十六条　会员代表大会的职权是：

（一）制定和修改协会章程。

（二）选举和罢免理事。

（三）审议理事会的工作报告和财务报告。

（四）制订和修改会费收取标准及其使用办法。

（五）决定终止事宜。

（六）决定其他重大事项。

第十七条　会员代表大会须有2/3以上的会员代表出席方能召开，其决议须经过1/2以上的到会代表表决通过方能生效。

第十八条　会员代表大会每届任期四年。因特殊情况需要提前或延期换届的，须由理事会表决通过，报业务主管单位审查并经社团登记管理机关批准同意。但延期换届一般不超过半年。

第十九条　理事会是会员代表大会的执行机构，在闭会期间领导协会开展日常工作，理事会由会员代表大会选举产生，对会员代表大会负责。

第二十条　理事会的职权是：

（一）执行会员代表大会的决议。

（二）筹备召开会员代表大会。

（三）选举和罢免理事长、副理事长、常务理事。

（四）向会员代表大会报告工作和财务状况。

（五）根据理事长的提名，决定秘书长的聘任或解聘。

（六）根据秘书长的提名，决定副秘书长和各机构主要负责人的聘任或解聘。

（七）决定会员的吸收和除名，并进行公告。

（八）决定设立办事机构、分支机构、代表机构和实体机构。

（九）制定内部管理制度。

（十）领导协会各机构开展工作。

（十一）决定其他重大事项。

第二十一条　协会设立常务理事会。常务理事会由理事会选举产生，常务理事会在理事会休会期间，行使理事会第一、二、六、七、八、九、十项的职权，对理事会负责。常务理事人数不超过理事人数的1/3。

常务理事会休会期间，由正、副理事长和秘书长组成理事长办公会议，研究需提请理事会或常务理事会审议的事项以及重要的日常工作。理事长办公会须有2/3以上的人员出席方能召开，其决议须经2/3以上的到会人员表决通过方能生效。

第二十二条　理事会设理事长一人，副理事长若干人。理事长和副理事长由理事会选举产生。根据工作需要，可设名誉职务。

第二十三条　理事会每年至少召开一次会议，常务理事会每年至少召开两次会议，情况特殊时也可采用通信形式召开，但必须以书面通信回复意见为依据。

第二十四条　理事会或常务理事会需2/3以上的人员出席方能召开，其决议须经2/3以上的到会人员表决通过方能生效。

第二十五条　协会的理事长、副理事长、秘书长必须具备下列条件：

（一）坚持党的路线、方针、政策，政治素质好。

（二）在本协会业务领域内有较大影响力。

（三）正副理事长最高任职年龄不超过70周岁；秘书长为专职，最高任职年龄不超过65周岁。

（四）身体健康，能坚持正常工作。

（五）未受过剥夺政治权利的刑事处罚。

（六）具有完全民事行为能力。

第二十六条　本协会理事长（会长）、副理事长（副会长）、秘书长如超过最高任职年龄的，应当办理离职手续。

第二十七条　本协会理事长、副理事长、秘书长每届任期四年，最长不得超过两届。

第二十八条　理事长为协会法定代表人。法定代表人代表本协会签署有关重要文件。

如因特殊情况需由副理事长担任法定代表人，应报业务主管单位审查，并经社团登记机关批准后，方可任职。

本协会法定代表人不得兼任其他社团的法定代表人。

第二十九条　协会理事长行使下列职权：

（一）召开和主持理事会、常务理事会、理事长办公会议。

（二）检查会员代表大会、理事会、常务理事会决议的落实情况。

（三）领导秘书处工作。

（四）提名秘书长、名誉职务人选，提交理事会决定。

第三十条　协会秘书长行使下列职权：

（一）在理事长直接领导下，主持协会常设办事机构的日常工作。

（二）具体负责实施协会年度工作计划。

（三）协调各分支机构、代表机构、实体机构开展工作。

（四）提名副秘书长及各办事机构、分支机构、实体机构主要负责人人选，并提交理事会或常务理事会研究决定。副秘书长及各机构主要负责人的最高任职年龄不得超过65周岁。

（五）决定办事机构、代表机构、实体机构专职工作人员的聘用。

第五章　分支机构

第三十一条　协会根据机械通用零部件行业特点，按有关规定向社团登记管理机关申请登记齿轮、紧固件、链传动、弹簧、粉末冶金、传动联结件六个分支机构，统一使用“中国机械通用零部件工业协会×××分会”名称。

分支机构使用的名称应当与登记证书一致，其印章按登记证书名称由协会按规定统一申请刻制颁发。

第三十二条　分支机构不具有法人资格，是协会的组成部分，接受协会的领导、监督，执行协会的决议。分支机构的财务、资产应当纳入协会统一管理；分支机构开展重要涉外活动应当经协会负责人批准，并由协会统一对外行文。

第三十三条　充分发挥分支机构的积极性，形成整体优势，更好地为企业和政府服务。各分支机构结合本专业情况，制订相应的规章制度，积极灵活地开展各项活动。

第三十四条　各分支机构应积极承担协会交给的各项任务，向协会报告工作计划、总结、统计资料、发生的重要事件等主要业务活动。

各分支机构应及时向协会反映存在的困难、问题或要求，对协会的工作提出建议，促进协会整体工作科学协调发展。

第三十五条　协会委托分支机构按本会章程规定在本专业范围内吸收会员。

第六章　资产管理、使用原则

第三十六条　协会经费来源

（一）会费。

（二）在核准的业务范围内开展活动或服务的收入。

（三）捐赠。

（四）其他合法收入。

第三十七条　协会按照国家有关规定向会员收取会费。

第三十八条　协会的经费必须用于本章程规定的业务范围和事业的发展，不得在会员中分配。

第三十九条　协会建立严格的财务管理及审计制度，保证会计资料合法、真实、准确、完整。

第四十条　协会配备具有专业资格的会计人员，会计不得兼任出纳。会计人员必须进行会计核算，实行会计监督。会计人员调动工作或离职时，必须与接管人员办清交接手续。

第四十一条　协会的资产管理必须执行国家规定的财务管理制度，接受会员代表大会和财政部门的监督。资产来源属于国家拨款或社会捐款、资助的，必须接受审计机关的监督，并将有关情况以适当方式予以公布。

第四十二条　协会换届或更换法定代表人之前必须接受社团登记管理机关和业务主管单位组织的财务审计。

第四十三条　协会的资产，任何单位、个人不得侵占、私分、挪用。

第四十四条　协会的专职工作人员的工资和福利待遇等，参照国家有关规定执行。

第七章　章程的修改程序

第四十五条　协会修改章程，须经理事会审议通过，并在会员代表大会表决通过后15日内，经业务主管单位审查同意，并报社团登记管理机关核准后生效。

第八章　终止程序及终止后的财产处理

第四十六条　协会需注销时，由理事会或常务理事会提出终止动议。

第四十七条　协会终止动议须经会员代表大会表决通过，并报业务主管单位审查同意。

第四十八条　协会终止前，须在业务主管单位及有关机关指导下成立清算组，清理债权债务，处理善后事宜。清算期间，不开展清算以外的活动。

第四十九条　协会经社团登记管理机关办理注销登记手续后即为终止。

第五十条　协会终止后的剩余财产，在业务主管单位和社团登记管理机关的监督下，按照国家有关规定处理。

第九章　附则

第五十一条　本章程于2010年3月12日会员代表大会表决通过。

第五十二条　本章程的解释权属于协会的理事会。

第五十三条　本章程自社团登记机关核准之日起生效。

本章程经中华人民共和国民政部批准自2010年8月17日起生效。

〔供稿单位：中国机械通用零部件工业协会〕

中国机械通用零部件工业协会分支机构管理办法

中国机械通用零部件工业协会分支机构管理办法是根据国务院制定的《社会团体登记管理条例》、民政部制定的《社会团体分支机构、代表机构登记办法》、中国机械工业联合会代管协会管理暂行办法和代管工作实施细则以及经民政部核准的《中国机械通用零部件工业协会章程》的有关规定，为了进一步规范和加强对中国机械通用零部件工业协会(以下简称协会)分支机构的管理，更好地发挥分支机构的作用，制定本管理办法。

一、总则

协会的分支机构是为开展行业活动的需要，依据业务范围的划分和会员组成的特点而设立的专门从事协会某项业务活动的机构。

分支机构开展活动及网站、出版物应当使用全称，即“中国机械通用零部件工业协会××分会”，分支机构的英文名称译名应当与中文名称一致。

分支机构是协会的组成部分，不具有法人资格，其法律责任由协会法人承担。分支机构不得自行制订章程，不得再设下属分支机构或代表机构。其办事机构不能同时是两个全国性社团法人分支机构的办事机构。

各分支机构必须在社团登记管理机关核定的业务范围和协会授权的范围内开展相关业务活动，要紧密围绕协会中心工作并与之协调配套地开展活动。

分支机构应当在协会授权范围内发展会员，发展的会员由协会统一颁发“中国机械通用零部件工业协会会员证书”。会费标准按协会规定执行。

协会秘书处对分支机构负责归口管理。

二、分支机构的设立、变更和注销

协会的分支机构亦属民政部登记管理的范畴。协会新设立分支机构的名称、负责人、地点、业务范围、活动地域，需经协会理事会通过后，上报业务主管部门(国资委和中机联)审查同意，向民政部提出申请登记，批准后颁发证书和印章，方可开展活动。分支机构的设立、变更及注销的相关工作由协会秘书处办理。

(一)分支机构的设立

1. 申请设立分支机构应具备的条件

(1)有规范的名称。

(2)有固定的住所。

(3)有独立开展行业工作的能力。

(4)有符合协会章程所规定的业务范围。

(5)与其他社团在机构设置和业务范围方面无较多的交叉重叠。

(6)有不少于2人的专职人员。

有下列情形之一的，协会不予受理：

1)与协会已设立的分支机构业务范围、名称相同或相近。

2)拟设立的分支机构冠以行政区划名称，带有地域性特征。

3)在分支机构下又设立分支机构或代表机构的。

4)拟设立分支机构业务与本协会宗旨、业务范围无关的。

5)拟设立的分支机构设定的活动范围超越本协会活动范围。

6)有法律、法规禁止的其他情形的。

申请设立分支机构应当按照协会章程的规定，由发起人或发起单位组成筹备组，向协会提出书面申请，由协会秘书处提交协会理事会审议通过。申请材料要求附上分支机构所在地省民政部门出具同意在当地设立的意见。设立分支机构申请经中国机械工业联合会初审上报业务主管单位——国务院国有资产监督管理委员会审查同意后，再由协会秘书处向民政部提交申请材料，经民政部批准登记后，由协会秘书处将民政部核准登记文件复印件报送中国机械工业联合会备案之后，方可召开分支机构成立大会并开展活动。

(二)分支机构的变更登记

分支机构登记事项的变更，如名称、住所等，由协会秘书处负责。分支机构负责人的变更，由协会秘书处报请协会理事会审批后，办理变更登记。

(三)分支机构的终止和注销

分支机构有下列情形之一的，视为终止：

(1)完成分支机构管理办法规定的任务。

(2)分支机构的分立或合并。

(3)其他原因必须终止。

分支机构办理注销登记程序：

(1)分支机构有下列情形之一的，协会秘书处可视情节轻重提出警告，进行整顿、改组，向理事会提请更换负责人直至注销。经理事会同意注销的，报中机联审查并报国资委行业办批准同意后，由协会向民政部办理注销登记。

1)申请成立分支机构弄虚作假的。

2)取得《社会团体分支机构登记证书》后，一年内未开展工作的。

3)违反国家有关规定及协会章程，擅自冠以“中国”“全国”“中华”“原中国”等机构名称开展活动的。

4)以分支机构下设的二级分支机构名义进行活动的。

5)违背章程规定开展活动，或违法乱纪、受到查处，造成严重后果的。

6)三分之二以上会员要求解散的。

7)对协会交办事项拒不执行或不按规定接受监督检查的。

8)未经授权，自行决定重大事项的。

9)因其他原因依法终止的。

(2)登记管理机关准予注销的,发给注销证明文件,收缴该分支机构的《社会团体分支机构登记证书》和印章等。

(3)协会被注销或者被撤销登记时,所属分支机构同时注销。

(4)分支机构注销或撤消后的剩余资产,归协会所有,用于行业服务。

三、分支机构的职责和权益

(一)分支机构的职责

(1)分支机构经批准设立后,必须接受协会领导,认真执行协会的决议,遵守协会各项规章制度,积极参加和支持协会的各项活动,同时建立符合协会章程及有关规章制度的工作制度或管理办法,以保证分支机构的各项工作在核准登记的范围内有章可循,健康发展。

(2)分支机构按协会印章和证书的管理规定和备案手续领取印章和证书,并对印章、证书的保管和使用加强管理。

(3)分支机构经协会授权可以在所属专业领域内积极发展会员。

(4)各分支机构应定期向协会秘书处报告工作情况并报送以下材料:

1)每年按时(元月30日以前)向协会递交上年度工作总结和本年度工作计划。年度工作总结的内容应包括所开展的主要工作、存在问题及建议等;

2)行业统计基本数据信息,会员统计。

3)出版、印刷的各种刊物及印刷品。

4)年度财务报告。

5)对外交往、接受资助和捐赠的情况。

6)协会要求提供的其他材料。

(5)分支机构要依据业务范围的划分和会员组成的特点,制订年度工作计划,经批准后认真组织实施,在协会的授权范围内积极主动创造条件开展各项活动。如:技术交流、培训和咨询服务;统计行业数据及参与制订相关标准;收集、整理和研究分行业的有关信息,为分行业发展与进步提出相关政策性建议等。

(6)分支机构要积极配合协会按社团管理部门的要求参加年检。

(二)分支机构的权益

(1)参加协会组织的有关活动。

(2)享受协会提供的行业信息及各项服务。

(3)对协会秘书处工作有建议、批评和监督权。

(4)在授权范围内开展工作,组织有关专业活动。

(5)协会应为分支机构开展业务范围内的活动创造条件,提供必要的支持。

(6)分支机构秘书处协助或参加协会组织的有偿服务活动时,可分享其经济效益。

四、分支机构的活动管理

(一)分支机构每年应结合本专业发展趋势和需要解决的问题,编报年度工作计划、外事活动计划和会议活动计划,经协会平衡、协调后,列入协会的年度计划,并由分支机构组织实施。年终要有年度工作总结,并于每年元月30日前报送协会秘书处。对于未列入年度工作计划或新增的项目必须得到协会审批后,方可进行。

(二)根据外事活动统一归口的原则,各分支机构组织会员出国考察、技术交流等活动,应纳入年度工作计划,并征得协会秘书处同意,由协会秘书处统一办理出国组团审批手续。所有分支机构的涉外事务均需由协会负责审核。

(三)分支机构不得以自身名义主办、承办或支持各种展览活动。展览活动由协会秘书处统一归口管理,各分支机构应在协会统一规划下承办本分支机构工作范围内的有关业务。

(四)分支机构以协会名义印发文件,应经协会秘书处审核,并由协会有关领导签发。以分支机构名义印发文件,应抄报协会秘书处存档。

(五)以分支机构名义对外发布重要信息,需事先向协会请示,经秘书处批准后实施。

(六)严禁以分支机构名义搞各种评比和授牌活动。

(七)分支机构的网站和出版的会刊、通讯、专业书籍和行业资料等,应按协会统一标识等相关要求进行规范。

五、分支机构的财务管理

(一)按照民政部、国资委要求,分支机构的财务、资产纳入协会统一管理,分支机构不得设立基本账户。账务往来可使用协会账户。确有必要经批准可设立一般账户。

(二)分支机构开展各项活动或利用分支机构的名义、资源进行的有偿服务的收入均需记入分会专用账户或协会账户,不得转移收入、帐外坐支。

(三)受协会委托由分支机构收取的会员会费,应采用民政部"全国性社会团体会费统一收据"作为会费收取凭证,并全数上缴协会。同时提交缴纳会费单位名单。协会留用10%,其余90%返回各分会。

(四)分支机构必须由具有专业资格的财务人员按照国家有关财务管理的规定对账户进行管理。严格遵守财经纪律,做到会计账册、原始凭证和审批手续齐全正确。于每年1月底和2月底分别将上年度财务决算和本年度财务预算报协会秘书处。

(五)分支机构财务管理应接受协会秘书处及上级有关部门的监督和审计。分支机构领导离任,均须接受协会指定的具有资质的审计机构进行财务审计。

六、分支机构的证书和印章管理

(一)分支机构的登记证书和印章由协会向社团登记机关申请制作。分支机构不得私自刻制印章。

(二)分支机构印章只能用于联系日常业务,不得用于签署经济类业务和具有法律效力的文件,签署具有法律效力的文件应由协会统一办理。

(三)分支机构的登记证书和印章须专人保管,使用印章要登记备案,经分支机构负责人审批。

（四）分支机构变更或注销时，其原有登记证书和印章须及时上交协会处理；

（五）分支机构不得将登记证书和印章转租、转借。

七、附则

（一）未尽事宜，按国家和协会的有关规定执行。

（二）本办法自协会常务理事会通过之日起实施。

（三）本办法的制定、修改和解释权属于协会秘书处。

本管理办法经五届二次常务理事会通过于2010年12月26日起生效

〔供稿单位：中国机械通用零部件工业协会〕

中国机械通用零部件行业自律公约

中国机械通用零部件行业在国家政策鼓励和支持下，正处于自主创新、产业升级、由大到强、快速发展的战略机遇期。为建立行业自律性约束机制，规范从业者行为，推动行业诚信体系建设，维护公平竞争的市场环境，根据国务院办公厅国办发〔2007〕36号文件及国家有关法律、法规制定本公约。

第一条　公约成员单位为包括链传动、齿轮、紧固件、弹簧、粉末冶金和传动联结件六个专业的本协会全体会员企业。

第二条　中国机械通用零部件工业协会秘书处是本公约的监管机构，负责对公约的实施情况进行监督管理。

第三条　公约成员单位应自觉遵守国家法律、法规，遵守职业道德，认真履行行业自律义务。

第四条　认真履行合同规定的义务，在合同的订立、变更、解除等方面依法办事，重合同，守信用。

第五条　重视产品质量，建立健全内部质量管理体系，从原材料、生产过程到成品严把质量关，贯彻国家和行业有关标准。

第六条　遵守国家财政、税收法律法规，遵守财经纪律，诚信经营，照章纳税。

第七条　规范招投标活动。在投标中严格按照国家和行业有关规定，公开、公平、公正，维护正常的招投标秩序。

第八条　倡导公平竞争，以质量、信誉、企业实力开展营销活动，不损害竞争对手的商业信誉。

第九条　不以不正当手段获取他人的商业秘密和技术信息，尊重关联客户要求保守商业秘密的约定，不侵犯对方的知识产权。

第十条　在国际贸易中，维护国家和企业形象，不竞相压价，不做损害行业整体利益的行为。

第十一条　共同维护行业内人才流动的正常秩序。聘用其他单位人才时尊重对方对人才流动的规定，不侵犯人才原单位的知识产权。

第十二条　协会各分支机构可根据自身行业特点，制定本分行业的自律公约，作为协会公约的组成部分。

第十三条　对模范遵守公约，在业内有良好信誉的企业，协会可授予"诚信企业"的称号，并利用各种宣传渠道和媒体大力表彰。对违反公约的行为，任何单位和个人都可向协会举报，协会应组织力量进行调查，对调查属实的通报批评。

第十四条　本公约经协会理事会通过后实行。

第十五条　本公约由协会秘书处负责解释。

本公约已经协会五届二次理事会通过，并于2011年3月21日起生效。

2011年3月22日

〔供稿单位：中国机械通用零部件工业协会〕

关于表彰先进分会和优秀协会工作者的决定

（中国机械通用零部件工业协会中机零协〔2013〕10号）

2012年，中国机械通用零部件工业协会（简称协会）和各分会认真贯彻党的"十八大"精神，以服务行业、服务企业、服务政府为宗旨，努力落实"三基"规划提出的各项任务，在推动行业自主创新、结构调整、搭建交流平台、构建合作共赢机制方面作了大量工作，涌现出了一批活动有特色、工作有实效、企业积极参与、凝聚力强的分会和敬业爱岗、全心全意为企业服务的协会工作者。为进一步调动各分会和工作人员的积极性，提高协会凝聚力，加速协会规范化建设，依据协会关于开展创先争优活动的方案，经秘书长工作会议推荐、常务理事会研究决定，授予链传动分会"先进分会"荣誉称号；授予明翠新、刘惠明两同志"优秀协会工作者"荣誉称号。

协会号召各分会和全体协会工作者以他们为榜样，立足本职、开拓创新，在新的一年里作出新的贡献。

2013年3月20日

〔供稿单位：中国机械通用零部件工业协会〕

中国齿轮行业50强
暨市场创新10强

中国齿轮行业50强
暨市场创新10强
“诞生史”

专家评审 入围名单随之出炉
网上投票开诚布公

www.mepfair.com/topic/gear2012vote/index.aspx

www.mepfair.com/topic/gear2012award/index.html

成为全球领先水平的
精锻齿轮和精密传动部件供应商
CHERY
SAIC
JAC
太平洋精锻
PACIFIC PRECISION FORGING
Ford
GETRAG
DANA
HYUNDAI
MAGNA
JOHN DEERE

十堰市郧齿汽车零部件有限公司

SHI YAN SHI YUN CHI QI CHE LING BU JIAN YOU XIAN GONG SI

总经理：姜飞

公司坐落在汉江河岸、武当山圣地，与东风汽车公司毗邻，环境优美，交通发达。公司为国内大型的发动机正时齿轮专业生产企业之一，是国家高新技术企业，国家安全质量标准化企业，国家火炬计划十堰关键零部件骨干企业，中国齿轮行业50强暨创新10强企业，湖北分行业50强企业，省科技型中小企业，专利明星企业，重合同守信用企业，A级纳税诚信企业，湖北省具有投资潜力的科技型中小企业。公司通过了TS16949和ISO14001认证。主导产品“郧齿”牌发动机正时齿轮系列产品为国家重点新产品、湖北省名牌产品、自主创新产品、专利产品，“郧齿”牌为著名商标。公司拥有13项专利。公司有科技大楼和齿轮研究所，并与华中科技大学、湖北汽车工业学院、十堰职业技术学院、东风、江铃、江淮汽车技术中心、重庆汽车研究所、郑州机械研究所等大专院校、科研机构有长期合作关系。有计算机局域网，实现了计算机辅助设计、检测和生产，工艺先进。具有车、铣、拉、滚、剃、插、磨、渗氮、渗碳、发蓝、精细磷化、高中频等工艺特色。拥有先进的直驱式全数控滚齿机和数控齿轮制造设备300多台。公司为东风、解放、江铃汽车、江淮汽车、长城汽车、福田汽车、成都发动机、绵阳新晨动力、南充内燃机公司、无锡开普动力等十几家著名主机厂配套，多次评为优秀供应商。具有大批量的生产能力。公司产品畅销全国各地，并远销国外市场。

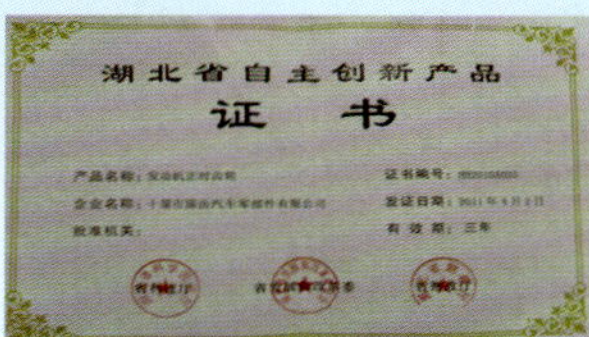

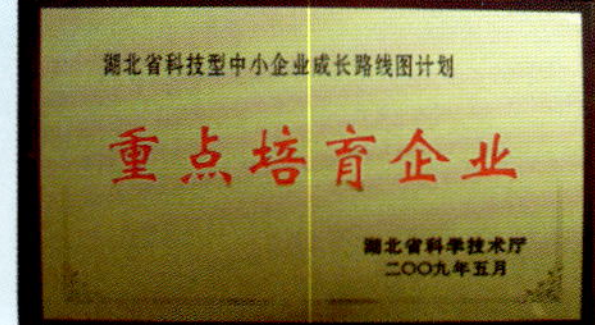

公司大门

厂区一角

行星齿轮减速器

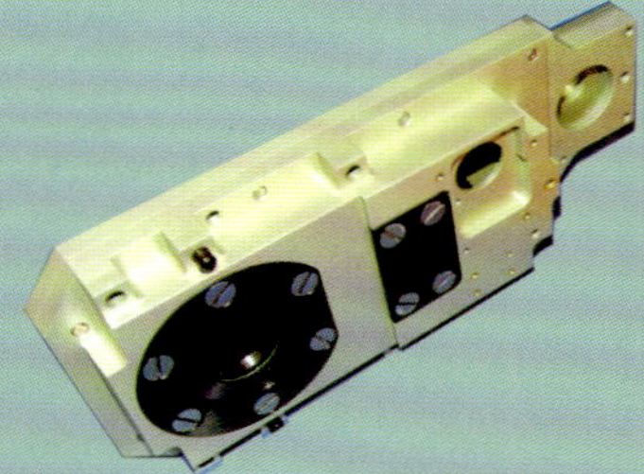
谐波减速器

少齿数齿轮

发动机正时齿轮系

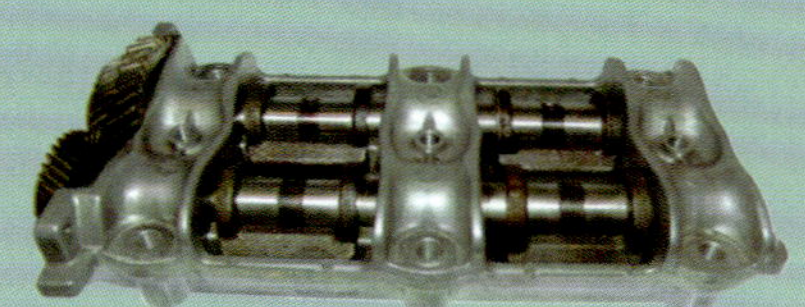
发动机平衡器

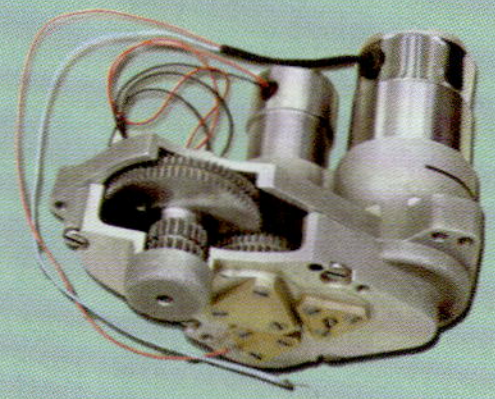
航天工程减速器

电动车减速器

GE医疗变速器

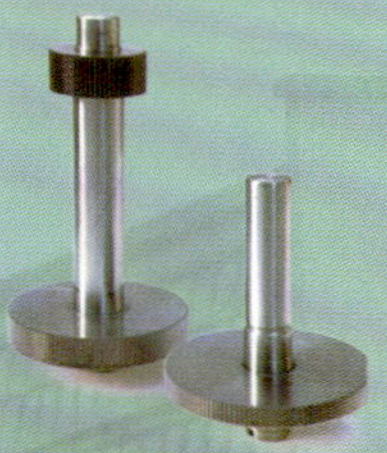
高速齿轮

「中国齿轮行业50强暨市场创新10强」专栏

贵州群建精密机械有限公司
地址：贵州省遵义市汇川区航天路
（贵州航天高新技术产业园）
邮编：563003
电话：0852-8612343　传真：0852-8612325
http：//www.qunjian.cn　E-mail：qj@qunjian.cn

温州天和汽车部件有限公司专业生产以换挡拨叉、齿轮、拨叉轴、拨头等换挡机构为主的各种汽车和拖拉机变速器系列零部件。公司经多年研发，取得多项专利及高新技术产品，如“汽车拖拉机高性能变速拨叉”“汽车拖拉机高性能行星齿轮支架”等，以技术领先、品质卓越的产品，获得了众多国内外客户的青睐。公司长期与陕西法士特集团、德国采埃孚传动技术有限公司、美国约翰迪尔（天津）有限公司、美国金牛国际、江淮集团、上汽集团、北京齿轮总厂及唐齿集团等大中型国有企业、中外合资企业和外资企业保持配套关系，并陆续与世界 500 强企业美国约翰·迪尔、美国百得、日本富士和公司建立了配套关系。同时，公司还经营进出口业务，产品出口美国、墨西哥、西班牙、俄罗斯和伊朗等国。

公司通过并运行 ISO/TS16949:2009 质量管理体系和 ISO14001 环境管理体系，并先后被评为“瑞安名牌企业”“温州知名商标”，2009 年获国家“高新技术企业”称号，2011 年通过安全生产标准化企业认证，2012 年获瑞安 “专利示范企业”称号；公司产品陆续获得“温州名牌产品”称号和“国家火炬计划项目”证书。

天和秉承“创一流精品、行持续改进、增顾客满意”的宗旨，竭诚为国内外新老客户提供更好的产品和服务，友好合作、互利共赢，共创辉煌。

Manufacturing excellengt products

创一流精品　行持续改进　增顾客满意

董事长：陈建成
总经理：项锡胜
地址：浙江省瑞安市南滨街道林垟八达路 66 号
邮编：325207
销售部电话：0577-58809289
销售部传真：0577-58809288
E-mail：tianhe@zjthe.com
http：//www.zjthe.com

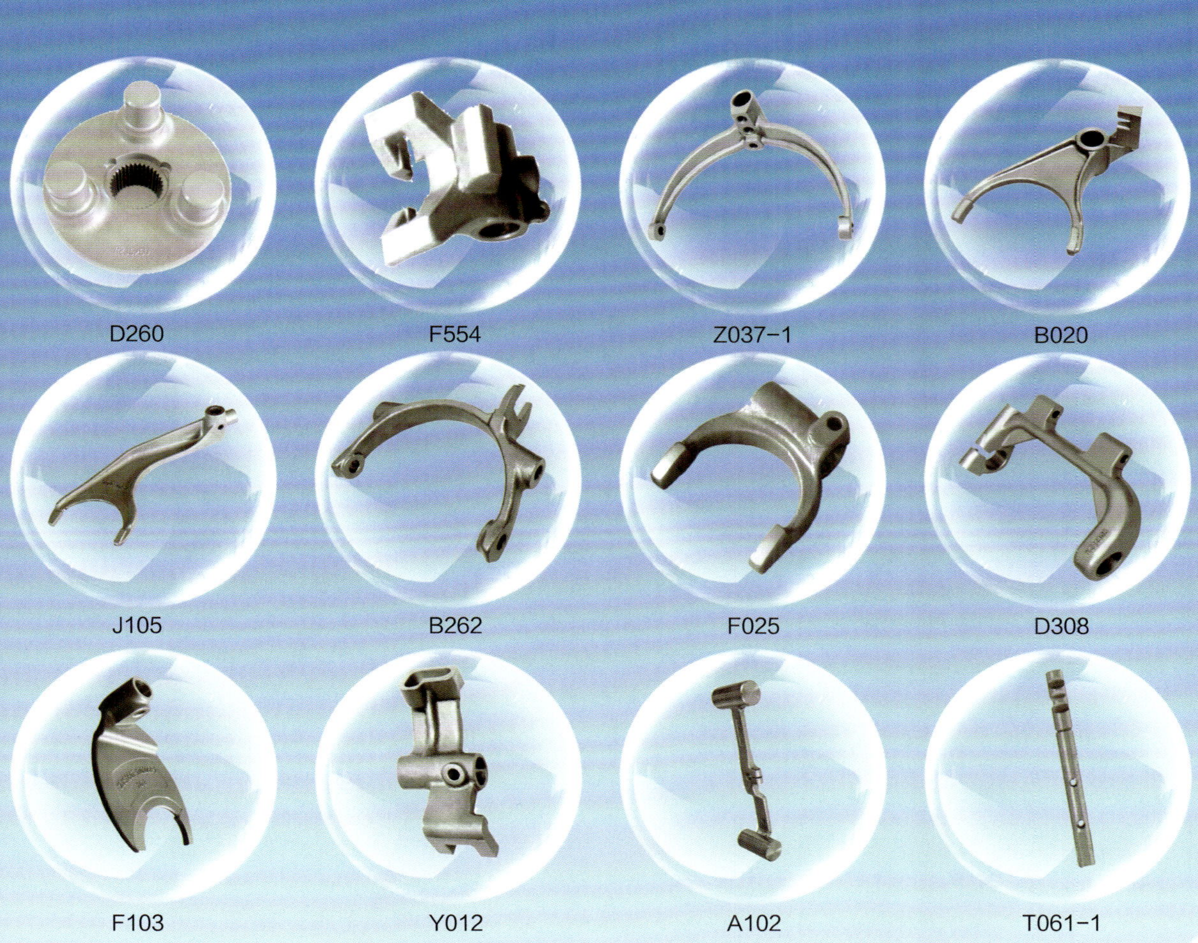
D260
F554
Z037-1
B020
J105
B262
F025
D308
F103
Y012
A102
T061-1

温州天和汽车部件有限公司

“中国齿轮行业 50 强暨市场创新 10 强”评选活动介绍

齿轮行业作为高端装备制造业的基础性产业，已被列入战略性新兴产业范畴，赢得了良好的发展机遇。2012 年，齿轮行业销售收入已达到 1 950 亿元，发展势头强劲。齿轮行业企业持续加大自主创新力度，逐步实现产品转型升级，企业规模和实力不断增强，正在实现由“齿轮大国”向“齿轮强国”的转变。

为了推动我国齿轮行业战略性升级，推进《机械基础零部件产业振兴实施方案》的实施，引导、培育一批既有产品市场又符合产业政策发展方向的航母型国际知名公司和专、精、特知名品牌企业，促进企业向中高端技术和服务性方向发展，中国机械通用零部件工业协会齿轮分会与机械工业信息研究院产业与市场研究所联合举办了“中国齿轮行业 50 强暨市场创新 10 强”企业评选活动，旨在树立行业标杆，强化行业典范，提升行业整体竞争实力，促进齿轮行业良性发展。

本次活动由《中国机械通用零部件工业年鉴》编辑部与易览网承办，江苏太平洋精锻科技有限公司独家冠名。活动于2012年8月6日在京隆重启动，8月21日在天津举办了新闻发布会，10月 11 日在北京召开了专家与买家评审会，10 月 15 日开始进行了网上公示和网上投票评选。在历经了报名、投票、初选、入围公示、专家评审会等五大阶段后，最终有 50 家企业获得了“中国齿轮行业 50 强”称号。“2012 中国齿轮高峰论坛暨中国齿轮行业 50 强颁奖典礼”于 10 月 28 日在上海明悦大酒店举行！

本次评选的评选标准设置了 4 项评价指标，分别是经济运行指标、创新性指标、管理指标和辅助参考指标，涵盖了营业收入、利税总额、企业专利、专利获奖、获得科技进步奖、参与制修订国家（行业）标准、质量体系认证、环境指标认证、建立企业技术中心及参加社会公益事业等 11 项分指标。这些评价指标全面反映了参评企业的综合实力和水平。在“中国齿轮行业 50 强”荣誉之下，设置了“品牌影响力企业”“市场创新企业”“科技实力企业”“发展潜力企业”和“社会效益优胜企业”五个奖项。其中，南京高精传动、重庆齿轮箱、杭州前进、东力控股、太平洋精锻科技、恒星科技、杭州杰牌、郑州机械研究所、浙江长城减速机及十堰郧齿等 50 家企业获此殊荣。

本次“中国齿轮行业 50 强及市场创新 10 强”评选活动联合大众媒体、财经媒体、行业媒体等众多专业媒体，自活动启动至结束后两个月进行了长达 6 个月的全程宣传报道；依托报纸、杂志、网络、EDM 等媒介形式，打造立体宣传；采用新闻报道、网友调查、专题讨论、专家研讨等方式，提升了活动传播力和影响。在推广自主品牌、表彰行业榜样的同时，传递经营精髓、成功理念，推动了整个齿轮行业的发展。

“2012 中国齿轮高峰论坛暨中国齿轮行业 50 强颁奖典礼”圆满落下帷幕。本次活动为树立行业标杆、强化行业典范、提升行业整体竞争实力及促进齿轮行业良性发展起到了积极的促进作用。
《中国机械通用零部件工业年鉴》和易览网作为行业专业权威媒体，将持续密切关注齿轮行业的发展动态，与齿轮行业共同发展！

高端访谈

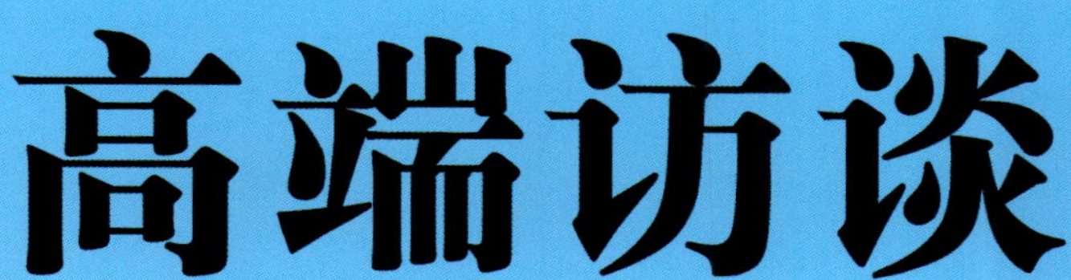

客观报道，深入挖掘，促进企业转型升级，
推动行业快速发展！

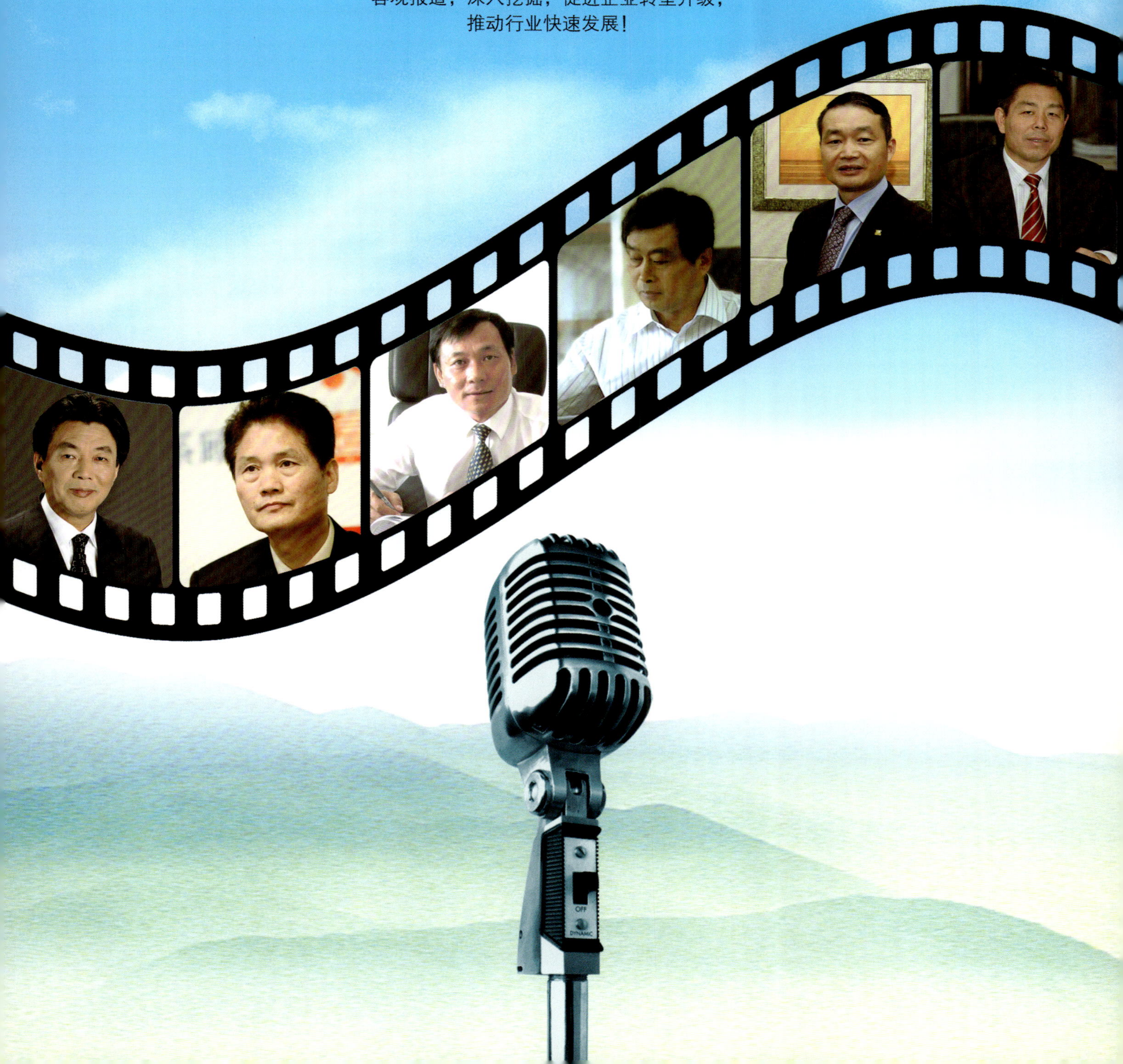

宣碧华：链条大王的海外博弈

宣碧华坚定地说：“从链条行业自身的发展来看，东华一定要国际化，掀掉一个天花板，跨过一道玻璃墙，加入到一个更大的游戏圈中。”

多年以来，杭州东华链条集团的掌门人宣碧华一直怀着一个梦想：要让“链条大王”的前缀不再是“中国”，而是“世界”。并购德国KÖBO链条公司或许是宣碧华一直在等待的那个爆发点，理想中的产业王国已经初具雏形。

KÖBO非宣碧华不嫁

2009年12月10日，德国主流媒体《西德日报》发布了重要新闻：“中国人并购KÖBO公司”“德国第二大工程输送链条制造商——链条专家KÖBO公司被一家中国公司收购”。文章中的这个“中国人”就是宣碧华，“中国公司”就是杭州东华链条集团有限公司。

在2009年的汉诺威展上，KÖBO总经理找到了宣碧华，问他是否对收购KÖBO感兴趣，宣碧华回答说当然有。于是，两人就在附近的一家咖啡馆里详谈。同年7月底，并购项目启动；11月18日，正式签约。

德国KÖBO公司是创建于19世纪末期的工业链传动制造企业，100多年来，它并没有国际化。近年，随着其客户走向全球，市场已经在慢慢流失，再加上2008年金融危机的打击，就支撑不下去了。这样的一家企业，它要寻找怎样的合作伙伴呢？第一，找地区，一定是中国、印度等发展中国家；第二，找企业，是否能给它带来新的生命力？是否有对接的能力？同一层面上的企业只有竞争，有差异才有合作，东华和KÖBO曾是多年的客户关系。第三，找老板，得投缘。

于是，中国、东华、宣碧华，三个条件都满足了！KÖBO非宣碧华不嫁。

“只要80%的利益能捆绑在一起，未来的发展就让人看好。”宣碧华说，我直截了当地告诉他们：“东华的梦想就是做全球第一，你们加盟东华，将来也是第一的一分子！”他们很高兴，也相信东华。

除德国总部外，KÖBO在波兰还有一家分厂为其提供配套。目前，波兰工人的工资水平只有德国的四分之一，但根据相关法令，2014年之后将实施同工同酬。如果那时还做现在这么低附加值的产品，肯定难以为继。在考察中，宣碧华发现，波兰的这家分厂说起来是为KÖBO配套，但实际制造的产品并非只有链条零部件，还有其他农机具；并且，波兰的产业工人素质也很高。于是，宣碧华心念一动：如果将东风生产的拖拉机零配件拿到这里来组装，不是很好？这样，一方面，可以贴近目标市场，按照欧美客户的特殊需求进行产品的优化改进；另一方面，也能反过来使零部件制造的更加精良。

宣碧华之所以对并购有如此独到、透彻的见解，与其自身的经历密不可分。自2003年以来，宣碧华已率领东华先后并购了杭州盾牌链条、东风农机和兴化齿轮三家企业。枯木逢春所焕发出的生命力远比想象中强大。就像当年东华全力支持东风走出亏损一样，东风除了给予同门大师兄足够的资金支持，在稳定军心上的作用也是毋庸置疑得。

宣碧华认为无论多少个行业，相关度如何，一定要达成严密的互补关系，因为当某一个行业增长处于最低点时，一定有另一个行业处于最高点，这样才能使庞大的跨国集团始终处于稳定状态。

2010，国际化元年

“走出去，否则，最后连怎么死的都不知道。”

多年之后，当有人书写东华集团的历史时，2010年会有一个特殊的称号：“国际化元年”。这不仅是东华集团的“DONGHUA”牌商标已在美国、欧洲、日本等70多个国家和地区注册，也不仅是荷兰、德国、美国、英国、泰国等海外全资子公司的相继成立，也不单单是一两起跨国并购的发生，而是一股历经十几年积淀的力量在各种因素交互作用下的发酵、升华，造就了东华如今锐不可挡的国际化之势。

这边尘埃刚刚落定，那边战鼓声又起。2010年9月中旬，随着东华第一笔投资款打入日本EK链条公司，标志着东华参股日本EK链条公司，与日本EK链条公司的战略合作正式启动，为东华国际化的联合壮大再谱新篇章。此举也标志着，东华将与链条行业的世界老大——椿本株式会社成为邻里，短兵相接。

日本是工业制造强国，产品质量得到广泛认可。日本EK链条公司成立于1941年，其产品享誉全球。

东华集团生产的叉车链条在国内外享有很高知名度，已与国内外知名叉车企业配套，这与日本EK链条公司在叉车链条上的合作密不可分。参股日本EK链条公司，正是充分发挥双方强强联合的作用，为东华获得日本先进的链条制造技术及广泛进军日本市场打下根基。

东华参股日本EK链条公司后，在稳定EK公司原有生产和发展的基础上，充分利用EK公司原有的市场营销网络和客户渠道以及品种优势，结合东华的自主品牌，为重要的OEM客户提供更为便捷的高质量的技术支撑和销售服务，同时着重进行两个公司在生产技术、工艺管理对接，结合减员降本增效，优化组合，优势互补，增强公司的竞争能力和抵御风险能力，与东华各海外公司共同发展，发挥国际化联合壮大的优势，使东华业务越来越国际化，不断增强企业的国际竞争能力。

“其实，日本的许多企业也都对这家公司感兴趣，但他们就是愿意跟东华合作。”宣碧华的声音平缓、柔和，谈笑间，攻城略地。

然而，就在五六年前，这一切还是“连想都不敢想”的事。那时的东华，还沉浸在为国际巨头OEM的兴奋中，乐此不疲；如今，它却已经将并购的触角延伸到这些曾经的“上帝”家中，进行全球资源的整合了。

这看上去似是一出乾坤倒转的好戏。但细究下来，一切不过是水到渠成。

“国内生产的零部件，自己组装是发现不了问题的，但让别人一组装，问题就全暴露出来了。”宣碧华说，“这样几个来回之后，质量就提上去了。”

东华链条也好，东风农机也罢，在宣碧华的眼中，都是一盘棋。毫无疑问，当一颗棋子率先攻入敌营后，其他棋子的腾挪空间就更大了。

从铸链到“铸魂”

如果说，之前他成功创办了东华已经让人震惊，那么成功地使一个德国企业重生则更令人尊敬。在德国公司的上任仪式上，他的说辞显得“特别”——他竖起自己曾经作为技术工人时因工伤少了一截的大拇指，没有像救世主一样高呼要为企业的重新崛起而努力，而是掏心掏肺地说：“在中国，你们的兄弟工友，缺乏技术，需要你们的帮助，今天，我来做你们的领队人，也许我并不称职，但我将以我的方式尽最大努力给大家带来幸福生活”。

当时宣碧华走进车间，和一双双操作机床的手相握，一位老员工回忆说，宣碧华大手所传来的温暖，让他记忆犹新，“似乎从黑暗中看到了一线曙光，心情激动。”

是的，这是个总能传递温暖和信任的企业主。他说：“不要叫我企业家，我只是个雇主。“我从实践里学习。做什么事情，就要去了解什么人，走国际化，就要勤于和国际上的人学习、交流。就像下棋也要与高手过招才有进步。”“我们可以慢慢走，制造业本来就是个投资周期很长、重视积淀的行业”。他所有的原则里，最多的是以“善”和“勤奋”为主要内容，始终找不出“快”“速度”这样的词汇。

在实际经营中，宣碧华始终谦卑、谨慎，遵循“为商必先为人”的准则。因为“员工才是保障企业成长的关键”。在日常经营过程中，他提倡稳健经营，公司永远保留大量现金，以应付不时之需，有多少能力，就做多大的事。

“所有投资回报，拉长来看，都是公平的，比方说别人在做房地产取得暴富之后，你能不能坚持自己在做的事情。高回报的一定也是高风险的，机械制造没有高回报，积累十年二十年，也能有相应的回报。国家处于青春期。我本来是干什么的，我就还干什么，谈不上什么坚守。”宣碧华对记者说：“我的初衷和归属点都不是赚钱。在银行中有数目庞大的存款，哪里比得上带领一支数目庞大的朝气勃勃的团队，共同开辟新领域那样激动人心。”

宣碧华说：“我有双重性格，不怕挑战，但也求稳。每个人和每个企业都有自己的定位，我的定位就是把精力集中到自己想干的事情上，机械制造业始终是我最大的事业。当然我不会排斥其他机遇，但是目的最终也是为了主业的发展。”

除了制造业，宣碧华多年前就已涉足通信贸易领域，是浙江中邮普泰移动通信设备有限公司董事长，还是多个著名手机品牌的省级总代理商。宣碧华认为，这个通信公司主要为“东华”创造了输血功能，支持了东华的发展、壮大。

是他，亲手打造了一个“链条王国”。而当他把无数链条铺向全球的时候，手里紧拽的，依然是那条通向成功的“财富链”——那是一个浙商如数家珍的，和他一起打天下的队伍编织起来的链条。

在并购接手之后，您有何秘诀呢？记者提出大家心里都想知道的质疑。

“你这个问题本身就有问题。我没有什么特别的秘诀，我到任后，就是要把我的经营理念渗透到新的员工中去，再没有另外的秘诀。”宣碧华淡定回答，企业最重要的财产就是员工的心。如果每位员工都能发自内心的盼望和配合并购重组，这个企业就一定能持续发展。”

一如既往地，企业的效益扩张，永远不是宣碧华追求的极致。他一切作为的出发点都至简无华。正如在阐述有没有遇到大的困难时所说“没有什么困难”一样。他在解释为何一再成功时说：“秘诀是没有秘诀”。

宣碧华说，如果一定要说终极目标的话，就是“回归原点”——用起步时曾经有过的那种劲头和思想，一切从头开始。回到原点，才能再创未来。

“为员工”“重员工”，就是这样的简单三字经，却拥有了无法想象的感召力。就像堂·吉诃德坐在瘦瘦的马上挑战大风车。他一次次走出去，为了一次次凯旋荣归。

王以南 董事长

Wang Yinan

中流砥柱 益无止境

——浙江中益机械有限公司董事长王以南专访

年鉴社：贵公司作为链传动行业的龙头企业，近年来取得了飞速发展。请简单的介绍一下贵公司近年来的总体经营发展状况。

王以南董事长：公司下辖中益三界工业园总部、中益鹿山分厂、中益三界分厂、四川德恩机械有限责任公司、四川德恩铸造有限责任公司、四川眉山强力机械有限公司、四川德恩进出口有限公司、圣菲特机电有限公司，并在全国省会城市设立29家销售分公司或办事处。公司总占地面积60万 m^2(900多亩)，员工近2 000人。公司现有各种加工设备2 000多台，专业生产各类不同的传动零部件，年产量可达2 000多万件，产品远销欧美、非洲和俄罗斯、日本、韩国及东南亚等国家和地区，销售网络遍及全球。

公司坚守“质量是生命，科技是体魄，交期是人品，数量是诚信，服务是亲情，成本是寿命”的经营理念，已通过ISO 9001:2008和ISO/TS 16949质量管理体系和ISO 14001环境管理体系认证，引进并实施卓越绩效管理模式，逐步建立并完善ERP、OA、PDM、CRM等信息管理系统。公司先后获得的省部级荣誉有：国家级高新技术企业、中国机械行业管理示范企业、全国自主创新先进企业、中国联轴器十强企业、浙江省劳动保障诚信单位及浙江省成长之星企业等，产品获“浙江名牌”“国家免检产品”称号，目前“SZS”商标正在积极申报中国驰名商标。

企业的发展得到各级领导的关怀。作为行业窗口单位，2009年，时任浙江省委副书记、省长吕祖善同志来公司调研考察，2010年四川省委书记刘其葆同志来公司考察，对公司的发展作出重要指示。

年鉴社：贵公司以“科技是体魄”为原则，可见对产品科技创新非常重视，请问贵公司在产品科技创新方面有哪些激励机制，最新的科技成果有哪些?

王以南董事长：科技是第一生产力，公司十分重视科技创新，高素质的人才队伍是企业长盛不衰的保证。公司的人才培养已形成三级梯度：第一是直接招聘和引进人才，指从其他企业来我公司的和新分配大学生，我们做到“待遇留人，事业留人，环境留人，感情留人”。“待遇留人”是指对大部分人才采用灵活的协议工资制，建造人才公寓，为他们提供较好的生活条件；“事业留人”是指对人才区别使用，扬长避短，人尽其才，所有大中专学生都列入公司后备人才库加以考察使用，给人才以晋升发展的空间，对科技成果的转化实行利益分成机制，对骨干科技人员给予一定的岗位股；“环境留人”是指公司为他们创设温馨的工作环境，和谐的人文环境；“感情留人”是指对新大学生实行一对一导师制，导师既是工作上的师傅，更是生活上的良师益友，真正做到“招得进，稳得住，产得出，升得上”。最新的科技成果有《高强度改良型齿轮研发》《高效转矩限制器研发》《大范围调节型电动机导轨组建研发》等项目。

年鉴社：贵公司坚持质量是生命，把产品质量工作提到非常重要的位置。请问“质量是生命”在企业的生产过程中是如何体现的?

王以南董事长：公司大力推行卓越绩效模式，在行业内率先开展首席质量官活动，任命了首席质量官，全面负责公司质量管控工作，为保证人力物力，开创性地在每个车间任命了一位质量官；改革质检科功能，车间检验员归车间质量官管理，其工资与车间平均工资和质量损失率挂钩；公司全面开展质量损失率统计工作，每月召开质量专题会议，质量损失率呈持续下降趋势。

年鉴社：有了一流的产品，还要有一流的服务才能最终赢得客户。贵公司不仅关注产品质量，更加注重为客户提供最好的服务。请问贵公司的客户服务理念是什么?具体的实施办法有哪些?

王以南董事长：本公司遵循的是“服务是亲情”的理念。办法是：针对关键顾客，营销部制定专人与客户进行衔接，按公司规定流程传递部门办理，对于重大紧急事项经办人可越级反映，以提高处理速度和应对能力，对于关键顾客的反馈信息内容，公司规定24h内给予答复，并对后续工作进行跟踪；对于顾客抱怨，公司规定48h给予答复；定期进行客户满意率测评，并把测评结果作为对营销员和生产考核的重要依据。

年鉴社：中益机械是国内率先制造链轮的厂家，也是专业生产出口机械传动件的最大厂家之一，请介绍下贵公司的国内外市场开拓情况。

王以南董事长：在销售方面，吸取教训，转变营销策略，原来以外贸为主，转为内外兼顾，两条腿走路，以成都、上海为中心，向全国辐射，在国内设立21家销售公司，同时拓宽销售渠道，在现有仓储式基础上，尝试超市、门市部形式，多管齐下，把量做大；积极谋求与OEM客户的发展，公司通过网络扩大产品的客户群，建立新的OEM客户群体，减少中间商客户，减小中间商带来的负面影响（低利润、长周转时间、抗风险能力低），提升公司形象，提高公司对抗各种风险的能力。在外贸方面，在做好欧洲市场的同时，尽力开拓美洲特别是南美洲市场。不仅要做好欧标链轮，还要做好美标链轮

年鉴社：“十二五”期间，基础零部件行业的发展越来越受到国家相关部门的重视，零部件企业应抓住这一发展机遇谋求发展。最后，请您介绍一下贵公司在“十二五”期间发展的战略目标是什么?

王以南董事长：公司以传统产品创新为支撑，以非标产品为重点，以发展汽车传动件零部件为方向，以提高经济效益为目标，以高附加值项目为重点，打造世界产量第一，有国际影响力的链轮、带轮生产企业。

邰正彪

TAI Zhengbiao

男，汉族，1964 年 10 月出生，当涂县新博镇人，南京大学 MBA 及清华大学 EMBA，经济师。1982 年 3 月至 1992 年 7 月在当涂县第二机械制造公司从事市场营销工作；1992 年 7 月至 2000 年 2 月，任当涂县东华冶金机械有限公司副总经理；1996 年 12 月至 2000 年 8 月，任马鞍山市宏达冶金机械有限责任公司总经理；2001 年 12 月至 2004 年 12 月任马鞍山市泰尔重工有限公司董事长兼总经理；2004 年 12 月至 2007 年 9 月任安徽泰尔重工有限公司董事长兼总经理。现任安徽泰尔重工股份有限公司董事长兼总经理。

邰正彪同志现任市人大常委、市工商联副主席、雨山区人大常委，兼任中国国际商会马鞍山商会理事、安徽工业经济联合会理事、《中国钢铁业》理事、中国机械通用零部件工业协会传动联结件分会会员、中国金属学会冶金设备分会会员等职，并获多种荣誉称号。

荣 誉

2005 年 5 月 安徽省民营科技企业家

2005 年 12 月 马鞍山青年企业家协会常务理事

2006 年 5 月 马鞍山市优秀民营企业家

2007 年 3 月 全市创业先进个人

2007 年 11 月 中国金属学会冶金设备分会第一届冶金设备设计学术委员会委员

2007 年 12 月 马鞍山市优秀人才

2008 年 9 月 2007 年度安徽省非公有制经济优秀企业经营管理者

2009 年 4 月 2005—2008 年市劳动模范

2009 年 5 月 安徽省机械行业优秀企业家

2009 年 12 月 安徽省第二届优秀中国特色社会主义事业建设者

2010 年 4 月 市工商联系统先进个人

2010 年 7 月 马鞍山市第二届全民创业“十大新闻人物”

2011 年 1 月 2010 年度“安徽省质量管理先进工作者”

2011 年 6 月 马鞍山市工商联第六届副主席

2011 年 12 月 全国轧钢信息网薄板宽带分网副网长

2012 年 3 月 2011 年度马鞍山首届年度经济人物

我的信念：坚守制造业理想

——访 2011 年度马鞍山市首届十大经济人物邰正彪

3 月 19 日，当记者走进位于马鞍山经济开发区的安徽泰尔重工股份有限公司新厂区，靓丽的现代化厂容厂貌使人眼前一亮，按国际化标准建设的宽敞厂房内，万向轴、联轴器、剪刃三条生产线上林立的各种大型加工设备齐声发出宏亮的钢铁奏鸣曲。

作为我国钢铁装备制造业联轴器领域的领军企业，泰尔重工以不离不弃的坚守，在市场竞争中越战越勇，在创业征程中越做越强。可当记者见到泰尔重工董事长、总经理邰正彪时，他还是那样的质朴，与员工一样的工作服，挂着同样的工号牌，一样的在车间里与员工研究技术革新，只是当与之交谈时，才能感受到他那深邃的思维和全球化的眼光。

也许刚从日本参加一个中日企业家论坛回来，不但开阔了视野，更使他对企业的战略发展定位有了进一步思考。“市场是没有国界的，在改革开放后，哪怕是国内市场也是全球化竞争的战场，我们必须加快融入全球制造业的大循环中去，把产品推向国际市场，把‘泰尔重工’打造成国际品牌。”邰正彪激情地说。

进入 2012 年以来，邰正彪先后参加了在海南省三亚举办的主题为“畅想中国、变革中国”的中国经济论坛和在日本举办的“中日企业家——企业全球化论坛”等高端学术专题研讨会。既看到了由于当前世界经济形势面临诸多不确定因素，给钢铁行业带来的更为复杂的形势；也看到了面对全球经济大环境，中国经济将加快转型给企业带来的机遇。在开阔眼界中，邰正彪深感，目前，虽然遭遇主权债务危机的发达国家经济将低速增长，但包括中国在内的新兴市场国家经济仍然维持较好的增长态势，如能审时度势，对泰尔重工来说是个难得的战略发展机遇。但他更深知，企业要实施全球化发展战略，首先要克服“观念和价值观上的差异”。

邰正彪认为，从观念上看，发达国家的企业并不是以所谓国企和民企来划界，讲求的是企业的诚信和责任。而在国内却有着国企和民企的明确划分，在政策、金融支持上区别对待，确实挫伤了民间资本投入制造业等实体经济的积极性，而是更多地流向国民财富二次分配领域，而实体经济才是创造财富的源泉和社会发展的原始推动力，离开了实体经济的发展那就是无本之木、无源之水。对国家经济长远发展不利，对社会和谐不利。

从价值观上看，由于过度注重GDP的导向，致使管理文化氛围粗放，拜金主义、享乐主义和利己主义抬头，在追求财富中缺失了诚信，开拓精神和创新意识迷失，如果无视市场运行规则，甚至为达目的不择手段，一个企业在这样的价值观引导下，产品还能做好吗？邰正彪谈到在日本注意到的一个细节，在日本城市的高层住宅公寓的外墙中，都有几个倒三角的大框，起初邰正彪不知做什么用的，向日本同行一打听，原来是当发生火灾或地震自然灾害时用于逃生和救援的窗口通道。“人家在建筑中连防范灾害细节都考虑的那么周到，更不用说在产品制造中的每个细节体现出的一切为客户着想的人性化设计了。”邰正彪感慨地说。

正是为追求自己的制造业理想，邰正彪以“咬定青山不放松”的执着，从一个销售员起步，在搏击市场中，在理想逐步变为现实的过程中，把泰尔重工发展到如今集专业设计、制造、销售动力传动机械于一体的上市公司。

正是在这个信念的支撑下，从行业发展道路上，邰正彪心无旁骛地专注于工业万向轴、齿轮联轴器和剪刃三类产品的设计、生产、销售和服务。不论是2008年的国际金融危机对企业带来的巨大冲击，还是国内冶金行业的兴盛和低靡，凭着锲而不舍的追求，“危”中寻“机”，自我滚动发展，使泰尔重工生产的工业万向轴、齿轮联轴器和剪刃三类产品产销量居全国第一。与中国一重、首钢等大型企业建立了战略合作伙伴关系，如今已成为了中国机械通用零部件工业协会传动联结件分会的理事长单位。

在产品研发历程上，依托传统联轴器制造，不断加大科研投入，开发出超重型十字轴万向联轴器、板材轧机鼓形齿式联轴器、板材卷取轴等填补国内空白的新产品，其研制开发的弧形剪刃等新产品成功取代进口。目前泰尔重工已成为博士后科研工作站、安徽省传动机械工程技术研究中心和安徽省省级企业技术中心之一，拥有专利16项，其中发明专利3项，实用新型专利13项。正在申报的专利有8项，其中发明专利3项，实用新型专利5项。先后有《矫直机用十字轴式万向联轴器》、《热连轧精轧机组鼓形齿式联轴器》、《热连轧精轧机组重载鼓形齿式接轴》等产品标准获批由泰尔重工主持起草。已获批在制定的有8项行业标准，其中主持制定5项，参与制定3项。2011年通过安徽省科学技术厅、安徽省财政厅、安徽省国家税务局、安徽省地方税务局复审为“高新技术企业”，2012年初“冷轧主传动十字轴式万向联轴器”被国家科学技术部、国家环境保护部、国家商务部、国家质量监督检验检疫局联合认定为国家重点新产品。

在管控体系上，泰尔重工制定了“锐意变革、不断创新、精细管理、再创辉煌”的2011—2020年整体战略发展规划，按照现代标杆企业的管理理念，重建公司管理体制，创新公司管理理念，由粗放式、简单化管理方式，向规范化、标准化、专业化、信息化、精细化管理模式转变，以“技术一流、品质一流、服务一流、管理一流、国际竞争力一流”为管理目标，建立规范化的企业制度，建设标准化的管理体系，打造专业化的员工队伍，提升信息化一体化管控模式。坚持以市场为导向，客户需要为优先，强化以生产计划为中心的执行体系，完善以生产制造为重点的规范流程。强化执行管理理念，健全质量管控体系，完善生产管理职责，建立绩效考核体系，实现目标明确，责权统一、落实到人，全员参与，全面增效的精细化管理局面。同时通过与国际大跨国企业阿拉斯达、西门子等公司加强合作，引进国际先进的管理模式，使企业的管理理念与国际接轨。

在企业文化建设上，泰尔重工将“精勤治业，追求卓越”的企业精神引申为“以员工、客户为根本，以社会、股东为责任”经营理念，打造以诚信立企、立人的精神土壤，使员工牢固树立做事先做好人的道德观，诚信就是每个人品牌的价值观，从而通过观念的力量，氛围的影响去约束、规范职工的个体行为，形成企业强大的凝聚力。通过加强与客户的战略合作，延伸客户端的整体服务，建立与客户共赢的合作方式，扩大企业的品牌效应。

在团队建设上，使每个员工认识到，他就是一颗螺丝钉，是企业这架大机器上不可或缺的组成部分，通过建立一种共同的价值观形成一种群体意识，产生一种集体激励动力，使员工在企业中感到归属感、尊严感，从而激发出员工的积极性、主动性和创造性，自觉地为争取企业集体荣誉感而奋发努力，同时企业通过设计、制定营销策略和薪酬体系，打造企业核心竞争力。

如今的邰正彪，依然义无反顾地守卫着自己的制造业理想，所不同的是，站在新的发展起点上，他以更加前瞻性的全球化目光，踏着更加坚实的步履，以创造者的心胸和气魄，带领着泰尔重工向着世界动力传动机械行业一流公司迈进。

陈德木
CHEN Demu

10月底的上海，满是浓浓的秋意。10月29日—11月1日，2012亚洲国际动力传动与控制技术展览会在上海新国际博览中心举办。在展会期间，中国机械工业年鉴社有幸采访了杭州杰牌传动科技有限公司（以下简称杰牌）的董事长陈德木先生，面对记者的提问，他侃侃而谈，生动地展现了飞速发展的杰牌公司全貌。

因专业而杰出 打造亚洲传动专家

——杭州杰牌传动科技有限公司董事长陈德木专访

年鉴社：贵公司作为齿轮行业的知名企业，近年来一直保持着行业领先的地位。请介绍一下贵公司近年的总体发展情况？

陈德木董事长：非常高兴接受你们的采访。公司始创于1988年，以8 000元人民币起步，秉承“一流、专业、联盟”的经营理念，走过了“做产品、做品牌、做标准”的发展历程，通过持续不断的技术创新、管理创新和品牌经营，现已发展成为占地面积20万m^2、建筑面积15万m^2、产业涉足传动设备和建设机械两大领域的现代化企业集团，现拥有杭州万杰减速机有限公司-蜗杆减速机、杭州杰牌传动科技有限公司-齿轮减速机、杭州科曼萨杰牌建设机械有限公司-塔式起重机三大系列，具有世界一流技术水平的主导产品，为杰牌的永续经营奠定了扎实的基础。

年鉴社：贵公司每年参加PTC展会都以强大阵容亮相，请问这次参展带来了哪些新产品，主要用在哪些领域？

陈德木董事长：这届PTC展会，杰牌主要带来了五大类传动产品，包括蜗杆传动、齿轮传动、电气传动、智能传动和其他传动产品。目前，杰牌不仅为客户提供传动产品，而且更加注重为客户提供整体传动解决方案，努力打造“亚洲传动专家、整体传动解决方案供应商”。这些产品主要应用在橡塑机械、环保机械、冶金机械、食品机械、舞台机械、焊接机械、筑路机械、娱乐机械、包装机械、工程机械、建筑机械、机床行业、汽车行业及物流输送等领域。

年鉴社：贵公司不断有新产品问世，可见贵公司在新产品研发上投入巨大。请问贵公司如何处理好现实业务生产和新产品研发的关系？新产品的研发成果如何？

陈德木董事长：这个问题提的非常专业，在这个问题上我们也是走过弯路的。如何把产品商品化的问题，以前关注较少，往往是投入大量人力、物力开发出很多产品，但不能转化为商品。后来转变了做法，很好地解决了这个问题。首先是找到用户，充分了解用户的需求以后再投入产品研发，也就是联合企业本身、用户和供应商三方共同研发，这样可以确保产品研发成功后，即可转化为商品，供应链也随之建立起来。用最少的投入获取最大的收益，既保证了现实的生产业务不受影响，又不断有新产品问世，以开拓新的市场。

目前，杰牌每年用于新产品开发的费用达到年销售收入的5% 以上，近两年开发了高精度硬齿面齿轮减速机系列产品，产品的模块化水平达到世界一流水平，产品的标准化系数达到85%，标准化件占比达96%。相继开发了混凝土泵车分动箱、扶梯减速机等专用产品，填补了国内空白，整体性能可完全替代德国、意大利、日本等国的同类产品。杰牌已获得20多项国家专利。

年鉴社：杰牌秉持“因专业而杰出”的发展理念，定位高端市场，瞄准国际知名品牌。请问“因专业而杰出”的具体含义是什么？杰牌跟国际知名品牌竞争已经具备了哪些优势？还存在哪些不足？

陈德木董事长：“因专业而杰出”这一口号的提出，源于杰牌20多年来的坚持与思考。何谓“因专业而杰出”呢？就是我们每个员工都必须有一技之长，在他的工作岗位上要做到最专业。不论是职能部门的管理人员，还是产品设计人员、生产人员、装配工、检测工，甚至仓库管理人员，都要有一技之长。专业体现在以下4个方面：一是有专业精神，二是有专业水平，三是要领先一步，四是要每天进步。 每位员工都知道为谁服务、与谁竞争、对谁负责，这就是杰牌参与竞争的最大优势。当然，杰牌与国际知名品牌竞争还存在一定差距，主要体现在基础技术研究、产品整体规划、产品设计、工艺装备及应用技术方面，在这几个方面的统筹考虑上提升空间还很大。不过，现在我们已全面行动起来，不仅注重产品的设计工艺和应用研究，更加注重把产品的整体规划和应用技术研究统筹考虑。相信我们以良好的心态来面对差距，努力进步，一定会逐步缩小与国际知名品牌的差距。

年鉴社：杰牌在国内外市场获得广泛认可，高品质源于高水平的管理，请问贵公司的管理理念是什么？如何落实到生产实践中？

陈德木董事长：我们企业内最常讲的一句话就是“因专业而杰出”，这不仅是企业追求的终极目标，也是企业的管理精华所在。这句口号如何才能落实到每个员工的实际行动中呢？以前常提到的员工要做企业的主人，我觉得实现起来是有一定困难的。所以，我们提出更加具体的目标，即产业、事业、家业，共同富裕和谐。每个员工首先要建立明确的家庭目标，然后，他就会去努力寻求事业目标和组织目标。 实现了组织目标和事业目标之后，家庭目标自然就实现了。通过这种细化的管理，使员工与企业融为一体，与企业共同发展。

年鉴社：受欧债危机的影响，今年国内的经济增速放缓，企业都受到一定程度的影响，请问贵公司采取了哪些积极的应对措施？

陈德木董事长： 从美国的金融危机到欧洲主权债务危机，再到中国的宏观调控，使得我国国内的经济增长速度明显放缓，这恰好遏制了国内企业追求高增长、过于浮躁的问题，为国内企业理性发展提供了契机。目前，装备制造业已被国家列入战略性新兴产业，齿轮作为主机装备的关键配套件，其发展也越发受到国家的重视，这对齿轮生产企业则是前所未有的机遇。我们要充分抓住这一战略机遇，及时调整产品结构，实现转型升级。具体说，就是要继续加强新产品的研发力度，狠抓产品的质量管理，加大人才队伍建设力度，练好内功，提升核心技术和管理水平，积极应对复杂多变的市场，适时开拓新的细分市场。

年鉴社：在国家大力振兴基础零部件的政策支持下，齿轮行业迎来了良好的发展机遇。杰牌作为国内齿轮行业的知名企业，请介绍一下贵公司在“十二五”期间的战略发展目标是什么？

陈德木董事长：在“十二五” 期间，杰牌发展战略是夯实产业基础，培育研发能力，实现从做专向做强转变，保持行业可持续健康发展。齿轮行业属于资金密集型、技术密集型和管理密集型的行业，企业要获得进一步发展，首先要突破资本瓶颈。我们提出要加大资本运作力度，做强主业。在目前中国的市场环境下，靠企业的盈利部分来加大再生产的投入是远远不够的，靠银行融资又存在巨大的风险。所以，下一步考虑适当引入外部资本，加大资本运作力度，做强主业。“十二五”期间，杰牌要坚持“不争500强，争活500年”的发展观，加强培育100名优秀员工、整合100家优秀供应商、服务100家优秀客户的“三百工程”建设，实现三足鼎立，平衡发展，通过几代人的努力，在做专的基础上进一步做强，努力打造亚洲传动专家。

后记：在采访过程中，陈德木董事长提到最多的就是“因专业而杰出”。这种理念早已不是仅仅停留在口号上，而是已经植根于杰牌每个管理者和普通员工的行动中。相信杰牌在他的带领下，凭借企业强大的经济技术实力，以及钻研进取、勇于创新的精神，一定会成为国际舞台上的知名品牌！

创新驱动 主攻高端

——东睦新材料集团股份有限公司董事长芦德宝专访

九月的北京，秋高气爽。9月16-19日，中国机械通用零部件工业协会粉末冶金分会第七届会员代表大会及产业发展论坛在北京中苑宾馆召开。在会议期间，中国机械工业年鉴社有幸采访了东睦新材料集团股份有限公司（以下简称东睦公司）的董事长芦德宝先生，他以充满睿智、满怀激情的言谈，生动地展现了一个飞速发展的东睦公司。

年鉴社：贵公司作为粉末冶金行业第一家在国内上市的外资控股公司，近年来一直保持着行业领先的地位。请介绍一下贵公司近年的总体发展情况，保持行业领先的成功经验是什么？

芦德宝董事长：我国粉末冶金行业从20世纪80年代逐渐融入到世界粉末冶金行业中，东睦公司也是从那时开始，通过引进国外的先进技术，不断地实施技术改造、技术创新，实现了公司的跨越式发展，得以与国际知名的粉末冶金企业同台竞技。近年来公司总体发展平稳，基本保持逐年增长的态势。2011年，集团的销售收入已达到10亿元，这对于零部件企业是非常难能可贵的。

东睦作为国内粉末冶金零件行业的龙头企业，一直保持着行业的领先地位，这得益于公司注重技术创新，持续实施技术改造，始终保持着在行业内的技术领先优势。

年鉴社：粉末冶金零件由于其生产工艺的特殊性，能最大限度地降低耗材、节能环保，因而也受到越来越多的用户认可。请介绍一下贵公司产品的优势是什么？重点应用领域有哪些？

芦德宝董事长：说到粉末冶金工艺的特点，值得一提的是节能、节材，欧洲及北美的粉末冶金行业都有粉末冶金工艺与铸造、锻造及机械加工等工艺在材料和能源消耗方面的相关实证报告。在全球注重环境保护的大背景下，更加凸显出粉末冶金工艺的优势，因此，粉末冶金工艺技术在未来的产业发展中市场潜力巨大，前景广阔。

东睦公司产品的最大优势是具有很高的性价比。公司产品定位是中高端粉末冶金市场，主要面向跨国公司及国内主流品牌企业。公司产品不仅与国内同行相比具有技术、质量的优势，与国外同行相比，高性价比也是最主要的优势之一。另外，产能优势和生产规模是公司能够成功为大企业配套的保障，可以保证客户的供应链安全，这对于大公司尤为重要。

东睦公司产品主要应用于汽车，家电行业的空调和冰箱的压缩机零件，以及摩托车、工程机械和办公机械等。近年来，中国汽车工业的快速发展为粉末冶金产业提供了广阔的发展空间，东睦公司正是抓住了这个机会，获得为国际中高端汽车部件厂家配套的机会。目前，公司的粉末冶金汽车零件的产量增长迅速，已成为公司最主要的产品。

年鉴社：贵公司被认定为“国家重点高新企业”，由此可见，贵公司主要是走高端路线，产品创新、技术研发均处于行业前列。请介绍下贵公司在激励科技创新方面有哪些举措？最近的科技成果有哪些？

芦德宝董事长：东睦的发展是靠科技进步和持续的技术改造，在激励科技创新方面主要有以下三个方面：

一是管理理念创新和技术人才的激励。首先，坚持科技进步，不断实施技术改造，为公司技术提升提供更高的平台；其次，为广大技术人员和骨干员工提供培训机会，特别是赴国外培训、考察的机会，开阔视野，提升能力；第三，通过制度创新，使骨干技术人员间接持有公司股份，将他们的利益与企业紧密联系起来，使其能够长期为公司服务；第四，公司有一系列的鼓励技术创新的激励机制，新产品开发、专利开发等都能得到相应的激励。

二是确保研发费用的投入。公司董事会制定了持续技术开发的机制，确定每年用于新产品开发的投入不低于公司年销售收入的4%，从资金上予以保证，并定期向公司董事会报告。

三是努力寻找有市场发展潜力的产品进行研发，像汽车领域，有很多零件可以采用粉末冶金制品。这样可使公司的产品研发工作始终走在粉末冶金行业的前列。

公司在新产品开发、新材料和新工艺方面都有新的进展，也取得了丰硕的科技成果，并取得了多项优秀新产品奖。像 VVT 链轮、曲轴正时齿轮和变速换挡块等汽车、发动机领域的一些高端零部件，公司已经具备批量生产能力。

年鉴社：现代企业都非常重视管理，贵公司作为外资控股的上市公司，在管理上更是有许多独到之处。请问贵公司的管理理念是什么？采用了哪些先进的管理制度和管理软件？

芦德宝董事长：“务实、创新、高效”是东睦公司的企业精神，东睦人秉承着“诚信、高效、奉献”的价值观。因此，在公司的管理理念中也渗透着这种精神和价值观，体现着务实、创新、诚信和高效的精髓。管理制度只要适合企业，能够帮助企业实现快速发展就是最好的。东睦公司是中外合资企业，在管理创新上更具优势。公司管理人员多次到国外公司参观学习，充分借鉴吸收国外企业的管理经验。公司采用 ERP 管理软件，大力推行科技创新、人才激励和生产流程控制等，实现全方位的管理，显著提高了生产效率。

年鉴社：受欧债危机的影响，今年国内的经济形势也不容乐观，尤其是零部件企业更是感受到了形势的严峻。贵公司作为上市公司，采取哪些举措降低风险，保证公司最大收益？

芦德宝董事长：欧债危机以及此前的美国次债危机引发的全球金融危机的确给全球的经济带来很大冲击，在经济全球化的今天，危机给全球经济带来影响是很正常的。面对危机处置得当是非常重要的，但同样重要的是企业如何未雨绸缪，针对企业自身情况，制定合理的发展战略，这样可以尽量减少因市场波动对企业带来的冲击。

东睦自上市以来，一直注重调整企业产品结构，走高端路线，积极发展中高端产品，避免在低端产品生产上的重复投资和低价竞争，追求为客户提供“价值”的理念，主要为国内外的知名企业及世界 500 强的企业配套。因此，在危机到来时，东睦的产品以其良好的性价比受到了客户的支持，在整体市场缩减的情况下，东睦的销售并没有明显减少，市场份额还有增长，这样就保证了企业的利益，保证了投资者的利益，保证了客户的利益。

年鉴社：在国家振兴基础零部件的政策支持下，粉末冶金行业迎来了良好的发展机遇。东睦集团作为国内粉末冶金行业的龙头企业，请介绍一下贵公司在“十二五”期间的发展战略目标是什么？投资策略是什么？

芦德宝董事长：东睦公司将“成为中国最重要的粉末冶金零部件供应者”，以及“继续保持在中国粉末冶金行业的领先地位”作为未来发展的重要战略目标。具体实施策略是：在新产品研发上，要继续保持领先优势，紧跟国际知名公司的产品研发步伐，争取为其配套；在公司管理方面，企业内部不断激励技术创新的同时，积极整合集团内部资源，进行合理的资源配置，以实现集团的整体战略目标。

“十二五”期间，东睦公司将充分抓住国家大力振兴关键基础零部件行业的战略机遇，调整产业结构，转变发展方式，继续积极发展高端粉末冶金汽车零部件，增加产品附加值，为客户提供更高的价值。因此，公司“十二五”期间的投资策略也将与之相适应。

年鉴社：贵公司作为中国机械通用零部件工业协会粉末冶金分会的理事长单位，为我国粉末冶金行业作出了巨大贡献。能否介绍一下粉末冶金协会在“十二五”期间的重点工作有哪些？我国粉末冶金行业未来的发展之路是什么？

芦德宝董事长：我认为，粉末冶金分会在“十二五”期间的重点工作应该是充分发挥行业协会的作用，支持中国粉末冶金产业的发展。具体有以下三个方面：

（1）打造中国粉末冶金行业，特别是粉末冶金企业的整体形象，扩大其在中国产业中的影响力。

（2）结合产业结构调整的大环境，着手编制中国粉末冶金产业技术发展路线图，促进粉末冶金产业的发展和行业资源整合。

（3）在加强粉末冶金产业的产、学、研、用的合作过程中，积极强化粉末冶金分会在粉末冶金产业技术创新联盟中的核心地位。

中国巨大的市场空间已经吸引很多国际知名的粉末冶金企业进入中国，这给中国的粉末冶金零件企业的发展带来前所未有的挑战。中国粉末冶金零件企业应充分抓住中国产业结构调整带来的机遇，积极创造条件为节能家电、高效低排放汽车等产业配套，并利用粉末冶金技术在节能降耗方面的优势，扩大粉末冶金工艺对铸造、锻造、切削加工等工艺的替代。企业必须尽快提高自主创新能力，提升自身的核心竞争力，采取差异化竞争，避免重复投资和低水平价格竞争，才能获得新的发展空间和机会。东睦公司作为粉末冶金分会的理事长单位，行业龙头企业，一定会引领行业共同发展，实现我国粉末冶金行业“由大到强”的蜕变！

后记：在采访过程中，芦德宝董事长提到最多的词汇就是“技术创新”“新产品研发”“高端市场”等。“创新理念、主攻高端”已深深植根于他的脑海中。相信东睦公司在他的带领下，凭借企业强大的经济技术实力，以及不断进取、勇于创新的精神，一定会走向更加辉煌的明天！

冯春
Feng Chun

深圳航空标准件有限公司，成立于1982年，作为国内第一批生产高强度螺栓取代进口产品的紧固件企业，先后获得了“深圳市中小企业100强”“深圳市先进技术企业”“深圳市高新技术企业”等荣誉称号及多项国家级专利项目。近日，深圳航空标准件有限公司总经理冯春就企业当前的业务重点以及未来的拓展规划接受了年鉴社的专访。

航标：立足长远 加快业务拓展

——访深圳航空标准件有限公司冯春总经理

年鉴社：深圳航空标准件有限公司的业务涉及到汽车、摩托车、制冷、家电等多个领域。请问汽车业务在其中所占据的比例大致为多少？公司对于自己未来在汽车行业的发展是如何定位的？

冯总：我公司从20世纪90年代就开始进入汽车配套行业，并进行相关产品的生产，当时主要是向上海大众配套精密螺丝。2005—2012年，航标不断加大在汽车产业方面的投入，在国内汽车行业一度向好的大环境下，公司的汽车业务也得到快速发展，并以每年30%的速度保持增长。到2012年，汽车业务在我公司的销售收入中所占的比例已近40%。此外，近年来合资车企进一步加快产品国产化的力度和步伐，航标在和这些车企进行合作的过程中，凭借稳定的质量，领先的技术与优秀的设备加工能力，重点开发高精尖产品特别是异型件，从而帮助客户加快了推进产品的国产化速度，与客户实现互利双赢。

年鉴社：据了解，公司的主营产品包括各种标准及非标准的高强度螺栓、精密螺丝、螺母以及异型件等，这些产品目前在市场上的表现如何？未来公司在产品创新和发展方面有什么计划？

冯总：1991年航标便开始生产高强度螺栓，并成为国内第一批取代进口高强度螺栓产品的紧固件生产企业。公司凭借从日本进口的多工位冷加工设备以及行业内最先进的热处理线，从硬件配套方面为产品品质的稳定性、可靠性及优秀性提供了有力保障，这也是公司在客户中长期保持良好声誉的决定因素之一。目前，高强度产品的销售额已经占到公司整体汽车产品销售额的60%。公司依托先进设备可生产直径小至0.8mm的精密螺丝，也已为众多国际知名OEM工厂进行配套。

依据公司未来战略规划，将对已有异型件以及高端异型螺母板块业务进行重点开发。在开发这类产品的过程中，公司一方面将深入研究突破冷镦技术，将原来车削加工件改为冷镦件，降低材料损耗以提高生产效率，为客户降成本，实现双赢。如公司最近获得的两项国家新型实用专利“谐振杆”与“花键轴”产品便成功实现了冷镦技术的突破，对传统零部件进行了改进。另一方面，通过多工位冷镦与CNC二次加工的结合，以生产高精度复杂异型件替代进口产品。

年鉴社：在汽车业务板块上，深圳航空标准件有限公司大多是与知名合资、外资企业展开充分合作，也有为国内如比亚迪、广汽传祺等自主品牌进行产品配套，您如何看待国内自主品牌的发展？

冯总：公司前身是中日合资的企业，一开始便更多地同国外车企以及国内的合资企业进行合作。近年来，国内汽车行业的自主品牌也有了长足的发展，特别是像长城、东风、奇瑞、比亚迪、广汽传祺等企业的发展非常迅速。虽然目前国内的自主品牌在产品技术以及品质方面仍然与外资或合资企业有差距，但是差距已经在不断地缩小，国产车越来越得到国内甚至国际消费者的认可，而最近国家推出的优先采购国产车的政策也会进一步推动国内自主品牌产品的热销，并进一步促进车企的发展。我认为，未来国内自主品牌的发展，包括整车的供应链，仍然是要练好扎实的基本功，从技术和品质方面着手增强自身实力，这样才能有更长远的发展。

年鉴社：公司注重环保，提倡绿色经济，并于2004年获得ISO14000认证，注重环保对于企业的发展具有怎样的意义？在实际生产中采取了哪些措施以实现环保目标？

冯总：保护环境从我公司的成立之初便形成了制度，经过近30年的发展，更形成了一种文化。

我们清楚地认识到地球的保护是人类共同的最重要的课题之一，对企业而言，认真贯彻落实环境保护方针，积极实施环境保护措施，对企业的发展具有四项重要意义：第一，可促使企业加强环境管理，增强企业员工的环境意识；第二，通过有效运行ISO14000环境管理体系，使企业自觉遵守环境法律、法规，并在生产、经营活动中考虑其对环境的影响；第三，可促使企业节约能源，再利用废弃物，降低经营成本，支持企业实施清洁生产；第四，也可帮助企业树立起良好的环境保护形象，提高企业知名度。

此外，基于公司环境保护的理念和环境保护的社会化责任感，公司在实际生产中切实采取以下措施以实现环保目标：

（1）严格遵守与公司经济活动相关的各项法律法规及其他要求，为环境保护作出努力。

（2）努力预防环境污染，以节能降耗为目标，不断完善环境管理体系。

（3）通过培训和交流等活动，使员工理解、贯彻和执行环境方针。

（4）建议顾客采用环保产品，采用环保电镀工艺进行产品表面处理。

（5）积极推进清洁生产这一全新的发展战略，通过管理创新、技术创新，加大污水处理设施投资力度，节能降耗，污水处理达标排放和回收水再利用。

也正是由于长期以来对环境保护的重视，以及众多落到实处的措施，公司在2011年参加深圳市政府、广东省政府进行的清洁生产企业认证时，顺利通过并获发奖牌。

年鉴社：深圳航空标准件有限公司的核心战略是“技术创新、速度制胜、管理盈利”，请具体阐述一下这一战略的具体含义？

冯总：公司的这一核心战略是基于市场、面向顾客而制定出的发展战略计划。

对公司而言，技术创新，第一，它是一种技术行为，在企业的生产过程中，通过产品创新、工艺创新、技术改造、引入先进设备和先进的制造技术来保证这种技术创新的实现；第二，它是一种经济行为，强调市场的导向作用。以市场为导向，追求技术创新的有效性，为顾客创造价值的同时获得良好的经济效益。

速度制胜，强调的是企业在整个供应链中的快速反应和整合能力，具体来讲就是依靠“三个速度”：

市场反应的速度——能够对客户的需求变化做出迅速反应；把握不同客户、不同区域的特点，尽量压低库存；高效组织生产配送使产品送达到客户的时间尽量缩短。

产品研发的速度——通过公司建立高效的联动开发体系，使公司具有快速的开发响应速度，缩短产品研发的周期，塑造良好品牌形象。

企业发展的速度——站在全球的高度思考和洞悉全球市场，通过自身产品结构转型升级、投资、收购、并购等资本运作方式，增强企业竞争实力，实现企业的快速、持续发展。

管理盈利，随着公司收购项目及后续建设项目的推进，公司的管理面临着一个新的挑战，我们需进一步优化管理系统，完善生产管理、市场营销管理、财务管理、质量管理、技术开发和成果转化管理等管理体系，优化组织结构，并在提高管理效率的同时降低管理成本，向管理要效益，适应发展需要。

年鉴社：公司从成立发展至今获得多项国家级专利、省市级荣誉，在品牌建设上，公司有哪些经验与心得可以与我们分享？

冯总：公司自1982年成立之初，就意识到品牌对一个企业的重要性，因此在1986年即注册并取得了“三力”商标。20世纪90年代成为中国紧固件制造行业中率先获得ISO9002:1994质量体系认证的企业，随后又获得ISO14000:2004体系认证及ISO/TS16949:2002质量体系认证 。此外，公司还先后获得了“深圳市中小企业100强”“深圳市先进技术企业”“深圳市高新技术企业”等荣誉称号。随着知识产权意识的不断强化，公司近年来开始着手各项专利的申请，目前已获得“花键轴冷镦制造方法”“燕尾槽螺钉的冷镦模具”等6项技术专利，另有2项专利申请已进入公示环节。

品牌建设是企业最持久的核心竞争力，而一个地方企业品牌竞争力的强弱也间接决定着这个地区和国家竞争力的强弱。在全球化竞争时代，我们的企业应该将提升自己品牌的竞争力作为最重要的责任之一。

航标的品牌建设大致经历了“品牌初步认知—品牌重视—品牌战略—品牌管理”这四个阶段。当然公司的品牌建设曾经走过一段弯路。自2008年起，公司重新制定了自己的品牌战略，加强了对知识产权的保护，致力于品牌知名度的进一步提升。

我们认为，公司的品牌建设最关键的是公司须有清晰的品牌战略和明确的业务定位。未来的世界是各种品牌林立的世界，更是具有强势地位的全球性品牌的世界。在品牌建设方面，在注重基础管理工作的同时，我们的重心将逐渐从“提高意识”转到“提升能力”，从“注重数量”到“量质并进”，从“关键环节控制”转到“项目全程管理”上来。以知识产权为重要手段，促进公司重点、重大科研项目取得重大突破，不断扩大在市场上的竞争优势。

国联机械 www.gwolian.com

一个没有含着金汤匙的二代接班人、2011年中国台湾百大MVP杰出领导人陈志宏：感谢所有的艰辛打击，激励出国联“精品”形象

在国联机械获中国台湾金炬奖“最佳企业、最佳产品”的同时，陈志宏脑中已在构筑国联第二个“十年计划”。

利他手段 行“破坏式”创新 一手打造“32国营销网”

时间回溯到1993年，在父母亲苦口婆心劝说了5年后，国联现任董事长陈志宏，终于点头，肯回台湾接手当初只有6名员工的家族基业，从基层做起逐步发展成至今在台湾及大陆共有两厂的规模，未来在台湾及大陆还有第三厂的建设，未来期许“在亚洲争第一，在世界比高下”！国联是台湾伸线机业营业额、资本额最高、土地面积最大的专业伸线机械制造厂，客户群如美国I.T.W.、日本SUMIDEN、IWWI…，欧洲Nedschroef、TREFINNASA、NORM、OZER..南美洲CISER、阿赛洛米塔尔…，东南INTERMETELIDO TIMUR MEGAH、THAIUNION、太平洋、KAMEN STEEL…，中国宝钢、邢钢、永钢、江阴华新、晋亿、东明、富奥汽车、东风汽车、上海标汽、常熟、瓦标、鹏驰、内德史罗夫、奥达科…，台湾春雨、三星、东徽、路竹新益、世铠、英德、瀛新、立霖、三发等集团，均为国际知名厂商。目前，台湾厂为营运中心，产品营销至中国大陆以外的30多个国家；中国大陆厂则主要营销中国大陆市场；但为了坚持“质量是尊严与价值的起点”，就算多支付运费、关税及增值税等额外成本，80%关键性零件一定从台湾出去。2010年，国联一口气获得金峰奖“杰出企业”“杰出领导人”“杰出产品”三大殊荣，为该会创会以来第二家囊括三大奖的企业，今年更获得金炬奖“年度十大绩优企业”及ECFA伸线机业“台湾第一品牌”殊荣，在2011年更荣获经理人杂志100大经理人。身为国联第二代接班人，陈志宏感性地说：“父母亲的期待一直是我事业奋斗的原动力，在创办人父亲及母亲辛苦建立的平台下，我必须要把它做好。”此外，“利他主义”为陈志宏经营企业最重视的精神，当初就是看到酸污染公害的严重性，因而成为台湾第一家进驻环科的企业，更获邀至“台湾电视企业名人堂”中探讨其环保理念。“公利成，私利则成；当企业经营是以利他精神出发时，即使眼前看不见任何利益，但后势效益往往却很惊人！”陈志宏一直以来从蓝海策略出发，从不在红海与对手厮杀，他主持的研发团队以“细心深耕市场、融入客户真实需求”为产品研发方向，一定要做出国联机械独特的差异化，在差异化中再进行破坏式创新，1996 年国联开发出的“自动送料车头”专利，即是应用“破坏式创新”的鲜明例子。陈志宏笑着说：“当客户告诉我，国联机械对他来说有多棒时，那种愉悦比赚了多少利润更让我有成就感。”他进一步指出，ECFA 实施后，台湾企业要积极朝自动化生产转型，去年国联的世界级日本 CNC 车床、五轴复合式加工机及光学研磨机器开始投入使用，以提高自制率及质量精度，就是要为台湾厂接下来的“精实计划、黄金十年”作足准备。

“平价的线材、螺丝的精品”惊艳全球 伸线机专用辊轮组“跳跃式”成长 犹如伸线机业的 I-phone

国联一路研发出来的 HCD、1STCD、TCD、DSC 机种皆畅销国际，50 年来的传统，全球一律使用眼模来抽线，但一般眼模寿命约 10~15t。针对此点，国联研发出“伸线机专用辊轮组”，保障寿命至 2 000t，但客户实际使用情况甚至超过 10 000t，同时改善了传统打螺丝头会开裂的问题、降低开裂率至 0.1 % 以下，更降低了盘元原物料购料成本，可低品高用伸线耗电节省 50KW-h/t、球化退火节省 80KW · h/t，而酸洗成本节省 10US$/t。以材料 #1 022$\phi$2.75mm 为例，平均每吨生产成本降低 34US$/t，之前生产线材 1 000t，采用 6 模式眼模伸线要 700 马力，但辊轮组伸线只需不到 280 马力，一年少产生 500 000t 二氧化碳，且不需润滑粉，不仅提升质量，还节省大量电力、降低 CO_2 排放量、减少酸洗量，产品的高度竞争力令同业倍感威胁，之前即使遭受某些不实抹黑诋毁攻击，至今用质量及实绩也让谣言销声匿迹，依然不减产品显而易见的高附加价值，每年销量呈 20 %的成长，目前全世界只有国联及德国与意大利在生产此产品，目前在中国及亚洲国联占有率亦超过德国与意大利，现在国联已在 upgrade 该产品，预计要做到 ϕ20mm，并在试钛合金阶段。“节能减碳、降污减废、新兴技术、资源永续”是国联经营四大主轴，陈志宏表示，“提高产能加快交货，辅导客户如何应用”是国联首要紧急工作。用人唯才、重内涵品德操守，课长级素质要比别人的经理好，经理级主管至少要跟别人的副总水平相当，看来，“破坏式创新”的效益威力正迅速在全球发酵蔓延。

有世界级供货商支持 步向第二个十年愿景“在亚洲争第一、在世界比高下”

当初在建台湾厂时，陈志宏立下了“在台湾争第一，在世界比高下”的愿景，如今，第一个十年计划已成功获得，“扩展营销网至 35 国以上”遂跃居成为国联下个十年目标，要将主力放在中国大陆、东南亚等亚洲区及第三世界国家，虽然国联在中国大陆的客户已超过 150 家，早就拥有一定的品牌知名度，但陈志宏说，未来还要再加强在中国大陆的通路合作，以巩固中国大陆市场。原有德国、意大利、日本，以及在台湾为航天零件加工的供货商的技术支持，加上有日本工作母机的加入，国联要在亚洲胜出指日可待。今年，除投资硬设备外，国联更导入 9 大循环内控制度，“现今国联存在的意义已非当初的事业理想，而是提升为更宽广的责任与使命格局，要为客户带来更丰厚的利润。”陈志宏开朗地笑说：“人家的第二代是含着金汤匙，但我不是。”虽然没有人人称羡的金汤匙，但老天爷给了陈志宏一个难得的机遇，我们可以看到，40 多年前的国联已然跳脱传统式的家族企业，晋升为一家“精品”形象烙印人心的企业家族。

永远超越 永远腾飞

——首家无凸轮电脑多轴多功能弹簧机制造商专访

年鉴社：贵公司作为专业生产CNC多轴多功能电脑弹簧机的美国独资企业，请介绍一下贵公司的背景以及近年的经营状况。

永腾弹簧机械：东莞永腾自动化设备有限公司创建于2001年，是国内首家专业生产CNC多轴多功能电脑弹簧机的美国独资企业。公司运用美国最新最先进的伺服系列控制技术，打破传统的凸轮带动成型模式，对弹簧机械控制技术进行一次具有重要意义的技术改革，成为国内外独家首创的无凸轮模式兼备机械手的弹簧机制造企业。

公司不断加大产品研发投入力度，创新技术和产品不断涌现，并已获得国内外多项实用新型专利。经过10多年的生产实践，多名美籍资深高级工程师设计监制，产品得到不断创新和改进。现已推出CMM-12-600R转线机、CMM-6-800R线成形机、CMM-12-450R转线机、CMM-12-400R转线机、CMM-10-400转线机、CMM-12-236R转线机及CMM-10-236转线机等系列产品。本公司生产的弹簧设备无论是机械性能、产品质量，还是软件操作系统，以及使用中的生产效率等，已通过用户检验都是非常优越的。尤其是公司生产的无凸轮先进型电脑弹簧机是国内首创，独树一帜。

年鉴社：贵公司的弹簧机采用美国技术，性能先进，在国内市场处于领先地位，请介绍一下贵公司经营状况及市场销售情况。

永腾弹簧机械：公司的各种多功能电脑弹簧机，采用美国先进技术，调试快速，省时、省电、回报快。公司产品销售不仅遍布浙江、上海、广东等国内30多个省市，还出口到美国、加拿大、德国、意大利、波兰、澳大利亚、日本、越南、韩国、匈牙利、白俄罗斯等多个国家，取得了良好的销售业绩。2011年销售额约9000万元，并且，在近3年保持了每年30%以上的增长率。产品得到用户的一致好评，市场占有率也在逐步扩大。

本公司的经济实力强大，技术开发能力超前，要做就要做最好的。具备50多年机械设计经验的董事长，早期创立的恒昌机械——永腾弹簧机械的兄弟公司，至今销量仍然第一，是衍缝机行业的首创开发者，目前仍无人超越。

年鉴社：贵公司产品已获国内外多项实用型专利，其中无凸轮电脑弹簧机是国内首创，独树一帜。请介绍一下贵公司产品有哪些先进的性能，主要应用在哪些领域？

永腾弹簧机械：本公司生产的无凸轮电脑弹簧机先进性主要体现在以下几个方面：

● 生产速度快、定位精准、运行稳定。采用无凸轮、无摇臂设计，调机速度比传统凸轮机快达50%以上。

● 可生产弹簧品种多、范围广。能够生产各种各样传统和非传统的高难度弹簧，如异型弹簧、压簧、拉簧、双扭簧、电池簧、扁簧（发条簧）及各种线成型等。

● 控制系统智能化、模块化。独特的无凸轮和无摇臂设计，由多组伺服电动机独立控制，智能模块，自动检测及报警等功能齐全。Windows视窗操作、中英文显示、易学易用。

● 传动精确。摒除传统的皮带传动方式，采用日本进口齿轮传动，保证传动的精度和平稳性。

公司的弹簧机适用于生产汽车、厨具、电子、电器、文具、仪器、仪表、玩具、发饰及工艺品等所需的各类高精密的弹簧，如电池簧、拉簧、压簧、扭簧及异形弹簧，还可生产不同规格的板材弹片、发条等。

年鉴社：质量是产品的灵魂、企业的生命，是维护顾客忠诚的最好保证。请问贵公司有哪些产品质量的保障机制，保障为用户提供最优质的弹簧生产设备。

永腾弹簧机械：公司非常重视产品质量管理，从产品设计、加工生产及检测等各环节严把质量关，确保为用户提供优质的产品。

● 强大的研发能力保证了无论软件或硬件都是公司自主独立研发，无需依靠外购的软件配套，这样更有利于产品的改进和灵活性。

● 公司通过了ISO9001：2008质量管理体系认证和欧盟CE安全认证，产品质量得到强有效地控制。

● 在产品质量上追求完美，力争做到最好。为保证产品质量，90%的零部件自主生产，坚持不外加工，并且聘请资深管理团体按质量控制流程严把质量关。

● 加工检测设备先进。公司不惜成本，大量购置了国内外先进的加工设备。2010年至今设备投资总额达1500万元，进口多台日本和德国的先进加工和检测设备。

年鉴社：为了赢得用户，不仅要有优质的产品，售后服务也至关重要。请问贵公司的售后服务体系是怎样的，如何为客户提供及时优质的服务。

永腾弹簧机械：公司一向坚持用户至上的理念，建立了完善的售后服务体系，想用户之所想，为客户提供全方位的服务。具体措施有以下各方面：

- 不定期回访客户。
- 终身免费提供技术咨询。
- 终身免费提供软件升级。
- 终身提供技术培训。
- 终身提供维修服务。
- 广东省24h内到达维修。
- 国内其他地区最快48h内到达维修。

年鉴社：现代企业都非常重视管理，以便更有效地利用资源，激发人的潜能，以实现经营目标。请问贵公司的管理理念是什么？

永腾弹簧机械：公司始终以创新、领先同行为宗旨，做到人无我有，生产与国内其他厂家不一样的优质产品。在国内弹簧机械行业总是被模仿，但从未被超越，一直保持着领先的地位和优势。唯才是用的用人方针为公司选拔了大批优秀人才，不论出身、学历、年龄，能者居上。采用先进的公司系统化管理软件——用友全方位管理软件，大大提升了公司管理水平和效率。

年鉴社：请问贵公司的下一步发展规划是什么？

永腾弹簧机械：中国有着让欧美各国企业羡慕的市场，发展空间巨大。为满足国内外市场快速增长的需要，公司将扩建厂房，进一步提高产能。公司将进行厂房投资项目的规划，计划在2013年建造4600m2多层厂房。届时将会购置大批新设备，新增多条先进生产线，将现有的生产产能提升至另一新台阶。

年鉴社：品牌是现代商业竞争中的核心要素，拥有品牌，就拥有了市场。请介绍一下贵公司的品牌策略是什么？有哪些措施保证企业品牌影响力不断扩大。

永腾弹簧机械：公司一贯注重品牌的培育和专利的保护工作，力争打造国内弹簧设备的知名品牌。公司管理层深刻认识到产品质量和品牌之间相辅相成的关系。优质的产品能够使得更多的顾客购买，从而形成了品牌效应；同时品牌的建立使得厂家更加希望通过提高产品质量来巩固品牌效应。公司的产品技术含量高，运行精确可靠，生产效率高，已经得到国内外用户的广泛赞誉，在客户心目中树立了良好的形象。目前，公司已经拥有18个中、英文注册商标，在弹簧机械行业逐步确立了永腾弹簧机械国际一流品牌的形象。

我们坚信，随着公司不断引进先进的技术，持续的科研投入，产品品种的不断增加，质量不断提高，市场的不断扩大，永腾弹簧机械的品牌影响力必将进一步提升，成为国内外弹簧厂家的最佳选择。

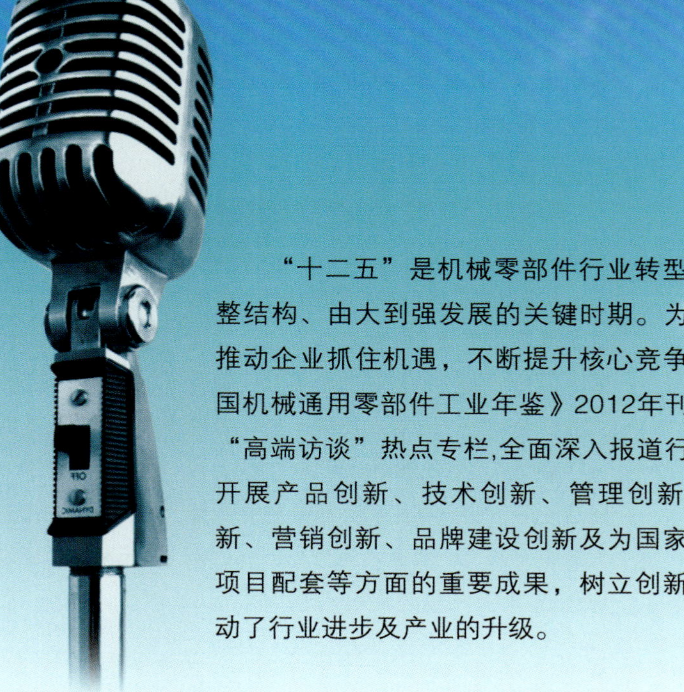

“十二五”是机械零部件行业转型升级、调整结构、由大到强发展的关键时期。为了鼓励和推动企业抓住机遇，不断提升核心竞争力，《中国机械通用零部件工业年鉴》2012年刊特开设了“高端访谈”热点专栏,全面深入报道行业企业在开展产品创新、技术创新、管理创新、文化创新、营销创新、品牌建设创新及为国家重点装备项目配套等方面的重要成果，树立创新典型，推动了行业进步及产业的升级。

中国
机械
通用
零部件
工业
年鉴
2012

II
链传动行业卷

回顾总结我国链传动行业近年的发展情况，记录行业生产、技术和新产品发展情况；公布行业各项经济技术指标；分析国内外市场动向，提出行业发展的总体思路、发展目标及政策建议；概述链传动行业质量与标准化工作；链传动行业大事记

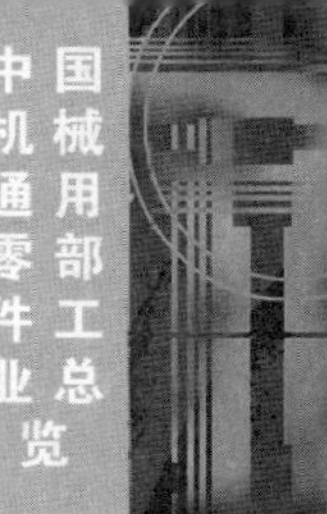

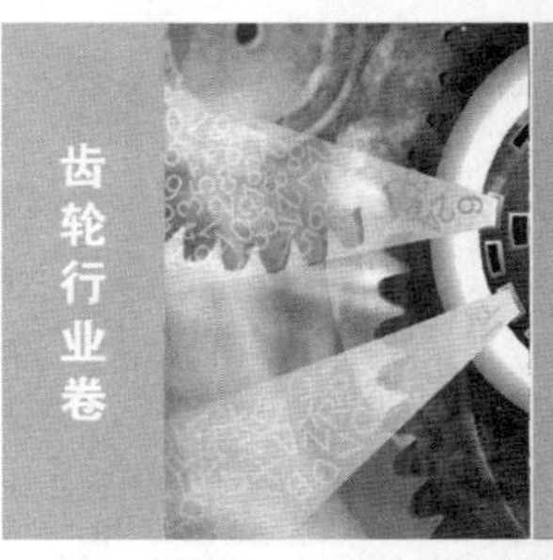

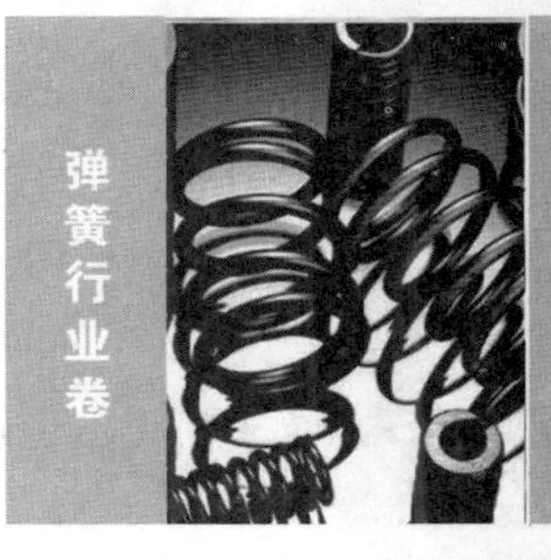

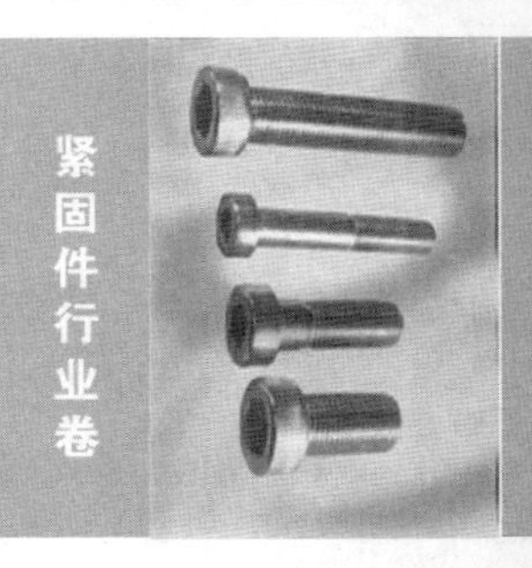

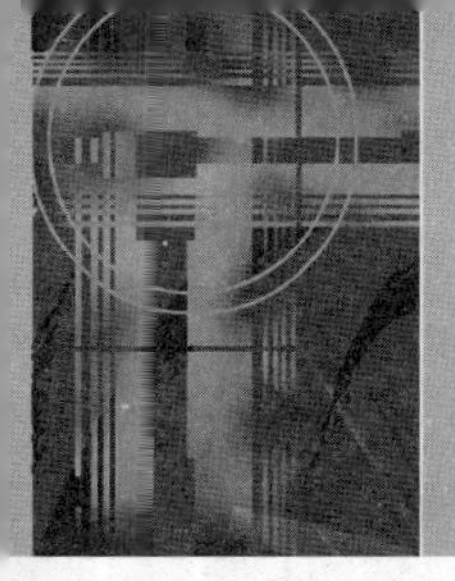
中国机械通用零部件工业总览

链传动行业卷

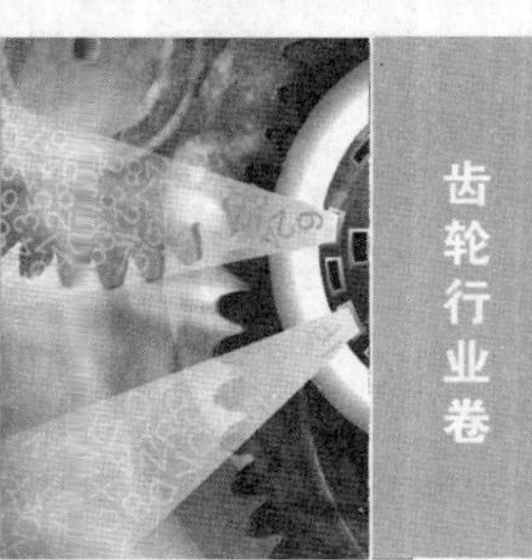
齿轮行业卷

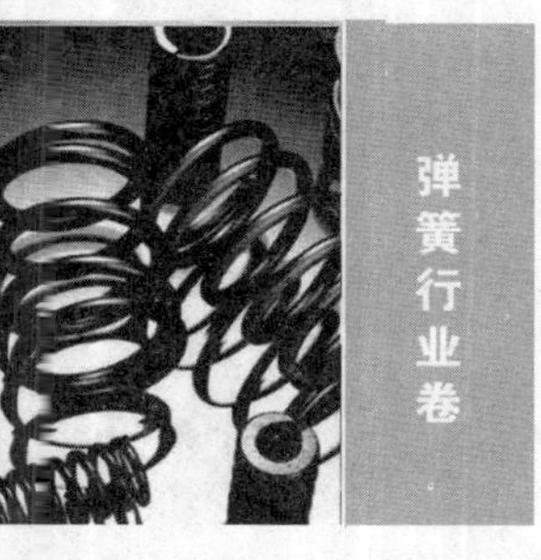
弹簧行业卷

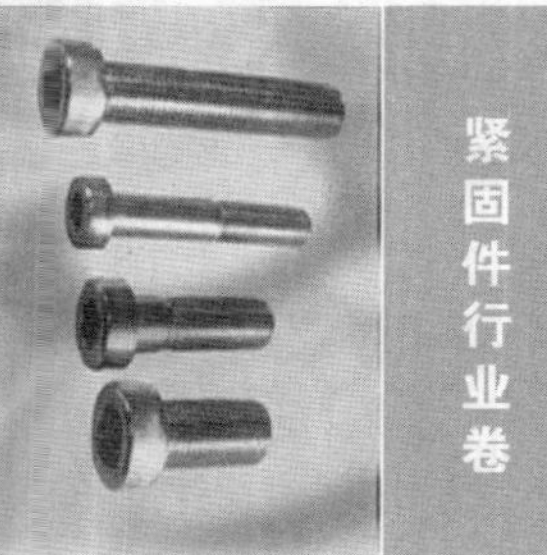
紧固件行业卷

粉末冶金行业卷

传动联结件行业卷

中国机械通用零部件工业年鉴 2012

II 链传动行业卷

综　述

以提高经济增长质量和效益为中心 推动链传动行业新发展

2012年,世界经济在深度调整转型中延续低速增长态势,美国增长率为2.3%,欧元区下降了0.4%,日本增长率为2%。2012年我国GDP首次超过50万亿元,达到了51.9万亿元,增长率为7.8%,继续领跑主要经济体,但增速也明显下降。展望2013年,世界经济较2012年将有所缓和,美国经济有可能转暖,欧洲经济有望走出“停滞”状态,新兴市场国家增势将好于去年,全球经济增长率可能会达到3.5%左右的水平。但世界经济形势依然复杂严峻、充满变数,国际金融危机引发了全球经济增长方式、供需关系和治理结构的深度调整,世界经济由危机前的快速发展期进入后危机时代的深度调整期,全球经济增长持续低迷,市场扩张速度明显放慢,贸易保护主义重新抬头。

我国经济继续依靠扩大出口拉动经济增长的难度明显增大。我国外贸依存度经历了“加入世贸”初期的快速增长后,从2006年67%的高位开始回落,2012年再回落3.1个百分点。我国经济正由外需拉动向内需驱动转变。西方主要国家在后危机时期加大了科技投入和体制调整力度,产业变革孕育新突破,技术融合形成新态势,生产方式、分工体系和市场结构发生新变化。我国在中高端技术领域受到发达经济体越来越大的竞争压力,在低端技术领域则面临要素成本更低的新兴经济体的追赶竞争。

我国继续依靠大规模投入发展制造业进而推动经济增长的空间明显缩小。我国要在更加激烈的竞争中把握主动权,必须以提高经济增长质量和效益为中心。从国际环境看,我们面临的机遇已不再是简单的纳入全球分工体系扩大出口加快投资的传统机遇,而是倒逼我们扩大内需提高创新能力、促进经济发展方式转变的新机遇。从国内看,我国经济发展仍然具有难得的机遇和有利条件,国内市场潜力巨大,可以转化为经济增长的强劲动力。积极稳妥推进城镇化,将创造新的消费和投资需求,为经济增长注入新的动力;沿海地区产业向中西部加快转移形成的动态比较优势,有利于经济更长期保持较大增长态势。但也要看到随着我国发展阶段的变化,劳动力、土地、矿产资源等生产要素的低成本优势正在减弱,企业创新能力不强的问题进一步显现,生态环境约束持续强化,经济增长下行压力和制造业产能相对过剩的矛盾日益突出,依靠大规模增加资源和要素投入、不断扩大产能推动经济增长的路子越来越难走下去。以上这些宏观变化都告诉我们,我国经济发展必须由以经济规模扩张为主向以提高经济增长质量和效益为主转变。

我国链传动行业改革开放30多年来的快速发展,一个重要原因是依靠外贸出口的拉动,特别在我国“入世”之初的几年,不少链传动企业的外贸出口占总产量比例高达60%~70%,有的甚至完全出口。在金融危机爆发前的几年,我国链传动产品出口量占行业总量的60%左右。国际金融危机爆发以后,世界经济低迷,外需减弱,致使我国链传动产品出口增速也逐年回落。2012年全行业出口量同比增长2.9%,与以往几年的外贸增速相比又有较大下滑,链传动行业的外贸拉动和外贸依存度也正在降低。

链传动行业不少企业的效益普遍不高,有些企业的产品销售利润率往往不到3%或2%,甚至更低。有些链传动产品还属于材料密集型产品,材料在产品成本中的占比高达60%以上。我国矿产资源等生产要素低成本优势的减弱,对链传动产品发展将带来较大影响。同时,不少链传动产品的效益也往往与市场宏观环境发展密切相关。如宏观市场越好,钢材需求量越大,钢价就越高,这就导致链传动产品的材料成本上升。其销量虽然也很大,但带来的效益并不高。相反,2012年宏观市场不佳,钢材需求量减少,钢价较低,虽然链传动产品产量增速下滑,但效益却同比增长了27.4%,创历史新高。目前行业内一些企业机械化、自动化水平还不高,产品加工过程中手工操作还很多。企业面对当前招工难、劳动力成本刚性增加等形势,也必须加快转变发展方式。中共十八大把生态文明建设放在突出地位,这也要求企业必须加快转型升级。

中共十八大报告提出,到2020年我国将全面建成小康社会,并要在2010年基础上实现两个翻番的目标。这两个目标与企业密切相关,对企业来讲既是机遇又是挑战。为了实现这两个目标,国家在宏观上为企业创造了良好的发展环境,提供积极的政策支持,给企业带来新的机遇。但要实现城乡居民收入倍增目标,就必须要实现收入增长与经济增长同步、劳动报酬增长和劳动生产率提高同步。从目前一些企业的情况看难度还不小。这是企业面临的一个新的挑战。每个企业都肩负着历史的重任,要不遗余力地加快转变经济发展方式,为实现这个历史使命而奋斗。

另外，不仅要深入地分析行业发展面临的新情况，而且也要分析各个企业面临的形势。链传动分会理事长宣碧华在多次谈话中讲到企业是否健康发展要从企业订单和客户有否变化、同行业经营动向、企业骨干人员的稳定、企业现金流是否健康及企业团队经营心态等方面进行分析判断。这个讲话对于各个企业进一步认清本企业发展形势、树立信心、砥砺前行有着指导意义。总之，以上这些分析和看法告诉我们：无论从宏观和微观看，链传动行业当前都面临着许多新的情况。为适应世界经济新形势、新变化和国内经济的新发展、新要求，链传动行业必须以中共十八大精神为指导，加快转变经济发展方式，提高经济增长质量和效益，不断推动链传动企业持续健康发展。近期链传动行业的主要工作体现在以下五个方面：

一是要切实改变企业在发展中重数量轻质量、重速度轻效益的做法。30多年来，链传动行业的发展存在着重复建设、盲目发展、粗放经营等问题，造成产能相对过剩，出现无序竞争、竞相降价甚至假冒伪劣产品，致使企业效益普遍不高。如再不扭转这种粗放发展方式，企业发展的成本会越来越高，路子也会越走越窄。链传动企业要积极推动企业技术进步、调整产品结构、进一步提高产品质量和产品水平，不断推进管理创新，提高企业效率和效益。当前，分会要在总会的领导和支持下，积极为行业一些企业的重点项目争取国家支持，使其尽快上马。如汽车发动机变速器等高端装备用的链条项目的开发，高精度工程链项目工程的改建，抗疲劳、耐磨损、耐腐蚀等特种链的开发和高效精密自动化装配及检测设备的研制等，从而不断提升行业的产品水平和装备技术水平，为加快行业和企业产品结构调整，开发更多的与高端主机配套的具有高技术含量的链条产品奠定基础。同时，希望在今后的发展中有更多的企业开发更多的链传动新产品。进一步增强以市场为导向的科技创新对提高全行业经济增长质量和效益的支撑能力，使链传动行业各企业真正走上有质量、有效益的发展新路子。

二是着力提高企业劳动生产率和科技进步对经济增长的贡献率。目前，有些链传动企业不少产品的生产的机械化、自动化水平还不高，甚至有些生产工序搞“人海战术”，完全用手工操作，致使一些企业生产效率低，各类事故频繁发生。企业过去的发展，主要利用农村丰富的劳动力资源和廉价的劳动力成本。而当前劳动力成本刚性上升，劳动力资源也日趋紧张。如目前不少企业出现了招工难、招技术工人更难的情况，企业发展受到了劳动力市场供需形势变化的制约。这个问题在今后的发展中将会更加突出，企业要下大决心、花大力气，加大科技和人力资本的投入，提高科技进步对经济增长的贡献率。链传动企业要用高新技术改造传统产业，进一步提高链传动专机装备技术水平，提高产品生产全过程的机械化、自动化程度，从而不断提高产品质量和材料利用率，减少能源资源消耗、降低用工成本，提高生产效率和企业效益。专机制造企业要进一步加强与科研院所、大专院校的合作，加快研制高效率、自动化、智能化、多功能的专机设备，提供给链传动产品的制造企业。链传动制造企业在专机装备的改造提升上要下大决心，舍得投入，争取在2013年全行业制造企业在提升专机制造水平上再上一个新台阶，从而进一步提升企业工艺制造水平和工装模具等相关技术水平。这是加快企业转型升级推动企业技术进步的一项重要举措，必须认真抓好。

三是积极实施企业创新驱动战略。这是企业赢得主动、赢得优势、赢得未来的重要途径。一要加强企业研发平台的建设，希望行业内一些大中型企业都要建立研发中心，特别是一些大型企业的研发中心争取升级为国家级研发中心，从而争取更多的科技要素向企业流动，成为行业研发高端产品的重要科研阵地。二是希望行业更多企业与科研院所大专院校进行科技合作，并逐步建立高校和科研院所的技术向企业转移的机制，使企业创新驱动、吸引资金、人才、技术等创新资源向企业集聚。三要积极探索建立创新人才培养和激励的机制。企业人才高度决定产品高度，企业没有高素质人才，就不可能发展高端产品和产业。西方发达国家工业化的实践也证明：企业拥有和重用高素质人才，就能激发企业员工进行更多的发明创造和提供更优质的产品服务。链传动行业一些企业的实践也证明了这一点，哪个企业拥有较多的高素质人才，哪个企业开发的新产品就多，发明创造和产品专利也多。培养和拥有高素质人才是对企业实施创新驱动战略具有决定性意义的一件大事。人才资源是企业的第一资源，企业要建立引得进、留得住、用得好的人才机制，充分发挥人才在创新驱动中的积极性、主动性、创造性，使人才真正成为企业创新驱动和转型升级的中坚力量。

四是立足内需驱动，减少对外依存度，加快转变外贸出口发展方式。目前链传动行业出口产值占全行业总产值的45%左右，几乎是半壁江山。面对世界经济深度转型调整的大趋势，面对国际市场的新变化，链传动行业发展必须减少对外依存度，更多地依靠内需驱动，积极开拓国内链传动产品的市场。特别是我国农业现代化的快速发展，进一步推动了农业机械化的新发展，为各种农机链产品带来了更广阔的市场。另外，我国城镇化的发展也促进了轻纺、医药、食品、交通运输、商贸、园林绿化等各个领域的新发展，这也为链传动产品带来了发展的新机遇和市场的新空间。总之，链传动产品在国内不仅拥有巨大的现实市场，而且还有巨大的潜在市场，国内市场发展前景十分广阔。各企业要因势利导，顺势而为，积极谋求企业产品在内需市场的新发展，使企业有一个稳固的市场基础。当然我们还必须清楚地看到，我国链传动产品已广泛深入地融入国际市场，参与国际市场竞争，各企业又有多年的出口历史，并在国外已占有广阔的市场和拥有一批相对稳定的客户。在国际金融危机时期和后危机时期，我国链传动产品出口仍持续增长，只是出口增速有些下滑。因此，链传动行业要继续抓住国际市场环境变化倒逼出来的新机遇，依靠创新驱动不断调整产品结构，大力推进品牌战略，继续将更多的产品打入国际市场。同时众多企业应像东华、恒久那样加快转变外贸出口发展方式，不断占领链传动产品国际市场的制高点，使我国有更多的链传动产品在国际市场占有一席之地。

五是不断促进链传动行业经济增长与资源环境的协调发展。中共十八大把生态文明建设放到经济建设、政治建设、文化建设、社会建设、生态文明建设“五位一体”总体布局的重要地位，这既是贯彻科学发展观的根本要求，也是破解我国经济发展面临资源环境制约的必然选择。近年来链传动行业不少企业在节能减排和生态环境建设方面取得了明显成效。如杭州东华为变废为宝、发展循环经济，实现废水废气零排放，一年就投入了3 500多万元进行环保项目改造，他们还提出“要绿色制造、做绿色链条”的追求目标。类似这样的企业在行业中还很多。但我们还必须意识到：有的链传动产品材料占比大、耗材多，材料利用率不到60%；有的企业噪声大，油、水、气跑冒滴漏也较多，地面油污重，热加工耗能大。总之不少企业在发展中付出的资源能源和环境代价仍很大。企业要充分利用资源环境约束的倒逼机制，把资源环境的压力转化为技术进步、产业升级和发展方式转变的动力。企业要积极开发耗材少、技术含量高的新产品，要大力淘汰落后产能，采用国内外先进高效设备，不断降低材耗能耗，减少环境污染，加大治理“三废”的技改力度，发展循环经济，变害为利，变废为宝，使链传动产业进一步与资源环境协调发展，为生态文明建设作出新的努力。

总之，提高经济增长质量和效益是适应全球需求结构变化的新要求，也是增强企业持续发展能力的新途径，更是参与国际激烈竞争、创造新优势和完成全面建成小康社会奋斗目标的新举措。链传动行业企业要更加积极自觉地以高度的责任感和使命感，为链传动行业进一步实现“经济增长有质量、企业发展有效益、民生改善有保障”的目标而努力。

〔撰稿人：链传动分会朱善祥〕

加快转型升级　释放企业发展巨大能量

近年来，面对国内外严峻经济形势的挑战，链传动企业不仅进一步增强忧患意识、风险意识，坚定信心处变不惊迎挑战，而且在复杂多变的经济形势面前敢于亮剑，把握先机加快转型升级赢得了主动。行业各企业在世界经济危机和欧债危机中仍然保持了持续快速发展，全行业各项主要经济技术指标每年都保持了两位数的增幅。回顾总结链传动企业近几年来快速发展的成功经验，主要是推动转型升级释放了企业发展能量。这些经验对于指导当前企业面临外需不振、内需不旺、经济下行等压力，进一步树立信心，加快转型升级，走出困境再续辉煌具有重要的现实意义。

最近几年各企业转型升级谋发展的成功实践主要展现在以下几方面：

一是以调整企业外贸出口发展战略为载体，加快推动企业转型升级的新步伐。链传动产品出口对链传动行业发展具有举足轻重的地位，也是拉动链传动产业发展的一驾“马车”。前几年国际金融危机和欧债危机给链传动产品出口带来严峻挑战。广大链传动企业在困难面前满怀信心，用智慧捕捉危机中蕴藏的机遇，加快调整企业外贸发展战略，转变企业外贸出口发展方式，保持了企业产品出口的持续增长。杭州东华链条集团有限公司(简称东华集团)抓住国际金融危机导致世界经济发展低迷的机遇，加快走出国门，并购德国柯伯公司，控股日本EK公司，并在德、英、荷、美、泰等国创建仓储式销售公司和属地营销团队，构建国际营销网络。这不仅改变了长期以来公司产品贴牌出口的状况，而且在国际市场实施“东华”品牌战略，还规避了国际贸易壁垒和各种市场风险。特别是兼并德国柯伯公司，不仅使东华集团加快引进了国外的先进技术和管理模式，而且其也成为东华集团在国际市场的桥头堡，使东华集团加快走出国门。目前东华集团国际贸易稳中求进，国际市场逐年扩张，外贸效益明显提升，充分展示了东华集团外贸转型升级的巨大成功，对行业各企业外贸出口持续发展具有重要的现实指导意义。

浙江恒久集团公司在国际市场日趋严峻的形势下，也加快了走出去的步伐。该公司不仅在德国建立公司请外籍专家加盟，而且根据欧盟市场订单大幅下降的新情况，对产品出口市场进行重点战略转移，保持了企业外贸出口的持续发展。常州世界伟业链轮有限公司和常州盛天传动件有限公司两家链轮企业，一直以来企业产品的95%出口。在国际金融危机和欧债危机中，这两家企业及时调整战略，保持了外贸出口的良好发展势头。类似上述企业的成功做法在行业内还有不少。这些企业的成功经验再次证明，在困难面前坚定信心迎难而上，及时调整企业应对困难的战略举措，加快企业转型升级是企业持续发展的不竭动力。

二是以优化企业产品结构为抓手，积极推进企业转型升级新发展。在国际金融危机和欧债危机的这几年中，标准链产品较多的企业，市场订单普遍减少。这些企业丝毫不敢懈怠，他们加快了新产品开发，较快地走出了困境。浙江巴斯曼公司开发了国外市场需求量大的“喂鸟器”、“护鸟花房”、国内立体车库链条以及文化产业用的图书流转输送装置等产品，成为这家企业新的增长点；诸暨链条总厂与日本日立公司合作，拿到不少高技术含量的特种链订单，并在日立公司技术人员指导下，进行研发制造，这些特种链产品有的替代了进口，有的填补了国内空白。目前特种链产品已占这家企业生产总量的65%，实现了企业产品优化升级；苏州环球集团公司在企业产品优化升级中，通过科技创新，不断提升标准链产品的技术档次，开发了一批高强度、高疲劳性、高耐磨性的中高档标准链产品为中高档主机配套，并进入国际中高档市场，扩大了这家企业产品的覆盖面，使企业保持了较快的发展。在国际金融危机和欧盟债务危机中，不少中小微企业积重难返，面临灭顶之灾。然而常州市永强链传动有限公司，由于其较早重视企业产品结构优化升级，先后开发了众多技术含量高、产品质量好、市场需求量大的特种链产品，使得企业订单年年饱满。在2012年严峻的市场形势下，该企业实现销售额4 000万元，人均80余万元。小微型企业飞出了金凤凰。这些都充分显示了企业转型升级迸发出的巨大活力。

在企业产品优化升级中，不少企业实施了产业链延伸战略，实现了产品的跨越发展。近年来东华集团在行业中率先延伸产业链，使企业发展锦上添花；浙江华港链传动有限公司成功开发了数控滚齿机后，继而开发了数控磨齿机，增强了企业发展后劲。目前，这家企业正在谋求在资本市场上市，实现新的发展；苏州环球集团公司与科研院所合作，开发制造无人驾驶飞机，使公司发展迈上一个新台阶。

以上企业产品结构调整的成功做法也告诉我们，企业产品优化升级是企业应对危机走出困境的战略举措，也是推动企业转型升级的主要抓手，更是企业转变发展方式的重要平台。

三是以提升链传动企业的专机装备技术水平为企业科技进步的第一要务，积极构筑企业转型升级的新平台。坚持不懈地提升链传动企业的专机装备技术水平，加快推动企业科技进步。这几年来，行业各企业的专机装备技术更新改造发展势头良好，体现在专机制造企业的先进专机订单大幅增加，专机技术合作项目不断增多。浙江恒久集团公司最近开发的装配零件的自动分拣机减少了装配停机率，提高了装配质量和效率，同时该公司还在研发具有高科技含量的自动化、智能化的链条专机设备；太仓椿盟链传动有限公司总经理何汉朝积极与相关单位合作，在链条专机技术研发方面取得了新的突破；江山台链机械有限公司生产的自动化装配生产线，精度高、速度快，深受业内用户青睐，远销印尼等东南亚国家；常州东吴链传动制造有限公司专门成立技改组，负责企业设备改造，使大规格非标链产品制造逐步向机械化、半机械化发展；常州世界伟业链轮有限公司着重进行了设备更新换代，从国外引进大吨位拉床、数控机床加工中心等设备替代了手工操作，大大地提高了生产效率和企业效益，解放了劳动力，企业产值和销售额大幅提升。

近年来，不仅标准链产品的制造提高了机械化、自动化操作技术水平，而且不少异形特种链产品的加工，也逐步采用机械化、半机械化设备代替手工操作。无锡南方不锈钢链条厂不锈钢链片的加工采用高速和多颗落片，不锈钢链条的装配采用成条装配机代替手工装配，进一步提高了生产效率、产品质量和企业效益。

总之，链传动企业提升专机装备技术的工程在行业内不断升温，并被作为推动企业科技进步、转型升级的第一要务。这不仅提高了企业生产效率和产品质量，同时缓解了企业招工难、用工成本高的困难，而且进一步降低了企业成本，提升了企业效益，增强了企业核心竞争力，帮助困难企业走出了困境。

以上企业发展的实践告诉我们：经济低谷期正是企业转型的机遇期，转型升级是科学发展的集中体现，也是链传动企业持续发展的根本动力。转型升级释放企业发展能量，是企业应对危机、攻坚克难、再创辉煌的力量源泉，也是推动行业变强、产业变新、企业变富的重要平台。企业要坚持转型升级不放松，把转型升级进一步落实到企业产品创新，不断提高产品附加值上；落实到企业科技进步，提升专机装备技术水平上；落实到提高产品质量和新工艺新材料的"三基规划"项目上；落实到企业外贸出口发展方式的转变上。让转型升级为企业发展释放更大的能量。

在党的十八大精神鼓舞下，链传动企业蓄势腾飞正当时。面对当前严峻的经济新形势，企业要继续逆势奋进，加快转型升级，创新驱动，内生增长，砥砺前行，为完成行业各企业肩负的链传动大国向强国转变的历史使命谱写时代华章。

〔撰稿人：链传动分会朱善祥〕

首战告捷起好步　稳步迈进绘新图

——2011年链传动行业经济运行情况浅析

2011年，我国链传动行业由国际金融危机后的恢复性增长，步入了持续平稳较快发展的轨道，全年经济运行中各项主要经济指标均以两位数的增速增长，发展势头相当强劲，在"十二五"开局之年首战告捷，为实现行业"十二五"发展目标奠定了坚实基础。

一、2011年行业经济运行的基本概况及主要特点

据行业统计网66家会员单位的统计资料（以下除另有注明外，均据此分析）显示，全年完成的工业总产值、产品销售收入、出口额、工业链条产量均比上年同期有较大幅度的增长。2011年链传动行业指标完成情况见下表。

2011 年链传动行业指标完成情况

指 标 名 称	单位	2010 年	2011 年	同比增长（%）
工业总产值（当前价）	万元	732 809	897 112	22. 42
产品销售收入	万元	762 784	908 400	19. 25
出口额	万美元	37 757	48 640	28. 82
利税总额	万元	50 504	62 736	24. 22

2011 年，行业经济运行的总体态势凸显了“发展势头强劲、增速平稳趋缓、结构调整较快，效益明显提升”的特点。

1. 发展势头强劲，走势先高后低

2011 年，业内广大企业面临了“订单多，任务足，交货来不及”的局面，全行业呈现了一派“大干快上、生气勃勃”的可喜景象。全年四个季度工业总产值的增速分别是 24. 6%、16. 73%、15. 69%、16. 05%，与上年同期相比，前三个季度分别增加了 7. 43、8. 86、6. 23 个百分点，第四季度由于上年同期基数较高及增速下行等因素，下降了 18. 95 个百分点，经济运行走势与上年先低后高的状况正好相反，呈先高后低态势，增速从第三季度开始逐月平稳下滑。2011 年行业发展，有以下三大特点：

特点之一，链条、链轮两种产品同步较快增长。据统计，全年链条产品总产值同比增长 16. 05%，链轮产品同比增长 32. 34%；链条产品销售收入同比增长 13. 46%，链轮产品同比增长 23. 12%。

特点之二，外贸出口大幅增长。尽管不少行业出口受阻，形势比较严峻。而链传动行业却“风景这边独好”，出口形势仍然保持了持续较快增长的良好势头。据国家海关统计，我国工业链条出口总量约达 50 万 t，出口额首次超过 10 亿美元，分别同比增长了 24. 79%、41. 44%，再创历史新高。

特点之三，业内大中型骨干企业发展势头令人欣喜。如苏州环球、常州世界伟业、杭州东华、湖州双狮、浙江恒久、诸暨链条总厂、浙江华港、浙江金盾、浙江中益、嵊州特种链轮十家企业的工业总产值之和与上年同比增长了 18. 36%，占行业工业总产值的比例为 59. 77%，为促进全行业平稳较快发展发挥了主导作用；不少中型企业发展势头也相当迅猛，如齐齐哈尔、无锡南方、泰州精工、杭州西林、湖州南浔、浙江神牛、诸暨建设、黄山中友等，同时还涌现了一批增速超过 30% 以上的“跨越式”发展的黑马，如常州盛天、东阳永美、浙江八方、武义东风等；另外，如上海大隆（美国莱克斯诺）、瑞诺德杭州分公司（英国）、杭州（沃尔夫）等外资企业的生产经营形势也相当不错。据统计，业内销售收入超亿元的企业已有 20 余家，与上年同期相比增长了 25% 左右。

2. 结构调整步伐加快，转型升级成效初显

2011 年我国链传动行业坚持改革创新，在“调结构、促转型”、转变发展方式方面取得较明显的成效。

（1）坚持科技创新，新产品产值大幅增长。据统计，全年新产品产值达 17. 12 亿元，比上年同期增加了 3. 05 亿元；新产品产值率为 21. 04%，比上年提高了 1. 83 个百分点。获得 2011 年中国机械通用零部件优秀新产品奖 19 项，比上年增加了 4 项，其中获特等奖 9 项，同比增长 50%。

（2）加快了产业和产品结构优化升级进程。2011 年业内不少企业在立足链传动产品做强的基础上，进行了跨产品、跨行业的转型升级，有的向其他行业进军，有的向与主机配套的方向发展。如苏州环球集团在做强做精链条产品的基础上，成功地开发了滚针轴承；浙江华港进军机床行业以后，研制了高端的磨齿机；又如杭州永利百合、浙江中益、浙江永美等企业纷纷加大了发展其他产业的投资力度，积极实施产业优化升级规划，在转型升级上迈出了新步伐。

2011 年行业经济运行中产品结构调整进展较快，特别是出口产品的结构变化趋好明显。据国家海关统计，全年摩托车链条出口量占工业链条出口总量的比例与上年同期相比，下降了 1. 59 个百分点，而技术含量和附加值比较高的其他铰接链（滚子链除外）的出口量同比增长了 39. 49%，占出口总量的比例同比提高了 0. 24 个百分点。业内一些生产异型链、大规格非标链条的企业如黄山恒久、常州东吴、常州永强、烟台宏祥玛钢、株洲特种链、益阳赫山等，去年的生产经营形势都很好，经济增长速度大大超过了行业平均增速，这也从另一个侧面反映了行业产品结构调整带来了新变化。

3. 经济运行质量较好，企业效益明显提升

行业经济运行状况的好坏，归根结底就是看业内广大企业的经济效益有否明显提升。从行业统计信息网统计的数据显示，企业经济效益明显提升突出表现在以下几个方面：

（1）工业增加值、全员劳动生产率增长较快。据统计，2011 年完成工业增加值 145 951 万元，比上年同期增长 22. 98%；全员劳动生产率人均 90 204 元，比去年同期增长 7. 75%。

（2）外贸出口量价齐升。据国家海关数据统计，2011 年工业链条出口总量比上年增长了 24. 79%。每公斤平均单价上升了 13. 29%，涨幅与上年同期相比提高了 11. 62 个百分点，呈现量价齐升的良好态势，

（3）盈利水平有所提高。据 54 家链条会员企业上报的数据统计，2011 年实现利税总额 48 605 万元，比上年同期增长了 17. 65%，人均创利税额同比增长 10. 07%。

这些经营成果是广大业内企业克服了“人民币升值，生产要素成本不断上升”等诸多困难后取得的，这与广大企业坚持改革领先，“调结构，促转型”，坚持科技进步，自主创新，优化产品结构，强化内部管理等是分不开的。

二、存在问题

2011 年行业经济运行中经济增长的速度与质量、结构与效益协调发展，处于良好状态。但是也存在一些不可忽视的问题，具体表现在以下几个方面：

(1)摩托车链条产量减产明显。据国家海关统计,2011年摩托车链条出口量的增速与上年同比下降了28.47个百分点,而国内不少城市因环保因素纷纷采取了"限摩"措施,国内不少摩托车生产企业产量锐减,由此严重影响了与其配套的摩托车链条的生产企业。

(2)进出口链条的每公斤平均单价的差距在拉大。2011年进口链条的每公斤平均单价比出口链条高出212.7%,与上年同比增加了21个百分点。其主要原因2011年进口链条每公斤平均单价提价幅度远远要大于出口链条每公斤平均单价的提价幅度。这种现象应该引起关注。

(3)企业成本费用大幅上扬,利润空间进一步缩小。目前生产要素价格不断上涨,尤其是劳动力成本提升幅度较大,企业普遍感到压力较大。

(4)市场无序竞争、竞相压价的价格战时有发生。

三、几点建议

2012年是实施我国"十二五"发展规划承上启下的重要一年,由于复杂多变的国内外宏观经济形势,给2012年的行业经济运行带来许多不确定因素,如世界经济萧条,需求紧缩,贸易保护主义抬头,贸易摩擦加剧,使外贸出口形势进一步恶化;国内经济已从政策刺激向自主增长转变,GDP增速下调;国家对节能减排更加严格,通胀预期加大,"三荒"问题凸显等。尤其是与链传动行业关联度较大的一些产业如钢铁、水泥、摩托车、工程机械等都不太景气,从2011年第三季度开始,行业经济增速环比数据已经逐月下降,估计还会继续下滑。据行业统计网初步统计,2012年一季度与上年同比,工业总产值约增长13%左右,增速比2011同期大幅下降,与2011年四季度环比也明显下降。当前,虽然企业手头还有一些订单(不少是2011年下半年结转过来的),但切不可盲目乐观。因为作为主机配套的基础件行业,它比主机行业对宏观经济形势的反应往往要"滞后"一点,尤其从当前显现的某些新情况、新迹象来看,估计2012年下半年行业发展形势喜忧参半,部分产品订单仍将不足甚至可能减少。为此,我们一定要保持清醒头脑,增强忧患意识,早作准备,防范市场风险,使企业保持持续平稳发展。为此,我们建议:

(1)坚持坚定不移地以围绕贯彻科学发展为主题和以转变经济发展方式为主线,结合行业和企业的实际,采取切实措施,着力抓好"调结构、促转型、上水平、增效益"各项工作。特别要更新发展理念,要把着力点放在提高经济增长的质量及企业生产效率和经济效益上来。

(2)坚持科技创新,重视推广"四新"工作。"十二五"期间,企业要把生存发展的立足点牢牢放在科技创新和技术进步上,特别要重视"新技术、新工艺、新装备、新材料"的应用;要更重视新产品的研发和技术改造工作,特别要依据"三基"规划政策导向,花大力、多投入,优化产品结构,研发技术含量高、附加值高及市场前景好的新产品,实施高水平、高效能的技术改造,提高企业参与国内外市场竞争的能力;要更注重质量兴企和品牌建设,不断提高产品的质量水平和档次,争创名牌;要更注重科技人才和技工队伍的培养和建设。

(3)坚持国内、国际两个市场一起抓。特别在当前国际市场疲软,链传动产品出口形势受阻的形势下,更要立足国内市场,开拓新的增长点。但又必须想方设法稳定现有国际市场,拓展新的潜在市场。

(4)坚持强化管理、内部挖潜和降本增效工作。在国民经济高速增长结束、进入了中低速增长时期的新形势下,企业要认真贯彻中央提出的"稳中求进"的发展总基调,把强化管理、内部挖潜和降本增效工作提到重要议事日程上来,这也是企业转型升级的重要内容之一。只有把企业内部的基础管理搞好了,才能使企业保持持续平稳发展的后劲。

(5)坚持深入贯彻行业企业"合作发展机制"倡议。加强企业之间在市场、技术、产品、人才、信息等各方面的交流与合作,优势互补,抱团发展。

(6)坚持把提升链传动产品制造装备水平作为重中之重的任务来抓。随着"招工难,留人更难"的矛盾日益突出,采用先进高效新设备、提高劳动生产率已经到了时不我待、迫在眉睫的地步,但业内仍有不少企业安于现状,不太愿意把钱投在装备更新上,这种状况要尽快改变。可以这么讲,谁早认识谁主动,谁不转变谁被动,谁快转谁先得益。如果业内广大企业能把思想统一起来,形成共识,那么实现链传动行业生产机械化、自动化、智能化的进程就会大大加快,真正实现我国从链传动产品制造大国向制造强国的转变也就指日可待了。

首战告捷起好步,稳步迈进绘新图。让我们在新的一年中,认真贯彻中央提出的"稳中求进"的发展总基调,认清形势、锐意进取、抓住机遇、努力拼搏,为实现"强国目标"作出新贡献!

〔供稿单位:链传动分会秘书处〕

逆势奋进稳增长　转型创新促发展

——2012年链传动行业经济运行情况浅析

2012年,我国链传动行业经济发展是在世界经济萧条、国内GDP增速持续下行的复杂环境下进行的。行业广大企业坚持"调结构,促转型",转变经济发展方式,逆势奋进克时艰,苦练内功稳增长,经过努力拼搏,较好地完成了各项主要经济指标,取得了显著成效,整个行业保持了持续稳健发展的良好势头,经济运行的质量和效益明显提升。2012

年链传动行业主要经济指标见表1。

表1　2012年链传动行业主要经济指标

指标名称	单位	2012年	同比增长(%)
工业总产值(当年价)	万元	993 759	10.77
出口额	万美元	50 100	2.98
产品销售收入	万元	951 260	4.72
利税总额	万元	75 290	20.01

注:表中数据是根据行业统计信息网68家会员单位统计的,以下除另有注明外,均据此分析。

一、2012年行业经济运行的基本概况与特点

2012行业经济运行总体态势凸显了“增速止跌企稳、出口量减价增、效益明显提升”的新特点。

1. 走势震荡上行　增速止跌企稳

2012年行业经济运行的走势起伏跌宕,变化较大,先后经历了上升、回落、再上升的震荡上行过程,走出了一条典型的“N”型曲线。全年完成工业总产值993 759万元,其中第一季度是224 125万元、第二季度278 331万元、第三季度是218 978万元、第四季度是272 325万元,与上年同期相比增速分别是-0.9%、20.86%、2.66%、30.44%。

而2011年各季度的同比增速值分别是24.05%、16.73%、6,56%、-9.9%,呈单边下滑态势。从两年的增速走势形态的比较中可看出,2011年是先高后低,2012年是先低后高,两者截然相反。若把这两年的增速走势连起来就构成了一个“W”形态图形。它揭示了链传动行业从2011年第二季度以来,增速单边下滑状态结束了,从2012年第一季度开始止跌回稳。这个时间点比与我国GDP连续14个月下行,止跌企稳的时间点提前了两个季度,表明行业的经济发展形势与国家宏观经济发展形势基本上相吻合。目前,行业经济形势虽已回稳,但力度有多大,能否继续保持上扬趋势,还很难判断。但无论从国家GDP增速还是行业增速来看,都是缓慢地较温和地下滑的,因此,链传动行业回升的力度也不会太大。但总体上,2013年的国内外宏观经济环境要略好于上一年。

2012年对链传动行业的广大企业来说是经历艰难磨砺的一年。2012年链传动行业企业增长情况见表2。

表2　2012年链传动行业企业增长情况

增长率(%)	同比增长		同比下降	
	企业数(家)	占比(%)	企业数(家)	占比(%)
0~10	14	22.95	16	26.23
10~20	5	8.2	10	16.39
≥20	5	8.2	11	18.03
合　计	24	39.35	37	60.65

表中数据可从一个侧面反映,2012年业内不少企业完成的工业总产值同比都是下降的,这说明企业面临的市场形势是比较严峻的,然而行业完成的工业总产值与上年同期相比却增长了10.77%,保持了持续平稳发展势头。其根本原因在于业内一些大中型骨干企业完成的工业总产值比上年有较大程度的增长,它们起到了稳定行业经济的关键支撑作用。

2. 外贸进出口量减价增　喜中有忧

据国家海关统计:2012年工业链条进口数量是34 638t,金额2.72亿美元,与上年同期相比分别下降了20.39%和0.3%;而出口数量是493 901t,金额10.98亿美元,与上年同期相比分别下降了1.17%和提高了9.15%。

从进口方面来看,进口数量大幅减少,金额基本持平,说明进口产品的单价在大幅提升。据统计,进口链条每公斤的平均单价是7.863美元,比上年同期提高了24.97%。

从出口方面看,出口数量比上年略有下降,金额却比上年提高了9.14%,说明出口产品单价也在提升,出口链条每公斤的平均单价是2.222美元,与上年同比提高了10.44%,与进口产品平均单价涨幅相比,低了14.53个百分点。从2012年工业链条出口情况看,这说明工业链条的外贸出口方式发生了较明显的变化,一是出口产品品质和结构有所变化,二是出口产品价格提升较快。

据国家海关统计:如摩托车用滚子链,2012年出口量是75 025t,金额18 931万美元,与上年同期相比,出口量下降了5.11%,出口金额却提高了36.68%,其主要原因是出口产品中一些中、高档产品数量增长较快;又如,2012年工业链条出口产品中附加值较高的其他焊接链的出口量是203 518t,出口金额34 725万美元,与上年同期相比,分别增长了5.69%和8.93%,其在整个工业链条出口量中所占的比例为41.21%,与上年同期相比增加了2.14个百分点。由此可见,出口产品的结构优化和品质及档次水平的提高是量减价升的主因,否则不可能会出现这种情况。

2012年,在国际市场需求严重不足、我国外贸出口形势相当严峻的情况下,链传动行业出口创汇仍能保持一定的增长,殊为不易。但是我们必须清醒地看到,2012年工业链条出口数量在下降,处于稳增长状态。与我国2012年外贸出口增速(6.2%)相比,下降了7.27个百分点。因此,链条出口形势喜中有忧,不容乐观。

3. 经济运行质量和效益明显提升

2012年行业经济发展中最突出的一个亮点是经济运行的质量和效益有明显的提升。其主要表现在:

(1)企业获利能力明显提升。2012年的总资产贡献率是10.17%,比上年提高了3.12个百分点;实现人均创利税3.73万元,与上年同期相比增加了0.47万元。

(2)企业发展能力有所增强。2012年企业资产保值增值率是19.44%,与上年同比提高了8.16个百分点。

(3)企业经营风险逐步下降。2012年企业资产负债率是52.9%,比上年同期下降了4.08个百分点。

(4)企业全员劳动生产率有所提高。2012年企业全员劳动生产率是9.71万元,比上年同期提高了7%。

另据行业统计信息网68家会员单位2012年统计年报数据显示:2012年行业的综合经济效益指数为1.143,比上年同期提高了14.3个百分点。抽样调查的数据可表明2012年链传动行业经济运行的质量和效益有明显提升。

二、存在问题

1. 企业"调结构,促转型"步伐有待进一步加快

从行业现状来看,"调结构、促转型"步伐在业内大中型骨干企业中动作大、步伐快,而在大量的中小、微企业内比较滞后,有待于进一步加快转变。

2. 产销率下降

据统计,2012 年行业产品的产销率 94.54%。比上年同期下降了 3.14 个百分点。这反映了市场需求不足,业内不少中小企业经营较为困难。同时,也说明业内企业产销衔接的管理工作有待改进。

3. 流动资产周转率降低

2012 年流动资产的周转率是 1.9 次,即 189 天/次,与上年同期相比,周转天数要慢 19 天。这说明企业再生产的循环速度在降低,资金利用效果比上年要差一些。

4. 市场无序竞争有所抬头

目前,国内外市场需求不足,供需失衡比较严重,为了抢占市场和客户,业内竞相压价的价格战时有发生,这种无序的恶性竞争对行业和企业的伤害极为严重。因此,这必须引起业内同仁的高度关注。

三、几点建议

2013 年是全面深入贯彻落实党的十八大精神的开局之年。我们要把握好这个历史发展的新机遇,结合企业实际,做好"调结构、促转型、上水平、增效益"的各项工作。

1. 坚持调结构、促转型,加快转变发展方式的步伐

我国经济已经从高速增长期进入了中低速增长期。在这个重要的转型时期,企业的决策者要更新观念,对企业发展目标、发展方式进行重新思考定位。企业要加快经济发展方式的转变,把企业经济发展的着力点放在依靠科技进步和强化管理上,把节约资源,提高效率和经济效益作为各项工作的中心环节,常抓不懈,促进企业持续健康发展。

2. 坚持创新驱动

创新是企业持续发展的原动力。一个没有创新驱动的企业是没有生命力的。2013 年是实现行业"十二五"发展规划的关键年,要把创新的重点放在企业科技创新、技术进步上,要重视"新技术、新工艺、新装备、新材料"的推广应用。大力抓好新产品研发,开发技术含量高、附加值高的新产品,不断调整产品结构,用永不满足、追求卓越、不断创新的精神,做好企业的各项工作,使企业永葆蓬勃向上的生命活力。

3. 坚持"质量兴企"和实施品牌战略

要下大决心把产品做好、做精、做出特色,不断提高产品质量档次和水平,坚定不移地走"专、精、特"之路,要实施品牌战略,注重企业品牌的培养和建设。

4. 强化企业内部管理,做好内部挖潜和降本增效工作

要把提高管理效率和效益作为工作的出发点和落脚点,苦练内功,夯实各项基础管理工作,弘扬企业文化,注重科技、管理和技工队伍的培养和建设,提高企业凝聚力。

5. 增强忧患意识,提高企业抗风险能力

当前国内外宏观经济形势复杂多变,存在许多不确定的因素。

从国际上看,各个发达国家都在实施货币宽松政策,刺激本国经济发展,新一轮货币贬值竞争正在兴起;全球通胀和汇率风险逐渐加大;美国"财政悬崖"僵局虽有所缓和,但仍未真正解决,欧债危机阴影未散,欧元区经济基本面难以明显改变;美、英等国实施"再工业化"政策,国际贸易保护主义不断抬头。

从国内看,国内经济的"三驾马车"乏力;经济建设中一些深层次的矛盾和问题一时难以解决;通胀压力的风险在增大,货币政策随时可能做出相应的调整,据专家分析,收紧的力度可能会超出市场预期。

为此,链传动行业要居安思危,防患于未然,保持清醒的头脑,做好以下"三防工作":

(1)防汇率风险工作。外贸出口订单的定价和结汇方式要周密慎重,要特别关注对方国家的金融信息和汇率变化走势,尽最大努力避免这方面的风险。

(2)防资金链断裂的风险。企业要掌控好资金盘子,提高资金使用效率。要留有充分的余地,积极应对宏观调控中货币政策的变化,做到有备无患,处变不惊。

(3)防范贸易摩擦的风险。企业要严格遵照合同要求,提供符合质量要求的产品和按期交货,不留任何瑕疵予对方,避免纠纷,确保企业声誉和利益不受损失。

总之,增强忧患意识,提高防范市场风险和处理危机的能力,积极寻找保当前和谋发展的平衡点,确保全行业和企业平稳持续发展。

〔供稿单位:链传动分会秘书处〕

链传动行业"十二五"发展规划(摘要)

一、前言

"十二五"时期,是我国实现全面建成小康社会奋斗目标的重要时期,也是我国链传动产业实现从制造大国向制造强国转变的最关键时期。为引领我国链传动行业广大企业在新时期更好地完成"调结构,促转型,上水平,强产业"的重要任务,特制订《链传动行业"十二五"发展规划》(以下简称《规划》)。

二、行业现状

1. 链传动行业发展的基本概况

"十一五"期间,我国链传动行业在"十五"快速发展的基础上,继续保持了平稳较快持续发展的良好态势,虽然 2009 年因受百年一遇的国际金融危机的冲击,全行业的经济发展受到了一定的影响,但持续发展的总趋势没有改变。进入 2010 年以后,全行业经济发展恢复性增长势头尤为强

劲,2010年上半年主要经济指标均呈两位数增长,“十一五”规划提出的2010年行业主要发展目标提前超额完成。我国已成为链条产品制造和出口大国。全国链传动行业“十一五”发展规划目标完成情况见下表。

全国链传动行业“十一五”发展规划目标完成情况

项目名称	2005年实际	2010年目标	2010年实际	2010年实际比目标增长(%)	“十一五”时期年平均增长率(%)
工业总产值(当年价)(万元)	698 000	1 230 000	1 530 000	24.39	17.00
产品销售收入(万元)	675 100	1 219 000	1 499 400	23.00	17.30
工业链条产品产量(t)	342 514	603 600	688 300	14.03	14.98
出口额(万美元)	46 500	82 000	96 800	18.05	15.80

“十一五”期间,我国链传动行业在“转型升级,创新发展”方面取得了很大成绩,突显了五个新亮点。

(1)转变经济增长发展方式,整体实力显著提高。“十一五”期间,我国链传动行业在调整结构、转变经济增长方式上迈出了新的步伐。主要体现在以下方面:

1)企业兼并重组步伐加快,产业集中度有新提高。如杭州东华链条集团有限公司先后收购了杭州“盾牌”、常州“东风”和江苏泰州兴化齿轮厂,并跨出国门,收购了有百年历史的德国“科伯”公司;浙江恒久机械集团收购了黄山链条厂;浙江中益机械有限公司在四川眉山收购了一家老国有企业。

据不完全统计,2009年浙江和江苏这两个省链传动行业的工业总产值约占全行业的70%左右,比“十五”期末提高了约10个百分点;在链条产业上涌现了杭州“东华”、浙江“恒久”等年产值超过10亿元的龙头企业,同时也出现了像青岛“征和”、苏州“环球”、诸暨“链条总厂”、杭州“永利百合”等一批年产值超过3亿元的重点企业;在链轮产业上也涌现了浙江“中益”等年产值超过5亿元的龙头企业和常州“世界伟业”、嵊州“特种链轮”等年产值超过1亿元的重点企业。同时还涌现了如上海“大隆”、常州“东吴”、杭州“顺峰”、湖州“双狮”、浙江“华港”、诸暨“金盾”、浙江“永美”、黄山“恒久”等一批发展快、潜力大的重要骨干企业。

2)产品结构、产业结构的调整取得新进展。链传动行业呈现了“投入加大、速度趋快、品种增多、档次上升”的新格局。据不完全统计,新产品产值占总产值的比例比2005年提高了11个百分点,链传动产品的品种规格已突破1万种大关。链产品结构纵向不断地向中高档及高附加值方向发展,横向不断地向传动系统集成、输送系统集成方向发展,并开始为上、下游企业提供链传动系统成套部件。业内不少企业在立足链传动产业做大做强的基础上,进行了跨行业的产业升级,向主机制造业、新兴产业等方向发展。如杭州“东华”进军了农机行业,浙江“中益”涉足了其他机械传动领域,浙江“华港”进军了齿轮机床行业,浙江“永美”进入了电动汽车行业等。

3)产业集聚区有了新发展。浙江武义链条行业走专业化分工、协作道路,在本地区龙头企业浙江“八方”、武义“东风”的带动下,以质量为抓手,有效地促进了本地区的产业集聚,提升了产业制造和产品质量水平。目前,这个地区链条产品(含材料改制和零件)的销售额近20亿元,在我国的链传动产业中占有一席之地。

(2)坚持自主创新,科技进步方面取得新成就。吉林大学链传动研究所及有关专家提出了具有我国自主知识产权的齿形链-链轮-刀具齿条系统的啮合原理及其设计方法,并成功地运用于实践中,打破了少数发达国家的技术垄断,实现了理论与技术上的原始创新。另外,全国链标委会在国际标准等效采用,积极推进行业标准化建设和参与国际链传动标准制修订工作上取得了很大成绩,曾获得国家标准化委员会“中国标准创新贡献一等奖”等荣誉称号。

同时,我国链传动行业自主创新体系的建设比“十五”时期有了很大的进展。据不完全统计,现行业内有已认定的国家级的高新技术企业2个、省(市)级的1个,省(市)级认定的高新技术研发中心6个,院士工作站1个,博士后工作站2个,行业专家库1个。全行业共获各类专利150多项,其中发明专利9项;获得省(部、市)新产品与科研成果40余项。另一方面,我国链传动行业的制造技术水平比“十五”时期有了明显的提高,其中一些正在逐步接近国际同行业的先进水平。

(3)产品质量水平与档次得到新提升。“十一五”期间,我国链传动行业的产品质量水平和档次已经开始从中低档向中高档方向发展,向“三高一优”(技术含量高、附加值高、质量档次高、产品性能优)方向不断提升,从总体看,在国际上已基本处于中等水平。有少数企业的一些产品已经接近或达到国际同类产品的先进水平。特别是以高精度、高强度、高可靠性、耐磨损、耐腐蚀、耐疲劳为主要特征的部分新产品相继开发成功,为加快我国重大技术装备国产化进程发挥了积极作用。如研制成功的航空链(为国产大飞机配套),变节距(HY-V_0)齿形链,汽车发动机链,冶金输送链中的引锭链、港机链等,有的已填补国内空白并替代国外进口,有的已被国内外客户确认配套。目前我国少部分链传动产品已经开始逐步进入国际的中高端市场,为国际上一流的OEM客户配套。

(4)品牌建设取得突破性的新进展。链条产品进入了《中国名牌产品目录》(后因“三鹿”事件,国家暂停评审工作)。据不完全统计,目前行业中已涌现出一大批省(市)级名牌产品和著名商标,其中名牌产品约20个、著名商标约14个,中国驰名商标约6个。

杭州“东华”在全行业中率先跨出国门,凭借自主品牌参与国际竞争,大力打造国际营销网络,新建了“荷兰国际"、"欧洲工业"、"泰国传动"三个跨国控股公司，而且还全资收购了德国"科伯"公司，参股日本EK公司，为引领整个行业广大企业实现从贴牌生产向自主品牌经营的转变起了很好的示范作用。

(5)行业的国际化程度不断提高。随着全球经济一体化进程的加快和世界产业结构的大调整，国际上一些知名的链传动企业纷纷到我国收购企业或投资建厂。如美国的莱克斯诺公司收购了上海大隆链条厂，英国瑞诺德公司收购了杭州的山水实业有限公司。日本椿本、德国沃尔夫及美国的摩尔和钻石公司先后在我国建立了独资企业。我国企业走出去，国外企业走进来，国内市场国际化，国际市场中国化的趋势比"十五"时期更加明显。

2. 存在的主要问题和差距

我国链传动产业与世界上发达国家的先进水平相比，主要差距如下：

(1)产业结构不尽合理。我国有近400家链传动生产企业，产业发展与组织结构上长期存在的"散、乱、差"状况还没有得到根本的转变，而且仍有一些粗放型的作坊式小企业，影响了行业整体实力和参与国际竞争能力的提高。

(2)自主创新和研发能力不强。除了行业的龙头企业和大中型骨干企业具有一定的自主研发能力以外，一般的中小企业都比较缺乏。至今全行业企业中建有省级技术、研发中心的不足10家，全行业中还没有一家企业建有国家级的技术研发中心。"三高一优"产品的数量不多，特别是具有自主知识产权的中高档产品更少，为重大装备配套的重要关键链传动产品仍以进口产品为主。如应用于汽车、航空、军工、特种工程机械以及特殊恶劣工况等的链传动产品，其开发多数还停留在测绘与仿制的水平上，主要性能指标与国外名牌产品的先进水平相比，仍有较大的差距。在生产技术上，我国链传动行业更未形成规模化、自主化、产业化的优势。

(3)技术研发费用投入少，发展后劲严重不足。在现有企业中，绝大部分是近20年甚至10年发展起来的中小企业，这些企业的工程技术人员数量少，从事产品研发工作的更少，有的小企业连专职技术人员都没有，更谈不上研发。每年投入研发经费相当于所获利润10%的企业为数不多。因此，行业内低水平的重复建设，产品类同化、同质化现象比较严重，低端产品过度竞争，利润空间越来越小。

(4)产品质量水平与档次与国外相比差距不小。我国链传动产品与国外先进水平相比仍有不小的差距，尤其在中高档产品上差距更大，主要反映在制造精度、高疲劳性、高耐磨和高耐腐蚀性能上。

1)制造精度。主要是指链条零件与装配精度。由于发达国家的制造水平先进，采用先进的制造工艺和工装模具，零件加工精度高散差小，装配后链长的精度稳定符合要求。而我国产品往往要采用选配方式来解决这个问题。

2)高疲劳性能。以水泥链条为例，其失效方式多为链板疲劳断裂。进口链条的使用寿命一般在36~60个月，国内产品的使用寿命一般在16~48个月，差距很大。

3)高耐磨性能。以洗煤机链为例，进口链条磨损失效一般在4~5个月，国内产品磨损失效一般在1~3个月，差距明显。

4)高耐腐蚀性能。以筑路机械链为例，进口链条腐蚀磨损失效一般在36~48个月，国内产品腐蚀磨损失效一般在12~36个月，差距较大。

(5)工艺装备水平不够先进。我国链传动行业制造技术水平由于受到原材料、装备和工艺水平的制约提升较慢，从而较严重影响了链传动产品的精度、性能、寿命和可靠性的提升。一些先进的制链工艺及装备应用推广不够普遍，链传动产品的主要生产工序基本采用国产半自动化设备配合人工操作完成，生产效率低下。

1)在材料方面，我国链传动行业的原材料标准GB/T 13795—1992工业链条冷轧带钢、GB/T 13796—1992工业链条冷拉钢至今在钢厂实施还有一定的难度，严重阻碍了国产链条上档次、上水平。另外，一些主要模具用的材料质量与性能仍不高。

2)在热处理工艺方面，各项特殊处理工艺与国外相比明显落后。

3)在工序质量控制方面，链条零件及装配质量缺陷检查目前基本还是靠人工检查，这与国外在线自动检测和智能化识别检测相比差距甚大。

4)在装配工序方面，大规格链条、特种异形链基本都是手工装配，生产效率、整链装配精度相对比较低，链条整体性能稳定性也相对较差。

5)在模具加工方面，通常采用线切割工艺作模具的最终精加工。由于国产线切割机的制造质量及加工精度不高，因此模具制造的总体水平尚较低。

6)在检测设备及手段方面，缺乏高速(5 000r/min以上)、重载(300t以上)、高精度(转角分辨率≤0.5%)链传动产品的试验和检测设备，在噪声测量与频谱分析、疲劳与磨损微观成像与分析、多变形效应与跳齿动态过程测量等方面也缺乏必要的检测手段，对冲击、变速、变载、粉尘及腐蚀等恶劣工况还无法自主模拟，这与国外相比存在较大差距。

7)在装备制造方面，从总体上看，先进性不够，自动化水平不高，智能化功能更显落后。到目前为止，全行业还没有一家具备相当规模的、能够系统引进、吸收消化国外先进装备，再创自主知识产权，为本行业提供先进、高效、精密、智能化的链传动装备制造企业。

总之，制链工艺技术和工艺装备的滞后严重制约着我国链传动产业缩短与国外先进水平差距的进程，是影响整个行业更好更快发展的重要瓶颈。

(6)人员整体素质不够高。据不完全统计，行业内工程技术人员占在职人员的比例为5%~6%，实际在第一线从事研发设计、工艺的人员不足2%，数量较少。特别是缺少掌握高端机理的高技术研发人才，一些关键技术岗位缺乏有经验的技师和"能工巧匠"型的技术工人，形不成对中高档产品系统开发的研究、设计和制造团队。管理人员队伍的总体水平比工程技术人员队伍的更低一筹。

上述六个方面的差距，是我国链传动产业赶超国际先进水平，实现“由大变强”过程中亟待解决的主要问题，是“十二五”时期，全行业要齐心协力采取措施进行重点突破的主攻方向、目标和工作任务。

三、“十二五”期间链传动行业的发展环境分析和市场需求预测

1. 我国链传动行业发展将处于重要战略机遇期

“十一五”期间，我国链传动行业快速发展主要是依靠外需拉动，经济增长方式主要是依靠生产要素投入和物质消耗。这次国际金融危机使过度依赖外需和“粗放型”的经济增长方式受到了严重冲击，使转变经济发展方式的问题更加突显出来。“十二五”时期，从国内外宏观环境的变化和资源压力来看，链传动行业已经不可能沿着原有的“粗放型”发展方式的老路走下去。因此，必须认真地分析行业所处的发展环境，搞清有利与不利因素，抓住新机遇，迎接新挑战，努力实现新跨越。

“十二五”时期是“后金融危机”时代，它是一个大调整、大重组、大发展的时代，是一个使世界经济格局发生极其深刻变化而又充满变数的大变革时代。初步分析，其主要有以下新特点：

首先，国际金融危机是对全球产业结构的刚性调整，是对世界经济发展失衡的再平衡。它为各国产业创新提供了难得的历史机遇。在这次危机中，以我国为代表的新兴市场经济体率先走出危机阴影，成为推动世界经济发展的重要力量，我国在世界经济中的地位也得到了进一步的提升。长期以来以美欧为代表的“二元”经济结构及“美元”在国际货币中的霸主地位开始动摇，重建世界经济新秩序已成为全球发展新趋势。

其次，世界经济从衰退到开始缓慢复苏，在调整中逐步恢复性增长，呈现先低后高的走势。据有关专家预测，“十二五”时期，世界经济年均增速仍有可能达到3.8%左右，若不出现反复，世界经济有可能进入新一轮增长周期。工业发达国家基于资源优化配置的需要，进行国际产业转移，加快推进了把中国“世界工厂”转化为“世界市场”的进程。

再次，世界科技发展日新月异，为应对世界气候变化和经济衰退，各国大力发展新能源和节能环保等绿色产业，抢占未来技术进步和产业发展的战略制高点，这有可能引发新一轮科技进步的浪潮，形成新的经济增长点。总之，新的一次危机会带来新一轮调整，新一轮调整决定着新一轮竞争，新一轮竞争将促进世界经济格局的新变化、新发展。

同时，“十二五”时期，我国经济发展将进入一个重要转型期。中央提出了转变经济发展方式的重大战略任务，将采取有力政策措施从根本上解决长期以来依靠过度资源消耗和污染环境为代价的“粗放型”经济发展方式问题，预测我国经济将保持7%左右的增长速度，向又好又快的方向发展。从上述国内外宏观环境的新变化、新特点来看，我国链传动产业发展将处于重要战略机遇期。

但我们也必须清醒地看到，“十二五”时期同时也存在着许多难以预料的不确定因素。它们是：世界经济复苏过程缓慢多变，美国等发达国家的金融体系经受重创后，一时难以恢复元气，希腊等国家的信用危机给本来复苏基础比较脆弱的世界经济又“雪上加霜”；发达国家为了解决其国内高失业率，提出了“再工业化”，进口需求萎缩，这对新兴发展国家的外贸出口影响极大。因此，在短时期内难以期待外需对我国经济增长的贡献；为了应对全球金融危机，各国大量增加财政支出和货币供应量，为未来的通货膨胀埋下隐患；美元不断贬值，人民币汇率升值压力越来越大；贸易保护主义抬头，贸易摩擦加剧；国内经济发展中多年积累的许多深层次矛盾还未解决，廉价资源时代即将结束，生产要素和生产成本将有大幅度提升，尤其我国即将进入老龄化时代，人口结构变化和生态环境的约束硬化等是“十二五”时期最重要的国情变化。这一系列错综复杂的问题将给我国经济持续发展带来一定影响，对链传动行业来说同样也是新的挑战。

总之，“十二五”时期是一个既有发展潜力和动力又有各种困难和风险的时期，同时也是一个既有难得机遇又有严峻挑战的时期，链传动行业和企业必须对国内外宏观形势的新变化、新特点有清醒的认识，必须牢牢把握新机遇，制订切实可行的发展目标和战略举措，积极应对新挑战。

2. 市场需求的发展趋势及预测

“十二五”时期，从我国链传动产业所面临的国内外宏观环境来看，市场需求结构将发生重大变化，总的趋势是“外弱内强”。其理由如下：

一是由于受国际金融危机的影响，外需萎缩比较严重。“十二五”时期，外需萎缩虽会有所缓解，但难以恢复到危机前的状态。据有关专家预测，国际贸易的年均增速将缓慢恢复到5%～7%的正常水平，全球商品和服务贸易占世界生产总值的比重将继续维持在25%～30%之间。

二是国内经济持续平稳发展，特别是国家4万亿元的投入将产生巨大的拉动效应。十大产业《振兴规划》的实施，加快推进农业现代化和城镇化建设进程及扩大内需，拉动消费，惠及“三农”及关注民生等一系列重大政策措施的贯彻实施，有力地促进了内需的强劲发展。可预计“十二五”时期，对我国链传动产业来说，市场需求结构的一个重要特点是内需将远远大于外需。作为与国民经济发展密切相关，在各行各业应用极其广泛的链传动产品，其市场需求的空间十分巨大。

“十二五”时期，国内外对工业链条和链轮的市场需求趋势及预测如下：

(1) 预计全世界工业链条的需求量以年均7%的速度增长；“十二五”期末，全世界工业链条的总销售额约为40亿美元，我国工业链条出口创汇将超10亿美元；全世界链轮需求量将约为90万t,其中标准链轮约占10%左右,非标链轮占60%~70%,其他产品占20%左右,总销售额将约8亿美元,我国链轮产品的出口额将超1.2亿美元。

(2)目前,全世界汽车保有量已超过8亿辆,其中汽车保有量最多的美国有2.5亿辆。截止至2009年底,我国机动车保有量1.86亿辆,其中汽车0.76亿辆,摩托车0.94亿辆。随着国家出台一系列促进汽车、摩托车消费的政策,有效地刺激消费市场,可以预计,"十二五"时期,汽车、摩托车的保有量将呈快速增长态势。另外,由于国际上汽车行业开始实行零部件"全球化"采购策略及国际跨国汽车企业推行"本土化"策略,国内市场将出现巨大的零配件缺口,汽车链等配套市场潜力很大。随着我国摩托车市场结构的变化,"十二五"时期国内摩托车链条市场的主战场向中西部、广大农村和城乡结合部转移的速度会加快。预计全世界摩托车链条和汽车链条将约占工业链条需求总量的40%。

(3)"十二五"时期,预计农机工业的总产值将达到2 500亿元,比2010年增长25%。出口贸易额达90亿元,占全行业销售额的25%左右。随着国家的"三农"优惠政策进一步贯彻落实,农业机械化水平提高,各种联合收割机、拖拉机等需求大增,与其配套和维修用的农机链条市场"趋旺"。预计全世界农机链条需求量约占工业链条需求总量的12%。

(4)目前工程机械的社会保有量约350万台,预计,到"十二五"期末,将约有600万台左右。其增长的重点是叉车、摊铺机、混凝土机械等。目前,我国叉车年产量达12万台,已经居世界第一。随着全球工业化的推进,我国十大产业的振兴,煤矿机械、冶金机械、筑路机械、水泥机械、港口机械、叉车等行业对工程链的需求看好。预计全世界工程链的需求量约占工业链条需求总量的15%。

(5)随着世界工业机械自动化的进程加快和惠及民生行业的大发展,各种工业输送链,尤其是食品设备用的不锈钢链条,啤酒、饮料、玻璃容器设备等用的平顶链的需求量将越来越大。自动扶梯链的需求量将以每年15%的速度递增,梯级链的需求量也将相应递增。预计全世界该种链条的需求量约占工业链条需求总量的13%。

(6)预计全世界各种异型链及专用链等其他链条的需求量约占工业链条需求总量的20%。

以上仅仅是粗略分析。特别要指出的是某些中高档链条产品的市场前景也非常广阔,如:目前世界上几乎所有中高档汽车的自动变速器、四驱分动箱的系统均采用高速齿形链和哈瓦链,尤其是与CVT变速器配套的CVT无级变速链的国内外市场前景非常好;航空用链条,远洋大型船舶发动机链条,汽轮机链条和部分高强度、高疲劳、重载工业链条等一直以来依赖进口,还需国产化以替代进口,这些链条的市场潜力也非常巨大。另外,链传动产品除了其应用的广泛性以外,还有一个特点是易磨损,这就更增加了其市场需求的容量。总之,经济越发展,机械化、自动化的程度就越高,链传动产品的市场空间也就越大,前景相当可观。

四、"十二五"期间链传动行业发展的指导思想和目标、突破方向及重要工作任务

1. 指导思想

"十二五"时期是我国经济调整的关键时期,也是国际金融危机后时期世界新一轮经济发展的战略机遇期,更是我国链传动产业"由大变强"最关键的时期。

链传动行业要以科学发展观为统领,以加快转变经济发展方式为行业发展主线,准确把握"十二五"时期阶段性特点,加快推进行业转型升级,在行业"十二五"发展目标设定上,必须强化持续平稳健康发展的目标导向,必须在行业结构调整和发展方式转变上取得突破。坚持产业结构调整和产品结构的优化升级发展;坚持提高自主创新能力和推进科技进步,强化人才支撑,优化发展环境,拓展发展空间,积极培育行业和企业新的经济增长点,切实增强行业持续发展新的活力、动力和保障能力;坚持实施品牌战略,提高核心竞争能力,打造国际自主品牌;坚持引导广大企业持续健康发展,提高行业经济增长的质量和效益;坚持加强节能降耗和减排工作;要着力构建具有行业特色的现代化产业体系,要实施走出去战略,促进企业跨越式发展,为加快实现我国链成为传动产品制造强国的目标奋力拼搏。

2. 发展目标

总体目标:通过五年努力,到"十二五"期末,使我国链传动产业从目前国际同行中的中等水平迈向中高档水平,为实现"制造强国"的宏伟目标奠定更坚实的基础;力争再经过5年左右的时间努力,使我国跨入世界链传动产品制造强国之列。

"十二五"时期愿景目标:

(1)发展速度:继续保持平稳较快发展的势头。力争各项主要经济指标年平均增长率达到双位数。

(2)品牌建设:在国际上拥有2~3个公认的自主知名品牌;初步形成具有自主知识产权和核心竞争力的特种链条的品牌系列。

(3)创新产品产值:占行业工业总产值的比例在25%以上。

(4)企业综合实力:力争有5~10个企业达到国际先进水平,1/3的大中型骨干企业达到国内先进水平。

(5)原材料利用率:提高10%。

(6)单位增加值能耗:降低15%,排污:降低20%。

(7)自主品牌出口:力争达到30%。

3. 突破重点

"十二五"时期,是我国链传动产业"由大变强"最关键的时期,需重点突破长期以来制约产业做强瓶颈,即:链条行业专用钢材的标准贯彻落实与完善及其质量保证;链传动制造专机装备的升级换代;链传动产品关键核心技术及其自主化、产业化;优化链传动产业链向现代制造服务业拓展。

(1)链条行业专用钢材的标准落实及其质量方面。力促原材料生产企业和相关主管部门,落实链条行业专用钢

材标准 GB/T 13795—1992《工业链条用冷轧带钢》和 GB/T 13796—1992《工业链条用冷拉钢》的贯彻执行；要根据行业技术发展的需求，有计划地继续申报制订和贯彻其他链条用钢标准；要按照市场经济规则和需求，在解决链条行业专用钢尤其是模具钢的质量保证及定点供应上有新举措、新突破。这是确保链条产品质量可靠性和稳定性的重要基础。

(2)链传动(包括链条和链轮)制造专机装备等方面。要举国内外、行业内外联合之力，积极引进国外先进链传动制造专机装备及检测设备，在消化国外先进技术的基础上，结合本行业和企业实际，研制具有自身特色的新一代的制链专机及热处理和检测设备，尤其要加快推进高精高速链条制造成套智能专用装备的研制，并重点以新型高精链条智能化自动装配生产线的研制为突破口；要按市场公平竞争规则，完善、强化并加快推进链传动行业工艺技术装备制造的发展与建设，按链条零件、热处理、装配加工和链轮加工等分别建设若干个相关专业化的高新专机制造企业。这对于实现链传动企业的生产机械化、自动化，提高企业生产效率、降低制造成本、提高经济效益、提升产品质量与档次、节能减排、改善劳动环境具有重要意义。

关于拟部分重点研制的新一代重大制链专机装备和检测设备及“节能减排”设施(略)。

(3)自主关键核心技术方面。一是要强化链传动学科的重要基础理论和关键核心技术的原创性研究，用新理论、新技术、新方法指导具有自主知识产权的重要关键的链传动产品，以及中高档链传动产品的研制；紧紧抓住国家振兴装备制造业和大力发展战略性新兴产业的有利时机，重点突破并推进相关的链传动行业自主关键核心技术及其重大技改项目的实施，加快自主化、产业化的进程，引领产业创新发展。二是要大力引进、培育中高级专业技术及技能人才；大力推广及应用基于系统开发和并行技术的链传动产品的现代设计方法；大力推广应用新技术、新材料、新工艺、新装备，进一步提高制造水平，突破我国链传动产品在制造精度、疲劳性能、耐磨性能、耐腐蚀性能和耐复杂环境特殊要求等主要技术性能指标方面的薄弱环节，进一步提高我国链传动产品的适应性、可靠性及安全性。三是要加大投入，加快检测设备和手段的更新换代，提高检测过程的科学性、准确性与实时性。四是要不断优化健全我国链传动产品的技术标准，由被动与国际标准接轨逐步向主导国际标准方向提升，进一步发挥我国在国际链传动标准化组织中的重要作用。通过上述这四个方面的重大举措和突破，从根本上缩短我国链传动产业与世界先进水平的差距。

自主关键核心技术及其重大技改项目(略)。

(4)向现代制造服务业拓展方面。主要是指优化产业链，不断地向产业链的前端和后端延伸，这是当前机械制造工业发展的新趋势，是加快行业自主创新和实现转型升级的重要途径，更是做强我国链传动产业的一个重要标志。行业及企业要将增值服务、供应链管理优化作为当前推进的重点，在扩大服务范围、拓展服务对象、运用现代化服务手段、创建现代网络服务体系快速获得客户的反馈信息、持续改进产品及工作质量和企业管理等方面下功夫，加快实现链传动产业从生产型制造向服务型制造转变，从目前处于世界制造业价值链低端逐渐向高端提升。

总之，实现这四个重点突破是“十二五”时期促进行业转型升级、推进行业走新型工业化道路的关键，是促进行业持续更好更快发展的重要保证。

4. 重点工作任务

(1)大力推进结构调整，加快行业发展方式转变。推动产业结构的优化升级，不断向产业链两端延伸，抓好生产经营全过程、全方位的服务，加快转变行业发展方式，这是我国链传动产业面临的紧迫而重大的战略任务，也是我国链传动产业在“十二五”时期，必须认真贯彻落实的根本任务。全行业要始终围绕“坚持科学发展”这个主题和“加快转变经济发展方式”这条主线，做好以下工作：

1)加快发展理念的转变。理念的转变是根本的转变。企业经营者一定要从国内外发展环境的新变化、新形势、新特点中，充分意识到在“后金融危机”时代，生产要素、价格因素和资源环境的硬约束，使企业发展方式转变已经到了刻不容缓的地步，这是大势所趋，形势所逼。因此，业内广大企业经营者一定要提高忧患意识、风险意识、责任意识和发展意识，不断提高科学发展能力，自觉与时俱进，从行为上、思想上加快发展理念的转变，痛下决心，从追求量的扩张真正转变到重视质的提高上来，从主要依靠增加物质资源消耗的“粗放型”向主要依靠科技进步、劳动者素质提高和管理创新转变，真正把转变发展方式的战略任务落到实处。

2)加快推进产业和产品结构调整，力促产业集聚，进一步提高产业整体实力。①“十二五”时期，在产业结构调整方面：一要改变目前行业“企业多而小、散而弱，集中度较低”的状况，要加快促进以自愿互利为基础、大型企业为核心、骨干企业为主体的强强联合，实施兼并重组，进一步提高产业集中度；二要力促形成优势的特色产业集聚区，要支持具有发展优势的地区通过资源整合，发展服务本地区、面向全行业的零件专业化和工艺专业化生产，健全产业布局及配套体系；三要积极打造和培育若干个重要关键链传动产品研发制造基地(单位)(略)。②在产品结构调整方面：一是有较强自主研发能力的大中型骨干企业更要在“做强”上下功夫，率先积极调整产品结构，大力开发“三高一优”等创新产品，与高端主机产品配套，提高新产品率；二是更注重开发与国家十大领域重点工程、十大产业重点项目相关的重要关键链传动产品，做好配套服务工作，为替代进口、填补国内空白、振兴我国装备制造业建功立业；三是对已经研发出的中高档新产品尽快形成批量生产能力，迅速将其推向市场，努力培育成为新的经济增长点；四是广大中小企业要根据自身优势和特点，向“专、精、特”方向发展，在做“专”上多用功，有条件的企业可以向产品系列延伸、系统集成以及跨行业方向发展。

3)加快推进"节能减排",发展绿色经济、低碳经济,力促行业可持续发展。①加强企业能源基础管理工作,建立健全行业和企业的能耗管理体系及统计工作。②指导和支持企业从技改着手,有计划有重点的根治或淘汰某些能耗高、污染重的落后工艺技术及设备,积极研发和推广采用新工艺、新技术和新型节能环保型设备。③总结推广"节能减排"工作先进经验,促使全行业"节能减排"工作上水平,见实效。

4)加快转变外贸出口增长方式是转变链传动行业经济发展方式的重要途径。长期以来,我国链传动产业外贸出口主要形式是贴牌生产,量大价廉,利润微薄,不少出口企业依靠政府出口退税维持企业生计。另外,行业内不少企业对外贸依存度高,在这场金融危机中这些企业受到的冲击十分严重,这种出口模式若不加以改变,转变行业经济发展方式就难见成效。因此,在"十二五"时期,企业一要抓好两个市场,正确处理好企业内销和外销的关系,不断改变企业对外贸依存度;二要提升出口产品的质量和档次,优质优价,提高出口效益;三要实施国际化战略,"走出去、走进去、走上去",积极构建国际营销网络,与国际市场融为一体;四要改变外贸出口产品贴牌生产,扩大自主品牌经营份额,经营自主品牌,参与国际竞争;五要对一时还不具备条件的企业应积极进行商标国际注册,逐步减少贴牌生产,这样能较好地规避市场和政策风险,增强国际竞争的比较优势。

(2)坚持自主创新,促进科技进步,大力推进行业技术发展

"十二五"时期,行业要着力抓好以下几项工作:

1)要着力构建完善产学研用相结合的技术创新机制。

2)要着力抓好行业自主创新体系建立和完善。"十二五"时期,在现有的基础上,行业拟重点建设好5家左右具有较高研发活力和技术水平的省级企业研发技术中心,然后,积极申报创建国家级高新技术研发中心或高新技术企业;同时拟再培育5家左右省(市、区)级企业研发技术中心,进一步提高行业的技术研发能力。另外,通过产学研紧密合作和行业内的强强联合与充分整合,拟创建全行业的工程技术研究中心、博士后工作站、技术服务中心及部分产品的高新技术企业(略)。

3)要着力推进行业高新产品研发工作。要引导业内广大企业重视高新产品的研发工作,凡有实力成立技术研发中心的,都应创造条件建立相应的机构,配备人员,从事研发工作,特别要保证研发经费,增加这方面的投入,加大对新产品研发工作的扶持力度。行业内相关企业要加强对汽车发动机正时链、自动变速器哈瓦链、CVT无级变速链为重点的高速高性能链传动系统,以及高强度高疲劳重载链条、耐复杂环境特殊链条、高精度无声链系统以及其他严酷服役条件下特异链条的自主研发工作,提升产品的档次和水平,从根本上改变目前行业内中低档产品多、高、精、尖产品少,企业同类产品多、异类产品少,外贸出口产品贴牌多,自主产品少,以及企业专营产品多、一专多营产品少的"四多四少"的状况。

4)鼓励、支持广大企业大力抓好科技攻关和技术改造工作。行业内要积极推广"四新"(新材料、新技术、新工艺、新装备)的应用,组织有关课题,协调各企业的技术研发中心,对自主关键重大技改项目开展科技项目攻关活动;用高新技术改造传统产业,促进产业创新升级;对自主关键重大技改项目(略)要申报国家,争取立项;行业和企业部分重大关键技术攻关项目要争取列入国家重点项目(略);其他部分重要科技攻关及技改项目(略)要列入行业重点项目,行业对项目的实施情况将予以充分的关注。

5)充分发挥高校、科研院所及有关专家对行业技术发展的支撑保障作用。特别要发挥吉林大学链传动研究所、全国链传动标准化工作委员会、国家链条质量监督检验中心及行业专家库的作用,以企业为主体,研究所为依托,创建链传动产品共性技术服务平台(略)。"十二五"时期,通过对行业内各企业研发中心或研究所整合,形成既独立自主又相互合作的行业研发机制,引领行业和企业自主创新。

6)遵循"规范管理,统筹兼顾,优势互补,合作共赢"的方针,加强和优化行业标准化工作。强化行业和企业标准的制修订工作,特别是加强某些重要关键链传动产品的标准制修订工作,加快与国际接轨的步伐。链传动标准制修订重点项目(略)。

(3)积极推进争创国内外名牌工作

1)链传动产品的品种、品质要与世界同行先进水平同步发展。

2)改革外贸出口方式,逐步实现由贴牌生产向自主品牌经营转变。

3)积极开展"创名牌、创优质、创新品"活动。"十二五"时期要确立几个产品赶超世界同类产品的先进水平。通过对国外名牌产品进行对比分析,找出差距和差距原因,寻找缩短差距的途径和措施,通过努力使这些产品缩短与世界同类产品的距离。认真抓好机械工业名牌和行业创新产品的有关工作。认真贯彻"普及与提高,分类指导与重点培育"的方针,力争到"十二五"期末,在大中型骨干企业中培育2~3个国际公认的自主知名品牌,培育5~10个国家级名牌;在广大中小企业中培育一大批省(市、区)级名牌和著名商标;初步形成具有自主知识产权和核心竞争力的特种链条的品牌系列。

4)推进"质量兴企",提倡精品意识。认真总结"十一五"期间获奖的企业及优秀新产品资料,并在行业内广泛宣传,以便起到引导、交流、示范作用。

(4)提升管理,大力推进从传统管理向现代管理转变

实现从传统管理向现代管理的转变既是优化资源配置、提高效率和效益的重要措施,也是转变发展方式的重要内容,尤其是21世纪进入了信息网络时代,信息技术正在变革着制造业的生产方式,推进工业化与信息化的"融合"已经成为发展趋势。因此,在重视科技进步的同时,必须同

样重视管理创新。

1)行业内要积极推广应用“6S”“ERP”“精细化管理”等先进的现代管理方法,提升管理水平,优化资源,提高效率和效益。

2)进一步健全和完善质量管理体系,加强客户服务和质量诚信体系建设,并逐步形成具有特色的企业文化,提高企业的社会认可度。

3)倡导绿色制造,抓好节能降耗工作,搞好环境保护,努力构建资源节约型、环境友好型的现代企业。

(5)进一步加强人力资源和人才的有效整合与培育

加快人才强企建设是推进行业和企业又好又快发展,实现“十二五”时期行业奋斗目标的重要保证,也是增强行业和企业核心竞争力的战略选择,更是坚持“以人为本”、促进行业和企业发展的重要途径。“十二五”时期,行业要努力培养数以千计的行业高素质技工人才和各类专业技术人才。一是在全行业进一步形成“尊重人才、尊重知识、尊重创造”的氛围;二是以高层次人才、高技能人才为重点,推进行业各类人才队伍建设,充分利用国内国际两种人才资源,积极引进企业需要的各类人才,特别是企业经营管理人才、专业技术人才、高技能人才;三是在全行业进一步形成育才、引才、聚才、用才的良好环境,真正建立尊重人才和知识的社会环境,鼓励创新、宽容失败的工作环境,待遇适当、无后顾之忧的生活环境,公开平等的竞争择优制度环境。促进行业和企业的优秀人才脱颖而出。

“十二五”时期,通过引进和培养,在全行业建好一支专业技术人员队伍和技工队伍。在建设行业各类人才队伍时重点抓好以下工作:

1)充分发挥和利用吉林大学链传动研究所与行业专家库等资源优势,着重开展档次高、实用性强的技术、管理专业培训,重点是培养原创性的基础理论研究、创新型研发设计、开拓型经营管理和实用型技能人才。

2)有条件的企业要继续办好院士、博士后科研工作站,并不断扩大覆盖面,从而为行业自主创新及技术进步奠定坚实的人才基础。

3)企业要重视人才队伍的建设,要创造条件为各类人才构建展示才能的平台,建立充分发挥人才的积极性和创造性的激励机制,更好地吸纳人才,留住人才。

4)“十二五”时期,链传动分会要组织整编行业培训系列教材(产品设计、机械加工、热处理、工装模具),力争在广大会员企业支持下正式出版,同时组织编写新的链传动产品技术实用手册。

5)组织专家深入中小企业,指导企业开展有针对性的技术、管理培训,提高企业员工的综合素质。

(6)着力推进链传动产业现代制造服务业的发展

“十二五”时期,行业和企业在推进这项工作时需主要抓紧抓好以下工作:

1)坚持自主创新,着力抓好产品研发设计和技术改造工作。

2)大力构建国际营销网络和仓储式营销网点以及电子商务工作,提高服务质量,做好售前和售后全过程的服务工作。

3)抓好物流及供应链的管理,尤其是物料配送和零配件的供应工作。

4)抓好各类人才培养及管理咨询服务工作。

5)积极创建链传动行业共性技术服务平台及长效机制。

五、“十二五”期间链传动行业的发展战略与举措

战略决定方向,举措决定成效。《规划》的总体思路能否成功得以实施,选择正确的战略和举措极为重要,为此,强调“十二五”发展战略核心是突出一个“强”字,围绕做“强”要着力推进和组织实施四大主要战略和四大重要举措。

1. 主要战略

(1)产业创新战略。以理念创新为先导,科技创新为核心,建立健全“三个层面”(生产制造、科研开发、市场合作)构成的产业创新体制,全面推进产业转型升级工作。

(2)人力资源整合战略。以加强全员培训为基础,自主培育中高级专业人才为重点,健全“产、学、研、协会(含专家库)四位一体”的人力资源整合长效机制,进一步提高企业自主研发重要关键及中高档链传动产品的能力和重大科研攻关能力。

(3)品牌集聚战略。以技术创新提升品质,上乘品质铸就品牌,强势品牌创造名牌,更多名牌打响世界。发挥品牌集聚效应,鼓励引导中小企业借品牌之“梯”登高,乘大名牌之“船”出海,进一步提高参与国际中高端市场的竞争能力。

(4)国际化战略。以全球化经济的思维,拓宽国际和国内两个市场,鼓励有实力的企业走出去,并购、收购、控股国外相关公司,实施“跨国发展”。

2. 重要举措

举措之一:坚持实行两个并举。即:自主创新与引进消化吸收再创新并举;研发新产品与实施品牌战略并举。

举措之二:倡导构建三大机制。即:

(1)“大运作”机制,即以企业为主体,龙头企业为核心,市场为导向,政策为支撑,集产学研与行业专家库、协会结合之优势,促进产业创新发展的大运作工作机制。

(2)“大质量”机制,即不仅要提高产品实物质量,而且要提高工作质量和经济增长的质量。

(3)“大合作”机制,即在贯彻执行《行业自律公约》基础上,促进竞合,进而倡导并推进自愿、诚信、互惠、共赢的“合作发展”机制;加强国内同行之间的合作交流,特别是加强与国内的外资企业以及国外同行业之间沟通、交流和合作;在平等互信互利的基础上,加强技术、管理、人才培养、产品、市场等多方面的合作与交流,取长补短,相互促进,共同提高,和谐发展。

举措之三:实行四个结合。即产学研用相结合,走出去与引进来相结合,立足内需与扩大外贸相结合,立足主业与跨行业发展相结合。

举措之四:推进五个转变。即发展方式从粗放型向集约型转变,产品档次从中低档向中高档转变,外贸出口模式从贴牌生产向自主品牌经营转变,从传统管理向现代化管理转变,生产方式从手工半机械化向机械化、自动化的方向转变。

六、政策措施及意见与建议

1. 关于链传动产业的地位

链传动是三大机械传动系统中一种重要的传动形式,链传动产品是重要的机械基础件。它的应用范围极其广泛,如汽车、摩托车、农机、冶金钢铁、矿山、水泥、石油开采、造纸、食品、纺织机械、港口机械、设备制造以及航空、军工等各行各业。据国外发达国家统计,链传动产品的使用量已占全部传动件的50%以上,而且链传动逐步替代齿轮传动、带传动的趋势日趋明显,如不少高级轿车发动机和军用汽车发动机都采用链传动。

链传动产品的技术含量,并不是有些人想象的那么低。它的设计涉及到许多学科和技术,如啮合机理、CD/CAMJ技术、计算机仿真技术、失效分析技术等;其制造过程也相当复杂,从链条零件材料的改制、机械加工、热处理、装配及检测等需要经过几十道加工工序;链传动产品是大批量生产的产品,生产组织、质量控制难度比较大;链传动产品是给主机配套的,它的质量档次和水平好坏直接影响主机的使用寿命、可靠性、安全性,也直接关系到人们的生命与财产安全。如汽车及摩托车的核心部件是发动机,而发动机里核心配件就有链条、链轮。如果发动机里链条或链轮一旦出了问题,其后果不堪设想。再如石油钻探机使用的链条,如果发生断裂,钻头就会断在油井里,整口油井就会报废,那就会造成几千万元的损失。但长期以来,链传动产品在主机中基础性的重要作用却没有引起人们足够的重视,在许多人的眼里,它只不过是一个配件而已,没有多少技术含量,有的还以为它与自行车链条一样。这些认识"误区"的存在,对链传动产业的发展是极为不利的。建议政府有关部门在重视装备制造业振兴时,应该同时重视基础零部件的振兴,对涉及国民经济众多产业创新发展的链传动产业更要给予充分重视和高度关注。

2. 关于政策措施方面

(1)政府有关部门在拟定国家《自主创新指导目录》或者《关键核心基础零部件目录》时,对链传动产品应在《目录》中予以单独立项。

(2)由于我国链传动产业起步晚,基础弱,国家对这个产业的投入很少,所以产业的总体水平与国外发达国家相比差距甚大,技术改造和重大高新技术产品的研制及自主关键核心技术攻关的任务相当艰巨,为了尽快使这个产业能与世界发达国家的产业水平接轨,恳请国家有关部门尽可能将《"十二五"时期链传动行业自主关键核心技术及其重大技改项目》(略)、《"十二五"时期链传动行业部分重大关键技术攻关项目》(略)、《"十二五"时期创建链传动产品共性技术服务平台》(略)等重大关键项目列入国家(含省市)振兴装备制造业及关键基础件有关项目,在资金上统筹兼顾,加大扶持力度,促进这些项目的实施。

(3)在重大装备国产化过程中,对产品性能已经达到国外同类产品水平,能替代进口的产品,主机制造厂家不能以各种理由不使用。同时,国家对已经能替代进口的链传动产品的进口要逐步加大控制,不能继续让其享受低关税的待遇。这样才能逼着国内企业提高产品质量,更多替代进口,拉动内需,保护民族工业的发展。

(4)国家对已达到国外同类产品的先进水平、能替代进口的链传动新产品要给予适当的奖励,特别是税收政策上给予支持,比如所得税上可以适当的减免一点,这样有利于调动企业创新产品的积极性。链传动产业的中小企业比较多,国家对中小企业应进一步加大扶持力度,融资适度优惠,税收政策适度倾斜,给中小企业有更大的发展空间,让企业能有更多的自留资金增强发展后劲。

3. 关于切实解决链条专用钢材的问题

这是一个长期影响链条产品质量水平和档次提升的关键问题。国外是按企业要求直接提供链条用钢的,而我国目前状况却完全不同。一是国内钢铁企业虽多,却没有一家专业生产链条专用钢材的厂家。许多链条企业不得不建立材料改制部门,其功能相当于一个小型的轧钢厂。从全国范围来讲,造成了能源、人力等资源的极大浪费;二是国内兼营链条钢材的厂家不少于十几家甚至几十家,由于不是专业链条钢材的生产厂家,因而钢材规格、品种和材质没有按链条钢材要求生产,影响了链条产品质量和材料利用率的提高;三是链条专用钢材的国家标准GB/T 13795—1992和GB/T 13796—1992一直未得到贯彻执行。由于购得的原材料是非链条专用钢,其内在质量和化学成分不稳定,严重地阻碍了国产链条上档次、上水平,一定程度上也会影响重大装备国产化的进程,所以希望政府有关部门予以足够的重视和关注。

我们建议:由国家有关部门协调有关各方着力解决这个问题,能在钢铁企业中选定2~3个厂家专营和兼营链条专用钢材,这样不仅能切实贯彻实施链条专用钢材标准,优化资源配置,有利于提高链条产品质量和节能减排,更有利于提高行业经济增长的质量和效益。

4. 关于制链专机装备问题

目前,我国制造链条和链轮的专机装备水平与发达国家相比差距较大,特别在机械化、自动化、智能化的生产流水线方面差距更大。国内虽有不少制造链条专机的厂家,但有的经营规模小、技术水平低,有的还不能提供高技术、高质量、高效率的自动化制链设备,远远满足不了行业发展的需要,致使有的企业不得不自己制造,自造自用,造成了装备的水平上不去,资源又浪费的局面。另外,目前国内尚无制造链轮专机的厂家。解决制链专用装备问题,既关系到链传动各企业提高效率、降低成本、节能减排以推动行业的整体水平的提高,又关系到防止企业盲目扩张、无序发展、低水平竞争。但这个问题的解决需要政府和上级协会的支撑,链传动分会有些力不从心。为了在“十二五”时期能突破这个严重制约行业发展的瓶颈,我们恳请政府有关部门能高度重视和关注链传动产业的装备问题。为此,提出如下建议:

(1)积极支持、引导和有序推进整合制造链条专机装备企业,拟选择浙江恒久等几家有一定规模和制造实力的厂家,也包括在全国选择一些机床企业作为链传动产业制造专机装备的定点制造单位,在人才、技术、资金等政策上支持这些企业发展,为这些企业引进国外先进的专机装备或机械化、自动化、智能化生产流水线,通过消化、吸收、再创造,研制具有中国特色制的链装备,为提升我国链传动产业的制造水平创造条件,为我国链传动企业制造更多更好的高技术、高质量、高效率的制链专用设备提供可靠保证。

(2)国家对企业在引进先进制链专机及检测设备或成套机械化、自动化、智能化流水线时应给予政策优惠(如减免关税或所得税、低息或贴息贷款等)。

(3)尽可能将《“十二五”时期链传动行业拟部分重点研制的新一代重大制链专机装备和检测设备》(略)列入国家(含省市)和基础件行业装备制造重点项目,确保这些项目的开发。

5. 关于加快行业协会法立法进程问题

随着市场经济的深入发展,政府职能正在逐步加快转变,行业协会承担行业管理的作用也将越来越大。但如何进一步加强行业协会对行业的管理已成为亟待解决的重要课题。目前,不少行业协会在开展行业管理工作中受到诸多因素的制约,体现在以下方面:一是对行业协会承担行业管理的职能国家还没有提供法律保障,致使行业协会实施行业管理不能向法制化方向发展;二是行业协会在行业管理中的地位作用不明确,因此,协会实施行业管理不能向规范化、制度化方向发展;三是目前行业管理政出多门,有些地方政府还没有将对企业的行业管理工作真正转移给行业协会;四是有些行业协会组织不健全、管理不规范,这也影响了对行业的管理;五是不少行业协会在行业管理中仅仅对会员企业实施行业管理,对行业中相当多的非会员企业无法无权开展行业管理。比如,链传动行业在全国有近400家企业,加入行业协会的单位100多家,约占1/3左右,协会只能对它们进行管理,而一大批中小企业都不是会员单位,协会各项工作对他们来说根本没有影响力和作用力。如非会员单位中的极少数企业发生一些假冒伪劣、低价倾销的违规行为,扰乱了市场秩序,影响了行业的健康发展,引起了广大会员单位的很大意见,而从协会目前的职责范围和权限来讲,无法对其进行监督管理。又如行业统计、产品质量、品牌培育、技术改造、节能减排、环境保护和限制盲目发展等一系列的行业管理工作,对这些非会员单位行业协会也无法实施行业管理,更无法把政府的有关政策很好地贯彻下去。因此,目前的行业协会仅仅是会员单位的协会,而不是全行业企业的行业协会,这种状况不改变,对行业健康有序地发展将会带来很大的影响。“十二五”时期是国际金融危机后时期,是新一轮世界经济发展的战略机遇期,如何抓住机遇,带领和促进全行业各企业加快发展,将是各行业协会的重大历史使命。因此,我们希望国家尽快制订行业协会法,从法律上明确行业协会的地位、作用、职能、权限,这样才能使行业协会今后能更好地承担起政府转移的行业管理的重要职能,更好地在加强行业管理中发挥积极作用,才能在行业发展的重大问题上有话语权,才能真正起到政府与企业之间的桥梁和纽带作用。

〔撰稿人:链传动分会朱善祥、王民梁、李树立〕

行 业 概 况

我国链传动行业的技术研究现状及发展趋势

链传动是一种具有中间挠性件的非共轭啮合传动。它兼有齿轮传动和带传动的一些特点，特别是在大中心距、定速比、多轴传动的工况下，以及环境恶劣的开式传动、冲击振动大的传动、大载荷的低速传动、润滑良好的高速传动中，采用链传动将带来明显的技术效益与经济效益。工业化的进程表明，许多重要的齿轮传动和带传动领域已逐渐被链传动所取代。

一、链传动行业技术创新能力全面提升

随着工业化、信息化、市场化的不断深入，链传动行业的技术也发展到了崭新的历史时期，突破、创新、变异、升级已成为其主要特征。

“十一五”期间，国内在技术领域链条的疲劳性能方面做了大量的测试研究工作，对于指导产品设计与制造无疑发挥了重要作用。与此同时，相关单位也加强了对链条的疲劳寿命分布规律的研究，并开始关注加载频率、加载波形对链条疲劳强度和疲劳寿命的影响特性。但限于经费等原因，这些研究工作进行得并不深入与系统。对疲劳断口的分析，特别是对疲劳断口的微观分析尚显不足；对疲劳断裂过程中裂纹萌生、微观裂纹扩展、宏观裂纹扩展、断裂失效的机理及其动态过程了解亦不多。而断口的失效分析，对于检验和指导产品设计与制造工艺是至关重要的一环。当然，断口分析不应仅限于链板零件的疲劳断裂，也应包括滚子、套筒零件的小能量多冲疲劳破裂。事实上，国内同行已开始认识到疲劳寿命分布规律与断口分析的重要性，已在不同层面上启动了这方面的研究工作，建立典型的疲劳断口图谱成为了行业内一项重要的基础工作。

磨损机制及其失效机理的研究对于打造名牌链条产品颇具指标意义，因为磨损历来都是链条产品最敏感且又最易察觉到的技术指标之一。链条磨损性能的测试研究在国内已有一定的工作基础。近年来，国内已经开始了滚子链、齿形链和 Hy - Vo 齿形链磨损失效机理的研究，微观分析了磨粒磨损、疲劳磨损、粘着磨损及微动磨损等主要磨损机制，探讨了接触疲劳裂纹的生成、扩展与剥落的动态过程以及循环硬化与循环软化特性；研究了微动磨损与链节联结牢固度（压出力、松动转矩）动态特性的相关性，探讨与分析了滚子链磨损可靠性抽样检验的理论与方法。随着市场对链条产品耐磨性能的要求不断提高（$\varepsilon \leqslant 1\%$），全面系统地研究滚子链、套筒链、齿形链等众多产品的磨损特性势在必行。作为一种技术发展趋势，开展高速、冲击、变速、变载、粉尘、腐蚀等严酷服役条件下的磨损机制及其失效机理的研究，并探寻耐磨性提高的重要途径将是一个具有实用价值的关键技术和创新工程。

对于高速链传动噪声指标的重要性，行业内也已早有认知，但相应的研究与测试工作进展缓慢。究其原因，首先是行业内没有相关的标准和检验规范，而要提出链传动噪声的评价指标和测试方法，没有坚实的前期研究基础为支撑也是很难实现的；其次，严格的噪声测试环境和测试条件也限制了此方面工作的开展。当前，已有不少链条产品，如汽车发动机正时链、机油泵链、变速器传动链、摩托车发动机正时链等已逐渐引入了噪声评价指标，从而拉动了行业应对这一市场需求的技术策略的产生。应该指出，噪声的研究与测试不能仅限于链传动系统的瞬时噪声值，而是应该对链传动系统的瞬态信号或非稳态信号的噪声频谱进行实时分析，研究其噪声的频率 - 时间的动态特性，寻求产生噪声的根源和降低噪声的措施，从而在此基础上提出相关的评价标准和检验规范。这一研究工作首先从 Hy - Vo 齿形链传动起步，将具有重要的指导意义。目前，汽车发动机正时链系统的噪声频谱实时分析与研究工作已经取得了重要的阶段性成果。

对于链条产品的温度场特性，国内已从 Hy - Vo 链、水泥链入手，利用非接触式红外测温仪系统，现场实时跟踪测量了 Hy - Vo 链、水泥链的温度场特性，并同步拍摄了相关照片，计算出了 Hy - Vo 链、水泥链各零件的温度分布曲线，从而为 Hy - Vo 链、水泥链、冶金链等在较高温度场下服役的链条产品的设计和制造提供了必不可少的重要依据。

二、链传动行业新产品新技术新理论不断问世

“十一五”期间，随着市场需求的变化，链条产品系列呈现了多元化趋势：在普通型、加重型的基础上，派生出众多轻窄型产品，变异出带 O 型圈和 X 型圈的系列产品，成功研发了汽车发动机正时链、机油泵链、燃油泵链、共轨泵链、平衡轴链、变速器和分动箱齿形链、Hy - Vo 链及其系统以及航空链等新产品；链条节距除向大、小节距两端延伸外，还在小节距范围内插入了新的标准的或非标准的节距，使小节距分布更密，更适用于不同工况的传动；在尺寸相同的条件下，派生出一系列不同疲劳强度、不同拉伸强度甚至不同磨损性能的变异产品；在服役工况方面，出现了耐高

温、耐强腐蚀、耐强力磨损和低噪声的产品系列。“十一五”期间，许多企业的产品获得了省部级科技进步奖、省市级奖以及中国机械通用零部件行业优秀新产品奖，有的企业的产品还获得了中国名牌产品称号。“十一五”期间，杭州东华链条集团有限公司与吉林大学联合承担了一项国家863计划项目（链传动行业的第一个国家863计划项目），青岛征和工业有限公司承担了一项国家科技型中小企业技术创新基金项目，湖州求精汽车链传动有限公司、杭州东华链条集团有限公司还分别承办了省级博士后科研工作站，这些都为企业乃至行业的产品研发和技术发展奠定了必要的基础。

在齿形链和Hy－Vo齿形链的啮合机制研究方面，吉林大学汽车链系统高速特性及其设计方法研究方向所负责承担的3项国家自然科学基金项目和1项国家863计划项目，对于新型齿形链和基于多元变异的新型Hy－Vo齿形链的啮合机理、设计方法、运动学与动力学分析以及数字化设计与分析软件平台开发的研究，已经取得了许多具有自主知识产权的重要研究成果，并已步入产业化快车道。该研究方向相关研发人员所撰写的专著《齿形链啮合原理》，被列入了2007年度国家科学技术学术著作出版基金资助项目；所发表的学术论文有两篇被SCI检索，20余篇被EI检索。同时，该研究承担单位近年来一直积极参与国际学术合作与交流，目前已与国外著名软件开发商和研究机构建立了技术合作关系，并将建立链传动国际合作研发中心。

“十一五”期间，山东大学、中国矿业大学、长春理工大学、郑州大学、河北工业大学及陕西科技大学的学者也在链传动领域积极开展了相关的研究工作，取得了许多可喜的研究成果。特别是已经退居二线的一些老教授、老专家仍然在热情关心着链传动的技术发展，这表明了作为重要机械传动形式之一的链传动技术研究已引起越来越多的学者和工程技术人员的关注和重视。

链条零件的选材也呈现多元化趋势，早已突破了常用材料的范围。各种牌号的低碳合金钢、优质合金结构钢、渗氮钢、轴承钢、耐热不锈钢等已在行业内广为使用。可以预测，未来将有更多的新材料（包括纳米材料）会在行业内推广应用。热处理方式及表面处理和强化技术也发生了很大变化，等温淬火、强韧化处理、渗铬、渗铬钒以及其他金属复合渗等技术已相继应用。这一多学科交叉领域具有很大的发展空间，必将推动行业的技术水平跃上一个新的平台。

链条的制造与检验技术近年来也有新的发展，带油孔的套筒定向装配、套筒露头、销轴中心铆以及多功能自动装配等新技术已日趋成熟；销轴、套筒压出力的研究与测试已有重要进展；零件成形工艺有了新的突破；多颗落料链板周边光洁冲裁，中碳合金钢滚子的高精度冷挤，套筒、滚子零件新的卷制原理与技术，Hy－Vo齿形链的异型销轴和拽引用钢制焊接弯板链的异型套筒精拔技术等项研究工作已经取得了重要的阶段性成果，并已在行业内应用。链传动中心距测量仪、汽车正时链高速试验台系统等检验与试验设备相继研发成功。

链轮产业近年来也有了新的发展，硬齿面粉末冶金链轮、交错齿链轮、高精度链轮的应用领域不断扩大。链轮齿形，特别是齿形链链轮齿形，由于啮合机理的变革，产生了一系列新齿形；其变位链轮的齿形设计方法与检验方法也正在研究与完善，与之相适应的新型齿形链链轮滚刀的研发工作业已全面展开。链条联轴器的产品系列也在不断扩大，市场需求的拉动使链条联轴器向小规格和特大规格方向发展。随着工业化、信息化、市场化的不断深入，链式输送技术已成为链条企业向输送机主机行业延伸和跨越的纽带和重要推动力。近年来，浙江诸暨金盾链条制造有限公司等企业研制的多工位、多功能程序自动控制的各类链式输送机不断问世，全面展示了链传动技术在工业化和信息化进程中的不可替代的重要作用。

随着汽车、装甲车、水陆两用车、坦克等车辆工业和航空工业的不断发展，链传动技术研究已向发动机正时系统设计和变速器系统设计等多学科交叉领域迈进，相关链条企业也成功研发了汽车发动机正时系统，并成功为主机厂配套。

三、链传动行业的技术发展趋势

“十二五”期间链传动行业技术进步的主攻方向及其发展应重点关注以下十个方面的问题。

（1）“十二五”期间，行业内应重点建设好5家具有较高技术水平和较强研发活力的省级企业技术中心或研发中心，新申报5家国家级高新技术企业，这是行业技术进步和自主创新的重要基础。同时，充分发挥高等院校、科研院所和学会在行业技术进步中的重要支撑作用，争取在“十二五”期间，通过产学研的紧密合作和行业资源的强强联合与充分整合，筹建链传动行业技术服务中心；条件成熟时可筹建和申报全行业的国家级链传动工程技术中心。

（2）“十二五”期间，应通过产学研合作、高等学校的学历教育以及协会的“653”工程和学会的继续教育工程，培养一批知识结构、专业结构、学历结构、年龄结构合理、热爱行业、热爱企业的工程技术人员队伍、研发人员队伍和能工巧匠型技术工人队伍；重点培养一批企业实用的专家型研发人员和青年科技人员；大型重点骨干企业及其技术中心或研发中心应培养和造就本企业的技术领军人物，并不断引进不同层次的各类工程技术人员；有条件的重点骨干企业应继续办好博士后科研工作站，并有计划地申报国家级博士后工作站，从而为行业的技术进步和自主创新奠定坚实的人才基础。

（3）“十二五”期间，行业应进一步推广应用基于系统开发和并行技术的链传动产品现代设计方法、齿形链和Hy－Vo齿形链及CVT链的啮合机理分析、CAD/CAM技术、计算机仿真技术、变异技术、失效分析技术，建立链传动产品设计的可靠性数据库，从而提高科技对行业经济的贡献率。这是行业技术进步的重要技术基础，也是行业技术进步的关键环节。有条件的重点骨干企业应争取率先实现链传动产品设计的智能化和数字化、失效分析的程序化。

（4）“十二五”期间，应基于国际和国内两大市场的需求，以配套、维修、出口协调均衡的多元化途径，以系统开发的模式，适时调整和发展我国的链传动产品结构，要注意前瞻性、规划性，同时，要注意风险预测和评估。在保持量大面广的常用工业链条（如：A、B系列滚子链，板式链，农机链，弯板链，石油链，模锻链等）系列化的基础上，有条件的重点骨干企业应根据市场需求向系列两端进一步延伸，研发节距更小或节距更大的“微型链”和“巨型链”派生产品；并且，在相同尺寸参数下，研发出高强度、高疲劳、高耐磨的派生精品系列，以满足众多主机的“个性化”需求，与此同时，这也有效地增加了产品的技术附加值。

（5）研究适用于冶金、水泥、农机、石油化工、船舶等行业的高温、强腐蚀、强磨损链条的服役条件及其失效机理，研制能够模拟严酷服役条件的科学、实用的专用试验设备或试验装置，研究与分析不同工况下润滑油以及其他各种介质的属性及其对链条产品主要性能和可靠寿命的影响规律，提出适用于高温、强腐蚀、强磨损链条的新材料、新工艺和新技术，形成具有自主知识产权和核心竞争力的我国特种链条的品牌系列和有代表性的研发生产基地。这是一项具有前瞻性的共性技术研究工作。

（6）研究汽车、摩托车发动机、变速器、分动箱、航空器等链条产品系列的啮合机理及其失效形式，研制高速多轴正时链传动系统和变速器、分动箱链传动系统的模拟试验台，实时分析具有多约束边界条件下的高速多轴正时链传动系统的噪声频谱和温度场特性，试验研究和仿真分析系统的接触动态响应，研究与系统关联的导向板、张紧板、张紧器的设计计算方法，提出具有自主知识产权的我国汽车链、航空链传动系统的设计方法、试验规范和评价准则，显著降低我国链传动行业对国外技术的依存度，争取在“十二五”期间使我国汽车链系统的研发水平、制造技术和产品质量达到国际较先进水平，培养和造就2～3家能代表“国家队”水平的汽车链高新技术企业和研发生产基地。

（7）研究基于多元变异的新型齿形链和新型Hy－Vo齿形链啮合设计理论与方法，提出具有我国自主知识产权的面向齿形链和Hy－Vo齿形链产品的创新理论和方法，构建新型齿形链和新型Hy－Vo齿形链链轮－刀具系统的设计体系，建立新型齿形链和新型Hy－Vo齿形链的系列型谱，推进产品的升级换代。

（8）研究链轮新齿形，重点研究多粉尘、剧烈冲击、重载工况下的套筒滚子链链轮新齿形，齿形链和Hy－Vo齿形链链轮新齿形，粉末冶金链轮新齿形，多相传动用交错齿链轮新齿形。从啮合机理入手，研究具有大负变位的渐开线齿形和其他新齿形，研究基于不同模数、不同压力角的啮合设计及其参数变换原理，研究加工特殊齿形的滚子链链轮滚刀、插齿刀和加工大负变位渐开线齿形的齿形链链轮以及Hy－Vo齿形链链轮滚刀、插齿刀的设计方法和检验方法，建立2～3家行业内具有较高研发水平和制造水平的链轮研发生产基地。

（9）采取国内外、行业内外联合与协作的方式，研制新一代的制链成套设备，重点研制具有预弯功能的新型套筒，滚子卷管机，套筒自动定向装配机，新型滚子、套筒六工位高精度冷挤机，新型链板高速多颗精密冲裁模具，新型高速精密销轴切断机，具有自动组装（含多点正时链板有序装配）、挤孔、铆头、缺件检验、预拉跑合、拆节和“环接”等复合功能的链条自动装配生产线等，研发异型销轴和异型套筒的加工设备与技术，研制链条销轴的金属复合渗的设备与“个性化”技术，研制具有低频功能且频率可调的新型链条疲劳试验机。上述设备、专机和检测仪器的研制是链条产品上档次、上水平的重要保证。

（10）研发新一代自动控制的积放式链式输送机、倍速输送机和高性能斗式提升机以及高温、腐蚀、粉尘等严酷服役条件下的新型链式输送机，满足主机厂的迫切需求，进一步打造和强化集主机机构、辅助装置、自动控制以及输送与传动链条为一体的链式输送机的研发和生产模式。

四、面向未来，前景美好

链传动行业所经历的技术发展历程表明，作为传统产业的链传动行业同样也有其高精尖层面的前沿研究领域。啮合理论、多体动力学、CAD/CAM、TCA、接触力学、计算机仿真技术、概念设计、变异技术、系统工程、可靠性技术、微观分析、频谱分析、小波理论等原理与技术都可以或者已经在行业内推广应用。其问题在于能否把握住行业技术发展趋势；能否构建具有前瞻性的行业和企业以及研究院所的技术发展规划；能否实现多学科交叉、关键技术的联合攻关、核心技术的自主创新以及高层次复合人才的培养和使用等。重点骨干企业在技术进步的主攻方向上应科学、有序地做好战略定位。

目前，吉林大学汽车链系统高速特性及其设计方法的研究方向承担的一项国家自然科学基金项目“基于多元变异的新型Hy－Vo齿形链啮合设计理论”（50975117）和一项我国博士后基金项目“基于复杂约束边界条件下的多轴高速链传动系统设计理论”，以及与杭州东华链条集团有限公司联合承担的一项国家863计划项目“基于复杂多元变异的Hy－Vo链数字化设计方法研究及平台开发”（2009AA04Z109），正在按计划有序进行，其必将有力地推动行业的技术进步和人才培养。

可以相信，通过学会和行业从业人员的共同努力，以企业为主体，走“政产学研用”结合和强强联合之路；运用技术创新手段，实施系统开发战略，一定会不断地研发出具有我国自主知识产权的新产品、新技术、新理论，形成行业和企业的核心竞争力，实现学科与行业、学术与技术、经济效益与社会效益的共赢。可以肯定，链传动行业的技术发展前景是美好的，学会工作的发展空间是广阔的。

〔撰稿人：吉林大学链传动研究所孟繁忠〕

耐复杂环境特殊链条发展概况

链传动在国民经济的应用范围十分广泛。迄今为止，链条的品种规格约在四万种以上。链条的分类，就其应用的环境而言，通常可以分为两大类。一类是使用在常规环境条件下的普通链条，另一类是使用在复杂环境下的特殊链条。本文论述的主要是服役在超高超低温，无油润滑，酸碱湿蚀，矿砂粉末，以及恶劣环境下的抗疲劳、耐磨损、耐腐蚀的特殊链条。

根据服役环境的特性，可以将耐复杂环境特殊链条分为以下四大板块：

（1）重载使用条件下的超高强度、高疲劳、高耐磨链条，主要应用于大功率装备的驱动和传动，如钢铁冶炼用链、矿山重载链、船用链、港机链以及重载工程车辆链等。

（2）矿山及油田（含页岩油）深层钻探条件下使用的耐酸碱腐蚀、耐磨损、耐强力冲击的特殊链条，如广泛使用的石油钻井链、煤矿无人开采输送链等。

（3）穿越矿砂、粉尘、腐蚀介质，并在高低温交变条件下使用的抗疲劳、耐磨损的特殊链条，如水泥链、精洗煤链等。

（4）抗腐蚀水处理链，如马氏体不锈钢和工程塑料污水处理链。另外，应用于海港码头、抗盐水腐蚀的装卸散货船专用的链斗式提升链目前正在大力推广使用。

耐复杂环境特殊链条广泛应用于国民经济和国防工业的诸多领域。如：在钢铁冶金工业领域里，使用于大型轧钢自动生产线的引锭链；在工程机械领域里，应用于重载工程车辆驱动和传动的链条，如徐工、三一重工集团均采用超高强度和超高疲劳链条；在石油工业领域，应用于石油钻井的链条，钻井深度为2 000～6 000m。井下岩层复杂，钻井链要具备抗冲击、抗磨损、耐腐蚀特性，因为链条一旦断裂，造成“闷井”，将造成重大损失；在建工领域里，水泥生产从采石、窑工、研磨及发送四个工序，全线以链传动贯穿，特别在窑工段至破碎研磨段使用的提升链，既要耐高温，又要抗磨损、胶合，使用条件非常苛刻；又如应用于沥青搅拌生产的链条需要超高耐磨性；在港口码头集散装卸领域里，应用于卸散货的链斗式连续卸货重大装备，由于关键部件采用了高强度、高耐磨防腐链条，比原传统的抓斗式装卸机具有高效、卸净、无环境污染等优点，目前正在我国大型的港机企业推广该项技术；在环保污水处理领域里，污水处理链广泛使用于城市污水处理和工业污水处理；在造船工业领域里，大功率船舶发动机链需有高抗冲击性和高耐疲劳性，特别是在海军服役的军舰，如链条断裂，船舶失去动力，军舰就失去战斗力。总之，耐腐蚀环境特殊链条市场广阔，基于对国内外链传动行业市场与营销的调研得出结论，耐复杂环境特殊链占全球链传动市场的份额约为25%。

我国链传动同发达国家的主要差距在高速高精链条和耐复杂环境特殊链条两个方面。世界发达工业国家的名优链条制造企业，如日本的椿本、大同、日立，美国的Rexnord，Diamond，德国的Iwis，Ketten wulf，法国的Sedis，英国的Renord等公司，他们生产的耐复杂环境特殊链条，以品牌优势和技术优势占据着世界钢铁冶炼、矿山开采、水泥制造、石油钻探、造船与港机、重载工程与道路机械、城市环保及自动停车装备与轨道交通领域的大部分市场，也占据着我国的大部分市场。近几年，我国链传动在开发耐复杂环境特殊链产品与市场拓展方面虽然也取得了较好的成绩，但与世界名牌相比，在可靠性、使用寿命以及知名度上还存在着差距。

在中国机械通用零部件工业协会链传动分会制定的“十二五”发展规划中，明确提出了“十二五”期间发展耐复杂环境特殊链的思路：即集中优质资源，以优势企业为主体，构建耐复杂环境特殊链的创新平台。也就是说集中我国链传动行业优质资源，优选行业中骨干企业为主体，组建产学研攻关团队，在“十二五”期间有计划、有步骤地对耐复杂环境特殊链条四大板块的典型产品进行自主研发，从而使我国链传动行业对其拥有自主的知识产权。围绕“三基”产业“十二五”发展规划有关“抗疲劳、耐磨损、耐腐蚀特异链”的要求，深入调研、积极研发，尽快促使我国能自主生产重大装备和高端装备所需的优质高可靠性特殊链条。

“十二五”期间，我国链传动行业拟构建耐复杂环境特殊链条研发和制造基地。要赶超世界名优企业在耐复杂环境特殊链的优势，就要认真深入调研，实事求是地分析我国在技术性能上的差距，生产制造上的差距，以及性能试验上的差距。我们应扎扎实实地进行攻关，在优选材质上，优化热处理工艺及其他特殊工艺上，强化试验，特别是模拟试验上狠下苦功夫。我们既要充满信心又要持久耐心地到客户中去进行质量跟踪与服务，从而能够以优良的性价比优势将我国耐复杂环境特殊链条推广到新的国内外客户中去，并实现为我国重大装备与高端装备配套。

随着我国国民经济的持续发展，可以预见我国的链传动仍将保持着旺盛的发展势头。改革开放30多年来，我国的链传动产业已经做大，产品水平已达到国际中等水平，但与发达工业国家相比，在品质上、技术上还不强。要做强中国链条，就必须在高速高精链条和耐复杂环境特殊链条两大版块进行突破。我们将在“十二五”期间，集中优质资源，组建产学研团队，制订科学发展规划，赶超国际水平，努力把我国链传动做大做强。

〔撰稿人：苏州环球集团有限公司俞燮元〕

统 计 资 料

2009—2012 年链传动行业主要经济指标

序号	指标名称	单位	2009 年	2010 年	2011 年	2012 年
1	工业总产值(当年价)	万元	727 467	804 615	878 656	993 759
	其中:新产品产值		127 996	166 363	172 474	211 051
2	工业销售产值	万元	703 028	789 709	863 633	970 867
3	工业增加值	万元	132 324	175 677	178 785	196 961
4	出口额	万美元	37 711	38 757	47 120	50 100
5	产品销售收入	万元	711 721	832 724	889 925	954 597
	其中:工业链条销售收入		589 223	673 220	695 472	688 714
6	利税总额	万元	48 485	57 181	61 460	75 290
7	产品产量					
	工业链条	万 m	30 504	32 138	32 979	30 729
		t	415 781	474 262	509 228	487 978
	工业链轮	万只	3 993	3 816	5 190	4 790
		t	93 365	97 121	111 996	113 954
8	资产总值	万元	797 679	797 540	806 038	821 074

注:根据链传动分会部分企业上报的数据统计,2009—2012 年上报数据的企业均为 66 家。

〔撰稿人:链传动分会李树立〕

2009—2012 年链传动行业工业总产值超亿元企业

2009 年			2010 年		
序号	企业名称	工业总产值(万元)	序号	企业名称	工业总产值(万元)
1	浙江恒久机械集团有限公司	102 961	1	浙江恒久机械集团有限公司	118 388
2	杭州东华链条集团有限公司	95 214	2	杭州东华链条集团有限公司	111 977
3	浙江中益机械有限公司	50 712	3	浙江中益机械有限公司	53 097
4	诸暨链条总厂	30 257	4	苏州环球集团有限公司	51 329
5	苏州环球集团有限公司	30 225	5	诸暨链条总厂	32 453
6	杭州永利百合实业有限公司	22 278	6	杭州永利百合实业有限公司	31 524
7	浙江华港链传动有限公司	21 009	7	浙江华港链传动有限公司	25 976
8	浙江金盾链条制造有限公司	19 270	8	浙江金盾链条制造有限公司	20 461
9	上海大隆链条厂有限公司	14 396	9	上海大隆链条厂有限公司	16 195
10	杭州顺峰链业有限公司	13 514	10	杭州顺峰链业有限公司	16 052
11	湖州双狮链传动有限公司	13 257	11	黄山皖南机床有限公司	15 428
12	嵊州市特种链轮有限公司	13 014	12	杭州山水实业有限公司	15 220
13	杭州山水实业有限公司	12 148	13	湖州双狮链传动有限公司	15 070
14	浙江永美链条有限公司	11 911	14	浙江永美链条有限公司	12 412
15	常州东吴链传动有限公司	10 206	15	常州世界伟业链轮有限公司	12 390

（续）

2009 年			2010 年		
序号	企 业 名 称	工业总产值（万元）	序号	企 业 名 称	工业总产值（万元）
16	常州世界伟业链轮有限公司	10 180	16	嵊州市特种链轮有限公司	11 854
			17	常州东吴链传动有限公司	11 600
			18	柳州柳连机械制造有限公司	10 780
			19	江苏双菱链传动有限公司	10 134

2011 年			2012 年		
序号	企 业 名 称	工业总产值（万元）	序号	企 业 名 称	工业总产值（万元）
1	杭州东华链条集团有限公司	146 941	1	杭州东华链条集团有限公司	149 992
2	浙江恒久机械集团有限公司	128 733	2	浙江恒久机械集团有限公司	133 249
3	浙江中益机械有限公司	60 170	3	苏州环球集团有限公司	71 686
4	苏州环球集团有限公司	55 377	4	浙江中益机械有限公司	58 899
5	诸暨链条总厂	43 566	5	柳州柳连机械制造有限公司	55 415
6	浙江华港链传动有限公司	31 258	6	杭州永利百合实业有限公司	49 985
7	嵊州市特种链轮有限公司	21 001	7	诸暨链条总厂	45 042
8	黄山皖南机床有限公司	20 716	8	武义县正达金属丝制品有限公司	30 000
9	杭州顺峰链业有限公司	20 117	9	浙江华港链传动有限公司	26 321
10	浙江金盾链条制造有限公司	18 256	10	杭州顺峰链业有限公司	20 846
11	上海大隆链条厂有限公司	18 060	11	嵊州市特种链轮有限公司	19 799
12	杭州山水实业有限公司	17 000	12	常州世界伟业链轮有限公司	15 888
13	常州世界伟业链轮有限公司	16 518	13	浙江金盾链条制造有限公司	15 684
14	湖州双狮链传动有限公司	14 302	14	浙江八方机械有限公司	14 538
15	常州东吴链传动有限公司	13 994	15	浙江建宏链传动材料有限公司	14 477
16	浙江建宏链传动材料有限公司	13 831	16	杭州山水实业有限公司	14 326
17	浙江八方机械有限公司	13 653	17	武义东风链条有限公司	14 262
18	浙江永美链条有限公司	13 095	18	湖州双狮链传动有限公司	13 891
19	武义东风链条有限公司	12 942	19	黄山皖南机床有限公司	13 638
20	东阳市永美链条有限公司	11 120	20	浙江永美链条有限公司	13 342
			21	常州东吴链传动有限公司	13 088
			22	东阳市永美链条有限公司	12 714
			23	江苏双菱链传动有限公司	11 102
			24	上海大隆链条厂有限公司	10 738

注：根据链传动分会部分企业上报的数据统计，2009—2012 年上报数据的企业均为 66 家。

〔撰稿人：链传动分会李树立〕

2009—2012 年链传动行业销售收入前 50 名企业排序

2009 年			2010 年		
序号	企 业 名 称	销售收入（万元）	序号	企 业 名 称	销售收入（万元）
1	浙江恒久机械集团有限公司	117 034	1	杭州东华链条集团有限公司	147 879
2	杭州东华链条集团有限公司	85 907	2	浙江恒久机械集团有限公司	120 824
3	浙江中益机械有限公司	50 630	3	苏州环球集团有限公司	56 363
4	苏州环球集团有限公司	31 950	4	浙江中益机械有限公司	53 007

（续）

2009 年			2010 年		
序号	企业名称	销售收入（万元）	序号	企业名称	销售收入（万元）
5	诸暨链条总厂	29 639	5	青岛征和工业有限公司	32 392
6	浙江华港链传动有限公司	20 877	6	诸暨链条总厂	31 580
7	杭州永利百合实业有限公司	20 825	7	杭州永利百合实业有限公司	30 968
8	浙江金盾链条制造有限公司	14 529	8	浙江华港链传动有限公司	25 964
9	上海大隆链条厂有限公司	13 686	9	浙江金盾链条制造有限公司	20 312
10	杭州顺峰链业有限公司	12 671	10	黄山皖南机床有限公司	16 482
11	湖州双狮链传动有限公司	11 946	11	上海大隆链条厂有限公司	15 399
12	浙江永美链条有限公司	11 873	12	杭州顺峰链业有限公司	15 261
13	杭州山水实业有限公司	11 722	13	杭州山水实业有限公司	15 240
14	常州世界伟业链轮有限公司	10 180	14	湖州双狮链传动有限公司	14 368
15	常州东吴链传动制造有限公司	10 160	15	浙江永美链条有限公司	12 368
16	黄山皖南机床有限公司	9 772	16	常州世界伟业链轮有限公司	12 206
17	东阳市永美链条有限公司	8 548	17	嵊州市特种链轮有限公司	11 397
18	浙江神牛机械制造有限公司	8 430	18	柳州柳连机械制造有限公司	10 780
19	嵊州市特种链轮有限公司	8 036	19	江苏双菱链传动有限公司	9 986
20	江苏双菱链传动有限公司	7 754	20	浙江神牛机械制造有限公司	9 654
21	浙江恒昌链条有限公司	6 777	21	常州东吴链传动制造有限公司	9 626
22	苏州大唐金属型材有限公司	6 725	22	苏州大唐金属型材有限公司	9 535
23	杭州西林链条制造有限公司	6 050	23	东阳市永美链条有限公司	8 946
24	绩溪黄山实业有限公司	5 523	24	浙江恒昌链条有限公司	8 275
25	金华鸿烁链条有限公司	5 222	25	浙江八方机械有限公司	7 460
26	重庆长江链条有限公司	4 713	26	台州华达机械有限公司	6 675
27	浙江八方机械有限公司	4 654	27	杭州西林链条制造有限公司	6 489
28	杭州源景链传动有限公司	4 594	28	江苏泰州市精工链条总厂	6 455
29	南京利民机械有限责任公司	4 331	29	武义东风链条有限公司	6 098
30	武义东风链条有限公司	3 896	30	绩溪黄山实业有限公司	6 095
31	桐城金星链条制造有限公司	3 849	31	重庆长江链条有限公司	6 021
32	葫芦岛鼎立达机械工业有限公司	3 785	32	南京利民机械有限责任公司	4 441
33	台州华达机械有限公司	3 597	33	葫芦岛鼎立达机械工业有限公司	3 992
34	江苏泰州市精工链条总厂	3 518	34	常州盛天传动件有限公司	3 844
35	益阳赫山链条制造有限公司	2 990	35	株洲市特种链条厂	3 400
36	齐齐哈尔链传动有限公司	2 801	36	益阳赫山链条制造有限公司	3 390
37	株洲市特种链条厂	2 700	37	沈阳丰牌链条制造有限公司	3 252
38	沈阳丰牌链条制造有限公司	2 542	38	杭州钱江链传动有限公司	2 644
39	杭州钱江链传动有限公司	2 505	39	齐齐哈尔链传动有限公司	2 628
40	株洲南方链条有限公司	2 430	40	株洲南方链条有限公司	2 510
41	常州盛天传动件有限公司	2 349	41	大连亿得机械制造有限公司	2 491
42	天津津鑫机械链条有限公司	2 340	42	湖州南浔通惠金洁链条制造有限公司	2 238
43	浙江新昌县承恩轴承有限公司	2 312	43	湖州迪欧勒机械链轮有限公司	2 180
44	杭州胜狮链条实业有限公司	2 136	44	苏州吴中区输送链条厂	2 044
45	湖州南浔通惠金洁链条制造有限公司	1 821	45	无锡南方特种链条厂	1 866
46	苏州富龙不锈钢链条厂	1 728	46	苏州富龙不锈钢链条厂	1 800
47	昆山市传动链厂	1 556	47	昆山市传动链厂	1 709
48	柳州柳连机械制造有限公司	1 341	48	浙江福航工贸有限公司	1 638

（续）

2009 年			2010 年		
序号	企 业 名 称	销售收入（万元）	序号	企 业 名 称	销售收入（万元）
49	苏州吴中区输送链条厂	1 314	49	杭州胜狮链条实业有限公司	1 465
50	杭州云峰链条有限公司	1 291	50	江门市恒联工业有限公司	1 400

2011 年			2012 年		
序号	企 业 名 称	销售收入（万元）	序号	企 业 名 称	销售收入（万元）
1	杭州东华链条集团有限公司	189 288	1	杭州东华链条集团有限公司	136 806
2	浙江恒久机械集团有限公司	115 732	2	浙江恒久机械集团有限公司	124 793
3	浙江中益机械有限公司	60 078	3	苏州环球集团有限公司	81 348
4	苏州环球集团有限公司	58 229	4	浙江中益机械集团有限公司	58 614
5	诸暨链条总厂	42 338	5	柳州柳连机械制造有限公司	55 415
6	浙江华港链传动有限公司	30 305	6	杭州永利百合实业有限公司	46 785
7	黄山皖南机床有限公司	19 960	7	诸暨链条总厂	44 179
8	杭州顺峰链业有限公司	18 223	8	武义县正达金属丝制品有限公司	30 000
9	嵊州市特种链轮有限公司	17 890	9	浙江华港链传动有限公司	25 957
10	上海大隆链条厂有限公司	17 367	10	杭州顺峰链业有限公司	19 255
11	杭州山水实业有限公司	16 892	11	杭州山水实业有限公司	17 878
12	浙江金盾链条制造有限公司	16 430	12	嵊州市特种链轮有限公司	15 085
13	常州世界伟业链轮有限公司	15 266	13	浙江金盾链条制造有限公司	15 017
14	湖州双狮链传动有限公司	14 280	14	湖州双狮链传动有限公司	13 880
15	浙江建宏链传动材料有限公司	13 948	15	黄山皖南机床有限公司	13 647
16	浙江永美链条有限公司	13 049	16	常州世界伟业链轮制造有限公司	13 518
17	常州东吴链传动制造有限公司	12 769	17	浙江永美链条有限公司	13 306
18	浙江八方机械有限公司	11 590	18	浙江建宏链传动材料有限公司	13 158
19	武义东风链条有限公司	11 463	19	武义东风链条有限公司	12 793
20	东阳市永美链条有限公司	11 120	20	东阳市永美链条有限公司	12 714
21	苏州大唐金属型材有限公司	9 872	21	浙江八方机械有限公司	12 692
22	浙江神牛机械有限公司	9 433	22	江苏双菱链传动有限公司	10 748
23	浙江恒昌链条有限公司	7 876	23	苏州大唐金属型材有限公司	9 761
24	杭州西林链条制造有限公司	7 750	24	浙江百强传动实业有限公司	9 006
25	江苏泰州市精工链条总厂	6 765	25	常州东吴链传动有限公司	8 827
26	台州华达机械有限公司	6 450	26	上海大隆链条厂有限公司	8 447
27	重庆长江链条有限公司	6 186	27	益阳赫山链条制造有限公司	8 404
28	浙江百强传动实业有限公司	6 002	28	杭州西林链条制造有限公司	7 820
29	南京利民机械有限责任公司	5 496	29	浙江神牛机械制造有限公司	7 801
30	常州盛天传动件有限公司	5 202	30	浙江恒昌链条有限公司	6 888
31	株洲市特种链条厂	4 702	31	杭州源景链传动有限公司	6 769
32	杭州源景链传动有限公司	4 688	32	台州华达机械有限公司	6 750
33	株洲南方链条有限公司	4 610	33	常州盛天传动件有限公司	6 586
34	益阳赫山链条制造有限公司	4 200	34	绩溪黄山实业有限公司	6 500
35	杭州钱江链传动有限公司	3 437	35	重庆长江链条有限公司	6 025
36	齐齐哈尔链传动有限公司	3 400	36	江苏泰州市精工链条总厂	5 761
37	苏州富龙不锈钢链条厂	3 000	37	南京利民机械有限责任公司	4 934
38	湖州南浔通惠金洁链条制造有限公司	2 855	38	株洲市特种链条厂	4 535
39	沈阳丰牌链条制造有限公司	2 780	39	齐齐哈尔链传动有限公司	4 293

（续）

2011年			2012年		
序号	企业名称	销售收入（万元）	序号	企业名称	销售收入（万元）
40	浙江福航工贸有限公司	2 717	40	金华鸿烁链条有限公司	3 634
41	葫芦岛鼎立达机械工业有限公司	2 606	41	杭州钱江链传动有限公司	3 158
42	无锡南方特种链条厂	2 306	42	湖州迪欧勒链轮有限公司	3 084
43	苏州吴中区输送链条厂	2 263	43	湖州南浔通惠金洁链条制造有限公司	2 781
44	常州市永强链传动有限公司	2 255	44	浙江福航工贸有限公司	2 701
45	杭州胜狮链条实业有限公司	2 071	45	苏州富龙不锈钢链条厂	2 500
46	江门市恒联工业链条有限公司	1 768	46	葫芦岛鼎立达机械工业有限公司	2 467
47	大连亿得机械制造有限公司	1 703	47	苏州吴中区输送链条厂	2 067
48	浙江诸暨建设链条制造有限公司	1 623	48	常州市永强链传动有限公司	2 044
49	苏州巨人动力有限公司	1 475	49	杭州胜狮链条有限公司	2 036
50	昆山传动链厂	1 445	50	大连亿得机械制造有限公司	2 027

注：根据链传动分会部分企业上报数据统计，2009—2012年上报数据的企业均为66家。

〔撰稿人：链传动分会李树立〕

2009—2012年链传动行业工业链条产量前40名企业排序

2009年			2010年		
序号	企业名称	产量(t)	序号	企业名称	产量(t)
1	浙江恒久机械集团有限公司	66 024	1	浙江恒久机械集团有限公司	84 603
2	杭州东华链条集团有限公司	63 481	2	杭州东华链条集团有限公司	76 098
3	诸暨链条总厂	24 147	3	苏州环球集团有限公司	42 931
4	苏州环球集团有限公司	21 137	4	青岛征和工业有限公司	35 628
5	浙江华港链传动有限公司	17 340	5	诸暨链条总厂	25 946
6	杭州永利百合实业有限公司	14 360	6	浙江华港链传动有限公司	21 354
7	常州东吴链传动制造有限公司	10 853	7	浙江永美链条有限公司	13 015
8	杭州顺峰链业有限公司	9 870	8	杭州山水实业有限公司	12 030
9	湖州双狮链传动有限公司	8 948	9	常州东吴链传动制造有限公司	11 043
10	浙江神牛机械制造有限公司	8 650	10	杭州顺峰链业有限公司	10 701
11	浙江永美链条有限公司	8 582	11	湖州双狮链传动有限公司	9 647
12	浙江金盾链条制造有限公司	8 356	12	杭州永利百合实业有限公司	9 589
13	东阳市永美链条有限公司	7 238	13	浙江金盾链条制造有限公司	9 233
14	杭州山水实业有限公司	6 665	14	浙江八方机械有限公司	8 891
15	上海大隆链条厂有限公司	6 344	15	浙江神牛机械制造有限公司	8 713
16	浙江八方机械有限公司	5 747	16	上海大隆链条厂有限公司	8 477
17	江苏双菱链传动有限公司	5 013	17	东阳市永美链条有限公司	8 272
18	杭州西林链条制造有限公司	4 779	18	武义东风链条有限公司	8 232
19	杭州源景链传动有限公司	3 456	19	浙江恒昌链条有限公司	7 571
20	浙江恒昌链条有限公司	3 450	20	江苏双菱链传动有限公司	7 291
21	泰州市精工链条总厂	3 380	21	泰州市精工链条总厂	6 335
22	重庆长江链条有限公司	3 345	22	杭州西林链条制造有限公司	5 403
23	武义东风链条有限公司	3 306	23	重庆长江链条有限公司	4 248
24	金华鸿烁链条有限公司	2 590	24	大连亿得机械制造有限公司	2 418
25	南京利民机械有限责任公司	2 158	25	杭州钱江链传动有限公司	2 080

（续）

2009 年			2010 年		
序号	企业名称	产量(t)	序号	企业名称	产量(t)
26	天津津鑫机械链条有限公司	2 052	26	株洲南方链条有限公司	1 930
27	武义福航链条制造有限公司	1 832	27	株洲市特种链条厂	1 920
28	杭州钱江链传动有限公司	1 753	28	南京利民机械有限责任公司	1 892
29	杭州胜狮链条实业有限公司	1 711	29	齐齐哈尔链传动有限公司	1 874
30	益阳赫山链条制造有限公司	1 610	30	益阳赫山链条制造有限公司	1 785
31	沈阳丰牌链条制造有限公司	1 557	31	苏州富龙不锈钢链条厂	1 690
32	苏州富龙不锈钢链条厂	1 548	32	沈阳丰牌链条制造有限公司	1 622
33	株洲市特种链条厂	1 495	33	杭州胜狮链条实业有限公司	1 503
34	杭州云峰链条有限公司	1 477	34	杭州云峰链条有限公司	1 484
35	齐齐哈尔链传动有限公司	1 164	35	绩溪黄山实业有限公司	1 455
36	苏州大唐金属型材有限公司	1 000	36	苏州大唐金属型材有限公司	1 200
37	诸暨巨光重板链条厂	965	37	常州市永强链传动有限公司	1 150
38	广州五羊链条有限公司	913	38	浙江诸暨建设链条制造有限公司	1 100
39	浙江诸暨建设链条制造有限公司	740	39	诸暨巨光重板链条厂	1 064
40	江门市恒联工业链条有限公司	718	40	天津津鑫机械链条有限公司	1 000

2011 年			2012 年		
序号	企业名称	产量(t)	序号	企业名称	产量(t)
1	杭州东华链条集团有限公司	99 691	1	杭州东华链条集团有限公司	101 896
2	浙江恒久机械集团有限公司	90 191	2	浙江恒久机械集团有限公司	89 915
3	苏州环球集团有限公司	43 728	3	苏州环球集团有限公司	61 042
4	诸暨链条总厂	33 249	4	诸暨链条总厂	33 279
5	浙江华港链传动有限公司	24 781	5	浙江华港链传动有限公司	26 472
6	杭州顺峰链业有限公司	17 650	6	浙江永美链条有限公司	16 640
7	武义东风链条有限公司	15 530	7	浙江八方机械有限公司	15 288
8	浙江八方机械有限公司	14 435	8	杭州永利百合实业有限公司	14 526
9	浙江永美链条有限公司	13 327	9	武义东风链条有限公司	11 118
10	常州东吴链传动制造有限公司	12 783	10	东阳市永美链条有限公司	10 910
11	浙江金盾链条制造有限公司	10 680	11	湖州双狮链传动有限公司	9 382
12	湖州双狮链传动有限公司	9 997	12	江苏双菱链传动有限公司	7 054
13	上海大隆链条厂有限公司	9 881	13	浙江神牛机械制造有限公司	6 917
14	东阳市永美链条有限公司	9 448	14	浙江金盾链条制造有限公司	6 788
15	浙江神牛机械制造有限公司	8 666	15	杭州山水实业有限公司	6 513
16	浙江恒昌链条有限公司	7 353	16	浙江恒昌链条有限公司	6 217
17	泰州市精工链条总厂	6 688	17	常州东吴链传动制造有限公司	6 014
18	杭州山水实业有限公司	6 330	18	泰州市精工链条总厂	5 702
19	杭州西林链条制造有限公司	5 403	19	杭州西林链条制造有限公司	5 466
20	重庆长江链条有限公司	3 648	20	上海大隆链条厂有限公司	4 321
21	杭州源景链传动有限公司	3 645	21	齐齐哈尔链传动有限公司	3 964
22	浙江福航工贸有限公司	3 313	22	金华鸿烁链条有限公司	3 900
23	株洲南方链条有限公司	3 290	23	重庆长江链条有限公司	3 600
24	益阳赫山链条制造有限公司	3 240	24	益阳赫山链条制造有限公司	3 495
25	齐齐哈尔链传动有限公司	2 820	25	浙江福航工贸有限公司	3 445
26	杭州钱江链传动有限公司	2 700	26	杭州钱江链传动有限公司	2 751
27	苏州富龙不锈钢链条厂	2 600	27	杭州源景链传动有限公司	2 676
28	株洲市特种链条厂	2 183	28	株洲市特种链条厂	2 355

（续）

2011 年			2012 年		
序号	企业名称	产量(t)	序号	企业名称	产量(t)
29	常州市永强链传动有限公司	1 920	29	大连亿得机械制造有限公司	1 961
30	南京利民机械有限责任公司	1 875	30	南京利民机械有限责任公司	1 576
31	浙江诸暨建设链条制造有限公司	1 844	31	杭州云峰链条有限公司	1 533
32	大连亿得机械制造有限公司	1 567	32	浙江诸暨建设链条制造有限公司	1 422
33	杭州云峰链条有限公司	1 548	33	杭州胜狮链条实业有限公司	1 352
34	沈阳丰牌链条制造有限责任公司	1 499	34	苏州大唐金属型材有限公司	1 242
35	葫芦岛鼎立达机械工业有限公司	1 476	35	湖州南浔通惠金洁链条制造有限公司	1 069
36	杭州胜狮链条实业有限公司	1 230	36	常州飞马链传动有限公司	1 000
37	苏州巨人动力链条有限公司	1 140	37	安徽绩溪徽山链传动有限公司	878
38	烟台宏祥玛钢铸造有限公司	1 100	38	苏州富龙不锈钢链条厂	850
39	湖州南浔通惠金洁链条制造有限公司	1 096	39	沈阳丰牌链条制造有限责任公司	836
40	常州飞马链传动有限公司	945	40	诸暨市巨光重板链条厂	715

注：根据链传动分会部分企业上报数据统计，2009—2012 年上报数据的企业均为 66 家。

〔撰稿人：链传动分会李树立〕

2009—2012 年链传动行业工业链条产品进口统计

项目		2009 年	2010 年	2011 年	2012 年
摩托车用鼓子链	金额（万美元）	90.51	93.78	165.65	414.01
	数量(kg)	52 753	56 783	81 303	239 816
	单价（美元/kg）	17.157	16.516	20.374	17.264
其他滚子链	金额（万美元）	4 565.87	5 857.46	6 500.87	5 546.21
	数量(kg)	4 741 206	5 421 316	5 314 895	4 474 320
	单价（美元/kg）	9.630	10.804	12.231	12.396
其他铰接链（滚子链除外）	金额（万美元）	2 715.14	5 626.05	6 038.25	5 739.26
	数量(kg)	5 916 247	11 839 729	10 276 858	7 996 576
	单价（美元/kg）	4.589	4.752	5.876	7.177
铰接链的零件	金额（万美元）	5 679.57	5 645.42	5 872.68	4 228.05
	数量(kg)	17 919 284	18 031 028	15 825 619	6 688 311
	单价（美元/kg）	3.170	3.131	3.711	6.322
其他焊接链	金额（万美元）	1 345.96	2 311.86	3 617.76	4 058.47
	数量(kg)	2 634 457	4 693 421	6 739 164	7 734 372
	单价（美元/kg）	5.109	4.926	5.368	5.247
未列名钢铁链	金额（万美元）	3 943.29	2 733.89	3 343.61	5 374.41
	数量(kg)	6 225 234	4 253 012	4 284 756	6 582 787
	单价（美元/kg）	6.344	6.428	7.804	8.164
铰的零件（铰接链除外）	金额（万美元）	1 010.40	1 083.82	1 837.42	1 875.81
	数量(kg)	996 398	760 601	986 050	922 135
	单价（美元/kg）	10.141	14.242	18.634	20.342
合计	金额（万美元）	19 350.74	23 352.28	27 376.24	27 236.22
	数量(kg)	38 485 579	45 055 890	43 508 645	34 638 317
	平均单价（美元/kg）	5.028	5.182	6.292	7.863

2009—2012年链传动行业工业链条产品出口统计

项目		2009年	2010年	2011年	2012年
摩托车用鼓子链	金额(万美元)	8 095.78	12 088.00	13 851.54	18 930.60
	数量(kg)	49 146 962	69 722 344	79 066 178	75 024 571
	单价(美元/kg)	1.647	1.734	1.752	2.523
其他滚子链	金额(万美元)	13 674.80	21 996.31	33 805.27	34 002.93
	数量(kg)	63 510 491	103 510 740	135 180 884	129 496 785
	单价(美元/kg)	2.153	2.125	2.501	2.626
其他铰接链(滚子链除外)	金额(万美元)	759.25	1 532.79	2 521.40	2 230.14
	数量(kg)	3 354 474	8 178 602	11 408 422	8 675 110
	单价(美元/kg)	2.263	1.874	2.210	2.571
铰接链的零件	金额(万美元)	2 505.28	1 628.03	3 459.25	4 540.76
	数量(kg)	11 254 621	6 663 045	13 407 951	16 005 294
	单价(美元/kg)	2.226	2.443	2.580	2.837
其他焊接链	金额(万美元)	16 950.90	21 369.65	31 879.14	34 725.12
	数量(kg)	120 454 140	152 272 769	195 256 130	203 518 441
	单价(美元/kg)	1.407	1.403	1.633	1.706
未列名钢铁链	金额(万美元)	9 253.82	10 896.38	13 524.24	14 003.62
	数量(kg)	48 241 962	54 216 311	59 492 057	56 220 726
	单价(美元/kg)	1.918	2.010	2.273	2.491
铰的零件(铰接链除外)	金额(万美元)	1 253.56	1 596.64	1 531.29	1 333.11
	数量(kg)	4 505 213	5 913 749	5 945 116	4 960 034
	单价(美元/kg)	2.782	2.670	2.576	2.688
合计	金额(万美元)	52 493.39	71 107.80	100 572.13	109 766.28
	数量(kg)	300 467 863	400 477 560	499 756 738	493 900 961
	平均单价(美元/kg)	1.747	1.776	2.012	2.222

〔撰稿人:链传动分会李树立〕

2009—2012年链传动行业出口额前30名企业排序

2009年			2010年		
序号	企业名称	出口额(万美元)	序号	企业名称	出口额(万美元)
1	浙江恒久机械集团有限公司	8 446	1	浙江恒久机械集团有限公司	8 530
2	浙江中益机械有限公司	5 140	2	杭州东华链条集团有限公司	5 018
3	杭州东华链条集团有限公司	4 572	3	浙江中益机械有限公司	4 796
4	青岛征和工业有限公司	4 500	4	苏州环球集团有限公司	2 814
5	诸暨链条总厂	1 825	5	诸暨链条总厂	2 138
6	常州世界伟业链轮有限公司	1 418	6	杭州永利百合实业有限公司	1 879
7	浙江华港链传动有限公司	1 409	7	常州世界伟业链轮有限公司	1 509
8	杭州永利百合实业有限公司	1 066	8	青岛征和工业有限公司	1 500
9	杭州山水实业有限公司	812	9	浙江华港链传动有限公司	1 182
10	苏州环球集团有限公司	765	10	杭州山水实业有限公司	1 121
11	江苏双菱链传动有限公司	717	11	江苏双菱链传动有限公司	1 060
12	常州东吴链传动制造有限公司	685	12	浙江金盾链条制造有限公司	987

（续）

2009 年			2010 年		
序号	企业名称	出口额（万美元）	序号	企业名称	出口额（万美元）
13	杭州源景链传动有限公司	674	13	嵊州市特种链轮有限公司	912
14	浙江金盾链条制造有限公司	632	14	杭州西林链条制造有限公司	637
15	杭州西林链条制造有限公司	598	15	湖州双狮链传动有限公司	614
16	嵊州市特种链轮有限公司	587	16	杭州顺峰链业有限公司	526
17	浙江永美链条有限公司	544	17	浙江神牛机械制造有限公司	489
18	金华鸿烁链条有限公司	447	18	常州东吴链传动制造有限公司	471
19	湖州双狮链传动有限公司	436	19	浙江永美链条有限公司	468
20	桐城金星链条制造有限公司	415	20	常州盛天传动件有限公司	326
21	杭州顺峰链业有限公司	389	21	浙江八方机械有限公司	298
22	浙江神牛机械制造有限公司	313	22	杭州钱江链传动有限公司	278
23	常州盛天传动件有限公司	226	23	湖州迪欧勒机械链轮有限公司	255
24	南京利民机械有限责任公司	182	24	南京利民机械有限责任公司	197
25	浙江八方机械有限公司	162	25	无锡南方特种链条厂	158
26	杭州钱江链传动有限公司	144	26	黄山皖南机床有限公司	126
27	黄山皖南机床有限公司	112	27	湖州南浔通惠金洁链条制造有限公司	74
28	无锡南方特种链条厂	103	28	齐齐哈尔链传动有限公司	72
29	苏州巨人动力链条有限公司	67	29	绩溪黄山实业有限公司	60
30	杭州云锋链条有限公司	60	30	杭州云峰链条有限公司	58

2011 年			2012 年		
序号	企业名称	出口额（万美元）	序号	企业名称	出口额（万美元）
1	浙江恒久机械集团有限公司	7 587	1	杭州东华链条集团有限公司	7 383
2	杭州东华链条集团有限公司	7 049	2	浙江恒久机械集团有限公司	7 120
3	浙江中益机械有限公司	6 089	3	浙江中益机械有限公司	5 989
4	苏州环球集团有限公司	3 242	4	杭州永利百合实业有限公司	4 565
5	诸暨链条总厂	2 781	5	苏州环球集团有限公司	3 577
6	常州世界伟业链轮制造有限公司	2 708	6	诸暨链条总厂	3 511
7	嵊州市特种链轮有限公司	1 781	7	常州世界伟业链轮有限公司	2 309
8	浙江华港链传动有限公司	1 692	8	嵊州市特种链轮有限公司	1 421
9	杭州山水实业有限公司	1 513	9	浙江八方机械有限公司	1 069
10	武义东风链条有限公司	950	10	浙江华港链传动有限公司	1 039
11	浙江八方机械有限公司	944	11	武义东风链条有限公司	994
12	杭州西林链条制造有限公司	817	12	浙江恒昌链条有限公司	985
13	杭州源景链传动有限公司	789	13	浙江金盾链条制造有限公司	984
14	杭州顺峰链业有限公司	614	14	杭州源景链传动有限公司	976
15	常州盛天传动件有限公司	518	15	杭州西林链条制造有限公司	852
16	浙江神牛机械制造有限公司	506	16	浙江百强传动实业有限公司	804
17	湖州双狮链传动有限公司	431	17	江苏双菱链传动有限公司	746
18	杭州钱江链传动有限公司	388	18	杭州山水实业有限公司	737
19	浙江金盾链条制造有限公司	380	19	常州盛天传动件有限公司	655
20	黄山皖南机床有限公司	328	20	杭州顺峰链业有限公司	624
21	浙江永美链条有限公司	319	21	黄山皖南机床有限公司	521
22	常州东吴链传动制造有限公司	313	22	湖州迪欧勒机械链轮有限公司	415
23	南京利民机械有限责任公司	254	23	浙江神牛机械制造有限公司	413

（续）

序号	2011年 企业名称	出口额（万美元）	序号	2012年 企业名称	出口额（万美元）
24	无锡南方特种链条厂有限公司	199	24	浙江永美链条有限公司	385
25	上海大隆链条厂有限公司	197	25	杭州钱江链传动有限公司	341
26	大连亿得机械制造有限公司、湖州南浔通惠金洁链条制造有限公司	90	26	湖州双狮链传动有限公司	321
			27	常州东吴链传动制造有限公司	280
27	苏州巨人动力链条有限公司、安徽绩溪徽山链传动有限公司	69	28	南京利民机械有限责任公司	255
			29	金华鸿烁链条有限公司	215
28	杭州云锋链条有限公司	57	30	上海大隆链条厂有限公司	125
29	烟台宏祥玛钢铸造有限公司	51			
30	泰州市精工链条总厂	45			

注：根据链传动分会部分企业上报的数据统计，2009—2012年上报数据的企业均为66家。

〔撰稿人：链传动分会李树立〕

2009—2012年我国工业链条出口前十位的国家和地区

序号	2009年 国家与地区	数量（t）	金额（万美元）	单价（美元/kg）	序号	2010年 国家与地区	数量（t）	金额（万美元）	单价（美元/kg）
一、摩托车用滚子链条					一、摩托车用滚子链条				
1	印度尼西亚	6 667.58	1 024.31	1.536	1	巴西	12 065.11	2 355.28	1.952
2	巴西	6 168.56	1 266.63	2.053	2	印度尼西亚	11 673.64	1 730.18	1.482
3	尼日利亚	5 238.82	839.68	1.603	3	马来西亚	5 422.69	760.82	1.403
4	马来西亚	3 886.48	452.37	1.164	4	尼日利亚	5 405.11	775.92	1.436
5	越南	2 339.06	826.14	3.532	5	越南	3 610.16	1 334.83	3.697
6	印度	2 029.83	296.56	1.461	6	印度	2 529.20	394.83	1.561
7	菲律宾	1 790.76	259.41	1.449	7	哥伦比亚	2 421.75	412.14	1.702
8	巴基斯坦	1 730.19	265.44	1.534	8	秘鲁	2 160.71	383.77	1.776
9	哥伦比亚	1 677.76	283.94	1.692	9	阿拉伯联合酋长国	1 877.45	277.97	1.481
10	泰国	1 451.73	189.34	1.304	10	阿根廷	1 712.01	304.83	1.781
合 计		32 980.77	5 703.82	1.729	合 计		48 877.83	8 730.57	1.786
二、其他滚子链					二、其他滚子链				
1	美国	10 512.28	2 454.85	2.335	1	美国	18 104.59	4 025.10	2.223
2	德国	4 104.58	998.99	2.434	2	巴西	8 268.21	1 515.20	1.833
3	俄罗斯联邦	3 276.43	513.69	1.568	3	德国	6 101.94	1 601.67	2.665
4	巴西	3 202.30	601.19	1.877	4	俄罗斯联邦	6 020.62	918.68	1.526
5	印度	3 162.73	503.52	1.592	5	印度	5 511.52	968.77	1.758
6	韩国	2 527.57	522.69	2.068	6	韩国	5 123.73	1 034.24	2.019
7	荷兰	2 233.61	605.79	2.712	7	荷兰	4 566.62	1 085.37	2.377
8	日本	2 222.64	498.85	2.244	8	比利时	3 812.80	925.88	2.428
9	土耳其	2 179.78	345.43	1.585	9	马来西亚	3 293.49	691.50	2.100
10	意大利	1 992.46	462.27	2.320	10	印度尼西亚	2 980.49	606.22	2.034
合 计		35 414.38	7 507.27	2.120	合 计		63 784.01	13 372.63	2.097
三、其他铰接链（滚子链除外）					三、其他铰接链（滚子链除外）				
1	日本	387.46	101.99	2.632	1	马来西亚	1 292.87	124.17	0.960
2	美国	346.35	70.96	2.049	2	英国	943.07	201.22	2.134
3	俄罗斯联邦	240.74	61.21	2.543	3	俄罗斯联邦	754.83	164.76	2.183

（续）

2009 年					2010 年				
序号	国家与地区	数量（t）	金额（万美元）	单价（美元/kg）	序号	国家与地区	数量（t）	金额（万美元）	单价（美元/kg）
4	比利时	239.44	49.82	2.081	4	日本	646.44	153.39	2.373
5	韩国	225.28	37.38	1.659	5	越南	632.61	68.20	1.078
6	印度尼西亚	135.04	28.82	2.134	6	巴西	514.55	111.89	2.175
7	英国	135.01	40.04	2.966	7	美国	488.20	116.63	2.389
8	新加坡	133.25	28.89	2.168	8	比利时	411.41	77.89	1.893
9	尼日利亚	111.82	20.13	1.800	9	印度尼西亚	318.43	42.62	1.338
10	马来西亚	107.64	18.44	1.713	10	泰国	317.41	55.04	1.734
合计		2 062.03	457.68	2.220	合计		6 319.82	1 115.81	1.766
四、铰接链的零件					四、铰接链的零件				
1	印度尼西亚	652.11	82.05	1.258	1	韩国	928.70	200.55	2.159
2	越南	647.19	61.11	0.944	2	美国	842.39	238.84	2.835
3	韩国	541.26	117.85	2.177	3	日本	764.40	245.59	3.213
4	马来西亚	397.90	79.01	1.986	4	越南	683.68	76.14	1.114
5	美国	391.81	123.55	3.153	5	马来西亚	664.78	137.59	2.070
6	德国	337.24	150.45	4.461	6	印度尼西亚	482.39	63.54	1.317
7	新加坡	194.34	30.33	1.561	7	德国	364.57	158.58	4.350
8	日本	179.07	45.91	2.564	8	拉脱维亚共和国	302.87	41.62	1.374
9	俄罗斯联邦	156.59	16.67	1.065	9	新加坡	218.32	40.41	1.851
10	荷兰	133.36	35.03	2.627	10	中国台湾	175.10	62.91	3.593
合计		3 630.87	741.96	2.043	合计		5 427.20	1 265.77	2.332
五、其他焊接链					五、其他焊接链				
1	美国	27 102.58	3 489.42	1.287	1	美国	40 087.67	5 422.38	1.353
2	巴西	7 062.85	1 418.79	2.009	2	加拿大	10 523.62	1401.20	1.331
3	加拿大	5 445.96	698.25	1.282	3	澳大利亚	6 575.64	912.01	1.387
4	韩国	5 224.14	726.08	1.390	4	新加坡	6 461.47	981.97	1.520
5	澳大利亚	4 503.95	605.08	1.343	5	韩国	5 730.29	918.46	1.603
6	新加坡	4 214.94	747.87	1.774	6	巴西	5 113.47	656.89	1.285
7	越南	3 387.85	424.21	1.252	7	英国	4 111.72	558.34	1.358
8	英国	3 232.17	409.68	1.268	8	俄罗斯联邦	4 034.06	553.04	1.371
9	日本	3 227.24	616.16	1.909	9	智利	3 520.11	389.51	1.107
10	荷兰	3 152.73	454.37	1.441	10	挪威	3 439.27	451.93	1.314
合计		66 554.41	9 589.91	1.441	合计		89 597.32	12 245.73	1.367
六、未列名钢铁链					六、未列名钢铁链				
1	美国	9 325.93	1 839.46	1.972	1	美国	10 311.34	2 142.20	2.078
2	挪威	3 590.60	887.79	2.473	2	德国	2 853.73	822.99	2.884
3	马来西亚	2 202.06	443.02	2.012	3	马来西亚	2 437.95	499.73	2.050
4	韩国	1 977.92	268.62	1.358	4	印度尼西亚	2 314.95	377.32	1.630
5	日本	1 970.92	667.57	3.387	5	韩国	1 805.70	233.78	1.295
6	印度尼西亚	1 850.69	245.78	1.328	6	比利时	1 804.41	303.29	1.681
7	比利时	1 700.24	227.95	1.341	7	英国	1 763.87	403.82	2.289
8	巴西	1 517.54	240.52	1.585	8	加拿大	1 751.53	284.99	1.627
9	德国	1 485.11	479.79	3.231	9	泰国	1 723.57	293.23	1.701
10	荷兰	1 379.03	305.31	2.214	10	日本	1 435.92	456.43	3.179
合计		27 000.04	5 605.81	2.076	合计		28 202.97	5 817.78	2.063

（续）

2009年					2010年				
序号	国家与地区	数量（t）	金额（万美元）	单价（美元/kg）	序号	国家与地区	数量（t）	金额（万美元）	单价（美元/kg）
七、链（铰接链除外）的零件					七、链（铰接链除外）的零件				
1	美国	864.00	178.00	2.060	1	印度尼西亚	856.73	123.40	1.440
2	日本	650.67	215.10	3.306	2	美国	830.99	218.19	2.626
3	中国台湾	550.05	55.35	1.006	3	中国台湾	742.40	87.67	1.181
4	韩国	497.39	168.15	3.381	4	韩国	666.56	213.29	3.200
5	加拿大	389.17	56.17	1.443	5	日本	435.47	124.22	2.853
6	印度尼西亚	215.54	39.49	1.832	6	德国	404.86	98.12	2.424
7	德国	191.52	64.76	3.381	7	俄罗斯联邦	399.53	64.64	1.618
8	新加坡	170.85	152.55	8.929	8	新加坡	269.08	175.77	6.532
9	泰国	131.16	13.74	1.048	9	芬兰	228.93	62.12	2.713
10	印度	106.88	29.11	2.724	10	泰国	146.98	15.65	1.065
合　计		3 767.23	972.42	2.581	合　计		4 981.53	1 183.07	2.375

2011年					2012年				
序号	国家与地区	数量（t）	金额（万美元）	单价（美元/kg）	序号	国家与地区	数量（t）	金额（万美元）	单价（美元/kg）
一、摩托车用滚子链条					一、摩托车用滚子链条				
1	印度尼西亚	11 711.68	1 913.33	1.634	1	印度尼西亚	13 761.40	2 947.95	2.142
2	巴西	9 160.15	1 953.87	2.133	2	尼日利亚	7 653.27	1 690.63	2.209
3	尼日利亚	6 783.00	942.21	1.389	3	马来西亚	6 318.76	1 621.78	2.567
4	马来西亚	6 213.95	833.74	1.342	4	巴西	6 066.09	1 611.35	2.656
5	越南	5 456.78	1 421.27	2.605	5	印度	4 379.25	899.50	2.054
6	印度	3 589.21	484.67	1.350	6	越南	3 538.27	1 902.23	5.376
7	泰国	3 057.38	468.89	1.534	7	哥伦比亚	2 882.62	564.11	1.957
8	菲律宾	2 940.25	449.01	1.527	8	菲律宾	2 441.74	447.96	1.835
9	秘鲁	2 515.16	465.96	1.853	9	泰国	1 912.42	428.17	2.239
10	哥伦比亚	2 278.59	443.63	1.947	10	巴基斯坦	1 894.32	446.22	2.356
合　计		53 706.15	9 376.58	1.746	合　计		50 848.14	12 559.90	2.470
二、其他滚子链					二、其他滚子链				
1	美国	21 580.27	5 790.24	2.683	1	美国	19 227.24	5 571.51	2.898
2	巴西	9 345.68	2 008.95	2.150	2	俄罗斯联邦	9 536.03	1 811.28	1.899
3	德国	8 973.76	2 700.52	3.009	3	巴西	9 298.71	2 189.33	2.354
4	印度	7 490.35	1 568.57	2.094	4	德国	8 115.03	2 468.54	3.042
5	俄罗斯联邦	7 432.22	1 317.55	1.773	5	荷兰	7 431.06	1 984.11	2.670
6	荷兰	7 084.98	1 901.35	2.684	6	马来西亚	6 493.27	1 647.26	2.537
7	韩国	6 383.41	1 436.40	2.250	7	韩国	5 907.10	1 386.72	2.348
8	马来西亚	5 365.07	1 297.44	2.418	8	印度	5 706.50	1 144.29	2.005
9	日本	4 631.04	1 495.38	3.229	9	日本	4 484.70	1 581.00	3.525
10	意大利	4 422.62	1 068.88	2.417	10	印度尼西亚	3 616.34	940.44	2.601
合　计		82 709.40	20 585.30	2.489	合　计		79 815.98	2 0724.48	2.597
三、其他铰接链（滚子链除外）					三、其他铰接链（滚子链除外）				
1	马来西亚	1 686.07	170.14	1.009	1	美国	1 915.99	605.66	3.161
2	英国	1 401.79	353.04	2.518	2	英国	1 090.16	253.86	2.329
3	俄罗斯联邦	1 059.10	246.30	2.326	3	俄罗斯联邦	792.80	199.22	2.513
4	美国	1 019.85	288.95	2.833	4	马来西亚	728.83	82.68	1.134
5	新加坡	1 018.53	261.08	2.563	5	意大利	621.24	187.87	3.024
6	印度	657.19	115.45	1.757	6	日本	613.29	177.65	2.897
7	瑞典	625.93	144.63	2.311	7	越南	274.25	52.73	1.923

（续）

2011年					2012年				
序号	国家与地区	数量（t）	金额（万美元）	单价（美元/kg）	序号	国家与地区	数量（t）	金额（万美元）	单价（美元/kg）
8	日本	497.04	138.88	2.794	8	印度尼西亚	252.33	39.46	1.564
9	巴西	425.58	108.70	2.554	9	巴西	219.47	52.92	2.411
10	印度尼西亚	329.10	62.49	1.899	10	印度	187.56	64.48	3.438
	合　计	8 720.18	1 889.66	2.167		合　计	6 695.92	1 716.53	2.564
四、铰接链的零件					**四、铰接链的零件**				
1	日本	2 227.79	724.29	3.251	1	日本	4 407.41	1 441.09	3.270
2	美国	1 860.46	525.07	2.822	2	美国	3 154.59	850.70	2.697
3	泰国	1 290.29	238.97	1.852	3	泰国	1 349.55	242.63	1.798
4	韩国	1 009.96	235.04	2.327	4	马来西亚	972.82	268.30	2.758
5	马来西亚	1 000.95	244.99	2.448	5	俄罗斯联邦	806.11	155.89	1.934
6	俄罗斯联邦	762.78	146.07	1.915	6	德国	803.26	273.13	3.400
7	德国	703.34	263.42	3.745	7	韩国	659.73	165.75	2.512
8	越南	563.22	68.83	1.222	8	英国	534.11	193.75	3.628
9	中国台湾	548.10	147.46	2.690	9	越南	499.28	67.08	1.344
10	英国	496.03	165.28	3.332	10	拉脱维亚共和国	460.19	68.55	1.490
	合　计	10 462.92	2 759.42	2.637		合　计	13 647.05	3 726.87	2.731
五、其他焊接链					**五、其他焊接链**				
1	美国	47 416.64	7 646.74	1.613	1	美国	43 117.46	7 291.76	1.691
2	加拿大	13 420.01	2 041.89	1.522	2	巴西	20 229.85	4 435.57	2.193
3	新加坡	9 264.01	1 759.90	1.900	3	加拿大	14 096.20	2 310.99	1.639
4	智利	7999.81	967.16	1.209	4	澳大利亚	8 276.99	1 525.32	1.843
5	澳大利亚	7 220.59	1 192.77	1.652	5	新加坡	6 740.42	1 214.27	1.801
6	马来西亚	6 948.26	1 158.36	1.667	6	俄罗斯联邦	6 653.43	1 111.47	1.671
7	韩国	6 448.48	1 189.28	1.844	7	韩国	6 292.32	1 115.38	1.773
8	俄罗斯联邦	5 823.35	964.47	1.656	8	智利	6 040.85	735.01	1.217
9	挪威	5 098.49	679.30	1.332	9	马来西亚	5 541.24	947.12	1.709
10	巴西	5 065.66	668.03	1.319	10	英国	5 178.90	834.22	1.611
	合　计	114 705.30	18 267.90	1.593		合　计	122 167.66	21 521.11	1.762
六、未列名钢铁链					**六、未列名钢铁链**				
1	美国	8 685.35	2 197.66	2.530	1	美国	8 398.28	2 270.29	2.703
2	德国	4 272.57	1 326.48	3.105	2	马来西亚	3 339.38	751.37	2.250
3	马来西亚	3 207.20	646.50	2.016	3	德国	3 284.25	1 086.78	3.309
4	印度尼西亚	2 515.92	446.83	1.776	4	印度尼西亚	2 567.74	501.05	1.951
5	泰国	2 197.31	425.61	1.937	5	加拿大	2 412.80	650.97	2.698
6	澳大利亚	2 117.80	480.38	2.268	6	越南	2 082.54	651.61	3.129
7	比利时	1 915.37	353.58	1.846	7	比利时	1 829.29	359.34	1.964
8	加拿大	1 886.24	534.30	2.833	8	泰国	1 811.41	364.95	2.015
9	意大利	1 769.72	428.89	2.423	9	荷兰	1 731.93	432.66	2.498
10	印度	1 616.32	321.82	1.991	10	澳大利亚	1 638.45	403.47	2.463
	合　计	30 183.79	7 162.05	2.372		合　计	29 096.07	7 472.49	2.568
七、链（铰接链除外）的零件					**七、链（铰接链除外）的零件**				
1	印度尼西亚	1 292.61	202.83	1.569	1	印度尼西亚	1 023.73	156.86	1.532
2	中国台湾	942.58	138.21	1.466	2	美国	646.90	167.15	2.584
3	美国	627.07	173.51	2.767	3	中国台湾	522.50	85.61	1.638
4	韩国	563.94	202.00	3.582	4	俄罗斯联邦	475.40	71.15	1.497

（续）

2011年					2012年				
序号	国家与地区	数量（t）	金额（万美元）	单价（美元/kg）	序号	国家与地区	数量（t）	金额（万美元）	单价（美元/kg）
5	俄罗斯联邦	455.60	87.83	1.928	5	韩国	412.62	148.87	3.608
6	泰国	241.24	42.94	1.780	6	丹麦	182.08	82.42	4.527
7	新加坡	159.13	125.18	7.867	7	加拿大	176.63	38.62	2.186
8	德国	145.01	45.11	3.111	8	日本	153.16	38.59	2.520
9	马来西亚	124.50	26.64	2.140	9	马来西亚	148.32	35.67	2.405
10	智利	124.17	29.18	2.350	10	芬兰	114.89	28.91	2.516
合　计		4 675.85	1 073.43	2.296	合　计		3 856.23	853.85	2.214

注：表中数据由于四舍五入，合计与分项之间略有出入。

〔撰稿人：链传动分会李树立〕

2009—2012年链传动行业获创新产品奖项目

年度	序号	等级	产品名称	获奖企业
2009	1	特等奖	TL135Ha、TL135Hb、TL135Hc、TL135Hd系列重载、高疲劳梯级链	苏州环球集团有限公司
	2	特等奖	HV3F2高速齿形链	杭州东华链条集团有限公司
	3	特等奖	LH0844高强度高空作业升降机链条	杭州顺峰链业有限公司
	4	特等奖	高精度双侧锥滚轮导轨链	浙江华港链传动有限公司
	5	特等奖	链斗输送机	诸暨链条总厂
	6	优秀奖	BL623F4高疲劳性能板式链	杭州东华链条集团有限公司
	7	优秀奖	520HV彩色高强度赛车链条	杭州顺峰链业有限公司
	8	优秀奖	高强度重载耙链	浙江华港链传动有限公司
	9	优秀奖	LT-3810套筒卷制机	浙江恒久机械集团有限公司
	10	优秀奖	10A、08B、428H选管机	浙江八方机械有限公司
	11	优秀奖	08HK防弯链	黄山中友链条制造有限公司
	12	优秀奖	35SS-Ⅳ柔性线路板回流焊接链	黄山中友链条制造有限公司
	13	优秀奖	C2082H-R_P免维护喂料机链	黄山恒久链传动有限公司
2010	1	特等奖	PT100SLR免维护梯级链	杭州东华链条集团有限公司
	2	特等奖	CL06F2齿形链	杭州东华链条集团有限公司
	3	特等奖	P110输送链	浙江长兴西林链条链轮有限公司
	4	特等奖	630H农业旋耕机高强度滚子链	杭州顺峰链业有限公司
	5	特等奖	卸船机专用提升链	诸暨链条总厂
	6	特等奖	汽车发动机用强化齿形链（SCL04CF）	青岛征和工业有限公司
	7	优秀奖	P78.1高耐磨输送链	苏州环球集团有限公司
	8	优秀奖	16ALTF10立体车库链链条	杭州东华链条集团有限公司
	9	优秀奖	MT112F2-P-125汽车壳体涂装线输送链条	杭州东华链条集团有限公司
	10	优秀奖	P180F4水泥中央提升机链	杭州东华链条集团有限公司
	11	优秀奖	P150F82等钢管制造生产线链条	杭州东华链条集团有限公司
	12	优秀奖	LL1644F1叉车板式链	浙江长兴西林链条链轮有限公司
	13	优秀奖	35T高速卡丁车专用传动链条	杭州顺峰链业有限公司
	14	优秀奖	高强度冷坯焊接输送链	浙江华港链传动有限公司
	15	优秀奖	WH157HS高性能焊接弯板链	黄山恒久链传动有限公司
2011	1	特等奖	自动圆铆接头机	太仓椿盟链传动有限公司
	2	特等奖	免维护、免保养的梯级链	苏州环球集团有限公司
	3	特等奖	HX20AF1烘箱输送链条	杭州东华链条集团有限公司
	4	特等奖	CL05D无声链	杭州东华链条集团有限公司
	5	特等奖	XL196S有衬套板式链	浙江长兴西林链条链轮有限公司

（续）

年度	序号	等级	产品名称	获奖企业
2011	6	特等奖	小排量乘用车发动机链传动正时系统	湖州求精汽车链传动有限公司
	7	特等奖	81X 系列链条自动装配机	浙江恒久机械集团有限公司
	8	特等奖	SH160－1000 鼓风带式冷却机用超大节距叉形板式链条	浙江金盾链条制造有限公司
	9	特等奖	湿地式挖掘机驱动链	黄山恒久链传动有限公司
	10	优秀奖	节能型表面渗铬（汽车）发动机正时链条	南京利民机械有限公司
	11	优秀奖	链条自动检测生产线	太仓椿盟链传动有限公司
	12	优秀奖	P609.6F3 污水处理链	杭州东华链条集团有限公司
	13	优秀奖	16BSLRF4（CP）免维护滚子链	杭州东华链条集团有限公司
	14	优秀奖	08B－2BJL 覆膜链条	浙江长兴西林链条链轮有限公司
	15	优秀奖	25 汽车中控门自动关闭系统传动链条	杭州顺峰链业有限公司
	16	优秀奖	520NV 系列越野摩托车专用链条	杭州顺峰链业有限公司
	17	优秀奖	20AF12－12 长附板双挂乳胶输送链	浙江华港链传动有限公司
	18	优秀奖	内装料链斗式提升机链	诸暨链条总厂
	19	优秀奖	车用无缝链滚子、套筒	安徽绩溪黄山实业有限公司
2012	1	特等奖	多功能智能化链条自动组装机	太仓椿盟链传动有限公司
	2	特等奖	160－2 超高强度驱动链	苏州环球集团有限公司
	3	特等奖	大功率（排量 6L 以上）汽车 V 型柴油发动机用正时齿形链系统	青岛征和工业有限公司
	4	特等奖	US－5030 长冲程重载荷抽油机链	黄山恒久链传动有限公司
	5	特等奖	HMQ 小排量乘用车发动机正时系统	湖州求精汽车链传动有限公司
	6	特等奖	C2100H F－GK1－B－V 输送链	浙江长兴西林链条链轮有限公司
	7	特等奖	CL04DF3 汽车发动机用正时无声链	杭州东华链条集团有限公司
	8	特等奖	C2060F77ORK1F2 带密封圈农机链	杭州东华链条集团有限公司
	9	特等奖	ST135F17SLR 环保梯级链	杭州自强链传动有限公司
	10	特等奖	SUV 汽车用 05HT 双 VVT 顶置凸轮轴发动机正时链	杭州顺峰链业有限公司
	11	优秀奖	06CF－2 汽车发动机机油泵链条	杭州顺峰链业有限公司
	12	优秀奖	700 系列工业污水处理用链条	杭州顺峰链业有限公司
	13	优秀奖	摩托车用野外链条安装器具	杭州顺峰链业有限公司
	14	优秀奖	160HSPF1－2 高强度滚子链	杭州自强链传动有限公司
	15	优秀奖	08B－1BJL 覆膜夹持链	浙江长兴西林链条链轮有限公司
	16	优秀奖	全自动智能化油压铆头机	太仓椿盟链传动有限公司
	17	优秀奖	16A－2 平顶输送链	浙江华港链传动有限公司
	18	优秀奖	中央链	诸暨链条总厂
	19	优秀奖	斗式提升机用高温输送链	武义东风链条有限公司
	20	优秀奖	RF－05075－F 输送链	黄山中友链传动有限公司
	21	优秀奖	精密无缝套筒	绩溪黄山实业有限公司
	22	优秀奖	NSE1000H 熟料提升机链	黄山恒久链传动有限公司

〔撰稿人：链传动分会李树立〕

2012 年链传动行业“专、精、特企业”

为鼓励我国机械通用零部件行业向专业化、精品化、特色化的方向发展，依据工信部“三基规划”培育“专、精、特企业”的精神，2012 年中国机械通用零部件工业协会开展了“专、精、特企业”的评审工作。在这次评审中，链传动行业有 10 家企业被评为中国机械通用零部件行业“专、精、特企业”。2012 年链传动行业“专、精、特企业”见下表。

2012 年链传动行业“专、精、特企业”(排名不分先后)

序　号	企　业　名　称	序　号	企　业　名　称
1	杭州东华链条集团有限公司	6	杭州顺峰链业有限公司
2	浙江恒久机械集团有限公司	7	浙江中益机械有限公司
3	安徽黄山恒久链传动有限公司	8	浙江华港链传动有限公司
4	苏州环球集团有限公司	9	浙江金盾链条制造有限公司
5	青岛征和工业有限公司	10	诸暨链条总厂

〔撰稿人:链传动分会李树立〕

质量与标准

我国链传动行业质量工作概况及展望

近两年我国链传动行业与国内其他制造产业一样，受到了国际性金融危机和国内经济下行等因素的影响。这些不利因素除了使行业的一些经济指标发生变化外，对行业的建设与发展亦产生一定程度的负面效应。在面临挑战和机遇并存的特殊历史时期，链传动行业依据国家相关的产业政策，结合行业自身的特点，坚持以产品结构调整、转变经济增长方式、提高产品的质量与档次及提升企业国际竞争能力等为主导，做了大量有意义的工作。企业在技术创新、研发投入、企业管理经验的积累等方面都达到历史最好水平。与此同时，我国链传动产品的整体质量水平也有了较大幅度的提高。可以说过去的两年是我国链条行业经历考验、逐步走向成熟，并进入健康稳定发展的重要历史时期。

一、以“质量工作”为基础，全面提升我国链条产业的核心竞争力

我国现有的链条生产企业多建于20世纪90年代。经历了20多年的发展，现在行业内已逐渐形成了将产品的质量视为企业生存与发展生命线的共识。进入21世纪之后，大量链传动产品的生产企业通过技术改造、国际标准的等效采用、行业标准的制、修订与宣贯，以及质量管理制度的建立和完善，促使我国链传动产品的整体质量水平有了较大幅度的提高。然而，由于行业起点较低，技术力量薄弱，以及相关产业发展不够均衡等方面的因素，国产的链传动产品在品种、质量及技术性能等方面，与国际同行业先进水平比较，还存在着一定的差距。因此，近年来，链传动行业积极推进“产业升级与转变经济增长方式”的产业政策，并以提高产品质量为主线开展了多方面工作，对提升我国链传动行业的核心竞争力起到了积极推动作用。

1. 加强质量管理工作，推进现代化企业模式的建立

加强质量管理工作体现在以下几方面：加强行业培训，全面提高企业员工的技术素质；增强企业管理创新、质量创新意识，建立并完善企业的全员、全过程、全方位的质量管理体系；有效地推广“6S”“ERP”“精细化管理”等先进的企业管理模式；积极参与ISO 9000、API Spec 7F、ISO/TS 16949等质量体系与产品认证；加强企业客户服务体系和质量诚信体系建设，并逐步形成了具有特色的企业文化，为提高企业的社会认可度奠定了基础。

2. 不断提高工艺装备水平

随着世界经济的发展与技术水平的提高，产品的生产效率、质量及可靠性问题已成为关系企业生存和发展的关键。因此，近年来行业中的多数企业将链传动产品制造的工艺装备水平提高作为企业发展的重点，并逐步加大了技术改造力度。目前，行业内链板冲裁普遍采用大吨位高速冲床、级进模具，并实现多颗落料，不但提高了生产效率，并且有效地控制了链板的孔心距的误差，大大提高了链条长度精度；在链板的热处理方面，逐步淘汰了小型周期性的热处理回转炉，采用带有保护气的连续型网带式热处理炉，这使链板的热处理性能和稳定性大幅提高；具有板孔定位功能的链条装配机现已在行业中得到推广使用，除提高了设备的无故障使用率外，其生产效率与整链的装配质量都有明显改善。链条装配后的预拉跑合及在线检测为产品质量提供了有力保证。

这些先进装备的投入使用使链传动行业取得标志性的进步，为提升整个行业的链传动产品质量水平发挥了重要作用。

3. 建立、健全质量检验体系

如何评价自己的产品质量、比较产品间的质量差异，有的放矢地提高产品的技术指标，这项工作对积极参与市场竞争的企业来讲尤为重要。近年来，大部分链传动产品生产企业已逐步地意识到了建立完善的产品质量检验体系，对提升企业核心竞争力的意义所在。在规划企业发展的同时，不断地补充和完善检验设备和仪器。目前，企业除了常规检验普遍采用链长测量仪、万能材料试验机、链条疲劳试验机、压出力测量仪等进行外，还逐步推广应用了有实用价值且较为先进的检验手段，如光谱仪检验原材料的成分，纤维硬度计观测零件的显微硬度及硬度梯度，无损探伤设备对零件的最终质量进行把关，适时在线监测零件的分选、装配等。从原材料入厂的源头开始，到产品出厂的合格检验，对整个生产过程进行质量监督与控制。近年来，企业就是通过建立质量管理体系，不断完善与提高检验手段，使整个行业的产品质量水平得到大幅提升。

4. 加强品牌建设，促进产品质量提高

近年来，链传动行业在中国机械通用零部件工业协会链传动分会的积极推动下，开展了一系列的品牌建设工作。企业以创建国内名牌或国际知名品牌为目标，通过提高产

品自主知识产权的含量，建立国内用户与国际市场的自营销售网络，完善产品售前、售后的服务体系等，使企业的社会认可度和影响力得到了提升。而且，品牌、名牌体系建设与企业的质量工作产生良性互动，促进了产品质量的提高。

二、我国链传动行业产品的质量状况

目前，我国链传动产品的生产企业约有400家，90%以上的企业以生产符合标准序列的套筒滚子链为主，其余的则生产特种链条、非标链条。对于标准链条产品而言，改革初期即与国际接轨，执行的国家标准是等效采用的国际标准。其他批量较大的链条产品，也基本上是参照国外发达国家的标准制定了相应的专业技术标准。根据多年来国家、地方等质量监督抽查、认证抽查、各种委托检验的结果，以及其他非标准链条用户与市场调研，可以看出我国链传动产品的质量状况基本如下：

1. 行业内大、中型企业的产品合格率高

在行业内具有一定规模的企业，建厂的时间相对比较早，经过多年的建设与发展，大部分企业在技术力量、生产能力、企业的质量管理等各方面都具有较高的水平。这些企业的产品质量较好，多为主机配套和出口。这样的企业占行业的多数，其产品的覆盖率达90%以上。

2. 规模较小的企业产品质量参差不齐

在行业中规模较小的企业，虽然基础条件相对较差，但大部分企业能按照正常的发展轨道不断做大做强。他们对产品质量也很重视，从原材料进厂开始把关，并严格依据标准图样、工艺流程认真操作，产品质量基本符合标准要求。但也有少量的小企业则是单纯以营利为目的，利用链条产品组织生产相对“容易”、市场监管不力的机会，在不具备基本生产能力、检测手段的情况下进行生产，甚至偷工减料，并将其产品以劣质低价的方式，混入维修市场等流通领域。虽然这样的企业数量不大，但破坏了市场规则，损害了用户的利益，也对链传动行业的形象造成了极坏影响。

3. 新的标准对产品质量提出更高的要求

2006年，修订版的GB/T 1243—2006《传动用短节距精密滚子链、套筒链、附件和链轮》标准颁布实施后，在性能要求中增加了“动载试验”项目，对反映链条内在质量的疲劳性能提出了更严格的要求，2010年，我国颁布了JB/T 10970—2010《链条压出力试验规范》机械行业标准，对传动用短节距精密滚子链和摩托车链条两种最典型的标准链条的连接牢固度性能指标提出了明确规定。上述两项指标都是反映链条产品质量的重要技术指标，通过标准形式来贯彻实施，会大大提升我国链条产品的质量水平。

4. 质量水平在竞争中提高

过去的两年可以让我们感到，我国链条行业真正开始步入从“制造大国”向“制造强国”转变的轨道。过去提出的实现经济转型、提升国际竞争能力的概念，如今已经逐步成为了现实。在代表高水平的汽车链领域，湖州双狮链传动有限公司、杭州东华链条集团有限公司、青岛征和工业有限公司等几家公司已有突破，并不断扩大成果；在为国外设备配套的冶金链上，浙江恒久机械集团有限公司和诸暨链条总厂也已崭露头角；在输送机用平顶链的国内市场，黄山恒久链条有限公司占据了80%以上的份额。还有一些企业也跃跃欲试，正在生产着替代进口的某种链条产品。这些都是我国链传动行业的质量实力使然，也可以说是我国链传动行业产品质量达到了一定程度的标志。

三、影响质量的问题与分析

目前，我国大部分的链传动产品生产企业经历了近20年的发展，在生产规模、产品品种，以及生产能力、检测水平等方面都得到了较大幅度的提升。然而，整个行业的产品质量状况与国外发达国家的产品相比还存在着一定的差距。如：摩托车链条的抗拉强度、疲劳性能相差近30%；滚子链、套筒链在高速传动工况下，滚子、套筒的碎裂现象还很普遍；在链条的正常服役期内，有链板出现非正常的断裂现象；有些为主机配套的非标链条经常发生故障，使用性能与使用寿命均不能满足要求等。根据对上述问题的分析得知，影响链条质量的因素很多，但具有共性的问题有以下几点：

1. 原材料的质量问题

虽然目前我国链条企业对所用钢材采取了多元的采购渠道，使原材料质量有所提升，可材料品质的参差不齐对产品质量的影响依然不容忽视。据国家链条质量检验中心对石油链、立体车库链的外链板和链板腰部出现的非正常断裂的断口分析，其结果均为材料的原始缺陷所致。因此，尽快与相关行业协调，使链条的用钢标准得以有效实施，是摆在整个行业面前的一项意义重大的工作。这不但为稳定可靠的产品质量提供必要的基础条件，也可为推动链传动产业升级、优质专业化生产提供有力支撑。

2. 配套件的质量问题

目前，国内的滚子、套筒零件成形基本是由专业生产厂完成的，满足中低速传动一般没有问题。然而，在速度较高的传动场合，滚子、套筒很容易发生冲击疲劳碎裂。因此，如若满足高速链的性能要求，链条厂和配套企业还需对不同工况条件下的滚子和套筒，在材料选择、成形过程及热处理工艺等方面进行深入研究。

3. 采用标准问题

多年来，我国链条行业执行的国家标准一直是等效采用ISO标准。该标准为国际通行标准，制订的基点不高。一些性能指标与发达国家的标准比较还有差距。

4. 缺乏了解链条和使用工况

等客户的订单、产品通过经销商进入流通市场，这基本是链条行业中很多企业的传统做法，售后服务或解决使用中出现问题还没有提到议事日程，这可能是基础件行业的特点。由于链条生产企业对链条的使用工况缺乏了解和研究，配套后出现了很多问题，这俨然成了国产链条开拓应用市场、取代进口的障碍。

四、以技术进步推动链传动产品质量水平的提高

提高产品质量是生产企业永恒的主题。近期，我国制

造产业提出了“技术质量”这一新的概念。也就是说，技术与质量是密不可分的。作为企业，必须依靠技术进步来推动产品质量水平的提高。展望我国链传动行业的发展前景，跻身世界链传动产品“制造强国”之列还有很长的路要走，还有很多重要的问题需要解决。

(1)转变落后观念，加大研发的投入，引进和培养链传动领域的科技人才，提高企业员工素质，建立高水平员工队伍和质量管理体系。

(2)加强基础性研究工作，为开发新产品、提高核心竞争力奠定基础。

(3)加大技术改造力度，提高企业工艺装备水平。

(4)坚持技术创新，采用新材料、新技术、新工艺，不断提升产品质量，提高国产链传动产品的适用性、可靠性和安全性。

(5)进一步完善和提升链传动产品的检验手段。

〔撰稿人：国家链条质量监督检验中心杨刚〕

2009—2012 年链传动行业标准化工作概况

全国链传动标准化技术委员会(以下简称标委会)是经国家质量技术监督检疫检验总局批准成立的全国链条行业的标准化技术归口组织，标委会委员由全国链条行业从事生产、使用、科研、监督检验、管理和营销等方面的专家组成。标委会在业务上受国家标准化管理委员会和中国机械工业联合会的领导和管理，标委会秘书处挂靠在吉林大学。标委会的主要工作任务是负责全国链条行业的标准化技术归口及管理工作，标委会与国际标准化组织 ISO/TC 100 链条链轮技术委员会业务对口，ISO/TC 100 所涉及的业务范围均为标委会的业务范围。如：各类动力传动链条和链轮，输送链条和链轮，工程用特种链条和链轮、自行车与摩托车链条，以及和这些产品标准相配套的相关标准。

标委会对外代号是 SAC/TC 164(SAC 即中国国家标准化管理委员会)。

第四届链传动标委会于 2011 年完成换届，共有 41 名委员，代表着全国链条行业中的 37 家企事业单位。

2009 年以来标委会的主要工作有五个方面。

一、召开国内标准化工作会议

2009 年至 2012 年 11 月期间，标委会共召开了七次国内标准化工作会议。2009—2012 年 11 月召开的国内标准化工作会议见表 1。

表 1　2009～2012 年 11 月召开的国内标准化工作会议

序号	时间	地点	会议名称	会议主要内容	会况
1	2009.6	苏州	2009 年链传动标准研讨会	1. 对 2009 年计划完成的以下四项链传动国家标准和行业标准征求意见稿进行研讨： ①GB/T 14212—200× 摩托车链条—技术条件和试验方法； ②JB/T 9152—200× 滑片式无级变速链； ③JB/T 8546—200× 双铰接输送链； ④JB/T ××××—200× 停车设备链条 2. 汇报参加 ISO/TC100 第十八次会议情况； 3. 按照上级主管部门的部署，对链条行业标准进行复审	到会 52 人
2	2009.11	扬州	全国链传动标委会第三届十次会议	对四项链传动标准送审稿进行了审查： ①GB/T 14212—200× 摩托车链条—技术条件和试验方法； ②JB/T 9152—200× 滑片式无级变速链； ③JB/T 8546—200× 双铰接输送链； ④JB/T ××××—200× 停车设备链条	到会 65 人
3	2010.6	昆山	2010 年链传动标准研讨会	1. 传达中国标准创新贡献奖获奖文件、向获奖单位颁发奖励证书； 2. 传达工信部文件：关于 2010 年标准化工作要点； 3. 通报了标委会换届有关事宜； 4. 对三项链传动标准征求意见稿进行了研讨： ①行业标准：JB/T 10348—201× 摩托车用齿形链条； ②行业标准：JB/T ××××—201× 输送用钢制销合链、附件和链轮； ③行业标准：JB/T ××××—201× 汽车用滚子链和套筒链	到会 49 人

（续）

序号	时间	地点	会议名称	会议主要内容	会况
4	2010.11	绍兴	全国链传动标委会第三届十一次会议	1. 审查三项链传动行业标准： ①JB/T 10348—201× 摩托车用齿形链条； ②JB/T ××××—201× 输送用钢制销合链、附件和链轮； ③JB/T ××××—201× 汽车用滚子链和套筒链 2. 根据机联秘标〔2010〕75号文件"关于开展2010年度机械行业标准复审工作的通知"，对链传动行业标准进行了复审。复审结论为：对《JB/T 7364—2004 倍速输送链和链轮》行业标准进行修订，由苏州东方特种链条厂负责	到会67人
5	2011.5	武义	2011年链传动标准研讨会	1. 传达了国家标准化管理委员会《关于第四届全国链传动标准化技术委员会（SAC/TC 164）换届及组成方案的批复》文件； 2. 根据机械工业联合会《关于开展2011年度机械行业标准复审工作的通知》要求，对链传动行业标准进行了复审。复审结论： ①《JB/T 5398—2005 钢制套筒链、附件及链轮》继续有效； ②《JB/T 10539—2005 不锈钢短节距滚子链和套筒链》继续有效 3. 研讨了国际标准相关内容： ①关于多排滚子链疲劳强度的系数； ②板式链最小动载强度的计算方法； ③关于对国际标准ISO 10190:2008摩托车链条的复审意见 4. 对三项链传动标准征求意见稿进行了研讨： ①JB/T 8883—201× 农业机械用夹持输送链； ②JB/T 8820—201× 摩托车传动链条磨损性能试验规范； ③JB/T ××××—201× 污水处理设备用铸造和焊接式钢制链条	到会56人
6	2011.11	宁波	第四届全国链传动标委会换届大会暨第四届一次标准审查会	1. 宣读关于第四届链传动标委会换届批文，颁发委员聘书； 2. 第三届标委会工作总结； 3. 讨论通过第四届标委会章程和秘书处工作细则； 4. 宣读关于表彰第三届标委会工作期间标准化工作先进集体和先进个人的决定，并颁发先进集体和先进个人证书； 5. 颁发第四届标委会会员单位证书； 6. 汇报对链传动两项国家标准复审结果； 7. 总结标委会2011年度工作，制订2012年度工作计划； 8. 对二项链传动标准送审稿进行了审查： ①JB/T 8883—201× 农业机械用夹持输送链； ②JB/T 8820—201× 摩托车传动链条磨损性能试验规范	到会78人
7	2012.6	苏州	2012年链传动标准研讨会	对四项链传动标准征求意见稿进行了研讨： ①污水处理设备用链条、附件和链轮； ②摩托车用齿形链链轮； ③精密滚子链（套筒链）检验规则 ④JB/T 7364—201× 倍速输送链和链轮	到会56人

二、标委会审查的标准项目

2009—2012年10月标委会审查的标准化项目见表2。

表2 2009—2012年10月标委会审查的标准化项目

序号	标准级别	标准代号及名称	审查方式	时间地点	备注
1	国家标准	GB/T 14212—2010 摩托车链条—技术条件和试验方法	会审	2009年，扬州	ISO 10190:2008IDT 代替 GB/T 14212—2003
2	行业标准	JB/T 9152—2011 滑片式无级变速链	会审	2009年，扬州	代替 JB/T 9152—1999

（续）

序号	标准级别	标准代号及名称	审查方式	时间地点	备　注
3	行业标准	JB/T 8546—2011　双铰接输送链	会审	2009 年，扬州	代替 JB/T 8546—1997
4	行业标准	JB/T 11079—2011　停车设备链条	会审	2009 年，扬州	首次制定
5	行业标准	JB/T 10348—201×　摩托车用齿形链条	会审	2010 年，绍兴	代替 JB/T 10348—2002
6	行业标准	JB/T ××××—201×　输送用钢制销合链、附件和链轮	会审	2010 年，绍兴	ASME B 29.25—1998，NEQ；首次制定
7	行业标准	JB/T ××××—201×　汽车用滚子链和套筒链	会审	2010 年，绍兴	首次制定
8	行业标准	JB/T 8883—201×　农业机械用夹持输送链	会审	2011 年，宁波	JIS B 9204—1994（2000 年确认），NEQ；代替 JB/T 8883—2001
9	行业标准	JB/T 8820—201×　摩托车传动链条磨损性能试验规范	会审	2011 年，宁波	代替 JB/T 8820—1998

三、国际标准化活动

标委会承办的国际标准化活动见表 3，标委会参加的国际标准制修订工作组情况见表 4，标委会对 ISO/TC 100 各类文件投票表决情况见表 5。

表 3　标委会承办的国际标准化活动

序号	时间	地点	内　容	参 会 人 员
1	2011.6	扬州	承办 ISO/TC 100 第十九届年会	孟祥宾、叶斌、王海鸥、卢继光、邢建恒

表 4　标委会参加的国际标准制修订工作组情况

工作组代号	工 作 内 容	中国专家	秘书处地点	备　注
WG8	修订 ISO 606 传动用精密滚子链和链轮	孟祥宾、叶斌	英国	正在运行
WG9	修订 ISO 4347 板式链，联结环和槽链	孟祥宾、王海鸥	美国	正在运行
WG12	修订 ISO 15654 链条疲劳试验方法	孟祥宾、叶斌	中国	正在运行

表 5　标委会对 ISO/TC 100 各类文件投票表决情况

序号	投票种类	文 件 编 号	文 件 名 称	投票日期
1	三年复审	ISO 10190:2008	摩托车链条	2011.06.01
2	五年复审	ISO 9633:2001	自行车链条	2011.11.18
3	五年复审	ISO 6973:1986	模锻易拆链	2011.11.18
4	NWIP	ISO/NP 15654	链条疲劳试验方法	2011.12.08
5	NWIP	ISO/NP 4347	板式链	2012.03.01
6	NWIP	NWIP - Roller Chains	精密滚子链	2012.03.01

四、其他技术合作与服务

2009 年至 2012 年 10 月期间，为会员单位提供各类内部标准化技术资料数 10 余种，并提供了各类技术咨询服务。

五、2012 年新增标准化工作项目

在上级主管部门的正确领导下，在全国链传动标委会会员单位的大力支持下，链传动标准化工作取得了一定的成绩。截至 2012 年 10 月，已发布链传动国家标准 17 项，行业标准 21 项。这些标准基本涵盖了国民经济建设的各主要领域，基本满足了市场对标准的需求。这些标准对促进国民经济的发展，促进链传动行业的技术进步起到了十分关键的技术保障作用。2012 年新增标准化工作项目见表 6。

表 6　2012 年新增标准化工作项目

序号	项 目 名 称	标准级别	制、修订	完成年限	采用国际国外标准	代替标准
1	倍速输送链和链轮	行业标准	修订	2012		JB/T 7364—2004
2	摩托车用齿形链链轮	行业标准	制定	2012		
3	污水处理设备用链条、附件和链轮	行业标准	制定	2012	ASME B29.21M—1996，NEQ	
4	带橡胶附件的滚子输送链及链轮	行业标准	制定	2014		
5	齿形链和链轮	国家标准	修订	2014	ASME B29.2M—2007，NEQ	GB/T 10855—2003

相信，有上级主管部门的正确领导以及广大会员单位的积极支持，标委会一定能为加速链条行业全面与国际接轨作出更大贡献。

〔撰稿人：全国链传动标准化技术委员会王海鸥〕

链传动行业标准

全国链传动标准化技术委员会归口标准目录见表1,国际标准化组织ISO/TC 100链传动标准目录见表2,已作废标准(已并入ISO 606—2004)见表3。

表1　全国链传动标准化技术委员会归口标准目录

序号	标准代号	标准名称	备　注
1	GB/T 1243—2006	传动用短节距精密滚子链、套筒链、附件和链轮	ISO 606:2004 IDT
2	GB/T 3579—2006	自行车链条　技术条件和试验方法	ISO 9633:2001 IDT
3	GB/T 4140—2003	输送用平顶链和链轮	ISO 4348:1983 IDT
4	GB/T 5269—2008	传动及输送用双节距精密滚子链附件和链轮	ISO 1275:2006 IDT
5	GB/T 5858—1997	重载传动用弯板滚子链和链轮	ISO 3512:1992 IDT
6	GB/T 6074—2006	板式链、连接环及槽轮　尺寸、测量力和抗拉强度	ISO 4347:2004 IDT
7	GB/T 8350—2008	输送链、附件和链轮	ISO 1977:2006 IDT
8	GB/T 9785—2007	链条链轮术语	ISO 13203:2005 IDT
9	GB/T 10855—2003	齿形链和链轮	
10	GB/T 10857—2005	S型和C型钢制滚子链条、附件和链轮	ISO 487:1998 IDT
11	GB/T 14212—2010	摩托车链条　技术条件和试验方法	ISO 10190:1992 IDT
12	GB/T 15390—2005	工程用焊接结构弯板链、附件和链轮	ISO 6972:2002 IDT
13	GB/T 17482—1998	输送用模锻易拆链	ISO 6973:1986 IDT
14	GB/T 18150—2006	滚子链传动选择指导	ISO 10823:2004 IDT
15	GB/T 19927—2005	曳引用焊接结构弯板链、附件和链轮	ISO 6971:2002 IDT
16	GB/T 20736—2006	传动用精密滚子链条疲劳试验方法	ISO 15654:2004 IDT
17	JB/T 5397—2006	滚子链和套筒链图形简化表示法	
18	JB/T 5398—2005	钢制套筒链、附件及链轮	ASME B29.12M—1997 MOD
19	JB/T 6368—2010	链条　产品分类方法	
20	JB/T 7364—2004	倍速输送链和链轮	
21	JB/T 8545—2010	自动扶梯梯级链、刮板和链轮	
22	JB/T 8546—2011	双铰接输送链	
23	JB/T 8820—1998	摩托车传动链条磨损性能试验规范	
24	JB/T 8883—2001	农业机械用夹持输送链	JIS B 9204:1994 MOD
25	JB/T 8920—1999	工程塑料内链节轻型输送链	
26	JB/T 9152—2011	滑片式无级变速链	
27	JB/T 9154—2008	埋刮板输送机用叉型链、刮板和链轮	
28	JB/T 10348—2002	摩托车用齿形链条	
29	JB/T 10539—2005	不锈钢短节距滚子链和套筒链	
30	JB/T 10703—2007	输送用钢制滚子链、附件和链轮	ASME B29.15M:1997 IDT
31	JB/T 10841—2008	输送用单节距和双节距空心销轴链及附件	ASME B29.27:2002 NEQ
32	JB/T 10842—2008	有套筒拉曳链	DIN 8157:2005 NEQ
33	JB/T 10843—2008	无套筒拉曳链	DIN 8156:2005 NEQ
34	JB/T 10867—2008	输送用塑料平顶链和链轮	
35	JB/T 11079—2011	停车设备链条	
36	JB/T 10970—2010	链条压出力试验规范	
37	JB/T 10969—2010	多板销轴链	

表2　国际标准化组织 ISO/TC 100 链传动标准目录

序号	标准代号	标准名称
1	ISO 487—1998	S 型和 C 型钢制滚子链、附件和链轮
	ISO 487—1998	Steel roller chains, types S and C, attachments and sprockets
2	ISO 606—2004	传动用短节距精密滚子链、套筒链、附件和链轮
	ISO 606—2004	Short-pitch transmission precision roller and bush chains, attachments and associated chain sprockets
3	ISO 1275—2006	传动与输送用双节距滚子链和链轮
	ISO 1275—2006	Double-pitch precision roller chains and sprockets for transmission and conveyors
4	ISO 1977—2006	输送链、附件和链轮
	ISO 1977—2006	Conveyor chains, attachments and sprockets
5	ISO 3512—1992	重载传动用弯板链
	ISO 3512—1992	Heavy-duty cranked-link transmission chains
6	ISO 4347—2004	板式链、联结环和槽轮
	ISO 4347—2004	Leaf chains, clevises and sheaves
7	ISO 4348—1983	输送用平顶链和链轮
	ISO 4348—1983	Flat-top chains and associated chain wheels for conveyors
8	ISO 6971—2002	曳引用钢制焊接弯板链和链轮
	ISO 6971—2002	Welded steel type cranked link drag chains and chain wheels
9	ISO 6972—2002	工程用钢制焊接弯板链和链轮
	ISO 6972—2002	Welded steel type cranked link mill chains and chain wheels
10	ISO 6973—1986	输送用模锻易拆链
	ISO 6973—1986	Drop-forged rivetless chains for conveyors
11	ISO 9633—2001	自行车链条—技术条件和试验方法
	ISO 9633—2001	Cycle chains—Characteristics and test methods
12	ISO 10190—2008	摩托车链条—技术条件和试验方法
	ISO 10190—2008	Motor cycle chains—Characteristics and test methods
13	ISO 10823—2004	链传动选择指导
	ISO 10823—2004	Guidance on the selection of roller chain drives
14	ISO 13203—2005	链条链轮名词术语
	ISO 13203—2005	Chains, sprockets and accessories—List of equivalent terms
15	ISO 15654—2004	滚子链和套筒链疲劳试验方法
	ISO 15654—2004	Fatigue test method for roller and bush chains

表3　已作废标准(已并入 ISO 606—2004)

序号	标准代号	标准名称
1	ISO 1395—1977	短节距传动用精密套筒链和链轮
	ISO 1395—1977	Short pitch transmission precision bush chains and chain wheels
2	ISO 1395—1977/A1—1982	短节距传动用精密套筒链和链轮修正案 1
	ISO 1395—1977/A1—1982	Short pitch transmission precision bush chains and chain wheels Amendment 1

〔撰稿人:全国链传动标准化技术委员会王海鸥〕

大　事　记

2009—2012年链传动行业大事记

2009年

3月

20—21日　中国机械通用零部件工业协会链传动分会(简称链传动分会)先后走访了株洲特种链条厂、株洲南方链条有限公司、益阳赫山链条制造有限公司三家企业。看到湖南这三家企业在全球金融危机的严峻形势下依然生机勃勃,链传动分会名誉理事长朱善祥指出:湖南的链传动企业转型升级起步早,调整产品结构力度大,产品有特色,是行业内依靠扩大内需生存发展的典型,很值得行业同仁们借鉴。

5月

月内　中国机械通用零部件工业协会(简称总会)杜国森秘书长专程赴武义地区的链传动企业进行了实地考察。他评价道:这个地区链条产业群的社会化、专业化协作程度之高,发展速度之快,出乎意料,很有特色,今后发展潜力很大。

5月30日—6月3日　由中国机电工业价格协会和中国机械通用零部件工业协会联合举办,链传动分会承办的全国机械工业价格人员岗位资格认证培训班在杭州举行。来自辽宁、江苏、浙江、湖南等省市21个企业的从事价格工作的人员参加了培训班学习,其中链传动行业的企业17家,占参培企业总数的81%。

10月

21—22日　在杭州三台山庄召开了链传动分会七届一次会员大会。会上,链传动分会理事长宣碧华代表六届理事会作了《工作报告》,链传动分会秘书处办公室主任李树立作了关于《财务收支情况》的汇报。会议审议并通过了六届理事会工作报告和六届理事会财务收支情况汇报。

会议进行了换届选举。本届选举采用了理事长、副理事长、理事分三次无记名投票直选方式,选举产生了第七届理事会。

12月

月内　“2009年度中国机械通用零部件优秀新产品奖”评选结果揭晓。经评审:杭州东华链条集团有限公司的“HV3F2高速齿形链”、苏州环球链条集团有限公司的“TL135Ha系列重载、高疲劳梯级链”等五项新产品获特等奖;杭州顺峰链业有限公司的“520HV彩色高强度赛车链条”、浙江华港链传动有限公司的“高强度重载耙链”、浙江八方机械公司的“选管机”等八项新产品获优秀奖。

2010年

1月

月内　链传动分会制定了《关于链传动行业“十二五”规划工作总体安排的意见》,对行业“十二五”规划编制工作进行了具体的部署。

3月

月内　链传动分会七届二次理事会审议通过了七届理事会工作要点,具体内容如下:

(1)加快推进链传动行业发展方式的转变和创新。

(2)加快促进产业聚集、品牌集聚。

(3)加快实施以“一、二、三”为主题的创新工程。“一”是要着力构建完善的长效创新机制。“二”是着力提升两个总体水平。“三”是着力实施三项任务,即:进一步调整产品结构,提升产品档次;进一步推进技术进步、自主创新及其重大项目实施及产业化,促进自主关键与核心技术取得新突破;进一步加强人力资源和人才的有效整合和培育。

4月

4—5月链传动分会朱善祥名誉理事长率秘书处人员进行了行业“十二五”规划的调访工作,6月完成了链传动行业“十二五”规划的初稿。9月20日,召开行业专家论证会对初稿进行讨论,经修改后定稿。2010年10月,七届二次会员大会审议通过了《链传动行业“十二五”发展规划》,并上报总会。

10 月

20 日 链传动分会七届二次会员大会召开。会议通过了《关于构建链传动行业企业合作发展机制的倡议》。《倡议》以"企业为主、协会推动、市场运作、自愿合作、优势互补、共同发展"为方针,提出了振兴链传动行业的十项举措。

月内 根据海关总署和总会的要求,链传动分会组织编制摩托车滚子链加工贸易单耗标准,在"东华"、"顺峰"、青岛"征和"、"建宏"等相关企业的大力支持配合下,于12月完成了摩托车滚子链条(420、428、428H、520、520H、530、530H)及其零件单耗标准的初稿编制工作,并于2011年年初上报总会审议。

12 月

月内 2010年是我国"十一五"规划的收官之年,链传动行业各项主要经济指标全部增长,总量创历史新高。据行业统计网66家单位的资料统计显示:工业总产值(现行价)804 615万元,同比增长10.61%;工业链条产量474 262t,同比增长14.07%;出口额38 707万美元,同比增长2.64%。链传动行业平稳较快的发展势头令人欣喜。

2011 年

3 月

19—22 日 链传动分会七届四次理事会会议在福建武夷山召开。会上,链传动分会与中国机械工程学会链传动专业委员会,大连圣特金属新材料研发有限公司与齐齐哈尔链传动有限公司、浙江八方机械有限公司,衢州豪宇机械有限公司与湖州市南浔通惠金洁链条制造有限公司分别签订了相关合作协议。三项合作协议的签订为推进行业倡导的合作发展机制起了示范作用。

5 月

月内 《链条装配工职业技能标准》的编制工作有序展开。6月召开专题会议,确定主编单位为杭州东华链条集团有限公司和浙江恒久机械集团有限公司。7—8月,先后召开了两次初稿审定会议,主审单位吉林大学链传动研究所、苏州环球集团有限公司、青岛征和工业有限公司对初稿进行了认真审阅。浙江中益机械有限公司、太仓椿盟链传动有限公司也参加了会议。审定后的标准(初稿)上报国家机械工业职业技能鉴定中心进行审批。

7 月

月内 链传动分会朱善祥名誉理事长率秘书处人员先后赴太仓椿盟链传动有限公司、浙江恒久机械集团有限公司、诸暨双赢链条机械厂及诸暨康宏链条设备有限公司四家专机制造企业进行了调研考察。调研后对链传动专机制造企业提出以下建议:坚持技术进步,加快技改步伐;进一步推进合作发展机制,共同提升行业工艺装备水平;加强知识产权的保护;提高员工队伍技术素质。

9 月

月内 在杭州三台山庄链传动分会和中国机械工程学会机械传动分会链传动专业委员会合作举办了"链传动行业新技术讲座"。吉林大学孟繁忠教授、杭州东华链条集团卢旭东工程师、苏州环球集团许惠康总工程师分别讲授了我国链传动技术未来发展的趋势及国外的前沿技术,介绍了链条制造过程中热处理的新工艺、新装备以及链条加工中的新技术。讲座具有高、新、好的显著特点,得到了学员们一致好评。

月内 "安徽黄山恒久链传动有限公司新厂暨中国非标异型链研发生产基地投产典礼隆重"举行。

该企业坐落在绩溪县生态工业园,占地面积超过11万m^2,建筑面积超过7万m^2。项目投资超2亿元,初步形成了年产3万t异型链的生产规模。全面达产后,年销售收入将超过5亿元,利税总额突破1亿元,创汇5 000万美元。

2012 年

1 月

月内 链传动分会秘书长王民梁率鲁小林、崔华一行拜访了工信部装备司机械处及中机联的有关领导,反映了链传动行业情况和企业诉求,重点汇报了有关"汽车发动机、变速器用链条"产业化、"高效精密自动化链条装配检测设备"研发等重大项目的申报情况。有关部门领导认真听取了汇报。

4 月

23—26 日 在河南省济源市召开了"中国机械通用零部件工业协会七届六次理事会",链传动分会名誉理事长朱善祥作了题为"认清形势迎接挑、抓住机遇谋发展"的形势报告。他受链传动分会宣碧华理事长委托,就分会秘书处人事变动事项向理事会报告并作了说明。经总会同意,鲁小林担任分会秘书长,王民梁担任名誉秘书长。

5 月

18—19 日 "第八届全国链传动学术研讨会暨第五届链传动专业委员会会议"在浙江省武义县隆重举行。会议主题是我国链传动学科的学术研讨和技术交流。来自吉林大学、杭州东华、黄山恒久等单位的学者、专家及企业科技人员在会上宣读了十篇学术论文,杭州东华总工程师叶斌、青岛征和总工程师付振明分别讲授了链条制造技术和链条精冲技术，我国链传动学科的学术带头人、博士生导师孟繁忠教授在会上作了题为《齿形链分类及其变异》的学术报告。会议宣布了优秀论文名单，其中一等奖9个，优秀论文奖16个。

月内 链传动分会秘书长鲁小林、名誉秘书长王民梁等赴北京向中央有关部门反映了当前链传动行业情况，特别是有关外贸出口及其政策诉求。中机联及总会的有关领导高度重视链传动行业对摩托车等链条提高出口退税的反映，陪同前往财政部汇报，引起有关领导首肯和支持。

7 月

9—13 日 朱善祥名誉理事长率分会秘书处一行前往武义、金华、诸暨等地进行调访。在武义，调访组参加由当地链条协会召开的座谈会，专程拜访了武义县主管工业的副县长，就进一步推进武义链条产业持续健康发展进行了沟通与交流。在金华，调访组赴浙江巴斯曼机械有限公司和金华鸿烁链条有限公司进行了调研；在诸暨，先后走访了诸暨链条总厂、浙江恒久机械集团等企业。朱善祥名誉理事长认真听取了企业汇报并作了重要指示，鲁小林秘书长通报了国家实施"三基"规划的一些重要政策信息。

9 月

19—22 日 朱善祥名誉理事长率分会秘书处一行前往常州、无锡、苏州等地进行调访。先后赴常州世界伟业链轮有限公司、盛天传动件有限公司、常州永强链传动有限公司、江苏双菱链传动有限公司和苏州环球集团有限公司参观考查，在无锡和苏州分别召开座谈会，听取意见和建议，共有8家单位参加了座谈会。

通过调研，调访组感受到行业内多数企业在面对严峻的经济形势时，积极调整产品结构、转型升级，应对措施各展风采，取得了初步成绩，同时了解到企业也面临不少困难。

10 月

25—26 日 在浙江省诸暨市召开了"链传动分会七届四次会员大会"。分会理事长宣碧华提出了五条标准以把脉企业"健康"状况，它们是：一是看客户有没有流失；二是看与增速下行是否同步；三是看企业骨干有没有流失；四是看能否把握好企业的现金流；五是看企业决策者的心态如何。

10 月 29 日—11 月 1 日 在上海浦东新国际博览中心举办的"2012 年亚洲国际动力传动与控制技术展览会暨国际机械传动与零部件及制造装备展览会（PTCasia——MTPE）"上，链传动行业盛况空前，共有70余家国内外企业参展，展位面积达7 000m^2。展台设计新颖别致，新品精品琳琅满目，吸引了众多国内外客商的眼球，成为展会一大亮点。

〔供稿单位：链传动分会秘书处〕

附　录

关于构建链传动行业企业合作发展机制的倡议

（2010年10月20日链传动分会七届二次会员大会通过）

构建链传动行业企业合作发展机制主要是为满足国际金融危机后期，世界新一轮经济发展和新一轮国际竞争的需要，也是我国市场经济发展和产业结构调整、企业转型升级的必然要求，更是我国链传动行业“由大变强”重要战略的要求。

我国链传动行业大多数企业经过几十年的发展正由量的扩张向质的提高转变，企业正由产品竞争向品牌竞争转变，产品出口由贴牌出口向自主品牌出口转变，并步入了世界链传动制造大国的行列，但距世界链传动制造强国还有一定的差距。走企业合作发展之路，进一步加快行业发展是缩短差距的有效举措。

从行业发展的现状看也需要走企业合作发展之路。目前，行业内一些企业有的加工制造设备不齐全，造成生产能力不足，致使某些产品或某些零件无法加工制造，使企业失去了订单；有的设备陈旧、工艺落后，造成制造水平低，加工产品质量不稳定，影响了市场开拓；有的加工制造能力强，但拓展市场能力低，造成产品订单少、加工设备闲置多的状况；有的企业手中有新产品订单，而且市场潜力十分巨大，但研发能力差，致使失去了新产品市场等。行业内企业之间如果建立了合作发展机制，这些情况就可以避免。

目前链传动行业各企业的发展形成了自己的不少优势，但也有各自的不足。因此，建立行业企业合作发展机制，就能集各企业发展之长补各企业发展之短，进一步增强我国链传动行业各企业市场开拓、产品研发、技术创新、加工制造、企业管理等综合实力；能够广泛生产制造国内外更多的链传动产品，使我国链传动行业真正成为世界链传动加工制造中心，从而全面赢得世界各个领域对我国链传动产品的青睐。

目前，链传动行业深刻意识到构建链传动行业企业合作发展机制已具备了一定的基础和条件，体现在以下四个方面：

一是行业的发展历史向我们昭示：企业间只有相互学习借鉴、兼容并蓄，才能促进各企业和谐发展；只有真诚合作，互利共赢才能推动行业共同繁荣。这为建立行业企业合作发展机制奠定了一定的思想基础。

二是过去的两年，链传动行业经历了国际金融危机的冲击和考验。目前世界经济正在缓慢复苏，但基础还不牢固，贸易保护主义明显抬头，特别是世界经济结构正蕴育着调整和深刻转型。在这关键时刻有远见卓识的广大企业家审时度势、高瞻远瞩，为了抓住机遇迎接新的挑战，行业企业走精诚合作之路，建立行业企业合作发展机制，推动企业发展势在必行。

三是弘扬同舟共济、共克时艰的精神，加强企业间的战略合作，密切企业高层交往和战略磋商，不断增进相互理解和包容，走行业企业合作发展之路的共识已形成，企业间的共同利益在增加，相互需求在增强。这为建立行业企业合作发展机制提供了可行性和保障。

因此，行业要发展、企业要繁荣必须坚持合作发展理念，顺应时代潮流，不断克服影响企业合作发展的各种障碍，坚持精诚合作，满怀信心地走企业合作发展之路，承担历史赋予行业企业的重任，为建设世界链传动强国而努力。

为此，倡议构建链传动行业企业合作发展机制。具体内容如下：

（1）构建企业合作发展机制要坚持正确的指导原则，为企业合作发展发挥重要的指导作用。

1）企业合作发展的方针是：按照企业对合作的需求，坚持“企业为主、协会推动、市场运作、自愿合作、优势互补、共同发展”。

2）企业合作发展的宗旨是：遵循市场经济规律和国家有关的政策、法律、法规，坚持互利互惠、联合开发、共同发展，以及“诚信、民主、公开、公平”的原则，在市场营销、加工制造、产品研发、品牌建设、技术创新、企业管理、产业服务及与大专院校、科研院所等领域进行全面战略合作，创建合作共赢的新格局。

（2）正确把握构建企业合作发展机制的战略目标，即：建立多元化的合作发展机制，优势互补、互通有无、共克难点、共创辉煌，为构建企业合作发展机制发挥目标导向作用。通过优化合作环境，拓展合作领域等举措，增强企业竞争实力，促进企业资源优化配置，占领技术和产品制高点，扩大企业产品覆盖面，提高生产效率，降低制造成本，提升企业效益，保护生态环境。

（3）全行业各企业都要关心重视和参与企业合作发展机制的构建活动，都要深刻认识建立企业合作发展机制的重要性和必要性，树立企业合作发展理念，不断增强企业走合作共赢之路的自觉性，为构建企业合作发展机制提供重要的思想保障。

(4)行业相关企业要在前阶段光料改制、链片、套筒、滚子、销轴等产品专业化协作给企业带来发展的基础上，逐步延伸到其他领域更高层次的合作发展，为构建行业企业合作发展机制提供重要经验。

(5)行业各企业应积极寻找合作的需求和可能，寻找合作的领域和途径，将其不断转化为合作发展的项目和内容，并经企业广泛讨论、集思广益，在可行和自愿互利的基础上形成合作意向。通过这些举措逐步推进企业合作发展机制的健康成长。

(6)企业合作发展要由浅入深、从易到难、循序渐进，成熟一项合作发展一项。允许在合作中有失误、有挫折，及时总结成功的经验，吸取失败的教训，促进企业合作发展机制的不断完善。

(7)根据各企业合作发展面临的机遇，从各企业的优势和特点出发，寻找合作的增长点，不断提升合作层次，丰富合作内容，积极推进企业合作发展机制的深入发展。

(8)在调查研究基础上，在企业自愿互利的前提下选好企业合作项目的切入点和突破口，为企业合作发展开好局，迈好步，并在合作发展的实践中不断探索和完善企业合作发展的新经验、新方法、新思路，逐步构建企业合作发展平台，探索企业合作发展载体，推动企业合作发展机制向更高目标迈进。

(9)在开展国内同行业各企业合作发展的同时，积极开展与国外同行业在各个领域的全面深入交流与合作。根据各自的意愿与需求，在互信、互惠、互利基础上实现合作双赢，积极引领企业合作发展机制向更广更新的领域拓展。

(10)行业各企业要解放思想、敢为人先、勇于探索、敢于实践，以人之长补己之短，积极创新合作思路，寻找合作载体，努力开创合作共赢的新局面，为构建企业合作发展机制发挥主导和主体作用。

〔供稿单位：链传动分会秘书处〕

武义县链条制造行业合作机制概述

一、武义县链条制造行业概况

武义第一家链条企业成立于1988年，于20世纪90年代后期改制解散，下岗后的工人自发创办了多家链条厂。经过十多年的发展，目前，武义县有链条制造企业60多家，专业材料改制企业7家，专业热加工企业6家，零部件加工企业100多家，链条专用设备制造企业1家，还建有金属模具加工一条街，行业从业人员达8 000多人，年销售收入近20亿元。主要产品有摩托车链条、工业链条、农机链条、异形链条及高精尖专用链条。产品销售以维修市场和出口东南亚为起点，随着产品质量的稳步提升，品牌知名度的不断提高，产品已相继进入中档市场和配套市场，部份企业的部份产品已进入中高档市场，并与主机厂家配套。可替代进口产品。为谋求更大发展，武义县已有5家链条企业加入了中国机械通用零部件工业协会链传动分会，分别担任会员单位、理事单位及副理事长单位；加入全国链传动标准化委员会的企业有3家；积极参与行业标准制订的企业有2家，有2家企业与吉林大学链传动研究所签订了长期合作协议，并成立了“新产品研发中心”，获得实用新型专利多项，成功开发了高精尖产品多个；有2家企业引进和聘请教授、高级工程师、热加工专家、工程师多名，还培养了一批大学生技术员，大学生质管员，为企业的发展打下了良好的人才基础；有20多家企业通过了ISO 9000质量体系认证；在品牌建设上，有3家企业获得了金华市著名商标，1家企业获得了金华市名牌；在注重环境保护方面，共有20多家热加工企业建立了废水排放治理站，实行循环用水，达标排放。

企业管理水平不断上升，多家企业引进了精细化管理、软件管理、现场管理及清洁生产等。硬件投入不断加强，高档设备不断引进，逐步进入机械化、半机械化，并向自动化、智能化方向努力发展。

二、武义县链条制造行业合作发展机制概况

武义县链条产业以中小微企业为主体，由于起步晚、资金短缺、技术人才欠缺及管理水平低等现实情况，自主选择了专业化、社会化的分工协作之路，有的致力于材料改制，有的选择零件加工，有的专攻热加工，有的主攻组装。从材料改制、工装模具、零件制造、热处理加工到组装成品，武义县链条行业已经全面形成专业分工、合作发展的良好机制。

良好的机制得益于当地政府的支持：武义县于2002年相继成立了“武义县链条制造行业协会简称(协会)”和“武义县链条检测中心”。在协会的引导下，武义县链条行业以提高产品质量为突破口，多次聘请吉林大学链传动研究所的专家教授和杭州东华链条集团的技术精英等举办学习培训班，提高技术制造水平，这在很大程度上改变了低质、低价、低档次、低水平、乱、散、小的局面。协会制订自律公约，加强行业企业自律，为公平、公正经营奠定了良好的基础。在“武义县链条检测中心”的监督规范下，链传动产品质量不断提升，用户认可度不断提高。良好的机制还得益于中国机械通用零部件工业协会链传动分会对武义县链条行业的肯定，及时出台“帮、扶、促”三字方针，对武义县链条行业的良性发展起到了很好的推进作用。

专业化、社会化分工合作的优胜机制是区域经济良性快速发展的一种模式，是规避资金不足，人才技术不足，管理水平不够，以及规避企业小而全、大而全的良策。集中优

势,发挥特长走专、精、特道路是今后武义县链条行业的发展的不二选择。

近年来,经由复制仿造、贴牌加工到自立品牌、自主创新,武义县的一些企业已开始从家庭作坊式的企业经营管理模式走向规范化的现代企业运作管理模式,以“东风”“八方”为代表的武义链条正带领“天力”“金环”“福航”“正达”等企业走向全国、走向世界,“以产品结构调整为中心,以用户满意为目标”的武义链条正在不断成长。

三、武义县链条制造行业协会介绍

武义县链条制造行业协会的组织机构如下:

会　　长:陈洪华;

副 会 长:邵文礼、胡梅军、李品荣、周柳芝;

理　　事:李世松、金正忠、邵文跃、李胜、潘群英、许文英;

秘 书 长:施诚;

工作人员:章家燕。

〔供稿单位:武义县链条制造行业协会〕

中国机械通用零部件工业协会链传动分会第七届理事会简介

理 事 长:宣碧华　杭州东华链条集团有限公司

名誉理事长:朱善祥　原杭州市经委主任

顾　　问:李文虎　原链条分会会长

副 理 事 长:(排名不分先后)

孙文保　沈阳丰牌链条制造有限公司

杨忘刚　吉林大学链传动研究所

严寰列　上海大隆链条厂有限公司

黄伟达　苏州环球集团有限公司

蒋学真　江苏双菱链传动有限公司

方伟成　常州世界伟业链轮有限公司

王以南　浙江中益机械有限公司

寿飞峰　浙江恒久机械集团有限公司

楼建军　浙江金盾链条制造有限公司

郭万宋　诸暨链条总厂

邵文礼　浙江八方机械有限公司

吕晌阳　浙江永美链条有限公司

陈亦兵　安徽黄山恒久链传动有限公司

金玉谟　青岛征和工业有限公司。

理　　事:(排名不分先后)

孙承启　齐齐哈尔链传动有限公司

陈乐生　瑞诺德动力传动(上海)公司

许长荣　南京利民机械有限责任公司

朱小平　无锡市南方特种链条厂

俞燮元　苏州百强链传动有限公司

盛和妹　常州市永强链传动有限公司

吴国平　常州东吴链传动有限公司

强　春　常州盛天传动件有限公司

陈志勇　杭州山水实业有限公司

曹永年　杭州永利百合实业有限公司

姚胜强　杭州顺峰链业有限公司

马锦华　杭州西林链条制造有限公司

王怀宇　湖州双狮链传动有限公司

陈立新　浙江华港链传动有限公司

杨建军　浙江神牛机械制造有限公司

吴尧龙　嵊州市特种链轮有限公司

陈洪华　武义东风链条有限公司

金正忠　武义正达金属丝制品有限公司

方伟中　安徽黄山中友链条制造有限公司

杨清平　重庆长江链条有限公司

王光超　四川川牌链条有限公司

秘 书 处:秘书长王民梁,副秘书长崔华,办公室主任李树立

〔撰稿人:链传动分会崔华〕

中国机械通用零部件工业年鉴
2012

III 齿轮行业卷

回顾总结我国齿轮行业近年发展情况，记录行业生产、技术和新产品发展情况；公布行业各项经济技术指标；分析国内外市场动向，提出行业发展的总体思路、发展目标及政策建议；概述齿轮行业质量与标准化工作

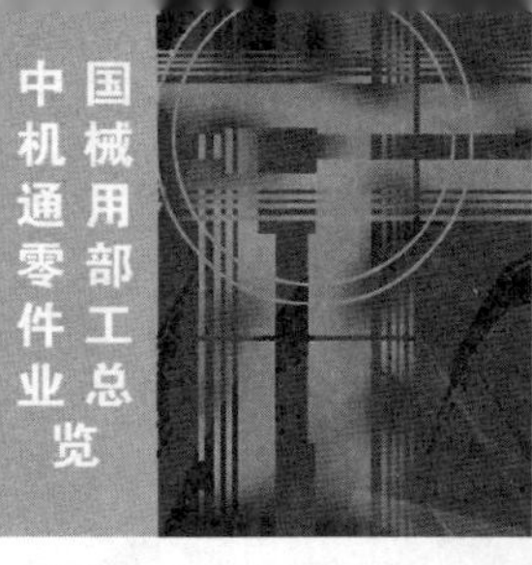

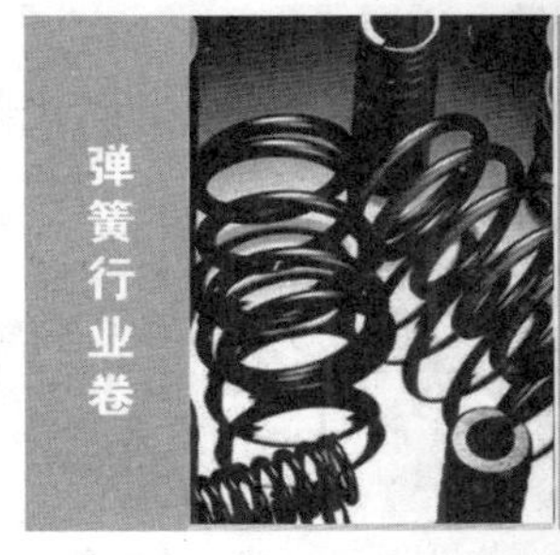

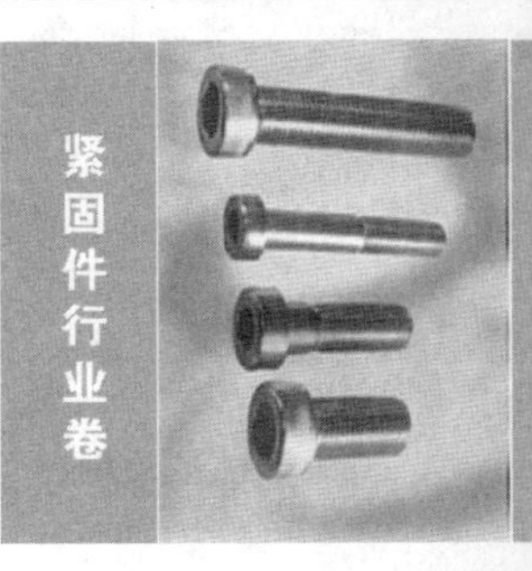

中国机械通用零部件工业总览

链传动行业卷

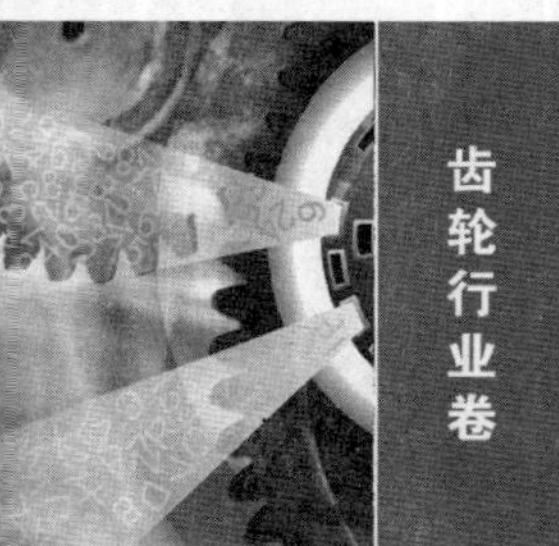

齿轮行业卷

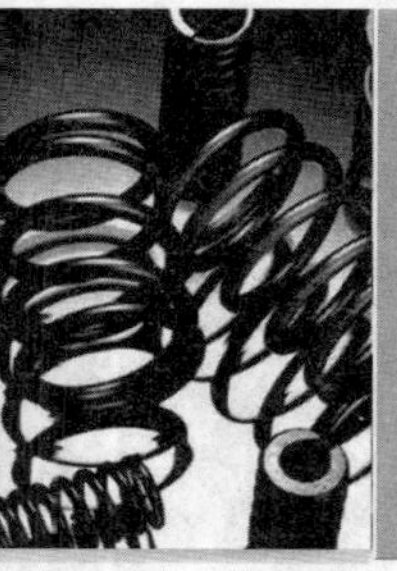

弹簧行业卷

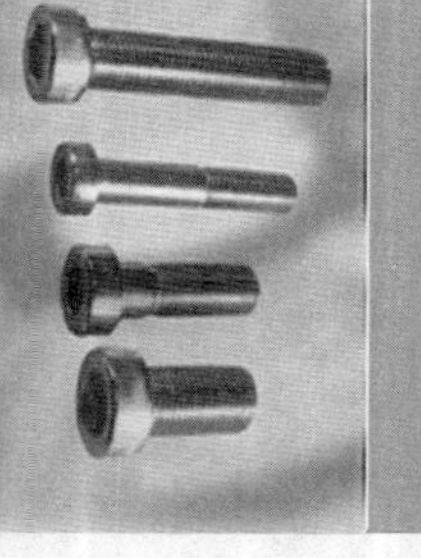

紧固件行业卷

粉末冶金行业卷

传动联结件行业卷

中国机械通用零部件工业年鉴 2012

III 齿轮行业卷

综　　述

齿轮行业发展现状

一、我国齿轮行业的发展现状

1. 形成了规模大、门类齐全、基础坚实的产业

经过新中国成立以来60多年的发展，我国齿轮产业的规模不断扩大，2010年齿轮产品的生产规模达到了1 450亿元，进入世界三强，已成为我国机械基础件中规模最大的行业，我国也成为名副其实的世界齿轮制造大国。目前，齿轮行业已基本形成了门类齐全、能满足主机行业一般配套需求的生产体系，为装备制造业发展提供了重要的支撑和保障。我国齿轮产品正经历从中低端向高端的转变，少数高端产品已达到国际先进水平。2004—2010年我国齿轮产品国内销售额见图1。

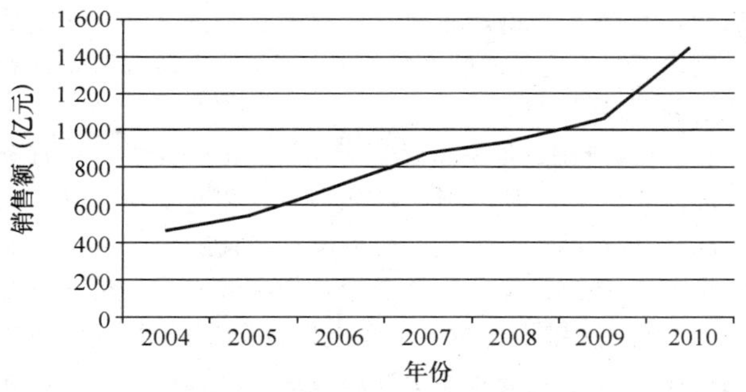

图1　2004—2010年我国齿轮产品国内销售额

2. 装备水平不断提高，配套能力不断增强

近年来，国内进口了大量的高效精密齿轮加工装备、热处理生产线、检验检测仪器及试验装置，大大提升了齿轮产品的生产能力、生产效率、制造及检验精度等。从装备总体水平来看，我国与世界先进水平不存在明显差距，其中部分装备（如数控成形磨齿机）在数量和规格上还处于世界领先水平。

配套能力不断增强。齿轮、轴承及紧固件等机械基础件的国内平均市场占有率达到65%以上，基础制造工艺取得明显进步，重点工程和重大设备的国内配套能力逐步提升。如：郑州机械研究所、江苏泰隆减速机制造有限公司、重庆齿轮箱有限责任公司先后研制出为福清/方家山、红沿河/宁德及防城港/昌江等百万千瓦核电站循环泵配套的大型行星齿轮箱；南京高精传动设备制造集团公司、重庆齿轮箱有限责任公司、杭州前进齿轮箱集团公司等开发的兆瓦级风电增速箱已基本可以满足国内市场需要，部分产品实现了出口；南车集团戚墅堰机车有限公司和郑州机械研究所开发的高速机车和重载货运机车驱动单元已批量装备部分机车等。

齿轮产业集聚效应明显体现。重庆、常州两大齿轮产业集聚区的产值占全国齿轮行业的17%，洛阳、太原、天津、杭州－宁波及沈阳－大连等传统工业齿轮生产基地的产业规模稳步发展。基础制造工艺专业化水平不断提高，在主要装备制造业聚集区建设了一批高水平、专业化的基础制造工艺中心，如江苏泰州和大丰的精密锻件产量超过全国精密锻件产量的一半。

3. 产业技术水平显著提高，市场竞争能力有所增强

近年来我国齿轮行业技术进步成效显著。“十一五”期间，齿轮产业固定资产投入持续稳定增长，装备水平明显提升，长期以来制约产品寿命、可靠性和精度保持性等一些质量问题有所改进，一批研究成果获国家科技奖。

齿轮产业连续七年保持了年均20%以上的增速，产业技术水平显著提高，产品结构不断优化和提升，国内市场发展势头强劲。重大技术装备自主配套能力显著提高，国际竞争力进一步提升。

二、我国齿轮行业面临的形势

尽管近年来我国齿轮装备制造业水平得到了大幅度提升，大型成套装备能够基本满足国民经济建设的需要，但高端齿轮产品却跟不上主机发展的要求，高端主机的迅猛发展与与之相配套的齿轮产品供应不足的矛盾日益凸显，已成为制约我国重大装备和高端装备健康发展的瓶颈。

1. 行业存在的问题

（1）高端产品大量依赖进口，核心技术受限于人。2010年，齿轮产品进口额为106.1亿美元，占我国机械通用零部件全行业进口额135亿美元的78.6%，齿轮进出口贸易逆差78.9亿美元，而通用零部件全行业的贸易逆差为65亿美元，高端齿轮产品的大量进口是导致全行业贸易逆差的主要原因。如汽车自动变速器、高速列车驱动单元、大型火电齿轮调速装置、大型核电行星齿轮箱等，因核心技术受制于人而需大量进口。

（2）产业结构不合理，产品品质差距明显。目前，我国齿轮行业中低档产品产能过剩而竞争激烈，高档产品需求强劲但能力不足，低层次重复建设、同质化恶性竞争逐渐加剧。据初步统计：我国齿轮行业中高档产品占比约10%，中档产品占比约50%，低档产品占比约40%。产业集中度

低,车辆齿轮 CR8 不到 22%,工业通用齿轮和工业专用齿轮 CR8 也仅为 38% 和 32%。专业化生产程度低,具有国际竞争力的大型企业集团和具有知名品牌的"专、精、特"企业群体尚未形成。

我国高端齿轮产品品质明显偏低,产品在性能、可靠性等方面与主机用户的需求之间还存在一定差距。产品内在质量不稳定,精度保持性和可靠性低,寿命仅为国外先进产品的 1/3 ~ 2/3,产品生产过程的精度一致性与国外同类产品水平相比差距明显。生产工艺水平和管理水平有待提高。优质、高效、节能、节材的先进制造工艺和自动化、数字化装备的普及程度还不高,生产效率、能源消耗、材料利用率及污染排放等与国际先进水平相比差距较大。

(3)高级技术人才缺乏,装备智能化、集成化水平低。由于齿轮产业发展迅速及人才培养周期长等原因,导致行业内高级创新型技术人才缺少,产业技术工人匮乏现象比较普遍,人才的争夺已成为影响企业快速发展的原因之一。目前行业内工程技术人员占在职人员的 5% ~ 6%,而在一线从事设计工艺的人员不足 2%。高档设备少,中低档设备多,规模以上企业高档设备占比约 1%;数控设备少,机动电动设备多;单机工作多,自动化、智能化成线生产设备少;手工抽检多,在线检测少,行业内现有专机水平与国外差距明显。

2. 市场存在的掣肘

(1)市场问题。齿轮行业面对国内、国外两大市场,国内市场的现状是中低端产品在品种和数量上基本可以满足市场要求,在价格、服务等方面具有竞争力。高参数产品依然依赖进口,而且国外在华独资、合资企业日益增多,产能逐步增大,除占领高端市场外,还在逐步蚕食中低端市场。由于国内企业多数为中小企业,在资金、技术、管理方面存在差距,国外企业产品输入我国,冲击一部分国内市场。外企在我国建厂,就地生产并在国内销售,对国内的市场造成较大冲击。

国际市场方面主要是产品向海外出口。目前通用零部件行业中紧固件、链条、链轮行业每年出口额递增较快,已占到国内产量的 1/4 ~ 1/3,并仍有持续增长的趋势。齿轮行业近年来进口额逐年增加,2010 年比 2004 年进口额增加了 4 倍,但出口增加不明显,2010 年出口额仅为 2004 年的 1.77 倍,一直维持在 15 亿 ~ 30 亿美元的范围内。这种情况应引起全行业及相关组织和政府部门的反思,应对此进行深入的调查研究,在提高出口产品质量和技术附加值上形成合力、多下功夫,以增强出口产品的后劲,摆脱目前的行业窘境。2004—2011 年我国齿轮产品进出口情况见图 2。

(2)齿轮材料及热处理问题。齿轮材料及热处理技术涉及齿轮材料种类及冶金质量、毛坯的制造方式和内在质量、齿轮热处理方式及热处理质量等。齿轮材料及热处理技术已成为制约我国齿轮产品质量和性能进一步提高的重要因素。齿轮材料向着多品种、高品质、经济性方向发展,齿轮热处理技术及装备向着控制精准化、生产高效低耗方向发展。目前,我国齿轮及热处理方面存在以下问题:

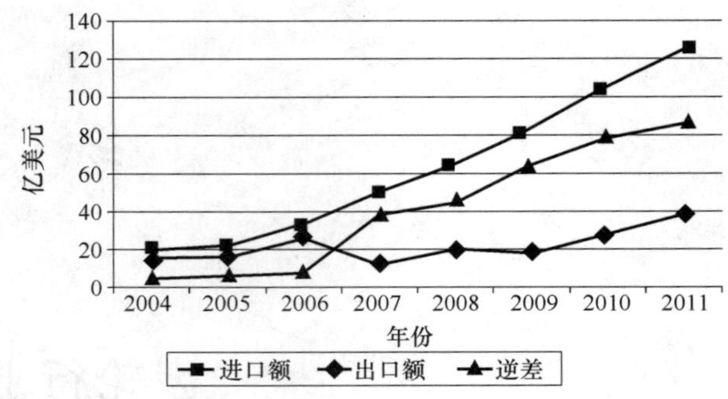

图 2 2004—2011 年我国齿轮产品进出口情况

1)齿轮材料品质较低,铸锻件缺陷较多,一些特殊要求的材料,如直升机高温高硬度齿轮钢、高寒气候用军用车辆低温抗冲击齿轮钢、低应力感应淬火齿轮钢等缺乏。

2)齿轮渗碳淬火变形大,磨齿时容易出现磨削裂纹、烧伤和磨削台阶,且渗碳周期较长、能耗高,易产生内氧化,影响齿根弯曲疲劳强度;渗氮渗层薄,不适合较大模数的齿轮,若增加层深,时间太长,而且合金成分控制困难;感应淬火齿轮易出现齿根淬火开裂,硬化层与心部的过渡层薄弱,往往引起早期疲劳剥落,严重影响齿轮承载能力和可靠性。

齿轮材料多为专用的合金钢,如果齿轮材料的品质问题无法解决,则会成为制约我国高端齿轮产品发展的主要瓶颈。因此,齿轮制造企业与齿轮钢生产企业联合开发适合我国不同齿轮要求的高性能齿轮钢,提高现有齿轮钢品质已刻不容缓。

(3)关键制造与测试设备问题。齿轮及其装置对每个零部件的尺寸精度一致性、性能可靠性和互换性的要求都很高,批量产品更是如此。如果没有高精度和高效率的加工设备,在激烈的竞争中企业很难生存和发展。我国齿轮生产企业的关键设备主要依赖进口,由于对设备的磨损与消耗较大,设备需要不断更新和改造。而进口设备及备件价格昂贵,如果要想加快行业发展速度,必须尽快解决关键设备的供应问题。

(4)新产品开发速度问题。近些年来,我国齿轮产品的设计水平不断提高,与发达国家的差距总体有逐渐缩小的趋势,但总体水平仍有明显差距。尤其是中小企业缺乏技术力量及人才,缺乏资金和必要的仪器设备,缺乏有关科技信息和技术交流,致使企业长期处于跟踪和模仿阶段,很少有自己的知识产权,对产品开发研究的较少,不少企业不具有独立研究开发的能力,这也是制约行业整体水平提高的关键问题之一。

(5)体制与管理问题。改革中,由于中央实行"抓大放小"的政策,众多机械零部件行业的中小企业已经进行了各种改制,或为股份制,或为合作制。体制的改革会对政企分开和企业搞活起到积极作用,但更需注意的是,随着企业规模的增大、产品品种的增加和用户及出口交货的增多,必须要有相应水平的管理才能适应。而机械零部件行业中许多企业在管理方面还处于非常原始的水平,许多企业对加强管理和采用现代化管理手段等方面不够重视,尤其是电子信息技术方面的力量不足，没有相应的设备和人员，落后于国内机械行业的平均水平。

3. 发展存在的瓶颈

（1）自主创新能力严重不足。我国齿轮行业存在“两弱两少”的问题，即基础理论研究弱，参与国际标准制订力度弱，原创技术少，专利产品少，设计和制造技术还不能完全摆脱模仿。行业内没有一家国家级的工程技术研究中心，技术人员主要忙于应付市场，难以集中精力搞研发，研究力量薄弱，基础研究更是几近空白。与国外先进水平相比，研发周期是国外同类产品的2～3倍，新产品贡献率为国外的1/10，总体技术水平落后国外产品6～10年。自主创新投入少且分散，我国齿轮行业大多是中小企业，用于科研开发及新产品研制的资金十分有限。

（2）产业集中度低。由于低端齿轮产品的技术门槛较低，大量粗放式的、达不到经济规模的小型企业不断涌现，导致低中端产品市场竞争激烈，相当多的产品缺乏市场竞争力。我国车辆齿轮行业的CR8不到22%，工业通用齿轮和工业专用齿轮行业的CR8分别为38%和32%。

（3）制造技术和工艺装备发展缓慢，加工设备数控率和自动化水平低。大多数企业的老旧设备占到80%以上。对基础件寿命和可靠性至关重要的先进热处理、表面处理、试验检测等工艺装备缺乏，造成工序能力指数低，一致性差，产品加工尺寸离散度大，产品内在质量不稳定，严重影响了齿轮的精度、性能、寿命和可靠性。

（4）高层次技术人员匮乏，人员素质亟待提升。齿轮专业涉及的技术领域较广，制造装备操控难度较大，全国无一所高校设有齿轮本科专业，导致齿轮技术人员和技术工人培养周期长，而且全行业人才培养体系不健全，不仅高技术人才缺乏，专业技术人员尤其是技术工人的总量也不足。

〔撰稿人：郑州机械研究所刘忠明　审稿人：郑州机械研究所王长路、张元国〕

近年齿轮行业的经济运行特点

“十一五”期间我国齿轮行业市场规模由680亿元增长到1 450亿元，平均年增长速度超过20%，五年间增长了一倍多，销售规模上亿元的企业超过百家，行业集中度明显提高。截止到2011年年底，我国齿轮行业的销售规模已达到1 780亿元，在世界排名中位列第二。“十二五”期间，我国将通过进一步加强产品创新，行业内部调整，重点发展齿轮行业龙头企业，力争世界排名第一。我国齿轮制造业已经形成门类齐全、拥有1 000多家较大规模制造企业的大产业，其中骨干企业300余家。我国齿轮行业的基础是国有企业，近几年来，经过股份制改造，许多此类企业得到很大发展，如：南京高精齿轮集团有限公司、重庆齿轮箱有限责任公司、杭州前进齿轮箱集团有限公司、上海汽车齿轮总厂有限公司和陕西法士特齿轮有限责任公司等，已成为齿轮行业内的骨干企业，年销售额都在20亿～110亿元之间。民营股份制企业的数量占整个行业的比重约为80%，代表企业有宁波东力传动设备有限公司、浙江双环传动机械股份有限公司、浙江中马机械有限公司、六安江淮汽车齿轮制造有限公司和杭州万杰减速机有限公司等。就市场需求与生产规模而言，中国齿轮行业在全球排名仅次于美国，居世界第二位。

一、齿轮行业各专业发展概况

目前，我国以上海汽车齿轮总厂有限公司、陕西法士特汽车传动集团公司为代表的骨干车辆齿轮制造企业，及以郑州机械研究所、南京高精传动设备制造集团有限公司、重庆齿轮箱有限责任公司等为代表的骨干工业齿轮制造企业，完成了汽车齿轮、摩托车齿轮、工程机械齿轮、农机齿轮、工业齿轮变速箱和高速齿轮、低速重载齿轮、特殊专用齿轮及齿轮专用装备等各类齿轮产品的技术引进、消化和开发工作，使我国齿轮传动制造业近年来得到了跨越式的发展，齿轮产品已达到或接近国际水平，但仍有相当一部分齿轮和变速器产品与国际先进水平存在明显差距。

（1）汽车手动变速器（含重、中、轻、微、轿）、工程机械换挡变速器、小型和中型农机变速传动机构、摩托车齿轮及轿车变速器等，已经基本立足国内生产，基本满足了主机厂的配套需要，并有部分齿轮或变速器已经出口。但是，目前高档汽车自动变速器仍依赖进口。

（2）车辆驱动桥、主被动弧齿锥齿轮、直齿锥齿轮及轮边减速机等产品基本能满足国内配套需要，特别是以东风车桥为代表的驱动桥与锥齿轮产业正在整合重组，已经看到快速发展的希望。

（3）工业通用变速箱。SEW等一批国外独资企业的进入激活了中国工业通用齿轮箱企业的活力，使其在产品系列化、模块化、质量与技术水平方面，近年来有了快速的发展，与国外产品的差距逐渐缩小，形成了与国际品牌的竞争态势。我国企业生产的部分产品达到了国际水平，部分产品已经出口欧美。

（4）工业专用变速箱。国产产品目前占据着70%～80%的市场份额。该行业以国企为主，大部分企业有几十年的技术、人才、资源的积淀。

（5）特殊、专用车传动方面，如非圆齿轮、塑料齿轮、粉末冶金齿轮及小模数齿轮等，我国目前没有形成龙头企业，企业的技术潜力尚待发挥。

（6）高速、重载工业齿轮制造方面，目前国内有南京高精齿轮股份有限公司、重庆齿轮箱有限责任公司、郑州机械研究所、杭州前进齿轮箱集团有限公司、洛阳中重减速机公司等为代表的生产企业，这些企业通过早期的技术引进、消化、创新，基本具备了为我国大型成套设备配套的能力，占有较大市场份额，部分产品实现了出口，但高端产品仍依赖进口。

(7)减速机是重大装备制造业应用广泛的传动与调速设备，现阶段我国具有一定规模的减速机制造企业数百家，但产品多处于中低端，高端市场基本由德国的SEW公司和弗兰德公司及日本的住友公司等占据。目前，我国高端减速机产品的市场份额占市场总额的比重为1/4～1/3，并以每年5%左右的速度递增。

近几年，国内大型减速机厂家还针对建筑工程机械设备配套所需，开发研制出为压路机、打夯机、路面开凿机等设备配套的大功率、同轴式齿轮减速机，适应矿山和井下作业运输需要的系列齿轮减速机，适应高温高压应用设备所需的行星系列减速机，以及适应工程变速范围大的转臂行星无级变速减速机等几十个大类，数百种规格的系列产品。

(8)齿轮专用装备方面，近年来民营企业发展较快，国有企业发展相对滞后。多数国产齿轮装备的性能和可靠性指标与国外先进产品相比差距明显，致使齿轮行业的大部分主导精加工装备仍以进口为主，如国内企业购买了世界上绝大多数的数控成形磨齿机等。部分国产齿轮制造装备主要有：秦川机床厂生产的蜗杆砂轮磨齿机，重庆机床厂、南京二机厂生产的数控机床和弧齿锥齿轮磨齿机床，天津元昊机电开发有限公司生产的数控弧齿锥齿轮切齿机床，杭州天辰公司的精密齿轮检具、量具、夹具，以及长城润滑油等。

总体上讲，我国齿轮产品正经历从低端向中端的转变，已经出现少量的高端产品。但是我国齿轮行业还不能完全满足重点行业和重点工程的配套要求，如核电、高速机车、大型船舶、大型工程机械及钻井平台等。这些领域的齿轮及齿轮箱的制造已经成为制约我国部分重大装备研制的瓶颈问题。

二、齿轮行业的产业规模与产业分布

目前，我国有齿轮企业1 000余家，骨干齿轮企业300多家，重点企业的产量、销售额占全行业的75%以上，年销售额超过1亿元的企业已有150多家，还有一批超过10亿元的企业。就市场需求与生产规模而言，根据国家统计局和相关行业机构公布的数据，2005—2010年我国齿轮行业的工业总产值逐年增加，且同比增幅均在20%以上，2010年实现工业总产值946.35亿元，已成为我国机械基础件行业的“领军”级行业，我国已经成为名副其实的世界齿轮制造大国。在发展过程中，齿轮行业有望出现以下四大局面：

(1)出现大量达国际水平、拥有自主知识产权的齿轮新产品。

(2)打造一批世界知名品牌的齿轮制造企业，众多专业化的中小企业也将进入全球采购体系及OEM配套。

(3)成立专业的齿轮贸易平台，举办展览及商贸洽谈等活动。

(4)采用国际先进标准，并建立自主的试验检测能力，成立齿轮行业公共实验室，并建立研究所、高校、企业技术中心三结合的齿轮共性基础技术数据平台，促进各企业齿轮产品的自主开发。

2010年“三基”产业部分产品世界排名见表1，2010年齿轮制造业不同规模齿轮企业销售收入占比见图1，2010年齿轮制造业不同所有制企业销售收入占比见图2。

表1　2010年“三基”产业部分产品世界排名

产品名称		生产规模（产量或产值）	世界排名
机械基础件	轴承	1 300亿元	第3位
	齿轮	1 450亿元	第3位
	液压元件及系统	351亿元	第2位
	模具	1 631亿元	第2位
	气动元件	116亿元	第2位
	紧固件	560亿元	第1位
	链条	148亿元	第3位
典型基础制造工艺	铸件	3 960万t	第1位
	锻件	1 022万t	第1位

数据来源于相关行业协会。

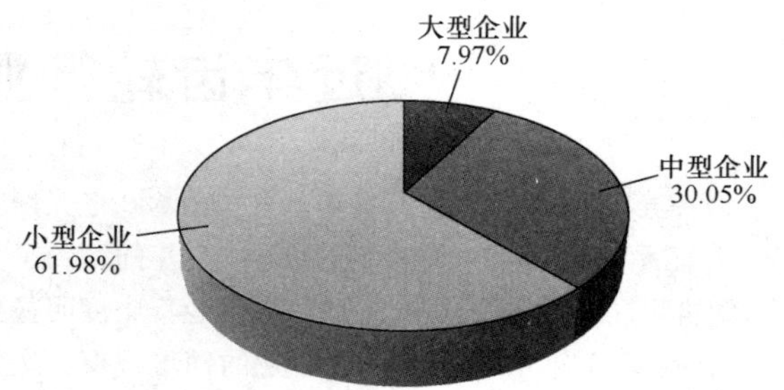

图1　2010年齿轮制造业不同规模齿轮企业销售收入占比

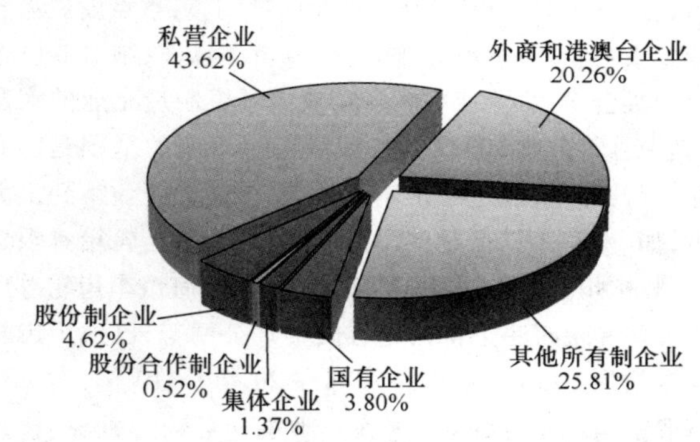

图2　2010年齿轮制造业不同所有制企业销售收入占比

我国齿轮行业基本由车辆齿轮、工业齿轮和齿轮装备等三部分组成。

车辆齿轮产品包括车辆齿轮和车辆变速总成，主要为汽车、工程机械、农业机械及摩托车变速传动等配套，约占齿轮行业的60%。

工业齿轮产品包括工业通用、专用、重载齿轮传动产品，用于冶金、矿山、水泥、船舶等领域，其市场份额分别为18%、12%和8%。

齿轮装备制造业包括齿轮机床、刀具、量具、实验设备、齿轮润滑和密封等，占齿轮行业的2%。

从齿轮制造企业类型上看，国有、民营及独资企业均有一定的数量；从产品类型上看，主要有车辆齿轮制造企业、工业齿轮制造企业及部分齿轮装备制造企业。工业齿轮制造企业中既有像南京高精齿轮集团有限公司、重庆齿轮箱有限责任公司、郑州机械研究所这类的专业企业，也有像二重、太重、中信重工等大型企业中的齿轮分厂（车间）；从地域来看，我国齿轮生产企业主要集中在京津塘、大连－沈阳、沪宁杭甬、重庆及郑州－洛阳等地区。从产品种类的重点集中区域来看，汽车自动变速箱齿轮基本被国外企业垄断，大中型汽车手动变速器齿轮集中在陕西、大同及重庆，轻微型轿车手动变速器齿轮集中在长春及重庆，专用、重载、通用齿轮集中在浙江、江苏、重庆、陕西及河南等地。

三、国内部分齿轮产业集聚区

近年来我国齿轮产业集聚效应明显，目前重庆、常州两大齿轮产业集聚区的产值占全国齿轮行业的17%左右。

1. 重庆綦江

綦江齿轮产业已有80年的发展历史，尤其是近十多年来发展迅猛。以綦江齿轮传动有限公司为龙头，綦江县现已拥有大大小小的齿轮生产企业160多家，上规模的有近100家，从事汽车齿轮生产的技术工人超过2万人，拥有了年产各类变速器总成超过20万台、汽车半轴近70万件及各类汽车齿轮近2 000万件的能力。2008年5月，綦江县被授予“重庆·綦江——中国西部齿轮城”称号。

目前，綦江已拥有全国最大的汽车桥及轮边减速器生产企业——綦江长风汽车齿轮有限公司，全国最大的汽车半轴生产企业——綦江汽车半轴厂，全国十大齿轮品牌企业——綦江大力神齿轮有限公司，以及产品出口率超过90%的綦江桥箱齿轮有限公司等一批骨干企业，其产品的95%以上是为重庆重汽、陕西重汽、庆铃、长安等国内几十家整车厂、变速器厂、车桥厂配套。綦江县是国内最大的汽车半轴、桥齿轮、轮边减速器齿轮生产地，也是国内生产齿轮规模最大、品种最多的县级城市。

2. 江苏张庄

江苏盐城市有29家齿轮企业来自于一个叫“张庄”的地方，其柴油机齿轮产品已分别占据江苏省和全国市场份额的1/4和1/6。1989年6月成立的江苏江动盐城齿轮有限公司，专门生产农机齿轮。经过20多年的发展，江苏江动盐城齿轮有限公司的产品已由单一的农机齿轮发展到中小功率、单多缸柴油机系列十多个品种。企业也由一个名不见经传的镇办小厂发展成为盐城市重点骨干企业和国家中型二档企业。为使齿轮经济戏越演越活，张庄还采用“脱壳增生”的办法，将原江苏江动盐城齿轮有限公司的精密齿轮车间直接划拨出来，成立了盐城市驰翔精密齿轮有限公司，专业为“春兰”“金城”“金大洲”“林海”及东台纺机等国内众多知名企业配套生产摩托车、全路况齿轮。同时，积极引导企业实施“前伸后延”战略，走规模化、品牌化之路。为此，张庄专门投入2 000多万元，建立起了西郊科技工业集中区，先后吸纳了驰翔精密齿轮有限公司、中力齿轮制造厂、瑞升齿轮有限公司等一批齿轮制造企业进区兴业，并衍生集聚了多家上下游加工企业。

2010年以来，张庄依托现有齿轮产业基础，通过政策聚焦、要素聚集、力量聚合，加快齿轮产业园区建设步伐，加大特色项目推进力度，力争把齿轮产业培大育强，成为支撑区域经济的主导产业。截至2010年上半年，张庄共有齿轮制造及配套企业48家，主要生产农机齿轮、纺机齿轮等，年可生产各类齿轮400万台（套）。张庄规划3 000亩土地建设齿轮特色园区，2010年4月，一期1 000亩土地建设项目开始启动，2010年新招引的5亿元的中立齿轮变速箱、1.1亿元的驰翔风电增速机齿轮、5 000万元的瑞升机械齿轮、1亿元的赛米斯机械都已经开工建设。张庄还将通过规划引领、载体建设、品牌塑创及培植龙头等，进一步拉长增粗产业链条，努力提升齿轮产业层次，实现齿轮产品由零部件加工向整体部件制造突破，由传统的农机、纺机、机油泵等齿轮产品向汽车、风电、船舶等系列齿轮产品拓展。力争到“十二五”末期，基本建成具有较强竞争能力的全国重要齿轮生产基地。

〔撰稿人：郑州机械研究所刘忠明　审稿人：郑州机械研究所王长路、张元国〕

齿轮行业“十二五”工作思路

一、指导思想

深入贯彻落实科学发展观，以自主创新为驱动力，以产业结构调整和转变发展方式为主线，围绕重大装备和高端装备发展的配套需求，以产品突破为主攻方向，密切产需合作，加强基础技术研究，突破关键技术，加速创新能力建设，推进产品质量、可靠性和寿命的持续提高，提升齿轮产业整体水平和国际竞争力，加快齿轮制造业由大变强的进程。

二、基本原则

1. 以自主创新为中心

充分发挥技术创新的支撑和引领作用，突破影响齿轮产品性能、质量和可靠性的关键共性技术，加强行业公共研发和技术服务平台建设，健全以企业为主体、产学研用相结合的技术创新体系，加强人才培养、国际合作与技术和智力的引进、吸收与再创新工作。

2. 以重大装备需求为依托

围绕国家重点工程、重点领域和战略性新兴产业对重大装备的需求，突破关键技术瓶颈，掌握一批具有自主知识产权的核心技术，提升齿轮产品的服役寿命、可靠性、精度一致性和稳定性，摆脱高参数齿轮产品长期依赖进口、进出口逆差逐年扩大的局面。

3. 以培育专业化企业和知名品牌为抓手

鼓励企业通过兼并重组发展成具有国际竞争力的大企

业集团，推进产业集聚区的快速发展，积极引导中小企业向"专、精、特"方向发展，形成优势互补、协调发展的产业格局。

引导企业加大技术创新投入，通过开展关键技术和新工艺研究及产品开发，打造具有自主知识产权的知名品牌。

4. 以重点突破为途径

选择一批基础条件好、需求迫切、带动作用强的产品，集中优势资源，加大支持力度，突破发展瓶颈，打造一批具有国际先进水平的关键产品和知名品牌，提升产业的整体水平，带动产业的持续、快速、全面发展，尽早实现从"中国制造"到"中国创造"的新跨越。

三、齿轮行业"十二五"期间要实施的六大工程

1. 产品突破工程

围绕国务院颁发的九大产业重点项目和十大领域重点工程，针对制约主机行业发展的瓶颈，抓好重点产品及其关键技术的突破。①满足节能环保及新能源汽车动力总成需要的自动变速器（AMT、DCT、EMCVT、HNCVT、6～8AT）及其关键零部件（行星排、金属带、锥轮锥盘、变矩器）实现产业化，打造电控软硬件单元（TCU）及其核心元器件（电磁阀、传感器、电动机、执行机构）的完整产业链。②抗疲劳制造、长寿命关键基础构件课题研究及其产品应用（无应力集中制造与装配、结构减重、表面改性和润滑防护）。

重点产品有：大功率风电齿轮箱，火电立磨减速机，核电循环水泵齿轮箱，大功率采煤、掘进机齿轮传动装置，污水处理装置用高速齿轮箱，船用高速齿轮箱，高速列车齿轮传动装置，大型自走式收获机械、大型拖拉机驱动桥箱总成，宽板轧机齿轮箱及大型矿用自卸车、大型露天矿挖掘机用液力变速器。

实现产品突破的措施为：构建产业共性技术战略创新联盟，把企业资源、国家资源引导到行业关键共性技术创新上来，形成共同申报、多方签约、联合验收的新型创新机制，打造灵活、实用、长效、开放和共赢的行业创新体系。

2. 产业结构调整工程

培育大集团、小巨人和产业集聚区。扶持江苏汽车、农机和工程机械齿轮，重庆汽摩、风电、船舶和轨道交通齿轮等产业集群，支持陕西西安、江苏南京、辽宁大连、浙江及天津等建成特大型、大型齿轮传动装置及齿轮、同步器和行星传动等专业化、规模化、高水平零部件制造基地，即建成大型企业集团与专精特中小企业有机联系优势互补的制造基地和现代产业体系。

措施为：利用各级政府的政策，支持优势企业兼并重组，打造具有国际竞争力的大型企业集团；按产品链、工艺链培育产业链条，提高整个行业的运行效率；打造现代化、有技术内涵的产业集聚区，使其具备现代制造服务功能，为本地区乃至全行业提供研发支持。

3. 平台建设工程

建设行业共性基础技术研发中心。向全行业提供产品研发、工程化样机制造、产品检测和试验等服务。

措施为：充分发挥行业归口科研院所、相关高校和企业的技术优势、人才优势，运用市场化手段和国家的支持政策增强行业归口研究机构的技术服务能力。

4. 标准化工程

产品标准的竞争是最高层次的竞争，实施标准化工程是占领产业价值链高端的重要手段。一是宣传贯彻以人为本的先进管理标准，如涉及员工职业健康、安全、环保的标准；二是制修订制约行业发展的关键产品、核心技术的标准，用标准打破垄断，规范市场并引领行业发展。

措施为：发挥好骨干企业在行业标准制修订中的主体作用，积极推进国内外技术交流，鼓励企业参加国际标准化组织活动，加强与国际标准化组织的合作，努力争取国际标准制订的话语权，力争实现国际标准制修订零的突破。

5. 技术改造工程

结合行业特点发展产业低碳经济，支持围绕提高产品质量、提高效率、有利于节能减排的技术改造。主要集中在节能环保干切技术和装备，高速、高精滚齿、剃齿和强力珩齿技术，轮齿表面改性技术，在线检测和无损检测技术，全新产品开发试验技术，动态工序监控智能化、网络化热处理技术和真空洁净热处理技术，产品轻量化工艺与装备成套技术，少无切削精净成形加工技术。

措施为：用好国家政策和企业自身资源，抓好成套性、系统性和示范性，以点带面逐步推广。

6. 质量提升工程

经过多年的质量教育和激烈的市场竞争，行业绝大多数企业都具备了"质量是企业生命，质量是员工饭碗"的质量意识。近年来行业产品整体质量水平有所提高，部分企业的产品已达到国际先进水平。但总体来看，在产品寿命、稳定性、可靠性、一致性及总成产品的噪声、密封性、初期故障率和首次平均故障工作时间（里程）等方面，我国产品与国外同类产品相比还存在较大差距，形势不容乐观。我们要站在时代前进的历史新高点来认识提高产品质量的紧迫性和重要性。真正有价值、有影响力的知名品牌是靠质量来塑造的，质量是品牌的核心价值。产品质量和品牌是相辅相成的：只有做好质量，才能做大市场份额，产品在市场中的保有量大了，才有做品牌的市场基础。因此，在"十二五"期间，全面提升行业产品质量，对增强行业与企业在国际国内市场的竞争能力、扩大市场占有率、转变经济增长方式和实现产业升级等都具有极其重要的现实意义和深远的历史意义。行业优秀的企业家们要有立民族之志、创世界名牌的气魄、胸怀和时代责任感，带领员工持之以恒地实施培育世界品牌的长远战略。再通过5～10年的不懈努力，产品市场占有率高、市场声誉好的优秀企业中就一定能诞生世界知名品牌。

为此，全行业应着力在以下几方面狠下功夫：一是继续深入开展以用户需求为关注焦点的全面、全员、全过程质量管理宣传和教育培训，广泛开展QC小组活动，靠规范员工质量行为、提高员工操作技能和充分发挥员工主观能动性稳定提高产品质量；二是围绕产品质量问题，有针对性地进行技术改造和人才培养,靠技术进步、技术攻关和全方位创新提高产品质量;三是建立健全质量管理体系,结合企业实际,大力推广"卓越绩效模式""精益生产管理"及"六西格玛管理"等国际先进的管理方法,用现代质量管理思想和工具提高产品质量;四是树立质量制胜理念,树立全员品牌意识,树立全球竞争意识,建设有特色的企业质量文化。

措施为:①营造质量强国、品牌兴业的行业文化氛围,引导企业以品牌、标准、服务和效益为重点,鼓励为用户创造长远价值的质量竞争与价值竞争。②大力推动和支持行业质量共性技术攻关,为产品开发和提升质量提供科技支撑。③探索并建立以强化企业社会责任、依法经营、诚实守信及市场准入为中心的行业协商机制和自律体系。④开展多层次行业质量培训,健全企业质量管理体系,提升员工素质和企业质量管理水平。⑤鼓励骨干企业制订先进的技术质量标准,用标准规范市场,用标准提升产品质量,用标准引领行业发展。

〔撰稿人:郑州机械研究所刘忠明　审稿人:郑州机械研究所王长路、张元国〕

齿轮行业"十二五"发展战略

一、发展目标

1. "十二五"期间的发展目标

我国齿轮行业"十二五"期间的发展目标是:突破共性关键技术、优化产业结构,提升行业整体竞争能力,扭转高端齿轮传动装置及其零部件长期依赖进口的局面。加强自主创新,培育行业可持续创新能力,为跻身世界齿轮强国奠定基础。

(1)突破和掌握可持续发展领域的核心技术,提升前端研发能力和高端制造能力。自主品牌汽车自动变速器实现产业化,时速200km/h的动车与5MW风电齿轮传动装置实现自主化;重大装备零部件自主化率达到85%,重大装备关键零部件自主化率达到70%;行业平均研发投入占销售收入的比重提高到1.2%,新产品产值占工业总产值的比重提高到35%。

(2)优化产业结构,提升行业整体竞争实力。培育3~5个内资主导的、国际化程度较高的、具有国际竞争力的跨国企业集团和世界知名品牌;构建5个年销售规模超过50亿元的齿轮制造基地;打造2个年销售规模超过200亿元的产业集群;形成20个参与国际分工的"专、精、特"专业化零部件制造企业;产业集中度提高10%。

(3)转变增长方式,提升产品质量,向产业价值链高端转移。原材料利用率提高5%~10%;单位增加值能耗降低15%;重大装备齿轮传动装置质量水平满足主机要求,行业骨干企业质量水平达到同类产品国际先进水平;现代服务业销售额占比提高15%。

(4)产业规模、市场份额稳定增长。"十二五"期间年均增长率达到15%;国内市场占有率提高到85%;2015年全行业销售规模达到2 940亿元,出口额达到50亿美元。

(5)构建行业创新体系,打造三支人才队伍。建立行业技术中心1家,国家工程实验室2家,工程技术中心3家,产品检测中心5家,国家认定的企业技术中心8家;骨干企业高层管理人员工商管理培训面达到95%以上,中层管理人员工商管理培训面达到60%以上,工程硕士培训面达到10%;"十二五"期间向行业输送高素质现代职业技术工人500名。

2. 面向2030年的发展目标

(1)总体目标

1)建立国家级的齿轮基础技术和前沿技术研究、重要新产品研发、重大科技成果工程化、技术推广应用的创新和技术服务平台,推进我国齿轮传动技术的发展。

2)建立先进完善的齿轮标准化体系,至2020年齿轮标准化进入世界前五强,至2030年齿轮标准化进入世界前两强。

3)通过提高齿轮类零件近净成形比率等方式,年均提高齿轮材料利用率2%以上,到2020年总体提高25%左右,到2030年总体提高50%左右。

4)齿轮产品功率密度年均提高4%左右,到2030年功率密度提高1倍。

5)稳步减小齿轮传动的功率损耗,到2030年功率损耗减小50%。

6)齿轮制造精度到2020年提高1级,到2030年再提高1级。

7)汽车齿轮使用寿命到2020年提高2~3倍,到2030年达到寿命期内不失效。

(2)齿轮基础技术

1)在新齿形和新传动研究方面取得突破,研究出一些传动效率高、承载能力强、制造和检测比较容易的新齿形和新传动。

2)依托专业研究院所和高等院校建设公共研究平台,加大资金投入,建立研究和成果共享机制,持续进行齿轮材料极限应力及金相组织图谱测定、载荷谱搜集及试验等齿轮基础研究,建立并不断完善齿轮基础数据库。

3)建设面向全行业的现代化的齿轮产品测试服务平台,加强人才队伍建设和试验测试能力建设,制订产品试验测试标准和规范,满足企业产品测试、评价和改进服务方面的需求。

4)建立齿轮行业先进完善的标准化体系,使我国进入齿轮标准化世界强国行列。

(3)关键设计技术

1)强力开发先进的多学科耦合设计、分析软件。

2)加强动力学研究,将动力学设计、减振降噪和齿轮修形结合起来,提升产品档次。

3)攻克机电液复合传动核心技术,使汽车自动变速器立足国内制造。

4)开展热平衡试验研究,降低功率损耗,使齿轮传动装置的强度功率和热功率相匹配。

5)突破功率分流、合成及余度设计技术,解决舰船及飞机等重要装备的功率分流、合成及备份问题。

(4)关键加工技术

1)攻克齿轮近净成形技术和模具制造技术,逐年提高汽车齿轮类零件和轴类零件的近净成形率。

2)攻克齿轮干切削及超硬加工技术,年均提高齿轮干切削及超硬加工率5%左右。

3)开展大型齿轮等零件修复技术研究,实现大型和贵重零件再制造。

4)研究微齿轮等微零件制造技术,满足超小体积传动装置的需求。

5)提高生产效率,平均每5年缩短生产周期10%~15%。

6)研究齿轮制造工艺,提高圆柱齿轮和锥齿轮的制造精度

(5)齿轮材料及热处理技术

1)提高齿轮钢材和铸锻件的冶金质量,降低钢中含气量和非金属夹杂物,含气量分别达到:含氧量≤10μg/g,含氢量≤2μg/g,含氮量≤50μg/g;控制齿轮钢的淬透性带宽,上下限波动小于3HRC。

2)开发高温高性能钢、低温耐冲击钢、高压气淬微变形钢、快速渗氮钢及沉淀硬化钢等各类特殊性能齿轮钢;开发齿轮用高强度塑料等非金属材料。

3)攻克渗碳和渗氮催渗技术,提高生产效率;攻克深层渗氮技术,提高渗氮齿轮承载能力,扩大应用范围。

4)研究齿轮感应淬火工艺应力形成机制和规律,优化淬火工艺,控制残余应力,克服淬火开裂;研究多频感应加热淬火及感应压床淬火新工艺。

5)研究复合热处理齿面强化技术以及高能密度硬化及喷丸强化等技术,提高齿轮的承载能力和可靠性。

6)研究齿轮精密形变热处理技术,提高齿轮强度和生产效率。

(6)润滑、冷却与密封技术

1)根据不同传动载荷和工况需求,开发高品质、多品种、少无污染的润滑介质。

2)研究固体润滑、气体润滑及自润滑技术,满足特殊服役环境齿轮传动的需求。

3)研究密封技术,开发各种性能优良及寿命长的密封件,解决齿轮箱漏油和频繁更换密封件的问题。

4)开发高承载能力、高可靠性及长寿命轴承,改变高参数齿轮箱轴承几乎全部依赖进口的局面。

5)开展摩擦学设计及油液检测与故障诊断技术研究。

(7)关键工艺装备技术

1)开发高精、高效、大型数控圆柱齿轮磨齿机和锥齿轮磨齿机,改变我国大型数控磨齿机依赖进口的局面。

2)开发干式滚齿机和硬齿面滚齿机,开发大型锥齿轮铣齿机等专用铣齿机床。

3)开发高效滚齿刀具,研发刀具涂层材料和技术,扩大硬质合金、CBN刀具的应用;开发材料切除率高、寿命长及修整频率低的磨齿砂轮。

4)开发高级数控感应淬火机床,开发新型智能、高效、低能耗及环保的齿轮渗碳、渗氮等热处理设备。

5)开发基于激光跟踪测量和室内激光雷达等技术的特大型齿轮在位测量系统,开发基于光纤测头的微型齿轮测量机,开发结合机械手上下料的、耦合在齿轮生产线上的齿轮快速分选测量机等。

二、重点发展方向

"十二五"期间齿轮行业重点发展产品见下表。

"十二五"期间齿轮行业重点发展产品

序号	名 称	技 术 参 数
1	大功率风力发电齿轮箱	功率≥2MW,噪声≤95dB,机械效率≥97%,寿命≥20年
2	高速列车齿轮传动装置	列车时速≥200km/h,功率1 800kW,输入转矩3 500N·m,输入转速2 255~6 000r/min,传动比≥7
3	节能环保自动变速器及关键零部件	自动变速器:百公里综合油耗降低5%~10%,寿命达到30万km; 行星排:适用于乘用车的国际先进水平的行星传动。模数1.5mm,齿宽10~20mm,精度DIN7级(内齿)、DIN6级(外齿),综合重叠系数≥3,传动比0.6~2.7,行星架动平衡≤16g·mm,噪声≤65dB,传动效率≥98%; 金属带:带环各层受力不均匀度≤5%,带环拉应降低20%~27%,轴向压力减少20%,金属带传动效率提高1.2%,百公里综合油耗降低5%,寿命达到30万km; 锥轮锥盘:锥面角度公差≤40″,两轴径同轴度≤0.008mm,球道跳动≤0.012mm,寿命大于25万km; 电磁阀:比例流量阀额定电压12V、额定压力10MPa、输出流量0~9L/min、最大电流2.4A、滞环8%、响应时间<10ms;比例压力阀额定电压12V、额定压力10MPa、输出压力0~8MPa、滞环5%、响应时间<10ms;高速开关阀额定电压12V、额定压力1.5MPa、流量2.3L/min、响应时间<5ms;

（续）

序号	名　称	技　术　参　数
3	节能环保自动变速器及关键零部件	TCU：电磁兼容性能达到国际先进水平，寿命≥6 000h； 变矩器：变矩比1.7～2.3，能容5.0～200N·m，最大效率≥85%
4	舰船用大型齿轮传动装置	功率3～5MW，噪声≤90dB，转速≥3 000r/min
5	核电循环水泵齿轮箱	承受泵推力型齿轮箱：功率6 500kW，输入转速745r/min，传递转矩456kN·m，承受泵的最大推力1 438kN，承受泵的最大径向力37kN； 不承受泵推力型齿轮箱：功率6 500kW，输入转速994r/min，传递转矩585kN·m
6	工程机械及矿山机械用液力变矩器、动力换挡变速箱	全区段（>100km）负载变速。速度0～120km/h，传递功率达到350kW，整机功率220kW以上
7	大功率采煤机齿轮箱	采高2.5～4.5m，截深800～1 000mm，截割功率与供电电压2×750kW、3 300V，生产能力≥3 000t/h，摇臂大修周期5Mt，整机大修周期10Mt，设计寿命20 000h
8	掘进机齿轮传动装置	定位最大可掘高度5m，定位最大可掘宽度6m，截割压力80～100MPa，截割电动机功率300～360kW，总功率550kW，设计寿命15 000h
9	污水处理用高速齿轮箱	功率100～2 000kW，输入转速2 980～29 700r/min，增速比3.22
10	湿式制动驱动桥	整机功率160kW以上
11	大吨位集装箱叉车及正面吊运机变速器和驱动桥	起重能力≥20t，主传动比3.7，轮边传动比6.35，最大载荷27t，最大输入转矩5.1kN·m，最大输出转矩100kN·m
12	水稻收割机驱动桥箱总成	总成平均传动效率≥96.5%，离合器总成传递转矩≥260N·m，前进挡、空挡噪声<90dB，倒档、超速档噪声<93dB
13	运梁车、架桥机齿轮传动装置	起重能力≥900t，架桥机齿轮箱输入功率30kW，输入最高转速<5 000r/min，输出转速3.8r/m，速比252；运梁车齿轮箱输入功率7.5kW，输入转速1 440r/min，速比200；重型运输车转向器的轴向载荷≥40t，转向角≥±100°，或实现360°转向
14	机电一体化高精度驱动模块（齿轮减速机）	输入功率0.12～200kW，输出转矩1.4～62 800N·m，调速范围1∶12 000，分辨率10 000p/r，速率环刷新率1～20kHz，位置环刷新率1～20kHz，动态跟踪误差在5个脉冲当量以内
15	精密中小模数蜗杆副	模数0.5～6.0mm，蜗杆头数1～7，ISO/GB3～6级
16	超大模数齿轮齿条传动装置	提升载荷80～480t，满足美国和中国船级社（ABS、CCS）的规范要求，模数>60mm，硬齿面和中硬齿面
17	高速高精齿形链系统	汽车发动机高速高精正时链系统和变速器Hy－Vo齿形链系统：抗拉载荷≥14kN，1 200h试验伸长率≤1%，硬度达到53HRC，硬度散差±0.5HRC，清洁度≤20mg/kg，可靠性≥99.9%
18	高精特齿轮	采用近净成形等先进制造工艺生产的高性能、长寿命、中小模数、复杂异形齿轮零件，适合绿色、高效、超大批量生产，精度达4～5级
19	隧道掘进机和采煤机用鼓形齿联轴器、膜片联轴器、电磁离合器和智能化制动器	回转直径220～520mm，许用转矩12～51kN·m；齿型材料为铬镍合金，精度等级超过6级，进行碳氮共渗热处理
20	轨道交通装备用制动器	压力为750～900kPa，紧急制动响应时间≤1.7s，最大载荷下列车紧急制动距离≤215m，平均制动减速度为1.0m/s^2，紧急制动减速度为1.2m/s^2，常用制动冲击率为0.75m/s^2，计算用制动粘着系数为0.14～0.16，停放制动要求满足AW3载荷

〔撰稿人：郑州机械研究所刘忠明　审稿人：郑州机械研究所王长路、张元国〕

齿轮行业发展简史

齿轮是能互相啮合的有齿的机械零件，齿轮在传动中的应用很早就出现了。据史料记载，远在公元前400至公元前200年的我国古代就已开始使用齿轮，在我国山西出土的青铜齿轮是迄今发现的最古老的齿轮，作为反映古代科学技术成就的指南车就是以齿轮机构为核心的机械装置。

从历史来看，我国的齿轮曾经为世界第一，然而这种优势很快就湮没在历史的潮流中。我国漫长的封建社会扼杀了一切先进的东西，齿轮也不例外。随着整个世界科技的进步，加工制造业迅猛发展，而闭关锁国的旧中国，已经被远远落下了。直到新中国成立，我国的加工制造业，尤其是齿轮工业迎来了发展的春天,经历了60多年的发展,我国齿轮行业产值已经超越美国,跃居世界第一。下面看一下我国齿轮行业走过的辉煌、不平凡的60多年。

新中国成立以前,我国基本上没有生产齿轮的能力,仅有始建于1928年的綦江齿轮厂,始建于1940年的重庆机床(集团)有限责任公司(原重庆机床厂)等少数几家齿轮厂。

从新中国成立至五六十年代,我国的齿轮企业如雨后春笋般地成长起来,涌现了一大批大型齿轮加工、生产企业。

重庆机床(集团)有限责任公司于1953年试制成功我国第一台滚齿机。从20世纪50年代初开始,又相继研制成功我国第一代各型齿轮机床。重庆机床集团已为市场提供了近3万台滚齿机、插齿机、剃齿机、珩齿机、磨齿机、挤齿机、倒角机、倒棱机、轧齿机、齿距测量仪及齿轮噪声检查机等齿轮加工装备和量仪,一直引领着我国齿轮机床行业的发展潮流。

綦江齿轮厂是我国第一个生产汽车齿轮、转向节的大型专业厂。从20世纪50年代起,"綦江牌"齿轮及转向节就进入了东欧、非洲及东南亚市场。60~70年代,该厂成为我国提供汽车配件援外、出口任务的生产基地之一。

这个时期发展起来的企业还有大齿集团(前身是大同齿轮厂),它于1958年建厂,是国家定点生产汽车齿轮、变速器和大中马力拖拉机前驱动桥的专业厂家;齐齐哈尔齿轮厂于1956年建厂,是机械工业部生产齿轮和花键轴的专业厂;还有山西国营大众机械厂精密齿轮厂、四川齿轮厂等。

如果说20世纪60年代前我国的齿轮行业只处在起步阶段,那么在这以后我国的齿轮行业又经历了一段曲折的发展历程。

1964—1980年,在我国中西部的13个省、自治区进行了一场以战备为指导思想的大规模国防、科技、工业和交通基本设施建设,史称"三线建设"。基于当时特定环境所采取的"靠山、分散、隐蔽"和进洞的选址原则给企业后来的经营和发展造成了严重的浪费和不便。不过,在短短的几年、十几年间,成百上千个大中型齿轮加工企业、科研单位星罗棋布于中西部地区,成为推动中国西部工业化的"加速器"。

以青海省为例,1965年3月开始,青海执行中央"三线建设"的方针,先后从上海、山东、黑龙江等地向青海迁建了以生产铣床和重型车床为主的机床制造企业;从河南、辽宁、天津等省市迁来了以生产大型拖拉机、内燃机为主的拖拉机、内燃机制造企业。

1965年齐齐哈尔第二机床厂、济南第一机床厂迁来青海,包建青海第一机床厂和第二机床厂,当年就投入了生产;同年,第八机械工业部决定在西宁地区新建大型拖拉机制造基地,将上海第二汽车齿轮厂全部设备、人员迁至西宁,之后随着天津拖拉机厂、南昌齿轮厂等部分力量迁来青海,共同组建成青海齿轮厂;洛阳轴承厂迁来青海,建设青海海山轴承厂。青海"三五"时期从内地迁入的机械工业企业情况见下表。

青海"三五"时期从内地迁入的机械工业企业情况

迁入青海后的企业名称(现名)	内迁年份	迁出后的企业名称
青海第一机床厂	1965年3月	齐齐哈尔第二机床厂
青海第二机床厂	1965年	济南第一机床厂
青海重型机床厂	1967年2月	齐齐哈尔第一机床厂
山川机床铸造厂	1967年	齐齐哈尔第一、二机床厂,济南第一机床厂
青海量具刃具厂	1966年	哈尔滨量具刃具厂
青海工程机械厂	1966年	鞍山红旗拖拉机厂等
青海齿轮厂	1965年	上海第二汽车齿轮厂、天津拖拉机厂
青海齿轮厂	1966年	哈尔滨拖拉机配件厂
青海柴油机厂	1966—1967年	天津动力机厂
青海工具厂	1966年	洛阳拖拉机厂
青海锻造厂	1966—1973年	洛阳拖拉机厂
青海铸造厂	1966—1970年	洛阳拖拉机厂
青海矿山机械厂	1965年	旅大市城建局机修厂
青海矿山机械厂	1965年	上海力生机器厂
青海矿山机械厂	1971年	上海采矿机械厂
青海微电机厂	1966年	北京微电机厂、天津微电机厂
青海电动工具厂	1966年	沈阳电动工具厂
青海海山轴承厂	1966—1970年	洛阳轴承厂
青海汽车改装厂	1966年	洛阳拖拉机厂、天津拖拉机厂、开封机械厂
青沪机床厂	1965年	上海劳动机床厂
西宁标准件厂	1968年	无锡标准件厂、镇江标准件厂
青海机床锻造厂	1966年	济南第一机床厂,齐齐哈尔第一、第二机床厂

经历了十几年的“三线建设”时期，我国的齿轮行业在全国范围内飞速发展，至20世纪90年代末，已基本上形成了我国齿轮制造工业的完整体系。

齿轮行业的重大事件记录如下：

1952年，綦江齿轮厂生产出我国第一台汽车变速器。

1953年，重庆机床厂试制成功我国第一台滚齿机。

1953年，綦江齿轮厂生产出我国第一批汽车齿轮。

1956年，中国第一汽车制造厂（长春）建成投产。

1956年，我国成立机床研究所。

1956年，我国成立工具科学研究院，1957年改组为工具研究所。

1958年，我国最大的轴承厂——洛阳轴承厂建成投产。

1958年，我国最大的手表厂——上海手表厂建成投产。

1959年，中国第一拖拉机厂（洛阳）建成投产。

1959年，綦江齿轮厂建成我国第一条汽车齿轮自动生产线。

1960年，我国最大的重型机器厂——第一重型机器厂（齐齐哈尔）建成投产。

1965年，綦江齿轮厂生产出我国第一辆25t红岩QJ－370重型自卸汽车。

1966年，綦江齿轮厂产出我国第一辆CQ260型军用越野车。

1969年，中国第二汽车制造厂（湖北）开始大规模动工建设。1975年建成2.5t越野汽车生产基地。

1970年，以我国工程师黄潼年为主研发的齿轮整体偏差测量技术，标志着运动几何法测量齿轮的开始。

1977年2月，我国第一份齿轮专业学术技术刊物——《齿轮》杂志在郑州机械研究所创刊。

1984年，“全国齿轮行业技术情报总网”在郑州机械研究所建成。

1985年，成立了全国齿轮标准化技术委员会（CSBTS/TC52），该委员会是由国家标准化管理委员会直接领导的全国性专业标准化技术工作组织，负责齿轮及其装置专业技术领域的标准化归口工作。秘书处挂靠在郑州机械研究所。

1985年10月，“国家齿轮产品质量监督检验中心”在郑州机械研究所成立。

1988年4月，“全国机床标准化技术委员会齿轮机床分委员会”成立。

2011年，全国齿轮标准化技术委员会在美丽冰城哈尔滨召开了换届会议，成立了全国齿轮标准化技术委员会第六届委员会。

2012年，中国机械工程学会机械传动分会在北国春城长春市召开了换届会议，成立了中国机械工程学会机械传动分会第六届委员会。

〔撰稿人：郑州机械研究所管洪杰　审稿人：郑州机械研究所张元国〕

行 业 概 况

通用减速器行业概况

通用减速器具有很多的优点:效率极高,供货迅速,价格极具吸引力,适用于每个机械动力传输领域。通用减速器包括斜齿轮减速器,锥齿轮-斜齿轮减速器,单级、多级行星齿轮减速器及蜗杆减速器,它们具有不同类型与设计,转矩范围为2~2 600kN·m,设计形式几乎不受限制。

我国通用减速器产品品种、规格及参数覆盖范围都在不断扩展,产品质量已达到国外发达工业国家同类产品水平,承担起为国民经济各行业提供配套传动装置的重任,部分产品还出口至欧美及东南亚地区。在我国机械工业中,通用减速器机械行业已由一个小行业发展成为仅次于汽车、电工电器、石化通用及机床的第五大行业。

与此同时,通用减速器机械行业的生产集中度和品牌知名度在国内外市场上不断增强,出口额大幅提高。2012年,我国有多家自主品牌企业进入世界减速器机械行业50强。

对通用减速器而言,除采用硬齿面技术以及功率分流技术外,模块化设计技术已成为其发展的一个主要方向。它旨在追求高性能的同时,尽可能减少零部件及毛坯的品种规格和数量,以便于组织生产,形成批量,降低成本,获得规模效益;利用基本零件增加产品的型式和花样,尽可能多地开发使用变型设计或派生系列产品,如由一个通用系列派生出多个专用系列;摆脱了传统单一的有底座实心轴输出的安装方式,增添了空心轴输出的无底座悬挂式、浮动支承底座、电动机与减速器一体式连接及多方位安装面等不同型式,扩大了使用范围。但总体而言,我国减速器系列产品的开发及更新工作近几年进展缓慢,与国外在此方面的差距有拉大的趋势,而且与市场的需求也很不适应。近年来,西安重型机械研究所及国内其他单位已开始这方面的开发及标准化工作。

在通用减速器的制造方面,目前国内生产厂家数目众多。对各种类型的圆柱齿轮减速器、圆锥-圆柱齿轮减速器及齿轮-蜗杆减速器等,主要生产厂家有南京高精齿轮股份有限公司、宁波东力传动设备有限公司、江阴齿轮箱制造有限公司、江苏泰星减速器有限公司、江苏金象减速机有限公司及山西省平遥减速器有限公司等;对圆弧圆柱蜗杆减速器、锥面包络圆柱蜗杆减速器及平面二次包络环面蜗杆减速器等,主要生产厂家有江苏金象减速机有限公司、首钢机械制造公司、杭州减速机厂、杭州万杰减速机有限公司、天津万新减速机厂及上海浦江减速机有限公司等;对各种通用行星齿轮减速器(如标准的NGW系列行星齿轮减速器),各类回转行星减速器及封闭式行星齿轮减速器等,主要生产厂家有荆州巨鲸传动机械有限公司、洛阳中重齿轮箱有限公司、西安重型机械研究所、石家庄科一重工有限公司及内蒙兴华机械厂等。

纵观国内通用减速器行业的现状,我国已成为全球通用减速器的生产大国和消费大国,但由于受世界经济环境的影响,通用减速器行业面临能源成本、材料成本、劳动力成本及环保成本的全面上涨,而产品销售价格却一再下降,整个行业的经营受到双重压力。与此同时,近几年国外厂商在我国的扩展势头愈来愈强,SEW公司继续在全国部署生产及销售基地,扩大市场份额;FLEDER、邦飞、布雷维尼、FORK及住友等公司也都加快了在我国建立生产基地及销售中心的步伐,积极向各个行业渗透。国外厂商先进的管理和经营理念,丰富的市场实战及拓展经验,以及各具特色的产品系列将会对我国厂商构成强烈的挑战和冲击,国内生产企业感受到的将会是愈来愈激烈的国内外同业者的竞争。

通用减速器产品将向着高速化、小型化、低噪声及高可靠性的方向发展。目前,由于通用减速器的加工检测、修形、材料和热处理的质量控制及加工精度控制等各方面技术的应用日趋成熟,使通用减速器产品的性能价格比大大提高,产品越来越完美,因此,其在齿轮传动领域中的位置仍不可替代。

〔撰稿人:郑州机械研究所陆军、中原工学院机电学院路明、郑州机械研究所禹英杰　审稿人:郑州机械研究所张元国、王长路〕

蜗杆传动概述

一、蜗杆传动特点及分类

蜗杆传动是一种可传递运动和动力的装置，由于其特有的结构和传动特点，使其广泛应用在机床、测量机械、起重运输机械、转台、汽车及其他机器或仪器设备中。蜗杆传动既有结构紧凑、传动比大、输出转矩大、传动平稳、噪声低以及可实现自锁性等优点，又有传动效率低、发热量大，比齿轮传动易磨损，蜗杆轴向力大等不足。

蜗杆传动是由空间交错轴斜齿圆柱齿轮传动演变而来的，两轴线间的夹角可为任意值，常用的为90°。蜗杆相当于轮齿在分度圆柱面上缠绕一周以上的小齿轮，这样的小齿轮外形像一根螺杆，螺杆的头数相当于小齿轮的齿数，而与之相配的相应大齿轮则称为蜗轮。由于啮合原理及蜗轮、蜗杆的加工原理，蜗轮的实际齿形、齿面与齿轮已经完全不同，它的齿形、齿面比齿轮更为复杂。通常情况下，由蜗杆带动蜗轮实现运动或传递动力。

蜗杆传动按蜗杆形状的不同可分为圆柱蜗杆传动、环面蜗杆传动及锥蜗杆传动，其中圆柱蜗杆和环面蜗杆传动应用较为广泛。普通圆柱蜗杆根据齿廓形状可分为阿基米德蜗杆、渐开线蜗杆、法向直廓蜗杆、锥面包络圆柱蜗杆、圆弧圆柱蜗杆及双圆弧圆柱蜗杆。环面蜗杆传动根据蜗杆齿廓形状及其形成原理，可分为直廓环面蜗杆、平面蜗杆、平面包络环面蜗杆（一次包络和二次包络）及渐开线包络环面蜗杆（一次包络和二次包络）等。

二、蜗轮、蜗杆常用材料及失效形式

由于加工过程中蜗轮滚刀与蜗杆的差异，蜗轮与蜗杆的齿形并非精确共轭，因此，蜗杆、蜗轮材料不仅要求具有足够的强度，而且要具有良好的跑合性能、耐磨减摩性能和抗胶合性能。蜗轮的齿圈常采用铸造青铜或铸铁，并应尽可能采用离心铸造；蜗杆则常采用表面硬化的碳钢或合金钢。

常用蜗杆材料见表1，常用蜗轮材料见表2。

表1　常用蜗杆材料

材料类型	牌　　号	热处理形式	齿面硬度	齿面粗糙度 Ra(μm)	适用场合
渗碳钢	20Cr，20CrMnTi，20CrMnMo，12CrNi3，20Cr2Ni4	渗碳	58～63HRC	1.6	高速、大功率传动的重要场合
表面淬火钢	40Cr，40CrNi，35CrMo，45	表面淬火	45～55HRC	1.6	高速、大功率传动的较重要场合
氮化钢	38CrMoAl，42CrMo	渗氮	>850HV	3.2	高速、大功率传动的重要场合
调质钢	40Cr，40CrNi，42CrMo，35CrMo，45	调质	<270HBW	6.3	高速、大功率传动的不太重要场合

表2　常用蜗轮材料

材料类型	牌　　号	通常适用场合
铸造锡青铜	ZCuSn10Pb1，ZCuSn5Pb5Zn5，ZCuSn10Zn2	中高速，中载、重载
铸造铝青铜	ZCuAl10Fe3，ZCuAl10Fe3Mn2	中低速，中载、重载
铸铁，球墨铸铁	HT250，HT300，QT400，QT600	低速，轻载、中载

蜗杆传动中蜗轮的强度低于蜗杆，蜗杆传动主要的失效形式是蜗轮齿面出现点蚀、齿面胶合、过度磨损和断齿。蜗轮、蜗杆的啮合运动是相对滑动，效率较低。在闭式传动中，蜗杆传动的主要失效形式是胶合，其次是点蚀和磨损；在开式传动中，蜗杆传动的主要失效形式是磨损和断齿。

三、我国蜗杆传动的发展概况

从20世纪20年代起，蜗杆啮合理论及其传动技术得到了迅速发展：通过对已有的蜗杆副进行改进，提高了承载能力、使用寿命和传动效率；同时发明了很多新型蜗杆传动，如二次包络尼曼圆柱蜗杆副、偏置蜗杆副、圆弧圆柱蜗杆及其各种变态形式，为蜗杆传动技术的发展开辟了道路。20世纪50年代初，原西德Flender公司把尼曼（G. Niemnn）教授“凹面齿圆柱蜗杆副”的研究成果以“CAVEX”商标投放市场；20世纪60年代，日本三菱公司购进原西德“CAVEX”型蜗轮蜗杆专利。从此两国对“CAVEX”型蜗轮蜗杆不断改进，使其水平不断提高，在国际市场上有较强的竞争力。

20世纪60年代初，我国开始引进、研制平面一次包络环面蜗杆传动，并成功应用于冶金和机床行业。平面二次包络环面蜗杆传动是在美国“Cone”蜗杆（俗称球面蜗杆）和日本东京工业大学“斜平面蜗轮”的基础上发展而来的。我国于1974年由重庆大学与首钢机械厂合作对其进行研究，于1976年正式获得成功，并公开发表。该传动比国外王牌产品——美国Cone Drive公司的产品工艺性更好，蜗杆齿面可以淬火并用砂轮磨削，啮合质量高。另外，由于该蜗杆副的齿面啮合时呈双线接触，接触点的法向速度大，综合曲率半径大，接触应力小，易形成油膜，因而具有承载能力大、效率高及使用寿命长等优点。经美国Cone Drive公司测试，该传动的承载能力为其相应产品的2.2倍。平面二次包络环面蜗杆减速器与阿基米德蜗杆减速器相比，在材料和尺寸相同的情况下，其承载能力提高3～4倍，传动效率提高10%以上，使用寿命提高10倍。为了推广先进的蜗杆传动产品，我国已颁布了GB/T 16444—2008《平面二次包络环面蜗杆减速器》国家标准。平面二次包络环面蜗杆传动在冶金工业、造船工业、石油、化工机械、通用机械、轻工机械、兵器工业及建筑机械等领域的应用中都有很好的效果，尤其是在轧钢、有色冶金、选矿洗煤、舰艇、船用辅机、橡胶轮胎硫化机、电梯曳引机和室外施工电梯等领域，它已成为必选产品。

近年来，包络环面蜗杆传动在我国发展十分迅速，经过广大科技工作者的不断努力，其类型已由平面一次（二次）包络环面蜗杆传动发展为柱面包络环面蜗杆传动、滚锥包络环面蜗杆传动及球面包络环面蜗杆传动等多种形式。环面蜗杆传动由于在承载能力和传动效率等方面具有较大的优越性，因而得到广泛应用。但由于其设计计算和加工较复杂，需专用的加工设备，价格昂贵，一直难于更广泛地推广。

近年来，锥面包络蜗杆由于其磨削特性好而得到较广泛应用。郑州机械研究所通过改装螺纹铣床进一步改进了锥面蜗杆的加工工艺，提升了加工效率，通过磨削加工后其精度较高。在此基础上发展出的双导程蜗杆副在精密机械领域也得以推广应用。

另外，德国学者 Jarchow 等最早提出了 TI 蜗杆传动是一种很有应用价值的传动形式，并对其开展了实验研究。TI 蜗杆传动是由渐开螺旋面斜齿圆柱齿轮及其包络的环面蜗杆组成的蜗杆传动，属于环面蜗杆传动的一种，尚未得到推广应用。初步分析表明，它具备传动效率高等优良传动性能。TI 蜗杆副之中的蜗轮是普通的渐开线斜齿圆柱齿轮，加工时不需要价格昂贵、制造复杂的专用蜗轮滚刀。如果能够研制出高性能的 TI 蜗杆传动，TI 蜗杆减速器将在同类产品中具有较强的市场竞争力，故该传动引起了业界的重视。

四、我国蜗轮蜗杆研究及应用现状

1. 蜗杆传动技术现状

近年来，我国的科技工作者在蜗杆传动方面作了大量的研究工作，特别是在包络环面蜗杆传动方面，取得了明显的成绩。

詹东安等在一次包络分析的基础上，着重进行了二次包络齿面接触分析，推导出了蜗杆和蜗轮的齿面方程。齿面接触分析表明：齿面呈双线接触，润滑条件好，承载能力大，在重型机械传动装置中具有实用价值。

孙月海等从接触线和啮合界线的角度对二次包络 TI 蜗杆传动进行了接触性能分析。分析表明：只有当蜗轮齿面上的啮合界线为一条或两条，且这两条线不重合时，才能在二次包络 TI 蜗杆传动副的蜗轮齿面上得到二次接触线；在加工允许的范围内，螺旋角取较大的数值，能够较好地改善啮合性能，从而发挥二次包络 TI 蜗杆传动的优势。该研究对合理选择设计参数具有指导意义。

王红梅等提出平面二次包络环面蜗杆副失配啮合分析的两种新方法：齿面相切法和齿面零间隙法。失配平面二次包络环面蜗杆副啮合分析表明：Ⅰ型传动对误差不十分敏感，但同时接触齿数少；标准型和Ⅱ型传动对误差十分敏感。采用标准蜗杆与由Ⅱ型滚刀加工的蜗轮失配啮合，使蜗杆副初装时对误差不敏感，跑合后可得到良好的接触质量。

邓国红等进行了变位形式的准平面二次包络环面蜗杆传动的研究，分析计算了在变位情况下，各变位参数对齿面啮合性能的影响。计算结果表明：该传动在采取变位形式加工时，其齿面接触线分布形态及接触性能主要取决于变位参数的选取，因而，通过变位参数的合理选取能使蜗杆传动齿面接触线得到良好的分布形态。

陈兵等基于微分几何和空间啮合理论，分析了修正型圆环面双包络环面蜗杆副齿面形成原理，指出：随着不同变位量的选择，可在二次包络蜗轮齿面得到Ⅰ型接触线和Ⅱ型接触线。

殷李森等进行了圆弧螺旋面包络环面蜗杆传动的研究，提出新的环面蜗杆传动，即在滚齿机上用球面砂轮磨削环面蜗杆时增加一个螺旋运动，使母面成为圆弧螺旋面，并以平面二次包络磨头为基础作了大圆弧半径的接触线分析，制造了二次包络蜗杆副。

韩红臣等采用精确磨削 TI 蜗杆的砂轮，用类似直廓环面蜗杆或平面包络环面蜗杆的磨削方法加工环面蜗杆，使该蜗杆和齿面形状与砂轮曲面相同的蜗轮相配合，形成一种新型蜗杆传动，给出了这种传动蜗杆副齿面的数学模型，并通过计算机仿真得出了这种传动蜗轮齿面上接触线的形状及分布特征，初步分析了其啮合特点。

李秀珍等首次建立了双自由度运动状态下，用环面砂轮包络加工圆柱蜗杆传动的啮合原理数学模型。用环面刀具包络成形的蜗杆副，蜗杆的轴向齿廓为凹齿廓，蜗杆与蜗轮为瞬时双线接触，并兼备了二次包络成形和凹面齿圆柱蜗杆的特征。这种新型蜗杆传动具有良好的应用前景。

殷李森以蜗杆啮合节点理论为基础提出一种圆柱蜗杆传动的新结构——双节点侧置双蜗轮传动，这种传动的特征是啮合性能得到很大改善，以位置角等于90°为例，同时接触齿数接近包络环面蜗杆传动，诱导曲率和润滑角则优于环面蜗杆传动。因其是在已有成熟的工程技术基础上发展起来的新技术，容易实现系列化设计，新产品开发和规模化生产，所以，有取代包络环面蜗杆传动之势。

2. 蜗轮蜗杆的加工

蜗杆通常采用车削、铣削和磨削的加工方式，重要场合应优先选用磨削加工。车削蜗杆设备简单，制造容易，通用性强，但车削蜗杆效率较低，且蜗杆精度低，传动效率低，加工质量主要取决于工人的技术水平、机床及刀具的精度等，蜗杆导程角较大时难以车削加工。为了提高车削蜗杆的加工效率及精度，也可使用硬质合金车刀在数控车床或专用车床上高速车削蜗杆，或在车床托板上加装旋风铣头铣削蜗杆。

锥面包络蜗杆可用多齿盘形铣刀在螺纹铣床上铣削加工，也可在蜗杆磨床上磨削加工。这种蜗杆精度高，传动效率高，使用寿命长，应用日渐广泛。

环面蜗杆一般在蜗杆专机上加工。加工时刀具在一定的圆上按照一定的轨迹运行，蜗杆同时绕自身轴线旋转。此外平面包络环面蜗杆也可磨削加工。

蜗轮一般是在滚齿机上用滚刀或飞刀范成加工的。为了保证蜗杆和蜗轮能够正确啮合，切削蜗轮的滚刀齿廓形状和参数应与蜗杆一致，切齿中心距也应与蜗杆传动的中心距相同。

3. 蜗轮蜗杆油的发展概况

影响蜗杆传动承载能力、传动效率和使用寿命的因素，除设计水平、制造装配精度、材料及热处理质量外，润滑对蜗杆传动有着举足轻重的影响。蜗杆传动的不足之处就是滑动速度大，容易引起发热，传动效率降低，蜗轮容易磨损。润滑可以减小摩擦，减少磨损，提高蜗杆副的传动效率及使用寿命。人们已逐渐认识到“润滑油”也是组成蜗杆传动装置不可缺少的一个“零件”。因此，研制出适合蜗杆传动特点的润滑油，并合理选用所需油品的种类及黏度对蜗杆传动是非常重要的。

从1948年美国石油学会把蜗轮蜗杆油列入传动润滑油的分类后，蜗轮蜗杆油开始向专用商品油的方向发展，各大石油公司纷纷推出蜗轮蜗杆专用润滑油。随后，美国齿轮制造者协会提出蜗轮蜗杆油规范AGMA250.03和AGMA250.04，国外蜗轮蜗杆油除具有一般润滑油的特征外，还增加了综合磨损指数和一些特殊添加剂的要求，明确规定了硫等元素的含量。目前蜗轮蜗杆油主要可分为：复合油、极压型蜗轮蜗杆油和合成型蜗轮蜗杆油。

我国对蜗轮蜗杆油的研究始于1977年，那时的改进措施还只是提高油的黏度，后来又进行了在基础油中加入动物脂肪、合成脂肪的研究。到了20世纪80年代初，兰州炼油化工总厂、沈阳化二厂和茂名石化公司等相继研制出了蜗轮蜗杆油。1982年兰州炼油化工总厂制定了《蜗轮蜗杆油暂行标准》(008—1982)。1991年兰州炼油化工总厂负责起草蜗轮蜗杆油的行业标准SH0094—1991，并于1992年12月开始实施。但该标准中没有台架评定项目，中和值指标略高，抗氧化性能指标略低，未能完全达到国际上具有代表性的美军MIL—L—15019E标准和MIL—L—18486B(OS)标准。为此，中石化总公司在“八五”期间，组织国内六大炼油厂(兰州炼油化工总厂、上炼公司、茂名石化公司、大连石化公司、北京燕山石化公司、大庆石化公司)及郑州机械研究所进行联合攻关，研制出了具有国际水平的蜗轮蜗杆油系列产品及其专用评定台架。

按照标准SH0094—1991的规定，蜗杆蜗轮油属于闭式工业齿轮油，即CKE油，它分为普通型蜗轮蜗杆油(L-CKE)和极压型蜗轮蜗杆油(L-CKE/P)两类。普通型蜗轮蜗杆油质量指标参照美军MIL—L—15019E标准，而极压型蜗轮蜗杆油质量指标参照美军MIL—L—18486B(OS)标准。中国石油锦西石化分公司根据市场情况，于1997年开始研制符合暂定标准的L—CKE/P220/320/460极压型蜗轮蜗杆油。目前，兰州炼油化工总厂、上炼公司、茂名石化公司、大连石化公司、北京燕山石化公司、大庆石化公司、沈阳化工股份有限公司和北京石油化工科学研究院等均生产符合上述标准要求的合成型蜗轮蜗杆油系列产品。

〔撰稿人：郑州机械研究所董进朝　审稿人：郑州机械研究所袁和相〕

摆线减速器概况

摆线减速器是一种应用行星式传动原理，采用摆线齿形啮合的新颖传动装置。自1926年德国人L. Braren发明了摆线针轮减速器至今，摆线减速器在品种、规格等方面作了不少改进，目前主要包括摆线针轮减速器、摆线钢球减速器、摆线滚子行星减速器、变幅摆线齿轮减速器、球面锥摆线齿轮传动减速器及RV减速器(即：偏心差动式摆线针轮减速器)等。目前，摆线减速器中应用最广泛的是摆线针轮减速器。

一、摆线针轮减速器

摆线针轮减速器的特点为：高速比和高传动效率，单级传动就能达到1:87的减速比，传动效率在90%以上，如果采用多级传动，减速比更大；结构紧凑体积小，由于采用了行星传动原理，输入轴与输出轴在同一轴线上，使该型减速器获得了尽可能小的尺寸；运转平稳噪声低，由于该减速器的摆线针齿啮合齿数较多，重叠系数大以及具有机件平衡的机理，因而可把振动和噪声限制在最小程度；使用可靠、寿命长，因主要零件采用高碳铬钢材料制造，经淬火处理后可获得高硬度(58~62HRC)，而且，部分传动接触采用了滚动接触，所以经久耐用寿命长。目前，摆线针轮的加工技术已经过关，专业加工设备齐全，摆线针轮已被纳入专业通用件，在国内已做到通用化批量生产，使生产成本下降。因此，摆线针轮传动的减速器当前广为应用。

目前，国内许多厂家生产的摆线针轮减速器大多是采用摆线齿轮(行星轮)和针齿相啮合的一齿差K-H-V传动。该减速器与两级渐开线齿轮减速器相比有一系列的优点：一级传动比大，同时啮合的齿数多，单齿所受的最大力减小，承载能力较大，寿命长；传动接触为滚动接触，与渐开线齿轮相比较，具有效率高、噪声小、结构简单及拆装方便等优点。这种减速器已广泛应用于化工、医药、食品、轻工、纺织、冶金及石油等工业部门，并充分显示了其优越性。但是，这种减速器在大功率、小传动比范围的使用过程中，常常因为同时接触齿数少、面齿作用力大和齿面相对滑动速度大等原因而导致针齿弯断、齿面胶合等破坏。为了解决齿面胶合问题，国内外先后研制开发了二齿差摆线针齿行星减速器。二齿差摆线针齿行星传动由于避免了早期破坏和齿面胶合,并提高了整机的传动转矩,因而得到了较好的应用。但是,由于该传动摆线齿轮的齿形是由两条相位相差半个周节的一齿差相交而成的,其齿顶部产生尖顶,使其齿廓顶部的强度不足,因此必须对二齿差摆线针轮的齿顶进行适当的修形。同时,齿面受力较为复杂,有必要对其齿面受力情况进行力学分析。

行星摆线针轮减速器按结构型式分为卧式、立式、双轴型和直联型4种。目前,我国有天津减速机总厂、江苏泰星减速机厂、常州减速机总厂、上海巨能减速机械有限公司、山东博机集团公司、上海台星传动科技有限公司、常州汉森江浪减速机有限公司及上海泰能减速机械有限公司等数十家企业生产摆线针轮减速器。

天津减速机总厂生产的摆线针轮减速器,曾为许多尖端工程和重点攻关项目配套,如我国的洲际导弹、通信卫星、澳星发射,联合国海事卫星监测雷达,上海宝钢工程,一汽、二汽建设工程,化肥、化纤工程等。目前,国内摆线针轮减速器的最新技术以天津减速机总厂1998年开发的X8000系列摆线针轮减速器产品为代表。承载能力是衡量减速器产品技术水平、质量的一项技术指标,X8000系列摆线针轮减速器的最大优势是承载能力比国内同类产品平均高2倍左右,达到了世界同类产品的先进水平,而且从安装尺寸到性能都可以与日本住友公司的4000系列摆线针轮减速器互换。

江苏泰星减速机厂生产的摆线针轮减速器达到了日本住友公司同类产品的综合性能,具有加工技术先进、产品性能优异及产品系列超前的三大优势。常州减速机总厂研制出的为塑料机械配套专用的"武星"牌BJ系列摆线针轮减速器,具有产品设计先进、节能耐磨、噪声低及承载能力高等优点,深受塑料机械行业用户的欢迎,其中BJ22塑料机械配套专用减速器已荣获我国专利及新产品博览会金奖。

二、摆线钢球减速器

摆线钢球减速器是一种新型减速器,它利用钢球作为介质传递同轴间的运动和动力。该型减速器具有以下优点:结构简单、制造方便、成本低;以滚动传动代替滑动传动,摩擦损耗低,传动效率高;系无侧隙传动,传动误差小、传动精度高;体积小、重量轻,传动比大等。摆线钢球减速器在机器人、精密测量仪器、航天器、伺服分度机构和医疗器械等精密机械中具有较好的应用前景。

三、摆线滚子减速器

摆线滚子减速器是继摆线针轮减速器之后出现的又一种新型减速器。这种减速器在日本、美国已经小批量投产。该型减速器的传动比范围比摆线针轮减速器的传动比范围要大的多。由于摆线针轮减速器结构上的限制,其传动比只能是奇数。而摆线滚子减速器的传动比可按自然数排列。可见,摆线滚子减速器的传动比适用场合更加广泛。

四、摆线齿轮减速器

传统的摆线针轮减速器,是采用针齿轮、柱销式输出机构及两级或三级串接的"多机"大速比机型,不仅结构繁琐,而且制造成本高。对此,国内外相关专家学者做了大量的研究探索工作,开发出了多种摆线类减速器,但都因种种原因,没能够大范围推广,因此,至今仍是摆线针轮减速器唱"主角"。章宝俊"集优嫁接"设计的变幅摆线齿轮减速器,实现了由摆线针轮传动向摆线齿轮传动转变的重大突破。该产品已经获得国家专利(专利号:002204355),并由如皋市减速机有限公司开发成功,正式投放市场。

摆线齿轮减速器与摆线针轮减速器相比:在传动机构上用高速级内齿轮替代针齿轮,用低速级"齿轮副"替代"柱销式输出机构",这既降低了制造难度,又扩大了单机传动比范围(6.5~10 000);在选材和机型上,用45钢替代GCr15轴承钢制作齿轮,用单机替代两级或三级串联的"多机"大速比机型,这既降低了制造成本,又提高了市场竞争能力(传动比$i>87$时,成本降低10%~25%)。同时,该型减速器还具有噪声低、运转平稳、传动效率高、承载能力大和使用寿命长等特点,且外形及安装连接尺寸均与JB/T 2982—1994《摆线针轮减速机》的标准相同,是摆线针轮减速器理想的更新换代产品。

双摆线齿轮减速器是一种新型减速装置,一般采用两级减速。这类减速器制造加工方便,承载能力强,传动比范围大(10~10 000),是摆线针轮减速器的升级换代产品,市场应用前景广阔。

五、球面锥摆线齿轮传动减速器

2K-H型球面锥摆线齿轮传动减速器具有输出轴结构简单、刚性好、传动比范围大、体积小、重量轻、结构紧凑及传动效率高等优点。该型减速器作为一种新型的传动形式,具有广阔的应用前景,特别适用于要求体积小、传动比大及承载能力高的传动场合。2K-H型球面锥摆线齿轮传动属于空间啮合的少齿差行星传动,不但具有普通齿轮很难实现的大传动比范围,还具有摆线齿轮传动的优点,是具有实用价值和研究价值的新型传动。在传动中,行星轮作类似陀螺旋转(即刚体绕定点)的运动,轮齿上任意点的轨迹是以定点为球心的球面上的摆线,因此这种传动称为球面锥摆线齿轮传动。同时这种传动靠摆动的行星轮的挤压楔入作用传递运动和动力,运动规律符合规则进动的条件,因此又称之为进动传动。

六、RV减速器

机器人用RV(Rot-Vector)传动是在摆线针轮传动基础上发展起来的一种新型传动,RV减速器也称偏心差动式摆线针轮减速器,是采用摆线针轮行星传动和渐开线传动相结合的2K-V行星传动。RV减速器与以前的减速器相比,具有以下明显的优越性:

(1)传动比大,体积小,效率高。

(2)故障少,寿命长,耐冲击和超负荷。

(3)运转平稳,噪声低,性能稳定。

(4)输入轴与输出轴同轴线,结构紧凑。

(5)惯性力矩小,结构简单,便于安装、维修。

RV 减速器比摆线针轮减速器具有更小的体积和更大的过载能力，重量更轻，输出轴刚度更大，并且，由于是两级传动，因此具有更大的传动比，被广泛应用于机器人传动中。由于它的这些优点，因此在国内外受到了广泛重视。

机器人用 RV 减速器不仅严格要求摆线针轮传动部分满足共轭多齿同时啮合，同时还要求合理的啮合间隙来补偿制造及安装的误差，并要求摆线轮修形以有利于实现严格的回差限制。这就对齿形优化修形方法和修形量提出很苛刻的要求。由于 RV 减速器的发展时间比较短，因此对其研究的比较少，尤其是在国内，在此方面更是刚刚起步。机器人用 RV－250AⅡ减速器样机对齿形进行了优化修形，通过了 863 组织（计划智能机器人主题专家）的验收，其主要技术性能指标达到了国际同类型一流产品的水平。

〔撰稿人：郑州机械研究所陆军、中原工学院机电学院路明、郑州机械研究所禹英杰　审稿人：郑州机械研究所张元国、王长路〕

齿轮减速电动机发展概况

齿轮减速电动机（简称减速电动机）由减速器和电动机组成，是减速器和电动机的集成体，这种集成体通常也可称为齿轮电动机。它通常由专业的减速器生产厂家进行集成组装后成套供货。

减速电动机具有以下特点：对制造技术要求高，具有很高的科技含量；利用合理空间，可靠性高，承载能力大，功率可达 95kW 以上；能耗低，性能优越，效率达 95% 以上；振动小，噪声低，高效节能；精密加工，轴的平行度和定位精度高；构成了齿轮传动总成的减速电动机，具备了机电一体化特性，完全保证了产品使用质量特征；采用了系列化、模块化的设计，适应性强；具有极其多样的电动机组合、安装位置和结构方案，用户可按实际需要选择任意转速和各种结构型式。减速电动机广泛应用于钢铁及机械等行业。

一、产品概况

减速电动机主要有大功率齿轮减速电动机、同轴式斜齿轮减速电动机、平行轴斜齿轮减速电动机、螺旋锥齿轮减速电动机、YCJ 系列齿轮减速电动机、直流减速电动机、摆线针轮减速电动机、谐波齿轮减速电动机及三环减速电动机。

近些年，由于机电行业发展迅猛，因此，减速电动机市场也有不俗的表现。国内外知名的减速器企业有德国弗兰德（FLENDER）公司和 SEW 公司，日本东方公司、松下公司、DDK 公司和雨田公司，韩国三洋（SYAMYANG）公司、SPG 公司和 MNI 公司，意大利史泰克（STK）公司，我国台湾品宏（PHT）公司、万鑫（豪鑫）公司、晟邦公司和利茗公司，沈矿集团减速机制造总公司，速博雷尔传动机械有限公司，青岛减速机厂和无锡华达电动机有限公司等。

在我国减速电动机市场中，发展规模较大的有宁波东力传动设备有限公司、咸宁三合一减速机厂及山东博山电动机厂等企业，估计它们的年产值均在 10 亿元以上。国外的传动设备制造大鳄，如德国弗兰德（FLENDER）、SEW 及 NORD 等公司纷纷在我国设置独资企业，其 2011 年的年产值均已超过 18 亿元。

由于减速电动机在国内发展时间较短，其制造水平与加工工艺，与国外企业相比存在较大差距，主要体现在设计水平、工艺水平及原材料制造水平上。因此，国内的高端市场基本被国外企业所垄断，即使在中端市场，我国也仅有少数几家上规模的专业制造厂家能够与国外企业抗衡。我国减速电动机行业存在企业规模小、制造水平及管理水平低下、低端市场恶性竞争等问题。

中低端减速电动机的主要配套物资为低碳合金钢钢材、灰铁或球墨铸铁铸件、国产轴承及骨架油封，这些在国内有比较完善的供应体系。而中高端减速电动机的国产配套能力严重不足，这也是我国普遍存在的一种现象，比如高寿命、高承载力轴承，高耐磨密封件，高性能锻钢，甚至高强度连接件等在国内都很难采购，这也极大地制约了中高端减速电动机在国内的发展。

二、产品水平分析

我国减速电动机与国外产品的技术水平差异主要体现在模块化设计、原材料和关键配套件质量、制造水平、生产方式和规模等方面。

1. 模块化设计技术差异

国外的减速电动机专业制造厂家已经能够把减速器、电动机及联轴器等所有的驱动件、传动件、控制零部件和系统进行全面的模块化设计、整合，而且均基于大批量定制的方式进行，这需要较高的销售量和长期的技术经验积累作支撑。目前我国还没有在模块化设计程度上能够与国外企业抗衡的企业和产品。

2. 原材料和关键配套件质量差异

因为减速电动机是把整体尺寸缩到最小，因此对齿轮、轴承、连接件均提出了极高的要求。为提高生产率，对小齿轮，国外普遍采用高质量低碳优质合金锻钢直接进行高速高精度机加工成型，而国内还没有钢厂生产此类钢材；我国轴承的产品质量与国外相比差距更大。对于高端减速电动机，少数生产厂家普遍采用进口轴承，而原材料则需要专门开炉定做，这极大地提高了国内企业的制造成本，因此，国内绝大多数企业都是采用普通原材料和配套件进行制造，这使国产整机在寿命、噪声、振动及外观等指标上与国外先进产品相比有明显的差距。

3. 制造水平差异

在整个模块化的制造水平上：就单机而言，我国的制造水平与国外差异不大，如进行小批量控制，甚至在部分规格上，国内制造的同类产品的综合性能比国外还高；但在大批量定制方面则差距较大,国外厂家已经完全采用大批量生产设备,如加工中心、CBN蜗杆成形磨削砂轮等进行生产,接近汽车齿轮的生产方式,而我国远没有达到这种水平。近年来,国内厂家也开始投入巨资进行设备和生产方式的更新,但规模上与国外大型企业相比还有一定差距。实际上,我国与国外在设备上的差距并不大,关键差距在工装和生产设备结合上,国外已经普遍采用全自动流水线、液压夹具及数字化管理等,而我国在这方面还有一定的差距。

4. 生产方式和规模差异

国外大型企业完全采用全球观念,采用全球制造、全球配送及全球组装,具有较大的成本优势。特别是全球化发展的今天,机械制造、组装及使用已越来越全球化,国际大型减速电动机制造企业在近100年的制造历史中积累了丰富的设计、制造、销售及服务经验,并积累了大量专业人才,能够灵活驾驭全球化的制造服务模式。而我国减速电动机制造企业由于起步晚、规模小及经验欠缺,还处于成长阶段。

三、国内市场展望

减速电动机在我国的发展虽只有短短十几年时间,但发展势头迅猛。从企业数量上来讲,国内的减速电动机专业制造厂有500多家,但上亿元规模的只有少数几家。国际大型跨国公司在我国设立制造基地的有十几家。从减速电动机的需求量来说,预计增幅为15%左右,但减速电动机的制造能力的增加接近60%。因此,近期减速电动机特别是在中低端市场的竞争形势相当严峻,预计在未来几年里将进行产业结构调整,制造企业重新整合。

同时,由于我国在材料、管理及制造工艺能力上的差异,减速电动机的高端市场依然将被国际跨国公司占领,我国企业要想在高端市场占领一席之地,无论在设计制造水平上还是在模块化设计方面,都亟待提高。

〔撰稿人:郑州机械研究所管洪杰、宁波东力传动设备有限公司张萌、郑州机械研究所王琦　审稿人:郑州机械研究所张元国〕

齿轮机床概述

齿轮机床是加工各种圆柱齿轮、锥齿轮和其他带齿零部件的基础设备,广泛应用于汽车、拖拉机、工程机械、矿山机械、冶金机械、石油、仪器仪表及飞机航天器等各种行业。齿轮机床品种规格繁多,有加工齿轮直径仅几毫米的小型机床,也有加工直径十几米的大型机床,还有大批量生产用的高效机床和加工精密齿轮的高精度机床。

一、我国齿轮机床发展现状

齿轮是最基础的机械传动件,量大面广,而齿轮机床则是机床行业公认的技术含量最高、零部件最多及结构最复杂的产品之一。以前,我国机床生产企业在技术上相对落后,普遍缺乏核心技术和自主创新能力,其产品以低端为主,缺乏市场竞争力。无论是在机床的稳定性、可靠性和耐用性上,还是在自动化程度上我国产品同国外先进产品相比均存在着明显差距。但随着近10年我国在汽车、船舶、航空航天、高铁、风电及核电等行业的快速发展,庞大的市场需求对我国齿轮机床的发展起到了巨大的刺激和促进作用。我国的一些企业通过积极调整产业结构,不断拓展产品应用领域,已能够逐步向热点行业提供高速、高稳定性、高精度的机床产品,以满足市场需求。如:重庆机床集团研制的YS3118CNC5五轴四联动数控高速滚齿机、YKA31125大型数控滚齿机等;秦川机床研制的YK7230数控高效蜗杆磨齿机、YK73200大规格数控成形磨齿机等;中大创远研制的YK2215、YK20160等型号的全数控弧齿锥齿轮铣齿机,其中YK20160为世界最大规格的全数控弧齿锥齿轮铣齿机;天津精诚研制的YH604、YH6016等系列数控弧齿锥齿轮铣齿机。中大创远和天津精诚均是近几年快速发展起来的非国有齿轮机床制造厂家,在锥齿轮机床方面创造了多个国内第一和世界第一,大大提高了我国锥齿轮的制造能力。

目前,我国齿轮机床的生产和技术创新能力均得到了较大幅度的提升。首先,在技术层面上,我国与国外产品的差距逐步缩小。以秦川集团为例,其生产的数控11轴五联动自动对刀、自动上下料蜗杆型砂轮磨齿机,加工直径可达2m的磨齿机以及7轴五联动弧齿锥齿轮磨齿机,均是近年研制出的达到世界先进水平的机床新品,特别是小规格弧齿锥齿轮加工机床(铣齿和磨齿)可广泛用于汽车、军工及船舶等工业,而大规格(如加工直径2m的弧齿锥齿轮)加工机床则可用于深井钻探、建筑及矿山机械制造业。其次,产品出口规模不断扩大。无论是在机床的数量上还是在技术含量上,近年来我国都有较大的突破,如:秦川机床的系列6轴(坐标)五联动数控滚齿机,风电行业用大型内、外齿铣齿机,矿山重型机械行业用加工直径为12m的铣齿机等产品都已研制成功。天津精诚立足高端,锁定"精、特、专",已形成汽车后桥齿轮(铣齿、拉齿、研齿)数控加工机床系列,汽车变速器、同步器齿轮(倒角、倒棱)数控加工机床系列,风电行业用大型内外齿圆柱齿轮(铣齿、剃齿、滚齿、磨齿)数控加工机床系列,重型及小模数弧齿锥齿轮数控加工机床及其配套设备系列四大板块的自主创新产品。

二、齿轮机床市场分析

1. 我国齿轮产品需求量大

我国齿轮行业基本由三部分组成,即工业齿轮、车辆齿轮和齿轮装备。其中,车辆齿轮的市场份额占60%;工业齿轮由工业通用、专用、特种齿轮构成,其市场份额分别为18%、12%、8%;齿轮装备占市场份额的2%。汽车变速器齿轮是我国齿轮市场的重要组成部分,我国齿轮机床工业的发展很大程度上得益于近年我国汽车工业的快速发展。在十年内,我国汽车年产量从2001年的233.44万辆增加到了2011年的1 841.89万辆，增长了将近8倍。据中国汽车工业协会数据显示，2012年汽车销量约2 000万辆，增长率为8%左右，其中乘用车销量为1 587万辆，商用车为411万辆；汽车出口量为105万～110万辆，同比增长25%～30%。虽然受到近年国际经济发展疲软的影响，2012年汽车行业增速有所下降，但仍保持了将近两位数的增长。通常每辆汽车需要30～50个齿轮，汽车产量的增长直接导致齿轮需求的上升，数控高效制齿机床的市场前景也随之更加广阔。近年来，随着核电、风电、高铁等国家重大工程项目的实施，对高端齿轮产品具有很大的市场需求。这些都给齿轮机床制造企业带来了难得的发展机遇。2013—2016年齿轮产品销售收入预测见下图。

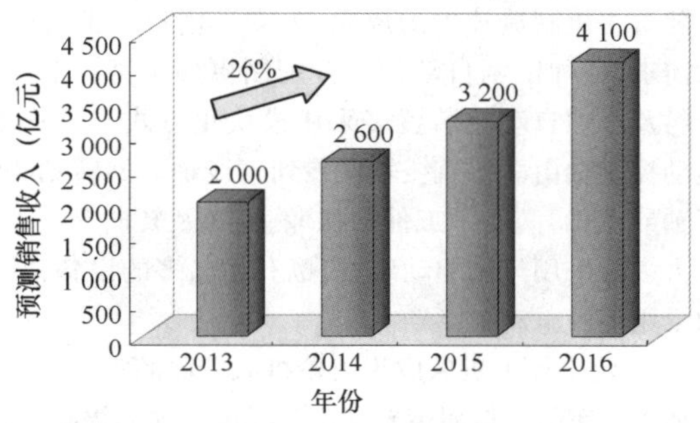

2013—2016年齿轮产品销售收入预测

2. 我国齿轮加工机床将不断走向国际市场

随着经济的发展和对环境保护的要求，发达国家部分锻件生产制造的重心已经逐渐向发展中国家转移，世界制造业的加工基地也逐渐向发展中国家转移。我国齿轮机床行业在技术与市场方面与世界不断接轨，凭借不断提高的技术实力和相对较低的劳动力成本，我国齿轮机床的出口量也越来越大。例如：我国生产的中低档齿轮螺纹花键机床由于价格便宜（是国外同类名牌机床售价的1/7～1/3），性能可靠，在国际市场上就极具竞争力；目前重庆机床厂也已向韩国汽车工业出口数控滚齿机和剃齿机；对发展中国家，我国齿轮及花键机床的出口潜力巨大，前景可观。

3. 齿轮机床国产化是我国齿轮机床发展的重要突破口

基础装备制造业是一个国家的工业基础，机床行业的发展水平正是一个国家工业核心制造能力的代表。据不完全统计，20世纪90年代末期，在我国高端机床市场上，国产机床的市场占有率不足30%，国外生产商占据了70%以上的市场份额，国产数控机床的市场占有率更是不足25%。近年来，由于国家和企业对技术创新的重视，特别是随着“高档数控机床与基础制造装备”国家重大科技专项的实施，我国数控机床在各方面都取得了长足的进步。据统计表明，我国齿轮机床进口数量虽在快速增长，但数控机床的进口比列在逐年下降，从2001年的31.6%下降到2004年的17.6%，再下降到2011年的9%左右，由此可以看到我国数控机床近年来的快速发展。目前，我国国产机床的国内市场占有率突破了50%，国产数控机床的占有率则达到40%。在齿轮机床领域，截至2010年年底，重庆机床集团的产品数控化率超过了66%，其主导产品滚齿机、数控剃齿机的国内市场占有率则长期保持在60%以上，2010年齿轮机床产销量首次突破2 100台，滚齿机床市场份额达到70%～80%；秦川机床厂的磨齿机市场份额则高达75%；南京第二机床厂、天津第一机床厂、上海第一机床厂、中大创远、天津精诚等企业在自己的优势产品方面也占据着较大的市场份额。未来，在国家政策的支持和我国齿轮机床制造企业自身能力的提高下，国产高端齿轮机床将逐步取代进口，占据更大的市场份额。

4. 齿轮加工方式的转变为齿轮机床的发展提供了又一市场机遇

齿轮加工主要有滚齿、磨齿、剃齿、插齿等几种方式，磨齿加工的齿轮具有噪声低、效率高和使用寿命长的优点。目前，齿轮加工方式正向磨齿转变，齿轮加工方式的转变是拉动磨齿机未来快逻增长的一个重要因素。随着机械装备制造业水平的提高，齿轮传动产品正朝着轻量化、重载化、静音化的方向发展，对磨齿机的需求量也不断增大。同时，由于近几年磨齿效率的大幅提高以及砂轮性能的改善，曾被认为是一种成本昂贵的磨齿加工方式，目前已被大规模应用。另外，磨齿机下游客户分布也有利于其行业的平稳增长，其分布大致为：汽车及零部件行业占20%，航空航天制造业占15%，模具行业占28%，重工行业占22%，通用机械行业占7%，其他行业占8%。由此可以看出，磨齿机下游客户行业分散，而且几个行业之间并没有很大的差距，这样的客户分布能够使磨齿机在市场形势多变的情况下依然保持稳定增长。

5. 我国现有齿轮机床状况及未来几年市场容量的预测

据统计，1995年以前我国齿轮制造业拥有各类机床总台数约为30万台，这30万台基本都是普通机床，精度和生成效率都较低。1995—2010年，我国齿轮制造业新增机床约35万台，合计65万台。其中有近30多万台因役龄超过15年以上及性能落后陆续报废，其余30多万台尚可正常使用，但是总体数控化程度较低。2010—2015年，我国齿轮制造业将新增机床13万台左右，每年新增机床2.6万台左右，按每台平均单价30万元计算，每年用于新增机床投资近80亿元。到2015年，我国齿轮制造业将拥有各类机床总数约70万台，其中数控机床30万台，数控化率可达40%以上。同时，由于国家对基础建设的大力投入，以及对汽车等产业的推进发展，使得各行业对齿轮加工机床的需求十分旺盛，相应的汽车齿轮加工机床、大规格齿轮加工机床的需求也迅速增长。国产齿轮加工机床将迎来高层次的发展契机。

三、齿轮机床行业及产品的发展动向

1. 兼并、重组、战略合作伙伴热潮促进行业调整

世界著名锥齿轮制造商美国Gleason公司先后收购及兼并了德国著名的圆柱齿轮制造商Pfauter公司、Hurth公司，组建了Gleason/Pfauter/Hurth集团。近年来，Gleason公司又与齿轮测量仪制造公司Mahr结成战略伙伴关系，并与日本滚齿机制造商Kashifuji公司进行战略合作，宣称可以解决世界齿轮加工问题。2010年，重庆机电股份也成功收

购了英国精密技术集团(PTG 集团),迈出跨国经营的步伐。同时,重庆机床正着手"大型、精密、数控机床产业化基地"的项目建设,致力于打造国内一流的高档及中档数控齿轮机床装备研发制造基地。这些兼并重组及产业基地建设对齿轮机床行业格局将产生较大的影响。

2. 高端齿轮机床将成为竞争的焦点

目前,发达国家的经济形势具有很大的不确定性,欧债危机持续发酵、美国增长乏力、国际贸易保护主义盛行以及发达国家开始的"再工业化",这些给我国齿轮机床行业中的出口导向型企业造成了压力。同时,国内经济增长速度放缓,通货膨胀依然存在,原材料价格上涨,劳动力成本加大,资金紧张,环保要求越发严格,加之企业内部自主创新能力不足、现代化管理水平不够,高端不足、低端过剩的态势依然存在,这些因素使得企业不可能再保持过去的高速增长态势。因此,齿轮机床市场的竞争最终将转变为高端产品的竞争和对核心技术的掌握。

3. 多种功能复合齿轮加工机床开始流行

从齿轮加工机床的发展历史来看,滚齿、插齿、剃齿、珩齿、磨齿、倒棱及倒角等齿部加工工序一般是在不同的设备上完成,而随着自动化程度的提高,多功能复合齿轮加工机床开始流行。在汉诺威 EMO 2000 机床展上只有少数几家公司展示了功能复合型齿轮加工机床,而在汉诺威 EMO 2005 机床展览会上,多家公司展示了复合型齿轮加工机床。功能复合齿轮加工机床主要有如下几种形式:滚齿、倒棱、磨齿;粗滚齿、倒角、精滚齿;插齿、倒棱、倒角;剃齿、倒棱、倒角;车齿、滚齿、倒棱;滚齿、车外园、倒角;滚齿、铣槽等。

随着自动化程度的不断提高,以及为满足高效生产的需求,多功能复合齿轮加工机床将是未来齿轮机床发展的一个重要方向。

4. 高速、高效齿轮加工技术快速发展

随着齿轮加工刀具性能的提高,齿轮加工机床在高速、高效切削方面得到了飞快的发展。体现为:滚齿切削速度由 100m/min 增加到 500 ~ 600m/min,切削走刀速度由 3 ~ 4mm/r 增加到 20mm/r;滚齿机主轴的最高转速可达 5 500r/min,工作台最高转速可达 800r/min,机床部件移动速度也高达 10m/min。大功率高转速主轴系统使机床可用较大直径的砂轮进行磨削,这不但有利于延长砂轮寿命,更有利于操作者选择最优的磨削参数来完成磨齿加工。

5. 机床普遍配置柔性自动化上下料装置

随着主机制造技术的成熟,为满足用户大批量高效生产的需求,各种定制自动化装置配制更加丰富。工件自动上下料及存贮自动化装置多采用模块化方式与主机配置,其运动控制轴由两根直线轴发展到直线轴与回转轴相结合的五轴或六轴,满足了工件的抓取、运送及转向等要求。其中绝大多数采用气动驱动装置,也有相当多的设备,其回转运动采用伺服电动机驱动。

6. 齿轮精加工机床成为齿轮机床发展的重点

随着汽车等行业对齿轮精度及噪声要求的提高,齿轮制造工艺正逐步转为滚 - 磨工艺。磨齿机生产效率的提高,也使这种工艺转变成为可能。在激烈的市场竞争压力下,由于市场对磨齿机的需求量越来越大,各齿轮加工设备生产厂商纷纷进入以生产磨齿机为代表的齿轮精加工机床行列。

〔撰稿人:郑州机械研究所李纪强、王振、王征兵　审稿人:郑州机械研究所刘忠明、张元国〕

齿轮的塑性精密成形技术发展概况

齿轮的塑性精密成形是指在模具或工具的外力作用下使齿轮的轮齿精密成形,而齿面不需切屑加工或仅需少量精加工即可使用的齿轮加工制造工艺。按齿轮塑性成形工艺可分为精密铸造和精密锻造,按齿轮塑性成形温度可以分为冷加工、热加工及温热加工。塑性精密成形的齿轮具有精度高、材料利用率高、内在质量好及生产效率高等特点。

一、塑性成形齿轮加工工艺比较

1. 精密铸造齿轮

采用与传统铸造工艺不一样的熔模(石蜡)铸造工艺可以获得相对较高的精度和表面光洁度的齿轮,铸齿表面粗糙度 *Ra* 可达 3. 2 ~ 12. 5μm,尺寸精度可达 IT7 ~ 9 级。对于低转速、负荷平稳及尺寸较大的齿轮,采用精密铸造后可仅留少许切屑余量或打磨、抛光余量,甚至可以不加工直接使用。由于精铸齿轮的强度比铣齿和滚齿好,而且成本低,所以,铸钢齿轮在煤矿、农业、冶金及建材等机械中的应用比较普遍,而且铸钢的种类越来越多,精铸齿轮的强度和精度也越来越高。如水泥回转窑大型铸钢齿轮、轧机减速器大齿轮、平转浸出器圆锥齿轮、双联齿轮、大型球磨机大齿轮及减速器从动齿轮等已批量应用且有出口,铸钢材质有 ZG42CrMo、ZG35CrMo、ZG310 - 570、ZG40Gr、ZG40MnB、ZG35CrMo 及 ZG42CrMo 等。因为齿轮是依靠齿的啮合来传递转矩、实现传动的,所以,受冲击负荷大、传递转矩大、转速高及精度高的齿轮则不宜铸造成形。

2. 闭塞锻造齿轮

闭塞锻造齿轮是指在封闭的型腔内,通过两个以上模具或冲头挤压金属充满型腔,从而得到无飞边的近净尺寸的齿轮。该工艺技术起源于 20 世纪 50 年代的德国,20 世纪 70 年代初开发应用于我国,成熟于 80 年代中后期,兴盛于 90 年代中期,近年来在汽车、航天航空等行业齿轮零件的制造中发展迅速。经闭塞塑性成形的轻型车和微型车、农业机械及工程机械等领域的变速器齿轮、差速器齿轮、行星齿轮、半轴齿轮及锥齿轮等的精度和质量已能满足日益发展的整车需求——实现近净成形。

3. 分流锻造齿轮

该工艺是在毛坯或模具的成形部分建立一个材料的分流腔或分流通道，使金属的流动更容易以利于齿形尖角处金属的充满。分流锻造可以有效降低毛坯材料的变形阻力从而能够精密成形较大尺寸的齿轮。分流锻造的齿轮端面余量小，材料利用率高。在某些情况下，齿形端面可不加工，这避免了车削毛刺的发生。倒挡齿轮、结合齿轮、大模数直齿圆柱齿轮、正齿轮和螺旋齿轮等结构复杂、塑性成形极为困难的齿轮都可以采用分流锻造工艺成形。齿轮分流锻造成形后若追加一次冷精整，将会获得更高的精度，可完全满足汽车变速器齿轮的精度要求。

4. 冷摆辗齿轮

摆动式精密辗压技术适用于塑性成形回转体类的工件，例如盘齿轮、荆轮、锥齿轮及法兰盘等。摆辗工艺技术利用摆动的上模可以成形齿顶圆弧半径很小的齿型，并且有着精密的分齿精度。在成形离合器齿片时，达到了图纸要求的最大粗糙度为0.4mm。精密摆辗成形齿形件中获得最成功应用的零件就是汽车锥齿轮、同步器齿环，而汽车转向器变速比齿条的塑性精密摆辗成形是目前最经济、最合理的制造方法。

在生产轿车差速锥齿轮时，对切削加工、精密锻造和摆动式精密辗压三种不同的制造工艺技术生产的差速锥齿轮性能进行了试验。结果如下：以切削加工的差速锥齿轮为基础，精密锻造的差速锥齿轮的断裂强度提高了20%，抗弯曲交变应力的性能提高了10%；而摆动式精密辗压的差速锥齿轮的断裂强度提高了30%，抗弯曲交变应力的性能提高了40%。按照DIN 3965标准对分齿精度进行了检验：摆动式精密辗压的尺寸公差精度达到了ISO标准IT7级的要求，比图纸要求的IT 8级公差还要好，而利用精密锻造工艺只能勉强达到IT 8级；切削加工则只能达到IT 9级。与切削加工相比，摆动式精密辗压的差速锥齿轮生产费用仅为其80%，并且能达到比切削加工的表面粗糙度（*Ra* = 2.0mm）还要好的表面粗糙度（*Ra* = 0.3mm）。

5. 冷挤齿轮

按轮坯塑性变形和成形力的方式不同，冷挤可分为正挤、反挤、复合挤和冷镦。冷挤是利用凸模和凹模的相对移动产生挤压力，使坯料在模具的约束下塑性流动而得到齿形，常用于加工模数小于3mm的直齿圆柱齿轮、内齿轮、花键轴及花键孔等。冷镦是利用上模的锤击力使坯料在模具中受压缩而横向流动形成齿形，常用于加工锥齿轮及扁平齿轮等。

6. 冲裁齿轮

该工艺是利用齿轮形的冲压模（凸模和凹模）从板料中冲切出齿轮，适用于加工模数小于6mm、厚度小于10mm的片齿轮、齿条、棘轮、钟表齿轮和仪表齿轮等。冲裁齿轮的精度可达8级，断面粗糙度*Ra*可达0.16～0.32μm，齿轮的尺寸误差可控制在0.05mm以下，齿面粗糙度*Ra*可达0.3～3.5μm。对精度要求较高的齿轮，可在冲裁成形后再加一道研磨工序以精整齿形。

7. 滚压齿轮

该工艺是将齿轮形的轧轮向轮坯径向进给，并使轧轮与轮坯按一定速比相互滚动，使轮坯外周产生塑性变形轧出齿形。冷滚压可加工圆柱齿轮（直齿或斜齿）、非圆齿轮或带细齿的齿形零件，精度可达8～9级，齿面粗糙度*Ra*可达0.16～0.63μm。对模数小于2.5mm的齿轮，可从轮坯直接滚压出齿形；而对于模数大于2.5mm的齿轮，通常先采用切削加工粗切，或铸、锻出齿形，再对齿面滚压作精整加工。冷滚压一个齿轮的时间只需数十秒，效率非常高。

8. 热轧齿轮

热轧齿轮的工作原理与滚压齿轮相同，但热轧是在工件加热到1 000℃以上的热塑状态下进行的。热轧齿轮包括预热、轧制和整形等工序，单件生产时间平均不到1min，精度可达8～9级，一般不再精加工就可直接使用。对齿轮精度要求较高时，可在热轧时预留0.2mm的加工余量，然后用剃齿机或蜗杆砂轮磨齿机精切齿形。

9. 精密模锻齿轮

该工艺是把轮坯在保护气氛炉中加热到1 000～1 150℃，然后取出放到锻锤的下模中，用上模锤击数次锻出齿形。也可先预锻成形，然后再塑性精密成形齿形。精密模锻适合于加工模数小于4mm的锥齿轮（直齿或斜齿）。为了减少锻造过程中高温加热的轮坯接触空气而产生氧化皮的机会并提高齿轮精度，自20世纪70年代以来，较多采用高速锤进行高速锻造，这样可使轮坯在热塑性较好的状态下一次锤击成形。精密模锻后的齿轮需先去除飞边，然后以锻出的齿槽作定位基准钻、铰或镗削轴孔，再以轴孔为基准精加工齿轮外径和其他部位。对于精度要求较高的齿轮，可在模锻时预留0.5mm的加工余量，以便最后用机床精切齿形。

10. 粉末冶金齿轮

该工艺是将金属粉末原料（一般铁粉含量为93%～98%，铜粉含量为1.5%～4%，石墨含量≤0.3%）在模具中压制成形，然后将轮坯在保护气氛炉中以1 100～1 150℃的温度保温1.5～2.0h进行烧结。烧结后的齿轮一般不需或很少切削加工，可以完全达到尺寸精度要求，粉末冶金齿轮的精度可达9级左右。粉末冶金工艺可加工各种齿形的齿轮，尤其在汽车、摩托车齿形类零件中广泛使用，如油泵齿轮、主动齿轮、从动齿轮、离合器齿轮、棘轮、星形轮、双联齿轮及分电器齿轮等。但粉末冶金齿轮的内部一般含有5%以上的孔隙，材料密度为6.9～7.2g/cm^3，机械强度较低。因此，某些锥齿轮的制造常采用粉末锻造的方法，即先用粉末冶金方法制成轮坯，再将其加热至850～950℃进行精密模锻，最后去除飞边。锻后的齿轮性能好：密度可达7.75g/cm^{3}以上，几无孔隙；精度可达7级左右，齿面粗糙度*Ra*可达2.5～5μm。

二、齿轮精密塑性成形的优势

（1）节材。材料利用率大幅提高，由切削加工的30%～50%提高到70%～90%，材料利用率提高了40%左右。

(2)高效。生产效率达到5~20件/min,比机械切削加工方法提高十几倍甚至上百倍。

(3)节能。节能体现在以下三个方面:一是通过节约钢材实现了节能;二是通过提高生产效率实现了节能;三是由于塑性精密成形可以提高齿轮零件的机械强度,一些中碳钢或合金钢齿轮如农机齿轮等,可以利用冷成形后材料性能的提高,节省了后续热处理工序,从而实现节能。

(4)产品质量高。塑性成形的齿轮内部金属纤维是连续的,因而比切削加工和铸造产品有更高的韧性和机械强度,耐磨性大大提高,表面光洁度较好,尺寸误差小、精度高。

(5)生产成本低。由于节材及高效率的综合效应,使齿轮精密塑性成形总的制造成本显著降低。

三、我国齿轮塑性精密成形技术发展的趋势

目前,我国每年齿轮零件的总产量已是世界第一,但产品种类单一,技术含量低,高附加值产品较少,与世界先进水平相比还落后20~30年。近年来,根据对外开放和全球采购形势的要求,我国齿轮类零件的加工制造出现了精密铸造、精密锻造及复合塑性成形并举的局面。圆柱直齿轮、星轮、斜齿轮、锥齿轮、花键轴及齿形类连接套等均可塑性精密成形,而且随着精密铸造和锻造设备的开发、工艺的改进,以及新材料的研发,"以锻代削"、"以铸代削"将是齿轮加工的发展方向。根据金属的塑性成形原理,采用精密锻造、精密铸造工艺将齿轮齿形一次塑性近净成形或少无切削加工,将是提高齿轮产品精度和生产效率,降低生产成本,节材降耗的最有效途径。

〔撰稿人:郑州机械研究所孟令先、北方重工集团公司虞正平、中原工学院机电学院路明　审稿人:郑州机械研究所张元国〕

大模数齿轮发展概况

一般模数大于10mm的齿轮为大模数齿轮,模数为50~150mm的齿轮为超大模数齿轮。大模数齿轮具有吨位大、承载能力强等特点,主要用于冶金、矿山、大型风力发电、升船机以及各种海洋设备等特殊环境中,对国民生产及国家重大装备的建设起到相当大的作用。如:长江三峡升船机过船规模要求达到3 000吨级,承船厢总重量约13 000t,最大提升高度113m,是目前世界上运行条件最复杂、技术难度最高的升船机,其升降驱动机构所采用的就是模数高达62.67mm的大模数齿轮齿条,设计寿命要求长达50年,是整个升船机长期可靠运行的重要关键件之一。近年来,随着大模数齿轮在国家重大装备以及工程中的应用不断增多,国内针对大模数齿轮齿条展开了深入地研究和探讨,内容涉及到数字化设计、精密加工制造、硬齿面热处理、承载能力疲劳试验及断齿修复等各个方面。

一、大模数齿轮设计技术现状

大模数齿轮传动啮合原理与普通齿轮相同,基本理论已较成熟。近年来,数字化建模、承载能力试验及磨削裂纹的规避等基础研究得到了发展。如:雷勇涛、杨兆建等人采用C++语言和程序完成了大模数齿轮的数字化建模,通过探讨齿轮齿形数字化与一般数控加工方法的关系,推导出了关键工艺点和渐开线插补点的计算公式;阳培、刘忠明等人根据GB 3480标准中的计算方法,分析了齿轮传动中各主要几何参数对齿轮承载能力的影响规律,总结出了压力角、变位系数及刀具圆角半径系数的优化选择与提高大模数齿轮齿条承载能力的关系;李钊钢根据磨齿裂纹的形态,分析得出了渗碳淬火大模数齿轮齿面磨削裂纹的出现是由于齿面上的拉应力引起的结论,并根据渗碳淬火齿轮齿面上残余拉应力形成的机理,提出了通过提高淬火油温以控制心部及表层马氏体转变顺序,阻止表层在心部组织转变前产生转变,以保证最终在齿面形成残余压应力的预防措施;马宝、唐文献等人针对风电安装船齿轮齿条式升降系统中所设计的超大模数渐开线圆柱齿轮,基于Pro/E建立了精确的齿轮齿条啮合参数化模型,研究了齿轮齿条在一个啮合周期内接触应力及弯曲应力的变化规律,得出接触应力在齿面成不均匀分布,存在较明显的边缘效应,以及最大接触应力发生在单齿啮合区的下界点,最大弯曲应力出现在单齿啮合区上界点上的结论;郑州机械研究所则开发了用于三峡升船机大模数齿条测试验证与性能评价的试验装备,可以对大尺寸、大模数齿条的静强度、疲劳强度、综合性能等进行试验验证和评价。

二、大模数齿轮成形加工技术现状

大模数齿轮齿条的加工属于极限加工,技术含量高,并且在大模数齿轮应用中遇到的问题也最多。目前,我国主要采用线切割、成形法和展成法进行大、中模数齿轮齿条的切削加工,如采用螺旋槽指形铣刀、仿形铣刀、圆柱形滚刀(很少使用)及波形滚刀等刀具加工齿形。近年来,国内很多学者针对这些传统的加工方法进行了更为深入的研究和技术创新。如:杨德卿、刘俊霞等人对普通铣床进行数控改造,使用圆柱铣刀按照渐开线的发生原理,采用展成法的方式可直接加工模数为16~40mm的齿轮,并对齿轮加工精度提高的方法和效果进行了分析;龚永坚、戴素江等人分析了大模数齿轮指形铣刀计算机辅助设计系统的结构特点和指形铣刀的设计方法;李兆君则研究了在数控加工中影响精铣齿形质量的关键因素,探讨了高精度大模数齿轮精密铣齿的工艺方法;韩晓卫提出了一种采用三面刃铣刀粗铣来提高大模数齿轮加工效率的方法;孙进平研究了采用硬质合金刮削滚刀加工大模数、少齿数渗碳淬火硬齿面齿轮的方法,通过分析得出该方法能够减小齿面精磨余量和磨齿机的负荷,并能缩短生产周期,降低制造成本。

国外超大模数齿轮均采用数控火焰精密切割工艺加

工,其齿面不需要精加工即可达到使用的要求。数控火焰精密切削成形技术是一种节约能源、降低消耗、提高效率的新工艺。这种加工超大模数齿轮的技术是将空气动力学中的超音速喷管原理应用于割嘴的结构设计上,通过提高切割氧气流的出口速度和减少紊流度,使高速氧气流激烈氧化切口的燃烧反应区金属,并强烈冲刷切口的氧化熔渣,从而使切割速度和切割面质量得到显著提高,是先进切割技术中的重要组成部分。与传统的切削加工相比,数控火焰精密切割加工具有效率高、材料利用率高、加工柔性好、自动化程度高等优势。但我国数控火焰切割多用于下料或低强度材料切割,在超大模数、高合金材料、大厚度的齿轮齿条精密切割成形方面,技术尚不成熟。为了跟踪国际的先进热切割技术,我国学者在火焰切割理论方面也作了不少工作。如:叶廷洪研究了燃气燃烧特性对火焰切割性能的影响;陈冬青等人提出了计算燃气组分的几何规划法;肖聚亮等人对割炬轨迹作了较深入的研究;吴晋湘等人通过对大加速度场中二维轴对称的层流燃烧过程数值模拟的研究,探讨了大加速度场作用于燃烧过程的机理;朱娜运用特征线法和多重网格法求解管内气体流动的流场;龚时华等人研究了实现数控火焰切割 CAD/CAM 系统的关键技术;章文献等人对数控火焰切割机控制系统进行了较深入的研究;刘嘉敏等人对二维不规则形状自动排料算法进行了研究,促使切割自动寻优排料,提高了效率和材料的利用率;周见广等人利用 PIV 技术对火焰结构、燃烧流场进行了初步测量研究。目前,国内少数企业在超大模数齿轮数控火焰精密切割工艺上也有了一定的突破。如郑州机械研究所对用于海洋平台垂直升降系统中的模数为 101mm 的特大型齿轮就采用了火焰切割的方法进行加工。

三、大模数齿轮热处理技术现状

齿轮的承载能力主要由齿根的弯曲疲劳强度及齿面的接触疲劳强度所决定。随着齿面硬度的提高,齿面接触疲劳强度和齿根弯曲疲劳强度也相应提高,抗磨损能力相应增强。据瑞士 MAAG 厂的数据显示:当调质硬度为 300HB 时,许用弯曲应力为 300MPa,许用接触应力为 850MPa,承载能力提高 70%;当渗碳淬火使硬度达到 60HRC 时,则许用弯曲应力为 500MPa,许用接触应力为 1 600MPa,承载能力提高 88%。

大模数重载齿轮以硬齿面为主,调质齿轮向中硬齿面发展,这已是国内外的技术发展趋势。近年来,依托海洋平台和三峡升船机等国家重大装备对大模数齿轮齿条的需求,我国很多企业和学者针对硬齿面大模数齿轮的热处理技术进行了广泛的研究。如:刘小林、郑辉等人对 38CrMoA1A 钢大模数齿轮进行了深层离子渗碳工艺试验,检测了离子渗碳层的组织和显微镜硬度分布,得出了 38CrMoA1A 钢大模数齿轮经深层离子渗碳后,其耐磨性能显著提高的结论,并探讨了中碳合金钢大模数齿轮深层离子渗碳工艺代替低碳合金钢大模数齿轮渗碳淬火工艺的可能性;李光瑾、任颂赞等人分析比较了多种重载大模数齿轮深层渗碳层深的确定方法,列出了近年来部分重载齿轮对渗碳层深度要求的变化,并选用不同直径的代表性试样和齿形试样,进行了淬硬层应力测定,认为可以从压缩现有深层渗碳层深冗余和在归结层深变化的基础上,实现深层渗碳工艺的精益化,在确保齿轮承载能力的前提下,适当降低渗碳层深度,使深层渗碳成为节能减排、清洁高效的加工技术;许春青则通过设备改进解决了大模数齿轮单齿中频淬火根部软带过大的问题;聂福全、何松志等人探讨了大模数齿轮单齿面连续加热高频感应淬火热处理的工艺参数制定方法;石娟、戴忠森等人根据齿轮淬火硬化层深的计算理论,进行了齿轮激光淬火与渗碳淬火有效硬化层深的对比研究,并根据国内外齿轮激光淬火试验与应用研究的结果,提出了大模数齿轮激光淬火硬化层深的取值范围;二重精衡公司则通过引进德国公司的大型数控感应淬火机床,以及对大模数齿轮表面感应淬火工艺的多种试验,顺利完成了三峡升船机齿条表面淬火工艺的试制,解决了大模数铸造齿条表面淬火容易产生裂纹和变形等难以控制的问题。

四、大模数齿轮修复技术

因为大模数齿轮的体积大、加工难度高,所以生产周期长、成本高。在故障设备中,测绘并重新定做已损坏的大模数齿轮,即使投入大量的人力物力也会对生产经营造成一定的影响,而针对大模数齿轮,进行断齿及齿面修复则会达到事半功倍的效果。因此,国内外均对大模数齿轮修复技术进行了深入的研究,我国在这方面也积累了一定的经验。如:殷荣幸针对轧钢厂三辊劳特式粗轧机传动系统中的关键件 40CrMnMo 钢大模数齿轮轴(模数为 36mm,齿数为 19,质量约为 12t),通过试验获得了合理的坡口形式、焊接材料和焊接参数,实现了大模数齿轮齿面的 MAG 焊修复;肖伟、刘红建等人根据实际工作经验总结得出了植入堆焊修复齿轮断齿的方法,通过在齿轮断截面钻孔、攻丝、植入螺钉堆焊,修复了齿轮断齿(模数为 12mm,齿数为 128,齿轮材料为 ZG35Mn);邵坦华、周丽霞等人通过试板的工艺试验,证明了联合使用 D132 + D112 或 D132 + J422 进行大模数齿轮堆焊修复的可行性;冯岩竹通过采用正火、中间退火。及多次淬火等多种中间热处理手段,对大模数齿轮渗碳后公法线长度超差问题进行了试验研究,找到了一种有效的超差补救措施。

目前,尽管国内对超大模数齿轮的研究有很大进展,但很多理论尚不健全,有些加工方法还没有得到广泛应用,如数控火焰精密切割等。国外在数控火焰精密切割成形理论和应用方面进行了大量卓有成效的研究,并已转化为生产力。为了进一步提高我国的自主研发能力和跟踪国际先进技术水平,有必要对超大模数齿轮齿条的设计制造技术进行系统的基础理论研究,为实现超大模数齿轮齿条及特大型零件的加工,提供可靠的依据。

〔撰稿人:郑州机械研究所李纪强、王振、王征兵　审稿人:郑州机械研究所刘忠明、张和平〕

非圆齿轮概述

非圆齿轮是一种能够实现变速比传动的齿轮机构，利用其节曲线设计的不同，可以实现不同的传动比变化规律。非圆齿轮兼有凸轮及齿轮两者的优点，既能实现凸轮的变速传动，又易于控制实现齿轮的精确高效传动，在打印机、机床、仪器仪表、航空航天以及纺织机械、农业机械等诸多机械设备中得到了较大广泛的应用。

一、非圆齿轮的发展历程

非圆齿轮最早出现于19世纪末荷兰制造的立车刀架快回机构中，由于其设计、制造复杂，在相当长的一段时间内没有得到应用推广，其发展可大致分为以下三个阶段：

1. 理论研究阶段(20世纪初期至60年代)

20世纪60年代以前，非圆齿轮的研究主要集中在理论方面，解决了啮合理论和设计方面的许多基本问题，确定了非圆齿轮齿廓啮合所要满足的几何条件。但受当时社会生产力发展水平的限制，这段时期针对非圆齿轮的设计主要依赖手工计算，费时费力。加工手段也较落后，主要依靠靠模法、分度近似切齿法、断续展成法和铸造法制齿，生产效率和加工精度都较低，使得非圆齿轮很难得到应用推广。

2. 低潮阶段(20世纪60年代至80年代)

这个时期，非圆齿轮的发展一直处于低潮，究其原因有：①受科学计算手段发展水平的限制，更深层次的理论研究和应用难以开展；②受制造装备业发展水平的限制，生产效率和加工精度依然较低，难以满足市场要求。

3. 推广应用阶段(20世纪80年代至今)

进入20世纪80年代，伴随着计算机和数控加工技术的快速发展，非圆齿轮也进入了快速发展期。针对非圆齿轮，各国学者在设计、加工、应用等各方面都进行了深入的研究。如日本的香取英男、山崎隆以及我国郑州机械研究所的刘忠明等人均针对非圆齿轮CAD/CAM系统进行了研究和开发，这些系统实现了非圆齿轮从设计到加工的自动化，解决了非圆齿轮设计难、计算量大的历史难题。在这一时期，随着计算机技术的发展，非圆齿轮的开发已广泛采用计算机辅助设计系统。数控滚齿机、数控插齿机及线切割机等新型智能设备的出现也使非圆齿轮的加工易于实现，并能获得很好的加工精度。我国也正是从这个阶段才开始针对非圆齿轮进行广泛的研究和应用探索的。

二、近年非圆齿轮技术发展状况

近年来，伴随着我国科学技术的快速发展，对高精密机械、仪器仪表等设备具有很大的市场需求。非圆齿轮作为这些设备中变速比传动的主要部件之一，也得到了较为广泛的重视。据不完全统计，2009年至2012年9月在国内期刊杂志上发表的相关论文就已达47篇，分别从设计、制造、测绘、仿真、啮合特性及承载能力等多个方面进行了较为全面的研究。

1. 设计方面

非圆齿轮的啮合理论得到进一步深化，三维设计仿真软件得到开发。如：王雷、张瑞等人基于啮合角函数建立了非圆齿轮重合度与极角的关系，通过研究齿廓曲线的极限啮合位置、根切界限点及齿顶变尖点等问题，引入了极限重合度的概念，并提出了一种精确控制非圆齿轮重合度的方案；Hector Fabio等人从非圆齿轮齿廓上特异点的基线和构成研究入手，讨论了节线曲率半径对许可齿高的影响；胡宇龙通过建立引纬机构的逆运动学模型，探讨了非圆齿轮的反向设计；高雪强、葛敬侠采用Visual Basic语言进行了SolidWorks的二次开发，实现了根切校验、凸性校验、压力角计算和非圆齿轮的三维参数化实体建模；胡赤兵、孔德永等人探讨了运用Pro/E绘图模块创建非圆齿轮实体参数模型的方法，并根据制造模块对非圆齿轮进行线切割加工，通过创建非圆齿轮加工刀具路径和设置刀具及工艺参数，模拟了刀具加工过程；范素香、齐新华等人依据齿条刀具范成法加工原理，建立了齿条刀具和非圆齿轮节曲线的数学模型，通过模拟齿条刀具加工非圆齿轮齿廓的形成过程，在Matlab中计算出了包括齿根、齿根过渡曲线、齿顶及渐开线在内的非圆齿轮的全部齿廓点数据，并通过将齿廓数据导入UG，生成了齿廓样条曲线，完成了非圆齿轮的三维建模。

2. 制造方面

非圆齿轮的加工测量方法和机床设计得到广泛探讨。如：余生福、姜衍仓等人针对非圆齿轮提出了一种新的滚齿加工自动对刀方法，这种方法的对刀原理是在滚刀轴和工件轴上各加装一个光电编码器，通过合理设置各轴光电编码器零位信号与其各自的机械零位相重合，实现了非圆齿轮滚齿加工的精确自动重复对刀；刘海军以极坐标测量原理为理论基础，采用极坐标跟踪测量技术，设计了基于DSP(数字信号处理器)和FPGA(现场可编程门阵列器件)的数据采集、控制系统，可以对非圆齿轮的齿廓进行连续自动跟踪测量，实现了对非圆齿轮误差的测量和综合评定；贺敬良、李建刚等人提出了用成形砂轮展成磨削法磨削非圆齿轮的方法，并给出了利用该原理进行数控加工、数据计算的方法，解决了非圆齿轮硬齿面无法精加工的难题，使非圆齿轮应用于精度要求高的场合成为可能；李建刚、毛世民提出了一种非圆齿轮磨前齿廓设计的方法，该方法通过研究不同齿顶高的成形砂轮包络出的非圆齿轮齿廓，将非圆齿轮理论齿廓分为工作齿廓、非工作齿廓和齿根曲线三部分，通过对工作齿廓部分设计一种正余量来保证磨削精度，对非工作齿廓部分设计一种负余量使砂轮顶部不参加工作，增加了砂轮寿命，同时保证不会产生根部应力集中，齿根部分不变，最终得到了非圆齿轮磨前齿廓设计；赵魏、李建刚等人则根据成形砂轮展成原理，在已有的三轴机床上通过技术改造实现了非圆齿轮的磨削,并验证了针对改造所设计的非圆齿轮磨削控制系统的正确性;胡赤兵、党华甫等人基于嵌入式软核处理器 NiosⅡ开发了非圆齿轮滚齿加工控制系统,利用 FPGA 实现了电子齿轮的合成运动,很好地满足了非圆齿轮滚切过程中所需的实时变传动比要求,并通过 I/O 处理及精插补算法,实现了软硬件的高精度、高速度协同工作。

3. 承载能力校核方面

针对非圆齿轮的轮齿力学模型、强度计算方法及动力学分析等多方面展开了深入研究。如:林超、倪孟岩等人从静力学基本原理出发,建立了非圆齿轮传动的静力学模型,推导出了非圆齿轮静力学参数计算公式,并根据齿轮系统动力学,采用虚拟仿真技术建立了非圆齿轮传动的动力学虚拟模型;李纪强、刘忠明则通过对非圆齿轮压力角、重合度、齿廓曲率半径、角速度及角加速度等啮合特性参数随极角变化规律的分析,探讨了非圆齿轮齿根弯曲疲劳强度、齿面接触疲劳强度的计算方法;王雷从基本的啮合原理出发,建立了综合考虑时变刚度、惯量的非圆齿轮扭转振动动力学模型,通过将每个啮合位置的非圆齿轮副等效成相应的圆柱齿轮副,解出了非圆齿轮单齿平均刚度,在考虑参数化的重合度因素下,获得了齿轮副在任意啮合位置的综合啮合刚度,最终提出了通过调整重合度来改善非圆齿轮动力学性能的基本理论,提出了一种对非圆齿轮主振区及主振峰位置进行预估的方法。

三、非圆齿轮新产品开发及市场现状

非圆齿轮传动是一种市场需求总量相对来说较小的特种齿轮传动,但应用却极其广泛。非圆齿轮与某些机构组合可以实现多种特殊规律的运动,其动力性能及精度也较其他变速比传动机构具备较大优势。近年来,通过运用非圆齿轮技术开发了一系列性能优良的传动机构。如:在轻工机械领域,基于非圆齿轮—曲柄摇杆机构的数学模型,开发了用于游梁式抽油机的变速比机构,达到了节能、提高泵效以及曲轴动平衡等多种效果;在农业机械领域,基于傅里叶节曲线进一步优化开发了用于高速插秧机分插机构的旋转式非圆齿轮行星轮系;在精密冲压机床中,针对传统压力机在精密冲压时冲头难以严格按照理想曲线运动的问题,开发了一种基于非圆齿轮的新颖驱动机构方案,通过合理设计非圆齿轮的节曲线能够使冲头严格按照理想速度规律运动,并且,该机构与原有机构相比具有设计简单、结构紧凑及冲压精度高等优点;在高速插齿机床中,设计了非圆齿轮插齿机主运动急回机构,其与传统机构相比,插齿行程速度特性和急回特性具有较为明显的改善。

目前,非圆齿轮不但在我国生产的很多机械产品中得到了应用,而且,在我国所进口的许多设备上也都具有非圆齿轮机构,因此,非圆齿轮的产品设计和设备维护具有一定的市场空间。但与传统圆柱齿轮市场相比,非圆齿轮市场规模较小,同时较为分散,这对我国非圆齿轮市场的开拓以及专业生产厂家的形成均产生了一定的影响。

四、对非圆齿轮发展的几点建议

为了非圆齿轮得到更快、更好的发展,现结合非圆齿轮发展中存在的一些问题,提出以下几点建议:

1. 基础研究有待进一步深入

目前,虽然非圆齿轮的 CAD/CAM 技术已较为成熟,设计难、制造难已经不再是非圆齿轮应用的阻碍,但其承载能力计算、啮合特性分析以及动力学仿真等方面的研究有待进一步加强。用于高性能动力传动的非圆齿轮将是市场需求的一个重要方向。

2. 非圆齿轮的技术推广也有待进一步加强

应大力推广非圆齿轮传动技术,使广大机械工作者充分认识到非圆齿轮在变速比机构中的优越性,同时,加强非圆齿轮传动产品的开发,增加非圆齿轮在机械结构设计中的可选性。

3. 建立网上交易和信息发布平台

充分利用互联网技术弥补非圆齿轮市场用户分散、批量小的劣势,为供需双方提供高效便捷的交流平台,并加强非圆齿轮专业制造厂商的培养,进一步提高我国非圆齿轮的设计制造能力和企业的竞争力。

〔撰稿人:郑州机械研究所李纪强、王振、王征兵　审稿人:郑州机械研究所刘忠明、张和平〕

双余度齿轮减速器发展概况

工业机器人在现代工业领域应用广泛,其多关节机械手及机械臂,尤其是在工作环境恶劣的情况下,对传动机构的可靠性要求很高,然而,目前我国机器人关节机械手及机械臂活动机构中传动部件的可靠性还不高。双余度齿轮减速器具有结构紧凑、重量轻及可靠性高等特点,它采用两个电机同时驱动,当其中一个电机出现故障时,另一个电机仍能够使机构正常工作,从而满足整个系统的高可靠性要求,因此,双余度小模数精密齿轮减速器能够满足工业机器人传动部件高可靠性的要求,应用前景十分广阔。

由于机械臂活动机构受体积、重量等因素影响,故广泛采用双余度齿轮减速器,因为双余度齿轮减速器的齿轮传动装置一般都是采用小模数或超小模数齿轮,齿轮模数为 0.05 ~ 1.0mm,在体积、重量等方面具有显著优势。目前国外生产的小模数行星齿轮装置的运动精度和回差小于 1′,齿轮精度最高可达 1 级,批量生产时齿轮精度可达 3 ~ 6 级。在小模数齿轮制造方面:瑞士生产的齿轮加工精度为 2 ~ 5 级,机械切削加工生产出的齿轮最小模数为 0.038mm;德国、日本生产的齿轮最高加工精度为 3 级,例如德国的 TANDER、Hänel、Feinwerk Tchnik GmbH 等公司可以批量生产精度为 3 ~ 4 级、模数≤0.2mm 的小模数齿轮;美国的 HD SYSTEMS,INC. 公司生产出了号称世界上最小的谐波减速器,减速器外形尺寸仅为 12mm,所用齿轮的模数为0.042mm；日本的Hori，Kohei/Murata和Yoshiharu用直径为25μm的钨丝切割出模数为0.024 mm、齿数为9、直径为0.28mm的齿轮；德国的Liess、Helmar/Heinzl和Joachim用波长为1 064nm的Nd：YAG－IR激光和波长为355nm Nd：YAG－UV激光加工出模数为0.038mm的小模数齿轮。

国外在双余度和多余度系统研究方面投入了大量的人力和经费，这方面的技术已经成熟。如：在国外机械臂重要活动部件中，常采用双驱动方式；在重要的飞控系统中，也已经采用了双余度齿轮传动方式；国外航天器重要活动部件中一般采用双输入驱动方式，如国际空间站加拿大机械臂、俄罗斯太阳翼和天线驱动机构等。

我国曾对双余度空间机构开展过研究，但鉴于其传动复杂、加工和装调难度大、精度要求高等，没有开展产品应用方面的工作。

双余度齿轮减速器的关键技术主要包括以下几个方面：

（1）双余度和多余度齿轮传动技术。齿轮传动的余度结构采用的是多轴输入、单轴输出的形式，这使齿轮副在力矩综合的同时实现减速，在多轴综合构成余度的系统存在力纷争问题。产生力纷争时输出力会出现相互对顶的现象。输出力的增大及饱和将使输出轴很容易疲劳甚至断裂，造成严重的问题。另外，力纷争问题还直接影响到输出特性，相互顶牛势必使其承担额外的负载，从而影响负载的正常驱动。所以，必须对双余度和多余度的传动原理进行深入研究，尽量从传动原理上消除或减轻齿轮副之间的力纷争问题。

（2）传动装置回差有待进一步减小。影响齿轮传动静态回差的主要因素包括：组成齿轮装置的主要零部件的制造、装配误差，轴承间隙及弹性变形等，由于受体积等因素影响，限制了一些消隙技术的应用，因此，在技术设计阶段，要在零件选择、结构设计等方面采取措施以达到减小回差的目的。

（3）传动效率、摩擦阻力矩均匀性等方面需要进一步提高。必须合理设计传动参数，根据传动装置运行环境，选择合理的润滑方式，了解润滑油品的各项参数，合理选择润滑油品，达到降低摩擦、提高传动效率的目的。

（4）进一步展开传动装置的可靠性和寿命分析及试验验证工作。为获得更高的可靠性是传动装置采用余度设计的最根本目的。对双余度和多余度齿轮传动装置的可靠性进行研究，就是为了更深入地了解采用余度技术对可靠度参数的具体影响，看其是否满足设计提出的可靠度要求，以及提高可靠性之后对传动装置整体性能带来的影响。

目前，郑州机械研究所在双余度齿轮减速器方面进行了系统的研究，研究内容主要包括双余度和多余度传动技术，传动精度和回差控制技术，结构设计与优化，材料研究，零件加工及装配工艺研究，样机试制及可靠性等并积累了一些宝贵经验。

〔撰稿人：郑州机械研究所陆军、张元国、余飞鹏　审稿人：郑州机械研究所王长路〕

微小齿轮发展概况

一、微小齿轮概述

微小型齿轮作为微机械的重要零部件，在航空航天领域的微卫星和微型飞行器的微陀螺仪中、军用和民用微型机器人中、现代医疗设备和仪器仪表中都得到了广泛应用。随着技术的不断发展，要求这些精密齿轮传动装置的体积越来越小，重量越来越轻，精度越来越高，也就必然要求齿轮的模数越来越小，精度不断提高，这就要求不断开发微小齿轮的新的加工方法。

当机械尺寸微小化并达到微米层次后，实际上已超出了常用于宏观机械的传统理论的适用范围。目前，人们除了对微机电系统的设计、加工与制造技术还没有足够掌握之外，还有一个关键问题是对微机电系统的强度及破坏机理缺乏足够的认识，其原因就是人们将面临着一个科学难题——尺寸效应。应当强调指出，微机电系统并非传统意义下宏观机械的简单几何缩小，这是由于机械尺寸微小型化以后会出现：首先，构件材料本身的物理性质及其对环境变化的响应将有很大的改变；其次，微机电系统的力学特性、构件在环境介质中的行为以及所受体积力和表面力的相对关系等均发生变化；另外，由于制造工艺和技术的难度将会造成构件间的几何误差和接触摩擦等。所有这些都超出了传统科学理论所能解释的范畴。

二、微小齿轮的研究现状

随着微机械制造技术的产生和发展，越来越多的人们开始从事微型齿轮制造工艺的研究，越来越多和越来越小的微型齿轮相继问世。例如：继1987年美国加州大学伯克利分校制造出微马达及微型齿轮之后，美国Ruthefford Appleton实验室做出了直径为700μm的微型齿轮。德国美茵茨微技术研究所利用LIGA（Lithographie Galvanformung Abformung）技术和精加工相结合，成功制造出直径为1 192μm、高度为500μm的微型齿轮；日本采用微挤压等工艺和技术成功加工出模数为10μm、节圆直径为100μm的微型齿轮轴和分度圆直径为300μm、齿高为50μm的微型齿轮。匈牙利科学院的Pe' ter Galajda及其合作者利用双光子加工完成了直径为5～10μm的相互啮合的微型传动齿轮组。另外，德国Karlsruhe研究中心与日本Sumitomo Heavy Industry公司合作开发并制作了一个直径为2mm的微型摆线齿轮传动装置，它是采用LIGA技术经多次曝光实现的。

近年来，我国也积极开展了微型齿轮方面的研究，并取得显著成果。例如：1998年上海交通大学用微细电火花技术研制出模数为0.06mm、减速比为44:2的微型行星齿轮减速器，而后又研制了模数为0.03mm、最大外径为2mm的3K－2型微型行星齿轮减速器；中国科学院长春光学精密机械研究所用准LIGA技术制作了厚度为15μm、外径400μm的微型金属齿轮；中国科学技术大学国家同步辐射实验室利用LIGA技术成功制造出直径为35μm、厚度为100μm的微型齿轮；2002年中国科学技术大学在一种特殊的光刻胶上加工出一个微型双联齿轮，大齿轮外径为25μm，小齿轮外径为15μm，整个结构全高16μm；另外，中国科学院物化技术研究所通过多光子聚合并行加工技术加工出由多个微齿轮构成的微机械系统；江苏大学利用飞秒激光双光子聚合加工技术加工出齿宽为5μm的ORMOCER材料微齿轮，加工精度为0.7μm；2010年郑州机械研究所通过对厚胶光刻和微电镀等技术的研究，解决了大深宽比微齿轮传动装置制作中的工艺难题，制作出了模数为0.04mm，齿数为18，齿厚为250μm，轴高为450μm的微齿轮及微齿轮箱样品，并测量了微齿轮的尺寸及基体材料的硬度和弹性模量。

目前，对微齿轮的研究主要集中在微齿轮的制造技术方面，而对微齿轮的理论研究则较少，主要有：彭云峰等分析了微齿轮与普通齿轮的一些区别，并提出了微齿轮基础研究中的主要问题和应该注意的关键问题；李月琴等用近年来的一些实验结果说明金属材料在微米尺度具有明显的尺寸效应，分析了微构件的表面效应，研究了产生表面效应的分子间作用力、尺寸效应和表面效应对微齿轮的齿根强度、齿面接触强度及齿面摩擦的影响；张华中等给出了处于二维空间任意位置的标准微齿轮渐开线和齿根过渡曲线的数学模型，讨论给出了标准2K－H微齿轮系统的运动学仿真理论和运动学程序流程图；杨平等利用泰勒公式建立了微齿轮渐开线简化数学模型，然后根据Hamaker假设和Morse势函数，引入分子动力学中的截断半径，提出了一种计算齿廓刚刚接触时两接触齿廓间范德瓦尔斯力的连续介质方法，并采用此方法对实例进行计算，计算结果证明了该方法的可行性；路明通过建立“基于粒子间作用力的连续介质二维模型”，推导出了具有复杂几何形状的标准渐开线直齿圆柱齿轮的弹性系数、弹性模量的计算公式，研究了尺寸效应对其弹性系数、弹性模量的影响；张萌以一对工作在真空环境中的、处于传动啮合状态的标准渐开线直齿圆柱齿轮为研究对象，在考虑表面力——卡西米尔（Casimir）力的作用下对微齿轮传动的接触力进行了研究。

三、微小齿轮的制造技术

目前，国内外在微小型齿轮的制造加工方面，主要采用下列一些方法。

1. 滚刀加工

目前，小模数齿轮制造工艺技术以展成法的金属切削加工为主，可以加工最小模数为0.1mm的小模数齿轮，且加工质量较稳定。对于模数为0.1mm以下的微小模数齿轮，用滚刀切削方法加工有较大难度。

2. 微细三束加工

微细三束加工主要指电子束、离子束和激光束加工。激光束加工又包括激光蚀除加工和快速成形工艺。

激光是一种亮度高、方向性好和单色性好的相干光，聚焦后可在千分之几秒内急剧熔化和汽化各种材料。激光束具有良好的可检性，易于进行各种复杂形状的微细加工。激光束在微细加工中的主要应用有打孔、焊接、修整、调整及光刻等。

电子束微细加工过程如下：在真空条件下，利用电子枪中产生的电子经加速、聚焦，形成高能量密度（10^6～10^9W/cm^2）的极细束流，使其以极高的速度轰击工件被加工部位，使该部位的材料在极短的时间（几分之一微秒）内达到几千摄氏度以上的高温，从而引起该处的材料熔化或蒸发，然后被真空系统抽走。电子束微细加工主要用于打孔、窄缝、焊接和大规模集成电路的光刻化学加工。

离子束微细加工是利用离子源产生的离子，在真空中经加速、聚焦而形成高速高能的束状离子流，使之打击到工件表面上，从而对工件进行加工。

3. 光刻－电铸工艺

光刻－电铸工艺加工的尺寸精度可达20nm。目前，该工艺被广泛用于制造各种微传感器、微陀螺仪、微光学器件及微马达等。

光刻－电铸工艺主要包括LIGA、准LIGA等。LIGA（LIGA是德文Lithographie，Galanoformung和Abformung三个词，即光刻、电铸和注塑的缩写）工艺是一种基于X射线光刻技术的MEMS加工技术，主要包括X光深度同步辐射光刻、电铸制模和注模复制三个工艺步骤。由于X射线有非常高的平行度、极强的辐射强度和连续的光谱，使LIGA技术能够制造出高宽比达到500、厚度大于1 500μm、结构侧壁光滑且平行度偏差在亚微米范围内的三维立体结构。LIGA技术被视为微纳米制造技术中最有生命力、最有前途的加工技术。

由于LIGA技术需要极其昂贵的X射线光源和制作复杂的掩模板，使其工艺成本非常高，限制了该技术在工业上的推广应用。于是出现了一类应用低成本光刻光源和（或）掩模的制造工艺，其制造性能与LIGA技术相当，通称为准LIGA技术。主要有用紫外线为曝光源的UV－LIGA技术，以准分子激光为光源的Laser－LIGA技术和用微细电火花加工技术制作掩模的MicroEDM－LIGA技术，用DRIE工艺制作掩模的DEM技术等。其中，以SU－8光刻胶为光敏材料、紫外线为曝光源的UV－LIGA技术，因具有诸多优点而被广泛采用。

4. 微细电化学加工工艺

电化学制造技术是一种特种加工技术，目前在微细加工中已占有重要的位置。电化学制造技术按原理分为两类，一类是基于阴极沉积的增材制造技术——电铸（electroforming），另一类是基于阳极溶解的减材制造技术——电解加工(electrochemical machining)。

微细电化学加工工艺可以加工传统机械加工方法(车、铣、刨等)难以加工的导电材料。该工艺加工速度快,加工速度与被加工表面的尺寸无关,没有工具电极的损耗,不会在被加工工件表面残留热应力,加工完成后没有毛刺且表面粗糙度低,可以加工更为复杂的结构。

将电化学加工与 SPM 加工技术结合,可使加工结构的量级进入 100nm 以内。日本精工已实现了加工 1μm 的微细刻蚀线条和直径 600μm、厚 100μm 的微小齿轮。

5. 微细电火花加工

微细电火花加工的原理与普通电火花加工原理基本相同。微细电火花加工技术的研究起步于20 世纪70 年代。起初的研究以微孔加工为目标,随着电力电子技术的发展和加工装置的逐渐完善,特别是 1984 年东京大学增泽隆久等人发明的线电极电火花磨削技术的逐步成熟与应用,微细电火花加工技术的研究逐步拓展到了三维微细型腔的加工中。

微细电火花加工采用极细丝径的线切割工艺,已广泛应用于模数小于 0.2mm 的微细齿轮的加工。日本、美国的公司均能用线切割工艺制作模数为 20 ~ 40μm 的微小齿轮。

6. 微细塑性变形加工

微细塑性变形加工是先利用微细工艺得到高精度的微细工具或微细模具后,再采用塑性变形加工,如精密冲压或微细压印工艺,加工成形零件。现有的技术水平能加工模数为几十微米的微型齿轮。冲头的制作可采用微细电火花靠磨工艺,或者采用光刻电铸工艺成形,截面可以为任意复杂形状。对于高精度小模数齿轮(如精度等级 5 级以上),用这种方法加工,精度很容易达到 2 ~3 级,还可达到纳米级。

7. 注射成型加工

注射成型法用于加工塑料齿轮,由于其能在短时间内实现大批量生产,因此多用于加工办公室机器、家用电器等较轻载荷下使用的齿轮。近年来,随着注射成型技术不断提高、注射材料性能的不断改进,注射成型齿轮的精度也大幅提高。

8. 粉末冶金法

粉末冶金法是将金属粉末在模具中高压成形后,进行高温烧结固化而成的烧结金属齿轮,即粉末冶金齿轮。其机械强度比塑料齿轮高,可在中等载荷条件下使用。粉末冶金法适于大批量生产。但模具成形后,经过高温烧结,变形较大,因此要达到较高的精度,在烧结后还要对齿轮进行精加工。由于轮齿微小,故微型齿轮的精加工比较困难,加之金属粉末的金属颗粒较大,从而限制了其形状精度和表面粗糙度的降低。

9. 其他加工方法

采用半导体制造法、拉刀法也可制造微型齿轮。例如,用拉刀可以拉制内齿轮等。随着对微型齿轮的需求越来越多,新的制造方法和批量生产技术也将不断出现。目前,线切割电加工、LIGA 工艺、激光加工及快速成形等方法和工艺的核心技术在国外还处于保密状态,国内只有部分高校正在研究,还没有形成产业化。

〔撰稿人:中原工学院机电学院路明　审稿人:郑州机械研究所:王长路、张元国〕

火电齿轮箱发展概况

一、我国火电行业概况

火力发电一般是指利用煤炭、石油和天然气等燃料燃烧时产生的热能来加热水,使水变成高温、高压水蒸气,然后再由水蒸气推动发电机来发电的方式。我国的火电厂以燃煤为主。2007—2011 年,我国火电装机容量占总装机容量的比例为 70% 左右,火电发电量占总发电量的比例为 80% 左右,由此可见,火电在我国能源结构中处于主导地位。

随着不可再生资源的不断减少,原材料价格的不断上涨,还有国家执行节能减排政策的力度不断加大,这些使得火电的装机容量增速和发电量增速略低于电力行业的装机容量增速和发电量增速,火电行业占电力行业总装机容量的比例和发电量所占比例呈小幅下降趋势。但由于火电在电压稳定、频率稳定、持续供应等自然特性方面比其他能源具有较大的优势,故在电力行业依然占据着举足轻重的地位,而水电受自然地理原因限制,在大部分地区仅仅起到调峰作用。自日本核电危机后,我国核电项目审批暂缓,但由于其他新能源的占比太低,还无法在短时间取代火电。因此预计未来 1 ~3 年内,火电仍将处于我国能源结构中的主导地位,装机容量占比和发电量占比虽然会有小幅下降,但依然会保持在 70% 和 80% 左右。2007—2011 年火电在电力行业的地位见表 1。

表 1　2007—2011 年火电在电力行业的地位

项　　目		2007 年	2008 年	2009 年	2010 年	2011 年
装机容量	总装机容量(万 kW)	71 329	79 295	87 407	96 219	105 576
	总装机容量增长率(%)	14.68	11.17	10.23	10.08	9.72
	火电装机容量(万 kW)	55 442	60 286	65 205	70 663	76 456
	火电装机容量增长率(%)	14.53	8.74	8.16	8.37	8.20
	火电装机容量占比(%)	77.73	76.03	74.60	73.44	72.42

（续）

项　　目		2007 年	2008 年	2009 年	2010 年	2011 年
发电量	总发电量(亿 kW·h)	32 086.8	34 047	36 506.23	42 280.15	47 217
	总发电量增长率(%)	14.90	6.11	7.22	15.82	11.68
	火电发电量(亿 kW·h)	27 012.6	27 857.4	29 814.21	34 145.24	38 975
	火电发电量增长率(%)	14.60	3.13	7.03	14.53	14.15
	火电发电量占比(%)	84.19	81.82	81.67	80.76	82.54

随着我国经济的高速发展，对电力需求大幅增长，因而火电行业的工业总产值实现了快速增长，占国民生产总值的比重也逐步上升，2011 年火电行业工业总产值占国民生产总值的比例达到了 2.80%。2007—2011 年火电行业占国民经济中的比例见表 2。

表 2　2007—2011 年火电行业占国民经济中的比例

年份	火电工业总产值(亿元)	增长率(%)	国内生产总值(亿元)	增长率(%)	占比(%)
2007	7 233.54	20.85	257 306	13.00	2.81
2008	7 871.77	8.82	300 670	16.85	2.62
2009	8 656.28	9.97	335 353	11.54	2.58
2010	9 983.89	15.34	397 983	18.68	2.51
2011	13 188.95	32.10	471 564	18.49	2.80

二、我国火电齿轮箱的技术水平现状

随着火力发电技术的迅猛发展，火电用齿轮箱正在向大功率、高速、高可靠性方向发展，对其零部件的材质、强度、精度、质量及装配等方面的要求也越来越高。我国在高参数、大功率及高可靠性的齿轮传动装置方面与国外先进水平相比还有一定的差距。

1. 磨煤机大功率立磨减速机

立式磨机用于粉磨水泥、煤，以及建筑、化工、陶瓷等行业的工业原料，具有体积小、重量轻、占地少、耗电低、节能及使用寿命长等一系列优点，被工业发达国家广泛采用。大功率立磨减速机是大型立式磨机的核心部件，它将电机的高转速小转矩水平方向的输入转化为低转速大转矩垂直方向的输出，同时承受来自磨机垂直方向的巨大变化载荷。由于立式磨机的使用工况特别恶劣，要在连续冲击、振动及过载的情况下运行，而且使用寿命要达到 15 年以上，另外，对其可靠性的要求也特别高，因此，对其配套的减速机的设计制造提出了更高的要求。目前，国内对中小型立磨减速机进行了开发，但由于大型立磨减速机所需的弧齿锥齿轮副国内无法加工，因此大型立磨减速机目前主要依靠进口。

我国减速机的生产厂家在立磨减速机的开发上花费了大量的人力和物力，具有代表性的是南京高精传动设备制造集团有限公司。该公司根据其生产设备状况及结合自身实际情况，利用自身优势，不断地改进减速机的结构，满足生产的需要。南京高精传动设备制造集团有限公司采用两级传动＋一级平行轴的三级传动和弧齿锥齿轮＋两级行星传动的双行星结构解决了锥齿轮加工难的问题。对于功率超过 4 000kW 的立磨减速机，采用了两对弧齿锥齿轮副功率分流的四级传动结构，很好地解决了弧齿锥齿轮加工难的瓶颈问题。生产的立磨减速机最大功率为 5 400kW (MLX540)，并已投入使用。目前，南京高精传动设备制造集团有限公司能够生产功率为8 000kW的立磨减速机，其性能和水平与国外同类产品相比，具有体积相当、重量相当、传递能力相当及使用寿命长的特点。

对于大功率立磨减速机的国产化，解决了弧齿锥齿轮问题才是第一步。由于减速机功率朝着大型化发展，立磨减速机中的行星轮、行星架及内齿圈也朝着大尺寸方向发展，尺寸的超大型化会在加工过程中出现很多的问题，如大尺寸内齿圈、行星轮在热处理时的变形问题，行星轮、行星架及内齿圈的加工精度保证问题，立磨减速机的箱体焊接后的回火热处理问题，以及超大垂直载荷在推力轴承上如何分布的问题等。而要解决上述问题，首先要解决高精度设备问题，其次要优化设计和制造工艺。

在大功率立磨减速机的国产化方面，我国的减速机生产厂家已经掌握了其核心技术，并在技术和设备上做了大量的准备。目前国内生产的立磨减速机性能稳定，质量可靠，在国产化方面迈出了可喜的一步，但是对于功率在 4 200kW以上的大功率立磨减速机还主要依靠进口。因此，如何吸收德国、瑞士、日本及丹麦等发达国家大型立磨减速机的技术特点，并结合我国相关企业的实际情况及制造经验，研制开发出具有自主知识产权的大型立磨减速机是我国相关企业的共同努力方向。国内大型立磨减速机参数比较见表 3。

表 3　国内大型立磨减速机参数比较

项目 \ 型号	JLM180	JLP400	MLX450
生产厂家	南京捷力齿轮箱技术有限公司	重庆齿轮箱有限责任公司	南京高精传动设备制造集团有限公司
功率(kW)	4 200	3 700～4 200	4 500
输入转速(r/min)	995	993	995

（续）

项目 \ 型号	JLM180	JLP400	MLX450
速比	39.7	39.2～46.05	40.86
垂直静负荷（kN）	8 800	9 000	9 018
垂直动负荷（kN）	27 300	27 500	27 054
输出转矩（kN·m）	1 600	1 400～1 860	1 765
传动方式	三级减速：一级螺伞＋二级行星	增加一级平行轴齿轮传动：平行轴被动齿轮与行星传动部分的太阳轮相连，并保持太阳轮浮动	采用二级减速，不同的是将第一级螺伞结构改为双分流螺伞结构
均载方式	除内齿圈和一对弧齿锥齿轮相对固定，其余齿轮均处于浮动状态	行星传动的内齿圈不作为箱体的一部分	高速输入轴联轴器改为双面鼓形齿联轴器
润滑方式	静动压结合的润滑系统	低高压润滑系统，并利用全静压油站强制供油	静动压润滑系统
重量（t）	90.5	105	134.5

2. 锅炉给水泵齿轮调速装置

目前，我国燃煤发电站中的超临界和超超临界机组的技术水平，与国外先进水平相比差距很大，尤其是用于锅炉给水泵调速的大型机电液调速传动装置在国内尚属空白，全部依赖进口。生产大功率、高转速的齿轮调速装置的国外主要生产厂家有德国 Voith 公司、英国 Fluidrive 公司、意大利 Transfluid 公司、日本荏原公司和日立公司等，其中德国 Voith 公司的技术在世界上处于领先地位，其生产的调速装置最大传递功率可达 60 000kW，最高转速达 20 000r/min，效率为 95%～97%；日本荏原公司生产的调速装置最大功率为 20 000kW，最高转速为 13 000r/min，效率为 94%；日立公司生产的调速装置最大功率为 220 00kW，最高转速为 12 000r/min，效率为 93%～95%。我国进口数量最多的是德国 VOITH 公司的 R17K550M、R17K450M 型调速装置，其次是日本荏原公司的产品。目前，用于超临界机组的大型机电液调速传动装置的最大传动功率达 7 000～8 000kW，输出转速高达 5 600～6 100r/min，泵轮、涡轮及涡轮套的最高线速度已超过 210m/s；用于超超临界机组的大型机电液调速传动装置的最大传动功率达 9 000～11 000kW，输出转速高达 5 600～6 100r/min，泵轮、涡轮及涡轮套的最高线速度已超过 275m/s。国内部分引进机组的调速传动装置主要参数见表 4。

表 4　国内部分引进机组的调速传动装置主要参数

机组规格	用户名称	生产厂家	型号	输入转速（r/min）	输出转速（r/min）	输入功率（kW）
600MW 超临界	河南沁北	日本荏原	GCH104A	1 490	6 056	7 500
600MW 超临界	陕西锦界	日本荏原	GCH105A－55	1 490	4 874	11 000
600MW 超临界	湖南湘潭	日本荏原	GCH104A－50H	1 490	5 540	8 000
660MW 超临界	甘肃崇信	日本荏原	GCH105A－55	1 490	6 335	8 400
600MW 超临界	河南孟津	德国 Voith	R16K500M	1 490	6 460	8 924
600MW 超临界	呼伦贝尔	德国 Voith	R16K400M	1 490	6 190	7 741
1000MW 超临界	外高桥	德国 Voith	R17K550M	1 475	6 110	12 300
660MW 超临界	内蒙大阪	德国 Voith	R16K50M	1 490	6 635	6 400
600MW 超临界	河南鹤壁	德国 Voith	R6K450M	1 490	6 200	7 600

为了提高电厂锅炉给水泵的效率，增强其可靠性以及降低成本，通常要求锅炉给水泵能够依据负荷情况适时进行调速。目前常见的调速方式有两种：一种是液力机械方式调速，即使用调速行星齿轮进行调速，如变速行星齿轮（Vorecon）、调速型液力偶合器等；另外一种是使用电力方式调速，常见的是小汽轮机和变频调速系统（变频器＋变频电机＋滤波器＋其他辅助系统）。应用效果最好的是液力机械方式调速，其采用的行星齿轮调速器、调速型液力偶合器等又各有特色。行星齿轮调速器与调速型液力偶合器的比较见表 5。

表 5　行星齿轮调速器与调速型液力偶合器比较

调速设备名称	齿轮增速液力偶合器	两级增速型液力偶合器	Voreocn 行星齿轮
初始投资	低	较高	高
效率	一般	较差	高效

（续）

调速设备名称	齿轮增速液力偶合器	两级增速型液力偶合器	Voreocn 行星齿轮
可靠性	>99.9%	>99.9%	平均连续运行 8 年
调速原理	液力偶合原理	液力偶合原理	行星齿轮 + 液力变矩器
调速范围	25% ~100%	25% ~100%	RWE 型:60(65)% ~100%;RW 型:10% ~100%

由于超临界/超超临界机组用大型齿轮调速传动装置是集机、电、液于一体的新型传动装置，其系统及结构都较复杂，因此对机械传动中的高速重载齿轮、液体传动中的液力元件（泵轮、涡轮及涡轮套、离合器等）、复杂的箱体结构等在设计和制造上都提出了非常高的要求，如液力元件中泵轮、涡轮的型腔加工必须采用 NC 加工或电火花加工，齿轮副必须采用精密修形等，所以其设计、制造、工艺技术均是复杂的综合技术的应用。由于国外对我国进行严格的技术封锁，国内缺乏系统的研究和设计、制造及试验技术，目前仅有少数企业在小型产品方面进行仿制，大型齿轮调速装置仍依赖进口，尤其是超临界和超超临界机组所采用的齿轮调速传动装置仍需全部进口，且经常面临断货的情况，导致设备成本高、采购周期长、维修服务和零部件更换困难。这已经成为制约我国现代重大装备制造业发展的瓶颈。

目前，我国能生产大功率、高转速液力偶合器及其调速产品的生产厂家很少，主要有沈阳水泵厂、上海电力修造厂等厂家，且主要生产功率为 5 000kW 以下的中小型号，大型调速装置的研究开发尚属空白。

三、存在问题及待攻关的关键技术

我国火电齿轮箱行业存在的主要问题及待攻关的关键技术有以下几点：

（1）调速型液力偶合器作为液力元件，其内部流动状况非常复杂，目前对液力偶合器调速系统动态调节特性研究的较少，对控制系统的理论研究也较少。

（2）长期以来，推动液力偶合器技术进步的研究工作主要集中于对液力偶合器内部流场的测速分析、数值模拟仿真，以及对液力偶合器叶轮与叶片进行有限元强度计算分析等方面，但缺少相关实验以验证分析结果。

（3）目前，液力偶合器调速控制系统中主要采用的是传统的比例、积分、微分控制（简称 PID 控制）方法，对系统的控制效果不太理想，需要研究新型的控制方法以提高调速传动装置的控制效能，实现自动调速控制。

（4）液力齿轮传动调速装置不是齿轮与液力偶合器的简单组合，而是由高速齿轮传动、液力传动及控制系统等组成的复杂装置，应通过建立调速装置的综合优化模型实现传动形式的优化选择和结构的合理布置，研究大功率/高可靠性机液复合传动的总体设计技术。

（5）通过对热平衡计算、轮齿修形技术、噪声振动检测控制技术等的研究，掌握高参数齿轮传动设计技术；通过对勺管位置、油量、输出转速、输出功率的精确控制，研究掌握液力传动调速控制技术。

（6）通过对高参数齿轮副精密加工技术、大型液力偶合器泵轮及涡轮制造技术、特殊径向及推力滑动轴承设计制造技术等的研究，掌握齿轮调速传动装置中高精度复杂零部件的制造技术。

为缩小我国与世界发达国家间的差距，2010 年 5 月工信部发布了“超临界/超超临界火电机组齿轮调速装置”的目标研制参数是：功率为 7 000 ~ 12 000kW，输入转速为 1 500 ~3 000r/min，输出转速为 3 000 ~6 600r/min，调速范围为 20% ~97%。郑州机械研究所已开发研制了功率为 7 334kW，输出转速为 5 600r/min，调速范围为 20% ~97%，设计寿命 20 年，噪声不大于 90dB，振动不大于 7mm/s 的前置齿轮调速传动装置。目前样品正在试制中。

四、我国火电齿轮箱发展展望

2009 年 12 月哥本哈根世界气候大会的召开，给我国的发电行业进一步施加了节能减排的压力，与此同时，我国政府坚持推行“上大压小”的政策，在研究开发、示范及推广三个层次上均取得了较大进展。预计在今后相当长的时段内，我国火电机组将以超超临界、高效超临界（蒸汽温度高于 700℃）机组为发展方向，不断提高机组的运行效率。因此，大功率、高转速及高可靠性的火电机组齿轮传动装置的研发及国产化将具有广阔的发展前景。

〔撰稿人：郑州机械研究所张志宏　审稿人：郑州机械研究所张和平、王长路〕

风电齿轮箱发展概况

一、风电产业发展情况

1. 世界风电持续增长

风电产业从 20 世纪末至 2009 年高速发展，之后向稳步发展转变。2011 年，尽管经济持续低迷，但全球风电持续稳定增长，新增装机容量 40 564MW，比 2010 年稍有增加。全球累计装机容量达到 238GW，实现了 20% 的增长，但与 2010 年 24% 的增幅相比，全球风电增长有所放缓。

2. 我国风电稳步发展

继 2010 年装机容量居世界第一之后，我国巩固了全球风电的领袖地位，2011 年新增风电装机容量达到 17 631MW，占全球新增市场的 43%。截至 2011 年年底，我国风电累积装机容量已达 62.364GW，装机容量占世界的 1/4。

2011 年，我国风电新增并网接近 17GW，与全年的装机容量基本相当,风电并网难的问题得到了初步的缓解。全国风电并网容量累计达到了47.84GW,约可满足4 700多万户居民一年的用电量需求,可替代燃烧标煤2 200多万t,减少二氧化硫排放量约36万t,减少二氧化碳排放量约7 000万t。虽然风电并网的速度不断加快,但由于电网企业对风电装备技术条件要求的不断提升,并网困难问题依然存在。2011年风电"弃风"超过100亿kW·h,东北和西北的部分省区风电"弃风"超过了20%。风电的消纳问题已经成为我国风电发展的最大障碍。

3. 海上风电迅速发展

2011年全球海上风电新增装机容量约1 000MW,其中超过90%的装机容量集中在欧洲,余下的不足10%在亚洲。到目前为止,海上风电的装机容量占全球风电总装机容量的比例不足2%。

截至2011年年底,我国海上风电共完成装机容量242.5MW。根据国家能源局《可再生能源"十二五"规划》,2015年我国海上风电装机容量将达到5GW,2020年装机容量将达到30GW。

二、风电装备制造业发展情况

1. 整机制造企业情况

2011年维斯塔斯继续稳固了其全球市场排名第一的位置。有四家我国企业跻身全球销量排名前十位,金风、华锐、联合动力和明阳风电分列第二、七、八和十位,这四家企业拥有的市场份额占2011年全球市场总份额的26.7%。

2. 大功率机组发展情况

风电机组大型化一直是风电装备技术的发展趋势。2011年3月,维斯塔斯公司推出了7MW海上风电机组;2011年11月,三菱重工电力系统欧洲公司(MPSE)推出了"三菱"7MW海上风力发电机组;瑞能(Repower)公司的6MW机型将在瑞典海域安装示范样机;西门子公司推出了6MW永磁直驱海上风力发电机组;阿尔斯通公司推出了6MW直驱海上风电机组;德国Norde公司也推出了6MW风电机组。

我国企业中,华锐风电生产的6MW风力发电机样机于2011年5月下线,该机型可以用于陆上、海上和潮间带;国电联合动力公司生产了6MW风电机组,明阳风电集团公司正在检测其6MW风电机组,湘电风能有限公司的5MW永磁直驱海上风电机组也在2011年生产出了样机。

3. 风电机组价格下滑

由于金融危机和经济不确定因素的影响,2009年风电机组价格开始下滑,并一直持续到2012年年初。在过去的3年中,全球1.5MW风电机组的平均价格降低了40%,目前已降到了4 000元/kW以下。我国市场的风电机组整机产品价格从2008年年初的6 200元/kW左右下降到2012年年初的3 800元/kW左右。2012年上半年,我国政府针对风电机组制造和风电并网出台的一系列规范和标准致使风电机组价格开始趋于稳定。当前,风电设备制造业已经进入优胜劣汰的阶段,这同时也是新技术、新产品加快更新换代的阶段。风电机组制造将从追求数量向追求质量转变,企业需要更加注重自身核心技术的研发。今后几年内,我国风电产业将由原来的"价格战"升级为"质量服务战"。

三、我国风电齿轮箱产业现状

由于我国风电齿轮箱生产企业增长较快,竞争加剧,行业内企业已不再能够享受超额利润。我国的风电机组齿轮箱制造商有十多家。其中,已经进入批量生产阶段的主要有南京高精齿轮集团有限公司、重庆齿轮箱有限责任公司、华锐风电科技有限公司及杭州前进齿轮箱集团有限公司等。

(1)南京高精齿轮集团有限公司。南京高精齿轮集团有限公司(简称南高齿)是国内工业齿轮箱行业的领军企业,技术实力雄厚。目前南高齿已实现了3.6MW及以下的各种类型风力发电机组主传动设备及偏航变桨传动设备的批量供应,5MW风电机组的主传动设备正在研制中。南高齿在先入市场、对外合作、技术开发及经验积累等方面具有明显优势。在未来几年内,南高齿仍将占尽先机,处于排头兵位置。

(2)重庆齿轮箱有限责任公司。该公司是最早进入风电齿轮箱开发生产领域的企业之一,自20世纪90年代就已开始进行风力发电齿轮箱的研制工作。目前,该公司已研发出了300kW、600kW、750kW、800kW、850kW、1MW、1.25MW、1.5MW、1.65MW、2MW、2.5MW、3MW、3.6MW及5MW的系列风力发电机组增速齿轮箱产品,共30余种型号。6MW及以上的风力发电机组增速齿轮箱也正在研制之中。

(3)华锐风电科技有限公司(简称华锐)。华锐是从事风电机组开发、设计、制造的高新技术企业,从2006年开始批量化生产1.5MW风电齿轮箱。华锐生产的齿轮箱均为其生产的风电机组配套。华锐引进了英国Romax科技有限公司的3.0MW风电齿轮箱制造技术,研制生产的3.0MW风电齿轮箱产品已经安装在上海东海大桥风场。华锐与Romax科技有限公司合作,将未来产品定位在3.0MW及以上海上和陆地风力发电机组的风电齿轮箱。

(4)杭州前进齿轮箱集团有限公司(简称杭齿)。在20世纪90年代初,杭齿已经开始进行风力发电设备方面的投入,相继研制出了600kW、800kW、1.5MW和2MW风电机组齿轮箱。

此外,还有一些风电机组齿轮箱生产企业的产品也相继问世。2012年10月18日,重庆望江工业有限公司新研发的2MW风电齿轮箱,获得德国劳氏船级社A级认证;2012年11月17日,继1.65MW风电齿轮箱批量交付使用和2.5MW风电齿轮箱成功应用之后,由中国南车戚墅堰所自主设计生产的低风速风场用2MW风电齿轮箱也顺利交付客户。

四、风电齿轮箱技术发展状况

由于风轮转速与发电机转速相差很大,因此需要增速齿轮箱将风轮较低的转速提高到发电机所需的高转速。因为风力机的工作环境恶劣,所受载荷复杂多变,其所受到的各种载荷都通过主轴直接传递给齿轮箱的低速轴，而且，风力机的设计寿命要长达 20～30 年，所以，对为其配套的齿轮箱的寿命和可靠性要求就非常高。近年来，国内外由齿轮箱引起的风力发电机组故障率仍居高不下。

1. 我国的风电齿轮箱取得突破性进展

随着风电机组的大型化，风电齿轮箱也向着大型化、高可靠性发展。我国风电齿轮箱国产化工作近年来取得了长足的进步。目前，我国 3MW 及以下风电机组的齿轮箱已能满足市场的需求，而且，部分企业已研发出 5MW、6MW 风电机组的齿轮箱。但由于缺乏基础性的研究工作和基础性的数据，我国风电齿轮箱的整体质量和可靠性与国外先进技术相比仍有较大差距。同时，由于国产齿轮箱与进口齿轮箱的价格差距过大，市场价位低，致使我国齿轮箱制造商承担的风险较大，这不利于产品可靠性的提高和行业的快速发展，也影响了企业研发资金的投入。另外，受进口轴承价格的制约，我国风电齿轮箱的成本难以进一步降低。

2. 风电齿轮箱向多样化方向发展

目前，风电齿轮箱向着多样化的方向发展。为了减小风电齿轮箱的体积和重量，总体上讲，500kW～2.5MW 的风电机组齿轮箱目前最常采用的是两级平行轴加一级行星或两级行星加一级平行轴两种结构，2.5MW 以上的风电机组齿轮箱通常采用功率分流或柔性轴等技术。一些风电齿轮箱的典型结构如下：

(1)柔性轴(Flexible pins)行星轮齿轮箱。英国 Orbital2 公司生产的齿轮箱采用了柔性轴(Flexible pins)行星轮结构。该行星轮轴为特殊结构的弹性轴，允许行星轮浮动，可以采用更多个数的行星轮，可有效降低齿轮应力，提高可靠性。

(2)底座式多输出轴齿轮增速箱。美国 CLIPPER 公司推出的多输出轴齿轮增速箱采用底座式结构，两级增速传动，且输出轴数量可多达 10 个，并可直接与中速发电机相连。其 2.5MW 风力发电机组的齿轮箱采用了 4 个输出轴，分别与 660kW 的中速发电机直接连接。

(3)输出转速恒定型行星齿轮增速装置。VOITH 公司推出的可调速型齿轮增速装置是在一个两级行星传动增速箱之后再串接一套差动调速装置，其中一个自由度与前面的两级增速箱相连，另外一个自由度则与液控调速系统相连。

(4)行星差动分流式齿轮箱。德国 Bosch Rexroth 公司推出的风电增速箱采用了行星差动分流式结构，它由三级差动机构与单级圆柱齿轮传动复合而成。

不同类型及性能的传动产品分别满足不同类型及应用条件的风电机组。为避免重复劳动，需要对各种传动方式进行深入系统的分析研究，以掌握核心设计制造方法。

五、我国风电齿轮箱存在的问题

(1)缺乏对核心技术的掌握，基础研究有待深入。如高可靠性、高功率密度设计技术，复杂变动载荷下齿轮、轴承、箱体等关键零部件疲劳强度计算方法研究，以及高可靠性设计制造技术等。目前，我国齿轮箱的技术基本采用国外技术或仿制，对载荷处理、功率分流方式、均载形式及轮齿精密修形等均缺乏深入研究，没有成熟的经验。

(2)齿轮传动装置的可靠性有待提高。风电齿轮箱作为整个风电机组的核心部件，其结构较复杂，设计制造要求很高，而且其使用工况十分复杂，故对其可靠性要求非常高。长期以来，我国缺乏对这类复杂产品的系统深入研究，缺乏制造、装配、运行等质量控制的手段和经验，设计时则缺乏对系统的整体分析及可靠性设计的方法，缺乏对系统动力学的深入研究及对均载机构设计及分析技术的研究等。断齿、断轴、轴承损坏、漏油、温升过高等问题长期困扰着国产风电齿轮增速箱的使用。

(3)缺乏丰富有效的基础设计数据及产品试验方法和手段。风电齿轮箱长期受复杂交变载荷作用，运行过程中长期伴随切入、切出、停机等事件发生。产品的科学设计离不开丰富有效的基础设计数据和设计方法，但国内既缺乏有效的设计数据，也缺乏变载荷作用下齿轮、轴承等关键零部件的可靠设计计算方法。

(4)行业无序发展、恶性竞争凸显。目前，我国风电装备制造企业开始为“蜂拥而上”付出代价。有分析称，我国风电整机行业产能过剩率在 50% 以上，这使得我国风电齿轮箱制造企业利润空间所剩无几，产能过剩现象严重。因此，主攻海上风电、海外市场正成为当前形势下风电装备制造商的重要发展战略。

〔撰稿人：郑州机械研究所张立勇　审稿人：郑州机械研究所刘忠明〕

核电齿轮箱发展概况

核电作为一种清洁、高效、安全的低碳能源正得到越来越多国家的青睐。根据我国《核电中长期发展规划》，到 2020 年，我国将形成具有国际竞争力的百万千瓦级核电先进技术开发、设计及装备制造能力，开工建设 40 座以上百万千瓦的核电机组，届时核电总规模相当于目前的 20 个大亚湾核电站，新增核电站三回路循环水泵将需要齿轮箱 400 台(套)左右。

由于核电装备属于特高精密性制造领域，在我国已经建成投运的核电机组中，同其他关键设备一样，所有齿轮箱机组均从发达国家进口，这就造成核电投资较大，电价高，严重制约了我国核电的快速发展。为了加大核电设备的国产化进程，郑州机械研究所、江苏泰隆减速机股份有限公司及重庆齿轮箱有限责任公司等企业克服重重困难，通过产学研相结合积极开展核电设备的国产化研究工作，自主研发的百万千瓦级核电循环泵齿轮传动装置，产品性能达到了国际先进水平，拥有完全知识产权，打破了国外厂商的技术垄断，实现了国内核电齿轮箱生产加工零的突破，为我国核电大功率齿轮箱机组替代进口产品作出了贡献。

一、国内外核电发展现状及趋势

1. 国外情况

当前世界核电主要分布在美国、法国、英国、俄罗斯、日本及韩国等少数国家。根据国际原子能机构的统计数据，截至2012年3月底，全世界有435座核电站在运行，有5台长期停运，62台在建机组，核电占全世界发电量的16.1%。各国核电装机容量的多少，很大程度上反映了各国经济、科技的综合实力和水平。全世界有17个国家核电占全国总发电量的1/4以上，如法国占77%，韩国占38%，日本占36%，美国占20%，英国占28%，而我国不到2%。所以，随着我国国民经济的发展，核电的发展空间很大。

目前，国外比较著名的核电设备公司有英国罗尔斯罗伊斯公司和Weir公司，美国福斯公司和Flow serve公司，法国Alstom Bergeron公司和法国电力公司等。广东大亚湾核电站循环水泵和电机之间安装的是英国罗尔斯罗伊斯公司生产的行星式齿轮减速器。

2. 国内概况

我国核能发电虽然起步较晚，但近年却得到快速发展。从1991年12月25日，我国自行设计、建造的第一座30万kW秦山核电站并网发电以来，经过20年的发展，我国的核电业发展极为迅猛，目前我国已成为世界上在建核电规模最大的国家。截至2012年9月，我国有秦山核电站（一、二、三期）、大亚湾核电站、岭澳核电站及田湾核电站等6家核电站的15台机组投入运行，26台机组在建。此外，筹建中的核电站还有25家。根据我国《核电中长期发展规划》，到2020年，我国核电占全部电力装机容量的比例将从现在的不到2%提高到5%～7%。

前些年，我国核电发展缓慢的关键原因在于装备技术落后，为了迅速改变我国核电发展滞后的局面，国家相关产业政策对核电机组设备国产化率提出了具体的指标要求。经核电企业及科技工作者的努力，我国已经掌握了二代改进型核电站核岛九大关键设备的制造技术，核电设备国产化率从岭澳一期项目的30%，提高到了红沿河项目的85%。

由于国外技术的封锁，我国核电站循环泵用齿轮箱均从发达国家进口。为了加快核电设备国产化的进程，经工程承包方中国广东核电集团与设备采购供应商美国福斯公司批准，辽宁红沿河与福建宁德两座新建核电站的核电齿轮箱选用国产设备，并在国内实施招标选购。

二、我国核电循环泵齿轮箱设计制造技术现状

1. 核电齿轮箱设计制造技术现状

核电循环泵齿轮箱具有以下主要特点：

（1）传递功率大。百万千瓦级核电站用齿轮箱的传递功率一般为4 500～10 000kW。

（2）设计寿命高。核电用齿轮箱减速器要求具有较长的寿命和维修周期，设计寿命一般为40年。

（3）特殊技术要求高。循环水泵齿轮箱系统的可靠性要求高，属于质量保证Ⅰ级，核安全Ⅲ级，并要求具有一定的抗震性能和抗辐射性能，同时还必须具有热稳定性、防潮性、防腐性、化学稳定性以及防火性能等。

目前，一般工业用齿轮箱最大承载负荷只有4 000kW，最高寿命只有10年，而核电循环泵齿轮箱虽然属于低速重载齿轮箱，其输入、输出轴转速并不太高，但由于其传递的功率大且寿命、质量、可靠性要求高，使得生产核电齿轮箱具有很大的挑战性，尤其需要解决密封、润滑冷却以及齿轮的加工精度等关键技术问题。

由于行星齿轮箱（减速器）具有重量轻、体积小、传动比范围大、效率高、运转平稳、噪声低及适应性强等特点，因此，核电齿轮箱大多采用行星传动方式。因循环水泵有立式和卧（斜）式两种形式，所以与其相配用的齿轮箱亦有立式和卧（斜）式两种。一般立式行星齿轮箱（减速器）应用较为广泛。

2. 我国核电齿轮箱技术进展情况

我国企业在核电齿轮箱设计制造方面取得的主要业绩如下：

（1）郑州机械研究所以辽宁红沿河核电站混凝土蜗壳循环泵系统为依托，采用高功率密度、双浮动、高压顶起及多行星齿轮传动设计制造技术，开发出了核电站蜗壳水泥循环泵用高可靠性行星齿轮箱，又承接了福建福清和浙江方家山核电站各4台海水循环泵行星齿轮传动装置的配套生产任务，实现了我国百万千瓦级核电循环泵齿轮传动装置的国产化。郑州机械研究所在对百万千瓦级核电循环泵齿轮传动装置的研发过程中，研究了薄壁鼓形齿联轴器的几何参数、行星轮个数、均载方式、刚度、误差等因素对系统均载性能的影响；建立了行星齿轮传动系统多目标模糊可靠性优化设计的数学模型，研究了中心距、模数和极限应力等因素对齿轮接触强度和弯曲强度模糊可靠性的影响；解决了大型薄壁、大螺旋角斜齿内齿圈高效制齿技术、热处理工艺及变形控制技术以及大型鼓形齿联轴器的制造等关键制造技术等；采用双斜齿、多行星轮的行星齿轮传动和太阳轮—内齿圈双浮动均载机构，最大限度地提高了承载能力。所设计的产品达到国际先进水平，产品的使用寿命和可靠性达到或接近国际先进水平，拥有完全知识产权。

（2）江苏泰隆减速机股份有限公司在国内首次采用ADAMS动力学分析软件建立动力学模型，作为工艺设计与制造的理论基础；采用有限元和边界元分析，给出了大功率齿轮箱的振动和噪声测试标准；采用遗传算法、三维机械设计等现代优化方法对设备的主要零部件结构参数和动力性能进行精心设计。该公司采用齿式挡板及均载传递转矩等核心技术研制出百万千瓦级大功率立式海水循环泵齿轮箱，为辽宁红沿河核电站和福建宁德核电站配套供货。在国内实现核电齿轮箱生产加工零的突破，为我国核电大功率立式齿轮箱机组替代进口产品作出了贡献。

（3）重庆齿轮箱有限责任公司采用立式大功率、多分流及双斜齿行星齿轮结构，齿轮选用优质合金钢和渗碳淬火热处理及加工工艺，研制的百万千瓦级核电站海水循环泵齿轮箱的主要技术指标达到了国外同类产品的先进水平，已用于广东阳江、海南昌江、广西防城港核电站机组。

〔撰稿人：郑州机械研究所孟令先、许昌职业技术学院牛长根、郑州机械研究所张军顺　审稿人：郑州机械研究所刘忠明、张元国〕

航空航天齿轮传动概述

一、概述

航空航天是一个综合利用现代科学技术成果，以系统工程的方法，用工程语言的形式指导飞行器设计、制造、实验和应用等环节的工程技术领域，它荟萃了当今世界上科学技术的最新成果，涉及天文学、地球科学、生命科学、信息科学以及能源技术、生物技术、信息技术、卫星应用技术、空间加工与制造技术等诸多技术学科，是人类在认识自然和改造自然的过程中最活跃、发展最迅速、对人类社会生活最有影响的科学技术领域之一，同时也是表征一个国家科学技术先进性的重要标志。

齿轮传动是利用齿轮之间的啮合传递动力和运动的一种机械传动方式，具有传动平稳、传动比精确、工作可靠、效率高及寿命长等优点，在航空航天和军事装备动力装置中得到广泛应用，占有极其重要的地位。

齿轮传动广泛应用于飞机和发动机的动力传输。迄今为止，齿轮减速器仍然是直升机动力传动系统的重要组成部分，尤其是在旋翼传动系统中作用更为突出。由于发动机输入动力的方向与旋翼、尾桨的输出动力方向不同，还有航空发动机普遍具有大功率、高转速的特点，而旋翼转速只能限制在低转速，为了实现改变转矩方向并增扭减速以及达到高传动比、高效率的目的，动力传动系统普遍采用了弧齿锥齿轮、行星齿轮以及常用的圆柱齿轮传动装置。

直升机传动系统的齿轮装置是直升机的关键动力部件。发动机的动力通过齿轮减速器传至主旋翼和尾部螺旋桨，其工作可靠性直接影响发动机的工作性能和飞机的飞行安全，一旦失效将给飞机造成灾难性的事故，可见齿轮传动装置在战机中的重要性。

另外，齿轮传动和齿轮装置在导弹、战机、卫星及火箭等产品的动力系统中也有广泛应用。采用谐波传动的导弹雷达驱动装置，不仅精度比原来的装置提高，而且尺寸也仅为原装置的三分之一，重量减少到原来的一半；各型军舰、坦克、装甲车的传动系统中都离不开齿轮传动；超小模数、超小体积齿轮传动装置也在许多新型智能武器、新概念武器中得到应用。

随着我国航空航天技术不断向高、精、尖方向发展，谐波传动、面齿轮传动、多余度传动技术以及超高速齿轮传动装置的应用将会越来越多、越来越广。

二、产品概况和技术发展情况

我国的航空航天事业起步于20世纪五六十年代，是在极其薄弱的基础上发展起来的。经过50多年的建设和发展，我国的航空航天工业从无到有、从小到大、从修理仿制到自主设计，现已形成具有自主研制能力、相关产品配套比较齐全的工业体系，我国也成为世界少数几个能够生产系列航空产品和发射载人航天器的国家之一。

航空航天齿轮和齿轮装置是伴随着航空航天技术和军事工业的发展而发展的。我国最早是从苏联引进航空技术，开始研制生产教练机发动机，其型式从活塞式到喷气式。20世纪60年代初至70年代末，我国开始走独立自主、自力更生的发展道路，通过测绘、技术改造和自主设计，先后研制生产了运七、运八和水轰五等机型发动机的减速器，以及直七、直八等直升机的传动系统主、中和尾减速器。20世纪70年代初在原三三一厂齿轮分厂的基础上，组建了中国航空工业齿轮、加速器专业化厂——中南传动机械厂，经过“十一五”、“十二五”期间的技术攻关，目前我国航空航天齿轮传动装置的设计制造水平已接近国外发达国家的先进水平。

近几年，随着世界各国对航空航天和军事工业的大力投入，航空航天技术得到快速发展，军队武器装备不断升级，对齿轮和齿轮装置的要求也越来越高。航空航天产品要求尺寸小、重量轻、承载能力大、工作可靠性高，传统的圆柱齿轮、锥齿轮因传动尺寸较大、重量较大不能满足要求，因此，一些新的传动形式，如谐波传动、面齿轮传动及多余度齿轮传动等在航空航天领域得到越来越多的应用。

1. 谐波齿轮传动

谐波齿轮传动技术是在20世纪50年代中期随着航空航天技术的发展，在薄壳弹性变形理论基础上发展起来的一种新型传动技术。与一般齿轮传动相比，谐波齿轮传动具有结构简单、体积小、重量轻、噪声低、传动比范围大、承载能力高、传动精度和传动效率高，特别是可以向密封空间传递运动和动力等许多独特的优点，引起了世界各国学者的关注和重视，在谐波传动啮合原理、齿形设计、加工制造、运动学等方面进行了大量深入研究，取得了一系列的研究成果。目前，谐波齿轮传动技术被广泛应用在空间技术、航空航天飞行器及雷达系统等领域。

谐波齿轮传动最早是由美国人C. W. Musser于1955年提出来的，他制成了世界上第一台谐波齿轮减速器，同时也开创了一种新的传动技术。在随后的几十年里，世界各工业比较发达的国家都有学者致力于这种新型传动技术的研究，特别是在美国、前苏联和日本等一些工业发达国家，谐波传动技术发展迅速，处于世界领先水平。

谐波齿轮传动技术于1961年由上海纺织科学研究院

的孙伟工程师引入我国。1983年，上海纺织科学研究院成立了谐波传动研究室；1984年，谐波减速器标准系列产品在北京通过鉴定；1993年，制定了GB/T 14118—1993《谐波传动减速器》标准，并且在谐波传动减速器的理论研究、试制和应用方面取得了较大的成绩，成为掌握该项技术的国家之一。到目前为止，我国已有北京谐波传动技术研究所、燕山大学、郑州机械研究所及北方精密机械研究所等几十家单位从事这方面的研究和产品生产，为我国谐波传动技术的研究和推广应用打下了坚实的基础。

由于谐波齿轮传动具有其特殊的优点，在航空航天领域获得了广泛应用。在国防工程方面，谐波齿轮传动用于大功率坦克的减速器、无线电天线伸缩器的传动机构以及雷达天线方位和俯仰的传动机构等；在宇宙航行方面，谐波齿轮传动用于代替某火箭中液体原动机的谐波齿轮传动马达、卫星外表面的太阳光线接收机的传动机构等；在飞机工业方面，谐波传动用于驱动某垂直起落飞机螺旋桨的强力谐波齿轮机构、自动驾驶仪中的传动机构等。谐波齿轮传动技术以其独特的优点而具有良好的应用前景和社会价值。

2. 面齿轮传动

面齿轮传动是一种圆柱齿轮与锥齿轮相啮合的新型齿轮传动方式，当两个齿轮轴线之间夹角垂直时，锥齿轮的轮齿将分布在一个圆平面上，锥齿轮即为面齿轮，从而泛称为面齿轮。根据面齿轮加工时刀具轴线与被加工面齿轮轴线之间的关系，将其分为垂直相交、偏置垂直交错、非垂直相交和偏置非垂直交错等四种情况，因此，相应的将面齿轮分为正交面齿轮、偏置正交面齿轮、非正交面齿轮和偏置非正交面齿轮。由于面齿轮传动具有装置体积小、传动比大、重量轻和振动噪声小等优点，在航空航天领域有着不可比拟的优势，因而广泛用于航空航天领域，尤其在直升机、航天器的传动系统中得到广泛应用。

与传统锥齿轮传动相比，面齿轮传动具有如下优点：

(1)轻量化。面齿轮传动是通过面齿轮与圆柱齿轮的相互啮合来实现传动，由于小齿轮为圆柱齿轮，因此其轴向移动产生的误差对传动性能几乎没有影响；同时，由于面齿轮传动的小齿轮是直齿圆柱齿轮，无轴向作用力，因此可以简化支撑，有效地调整装配关系，减轻系统的结构重量，这对于航空工业中要求轻量化和空间受限的场合非常有利。

(2)互换性高。传统锥齿轮在制作过程中大多是采用配对制造，即在制造过程中，首先加工出小齿轮，然后根据小齿轮的齿面加工出与之配套使用的大齿轮。因此，一对锥齿轮在使用过程中不能像圆柱齿轮那样具有互换性，而面齿轮传动的小齿轮是直齿圆柱齿轮，因此具有较高的互换性。

(3)与锥齿轮传动相比，面齿轮传动具有较大的重合度。据有关文献介绍，面齿轮的重合度可以达到2.0以上，而重合度大对于提高承载能力和增加传动系统的平稳性相当重要。

(4)与锥齿轮传动相比，面齿轮传动可以减轻重量，结构也更紧凑。这一特点对于重量限制要求较高的航空工业特别重要。

随着航空航天技术的不断发展，其对动力装置传动系统整体性能要求也随之提高。相比于现有的锥齿轮传动方式，面齿轮传动能使齿轮箱质量减少40%，承载能力提高35%，对改善航空航天装置传动系统的轻量化和可靠性发挥着重要作用。

3. 多余度齿轮传动

余度技术是指需要出现两个或两个以上的独立故障，而不是一个单独故障，才能引起既定的不希望的工作状态的一种设计方法。它是提高系统可靠性与安全性的一种手段，可以在降低元器件要求的同时有效地提高系统可靠性。

目前，发达工业国家双余度或多余度齿轮传动技术已经日趋成熟并广泛应用于航空航天以及军事领域中。其中，美国的技术最为先进，美国航天飞机主发动机和固体火箭助推器推力矢量控制伺服机构采用的四余度检测纠正式机械反馈伺服系统，具有非常高的可靠性，代表了当今世界先进水平。

齿轮传动余度结构具有体积小、结构紧凑、传递效率高及余度切换对动态品质影响小等优点，但由于是采用多轴输入、单轴输出的形式，在多轴综合构成余度过程中，各通道间存在差异，会造成交联干扰，容易引起力纷争问题，而这种干扰有正反馈的性质，即越争越大。产生力纷争时输出力出现相互对顶的情况，输出力的增大及饱和将使输出轴很容易疲劳甚至断裂。解决齿轮传动余度结构的力纷争问题，提高其传递功率，是齿轮传动余度结构能否得到广泛应用的重要保证。

近几年，国内学者对余度结构进行了一些研究，针对齿轮传动余度结构的力纷争问题，提出采用差动技术，这在一定程度上有效避免了力纷争现象的产生。

武器装备的不断升级，对精密传动装置的可靠性提出了越来越高的要求。余度技术作为一种能够有效提高传动装置可靠性的手段，对提高航空航天产品和军事装备的可靠性发挥着重要作用。

我国航空航天齿轮传动技术经过50多年的发展，现已基本形成较为完整的科研、生产体系，掌握了航空航天齿轮和齿轮装置的研发程序、设计理论、设计方法和试验方法；掌握了航空齿轮和减速器的先进制造技术，尤其是特种工艺技术和检验方法；形成了面向极端工况的锥齿轮制造技术以及新型传动面齿轮滚齿、磨齿工程化技术。近年来，通过引进国外先进的齿轮高档加工机床、检测设备和国际一流的齿轮设计软件，我国的齿轮设计制造水平得到显著提高，生产出来的齿轮和齿轮装置的技术性能指标、可靠性寿命指标已基本接近和达到当前国际同类产品水平。但就我国航空航天用发动机、飞机等整体水平而言，与当前国际上先进水平相比还是存在一定的差距，尤其是在研发能力、产品创新和技术创新方面差距非常明显。

〔撰稿人：郑州机械研究所王征兵、王振、李纪强 审稿人：郑州机械研究所刘忠明、张和平〕

船舶齿轮行业概况

一、国内外船舶齿轮行业现状

造船行业的兴衰与发展总是和世界经济的发展息息相关的。随着国内外经济增长,海运贸易和内河运输量大幅增长,世界船舶需求稳定、旺盛。造船行业属于劳动密集型、技术密集型以及资金密集型的产业,从二战以后,全球的造船产业就由西欧逐渐向东亚转移,期间也几经高潮低谷。根据产业结构理论,由于造船工业的劳动密集特性,发达的工业国家在人均收入达到一定水平后,会逐步丧失发展造船工业的比较优势,致使向发展中国家进行产业转移。如今韩国、中国、日本三国已经连续数年处于造船行业的第一阵营,牢牢地占据着前三甲的位置。其他一些新兴的国家也崭露头角,如巴西、越南及俄罗斯等。我国作为世界第二造船大国,在造船完工量、新承接船舶订单以及手持船舶订单这三大指标上均处于前三甲的位置。航运和造船市场的持续兴旺,极大地带动了相关产业的发展,为船舶配套业发展提供了难得的机遇。据估算,到2015年我国船舶配套设备行业将超过1 200亿元的产业销售规模。船用设备粗略可分为轮机设备、舾装设备和电气设备等,船用齿轮箱属于轮机设备,主要用于船舶主推进系统。船用齿轮箱多与各种功率相当的柴油机配套使用,组成的动力机组具有倒顺、离合、减速和承受螺旋桨推力的功能。船用齿轮箱采用机械操纵式装置,结构简单,维修方便。船用齿轮箱是各种船舶减速机构和推进系统的关键重要组成设备之一,其质量、技术性能和寿命直接影响到船舶的动力性能和经济技术指标。作为船用设备,船用齿轮箱设备在以下两方面区别于其他行业产品:首先,船用齿轮箱市场准入门槛高,船用齿轮箱的品牌都是依靠几十年制造应用的经验与技术的沉淀做大做强的。船用齿轮箱作为船舶动力系统的关键部件,其可靠性要求非常高。一旦船舶齿轮箱出现故障,失去了动力的船舶不受控制的在海上漂浮是非常危险的重大事故,因此,船东对船用齿轮箱企业的业绩和品牌非常看重。近几十年来,船舶齿轮箱市场鲜有新面孔,这是由于其特有的行业壁垒所决定的;其次,船用齿轮箱是单件小批量产品。船用齿轮箱作为连接柴油机和螺旋桨的中间设备,其速比取决于柴油机和螺旋桨的转速,即使是同一型号的船,因为其选取的柴油机不同,齿轮箱的型号也有可能不同,也就是说,船舶齿轮箱是非标产品。但是考虑到设计的系列化和生产的标准化,船舶齿轮箱也尽量在某些方面做到标准化,如中心距、箱体接口尺寸等。

国外船用齿轮箱生产企业,尤其是德国的制造商,作为老牌的船舶齿轮箱制造商,拥有几十年乃至上百年的制造经验,一直占据全球相关市场20%以上的份额。但受世界船舶制造业从欧美向东亚的转移和市场价格压力的影响,德国的船用齿轮箱在欧洲船厂的装船率会进一步下降,相当大比重的齿轮箱将销往亚洲,虽然其在订单总金额上并没有太多的下滑,但年产台数则会由于中国等亚洲国家同业竞争对手的“低成本战略”而出现下降,相当一部分小功率船用齿轮箱市场将被本土船用齿轮箱供应商所占据,并且,本土企业还会逐步向大功率、高技术、高附加值的齿轮箱领域渗透。当前国际上知名的船用齿轮箱品牌主要来自德国,有伦克、莱恩杰斯、采埃孚等。伦克公司(RENKAG)成立于1873年,位于德国奥克斯堡,是历史最悠久的全球知名高品质齿轮箱制造商,是世界齿轮箱技术发展的先驱,目前是MAN集团的子公司。伦克公司的产品覆盖车辆动力传输系统,滑动轴承及弹性联轴器等驱动元件,工业及船用的通用及特殊的推进系统齿轮箱等,在船用齿轮箱、重载车辆以及滑动轴承等方面处于世界领先地位。伦克公司可以提供全面的船用齿轮箱产品,从最小2 500kW的倒顺齿轮箱到用于海军的功率高达40 000kW的主推进齿轮箱,并为CODOG(柴燃交替使用联合装置)、CODAG(柴燃并车使用联合装置)、COGAG(燃燃并车使用联合装置)、CODOD(柴柴并车使用联合装置)及CODLAG(柴油机电力推进和燃气轮机并车使用联合装置)提供大量的齿轮箱。莱恩杰斯(REINTJES)是德国专业的船用齿轮箱制造商,专门致力于船用齿轮箱的开发和生产,迄今已有超过75年的历史。莱恩杰斯可以生产各类船只所用的船用齿轮箱,输出功率为250 ~ 30 000kW。船用齿轮箱最重要的是全球服务,莱恩杰斯在安特卫普、迪拜、马德里和新加坡均设有全资子公司,销售和服务网点遍及全球。采埃孚(ZF)的船用产品是由采埃孚集团下属的采埃孚海事集团来负责的,作为采埃孚集团的一部分,采埃孚海事集团是世界最大的船用齿轮箱制造商之一,齿轮箱的功率为10 ~ 14 000kW。采埃孚海事集团的年销售额超过2.3亿欧元,生产基地也遍及世界各地,包括意大利、德国、美国、巴西和中国大陆及中国台湾。采埃孚于2006年6月与南京高精齿轮集团有限公司建立了合资公司——南京采埃孚船用传动系统有限公司,合资公司可年产800台大型船用齿轮箱。船用齿轮箱属于产业集中度较高的行业,我国上规模的企业有五六家左右,其中最大的两家企业分别为杭州前进齿轮箱集团股份有限公司和重庆齿轮箱有限责任公司,此外还有杭州发达船用齿轮箱厂、杭州奋进齿轮箱有限公司及南京高精齿轮集团有限公司等5 ~6家民营企业。从严格意义上说,我国与国外品牌的船用齿轮箱在过去很长一段时间里并没有形成真正的竞争态势,这主要有以下几点原因:首先是两者的价格差距巨大。尽管国内船用齿轮箱相对于其他工业通用齿轮箱属于利润较高的产品,但是与国外船用齿轮箱相比,价格仍低出很多,仅相当国外船用齿轮箱价格的1/3 ~ 1/2。其次是目标客户群不同。出于维修服务的便捷和传统的品牌认知度的原因,欧美的造船企业以及国内大型造船企业几乎都选用欧洲知名品牌的船用齿轮箱产品,而国内的船用齿轮箱多销往国内中小型的造船企业和东南亚一带。最后是产品的使用范围不同。国内的船用齿轮箱集中在中小功率范围,多用于民用船舶配套,而国外大型的船用齿轮箱则多应用于军品。近年来,随着船市的兴旺,国内的船用齿轮箱生产厂家也逐渐开发出大功率的民用船用齿轮箱,并加大营销力度,和国外的船用齿轮箱也偶有竞争。

二、我国船用齿轮箱生产企业分析

我国船用齿轮箱制造业在20世纪60年代开始发展。1960年我国首家船用齿轮箱制造厂——杭州齿轮箱厂(即杭州前进齿轮箱集团股份有限公司,简称杭齿)建立。1966年,国家从战略布局出发,在四川建立了另一家船用齿轮箱制造厂——重庆齿轮箱厂(即重庆齿轮箱有限责任公司,简称重齿)。20世纪80年代初,在国家主管部委的领导下,上述两厂同时引进了德国罗曼·斯托尔福特公司(其船用齿轮箱产品于1998年3月起被弗兰德公司接管)的船用齿轮箱设计制造技术,转让许可证生产GW、GC、GV及GU四个族系的产品。重齿重点引进2 500hp以上的大功率船用齿轮箱技术,杭齿重点引进2 000hp以下的小功率船用齿轮箱技术。通过对国外技术的消化吸收,在完善引进产品系列的基础上,两家齿轮厂商不断创新,迅速提高了设计水平,并开始批量生产。两家企业均通过了国际各大船级社的认证,其中杭齿于2011年被评为"国家渔业船用齿轮箱检测中心"。杭齿是国内产品应用领域最广、型谱最宽的船用齿轮传动装置制造企业,近年来其产品的国内市场占有率始终保持第一位,约占65%左右。杭齿的产品较为全面,拥有功率为10~10 000kW船用齿轮箱的设计开发和制造能力。杭齿以中小功率船用齿轮箱为主,同时不断开发大功率新品,并逐步涉足整个船舶传动动力链部件的生产制造。目前,杭齿公司中小功率与大功率船用齿轮箱产销量之比已由过去的8:2发展为6:4,其在大中型齿轮箱市场的市场份额逐步提高。杭齿船用齿轮箱产品包括中小功率系列船用齿轮箱、GW族系船用齿轮箱、轻型高速系列船用齿轮箱、GCS系列配变距桨船用齿轮箱、2GWH系列双机并车船用齿轮箱、工程船用齿轮箱及HCL系列液压离合器七大系列,产品型号达110多种。2011年12月,由杭齿承担的省级工业新产品"倾角传动船用齿轮箱""2GWH5410型船用齿轮箱"及"ZL60工程变速箱"通过鉴定,其中"倾角传动船用齿轮箱"填补了国内空白,相关技术达到国际先进水平,"2GWH5410型船用齿轮箱""ZL60工程变速箱"技术达到国内领先水平。2012年10月,由杭齿承担的省级工业新产品"HCQ1400型轻型高速船用齿轮箱""GCD860型船用齿轮箱"及"1200系列船用齿轮箱"通过鉴定,其中"HCQ1400型轻型高速船用齿轮箱"填补国内空白,相关技术达到国际先进水平,"GCD860型船用齿轮箱"和"1200系列船用齿轮箱"技术达到国内领先水平。重齿隶属于中国船舶重工股份有限公司,是专业从事高精度硬齿面齿轮及齿轮箱、联轴器、减振器和成套装备研制的大型军工企业,在国内硬齿面齿轮箱、船用齿轮箱和风电齿轮箱等市场上占据绝对优势。重齿侧重生产大功率船用齿轮箱,产品最大功率达10 000马力(1马力=735.5kW)以上。但对2 500马力以下船只配套的小型船用齿轮箱产品没有进行深度开发,仅限于对当年引进系列产品进行简单的功率外延。重齿于2011年6月推出GW63.71和GW70.82两款新型大型船用齿轮箱,其离合器最大传扭能力分别为6kW/(r/min)和8.9kW/(r/min),最高输入转速分别为1 000r/min和950r/min。这两种型号的船用齿轮箱是重齿公司在引进GW系列船用齿轮箱技术基础上自主研发出的新产品,可匹配2万~3万t船舶,节能效果非常明显,在产品技术性能提高的同时可降低客户的使用成本。此外,重齿正在研发GQ系列船用齿轮箱,主要有GQS、GQH、GQD、GQC、GQL及GQK等类型,其特点是高速、高性能和轻量化,符合市场节能环保需求。其中,GQS2545轻量化可逆转船用齿轮箱离合器最大传扭能力为0.94kW/(r/min),最高输入转速为1 800r/min,速比为2~5.6,输入输出中心距为450mm。GQ系列船用齿轮箱可匹配渔船、客船、液货船、集装箱船、液化石油气(LPG)船、拖船及驳船等,采用双机或者三机推进系统,柴油机单机功率100~800kW。2010年12月,南京高速齿轮制造有限公司研制完成了GWC70.85大功率船用齿轮箱和HCA300高速小倾角船用齿轮箱。其中,GWC70.85(7.68MW、800r/min)大功率船用齿轮箱通过了CCS、ABS、BV、NK及GL等国际船级社认证,产品主要性能指标接近或达到国际先进水平,完全可以替代进口产品,打破了国外技术垄断局面。在市场份额方面,重齿受产品结构限制,在国内大功率齿轮箱市场占有率为80%,而在小功率齿轮箱市场占有率不到10%;杭齿拥有较完整的国内船用齿轮箱销售服务网络。其在小功率船用齿轮箱国内市场的占有率为80%,东南亚市场的占有率为70%,而在国内大型船用齿轮箱市场的占有率约为20%,在亚洲以外市场未形成批量直接出口。与杭齿相比,重齿在国内船舶市场的销售网点密集度和覆盖度较低,营销渠道较窄,其目前正致力于开拓国际市场,加强国际市场的销售网络建设。

三、发展趋势

船用齿轮箱作为船舶动力系统的关键部件,其发展与船舶制造业息息相关。从目前世界船舶工业发展形势来看,船用齿轮箱产业呈现出以下发展趋势:

一是需求量依然空前高涨,但价格可能会低位运行。尽管目前船市低迷,但是在巨大造船产量面前,船配产品的需求依然较为可观。但是船价的低位运行已经导致目前船用柴油机价格降到低位,相应的价格压力传递到二轮配套企业只是时间问题。

二是外资加快进入国内船用齿轮箱行业,产业内部竞争加剧。亚欧齿轮箱制造商是全球齿轮箱行业的主要中坚力量,但是受成本较高、价格低行以及世界船舶制造维修业东移等因素影响，欧洲船用齿轮箱企业将加大在我国等亚洲地区的发展，成立合资或独资公司。目前仅在天津就有德国SEW、弗兰德，日本住友等多家国外船用齿轮箱公司独资建厂。外资企业凭借自身的技术、质量及高可靠性等方面的优势，结合当地低成本人力资源，将给国内船用齿轮箱制造企业带来严峻挑战。

三是船用齿轮箱厂向上下游产品链延伸。国外船用齿轮箱制造厂商往往不是单一生产制造齿轮箱的企业，而是涵盖整个动力传递系统。以采埃孚集团公司和伦克公司为例：采埃孚集团公司不仅生产船用齿轮箱，同时制造螺旋桨和动力控制系统；伦克公司能同时提供船舶动力装置控制检测系统，以及滑动轴承和联轴器。产品链的延伸有助于国内制造商的自主创新和做大总量，能够在更宽广、更深入的范畴为用户解决问题。

四是船用齿轮箱全球售后服务网络建设。船舶设备出现故障是无法避免的，如果不能及时维修，将给船东带来高额损失。我国船用齿轮箱要走向世界，必须加强全球服务网络建设，建立布局合理、快速高效的服务网络。

〔撰稿人：郑州机械研究所王振、李纪强　审稿人：郑州机械研究所刘忠明、王长路〕

轨道交通齿轮概述

一、轨道交通牵引齿轮箱研究现状分析

城市的公共交通直接关系着城市经济发展，是城市活力和投资环境的一个重要标志，也是确保居民正常工作、学习、生活的重要手段。现有成功的经验告诉我们，要解决大城市的公共交通问题，就要以发展大容量的快速城市轨道交通为骨干，配以其他形式的交通工具，形成一个多平面的立体城市公共交通网，这也是我国城市交通发展的必由之路。随着国内各城市对轨道交通的需求越来越迫切，国家对城市轨道交通建设及运营的投入正不断加大，轨道交通装备产业是我国“十二五”期间重点发展的产业。其关键零部件——轻轨和高铁传动齿轮箱，具有质量轻、体积小、传动精度高及可靠性要求高等特点，不仅设计制造技术水平要求高，制造难度大，还存在严格的市场准入许可制度。在轨道车辆制造市场上，目前全球市场50%以上的份额由加拿大庞巴迪（Bombardier，占23%）、法国阿尔斯通（Alston，占18%）及德国西门子（Siemens，占14%）三大跨国公司所占有。由于相当多的欧美等发达国家轨道交通市场已经趋于饱和，市场空间日益狭小，跨国公司迫切需要寻求新的增长点。而我国正处于城市化进程之中，故我国已成为今后全球轨道交通的主要增长地区。近几年，我国车辆制造集团（如中国南车、中国北车等）通过与国际机车制造巨头合作，在较短时间内具备了大功率高速重载电力机车的制造能力，但是机车牵引、驱动、制动及电气控制等机车核心技术仍然为国际制造巨头所垄断。每年我国需要花费数百亿元的巨资从国际市场直接采购90%的驱动齿轮箱，其余10%中的大部分也需从国际机车主要供应商手中购买设计方案和制造工艺技术。机车驱动齿轮箱过分依赖进口，这不仅大大增加了机车车辆的投入成本，更重要的是制约了我国的设计研发能力，已成为我国机车车辆技术快速发展的瓶颈。庞巴迪、阿尔斯通、西门子、通用电气（GE）及通用汽车（GM）是当今世界铁路设备市场的五大供应商，占据了全球市场约75%的销售份额，是先进机车发展趋势的引领者和核心技术的掌握者。

目前国际先进机车驱动单元的设计多为柔性、紧凑型结构设计，齿轮选用优质渗碳结构合金钢，通过高质量的渗碳淬火等热处理和制造工艺技术保障内在质量，以满足高速重载的使用要求。近年来，我国铁路方面积极引进了大量国外先进的技术装备，使我国铁路技术装备水平迅速提升。但是，在机车驱动齿轮箱的总体设计方案、材料选用及制造工艺方面，我国与国际先进水平相比仍存在很大差距。对于牵引齿轮箱的研究，国内外文献大多集中于齿轮箱本体的研究。2007年上海交通大学黄智勇等，建立了高速列车传动齿轮箱的热分析数学模型，使用流体力学计算软件（Fluent）对高速列车的平衡温度场进行了计算，并与实际测量数据进行对比，在验证模型有效性的基础上，分析了牵引传动齿轮箱的温度场分布规律，模拟分析了列车运行速度和齿轮箱浸油深度对齿轮箱平衡温度的影响，并对列车在实际运行时的齿轮箱平衡温度场进行了预测。2008年沈阳化工股份有限公司崔东岩等，针对我国机车牵引齿轮润滑的现状，提出了机车牵引齿轮润滑材料“低粘度、系列化及高性能化”的观点。同时，为了降低动力消耗、提高传动效率，提出在解决齿轮箱密封的基础上，多采用油润滑，少采用脂润滑的观点，从而达到节能的目的。并对目前存在的机车齿轮箱漏油问题提出了解决路线和措施。2008年9月，南京高精传动设备制造集团有限公司（简称南高齿）和法国阿尔斯通公司联合成功开发出轨道交通齿轮箱。阿尔斯通公司负责图样校验，供应商分级审核，技术支撑，南高齿负责齿轮箱的自行设计、制造和质量控制。该产品的设计采用了国际、欧盟、法国及UIC等相关的最新标准。经过一年多的努力，双方完成了产品的设计、制造、型式试验等工作，各项指标满足了阿尔斯通公司的规范要求，产品于2008年7月15日通过了阿尔斯通的认可。2009年大连交通大学何卫东、马春英等，结合中国北车集团北京南口机车车辆机械厂（简称南口厂）齿轮加工的经验，对我国铁道行业牵引齿轮制造标准（TB/T 2989—2000）和法国阿尔斯通机车齿轮制造标准进行对比分析。分析结果满足了大同电力机车有限责任公司技术引进大功率交流传动电力机车的需要。南口厂在牵引齿轮国产化的生产中成功消化法国阿

尔斯通公司机车齿轮制造技术。2012 年上海轨道交通维护保障中心车辆公司沈豪等，为降低牵引齿轮箱维修成本及缩短齿轮箱采购周期，对上海轨道交通 2 号线车辆齿轮箱进行了国产化研制。上海轨道交通 2 号线列车于 1998 年从德国引进，其传动装置采用德国福伊特（VOITH）公司提供的 SE16 - 1 型齿轮箱。由于该齿轮箱采用垂直分箱形式，给齿轮箱开箱检查及维修带来诸多不便，必须进行退轮，使工作量陡增，也增加了车轴因维修齿轮箱需要而退轮拉伤及报废的风险，使整个维修成本大大提高，所以国产化的齿轮箱采用上下箱体组合形式。经过各项试验后表明，上海轨道交通 2 号线车辆国产齿轮箱密封可靠、润滑性能良好、运行平稳，总体性能良好，满足了上海轨道交通 2 号线地铁车辆的运行要求。同时有效降低了车辆维护成本，缩短了同类零件的采购周期。目前，北京、上海、广州及深圳等 10 个城市已建成轨道交通路线，准备建设地铁的城市已有 25 个，包括苏州、杭州、成都、深圳、长春及天津等。至此，获批建设地铁线路的城市增加到 35 个。截至 2010 年年底，我国城市轨道交通里程达到 1 500km，配属车辆6 000辆，以每辆车平均 600 万元左右计算，仅车辆投资就达 360 亿元。据 2009 年北京国际城市轨道交通展览会《中国各城市轨道交通发展规划图》显示，到 2016 年我国将新建轨道交通路线 89 条，总建设里程为 2 500km，投资规模达 9 937.3亿元，给轨道交通车辆生产企业带来广阔市场。在国际市场上，全球铁路年产值为 1 033 亿欧元，其中机车车辆约为 280 亿欧元，今后十年全球铁路市场每年会有 1.5% ~2% 的增长，这会给机车驱动齿轮带来 2% ~5% 年增长率。尤其是乌兹别克斯坦、吉尔吉斯斯坦等中国近邻国家的机车装备已经非常陈旧，需要大量的更新换代，这也为我国机车车辆装备企业带来了很好的进入国际市场的机遇。

二、我国轨道交通装备主要生产企业分析

随着我国铁路和城市轨道交通建设的快速发展，轨道交通装备产业规模不断扩大。2010 年实现工业销售产值 2 477.3亿元，出口交货值 84.1 亿元，“十一五”期间我国轨道交通装备产业销售产值年平均增长率约为 31.9%。目前，我国已建成一批具有国际先进水平的制造基地，生产能力已居世界领先地位，形成了以主机企业为核心、以配套企业为骨干，辐射全国的轨道交通装备制造产业链。现已拥有年新造大功率机车 2 000 台，动车组、铁路客车和城轨车辆 8 000辆，各型货车 60 000 辆，大型养路机械 500 台（套）的能力，以及年大修机车 2 000 台，动车组及各类轨道客车 5 000 辆，各型货车 70 000 辆的能力。我国轨道交通装备产业通过引进消化吸收再创新，整体研发能力和产品水平大幅提升，初步掌握了高速动车组、大功率交流传动机车、重载和快捷货运列车、城轨车辆、大型养路机械、列车运行控制、行车调度指挥、计算机综合监控等产品制造技术。其中大功率交流传动机车、高速动车组及城轨 A 型车等产品已批量投放市场并稳定运行，2010 年实现新产品产值 869.9 亿元，新产品产值率达到 35%；动车组、城轨车辆、内燃机车及大型养路机械等轨道交通装备产品已出口到俄罗斯、澳大利亚、巴西、印度、阿根廷、土耳其、伊朗及马来西亚等国家。

1. 中国南车股份有限公司（简称中国南车）

中国南车是我国最大的城轨地铁车辆制造商，同时也掌握着我国最先进的牵引传动系统技术，其地铁整车签约额在国内市场的年均占有率超过 60%。截至目前，中国南车的城轨地铁整车已覆盖国内 15 个中心城市的 40 多条线路。从 2002 年开始，中国南车株洲所依托在铁路机车领域强大的技术优势、人才优势和产业化经验，成功自主开发、掌握了具有城轨车辆“心脏”和“大脑”之称的牵引电传动和网络控制核心技术。目前，中国南车株洲所已具备自主研发及科研创新能力，构建了基于牵引电传动系统领域成熟的自主研发、制造和检测平台，被业界称作“推动中国轨道交通发展的核心力量”。在产业化运作上，中国南车株洲所的核心产品成功进入北京、上海、广州、深圳、香港、沈阳、天津、长沙、无锡及重庆等 10 余座大中城市地铁项目，打破了国外公司长期垄断我国城轨牵引市场的局面，并迫使国外公司在此市场领域降低招标价格达 1/3 以上，累计实现销售收入 30 亿元，为国家节约资金 70 多亿元。凭借市场的良好表现，中国南车株洲所城轨牵引产品还成功赢得国际业主的青睐，先后获得了新加坡地铁工程维护车辆、土耳其伊兹密尔轻轨两个海外市场项目。土耳其轻轨项目，是我国轨道交通核心装备首次进入欧洲市场，具有深远的历史意义，它标志着我国城市轨道交通装备的核心技术、产品及服务已经进入了世界一流行列。2011 年 5 月，中国南车株洲所与美国西屋制动公司签订协议，双方合资在我国长沙注册成立了湖南南车西屋轨道交通技术有限公司。此举打破了地铁车辆制动系统核心技术长期被国外公司垄断的局面，强化了中国南车在城轨车辆产业的配套集成优势，推动了国产化自主产品的快速发展。根据协议，中国南车与美国西屋制动公司持有相等权益。合营公司主要从事轨道交通车辆制动系统的应用工程、开发、生产、销售、售后服务及整修服务。近年来，中国南车一直积极寻求提升自身在地铁车辆制动系统的配套供应能力，在自主牵引系统多点开花的局面下，建立和巩固在城轨产业领域牵引制动系统的配套集成优势，谋求城轨制动系统的产业突破。2012 年 4 月，中国南车下属的株洲南车时代电气股份有限公司的城轨牵引系统产品成功中标重庆市轨道交通 6 号线二期车辆项目，合同金额近 2.8 亿元。这是该公司 2012 年继中标无锡地铁 2 号线、北京地铁 7 号线及北京地铁 14 号线牵引传动系统后，在城轨市场收获的又一大订单。2012 年，该公司已经拿下 10 亿元订单，成为国内城轨牵引系统市场的最大供应商，城轨产业已成为中国南车株洲所同心多元化产业格局中不可忽视的重要力量。

2. 中国北车股份有限公司（简称中国北车）

中国北车是我国轨道交通装备制造行业的领军企业，也是世界轨道交通装备制造行业的重要成员。2012 年 9

月，中国北车大连电牵研发中心研制的自主化牵引系统通过了中国交通运输协会城市轨道交通专业委员会组织的评审，获得了城轨车辆市场的准入资质。自此，中国北车拥有四方所公司和大连电牵研发中心两家可以生产城市轨道车辆(地铁车辆)牵引系统的企业，占据国内城轨牵引系统生产企业三分之二的席位，我国与国际轨道交通巨头在地铁核心技术上逐渐形成对垒之势。南口厂继开发成功SS3B、SS4G、DF7G、SS7E及SS7C等机车牵引齿轮产品后，又继续试制开发了大同电力机车有限公司与法国阿尔斯通公司合作的大功率交流传动电力机车所用的牵引从动齿轮。

3. 重庆齿轮箱有限公司(简称重齿公司)

重齿公司从2009年开始参与轨道交通齿轮箱产品的开发工作，并将其作为“百亿重齿”发展目标的重要组成部分。此前，重齿公司成功研发并为重庆轻轨3号线提供道岔设备，已经涉入轨道交通装备产业。目前，重齿公司依托重庆地铁1号线项目和长春客车车辆厂的大力支持，成功地设计试制了DT354、DT362地铁车辆用齿轮箱，并在总结吸取前述两个轨道车辆齿轮箱产品的设计制造经验基础上，按照“重庆地铁1号线技术要求”设计制造了DT360齿轮箱样品，完成了台架试验，并对齿轮箱的传扭能力、润滑、温度、密封及噪声等性能指标进行了测试，试验结果表明：该齿轮箱的性能指标全部达到地铁齿轮箱相关技术性能指标要求。

4. 郑州机械研究所(简称郑机所)

郑机所是原机械工业部直属一类研究所，现转制为中央直属大型科技企业，已有50多年的科研及生产历史。郑机所是国家齿轮传动、机械强度及化学标样的行业技术归口单位，挂靠有中国机械工程学会机械传动分会、全国齿轮标准化技术委员会、全国机械振动与冲击标准化技术委员会、国家齿轮产品质量监督检测中心、齿轮行业生产力促进中心及机械工业齿轮传动工程实验室等行业组织。郑机所的主要研究领域和产业支柱是齿轮传动，现有从事齿轮研究和产品开发的人员300多人，其中专业技术人员130人，研究员30余人，高级工程师60余人，集研究、开发、生产、检测及行业工作于一体，在国家重点工程、重大装备研制和国防建设中(如三峡、葛洲坝、长征二号火箭、核电站、航天载人工程及海洋石油工程等)发挥了重要作用。目前，郑机所正在同中国北车大同电力机车有限公司联合开展30t轴重高速货运机车驱动齿轮箱的研制工作。美国运行机车轴重达到39.9t，澳大利亚已实现35t轴重，正在计划扩大到40t轴重以满足运输要求。我国主型货车轴重仅为21t，近年来通过引进消化吸收研制出了25t轴重的货运机车，实现了万吨级重载运输。为了继续提高铁路货运能力，铁道部有关部门对发展30t轴重的货运机车进行了可行性研究，并立项实施。所配套的轴重30t以上的大轴重、大轴功率、高起动牵引力的重载货运机车科研项目由中国北车集团大同电力机车有限责任公司承担，其中驱动牵引齿轮箱全面委托郑机所设计生产。目前，为此项目专门修建的首条重载铁路——中南铁路通道，西起山西吕梁瓦塘站、东至山东日照港，横跨晋豫鲁三省，全长1 260km，是晋煤外运的重要通道之一，计划2014年建成投产。郑机所是唯一一家参与此项目的齿轮传动研发单位，项目研制成功后，郑机所将独享此技术成果，成为唯一的驱动齿轮箱的生产配套企业。在前期机车齿轮研发成果的基础上，郑机所正对地铁、城际列车等城市轨道交通装备的驱动单元齿轮箱进行方案设计、结构优化及可靠性分析等方面的系统研究，并进行样机试制、性能测试、制造关键工艺技术等方面研究，以期解决产业化生产的技术难题，为该领域成果的产业化推广奠定技术基础。

三、发展趋势

发展“技术先进、安全可靠、经济适用、节能环保”的轨道交通装备，是提升交通运输人流物流效率的保证，是实现资源节约和环境友好的有效途径，对国民经济和社会发展有较强的带动作用。对轨道交通牵引齿轮箱的要求包括：

1. 降低噪声

噪声污染是当今城市主要公害之一。老式的蒸汽、内燃机车之所以被淘汰，其原因之一就是它的噪声比公共汽车大。现代轻轨车辆的噪声应比公共汽车小，而轻轨车辆行驶中的噪声与牵引齿轮箱的工作状况、安装型式等密切相关，因此，必须降低牵引齿轮箱的噪声。

2. 运行平稳性提高

老式蒸汽、内燃机车被淘汰的另一个原因就是运行平稳性差，乘客感到不舒适。轻轨车辆的运行速度并不高，在市区的平均速度为30～40km/h，在郊区的最高速度通常为80km/h，理应具有较好的平稳性指标。车辆运行平稳性主要取决于转向架和传动齿轮箱的装配型式。

3. 产品结构优化

优化现有产品结构，积极开发应用技术先进、安全可靠、经济适用、节能环保的新型轨道交通传动齿轮箱，逐步替代性能落后、安全水平低的老式轨道交通装备，实现产品升级换代。研制系列产品形成型谱系列化的产品参数数据库，实现快速定制，以适应多层次、多类型需求，建设具有国际竞争力的产品供应链，不断提高齿轮箱产品的附加值和竞争力，逐步形成居世界领先水平、谱系化的轨道交通装备。

〔撰稿人：郑州机械研究所王振、李纪强　审稿人：郑州机械研究所张和平、刘忠明〕

齿轮热处理工艺及装备发展概况

我国齿轮制造中的热处理工艺和装备随着我国齿轮工业的发展而不断进步。

由于齿轮直接影响着主机的整体性能，不仅要求其综合强度高(包括接触强度、弯曲强度、抗胶合强度)，还要求其精度高，属于技术含量高的机械零件，因此，它推动着钢材冶金、锻造及热处理工艺设备的技术发展。

一、我国齿轮热处理技术的发展和现状

我国齿轮热处理技术是随着机械工业对齿轮质量和承载能力要求的不断提高而发展的。20 世纪 70 年代，我国齿轮生产以软齿面调质工艺为主，齿轮设计参数指标较低。随着对齿轮承载能力要求的提高，以及加工刀具和机床技术水平的提高，调质齿轮的硬度逐渐提高到中硬齿水平。从 80 年代开始，我国进行了大规模的硬齿面制造技术研究，国家投入了很大的资金组织了技术攻关，并同时引进了国外先进的硬齿面制造技术。其中：在齿轮材料方面进行了调质钢、渗碳钢，特别是汽车齿轮渗碳钢及渗氮钢的国产化、系列化研究；在热处理方面进行了中硬齿面齿轮早期失效的研究；感应淬火大齿轮工艺、承载能力及微机数控淬火机床的研究；齿轮渗氮，特别是深层离子渗氮工艺及设备的研究；齿轮渗碳碳势控制工艺及设备，特别是深层渗碳及大型渗碳设备的研究；齿轮淬火冷却及设备的研究；并全面进行了国产齿轮钢材弯曲疲劳极限、接触疲劳极限及抗胶合能力的试验研究。以上的大量研究奠定了我国硬齿面材料热处理生产技术的基础，大大提高了我国齿轮制造技术水平。近十年来，随着我国齿轮工业的更大发展，热处理装备获得了更进一步的发展和提高，其中齿轮多用渗碳炉、连续渗碳炉、等温正火炉，直径达 5m 的大型井式渗碳炉及相应的配套冷却介质、淬火冷却装置和测试仪器，齿轮感应加热固态电源和淬火机床，齿轮渗氮炉，特别是脉冲离子渗氮炉等在我国已形成了完整的体系，其技术水平基本上达到了国际先进水平。

目前，在车辆齿轮方面，我国已能批量生产各类汽车、工程车、拖拉机、摩托车配套用的渗碳淬火齿轮；在工业齿轮方面，已能生产功率达 6.5 万 kW、线速度 210m/s、直径达 5m、单件重量达 40t 的渗碳淬火齿轮；渗氮工艺，特别是离子渗氮工艺在大型蜗杆及高速重载齿轮上的应用在国际上属领先水平；感应淬火在重机齿轮和铁路机车齿轮上应用比较广泛。最近，对模数达 62mm 的三峡大型升船机齿条，成功应用感应淬火进行了处理。我国的齿轮热处理工艺技术和设备已基本上满足了冶金、矿山、石化、起重运输、建材机械及航空航天飞行器、船舰发动机等高参数齿轮及大批量车辆齿轮稳定生产的要求。

1. 齿轮的渗碳

渗碳淬火齿轮具有优良的综合强度性能，但是影响渗碳质量的因素很多，而且，许多工艺因素的控制都与设备的功能、参数控制水平及可靠度相关。

根据齿轮的大小和生产特点，渗碳齿轮通常分为车辆齿轮和工业齿轮两大类。

车辆齿轮一般尺寸和模数都不大，但是生产量很大，所以热处理设备主要采用周期式密封多用炉和连续式渗碳炉。这方面以陕西法士特齿轮有限公司、上海汽车齿轮总厂、一汽集团变速箱厂、东风车桥有限公司、天津汽车齿轮有限公司、一拖公司齿轮厂及浙江双环齿轮有限公司等为代表。近年来，它们通过不断的技术改造，其设备、工艺和质量水平得到了很大的提高。

与此同时，大家对齿坯的预处理有了进一步的认识，纷纷将原来的普通正火改为等温正火。这一工序的改进，大大提高了齿轮的加工效率和表面质量，同时减小了齿轮的渗碳淬火变形。

齿轮渗碳催渗技术是我国的特有专利技术，由西安北恒公司和哈尔滨工业大学开发的化学催渗和稀土催渗在多用炉和连续渗碳炉中的应用有明显的效果：当渗碳温度不变，可提高渗速 20% ~30%；当渗碳周期不变，可降低渗碳温度 30 ~40℃，从而对减小变形有利。根据哈尔滨工业大学对稀土催渗齿轮的疲劳试验，接触疲劳强度和弯曲疲劳强度都有明显的提高。

另外，国内正逐渐扩大真空渗碳工艺的应用，在渗碳效率、质量，特别是变形控制以及环保等方面都取得良好的效果。陕西法士特齿轮有限公司为了与高质量齿轮生产配套，选用了艾协林公司、易普森公司的多用炉和连续炉数十条生产线，并率先采用了艾协林公司新推出的环形气体渗碳炉生产线和全自动推盘式渗碳炉压淬生产线，大大提高了操作水平并降低了能耗。

随着我国汽车、工程车辆及摩托车的大发展，齿轮产量大幅度提高，相应地出现了渗碳热处理设备的投资高潮。目前，在车辆齿轮热处理设备方面，我国已拥有 200 多条连续气体渗碳炉生产线、200 多台密封多用炉生产线、80 多条等温正火生产线，而原来的井式渗碳炉逐渐被取代。

工业齿轮一般尺寸和模数都较大，材料多用含 Ni 和 Cr 的合金钢，渗碳后需要重新淬火，所以主要采用井式渗碳炉。近年来有一个明显的趋势，即随着大型成套设备齿轮箱的生产，相应的大型渗碳炉纷纷上马，拥有直径 3m 以上渗碳炉的厂家就有南京高精齿轮股份有限责任公司、重庆齿轮箱有限责任公司、东力齿轮传动公司及杭州前进齿轮箱集团公司等，中信重机公司的渗碳炉直径达 5m。新近投产的大型渗碳炉的碳势和温度控制均匀性都达到相当高的水平，尤其是温度采用炉内主控、炉罐外辅控的方法，进一步保证了炉内工件温度的准确性。

国内外知名的热处理设备制造企业有爱协林热处理系统（北京）公司、易普森工业炉（上海）公司、长春一汽嘉信热处理科技公司、西安民生电热技术工程公司、丰东热处理技术股份有限公司、无锡天龙热处理公司、上海汇森工业炉公司、北京易西姆工业炉公司、诺依热工工程公司及依西埃姆（北京）工业炉公司等；淬火冷却方面，如好富顿（上海）高级工业介质公司、北京华立精细化工公司、南京科润工业介质公司、德润宝特种润滑剂公司、郑州机械研究所和大连海威公司可生产多功能淬火槽；另外，如北京培特永昌机电技术公司、北京汇捷通新技术公司的渗碳碳势控制系统，西安北恒热处理工程公司、哈尔滨工业大学的催渗渗碳剂及爱福易耐热合金公司可生产耐高温夹具。这些公司的产品

和技术开发，以及主要市场都与齿轮生产密切相关，而且，如此大量高水平的渗碳炉生产线基本上都立足于国内生产，并具国际水平。

2. 齿轮的表面加热淬火

目前，在硬齿面齿轮热处理生产中，80%以上为渗碳淬火，而感应淬火和渗氮，由于综合性能不及渗碳淬火，其应用受到一定限制。但是，这两种工艺明显的优点就是节能降耗、环境污染小及变形小，所以，近年来我国在风电大齿圈的生产中就有不少厂家采用了感应淬火和渗氮工艺。当然，效果如何还有待使用考验。如何扩大其应用范围，这还需要从物理冶金因素与齿轮的应力状态进行深入研究。事实上，国外一直在不懈地努力探索，并已有成效。

齿轮表面加热淬火的最大特点是生产效率高、节约能源及环境污染小。根据齿轮模数的大小，采用不同的工艺方法，最后得到的硬化层分布形式及其强化的效果见表1。

表1　齿轮表面淬火硬化层分布形式与强化效果

硬化层分布形式	工 艺 方 法	强 化 效 果
(齿根不淬硬)	回转加热淬火法	齿面耐磨性提高；弯曲疲劳强度受一定影响，许用弯曲应力低于该钢材调质后的水平
(齿根淬硬)	回转加热淬火法	齿面耐磨性及齿根弯曲疲劳强度都得到提高；许用弯曲应力比调质状态提高30%～50%；可部分代替渗碳齿轮
(齿根不淬硬)	单齿连续加热淬火法	齿面耐磨性提高；弯曲疲劳强度受一定影响（一般硬化层结束于距齿根2～3mm处）；许用弯曲应力低于该钢材调质后的水平
(齿根淬硬)	沿齿沟连续加热淬火法	齿面耐磨性及齿根弯曲疲劳强度均提高；许用弯曲应力比调质状态提高30%～50%；可部分代替渗碳齿轮

表中所示的四种硬化层分布形式实质上可以归纳成两种，即一种是沿齿廓分布的硬化层，另一种是硬化层在齿根处中断。按照美国ANSI/AGMA2101—95标准，对沿齿廓感应淬火齿轮，其许用弯曲应力为380MPa，而对齿根处未淬火的齿轮，其许用弯曲应力仅为150MPa，两者相差1倍以上。在德国的齿轮强度设计中规定，对于齿根未予硬化的感应淬火齿轮，其弯曲疲劳极限只能取齿根经硬化齿轮的70%。我国的齿轮试验表明，齿根未经硬化齿轮比硬化齿轮的承载能力下降40%。

因而，齿轮感应淬火工艺首要的任务是要使齿轮获得沿齿廓分布的硬化层。

单齿连续加热淬火一般可得到2～6mm的硬化层深度，主要用于工业齿轮，国际上以美国、奥地利、德国和日本的一些著名公司为代表，在设备和工艺方面都具有很高的水平。我国德阳二重集团公司、中信洛阳重机公司、南京高精齿轮股份有限公司、大连重型集团公司、太原重机集团公司和沈阳重型机器公司等采用单齿喷液淬火工艺，淬火介质广泛应用PAG有机溶液。最近，我国德阳二重集团公司采用爱协林－EMA公司技术生产的数控感应淬火机床，克服了淬火开裂，成功地批量处理了三峡升船机用的模数达62mm的特大型铸钢齿条，硬化层深度达8mm。由于受淬火开裂的制约，以机车齿轮的热处理为代表，戚墅堰机车车辆工艺研究所、大连机车车辆厂及资阳机车车辆厂等采用埋油淬火工艺。

对于单齿连续加热淬火，其硬化层质量与感应器及淬火机床有很大的关系，为此，对机床的位置精度、运动精度及控制水平有很高的要求。根据对国外齿轮感应淬火机床的分析，推荐采用滚珠丝杆＋伺服电动机传动代替通常应用的液压传动方案。同时采用计算机对相对位置、移动速度、加热功率、加热时间及冷却介质压力和流量等参数进行控制，从而有效地实现沿齿沟分布的良好硬化层。爱协林－EMA公司、易孚迪感应设备（上海）公司生产的淬火机床就属于这种高水平淬火机床。

中小模数的车辆齿轮和通用减速器齿轮一般采用“一发法”（即套圈一次加热淬火）。过去由于受到电源功率的限制，通常只能处理模数较小（＜10mm）、直径不大的齿轮。近些年来，随着电子技术的发展，大功率静态电源的开发和应用大大促进了齿轮“一发法”淬火工艺的发展，尤其在美国和日本的不少大公司进行了双频“一发法”的应用研究，在美国称为“Single shot”，被认为是一项技术革新。

“一发法”感应淬火主要要求机床的回转精度、上下运动速度和平稳性以及电气参数要能够有效控制。同时对电源的要求很高，特别是大功率变频电源，如直径为132mm、模数为3mm的齿轮，采用双频“一发法”淬火热处理，加热电源分别为100kW/3kHz和600kW/150kHz。国内外晶体管固态电源情况见表2。

表2　国内外晶体管固态电源情况

频率范围（kHz）	变频晶体管	功率范围（kW）	
		国内	国外
＞100 高频	SIT. MOSFET	400	1 000
10～100 超音频	IGBT	500	1 000
＜10 中频	晶闸管	2 000	10 000

为我国提供感应加热电源和淬火机床的国外公司或厂商很多，有代表性的如爱协林－EMA公司、易孚迪感应设备

(上海)有限公司、应达工业(上海)有限公司及 Ajax Tocco 公司等;国内厂家有保定红星高频设备有限公司、天津高频设备厂、天津第九机床厂、洛阳升华感应加热有限公司、西安博大电炉有限公司、无锡电炉有限公司、铁岭巨龙高频设备有限公司和福建晋江市高周波电子设备工程公司等。

3. 齿轮的渗氮

齿轮渗氮的最大尤点是工艺温度低、热处理变形小,一般齿轮精度下降 0.5 ~ 1 级。另外渗氮的工序少,可降低成本。然而,由于渗氮层薄,并且较脆,因而其应用受到一定的限制。为此,国内外进行了大量的试验研究工作和应用实践,为渗氮齿轮的工业应用开辟了一条道路。

根据齿轮的不同应用场合,可采用不同的工艺来获得不同的组织,以满足各种特定的强度要求。理论和实践表明,渗氮工艺适用于以下各类齿轮:

(1)机床、汽车及工程机械等整机上配套用的部分要求耐磨的齿轮;

(2)石油钻机中的中小模数弧齿锥齿轮。

(3)各类蜗杆,特别是大型蜗杆,采用渗透氮工艺技术经济性最高;

(4)各种减速器的齿圈,如汽车、工程机械及工业齿轮减速器齿圈,这是值得推荐的应用场合。因为齿圈的加工主要是插齿,其精度受到限制,而齿圈传动又要求耐磨和较高精度。采用渗碳淬火会因变形大而需要磨齿,这就大大增加了制造成本,何况,目前内齿磨还相当稀缺,而采用渗氮具有良好的技术经济性。目前我国大型轧机、水泥磨等行星减速器渗氮齿圈的直径已达 1.5m,并且使用效果很好。

(5)各类工业高速齿轮,如各种透平机、压缩机及船舰发动机的增、减速齿轮。这类齿轮的特点是:传递功率大,但模数小;运转速度高,线速度可达 200m/s,但运行平稳;要求耐磨性好,特别抗胶合。所以这类齿轮非常适宜于采用渗氮工艺。

渗氮齿轮的应用关键是模数大小,因为齿轮模数大小与轮齿的曲率半径相关。而轮齿曲率半径又与接触负荷产生的最大赫兹应力的深度有关。根据理论计算及工业应用实践,目前国际上比较公认的应用范围是模数 10mm 以下。工业渗氮齿轮的应用举例见表 3。

表 3 工业渗氮齿轮的应用举例

参 数	燃气透平	蒸气透平压缩机	H/D 压缩机	H/D 碎煤机	H/D 水泥磨	军舰蒸气透平
功率(kW)	6 570	4 588	336	2 237	5 787	11 190
模数(mm)	4.4	4.23	8.47	8.47	6.47	6.47
接触应力(MPa)	904	905	835	1 014	996	1 065
最大剪切应力峰值深度(mm)	0.39	0.29	0.39	0.45	0.44	0.61

国外齿轮渗氮用得比较广泛和成功的是英国、德国、美国和日本等国家。

我国是国际上渗氮齿轮用得最好的国家,重要原因是我国对离子渗氮工艺的研究开发很有成效,独具特色。因为离子渗氮的最大优点是渗速快,特别是对于齿轮的深层渗氮其优越性就更显突出,如渗氮层深度为 0.8mm 时,国外用普通气体渗氮需要 100h 以上,而我国离子渗氮则只需要 60h 左右即可。另外,离子渗氮的相成分可控制。根据齿轮的服役工况需要,通过改变 N_2 和 H_2 的比例,并适当调整工艺,便可得到相应的渗层组织,从而获得需要的性能。我国离子渗氮齿轮工业应用实例见表 4。

表 4 我国离子渗氮齿轮工业应用举例

齿轮名称	主要参数	钢 材	离子渗氮结果
350 马力(1 马力 = 735.5kW)涡轮发电机减速器齿轮	模数:2.5; 齿数:256; 精度:6 级; 线速度:105.8m/s	40CrNiMo	表面硬度:HV5 590 ~ 600; 渗层深度:0.75 ~ 0.8mm; 表面相结构:γ′单相; 脆性:1 级
炼油厂 3 000kW 双圆弧齿轮(对)	模数:4.5; 齿数:44/64; 精度:5 ~ 6; 线速度:118m/s	34CrNi3Mo	表面硬度:HV5 620 ~ 610; 渗层深度:0.5mm; 脆性:1 级
水坝 200t 启闭机 1 150 减速器齿轮	模数:6; 齿数:20; 精度:6 级	25Cr2MoV	表面硬度:HV5 720 ~ 750; 渗层深度:0.7 ~ 0.75mm; 表面相结构:γ′单相; 脆性:1 级
344t 牵引强力采煤机行星减速器内齿圈	模数:8; 齿数:66; 精度:7 级	42CrMo	表面硬度:HV5 640 ~ 660; 渗怪深度:0.73mm; 脆性:1 级

（续）

齿轮名称	主要参数	钢 材	离子渗氮结果
高速线材轧机齿轮	模数:8; 精度:6 级	25Cr2MoV	表面硬度:HV5 660～730; 渗层深度:0.5～0.55mm; 脆性:1 级
卷扬机输入轴齿轮	模数:9; 齿数:22; 精度:7 级	25Cr2MoV	表面硬度:HV5 730～760; 渗层深度:0.8mm; 表面相结构:γ'单相; 脆性:1 级
轧钢机减速器传动齿轮	模数:10; 齿数:67; 精度:7 级	42CrMo	表面硬度:HV5 670～680; 渗层深度:0.83mm; 脆性:1 级

我国齿轮多采用离子渗氮工艺,武汉材料保护研究所、武汉市等离子体研究所、武汉热处理研究所及北京电炉厂等都能提供先进的离子渗氮设备,郑州机械研究所除提供设备外,还提供工艺和工业应用的整套技术。

目前,国外还是以气体渗氮为主,但已经比较多的采用计算机直接氮势控制系统而获得良好的渗层组织。爱协林热处理系统(北京)公司、易普森工业炉(上海)公司、德国的斯坦格电气有限公司、加拿大的 Nitrex 金属有限公司和我国上海交大等开发的氮势控制软件都有好的效果。

二、齿轮热处理技术的发展趋势

1. 高承载能力、高可靠性要求

现代机械设备技术参数的不断提高对齿轮的性能提出了更高的要求,如风电齿轮、高速列车传动齿轮、核电及大型石化装备的齿轮等。因此,对材料热处理的冶金因素、残余应力与性能之间的关系必须更深入研究,并运用有限元及断裂力学来计算分析裂纹的形成与扩展,预测其使用寿命。

2. 齿轮大型化、精密化

现代机械设备越来越大型化,如大型石化、水泥、钢铁冶金、矿山开采、电力及运输等机械装备,其传递功率增大,相应的齿轮也就越来越大,而且加工精度要求还很高。目前,渗碳淬火齿轮的直径,最大已到 5m,单件齿轮重量已达 40t 以上,这使渗碳淬火热处理畸变的控制成为了很大的难题。

3. 大批量生产、高质量要求

我国汽车、工程车及摩托车等各类车辆齿轮的生产量以亿件计,这类齿轮的生产既要求高质量,又要求大批量,因此,热处理工艺的均匀性、稳定性就成为难点,其中热处理变形规律性的影响因素及其控制更成为技术核心。

4. 表面硬化的应用

机械设备的大型、高速及高精度化对齿轮传动也提出了更高的要求。最初的整体硬化(调质)从承载能力及经济性都不能满足工业发展的需要,因而逐渐采用硬齿面热处理工艺来替代,即采用感应表面淬火、渗氮(N－C 共渗)及渗碳(C－N 共渗)淬火热处理。软、硬齿面热处理齿轮的承载能力和技术经济性对比见表 5。

表 5 软、硬齿面热处理齿轮的承载能力和技术经济性对比

钢 材	C45	42CrMo4	20MnCr5 / 42CrMo4	31CrMoV9	34CrMo4	20MnCr5
热处理工艺	正火	调质	渗碳淬火 / 调质	渗氮	感应淬火	渗碳淬火
加工方法	滚	滚	滚/磨	剃	磨	磨
中心距(mm)	830	650	585	490	470	390
重量(kg)	8 505	4 860	3 465	2 620	2 390	1 581
安全系数(抗点蚀/抗弯)	1.3/6.1	1.3/5.7	1.3/3.9	1.3/2.3	1.4/2.3	1.6/2.3
价格变化(%)	132	100	85	78	66	63

5. 节能、环保热处理工艺

工业生产的节能、环保是对齿轮热处理生产的重要考验。在硬齿面齿轮热处理工艺中,渗碳淬火具有最佳综合力学性能,但也是耗能最大、污染最严重的工艺,而渗氮、表面感应加淬火则是节能、低污染的工艺,但两者的承载能力都受到限制,国内外一直进行着扩大两者在齿轮中应用的研究,有潜力,但尚需更多的努力。

6. 齿轮热处理工艺的物理冶金因素设计

随着现代计算机技术的发展,应从齿轮强度和热处理工艺综合的角度开展 CAD、CAE 工程应用的研究;在热处理工艺方面开展计算模拟,对加热、冷却过程的温度、热传递、组织转变及应力等进行模拟,从而提高齿轮强度和热处理工艺水平。

〔撰稿人:郑州机械研究所陈国民 审稿人:郑州机械研究所张元国〕

齿轮测量技术发展概况

齿轮测量技术的发展已有近百年的历史,齿轮的精度不仅取决于齿轮的设计与加工,也取决于对齿轮误差的测量、分析及合理控制。

一、目前常用的齿轮精度测量方法

目前常用的齿轮精度测量方法有齿轮啮合试验法、几何解析测量法和整体误差测量法三种。

1. 齿轮啮合试验法

齿轮啮合试验法用来判断一对齿轮副的回转传动性能,它采用啮合滚动式综合测量法,把齿轮作为一个回转运动的传动元件,在理论安装中心距下,测量齿轮啮合滚动,测量其综合偏差。综合测量又分为齿轮单面啮合测量和齿轮双面啮合测量。齿轮单面啮合测量用以检测齿轮的切向综合偏差和单齿切向综合偏差;齿轮双面啮合测量用以检测齿轮的径向综合偏差和单齿径向综合偏差。为了更有效地发挥齿轮双面啮合测量技术的质量监控作用,增加了偏差的频谱分析测量项目,并且,近年来还从径向综合偏差中分解出径向综合螺旋角偏差和径向综合齿向锥度偏差。这是齿轮径向综合测量技术中的一个新发展。综合运动偏差测量的优点是测量速度快,适合批量产品的质量终检,便于对齿轮加工工艺过程进行及时监控。

2. 几何解析测量法

几何解析测量法是将被测量齿轮实际齿面形状和理论值进行比较测量。这种方法是将齿轮作为一个具有复杂形状的几何实体,在所建立的测量坐标系(直角坐标系、极坐标系或圆柱坐标系)上,按照设计几何参数对齿轮齿面的几何形状偏差进行测量。测量方式主要有两种:离散坐标点测量方式和连续几何轨迹点扫描测量方式。所测得的齿轮误差是被测齿轮齿面上被测点的实际位置坐标(实际轨迹或形状)和按设计参数所建立的理想齿轮齿面上相应点的理论位置坐标(理论轨迹或形状)之间的差异,通常也就是和几何坐标式齿轮测量仪器对应测量运动所形成的测量轨迹之间的差异。测量的误差项目是齿轮的单项几何偏差,以齿廓、齿向和齿距三项基本偏差为主。它的优点是便于对齿轮(尤其是首件)加工质量进行分析和诊断,从而对机床加工工艺参数进行再调整。仪器可借助于样板进行校正,实现基准的传递。

3. 整体误差测量法

整体误差测量法是前两种方法的集成,是对传统齿轮测量技术的继承和发展。它把齿轮作为一个用于实现传动功能的几何实体,或采用坐标式几何解析法对其单项几何精度进行测量,并按齿轮啮合传动顺序和位置,集成为一条“静态”齿轮整体误差曲线;或按单面啮合综合测量方式,使用特殊测量齿轮,采用滚动点扫描测量法对其进行测量,得到齿轮“运动”整体误差曲线。上述两种齿轮整体误差曲线,经过运算和数据处理,都可以得到齿轮综合运动偏差、各单项几何偏差、三维齿面形貌偏差及接触区状态,从而能更全面、准确地评定齿轮质量,对齿轮加工工艺进行分析和诊断。美国GLEASON公司和德国KLINGELNBERG公司开发的锥齿轮闭环制造技术和系统是个典型实例。

此外,在仪器测量形态和检测系统方面,现代齿轮测量技术还有齿轮在机测量技术、齿轮激光测量技术等。

二、近年来现代齿轮测量技术的新进展

1. 单面啮合齿形测量法

德国FRENCO公司的齿轮啮合扫描测量法如下:通常,中间为被测齿轮,两侧配置测量齿轮(齿形测量齿轮和齿向测量齿轮)进行单面啮合测量。测量齿轮的齿面经特殊处理,使它在限定范围内进行啮合,从其啮合误差数据中得到齿面误差拓扑图。其中,测量齿轮的制作需要极高的制造技术。

2. 激光全息齿轮测量法

AMTEC公司发表了采用激光全息技术进行齿轮非接触测量的方法。在该装置上采用了CONO光学传感器测头。齿轮回转时,根据测头位置的变化,可以测出齿轮的截面形状。非接触测量既不会划伤齿面,又不会因测力而使齿面产生弯曲变形。

3. 光干涉齿面形状测量法

大阪精机公司开发了利用激光全息法对齿轮全齿面进行测量的装置,该方法能够一次测出全齿面的形状误差。但是,由于全齿面的反射光会受到其他齿的干涉,而感光元件必须要能感受到反射光才能进行测量,因而它不能测量大螺角齿轮。

4. 采用原子力测头测量齿形精度

原子力测头所用测针的顶端曲率半径为2μm,因而可以测量齿面的粗糙度。松下电器产业开发了采用原子力测头的超精密三维测量仪。由于测头按直线方向配置,故齿轮测量受到一定限制,但在测量限定齿数的齿轮样板时,其测量精度可达到纳米级。

三、锥齿轮和精密小模数齿轮的测量技术

近年来随着锥齿轮和精密小模数齿轮发展,对锥齿轮和精密小模数齿轮的测量技术也在不断发展。

1. 锥齿轮测量技术及仪器

锥齿轮的精度测量方法和圆柱齿轮类似,有锥齿轮啮合试验法、锥齿轮几何解析测量法和锥齿轮整体误差测量法三种方法。

(1)锥齿轮啮合检验综合测量方法及仪器。锥齿轮单面啮合滚动检测方法在生产中已经使用多年,以美国格里森NO.513滚动检验机为例,这类方法属于“准动态”测量方法,它对于锥齿轮的精度检测是不够完整、不够准确的。近年来格里森公司推出的凤凰500HCT数控锥齿轮滚动检

验机则同时具备了滚动检验机和单面啮合检查仪的测量功能，既能测量锥齿轮的切向综合误差，又能数字化测量锥齿轮接触区，并进行三维结构噪声分析等。与此类似的还有克林伯格公司 GKC60、奥立孔 T50 等数控锥齿轮检验机。

（2）锥齿轮几何解析测量法及仪器。较早以前市场上就出现了坐标式直锥齿轮测量仪，以瑞士马格 KP42 型为代表，精度很高但结构复杂。目前市场上国外的齿轮测量中心，如德国克林伯格的 P63，美国格里森/马尔的 GMX275、M&M 的西格马 3，都已具备了测量锥齿轮的功能。这些仪器都达到 VDI/VDE 等级规定的 1 级，空间测量不确定度在 2μm 以上，可对锥齿轮的单项几何误差进行检测，如齿距偏差（包括单个齿距偏差、齿距累计偏差、齿距累计总偏差）、齿廓偏差（包括齿廓总偏差、齿廓形状偏差、齿廓倾斜偏差）及齿向偏差（包括齿向总偏差、齿向形状偏差、齿向倾斜偏差），并可输出三维齿面形状偏差形貌图等。

（3）锥齿轮整体误差测量方法及仪器。锥齿轮整体误差测量方法和仪器，目前可分为二类三种。一类为坐标式几何解析测量法，该方法又分为“点到点测量法”和“点扫描测量法”，两种方法采用的仪器都为 CNC 齿轮测量中心，但配用的测量软件包有所不同；另一类为啮合式运动几何测量法（即啮合式点扫描测量法，该方法为我国首创），所采用的仪器为锥齿轮单面啮合检查仪，配有专用的测量锥齿轮和测量软件包。

2. 小模数齿轮测量技术及仪器

模数为 0.05～0.5mm 的微小齿轮在精密量具、航空仪表中应用非常广泛。如何实现对微小齿轮、尤其是批量生产的微小齿轮的精度和质量高效地测量和评定，以提高微小齿轮的加工质量，是齿轮制造业亟待解决的一个关键技术问题。随着小齿轮的尺寸越来越小，测量精度越来越高，传统测量方法已不能满足小模数齿轮的测量要求，所以小模数齿轮的测量技术也成为近些年来的研究热点，并且呈现出新的发展态势。小模数齿轮的测量技术有基于 CCD 测量的非接触式测量技术、基于光纤测头的接触式测量技术及齿轮单面啮合测量技术。

（1）CCD 非接触式测量技术。基于视觉测量的小模数齿轮测量系统由工具显微镜工作台、CCD 摄像头、适配镜、图像采集系统、PC 机及数据处理软件组成。该系统的工作原理可归纳为：工作台完成齿轮的定位，CCD 通过适配镜摄取齿轮图像，并对图像进行二值化处理，通过图像采集卡转换为数字信号送入 PC 机，然后由数据处理软件对图像进行分析处理，计算出测量值。通过 CCD 非接触测量，可以测得齿廓误差、齿顶圆半径、齿根圆半径、齿顶高系数、压力角及齿距等参数。目前，这种测量方法的齿形测量偏差超过 3μm，不能满足小模数齿轮齿形公差的要求。因此，提高测量精度是该测量方法能够普遍应用的关键所在。

（2）光纤测头非接触式测量技术。光纤测头是最近精密测量领域研究的热点，将它应用到微小齿轮测量中已取得实质性进展。光纤测头综合地利用了光学方法和机械接触法，提出了柔性测杆光纤测量系统，能够很好地解决齿槽的任意截面的尺寸形状误差的测量。世界上最小的接触式光纤测头直径约为 25μm，这种测头在精密测量机上测量小齿轮，其测量不确定精度可达到 0.5μm，最小测力为 1μN。

（3）齿轮单面啮合测量技术。对于小模数齿轮的测量，需要解决传统单面啮合测量技术存在的两大难题：一是消除仪器轴系阻力和大惯量对小齿轮的影响，二是小质量、小模数齿轮回转运动精度的精确测量。由于小模数齿轮自身的特点，小模数齿轮单面啮合测量技术仍旧是一个世界性的难题。基于“双驱动同步测量原理”的单面啮合测量技术，为解决小模数齿轮精度检测开辟了一条新途径。

简单地说，齿轮测量技术的发展不是为了如何进一步消除误差，而是为了通过测量的结果来更好地利用误差。

［撰稿人：郑州机械研究所陆军、河南省工业设计学校王耀国、郑州机械研究所职彦锋　审稿人：郑州机械研究所王长路］

齿轮材料概况

齿轮材料是齿轮实现承载和传动功能及保证可靠运行的基础。齿轮用材料以钢为主，其次是铸铁、铜合金及其他各种特殊材料。钢制齿轮材料按齿轮的应用场合分为工业齿轮用钢和车辆齿轮用钢两大类。

工业齿轮用钢按其工艺特性又可分为调质及表面淬火齿轮用钢、渗碳淬火齿轮用钢和渗氮齿轮用钢。通过多年的试验研究和生产应用，尤其是在对我国引进的一些重大工程装备齿轮的成功国产化以及制造业全球化合作的开放与增强，国产齿轮用钢得到持续的发展，工业齿轮用钢已形成标准化、系列化，并在不断地完善和扩充之中。目前国内工业齿轮用钢的工艺特性、使用性能要求及常用钢种见表 1。

表 1　目前国内工业齿轮用钢的工艺特性、使用性能要求及常用钢种

工艺特性	使用性能要求		常用钢种
调质及表面淬火齿轮用钢	淬透性、强韧性（低→高）	1	35、45、55
		2	40Cr、40Mn、35SiMn、42SiMn
		3	35CrMo、42CrMo、40CrMnMo、35CrMnSi、40CrNiMo
		4	$35SiNi_2Mo$、$42SiNi_2Mo$
		5	$34CrNi_3Mo$、$37SiMn_2MoV$

（续）

工艺特性	使用性能要求	常用钢种
渗碳淬火齿轮用钢	耐磨、一般承载能力	20CrMo、20CrMnTi、20CrMnMo
	高速、连续运行、高安全可靠性	$12CrNi_3$、$20CrNi_3$、$12Cr_2Ni_4$、$20CrNi_2Mo$
	重载、有冲击载荷、大尺寸齿轮	$17CrNiMo_6$（$17Cr_2Ni_2Mo$）、$20Cr_2Ni_4$、$18Cr_2Ni_4W$
渗氮齿轮用钢	一般用途齿轮	40Cr、30CrMnTi
	精密传动齿轮	38CrMoAl、38CrMnAl
	高速连续运行齿轮	35CrMo、42CrMo、40CrNiMoA
	高速、重载齿轮	$25Cr_2MoV$、$34CrNi_3Mo$

调质和表面淬火齿轮用钢以45、35CrMo、42CrMo钢的使用量最大；渗碳淬火齿轮用钢除了传统的20CrMnTi钢以外，还按国外先进标准试制了多种钢，如8620H、SCM420H、$19CN_5$、$16MnCr_5$和ZF系列钢。随着国际合作与竞争的增多，加上高速机车、轨道交通、风力发电等应用领域对齿轮高性能的要求，以及对制造工艺和成本等的综合考量，Cr－Ni－Mo系渗碳齿轮钢，特别是$17CrNiMo_6$（$17Cr_2Ni_2Mo$）的应用范围和使用量日益扩大；渗氮齿轮用钢应用较为广泛的钢有45、35CrMo、42CrMo、40CrNiMo、$25Cr_2MoV$和38CrMoAl等。

车辆齿轮用钢以汽车齿轮为代表，其中还包括拖拉机、工程车等齿轮用钢。近年来，随着我国汽车工业的发展，在从国外引进和合资开发各种新车型的同时，加大了车辆齿轮用钢的研制和开发力度，各种车辆齿轮用钢得到扩展和丰富，形成了日系、欧系和美系等多个系列。为此，为规范质量标准，促进行业的技术进步，以有利于参与国际竞争和交流，中国机械通用零部件工业协会齿轮分会会同中国汽车工程协会齿轮加工委员会组织国内相关车辆齿轮制造企业，在参照了国内外相关标准的基础上，共同制定了《车辆齿轮用钢技术条件》（CGMA001－1：2004）和《车辆用钢市场准入条件》（CGMA001－2：2004）。目前，我国车辆齿轮中采用的主要钢材种类有20CrMnTi、20MnVB、20CrMnMo、$16MnCr_5H$、$20MnCr_5H$、$25MnCr_5H$、ZF6、ZF7、SCM420H、SAE8620H、SAE4320H等。其中20CrMnTi钢的用量最大，并按不同的质量和工艺特性要求进行了种类细分。近年来，中国机械通用零部件工业协会齿轮分会还进行了$17Cr_2Mn_2TiH$钢的研制，拟代替国外引进的Cr－Ni－Mo系重载驱动桥齿轮用钢。而且，对于渗碳淬火齿轮用钢，根据材料的工艺特性，在对钢种的淬透性带宽提出要求的同时，对渗层淬透性给予了足够的重视，引入了"界限含碳量"的概念，即根据材料的成分、齿轮的尺寸以及淬火冷却条件等因素来考察和控制渗层的淬透性。

随着主机对齿轮承载能力、传动速度、精度和可靠性要求的日益提高，对齿轮材料的要求更高，对材质品质的评定控制也越加严格，突出表现在齿轮用钢已广泛采用控制淬透性带宽的"H"钢和真空脱气、真空浇注或电渣重熔净化钢等，借以显著提高齿轮的接触疲劳强度和弯曲疲劳强度及冲击韧度。特别是注重改善齿轮用钢的横向性能，减少产品的热处理畸变及其分散性，使钢的使用性能和可靠性能得到保证。近年我国在这些方面已有许多的研究和应用，并结合国际国内的发展和需求，GB/T 3480.5—2008标准等效采用了ISO 6336－5标准。标准使齿轮的强度和可靠性设计与齿轮材料和制造工艺特性相结合，设计、制造过程与齿轮的使用性能要求相结合，显著提高了我国齿轮制造的工艺水平和品质质量控制水平。

齿轮用钢的主要生产企业有中国第一重型机械集团公司、中国第二重型机械集团公司、中信重工机械有限公司、太原重型机械集团公司、首都钢铁公司、宝钢集团上海五钢有限公司、兴澄特种钢铁公司、鞍本钢铁集团公司、湖北大冶特钢公司、抚顺钢铁公司、中原特钢公司及莱芜钢铁集团有限公司等。

〔撰稿人：郑州机械研究所顾敏　审稿人：郑州机械研究所陈国民〕

统 计 资 料

2006—2011年1季度齿轮行业销售额及进出口额统计

年份	生产企业(家)		销售额(亿元)	进口额(亿美元)	出口额(亿美元)
	合 计	重点企业			
2006	950	220	680	34.4	8.20
2007	950	220	878	50.5	11.50
2008	950	220	945	65.0	20.20
2009	950	230	1 206	72.6	17.14
2010	950	230	1 450	106.1	27.20
2011年1季度				28.5	7.80

2008—2012年齿轮进出口细目

年份	商品代码	商品名称	单位	出口数量	出口金额(万美元)	进口数量	进口金额(万美元)
2008	84834020	行星齿轮减速器	个	7 275 696	7 472.08	648 631	27 958.57
	84834090	齿轮及其他变速、传动装置,滚珠螺杆	个	2.85×10^8	65 697.66	5.64×10^8	137 338.84
	84839000	单独报验的带齿的轮等,84.83货品的其他	kg	2.45×10^8	79 190.75	62 227 097	87 139.07
	87084010	牵引车、拖拉机用变速器及其零件	个或kg	614 912	10 318.18	16 458	1 786.10
	87084020	30座及以上机动客车用变速器及其零件	个或kg	252 228	1 161.06	9 273	6 713.31
	87084030	非公路用自卸车用变速器及其零件	个或kg	5 177	558.75	1 259	4 258.89
	87084040	轻型柴油及汽油货车用变速器及其零件	个或kg	153 365	2 995.64	4 912	1 785.45
	87084050	重型柴油货车用变速器及其零件	个或kg	222 752	8 921.87	7 946	2 903.28
	87084060	品目87.05所列车辆用变速器及其零件	个或kg	5 682	963.01	2 664	3 439.31
	87084091	小轿车用自动换挡变速器及其零件	个或kg	99 222	5 159.57	1 831 632	295 641.63
	87084099	未列名机动车辆用变速器及其零件	个或kg	723 274	19 381.01	594 344	81 387.09
		合 计			201 819.58		650 351.54
2009	84834020	行星齿轮减速器	个	1 064 597	7 364.68	415 720	27 075.10
	84834090	齿轮及其他变速、传动装置,滚珠螺杆	个	2.26×10^8	60 485.21	4.31×10^8	113 949.50
	84839000	单独报验的带齿的轮等,84.83货品的其他	kg	1.83×10^8	64 301.14	65 605 144	86 330.86
	87084010	牵引车、拖拉机用变速器及其零件	个或kg	236 224	8 773.12	11 001	1 444.77
	87084020	30座及以上机动客车用变速器及其零件	个或kg	3 851	1 634.73	10 749	7 506.04
	87084030	非公路用自卸车用变速器及其零件	个或kg	859	277.77	1 296	2 409.31
	87084040	轻型柴油及汽油货车用变速器及其零件	个或kg	26 184	2 336.84	9 196	2 009.33
	87084050	重型柴油货车用变速器及其零件	个或kg	12 201	3 642.41	1 664	822.21
	87084060	品目87.05所列车辆用变速器及其零件	个或kg	3 229	937.31	1 763	2 378.69
	87084091	小轿车用自动换挡变速器及其零件	个或kg	1 154 317	9 412.16	7 735 894	372 315.20
	87084099	未列名机动车辆用变速器及其零件	个或kg	100 876	12 288.95	4 496 712	109 758.10
		合 计			171 454.30		725 999.20

（续）

年份	商品代码	商品名称	单位	出口数量	出口金额（万美元）	进口数量	进口金额（万美元）
2010	84834020	行星齿轮减速器	个	1 511 629	9 575.42	694 402	40 856.38
	84834090	齿轮及其他变速、传动装置，滚珠螺杆	个	3.02×10^8	85 476.41	4.57×10^8	140 898.70
	84839000	单独报验的带齿的轮等，84.83货品的其他	kg	2.78×10^8	101 541.58	98 424 268	133 640.43
	87084010	牵引车、拖拉机用变速器及其零件	个或kg	326 133	13 601.76	2 629	1 802.97
	87084020	30座及以上机动客车用变速器及其零件	个或kg	2 966	1 272.93	7 585	7 496.69
	87084030	非公路用自卸车用变速器及其零件	个或kg	938	385.54	1 038	3 101.84
	87084040	轻型柴油及汽油货车用变速器及其零件	个或kg	156 301	4 365.45	4 951	2 403.64
	87084050	重型柴油货车用变速器及其零件	个或kg	13 123	5 912.64	2 682	1 727.31
	87084060	品目87.05所列车辆用变速器及其零件	个或kg	4 598	1 036.49	1 768	2 253.75
	87084091	小轿车用自动换挡变速器及其零件	个或kg	587 970	23 792.38	2 793 652	522 538.32
	87084099	未列名机动车辆用变速器及其零件	个或kg	377 362	25 881.41	1 257 421	205 037.74
		合　计			272 842.01		1 061 757.77
2011	87084020	30座及以上机动客车用变速器及其零件	个或kg	6 066	1 564.99	9 403	9 316.20
	84834090	齿轮及其他变速、传动装置，滚珠螺杆	个	2.86×10^8	123 845.65	2.95×10^8	169 510.31
	84839000	单独报验的带齿的轮等，84.83货品的其他	kg	3.55×10^8	144 822.09	1.01×10^8	146 962.10
	87084030	非公路用自卸车用变速器及其零件	个或kg	1 934	563.19	1 645	4 183.70
	87084060	品目87.05所列车辆用变速器及其零件	个或kg	1 467	1 245.33	2 608	3 530.77
	87084010	牵引车、拖拉机用变速器及其零件	个或kg	400 173	17 105.37	9 043	3 431.15
	87084040	轻型柴油及汽油货车用变速器及其零件	个或kg	286 579	5 591.24	10 347	2 858.87
	87084099	未列名机动车辆用变速器及其零件	个或kg	326 185	34 972.90	1 333 252	241 212.41
	87084091	小轿车用自动换挡变速器及其零件	个或kg	118 164	30 618.83	3 093 417	619 664.84
	84834020	行星齿轮减速器	个	2 581 535	13 800.67	764 898	46 586.51
	87084050	重型柴油货车用变速器及其零件	个或kg	32 647	9 517.58	2 258	1 651.83
		合　计			383 647.84		1 248 908.69
2012	87084020	30座及以上机动客车用变速器及其零件	个或kg	3 364	1 848.22	11 266	10 096.76
	84834090	齿轮及其他变速、传动装置，滚珠螺杆	个	2.65×10^8	145 422.62	3.58×10^8	146 557.42
	84839000	单独报验的带齿的轮等，84.83货品的其他	kg	3.87×10^8	163 750.60	87 003 326	136 519.46
	87084030	非公路用自卸车用变速器及其零件	个或kg	3 119	716.02	2 159	6 169.63
	87084060	品目87.05所列车辆用变速器及其零件	个或kg	2 159	1 040.67	2 649	3 516.95
	87084010	牵引车、拖拉机用变速器及其零件	个或kg	237 365	13 878.59	2 766	3 248.93
	87084040	轻型柴油及汽油货车用变速器及其零件	个或kg	386 571	17 373.39	21 044	2 909.04
	87084099	未列名机动车辆用变速器及其零件	个或kg	286 558	39 453.70	1 214 426	247 301.76
	87084091	小轿车用自动换挡变速器及其零件	个或kg	170 090	45 591.56	2 976 884	639 268.75
	84834020	行星齿轮减速器	个	3 106 551	16 086.27	544 612	28 627.07
	87084050	重型柴油货车用变速器及其零件	个或kg	19 904	9 171.59	459	1 027.94
		合　计			454 333.23		1 225 243.71

〔撰稿人：中国机械通用零部件工业协会张立友〕

质量与标准

齿轮行业标准化综述

一、齿轮标准化工作基本情况

到目前为止，我国的齿轮和与齿轮相关的(如齿轮机床、齿轮量仪、齿轮刀具等)基础性国家标准和行业标准大约有380余项。这些标准的管理分属不同的标准化技术委员会(如机床、汽车、冶金、钟表、重型机械等标准化技术委员会)。全国齿轮标准化技术委员会是我国齿轮标准化的技术归口组织，齿轮方面的基础性标准均由该委员会负责起草、维护和管理。下面主要以基础性齿轮标准来说明我国的齿轮行业标准化状况。

1. 国内齿轮标准化情况

截至2012年年底，全国齿轮标准化技术委员会归口的标准总数为81项。其中，国家标准55项和国家标准化指导性技术文件9项，行业标准17项。在55项国家标准中，1986—1989年发布的有15项，1990—1999年发布的有18项，2000年以后发布的有22项。9项国家标准化指导性技术文件均为2000年以后发布。在17项行业标准中，1991—1999年发布的有10项，2000年以后发布的有7项。

55项国家标准均为推荐性标准，17项行业标准也均为推荐性标准。

55项国家标准中，基础标准39项，占70.9%；方法标准15项，占27.3%；产品标准1项，占1.8%。17项行业标准中，基础标准7项，占41.18%；产品标准6项，占35.29%；方法标准4项，占23.53%。9项国家标准化指导性技术文件均为方法标准。

55项国家标准中，采用ISO标准的23项，采用国外先进标准的6项。9项国家标准化指导性技术文件均采用了ISO/TR(TR表示技术报告)。17项行业标准中，采用ISO标准的1项，采用国外先进标准的2项。我国现行齿轮标准见表1。

表1　我国现行齿轮标准

序号	标准编号	标准名称	标准类型	采用国际标准编号及程度	采用国外先进标准编号及程度	技术委员会或技术归口单位
1	GB/T 10107.3—2012	摆线针轮行星传动　第3部分：几何要素代号	基础			TC52
2	GB/T 12371—1990	锥齿轮　图样上应注明的尺寸数据	基础	ISO 1341:1976 NEQ		TC52
3	GB/T 12369—1990	直齿及斜齿锥齿轮基本齿廓	基础	ISO 677:1976 NEQ		TC52
4	GB/T 12368—1990	锥齿轮模数	基础	ISO 678:1976 NEQ		TC52
5	GB/T 11366—1989	行星传动基本术语	基础			TC52
6	GB/T 11365—1989	锥齿轮和准双曲面齿轮　精度	基础		ГОСТ 1758:1981	TC52
7	GB/T 10853—2008	机构与机器科学词汇语	基础			TC52
8	GB/T 10227—1988	小模数圆柱蜗杆、蜗轮精度	基础			TC52
9	GB/T 10226—1988	小模数圆柱蜗杆基本齿廓	基础			TC52
10	GB/T 12760—1991	圆柱蜗杆、蜗轮图样上应注明的尺寸数据	基础			TC52
11	GB/T 10224—1988	小模数锥齿轮基本齿廓	基础			TC52
12	GB/T 12759—1991	双圆弧圆柱齿轮　基本齿廓	基础			TC52
13	GB/T 10107.2—2012	摆线针轮行星传动　第2部分：图示方法	基础			TC52
14	GB/T 10107.1—2012	摆线针轮行星传动　第1部分：基本术语	基础			TC52
15	GB/T 10096—××××	齿条精度	基础			TC52
16	GB/T 10089—××××	圆柱蜗杆、蜗轮精度	基础		DIN 3975:1980 NEQ	TC52

（续）

序号	标准编号	标准名称	标准类型	采用国际标准编号及程度	采用国外先进标准编号及程度	技术委员会或技术归口单位
17	GB/T 10088—××××	圆柱蜗杆模数和直径	基础		DIN 780: 1977 NEQ	TC52
18	GB/T 10087—××××	圆柱蜗杆基本齿廓	基础			TC52
19	GB/T 3374.2—2011	齿轮术语和定义　第2部分：蜗轮几何学定义	基础			TC52
20	GB/T 10085—××××	圆柱蜗杆传动基本参数	基础		DIN 3976: 1980 NEQ	TC52
21	GB/T 10063—1988	通用机械渐开线圆柱齿轮　承载能力简化计算方法	方法			TC52
22	GB/T 10225—1988	小模数锥齿轮精度	基础			TC52
23	GB/T 1840—1989	圆弧圆柱齿轮模数	基础			TC52
24	GB/T 2363—1990	小模数渐开线圆柱齿轮精度	基础			TC52
25	GB/T 12370—1990	锥齿轮和准双曲面齿轮　术语	基础			TC52
26	GB/T 2362—1990	小模数渐开线圆柱齿轮基本齿廓	基础			TC52
27	GB/T 14231—××××	齿轮装置效率测定方法	方法			TC52
28	GB/T 14230—××××	齿轮弯曲疲劳强度试验方法	方法			TC52
29	GB/T 14229—××××	齿轮接触疲劳强度试验方法	方法			TC52
30	GB/T 13799—1992	双圆弧圆柱齿轮承载能力计算方法	方法			TC52
31	GB/T 13924—2008	渐开线圆柱齿轮精度　检验细则	方法			TC52
32	GB/T 1356—2001	通用机械和重型机械用圆柱齿轮　标准基本齿条齿廓	基础	ISO 53: 1998 IDT		TC52
33	GB/T 10062.2—2003	锥齿轮承载能力计算方法　第2部分：齿面接触疲劳（点蚀）强度计算	方法	ISO 10300-2: 2001 IDT		TC52
34	GB/T 10062.3—2003	锥齿轮承载能力计算方法　第3部分：齿根弯曲强度计算	方法	ISO 10300-3: 2001 IDT		TC52
35	GB/T 8542—1987	透平齿轮传动装置技术条件	产品		API 613: 1997	TC52
36	GB/T 3480.5—2008	直齿轮和斜齿轮承载能力计算　第5部分：材料的强度和质量	基础	ISO 6336-5: 2003 IDT		TC52
37	GB/T 6443—1986	渐开线圆柱齿轮图样上应注明的尺寸数据	基础	ISO 1340: 1976 IDT		TC52
38	GB/T 6404.1—2005	齿轮装置的验收规范　第1部分：空气传播噪声的试验规范	方法	ISO 8579-1: 2002 IDT		TC52
39	GB/T 3481—1997	齿轮轮齿磨损和损伤术语	基础	ISO 10825: 1995 IDT		TC52
40	GB/T 3480—××××	渐开线圆柱齿轮承载能力计算方法	方法	ISO 6336-1~3: 1996 MOD		TC52
41	GB/T 10095.1—2008	圆柱齿轮　精度制　第1部分：轮齿同侧齿面偏差的定义和允许值	基础	ISO 1328-1: 1995 IDT		TC52
42	GB/T 19406—2003	渐开线直齿和斜齿圆柱齿轮承载能力计算方法　工业齿轮应用	方法	ISO 9085: 2002 IDT		TC52
43	GB/T 2821—2003	齿轮几何要素代号	基础	ISO 701: 1998 IDT		TC52
44	GB/T 6404.2—2005	齿轮装置的验收规范　第2部分：验收试验中齿轮装置机械振动的测定	方法	ISO 8579-2: 1993 IDT		TC52
45	GB/T 1357—2008	通用机械和重型机械用圆柱齿轮　模数	基础	ISO 54: 1996 IDT		TC52

（续）

序号	标准编号	标准名称	标准类型	采用国际标准编号及程度	采用国外先进标准编号及程度	技术委员会或技术归口单位
46	GB/T 17879—1999	齿轮　磨削后表面回火的浸蚀检验	方法	ISO 14104:1995 IDT		TC52
47	GB/T 16848—1997	直廓环面蜗杆、蜗轮精度	基础			TC52
48	GB/T 15753—1995	圆弧圆柱齿轮精度	基础			TC52
49	GB/T 15752—1995	圆弧圆柱齿轮基本术语	基础			TC52
50	GB/T 10062.1—2003	锥齿轮承载能力计算方法　第1部分:概述和通用影响系数	方法	ISO 103001－1:2001 IDT		TC52
51	GB/T 10095.2—2008	圆柱齿轮　精度制　第2部分:径向综合偏差与径向跳动的定义和允许值	基础	ISO 1328－2:1997 IDT		TC52
52	GB/T 19936.1—2005	齿轮 FZG 试验程序　第1部分:油品的胶合承载能力 FZG 试验方法 A/8.3/90	方法	ISO 14635－1:2000 IDT		TC52
53	GB/T 19935—2005	蜗杆传动　蜗杆的几何参数—蜗杆装置的铭牌、中心距、用户提供给制造者的参数	基础	ISO 10347:1999 IDT		TC52
54	GB/T 3374.1—2010	齿轮　术语和定义　第1部分:几何学定义	基础	ISO 1122－1:1998 IDT		TC52
55	GB/T 3374.2—2011	齿轮　术语和定义　第2部分:蜗轮几何学定义	基础	ISO 1122－2:1999 IDT		TC52
56	GB/Z 18620.1—2008	圆柱齿轮　检验实施规范　第1部分:轮齿同侧齿面的检验	方法	ISO/TR 10064－1:1992 IDT		TC52
57	GB/Z 18620.2—2008	圆柱齿轮　检验实施规范　第2部分:径向综合偏差、径向跳动、齿厚和侧隙的检验	方法	ISO/TR 10064－2:1996 IDT		TC52
58	GB/Z 18620.3—2008	圆柱齿轮　检验实施规范　第3部分:齿轮坯、轴中心距和轴线平行度的检验	方法	ISO/TR 10064－3:1996 IDT		TC52
59	GB/Z 18620.4—2008	圆柱齿轮　检验实施规范　第4部分:表面结构和轮齿接触斑点的检验	方法	ISO/TR 10064－4:1998 IDT		TC52
60	GB/Z 6413.1—2003	圆柱齿轮、锥齿轮和准双曲面齿轮　胶合承载能力计算方法　第1部分:闪温法	方法	ISO/TR 13989－1:2000 IDT		TC52
61	GB/Z 6413.2—2003	圆柱齿轮、锥齿轮和准双曲面齿轮　胶合承载能力计算方法　第2部分:积分温度法	方法	ISO/TR 13989－2:2000 IDT		TC52
62	GB/Z 19414—2003	工业用闭式齿轮传动装置	方法			TC52
63	GB/Z 22559.1—2008	齿轮　热功率　第1部分:油池温度在95℃时齿轮装置的热平衡计算	方法	ISO/TR 14179－1:2001 IDT		TC52
64	GB/Z 22559.2—2008	齿轮　热功率　第2部分:热承载能力计算	方法	ISO/TR 14179－2:2001 IDT		TC52
65	JB/T 5076—××××	齿轮装置　噪声评价	方法			TC52
66	JB/T 5077—××××	通用齿轮装置　型式试验方法	方法	ISO/TR 13593:1999 IDT		TC52

（续）

序号	标准编号	标准名称	标准类型	采用国际标准编号及程度	采用国外先进标准编号及程度	技术委员会或技术归口单位
67	JB/T 5078—1991	高速齿轮材料选择及热处理质量控制的一般规定	产品		VDI 2159:1970 NEQ	TC52
68	JB/T 6077—1992	齿轮调质工艺及其质量控制	基础		JISB 6913:1975 NEQ	TC52
69	JB/T 6078—1992	齿轮装置质量检验总则	基础			TC52
70	JB/T 7516—1994	齿轮气体渗碳热处理工艺及其质量控制	基础			TC52
71	JB/T 7929—××××	齿轮传动装置清洁度	基础			TC52
72	JB/T 8830—2001	高速渐开线圆柱齿轮和类似要求齿轮承载能力计算方法	方法	ISO 9084:1998 IDT		TC52
73	JB/T 8831—2001	工业闭式齿轮的润滑油选用方法	方法			TC52
74	JB/T 9171—1999	齿轮火焰及感应淬火工艺及其质量控制	基础			TC52
75	JB/T 9172—1999	齿轮渗氮、氮碳共渗工艺及其质量控制	基础			TC52
76	JB/T 9173—1999	齿轮碳氮共渗工艺及其质量控制	基础			TC52
77	JB/T 10420—2004	摩托车　花键轴冷挤压件　技术条件	产品			TC52
78	JB/T 10421—2004	摩托车　齿轮　噪声测量方法	产品			TC52
79	JB/T 10422—2004	摩托车　齿轮　坯精锻技术条件	产品			TC52
80	JB/T 10423—2004	摩托车　齿轮零件、组件　技术条件	产品			TC52
81	JB/T 10424—2004	摩托车　齿轮材料及热处理质量检验的一般规定	产品			TC52

2. 国际齿轮标准化情况

全国齿轮标准化技术委员会对口ISO/TC60(国际标准组织第60委员会,即齿轮技术委员会)。ISO/TC60秘书处设在美国(美国齿轮制造业协会AGMA)。

ISO/TC60共有成员国39个,其中P成员国(积极参加国)18个,O成员国(观察者成员国)21个。我国为P成员国。

ISO/TC60的工作范围为:齿轮传动领域的标准化,包括术语、尺寸、公差、制造和控制工具(加工刀具和测量仪等)。

ISO/TC60下设两个分技术委员会(SC)和4个工作组(WG),分别为:SC1——术语和蜗杆传动(秘书处:英国)、SC2——齿轮承载能力计算(秘书处:德国)、WG1——风力发电齿轮箱(秘书处:DS)、WG2——齿轮精度(秘书处:ANSI)、WG9——齿轮验收规范(秘书处:ANSI)、WG10——闭式齿轮传动(秘书处:ANSI)。

现行国际齿轮标准共58项,其中全国齿轮标准化技术委员会对口的标准有49项。归口管理属于机械工业领域的齿轮国际标准情况见表2。

表2　归口管理属于机械工业领域的齿轮国际标准情况(截至2011年底)

序号	ISO/IEC/TC/SC编号	国际标准编号(应为2006年底前版本)	国际标准名称(中文)	转化为我国标准编号	转化程度	列入计划编号	转化的国际标准是否最新版本标准
1	ISO/TC60	ISO 53:1998	通用机械和重型机械用圆柱齿轮—标准基本齿条齿廓	GB/T 1356—2001	IDT		
2	ISO/TC60	ISO 54:1977	通用机械和重型机械用圆柱齿轮—模数	GB/T 1357—2008	NEG		不是
3	ISO/TC60	ISO 677:1976	通用机械和重型机械用直齿锥齿轮—基本齿廓	GB/T 12369—1990	NEQ		
4	ISO/TC60	ISO 678:1976	通用机械和重型机械用直齿锥齿轮—模数和径节	GB/T 12368—1990	NEQ		

（续）

序号	ISO/IEC/TC/SC 编号	国际标准编号（应为2006年底前版本）	国际标准名称（中文）	转化为我国标准编号	转化程度	列入计划编号	转化的国际标准是否最新版本标准
5	ISO/TC60/SC1	ISO 701:1998	国际齿轮标志　几何要素代号	GB/T 2821—2003	IDT		
6	ISO/TC60/SC1	ISO 1122-1:1998	齿轮术语词汇　第1部分:几何学定义	GB/T 3374.1—2010	IDT	20030988-T-604	
7	ISO/TC60/SC1	ISO 1122-2:1999	齿轮术语词汇　第2部分:蜗轮蜗杆几何学定义	GB/T 3374.2—2011	IDT	20030989-T-604	
8	ISO/TC60	ISO 1328-1:1995	圆柱齿轮　ISO精度制　第1部分:轮齿同侧齿面偏差的定义和允许值	GB/T 10095.1—2008	IDT		
9	ISO/TC60	ISO 1328-2:1997	圆柱齿轮　ISO精度制　第2部分:径向综合偏差与径向跳动的定义和允许值	GB/T 10095.2—2008	IDT		
10	ISO/TC60	ISO 1340:1976	圆柱齿轮　为了获得所需要的齿轮用户提供给制造者的参数	GB/T 6443—1986	IDT		
11	ISO/TC60	ISO 1341:1976	直齿锥齿轮　为了获得所需要的齿轮用户提供给制造者的参数	GB/T 12371—1990	NEQ		
12	ISO/TC60	ISO/TR 4467:1982	减速和增速圆柱齿轮副的轮齿齿顶高变位				
13	ISO/TC60/SC2	ISO 6336-1:1996	直齿轮和斜齿轮承载能力计算　第1部分:基本原理、概述和通用影响系数	GB/T 3480—1997	MOD		
14	ISO/TC60/SC2	ISO 6336-2:1996	直齿轮和斜齿轮承载能力计算　第2部分:齿面疲劳(点蚀计算)	GB/T 3480—1997	MOD		
15	ISO/TC60/SC2	ISO 6336-3:1996	直齿轮和斜齿轮承载能力计算　第3部分:齿根弯曲强度计算	GB/T 3480—1997	MOD		
16	ISO/TC60/SC2	ISO 6336-5:2003	直齿轮和斜齿轮承载能力计算　第5部分:材料的强度和质量	GB/T 3480.5—2008	IDT		不是
17	ISO/TC60	ISO 8579-1:2002	齿轮装置验收规范　第1部分:空气传播噪声的试验规范	GB/T 6404.1—2005	IDT		
18	ISO/TC60	ISO 8579-2:1993	齿轮装置验收规范　第2部分:验收试验期间齿轮装置的机械振动测定	GB/T 6404.2—2005	IDT		
19	ISO/TC60/SC2	ISO 9084:2001	直齿轮和斜齿轮承载能力计算　船舶齿轮应用				
20	ISO/TC60/SC2	ISO 9084:1998	高速渐开线圆柱齿轮和类似要求齿轮　承载能力计算方法	JB/T 8830—2001	IDT		
21	ISO/TC60/SC2	ISO 9085:2002	直齿轮和斜齿轮承载能力计算　工业齿轮应用	GB/T 19406—2003	IDT		

（续）

序号	ISO/IEC/TC/SC 编号	国际标准编号（应为2006年底前版本）	国际标准名称（中文）	转化为我国标准编号	转化程度	列入计划编号	转化的国际标准是否最新版本标准
22	ISO/TC60	ISO/TR 10064－1:1992	圆柱齿轮　检验实施规范　第1部分:轮齿同侧齿面检验	GB/Z 18620.1—2008	IDT		
23	ISO/TC60	ISO/TR 10064－2:1996	圆柱齿轮　检验实施规范　第2部分:径向综合偏差、径向跳动、齿厚和侧隙的检验	GB/Z 18620.2—2008	IDT		
24	ISO/TC60	ISO/TR 10064－3:1996	圆柱齿轮　检验实施规范　第3部分:齿轮坯、轴中心距和轴线平行度	GB/Z 18620.3—2008	IDT		
25	ISO/TC60	ISO/TR 10064－4:1998	圆柱齿轮　检验实施规范　第4部分:表面结构和轮齿接触斑点检验	GB/Z 18620.4—2008	IDT		
26	ISO/TC60	ISO/TR 10064－5:2005	圆柱齿轮　检验实施规范　第5部分:齿轮测量仪器的评价				
27	ISO/TC60/SC2	ISO 10300－1:2001	锥齿轮承载能力计算　第1部分:概述和通用影响系数	GB/T 10062.1—2003	IDT		
28	ISO/TC60/SC2	ISO 10300－2:2001	锥齿轮承载能力计算　第2部分:齿面疲劳（点蚀）计算	GB/T 10062.2—2003	IDT		
29	ISO/TC60/SC2	ISO 10300－3:2001	锥齿轮承载能力计算　第3部分:齿根强度计算	GB/T 10062.3—2003	IDT		
30	ISO/TC60/SC2	ISO/TR 6336－1～3:1996	圆柱齿轮　变载荷下的服务系数计算　适用于ISO 6336圆柱齿轮条件	GB/T 3480—1997	MOD		
31	ISO/TC60/SC1	ISO 10825:1995	齿轮　齿轮轮齿的磨损和损伤　术语	GB/T 3481—1997	IDT		
32	ISO/TC60/SC1	ISO 10828:1997	蜗杆传动　蜗杆齿廓的几何参数	GB/T 10087—1988			
33	ISO/TC60	ISO/TR 13593:1999	工业用闭式齿轮传动装置	GB/Z 19414—2003	IDT		
34	ISO/TC60/SC2	ISO 13691:2001	石油和天然气工业　高速特殊用途齿轮装置				
35	ISO/TC60/SC2	ISO/TR 13989－1:2000	圆柱齿轮、锥齿轮和准双曲面齿轮的胶合承载能力计算　第1部分:闪温法	GB/Z 6413.1—2003	IDT		
36	ISO/TC60/SC2	ISO/TR 13989－2:2000	圆柱齿轮、锥齿轮和准双曲面齿轮的胶合承载能力计算　第2部分:积分温度法	GB/Z 6413.2—2003	IDT		
37	ISO/TC60/SC2	ISO 14014:1995	齿轮　磨削后表面回火的浸蚀检验	GB/T 17879—1999	IDT		
38	ISO/TC60/SC2	ISO/TR 14179－1:2001	齿轮　热功率　第1部分:油池温度在95℃时齿轮装置的热平衡计算		IDT	20030990－Z－604	

（续）

序号	ISO/IEC/TC/SC 编号	国际标准编号（应为2006年底前版本）	国际标准名称（中文）	转化为我国标准编号	转化程度	列入计划编号	转化的国际标准是否最新版本标准
39	ISO/TC60/SC2	ISO/TR 14179－2:2001	齿轮　热功率　第2部分:热承载能力计算		IDT	20030991－Z－604	
40	ISO/TC60/SC2	ISO 14635－1:2000	齿轮　FZG试验方法　第1部分:油品胶合承载能力FZG试验A/8.3/90	GB/T 19936.1—2005	IDT		
41	ISO/TC60/SC2	ISO 14635－2:2004	齿轮　FZG试验方法　第2部分:胶合承载能力FZG分步加载试验A10/16、6R/120	GB/T 19936.2—2005	IDT		
42	ISO/TC60/SC2	ISO 18653:2003	齿轮　单个齿轮测量仪器的评价		IDT		
43	ISO/TC60/SC1	ISO 10347:1999	蜗杆传动　几何参数　蜗杆传动装置的铭牌、中心距、用户提供给制造者的参数	GB/T 19935—2005	IDT		
44	ISO/TC60	ISO 17485:2006	锥齿轮精度制				
45	ISO/TC60	ISO 81400－4:2005	风力发电齿轮箱设计规范				
46	ISO/TC60	ISO 21771:2007	齿轮　圆柱渐开线齿轮和齿轮副定义和术语				
47	ISO/TC60	ISO 23509:2006	锥齿轮和准双曲面齿轮术语				
48	ISO/TC60	ISO/TR 18792:2008	工业齿轮传动装置的润滑油				
49	ISO/TC60	ISO/TR 15144－1:2010	直齿轮和斜齿轮微点蚀承载能力计算　第1部分:概述和基本原理				

3. 全国齿轮标准化技术委员会情况

全国齿轮标准化技术委员会（SAC/TC52,以下简称齿标委会）是由国家标准化管理委员会直接领导的全国性专业标准化技术工作组织,负责齿轮及其装置专业技术领域的标准化归口工作。秘书处挂靠在郑州机械研究所。

全国齿轮标准化技术委员会根据国家有关标准化工作的方针、政策,组织提出齿轮专业标准化工作方针、政策和技术措施的建议;组织制定、修订齿轮专业基础性、通用性国家标准和行业标准的规划和年度计划;负责审查、复核、上报以及复审、修订齿轮专业基础性、通用性国家标准和行业标准;负责组织齿轮专业有关标准的宣传、解释、培训,推进标准实施。

全国齿轮标准化技术委员会的工作领域包括:

1）齿轮专业名词术语。

2）齿轮精度。

3）承载能力计算。

4）齿轮验收规范。

5）齿轮传动装置。

6）齿轮产品的制造。

全国齿轮标准化技术委员会承担着与国际标准化组织第60技术委员会（ISO/TC 60）的对口技术业务工作,与ISO/TC 60保持着良好的工作关系,是该组织的P成员国（即积极参加国）。齿标委会积极参加了ISO/TC 60组织的对标准提案的投票活动,负责组织审查我国提案和国际标准的中文译稿以及相应的技术组织工作。

全国齿轮标准化技术委员会由来自全国有关大专院校、研究院所、工厂企业的长期从事齿轮专业技术工作,具有较高理论水平和较丰富实践经验,熟悉和热心标准化工作的科技人员组成。技术委员会委员由国务院有关行政主管部门推荐,报请国家标准化管理委员会核准并聘任,任期五年。

全国齿轮标准化技术委员会成立于1985年,现为第六届（2011年组建）。第六届齿标委会共有委员57名、通讯委员1名,其中主任委员1名,副主任委员2名,委员54名。齿标委会秘书处挂靠在郑州机械研究所。

考虑到齿轮问题的普遍性,第六届齿标委会委员尽可能地吸收不同行业不同部门的专家参加。其中包括机床方面专家3名,计量方面的专家2名,质量监督方面的专家2

名，润滑油品方面的专家1名，汽车齿轮方面的专家2名，使用方面的专家4名。

第六届齿标委会中具有研究员、教授职称的委员共31名，占总人数的53.45%，具有高级工程师、副教授等职称的委员共18名，占总人数的31.03%；具有博士、硕士学位的委员共26名，占总人数的44.83%。1960年以后出生的委员共43名，占总人数的74.14%，委员的平均年龄为47.8岁。

机构学专业未成立标准化技术委员会，标准化工作现由郑州机械研究所归口负责。

二、齿轮标准化工作面临的形势和标准化需求分析

1. 国内形势

近年来，齿轮行业的发展势头较好，产值逐年增加。并且，大量引进了国外先进加工设备和检测设备，产品质量、数量以及产业规模均在升级。因此，对标准化的需求也在增加，从标准化的咨询量、对标准和标准资料的需求量上也可以看出这一点。

然而，就齿轮标准而言，标准的老化现象比较严重，无法适应产业的发展。55项国家标准中，1986—1989年发布的标准15项，占27%，1990—1999年发布的有18项，占33%，2000年（包括2000年）以后发布的标准有22项，占40%。17项行业标准中，2000年（包括2000年）以后发布的有7项，占41%。为适应产业的发展，急需对标龄较长的标准进行修订。

随着市场竞争的越发激烈，各企业为追求经济效益的增长，将大量人力、财力投入到产品的生产和开发上，这无疑是正确的。但是，较少投入人力、财力参与国家标准和行业标准（尤其是基础性标准）的制订、修订工作。这是目前在齿轮标准化工作中存在的一个大问题。

对于行业标准而言，目前国家经费支持较少，制定、修订工作很难开展。以摩托车齿轮标准为例，2004年以前我国没有摩托车齿轮标准，从1998年开始，全国齿轮标准化技术委员会和中国机械通用零部件工业协会齿轮分会着手开展该方面标准的制定工作，历时7年，到2004年才发布了5项标准。其中，工作经费是主要问题。

2. 国际形势

国际上在齿轮标准化方面，各国（包括先进工业国家）采用ISO标准的趋势越来越明显，以齿轮精度为例，日本、美国、俄罗斯及法国等国先后等同采用了国际标准。

先进工业国家将自己的国家标准、协会标准的内容渗透到ISO标准（或直接转化作为ISO标准）的趋势也越来越明显，在齿轮标准方面，以美国和德国为甚。

随着经济全球化的发展，我国一些比较好的齿轮生产企业也在直接采用ISO标准或国外先进工业国家的标准。

三、"十二五"期间齿轮标准化工作的思路和目标

1. 工作思路

树立科学发展观，用先进、适用的标准和技术服务于国民经济的发展，积极采用国际标准，缩小差距，力争与国际标准同步进展，实质性参与国际标准化工作。

根据市场化原则、国际化原则及时代化原则，加强重点领域关键技术标准的研制，尤其是汽车、钢铁、船舶、石化、轻工、纺织、有色金属、装备制造、电子信息、物流十大重点产业调整和振兴规划相关标准以及质量安全标准的研制，促进科研成果转化为标准，提高标准的技术水平。

2. 工作目标

力争五年内完成约15项国际标准的转化工作。五年内达到与国际标准基本同步发展。转化5～10项先进工业国家标准（如DIN、AGMA）。力争到2015年将标龄控制在10年以内，要实现此目标，需修订国家标准50余项、行业标准10项。"十二五"期间全国标准化技术委员会主要采用转化的国际标准见表3。

表3 "十二五"期间全国标准化技术委员会主要采用转化的国际标准

序号	标准名称	级别	性质	类别	状态	采用国际国外标准编号	技术归口
1	圆柱齿轮－检验实施规范　第5部分：齿轮测量仪器的评价	国标	推荐	基础		ISO/TR 10064－5：2005 IDT	TC52
2	齿轮－单个齿轮测量仪器的评价	国标	推荐	基础		ISO 18653：2003 IDT	TC52
3	高速渐开线圆柱齿轮和类似要求齿轮承载能力计算方法	行标	推荐	方法	转为国标	ISO 9084：1998 IDT	TC52
4	工业闭式齿轮的润滑油选用方法	行标	推荐	方法	转为国标	AGMA 9005－D94 IDT	TC52
5	齿轮－FZG试验方法　第2部分：胶合承载能力FZG分步加载试验A10/16、6R/120	国标	推荐	方法		ISO 14635－2：2004 IDT	TC52
6	直齿轮和斜齿轮承载能力计算　第1部分：基本原理、概述和通用影响系数	国标	推荐	方法		ISO 6336－1 2006 IDT	TC52
7	直齿轮和斜齿轮承载能力计算　第2部分：齿面接触疲劳强度（点蚀）计算	国标	推荐	方法		ISO 6336－2 2006 IDT	TC52
8	直齿轮和斜齿轮承载能力计算　第3部分：轮齿弯曲疲劳强度计算	国标	推荐	方法		ISO 6336－3 2006 IDT	TC52
9	直齿轮和斜齿轮承载能力计算　第6部分：变载荷条件下的使用寿命计算	国标	推荐	方法		ISO 6336－6 2006 IDT	TC52

（续）

序号	标准名称	级别	性质	类别	状态	采用国际国外标准编号	技术归口
10	直齿轮和斜齿轮承载能力计算　船舶齿轮应用	国标	推荐	方法		ISO 9084:2001 IDT	TC52
11	蜗轮蜗杆承载能力计算	国标	推荐	方法			TC52
12	石油和天然气工业—高速特殊用途齿轮装置	国标	推荐	产品		ISO 13691:2001 IDT	TC52

四、“十二五”期间齿轮标准化主要工作和重点领域

1. 主要工作

(1)基础性领域

1)齿轮材料金相组织标准的研究制订。

2)锥齿轮的精度与检验标准。

3)蜗杆蜗轮的精度。

4)承载能力计算等。

5)2000 年以前发布的齿轮标准的修订。

6)采用国际标准或国外先进标准。

(2)能源领域

1)风力发电齿轮标准。

2)核电齿轮标准。

3)火电齿轮标准。

4)海洋石油钻井平台齿轮标准。

5)石油和天然气工业用齿轮装置。

(3)交通领域。高速机车齿轮标准。

2. 重点领域

紧紧围绕“中国特色的新型工业化道路”的主题，开展重点领域关键技术标准的研制。

齿轮相关的领域包括重大成套技术装备、大型清洁高效发电设备、新能源设备、配套的齿轮产品、绿色制造工艺、机械安全及包装等。

(1)齿轮材料领域。到目前为止，在该领域内没有工业齿轮和通用齿轮的金相组织标准，为了提高齿轮的内在质量，行业上急需这类标准，如调质齿轮金相检验、渗碳齿轮金相检验标准，应在相关上级部门进行列项，组织力量进行技术研究，然后制订出标准。

(2)风力发电齿轮装置。在这方面我国起步较晚，但发展速度较快。然而我国没有该方面齿轮装置的设计等规范，急需制订。

(3)石油和天然气工业用齿轮装置。在这方面我国没有相应的标准或规范，急需制订。

(4)大型、特大型齿轮传动装置。包括海洋石油钻井平台，大型、特大型升船机用齿轮传动装置，在这方面我国没有相应的标准或规范，急需制订。

(5)超临界/超超临界火电齿轮装置。在这方面我国没有相应的标准或规范，急需制定。

以上(2)～(5)项均与电力、能源的发展有关，建议国标委作重点项目进行列项，组织力量开展研究和制订标准工作。

(6)轨道交通齿轮装置。在这方面我国也没有相应的标准或规范，急需制订。

(7)基础性领域。此领域包括齿轮传动最基本的标准和规范的制定、修订，如锥齿轮的精度与检验标准、蜗杆蜗轮的精度和承载能力计算等。到目前为止，我国还没有锥齿轮的检验标准及蜗杆蜗轮的承载能力计算标准。这方面的工作主要是为了满足基础标准的配套使用，便于标准的实施。

五、“十二五”期间齿轮标准化技术机构建设

为完成“十二五”期间齿轮标准化的各项任务，需进行全国齿轮标准化技术委员会的体系优化。根据与 ISO 对口和国内需要的原则，建议全国齿轮标准化技术委员会设立分技术委员会和工作组。全国齿轮标准化技术委员会拟设分技术委员会和工作组见表 4，全国齿轮标准化技术委员会第六届委员会委员名单见表 5。

表 4　全国齿轮标准化技术委员会拟设分技术委员会和工作组

全国标委会	分技术标委会或标准工作组	标准化领域	备　注
全国齿轮标准化技术委员会	齿轮量仪工作组	齿轮量仪	已组建
	圆柱锥齿轮工作组	圆柱锥齿轮	已组建
	齿轮精度分技术委员会	齿轮精度	需组建
	术语和蜗杆传动分技术委员会	术语和蜗杆传动	需组建
	齿轮承载能力计算分技术委员会	齿轮承载能力计算	需组建
	齿轮验收规范分技术委员会	齿轮验收与检验	需组建
	能源齿轮传动分技术委员会	风力、火力发电，石油天然气	需组建
	闭式齿轮传动工作组	闭式齿轮传动	需组建

表 5　全国齿轮标准化技术委员会第六届委员会委员名单

序号	职务	姓名	职称/职务	工作单位
1	主任委员	王长路	研究员/副总经理	郑州机械研究所
2	副主任委员	石照耀	教授/处长	北京工业大学机电学院

（续）

序号	职务	姓名	职称/职务	工 作 单 位
3	副主任委员	李先广	研究员/总工程师	重庆机床(集团)有限责任公司
4	副主任委员	虞培清	研究员/总经理	浙江长城减速机有限公司
5	委员兼秘书长	张元国	研究员/主任	郑州机械研究所
6	委员	杨星原	高级工程师/副主编	郑州机械研究所
7	委员	丁 军	工程师/常务副主任	江苏省减速机产品质量监督检验中心
8	委员	王 铁	教授/所长	太原理工大学齿轮研究所车辆工程系
9	委员	王化武	高级工程师/厂长助理	一汽轿车股份有限公司长春齿轮厂
10	委员	王文英	高级工程师/总经理	常州市吉马摩擦材料有限公司
11	委员	王志永	高级工程师/部门经理	长沙哈量凯帅精密机械有限公司
12	委员	王延忠	教授	北京航空航天大学机械学院
13	委员	王晓东	教授	大连理工大学
14	委员	牛长根	高级工程师	许昌职业技术学院
15	委员	邓效忠	教授/院长	河南科技大学
16	委员	石万凯	教授	机械传动国家重点实验室
17	委员	田川宝	高级工程师/副所长	二重集团公司传动技术研究所
18	委员	代作元	研究员/副总	三一集团索特传动设备有限公司
19	委员	吕泮功	高级工程师/副主任	国家齿轮产品质量监督检验中心
20	委员	朱劲松	高级工程师/副总	杭州杰牌传动科技有限公司
21	委员	朱敏敏	工程师/技术部部长	上海宝钢设备检修有限公司
22	委员	刘 更	教授/学院书记	西北工业大学机电学院工程设计与仿真研究所
23	委员	刘忠华	高级工程师/部门经理	大长江集团研发中心发动机传动设计部
24	委员	许淑艳	高级实验师	中国石化股份公司石油化工科学研究院
25	委员	孙 超	工程师/总经理	哈尔滨国海星轮传动有限公司
26	委员	闫禄军	高级工程师/科长	中国铝业中州分公司
27	委员	李 威	教授/系主任	北京科技大学机械学院
28	委员	杨有生	研究员/中心副主任	重庆齿轮箱有限责任公司
29	委员	杨勇波	研究员/总经理	河南承信齿轮传动有限公司
30	委员	吴 凡	研究员/开发主管	中国船舶重工集团公司第七一一研究所
31	委员	吴 刚	副高级工程师/副总经理	中国南车集团戚墅堰机车车辆工艺研究所
32	委员	吴晓铃	教授	郑州大学
33	委员	何卫东	教授/副院长	大连交通大学机械工程学院
34	委员	张 萌	高级工程师/副总经理	宁波东力传动设备股份有限公司
35	委员	陈 渊	研究员/中心主任	郑州机械研究所
36	委员	陈良玉	教授/主任	东北大学
37	委员	陈励国	高级工程师/副总	南京高精齿轮集团有限公司
38	委员	林太军	高级工程师/副总	大连创新齿轮箱制造有限公司
39	委员	周广才	高级工程师/董事长	哈尔滨精达测量仪器有限公司
40	委员	赵书博	高级工程师/副总经理兼量仪所所长	哈尔滨量具刃具集团有限公司精密量仪公司
41	委员	钟 良	研究员/董事长	重庆同力重型机器制造有限公司
42	委员	聂晓霖	高级工程师/董事长	南京科润工业介质有限公司
43	委员	柴宝连	正高级工程师/总工程师	天津第一机床总厂
44	委员	徐 斌	高级工程师/厂长	中航黎明锦西化工机械(集团)有限责任公司齿轮厂
45	委员	徐鸿钧	高级工程师	中国重型机械研究院
46	委员	高周明	高级工程师/副厂长	陕西秦川机械发展股份有限公司
47	委员	唐进元	二级教授	中南大学机电学院
48	委员	唐章兵	高级工程师/厂长	浙江双环传动机械股份有限公司五分厂

（续）

序号	职务	姓名	职称/职务	工作单位
49	委员	谈　伟	高级工程师/副总经理	常州德劢精密传动有限公司
50	委员	陶定新	高级工程师/所长	洛阳矿山机械工程设计研究院
51	委员	黄溧震	研究员/处长	常州信息职业技术学院
52	委员	曹衍龙	副教授	浙江大学
53	委员	常　山	研究员/副所长	中国船舶重工集团公司第七○三研究所
54	委员	虞忠顺	教高/一级主管	北方重工集团
55	委员	蔡宏宇	高级工程师/副主任	宝钢苏冶重工有限公司
56	委员	颜克君	研究员/副总	重庆齿轮箱有限责任公司
57	委员	戴宏长	高级工程师/中心主任	杭州前进齿轮箱集团股份有限公司
58	通讯委员	刘拴起	副处长	中国长安汽车集团股份有限公司重庆青山变速器分公司技术中心规划处

〔撰稿人:郑州机械研究所管洪杰、吕泮功、张元国、王琦　审稿人:郑州机械研究所王长路〕

齿轮产品质量国家监督抽查工作概况

一、概述

产品质量国家监督抽查工作始于20世纪80年代中期。1984年第4季度到1985年第1季度,由于固定资产投资规模扩大,少数单位片面追求产值、利润,放松了质量管理,全国出现了部分工业产品质量下降的趋势。针对这种情况,当时的国家质量监督管理部门——国家标准局向有关方面报告了产品质量下降的严重状况。对此,国家经委采取了一系列措施,力图扭转产品质量下降的局面。其中之一便是开展产品质量大检查。

从1985年第3季度起正式实行产品质量国家监督抽查制度,并授权国家标准局下属的质量监督局会同有关部门,组织国家级产品质量监督检验中心具体承担此项工作。

1985年9月,国家经委以经质〔1985〕556号文下发了《关于实行国家监督性的产品质量抽查制度的通知》,并于1986年10月以经质〔1986〕664号文发布了《国家监督抽查产品质量的若干规定》。自此,国家监督抽查作为质量监督检查制度的一种形式被固定下来。

国家监督抽查,是由国务院产品质量监督部门依法组织,有关省级质量技术监督部门和产品质量检验机构对生产、销售的产品,依据有关规定进行抽样、检验,并对抽查结果依法公告和处理的活动。

国家监督抽查是国家对产品质量进行监督检查的主要方式之一。国家监督抽查,由于其明确的法律地位以及国家质检总局的多年努力,已在社会上得到认可。人民群众对国家监督抽查工作寄予厚望,希望通过这一形式来整顿市场秩序,保护自己的合法权益。

产品质量国家监督抽查不向企业收取检验费用,国家监督抽查所需费用由财政部门安排专项经费解决。

从2009年上半年开始,国家质检总局首次在全国范围内组织开展了产品质量国家和地方联动监督抽查,对保障生产安全和质量安全发挥了重要作用。

国家齿轮产品质量监督检验中心系国家质监总局授权、中国国家实验室认可委认可的齿轮产品(齿轮及减变速器)专业检测机构。自1986年成立以来,多次被授权进行齿轮产品国家监督抽查。通过监督抽查,了解行业状况,配合有关部门共同促进行业进步。

二、抽查的要求及依据

1. 要求

(1)公开性要求。国家监督抽查工作的有关程序、要求、格式,以及抽查方案等有关情况,必须公开、透明。

(2)公正性要求。参与国家监督抽查工作的工作人员,必须秉公执法,不徇私情。

(3)科学性要求。国家监督抽查工作是一项技术性、专业性很强的工作,必须坚持科学性的原则。

(4)依法性要求。国家监督抽查工作是依据《产品质量法》第十五条而开展的一项行政执法工作,是一种执法监督。

(5)保密性要求。为了保证国家监督抽查工作的突击性、客观性和准确性,同时保护被抽查企业的利益,国家监督抽查工作必须坚持保密性要求。

(6)有关违纪处理规定。检验机构和参与国家监督抽查的工作人员违反有关纪律规定的,依照《产品质量法》的第五十七条、六十五条、六十六条、六十七条等有关规定,予以处理。

2. 依据

(1)中华人民共和国产品质量法。

(2)中华人民共和国标准化法。

(3)中华人民共和国计量法。

(4)国务院关于进一步加强产品质量工作若干问题的决定(1999年12月5日,国发〔1999〕24号)。

(5)产品质量国家监督抽查管理办法。

(6)产品质量国家监督抽查管理办法解答。

三、抽查过程

1. 产品质量国家监督抽查任务的布置

国家质检总局确定国家监督抽查计划后,通知有关执行单位,向其下达国家监督抽查任务,并召开国家监督抽查任务布置会。

2. 产品质量国家监督抽查样品的抽取

国家监督抽查抽样工作一般有两种模式:一种是质检总局委托承担国家监督抽查任务的检验机构进行抽样;一种是由被抽查企业所在地的省级质量技术监督部门指派的人员、承检单位的人员进行抽样。到企业进行抽样时,至少应当有2名以上(含2名)抽样人员参加。严禁抽样人员事先通知被抽查企业,严禁被抽查企业或者与其有直接、间接关系的企业参与接待工作。

抽样人员抽样前,应当出示国家质检总局开具的抽查通知书和有效身份证件(身份证、工作证),向企业介绍国家监督抽查的性质和抽样方法、检验依据、判定规则等,提前请企业认真阅读产品质量国家监督抽查通知书上的有关条款内容,然后再进行抽样。

抽样时应当按照《产品质量法》的规定,在市场上或者企业成品仓库内的待销产品中抽取样品,并保证样品具有代表性。抽取的样品应当是经过企业检验合格的近期生产的产品。抽取样品的数量不得超过检验的合理需要。

齿轮产品监督抽查抽样的数量为13件,抽样基数为样品数的10倍以上。

3. 对拒检的认定

《产品质量法》中对拒检行为设定了严厉的处罚措施。第五十六条规定:"拒绝接受依法进行的产品质量监督抽查的,给予警告,责令改正;拒不改正的,责令停业整顿;情节特别严重的,吊销营业执照。"《产品质量国家监督抽查办法》中第五十二条也规定:"拒检企业的产品,无正当理由不寄、送样品的企业,产品按不合格论处。"

4. 产品质量国家监督抽查样品的确认

因为涉及到公布抽查结果和对不合格产品进行处罚的问题,所以国家监督抽查工作中抽取的样品必须得到企业的确认和认可。

国家监督抽查样品的确认工作分为生产企业抽样和流通领域抽样两种情况。

5. 产品质量国家监督抽查样品的检验

产品质量国家监督抽查样品的检验分为实物质量检验和标签检验,检验项目分为A类(重缺陷)、B类(轻缺陷)。齿轮产品国家抽查检验项目及依据见表1。

表1 齿轮产品国家抽查检验项目及依据

序号	检验项目	检验件数	检验依据	检验类型
1	齿面硬度	13	GB/T 3480.5—2008 6.4	A
2	心部硬度	2	GB/T 3480.5—2008 6.4	A
3	渗层或有效硬化层	2	GB/T 3480.5—2008 6.4	A
4	金相组织	2	GB/T 3480.5—2008 6.4	A
5	单件硬度差	13	GB/T 3480.5—2008 6.4	A
6	齿距累积总偏差	13	GB/T 10095.1—2008	B
7	单个齿距极限偏差	13	GB/T 10095.1—2008	B
8	齿廓偏差	13	GB/T 10095.1—2008	B
9	螺旋线偏差	13	GB/T 10095.1—2008	B

根据行业对齿轮产品质量的一般要求,用齿轮产品的合格质量水平AQL值进行判定。齿轮产品的判定准则见表2。

表2 齿轮产品的判定准则

判定项目	判定结果	
	A类不合格	B类不合格
AQL值	6.5	25
合格判定数/不合格判定数	0/1	7/8

检验结束后出具检验报告。检验报告内容要求齐全,检验依据和检验项目清楚并与抽查方案相一致,检验数据准确,结论明确。

6. 产品质量国家监督抽查检验判定依据

国家监督抽查的质量检验判定依据是被抽查产品的国家标准、行业标准、地方标准和国家有关规定,以及企业明示的企业标准或者质量承诺。

这里主要分为3种情况:

(1)当企业明示的企业标准或者质量承诺中的安全、卫生等指标低于强制性国家标准、强制性行业标准、强制性地方标准或者国家有关规定时,以强制性国家标准、行业标准、地方标准或者国家有关规定作为质量判定依据。

(2)除强制性标准或者国家有关规定要求之外的指标,可以将企业明示采用的标准或者质量承诺作为质量判定依据。

(3)没有相应强制性标准、企业明示的企业标准和质量承诺的,以相应的推荐性国家标准、行业标准作为质量判定依据。

需要明确的是:国家监督抽查检验判定依据的标准必须是现行、有效的标准,凡作废或尚未实施的标准,均不得作为检验判定的依据。

另外,对于同一产品,不同的部门制定有不同的行业标准时,也需要认真研究其异同,尤其要注意其是否有相互矛盾的条款,以免造成检验判定上的错误,给企业和国家监督抽查工作造成负面影响。

机械行业标准基本上都是推荐标准。齿轮产品检验结论判定见表3。

表3　齿轮产品检验结论判定

项　目	检　验　结　论
实物质量判定	1. 经抽样检验,实物质量符合××标准,检验结论为合格; 2. 经抽样检验,××项目不符合××标准,检验结论为不合格【××项目为实物质量指标】
标签判定	1. 经抽样检验,产品标签符合××标准,检验结论为合格; 2. 经抽样检验,产品标签不符合××标准,检验结论为不合格
产品质量综合判定	1. 经抽样检验,产品实物质量合格,标签合格,综合判定为合格; 2. 经抽样检验,产品实物质量合格,标签不合格,综合判定为不合格; 3. 经抽样检验,产品实物质量不合格,标签合格,综合判定为不合格; 4. 经抽样检验,产品实物质量不合格,标签不合格,综合判定为不合格; 5. 经抽样检验,所检项目符合××标准【*为推荐性标准】; 6. 经抽样检验,××项目不符合××标准【*为推荐性标准】

7. 产品质量国家监督抽查结果及其反馈和确认

检验结束后,检验机构应及时将产品质量国家监督抽查结果反馈给被抽查企业,并将检验结果通知单和检验报告,用特快专递的方式,分别寄送被抽查企业和有关省级质量技术监督部门。

(1)在生产企业抽样的,应当及时将检验结果通知单寄送该生产企业,抄送该生产企业所在地的省级质量技术监督部门。

(2)在市场上抽样的,对已确认生产企业的,除按前款规定寄送检验结果通知单之外,还应当将检验结果通知单同时及时寄送被抽查的经销企业;无法确认生产企业的,应当将检验结果通知单寄送被抽查的经销企业,抄送其所在地的省级质量技术监督部门。

检验报告必须于上报国家监督抽查结果之前以特快专递方式寄出。

8. 产品质量国家监督抽查结果的异议处理

被抽查企业或者经过确认了样品的生产企业对检验结果有异议的,应当在接到检验结果通知单之日起15日内,提出书面报告。逾期未提出异议的,视为承认检验结果。

国家质检总局可以直接或委托省级质量技术监督部门、检验机构处理企业提出的异议。

检验机构收到企业书面的要求复验的报告时,应当按抽查方案采用备用样品检验,并应当在10日之内作出书面答复。复验结果抄报国家质检总局,抄送企业所在地的省级质量技术监督部门。

复验一般由原检验机构进行。所需检验费纳入国家监督抽查经费。特殊情况下,可由国家质检总局指定检验机构进行复验。

复验结果与抽查结果不一致的,复验费用由原检验机构承担。

9. 产品质量国家监督抽查结果的汇总总结

检验机构在抽查工作完成后,在规定时间内按照国家质检总局的要求,将国家监督抽查结果汇总总结,写出关于国家监督抽查结果的报告,并将报告及有关附件报送国家质检总局。

10. 产品质量国家监督抽查结果的发布

国家质检总局负责总结国家监督抽查情况,公布产品质量国家监督抽查结果,发送产品质量国家监督抽查通报,并向社会发布国家监督抽查公告;对危及人体健康、人身财产安全和环保的不合格产品,影响国计民生并且质量问题严重的不合格产品,以及拒检企业,予以公开曝光。

其他任何单位均无权发布国家监督抽查结果。涉及国家监督抽查有关的材料和数据,未经国家质检总局的同意和授权,有关承检机构不得擅自向外公布和泄漏。

每季度国家监督抽查或每次国家监督专项抽查任务完成后,可以召开国家监督抽查结果新闻发布会,向新闻单位通报国家监督抽查情况,发布国家监督抽查结果。新闻发布会由国家质检总局组织,可以邀请有关部门、行业、质检机构或企业参加。

11. 产品质量国家监督抽查不合格产品的整改及复查

凡国家监督抽查不合格产品的生产、销售企业,除因停产、转产等原因不再继续生产、销售的以外,都必须进行整改。省级质量技术监督部门负责督促和检查企业整改工作。

(1)不合格产品生产企业必须按照下列要求进行整改:

1)质量问题严重的,必须立即停止不合格产品的生产和销售。

2)企业法定代表人向全体职工通报国家监督抽查情况,制订整改方案,落实整改工作责任制。

3)查明不合格产品产生的原因,查清质量责任,对有关责任者进行处理。

4)对在制产品、库存产品进行全面清理,不合格产品不准继续出厂,对危及人体健康、人身财产安全的不合格产品,要按照《产品质量法》等有关规定监督销毁或者作必要的技术处理。

5)根据不合格产品产生的原因和质量技术监督部门、有关部门整改要求,在管理、技术、工艺设备等方面采取切实有效的措施,建立和完善企业的质量保证体系。

6)积极参加质量技术监督部门组织的不合格企业厂长(经理)学习(培训)班和产品质量分析会。

7)按期提交整改报告和复查申请。

8)接受质量技术监督部门组织的整改复查和产品质量的复查检验。

(2)不合格产品销售企业必须按照下列要求进行整改:

1)立即对在销产品的库存情况进行清理,对直接危及人身健康安全或者存在致命缺陷或者失去使用价值的产品,必须立即撤下柜台,严禁继续销售,对仍有使用价值的产品,退回生产企业进行必要的技术处理,或者标明处理品后方可继续销售。

2)针对质量问题,查清质量责任。

3)加强对供货方的审查把关和验货人员的业务培训,建立质量责任制。

企业整改工作完成后,应当向当地省级质量技术监督部门提出复查申请,由省级质量技术监督部门委托符合《产品质量法》规定条件的有关产品质量检验机构,按原方案进行抽样复查。复查申请自国家质检总局发布国家监督抽查通报之日起,一般不得超过6个月。

国家监督抽查不合格产品生产企业的复查检验费用,由不合格产品生产企业支付。

拒检企业的复查工作由企业所在地的省级质量技术监督部门委托承担国家监督抽查检验工作的质检机构进行。

应当进行复查而到期仍不申请复查的企业,由省级质量技术监督部门组织进行强制复查。

12. 产品质量国家监督抽查不合格产品的处罚

对国家监督抽查不合格产品的处罚,必须严格依法进行。主要包括:

(1)对国家监督抽查中涉及安全卫生等强制性标准规定的项目不合格的产品,责令企业停止生产、销售,并按照《产品质量法》《标准化法》等有关法律、法规的规定予以处罚。对直接危及人体健康、人身财产安全的产品和存在致命缺陷的产品,由国家质检总局通知被抽查的生产企业限期收回已经出厂、销售的该产品,并责令经销企业将该产品全部撤下柜台。

(2)对国家监督抽查中涉及一般项目不合格的产品,责令企业限期改正。

(3)取得生产许可证、安全认证的不合格产品生产企业,责令立即限期整改;整改到期复查仍不合格的,由发证机构依法撤消其生产许可证、安全认证证书。

(4)企业的主导产品在国家监督抽查中连续两次不合格的,由省级以上质量技术监督部门向工商行政管理部门提出吊销该企业法人营业执照的建议,并向社会发布。

(5)对于国家监督抽查不合格、复查后仍达不到规定要求的生产企业,由省级质量技术监督部门会同当地有关部门,责令企业停产整顿。

13. 对严重不合格产品的收回及撤柜

对于国家监督抽查中发现的直接危及人体健康、人身财产安全的产品和存在致命缺陷的产品,由于可能造成人员伤害和财产损失的事故发生,为保护用户和消费者的人身及财产安全,国家质检总局将通知被抽查的生产企业,限期由企业收回已经出厂、销售的该产品,并责令经销企业将该产品全部撤下柜台,不得再在市场上销售。如果企业不按国家质检总局的通知要求自行收回产品和撤下柜台,国家质检总局将依法采取强制性措施予以收回。

14. 产品质量分析会

对于抽查中反映出有倾向性的质量问题,或者产品质量问题严重、抽样合格率较低的产品,国家质检总局组织或委托有关行业主管部门、行业协会、检验机构召开产品质量分析会。

产品质量分析会一般在国家监督抽查工作结束且抽查结果向社会发布后一段时间内召开,不仅要求被抽查的企业参加,而且要求行业内未被抽查到的企业也参加。产品质量分析会的内容一般包括介绍国家宏观质量政策、通报国家监督抽查情况,探讨解决有关质量问题的办法,进行标准宣贯等技术培训,以及经验介绍等。

召开产品质量分析会是国家监督抽查后处理的一个重要环节,是国家监督抽查工作的继续和深化,有利于推动全行业提高产品质量水平,从而达到"抽查一类产品,整顿一个行业"的目的。

四、我国齿轮产品的质量状况

经过十余年改革开放的努力,我国齿轮制造业的产品质量显著提高,随着先进设备的引进,产品设计技术的消化吸收,检测手段的充实完善,人员技术素质的提高、管理水平向国际先进水平靠拢,齿轮产品质量在近十年内得到了飞跃发展,有些产品开始进入国际市场。但是由于齿轮产品质量与国家基础产业(如钢材质量)是密切相关的,同时,目前由于财力有限,高精设备只有在少数大型企业中得到应用,大部分企业正在起步,只能局部重点更新,另外,在齿轮产品设计开发能力上与国外差距更大,这一系列的现实决定了我国齿轮产品的实物质量与国外先进水平仍有相当大的差距。国内外齿轮行业工艺与装备的主要差距见表4。

表4 国内外齿轮行业工艺与装备的主要差距

对比的主要方面	国 内	国 外
材料与热加工技术	钢材质量缺少保障,热精锻水平低,行业与地区热加工中心没有形成	钢材定点供应质量有保证,精密下料精锻齿坯,少、无切削零件居多,已形成热加工铸锻中心
冷精加工技术	齿轮加工装备的数控水平有提高,几何精度水平提高不明显,机床精度、工艺可靠性偏低,仍存在问题	齿轮加工装备向高精、高效、高柔性发展,机床加工精度可完全满足产品选择的经济精度
计算机应用与网络化整合	部分骨干企业实现 CAD、CAPP,部分企业实现单机数控,实现无纸化办公;少数企业在筹划数控生产线	已实现 CAE、CAD、CAPP、CAM、CAT,具有数控生产线,具有人工智能、网络控制,企业实现网络化生产
企业工艺软件、管理软件的应用与开发	已有部分骨干企业具有软件应用与开发能力,多数企业尚未具备软件的应用与开发能力	多数企业具有齿轮工艺装备软件的应用与开发能力

车辆变速器是齿轮行业的重要产品，我国产品的性能与国外产品相比差距较大。国内外车辆变速器的水平比较见表5。

表5　国内外车辆变速器的水平比较

比较项目	国际先进水平	国内水平
使用寿命	10 000h	5 000 ~ 7 000h
噪声	84dB	90dB

工程机械用机械式变速器，驱动桥的平均无故障工作时间，国内一般为400 ~ 500h，而国外首次大修期则在5 000h以上；噪声、污染和泄漏等问题，国内厂家长期未能很好解决，难以满足主机厂的需要。

高速重载齿轮是齿轮产品中技术含量高、能代表一个国家齿轮制造业最高水平的产品。现以国内条件最好的南京高速齿轮箱厂的产品为代表，与国外产品进行比较。南京高速齿轮箱厂产品与国外产品性能比较见表6。

表6　南京高速齿轮箱厂产品与国外产品性能比较

比较项目	南京高速齿轮箱厂产品	国外产品
最大功率(kW)	60 000	100 000
最高转速(r/min)	67 000	100 000
最大线速度(m/s)	168	200
最高精度	3 级	3 级

工业减速器齿轮国内外水平的差距体现在以下几个方面：

(1)承载能力。以弗兰德(FLENDER)公司为例，在同样(或基本接近)中心距下，1993年样本的额定功率比1988年样本提高10% ~ 20%，1995年和1997年样本又比1993年样本提高了约20%，1999年样本又比1997年样本提高了约10%。而我国目前一直在沿用的减速器的额定功率(JB/T 8853—1998)仅和弗兰德公司1993年样本值相当，而且差距越来越大。除个别公司外，国外著名公司产品样本的承载能力大致在同一条水平线上。而承载能力不断提高的主要原因是技术的成熟和质量控制水平的提高与稳定。

(2)模块化设计。据1996年德国德雷斯顿国际齿轮会议的一份研究报告记载，生产齿轮联轴器外齿轴套装置的数量由1个增加到20个时，制造成本的变化为：小零件(重0.75kg，直径500mm)成本降低近90%；中等零件(重20kg，ϕ200mm)成本降低近50%。我国模块化设计制造技术处于起步阶段。

(3)降低噪声措施。许多国外公司都是采用锥齿轮高精磨齿(20世纪80年代以前锥齿轮在渗碳淬火后一般不磨齿，只作对研跑合)，通过齿轮修形，加大重合度，改进箱体结构的吸音设计等措施来降低噪声。按汉森(HANSEN)公司标准，20世纪90年代开发的P4系列齿轮箱的噪声比80年代HPP系列产品低2.5 ~ 9dB(A)。国内锥齿轮高精磨齿还不普遍。

五、发展方向

1. 结合行业发展特点，抓住市场主体，做好监督抽查工作

根据国家质监总局的指示精神，国家齿轮质检中心在制订抽查方案时，把重点放在监控中、小企业上。这些企业在我国齿轮行业中占据半壁江山，其数量和产值都占一定的比例，但是由于其在行业的知名度低，生产的品种、经营状况变化频繁，给抽样工作带来了一定的难度。国家齿轮质检中心在抽查前做了充分的调查研究，分析与齿轮配套的相关行业动态，与地方技术监督部门加强沟通，确定了抽查企业的名单。抽查的结果证明，抽查工作达到了预期的目的，真实地反映了齿轮的质量状况。

2. 严格按质量保证体系运行，确保检验工作质量

按照《质量手册》《程序文件》要求，每次监督抽查前都对全体员工进行培训，通过学习使大家的业务素质得到提高，确保抽查的各个环节严格按《质量手册》和《程序文件》执行，高效、准确地完成自抽样到检查、结果的核实各环节任务，杜绝质量事故的发生。

3. 为企业多方位服务，扎扎实实促进行业技术进步

国家齿轮产品质检中心每次进行齿轮产品质量国家监督抽查的同时，在坚持原则的前提条件下，尽量为企业服务，切实为提高产品质量作贡献。

对于国家监督抽查不合格的企业，在通知企业的过程中结合检验的结果，对不合格原因进行分析，帮助企业查找原因解决问题，提高产品质量。在企业抽样的同时，利用国家齿轮质检中心信息来源渠道多的优势，广泛介绍近年来发布的国家标准和行业标准，如GB/T 10095.1—2008、GB/T 10095.2—2008、GB/Z 18620—2008、GB/T 13924—2008、GB/T 3480.5—2008，受到了企业的欢迎。

〔撰稿人：国家齿轮质量监督检验中心吕泮功、刘仲川　审稿人：郑州机械研究所杨星原〕

企业概况

——齿轮行业主要企业介绍

南京高精传动设备制造集团有限公司

南京高精传动设备制造集团有限公司成立于1969年；1976年改扩建为专业化齿轮生产厂家，并更名为南京高速齿轮箱厂；2007年在我国香港上市，股票名称“中国高速传动”。公司现有职工近5 000人，工程技术人员占职工总数的近20%，教授级高级工程师8人，享受政府津贴的专家4人。目前公司拥有总市值约280亿元，2011年销售收入达111.85亿元。

公司主要产品有建材专用齿轮箱、冶金专用齿轮箱、风力发电齿轮箱、铁路机车齿轮箱及石化专用齿轮箱等，广泛应用于建材、冶金、发电、化工、矿山、起重、能源及国防等众多领域，在国内高速重载齿轮箱和风电齿轮箱等市场上占据优势。

公司下属控股子公司南京高速齿轮制造有限公司，占据国内较大的风力发电主传动及偏航变桨传动设备市场；注册资金9亿元，2003年7月8日成立；占地面积43.9万m^2（658.5亩），拥有27万m^2联合厂房，其中4万m^2为恒温恒湿防振车间；现有员工2 437人，其中工程技术人员295人。

公司下属南京高精齿轮集团有限公司现有员工1 265人，其中工程技术人员占30%以上，是江苏省高新技术企业，目前获国家专利的产品共有50多项（其中发明专利8项）。公司进口的6m磨齿机是国内最大直径的数控磨齿机。目前公司的工业齿轮箱功率最大已达到55 000kW，转速最高达到67 000r/min，线速度最大达到176m/s，齿轮精度最高达到3级，输出转矩最大达到7 500kN·m。

目前公司已获国家授权专利共112项，先后百余次获得国家和省市科技进步奖、优秀新产品奖、新产品证书、高新技术产品认定证书及高新技术企业认定证书等。

重庆齿轮箱有限责任公司

重庆齿轮箱有限责任公司（以下简称重齿公司）隶属于中国船舶重工股份有限公司（股票代码：601989），位于重庆市江津区。公司前身为国营永进机械厂，始建于1966年，1982年更名为四川齿轮箱厂，1997年进行了公司改制。公司资产总额52亿元，占地面积90余万m^2，拥有员工3 000余人，具备各种大型高精度生产设备1 400余台（套）。

公司主要产品有风力发电增速齿轮箱、变桨偏航减速齿轮箱、船用齿轮箱、建材齿轮箱、冶金齿轮箱、火电齿轮箱、核电齿轮箱、轨道交通齿轮箱、工程机械齿轮箱、海洋平台升降系统、联轴器、减振器及汽车齿轮等，广泛应用于国防、能源、交通运输和特种装备等众多领域，并在国内硬齿面齿轮箱、船用齿轮箱和风电齿轮箱等市场上占有优势，产品远销欧美、非洲、亚洲及中东等地区。

公司技术中心为“国家认定企业技术中心”，工程技术人员占职工总数的25%，研究员级高级工程师19人，享受国务院津贴的专家有12人。公司一直致力于自主创新，不断强化核心技术的培育和提升，利用现代设计分析手段不断开发产品新技术，形成了自己独特的设计制造技术，在高精度硬齿面齿轮设计制造技术、高低速重载齿轮传动装置设计制造技术等方面始终处于国内先进水平。公司先后承担了多项国家科研项目，并多次获得国家科技进步奖、优秀新产品奖等。公司年自主设计开发新产品超过100余项，目前已获国家授权专利共116项，其中发明专利8项，制定国家和行业标准18项，获国家和省部级科技进步二、三等奖29项。“重齿”牌减速机、“重齿”牌船用齿轮箱为我国名牌产品。

杭州前进齿轮箱集团股份有限公司

杭州前进齿轮箱集团股份有限公司是我国专业设计、制造齿轮传动装置和粉末冶金制品的大型重点骨干企业，是国家高新技术企业。公司前身为杭州齿轮箱厂，创建于1960年，2001年经国家批准实施“债转股”改制，成为国有多元投资的有限责任公司，2008年完成股份制改制，整体变更为杭州前进齿轮箱集团股份有限公司，并于2010年10月在上海证券交易所上市。公司位于杭州钱塘江南岸，占地面积约63.4万m^2，现有职工2 600余名，研发人员占职工总人数的12%。公司现有控股子公司16家,参股公司3家,并拥有国家认定的企业技术中心,国家级博士后工作站,船用齿轮箱和粉末冶金2个部级二类研究所,浙江省齿轮传动与摩擦材料研究重点实验室和15个专业研究所。公司综合实力较强,被列为"中国工业行业排头兵"企业、"中国机械工业100强"企业及"中国大企业集团竞争力500强"企业。

公司主要产品有:船用齿轮箱及传动和推进系统,用于运输船、渔船、游艇及游船等多种船类,市场占有率65%;工程机械变速器及驱动桥,用于装载机、平地机、推土机、压路机、货车、客车及特种车辆等,目前工程机械变速器市场占有率稳定在20%左右,重型车辆市场占有率为3%左右;风电增速齿轮箱,主要适用于250~2 000kW的风电设备;摩擦片,用于齿轮箱、变速器及制动器。

2009年公司主营业务收入17.58亿元,其中船用齿轮箱为11.4亿元,工程机械类为5.87亿元。2011年公司主营业务收入23.7亿元。杭州前进齿轮箱集团股份有限公司拟扩张产能见下表。

表 杭州前进齿轮箱集团股份有限公司拟扩张产能

项目名称	投资总额(万元)	建设周期(年)
1)年产100套船舶推进器 2)800台高精船用齿轮箱	9 396	2
年产1.2万台电液控制工程传动装置	22 965.7	2
年产2 000套风电增速齿轮箱	38 631.1	2
重型及特种车辆变速器研发	3 000	2

公司拥有8项商标权;拥有专利80多项,其中发明专利7项,实用新型专利69项,外观设计专利4项。

宁波东力传动设备股份有限公司

宁波东力传动设备股份有限公司创立于1998年,现有总资产20亿元,注册资本44 562.5万元,生产基地分设于宁波国家高新区、江北工业园区、江东仇毕工业区及杭州湾新区,总占地面积60.5万m^2,拥有现代化标准厂房面积38.7万m^2,现有员工1 400余人。2007年8月,公司成功公开发行股票(证券简称:东力传动,证券代码:002164),成为齿轮行业较早在A股上市的企业。

公司以工业齿轮和工业电动机为核心业务,以大功率重载齿轮箱、模块化减速器、模块化减速电动机、风力发电齿轮箱和变频、辊道、冶金电动机为核心发展产品。

根据公司提供资料,大功率重载齿轮箱产能为9 500t,模块化高精减速器产能6 300t。

公司建有省级高新技术研究开发中心,坐落于宁波国家高新区研发园。目前,该中心汇集了一大批国内优秀的传动设备研究人才。近年来,东力公司作为组长单位负责起草了《中国齿轮行业中小功率工业通用减速箱》系列标准,负责起草了《高效率三相异步电动机技术要求》《YEJ系列电磁制动三相异步电动机技术条件》《YCJ系列齿轮减速三相异步电动机技术条件》等多项国家和行业标准。近年来,东力公司共获各类国家专利70余项,开发研制出模块化减速电动机、模块化减速器、大型智能化减速器、柔性液压行星减速器、深水双向惯流泵专用行星齿轮系列减速器、立式磨煤机专用锥行星齿轮系列减速器等多项重点新产品。

公司建有国家一级计量检测中心,拥有德国蔡司、克林贝格、斯派克等公司生产的三坐标检查机(2 500mm×2 000mm×1 500mm)、齿轮测量中心(P100)、弧齿锥齿轮测量仪、直读光谱仪、万能材料试验机、超声波无损检测仪、磁粉无损检测机、金相显微镜等一批高精检测设备,以及德国西门子公司生产的型式试验台(3MW)、电机测试中心、耐压试验台、出厂试验台等试验设备。

公司产品广泛应用于冶金、起重、矿山、电力、石化、建材、轻工、筑路、制糖和环保等行业。产品出口意大利、乌克兰、巴西、阿根廷、孟加拉、越南、泰国、印度、阿曼及莫桑比克等国家和地区。

浙江双环传动机械股份有限公司

浙江双环传动机械股份有限公司成立于2005年8月,其前身是玉环县振华齿轮厂,始创于1980年。公司于2010年9月10日在深圳交易所上市,股票代码为002472。

公司现有员工2 500余人、占地面积59万m^2,建筑面积35万m^2。公司在浙江、江苏两地拥有四个生产基地,分别坐落在玉环县城关的南大岙厂区、玉环县机电工业园区、玉环宾港工业园区及江苏淮安楚州工业园区。公司生产的产品主要涉及汽车、工程机械、摩托车、电动工具四大领域,具有年生产量超3 500万件、年产值超过15亿元的齿轮散件生产能力。

公司拥有美国格里森公司生产的数控高效滚齿机,德国格里森公司生产的ZH125强力珩齿机,德国格里森—胡尔特公司生产的剃刀磨床、德国卡普公司生产的高精度KAPP磨齿机,日本清和公司生产的数控高效滚齿机,法国ECM公司生产的低压真空渗碳淬火炉、YK7232和YK7236型蜗杆磨齿机、YH601型数控弧齿锥齿轮铣齿机及热处理连续生产线等国内外先进设备2 000多台。

公司拥有的检验、测量和试验设备有:德国克林贝格公司生产的全自动数控齿轮测量中心P26、P40C,美国生产的全自动数控齿轮测量中心,德国蔡司公司生产的三坐标测量机，英国泰勒公司生产的圆度仪、轮廓粗糙度仪，美国热电公司生产的ARL3460光谱分析仪，滚刀检查仪、JX13万能工具显微镜、理化检测设备、无损检测机等。

公司非常重视内部管理水平的提高，引入日本丰田公司的生产管理模式，并长期打造精益型企业，取得了明显效果。公司在抓精益生产的同时，强调企业信息化建设，2006年开始引入ERP管理，2007年正式上线。目前，公司已经全面应用U9、e－HR、CRM、PDM、DES、CAPP及OA等信息化管理工具。

陕西法士特汽车传动集团公司

陕西法士特汽车传动集团公司(简称法士特)是我国最大的以重型汽车变速器、汽车齿轮及其铸、锻件为主要产品的大型专业化生产企业和出口基地，旗下拥有西安、宝鸡、咸阳三地五厂共一余家控股及参股子公司。在跨越式发展中，法士特已跻身中国汽车工业30强、中国机械工业100强及中国制造业500强行列。

2010年以来，法士特连续2年产销额超过百亿元，各项生产经营指标连续多年位居我国齿轮行业前列，重型汽车变速器产销量连续七年稳居世界第一。

法士特获得多项荣誉和奖项：先后荣获“全国五一劳动奖状”“全国国企十大典型”“全国模范职工之家”等荣誉称号和“国家级企业技术中心”“国家级创新型试点企业”资质；被国家列为“汽车零部件出口基地企业”和全国首批“汽车零部件再制造试点企业”；法士特商标被评为“中国驰名商标”；法士特齿轮产品荣获国家“产品质量免检”证书；“重型汽车机械式自动变速器开发项目”被列入国家“863”计划；法士特汽车传动工程研究院获得“国家级企业技术中心”资质，并被确定为“院士专家工作站”和陕西省“13115”科技创新工程单位。随着法士特“国家级企业技术中心”和“院士专家工作站”的成立，法士特已建成国内一流的科技研发体系和自主创新体系，启动了科技引领、创新驱动、技术支撑、快速发展的新引擎，形成了集产学研于一体、国内外市场优势互补发展的新格局，为企业自主创新和科技进步奠定了新的和更为坚实的基础。

法士特的迅猛发展得益于企业始终不渝地坚持走科技自主创新、产品自主研发和企业自主发展之路。“十一五”初期，法士特的年产销收入仅30亿元，当法士特确立产销额超过百亿元的目标时，并没有多少人相信一个零部件企业能够完成这样一个历史性跨越。历经五年的艰苦奋斗，法士特不仅实现了这一目标，成为我国齿轮行业首家产销额超过百亿元的企业，而且用创新发展的实践创造了我国齿轮行业的奇迹。

依靠科技进步和自主创新，法士特已形成年产销汽车变速器100万台、齿轮5 000万只和汽车锻件10万t的综合生产能力。公司的汽车变速器产品在4～16挡市场领域实现了全方位覆盖，广泛匹配于输入转矩300～3 000N·m、载重量4～60t的重型货车、大客车、中轻型货车、工程用车和低速货车等各种车型，被国内数十家主机厂的上千种车型选为定点配套产品，并广泛出口美国、澳大利亚、东欧、南美、东南亚及中东等十多个国家和地区，市场占有率达到80%，市场保有量达400万台。企业竞争实力和发展实力不断增强，员工生活质量和生活水平明显提高，对国家、对社会的贡献越来越大，已成为我国齿轮行业发展速度最快、实力最强、水平最高及规模最大的现代化企业集团之一。

法士特科研力量雄厚，拥有专利110多项，多款变速器产品荣获“中国汽车工业科技进步奖”、我国齿轮行业“优秀新产品奖特等奖”和“陕西省科学技术奖”。公司创新开发的拥有自主知识产权和高技术含量的双中间轴变速器已达到30多个系列，数百个品种。

目前，法士特与美国卡特彼勒公司在我国合资组建的唯一一家重型液力自动变速器(AT)研发制造公司——西安双特智能传动有限公司项目已在西安正式签约，将合作生产CX系列重型液力自动变速器(AT)。项目达产后可形成年产12万台重型液力变速器(AT)和150万只出口件的生产能力，可为我国重型商用车辆提供最新优化的配置，以提高其安全性、可靠性、舒适性和环保性。与此同时，法士特与威伯科汽车控制系统公司联袂合作、精心打造的F－Shift重型自动变速器(AMT)已经全面投放市场。该变速器具有性价比高、燃油经济性好、操纵可靠、节能环保及适合国情等明显优势，进一步提高了车辆的安全性、舒适性和驾驶效率，赢得了用户的广泛好评。目前，法士特已形成年产F－Shift重型自动变速器(AMT)1万台的生产能力。

法士特设备精良，拥有国际先进的现代化锻造生产线、数控机加工生产线、热处理生产线、装配生产线以及高效精密的计量、检测和试验手段，为生产高质量的产品提供了可靠的保障。公司已先后通过ISO 9001：2000、QS 9000、ISO/TS 16949：2002质量管理体系认证，ISO 10012：2003测量管理体系AAA级认证，ISO 14001：2004环境管理体系认证，ISO 17025：1999实验室认证和OHSAS 18001职业健康安全管理体系认证。

法士特在行业评选中获得多项荣誉，获奖项目总数位居零部件总成行业之首。具体是：在我国汽车服务品牌星级评选中，法士特连年摘得最高奖项“五星级汽车服务品牌”，成为我国齿轮行业唯一一家上榜的企业；在“中国国际卡车节油大赛”上，法士特变速器连续两届荣获“省油成就奖”和“最省油变速器奖”；在“中国汽车自主创新成果大典”评选中，法士特四款变速器新产品分别荣获“原始创新奖”和“集成创新奖”。

法士特的发展得到党和国家领导人及地方各级政府的高度关心和支持。近几年来，习近平、李克强及张德江等党和国家领导人先后莅临法士特公司视察，对法士特创新发展取得的成就给予充分肯定和高度评价。

郑州机械研究所

郑州机械研究所是原机械工业部直属的一类研究所，已有近60年的科研生产历史，1999年转制为国务院国有资产管理委员会所属的大型科技企业。郑州机械研究所是我国齿轮传动、机械强度与振动和化学标样等行业的归口单位，建有“全国齿轮标准化技术委员会”“全国机械振动与冲击标准化技术委员会”“国家齿轮产品质量监督检测中心”“齿轮行业生产力促进中心”“中国机械工程学会机械传动分会”“中国机械工程学会机械传动分会齿轮专业委员会”“机械工业齿轮传动工程实验室”“机械工业齿轮传动工程研究中心”“钎焊技术国家重点实验室”“河南省金属材料及工业油品认可实验室”“河南省焊接工程技术中心”及“河南省焊接材料检测中心”等15个国家级和省部级科技创新平台和行业服务平台。该所能够招收培养“机械设计及理论”和“工程力学”2个学科的博士学位研究生，以及“机械设计及理论”“材料加工工程”“工程力学”和“固体力学”4个学科的硕士学位研究生。该所编辑出版《机械强度》和《机械传动》2种国家核心期刊。

郑州机械研究所设有齿轮传动、机械强度与振动、铸造、锻压、焊接及热处理等专业。半个世纪以来，郑州机械研究所瞄准国家重大装备和重点技术项目中的关键技术展开研究、攻关，取得了一批具有国际先进、国内领先水平的科研成果。该所建所以来，取得科技成果900余项，其中获国家发明奖、国家科技进步奖等国家级奖项33项，省部级科技进步奖项200余项，市、研究院级奖项400余项；取得发明专利和实用新型专利近150项。

郑州机械研究所一直致力于齿轮传动基础理论、工艺及加工制造技术等的研究和产业化，负责制定、修订了我国齿轮技术标准100多项次。尤其在高速渐开线齿轮、圆弧齿轮、行星齿轮、蜗杆蜗轮、锥齿轮、齿轮强度、齿轮润滑和油品、齿轮材料热处理工艺及装备及齿轮试验和检测方法等的技术研究、产品开发以及产业化方面取得了丰硕的科研成果，积累了丰富的理论和生产加工经验，为我国各大钢铁公司、中石油、中石化、中海油、各大电厂、矿山以及军工等大中型企业完成数千台(套)专用齿轮传动装置的研发，其产品在汽轮机、制氧机、高炉鼓风机、各类冶金设备、海洋平台、核电机组、起重机、传送带输送机、搅拌机及磨煤机等大型设备上得到了广泛的应用。

郑州机械研究所在国家重点工程、重大装备研制和国防建设中发挥了重要作用，在机械传动和机械强度领域具有很大的影响力。

中国重汽集团大同齿轮有限公司

中国重汽集团大同齿轮有限公司是中国重型汽车集团有限公司的全资子公司，是山西省高新技术企业和“百强潜力企业”。公司拥有我国最先进的轴齿轮自动加工线、牧野加工中心柔性箱体自动生产线、轴磨加工自动生产线、AGV变速器装配线、易普森和爱协林等热处理生产线，并拥有德国胡尔特剃刀磨，瑞士莱斯豪尔、德国卡普和利勃海尔公司生产的磨齿机等国际一流设备。其轴类自动加工线在国内率先使用无线传输系统，主要生产线全部采用在线检测，主要检测设备全部采用最先进的进口设备。公司是目前国内唯一拥有日系、欧系、美系三大技术平台和全同步器、双中间轴、行星机构、AMT等多种技术路线的变速器研发生产企业。在三次引进日产柴变速器制造技术的基础上，公司开发出微、轻、中型全系列变速器；与欧洲著名设计公司合作，联合开发了具有国际先进水平、适合中国国情并拥有完全自主知识产权的多挡位、大转矩变速器，并荣获国家科技部“重大项目创新奖”；通过技术共享，先后开发出双中间轴、行星机构等多档位工程系列变速器。公司自主研发的多款变速器，在我国汽车自主创新成果评选中荣获“原始创新奖”。目前，公司的“汽车变速器工程实验室”已被国家发改委认定为“国家级工程实验室”。

中国重汽集团大同齿轮有限公司先后获得“全国五一劳动奖状”“全国精神文明建设先进单位”“全国重合同、守信用企业”“全国环境优美工厂”“全国名优产品售后服务先进单位”“全国百家最佳汽车零部件供应商”、美国康明斯公司“卓越客户支持奖”“山西省五一劳动奖状”“山西省政府质量奖”及“山西省优秀高新技术企业”等荣誉称号。

綦江齿轮传动有限公司

綦江齿轮传动有限公司是我国汽车变速器、齿轮、轴及万向节的专业化生产企业，几十年来以不断创新的精神，先后引进贝利埃重型汽车制造技术、德国采埃孚(ZF)公司的重型汽车机械式变速器制造技术及设备、美国格里森锥齿轮制造技术及设备、美国洛克威尔十吨级桥齿轮及康明斯发动机齿轮制造技术。公司专业从事汽车变速器、取力器、分动器、螺伞桥齿轮的开发、生产和销售，主导产品有：引进德国采埃孚（ZF）公司专有技术生产的 ZFS6－90、5S－111GP 系列重型汽车变速器；消化吸收国外先进技术，自主开发具有国内领先水平的 S（QJ）系列重型汽车变速器、取力器、分动器、弧锥齿轮。公司产品主要适用于 7～12m 高档大中型客车，总质量为 14～50t 的重型载货车、鞍式牵引车、自卸车及各式专用车、特种车。公司通过了 ISO 9001：2000质量管理体系认证，产品以精度高、噪声低、寿命长和使用可靠等特点，在国内外享有盛誉。“綦江”牌商标历史悠久，驰名中外。

公司设备齐全精良，检测手段先进，拥有从美国、德国、法国及日本等国家进口的先进设备和检测仪器，并具有较完备的产品试验和理化中心，是国家认定的一级计量、一级理化企业，同时拥有雄厚的工具制造和设备维修能力。公司经过一期和二期技改，现已形成年生产变速器总成 6 万台、各式取力器 5 000 台、各式弧齿锥齿轮 15 万套、锻件 2 万 t 的生产能力。

公司集 50 年专业制造齿轮和变速器的经验，不断跟随世界先进技术，形成了独特的技术优势。其引进消化德国采埃孚（ZF）公司专有技术生产的 QJ－ZF 系列变速器，自主开发的 S、QJ 系列重型汽车变速器、取力器、分动器、弧锥齿轮，均处于国内领先水平。綦江 ZF 系列变速器拥有多项国内领先技术。公司先后荣获重庆市著名商标、中国机械工业 500 强企业、中国 500 家最大交通运输设备制造业企业、重庆市工业 50 强企业等荣誉。公司 2003 年跻身中国 100 家“最佳汽车零部件供应商”和“中国机械 500 强”，2004 年跻身于全国大型企业，被评为“重庆市重合同守信用单位”“市级文明单位”和“工业企业协作配套重点企业”。公司产品先后荣获各种奖项：ZFS6－90 变速器荣获全国齿轮行业名牌产品和重庆市名牌产品称号，S5－80（QJ805）变速器荣获国家级新产品称号，4S－130GP（QJ1208）副变速器壳体荣获中国齿轮行业优秀新产品奖特等奖。

浙江万里扬变速器股份有限公司

浙江万里扬变速器股份有限公司是国内汽车变速器行业率先上市的企业（SZ002434），已形成以浙江为中心，山东、湖北、四川为基地的跨地区企业，拥有资产近 22 亿元，商用车变速器产销量居全行业前列，其中中轻型载货汽车变速器市场占有率达 30% 以上，已成为当前我国汽车变速器制造行业发展最快、品种最多、规模最大的企业之一。公司目前以生产商用车变速器为主，是国内率先完成微型载货汽车、轻型载货汽车、重型载货汽车、客车、SUV 及轿车等变速器研发和生产的企业，主要为北汽、东风、江淮、一汽等国内十多家大型汽车厂提供配套，已形成了年产 120 万台、1 000 多个品种的变速器总成系列的生产能力，被认定为“中国汽车变速器行业龙头企业”和“中国汽车零部件百强企业”。公司生产设备先进，拥有日本大限卧式加工中心机群、进口多用炉、德国格里森 P400G 磨齿机和剃刀磨床以及国产最先进的数控机床等共 3 000 多台，是国内自制件率最高的变速器总成生产企业之一，并拥有世界顶尖水平的数控齿轮测量系统、变速器整体性能检测中心等检测和试验设备，有效地保证了新产品的科研和试验。同时，公司售后服务体系健全，在全国范围内建有服务站（点）100 多个，在 20 多个省设有中心库。

浙江长城减速机有限公司

浙江长城减速机有限公司创建于 1981 年，是国内专业从事各种搅拌传动装置及减速机系列产品的设计与开发、生产及服务的企业。公司建有省级企业技术中心，通过了 ISO 9001 质量管理体系认证，是浙江省高新技术企业、专利示范企业、AAA 级资信企业和 AAA 级纳税信誉企业。公司是中国化工装备协会成员单位及中国机械通用零部件工业协会齿轮分会理事单位，是化工部《釜用立式减速机》《搅拌器》等标准的起草单位。公司“AAA”牌减速机及搅拌传动装置被评为浙江省名牌产品，“AAA”牌商标被评为浙江省著名商标。公司的相关产品被编入《机械设计手册》等大型工具书。公司现有员工近 500 人，总资产为 1.5 亿元，注册资金 5 000 万元。

公司技术力量雄厚，现拥有博士、教授级高级工程师、高级工程师及大专以上学历的技术人员近百人。目前公司的搅拌技术水平在国内同行业中处于领先地位。由于近几年公司加大了在搅拌技术研究方面的投入力度，现已拥有国家专利成果几十项，公司的技术中心直接承担及参与了数项国家“863”计划重点项目的设计及开发工作。公司是我国化学工程设计技术中心站搅拌技术专家委员会主任委员及秘书处挂靠单位。

公司以新产品开发为龙头，以顾客满意为服务宗旨，产品市场占有率居国内同行业领先地位。公司产品广泛应用于石油化工、生物医药、能源、环保及水处理等行业，并出口到欧美、日韩和东南亚等地，赢得了国内外用户的一致好评。

公司在温州的生产基地使用面积近 6.7 万 m^2（100 亩），鹿城轻工产业园区新厂区固定资产投资 5 000 万元，拥有加工中心、数控镗床及数控线切割机等设备 100 多台（套），配置了德国进口的光谱分析仪、齿轮检测中心及三坐标测量仪等功能齐全的检测设备。新厂区建设工程现已完成并已开始投入使用，具有年产 2 万台搅拌成套设备的生产能力，这成为了公司发展进程中的里程碑，为进一步确立公司在国内同行业的领先地位奠定了坚实的基础。

佛山市星光传动机械有限公司

佛山市星光传动机械有限公司是我国减变速机行业的骨干企业，始建于 1965 年，是减变速机专业制造厂家。经过 40 多年的发展，公司现拥有多项专利技术，并集多种荣誉于一身：中国减变速机行业协会理事单位，中国机械通用零部件工业协会齿轮分会会员单位，佛山市机械装备行业协会副会长单位，佛山市质量协会理事单位。

公司拥有大型现代化加工中心、钻削中心、数控车床、蜗杆磨床、数控滚刀磨床、滚齿机、磨齿机、齿轮检测中心及万能工具检查仪等各类先进的加工及检测设备，年产各类减变速机 20 余万台。公司产品远销欧美、东南亚等国家和地区，拥有几十家经销商和售后服务机构。公司在国内同行业中率先通过了 ISO 9001 质量管理体系认证，获得“广东省民营科技企业”“广东省著名商标”“全国第一批国家级征信企业”及“战略合作供应商”等称号。

公司主要产品有：JWB－X 系列机械式无级变速器，RV 系列蜗杆减速器，B/JXJ 系列摆线针轮减速机，CJ 系列齿轮减速机以及 R、S、K、F 系列斜齿减速机共上百个型号、数千种规格，广泛应用于陶瓷、玻璃、食品、冶金、啤酒饮料、印染纺织、石油化工、仓储物流、木工机械、环保设备、印刷包装及制药皮革等行业。

公司以“提供先进的减变速机产品和技术支持”为使命，以“诚信、创新、负责、关爱”为核心，坚持“品质创造价值”的理念，为客户创造产品价值，与客户共赢发展。

河南承信齿轮传动有限公司

河南承信齿轮传动有限公司专业设计开发生产齿轮箱、联轴器及弯卷设备等，技术力量雄厚。公司是全国齿轮标准化委员会（SAC/TC52）委员单位、全国机械轴与附件标准化委员会（SAC/TC109）委员单位、全国减速机标准化委员会（SAC/TC357）委员单位、中国机械通用零部件工业协会理事单位、中国机械通用零部件工业协会齿轮分会专家委员会委员单位、中国机械通用零部件工业协会传动联结件分会会员单位。

公司按照“专而强、强而大”的原则，专业生产齿轮传动领域中的特色齿轮产品，从 2006 年成立至今，坚持以齿轮产品为核心的同心圆发展战略，一直保持较好的发展势头。目前已形成以齿轮散件（汽车发动机及工程机械类齿轮）、工业用齿轮减速箱（搅拌用齿轮箱、行星齿轮箱及回转支承）、联轴器及弯卷设备四大系列产品为支撑的产品结构体系，技术水平在齿轮行业居国内领先地位。

“诚信铸就信赖，创新赢得市场”。自公司成立以来，总经理杨勇波先生以企业家的智慧和见识为公司的不断发展壮大制定了详细的发展计划。每个计划的实现和开拓进取精神都使公司日渐走向辉煌。此外，杨勇波先生还带领研发团队进行多次科技攻关，为我国装备制造业提供新技术、新工艺和新产品。其中“重型运输车 360°蜗轮蜗杆转向器的研制”项目还曾获得科技部创新基金支持。目前公司已拥有发明专利 1 项，实用新型专利 4 项，形成了一批在市场上有显著竞争力的产品，为公司的长远发展打下了良好的基础。

公司坚持“信守承诺，技术先进，为客户创造价值”的质量方针，通过了 ISO 9000 质量体系认证，具有完备的质量保证体系和强有力的配套制造能力。

为客户创造价值是公司的永恒追求。公司将通过锲而不舍的艰苦努力，不断增强顾客的信任度和依赖度，努力成为行业内知名的企业，为海内外客户提供最优质的产品、最专业的服务。

上海汽车变速器有限公司

上海汽车变速器有限公司（简称上汽变速器）创建于 1925 年，坐落于历史文化名城嘉定，下属 17 个分厂（其中 9 个为控股企业），遍布沈阳、山东及柳州等地，总占地面积 80 万 m^2，建筑面积 29 万 m^2，固定资产约 20 亿元，是国内最具影响力的汽车变速器专业生产厂家之一。

近年来，原材料涨价、汇率波动及国家政策调控等因素对汽车零部件行业的生存和发展构成了极大的威胁，然而，上汽变速器面对困难却依然屹立在国内变速器行业前列。上汽变速器之所以能在困境中崛起，这与上汽变速器通过体制改革走扁平化的科建制道路，勇于开拓创新，实施数字化管理，建立了“五大中心”管理模式，并在企业的运作和发展中发挥了巨大的作用是分不开的。

（1）产品发展中心。通过产品发展中心的建设，上汽变速器拥有一支实力雄厚的技术研发队伍，拥有各类先进的试验台架和校验台架，具备较强的变速器总成开发、试验能力，具有整套先进的新产品开发管理体系。目前已建成的上汽变速器技术中心是第12批国家认定的企业技术中心，也是上汽股份国家级技术中心的变速器研发分中心。目前，该中心已同世界最著名的变速器专业设计开发公司——德国GIF公司建立了长期、广泛的合作关系，大大提升了企业自主创新研发能力。

（2）质量管理中心。通过质量管理中心的有效运行，创立并贯彻“一切工作服从于质量”的理念。从宏观上监督协调生产部门及职能部门的质量控制手段和质量管理模式，确保质量管理体系在生产经营活动中有序、有效运行。在质量控制方面，采用各类先进的三坐标测量仪、齿轮测量中心、金相图像分析仪、扫描电镜仪以及测量齿轮表面应力的X射线衍射仪等检测设备来保证产品质量。1995年上汽变速器在国内汽车零部件企业中率先通过了ISO 9002质量体系认证，1998年在国内第一家通过了VDA6.1质量体系认证，随后又相继通过了QS 9000和ISO/TS 16949:2002的认证。

（3）市场拓展中心。通过市场拓展中心的建立，上汽变速器先后成为国内外30家著名整车厂数十种车型的变速器OEM供应厂，产品应用到上海大众、上海通用、华晨金杯、长丰猎豹、上海通用东岳及上海通用五菱等各类轿车、轻型客车、皮卡车、越野车、微型车和重型载货汽车领域。上汽变速器建成了以沈阳、山东、柳州为基础的各类变速器生产基地，以齿轴、锻造、飞轮、同步器为专业的制造厂，目前已经形成各类手动纵置变速器、横置变速器及自动变速器的系列化产品生产能力，部分产品远销国际市场。

（4）费用中心。通过费用中心的运作，企业划小成本控制、核算、考核单位，将成本控制与核算建立在班组、工序基础上，在生产运行过程中进行成本核算与控制，提高了全体员工的经营意识，特别是将原来的生产制造车间转变为具有独立经营意识的经营体，为走向市场打下了扎实的基础。通过成本控制、核算与考核，企业可比产品成本连年下降，实现了与国际FOB价格接轨的目标。

（5）人力资源中心。通过人力资源中心的有效运行，企业建立了以价值为导向的员工绩效挂钩的人力资源管理模式，以人为本，以用户需要和员工发展为导向，以提高劳动生产率为重点，实施人工成本管理体系，控制企业人工成本增长，为企业持续长远的发展提供了人才的保证。

“五大中心”管理模式的实施，不仅依托数字化管理为企业领导决策提供了强有力的保障，也为企业在顺境中求新、逆境中求变、未来中求胜提供了保障。当前，上汽变速器正以稳健的步伐向既定的目标迈进。

北方重工集团有限公司传动设备分公司

北方重工集团有限公司传动设备分公司是隶属于北方重工集团有限公司的大型国有企业，位于沈阳经济技术开发区开发大路16号。经由原沈阳矿山机器厂减速机制造总公司与沈阳重型机械集团有限责任公司减速机厂合并组建为现在的传动设备分公司。公司新厂区增加投资3.3亿元，占地面积3.8万m^2，新增各类通用、专用数控设备50余台，现有各类大型加工设备500余台（套），生产能力得到极大的提升，齿轮加工直径最大可达14m，车削最大直径可达16m。重组后公司拥有员工1 056人，其中公司设有技术研发部门——传动技术研究所，现有高级工程师117人，专业技术人员80人。

公司生产减速机、板式喂料机、回转支承、堆取料机、带式输送机及选矿设备，2009年销售额11亿元。公司拥有完整的生产体系、销售体系及质量管理体系，具有较强的设计能力、加工能力。公司产品遍布于国内矿山、建材、化工、煤炭、冶金、电力及港口等行业，并远销俄罗斯、越南、意大利、沙特阿拉伯及印度尼西亚等国家。

公司产品以标准齿轮减速器、非标准工业专用重载齿轮传动装置为主。通用系列产品包括国家各种标准类减速器，具有自主知识产权的DZ系列模块齿轮减速器、NS系列行星减速器；工业专用齿轮装置包括为冶金、能源、矿山、运输、水泥建材、轻工、食品、石化及军工等行业配套的各类减（增）速传动装置。公司产品有近百类，规格上千种，单机最大重量120t，单机最大传递转矩2 000kN·m。产品销售遍布国内各省市、自治区，并远销北美、亚洲等国家和地区。公司具有区域领先的自主研发能力，是国内最早应用硬齿面齿轮技术的企业之一，尤其是克林根贝尔格弧齿锥齿轮的设计、制造技术及市场覆盖能力处于国内领先地位。

2009年，公司推出了最新自主研发的LMX系列大功率立磨减速器及MZ中心传动磨机减速器，具有承载能力强、传动效率高及可靠性高等特点，广泛应用于建材、电力、冶金及矿山等行业。

1986年，公司引进了德国O&K公司生产的板式给料机系统（MAMMUT破碎系统）技术，形成了非金属矿的粉碎作业成套能力。

公司生产的板式给料机规格齐全，有轻型、中型、重型板式给料机，PB型板式给料机以及在引进技术基础上派生的新型板式给料机五大类、近百种规格，可以满足不同用户的需要。公司生产的板式给料机的性能参数为：宽度500～3 400mm，给料能力60～4 500t/h，最大倾角25°。

随着技术的不断进步，设备的逐步更新改造，公司的产品赢得了广大用户的普遍赞誉，拥有国内外用户千余家。公司以科学的管理，较强的综合实力，树立了良好的品牌形象，成为国内专业生产重载齿轮传动装置的骨干企业。公司将不断努力开发新产品、新市场，用诚信广交天下朋友。

东风汽车有限公司刃量具厂

东风汽车有限公司刃量具厂是为汽车制造企业提供刀具、量具、夹具及辅具等工装的技术密集型企业，是集市场研究、产品开发、生产服务于一体的国内大型汽车专用工具生产基地。工厂不断完善管理，更新设备，赶超国内外先进工具制造技术，拥有刀具、量具、夹具及辅具等系列产品4万余种。工厂生产轿车工具上千种，其中车拉刀、胀挤刀、密齿铣刀、曲轴内铣刀、筒形内插齿刀及氮化钛涂层刀具等产品达到了国际同类产品先进水平，填补了我国汽车工具的空白。

在市场竞争中，工厂充分利用设备和技术优势，着力转变经营机制，确立"创建世界一流企业"的总目标，继续实施"1+1>2"的发展战略，一方面做大做强工具主业，同时积极培植新的效益增长点，发展壮大汽车零件事业，构建刀量具与精密汽车零件两翼齐飞的产品发展新格局。目前，工厂已形成汽车系列齿轮研制开发、生产制造及销售一条龙的专业化模式，拥有精品康明斯B(C)系列齿轮、重型车中桥传动齿类零件、变速器精密齿轮、牵引车鞍座、越野车轮边减速器及分动箱等百余种汽车零部件产品。

工厂以用户满意为宗旨，致力于质量提升、管理创新和技术创新，先后通过了ISO 9001、QS 9000和ISO 14000体系认证，并致力于全面开展TS 16949管理体系的提升工作。

泰州市海博传动机械科技有限公司

泰州市海博传动机械科技有限公司于2006年12月13日申请注册，于2007年7月正式投产，现为国内数家整车厂配套。2007年已按销售额的5%提取了研发费。企业运转质态良好，盈利能力良好。

公司产品涉及汽车传动、船用传动、工程机械及外贸等领域，能够根据市场需求及时调整产品结构，有较强的抵御风险能力。

公司现有厂房面积近3 000m²，有比较先进的加工设备和工艺装备，产品的工艺技术和质量处于国内领先水平，能够满足顾客的需要。公司现与国内数家知名的汽车传动企业如杭州前进齿轮箱集团公司、东风汽车变速箱有限公司、江凯汽车变速器有限公司等均有业务往来，并已与数家汽车厂沟通，使其同意在整车中使用公司研发的AMT控制系统，进行整车优化。

公司现有数名业内从事产品开发的资深人士，同时与国内知名院校、实验室均有业务往来，与江苏省汽车工程重点实验室共建研发中心，具有较强的开发能力。公司与国外知名企业的研发部门保持着友好的往来，具有较强的技术创新能力，能够迅速掌握业内最新产品的发展动态，并形成了比较完整的技术创新体系，有很强的持续创新能力。

吉林省久正工业设备制造有限公司

吉林省久正工业设备制造有限公司位于长春汽车产业开发区的核心区，与中国第一汽车集团公司毗邻，占地面积10 000m²，工业厂房面积5 000m²，固定资产总额达3 000万元。公司拥有一支从一汽热处理行业核心人才中改制分离出来的经验丰富的专业团队，继承了一汽集团热处理行业50多年的经验和技术，是集研发、生产、销售和服务于一体的高科技股份公司。

公司的主营业务有：

(1)热处理设备及相关服务。公司生产的热处理工业炉设备有：连续式(单排、双排、中冷再加热)渗碳自动线、密封箱式多用炉、转底炉，多种等温正火生产线，各类调质生产线，铝合金淬火时效自动生产线；公司生产的热处理行业辅助设备有机械手、喷丸机、清洗机及淬火压床等。同时，公司还提供技术咨询，热处理工厂设计，非标热处理设备的设计、制造、安装、调试、售后服务及人员培训等一条龙服务。

(2)产品热处理加工。公司拥有自制的JZMX-2型密封箱式炉两台，最大加工能力为1 000kg，可为用户提供渗碳、碳氮共渗、调质、正火及喷砂等热处理对外加工生产，且能对工件进行有效硬化层深度、洛氏/表面洛氏硬度及金相组织检验。

公司技术力量雄厚，拥有实践经验丰富的产品开发、经营和管理团队，有技术研发人员20人，其中高级工程师9人，已通过ISO 9001:2008质量体系认证。公司本着"业久为根，品正为本"的经营理念，以务实、高效、创新、求精的工作精神，致力于为用户提供节能、环保及可靠的产品及满意的服务。

常州天山重工机械有限公司

常州天山重工机械有限公司(简称天山重工)成立于2002年12月12日，坐落于常州国家高新技术产业开发区，注册资本6 000万元，总资产6.1亿元，员工近400人，是目前国内规模较大的专业从事高精度重载齿轮配套的高新技术企业。公司主要产品有风电增速箱齿轮、机车齿轮、建材齿轮、船机齿轮、冶金齿轮、立磨齿轮及空分齿轮等,畅销国内,并远销至澳大利亚等国家和地区。

不积跬步,无以至千里。短短十年,天山重工完成了从最初只能从事简单的磨齿加工一道工序,到目前集专业研发、设计、制造和销售高精度高低速重载硬齿面齿轮及传动装置于一体的完美蜕变。2010 年,公司投资 3 亿元进行精密大齿轮的研制,在现有先进的流水线、工业流水线和装配线生产设备的基础上,又引进了世界上第一台耐尔斯 8m 磨齿机和格里森普法特 10m 高速滚齿机。同年,公司在包头成立了内蒙古天山重工机械有限公司。2011 年 6 月,天山重工参股央企国电联合动力技术(包头)有限公司,共同参与绿色新能源产业装备——风电设备(兆瓦级系列风电增速机)的研发与制造。

自 2005 年起,天山重工先后为太原重工、二重集团及中国一重等多家国内知名企业进行齿轮配套,并多次与歌美萨、西门子及罗曼克斯等知名国外公司开展技术交流,齿轮生产水平显著提升。近年来,天山重工又先后顺利通过福伊特西门子、博世力士乐、戴维布朗及美闻达等公司的评估和论证,被其评为合格供应商,同时成为中国二重集团史上唯一的“免检供方”。

目前,公司为三一重工、国电(包头)公司、重庆望江及秦川发展等风电增速齿轮箱制造企业试制全套齿轮。其中,为三一重工试制的齿轮已进入百台以上的批量生产,为重庆望江试制的齿轮成为国内首次通过德国劳氏船级社 GL 认证的产品。

福建省三明齿轮箱有限责任公司

福建省三明齿轮箱有限责任公司前身为福建省三明齿轮箱厂,始建于 1966 年,并于 1998 年 11 月改制,是福建省最具规模的齿轮和装载机变速器生产企业、福建省机械行业重点骨干企业、三明市成长型企业。公司注册资金 9 988 万元,厂区面积 12 万 m^2(180 亩),现有总资产 2.5 亿元,员工 500 余人。2009 年,公司实现销售收入 1.2 亿元,税收 453 万元,实现利润 1 300 万元。公司主导产品 2L40/50 装载机齿轮、变速器经国家质量检测中心检测,被评定为一等品,“明齿”牌装载机齿轮、变速器自 2003 年以来,一直荣获福建省名牌产品称号。公司长期为厦门工程机械有限公司、中国龙工集团公司及山东临沂工程机械有限公司等十多家主机厂提供配套产品。目前公司拥有年产 2L40/50 装载机齿轮、变速器总成 6 000 套,2L40/50 装载机齿轮、变速器齿轮零件 28 000 台(套),2L40/50 装载机齿轮及半轴 18 000台(套)及铣床齿轮约 300 台(套)的生产能力,产品质量已达国内先进水平。2003 年 11 月,公司通过了 ISO 9001:2000 质量管理体系认证。

公司拥有一整套先进水平的工程机械齿轮和变速器生产技术,拥有一支知识、技术和年龄结构合理的高中级技术人才队伍。公司新开发的 2L30 变速器等产品已批量进入市场,受到用户的好评;G 型超越离合器的研发取得突破性进展,申报了国家专利技术,2007 年已批量进入主机市场,使用效果良好,2009 年 3 月批量在柳工装机试用,已超过 1 000h 各种工况的可靠性跟踪验证,各项指标优于柳工的自产产品。近年来,公司不断加大技改投入,先后购置了日本牧野公司生产的卧式加工中心,台湾福裕公司生产的弧齿锥齿轮铣齿机床,秦川发展公司生产的数控蜗杆式砂轮磨齿机,及哈工生产的齿轮测量中心等一批国际、国内一流的关键设备,使变速器箱体加工、弧齿锥齿轮和圆柱齿轮的精加工质量达到国内先进水平。

2009 年,公司为了进行结构调整和优化,借助近年来机械行业及齿轮市场持续增长的机遇,凭借多年积累的专业化生产经验,依靠自身技术设备、营销、品牌和管理的优势,投资 1.6 亿元,购置土地面积 8 万 m^2(120 亩),建设厂房面积 4 万 m^2,开展压路机和平地机驱动桥业务,开拓客车、重型载货汽车和大农机齿轮等中端市场,并逐渐介入高端机械齿轮产品市场和出口市场。该项目于 2009 年 11 月动工,2011 年 5 月前建成投入试生产,新增电液控制变速器总成 5 000 台(套),2L60 装载机电液控制变速器总成 2 000 台(套),客车、重型载货汽车和高端机械产品齿轮 10 万件,新增产值 2 亿元,利税 3 000 万元,为企业的发展增添了新的活力和发展后劲。

中南大学

中南大学是教育部直属的全国重点综合性大学,是国家首批实施“211 工程”重点建设的高校,也是国家“985 工程”部、省重点共建的高水平大学。中南大学具有很强的基础研究、应用研究和科技开发能力,拥有 4 个国家重点实验室和国家工程研究中心,建有国家级大学科技园,“国家科技三大奖”获奖项目数量连续五年位居全国高校前十位。在我国目前各种排名指标体系中位于 16 ~ 22 位。

中南大学机械学科是国家重点学科,建设有“高性能复杂制造国家重点实验室”。中南大学机械学科是全国最早设立机械工程博士后科研流动站单位之一,也是全国最早拥有机械工程一级学科博士点的单位之一。中南大学是长沙市齿轮技术工程中心的依托单位,是中国机械工程学会齿轮专业委员会委员单位、中国齿轮标准委员会委员单位。

齿轮设计制造研究方向是中南大学高性能复杂制造国家

重点实验室的四个主要研究方向之一，也主要研究齿类零件的高性能传动设计理论、高精高效数控制造原理及相应的高档制造装备。中南大学近五年参加并完成了与齿轮传动设计制造相关的国家自然科学基金、国家973项目课题、省基金和省攻关项目、企业委托项目共30余项。近五年中南大学完成的代表性科研项目见表1。

表1 近五年中南大学完成的代表性科研项目

项目名称	所属计划	项目经费(万元)	起止年月
高性能复杂曲面数字化精密加工的新原理和新方法	国家973计划：数字化制造基础研究(2005CB724104)	260	2005.12—2010.11
弧齿锥齿轮传动UMG及含随机量的非线性动力学研究	国家自然科学基金(50875263)	38	2009.1—2011.12
弧齿锥齿轮高速干切削机理及刀具/工艺参数优化	国家自然科学基金(50975291)	38	2010.1—2012.12
基于智能算法的复杂轮廓度误差评定	国家自然科学基金(50675229)	26	2007.1—2009.12
高速动力传递功能表面微形貌特征的数字化建模与精确创成	国家973计划：难加工航空零件的数字化制造基础研究(2011CB706806)	265	2010.12—2015.11
108t矿山自卸车齿轮设计制造技术升级	湘电重型装备股份有限公司委托研究	55	2009.6—2011.6

中南大学成功研制了多个系列数控弧齿锥齿轮铣齿机和磨齿机，其中有目前世界上最大的、加工齿轮直径达2 000mm的数控磨齿机，填补了国内空白，实现了计算机直接控制多轴联动加工各种齿制的弧齿锥齿轮，被誉为我国数控机床产业的六大跨越之一，使我国成为美国、德国之后第三个能生产全数控弧齿锥齿轮制造装备的国家。中南大学出版了我国第一本弧齿锥齿轮设计制造的专著——《螺旋锥齿轮设计与加工》，为本课题积累了较好的研究基础。中南大学与申报项目相关的获奖项目见表2。

表2 中南大学与申报项目相关的获奖项目

成果名称	奖励名称、等级	获奖时间
复杂制造过程的集成建模与优化控制	国家科技进步奖二等奖	2004年
全数控弧齿锥齿轮磨齿机系列化产品的研究与制造	湖南省科技进步奖一等奖	2006年

中南大学在齿轮设计制造研究领域处于国际先进水平，与英国ROMAX公司成立了联合研究室，已发表研究论文300余篇，其中SCI/EI收录了90余篇。

重庆市星极齿轮有限责任公司

重庆市星极齿轮有限责任公司位于重庆市璧山县，毗邻成渝高速公路青杠出口，交通便利。公司占地面积近26.7万m^2(400亩)，厂房面积60 000m^2。公司现有固定资产2.5亿元；拥有先进的制齿加工设备、粉末冶金加工设备及齿轮计量检测设备等800余台，员工680人；拥有中高级技术人员50人，中高级经营管理人员20人；拥有一支新品开发能力强、创新能力强和敢拼搏的管理团队；现有年产600万件齿轮和轴的生产能力。公司通过了ISO 9002和TS 16949质量体系认证。

公司是成套微型轿车变速器齿轮、齿毂和发动机齿轮的专业生产厂家，是比亚迪汽车有限公司、重庆长安集团公司、重庆青山工业公司、柳州青山公司、成都青山实业公司、成都飞机发动机公司、沈阳华晨汽车有限责任公司和江淮汽车有限责任公司的主要配套厂家之一。经过澳大利亚DSI公司考评，公司已成为DSI公司自动变速器油泵齿轮的主要供应商。十多年来，公司励精图治，不断进取，赢得了国内外知名企业的认可，已成为比亚迪公司汽车齿轮的主要开发商，先后为比亚迪公司开发出F0、F3、F6、S8系列电动汽车及混合电动汽车变速器成套齿轮。公司着眼国内、面向世界，经过芬兰科尼起重机设备有限公司的考核，已成为其在中国的生产基地。

公司本着积小见大、在成长中发展的思路，计划在5年内投资3.5亿元，组建轿车齿轮生产基地，达到年产150万套的轿车成套齿轮生产规模。公司秉承“以人为本、和谐创新、追求卓越、完美服务”的经营理念，在成长中发展，在发展中壮大，紧携客户的手，共创美好未来。

山西省平遥减速器有限公司

山西省平遥减速器有限公司从1958年创建，到现在已经跨越了半个世纪。50多年来，几代领导、几代职工满怀热情、执着追求，艰苦奋斗、开拓创新，使企业实现了快速稳定的发展。公司拥有全套先进的减速器生产和检测设备，专业制造油田、冶金、水利工程、电力工程、起重运输、矿山及化工等行业机械配套使用的各类减速器、电动滚筒、减速滚简和电动机。

公司在国内同行业中率先通过了 ISO 9001 质量体系认证、ISO 14001 环境体系认证及 API 产品认证；形成了以企业资源计划系统、用友 U8 财务管理系统和 CAD 计算机辅助设计系统三大局域网为核心的 ERP 信息化管理模式，全面提升了企业管理水平和产品设计开发能力；建立了以风险经营为特点的营销机制和动态式工资薪酬体系，形成了良好的企业运行和市场开发机制。

山西省平遥减速器有限公司是山西省高新技术企业、中国重型机械工业协会会员单位、中国机械通用零部件工业协会齿轮分会会员单位、中国通用机械工业协会减变速机分会会员单位及中国企业联合会理事单位。企业的快速发展得到了政府及有关部门的好评，先后荣获国家安全级企业、全国管理创新示范单位、全国质量信誉双优示范单位及中国企业信息工作先进集体等称号，近年来又荣获中国优秀企业、山西省先进企业、山西省产品质量信得过企业、山西省诚信单位、山西省重合同守信用单位、山西省科技先导型企业、山西五一劳动奖状、山西省质量信誉 AAA 级企业等荣誉称号，“信凯”牌减速器荣获山西省名牌产品称号，“信凯”商标荣获中国驰名商标。

江阴市减速器有限公司

江阴市减速器有限公司是江阴市民营高科技企业，成立于 1979 年，具有 30 多年生产减速器的经验。工厂占地面积 2.5 万 m^2，生产厂房面积 1.2 万 m^2。主要生产设备 80 多台(套)，其中高精尖设备 31 台，各类进口磨齿机 7 台。公司可承接对外磨齿加工业务，磨齿的模数为 2 ~ 24mm，最大加工直径 1.5m。公司有工程技术人员 40 人，其中中高级科技人员 18 人。公司于 2001 年通过了 ISO 9000：2000 质量体系认证。公司产品以硬齿面圆柱齿轮减速器为主，同时也生产中硬齿面和软齿面齿轮减速器、非标准设备、成套生产线、冷轧板专用减速器及分配箱。公司的成套生产线产品有年产 300 万 ~ 800 万 m^2 的矿棉吸音天花板生产线，年产6 000t的离心玻璃棉生产线，年产 1 万 t 的岩棉生产线。

〔供稿单位：齿轮分会秘书处〕

大 事 记

2011—2012 年齿轮行业大事记

2011 年

1 月

月内 为了更好地把握行业发展形势，加强企业与政府之间的联系，机械科学研究总院副院长李亚平研究员、中国机械通用零部件工业协会齿轮分会（简称齿轮分会）秘书长明翠新研究员一行先后走访了杭州前进齿轮箱集团股份有限公司、宁波东力股份集团有限公司、上汽集团变速箱有限公司、杭州杰牌传动科技有限公司及杭州恒星科技控股集团有限公司等副会长单位，与企业领导、技术骨干进行了交流沟通，了解了企业的困难与需求，听取了各家单位对齿轮分会今后工作的意见和建议。

2 月

月内 齿轮分会联络重要会员、相关专业委员会，召开协调会议，整顿不合理现象，理顺各专业委员会与齿轮分会的关系，为进一步调整齿轮分会领导班子、重新审理各企业的会员资格奠定了良好的基础。

9 月

3—5 日 2011 年齿轮行业年会及技术标准研讨会在山东青岛召开。会议由中国机械通用零部件工业协会齿轮分会、中国机械工程学会机械传动分会、全国齿轮标准化技术委员会及齿轮行业生产力促进中心联合组织。机械科学研究总院领导，齿轮行业的有关企业、会员单位及高校、媒体等多家单位的代表和齿轮行业专家出席了会议。

会上，中国机械通用零部件工业协会（简称总会）常务副理事长兼秘书长王长明向大会通报了协会“十二五”期间的重点工作。明翠新秘书长、张元国副秘书长、张立勇博士等先后作了主题报告，相关专家进行了交流沟通。

10 月

月内 在上海 PTC 展览会期间，齿轮分会秘书处走访了所有来参展的企业，了解了展会需求、企业宿愿，为 2012 年展会的招展、策划、布展打下了坚实的基础。

月内 在上级部门的支持和领导下，经过半年多的不懈努力，齿轮分会得到了业内各企业的认可，重塑了其在齿轮行业中的良好形象，进一步巩固了齿轮分会在行业中的地位。“十二五”期间是我国制造业由大变强的战略机遇期，更是我国齿轮行业实现产业结构优化升级的关键时期。齿轮分会在充分分析我国齿轮行业现行状况的基础上，制定了今后一段时期的重点工作任务。

25—29 日 齿轮分会秘书长明翠新研究员出席了在西安召开的“2011 年国际动力传动会议”，会议期间明秘书长同与会代表和专家进行了深入交流。期间，明秘书长与会议的协办单位郑州机械研究所等探讨了齿轮分会下一步工作思路，同时听取了来自英国、德国等国外专家就齿轮分会 2012 年拟组织的国际活动的意见和建议。

12 月

月内 PTC 展览会是在我国举办的最具权威性、最有影响力的国际动力传动与控制技术展览会。齿轮分会在业内广泛开展了招展、布展等工作，努力为齿轮行业营造开放、自由的贸易氛围，建设企业和客户的交流平台，为行业企业开拓市场创造了条件。

自 2011 年年底开始，齿轮分会即开始筹备 2012 年的 PTC 展览会。

月内 作为行业窗口和企业交流的平台，齿轮分会网站建设自齿轮分会接手之日起就是齿轮分会秘书处的工作重点之一。在“2011 年齿轮行业年会及技术标准研讨会”期间，齿轮分会秘书处草拟了网站的初步建设方案，向广大与会专家和会员单位征求了意见和建议，并对网站方案进行了修订。2011 年 12 月初，秘书处召开了“齿轮分会官方网站”的建设审议会议，最终审定了网站的建设方案。

2012 年

1 月

月内 经多方努力，齿轮分会网站于 1 月开始搭建，2 月搭建工作基本完成。经过齿轮分会秘书处的不懈努力，对网站内容进行了大量补充和完善，使网站于3月正式上线开通。

齿轮分会网站为行业提供了多媒体服务中心，使行业信息的交流传递、行业数据的统计与发布更加及时。网站帮助齿轮分会更好地履行其联系政府与企业的桥梁和纽带的职能，宣传国家新政策、新法规，为行业发展提供了导向指南。同时开设了齿轮行业论坛，组织专家为企业解答技术、管理及贸易等方面的问题。

4月

月内　根据工信部《机械基础件　基础制造工艺和基础材料产业“十二五”发展规划》的要求，为加强行业基础数据统计分析工作，加强企业、行业和工信部之间的联系，提高行业信息管理和服务水平，齿轮分会在总会的指导下，在行业内开展建立“三基”产业经济运行动态监测平台的活动。活动得到了天津天海同步科技股份有限公司、重庆齿轮箱有限责任公司、重庆青山工业有限责任公司、中国重汽集团大同齿轮有限公司、杭州中德传动设备有限公司、浙江圣熠机械有限公司及哈尔滨量具刃具集团有限责任公司等的大力支持。

23日　为促进齿轮行业更好更快的发展，增强齿轮分会服务企业的能力，“2012齿轮工作会议”在河南省济源市胜利召开。出席会议的领导有：机械科学研究总院副院长李亚平研究员，中国机械通用零部件工业协会常务副理事长兼秘书长王长明先生、名誉理事长刘元杰先生，齿轮分会秘书长明翠新研究员。齿轮分会的副会长单位郑州机械研究所、天津天海同步科技股份有限公司、杭州杰牌传动科技有限公司、宁波东力传动设备股份有限公司、杭州前进齿轮箱集团有限公司、重庆齿轮箱有限责任公司及恒星科技控股集团有限公司等，以及齿轮分会的理事单位陕西秦川机械发展股份有限公司、河南承信齿轮传动有限公司等企业出席了会议。会议还得到了《中国工业报》《中国机械通用零部件工业年鉴》等媒体的支持。会议由明翠新秘书长主持。

会议开始，总会常务副理事长兼秘书长王长明首先对齿轮分会的工作表示了肯定。他强调，齿轮分会在行业中具有非常重要的作用，就其功能和地位而言，政府不能代替，个别企业和个人更不可能代替。总会将坚定不移地支持齿轮分会开展各项工作，同时也号召齿轮行业企业辨清是非、自觉维护齿轮分会各项秩序，为齿轮分会的不断发展作出贡献。

接着，李亚平副院长代表齿轮分会秘书处的挂靠单位表示：机械科学研究总院将在人力、行业资源、硬件、财力等各方面给予大力支持。他希望齿轮分会能够发挥自身优势，促进行业更好更快的发展，同时也希望行业各企业支持齿轮分会的工作。

最后，齿轮分会秘书长明翠新对齿轮分会的总体情况做了简单介绍，总结了齿轮分会近一段时期所做的工作，从各个方面印证了齿轮分会的蓬勃发展。此外，明翠新秘书长还从国际会议、出国访问、组织展会等几个方面重点介绍了齿轮分会即将开展的各项活动，得到了与会代表的高度认同和支持。

会议在热情洋溢的氛围中进行，各企业都将对齿轮分会工作予以最大程度的拥护，同时也号召全行业支持齿轮分会工作的开展，同心协力推动行业迈向新的高度。

6月

月内　齿轮分会与中国汽车工程学会在上海联合组织召开了“2012汽车变速器先进制造技术及装备国际研讨会”。会议得到了相关行业组织、国内外汽车公司、零部件制造公司及机床企业的大力支持，围绕汽车变速器制造技术、工艺、材料等专业技术问题进行了交流和探讨。

25—28日　2012年是落实“十二五”规划的关键之年，齿轮行业面临着难得的发展机遇，也面对着前所未有的严峻挑战，自主创新、转型升级已成为企业发展的必然选择。国家发布的《高端装备制造业“十二五”规划》以及《机械基础件　基础制造工艺和基础材料产业“十二五”发展规划》中以齿轮为代表的关键基础件被提升到了新的战略高度。为助推企业在“规划”指引下开展创新活动，齿轮分会在总会及中国特钢企业协会的支持下，在浙江省诸暨市召开“2012齿轮加工新技术及齿轮用钢新材料研讨会”，以“新技术、新工艺、新材料、新产品”为主题，行业企业同与会专家展开探讨。会议吸引了百余家企业参与，得到了行业的一致好评。

7月

月内　齿轮分会秘书处在总会章程的基础上，参照国家有关法律法规，充分考虑到业内企业基本情况，本着协会自律、充分服务于政府、服务于行业的原则，起草了齿轮分会“管理办法”及“秘书处工作细则”。

月内　在企业的大力支持下，齿轮分会工作得到了齿轮行业的认可。为使行业资讯进一步及时有效地传达到行业企业，更好地指导企业发展，齿轮分会特组织工作人员编制齿轮分会电子刊物——《齿轮信息视窗》。本刊物以齿轮行业为主体，联系齿轮行业上下游及相关产业，渗透国家有关政策，分析行业动向，为行业内企业的发展提供了政策上的借鉴、技术上的支持与产业上的指导。

8月

月内　为加强政府与企业间的联系工作，汇报企业的建议和诉求，推动行业发展的相关政策建议，落实政府的相关政策和工作任务，齿轮分会多次组织行业企业学习、探讨《机械通用零部件行业“十二五”发展规划》及《“三基”产业发展规划》，为行业发展寻求政策借鉴。

21日　由中国机械通用零部件工业协会齿轮分会和机械工业信息研究院产业与市场研究所共同主办、

《中国机械通用零部件工业年鉴》编辑部承办的“中国齿轮行业50强暨最具市场创新10强”评选活动新闻发布会，在天津滨海国际会展中心隆重举行。

这次评选活动，得到了中国机械通用零部件工业协会、中国汽车工业协会、中国通用机械工业协会、机械科学研究总院等诸多行业协会及科研院所的支持。北京汽车经济研究会副秘书长张力、天津建筑机械厂副总工程师袁立会、中国机械通用零部件工业协会齿轮分会秘书长明翠新、机械工业信息研究院产业与市场研究所副所长刘世博等多位业内专家出席新闻发布会并作精彩讲话。

该评选旨在树立行业标杆，强化行业典范，提升行业整体竞争实力，促进齿轮行业良性发展。评选活动于2012年8月6日启动，8月6日—9月15日是企业报名阶段，10月10日举行专家评审会，10月28日宣布评选结果，并举行颁奖典礼。

9月

月内 齿轮分会和郑州机械研究所作为《中国战略性新兴产业研究与发展·齿轮》的组编单位，在中国通用零部件工业协会及郑州机械研究所有关领导的大力支持和研发中心、行业中心同仁的通力合作下，完成了该书的撰稿工作。齿轮分会重点撰写了国外齿轮的发展状况及我国与国外齿轮行业发展的比较等章节，使该书内容更加翔实。

10月

28—30日 齿轮分会在上海组织召开“2012国际动力传动峰会暨齿轮分会年会”，会议邀请了美国齿轮协会、英国齿轮协会、日本齿轮协会、澳大利亚齿轮协会、EUROTRANS等组织的主席和专家出席大会，协同PTC展览会的国内外展商进行技术及商务交流。为国内企业同国际接轨搭建对接平台，寻求潜在合作机会，提升国内齿轮行业整体素质。会议由齿轮分会秘书长明翠新主持，工信部装备工业司机械处处长王建宇、总会常务副理事长兼秘书长王长明先后为会议致辞，肯定了这次会议的地位和作用并预祝大会取得圆满成功。

首先是专家演讲。第一位演讲嘉宾是美国齿轮制造商协会主席Joe. Franklin. Jr先生，他作了题为《北美齿轮市场分析与展望》的报告，着重分析了北美齿轮行业的发展现状，北美的市场还需要日益强大的中国市场给予进一步支撑和帮助。第二位演讲嘉宾是西门子机械传动(天津)有限公司总经理Joachim Heussmann，他代表欧洲齿轮传动制造商协会主席Mass先生着重介绍了动力传动行业在欧洲的发展情况，并表示对中国机械传动行业非常看好，其行业重心正在从欧洲向中国转移。第三位演讲嘉宾是郑州机械研究所副所长王长路，他着重讲解了我国齿轮行业的发展现状。他表示，中国当前公务员热、房地产热、移民热，正影响着实体经济空心化，而地方政府债务危机也开始显现，“如果按企业来讲，有些地方政府已经破产了”。但他还指出，预计未来10～20年，我国GDP增速将在5%～8%之间。他们三人提纲挈领的勾勒出动力传动行业在全球的发展蓝图，同时为与会者也提供很多有价值的翔实资料。

接着是钢厂企业代表发言。江阴兴澄特种钢铁有限公司棒线材研究所汽车钢研究室主任孙鸿平指出了齿轮材料未来发展与应用方向，上海钢联特钢事业部总经理黄承欣分享了其对特钢市场后期走势的观点。

之后是中南大学唐进元教授为参会者详细讲解了“高性能齿轮传动设计制造方法与技术”。

最后，齿轮分会秘书长明翠新对“十二五”期间国家“三基”规划进行了详细解读，提出了实施方案思路：以20种标志性关键基础件为龙头，由制造企业牵头，一条龙的安排，包括产品核心技术研究、产品的开发、制造工艺攻关、特种专用材料研制、形成产业化的条件、首批机械基础件在主机上的小批量配套应用、试验检测平台建设、技术标准制定等战略目标。同时她还介绍了齿轮行业的发展特点：齿轮行业民营企业异军突起，民营企业的数量、就业的贡献、资产总额、盈利能力和创新活动等都超过了国有、外资及合资企业，其市场地位和行业作用越来越重要，且发展潜力巨大；我国车辆齿轮、通用工业齿轮、专用工业齿轮中，汽车齿轮占整个齿轮市场近40%的比重，汽车产业是齿轮行业最重要的下游产业。

28日 “2012中国齿轮高峰论坛暨中国齿轮行业50强颁奖典礼”在上海明悦大酒店举行。

齿轮分会联合国内多家媒体，在机械工业信息研究院产业与市场研究所的支持下，开展了“中国齿轮行业50强暨最具市场创新10强”评选活动，旨在推进齿轮行业“由大到强”发展，引导企业以创新为驱动力科学发展。工信部装备工业司机械处处长王建宇、美国齿轮协会主席乔·富兰克林、中国机械通用零部件工业协会常务副理事长兼秘书长王长明、德国汉诺威展览公司高级副总裁裴喜先生、美国齿轮协会会员部主任约翰逊、齿轮分会秘书长明翠新、西门子机械传动(天津)有限公司总经理郝斯曼及太平洋精锻科技有限公司副总经理赵红军、机械工业信息研究院产业与市场研究所副所长兼易览网总经理刘世博以及多家媒体应邀共同出席了本次颁奖盛典，见证了这一辉煌的时刻。颁奖期间，还举办了齿轮行业高峰论坛，该论坛以“市场、创新、品牌”为主题，邀请了优秀企业代表和专家进行了交流，在场所有与会人员深感受益匪浅。

28日下午，来自各企业的100多位代表齐聚上海明悦大酒店。首先，由王长明会长致辞。他阐述了齿轮行业的最新发展形势，指出齿轮作为主机配套的关键基础件，越来越受到国家政策的大力扶持，迎来了更广阔的发展空间，希望更多的齿轮企业作为行业领军企业带动行业更好地发展。

接着，机械工业信息研究院产业与市场研究所副所长刘世博做了精彩发言。他介绍了中国齿轮行业50强评选活动的总体情况，包括评选活动的宗旨、评价体系建设、奖项设置情况、活动流程控制、评审专家组成、企业参与情况，以及召开新闻发布会和专家评审会的具体情况。

活动的重要部分是2012中国齿轮高峰论坛，论坛的主题是市场、品牌、创新。齿轮分会秘书长明翠新女士担任论坛主持人，邀请南京高精传动设备制造集团有限公司、杭州前进齿轮箱集团股份有限公司、江苏太平洋精锻科技股份有限公司和杭州杰牌传动科技有限公司4个具有代表性的企业老总作为访谈嘉宾，郑州机械研究所副所长王长路先生担任点评嘉宾，围绕齿轮行业的市场、品牌及创新主题展开对话。各访谈嘉宾结合自己企业的成功经验，就企业在市场开拓、品牌建设及创新方面的做法、经验和成就进行了交流，论坛上讨论热烈，精彩纷呈。点评嘉宾王长路先生的精彩点评画龙点睛，为论坛增色不少。高峰论坛上嘉宾的观点引起台下听众的共鸣，不时响起热烈的掌声，达到互动交流的最佳效果。

活动的重头戏，也是最精彩的环节是颁奖典礼。本次中国齿轮行业50强评选活动得到了中国机械通用零部件工业协会齿轮分会、中国汽车工业协会、中国工程机械工业协会、中国农业机械工业协会及其他相关用户协会的大力支持，大量的齿轮及装备企业积极参与。经过企业申报、用户行业专家推荐、专家评审团评审等诸多环节的角逐，最后50个企业分别荣获中国齿轮50强最具品牌影响力企业、最具创新企业、最具科技实力企业、最具发展潜力企业和社会效益优胜企业等奖项。王建宇处长、王长明常务副理事长、明翠新秘书长、王长路副所长和刘世博副所长分别担任颁奖嘉宾，为获奖企业颁发奖牌、证书，并合影留念。

"2012中国齿轮高峰论坛暨中国齿轮行业50强颁奖典礼"圆满落下帷幕。本次活动为树立行业标杆、强化行业典范、提升行业整体竞争实力、促进齿轮行业良性发展起到积极的促进作用。

30日—11月3日 以"2012国际动力传动峰会暨齿轮分会年会"为契机，从10月30日开始，参会者在齿轮分会秘书长明翠新的带领下，分别赴兴澄特钢、淮钢、杭钢、苏钢、南京钢铁、芜湖新兴铸管、衢州元立等钢厂进行为期5天的调研活动。深入了解一线生产动态，分享交流各自经验感受，同时还完成了很多项目合作与采买工作。研究制定了机械传动行业联合采购实施方案（草案），成立了联合采购小组，进行了资源和钢厂供货意向调查。

〔供稿单位：齿轮分会秘书处〕

中国机械通用零部件工业年鉴 2012

IV 弹簧行业卷

回顾总结我国弹簧行业近年发展情况 ，记录行业生产、技术和新产品发展情况；分析国内外市场动向 ，提出行业发展的总体思路、发展目标及政策建议；概述弹簧行业质量与标准化工作

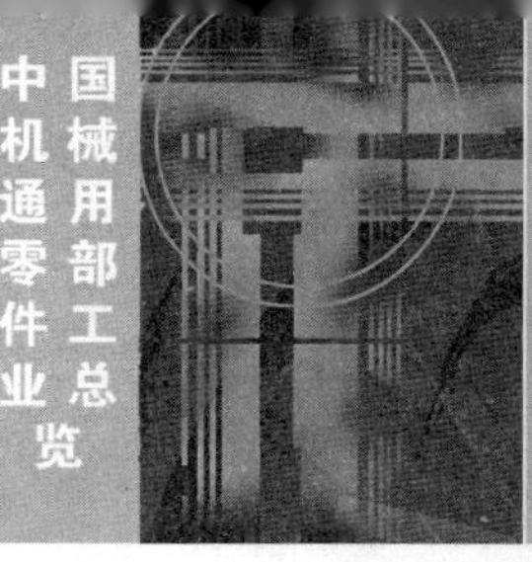

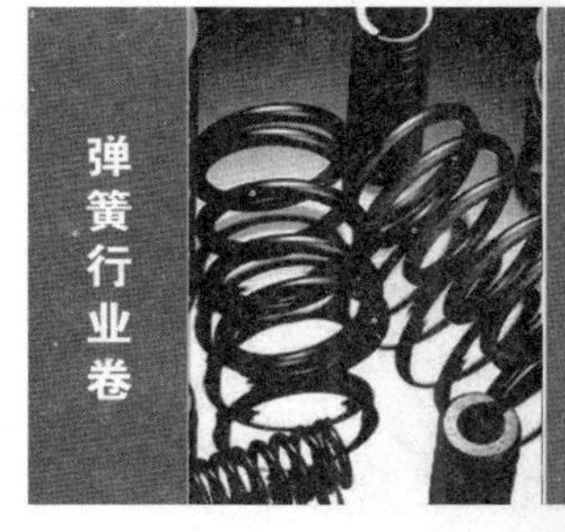

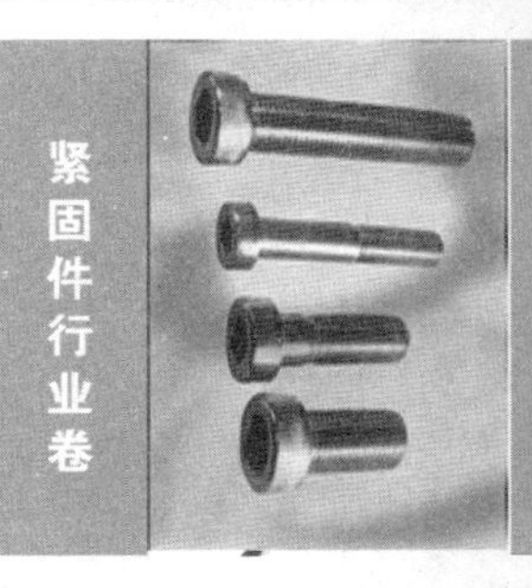

中国机械通用零部件工业总览

链传动行业卷

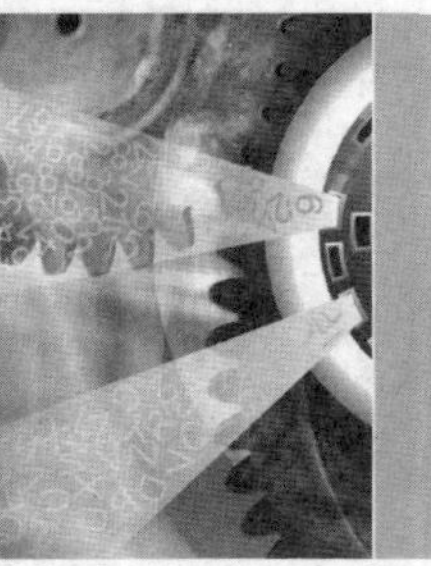

齿轮行业卷

弹簧行业卷

紧固件行业卷

粉末冶金行业卷

传动联结件行业卷

中国机械通用零部件工业年鉴 2012

Ⅳ 弹簧行业卷

综　述

机遇犹在　乘势而上

——弹簧行业“十二五”开局的思考

送走了21世纪的头十年，迈步跨入了第二个十年，各行业都在运筹着“十二五”期间的发展大计。弹簧行业作为我国国民经济不可缺少的重要基础件产业，如何满足用户行业的需求，各个相关企业又如何在新的棋局上找准自己的定位，谋划自己的发展策略，这些都是需要行业和企业共同思考的问题。

国家有关部门根据我国基础工业的现状，已经把风电大规格高强度紧固件技术、高速机车用高应力弹性元件技术、航空航天用弹性元件及材料技术和汽车高应力弹簧技术等作为了“十二五”期间重点发展的项目，并且将为汽车工业配套的高端悬架弹簧、稳定杆、气门弹簧列入重点扶持的项目。这为我国弹簧行业的发展提供了良好的发展机遇和动力。

一、弹簧行业的市场分析

近年来，随着国民经济的快速发展，弹簧行业的品种、产量、投资、效益等都在不断扩大，估计，近三五年间弹簧的产量每年以30%左右的速度增长。

(1)弹簧产品的进出口情况分析。2010年，我国出口各类弹簧为7.6万t，价值为1.8亿美元，而进口弹簧约为3.3万t，价值为5.4亿美元。由此不难看出，进出口之间的逆差是很大的，出口弹簧数量大，价格低，进口弹簧则相对量小价高，进口弹簧的数量接近出口数量的一半，而价值却是出口的三倍。可见，我国出口的绝大多数弹簧的技术附加值是比较低的，甚至有的产品纯粹的是卖紧缺的资源材料和廉价的劳动力。因此，如何参与国际竞争，做大做优出口市场是弹簧行业要认真考量的。

(2)弹簧产品的国产化替代情况不容乐观。弹簧产品运用于国民经济的各个领域，大到航天工业所需的弹簧，小到IT行业用的弹簧。目前很多技术含量高的弹簧还依赖进口，例如某些飞行器的太阳能翻板所需的平面涡卷弹簧，其供应商是外国的厂商；汽车、内燃机各种油气管的夹箍绝大部分是进口的；我国虽是计算机使用大国，但是计算机中的片弹簧目前还依靠进口；我国在异形弹簧领域内尽管发展很快，但是技术含量高的，尤其是微型的弹性件也是依靠进口。从每年的进口目录中足以见到弹簧的巨大市场需求，另外还有随着零部件一级、二级配套所进口的弹簧，这其中也有更多的潜在市场。如何在我国这个弹簧大市场中分得一杯羹，进入这些进口产品的国产化替代行列，也是弹簧业界的同仁所要研究的。

(3)新兴产业发展带来巨大的市场需求。航天航空、高铁、能源、汽车、矿山、医疗、家居等产业正在高速发展，它们为弹簧行业提供了相当庞大的市场。①汽车市场需求依然巨大。尽管随着种种限车措施的相继实施，以及石油危机、高油价的紧逼，国内汽车市场出现了下滑，但是，我们还是要看到，我国现在虽是汽车产销的大国，但汽车的人均保有量远远落后于世界平均水平，二三线城市、中西部地区、广大农村的需求量依然会快速增长，据有关机构测算，“十二五”期间汽车产销年增长10%～15%仍然是有可能的。②铁路建设是“十二五”的重点，根据国家《中长期铁路网规划》和工程建设进度，到2020年，中国铁路营运里程将达到12万km以上，其中新建高速铁路达到1.6万km以上，加上其他新建铁路和既有提速线路，铁路快速客运网将达到5万km以上。预计未来十年我国高速动车组的年需求量巨大，每年应能维持在250～300列(以8辆编组)左右，其中悬架弹簧每列需64～128组，可见，市场需求非常大，目前80%以上的高铁悬架弹簧是进口产品。③基本建设特别是在中西部地区依然是“十二五”的重头戏，工程机械、矿山机械的需求量的增加也是在情理之中，并且其出口量也在逐年攀升，其中对弹簧的需求量是可想而知的。

(4)民生装备的市场需求。在国民经济的“十二五”发展规划中首次提出了“民生装备”，这里绝非指单纯的民生用消费品，而是指与人的生命与健康密切相关的多领域的装备与产品，它包括现代化农业设备、日用化工和食品深加工设备、安全应急救灾设备、环保和生态建设设备、生物制药设备、生命健康以及医疗诊断设备等。行业专家们认为，发展民生装备是贯彻扩大国内需求、特别是消费需求方针的需要。大力发展具有巨大市场潜力的民生装备，必将成为扩大内需的重点之一，据有关人士测算，民生装备每年的需求量大约不少于1万亿元。以纺织机械举例，纺织机械需求间接依赖于其他行业的需求，随着老百姓对于住房家具装潢、地毯和汽车内饰件需求的增多，作为生产它们的纺织机械也在快速发展，据有关方面信息，近几年纺织机械的进出口总量增长了近50%。如此巨大的市场中一定有弹簧生产企业的商机。

二、弹簧行业存在的问题和差距

近年来,虽然我国弹簧行业取得了长足的进步,成为了世界弹簧产品的生产制造大国,但还不是生产制造强国。目前,我国弹簧行业存在的问题如下:

一是弹簧行业生产企业的覆盖面广而分散。目前行业中大大小小、零零散散的弹簧企业约有几千家,其中中小型企业是行业的主流,80%以上的企业雇员不满百人,半数以上的企业雇员甚至不到50人。真正形成规模、年销售额超过亿元的企业只有10家左右,一部分企业的年销售额在几千万元左右,而大部分企业的销售额在千万元以下。

二是企业定位和管理水平偏低,产品开发及创新能力不足。2000年之后,弹簧行业多数公有制和集体所有制的企业进行了股份制改造,显现了一定的活力,发展也比较快,经过一定时期的经营,原始积累已基本完成。但这些企业的定位和管理水平偏低,小作坊式的生产经营理念和家族式的管理方式表现明显,产品开发及创新能力不足,高端技术、高端产品的研发差距甚大,规模化生产和经营跟不上用户行业需求,致使供需矛盾进一步显现。

三是弹簧行业整体技术水平有待提升。近几年弹簧行业技术水平虽有所提升,但是行业内个体差异巨大,不同企业之间,生产手段、质量与工艺水平差异巨大,少数为汽车OEM配套的企业工艺水平、产品质量和劳动生产率明显高于其他企业,大部分企业的定位和水平依然偏低,技术改造投入较少,技术能级较低,产品开发及创新能力不高,只能盯着低档市场搞低水平、低价格竞争。行业总体上还未能摆脱劳动密集型的生产模式,尤其是生产过程的物料输送,大量采用人工搬运,严重制约产品质量和劳动生产率的提升。

四是弹簧行业基础研究工作有待加强。虽然近年弹簧行业的基础研究有新进展,但是和国际先进水平相比,差距还相当大,研发手段、测试手段等相对落后,大多停留在来图加工或工艺开发的层面,而同步开发目前只是在个别企业中能够进行。弹簧线材在性能、品种、质量等方面与国外相比仍有较大的差距;高品质、高应力材料的冶炼跟不上快速发展的需求,只能依靠进口;高性能的弹簧加工制造设备被国外厂商把持垄断;成型模具的关键技术尚未突破。这些成为自主制造的"瓶颈"。

五是人才问题。人才缺乏是弹簧行业的软肋,阻碍弹簧行业的技术创新。由于行业中大部分企业劳动环境较差,薪金报酬、福利条件跟不上优势行业的提升,人才流失在一部分企业中较为严重,人才紧缺成为行业中各企业关注的问题。人才紧缺不仅表现在研发技术人员的缺少,在生产一线的技能操作工中也少有领军的人物,解决关键问题的能工巧匠在行业中为数不多,不少企业的劳务人员占到了一线生产技能岗位的一半以上,懂技术、会管理的经营人员更是非常缺乏。

三、弹簧行业的应对策略

全国人大十一届四次会议通过的《我国国民经济第十二个五年计划发展纲要》指出,"十二五"时期是全面建设小康社会的关键时期,是深化改革开放、加快转变经济发展方式的攻坚时期,必须深刻认识并准确把握国内外形势的新变化、新特点,继续抓住和用好重要战略机遇期,努力开创科学发展新局面。《纲要》提出了"十二五"的指导思想是以科学发展为主题,以加快转变经济发展方式为主线,深化改革开放,保障和改善民生,巩固和扩大应对国际金融危机冲击的成果,促进经济长期平稳较快发展和社会和谐稳定,为全面建成小康社会打下具有决定性意义的基础。同时提出了基本要求。

弹簧行业在规划部署"十二五"时期的行动时必须紧扣国家发展的大局,抓住经济发展给行业带来的机遇,研究促进发展的政策和导向,针对弹簧行业和各企业的实际,全面深入贯彻落实科学发展观,以"高质、高效、低碳、低耗"为目标,坚持技术创新、管理创新、结构调整和市场导向,加快我国弹簧行业自主、快速、协调、持续发展,为我国国民经济科学发展、和谐发展提供可满足需要的更多更好更优的弹簧基础件。面对弹簧行业存在的问题需采取的应对策略如下:

一是重在自主创新,坚持走科技型、技术发展之路。弹簧行业的发展需要加快吸收和引进先进技术,加快提高自主创新的能力,加快建设自主的研究和产品开发体系,形成一批具有高端技术且有核心竞争力的"自主创新"、"精、特、优"型企业。

二是重在满足需要,坚持走多品种、规模化发展之路。弹簧作为一种属性、形状、作用多样性的基础件,集约化生产和合理的分工有助于质量的稳定可靠和成本的降低,各企业要根据自身特点,扬长避短,形成一批合理分工的具有产品特色型的企业。

三是重在低碳减排,坚持走节能型、可持续发展之路。弹簧属于材料、能源高消耗型的产品,随着资源与能耗两方面越来越大的压力,弹簧行业要寻求应对之策,以产品的轻量化、新材料应用、低能耗生产、高附加值产品的研发,实现结构转型、产品升级。形成一批清洁、节能、节材、环保型企业。

四是重在以人为本,坚持走高素质、智能型发展之路。根据国家人才发展战略的要求,以"人力资源是第一资源"的理念,通过多种途径加强行业的人才梯队建设,加强企业文化建设,加强人才的激励培养机制建设,培养一支以能支撑行业和企业发展的高级经营管理、高级技术研发和高级技术工人队伍为骨干的高素质的职工队伍。

五是重在平台建设,坚持走行业协调、共同发展之路。进一步发挥行业专业协会和相关委员会的桥梁和纽带作用,促进企业之间相互联系交流,充分开展行业各企业间的技术交流、技术研讨,进一步开辟更多的交流沟通途径,努力帮助企业解决实际问题,形成一个多渠道交流服务,多方位协调发展的共享平台。

“十二五”的号角已经吹响，“十二五”的宏图已经展开。作为重要基础零部件的弹簧行业必将随着各领域、各产业的大踏步前进而迎来百花齐放的春天，只要我们创新思维观念、抓住发展机遇，调整经营结构、转变生产方式，就一定能大有作为，一定能推进我国弹簧行业的快速、稳步发展，使我国从弹簧制造大国向制造强国迈进。

〔撰稿人：中国机械通用零部件工业协会弹簧分会邹定伟〕

创新带来弹簧行业的新发展

——2010年弹簧行业部分企业经济工作综述

2010年对于弹簧行业各企业来说，是喜获丰收的一年。相关企业上报的2010年经济技术数据表明，行业实现销售额比2009年增长了15%左右，先进企业不断取得新的突破，一般企业急起直追，实现赶超。纵观行业，有以下五个显著特点：

特点之一，各企业狠抓机遇，积极开拓市场，不断扩大市场份额，销售额增幅较大。广州华德汽车弹簧有限公司凭借广东地区汽车工业迅速发展的先机，努力增加配套份额，2010年销售额突破了3亿元，增长了134.18%；上海中国弹簧制造有限公司及下属子公司从全局出发，统筹兼顾，细分市场，责任到位，2010年销售额超过了15亿元，增长了60%；中钢集团郑州金属制品研究院努力为行业提供适销对路的弹簧钢材料，只要客户需要，无论批量多少都尽量满足。2010年销售额接近2亿元，增长138%。湖北鑫宝马弹簧有限公司、杭州弹簧有限公司、扬州核威蝶形弹簧制造有限公司、江苏神王集团有限公司及天津弹簧有限公司等公司的销售额同比增长40%以上。

特点之二，各企业纷纷做大做强。各企业瞄准市场，不断提升自身实力，适时扩建改造，提高产能。湖北鑫宝马弹簧有限公司、大连弹簧有限公司、杭州弹簧有限公司、扬州核威蝶形弹簧制造有限公司等企业，近年狠抓技术改造，扩大经营规模，销售额超亿元的企业不在少数。其中，上海中国弹簧制造有限公司销售额超过了15亿元，1～2年内将突破20亿元；江苏神王集团有限公司、广州华德汽车弹簧有限公司超过了3亿元；中钢集团郑州金属制品研究院、济南时代试金仪器有限公司、厦门立洲五金弹簧有限公司、天津弹簧有限公司、山东联美汽车弹簧有限公司、大连弹簧有限公司等企业都站上了亿元的台阶。

特点之三，各企业积极扩大出口，积极探索“走出去”战略。据国家有关部门汇总的数据表明，2010年，出口各类弹簧为7.6万t，价值为1.8亿美元。上海中国弹簧制造有限公司推进“出海工程”，努力实现与国际著名汽车厂商的同步开发，目前已为通用、福特、克莱斯勒等三大汽车公司配套，2010年出口额为1 097万美元；济南时代试金仪器有限公司积极参与国际同行的竞争，2010年出口试验仪器和设备800多台，价值为760万美元；厦门立洲五金弹簧有限公司利用自身优势，以“小弹簧”进军海外市场，2010年出口值为600万美元；天津机辆轨道交通装备有限责任公司和大连弹簧有限公司近几年来也积极加大出口力度，出口额超过100万美元；哈尔滨弹簧有限公司、杭州弹簧有限公司、洛阳机床有限公司、中钢集团郑州金属制品研究院、扬州弹簧有限公司及浙江三A弹簧有限公司等企业每年也有一定的出口量。

特点之四，技术创新不断推进。各企业都充分认识到，技术创新是企业持续发展的动力。从各企业的经济运行状况来看，新产品的产值较以前有大幅度的提升。中钢集团郑州金属制品研究院的新产品产值同比增长近5倍，上海中国弹簧制造有限公司、扬州弹簧有限公司、扬州核威蝶形弹簧制造有限公司、上海核工碟形弹簧制造有限公司的新产品产值增长率都超过50%。上海中国弹簧制造有限公司的新产品销售额占总销售额的比例为60%，扬州弹簧有限公司、上海核工碟形弹簧制造有限公司、杭州弹簧有限公司新产品销售额占总销售额的比例都超过了40%。值得关注的是，在中国机械通用零部件工业协会创新产品评选中，2009年弹簧行业有5家企业上报了8个项目，而2010年有10家企业上报了20个项目。这充分反映了各企业对技术创新的重视程度加大，取得成果丰硕。

特点之五，行业相关企业的形象进一步提升。在过去的一年中，各企业注重技术创新、管理创新和文化创新，在企业的品牌形象建设上，都取得了很好的成果，涌现了一大批技术发明专利，不少企业获得了所在省市、县以及主管集团、系统的荣誉。如上海中国弹簧制造有限公司、上海核工碟形弹簧制造有限公司、中钢集团郑州金属制品研究院等分别获得上海市和河南省高新企业称号，上海中国弹簧制造有限公司、济南时代试金仪器有限公司分别获得上海市和山东省的技术中心称号，扬州核威蝶形弹簧制造有限公司、大连弹簧有限公司、哈尔滨弹簧有限公司、扬州弹簧有限公司、新乡辉簧弹簧有限公司、湖北鑫宝马弹簧有限公司、杭州弹簧有限公司等还分别获得省、市级的技术创新、用户满意、科技创新、环保成长型、纳税大户、劳动关系和谐示范企业等称号，显示了各企业在经济工作、文明建设等方面的进步是长足的，得到了方方面面的认可。

〔撰稿人：中国机械通用零部件工业协会弹簧分会程建中〕

弹簧行业面临的形势和关注的问题

——2011 年中国机械通用零部件工业协会弹簧分会年会报告

从在上海召开的 2010 年弹簧行业年会到在武汉召开的 2011 年弹簧行业年会，其间经历了 15 个月的时间，正是我国国民经济建设从“十一五”收官到“十二五”开局的交替时期。这一年正如中央领导同志多次反复所指出的那样，我国正面临严峻复杂的国际经济形势，而国内社会转型期的矛盾和问题也更加凸显。即使在这样的形势下，我国的经济建设仍然保持了较高的发展速度，国家的综合实力得到了显著提升，世界第二大经济体的地位愈加巩固。中央确立的“十二五”规划开启了坚实的步伐，作为国民经济重要基础产业的我国弹簧行业的贡献度也正在迅速增强。

一、一年来行业发展的基本概况

对弹簧行业部分企业和有关部门提供的统计数据的测算表明，2010 年弹簧行业的销售总额在 190 亿元左右，比 2009 年增长了约 15%，而 2011 年上半年对部分骨干企业的数据统计表明，2011 年上半年的增速也在 15% 左右。弹簧行业能取得如此可喜的成绩，主要缘于以下因素：

一是由于各企业狠抓机遇，针对各自的实际，积极开拓营销市场，不断扩大市场的份额，保证了销售额有较大的增幅，不少企业的增长率达到 40% ~50%，个别企业的增幅超过 100% 以上。

二是各企业瞄准市场及时转型。随着汽车工业井喷式的发展，对弹簧的需求急剧增加，加上各地方政府的支持力度加大，不少企业抓住这一机遇，及时转为生产乘用车的配套弹簧。各企业纷纷加大投入，适时扩建改造，提高产能，以提升自身实力。据统计，相关企业的产能扩大了约 20%，行业中相继出现销售额 10 亿元以上的企业，亿元以上的企业不下 20 家。

三是各企业积极扩大出口，探索“走出去”战略。一些优势企业积极寻求同国际著名汽车企业的合作，努力搭建同步开发的平台，实现产品的配套出口；一些企业结合自身特点，以“小而快”、“小而精”的灵活的策略，小弹簧跻身国际大市场，取得效益；还有的装备制造企业寻找突破口，积极开展出口业务，将制造设备、试验仪器等销至海外。据国家有关部门汇总的数据表明，2010 年，出口各类弹簧为 7.6 万 t，价值为 1.8 亿美元，进口弹簧约为 3.3 万 t，价值为 5.4 亿美元，这样的进出口比例近几年起伏不大，基本稳定。

四是技术创新不断推进。各企业都充分认识到技术创新是企业持续发展的动力，加大了对技术研发、开发手段、试验设备的投入，注重新产品、新品种的研发，注重产品的创新，注重对新工艺的运用，各企业的专利数量有所增加。近年来，新产品的产值率较以前有大幅度的提升，不少企业的新产品产值率都达到 40% ~50%，有的甚至超过了 60%，涌现出一批自主创新的企业和产品。

五是国内的设备供应商明显增多。近年来，一些设备企业根据弹簧制造企业的需求，瞄准国际先进的设备，采购关键零部件，生产制造价格适中、性能较好、比较实惠的设备、专机、试验仪器等，其中替代进口的也不在少数。

六是原材料价格保持平稳上调。由于国民经济的适度调控和国内弹簧钢线的生产厂商纷纷上马，使弹簧原材料供略大于求，虽然一般性规格的原材料有少量涨价，但仍在一定的可控范围内波动。高性能、高品质的原材料国内无法生产，从钢坯到制品都需进口，价格出现一定幅度的上调则是不可避免的。

七是生产一线的从业人员趋向于外来的劳务工，这主要是由于生产成本和劳务成本的不断上升，加之原来生产岗位上的一线操作员工不愿意继续从事岗位生产工作，同时又有大量的失地农民涌入城市，进入工厂，一般企业的外来劳务工大都占到了 50% ~60%，有的企业比例可能更高一些。这部分人员文化素质低下，又缺少系统的技能培训，而且流动性特别强，这是弹簧行业中带普遍性的现象，已经得到各企业经营者的重视。

八是国有、集体企业的转制放缓。2000 年之后行业内多数公有制和集体所有制企业进行了改制。目前行业内起步较早的民营企业经过二三十年的经营，原始积累基本完成，其经营思想和方式有了很大的转变，但不少企业的小生产经营理念和家族式管理方式仍然比较明显，企业定位和技术水平依然偏低，产品开发及创新能力不高。目前在“构建和谐社会”的宏观大政方针下，国家有关部门和一些省市领导对“国退民进”推进的进度及方式采取较为谨慎的做法，因此各地转制的步伐放慢。

九是外资独资企业的进入加快。由于中国经济的迅速崛起，特别是汽车工业、装备制造业的迅速发展，对外资企业的吸引力愈来愈大，同时鉴于世界其他主要经济体尚未摆脱金融危机带来的阴影，加之主要发达国家最近出现了债务危机、高失业率等新情况，外资企业纷纷加快了在中国投资办厂的步伐。投资重点放在汽车弹簧生产，厂址建立在配套主机厂附近，销售以向配套主机厂供货为主，这方面的竞争势必越来越白热化。

十是国家的产业政策以及“十二五”规划已相当明确，把航天航空、高速铁路、风力发电、新能源汽车以及海洋工程等作为优先发展的重大项目，为此，国家有关部门根据我国基础工业的现状，已经把风电大规格高强度紧固件技术、高速机车用高应力弹性元件技术、航空航天用弹性元件及材料技术、汽车高应力弹簧技术等作为“十二五”期间机械基础工业重点发展的项目,同时将为汽车配套的高端悬架弹簧、稳定杆、气门弹簧列入重点扶持的项目。这为弹簧行业的发展提供了发展机遇和动力,这要求行业从增强创新能力出发,加强原始创新、集成创新和引进消化吸收再创新;着力攻克一批重大关键技术、基础工艺技术和重大装备核心技术,实现装备自主化;加强产业基础和共性技术研究,推进行业创新体系建设,提升企业创新能力,促进行业整体技术进步。

二、近阶段弹簧行业关注的主要问题

我国弹簧行业经过几十年的努力,已经成为门类比较齐全、规模庞大、基础坚实的国民经济基础行业中的重要产业,我国已成为世界弹簧制造的大国,具有了一定的实力和国际竞争力。但是,我国弹簧行业与国际同行相比,还存在扩展较为粗放、结构性矛盾突出、规模大而不强、核心技术受制于人和产品品质差距明显等问题。

第一,市场的方向问题。长期以来,在制造业发展的方向上存在着重主机、轻零部件的突出问题,零部件、基础件跟不上主机发展的需要。中央和有关部门在“十二五”发展规划中要求,“突破一批基础零部件关键制造技术,产品技术水平达到21世纪初国际先进水平”,这为零部件产业的发展创造了良好的政策环境。

在国内市场方面,“十二五”期间,国家采取一系列拉动内需的政策,内需市场会得到进一步发展,这是弹簧行业重点发展的主导市场。汽车、铁路、基本建设等对弹簧的需求将是大量的,据预测,“十二五”期间弹簧的销售额将会增长一倍以上。各企业只要抓住机遇、因地制宜,从本企业的实际出发,制定合理的营销对策,就大有发展的余地。

(1)汽车工业在“十五”至“十一五”期间出现了井喷式的发展,从2010年下半年开始由于调控政策的实施,发展势头有所减弱,但专家预测,今后每年仍将会有10%左右的增长。另外,汽车零部件的全球化采购和跨国公司的“本土化”生产的需求以及巨大的维修市场需求,都为汽车弹簧带来巨大的市场,预计,汽车弹簧每年将以15%左右的速度增长。高端车型的悬架弹簧、稳定杆、气门弹簧、安全带弹簧仍有进一步发展的空间。

(2)铁路及轨道交通项目近几年纷纷上马,建设速度加快,当前和今后一段时期,国内对铁路机车和客车弹簧需求将激增,高铁所需要的轨道弹性扣件数以亿计,新增列车减振弹簧达上百万件。高铁建设虽然由于温州动车事件后有所降温,但其毕竟是国计民生的重大项目,大力发展的趋势不会改变,这给弹簧生产企业带来了新的机遇。

(3)基础建设配套。国家重大工程、矿山以及基础设施项目仍然是国民经济发展的重中之重,因此重型装备、推土机、挖掘机等机械设备的需求量将激增,因而对配套弹簧产生直接拉动作用。这对热卷大弹簧的发展是利好消息。

(4)医药、轻纺和日用五金等民生领域,对弹簧产品的需求量将会激增,并且相当一部分用于出口。房市及其装潢业对门锁、地弹簧等的需求量会有一定幅度的增长。还有心脏支架等的需求量每年也会为弹簧行业带来近10亿元的商机。

(5)核电、风电、航空航天和舰船等所需的配套弹簧急待研制。这些领域的产品是不可能从国外进口的,大力开发这个领域的产品,填补空白,是我国弹簧企业义不容辞的职责,同时这也是经济效益回报较为丰厚的市场。据了解相关主机厂千方百计地寻求配套供应商,利润也是相当的丰厚,但是入门的门槛也要求相当高。

在国际市场中,随着我国更加开放的政策的实施,尽管技术壁垒和贸易保护主义以及发达国家“再工业化”的政策会对我国的出口造成不小的影响,但是产品、技术向发展中国家的转移是不可逆转的,其对我国市场的依赖将会更加密切。据有关方面预测,弹簧出口额的增长率将达到7%~8%左右,因此,我国弹簧的出口将会赢得新的机遇。

从目前的进出口比例来看,价值是倒挂的。出口各类弹簧为7.6万t,价值为1.8亿美元,而进口弹簧约为3.3万t,但价值却达到5.4亿美元,由此可以看出,我国出口的绝大多数弹簧的技术附加值比较低,有的甚至是卖紧缺的资源材料和廉价的劳动力。

因此,如何调整出口产品的结构,提高技术档次,变卖材料、卖劳力为卖技术,如何参与国际竞争,做大做优出口市场是行业要认真思考的。

第二,原材料质量问题。国内原材料厂家不少,产能规模不断扩大,生产油淬火钢丝的企业不下40~50家,2010年全国弹簧钢丝总产量超过100万t,开始出现了供大于求的现象。尽管如此,尚不能满足高性能的弹簧如轿车、高速列车、高铁等所需弹簧制造的需求,材料钢坯本身的材质有待于进一步的清洁化;高应力、高寿命、轻量化的要求对材料高强度的需求也越来越迫切,用户对弹簧钢丝新钢种的需求将会更加强烈。目前此类钢丝只能依赖进口,由于国外同行的技术壁垒、封锁,有的无从购买,有的只能高价买入。因此,为了在弹簧制造中突破新的领域,降低对外采购成本,迫切要求加快材料供应的国产化替代,提升材料的等级,加大材料品种的研制,如管材、扁材、高温合金材料和耐腐蚀合金材料等。

第三,设备的需求问题。如同材料一样,国内弹簧设备制造厂家遍及各地,据说有上百家。如此众多的设备厂家生产的弹簧制造设备虽为弹簧行业提供了大批制造装备,但还是没有改变我国弹簧设备低水平、质量差、重复制造、无竞争力的落后状态,在国际上仍处于四五流的水准。与国外同类产品比,我国弹簧设备精度低,使用寿命短,只能用于低端弹簧的加工制造。我国弹簧装备制造企业要加强研制数控专用设备,如高速的CNC热卷卷簧机、高精度的CNC冷卷机等,同时要加强在线负荷测试和分选机、弹簧智能热压机和高频疲劳试验机等在线检测验证设备的研制,并要加强对弹簧生产制造连线装置的开发制造,目前国内缺乏完整的弹簧制造专用生产线。在国外弹簧制造企业,往往一条悬架弹簧热卷生产线只需六七个人,而国内企业要有大量的人进行人工搬运,主要是因为连线装置跟不上需要，这制约了效率的提高。建议弹簧企业和设备制造企业采取引进吸收、联合研究、联合开发、整机开发、关键部件开发、模块开发等多种途径，尽快改变我国弹簧制造设备的落后现状。

第四，自主创新的能力缺乏，产品缺少原创性，“集成创新”虽在部分企业中有所体现，但研发手段、测试手段等相对落后，大多停留在来图加工或工艺开发的层面，而同步开发目前只是在个别企业中能够进行。但正如专家指出的，弹簧行业要发展，就必须实现转型驱动、自主创新，在“十二五”期间开发急需的应力大于1 200MPa、疲劳寿命大于100万次的气门弹簧和悬架弹簧，稳定杆，高速列车转向架弹簧，以及轨道交通制动器弹簧等具有自主知识产权的产品。此外还要加强非金属弹簧元件和空气弹簧的研究，力争实现规模化的生产。

第五，先进工艺的运用，这是产品品质升级的必要保证。需要重点攻克以下技术：弹簧装置及产品CAE设计、仿真设计、参数化的设计技术，组合强化喷丸技术，纳米陶瓷涂层复合强化抗疲劳技术，产品验证设计，仿真实现模拟试验，复合涂料涂层等共性关键技术，以及悬架弹簧、稳定杆的轻量化技术、精密成形技术，小环绕比（$c\leqslant4$、$b\geqslant5$）弹簧的成形制造技术，可靠性检测技术及特殊材料等。通过先进工艺的运用，促得我国的弹簧产品达到国际同类产品的技术工艺水平。

第六，价格问题。我国弹簧产品的价格来自几方面的压力，一是原材料、辅料、燃料以及人工成本的价格不断上涨；二是主机用户等要求弹簧产品价格不断下降。一般为汽车行业配套的产品，主机厂每年压价在7%～8%，有的还要更高一些，造成弹簧生产企业的利润空间愈来愈小；还有就是行业内各企业相互之间的竞争压价，给正常的供货渠道增加了压力。行业中各企业的竞争是正常的，但是要避免相互之间搞恶性压价、恶性竞争。弹簧行业要探索建立价格协调机制，建立使行业、企业、用户“三赢”的机制。

第七，关于节能减排。为实现我国国民经济的可持续发展，中央提出了一系列节能减排的重大措施，对高能耗、高材耗、高污染的产业、企业要严加限制并且逐步予以淘汰，这对弹簧行业将是一个严峻的考验。2010年下半年至2011年上半年，全国许多地区为确保节能减排指标的完成，采取了限电限煤的措施，对一些企业造成了不小的影响，这是企业要认真对待的。弹簧行业要坚持走低碳减排、节能型、可持续发展之路，以产品的轻量化（更高应力）、新材料应用、低能耗生产工艺等研发高附加值产品，实现产品转型。尽快形成一批清洁、节能、节材、环保型企业。

第八，人工成本超预计的快速发展，特别在一二线城市用工成本的上升是行业始料不及的。企业既要坚持“以人为本，建立和谐企业”，又要推进企业的科学发展，应对人工成本不断上涨的压力，采取有效办法，化解矛盾。要加强企业的经营结构和产品结构的调整，不断实施技术改造，提高产品的技术含量；要加强企业的综合管理，向管理要效益，中国机械工业联合会在全行业倡导推行的“人人成为经营者”管理模式是非常及时的；要提高人的综合素质，提升员工的工作积极性、主动性和智能性，提高劳动生产率、工时利用率，降低百元销售工资的含量等。总之，要想方设法把有限的蛋糕做大。

第九，按照用户的要求，建立同步开发产品的平台。在弹簧行业的内资企业中尚无一家企业达到此项要求，究其原因还是技术落后，受制于人，弹簧行业要下决心迅速改变这种状态。不少企业提出“国际化企业”“外向型企业”的设想，这是非常积极的。真正的“国际化企业”“外向型企业”，除了有一定的产品出口的要求外，还要求拥有和国际同步开发的技术平台，同时在海外要有自己的制造基地，拥有跨国企业或公司。我国弹簧行业企业要发展成为“国际化企业”“外向型企业”，除要做许多扎扎实实的工作外，最关键的还是要拥有自主的技术研发体系，自主的制定颁布技术标准体系，自主的产品验证鉴定体系，自主的专利和知识产权体系。

〔撰稿人：中国机械通用零部件工业协会弹簧分会邹定伟〕

认清形势　正视问题　迎难而上　创造辉煌

——2012年中国机械通用零部件工业协会弹簧分会年会报告

弹簧行业2011年的年会是在湖北省武汉市召开的，这次沿着长江而上，来到了长江和嘉陵江的汇合处——重庆市召开2012年的年会，体现了行业对中西部地区的关注和重视。希望通过举行这样的行业活动，能够进一步促进我国中西部地区的弹簧行业的迅速发展，为振兴中西部地区的经济作出行业应有的贡献。

一、一年来行业总体的经济运行情况

一年来，从整个弹簧行业来看，尽管受到国内外经济环境，特别是欧债危机持续发酵和国内宏观调控的影响，但是大部分企业努力开拓市场，生产适销对路的弹簧产品。从相关单位的统计结果来看，2012年1～9月整个弹簧行业的销售额还是增长了7%～8%，预计全年可以超过200亿元。在通用零部件行业中还是取得了较为明显的成绩。具体有以下的表现：

一是各企业努力开拓市场。尽管市场出现了供求不一的情况，由于弹簧作为基础件，应用范围广，不少企业本着“东方不亮西方亮”的思路，及时调整营销思路，努力寻找市场、开拓市场，销售额不降反升，从2012年1～9月份的经济运行统计数据来看，为数众多的企业仍保持在10%左右的增速，一般的也有5%～6%。

二是各企业为了不断提升产品的档次,加大了技术投入。不少企业从硬件到软件都在不断地提升,狠抓新产品的研发,保证了每年有一定的新产品投放市场,涌现了一批包括机械工业、相关省市、地区的自主创新企业和创新产品等。

三是技术改造力度加大,不少企业为了适应市场的需求,纷纷进行技术改造。有的实行老厂区置换,整体搬迁,有的扩大生产规模,有的实施新的规划改造项目,上了新的生产线。

四是积极开拓国外市场。尽管出口市场出现疲软,但是不少企业还是积极寻求国际市场的开拓,利用自身的优势,扩大出口,实现产品的配套出口。一些企业以“小而快”“小而精”的灵活策略,取得效益;还有的装备制造企业努力提升产品的技术档次,制造设备、试验仪器等销至国外市场,有的还是欧美市场。据国家有关部门汇总的数据表明,2012 年上半年,出口各类弹簧为 4. 57 万 t,价值 1. 78 亿美元,进口弹簧约为 1. 56 万 t,价值为 2. 7 亿美元,与 2011 年同期相比,出口略有增长,进口大致持平。

五是更多的企业认识到,管理是提高经济效益的重要手段,纷纷采用各种手段强化了企业的管理。行业中不少企业进行了管理评审,通过了质量体系的认证,有的推行精益管理,有的强化了“5S”或者“6S”管理,使企业的现场管理、质量管理、生产管理都有了明显的改善,企业的面貌发生了很大的变化。

六是不少企业还十分注重企业文化的建设,对企业的理念标识、形象标识以及行为标识进行了有益的探索,不少企业在研究如何把企业文化建设渗透到员工的日常培训和教育中,并进行了很好的实践,得到了不少值得借鉴的经验。

七是越来越多的企业意识到加强员工技能提升的重要性,纷纷采取各种手段,提高生产一线工人的技能,有的企业自行开展有针对性的技能培训,有的同行业技能分中心联系开展等级工的技能培训考核和鉴定工作。

以上这些工作在弹簧行业各企业内广泛而各有特色地开展起来,推动各企业技术能级上台阶、管理水准上台阶、经济效益上台阶。

二、2012 年以来行业面临的严峻环境形势

从整个国家层面来看,2012 年上半年行业经济运行可以说总体平稳,稳中有进。所谓总体平稳,主要是指 GDP 增长速度以及主要实体经济发展的主要指标基本平稳。2012 年上半年 GDP 增长 7. 8%,仍然高于年初制定的 7. 5%的预期目标,虽然上半年 GDP 增长速度近年来首次低于 8%,但是仍然运行在目标区间以内。2012 年上半年规模以上企业工业增加值增长 10. 5%,固定资产投资 1 ~ 6 月份增长 20. 4%,社会商品零售总额增长 14%左右,进出口保持适度平稳增长。这些数据说明我国国民经济的主要经济指标仍运行在适度较快增长区间。

但是,行业也要认识到当前的经济形势不容乐观:一方面,世界经济复苏进程还很艰难曲折。国际金融危机特别是欧债危机未找到很好的解决方法,在深层次上继续影响全球的经济发展,全球主要经济体的发展速度减缓,美国经济持续低迷,国家行政债务与民众失业严重;欧债危机日趋恶化,并从希腊向其他国家蔓延;新兴经济体经济受美元、欧元拖累增速回落。

另一方面,国内经济也呈现明显减速下行走势。2012 年是继 2008 年全球金融危机之后,我国经济运行形势最为严峻的一年,一是上半年的 GDP 增长 7. 8%,创 13 个季度新低,三年多来首次跌破 8%,连续 9 个季度经济发展放缓。二是 CPI 指数数月来连续下降,消费需求明显不足,6 月份全国居民消费价格总水平同比上涨 2. 2%,保持同比较低的发展水平。三是工业生产产品出厂价格同比下降 2. 1%,亦保持较低水平,而且是连续呈下降的趋势,这主要是受宏观经济形势恶化、企业生产不足和全球大宗商品价格下跌等因素的影响;钢材综合价格指数呈下行走势,工业市场需求不旺,生产资料煤、电、油等需求不紧张。四是国内装备制造业普遍发展放缓,尤其是汽车限购、高铁因资金短缺而缓建及房地产调控等都不同程度地制约了机械及其零部件行业的发展。如汽车行业上半年产销 952. 92 万辆和 959. 81 万辆,同比分别增长仅为 4. 08%和 2. 93%。工程机械行业上半年完成工业总产值 3 261. 8 亿元,同比增长 4. 63%;实现销售产值 3 150. 1 亿元,同比增长 3. 45%。这些都导致配套市场的需求疲软。五是出口市场受到多方面因素的制约。全球经济的连续不景气导致了国际消费购买力的萎缩;欧美主要国家贸易保护主义的迅速抬头,为避免国内矛盾的发展,都对本国资本采取了保护的措施,而对我国等出口国以多种理由进行了种种限制;人民币持续升值,价格连续打压。我国的出口市场受到严重的影响。

上述在经济运行过程中出现的问题要引起行业的重视,要充分认识形势的严峻性、复杂性,要研究对策的具体性、可操作性。同时,在审视当前经济形势时也要看到有利的方面,看到面前的机遇。

(1)在国内宏观经济态势上,2012 年 7 月,中央政治局召开会议指出,我国经济发展面临的国际环境形势仍然严峻,影响我国经济平稳运行的不利因素仍然较多,经济发展面临诸多困难和挑战,决定“把稳增长放在更加重要的位置”,并已先后发出多项促增长的宽松政策。

(2)中央和国务院及政府部门最近下达了许多利好政策,比如:将试点营业税改增值税扩大到 10 个省(直辖市、计划单列市)实施,扩大减税范围,推出全面性减税降费举措;国务院通过了《关于深化流通体制改革,加快流通产业发展的意见》以打通中国经济的“血脉”,将有力地缓解物价上涨、煤荒、油荒及电荒等的压力;国家发改委发布了《关于利用价格杠杆鼓励和引导民间投资发展的实施意见》,进一步明确了促进民间投资发展的价格政策措施,改善企业发展的融资环境,国家投资项目审批进度的加快,以及启动了部分带动性强的重大项目,固定资产投资将保持较快增长势头。据有关报道，自2012年3月以来，通过发改委审批的项目数量一直维持每月200项以上，这从另一个侧面显示出财政政策刺激的力度不断攀升；国务院决定安排节能家电财政补贴265亿元，这有助于刺激低迷的家电消费市场。

(3)在经济增速下滑的背景下，为促进经济发展，各省市再次出台了加大投资的“杀手锏”。从6月到7月底，陕西、广东、贵州，以及南京、宁波、长沙等省市在一个多月的时间里，各地方政府推出的重大项目投资总额已接近了4万亿元。

(4)国家发改委、工信部等部委大力支持为七大新兴产业配套的基础材料、基础工艺、基础零部件产业，推出了“三基项目规划”。据悉，工信部已获得落实三基规划的部分资金，并正在制定“三基专项申报项目指南”及其实施办法。中国机械通用零部件工业协会也正在抓紧落实行业的“三基规划”，这对机械通用零部件行业谋求当前经济运行动力不足情况下的发展具有非常积极的意义。

以上这些有利于经济发展的国内宏观的积极因素，将会在下半年以至于今后的经济运行中逐步显现，目前行业企业存在的市场疲软、融资、税负等问题有望得到缓解。特别是党的“十八大”召开将对今后5～10年的我国经济建设提出和确定大政方针，这会对今后的国民经济发展产生巨大的推动作用。

三、弹簧行业加快发展要注意的一些问题

根据对当前形势的分析，摆在行业面前的是有利和不利、挑战和挫折、机遇和困难并存，只要认真对待，沉着应对，往往就会变成有利大于不利，挑战大于挫折，机遇大于困难，弹簧行业一定会化被动为主动，化消极为积极，继续取得经济运行中的好成绩。

目前，弹簧行业的相关企业都处在发展的关键时期，审视过去的发展历程，这十多年来对大部分的弹簧企业甚至于对弹簧行业来说都是一个高速发展的时期，这包括了市场的高速扩展、资金的高速投入，弹簧制造和相关企业数量的高速膨胀。而现在面对新的转折时期，各有关企业要对以下一些问题进行思考，作出决策。

1. 市场增长缓慢

从目前的市场态势来看，总体略有增长。估计今后的GDP增长幅度将不会太大，高增长的时代将不复出现，像前些年那样的井喷式增长已成为过去。有关专家预测，2012年四季度至2013年的经济运行情况仍然处于非常困难期，GDP的增长幅度将会在7%～8%的范围内波动。汽车工业的竞争将会更加激烈，受当前中日关系走向的影响，欧美系列的争夺会更加白热化，自主品牌的汽车会有小幅的增长，增长幅度在5%～7%。另外，由于诸多因素影响，高铁、轨道交通的建设速度可能会放缓，致使零部件特别是基础件的国产化进程将会减缓。同时，由于房地产的紧缩政策在相当一个时期内不会放松，基本建设投资的摊子不会铺大，所以工程机械的低迷状态仍然不会有明显的好转。为此，企业对今后的弹簧市场也要作出清醒的预测，对自己的企业在市场中的定位和所要采取的营销策略应当作慎重的考虑和筹划。

2. 中小企业转制告一段落

如前所说，近十几年是行业发展的最快时期，大量的弹簧生产企业和与之相配套的企业涌现。随着国家经济体制改革的深化，大量原先的国有、集体所有制的中小型企业相继改制成为民营企业，焕发出了生机和活力，对推动行业发展起到了极大地促进作用。经过一段时间，企业转制基本到位，将会告一段落，企业经营者也面临着新的课题。转制初期，主要是考虑资本的积累过程，如何迅速收回投入的资本金，市场、产品考虑的比较多，又正值弹簧行业的快速上升期，所以绝大部分企业的第一桶金应当是收获颇丰的。接下来的问题要集中考虑企业的长期稳定发展，企业今后的走向，企业通过怎样的手段来参与更加激烈的市场竞争。这些问题摆在企业家的面前，必须要面对和思考并作出抉择。

3. 外资企业进入中国的速度加快

随着世界经济发展的不确定性，欧美、日本等主要市场回暖的迹象相对不够明朗，而中国市场虽说也处于相对低迷的阶段，但是，有识之士还是看好中国市场，特别是看好中国潜在的巨大市场，所以外资企业进入中国的步伐并未减慢，相反他们的步伐加快了。国际著名品牌的弹簧制造和经销厂家接踵而至，开设工厂，凭借他们原为我国主机厂家的配套和供货商，凭借他们的技术体系，凭借他们成熟的产品研发技术和平台，抢占市场的制高点，使本就非常激烈的市场竞争变得更加残酷和复杂。对此，行业要有清醒的认识，作为中国的弹簧制造企业不但要具备在国内参加“中超联赛”的能力，也要具备应对“亚冠联赛”的实力，更要到国际市场去参与“世界杯”的角逐。

4. 投资明显下降

如同我国国民经济的大环境一样，一个时期以来，行业的高速增长主要是靠大量的投资来拉动的。最明显的是，前几年四万亿元的投资对当时身处国际金融危机中的中国经济确实起到了输血的功能，起到了很强的刺激作用。弹簧行业许多企业也是靠投资的明显增大而取得了长足的进展。但是，中央应对欧债危机不再采用过去的手段，而是改为重点支持“十二五”规划确定的七大新兴产业以及关系国计民生的重大领域，因而对制造业的投资将难以摆脱弱势的状态。实际上，在行业中，许多企业已经面临资金的困扰，不少企业资金链出现了问题，银行的贷款已不是很容易。为此，企业要有应对措施，要充分挖掘自身潜力，从依靠投资增值转为依靠挖潜增值；要认真研究市场，利用自身优势，生产适销对路的产品；要抓住有利时机，及时转轨变形，进行经营思路和产品结构的调整；要充分利用不同地域、地区的政策，争取得到地方政府的支持和扶持，以期企业自身的发展。

5. 中低端产品过剩

近年来在行业中技术创新、技术进步有了很大的发展，部分企业已经能生产满足高端需求的弹簧产品，企业自主开发的能力也得到了增强。但是，这只是局限于行业中为数不多的企业，大部分企业只能在中低端市场中争夺，致使中低端弹簧产品的生产能力严重过剩。一些企业由于只能生产档次较低的产品，企业的产能过剩，而这些产品的价格有的有少量的盈利，有的只能相等于或略高于材料、辅料的价格，而对于有需求的、技术要求稍微高一些的配套件却没有能力生产，无法打开市场。所以这些企业做了多少年始终上不去，靠卖材料和劳动力维持，技术能级提不高，销售额一直在低位徘徊，效益也只能平平。随着产品更新换代的步伐在加快，中低档产品迟早要逐步退出市场。另外，由于环保、能源的形势紧张，对能耗、污染、员工健康等的限制将越来越严格。这些要很好的筹划，尽快提升企业的技术档次和管理水平，否则迟早要被淘汰。

6. 高端弹簧产品的原材料国产化困难

国内弹簧原材料的厂家不少，产能规模不断扩大，如生产油淬火钢丝的企业不下四五十家，年总产量超过 100 万 t，尽管如此，尚不能满足高性能的弹簧如轿车、高速列车、高铁等所需弹簧制造的需求。随着对弹簧高应力、高寿命、轻量化的要求不断提高，对高强度弹簧材料的需求也越来越迫切，用户对弹簧钢丝新钢种的需求将会更加强烈，还有对管材、扁材、高温合金材料、耐腐蚀合金等材料的需求也更加迫切。目前这些材料只能依赖进口，由于国外同行的技术壁垒、封锁，有的无从购买，有的只能高价买入。这些钢丝和材料虽经国内钢厂、材料专业生产厂家及科研院校多方研制、攻关，取得一些进展，但是差距很大，关键技术突破困难，实现国产化的路途很长。

7. 多数企业经济运行绩效下滑

从行业的相关企业来看，绝大部分企业都出现了经济效益的滑坡，有的企业下行速度还是比较快的。从最近收到的一些企业的经济运行数据统计来看，不少企业的利润下降达到 20% 以上，微利企业不在少数。其中有多种原因：一是产品的价格不断被打压，主机厂等用户单位不断要求降价，降价幅度每年都在 5% 左右，有的更为高一些。这里有合理的因素，但是不合理的也绝非少数。二是原材料、辅料、水电煤油等价格猛涨，营业费用的不断增大挤压了盈利空间。三是劳动力成本不断增加，前几年不少企业用劳务派遣工成本较低，但是近年来随着国家保障人权的落实，对劳务派遣工的薪金待遇等权益都从法律上加以规范，同工同酬势在必行，这对企业的用工成本又是严峻的挑战。四是部分企业的技术进步不快，结构不合理，产品老化，导致市场丢失，企业效益滑坡。五是部分地区由于受到宏观经济的影响，受停电、停水、缺煤、油荒及资金等的影响，加之一些人为因素的影响，一些企业开工不足，一周休三天或四天不等。上述这些情况行业每个企业或多或少地存在，企业要有针对性地思考，研究对策，早作谋划，尽量减少不利因素对企业经济运行质量的影响。

8. 技术创新力衰不足，水平一般

我国弹簧行业虽有 100 多年的发展历史，像中弹、杭弹等这样的老企业已有六七十年的历史，应当说对我国的国民经济作出了巨大的贡献。但是，我国弹簧行业与国际同行相比差距甚大，从整个行业来看，集中表现在：一是研发手段、测试手段等相对落后，大多停留在来图加工或工艺开发的层面，产品的认证手段和途径缺失。二是缺少自主的核心技术，研发手段落后，同步开发只在个别企业中能够实现。三是一些门类特别的高技术含量的弹簧，目前我国还难以开发生产，如工作应力≥1 250MPa、精度≤1% 的高端轻量化和高精度、大规格弹簧，特殊形状弹簧等产品。大型的高端工程机械所采用的液压件弹簧，其技术也一直由美国、德国、日本等国家的一些液压件企业所垄断。另外，高铁、轨道交通等铁路弹簧也急需攻关解决。四是弹簧制造、检测工艺相对落后。组合强化喷丸技术、纳米陶瓷涂层复合强化抗疲劳技术、产品验证设计、仿真实现模拟试验、复合涂料涂层等共性关键技术，以及悬架弹簧、稳定杆的轻量化技术、精密成形技术，小环绕比（$c \leqslant 4$、$b \geqslant 5$）弹簧的成形制造技术、可靠性检测技术，特殊材料在高档次液压件弹簧制造中的应用技术，大高径比液压件弹簧的制造技术等，有的刚刚开始运用，有的还只是起步，有的可能还是空缺。

9. 部分企业追求做大而忽略做强

国际上的大企业能够经久不衰，有一个共同的诀窍就是一步一步，扎扎实实，做好做优做强做大。我国弹簧行业内的一些企业片面追求做大，而忽视做优做强。行业中绝大部分企业经过改制，变成了民营企业或者家族企业，有的只满足于早期的原始积累，急于投资收益而忽略企业今后的发展和再投入；有的满足于一时丰盛的午餐，陶醉于一个时期或阶段市场的井喷，而忽略了市场总有潮起潮落；有的片面追求做大，把摊子铺大，把企业的规模搞大，而忽略了加大力度稳固企业在市场中的地位，健全企业的管理，提升研发能力和手段，下功夫把产品做精做优。行业中有的企业中已经出现了这方面的问题，有极个别的企业已经到了入不敷出、被低价收购，甚至破产倒闭的地步，这些不能不引起行业的重视。

10. 专业化投入不足，追求小而全

作为一个企业应当有自己的特色，有自己的专长，一个著名的百年老店或者百年品牌，它必定有很深厚的积淀，必定有很成熟的专业，必定有着自己的浓浓的特色，弹簧行业中有许多很出色企业就是这样。但是有的企业面临琳琅满目的市场，什么都想做，什么都想涉足，追求小而全，追求成为“最大的之一”，结果由于自身的能力或是投资方向有问题，轻的造成负担沉重，重的造成企业的衰败。企业还是要从自身出发，认准一个方向，认准一个产品、品种，下力气、花功夫去做好做精，逐步做大，形成自己的特色，在此基础上再有所发展。这方面成功的例子在行业中不是没有，有的企业在出口市场上越做越大，让人刮目相看。

11. 不少企业以压价作为竞争的主要手段

价格竞争历来是行业中存在的一个较为普遍的问题，同行之间的合理竞争是正常的，有利于企业和行业的共同发展。但是目前弹簧行业存在很多恶性竞争,有的企业以非理性的手段进行压价,以取得市场的份额;有的企业明知自己进入不了某个市场,而故意压价,让其他企业也做不成,或者让其他企业受到损失;还有极个别的企业经营者开始找到某个或者某几个同行业企业,经过协商,对用户企业提出进入的对策,然后,自己又另搞一套。这是一种损人不利己的行为,搞乱了价格体系,不利于行业的共同发展,此风不能在行业中滋长,必须坚决反对。企业应当从企业和行业中的整体利益出发,相关企业要本着相互支持、相互谅解的原则,对遇到的矛盾进行协商解决,这样有利于行业的共同、健康发展。今后弹簧分会要加强在这方面的协调工作。

2013年是"十二五"的第三年,也是更为关键的一年,面对国内外经济领域中的不确定因素的增多,面对困难和矛盾的增多,弹簧行业的企业家、经营者以及员工一定会在各自的企业和岗位上竭尽全力、同心协力,创造各自的佳绩,实现各自的目标,为我国弹簧行业早日跻身世界前列而努力奋斗!

〔撰稿人:中国机械通用零部件工业协会弹簧分会邹定伟〕

回眸20年　争取新作为

——写在弹簧行业第二十届政研会暨企业文化研讨会召开之际

全国弹簧行业第二十届职工政治思想工作研讨会暨企业文化研讨会(简称政研会)在美丽的南国花城召开了,参加我国弹簧界这一盛会的有来自行业各单位的从事职工思想政治工作和企业文化建设的工作者,心情激动,思绪万千。

弹簧行业政研会走过了整整20年的漫漫路程,20世纪90年代初期,行业的近10家企业的老前辈、老领导云集在一起,发起、成立了行业职工政治思想研究会,学习交流各企业围绕经济工作的中心,开展思政工作的经验,并探讨新的思路和新的方法,对推动行业的精神文明建设起到了积极的作用。20年来尽管各企业发生了翻天覆地的变化,大多数企业进行了改制重组,不少企业从事思想工作和党建工作的领导,由于年龄的增大或是职务的变化,相继发生了变动,还有不少企业在20年中经济形势曾经陷入低潮等,但是,政研会却是始终坚持,从未脱档。这在许多行业中是少见的。

回首20年,坚持了政研会为行业经济发展服务的指导思想,围绕大局,展开活动,撰写论文,切磋讨论,发布成果。认真学习中央的一系列重要会议精神、文件指示,对如何在本行业、本单位贯彻落实中央的大政方针开展了内容丰富的交流研讨,以邓小平理论、"三个代表"重要思想、科学发展观为指导,积极探索企业思政工作面临的新特点、新动向、新思维和新路子。大家认识到,新形势下,企业思政工作、党建工作必须紧紧把握"发展是硬道理"的要求,紧密联系企业经济工作的实际,抓住员工脉搏,抓好自身素质的提高,采用符合时代精神的方式、方法,注重工作的科学性、针对性和实效性。

回首20年,坚持了政研会努力为各企业服务的方向,为企业提供帮助。随着改革开放的深入推进,经济所有制结构的多元化,企业面临市场形势的多元化,各种社会思潮带来影响的多元化,员工队伍组成结构的多元化,员工自身需求和问题的多元化等,这些新的问题给研究探索带来了新的课题。政研会围绕"企业改制后员工主人翁地位""市场经济与思想政治工作""新形势对党群工作的新挑战及新机遇""构建教育、防治、惩治、预防为一体的企业反腐败体系""精神文明建设要着眼于队伍整体素质的提升"及"职业道德教育是推进企业发展的必修课"等主题,展开了系列的交流研讨,各企业通过论文发表、成果发布、经验介绍、信息交流等,相互间得到启发,有所收获。

回首20年,坚持了政研会活动方式不断创新性的原则。一是在参会成员上,最初,政研会是以几家国有企业为主体建立的,活动的方式也是基本上按照国有企业开展政研工作的模式进行的。20世纪90年代中期以后,弹簧行业的绝大部分企业进行了改制,一批老的国有企业转制成为股份制或民营企业,更有相当多的民营、私有制的小企业应运而生,有必要吸纳他们参加,因此,形成了多种所有制企业共存并开展研究的新的局面;二是在研究内容上,初期把如何做好非公企业的党建、思想政治工作作为研究讨论的重点之一。为了更好地吸引非公企业积极参与,遂将企业文化建设作为政研会研究的重要课题,并把职工政治思想研究会和企业文化研讨会合为一体,这样扩大了行业研究会研讨的范围,使会员单位有更多交流探讨的话题;三是在研究形式上,除了坚持交流发布评选论文外,还将信息交流沟通及各单位的情况介绍作为年会的重要内容,以便在有限的时间中使更多的单位有发言交流的机会。

回首20年,坚持了会员单位协同办会的方法,不断增强政研会各成员单位的凝聚力。充分尊重各参会单位,老会员、新会员一视同仁,使每次活动都成为巩固老朋友、结交新朋友的难得机会。不少老同志尽管年龄偏大,工作很忙,但得悉政研会召开,都会不约而同的前来,也有不少年轻代表,受到了会议气氛的感染,成为每次年会的常客。弹簧分会的会长单位切实担负召集牵头的职责,秘书处切实履行服务各单位的责任,尽量把工作做周到、仔细,各企业积极提供资源,每年都有企业提出承办下届年会的意愿。东道主积极筹划,从会议的组织、会务的安排、活动的内容等方面都精心地组织安排,尽量做到让各位参会代表高兴而来,满意而归。参会单位在会前还做好会上交流的准备,会中热烈发言,取经学习。正是由于大家真挚的感情形成的凝聚力使得行业政研会常胜不衰。

回首20年,政研会之所以能坚持下来,而且越来越受到各方关注,要深切感谢弹簧分会各位会长、副会长、理事的关心和支持!深切感谢每一家会员单位的支持和所做的大量工作,要感谢20年来所有提供过会务筹备工作的各家东道主,还要特别感谢弹簧分会的历任老会长:中弹公司的王慎法书记、刘英华书记,常州弹簧厂的金锦培书记,天津弹簧厂的杜思仲书记、刘文贵书记等,他们为政研会作出了贡献,同时也对历任秘书长所做的工作表示感谢!

20年来,我国弹簧行业作为国民经济的重要基础产业得到了快速的发展,如今,生产制造、销售弹簧产品的企业,为弹簧生产配套线材的企业,为弹簧生产、检测、试验提供设备等的企业遍及各地。据粗略统计,与弹簧生产相关的企业不下3 000家,从业人员过万人,总销售额超过200亿元,涌现了年销售额20亿元的企业,超过亿元的企业也有近30多家。企业产品的技术含量、技术档次不断升级,和国际先进水平的差距正在缩小,不少企业为国民经济重大项目配套,填补国内的空白;不少企业走出国门,产品销售海外市场;不少企业拥有了自主开发、同步开发的能力;不少企业与国外同行的竞争力和话语权得到了加强。我国弹簧行业在国际上占有了一席之地。这里当然有众多的缘由,但其中不可缺位的应当是从事企业职工思想建设、企业文化建设、精神文明建设的工作者所付出的艰辛,实践证明,没有一支素质不断提升的员工队伍,没有卓有成效的企业文化,很难适应快速进步的企业发展的需要。

目前已经进入了21世纪的第二个十年,开启了“十二五”的发展历程,弹簧行业面临着更加严峻的发展形势,更加艰巨的历史任务,要实现从弹簧生产制造大国向弹簧研发制造强国的转变。国家有关部门已经把高品质的弹簧研发列入了“十二五”的重点项目,要实现这些目标,其中极为重要的短板在于人员素质的不适应性,人才匮乏和开发能力薄弱是弹簧行业的软肋,急待采取相应的措施解决。所以,加强行业的人力资源建设,培育有理想、有道德、有文化、有纪律的高素质员工队伍是新时期、新阶段思想文化战线工作者义不容辞的责任。

胡锦涛总书记在庆祝党的90周年大会上的重要讲话中明确要求:“要坚持用马克思主义中国化最新成果武装全党、教育人民,引导广大干部群众深刻领会党的理论创新成果,坚定理想信念。要在全体人民中大力弘扬以爱国主义为核心的民族精神和以改革创新为核心的时代精神,增强民族自尊心、自信心、自豪感,激励全党全国各族人民为实现中华民族伟大复兴而团结奋斗。要坚持用社会主义荣辱观引领社会风尚,深入推进社会公德、职业道德、家庭美德、个人品德建设,加强对青少年的德育培养,在全社会形成积极向上的精神追求和健康文明的生活方式。”

按照中央的要求,从行业和各企业发展的需要出发,近一个时期,行业政研会的参与单位可从以下几个方面来加强探索和研究,为各企业开展思想工作、群众工作提供支持。

第一,要加强对胡锦涛总书记“七一”讲话精神实质的研讨。讲话全面总结了我党90年的宝贵经验,指出,党的历史就是不断把马克思主义理论与中国革命的实践相结合的历史,是中国特色社会主义理论体系不断发展、丰富的历史。在新的历史时期,党的任务就是要坚持解放思想、实事求是、与时俱进,大力推进马克思主义中国化、时代化、大众化,提高全党思想政治水平。为此,弹簧行业要认真学习、领会和掌握中国特色社会主义理论体系,运用这一理论体系所涵盖的世界观、方法论来认识、指导行业的实践活动,做到“学以立德、学以增智、学以创业”。要坚定以科学发展观作指导,坚定发展的信心,坚定执行党的执政兴国理念,坚定把自己的事情做好。

第二,要加强对建设学习型组织和企业的研讨。现代化建设要求企业的员工善于学习、终身学习,成为学习型的员工,各级组织要成为学习型的组织,企业成为学习型的企业。政研会要着力研究如何搭建员工成才的多形式平台,营造学习的氛围,引导鼓励员工自觉学习,努力成才;如何了解员工的需求,根据员工自身的实际,展开学理论、学业务、学技术、学文化的活动,如何把创建学习型的企业和组织的工作真正落到实处。

第三,要加强对企业文化建设的实效性的研讨。越来越多的企业经营者认识到,企业文化建设是提升企业软实力的必不可少的重要环节,对此展开了探索和实践。一是认清软实力和硬实力的辩证关系,认识到企业文化不是可有可无,企业文化也不是个筐,什么东西都可以朝里装。二是企业文化的主体是员工,要全员参与,全过程体现。三是企业文化是企业长期活动的积淀,是一个系统性的工程。四是企业文化建设重点是要培养员工素养,要从职业道德、行为规范上着手。五是企业文化建设要紧密围绕企业发展,开展实实在在的工作,赋予实实在在的内容。六是企业文化既要重视企业内部的理念系统的建设,又不能忽视企业的外在形象的塑造。

第四,要加强对建立高素质员工队伍途径、方法的研讨。如何造就一支忠于职守、爱岗敬业、好学上进、和谐相融、业绩一流的高素质员工队伍,是行业和各个企业普遍思考的紧迫性课题。要使我国弹簧行业在国际同行的竞争中立于不败之地,关键在于人才的培养和造就。目前,不少企业人员流动比较频繁,技术工人流失,外来劳务人员占企业员工的大部分,在岗人员的思想稳定性较差,学习技术、提高技能的主动性不强,很难适应企业技术进步的需要。为此,要把这一课题提高到紧迫的位置上加以探索交流,要探索员工技能培养的有效途径,探索建立有利于员工素质培养的机制,如学习培训机制、考核鉴定机制、晋升激励机制、人才积聚机制和关怀使用机制等。在这些方面不少企业已经有了很好的经验,行业职业技能鉴定分中心和培训委员会推出了一系列等级工培训考核鉴定的办法,希望大家经常交流，取长补短，为共同建设弹簧行业高技能的员工队伍而努力。

第五，要加强对建立和谐企业、发挥员工主体作用的研讨。构建和谐企业是促进企业科学发展的坚强保证，也是构建和谐社会的基础。应当看到，当前社会上各种思想潮流并存，各种渠道传播着五花八门的信息，员工的种种合理需求又很难一时得以解决，干部队伍中存在的种种现实性的问题给政研会开展工作带来了阻力和麻烦，人们的价值观和思维方式发生了扭曲。面对这样的情况，如何对广大员工释疑解惑，如何有效地宣传鼓动员工同心同德地工作，如何引导员工树立正确的是非观，如何用先进的文化理念去感染群众，如何帮助员工解决实际困难，这是思想文化工作者要解决的问题，各单位都有很实际、很细致的工作思路和方法，值得认真探索研究借鉴。

第六，要加强政研会自身建设，发挥更大作用。行业政研会坚持20年开展活动取得了可喜的成果，在行业内外享有一定的声誉。但是，政研会的整体作用与行业发展的要求还存在差距，交流沟通较少，消息传递不够及时，工作也不够活跃，这是今后政研会要努力加以改进的。政研会要注重对行业发展形势和国家产业政策的研究，为行业企业的发展提供支持；要注重各企业间的信息交流和沟通，运用好《弹簧工程》、行业的信息网站；同时要注重平时的联系，可能通过诸如 QQ 群等建立多渠道的交流形式；各单位能否推荐联络员，负责日常的信息沟通。可根据行业和各企业的一个时期的实际，确定一些专题，分头由有关单位组织研讨，在政研会年会时进行交流，这样能有效地提高研究的水平，也能使研讨会更有成效。

20 年在人类历史上是短暂的一瞬，但是对政研会来说，20 年的始终如一是非常难能可贵的，需要大家的信心和恒心以及热心。本届政研会将产生新的正副会长单位，有理由相信，弹簧行业政研会暨企业文化研讨会将会在新老成员单位的共同努力下，更具活力，更具凝聚力，更具生命力，为我国弹簧行业又好又快发展发挥其独特的作用。

〔撰稿人：上海中国弹簧制造有限公司程建中〕

行 业 概 况

碟形弹簧实现自动化生产的必要性和基本思路

一、碟形弹簧国内外发展现状

碟形弹簧作为众多弹簧中的一种，它的存在并不显眼，但其在实际应用中发挥的作用还是不可低估的。国家工业的快速发展，离不开各种零部件的供应，作为零部件之一的碟形弹簧无疑需要一个发展的超前期，以适应整个工业发展的市场需求。提高碟形弹簧的产品质量，缩短生产周期，降低生产成本，逐步减小我国与国外该类产品的差距，既是机械设备更新换代的需要，也是所配套的主机性能提高的需要。因此，我国碟形弹簧的生存价值与工业的发展息息相关。

伴随着我国建筑、冶金、汽车、风能、阀门以及电气等行业的发展，对碟形弹簧的需求量越来越大、技术要求越来越高。目前，国内的碟形弹簧行业存在产业结构松散、产品质量较差、产品使用寿命短等问题，这必将逐渐阻碍相关行业的发展。碟形弹簧的发展前景实在令人担忧。

而国外的碟形弹簧企业，它们的技术水平一直处于领先地位，机械化生产程度很高。国际市场对碟形弹簧的需求量更是与日俱增，对产品的质量要求也日益严格。那么，如何让我国碟形弹簧产业走出国门，与国外的碟形弹簧企业抗衡就显得更加迫切。

二、碟形弹簧自动化生产的必要性

目前，国内碟形弹簧的制造工艺简单，表面质量差，一致性不好，难以保证产品的使用寿命，这造成了国内企业生产的产品在市场占有率上的萎缩，不利于行业的发展。提高产品质量、碟形弹簧的生产效率，仅仅靠加大人力的投入肯定不能满足市场的需要。那么，实现自动化生产就是行业的首选方向。

三、碟形弹簧及其质量控制的简要分析

碟形弹簧是在轴向上呈锥形并承受负载的特殊弹簧。在承受负载变形后，储蓄一定的势能，当使用环境出现松弛时，碟形弹簧能释放部分势能以保持连接部位的压力要求。碟形弹簧的应力分布由里到外均匀递减，能够实现低行程、高补偿力的效果。碟形弹簧具备以下特点：①刚度大，缓冲吸振能力强，能以小变形承受大载荷，适合于轴向空间要求小的场合。②具有变刚度特性，这种弹簧具有很大范围的非线性特性。③同样的碟形弹簧依据不同的组合方式，使弹簧特性能在很大范围内变化。如可采用对合、叠合的组合方式，也可采用复合不同厚度、不同片数等的组合方式。④当叠合时，相对于同一变形，弹簧数越多则载荷越大。同时，碟形弹簧还具有行程短、负荷重、所需空间小、组合使用方便、维修换装容易、经济、安全性高及使用寿命长等特性。

碟形弹簧虽然具备以上各种特性，但是由于加工方法上存在的差异，产品尺寸偏差以及使用寿命也存在很大的区别，现具体分析如下：

1. 产品尺寸误差大的原因

（1）传统加工方法中先将产品制作成只有内、外径的平垫，然后成形到指定高度，经热处理后再强压至产品要求高度。从平垫加工到带有锥度的碟形弹簧时，外径产生了尺寸变大，内径产生了尺寸缩小。根据经验，不同的产品在制作平垫时需制定不同的尺寸要求。因为每次加工总是存在误差的，因此造成产品实际尺寸参差不齐。

（2）传统的热处理方式使得产品在整个过程中的热胀冷缩不一样，这也造成了产品尺寸的偏差。

（3）传统的成形、强压工艺，操作人员技术水平、有无使用工装夹具等也是直接导致产品尺寸偏差的重要因素。

2. 影响产品使用寿命的原因

（1）影响产品使用寿命的主要原因是热处理。热处理过程中产品内部的晶相组织未达到预定的状态，致使各项力学性能差，不能最大程度发挥产品的使用效果。

（2）影响产品使用寿命的次要原因是产品表面质量。如麻坑、车刀纹、倒角不一致、表面处理不合格以及产品尺寸偏差过大等因素都会影响产品的使用寿命。

因此，控制以上各项因素是提高碟形弹簧质量的前提条件。

四、碟形弹簧工艺分析

（1）制定新的工艺流程，适用于自动化生产。自动化生产工艺流程见图1。

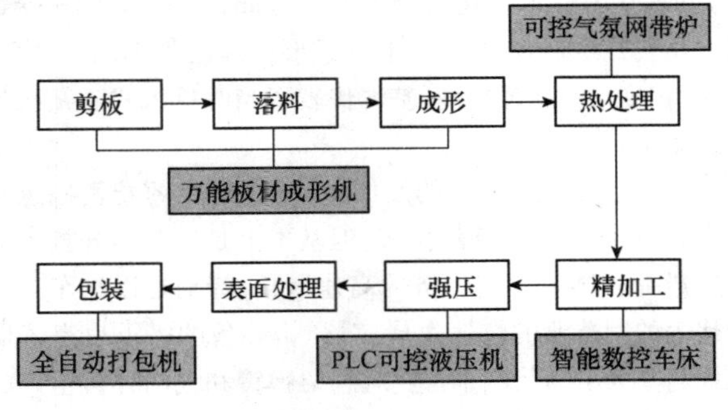

图1 自动化生产工艺流程

(2)针对设备选用及热处理工序进行讨论。①设备选用。成形是碟形弹簧设计及制造的重点部分，普通的成形方法(液压机成形)很难满足其要求。必须采用特殊的成形设备及成形方法，以保证其成形的一致性，并提高效率。目前欧美采用的全自动万能板材成形机，将送料、冲孔、切边、落料、成形各项功能复合于一体，一次成形即可达到工艺所需的尺寸，且效率很高。②热处理。新型工艺采用等温热处理方式，比传统的淬火和回火工艺能产生更优的力学性能。等温热处理后的金相组织均匀，成分主要是下贝氏体组织，它是一种强韧化组织，这种组织对碟形弹簧的尺寸和力学性能起到了强有力的保障作用。

(3)工艺流程上的精加工以及带夹具强压过程也能有效控制产品质量。产品热处理之后使用数控车床进行锥度加工可控制产品几何尺寸，有效去除表面脱碳层，并可通过带夹具自动强压过程有效控制产品高度上的一致性和平行度。

五、碟形弹簧自动化生产的基本思路

流水线自动化生产设备布置见图2。

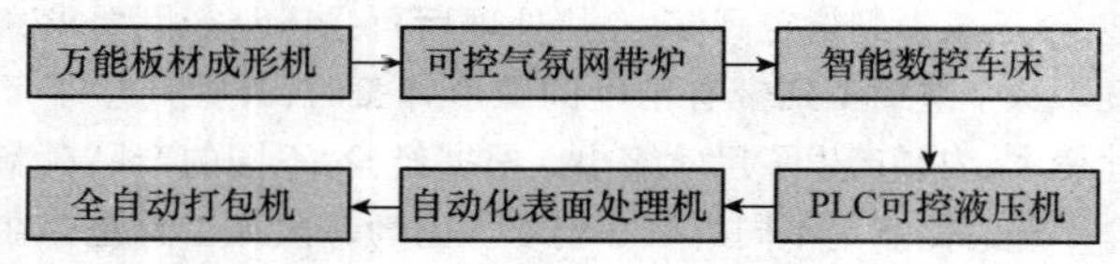

图2　流水线自动化生产设备布置

根据图2所示合理布置各类机器设备的位置，通过滑道和机械手连接产品在各设备中的移动过程，可保证产品生产过程中的一致性，使同批产品中的任一产品具有互换性。

自动化生产的基本思路是：首先，根据产品的实际规格尺寸调整万能板材成形机，使产品在内外径及厚度上均留有相应的余量，并成形至指定的高度；通过传送带连接，将成形好的产品转移到可控气氛网带炉里。其次，依据产品的材质、规格调整可控气氛加热炉、回火炉的温度及时间，使产品达到要求的力学性能；通过传送带连接，将热处理后的产品移送至智能数控车床内。然后，根据事先编制好的程序对产品进行锥度加工，保证产品各项尺寸；通过传送带连接，将精加工后的产品逐个转移至PLC可控液压机中；通过设定PLC控制器来调整产品需要的强压压力、次数及间隔时间；通过传送带连接，将强压后的产品转移至表面处理机内。最后，产品进入自动打包机，包装好产品。

六、结论

通过采用适用于自动化生产的新型工艺以及新型设备，由高技术人才操作及管理，促使我国碟形弹簧达到一个更高的水平，能够走出国门，与国外的产品相媲美，并在国际市场上占有一席之地。

〔撰稿人：上海核工碟形弹簧制造有限公司徐学敏、沈子建〕

我国卷簧设备的现状及与国外先进水平的差距

一、我国卷簧设备的发展现状

改革开放以前，我国的弹簧行业受国内制造业的发展限制，整体规模较小，技术水平很低。除少数军工企业引进国外的一些设备外，国内的卷簧机以洛阳机床厂生产的Z53系列为代表，其线径范围基本可满足当时国内生产企业的需求，但其精度及效率均与国外产品有较大差距。当时这种机型也仅为一些有实力的国营企业使用，是弹簧行业由手工制作发展到采用机械生产的一种标志。当时的洛阳机床厂是我国唯一的定点生产卷簧机的企业。

从20世纪80年代中期到90年代初期，洛阳机床厂先后从国外引进了原西德WAFIOS的FS系列(线径3mm以下)和日本奥野的CML系列(线径8mm、5mm)机械式卷簧机。虽仍是机械式卷簧机，但其成形原理已优于Z53系列，效率、精度均有明显提高，基本代表了当时机械式卷簧机的先进水平。

随着沿海地区经济的发展，一些小线径的卷簧机也在广东、福建等地开始建厂生产，但基本上是一些国外技术的“克隆”版。随着我国经济的高速增长，特别是以汽车工业为代表的制造业的快速发展，对弹簧装备的需求也有了明显提高。为了满足汽车行业对悬架弹簧和气门弹簧生产的更高要求，弹簧企业纷纷从国外引进了一些高端设备。引进产品以德国、日本及我国台湾地区的采用现代数控技术的多轴伺服电脑卷簧机为主，其在技术上大大领先。其中我国台湾生产的电脑卷簧机由于在技术上已接近欧洲、日本产品的水平，且价格相对更便宜，很快为用户接受，并在国内的“三资”企业和骨干企业中普及开来。

我国台湾生产的电脑卷簧机在市场上获得的巨大成功，吸引了国内的设备厂家很快跟进。由于国内企业不掌握核心技术，只是在硬件上测绘模仿，而操作系统直接向台湾公司购买，致使各厂家的产品独创的东西极少(也有企业在模仿中有了自己的专利技术)，除了外观上的细微差别外，整机性能大多雷同，因而市场上出现了“千机一面”的奇异现象。

这种技术引进吸收在初期让一些弹簧设备企业由“土炮”机一步迈进电脑卷簧机领域，上了一个大台阶，同时也为国内弹簧设备厂家培养了一大批从事电脑卷簧机研发、生产、调试的人才，为电脑卷簧机迅速在行业普及作出了极大的贡献。因为我国卷簧设备行业内大部分企业的产品无差别，导致价格战爆发，弹簧生产企业受益颇多。

目前国内企业已能生产线径在20mm以下的各种规格的电脑卷簧机。有些厂家的产品从外观、精度及稳定性方面已基本达到了我国台湾卷簧机的水平。由于人工成本低等优势，大陆生产的卷簧设备对我国台湾产品已造成明显的冲击，这也使国内弹簧生产企业有了更大的选择范围，国外产品的价格也因此有了较大的下降。由此来看，这种吸收引进技术的做法也为弹簧行业的装备现代化作出了积极的贡献。

二、我国卷簧设备与国外先进水平的差距

由于掌握资料有限，下面仅从所接触到的部分产品谈谈国内外产品存在的主要差距。

受市场规模的影响，国内一直没有大型有实力的装备生产企业进入卷簧设备行业。行业内现有的企业经济实力有限，大多缺乏开发和创新能力，只能跟在别人后边走这种模仿市场流行产品的路。这种做法虽然初期投入少，见效快，加之重视产品质量和售后服务，也能有不错的市场业绩，但对整个行业的发展十分不利。目前，行业内各企业真正在产品研发上投入的都不多，大多模仿别人的产品，这种状态与整个弹簧行业的发展是很不相称的，这种观念上的落后甚至比技术上的落后更可怕。

随着国内经济的快速发展，我国的制造业最近几年发展很快，从规模上已成为世界制造业大国。特别是汽车行业，持续保持两位数的增长率，终于在2010年以产销1 800万辆的骄人业绩勇夺世界第一。这一方面是由于美国这一老牌强国还没从金融危机中恢复元气，另一方面也说明我国在传统制造业这一重要领域的飞速发展。

汽车行业的快速发展对我国弹簧行业的拉动效应十分明显，国内弹簧行业面临着极好的“黄金”发展期。以国内几个重要区域内弹簧厂家的发展势头看，大多都在扩充产能，新增投资的需求十分强劲。与汽车行业配套的标志性产品悬架弹簧、气门弹簧生产线设备一直市场需求旺盛。面对用户的需求，卷簧设备的生产现状却不能尽如人意。国内卷簧设备产品在精度、效率、稳定性及自动化程度上还不能满足高端用户的要求。

改革开放以来，我国的弹簧行业在业内骨干企业的带动下，通过对引进设备、工艺的消化吸收，已经具有了生产一流产品的能力，在高端市场上也有较强的竞争力，并有一定的话语权。由此可以看出，我国卷簧机的设计制造水平与国外先进水平的差距远大于弹簧生产水平与国外的差距。我国卷簧设备的生产水平低下是整个行业的“短板”。特别是随着新兴的轨道交通、高铁的大量生产建设，必然会对弹簧的生产设备提出新的要求，而我国卷簧设备行业对此似乎还没有做好准备。

近年来，德国、日本以及我国台湾地区生产的卷簧机，由于不断融入最新科技，产品日臻完善，功能应有尽有。以WAFIOS的FUL系列（也是我国引进较多的系列）为例，该机型除具有可控制十二轴的操作系统、3D成像显示、方便的人机对话外，其切断方式可以方便地设置为直切、旋切、扭切和飞切，可以快速实现左、右旋的转化，可以任意设置水平螺距和垂直螺距。其小型号机的切断次数能达到不可思议的600～700次/min。由于其性能上的不可替代性，即使价格较高，但仍为用户接受。

由于多数企业的技术积累及加工手段尚不能达到精细化的要求，国产卷簧设备在精度和稳定性上尚难与国外机抗衡，特别是在高端市场上表现尤为明显。国产设备除精度差异外，采用不太先进的控制系统也严重影响了设备的生产效率和自动化程度。

目前，国内尚没有企业开发卷簧机专用的数控系统，国产电脑卷簧机大多采用台湾开发的控制系统。一方面由于台湾生产的控制系统距国际一流水平尚有不小的差距，另一方面由于市场竞争的原因，台商也不会把先进的控制系统卖给国内厂家，这使得国产卷簧机的性能与国外产品相比差距较大，这也是我国卷簧设备行业在这个领域没有掌握核心关键技术的必然结果。

随着我国由制造大国向制造强国的迈进和弹簧行业的快速发展，我国装备制造行业必须找准自己的发展方向。我国卷簧设备行业曾在极短的时间内完成了由低档机向高档机的升级，也应该在今后以自己的不懈努力来满足不断出现的新领域、新材料对装备行业的新要求。

我国卷簧设备行业既要用批量生产来降低产品的生产成本，也要开拓专业用户市场。专用设备的特点是高效简单，成本更容易为用户接受。行业在积累的基础上一定要生产出自己的东西，依靠国内的科研院所和高等院校开发国产的操作系统，使国内产品的自动化程度和高精度稳定性赶上国外的先进水平。我国卷簧设备行业应该尽快生产出自己的高档设备和可靠的生产线，这既是弹簧行业对我们的要求，也是装备制造业今后发展的必由之路。

〔撰稿人：洛阳机床有限公司押平新〕

大弹簧热处理（淬、回）设备现状及发展趋势

一、前言

本文主要介绍使用直径大于18mm的钢材所卷制的螺旋弹簧（以下简称大弹簧）的热处理（淬、回）设备，而对于钢材小于ϕ18mm的螺旋弹簧及板弹簧等热处理设备则从略。

二、大弹簧热处理设备现状

热卷圆柱螺旋弹簧的热处理工艺主要采用两种方式，一种是加热卷绕后利用余热直接淬火，再回火；另一种是加热卷绕之后，待弹簧冷却后再二次加热淬火并回火。根据热处理工艺方式的不同，相应使用的热处理设备也有所不同。下面就两种热处理工艺方式所使用的热处理设备现状分别加以阐述。

1. 加热卷绕后利用余热直接淬火、回火的热处理设备

此种热处理工艺过程为：加热→（卷绕）→均温（保温）→淬火→回火。现对各工序相应使用的热处理设备分别进

行叙述。

(1)加热设备。目前国内弹簧棒料的加热设备主要采用燃油炉、长条电阻炉、电感应加热设备及燃气炉等。

燃油炉主要通过燃烧柴油等介质直接加热棒料。这种加热方式耗能大、污染大、成本高,目前已逐步被电加热取代。

长条电阻炉是通过电阻丝加热棒料并保温一段时间。这种加热方式棒料温度均匀性好,为了减少棒料在加热过程中的氧化脱碳,一般须采取可控保护气氛等措施,弹簧的热处理工艺性能稳定、金相组织均匀、表面质量好,适用于高耐疲劳、高强度要求等高端技术要求的热卷弹簧,但成本高、效率低。

电感应加热设备是利用交变磁场产生涡流来直接加热棒料。这种加热方式加热速度快,氧化脱碳少,电耗大。由于感应加热的集肤效应,很难保证内外温度一致及棒料金相组织的均匀性,为此,现在有些电感应加热设备增加了加热后再均温的装置。目前国内已有厂家采用这种感应加热的方式,但国外厂家很少采用。

燃气炉主要通过燃烧天然气来加热棒料。这种加热方式可使炉内形成还原气氛,能效高、成本低、氧化脱碳少,是目前较理想的加热方式,在国外热卷簧的加热中已广泛使用。但由于天然气供应的紧缺,国内采用该加热方法的厂家还很少。随着我国天然气资源的不断开发和新能源战略的实施,将会对我国的能源结构产生重大影响,未来越来越多的厂家将会采用天然气加热设备,这也符合我国低碳环保的产业政策。

(2)均温设备。加热卷绕后,为了保证弹簧内外层温度的均匀性并达到淬火温度的规范要求(≤±10℃),一般需对带余温的弹簧进行均温处理。均温设备一般采用可控气氛电阻加热炉,也可通过其他适当措施进行均温处理,如对带余温弹簧进行保温处理。均温后将弹簧放入淬火液中进行淬火。

(3)回火设备。淬火后的弹簧须在规定时间内进行回火处理。目前国内采用的传统的回火设备主要有箱式电阻炉、台车电阻炉及井式电阻炉等,这些设备主要适用于多品种、小批量弹簧的回火处理。对于较大批量的弹簧回火处理,现在越来越多的厂家采用通道式连续回火炉,其具有效率高、质量好的优点。

2. 加热卷绕后,待弹簧冷却后再二次加热淬火并回火的热处理设备

此种热处理工艺过程为:(加热卷绕)→加热→淬火→回火,因是二次加热淬火,故卷绕加热设备不需再作介绍。现对淬火加热设备和回火设备分别进行叙述。

(1)淬火加热设备。普通弹簧的淬火加热主要采用箱式电阻炉。这种设备操作简单和维修方便,能满足淬火加热的一般工艺要求,但由于是在空气介质中直接加热,容易使弹簧表面产生氧化脱碳层,故重要弹簧不宜使用该种炉型。对于重要的、要求高的弹簧须采用保护气氛或可控气氛加热炉,这能有效地减少氧化脱碳,较好地保证金相组织的均匀性。

(2)回火设备。该热处理工艺方法所用的回火设备与加热卷绕后利用余热直接淬火、回火的热处理工艺方法所用的回火设备一样,在此不再重复介绍。

三、大弹簧热处理设备的发展趋势

以上讨论了目前大弹簧的两种热处理方法,即:

(1)传统方法。弹簧热成形冷却后,进入中温热处理设备中进行加热至淬火温度保温,完全奥氏体化后淬火+中温回火。

(2)创新方法。弹簧热成形后,保持弹簧形变细化的奥氏体组织,利用余热进行淬火+中温回火。

这两种方法生产的弹簧都已被广泛应用,且弹簧的使用性能和疲劳寿命都能满足规定的要求。创新方法减少了热处理的时间,节约能源,能避免重新加热的热应力导致的弹簧形状的变化,但工艺控制比传统方法复杂。随着热处理设备自动化程度的提高和热处理新方法的应用,这两种方法都有广阔的发展和改进空间。

1. 传统方法发展和改进的趋势

随着控制气氛加热炉的广泛应用和全自动热处理线的诞生,将中温加热炉设计成从低温到高温的分段连续控制气氛炉,其出口与传送带相连,将工件传送到淬火室冷却。该设备要相互连接贯通,实现全封闭自动控制。这种光亮淬火的方式,首先避免了弹簧表面的脱碳和氧化带来的表面缺陷,能极大地提高大弹簧的疲劳寿命;其次有效地减少因热应力而导致的弹簧形状变化。

2. 创新方法发展和改进的趋势

为解决余热淬火工艺的复杂性,可使工件在淬火前进入过渡保温箱,对其进行温度控制,或采用两区箱式保护气氛通道炉进行控温处理。该炉第一区为低温区,用于弹簧表面降温;第二区为控温区,为淬火温度控制区。弹簧表面降温后,在控温区,在外部加热和弹簧内部向表面传热过程中,弹簧表面温度达到与整体温度一致,再经与出口相连的传送带传送到淬火室冷却。

3. 淬火介质和回火的发展趋势

为了保证型号不同的大弹簧的冷却特性,目前普遍采用不同冷却曲线的淬火油来控制。随着时代的发展,高压气淬火法和减压油淬火法必成为发展趋势。高压气淬火法可通过调节冷却气压力得到不同的冷却速度,形成对应于不同大弹簧的冷却曲线。减压油淬火法,可通过调节油面压力,加上对应的消泡剂,得到不同的冷却速度,形成对应于不同大弹簧的冷却曲线。若将冷却介质(矿物)改为水溶性聚合物(用有机物和无机物等配制)介质则可降低污染,更加环保。为解决弹簧回火处理时弹簧高度变化、形状变化以及批量大小带来的选择回火炉的麻烦,将来应尽量采用数控三室以上的输送带式回火炉,将弹簧装入高强度底板料筐进炉回火,小批量可在单室里进行独立回火,大批量可多室贯通连续回火。

目前，我国还有不少弹簧制造企业由于各种原因仍然在使用性能老化、热损失大、热能利用率低的热处理设备，而使用技术含量及能效较高的热处理设备的企业还较少。我国弹簧技术水平和产品质量与国外先进水平相比尚存在不小差距，特别是高尖端的大型现代化热处理设备差距更大。为了满足对市场需求不断扩大的、高精度、高质量弹簧的需求，越来越多先进、节能环保的热处理设备将会被企业使用。

四、结论

经以上分析，对我国大弹簧热处理（淬、回）设备现状及发展趋势得出以下结论：

1. 热处理方式

（1）传统方法。弹簧热成形冷却后，进入中温热处理设备中进行加热至淬火温度保温，完全奥氏体化后进行淬火、中温回火。

（2）创新方法。弹簧热成形后，保持弹簧形变细化的奥氏体组织，利用余热进行淬火、中温回火。

2. 现状

目前这两种热处理工艺的设备已经不能完全适应生产高耐疲劳、高强度等动态弹簧的技术要求，特别是弹簧脱碳要求高的（<0.1mm）产品。

3. 趋势

加热将采用数控多通道步进连续式分级保护气氛加热方式，淬火将采用高压气淬火法和减压油淬火法，回火将采用数控三室以上输送带式回火方式。所以，现有的热处理设备都必须逐步进行更新，方能适应热卷弹簧不断提高的技术要求。

〔撰稿人：扬州弹簧有限公司朱更生、季兵、胡家骅〕

我国弹簧钢丝生产现状及发展趋势分析

近年来，我国弹簧钢丝生产的快速发展较好地满足了国内弹簧行业的发展需要。现将我国弹簧钢丝的生产情况和发展趋势加以介绍，供业界参考。

一、过去十年我国弹簧钢丝生产和市场情况回顾

1. 主要用户快速崛起给弹簧钢丝行业的发展带来良好机遇

首先，汽车行业的高速发展，拉动了国产弹簧钢丝特别是油淬火钢丝市场迅速扩大。

2001—2010 年，我国汽车销量增长了 7.62 倍，年均增长率为 24.74%。这十年间，除 2008 年增长率为 6.7% 以外，其余年份均以两位数增长，汽车销量的增长率是 GDP 增长率的 2 倍左右，这给弹簧行业发展带来机遇，同时也带来了我国弹簧钢丝特别是油淬火—回火弹簧钢丝发展的黄金时期。1994—2010 年汽车销量及增长率见图 1。

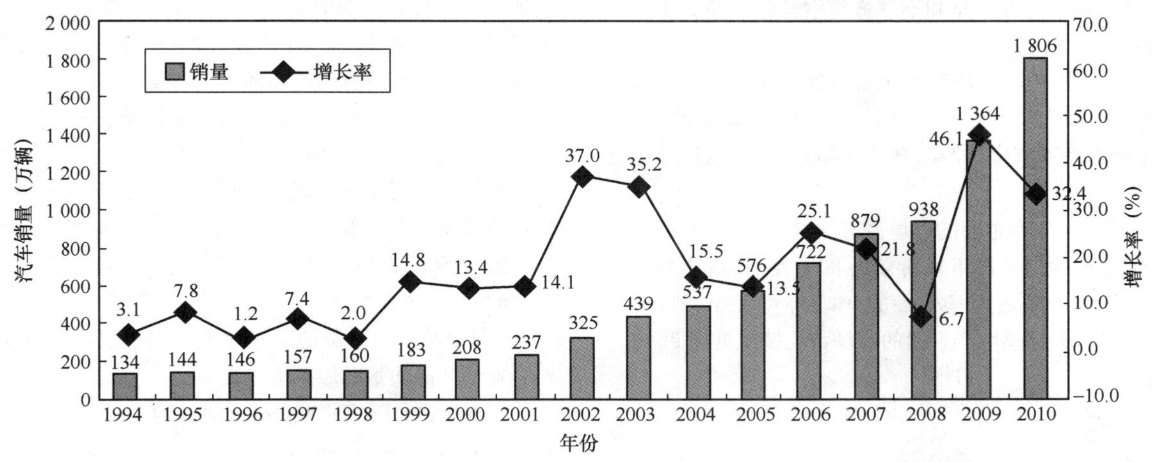

图 1　1994—2010 年汽车销量及增长率

其次，摩托车和电动自行车行业的持续发展也进一步扩大了弹簧钢丝的市场需求。

从 2001—2010 年摩托车产量增长情况看，2001 年摩托车产量近 1 000 万辆，2008 年迎来 2 769 万辆的最高水平，2010 年的产量为 2 669 万辆，十年增长了近 1.7 倍。但是，2008 年以后，摩托车产量有减少的趋势，2010 年比 2008 年减少了 3.6%。2001—2010 年摩托车产量统计见表 1。

表 1　2001—2010 年摩托车产量统计

年份	2001	2002	2003	2004	2005	2006	2007	2008	2009	2010
产量（万辆）	999	1 150	1 429	1 581	1 702	2 027	2 485	2 769	2 751	2 669

从自行车和电动自行车的产量增长情况看，2001—2010 年，自行车产量从 5 513 万辆增加至 8 159 万辆，电动自行车从 58.7 万辆增加至 2 954 万辆，分别增长了 0.48 倍和 49.32 倍。它们产量的增加给弹簧市场带来有利局面，直接

导致钢丝需求的快速增长。自行车和电动自行车的产量统计见表2。

表2　自行车和电动自行车的产量统计

年份	2001	2002	2003	2004	2005	2006	2007	2008	2009	2010
自行车产量(万辆)	5 513	6 874	7 452	7 296	8 043	8 500	8 713	8 764	7 606	8 159
电动自行车产量(万辆)	58.7	159.5	399.7	675.7	1 211	1 950	2 138	2 175	2 369	2 954

三是轨道交通的快速发展,对弹簧和弹簧钢丝的需求也迅速增加,进一步加快了弹簧钢丝市场的发展。

2. 弹簧钢丝市场需求的增加引领我国弹簧钢丝行业快速发展

首先,油淬火钢丝生产厂家由2000年前后的不足10家,快速发展到2010年的40家左右。其次,碳素弹簧钢丝生产企业也迅速崛起,产品从工艺上覆盖了生拉丝、铅淬火钢丝,从品质上覆盖了一般用途碳素弹簧钢丝、优质碳素弹簧钢丝和琴钢丝等产品。三是由于市场需求的扩大,全国弹簧钢丝产量出现大幅跃升,2010年全国弹簧钢丝总产量达到了百万吨左右的水平。

3. 过去十年我国弹簧钢丝生产企业的情况

(1)从生产弹簧钢丝的企业类型看,国内弹簧钢丝生产企业可以分为两类:本土企业和具有外资背景的企业。

(2)从生产装备情况看,油淬火—回火弹簧钢丝生产企业中,具有外资背景的一般是国外装备,国内企业除个别企业引进进口设备外,其余大部分企业都采用了国产装备,也有个别企业的关键设备采用了进口设备,其他设备由国内配套解决(如中钢制品院的钢丝探伤和盘条剥皮设备均是进口设备);碳素弹簧钢丝和不锈弹簧钢丝生产装备主要是国产装备。

(3)从生产钢丝的用途看,大部分钢丝生产企业是专业生产钢丝的工厂,其产品全部用于市场销售;部分企业自产自用;个别企业既有部分产品自用,同时也向市场供应弹簧钢丝产品。

(4)从钢丝生产企业的市场占有情况看,国内专业钢丝生产厂家生产的钢丝占市场份额的80%左右,自产自销类企业生产的钢丝约占市场份额的9%,外资企业产量约占11%左右。各类钢丝生产企业的市场占比情况见图2。

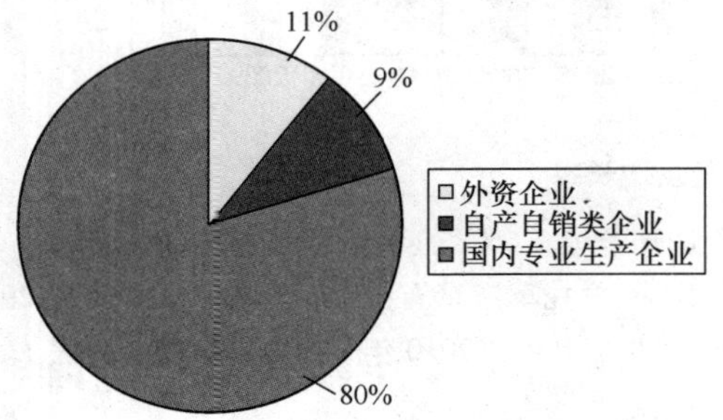

图2　各类钢丝生产企业的市场占比情况

4. 我国弹簧钢丝发展过程中面临的主要问题

(1)国内弹簧钢丝生产企业的产品质量尚不能很好地满足弹簧行业高端产品的需求。

(2)高端弹簧钢丝盘条还需要依赖进口。

(3)产品生产能力总体上已经供大于求,市场的过度竞争导致钢丝生产企业盈利能力下降,缺少发展后劲。

(4)弹簧材料成本占弹簧产品总成本的比例有上升趋势,使弹簧生产企业的利润空间总体上有降低的趋势。这一方面使弹簧钢丝生产企业面临着更加严峻的价格考验,另一方面也为弹簧企业选择性价比更优秀的国产钢丝提供了更多可能。

二、"十二五"期间我国弹簧钢丝行业发展趋势分析

1. 弹簧钢丝市场需求稳中有升,结构升级是市场的必然

从市场发展规律看,我国弹簧钢丝的发展在未来五年将主要体现在市场需求规模的扩大和产品结构的升级上,主要和以下几个因素有关。

(1)我国"十二五"期间的发展目标已经明确,GDP年均增长率为7%,这是弹簧钢丝行业发展的大前提。

(2)我国高端制造业的发展为弹簧行业持续向高端产品发展提供了可能。

(3)伴随着轿车进入家庭时代的到来,汽车的发展前景依然看好。据专家预测:到2015年,汽车产量预计在3 000万辆左右。有数据表明,我国弹簧行业的发展和汽车行业的发展呈正相关,随着汽车产量和保有量的增加,汽车弹簧市场总体将保持较好的市场环境。

(4)高端弹簧被国外垄断的局面将被打破,我国弹簧行业进入高端弹簧市场是市场的必然。

弹簧钢丝行业必将随着弹簧行业的发展而快速发展,以适应弹簧行业在数量、品种和质量方面不断发展的要求。

2. 弹簧行业的发展对弹簧钢丝生产企业提出了新要求,为其带来了新机遇。

(1)弹簧产品质量的高端化发展必然要求弹簧钢丝生产企业的产品质量和服务大幅提升。

(2)受成本压力影响,弹簧钢丝的国产化需求得到强化,为国内弹簧钢丝生产企业的市场拓展带来新的机遇。

(3)弹簧产品的轻量化设计需要钢丝材料质量级别的提升作保证。

(4)根据弹簧行业提高效率的要求,对钢丝盘重大型化以及提高钢丝绕簧性能、提高绕簧过程中的洁净化程度等要求会越来越高。

(5)高端弹簧产品的高应力、高疲劳寿命、高可靠性等特性必将对钢丝生产过程提出新要求,要求经过剥皮探伤处理的油淬火钢丝在弹簧产品中的比例会越来越高。

(6)对包装和运输、快速交货等服务要求会更加严格。

(7)对2 000MPa及以上强度级的油淬火钢丝新钢种的开发需求会更加迫切。

3. 高质量的弹簧钢丝要求有高质量的盘条相适应

(1)高应力弹簧呼唤具有自主知识产权的新钢种。积极缔结“钢厂—钢丝厂—弹簧厂—弹簧用户”产业链是完成这一使命不可或缺的工作。我国2 000MPa以上级别的钢种研发应当根据我国资源状况进行,必须而且也有可能另辟蹊径。

(2)碳素弹簧钢丝盘条应朝着含碳量和纯净度更高、表面质量和脱碳水平更好的方向发展,以适应弹簧越来越高的疲劳极限的设计要求。

(3)不锈钢弹簧钢丝盘条在满足不锈、无磁等性能要求的前提下,应当朝着减少合金元素的使用量和低成本化的目标发展。

4. 国产钢丝替代进口钢丝的条件更加成熟

(1)以剥皮、探伤技术的掌握和成熟使用为标志,我国个别企业已经掌握了高应力气门弹簧钢丝生产最为困难的技术,且经过实践证明是可以批量生产的。

(2)以在线喷丸和探伤修磨技术的应用为标志,国内生产2 000MPa级高强度悬架弹簧钢丝的努力即将成为现实。

(3)经过多年的品牌构建,部分国内油淬火钢丝生产企业的品牌将逐步被弹簧行业和下游弹簧客户所认可。

(4)弹簧钢丝生产企业在竞争中逐步成熟,已经具备为弹簧行业提供所需要的高、中、低端的各种钢丝的制造能力,可以为弹簧行业提供更好的服务。

(5)进口弹簧产品的技术、市场壁垒逐步被打破是总趋势,国产钢丝替代进口钢丝的市场环境会逐步改善。

随着我国弹簧钢丝行业的发展,选择合适的国产钢丝生产满足需要的弹簧将是我国弹簧生产企业的最佳选择。

〔撰稿人:中钢集团郑州金属研究院邱文鹏〕

质量与标准

2009—2012年弹簧行业标准化与质量工作概况

全国弹簧标准化技术委员会(以下简称标委会)是经国家质量监督检验检疫总局批准成立的全国弹簧行业的标准化技术归口组织。标委会委员由全国弹簧行业从事生产、使用、科研、管理等方面的专家组成。标委会在业务上受国家标准化管理委员会和中国机械工业联合会的领导和管理。标委会秘书处挂靠在中机生产力促进中心(该中心系机械科学研究总院全资子公司)。标委会的主要任务是负责全国弹簧行业的标准化技术归口及管理工作,与国际标准化组织 ISO/TC 227 弹簧技术委员会业务对口,ISO/TC 227 所涉及的业务范围均为标委会的业务范围,如:螺旋弹簧、钢板弹簧、蝶形弹簧、杆类弹簧、特殊弹簧,以及和这些产品标准配套的相关标准。

标委会成立于1999年,标委会代号是 SAC/TC235(SAC:国家标准化管理委员会)。2011年10月由国家标准化管理委员会批准成立了第三届全国弹簧标准化技术委员会。现将2009—2012年标委会开展的主要工作加以介绍。

一、召开国内标准化工作会议

2009—2012年,标委会共召开了19次国内标准化工作会议。2009—2012年国内标准化工作会议情况见表1。

表1　2009—2012年国内标准化工作会议情况

序号	时间	地点	会议名称	主要内容
1	2009.3	浙江海宁	国标制定工作组会议	讨论《座椅用蛇形弹簧　技术条件》标准草案
2	2009.3	浙江萧山	国标制定工作组会议	讨论起草国标《截锥形螺旋弹簧　技术条件》草案初稿
3	2009.4	江苏常州	热卷簧国际标准国内工作组第七次会议	(1)“硬度-强度”验证工作阶段性小结; (2)研究、论证“力特性”验证方案; (3)研究、论证“脱碳”验证方案; (4)“平行度、垂直度”理论验证情况介绍; (5)研究确定与欧洲专家技术交流的内容或问题; (6)下一步工作安排和确认
4	2009.6	吉林延吉	国标制定工作组会议	讨论起草国标《压缩气弹簧　技术条件》《可锁定　角调气弹簧　技术条件》征求意见稿
5	2009.9	浙江杭州	国标制定工作组会议	讨论起草《截锥形螺旋弹簧　技术条件》《蛇形弹簧　技术条件》国标送审稿
6	2009.10	浙江海宁	标委会年会	(1)总结2009年工作; (2)布置换届工作; (3)讨论2010年标准计划; (4)标准化工作培训,内容是产品标准编写应注意的问题,由国家标准化管理委员会审查部负责; (5)审查标准; (6)组织委员参加2009年全国弹簧行业新产品、新技术及科技信息交流、展示会
7	2010.4	北京	钢板弹簧国际标准项目立项论证会	分析目前我国钢板弹簧行业状况、技术能力、经费保障以及承担钢板弹簧国际标准提案的可能性等,讨论决定我国是否继续提出和承担钢板弹簧国际标准提案
8	2010.9	北京	热卷簧国际标准国内工作组第十二次会议	热卷簧国际标准DIS阶段,国际会前准备,初稿讨论,修改国外意见和参会相关说明

（续）

序号	时间	地点	会议名称	主要内容
9	2010.10	浙江杭州	2010年弹簧行业标准起草	讨论起草以下标准： 2010—0753T扁钢丝圆柱螺旋压缩弹簧； 2010—0754T截锥涡卷螺旋弹簧　技术条件； 2010—0755T耐高温弹簧 技术条件； 2010—0756T液压件圆柱螺旋压缩弹簧； 2010—0759T圆柱螺旋压缩弹簧　磁粉探伤方法； 2010—0757T圆柱螺旋弹簧　抽样检查； 2010—0758T圆柱螺旋压缩弹簧　超声波探伤方法
10	2010.11	浙江海宁	标委会年会	(1)审查国标草案《座椅用蛇形弹簧　技术条件》； (2)弹簧国际标准化工作汇报； (3)讨论2011年弹簧标准计划； (4)布置换届工作； (5)2010年标委会工作总结； (6)新标准宣贯及相关技术培训
11	2011.8	北京	2011年行标制修订工作会议	讨论起草以下标准征求意见稿： 2010—0753T扁钢丝圆柱螺旋压缩弹簧； 2010—0754T截锥涡卷螺旋弹簧　技术条件； 2010—0755T耐高温弹簧　技术条件； 2010—0756T液压件圆柱螺旋压缩弹簧； 2010—0759T圆柱螺旋压缩弹簧　磁粉探伤方法； 2010—0757T圆柱螺旋弹簧　抽样检查； 2010—0758T圆柱螺旋压缩弹簧　超声波探伤方法
12	2011.9	湖北武汉	标准工作组会议	重点修改行标《截锥涡卷螺旋弹簧　技术条件》《耐高温弹簧 技术条件》《扁钢丝圆柱螺旋压缩弹簧》的征求意见稿
13	2011.10	浙江杭州	标准工作组会议	重点修改行标《液压件圆柱螺旋压缩弹簧　技术条件》送审稿
14	2011.12	北京	标委会换届会暨三届一次会议	(1)审查行标草案《座椅用蛇形弹簧　技术条件》等8项标准； (2)2011弹簧国际标准化工作汇报； (3)2011年及第二届委员会工作总结； (4)标委会换届会议
15	2012.3	浙江杭州	《截锥形螺旋弹簧　技术条件》国标制定第三次工作会议	验证设计参数、公式及试验方法等
16	2012.5	浙江诸暨	《截锥形螺旋弹簧　技术条件》国标制定第四次工作会议	完善验证工作，讨论修改草案稿
17	2012.6	浙江杭州	《截锥形螺旋弹簧　技术条件》国标制定第五次工作会议	修改完善征求意见稿
18	2012.10	浙江杭州	标委会三届二次年会	(1)审查通过《截锥螺旋压缩弹簧　技术条件》标准草案； (2)钢板弹簧国际标准制定情况介绍； (3)通报承办2012年ISO/TC 227弹簧国际会议情况； (4)讨论通过2013年拟申报标准项目； (5)弹簧行业“国家三基规划”产业创新发展工程的实施方案和重点支持领域介绍； (6)2012年标委会工作总结
19	2012.12	江苏扬州	《稳定杆　技术条件》行业标准制定工作扩大会	听取有关企业、单位的意见，讨论标准起草内容与计划

二、经标委会审查通过的项目

2009—2012年标委会审查通过的弹簧标准化项目见表2。

表2　2009—2012年标委会审查通过的弹簧标准化项目

序号	标准级别	标　准　名　称	审查方式	时间	地点	代　替　标　准
1	国标	GB/T 25751—2010《压缩气弹簧　技术条件》	会审	2009	海宁	JB/T 8046.1—1996
2	国标	GB/T 25750—2010《可锁定气弹簧　技术条件》	会审	2010	海宁	
3	行标	GB/T 28269—2012《座椅用蛇形弹簧　技术条件》	会审	2010	海宁	
4	行标	《圆柱螺旋压缩弹簧　磁粉探伤方法》	会审	2011	北京	JB/T 7367—1994
5	行标	《扁钢丝圆柱螺旋压缩弹簧》	会审	2011	北京	JB/T 6653—1993
6	行标	《液压件圆柱螺旋压缩弹簧》	会审	2011	北京	JB/T 3338.1—1993，JB/T 3338.2—1993
7	行标	《耐高温弹簧　技术条件》	会审	2011	北京	JB/T 6655—1993
8	行标	《截锥涡卷螺旋弹簧　技术条件》	会审	2011	北京	
9	行标	《圆柱螺旋弹簧　抽样检查》	会审	2011	北京	JB/T 7944—2000
10	行标	《圆柱螺旋压缩弹簧　超声波探伤方法》	会审	2011	北京	JB/T 7367.1—2000
11	国标	《座椅升降气弹簧　技术条件》	会审	2011	北京	
12	国标	《冷卷截锥螺旋弹簧　技术条件》	会审	2012	杭州	

三、参加国际标准化活动

1. 制定国际标准项目

2009—2012年标委会制定的国际标准项目见表3。

表3　2009—2012年标委会制定的国际标准项目

序号	标　准　名　称	备　　注
1	ISO 11891—2012《热卷螺旋压缩弹簧　技术条件》	由我国承担项目组组长，由王德成副院长作为召集人，于2012年正式发布
2	ISO 18137—1《钢板弹簧　技术要求和试验方法》	由我国承担项目组组长，由陈欣教授作为召集人，目前在CD阶段

2. 参加国际标准制定工作组

2009—2012年标委会参加制定国际标准项目工作组情况见表4。

表4　2009—2012年标委会参加制定国际标准项目工作组情况

序号	标准工作组	中　国　专　家	承担国	备　　注
1	制定ISO 26909《弹簧术语》	王德成、姜膺、曹辉荣	日本	2009发布
2	制定ISO 26910—1《弹簧喷丸技术规范》	曹辉荣、姜膺	日本	2009发布
3	制定ISO 16249《弹簧符号》	曹辉荣、姜膺	日本	FDIS阶段

3. 国际交流活动

2009—2012年，标委会共参加ISO/TC 227国际年会4次，召开国内弹簧国际技术交流会2次，承办ISO/TC 227国际年会1次。2009—2012年标委会参加或举办的标准化会议情况见表5。

表5　2009—2012年标委会参加或举办的标准化会议情况

序号	时间	地点	会议名称	主　要　内　容	成　　果
1	2009.6	杭州富阳	中、英、德、法"热卷弹簧关键技术合作研究"交流会	（1）ISO 11891《热卷螺旋压缩弹簧　技术条件》项目组（我国承担该项目）向国外专家介绍了自泰国会议后，中方根据会议决议和各国意见所做的后续工作： 1）在国内专业生产热卷簧的企业中进行了关键技术指标的基础数据调查，并对数据进行了初步处理； 2）向国外工作组成员发放了调查表。收到了部分国家的回复； 3）依据泰国会议决议、调查结果，修改形成ISO 11891CD稿； 4）验证ISO 683—14中所列部分材料或与之近似材料的硬度与抗拉强度的对应关系。并进行了相应数据处理，找到一定的关系。希望外方专家补充其他材料牌号的验证；	在一些技术指标的理解与描述上达成了一致意见

（续）

序号	时间	地点	会议名称	主 要 内 容	成果
1	2009.6	杭州富阳	中、英、德、法“热卷弹簧关键技术合作研究”交流会	5）收集弹簧规格300余个，对其刚度要求、负荷公差进行统计，并进行刚度、负荷实物检测，对ISO 11891CD稿中特性进行验证； 6）结合各国对CD稿的反馈意见。对各国垂直度、平行度进行了对照，并进行了理论分析。做了部分产品的检测； 7）制定了脱碳验证方案，已在国内进行原材料、弹簧成品脱碳调查，还将进行部分脱碳验证试验。 （2）中、英、德、法专家共同就热卷簧关键技术指标进行了充分的讨论与交流	
2	2009.8	辽宁大连	中日“热卷弹簧关键技术合作研究”交流会	1. 项目负责人向与会代表介绍泰国会议后我方工作进展； 2. 项目负责人向日本专家介绍CD稿意见表的处理情况，介绍CD稿意见表的处理情况； 3. 与会代表就ISO/CD 11891中关注的内容进行交流	就以下8条达成一致： 5.2：端部形式； 7.2：弹簧直径偏差； 7.4、7.5：垂直度与平行度； 7.8：弹簧特性； 8.2：硬度； 8.3：脱碳； 附录A； 参考文献
3	2009.11	英国	第五届ISO/TC 227弹簧年会	（1）讨论通过国际标准在研项目； （2）讨论商务计划； （3）确定召开下届年会的国家和地点	一致同意由我国负责制定的ISO 11891《热卷螺旋压缩弹簧　技术条件》进入DIS阶段
4	2010.11	日本大阪	第六届ISO/TC 227弹簧年会	（1）讨论通过国际标准在研项目； （2）讨论商务计划； （3）确定召开下届年会的国家和地点	一致同意由我国负责制定的ISO11891《热卷螺旋压缩弹簧　技术条件》进入FDIS阶段
5	2011.11	意大利威尼斯	第七届ISO/TC 227弹簧年会	（1）讨论通过国际标准在研项目； （2）讨论商务计划； （3）确定召开下届年会的国家和地点	一致同意由我国负责制定的ISO 18137－1《钢板弹簧　技术要求和试验方法》项目立项； 一致同意由我国负责制定的ISO 11891《热卷螺旋压缩弹簧　技术条件》进入出版阶段
6	2012.11	陕西西安	第八届ISO/TC 227弹簧年会	1）讨论通过国际标准在研项目； 2）讨论商务计划； 3）确定召开下届年会的国家和地点	一致同意由我国负责制定的ISO 18137－1《钢板弹簧　技术要求和试验方法》项目进入CD阶段

四、其他技术合作服务

2009—2012年，标委会为委员单位提供标准化、技术、信息、培训等各项服务10余种，以及各类技术咨询服务。与标准出版社等单位合作，出版了弹簧标准汇编、弹簧论文集、弹簧信息大全等资料。2009—2012年出版的书籍见表6，2009—2012年标委会举办的活动见表7。

表6　2009—2012年出版的书籍

序号	书 籍 名 称	合 作 单 位	时 间
1	零部件及相关标准汇编——弹簧卷（上、下）	中国标准出版社	2009
2	2010年弹簧论文集	《机械工业标准化与质量》杂志	2010
3	2012年弹簧论文集	《机械工业标准化与质量》杂志	2012

表7　2009—2012年标委会举办的活动

序号	培训、活动名称	协办单位	时间
1	2009年全国弹簧行业新产品、新技术及科技信息交流、展示会	浙江飞力五金弹簧有限公司	2009
2	弹簧系列培训之六：新标准宣贯及相关技术培训		2010
3	2011年全国弹簧行业新产品、新技术及科技信息交流、展示会	东莞开创精密机械有限公司	2011
4	弹簧系列培训之七：悬架弹簧喷丸与疲劳寿命及弹簧断裂失效的断口分析培训	江苏大奇集团有限公司	2012

五、标准目录

截至2012年年底，弹簧标委会共制修订弹簧国家标准24项，行业标准18项。弹簧国家标准目录见表8，弹簧行业标准目录见表9。

表8　弹簧国家标准目录

序号	标准号	标准名称
1	GB/T 1805—2001	弹簧术语
2	GB/T 1239.1—2009	冷卷圆柱螺旋弹簧技术条件　第1部分：拉伸弹簧
3	GB/T 1239.2—2009	冷卷圆柱螺旋弹簧技术条件　第2部分：压缩弹簧
4	GB/T 1239.3—2009	冷卷圆柱螺旋弹簧技术条件　第3部分：扭转弹簧
5	GB/T 23934—2009	热卷圆柱螺旋压缩弹簧　技术条件
6	GB/T 23935—2009	圆柱螺旋弹簧　设计计算
7	GB/T 1973.1—2005	小型圆柱螺旋弹簧　技术条件
8	GB/T 1973.2—2005	小型圆柱螺旋拉伸弹簧　尺寸及参数
9	GB/T 1973.3—2005	小型圆柱螺旋压缩弹簧　尺寸及参数
10	GB/T 2088—2009	圆柱螺旋拉伸弹尺寸及参数
11	GB/T 2089—2009	圆柱螺旋压缩弹簧（两端并紧磨平或制扁）尺寸及参数
12	GB/T 16947—2009	螺旋弹簧疲劳试验规范
13	GB/T 19844—2005	钢板弹簧
14	GB/T 2940—2005	柴油机用喷油泵、调速器、喷油器弹簧技术条件
15	GB/T 1972—2005	碟形弹簧
16	GB/T 13828—2009	多股圆柱螺旋弹簧
17	GB/T 1358—2009	圆柱螺旋弹簧尺寸系列
18	GB/T 28269—2012	座椅用蛇形弹簧　技术条件
19	GB/T 24471—2009	串簧机　技术条件
20	GB/T 24473—2009	数控卷簧袋装机　技术条件
21	GB/T 24472—2009	数控袋装弹簧胶粘机　技术条件
22	GB/T 24470—2009	中凹形弹簧数控卷簧机　技术条件
22	GB/T 25751—2010	压缩气弹簧　技术条件
23	GB/T 25750—2010	可锁定气弹簧　技术条件

表9　弹簧行业标准目录

序号	标准号	标准名称
1	JB/T 6655—1993	耐高温弹簧技术条件
2	JB/T 6653—1993	扁钢丝圆柱螺旋压缩弹簧
3	JB/T 6654—1993	平面涡卷弹簧　技术条件
4	JB/T 7366—1994	平面涡卷弹簧设计计算
5	JB/T 8584—1997	橡胶—金属螺旋复合弹簧
6	JB/T 9129—2000	$60Si_2Mn$ 钢螺旋弹簧　金相检验
7	JB/T 10416—2004	悬架用螺旋弹簧　技术条件
8	JB/T 10417—2004	摩托车减震弹簧　技术条件
9	JB/T 10418—2004	气弹簧设计计算

（续）

序号	标　准　号	标　准　名　称
10	JB/T 3338.1—1993	液压件圆柱螺旋压缩弹簧　技术条件
11	JB/T 3338.2—1993	液压件圆柱螺旋压缩弹簧　设计计算
12	JB/T 8046.1—1996	压缩气弹簧
13	JB/T 8046.2—1996	可锁定气弹簧
14	JB/T 7367.1—2000	圆柱螺旋压缩弹簧超声波探伤方法
15	JB/T 7367—1994	圆柱螺旋压缩弹簧　磁粉探伤方法
16	JB/T 10591—2007	内燃机　气门弹簧　技术条件
17	JB/T 10802—2007	圆柱螺旋弹簧喷丸　技术规范
18	JB/T 7944—2000	圆柱螺旋弹簧　抽样检查

六、“十二五”期间标准新增项目

在上级主管领导部门的正确领导下，在全国弹簧标准化技术委员会成员单位的大力支持下，在弹簧行业骨干企业的积极支持参与下，弹簧标准化工作取得了令人瞩目的成绩。截至2012年12月底，已发布弹簧国家标准24项、行业标准18项。这些标准涵盖了国民经济建设各领域，形成了完整的弹簧标准化体系。这些标准促进了装备制造业的进步与发展，促进了弹簧产品的技术进步与发展，对弹簧质量的提高起到了十分关键的技术保障作用。

在“十二五”期间，弹簧标委会将按照国家发展纲要，按照机械基础件、基础制造工艺及基础材料“十二五”发展规划，按照弹簧标准化体系建设的要求，积极做好弹簧国标、行标的制修订工作，积极参与国际标准的制修订工作。力争在做好国内标准的同时，再提出一个弹簧国际标准提案。

“十二五”期间拟新增弹簧标准项目见表10。

表10　“十二五”期间拟新增弹簧标准项目

序号	标　准　名　称	拟立项年份	标准级别	标准类型
1	油封弹簧	2013	行业标准	产品标准
2	波形弹簧	2013	国家标准	产品标准
3	冰箱压缩机用减震弹簧	2013	国家标准	产品标准
4	弹簧喷丸丸粒　技术条件	2013	国家标准	产品标准
5	轿车稳定杆弹簧	2013	行业标准	产品标准
6	轿车行李箱扭杆弹簧	2013	行业标准	产品标准
7	弹簧术语	2014	国家标准	基础标准
8	弹簧符号	2014	国家标准	基础标准
9	气弹簧　尺寸系列	2014	国家标准	基础标准
10	螺旋弹簧残余应力测试规范	2014	国家标准	方法标准
11	冷卷圆柱螺旋弹簧检测规范	2014	国家标准	方法标准
12	复合材料钢板弹簧	2015	行业标准	产品标准
13	扭杆弹簧　技术条件	2015	行业标准	产品标准
14	弹簧磨簧机技术条件	2015	行业标准	产品标准
15	弹簧负荷分选机技术条件	2015	行业标准	产品标准
16	悬架用螺旋弹簧　技术条件	2015	行业标准	产品标准

〔撰稿人：全国弹簧标准化技术委员会姜膺〕

大 事 记

2009—2012 年弹簧行业大事记

2009 年

1 月

月内 根据国家工业和信息化部的要求，由中国机械通用零部件工业协会弹簧分会（简称弹簧分会）秘书处于2009年年初负责起草了基础零部件（弹簧）振兴实施方案，提出了四项需要得到国家支持的建议。

4 月

18 日 在浙江嵊州召开了弹簧分会第六届行业代表大会暨换届选举大会。会议审议通过了第五届弹簧分会理事会工作报告。中国机械通用零部件工业协会（简称总会）理事长刘元杰出席会议并讲话。会议选举产生了南弹公司等41家会员单位为第六届分会理事单位，杭弹公司等8家为副理事长单位，中弹公司为理事长单位。

月内 在2009年4月、7月、10月分别在浙江嵊州、江苏扬州和上海市召开了弹簧分会六届一次、二次、三次理事会，对弹簧分会新一届理事会的工作机构进行了重新设置，成立了行业培训、技术标准、对外交流、弹簧材料、弹簧装备以及经费审查六个工作委员会，并对其工作条例及成员进行了审议。

7 月

月内 弹簧行业职业技能鉴定分中心着手开展《弹簧工》和《弹簧检查工》国家职业标准的起草及修改工作，并先后于2009年7月和10月召开了初审、终审会议，对两个职业标准予以审议通过，并且上报机械行业职业技能鉴定指导中心。同时启动教材及大纲的编写。弹簧分中心受到了机械行业职业技能鉴定指导中心的表彰。

月内 恢复了《弹簧工程》的出版工作，并通过了上海市新闻出版局的年审。

8 月

月内 国家标准化委员会批准发布了包括拉伸弹簧、压缩弹簧和扭转弹簧在内的冷卷圆柱螺旋弹簧技术条件、热卷圆柱螺旋压缩弹簧技术条件、螺旋弹簧疲劳试验规范等十个技术标准。完成了国标制定计划项目2项。

9 月

月内 弹簧行业“第十七届职工政治思想工作暨企业文化研讨会”于2009年9月在福建省厦门市立洲集团有限公司举行。

11 月

月内 在英国召开了ISO/TC 227国际弹簧年会，全国弹簧标准化技术委员会派员参加。会议期间，热卷簧国际标准被批准进入DIS阶段。

月内 两年一届的弹簧行业“2009年全国弹簧行业新产品、新技术及科技信息交流、展示会暨全国弹簧标准化技术委员会成立十周年纪念大会”举行。

月内 意大利弹簧协会访华团先后参观访问了上海中国弹簧制造有限公司、上海中炼线材公司、杭州兴发弹簧有限公司、杭州弹簧有限公司、宝钢股份特殊钢分公司等企业，并和弹簧分会进行了交流座谈。

12 月

月内 经过弹簧分会各有关企业的推荐，总会批准，中弹公司、浙江美力、洛阳机床报送的三个项目获2009年度创新产品特等奖，上海核工等五家企业报送的五个项目获创新产品优秀奖。

2010 年

3 月

月内 《弹簧工程》于2010年3月复刊，编号为总第80期。《弹簧工程》于1983年创刊。

25—27 日 “弹簧分会行业培训委员会（扩大）会议”在杭州浙江宾馆召开。会上介绍了《弹簧工》《弹簧检查工》国家职业标准起草、审核、修改、终审的经过；会议确定了2010年行业的培训工作计划，并对《弹簧工》和《弹簧检查工》培训大纲和教材的编撰工作进行了研讨。

4 月

月内 国家人力资源部和社会保障部办公厅发出通知，由弹簧行业职业技能鉴定分中心负责编制的《弹簧工国家职业技能标准》和《弹簧检查工国家职业技能标准》获得批准并予以颁布实施。

6 月

12 日 来自全国各地的近 300 名弹簧行业的企业家、专家、学者以及有关人员云集上海松江，借上海世博会的无限风光，召开了“2010 年全国弹簧分会年度会议”。同时，还举行了“全国弹簧行业第十九届政研会暨企业文化研讨会”“第十三届全国学术会”“第十一届全国弹簧实效分析讨论会”以及“第七届海峡两岸弹簧专业研讨会”。各方代表齐聚一堂，共同交流、商讨进一步发展我国弹簧工业的大计，相互沟通探索各自在弹簧行业经营管理、开发研究中的成就和经验，获取行业发展的新信息，寻找新机遇。上海核工碟型弹簧有限公司为本次会议的东道主，为与会人员提供了全方位的服务。与会代表还参观了上海世博会。

10 月

25—28 日 由中国机械通用零部件工业协会主办的“2010 年亚洲国际动力传动与控制技术展览会，暨国际机械传动与零部件及制造设备装备展览会（PTC ASIA - MTPE）”在上海新国际博览中心隆重举行。与弹簧、紧固件等行业相关的展商主要集中在 E2 馆区。中弹公司、钱江弹簧、扬州核威、上海核工、日美科技等参加了展览会。

11 月

5—12 日 在日本大阪召开了 ISO/TC 227 国际弹簧会议，来自中国、英国、德国、法国、意大利及美国等 12 个国家的 45 名代表出席了会议。我国弹簧标委会主任委员、中国项目负责人王德成（机械科学研究总院副院长）率领的由秘书处和国内 10 家单位的 16 名专家组成的代表团参加了会议。会后对当地弹簧企业进行了参观考察。

20 日 弹簧行业“首届弹簧工中级工考前培训班（试点）”正式开班。参加培训班的有来自中弹公司、杭弹公司的 62 名员工。杭弹公司、中弹公司的领导参加了开班式。学员先后经过为期三个多月应知应会的培训，都通过了考核鉴定，取得了行业中首批弹簧中级工的职业资格证书。本期培训班为今后行业开展职业资格鉴定积累了一定的经验。

23 日 “弹簧技术创新联盟成员大会暨弹簧行业节能减排工作会议”在浙江省桐庐市召开。来自弹簧行业企业及有关方面的专家 53 人出席了会议。会议介绍了国家对零部件产业未来发展的政策和零部件行业的经济形势，主要是重视可持续发展，大力提倡制造业节能减排，并介绍了国家科技支撑计划课题《装备制造行业节能减排技术筛选与评估》。

24 日 在浙江桐庐召开了 2010 年弹簧行业标准制修订工作会议。

12 月

19—21 日 弹簧标委会在浙江海宁召开了二届六次会议暨弹簧新标准宣贯及相关技术培训会。弹簧标委会联合弹簧协会培训委员会针对 2009 年颁布的 10 余项新标准和相关技术进行了宣贯和培训。

月内 以中国弹簧专业协会 - 对外交流委员会主任委员林炳辉为团长的一行 15 人于 11 日出发前往韩国开始为期 7 天的访问、考察。先后访问参观的有韩国高丽商事株式会社（KOS）、韩国高丽制钢株式会社（KIS）、Samsol 三松模具弹簧等企业。

23 日 弹簧分会于 23 日在浙江杭州举行了理事长工作会议。会议听取了各专业委员会秘书处所作的专业委员会 2010 年工作汇报以及 2011 年的工作安排；听取了行业职业技能鉴定分中心的工作汇报；会议还听取了关于 2010 年创新产品推荐情况的报告。

月内 弹簧行业 20 个项目获得中国机械通用零部件工业协会评选的“2010 年度创新产品”称号。

2011 年

1 月

月内 中弹公司、杭弹公司被中国机械工业联合会授予“高技能人才培养基地”称号。

4 月

14—17 日 弹簧分会六届五次理事会在安徽省芜湖市举行。会议听取审议了分会理事会工作汇报；听取了各专业委员会及职业技能鉴定分中心的工作报告；会议以无记名方式投票增选了上海核工、天津机车、哈尔滨弹簧、扬州核威四家企业作为总会的增补理事单位。

5 月

月内 弹簧分会设备委员会在洛阳召开了装备委员会全体会议，听取行业内部专业人士对装备委员会工作的指导意见，并开展了专题讨论，提出了今后发展和努力的方向，以促使弹簧装备业又快又好发展。

6 月

18 日 弹簧行业第五届弹性装

置委员会及第六届弹簧失效分析委员会第一次会议召开。会议总结了第五届委员会的工作，讨论确定了新一届委员会的工作。

19—21日 由全国标准化技术委员会、机械工业通用零部件质量监督检测中心等单位发起召开的“2011年全国弹簧行业新产品、新技术及科技信息交流展示会”在广东省东莞市举行。本次会议的主题是：倡导节能减排，推动技术创新，提升弹簧产业水平。

20日 来自我国、日本弹簧界的26名代表在广东省东莞市举行了“钢板弹簧技术研讨会”。日方介绍了日本钢板弹簧标准（JIS B 2710），中日双方就此项标准和板簧的其他技术问题进行了交流。会议发表了双方交流的会议纪要。

9月

22—24日 华德弹簧有限公司在广东省广州市举行了“第二十届政研会暨企业文化研讨会”，来自24家企业的近40名代表参加了本次年会。各单位围绕企业党建工作、思想政治工作、企业文化建设等踊跃选送了33篇质量较高的论文和文章，并在会上进行了交流，会后出版了专辑。

23日 由欧洲弹簧同盟主办的“第六届世界弹簧工业大会”在法国巴黎召开。出席此次大会的代表来自全世界主要的弹簧制造国家地区和联盟组织，还有从事研究弹簧技术的一些知名大学、研究机构以及世界主要的材料、设备等相关企业。欧洲诸国、美国、日本、中国、韩国、巴西、印度、墨西哥、澳大利亚等国家的主要弹簧制造企业都悉数到场，弹簧分会和全国弹簧标准化技术委员会的代表张俊、林炳辉和潘宏应邀首次出席了此次会议。张俊应邀向大会作了“中国弹簧工业及制造企业态势”的报告。张俊的发言获得了论坛主持者和众多出席者的好评，为中国弹簧制造企业走向世界奠定了一定的基础，展示了中国弹簧制造业快速崛起的形象。

23—24日 在顺利完成《钢板弹簧技术条件与试验方法》新工作项目申报工作的基础上，为扩大我国板簧行业的影响，弹簧标委会应欧洲弹簧联盟（ESF）的邀请，派弹簧标委会余方副秘书长、中国汽车技术研究中心陈欣博士（板簧项目负责人）参加了在巴黎召开的第六届国际ESF弹簧会议。

10月

23日 弹簧分会六届六次理事会在湖北省武汉市举行。会议听取了分会副理事长、湖北鑫宝马有限公司董事长马宝禄关于“2011年弹簧分会年度会议”筹备情况的报告和分会秘书长潘宏关于年度会议议程安排的报告，经过审议，同意本次年会的工作安排。

24—25日 “弹簧分会2011年年度会议”在湖北省武汉市举行。湖北鑫宝马弹簧有限公司承办了这次会议。参加这次年会的有来自全国各地的弹簧分会的近百个会员单位和有关企业的190多名代表。弹簧分会理事长、上海中国弹簧制造有限公司总经理邹定伟向大会作了题为“弹簧行业面临的形势和关注的问题”的主题报告，分会三个专业委员会向大会作了专题报告。

25—28日 由中国机械通用零部件工业协会与德国汉诺威展览公司合作举办的一年一度的“2011年亚洲国际动力传动与控制技术展览会暨国际机械传动与零部件及制造装备展览会（PTCasia—MTPE）”在上海新国际博览中心举行。上海中弹、上海核威、扬州核威、钱江弹簧、美力科技、浙江万能、浙江金昌、浙江之江、大丰大奇磨料、济南试金、盐城海旭、上海兴科、上海春名等20余家企业带来了近年来研发的新产品、新品种与广大参观者见面，引起了观众广泛的兴趣。

月内 负责《国家职业大典》修典工作的弹簧调研专家小组成立。

11月

10—18日 全国弹簧标准化技术委员会主任委员（机械科学研究总院副院长）王德成率领12家弹簧企业、科研单位的17名代表赴意大利，参加了在威尼斯举办的第七届ISO/TC 227年会。我国有关专家参加了由日本负责的ISO 16249《弹簧符号》国际标准项目组会议。与会代表通过了由我国负责的ISO/FDIS 11891《热卷螺旋压缩弹簧　技术条件》修改稿，同意该稿进入出版阶段。会议还通过了我国提出的《钢板弹簧　第1部分：技术要求和试验方法》新提案项目。

12月

月内 王仁智教授、研究员撰写的《金属材料的喷丸强化与表面完整性论文集》由中国宇航出版社出版发行。

2012年

3月

6日 由德国Zwick/Roell、WAFIOS AG集团、IMESS公司和弹簧分会在上海联合举办了“德国弹簧工业技术介绍会”，来自弹簧分会、弹簧学会以及弹簧行业企业的专家和有关人员80余人参加了本次介绍会。

22—30日 弹簧分会外委会组织会员单位一行33人赴意大利、瑞士和德国进行参观访问。在意大利重点参观了Vally弹簧厂及OMCG设备制造厂，在德国参观了2012年杜塞尔多夫国际线材展以及世界闻名的斯图加特奔驰汽车博物馆，

4月

6日 弹簧分会的技术标准化委

员会、培训委员会和职业技能鉴定分中心在苏州江苏神王集团举行了工作联席会议，来自行业有关企业的30多名代表参加了会议。会议审议并通过了由行业18家企业推荐的上报总会的28个创新产品项目，还讨论通过了由扬州核威碟型弹簧有限公司为主起草的《齿面安全垫圈技术要求》和由杭州兴发弹簧有限公司为主起草的《汽车离合器减振弹簧技术条件》两份技术文件。

6日 弹簧分会六届七次理事会召开。来自弹簧分会的34家理事单位的董事长、总经理或者有关负责人出席了本次理事会。中国机械通用零部件工业协会常务副理事长王长明参加了会议并作了指示。弹簧分会对外交流委员会、技术标准委员会、培训委员会等专业委员会和职业技能鉴定分中心在会上就相关工作作了专题报告。

24日 在总会召开的五届三次理事扩大会议上，弹簧分会的扬州弹簧有限公司、天津机辆轨道交通装备公司等16家企业的28个项目受到表彰，被授予“创新产品”称号。

5月

12—14日 弹簧学会弹簧失效分析与预防专业委员会和弹性专置专业委员会联合全国弹簧标准会技术委员会、弹簧分会培训委员会在江苏大丰市举办了“弹簧疲劳、断裂分析培训交流会”。会议由王仁智教授主讲“弹簧切断型模式的早其疲劳断裂与提高其疲劳抗力的途径”，并进行了典型案例的剖析。

6月

9—10日 由机械工业职业技能鉴定指导中心主办，上汽分中心和弹簧分中心联合协办的“2012年机械行业特有工种职业技能鉴定考评员、管理员培训班”在上海汽车工业培训中心举行，有200多人参加了培训。其中弹簧行业共有杭弹等14家企业的43名学员参加了这一期培训班，并分别取得了相关资格证书。

11—14日 由中国机械工程学会失效分析分会喷丸技术专业委员会和材料分会残余应力专业委员会主办、上海(昆山)开信机械制造有限公司承办的“第二届全国喷丸技术学术会议”在江苏省昆山市召开。来自国内外68家单位的共125名代表参加了本次学术交流会。会议共收到学术交流论文73篇，宣读论文28篇。

22日 弹簧分会第二次理事长会议在山东省济南市园博园召开。会议根据工信部、总会关于落实“十二五”机械工业发展规划及推出一批涉及基础零部件、基础工艺、基础材料的“三基项目”要求，认真审议了中弹、杭弹、钱江、华德、大连、北车等企业上报的12个项目，会议原则同意将其上报总会。会议还讨论了其他事项。

7月

29日 华南地区“首届弹簧初级工考前培训班”(弹簧行业“第四期弹簧初级工考前培训班”)在广州华德培训中心开班。学员来自于广州华德汽车弹簧有限公司、珠海隆鑫科技有限公司、佛山名奥弹簧开发有限公司、广州自强五金制品有限公司，共计42人。

8月

25—30日 由弹簧行业职业技能鉴定分中心会同弹簧分会培训委员会主办、济南时代试金仪器公司承办、山东汽车联美公司协办的弹簧行业“第一期弹簧检查工(中级)考前培训班”在济南举办。本次共有30家企业的61名弹簧检查工参加了培训和考核。

9月

21日 全国弹簧行业“第二十一届政研会年会暨企业文化研讨会”在天津维多利亚大酒店举行，参加本次年会的有来自弹簧行业30家企业的40多名代表。大家围绕本次年会的主题展开了讨论。就“如何建立加强对高素质的员工队伍的培育机制”和“如何加强对劳务派遣工的管理和培养”介绍了各自的做法。

10月

17—18日 全国弹簧标准化技术委员会三届二次会议在浙江杭州召开。会议审查了国标《截锥形螺旋弹簧 技术标准》送审稿；讨论了2013年拟列入标准项目的计划；介绍了钢板弹簧国际标准制定情况；听取了中机联生产力促进中心系统所方杰所长关于国家“三基”规划的报告；会议总结了2012年标委会工作，并对2013年标委会工作重点进行了展望和要求。

25日 弹簧分会六届八次理事会于25日晚在重庆市天来大酒店举行。出席会议的有弹簧分会的36家理事单位的代表。总会常务副理事长兼秘书长王长明参加了此次会议，并在会议结束时作了重要讲话。

会议听取了关于2012年弹簧分会年会筹备情况的汇报，会议听取了弹簧分会2012年的工作汇报和2013年分会工作的初步安排，讨论审议通过了《关于加强分会理事会建设的意见》，听取审议了《分会会费缴纳和使用情况的报告》，听取了秘书处关于发展新会员的报告。

26日 2012年弹簧分会年会在重庆市召开，来自各地的弹簧行业的近170家企业的220多名代表参加了会议。总会常务副理事长兼秘书长王长明出席了会议并作了重要讲话。本次年会听取了潘宏秘书长受弹簧分会理事长、中弹公司总经理邹定伟的委托向大会作的工作报告，还听取了中弹公司总工程师张俊作的“中国汽车悬架弹簧产业概况及产品技术主要发展趋势”的专题报告和弹簧行业技术标准化委员会秘书长姜膺作的“发挥标准化作用,助力企业技术进步”的专题报告。会议还以论坛的形式,请四家企业就管理创新、技术创新进行了交流。一些企业在会上推介了新产品。

29日—11月2日 “2012亚洲国际动力传动与控制技术展览会”在上海新国际博览中心隆重举行,来自国家有关方面和全国各地行业协会的领导、专家学者、媒体记者和海内外嘉宾共300余人莅临展会的开幕式。中弹公司、杭州弹簧、钱江弹簧、兴科弹簧、金狮集团等弹簧行业企业参加了展览会。

30日 由弹簧分会对外交流委员会组织的“外商独资弹簧制造企业联谊会”在上海中弹公司举行,参加会议的有三家外资企业的总经理。会议介绍了弹簧分会的组织架构、开展的相关活动及发挥的作用,介绍了行业开展弹簧工职业技能鉴定的工作情况。会议决定筹建“弹簧分会外商投资企业联谊会”,定期交流、探索企业的技术发展、管理创新的趋势和问题。

30日 来自弹簧行业的30多家企业的老总及有关嘉宾约40余人到中弹公司参观指导工作。总会王长明常务副理事长等也一起进行了参观指导。来宾们先后参观了公司新落成的技术中心及有关分厂,听取了公司总经理邹定伟介绍的中弹公司近年来的创新、发展情况,邹定伟代表中弹公司对总会和行业各企业对中弹公司的支持表示感谢。大家还对感兴趣的问题进行了交流和探讨。来宾们在交流中提出了一些问题,中弹公司的领导都一一作了回答和介绍。

11月

9—15日 弹簧分会对外交流委员会率领由弹簧行业相关企业22人组成的代表团赴台进行了为期7天的交流考察。在台期间参访了台中逸升机械有限公司和高雄自如行自动化有限公司。两岸同行还举行了学术技术交流会,特邀北京航空材料研究院王仁智教授作了专题报告。

15—16日 由ISO/TC 227秘书处主办、全国弹簧标准化委员会协办的ISO/TC 227第八次年会在古城西安召开。来自中国、德国、日本、法国、意大利、美国、泰国、印度和菲律宾等国家的中外专家40余人参加了会议。与会代表一致同意由我国负责制定的ISO 18137—1《钢板弹簧技术要求和试验方法》由WD进入CD阶段。同时,弹簧行业技术标准化委员会姜膺秘书长以中国专家身份跟踪参与的ISO 16249《弹簧符号》也在本次会议上顺利进入出版阶段。

12月

14日 在扬州召开了《商用车稳定杆　技术条件》行业标准制定工作组扩大会议。来自全国24家企业的43位代表参加了此次会议。会议对商用车稳定杆和乘用车稳定杆的技术标准的制定工作进行了讨论,并形成了相应的意见。

〔供稿单位:弹簧分会秘书处〕

附　录

打好基础　抓好试点　扎实推进
——弹簧行业职业技能鉴定分中心工作介绍

弹簧行业职业技能鉴定分中心(简称分中心)于2008年9月在上海建立。按照机械工业职业技能鉴定指导中心(简称机械指导中心)的工作要求,分中心根据企业的实际情况,本着"立足企业、面向行业、搞好服务、推进发展"的工作宗旨,按照建立初期设定的"一年起步,两年基础,三年接轨"的目标,以"弹簧工国家职业标准"的制订、"弹簧工培训教材"的编写和"弹簧中级工"培训考核试点为重点,在夯实基础和开展试点上下功夫,为在弹簧行业推行职业技能鉴定工作奠定了基础。

一、制定弹簧行业国家职业标准并颁布实施

制定《弹簧工》和《弹簧检查工》国家职业标准是开展职业鉴定工作的必备基础,也是分中心建立以来工作的重中之重。从2008年10月开始,分中心着手标准的撰写,至2010年4月,历经一年半时间,两项标准先后通过了初审和终审。这两项标准的制订工作体现出以下特点:

1. 认识上的统一性

分中心认真学习了国家有关部门对制订职业标准的规范和要求,充分认识到制订标准要做到三个体现:体现引领行业发展的先进技术;体现弹簧行业的总体发展水平;体现行业未来发展的方向。分中心借鉴了线缆、汽车等相关行业标准起草工作的做法和经验,对制订标准的路径、程序及版本格式有了较为明确的认识。

2. 组织上的权威性

分中心组织行业权威专家进行标准的撰写工作:由弹簧行业的技术权威人士、上海中国弹簧制造有限公司的原副总工程师孙云秋高级工程师担任主笔;邀请了弹簧业界大专院校的教授、标准化工作的专业人士、技术专家及行业中有代表性的企业的领导和技术权威共9人组成了专家组,分别参与意见征求、标准修改和初审、终审工作。

3. 参与上的开放性

标准的制订过程不能是只有少数人参与,也不能闭门造车,而是要开门搞标准,要吸收方方面面的人员,特别是还需要有实际操作经验的人员参与,这样制订出的标准才能有群众基础,才能符合行业实际。开放性体现在以下三个方面:一是广泛听取行业专家的意见,在标准初稿完成后,即对其征求各方专家的意见;二是邀请部分企业的技术人员和操作工人参与,先后组织了三次座谈会,还将标准文稿发给有关个人征求意见;三是把根据各方意见修改后的稿件,提交给弹簧行业技术标准化委员会和行业培训委员会召开专题会议进行讨论,进一步提出修改意见。

4. 程序上的规范性

分中心请人社部有关专家进行培训,将标准文稿前后三次上报给机械指导中心进行审读,三次报人社部听取意见,并对上级部门的每一点意见都认真对待,进行修改。按照相关程序,分中心于2009年6月和10月组织召开了标准的初审和终审会议。经过与会专家及代表对初审预备稿和终审预备稿的认真审查,标准获得通过。

5. 工作上的严谨性

在标准制订过程中,分中心本着"经得起推敲、经得起检验"的要求,力求做到精益求精,不断对其完善。根据各方提出的意见,先后对这两项标准进行了13次修改和补充,使标准日臻完善。在这两项职业标准终审通过后,分中心继续按照上级部门的要求,对其继续进行完善,做好相关后续工作。2010年4月,人力资源和社会保障部正式批准颁布了这两项标准,并且予以出版。

二、精心准备,编写弹簧工培训教材

教材的编写是一个规模浩大的工程,它的难度系数高、参与面广,且时间跨度大。为此,分中心在机械指导中心的帮助下,把其作为分中心近2~3年的重大项目来实施。教材编写工作分以下四步进行:

第一,设定了三步走的目标。一是2010年完成子目录中的草稿,予以汇总;二是2011年完成教材的初稿,予以初审;三是2012年完成试用稿,进行终审,2013年提交培训试用。

第二,根据"源于标准、遵从标准、完善标准"的要求,由杭州弹簧公司李和平总经理担任主笔,着手进行培训计划和培训大纲的制订修改工作。2009年9月底分中心组织了有关专家对培训大纲进行了研讨,并于当年年底基本完成了大纲的修改工作,并在2010年8月的培训委员会会议上培训大钢获得通过。

第三,成立了《弹簧工培训教材》的编写小组,成员涵盖行业中有代表性的近20家企业的专家和人员,先后两次在杭州举行会议,邀请机械指导中心的领导进行了教材编写的培训,并确定了教材编写的原则、方法、分工及进度。

第四,确定了教材体系为"2+9",即2本通用基础知识和9本等级教材共计11个分册，由中弹公司张俊总工程师和杭弹公司董事长李和平总经理分别牵头，明确了各部分的编写责任单位和负责人。

各单位编写工作进展比较顺利，部分篇章已起草完毕，陆续进行了汇总，2011年一季度召开了编写小组第三次会议，讨论教材的合成问题。

三、启动职业鉴定工作，首先实行“老人老办法”

分中心边抓教材编写，边酝酿运用“老人老办法”的方式，开展职业技能鉴定的试点工作。

(1)明确目的。选择重点企业进行调查研究，弄清目前在岗人员技能等级的分布状况，弄清各企业对员工技能鉴定的需求状况。在调研中分中心发现，近年来在弹簧行业一直没有开展职业技能评定和鉴定工作，只有个别企业在六七年前开展过考工评定工作，而且是由所在省市按照机械通用工种予以认定的。这部分人相对工龄较长，年纪较大，文化程度也较低，但其中大部分仍在岗位上发挥着骨干作用。各企业也纷纷反映，弹簧行业是国民经济关键零部件行业，要满足整个国民经济快速发展对弹簧业的要求，提升员工技能素质是当务之急。企业和个人都迫切要求尽快开展技能培训考核鉴定工作。

(2)明确对象。分中心根据机械指导中心领导的指示，依据职业标准，确定了属于“老人老办法”的四类对象：目前在“弹簧工”和“检查工”所列出的职业功能岗位上，从事本职业工龄为10年以上(含10年)，且通过职业资格认定6年以上(含6年)的人员；从事本职业工龄为5年以上、年龄35周岁以上(含35周岁)，尚无认定职业等级的人员；获得厅局级及以上先进生产者称号或在厅局级及以上举办的技术竞赛中获得前三名者；获得两次本企业“先进生产者”称号或者两次获技术标兵(技术能手)荣誉的人员。

(3)明确方案。方案中确定了开展“老人老办法”的工作原则和具体的工作流程，工作原则是“三个按照、三个适当”，即：按照标准，适当从宽；按照程序，适当简化；按照范围，适当破格。工作流程分十个，它们是：开展普查摸底，宣贯职业标准，发布鉴定信息，员工自愿报名，部门审核同意，分中心复查认定，参加考前培训，通过考试鉴定，申请复核批准，颁发资格证书。

(4)举办了首届中级工考前培训班。指导思想是：一是加快推进弹簧行业的职业技能鉴定工作；二是进行试点，探索路子，取得经验；三是满足企业员工需求。方法是：依照职业标准，借助培训教材，集中培训与自学结合，进行系统梳理，重在基础知识学习，掌握基本要点，按照岗位要求熟练基本技能。

首届弹簧中级工考前培训班共有学员61人，其中：中弹公司49人(复证15人、考证34人)；杭弹公司12人，均为考证12人。这里复证是指原有已取得同级资格证书的人员，考证是指原来取得初级工资格证书，本次报考中级工的人员。

在考前培训班的筹备及办班的过程中，分中心做到了“三个严格”：严格按照机械指导中心的培训考核的要求；严格按照职业技能鉴定的流程；严格管理考前培训班的全过程。分中心对学员参加培训班的出勤情况、课堂纪律、作业完成情况及考场纪律等都作出了明文的规定。

四、2010年分中心工作体会

2010年对于弹簧行业分中心是继续打基础的一年，是为探索更好开展鉴定工作而进行有益尝试的一年。分中心深深体会到：

第一，推进力来自机械指导中心的指导关心。机械指导中心领导的“大胆工作，干起来是硬道理”的指示精神给了分中心巨大的支持，分中心工作的每一步都得到了机械指导中心的指点、理解和关心，这有力地推动了分中心工作的开展。

第二，支撑力来自于各级领导的重视。分中心得到了中国机械通用零部件工业协会领导的关心，得到了弹簧分会和相关企业领导的支持和参与。弹簧分会将技能鉴定工作作为行业工作的重要抓手，召开常务理事会议，将“如何推进行业职业技能鉴定工作”作为主要议题进行讨论，专门听取了分中心建立两年来的工作汇报。会议对分中心的工作给予肯定，并对分中心下一步的工作提出了要求，这给了分中心从事职业技能鉴定工作的同志极大的信心，同时他们也深感责任的重大。

第三，原动力来自于员工的积极性。广大员工迫切希望有这样一个成才发展的平台，他们积极参与、认真学习。在分中心举办的考前培训班中，不少员工都是多年没有受到过这样系统的技能培训，他们非常珍惜这次机会，认真对待，一丝不苟。员工的这种钻研精神是对分中心从事技能鉴定工作人员的有力鞭策。

五、2011年分中心主要工作

2011年分中心着重抓了三件大事：

一是按照“老人老办法”方案，做好了有关人员的职业鉴定工作。一季度完成了中级工的鉴定工作，二季度完成了对初级、高级的培训考核鉴定工作，四季度完成了技师认证工作。共计鉴定总人数为250~300人。

二是抓好了《弹簧工培训教材》的编写工作。2011年下半年完成了基础知识的两本初稿以及技师的两本初稿；2012年上半年完成了全部初稿，着手建设了试题库，年内初级工、中级工、高级工和技师的各类题型达到规定数量的半数以上。

三是根据有关企业的意向，按照“区域、分类”及“成熟一个、建立一个”的原则，建立了3~5个鉴定站或试点，并选送相应的站、点负责人及考评员、管理员参加了机械指导中心举办的取证培训班，初步形成了行业职业技能鉴定的专兼职队伍。

党中央在“十二五”规划中提出：“建设人才强国，为加快转变经济发展方式、实现全面建设小康社会奋斗目标奠定坚实的科技和人力资源基础”。行业要振兴、企业要发展，关键在于人的技能素质的提升。而开展职业技能鉴定工作正是利国、利企、利民的好事，好事一定要做好。分中心要坚定信念、创新思维、实事求是、扎实工作，为弹簧行业的人才资源建设作出应有的努力。

〔供稿单位：弹簧行业职业技能鉴定分中心〕

中国机械通用零部件工业年鉴 2012

V 紧固件行业卷

回顾总结我国紧固件行业近年发展情况，记录行业生产、技术和新产品发展情况；分析国内外市场动向，提出行业发展的总体思路、发展目标及政策建议；概述紧固件行业质量与标准化工作

中国机械通用零部件工业总览

链传动行业卷

齿轮行业卷

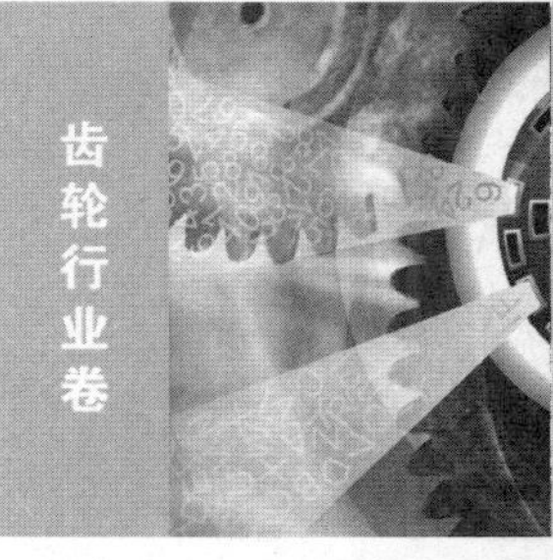

弹簧行业卷

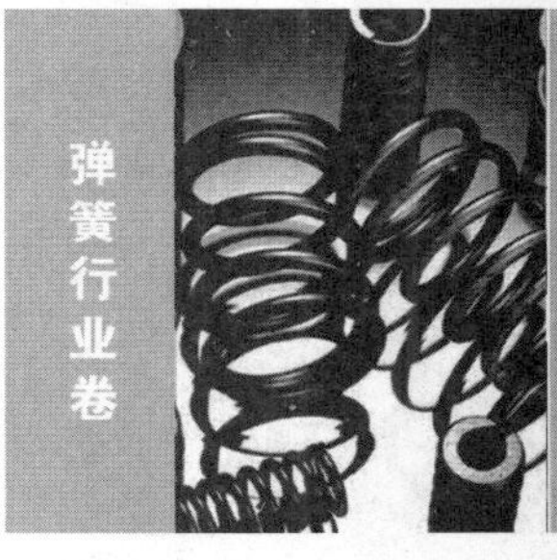

紧固件行业卷

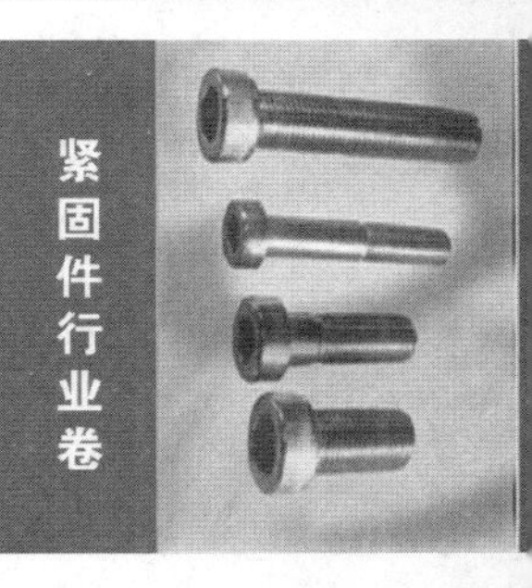

粉末冶金行业卷

传动联结件行业卷

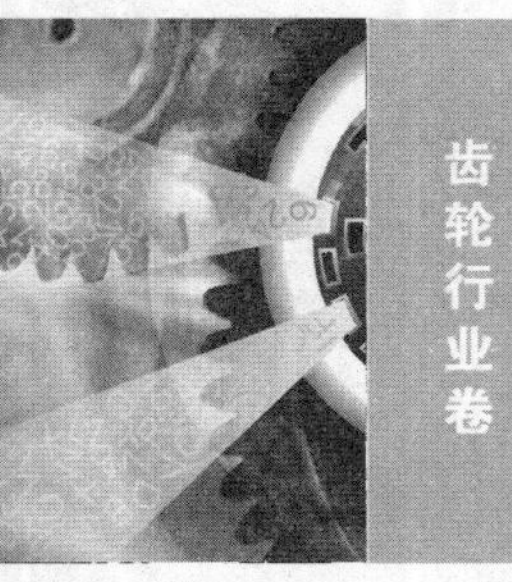

紧固件行业卷

中国机械通用零部件工业年鉴 2012

V 紧固件行业卷

综　述

近年我国紧固件行业发展综述

一、行业发展基本情况

紧固件产品主要包括螺栓、螺柱、螺母、木螺钉、自攻螺钉、垫圈、铆钉、销、挡圈、紧固件组合件及连接副以及其他(如焊钉、异型钉)等十二大类,是被广泛应用的机械基础件,可谓“小螺丝、大市场”。在改革开放政策的指引下,我国紧固件行业是国内第一批步入市场经济的行业。伴随着市场经济改革的步伐,近十年来,紧固件行业坚持科学发展观,走创新之路,加快传统产业与现代信息技术的结合,提高劳动密集型产品的技术含量;坚持以人为本,走节约型道路、创建资源循环的新型体系,构建和谐的发展环境;坚持以市场为先导,加速技术进步和产品结构调整,提高全行业的装备和技术工艺水平,促进全行业持续发展,不断增强全行业的核心竞争力。

面对现今,回顾过去,展望未来,我们清醒地看到,“十五”期间,在国家一系列宏观政策的指引下,在国内强劲内需拉动和国际市场需求上升的带动下,紧固件产业进入了快速发展的主渠道。2001—2005 年,全国紧固件产量平均年增长率为 14.32%,比“九五”期间的平均增幅增加了 5 个百分点;销售收入平均年增长率为 23.07%,比“九五”期间的平均增幅增加了 8 个百分点;出口总量平均年增长率为 24.91%,比“九五”期间的平均增幅高出 4.91 个百分点;出口额平均年增长率为 31.95%,比“九五”期间的平均增幅高出 15.95 个百分点。这样的快速发展,为紧固件行业“十一五”稳健发展打下了扎实的基础。“十一五”期间,全行业不仅经受了 2008 年的全球金融危机的考验,同时也面临着能源、环保、钢材价格波动、人力成本上升及世界贸易保护主义抬头,贸易纠纷增多,尤其是欧盟反倾销等诸多压力。但全行业迎难而上,不畏艰难,在中央积极财政政策的支持下,在国家保增长一系列积极的经济政策的扶持下,抓住国内经济仍处于较快发展、国内需求仍十分强劲的契机,加速推进紧固件行业经济增长方式的转变,从以出口为主转为以内销拉动为主,使全行业处于平稳发展中。2006—2010 年,全国紧固件产量年平均增幅为 8.9%,销售收入年平均增幅为 13.45%,出口总量年平均增幅为 10.0%,出口额年平均增幅为 20%。从这五年的发展来看,紧固件行业增长速度趋缓,处于较稳健的发展阶段。虽然受世界贸易保护主义冲击,再加上国为出口退税政策下调,遏制了紧固件产品的出口,但十分可喜的是,全行业的平稳增长主要依托国内销售的增长,摆脱了“九五”“十五”期间主要依靠出口拉动的风险,从而使全行业的发展走上了良性发展的轨道。2001—2010 年我国紧固件行业主要经济指标情况见表 1。

表 1　2001—2010 年我国紧固件行业主要经济指标情况

年份	总产量(万 t)	销售额(亿元)	出口		进口	
			总量(万 t)	金额(亿美元)	总量(万 t)	金额(亿美元)
2001	200	125	52.08	4.92	8.28	4.01
2002	250	150	65.80	5.74	10.02	5.39
2003	300	200	85.76	8.27	12.52	8.28
2004	340	260	113.57	12.77	13.60	10.07
2005	390	298	124.80	17.25	13.05	11.48
2006	460	385	207.09	23.58	15.94	14.71
2007	525	440	256.98	32.51	17.91	18.51
2008	560	520	269.16	43.97	19.56	21.63
2009	530	490	161.18	23.67	19.53	21.01
2010	620	600	223.95	34.62	25.83	26.58

回顾紧固件行业十年的发展,我们十分高兴地看到,全国紧固件产量 2010 年达到了 620 万 t,比 2001 年的 200 万 t 增长了 2.1 倍;销售收入 2010 年达到 600 亿元,是 2001 年 125 亿元的 4.8 倍;2010 年出口总量 223.95 万 t,是 2001 年 52.08 万 t 的 4.3 倍;2010 年出口额 34.62 亿美元,是 2001 年 4.92 亿美元的 7.04 倍。

十年来，紧固件行业发生了巨大变化。截至目前，全国规模以上的企业为4 000多家；95%以上的紧固件企业改制为股份制或民营企业，行业活力增强，企业数量增大，产品结构调整加快，产能提高。我国紧固件产量已位居世界第一，行业综合实力明显增强，我国已成为世界上紧固件制造大国之一，在国际市场上的地位显著提高。

2011年，尽管遭受国内通胀和货币政策从紧的压力，且受到欧洲债务危机、国际市场复苏趋缓的影响；与此同时，钢材高位运行，环保、能源、劳动力成本迅速提升。但经过全行业广大职工的努力拼搏，紧固件行业仍取得历史最好成绩。

2011年全国紧固件产量达到680万t，比上年增长了9.68%；销售收入达660亿元，比上年增长了10%；出口总量达258.92万t，比上年增长了15.60%；出口额达到了46.64亿美元，创历史新高，比上年增长了34.72%；紧固件进口总量为26.40万t，比上年增长了2.2%；进口用汇为29.38亿美元，比上年增长了10.5%。

2012年紧固件行业所面临的内外部环境较2011年可谓是"有过之而无不及"，是行业近十多年来最为严峻的困难局面，但全行业齐心协力，迎难而上，主动调整，取得了不俗业绩。

2012年全国紧固件产量达到660万t，比上年减少3%；销售收入达到650亿元，比上年减少1.5%；出口总量达249.38万t，比上年减少约3.8%；出口额达47.1亿美元，创了历史新高，比上年增长约1%；紧固件进口总量约为25.57万t，进口用汇约为31亿美元，基本与上年持平。这说明2012年的增速总体趋缓。2011年和2012年完成主要经济指标情况见表2。

表2　2011年和2012年完成主要经济指标情况

年份	总产量（万t）	销售额（亿元）	出口		进口	
			总量（万t）	金额（亿美元）	总量（万t）	金额（亿美元）
2011	680	660	258.92	46.64	26.40	29.38
2012	660	650	249.38	47.1	25.57	31

二、紧固件行业调整步伐加快，行业内企业重组和产业集聚获新突破

进入21世纪，市场竞争进一步加剧，为了保持紧固件行业持续稳定地发展，我们提出了"在发展中调整，在调整中提升"的新思路，坚持以市场结构、产品结构调整为抓手，推进企业重组和产业集聚，促进全行业经济增长方式的转变，即从片面追求产值产量向提高品质和品牌效应上的转变，从片面追求大而全向精、特、专的方向转变，从生产型向生产服务型的转变。这使紧固件产业的集中度明显凸现出来，初步形成了长江三角洲、珠江三角洲及环渤海湾三大紧固件产业集聚区，建成了嘉兴、宁波、温州、东莞、邢台、永年等若干个紧固件产业基地。这些区域的紧固件企业占全国紧固件企业数量的75%以上，并涌现出了如浙江晋亿实业股份有限公司、江苏常熟标准件厂、上海标五高强度紧固件有限公司为代表的，销售收入超十亿元的龙头企业，以及年销售收入超亿元的200家重点企业。这些企业年销售收入总和达350多亿元，占全国销售收入的53%以上。全行业规模以上的企业4 000多家，其销售收入总和占全国紧固件销售收入的85%。全国年出口额达千万美元以上的企业达40多家，其出口额总和占全国出口额的60%以上。由此可见，龙头企业的发展，使其发挥的主导作用越来越强，产业集中度也随之有了较大提升。

坚持走创新之路，学习国外先进技术和经验，加快现代信息技术和传统产业的结合，提升全行业装备和技术工艺水平，加速产品结构调整，不断提高劳动密集型产品的技术含量和附加值，使得全行业热处理产品产量占全国总产品产量的比例超过60%以上，广泛应用于汽车、柴油机、电力、高铁等重点工程的9.8级以上高强度专用紧固件产品产量，占总产品产量的15%左右。涌现出有浙江晋亿实业有限公司、常熟标准件厂、东风汽车紧固件有限公司、一汽富奥汽车零部件股份有限公司、山东高强紧固件有限公司、浙江明泰标准件有限公司、上海标五高强度紧固件有限公司、上海申光高强度紧固件有限公司、广东东莞鹏驰紧固件有限公司等一批各具特色的精、特、专企业。

随着国内外市场竞争的进一步加剧，必然推进企业向外发展，至今已有常熟标准件厂、宁波金鼎等10多家企业率先走出国门，分别到匈牙利、马来西亚、印度尼西亚等国投资，跨出了走向世界的步伐。同时，这也推动了行业的重组，如：浙江友力紧固件有限公司收购上海哈迪威贸易公司；浙江瑞安标准件公司收购重庆二公司，重点发展汽车、摩托车紧固件；深圳航空标准件有限公司收购上海卓越汽车零部件有限公司，发展汽车紧固件；上海集优机械股份有限公司收购上海高强度螺栓厂及上海市紧固件和焊接材料技术研究所，以扩大现代服务业，为全行业集聚发展开了一个好头。这些必然对全行业的发展起到表率和示范作用，产生积极深远的影响。

三、"十二五"期间紧固件行业发展规划

认真总结紧固件行业近十年的发展，我们清醒地认识到：我国紧固件行业中小型企业多而分散，产业集中度不高，产品档次以中低强度为主，产品附加值不高，中低档产品产能过剩，技术和装备水平与世界先进水平有较大差距，企业竞争力不强，从而制约着全行业的发展。

为此，在送走了"十一五"、迎接"十二五"的关键时期，我们一定要总结过去，兴利去弊，要坚持科学发展观，坚持发展是硬道理；要抓住国家扩大内需、发展壮大的机遇，立足国内，面向内销市场，做强做大。同时要清醒地认识到，我国紧固件行业正处于转型的关键时期，要坚持在发展中调整，紧紧依靠汽车、新能源、高铁、城市交通、电子电器、航空航天及建筑维修等产业，大力发展高性能、高强度、高附加值产品，加大技术创新和产品开发力度，加快产业和产品结构调整，促进全行业增长方式的转变。

1.“十二五”全行业发展的主要目标

经济运行稳步发展，五年间的年平均增幅继续保持在5%～10%，不强调量的增长，重点抓销售收入和效益的增长，进一步提高经济运行的质量；产业集中度迈向新高度，要培育出10多家年销售额10亿元以上的龙头企业，新形成一批精、特、专、优的骨干企业，进一步扩大对外投资，拓展海外市场，加快行业重组和产业集聚的步伐，加快沿海地区向中西部转移，形成若干个新型紧固件的生产基地。

要以科技创新为支撑，推进信息技术与传统产业的结合，发挥企业自主创新优势，大力发展信息技术和高新技术的应用；研制一批人机对话新型冷镦机和自动在线检测设备，为紧固件行业产品规格的大型化、适用零件复杂化、生产过程的高效化及产品检测的自动化、制造的集约化服务。

要加强全行业技术服务平台建设，加大科技投入和产学研的结合，攻克核心技术和关键基础工艺技术，全面提升全行业的制造水平。关键核心技术和基础工艺要有新突破，要抓住国家对汽车、新能源、高铁、航空航天等产业重点支持发展的机遇，加速对耐热、耐腐蚀、高韧性抗疲劳及钛合金等高强度紧固件产品的研发，要在原材料到成形工艺、热处理到表面处理工艺上有新突破，实现为汽车发动机、核电、风电、高铁及空客大飞机等重大工程配套。

产品结构要有较大调整。热处理产品产量占总产量的70%左右，8.8级以上的高端产品产量占总产量的20%～25%。

低碳经济要有新举措。要研究节能减排和环保新技术，推进全行业低碳经济发展；要制订行业能耗标准，推进节能减排，加强三废治理和综合利用，大力推行绿色环保电镀新技术，大力推广非调质钢新材料的应用。

2. 认清形势，调整转型，在调整中提升

首先，要抓好产品结构调整，全行业要高度关注中低档产品产能过剩，竞争加剧的状况，应加快产品结构调整步伐。重点发展组合螺钉及组合件、不锈钢紧固件、IT产业微型螺钉、自锁类紧固件、钛合金紧固件、汽车专用紧固件及各种表面处理、化学涂覆类紧固件。不断提高全行业的产品档次和水准。

其次，要抓好市场结构调整，出口区域要多元化，要把立足点转到国内，提倡错位竞争，扩大直供比例，抓住我国扩大内需机遇，做大做强。

第三，要抓好资源结构调整，要从战略上继续加快产业转移，要从沿海地区向中西部地区转移，向钢铁企业周边地区转移，形成以钢企为中心，上下游联动的金属深加工产业链，形成若干个现代化的紧固件产业基地。

第四，要加强与高等院校、职业学校和科研院所的合作，加强人力资源的培育和开发，要建立稳定合理的高、中、低人才队伍，使全行业保持持续稳定健康地发展。

〔撰稿人：紧固件分会冯金尧〕

汽车紧固件发展趋势简析

2010年国家推出十大产业振兴规划（如汽车工业、装备制造业、船舶产业、电子信息产业等）刺激经济增长，带动了国内汽车、火车、船舶制造、工程机械、机床、精密仪器、IT电子等行业保持了较高增速，因此，对汽车紧固件及精密紧固件的需求量增大。

时下，“环保、节能、安全”并称为紧固件行业的三大主题，我国紧固件行业的高速发展给社会带来巨大的经济效益和社会财富的同时，也产生了相应的环境污染问题。如何减少与紧固件生产相伴产生的污染，这在越来越注重环保的当今变得尤为重要。这场“绿色革命”将给紧固件企业带来新的机遇与挑战。中小企业需要不断进行产品创新，研发具有企业特色的技术以及产品，从危机中寻找商业机会，这样才能在行业领域立于不败之地。

近年来，中国的紧固件在原料、制造流程、先进技术和市场等方面都面临着各种考验。伴随汽车行业的快速发展，紧固件技术的现状和未来成为我国汽车发展的一个非常值得关注的领域，引起了广泛的关注，蕴含着巨大商机。为了适应汽车更安全、更节能、降低噪声、污染物排放更加严格的要求，车用紧固件和拧紧技术将朝着轻量化、适载量、美观度等方向发展。

随着汽车设计本身复杂性的与日俱增，未来汽车紧固件的重要性将更为显著。优质、耐用是未来需求的发展趋势。技术的提升在传统的紧固件过渡到多功能高精密汽车零部件上扮演着重要的角色。新整车时代需要的是既经济又便于使用、既可以取代机械紧固件又能很好地连接橡胶、铝制和塑料零部件的汽车紧固件。在这种预测的基础上，我们发现，化学紧固的方法（包括粘合剂）、“速接”或自锁紧固解决方案将应运而生并颇受青睐。

在高强度紧固件的设计和研发上，除了要考虑制造工艺过程对产品机械性能的要求以外，还必须从原材料的筛选、材料改制、生产制造工艺、热处理及三废处理回收等各个环节上都充分考虑到能源和环保问题。把符合能源和环保要求作为评价、选择和使用紧固件的重要先决条件。要适应能源和环保方面提出的越来越高的要求，必须采用高效率和节能的多工位联合冷镦设备；在生产中采用高精度的在线无损检测和计量仪表及设备；采用计算机系统进行生产全过程的跟踪监测和控制；使用能够真正达到“零排放”的三废处理技术和设备。不断提高企业的管理水平，全面强化销售、研发、生产和储运等环节上的管理是减少能源消耗和三废污染的根本途径，最大限度地保护自然环境和利用自然资源。

螺纹紧固件生产对环境有较大的污染，主要包括生产中产生和排放的废气、废水、粉尘、油烟(雾)和噪声等。对污染采取预防为主、防治结合，更要注重从源头就开始控制，使污染物尽可能不产生或少产生，要更强调全过程控制。

高强度紧固件淬火使用的液体淬火介质的寿命总是有限的，最终都必然面临一个废液处理问题。随着环保压力的持续增大，液体淬火介质的废液处理正日益成为影响液体淬火介质使用成本的重要因素。而冷镦设备使用的冷却油液是否"可处理"，取决于冷却液的供应商或者使用者是否掌握相应的处理技术。使用有效、经济可行的废液处理方案，终将成为淬火介质和冷却油液是否具有市场竞争资格和能力的先决条件，这是紧固件制造商必须加以重视的一个环节。

紧固件制造中的表面处理工艺——电镀、氧化着色过程中排放的酸洗介质和脱脂剂废液易造成水体污染，有毒、刺激性和腐蚀性易造成环境污染超标，从而导致紧固件行业对环境影响状况的加剧，对此应加强废液处理技术改造的投入。在确保有效的三废处理，不污染环境的前提下，如何对废液进行有效地回收和利用，是一个更深层次的可持续发展问题，也是从"资源消耗"转向"资源循环利用"发展模式的重要一环。根据环境材料学的概念，冷镦模具用单一合金制造最为理想，因材料成分越复杂，再生循环越困难。

例如 Fe - C - Cr 系合金就被认为是最有前途的通用合金，Cr12、Cr12MoV 模具钢可根据需要生产用于不同场合的紧固件。从产品技术和应用技术上最大限度地实现模具的长寿命，迄今仍然是一个重要的努力方向。

汽车车辆、石油化工、电力及通信等行业的快速发展，促进了紧固件产业集群化。产业集群化就是紧固件相近相邻的企业集聚在一起，形成材料供应、专业化生产及市场服务等一个完整的产业链。实践证明，这种产业集群十分有利于行业和企业的快速发展。

我国沿海地区聚集了全国70%以上的紧固件企业。随着沿海地区土地资源的进一步匮乏，环境、劳动力、能源和运输压力的不断增大，经营风险随之增加，我国紧固件企业开始由沿海发达地区向内地转移，由成本高的地区向成本低的地区集群转移。这样既降低了建设成本、物流运输成本，又可解决土地、劳动力、电力短缺等问题，解决企业发展的瓶颈制约。长远来看，这样的产业转移趋势还将继续扩大。

我国目前拥有世界上最先进的炼钢轧钢设备，为制造汽车紧固件提供优质线材的基本条件已经具备，应尽快采用专坯专用，建立加强品质管理的冷镦线材供应链，逐步缩小与发达国家的差距。同时，还要提高紧固件行业的自主研发、自主创新能力；需要加大紧固件行业的研发投入，通过设立技术研发中心、引进高级专业技术人才，加强与科研院校、钢厂技术研发部门等机构的合作；采取分工协作、联合攻关的方式，对紧固件的材质、力学性能和装配中的摩擦因数、轴向力等进行更深入的研究，不断开发出拥有自主知识产权及高附加值的高强度、非标异性紧固件等产品，将紧固件的自主研发与产品结构调整结合起来，与节约宝贵资源、节能减排结合起来。汽车紧固件生产企业要注重热处理装备的更新，选用合适的原材料，在生产中不断完善热处理工艺制度，加强驱氢处理和心部组织检测，尽快减小汽车高强度紧固件与世界知名品牌产品的差距，提高我国汽车紧固件的档次。

我国紧固件经过长期的发展，品种规格齐全，产业规模不断扩大，已具备了一定的产业基础和优势。随着国民经济持续发展，对紧固件的需求也会不断增加。这使我国紧固件行业无论是横向规模发展还是纵向技术升级上都具有了广阔的发展空间。

〔撰稿人：东风汽车公司杨忠敏〕

行 业 概 况

东风汽车紧固件产品与工艺技术概况

一、市场需求为紧固件行业提供了良好的发展契机

我国加入 WTO 后的过渡期，一批紧固件的跨国公司移师我国，据统计，其规模已有200多家，使我国紧固件行业中形成了新一轮激烈竞争。2010年，紧固件年产量达600万t以上，我国已成为世界紧固件生产第一大国。

2010年国家推出十大产业振兴规划（如汽车工业、装备制造业、船舶产业、电子信息产业等）刺激经济增长，带动了国内汽车、火车、船舶制造、工程机械、机床、精密仪器、IT电子等行业保持了较高增速，因此，对汽车紧固件及精密紧固件的需求量也增大。

“十一五”期间国家为了刺激内需，出台了不少扶持制造业的政策。在政府4万亿元投资计划中，重点投向是铁路、公路、机场、电力电网、保障性住房等基础设施建设，这使装备制造业成为最直接受益者，大大带动了对紧固件的需求。特别是规格M16～M30、强度≥10.9级的高强度紧固件需求量骤增。另外，航空事业的发展对紧固件需求扩大也起了强有力支撑作用，如波音公司未来20年计划新增3 400架飞机，这将为紧固件行业带来新的发展契机。

汽车行业是紧固件使用量很大的主机行业。汽车的品种各式各样，每辆车需要的紧固件数量又十分惊人，尽管有一部分是专用紧固件，但绝大多数还是标准紧固件。虽然紧固件自身的价值在汽车的成本中是微不足道的，约占整车成本的2.5%，但由于紧固件损坏而造成的损失却是巨大的，甚至危及人的生命。从汽车使用紧固件的数量统计，一辆轿车共用150种550个紧固件，其中发动机200个，传动系统120个，制动器、车轮50个，座位50个，底盘悬挂系统60个，车身70个；轻型车每车用紧固件50kg，约2 700个左右；中型、重型、载重车用紧固件60kg，约3 000个左右。汽车上使用紧固件的数量约占整车零件数的40%。载重货车紧固件的60%是通用紧固件，基本上由国内紧固件企业供应，其余40%汽车紧固件是汽车专用标准件，由汽车紧固件厂供应。在美国平均每辆汽车上安装了大约价值200美元的紧固件。

近年来汽车厂家有关售出汽车产品召回案中有65%～70%是由于紧固件问题引起的。可谓是“紧固件虽小，安全事大”。

时下，“环保、节能、安全”并称为紧固件行业的三大主题，我国紧固件行业的高速发展给社会带来巨大的经济效益和社会财富的同时，也产生了相应的环境污染问题。如何减少与紧固件生产相伴产生的污染，这在越来越注重环保的当今变得尤为重要。这场“绿色革命”将给紧固件企业带来新的机遇与挑战。中小企业需要不断进行产品创新，研发具有企业特色的技术以及产品，从危机中寻找商业机会，这样才能在行业领域立于不败之地。

二、汽车紧固件冷镦工艺和线材的质量要求

在汽车工业中，轿车的产量是最大的。我国的轿车产量逐年增加，对紧固件的需求量也大幅增加，而且产品结构也有较大变化，质量要求也十分苛刻。目前，高强度、高精度、组合化、异型化及高度可靠性，强度等级在8.8～12.9级的杆类紧固件和强度等级在8～12级的各种螺母类紧固件产品约占汽车紧固件需求量的80%以上。由此可见，汽车对标准紧固件的质量和可靠性的要求还是很高的。

商用车除了汽车发动机等关键部位使用10.9级及以上的紧固件外，其余部位主要采用8.8级紧固件。乘用车使用的紧固件原材料以合金钢为主，包括低碳钢线材、不锈钢线材。这类紧固件大部分应用在焊接件和装饰件上，超过60%是高强度紧固件，其中10.9级及以上的（使用合金钢线材的部分）占50%，这些紧固件中通用的标准件（主要是8.8级）可以在定点单位采购，10.9级及以上的或一些组合件、零件化（轴类、筒类）紧固件、焊接专用的异型紧固件，由于其质量要求高，专业化程度强，需由定点专业工厂配套生产。而高档乘用车发动机上的紧固件主要依赖进口，或由外商随整车引进原配套的专业紧固件厂家在国内的企业生产。以乘用车为例，引进的品牌汽车占我国汽车消费市场的60%以上。这些高档的知名品牌汽车虽在国内生产线上装配，但车上的紧固件有70%以上是进口的，这除了有产品的知识产权归属外方的原因外，客观的原因是我国的紧固件产品和制造这些紧固件的线材在质量稳定性方面确实存在问题。汽车紧固件中除少量的采用冷镦（温挤压）、切削加工外，大多数采用冷镦（冷挤压）成形工艺制造，这与一般紧固件的制造原理相同，只不过汽车紧固件的要求更高，对缺陷的控制更严。

决定产品品质的“硬件”因素是材料、模具与设备，“软件”因素是工艺技术、质量（品质）管理和服务。国内能提供的冷镦钢线材规格为ϕ5.5～40mm，较成熟的规格是ϕ6.5～30mm，汽车紧固件的力学性能主要由制造紧固件的线材质

量决定。

高档冷镦线材质量主要包括以下几个方面：

具有较高的塑性指标，伸长率、断面收缩率较高。

在冷塑性变形中，材料的变形抗力小，加工硬化率低，材料的屈强比值小，硬度适当。

表面质量最重要的要求是表面无裂痕、光滑圆整，无凹凸折叠、结疤、麻点等缺陷。

显微基本组织（除特殊要求外）是铁素体加珠光体（F+P），要求珠光体体积分数为30%～40%，铁素体体积分数为60%～70%，组织不得有片状珠光体和贝氏体。

除了10.9级以上螺栓合金钢线材要求晶粒细小，晶粒度为6～8级，以保证成品强度外，其余冷镦中碳钢线材晶粒度应控制在5～7级。因为当晶粒度级别低于5级时，线材的加工硬化率提高，不利于线材的拉拔；当晶粒度过细时，抗拉强度提高，导致性能超标。

非金属夹杂物是造成冷镦开裂的主要原因之一。夹杂物颗粒愈大愈易开裂，在距表面2mm以内的夹杂物颗粒大小应不大于0.15μm。一般认为，非金属夹杂物中B类（氧化铝）和C类（球状氧化物）夹杂物危害最大。技术要求应明确规定：B类夹杂物不大于0.5级，D类夹杂物不大于1级，其他夹杂物不大于2级，夹杂物总和不大于3级。化学成分稳定和成分波动范围小，冷镦线材的心部碳偏析小，原材料及退火过程中的表面脱碳层应达到标准。

紧固件用微合金化钢，就是通过向钢中加入少量的某种元素来改变钢的性能，用以提高紧固件的工作强度。由于每一种元素都有自己的特点，可根据钢中其他元素的含量，生产工艺以及使用要求的不同，将这些元素分别或综合使用。

长期以来，通常8.8级螺栓用ML35钢，经调质处理后制成。其无论在生产还是在使用上都存在一定问题，如在生产过程中存在冷镦开裂、热处理时容易淬裂和脱碳等问题，在装拆及服役过程中，存在滑扣、变形（拉长、颈缩、弯曲）、断裂及六角头磨圆等问题。

CH35ACR冷镦钢是替代ML35钢，用于制造规格≥M14的较大规格螺栓的材料。将CH35钢与ML35钢对比，在Si、Mn含量方面有差异，前者添加了Cr元素，并减少了P、S含量。这不仅使其在油中冷却的淬火临界直径增加为18～20mm，而且在相同的高温回火后的硬度差比较大，耐回火性能强。

近年来，钢的冷镦合金化技术有了很大发展，它使用了少量（<0.1%）碳化物元素，如将Ti、V、Cr加入到低碳C－Mn钢中。这种材料可广泛用于生产各类机械构件，其中包括汽车紧固件，是一个值得提倡和推广的钢铁材料。

目前，国内生产的紧固件产品还不能完全满足要求，汽车紧固件还没有完全达到国产化。轿车紧固件中的专用紧固件，如发动机专用紧固件中的连杆螺栓、缸盖螺栓，飞轮螺栓，轮胎专用螺栓，动力传递机械专用螺栓，底盘悬挂螺栓等，还有相当一部分要依靠进口。从发展趋势看，汽车行业选用紧固件，还应立足国内，即从技术要求和工作性能上以达到要求为主。早日实现100%提供全套轿车紧固件，是我国紧固件从“中国制造”迈向“中国创造”的契机，应籍此从传统普通标准件产品仿制向自主创新研制迈进。

三、汽车紧固件的生产工艺和材质性能

工艺和材料作为机械制造业的基础，对于产品的质量和性能起着至关重要的作用。近20年来，我国在引进汽车、摩托车生产线的同时，也引进了相应的汽车紧固件用钢材，并逐步实现了国产化。其中高强度汽车紧固件国产转化率最高，这促进了我国的钢铁材料及工艺的发展，逐渐缩小了我国工艺技术水平和材料应用水平与发达国家的差距。钢材是紧固件中最基本的材料，虽然有色金属和复合材料的应用比重在逐年增加，但高强度紧固件所用钢材的作用是无法替代的。通过采用先进的冶炼装备和工艺技术以及合理的低合金化，我国的紧固件用钢发生了较大变化，使目前的高强度紧固件能更好地满足机械制造业实际使用要求。

用冷镦加工方法制造紧固件、连接件（如螺栓、螺母、螺钉、铆钉等）用的钢称为冷镦钢。通常使用的有调质型合金钢、低温回火型合金结构钢、低碳低合金高强度钢、铁素体－马氏体双相钢等。冷镦是在常温下利用金属塑性成形的。采用冷镦工艺制造紧固件，不但效率高、质量好，而且用料省、成本低。但是冷镦工艺对原材料的质量要求较高。

冷镦性能是冷镦钢的重要性能之一。冷镦钢应具备的主要性能是良好的冷成形性。为此，一般要求冷镦钢的屈强比为0.5～0.65，断面收缩率大于50%。

此外，为避免在冷镦时表面开裂，要求钢材表面质量良好，同时钢材的表面脱碳要尽可能小。标准规定钢材应进行冷顶锻试验。

冷镦钢因冷成形性能良好，在机械加工行业可采用冷拔材代替热轧材进行冷切削机加工。这种工艺的优点是在节约大量工时的同时，金属消耗可以降低10%～30%，而且产品尺寸精度高，表面光洁度好，生产率高，是近年来兴起的比较先进的机加工工艺。

钢中碳含量一般按中下限控制为宜；钢中硅含量（质量分数）不超过0.10%，随硅含量增加，钢的抗拉强度、硬度有所提高，但延伸率降低，断面收缩率下降更显著，不利于冷镦变形，钢中锰含量适中，可改善钢中硫的存在形态和分布，有利于提高钢的冷镦成形性。

在现代汽车中，40%以上的紧固件具有螺纹结构，除了简单作定位的螺栓之外，如连杆螺栓、缸盖螺栓等，既受到轴向预紧拉伸载荷的作用，也会在工作过程中受到附加的轴向拉伸（交变）载荷、横向剪切（交变）载荷或由此复合而成的弯曲载荷的作用，有时还有冲击载荷。

通常情况下，附加的横向交变载荷会引起螺栓的松动，轴向交变载荷会引起螺栓的疲劳断裂；而在环境介质的作用下，轴向拉伸载荷则会引起螺栓的延迟断裂。因此，在降低紧固件生产成本的同时，还要使其具有如下性能：较轻的重量和超高的强度，以便抵抗拉长、拉断、滑扣和磨损；可靠的韧性,以减少对偏斜、缺口应力集中和表面质量的敏感性;在潮湿大气或腐蚀气氛环境下工作的螺栓,要求其有足够低的延迟断裂敏感性,以及良好的冷镦性能(变形能力和变形抗力)。

统计数据表明,冷镦开裂中有80%~85%是因为冷镦线材表面存在折叠、划伤、密集的发纹、局部微裂纹、结疤等缺陷。由材料问题引起的开裂,可以发生在冷镦成形后,也有的在碾制螺纹时和热处理后发生。我国的冷镦线材开裂率在1%~3%的属较好水平,一般的开裂率在3%~5%,有的甚至超过10%。冷顶锻检查为1/2的线材,只能生产外六角螺栓产品;只有保证冷顶锻检查为1/3的线材,才能用于生产内六角螺钉、凸缘螺栓和螺母等冷变形要求较高的产品。由冶炼质量造成冷镦线材对汽车紧固件实物质量的影响,主要是钢厂采用连续工艺生产冷镦钢时,钢坯的表面有缺陷,内在夹杂物超标,组织存在偏析。连铸坯直接轧钢的,钢坯断面尺寸不可过小,应采用320mm×280mm大方坯连铸,然后开坯探伤、修磨后轧制汽车紧固件用冷镦精线材。

汽车发动机用10.9级及以上高强度紧固件在装配中对转矩、预紧力(和摩擦因数)都有一定的要求。在组装中要求紧固件的性能稳定,摩擦因数离散度小,所以对材料要求较高,成分要在标准范围之内,且力学性能稳定。

冷镦线材中各元素成分仅仅符合标准中所规定的含量远远不够,还应对S、P含量严格控制。对C、Si、Mn的组合比例分组优化。日本原材料中C、Mn含量一般偏上限,而国内原材料一般偏中下限,应有效控制同一批次中的C、Mn含量,使其波动范围越小越好。冷镦线材的其他质量问题,如硬度不均匀、通条性能差、尺寸超差、圆度不合格、脱碳层超标,以及轧钢时产生的表面划痕、折叠、压痕等均应避免。冷镦热轧线材交货时,应调整好线材的硬度、伸长率、断面收缩率等指标,以满足后续的生产要求。

目前,汽车螺栓的强度级别可分为4~12.9级。6.8级以下的螺栓大多都采用低碳钢材制造,无需热处理;7~8.8级一般用ML35钢,亦可用低碳锰钢制造;9.8级螺栓常用碳硼钢制造;10.9级以上大多都采用合金结构钢制造,经过调质处理。现在汽车应用较多的高强度螺栓为10.9级,且用量正在逐步扩大。

随着汽车与发动机的高性能化和材料应用应力的提高,零件尺寸的减小,以及底盘的轻量化,对螺栓提出了更高的设计应力和轻量化的要求,而最有效的措施是提高螺栓用钢的使用强度。

四、汽车紧固件冷镦线材改制中存在的问题和对策

我国汽车紧固件企业大多自己进行球化退火处理改制冷镦线材,而日本、德国等国家基本上由线材专业改制厂或者钢厂直接改制成精线供货。

近年来,国内的情况有所改变。宝钢集团投资了南京宝日钢丝制品有限公司,为紧固件制造业直接供应成品精线;邢钢投资成立新光精线厂;湘钢新组建了湘钢紧固件有限公司,不但生产供应成品精线,而且直接使用自己的线材生产紧固件。上海、江苏、深圳、广州等地均有专业线材改制厂(主要以台资企业为主)。

紧固件冷镦线材的热处理有软化退火和球化退火两种情况(如再结晶、完全退火等)。对于制作合金钢、中碳钢内六角螺钉、螺母、自钻自攻螺钉,软化退火即可满足冷镦变形要求。但对于要求严格的汽车发动机螺栓,不但要适应冷镦变形要求,而且要满足表面脱碳和内部金相组织、硬度均匀性高的要求,为成品最终热处理预作准备。

大批量多品种供货状态下,对加工精度要求高的汽车紧固件,如何保证产品的一致性及缺陷的预防是紧固件生产面临的问题之一。尽管制造者已经对关键生产工序进行了控制,但是仍然不能保证100%地生产出优质产品,不合格的缺陷水平依然无法下降,因此,必须进行100%的最终检测或者分选以满足客户的要求。

国内汽车紧固件OEM在表面处理后采用的分选方式主要有人工挑选、涡流分选、光学传感尺寸及轮廓分选。分选过程主要是挑出带有明显缺陷的不良产品,如淬火裂纹、表面脱碳、尺寸变形等。

汽车紧固件的快速发展给生产企业带来了挑战和机遇。与世界先进水平相比,我国紧固件的热处理工艺技术总体水平仍然落后,差距在加大,尤其在环保、能耗、品质等诸多方面形势严峻。因此,提高汽车紧固件工艺技术水平十分必要。

针对冷镦钢的技术要求,结合影响冷镦钢性能的各项因素以及生产实际,在冷镦钢的生产中应采取以下几种措施:

严格按冷镦钢的标准控制钢的化学成分,优化材料组织,提高材料塑性,保证钢质性能的稳定,减少夹杂物对性能的危害,降低钢中有害元素的含量。通过对冶炼、轧钢过程的控制,减少压下量、轧制道次以及翻钢次数,以获得均匀、细化晶粒组织,避免生产过程中产生的折叠,提高冷镦钢的综合力学性能。

选择适当轧辊和变形均匀的孔型系统,保证产品表面光洁,同时减少成品裂纹,提高生产备件质量,保证工艺要求;严格控制加热温度、时间和炉内气氛,保持正压操作,减少表面烧损和表面脱碳。

加强钢坯验收和装炉前的质量检查,严格控制钢坯表面质量,尽量采用大断面的钢坯,增加由坯到材的总变形量。

由此看来,我国汽车紧固件的发展和振兴之路任重道远。伴随着我国成为全球汽车产销第一大国,汽车紧固件行业也在发展壮大。从世界格局来看,我国汽车紧固件行业无论是横向规模发展还是纵向技术升级都具有广阔的发展空间。

〔撰稿人:东风汽车公司杨忠敏〕

紧固件的产品结构调整与新产品、新工艺的发展概况

紧固件生产目前还是劳动力密集型的生产方式，量虽大，利却薄，紧固件行业的经济增长方式基本上是在低强度、低附加值产品上发展的。从片面追求产值产量向提高品质及品牌效应上转变，从片面追求大而全向精、特、专转变，一直是行业的重要课题。

2009—2011年，我国紧固件工业新产品研发和产量比以往有显著增加，企业新产品推出速度加快，新产品技术含量提高。为了满足市场和有关行业需求，不断有新产品研发成功，现已取得许多可喜的成绩。

一、加速产品结构调整

依托国家重点项目及其发展方向，加速产品结构调整，大力发展高性能、高附加值产品。紧紧依靠汽车、新能源、高铁、城市交通、先进制造业、航空航天、电子电器、IT及建筑等产业，重点发展组合螺钉及组合件、不锈钢紧固件、IT产业精密螺钉、自锁类紧固件、钛合金、铝合金紧固件、汽车专用紧固件及各种表面处理、化学涂覆类紧固件，不断提高产品技术含量和水准。

二、加强和加大科研队伍的建设

紧固件行业中的大型企业纷纷充实研发中心和技术中心，加大资金投入，针对现代装备制造业和战略性新兴产业所急需的高端产品进行研究开发。上海集优股份有限公司收购上海市紧固件和焊接材料技术研究所、广州超邦拥有技术研发中心就是最好的例证。又如宁波思进机械有限公司与上海大学合作开发的环保型多工位高速冷镦机，为紧固件行业提供了新一代专机。在先进的技术研发的支持下，不少企业成功研制出满足市场需求的新技术、新产品，推动行业不断前行。河北永年地区的紧固件生产企业已有2 300多家，由于企业没有自己的研发团队，技术已成为制约其发展的主要瓶颈，2011年启动建设的永年标准件研究院，为企业创新搭建了公共技术服务平台。可见，紧固件行业企业“由大向强”转型升级的意识有较大提升，推动着行业朝着由“中国制造”转变为“中国创造”的道路前进。

三、关键技术有所突破

（1）由于生产高强度紧固件的两个关键技术点——材料与热处理已有所突破，使得一批10.9级高强度紧固件得以开发成功，并被广泛应用于汽车、柴油机、压缩机等行业。具有代表性的产品有：上海上标汽车紧固件有限公司开发的SGM轿车发动机悬挂螺栓；东风汽车紧固件公司开发的EW10和EW12轿车发动机缸盖螺栓和主轴承螺栓，以及涂胶飞轮螺栓和带螺纹的圆锥形尾端导向螺栓；浙江宁波时代紧固件制造有限公司开发的汽车用球头销；济南实达紧固件有限公司研发的M16三角头连接螺栓；浙江乍浦实业股份有限公司开发的刹车系统防松防腐外螺纹联接件，宁波东港紧固件制造有限公司开发的组合式(Q151B)螺栓等。

（2）一批耐高温紧固件成功开发表明了企业在耐高温材料、热镦及热处理工艺上取得突破。代表性产品有舟山市7412厂开发的M6－12耐热不锈钢螺栓；宁波市北仑特种紧固件厂开发的M80×520高温用高强度螺栓连接副和M20×90钛钯合金螺栓；宁波实力高强度紧固件有限公司开发的耐高温M30×350不锈钢螺栓；杭州高压紧固件厂开发的高温高压美制内六角双头螺栓连接副等。

（3）为适应风力发电设备国产化的需求，在大规格10.9级高强度紧固件(按国外标准)的材料选用、热镦、热处理及表面处理等技术攻关上取得进展，重庆标准件工业公司、上海高强度螺栓厂、上海申光高强度螺栓有限公司、上海金马高强度紧固件有限公司及常熟市标准件厂等企业已成功开发出M30～M64大六角螺栓等高强度紧固件。

（4）一些异型、制造工艺复杂的紧固件攻克了冷镦变形大、模具寿命短的技术难关，得以开发成功。如宁波翔翔大型紧固件有限公司开发的弹簧开槽锁紧螺母已用于庞巴迪机车；宁波东港紧固件制造有限公司开发了DIN6912带导向孔的短头部内六角螺栓和锯齿型内六角防松螺钉；宁波甬港紧固件有限公司开发了盘头方颈马车螺栓；湖北博士隆科技有限公司开发了伞形抽芯铆钉；舟山市7412厂开发了薄板固定螺栓和M6～M12三角杆自攻螺钉等。

〔撰稿人：紧固件分会俞汝庸〕

我国紧固件生产设备的发展状况

目前，我国紧固件生产设备的制造企业有国有、民营、合资和外商独资等多种所有制形式。一般生产企业基本上会优先选用国产紧固件生产设备。国产紧固件生产设备的市场占有率达到95%左右，部分设备还出口到东欧、东南亚、中东、南非及中亚等地区。

在紧固件的生产中，冷镦加工是一种主要生产工艺，因此，冷镦机也就是紧固件生产厂家的主要生产设备。由于金属冷成形制造技术与金属切削制造技术、冲压制造技术和热镦制造技术相比，具有环保、节能减排、材料利用率佳、生产效率高及制造成本和劳动强度低等优点，因此越来越多地被紧固件和特殊零件的制造企业所采用，这也推动了我国金属冷成形技术装备的快速发展。由于紧固件生产企业要不断地开发新产品和进行技术更新换代，因此，紧固件生产设备制造企业具有广阔的市场和发展空间。

一、近年我国金属冷成形技术装备发展的主要特点

1. 冷成形设备系列日趋完善

过去冷镦机系列中的大规格往往缺乏或仅试制1或2台，导致了产品系列不完善、不成熟。随着我国基本建设（道路、铁路、桥梁、厂房）的加快和汽车工业的发展，大规格紧固件的需求量不断增加（尤其是M20、M24、M30规格），因此，大规格紧固件制造装备的需求量也不断增加。过去采用加热冲压制造大规格紧固件（如扭剪型螺钉、钢结构螺钉、铁塔螺钉、风力发电螺钉、卡车轮胎螺钉等）的企业，为了提高产品质量和劳动生产率、降低生产成本和节能减排，纷纷进行技术改造，以冷镦替代热冲，这使得大规格冷镦机的技术和装备得到迅速的提升和发展，促使冷镦成形机系列不断完善和成熟。如：宁波思进机械有限公的SJBF系列四工位螺栓冷镦机已有12个机型，SJBP系列五工位零件冷镦成形机有9个机型；上海春日机械工业有限公司开发研制的CBP系列五工位零件冷成形机有9个机型。其中大型设备已能生产M30～36的螺栓。

2. 设备的复杂系数提高

随着我国汽车工业的发展和国产化进程的加快，汽车、货车的年产量迅速提升，以车用零件为代表的特殊零件采用冷成形制造工艺生产已成为降低成本提高效率的必然趋势。由于特殊零件的形状复杂、精度要求高，因此要求冷成形机的成形工位数越来越多。近年来，杆类零件冷成形机已发展到四工位、五工位甚至六工位，而筒类零件冷成形机已发展到五工位、六工位甚至七工位，同时，冷成形机采用新型机构，使它的运动定位精度和切断精度有了很大的提高。

3. 设备加工工艺核心技术水平突破

我国紧固件和零件制造装备与国外进口产品的重要差距表现在制造技术上。随着近年来装备制造企业加快技术改造和技术进步，通过加工质量的提高，目前的国内产品已经几乎与进口产品接近甚至相同。如上海春日机械工业有限公司研发的CBF－305型五工位冷成形机，其重达100t的床身采用整体铸件一次浇注成形，目前国际上仅少数几家冷镦机制造商可制造。另外，各装备制造厂引进的加工中心和数控机床已成为其主要生产加工手段。

4. 设备自动控制系统水平日益提高

随着零件冷成形技术的应用越来越广，特殊零件与通用紧固件相比，其特点是批量少而种类多，为了提高产品质量，加快规格的调整速度、提高设备的利用率，对冷成形机的自动控制、自动监测和快速调整功能有了更高要求。目前，可编程序控制器已经用于新装备上，并且随着变频技术、人机对话界面和数控技术在制造装备业的广泛使用，紧固件和零件的制造装备上也开始逐渐采用这些新技术，尤其是在零件冷成形机上使用的越来越多，技术也越来越成熟。这使得紧固件装备的机电一体化程度越来越高。

紧固件生产的专业设备很多，诸如材料改制用的冷加工伸线机、拉拔机，热处理用的各种退火自动线，材料表面处理用的机械及化学工艺的去氧化皮设备，产品成形用的各种规格的自动冷镦机、自动温镦机、自动热镦机、自动切边机、搓丝机等，产品成形后用的淬火、回火、渗碳自动线，以及产品的自动称量、包装机和自动检测系统等。

二、近年我国紧固件行业的技术装备工作情况

2009—2012年，我国紧固件技术装备行业重点做了以下工作：

（1）结合国家“十二五”规划的制定，对紧固件生产设备的状况进行调研，并对国内外同类设备进行分析比对，找出差距，制定重点发展方向。

（2）进行产学研合作，共同研究行业中的难题。如：高强度材料的变形处理，流动应力分析和动态破坏分析，冷镦成形的数值模拟与优化技术，模具润滑技术，冷镦模具延寿技术等。

（3）加强和提高工模具制造技术水平，采取超硬和超韧性的新型材料，推广真空热处理、新型表面镀覆工艺，提高了工模具精度和寿命。

（4）借鉴日本、欧美及我国台湾的冷镦机制造先进技术，用信息技术促进升级换代，提高了整机的精度、稳定性和生产效率，特别是提高了大规格冷镦机的生产制造能力。

围绕以上工作，紧固件行业中已试制成功或投入批量生产的设备涌现出不少优秀机型。现举例如下：

浙江嘉善三永电炉工业有限公司生产的SY－837钟罩式退火（球化）炉，可完成中、低碳钢线材的球化退火，密封性好，采用Q_2控制系统，确保了线材球化退火质量，便于紧固件企业生产异型、高强度、高品质的紧固件产品。

齐齐哈尔第二机床厂与日本阪村株式会社合作研发的BP－440SS型自动螺栓镦锻机是一款高速精密多工位螺栓镦锻机。该机采用机械传动并配有高度自动化调整、监测与保护系统。其主要技术参数为：螺栓最大规格14mm，工位数4个，最大镦锻力1 300kN，生产率210件/min。

广东东莞石西企业（国际）机构控股有限公司开发的2D3B型二模三冲零件成形机系列新机型，采用该公司专利技术——无夹钳传递坯料，解决了有夹钳多工位机难加工的大头短杆或形状复杂的短身、大头小杆零件和螺钉的夹持问题。其中，2D3B－XP2二模三冲零件成形机的主要技术参数为：最大切断直径7.5mm，最大切断长度80mm，压造力30t，生产率70～100件/min。

上海标准件机械厂试制的Z45－6300/4四工位杆类零件冷成形机，已在2011年试车。该机主要技术参数为：最大杆部直径30mm，杆部长度45～250mm，生产率35件/min。

上海春日机械工业有限公司开发研制的CBP－305L型五工位零件冷成形机已在2009年12月22日成功试车。该机拥有除剪切以外的五个成形工位，最大切料直径为36mm，最大锻造力为730t，机床自重200t。可以生产最大直径为30mm、长度为350mm的异型紧固件，生产率为50件/min。

宁波思进机械有限公司研制的 SJBF 系列四工位螺栓冷镦成形机系列产品,共有 12 个机型。其主要技术参数为:剪切直径 8 ~ 30mm,剪切长度 100 ~ 350mm,生产率 220 件/min。该系列产品获 2 项发明专利和 1 项实用新型专利,并增加了自动吸油雾装置。在 2011 年 3 月 3 日,SJBF - 134L 环保型高速全自动冷镦机通过新产品投产鉴定,认定其具有高效、节能、环保功能。

综上所述,由于国产紧固件和零件制造装备的技术与质量不断提高,而价格上相对于国外产品又具有很大的优势,因此国产紧固件设备在国内有较大的市场占有率,但是,复合形状零件的冷成形机还是目前国内需要继续开发和完善的重大技术装备,至今国内还没有形成成熟的批量生产。由于复合形状零件的冷成形机的参数、规格和变形能力要根据零件的具体要求来决定,因此要依据冷成形工艺、模具、材料以及零件的精度要求来开发,这不仅要求设备制造企业具有冷成形工艺和模具的开发能力,还需要与用户相互配合共同进行开发。

在“十二五”期间,重点规划的项目是“高速精密多工位冷镦成形机成套装备研发”。相关企业应通过对多工位工艺技术的研究,配置快速换模装置及在线监控等装置,达到人机一体化,使设备的稳定性能更好,噪声和废气排放均达到环保要求,从而将我国紧固件和零件制造装备水平提到一个新的高度。

〔撰稿人:紧固件分会俞汝庸〕

紧固件材料的现状与发展

2008 年以来,受到全球经济危机的影响,国际经济环境复杂多变,欧债危机蔓延,近期渐发的美国“财政悬崖”危险对我国经济发展也带来负面影响。我国的经济形势也出现了新的情况,工业经济运行总体呈现放缓趋势,2012 年与 2011 年相比,GDP 的增速趋减。在此境遇中,紧固件行业也同样面临资金紧张、订单不足的状况。原材料价格上涨、能源价格大幅波动、总物价水平上升、劳动力用工成本及环境保护成本加大都给企业带来生存压力。

在紧固件生产中,原材料一直是成本构成的主要部分,原材料成本在紧固件产品成本中至少占 50% 以上,材料价格合理,紧固件才会有合理的盈利。原材料对产品质量也起主导作用,材料好,紧固件品质才能好。2008—2012 年紧固件产量及耗材量见下表。

2008—2012 年紧固件产量及耗材量 (单位:万 t)

年份	2008	2009	2010	2011	2012
紧固件产量	560	530	620	680	660
紧固件耗材量	610	580	680	740	720

除了有色金属铜和铝外,紧固件行业使用原材料的 90% 以钢铁材料为主。钢铁行业是紧固件产业的上游产业。我国的钢产量连续十几年居世界首位,目前,线材的年产量可达 1.7 亿 t,几乎是美国、日本、俄罗斯及德国 4 国线材产量的总和。近年来,钢铁行业的快速发展给予紧固件产业很大的支持,20 世纪 90 年代,只有宝钢等几家国有大钢厂能生产紧固件用冷镦钢,而现在,邢钢、马钢、济源钢厂冷镦钢的年产量均可超过 50 万 t。我国依靠进口冷镦钢的格局已转而成为批量出口冷镦钢的局面,其中,我国独有的 20MnTiB 钢种大批量出口就是典型事例。目前,我国钢材产品规格齐全,直径从 5.5mm 到 42mm 都能正常供货,中低碳钢、低合金钢及合金钢钢种也一应俱全,而且,一些按国外标准生产的钢种[如 Qst32 - 2(邢钢)、10B21 等]品质已超过国外同类产品。

近年来,紧固件用冷镦钢获得长足发展的同时,还关注环保,在节能上有发展、有进步。马钢生产的免退火线材 35KM、35AM,济源钢厂生产的 ML26 - M 免退火盘条,使用时可以省略冷镦成形前的退火工序。马钢生产的非调质钢线材 MFT8,使用时可以省略淬火和回火工序,确实做到了节电节能的要求,避免了调质过程中介质的化学污染。全国紧固件标准化技术委员会还及时制定了国家标准 GB 3098.22—2009《紧固件机械性能 细晶非调质钢螺栓、螺钉和螺柱》,为使用新钢种的产品检测提供依据,为新钢种的推广、使用铺平道路。

近年来,国内在推广使用含硼中低碳硼钢方面也取得不少成绩,典型的中低碳硼钢品种有 10B21 ~ 33、35VB、20MiTiB 及 20MnB 等。这些钢种的共同特点是加入 0.000 8% ~ 0.003 5% 的微量元素硼,增加了钢的渗透性,在钢的成分组成中降低了合金元素的含量。许多中低碳硼钢热轧线材可以不作软化退火处理直接冷镦成形,被大量采用制造 8.8 级和 10.9 级外螺纹紧固件,取得良好的节能效果。

借助于我国汽车工业井喷式飞速发展的大好机遇,在行业协会的组织下,宝钢高线、上标汽车紧固件有限公司及通用汽车泛亚中心等多个单位联合试制了汽车用 12.9 级高强度紧固件合金冷镦专用线材 B - SCM435 并取得成功,这标志着高端专业用紧固件冷镦钢的国产化开始实行。一批外商独资在华设立的紧固件工厂,也开始在国内采购冷镦钢线材替代进口。

近三年,紧固件系安全件、关键零部件已经成为行业共识,紧固件制造厂对紧固件产品质量的重视也有实实在在的提升。它们不只是重视冷镦后的调质处理,更重视冷镦前的原料前处理,尤其是汽车紧固件的制造厂,有的直接采购专业加工精线的“成品丝”(如南京宝日);有的工厂自己建立专门的拉拔退回火线材改制生产线,像海盐乍浦、宁波新兴、河北黄骅等企业都引进了钟罩式退火(自动检测)生产线,具有保护气氛、全程微机控制、温度工艺曲线、自动检测及自动安全报警等装置，达到国际先进装备水平，使汽车用高端紧固件线材及航空飞机用紧固件线材的改制有了装备的保证。

随着国内生产以及从国外引进的超大吨位的多工位（5～7工位）冷镦机、冷成形机的应用，使线材规格从直径24mm扩展到了直径42mm，国内的宝钢、邢钢、济源钢、沙钢等钢厂都有相应的供货能力。它们的应用已经远远超出紧固件制造行业的范围，类似于螺栓、螺母的杆状零件和筒类零件都能利用冷镦及挤压工艺成形。把此类工艺扩展到零件冷成形化，可节约材料和能源，提高生产效率，创造更好的经济效益。目前，大规格冷镦材料的供应已具备了现实条件，这正是我国紧固件企业转型升级的绝佳选择，具有不可估量的市场前景。

目前，国内的紧固件用钢，从规格（ϕ5.5～42mm）和钢种上基本都能满足制造各等级紧固件的基本需求。但一些高端产品仍受到材料限制：有的是因为需求量过小；有的则因为是用于某个新兴领域的特殊用途，国内一时还难以组织生产。

国产紧固件用冷镦钢存在的问题如下：

（1）钢材质量问题。以使用量最大的、制造8.8级紧固件用ML35、SWRCH35K钢材为例，其与国外产品还是有一定的差距，主要表现在冷镦性能不是很稳定，冷镦开裂时有发生。其中，大部分原因（占70%）是内部杂物含量高，也有的是表面存有裂缝，冷镦后扩展增大。造成这种状况的原因，一方面与钢坯不完全经过探伤修磨有关（大部分钢厂使用连铸坯不修磨），另一方面也与钢厂的成本控制、管理水平及全员质量意识水平有关。据不完全统计，国内冷镦钢材开裂的概率在1%～3%左右。虽然，与过去相比进步不小，但对于制造许多要求零缺陷的紧固件来说是远远不能满足需要的，对制造有关安全的、关键的高端紧固件更是不允许的。

（2）上下游产业协调问题。近两年，受国家十大产业利好政策的影响，紧固件行业在产业结构调整过程中出现了许多亮点和新的经济增长点。例如：新能源（风电、核电、太阳能发电）、大飞机项目、高铁和城市轨道交通、国家电网改造、海洋工程（海底电缆、海上平台）、跨国输油管道及航母舰艇等，都使用了大量有特殊要求、特殊性能、特殊材料的紧固件，这些紧固件往往是技术要求高、难度大、附加值高的产品，是本行业产品结构转型升级的首选开发品种。其中，许多紧固件不但有性能等级要求，还要检测扭矩系数、轴力，并做低温（－101～－50℃）下的疲劳试验。在这些高强度紧固件的生产中，常常出现即使选对了钢材牌号，所生产的产品性能指标仍达不到规定数值的情况。这些精品钢种，对原材料的纯净度、低气体含量冶炼和浇注状态都有严格要求，目前国内供料时还不能一一对应解决好。这类问题只有钢厂与紧固件生产厂上下游联合协作才能很好解决。

（3）钢材的稳定性问题。市场供应的冷镦线材，在没有其他特殊要求时，只要符合国家标准，就被作为合格品出厂。一般情况下，钢厂没有做到精细化管理，同批材料可能坯号不同，成分差距大，导致热处理后紧固件成品测试结果对应的数据离散度大，热轧成品的通条性能不一致，同批或不同批钢材的稳定性差。用于汽车安全方面的紧固件，对于同样牌号，如何在标准规定的熔炼成分范围内优化组合有待进一步提高，一些被广泛使用的含硼中低碳钢中有效硼的精确控制有待提高。

（4）资源的合理配置问题。我国紧固件行业要持续发展，对资源的合理配置等许多问题尚需深入探讨。由于紧固件的产业带密集分布在长三角、珠三角及河北地区，因此，这些地区对冷镦钢线材的需求也就较为集中。钢厂的合理物流距离应该在300～500km范围内，而且运输方式的优化也是节能需研究的课题。对此，国内目前还没有合理的统一布置协调。

（5）冷镦钢产能过剩问题十分严重。以前，国内只有七八家大型企业专业生产冷镦钢，而现在已发展到有近40家钢铁企业在共享这个“蛋糕”。以2012年测算为例，全年需求量为720万t，而产能却有1 100～1 200万t/a，产能严重过剩。由于我国铁矿石价格受国外三大矿山公司铁矿石价格的影响，而且冷镦钢线材的生产流程又与建筑用线材的生产密切相关，这些因素决定了我国冷镦钢价格极不稳定，几乎每年有一次每吨超过千元的异常波动，这对紧固件行业的伤害非常大。上游钢铁企业和下游紧固件产业的发展都需要行业自律，以防止产能过剩带来严重的后果。

紧固件作为通用基础件，无处不用，无时不需，是关系到我国制造业发展的关键零部件。为使我国紧固件产业能够科学健康的发展，特提出如下建议：

（1）以产业链的高度，调整冷镦钢的价格体系，避免其大起大落，无序竞争。企业要苦练内功去应对国际资源性垄断对自身的伤害，减少贸易摩擦对企业造成的影响。

（2）在纯净度、通条性、稳定性、减少杂质危害及控制熔炼成分精度等方面提高钢材质量，以保证钢材的冷镦性能。

（3）开发纯净钢、耐候钢、微形变钢、耐低温钢及耐高温钢等各新兴行业特需的钢种，积极推广绿色环保节能的新钢种及新产品，支撑紧固件行业调整结构、转型升级。

（4）发挥我国钢铁大国的优势，在取代进口的同时，把优质的冷镦钢线材和紧固件产品出口到世界各地。

〔撰稿人：沈德山〕

质量与标准

紧固件标准化与质量工作简述

紧固件行业是新中国成立后最早开展标准化工作的领域之一。1956年原第一机械工业部机械科学研究院标准化处直接采用苏联国家标准翻译本制订了第一机械工业部部颁标准，包括紧固件、机械制图等基础标准，1958年颁布的120个紧固件国家标准（GB 2—1958～GB 121—1958）是我国颁布的第一批紧固件国家标准。经过50多年的不懈努力，已形成了比较完善的紧固件标准体系。特别是1978年以来，通过积极采用国际标准和国外先进标准，实现与国际标准接轨，全面提高了我国紧固件标准水平，为其专业化发展打下了良好基础。随着我国综合国力的提升，紧固件制造业快速发展，国际市场竞争力不断增强，标准化工作正从积极采用国际标准和国外先进标准向实质性参与制订国际标准转变，我国在国际标准化舞台上的话语权正在提升。

我国标准化在经历了四年的大上之后进入调整阶段，国家标准化管理委员会提出了以“解放思想、转变观念，改革创新、科学发展”作为今后一个时期标准化工作的原则。

截至2011年12月底，紧固件现行国家标准共452个，其中，产品标准402个；机械行业标准35个；现有国际标准183个，紧固件国际标准转化率达96.2%，处于国内各行业领先地位。

根据风力发电等新兴产业需求，紧固件标准化工作从科研和质量入手，注重抓配套产品的标准化和配套技术，组织风电企业、紧固件制造企业和科研机构开展专项研究，以塔筒等使用的大规格高强度紧固件设计、制造、质量检测及使用安装技术为重点，提出了《预载荷高强度栓接结构连接副　通用技术条件》《预载荷高强度栓接结构连接副　预载荷试验》《预载荷高强度栓接结构 HR 型六角头螺栓与螺母连接副》《预载荷高强度栓接结构 HV 型六角头螺栓与螺母连接副》《倒角平垫圈》国家标准制订计划，将于2013年完成制订工作。

我国紧固件采用国际标准比较早，国际标准转化率保持在较高的水平。近年来，我国参加 ISO/TC 2 活动比较频繁。全国紧固件标准化技术委员会基本上每年组织国内专家参加国际会议，按时完成国际标准投票，及时反映我国行业的需求和愿望，提高我国在国际标准化中的话语权，跟踪最新国际标准及技术发展动向，使我国标准与国际标准基本上保持同步，这有利于提升我国紧固件在国际市场上的竞争力。

2008年以前，国家质量监督检验检疫总局组织了多次高强度紧固件产品国家监督抽查。2009年以后，因为国家监督抽查的重点转向与民生密切相关的直接消费品，减少了工业品的国家监督抽查，一些地方政府部门组织了监督抽查，抽查产品合格率徘徊在60%～80%左右，反映出一些问题，结果不容乐观。抽查结果表明紧固件产品质量状况仍不能满足主机行业日益提高的要求，在激烈的市场竞争中，产品质量仍然是许多企业难以跨过的门槛。

紧固件作为量大面广的机械基础件产品，服务领域十分广泛。紧固件产品虽小，其质量好坏对主机产品的影响却很大，由于紧固件失效带来的事故屡见不鲜，因此，它越来越受到广泛的关注，客户对其可靠性、一致性的要求不断提高，产品质量已成为产品竞争力的重要标志。在国内持续快速增长的市场拉动下，我国紧固件产业结构发生了很大变化，由于紧固件产品的价格竞争优势越来越不明显，推进产业转型升级已经成为共识，因此，紧固件企业加大了技术投入力度，装备水平快速提高，产品质量普遍向好，可以相信，在未来几年里会有更快的提升。

根据 GB/T 3098（ISO 898、ISO 3506 等）“紧固件机械性能”系列标准的规定，由碳钢、合金钢、不锈钢或有色金属制造的螺栓、螺柱、六角螺母和内六角（花形）圆柱头螺钉产品上，应制出“性能等级”和“紧固件制造（或经销）者识别标志”（以下简称识别标志）。GB/T 90.2—2002《紧固件　标志与包装》第3章规定：“紧固件产品上的标志应符合紧固件国家标准、行业标准的规定。其中，‘紧固件制造者识别标志’（或紧固件经销者识别标志）有别于商标，属于标准化与产品质量范畴，应经全国性标准化机构统一协调、确认并予公告”。

我国紧固件制造者或经销者识别标志公告制度始于1987年，原国家标准局要求全国紧固件标准化技术委员会秘书处负责组织“紧固件制造者识别标志”的登记、协调、确认及公布工作，并于1987年10月14日公布了“首批确认的紧固件产品标志”。此后该项工作成为全国紧固件标准化技术委员会秘书处的一项日常工作。

〔供稿单位：全国紧固件标准化技术委员会秘书处〕

紧固件国家标准目录

序号	标准号	中文标准名称	英文标准名称	备注
1	GB/T 2—2001	紧固件外螺纹零件的末端	Fasteners—Ends of parts with external thread	2002.04.01 实施,代替 GB/T 2—1985
2	GB/T 8—1988	方头螺栓 C 级	Square head bolts—Product grade C	1989.07.01 实施,代替 GB 7—1958,GB 8—1976,GB 876—1976,GB 9—1958
3	GB/T 10—1988	沉头方颈螺栓	Flat countersunk square neck bolts	1989.07.01 实施,代替 GB 10—1976
4	GB/T 11—1988	沉头带榫螺栓	Flat countersunk nib bolts	1989.07.01 实施,代替 GB 11—1976
5	GB/T 12—1988	半圆头方颈螺栓	Cup head square neck bolts	1989.07.01 实施,代替 GB 12—1976
6	GB/T 13—1988	半圆头带榫螺栓	Cup head nib bolts	1989.07.01 实施,代替 GB 13—1976
7	GB/T 14—1998	大半圆头方颈螺栓 C 级	Cup head square neck bolts with large head—Product grade C	1999.07.01 实施,代替 GB 14—1988
8	GB/T 15—1988	大半圆头带榫螺栓	Cup head nib bolts with large head	1989.07.01 实施,代替 GB 15—1976
9	GB/T 27—1988	六角头铰制孔用螺栓 A 和 B 级	Hexagon fit bolts—Product grade A and B	1989.07.01 实施,代替 GB 27—1976,GB 33—1958
10	GB/T 28—1988	六角头螺杆带孔铰制孔用螺栓 A 和 B 级	Hexagon fit bolts with split pin hole on shank—Product grade A and B	1989.07.01 实施,代替 GB 28—1976,GB 34—1958
11	GB/T 29.1—1988	六角头头部带槽螺栓 A 和 B 级	Hexagon bolts with slot on head—Product grade A and B	1989.07.01 实施,代替 GB 29—1976
12	GB/T 29.2—1988	十字槽凹穴六角头螺栓	Cross recessed hexagon bolts with indentation	1989.07.01 实施,代替 GB 29—1976
13	GB/T 31.1—1988	六角头螺杆带孔螺栓 A 和 B 级	Hexagon bolts with split pin hole on shank—Product grade A and B	1989.07.01 实施,代替 GB 31—1976
14	GB/T 31.2—1988	六角头螺杆带孔螺栓 细杆 B 级	Hexagon bolts with split pin hole on shank—Reduced shank—Product grade B	1989.07.01 实施,代替 GB 31—1976
15	GB/T 31.3—1988	六角头螺杆带孔螺栓 细牙 A 和 B 级	Hexagon bolts with split pin hole on shank—Fine pitch thread—Product grade A and B	1989.07.01 实施,代替 GB 31—1976
16	GB/T 32.1—1988	六角头头部带孔螺栓 A 和 B 级	Hexagon bolts with wire holes on head—Product grade A and B	1989.07.01 实施,代替 GB 32—1976
17	GB/T 32.2—1988	六角头头部带孔螺栓 细杆 B 级	Hexagon bolts with wire holes on head—Reduced shank—Product grade B	1989.07.01 实施,代替 GB 32—1976
18	GB/T 32.3—1988	六角头头部带孔螺栓 细牙 A 和 B 级	Hexagon bolts with wire holes on head—Fine pitch thread—Product grade A and B	1989.07.01 实施,代替 GB 32—1976
19	GB/T 35—1988	小方头螺栓 B 级	Square head bolts with small head—Product grade B	1989.07.01 实施,代替 GB 35—1976,GB 36—1958
20	GB/T 37—1988	T 型槽用螺栓	Bolts for T - slot	1989.07.01 实施,代替 GB 37—1976
21	GB/T 39—1988	方螺母 C 级	Square nuts—Product grade C	1989.07.01 实施,代替 GB 39—1976,GB 40—1958
22	GB/T 41—2000	六角螺母 C 级	Hexagon nuts—Product grade C	2001.02.01 实施,代替 GB/T 41—1986
23	GB/T 56—1988	六角厚螺母	Hexagon thick nuts	1989.01.01 实施,代替 GB 56—1976
24	GB/T 62.1—2004	蝶形螺母　圆翼	Wing nuts—Round wing	2004.08.01 实施,代替 GB/T 62—1988
25	GB/T 62.2—2004	蝶形螺母　方翼	Wing nuts—Square wing	2004.08.01 实施
26	GB/T 62.3—2004	蝶形螺母　冲压	Wing nuts—Pressing wing	2004.08.01 实施
27	GB/T 62.4—2004	蝶形螺母　压铸	Wing nuts—Die - casting wing	2004.08.01 实施

（续）

序号	标 准 号	中文标准名称	英文标准名称	备　注
28	GB/T 63—1988	环形螺母	Lifting nuts	1989.07.01 实施，代替 GB 63—1976，GB 64—1958
29	GB/T 65—2000	开槽圆柱头螺钉	Slotted cheese head screws	2001.02.01 实施，代替 GB/T 65—1985
30	GB/T 67—2008	开槽盘头螺钉	Slotted pan head screws—Product grade A	2009.02.01 实施，代替 GB/T 67—2000
31	GB/T 68—2000	开槽沉头螺钉	Slotted countersunk flat head screws (common head style)	2001.02.01 实施，代替 GB/T 68—1985
32	GB/T 69—2000	开槽半沉头螺钉	Countersunk slotted raised head screws (common head style)	2001.02.01 实施，代替 GB/T 69—1985
33	GB/T 70.1—2008	内六角圆柱头螺钉	Hexagon socket head cap screws	2009.02.01 实施，代替 GB/T 70.1—2000
34	GB/T 70.2—2008	内六角平圆头螺钉	Hexagon socket button head screws	2009.02.01 实施，代替 GB/T 70.2—2000
35	GB/T 70.3—2008	内六角沉头螺钉	Hexagon socket countersunk head screws	2009.02.01 实施，代替 GB/T 70.3—2000
36	GB/T 70.5—2008	内六角量规	Gauging of hexagon sockets	2009.02.01 实施
37	GB/T 71—1985	开槽锥端紧定螺钉	Slotted set screws with cone point	1986.06.01 实施，代替 GB 71—1976，GB 76—1958
38	GB/T 72—1988	开槽锥端定位螺钉	Slotted set screws with cone point	1989.07.01 实施，代替 GB 72—1976
39	GB/T 73—1985	开槽平端紧定螺钉	Slotted set screws with flat point	1986.06.01 实施，代替 GB 73—1976
40	GB/T 74—1985	开槽凹端紧定螺钉	Slotted set screws with cup point	1986.06.01 实施，代替 GB 74—1976
41	GB/T 75—1985	开槽长圆柱端紧定螺钉	Slotted set screws with long dog point	1986.06.01 实施，代替 GB 75—1976
42	GB/T 77—2007	内六角平端紧定螺钉	Hexagon socket set screws with flat point	2007.12.01 实施，代替 GB/T 77—2000
43	GB/T 78—2007	内六角锥端紧定螺钉	Hexagon socket set screws with cone point	2007.12.01 实施，代替 GB/T 78—2000
44	GB/T 79—2007	内六角圆柱端紧定螺钉	Hexagon socket set screws with dog point	2007.12.01 实施，代替 GB/T 79—2000
45	GB/T 80—2007	内六角凹端紧定螺钉	hexagon socket set screws with cup point	2007.12.01 实施，代替 GB/T 80—2000
46	GB/T 83—1988	方头长圆柱球面端紧定螺钉	Square set screws with long dog point and rounded end	1989.07.01 实施，代替 GB 83—1976
47	GB/T 84—1988	方头凹端紧定螺钉	Square set screws with cup point	1989.07.01 实施，代替 GB 84—1976
48	GB/T 85—1988	方头长圆柱端紧定螺钉	Square set screws with long dog point	1989.07.01 实施，代替 GB 81—1958，GB 85—1976
49	GB/T 86—1988	方头短圆柱锥端紧定螺钉	Square set screws with short dog point and coneend	1989.07.01 实施，代替 GB 82—1958，GB 86—1976
50	GB/T 90.1—2002	紧固件　验收检查	Fasteners—Acceptance inspectiox	2003.06.01 实施，代替 GB/T 90—1985
51	GB/T 90.2—2002	紧固件　标志与包装	Fasteners—Marking and packaging	2003.06.01 实施，代替 GB/T 90—1985
52	GB/T 90.3—2010	紧固件　质量保证体系	Fasteners - Quality assurance system	2011—10.01 实施
53	GB/T 91—2000	开口销	Split pins	2001.02.01 实施，代替 GB/T 91—1986
54	GB/T 93—1987	标准型弹簧垫圈	Single coil spring lock washers—Normal type	1988.02.01 实施，代替 GB 92—1958，GB 93—1976
55	GB/T 94.1—2008	弹性垫圈技术条件　弹簧垫圈	Specification for spring washers—Single coil lock washers	2009.02.01 实施，代替 GB/T 94.1—1987
56	GB/T 94.2—1987	弹性垫圈技术条件　齿形、锯齿锁紧垫圈	Specifications for spring washers—Toothed lock and serrated lock washers	1988.02.01 实施，代替 GB 957—1976

（续）

序号	标 准 号	中文标准名称	英文标准名称	备 注
57	GB/T 94.3—2008	弹性垫圈技术条件 鞍形、波形弹性垫圈	Specification for spring washers—Curved and wave spring washers	2009.02.01 实施，代替 GB/T 94.3—1987
58	GB/T 95—2002	平垫圈 C 级	Plain washers—Product grade C	2003.06.01 实施，代替 GB/T 95—1985
59	GB/T 96.1—2002	大垫圈 A 级	Large series—Product grade A	2003.06.01 实施，代替 GB/T 96—1985
60	GB/T 96.2—2002	大垫圈 C 级	Large series—Product grade C	2003.06.01 实施，代替 GB/T 96—1985
61	GB/T 97.1—2002	平垫圈 A 级	Plain washers—Product grade A	2003.06.01 实施，代替 GB/T 97.1—1985
62	GB/T 97.2—2002	平垫圈倒角型 A 级	Plain washers, chamfered—Product grade A	2003.06.01 实施，代替 GB/T 97.2—1985
63	GB/T 97.3—2000	销轴用平垫圈	Plain washers for clevis pins	2001.02.01 实施
64	GB/T 97.4—2002	平垫圈　用于螺钉和垫圈组合件	Plain washers for screw and washer assemblies	2003.06.01 实施，代替 GB/T 9074.24—1988，GB/T 9074.25—1988
65	GB/T 97.5—2002	平垫圈　用于自攻螺钉和垫圈组合件	Plain washers for tapping sew and washer assemblies	2003.06.01 实施，代替 GB/T 9074.29—1988，GB/T 9074.30—1988
66	GB/T 98—1988	止动垫圈技术条件	Specification for tab washer	1989.01.01 实施，代替 GB 98—1976
67	GB/T 99—1986	开槽圆头木螺钉	Slotted round head wood screws	1987.06.01 实施，代替 GB 99—1976
68	GB/T 100—1986	开槽沉头木螺钉	Slotted countersunk head wood screws	1987.06.01 实施，代替 GB 100—1976，GB 104—1958
69	GB/T 101—1986	开槽半沉头木螺钉	Slotted raised countersunk head wood screws	1987.06.01 实施，代替 GB 101—1976
70	GB/T 102—1986	六角头木螺钉	Hexagon head wood screws	1987.06.01 实施，代替 GB 102—1976，GB 103—1958
71	GB/T 109—1986	平头铆钉	Flat head rivets	1987.06.01 实施，代替 GB 109—1976
72	GB/T 116—1986	铆钉技术条件	Specifications for rivet	1987.06.01 实施，代替 GB 116—1976
73	GB/T 117—2000	圆锥销	Taper pins	2001.02.01 实施，代替 GB/T 117—1986
74	GB/T 118—2000	内螺纹圆锥销	Taper pins with internal thread	2001.02.01 实施，代替 GB/T 118—1986
75	GB/T 119.1—2000	圆柱销　不淬硬钢和奥氏体不锈钢	Parallel pins, of unhardened steel and austenitic stainless steel	2001.02.01 实施，代替 GB/T 119—1986
76	GB/T 119.2—2000	圆柱销　淬硬钢和马氏体不锈钢	Parallel pins, of hardened steel and martensitic stainless steel(Dowel pins)	2001.02.01 实施，代替 GB/T 119—1986
77	GB/T 120.1—2000	内螺纹圆柱销　不淬硬钢和奥氏体不锈钢	Parallel pins with internal thread, of unhardened steel and austenitic stainless steel	2001.02.01 实施，代替 GB/T 120—1986
78	GB/T 120.2—2000	内螺纹圆柱销　淬硬钢和马氏体不锈钢	Parallel pins with internal thread, of hardened steel and martensitic stainless steel	2001.02.01 实施，代替 GB/T 120—1986 部分
79	GB/T 121—1986	销技术条件	Specifications for pins	1987.06.01 实施，代替 GB 121—1976
80	GB/T 152.1—1988	紧固件　铆钉用通孔	Fasteners—Clearance holes for rivets	1989.01.01 实施，代替 GB 152—1976
81	GB/T 152.2—1988	紧固件　沉头用沉孔	Fasteners—Countersinks for countersunk head screws	1989.01.01 实施，代替 GB 152—1976
82	GB/T 152.3—1988	紧固件　圆柱头用沉孔	Fasteners—Counterbores for hexagon socket head screws and slotted cheese head screws	1989.01.01 实施，代替 GB 152—1976
83	GB/T 152.4—1988	紧固件　六角头螺栓和六角螺母用沉孔	Fasteners—Counterbores for hexagonbolts and nuts	1989.01.01 实施，代替 GB 152—1976
84	GB/T 794—1993	加强半圆头方颈螺栓	Strengthened cap head square neck bolts	1993—12.01 实施，代替 GB 794—1967
85	GB/T 798—1988	活节螺栓	Eye bolts	1989.07.01 实施，代替 GB 798—1976

（续）

序号	标 准 号	中文标准名称	英文标准名称	备　　注
86	GB/T 799—1988	地脚螺栓	Eyelet bolts	1989.07.01 实施,代替 GB 799—1976
87	GB/T 800—1988	沉头双榫螺栓	Flat countersunk double nib bolts	1989.07.01 实施,代替 GB 800—1977
88	GB/T 801—1998	小半圆头低方颈螺栓 B 级	Cup head square neck bolts with small head andshort neck—Product grade B	1999.07.01 实施,代替 GB 801—1988
89	GB/T 802.1—2008	组合式盖形螺母	Acorn nuts – Assembling type	2009.02.01 实施,代替 GB/T 802—1988
90	GB/T 802.3—2009	六角法兰面盖形螺母　焊接型	Acorn hexagon nuts with flange – Welding type	2010.03.01 实施
91	GB/T 802.4—2009	六角低球面盖形螺母　焊接型	Hexagon cap nuts – Welding type	2010.03.01 实施
92	GB/T 802.5—2009	非金属嵌件六角锁紧盖形螺母　焊接型	Prevailing torque type hexagon acorn nuts with non – metallic insert – Welding type	2010.03.01 实施
93	GB/T 804—1988	球面六角螺母	Hexagon nuts with raised face	1989.07.01 实施,代替 GB 804—1976
94	GB/T 805—1988	扣紧螺母	Tight nuts	1989.07.01 实施,代替 GB 805—1976
95	GB/T 806—1988	滚花高螺母	Knurled nut with collar	1989.07.01 实施,代替 GB 806—1976
96	GB/T 807—1988	滚花薄螺母	Knurled nuts	1989.07.01 实施,代替 GB 807—1976
97	GB/T 808—1988	小六角特扁细牙螺母	Small hexagon thin nuts—Fine pitch thread	1989.07.01 实施,代替 GB 808—1976
98	GB/T 809—1988	嵌装圆螺母	Insert round nuts	1989.07.01 实施,代替 GB 809—1976
99	GB/T 810—1988	小圆螺母	Small round nuts	1989.07.01 实施,代替 GB 810—1976
100	GB/T 812—1988	圆螺母	Round nuts	1989.07.01 实施,代替 GB 812—1976
101	GB/T 815—1988	端面带孔圆螺母	Round nuts with drilled holes in one face	1989.07.01 实施,代替 GB 815—1976
102	GB/T 816—1988	侧面带孔圆螺母	Round nuts with set pin holes in side	1989.07.01 实施,代替 GB 816—1979
103	GB/T 817—1988	带槽圆螺母	Slotted round nuts	1989.07.01 实施,代替 GB 817—1976
104	GB/T 818—2000	十字槽盘头螺钉	Pan head screws with cross recess	2001.02.01 实施,代替 GB/T 818—1985
105	GB/T 819.1—2000	十字槽沉头螺钉　第 1 部分:钢 4.8 级	Countersunk flat head screws (common head style) with cross recess—Part 1:Steel of property class 4.8	2001.02.01 实施,代替 GB/T 819—1985
106	GB/T 819.2—1997	十字槽沉头螺钉　第 2 部分:钢 8.8、不锈钢 A2—70 和有色金属 CU2 或 CU3	Cross recessed countersunk flat head screws (common head style)—Grade A—Part 2:Steel ofproperty class 8.8, stainless steel and non—ferrous metals	1998.04.01 实施
107	GB/T 820—2000	十字槽半沉头螺钉	Countersunk raised head screws (common head style) with cross recess	2001.02.01 实施,代替 GB/T 820—1985
108	GB/T 821—1988	方头倒角端紧定螺钉	Square set screws with chamfered end	1989.07.01 实施,代替 GB 821—1976
109	GB/T 822—2000	十字槽圆柱头螺钉	Cheese head screws with cross recess	2001.02.01 实施,代替 GB/T 823—1988
110	GB/T 825—1988	吊环螺钉	Eyebolts	1989.01.01 实施,代替 GB 825—1976
111	GB/T 827—1986	标牌铆钉	Rivets for name plate	1987.06.01 实施,代替 GB 827—1976
112	GB/T 828—1988	开槽盘头定位螺钉	Slotted pan head set screws with dog point	1989.07.01 实施,代替 GB 828—1976
113	GB/T 829—1988	开槽圆柱端定位螺钉	Slotted set screws with dog point	1989.07.01 实施,代替 GB 829—1976
114	GB/T 830—1988	开槽圆柱头轴位螺钉	Slotted cheese head screws with shoulder	1989.07.01 实施,代替 GB 830—1976
115	GB/T 831—1988	开槽无头轴位螺钉	Slotted shoulder screws	1989.07.01 实施,代替 GB 831—1976
116	GB/T 832—1988	开槽带孔球面圆柱头螺钉	Slotted cap stan screws	1989.07.01 实施,代替 GB 832—1976
117	GB/T 833—1988	开槽大圆柱头螺钉	Slotted large cheese head screws	1989.07.01 实施,代替 GB 833—1976

（续）

序号	标 准 号	中文标准名称	英文标准名称	备　注
118	GB/T 834—1988	滚花高头螺钉	Knurled thumb screws	1989.07.01 实施,代替 GB 834—1976
119	GB/T 835—1988	滚花平头螺钉	Knurled screws	1989.07.01 实施,代替 GB 835—1976
120	GB/T 836—1988	滚花小头螺钉	Knurled screws with small head	1989.07.01 实施,代替 GB 836—1976
121	GB/T 837—1988	开槽盘头不脱出螺钉	Slotted pan head screws with waisted shank	1989.07.01 实施,代替 GB 837—1976
122	GB/T 838—1988	六角头不脱出螺钉	Hexagon screws with waisted shank	1989.07.01 实施,代替 GB 838—1976
123	GB/T 839—1988	滚花头不脱出螺钉	Knurled thumb screws with waisted shank	1989.07.01 实施,代替 GB 839—1976
124	GB/T 840—1988	塑料滚花头螺钉	Plastic diamond knurlhead screws	1989.07.01 实施,代替 GB 840—1979
125	GB/T 845—1985	十字槽盘头自攻螺钉	Cross recessed pan head tapping screws	1986.06.01 实施,代替 GB 845—1976
126	GB/T 846—1985	十字槽沉头自攻螺钉	Cross recessed countersunk head tapping screws	1986.06.01 实施,代替 GB 846—1976
127	GB/T 847—1985	十字槽半沉头自攻螺钉	Cross recessed raised countersunk head tapping screws	1986.06.01 实施,代替 GB 847—1976
128	GB/T 848—2002	小垫圈 A 级	Small series—Product grade A	2003.06.01 实施,代替 GB/T 848—1985
129	GB/T 849—1988	球面垫圈	Washers with ball face	1989.01.01 实施,代替 GB 849—1976
130	GB/T 850—1988	锥面垫圈	Washers with cone face	1989.01.01 实施,代替 GB 850—1976
131	GB/T 851—1988	开口垫圈	Washers with split	1989.01.01 实施,代替 GB 851—1976
132	GB/T 852—1988	工字钢用方斜垫圈	Square taper washers for I section	1989.01.01 实施,代替 GB 852—1976
133	GB/T 853—1988	槽钢用方斜垫圈	Square taper washers for slot section	1989.01.01 实施,代替 GB 853—1976
134	GB/T 854—1988	单耳止动垫圈	Tab washers with long tab	1989.01.01 实施,代替 GB 854—1976
135	GB/T 855—1988	双耳止动垫圈	Tab washers with long tab and wing	1989.01.01 实施,代替 GB 855—1976
136	GB/T 856—1988	外舌止动垫圈	External tab washers	1989.01.01 实施,代替 GB 856—1976
137	GB/T 858—1988	圆螺母用止动垫圈	Tab washers for round nut	1989.01.01 实施,代替 GB 858—1976
138	GB/T 859—1987	轻型弹簧垫圈	Single coil spring lock washers, Light type	1988.02.01 实施,代替 GB 859—1976
139	GB/T 860—1987	鞍形弹性垫圈	Curved spring washers	1988.02.01 实施,代替 GB 860—1976
140	GB/T 861.1—1987	内齿锁紧垫圈	Lock washers internal teeth	1988.02.01 实施,代替 GB 861—1976
141	GB/T 861.2—1987	内锯齿锁紧垫圈	Serrated lock washers internal teeth	1988.02.01 实施
142	GB/T 862.1—1987	外齿锁紧垫圈	Lock washers external teeth	1988.02.01 实施,代替 GB 862—1976
143	GB/T 862.2—1987	外锯齿锁紧垫圈	Serrated lock washers external teeth	1988.02.01 实施
144	GB/T 863.1—1986	半圆头铆钉（粗制）	Round head rivets—Black	1987.06.01 实施,代替 GB 863—1976
145	GB/T 863.2—1986	小半圆头铆钉（粗制）	Round head rivets with small head—Black	1987.06.01 实施
146	GB/T 864—1986	平锥头铆钉（粗制）	Cone head rivets—Black	1987.06.01 实施,代替 GB 864—1976
147	GB/T 865—1986	沉头铆钉（粗制）	Countersunk head rivets—Black	1987.06.01 实施,代替 GB 865—1976
148	GB/T 866—1986	半沉头铆钉（粗制）	Oval countersunk head rivets—Black	1987.06.01 实施,代替 GB 866—1976
149	GB/T 867—1986	半圆头铆钉	Round head rivets	1987.06.01 实施,代替 GB 867—1976
150	GB/T 868—1986	平锥头铆钉	Cone head rivets	1987.06.01 实施,代替 GB 868—1976
151	GB/T 869—1986	沉头铆钉	Countersunk head rivets	1987.06.01 实施,代替 GB 869—1976
152	GB/T 870—1986	半沉头铆钉	Oval countersunk head rivets	1987.06.01 实施,代替 GB 870—1976
153	GB/T 871—1986	扁圆头铆钉	Flat round head rivets	1987.06.01 实施,代替 GB 871—1976
154	GB/T 872—1986	扁平头铆钉	Thin head rivets	1987.06.01 实施,代替 GB 872—1976
155	GB/T 873—1986	扁圆头半空心铆钉	Oval head semi—tubular rivets	1987.06.01 实施,代替 GB 873—1976
156	GB/T 874—1986	120°沉头半空心铆钉	120° countersunk head semi-tubular rivets	1987.06.01 实施,代替 GB 874—1976

（续）

序号	标准号	中文标准名称	英文标准名称	备　注
157	GB/T 875—1986	偏平头半空心铆钉	Thin head semi—tubular rivets	1987.06.01 实施，代替 GB 875—1976
158	GB/T 876—1986	空心铆钉	Tubular rivets	1987.06.01 实施，代替 GB 876—1976
159	GB/T 877—1986	开尾圆锥销	Taper pins with split	1987.06.01 实施，代替 GB 877—1976
160	GB/T 878—2007	开槽无头螺钉	Slotted headless screws with shank	2007—12.01 实施，代替 GB/T 878—1986
161	GB/T 879.1—2000	弹性圆柱销　直槽　重型	Spring - type straight pins—Slotted, heavy duty	2001.02.01 实施，代替 GB/T 879—1986
162	GB/T 879.2—2000	弹性圆柱销　直槽　轻型	Spring - type straight pins—Slotted, light duty	2001.02.01 实施
163	GB/T 879.3—2000	弹性圆柱销　卷制　重型	Spring - type straight pins—Coiled, heavy duty	2001.02.01 实施
164	GB/T 879.4—2000	弹性圆柱销　卷制　标准型	Spring - type straight pins—Coiled, standard duty	2001.02.01 实施
165	GB/T 879.5—2000	弹性圆柱销　卷制　轻型	Spring - type straight pins—Coiled, light duty	2001.02.01 实施
166	GB/T 880—2008	无头销轴	Clevis pins without head	2009.02.01 实施，代替 GB/T 880—1986
167	GB/T 881—2000	螺尾锥销	Taper pins with external thread	2001.02.01 实施，代替 GB/T 881—1986
168	GB/T 882—2008	销轴	Clevis pin with head	2009.02.01 实施，代替 GB/T 882—1986
169	GB/T 883—1986	锥销锁紧挡圈	Lock rings with cone pin	1987.06.01 实施，代替 GB 883—1976
170	GB/T 884—1986	螺钉锁紧挡圈	Lock ring with screw	1987.06.01 实施，代替 GB 884—1976
171	GB/T 885—1986	带锁圈的螺钉锁紧挡圈	Lock rings with screw and circlip	1987.06.01 实施，代替 GB 885—1976
172	GB/T 886—1986	轴肩挡圈	Rings for shoulder	1987.06.01 实施，代替 GB 886—1976
173	GB/T 889.1—2000	1 型非金属嵌件六角锁紧螺母	Prevailing torque type hexagon nuts (with non—metallic insert), style 1	2001.02.01 实施，代替 GB/T 889—1986
174	GB/T 889.2—2000	1 型非金属嵌件六角锁紧螺母　细牙	Prevailing torque type hexagon nuts (with non - metallic insert), style 1, with fine pitch thread	2001.02.01 实施
175	GB/T 891—1986	螺钉紧固轴端挡圈	Lock rings at the end of shaft with screw	1987.06.01 实施，代替 GB 891—1976
176	GB/T 892—1986	螺栓紧固轴端挡圈	Lock rings at the end of shaft with bolt	1987.06.01 实施，代替 GB 892—1976
177	GB/T 893.1—1986	孔用弹性挡圈 A 型	Circlips for hole—Type A	1987.06.01 实施，代替 GB 893—1976
178	GB/T 893.2—1986	孔用弹性挡圈 B 型	Circlips for hole—Type B	1987.06.01 实施
179	GB/T 894.1—1986	轴用弹性挡圈 A 型	Circlips for shaft—Type A	1987.06.01 实施，代替 GB 894—1976
180	GB/T 894.2—1986	轴用弹性挡圈 B 型	Circlips for shaft—Type B	1987.06.01 实施
181	GB/T 895.1—1986	孔用钢丝挡圈	Roundwire snap rings for hole	1987.06.01 实施，代替 GB 895—1976
182	GB/T 895.2—1986	轴用钢丝挡圈	Roundwire snap rings for shaft	1987.06.01 实施，代替 GB 895—1976
183	GB/T 896—1986	开口挡圈	"E" rings	1987.06.01 实施，代替 GB 896—1976
184	GB/T 897—1988	双头螺柱 bm = 1d	Double end studs—bm = 1d	1989.01.01 实施，代替 GB 897—1976
185	GB/T 898—1988	双头螺柱 bm = 1.25d	Double end studs—bm = 1.25d	1989.01.01 实施，代替 GB 898—1976
186	GB/T 899—1988	双头螺柱 bm = 1.5d	Double end studs—bm = 1.5d	1989.01.01 实施，代替 GB 899—1976
187	GB/T 900—1988	双头螺柱 bm = 2d	Double end studs—bm = 2d	1989.01.01 实施，代替 GB 900—1976
188	GB/T 901—1988	等长双头螺柱 B 级	Double end studs (clamping type)—Product grade B	1989.01.01 实施，代替 GB 901—1976
189	GB/T 902.1—2008	手工焊用焊接螺柱	Weld studs for manual welding	2009.02.01 实施，代替 GB/T 902.1—1989
190	GB/T 902.2—2010	电弧螺柱焊用焊接螺柱	Threaded studs for drawn arc stud welding with ceramic ferrule	2011.10.01 实施，代替 GB/T 902.2—1989

（续）

序号	标准号	中文标准名称	英文标准名称	备注
191	GB/T 902.3—2008	储能焊用焊接螺柱	Weld studs for capacitor discharge welding	2009.02.01 实施，代替 GB/T 902.3—1989
192	GB/T 902.4—2010	短周期电弧螺柱焊用焊接螺柱	Threaded studs with flange (pitch) and stud with internal thread for short - cycle drawn arc stud welding	2011.10.01 实施
193	GB/T 921—1986	钢丝锁圈	Round wire circlips	1987.06.01 实施,代替 GB 921—1976
194	GB/T 922—1986	木螺钉技术条件	Specifications for wood screws	1987.06.01 实施,代替 GB 922—1976
195	GB/T 923—2009	六角盖形螺母	Acorn hexagon nuts	2010.03.01 实施,代替 GB/T 923—1988
196	GB/T 929—1988	单耳托板自锁螺母	Self—locking nuts, singlelug, anchor	1989.07.01 实施,代替 GB 929—1977
197	GB/T 930—1988	双耳托板自锁螺母	Self—locking nuts, twolug, anchor	1989.07.01 实施,代替 GB 930—1977
198	GB/T 931—1988	角形托板自锁螺母	Self—locking nuts, angle, anchor	1989.07.01 实施,代替 GB 931—1977
199	GB/T 932—1988	气密单耳托板自锁螺母	Self - locking nuts, singlelug, anchor, sealing	1989.07.01 实施,代替 GB 932—1977
200	GB/T 933—1988	气密双耳托板自锁螺母	Self - locking nuts, twolug, anchor, sealing	1989.07.01 实施,代替 GB 933—1977
201	GB/T 937—1988	成组游动托板自锁螺母	Self - locking nuts, anchor, floating, Gang channel	1989.07.01 实施,代替 GB 937—1977
202	GB/T 938—1988	游动自锁螺母	Self - locking nuts, floating	1989.07.01 实施,代替 GB 938—1977
203	GB/T 939—1988	单耳托板自锁螺母保护罩	Boots for self - locking nuts, singlelug, anchor	1989.07.01 实施,代替 GB 939—1977
204	GB/T 940—1988	双耳托板自锁螺母保护罩	Boots for self - locking nuts, twolug, anchor	1989.07.01 实施,代替 GB 940—1977
205	GB/T 941—1988	角形托板自锁螺母保护罩	Boots for self - locking nuts, angle, anchor	1989.07.01 实施,代替 GB 941—1977
206	GB/T 943—1988	自锁螺母技术条件	Procurement specification for self - locking nuts	1989.07.01 实施,代替 GB 943—1977
207	GB/T 944.1—1985	螺钉用十字槽	Cross recesses for screws	1986.06.01 实施,代替 GB 944—1976
208	GB/T 946—1988	开槽球面圆柱头轴位螺钉	Slotted raised cheese head screws with shoulder	1989.07.01 实施,代替 GB 946—1976
209	GB/T 947—1988	开槽球面大圆柱头螺钉	Slotted large raised cheese head screws	1989.07.01 实施,代替 GB 947—1976
210	GB/T 948—1988	开槽沉头不脱出螺钉	Slotted countersunk head screws with waisted shank	1989.07.01 实施,代替 GB 948—1976
211	GB/T 949—1988	开槽半沉头不脱出螺钉	Slotted raised countersunk head screws with waisted shank	1989.07.01 实施,代替 GB 949—1976
212	GB/T 950—1986	十字槽圆头木螺钉	Cross recessed round head wood screws	1987.06.01 实施,代替 GB 950—1976
213	GB/T 951—1986	十字槽沉头木螺钉	Cross recessed countersunk head wood screws	1987.06.01 实施,代替 GB 951—1976
214	GB/T 952—1986	十字槽半沉头木螺钉	Cross recessed raised countersunk head wood screws	1987.06.01 实施,代替 GB 952—1976
215	GB/T 953—1988	等长双头螺柱 C 级	Double end studs (clamping type)—Product grade C	1989.01.01 实施,代替 GB 953—1976
216	GB/T 954—1986	120°沉头铆钉	120°countersunk head rivets	1987.06.01 实施,代替 GB 954—1976
217	GB/T 955—1987	波形弹性垫圈	Wave spring washers	1988.02.01 实施,代替 GB 955—1976
218	GB/T 956.1—1987	锥形锁紧垫圈	Countersunk external toothed lock washers	1988.02.01 实施,代替 GB 956—1976

（续）

序号	标准号	中文标准名称	英文标准名称	备注
219	GB/T 956. 2—1987	锥形锯齿锁紧垫圈	Countersunk serrated external toothed lock washers	1988. 02. 01 实施
220	GB/T 959. 1—1986	挡圈技术条件　弹性挡圈	Specifications for ring—Circlips	1987. 06. 01 实施，代替 GB 959—1976
221	GB/T 959. 2—1986	挡圈技术条件　钢丝挡圈	Specifications for ring—Round wire snap rings	1987. 06. 01 实施
222	GB/T 959. 3—1986	挡圈技术条件　切制挡圈	Specifications for ring—Cutting rings	1987. 06. 01 实施
223	GB/T 960—1986	夹紧挡圈	Grip rings	1987. 06. 01 实施，代替 GB 960—1976
224	GB/T 961—1988	单耳托板自锁螺母垫片	Spacers for self—locking nuts, singlelug, anchor	1989. 07. 01 实施，代替 GB 961—1977
225	GB/T 962—1988	双耳托板自锁螺母垫片	Spacers for self—locking nuts, twolug, anchor	1989. 07. 01 实施，代替 GB 962—1977
226	GB/T 963—1988	角形托板自锁螺母垫片	Spacers for self—locking nuts, angle, anchor	1989. 07. 01 实施，代替 GB 963—1977
227	GB/T 973—1976	十字槽扁圆头螺钉	Screws, cross recessed, oval head	1977. 10. 01 实施，代替 GB 973—1967
228	GB/T 974—1976	十字槽 120° 半沉头螺钉	Screws, cross recessed, 120° raised countersunkhead	1977. 10. 01 实施，代替 GB 974—1967
229	GB/T 1011—1986	大扁圆头铆钉	Truss head rivets	1987. 06. 01 实施，代替 GB 1011—1976
230	GB/T 1012—1986	120°半沉头铆钉	120°oval countersunk rivets	1987. 06. 01 实施，代替 GB 1012—1976
231	GB/T 1013—1986	平锥头半空心铆钉	Cone head semi - tubular rivets	1987. 06. 01 实施，代替 GB 1013—1976
232	GB/T 1014—1986	大扁圆头半空心铆钉	Truss head semi - tubular rivets	1987. 06. 01 实施，代替 GB 1014—1976
233	GB/T 1015—1986	沉头半空心铆钉	Countersunk head semi - tubular rivets	1987. 06. 01 实施，代替 GB 1015—1976
234	GB/T 1016—1986	无头铆钉	Headless rivets	1987. 06. 01 实施，代替 GB 1016—1976
235	GB/T 1030—1988	内球面垫圈	Inner sphere washers	1989. 07. 01 实施，代替 GB 1030—1977
236	GB/T 1228—2006	钢结构用高强度大六角头螺栓	High strength bolts with large hexagon head for steel structures	2006. 11. 01 实施，代替 GB/T 1228—1991
237	GB/T 1229—2006	钢结构用高强度大六角螺母	High strength large hexagon nuts for steel structures	2006. 11. 01 实施，代替 GB/T 1229—1991
238	GB/T 1230—2006	钢结构用高强度垫圈	High strength plain washers for steel structures	2006. 11. 01 实施，代替 GB/T 1230—1991
239	GB/T 1231—2006	钢结构用高强度大六角头螺栓、大六角螺母、垫圈技术条件	Specifications of high strength bolts with large hexagon head, large hexagon nuts, plain washers for steel structures	2006. 11. 01 实施，代替 GB/T 1231—1991
240	GB/T 1237—2000	紧固件标记方法	Designation system for fasteners	2001. 02. 01 实施，代替 GB/T 1237—1988
241	GB/T 1337—1988	六角自锁螺母	Self - locking nuts, hexagon	1989. 07. 01 实施，代替 GB 1337—1977
242	GB/T 1338—1988	小六角扁自锁螺母	Self - locking nuts, reduced hexagon oblate	1989. 07. 01 实施，代替 GB 1338—1977
243	GB/T 1339—1988	小六角自锁螺母	Self - locking nuts, reduced hexagon	1989. 07. 01 实施，代替 GB 1339—1977
244	GB/T 1340—1988	成组游动托板自锁螺母支架	Supports for self - locking nuts, anchor floating, Gang channel	1989. 07. 01 实施，代替 GB 1340—1977
245	GB/T 2670. —2004	内六角花形盘头自攻螺钉	Hexalobular socket pan head tapping screws	2004. 08. 01 实施
246	GB/T 2670. 2—2004	内六角花形沉头自攻螺钉	Hexalobular socket countersunk head tapping screws	2004. 08. 01 实施
247	GB/T 2670. 3—2004	内六角花形半沉头自攻螺钉	Hexalobular socket raised countersunk (oval) head tapping screws	2004. 08. 01 实施

（续）

序号	标 准 号	中文标准名称	英文标准名称	备 注
248	GB/T 2671.1—2004	内六角花形低圆柱头螺钉	Hexalobular socket cheese (short) head screws	2004.08.01 实施,代替 GB/T 6190—1986
249	GB/T 2671.2—2004	内六角花形圆柱头螺钉	Hexalobular socket head cap screws	2004.08.01 实施,代替 GB/T 22671.2—2004,GB/T 6191—1986
250	GB/T 2672—2004	内六角花形盘头螺钉	Hexalobular socket pan head screws	2004.08.01 实施,代替 GB/T 2672—1986
251	GB/T 2673—2007	内六角花形沉头螺钉	hexalobular socket countersunk head screws	2007.12.01 实施,代替 GB/T 2673—1986
252	GB/T 2674—2004	内六角花形半沉头螺钉	Hexalobular socket raised countersunk head screws	2004.08.01 实施,代替 GB/T 2674—1986
253	GB/T 3098.1—2010	紧固件机械性能 螺栓、螺钉和螺柱	Mechanical properties of fasteners—Bolts, screws and studs	2011.10.01 实施,代替 GB/T 3098.1—2000
254	GB/T 3098.2—2000	紧固件机械性能 螺母 粗牙螺纹	Mechanical properties of fasteners—Nuts—Coarse thread	2001.02.01 实施,代替 GB/T 3098.2—1982
255	GB/T 3098.3—2000	紧固件机械性能 紧定螺钉	Mechanical properties of fasteners—Set screws	2001.02.01 实施,代替 GB/T 3098.3—1982
256	GB/T 3098.4—2000	紧固件机械性能 螺母 细牙螺纹	Mechanical properties of fasteners—Nuts—Fine pitch thread	2001.02.01 实施,代替 GB/T 3098.4—1986
257	GB/T 3098.5—2000	紧固件机械性能 自攻螺钉	Mechanical properties of fasteners—Tapping screws	2001.02.01 实施,代替 GB/T 3098.5—1985
258	GB/T 3098.6—2000	紧固件机械性能 不锈钢螺栓、螺钉和螺柱	Mechanical properties of fasteners—Bolts, screws and studs made of stainless - steel	2001.02.01 实施,代替 GB/T 3098.6—1986
259	GB/T 3098.7—2000	紧固件机械性能 自挤螺钉	Mechanical properties of fasteners—Thread rolling screws	2001.02.01 实施,代替 GB/T 3098.7—1986
260	GB/T 3098.8—2010	紧固件机械性能 -200~700℃使用的螺栓连接零件	Mechanical properties of fasteners - Parts for bolted connections for use at temperatures from -200~700℃	2011.10.01 实施,代替 GB/T 3098.8—1992
261	GB/T 3098.9—2010	紧固件机械性能 有效力矩型钢锁紧螺母	Mechanical properties of fasteners—Prevailing torque type steel nuts	2011.10.01 实施,代替 GB/T 3098.9—2002
262	GB/T 3098.10—1993	紧固件机械性能 有色金属制造的螺栓、螺钉、螺柱和螺母	Mechanical properties of fasteners—Bolts, screws, studs and nuts made of non - ferrous metals	1994.07.01 实施
263	GB/T 3098.11—2002	紧固件机械性能 自钻自攻螺钉	Mechanical properties of fasteners—Drilling screws with tapping screw thread	2003.06.01 实施,代替 GB/T 3098.11—1995
264	GB/T 3098.12—1996	紧固件机械性能 螺母锥形保证载荷试验	Mechanical properties of fasteners—Cone proof load test on nuts	1997.07.01 实施
265	GB/T 3098.13—1996	紧固件机械性能 螺栓与螺钉的扭矩试验和破坏扭矩公称直径1~10mm	Mechanical properties of fasteners—Torsional test and minimum torques for bolts and screws with nominal diameters from 1mm to 10mm	1997.07.01 实施
266	GB/T 3098.14—2000	紧固件机械性能 螺母扩孔试验	Mechanical properties of fasteners—Widening test on nuts	2001.02.01 实施,代替 GB/T 5779.2—1986(4.2 条)
267	GB/T 3098.15—2000	紧固件机械性能 不锈钢螺母	Mechanical properties of fasteners—Nuts made of stainless—steel	2001.02.01 实施,代替 GB/T 3098.6—1986
268	GB/T 3098.16—2000	紧固件机械性能 不锈钢紧定螺钉	Mechanical properties of fasteners—Setscrews made of stainless - steel	2001.02.01 实施,代替 GB/T 3098.6—1986

（续）

序号	标准号	中文标准名称	英文标准名称	备注
269	GB/T 3098.17—2000	紧固件机械性能 检查氢脆用预载荷试验 平行支承面法	Mechanical properties of fasteners—Preloading test for the detection of hydrogen embrittlement—Parallel bearing surface method	2001.02.01 实施
270	GB/T 3098.18—2004	紧固件机械性能 盲铆钉试验方法	Mechanical properties of fasteners—Blind rivets testing	2004.08.01 实施，代替 GB/T 12619—1990
271	GB/T 3098.19—2004	紧固件机械性能 抽芯铆钉	Mechanical properties of fasteners—Blind rivets with break pull mandrel	2004.08.01 实施，代替 GB/T 12619—1990
272	GB/T 3098.20—2004	紧固件机械性能 蝶形螺母 保证扭矩	Mechanical properties of fasteners—Wing nuts with specified proof torque	2004.08.01 实施
273	GB/T 3098.21—2008	紧固件机械性能 第21部分：不锈钢自攻螺钉	Mechanical properties of fasteners—Part 21：Tapping screws of stainless—steel	2009.02.01 实施
274	GB/T 3098.22—2009	紧固件机械性能 细晶非调质钢螺栓、螺钉和螺柱	Mechanical properties of fasteners made of the fine grain non – heat treatment steel – Bolts，screws and studs	2010.03.01 实施
275	GB/T 3099.1—2008	紧固件术语 螺纹紧固件、销及垫圈	Terminology of fasteners – Thread fasteners ，pin and washer	2009.02.01 实施，代替 GB/T 3099—1982
276	GB/T 3099.2—2004	紧固件术语 盲铆钉	Terminology of fasteners—Blind rivets	2004.08.01 实施
277	GB/T 3103.1—2002	紧固件公差 螺栓、螺钉、螺柱和螺母	Tolerances for fasteners—Bolts，screws，studs and nuts	2003.06.01 实施，代替 GB/T 3103.1—1982
278	GB/T 3103.2—1982	紧固件公差 用于精密机械的螺栓、螺钉和螺母	Tolerances for fasteners—Bolts，screws and nuts for fine mechanics	1983.07.01 实施
279	GB/T 3103.3—2000	紧固件公差 平垫圈	Tolerances for fasteners—Plain washers	2001.02.01 实施，代替 GB/T 3103.3—1982
280	GB/T 3103.4—1992	紧固件公差 耐热用螺纹连接副	Tolerances for fasteners—Components for bolted connections made mainly from materials with a high temperature strength	1993.06.01 实施
281	GB/T 3104—1982	紧固件 六角产品的对边宽度	Fasteners—Widths across flats of hexagon products	1983.07.01 实施
282	GB/T 3105—2002	普通螺栓和螺钉 头下圆角半径	General purpose bolts and screws—Radii under the head	2003.06.01 实施，代替 GB/T 3105—1982
283	GB/T 3106—1982	螺栓、螺钉和螺柱的公称长度和普通螺栓的螺纹长度	Bolts，screws and studs—Nominal lengths，and thread lengths for general purpose bolts	1983.07.01 实施
284	GB/T 3632—2008	钢结构用扭剪型高强度螺栓连接副	Sets of torshear type high strength bolt hexagon nut and plain washer for steel structures	2008.07.01 实施，代替 GB/T 3632—1995，GB/T 3633—1995
285	GB/T 5267.1—2002	紧固件 电镀层	Fasteners—Electroplated coatings	2003.06.01 实施，代替 GB/T 5267—1985
286	GB/T 5267.2—2002	紧固件 非电解锌片涂层	Fasteners—Non—electrolytically applied zinc flake coatings	2003.06.01 实施
287	GB/T 5267.3—2008	紧固件 热浸镀锌层	Fasteners—Hot dip galvanized coatings	2009.02.01 实施
288	GB/T 5267.4—2009	紧固件表面处理 耐腐蚀不锈钢钝化处理	Passivation of corrosion – resistant stainless – steel fasteners	2010.03.01 实施

（续）

序号	标准号	中文标准名称	英文标准名称	备注
289	GB/T 5276—1985	紧固件 螺栓、螺钉、螺柱及螺母尺寸代号和标注	Fasteners—Bolts, screws, studs and nuts—Symbols and designations of dimensions	1986.06.01 实施
290	GB/T 5277—1985	紧固件 螺栓和螺钉通孔	Fasteners—Clearance holes for bolts and screws	1986.06.01 实施
291	GB/T 5278—1985	紧固件 开口销孔和金属丝孔	Fasteners—Split pin holes and wireholes	1986.06.01 实施
292	GB/T 5279.2—1997	沉头螺钉 第2部分：十字槽插入深度	Countersunk flat head screws—Part 2: Penetration depth of cross recesses	1998.04.01 实施
293	GB/T 5279—1985	沉头螺钉 头部形状和测量	Countersunk head screws—Head configuration and gauging	1986.06.01 实施
294	GB/T 5280—2002	自攻螺钉用螺纹	Tapping screws thread	2003.06.01 实施，代替 GB/T 5280—1985
295	GB/T 5281—1985	内六角圆柱头轴肩螺钉	Hexagon socket head shoulder screws	1986.06.01 实施
296	GB/T 5282—1985	开槽盘头自攻螺钉	Slotted pan head tapping screws	1986.06.01 实施
297	GB/T 5283—1985	开槽沉头自攻螺钉	Slotted countersunk head tapping screws	1986.06.01 实施
298	GB/T 5284—1985	开槽半沉头自攻螺钉	Slotted raised countersunk head tapping screws	1986.06.01 实施
299	GB/T 5285—1985	六角头自攻螺钉	Hexagon head tapping screws	1986.06.01 实施
300	GB/T 5286—2001	螺栓、螺钉和螺母用平垫圈 总方案	Plain washers for bolts, screws and nuts—General plan	2002.06.01 实施，代替 GB/T 5286—1985
301	GB/T 5287—2002	特大垫圈 C 级	Extra large series—Product grade C	2003.06.01 实施，代替 GB/T 5287—1985
302	GB/T 5779.1—2000	紧固件表面缺陷 螺栓、螺钉和螺柱 一般要求	Fasteners—Surface discontinuities—Bolts, screws and studs for general requirements	2001.02.01 实施，代替 GB/T 5779.1—1986
303	GB/T 5779.2—2000	紧固件表面缺陷 螺母	Fasteners—Surface discontinuities—Nuts	2001.02.01 实施，代替 GB/T 5779.2—1986
304	GB/T 5779.3—2000	紧固件表面缺陷 螺栓、螺钉和螺柱 特殊要求	Fasteners—Surface discontinuities—Bolts, screws and studs for special requirements	2001.02.01 实施，代替 GB/T 5779.3—1986
305	GB/T 5780—2000	六角头螺栓 C 级	Hexagon head bolts—Product grade C	2001.02.01 实施，代替 GB/T 5780—1986
306	GB/T 5781—2000	六角头螺栓 全螺纹 C 级	Hexagon head bolts—Full thread—Product gradeC	2001.02.01 实施，代替 GB/T 5781—1986
307	GB/T 5782—2000	六角头螺栓	Hexagon head bolts	2001.02.01 实施，代替 GB/T 5782—1986
308	GB/T 5783—2000	六角头螺栓 全螺纹	Hexagon head bolts—Full thread	2001.02.01 实施，代替 GB/T 5783—1986
309	GB/T 5784—1986	六角头螺栓 细杆 B 级	Hexagon head bolts—Reduced shank—Product gradeB	1986—10.01 实施，代替 GB 21—1976，GB 30—1976
310	GB/T 5785—2000	六角头螺栓 细牙	Hexagon head bolts with fine pitch thread	2001.02.01 实施，代替 GB/T 5785—1986
311	GB/T 5786—2000	六角头螺栓 细牙 全螺纹	Hexagon head bolts with fine pitch thread—Full thread	2001.02.01 实施，代替 GB/T 5786—1986
312	GB/T 5789—1986	六角法兰面螺栓 加大系列 B 级	Hexagon flange bolts—Heavy series—Product grade B	1986.10.01 实施
313	GB/T 5790—1986	六角法兰面螺栓 加大系列 细杆 B 级	Hexagon flange bolts—Heavy series—Product grade B	1986.10.01 实施
314	GB/T 6170—2000	1 型六角螺母	Hexagon nuts, style 1	2001.02.01 实施，代替 GB/T 6170—1986

（续）

序号	标准号	中文标准名称	英文标准名称	备　注
315	GB/T 6171—2000	1 型六角螺母　细牙	Hexagon nuts, style 1, with fine pitch thread	2001.02.01 实施,代替 GB/T 6171—1986
316	GB/T 6172.1—2000	六角薄螺母	Hexagon thin nuts(chamfered)	2001.02.01 实施,代替 GB/T 6172—1986
317	GB/T 6172.2—2000	非金属嵌件六角锁紧薄螺母	Prevailing torque type hexagon thin nuts (withnon—metallic insert)	2001.02.01 实施
318	GB/T 6173—2000	六角薄螺母　细牙	Hexagon thin nuts(chamfered) with fine pitch thread	2001.02.01 实施,代替 GB/T 6173—1986
319	GB/T 6174—2000	六角薄螺母　无倒角	Hexagon thin nuts(unchamfered)	2001.02.01 实施,代替 GB/T 6174—1986
320	GB/T 6175—2000	2 型六角螺母	Hexagon nuts, style 2	2001.02.01 实施,代替 GB/T 6175—1986
321	GB/T 6176—2000	2 型六角螺母　细牙	Hexagon nuts, style 2, with fine pitch thread	2001.02.01 实施,代替 GB/T 6176—1986
322	GB/T 6177.1—2000	六角法兰面螺母	Hexagon nuts with flange	2001.02.01 实施,代替 GB/T 6177—1986
323	GB/T 6177.2—2000	六角法兰面螺母细牙	Hexagon nuts with flange—Fine pitch thread	2001.02.01 实施
324	GB/T 6178—1986	1 型六角开槽螺母 A 和 B 级	Hexagon slotted and castle nuts, style 1—Product grades A and B	1986.10.01 实施,代替 GB 57—1976,GB 58—1976
325	GB/T 6179—1986	1 型六角开槽螺母 C 级	Hexagon slotted nuts, style 1—Product grade C	1986.10.01 实施,代替 GB 57—1976,GB 58—1976
326	GB/T 6180—1986	2 型六角开槽螺母 A 和 B 级	Hexagon slotted and castle nuts, style 2—Product grades A and B	1986.10.01 实施
327	GB/T 6181—1986	六角开槽薄螺母 A 和 B 级	Hexagon thin slotted nuts—Product grades A andB	1986.10.01 实施,代替 GB 59—1976, GB 60—1976
328	GB/T 6182—2010	2 型非金属嵌件六角锁紧螺母	Prevailing torque type hexagon nuts(with non - metallic insert), style 2	2011.10.01 实施,代替 GB/T 6182—2000
329	GB/T 6183.1—2000	非金属嵌件六角法兰面锁紧螺母	Prevailing torque type hexagon nuts with flange(with non - metallic insert)	2001.02.01 实施,代替 GB/T 6183—1986
330	GB/T 6183.2—2000	非金属嵌件六角法兰面锁紧螺母　细牙	Prevailing torque type hexagon nutswith flange(with non - metallic insert) with fine pitch thread	2001.02.01 实施
331	GB/T 6184—2000	1 型全金属六角锁紧螺母	Prevailing torque type all - metal hexagon nuts, style 1	2001.02.01 实施,代替 GB/T 6184—1986
332	GB/T 6185.1—2000	2 型全金属六角锁紧螺母	Prevailing torque type all - metal hexagon nuts, style 2	2001.02.01 实施,代替 GB/T 6185—1986
333	GB/T 6185.2—2000	2 型全金属六角锁紧螺母　细牙	Prevailing torque type all - metal hexagon nuts, style 2, with fine pitch thread	2001.02.01 实施
334	GB/T 6186—2000	2 型全金属六角锁紧螺母 9 级	Prevailing torque type all—metal hexagon nuts, style 2—Property class 9	2001.02.01 实施,代替 GB/T 6186—1986
335	GB/T 6187.1—2000	全金属六角法兰面锁紧螺母	Prevailing torque type all—metal hexagon nuts with flange	2001.02.01 实施,代替 GB/T 6187—1986
336	GB/T 6187.2—2000	全金属六角法兰面锁紧螺母　细牙	Prevailing torque type all - metal hexagon nuts with flange with fine pitch thread	2001.02.01 实施
337	GB/T 6188—2008	螺栓和螺钉用内六角花形	Hexalobular internal driving feature for bolts and screws	2009.02.01 实施,代替 GB/T 6188—2000
338	GB/T 6189—1986	紧固件用六角花形 E 型	Hexagon lobular for fasteners—Type E	1986.10.01 实施,代替 GB 2670—1981
339	GB/T 6559—1986	自攻锁紧螺钉的螺杆　粗牙普通螺纹系列	Screw thread shanks for thread forming screw—Metric coarse thread series	1987.05.01 实施

（续）

序号	标 准 号	中文标准名称	英文标准名称	备 注
340	GB/T 6560—1986	十字槽盘头自攻锁紧螺钉	Cross recessed pan head thread forming screws	1987.05.01 实施
341	GB/T 6561—1986	十字槽沉头自攻锁紧螺钉	Cross recessed countersunk head thread forming screws	1987.05.01 实施
342	GB/T 6562—1986	十字槽半沉头自攻锁紧螺钉	Cross recessed raised countersunk head threadforming screws	1987.05.01 实施
343	GB/T 6563—1986	六角头自攻锁紧螺钉	Hexagon head thread forming screws	1987.05.01 实施
344	GB/T 6564—1986	内六角花形圆柱头自攻锁紧螺钉	Hexagon lobular socket thread forming screws	1987.05.01 实施
345	GB/T 7244—1987	重型弹簧垫圈	Single coil spring lock washers, Heavy type	1988.02.01 实施
346	GB/T 7245—1987	鞍形弹簧垫圈	Curved single coil spring lock washers	1988.02.01 实施
347	GB/T 7246—1987	波形弹簧垫圈	Wave single coil spring lock washers	1988.02.01 实施
348	GB/T 9074.1—2002	螺栓或螺钉和平垫圈组合件	Bolt or screw and washer assemblies with plain washers	2003.06.01 实施，代替 GB/T 9074.1—1988，GB/T 9074.14—1988
349	GB/T 9074.2—1988	十字槽盘头螺钉和外锯齿锁紧垫圈组合件	Cross recessed pan head screw andserrated lock washer external teeth assemblies	1989.01.01 实施
350	GB/T 9074.3—1988	十字槽盘头螺钉和弹簧垫圈组合件	Cross recessed pan head screw and single coil spring lock washer assemblies	1989.01.01 实施
351	GB/T 9074.4—1988	十字槽盘头螺钉，弹簧垫圈和平垫圈组合件	Cross recessed pan head screw, single coil spring lock washer and plain washer assemblies	1989.01.01 实施
352	GB/T 9074.5—2004	十字槽小盘头螺钉和平垫圈组合件	Cross recessed small pan head screw andwasher assemblies with plain washers	2004.08.01 实施，代替 GB/T 9074.5—1988，GB/T 9074.6—1988
353	GB/T 9074.7—1988	十字槽小盘头螺钉和弹簧垫圈组合件	Cross recessed small pan head screw and single coil spring lock washer assemblies	1989.01.01 实施
354	GB/T 9074.8—1988	十字槽小盘头螺钉和弹簧垫圈及平垫圈组合件	Cross recessed small pan headscrew, single coil spring lock washer and plain washer assemblies	1989.01.01 实施
355	GB/T 9074.9—1988	十字槽沉头螺钉和锥形锁紧垫圈组合件	Cross recessed countersunk head screw and countersunk serrated external toothed lock washer assemblies	1989.01.01 实施
356	GB/T 9074.10—1988	十字槽半沉头螺钉和锥形锁紧垫圈组合件	Cross recessed raised countersunkhead screw and countersunk external toothed lock washer assemblies	1989.01.01 实施
357	GB/T 9074.11—1988	十字槽凹穴六角头螺栓和平垫圈组合件	Cross recessed hexagon bolt with indentation and plain washer assemblies	1989.01.01 实施
358	GB/T 9074.12—1988	十字槽凹穴六角头螺栓和弹簧垫圈组合件	Cross recessed hexagon bolt with indentation and single coil spring lock washer assemblies	1989.01.01 实施
359	GB/T 9074.13—1988	十字槽凹穴六角头螺栓，弹簧垫圈和平垫圈组合件	Cross recessed hexagon bolt with indentation, single coil lock washer and plain washer assemblies	1989.01.01 实施
360	GB/T 9074.15—1988	六角头螺栓和弹簧垫圈组合件	Hexagon head bolt and single coil spring lock washer assemblies	1989.01.01 实施
361	GB/T 9074.16—1988	六角头螺栓和外锯齿锁紧垫圈组合件	Hexagon head bolt and serrated lock washer external teeth assemblies	1989.01.01 实施

（续）

序号	标准号	中文标准名称	英文标准名称	备注
362	GB/T 9074.17—1988	六角头螺栓，弹簧垫圈和平垫圈组合件	Hexagon head bolt, single coil spring lock washer and plain washer assemblies	1989.01.01 实施
363	GB/T 9074.18—2002	自攻螺钉和平垫圈组合件	Tapping screw and washer assemblies with plain washers	2003.06.01 实施，代替 GB/T 9074.18—1988, GB/T 9074.19—1988, GB/T 9074.22—1988, GB/T 9074.23—1988
364	GB/T 9074.20—2004	十字槽凹穴六角头自攻螺钉和平垫圈组合件	Cross recessed hexagon head tapping screw with indentation and washer assemblies with plain washers	2004.08.01 实施，代替 GB/T 9074.20—1988, GB/T 9074.21—1988
365	GB/T 9074.25—1988	组合件用弹簧垫圈	Single coil spring lock washer for assembly	1989.01.01 实施
366	GB/T 9074.27—1988	组合件用外锯齿锁紧垫圈	Serrated lock washer external teeth for assembly	1989.01.01 实施
367	GB/T 9074.28—1988	组合件用锥形锁紧垫圈	Countersunk external toothed lock washer for assembly	1989.01.01 实施
368	GB/T 9456—1988	十字槽凹穴六角自攻螺钉	Cross recessed hexagon head tapping screws withindentation	1989.07.01 实施
369	GB/T 9457—1988	1 型六角开槽螺母 细牙 A 和 B 级	Hexagon slotted and castle nuts, style 1—Fine pitch thread—Product grades A and B	1989.07.01 实施
370	GB/T 9458—1988	2 型六角开槽螺母 细牙 A 和 B 级	Hexagon slotted and castle nuts, style 2—Fine pitch thread—Product grades A and B	1989.07.01 实施
371	GB/T 9459—1988	六角开槽薄螺母 细牙 A 和 B 级	Hexagon thin slotted nuts—Fine pitch thread—Product grades A and B	1989.07.01 实施
372	GB/T 10431—2008	紧固件横向振动试验方法	Transverse vibration testing method for fasteners	2009.02.01 实施，代替 GB/T 10431—1989
373	GB/T 10432.1—2010	电弧螺柱焊用无头焊钉	Unthreaded studs for drawn arc stud welding with ceramic ferrule	2011.10.01 实施
374	GB/T 10432.3—2010	储能焊用无头焊钉	Unthreaded studs for capacitor discharge welding	2011.10.01 实施，代替 GB/T 10432—1989
375	GB/T 10433—2002	电弧螺柱焊用圆柱头焊钉	Cheese head studs for arc stud welding	2003.06.01 实施，代替 GB/T 10433—1989
376	GB/T 12520—1990	高扭矩十字槽	Offset cruciform recess for rotary fastening devices	1991.09.01 实施
377	GB/T 12615.1—2004	封闭型平圆头抽芯铆钉 11 级	Closed end blind rivets with break pull mandrel and protruding head—Property class 11	2004.08.01 实施，代替 GB/T 12615—1900
378	GB/T 12615.2—2004	封闭型平圆头抽芯铆钉 30 级	Closed end blind rivets with break pull mandrel and protruding head—Property class 30	2004.08.01 实施，代替 GB/T 12615—1900
379	GB/T 12615.3—2004	封闭型平圆头抽芯铆钉 06 级	Closed end blind rivets with break pull mandrel and protruding head—Property class 06	2004.08.01 实施，代替 GB/T 12615—1900
380	GB/T 12615.4—2004	封闭型平圆头抽芯铆钉 51 级	Closed end blind rivets with break pull mandrel and protruding head—Property class 51	2004.08.01 实施，代替 GB/T 12615—1900
381	GB/T 12616.1—2004	封闭型沉头抽芯铆钉 11 级	Closed end blind rivets with break pull mandrel and countersunk head—Property class 11	2004.08.01 实施，代替 GB/T 12616—1990

（续）

序号	标 准 号	中文标准名称	英文标准名称	备 注
382	GB/T 12617.1—2006	开口型沉头抽芯铆钉 10、11级	Open end blind rivets with break pull mandrel and countersunk head — property class 10,11	2006.12.01 实施，代替 GB/T 12617—1990
383	GB/T 12617.2—2006	开口型沉头抽芯铆钉 30级	Open end blind rivets with break pull mandrel and countersunk head — property class 30	2006.12.01 实施，代替 GB/T 12617—1990
384	GB/T 12617.3—2006	开口型沉头抽芯铆钉 12级	Open end blind rivets with break pull mandrel and countersunk head — property class 12	2006.12.01 实施，代替 GB/T 12617—1990
385	GB/T 12617.4—2006	开口型沉头抽芯铆钉 51级	Open end blind rivets with break pull mandrel and countersunk head — property class 51	2006.12.01 实施，代替 GB/T 12617—1990
386	GB/T 12617.5—2006	开口型沉头抽芯铆钉 20、21、22级	Open end blind rivets with break pull mandrel and countersunk head — property class 20,21,22	2006.12.01 实施，代替 GB/T 12617—1990
387	GB/T 12618.1—2006	开口型平圆头抽芯铆钉10、11级	Open end blind rivets with break pull mandrel and protruding head — property class 10,11	2006.12.01 实施，代替 GB/T 12618—1990
388	GB/T 12618.2—2006	开口型平圆头抽芯铆钉30级	Open end blind rivets with break pull mandrel and protruding head — property class 30	2006.12.01 实施，代替 GB/T 12618—1990
389	GB/T 12618.3—2006	开口型平圆头抽芯铆钉12级	Open end blind rivets witn break pull mandrel and protruding head — property class 12	2006.12.01 实施，代替 GB/T 12618—1990
390	GB/T 12618.4—2006	开口型平圆头抽芯铆钉51级	Open end blind rivets with break pull mandrel and protruding head — property class 51	2006.12.01 实施，代替 GB/T 12618—1990
391	GB/T 12618.5—2006	开口型平圆头抽芯铆钉20、21、22级	Open end blind rivets with break pull mandrel and protruding head — property class 20,21 22	2006.12.01 实施，代替 GB/T 12618—1990
392	GB/T 12618.6—2006	开口型平圆头抽芯铆钉40、41级	Open end blind rivets with break pull mandrel and protruding head — property class 40,41	2006.12.01 实施，代替 GB/T 12618—1990
393	GB/T 13680—1992	焊接方螺母	Square weld nuts	1993.06.01 实施
394	GB/T 13681.2—2010	焊接六角法兰面螺母	Hexagon weld nuts with flange	2011.10.01 实施
395	GB/T 13681—1992	焊接六角螺母	Hexagon weld nuts	1993.06.01 实施
396	GB/T 13682—1992	螺纹紧固件轴向载荷疲劳试验方法	Axial load fatigue testing for threadedfasteners	1993.06.01 实施
397	GB/T 13683—1992	销 剪切试验方法	Pins and grooved pins—Shear test	1993.06.01 实施
398	GB/T 13806.1—1992	精密机械用紧固件 十字槽螺钉	Fasteners for fine mechanics—Cross recessed screws	1993.06.01 实施
399	GB/T 13806.2—1992	精密机械用紧固件 十字槽自攻螺钉 刮削端	Fasteners for fine mechanics—Cross recessed tapping screws—Scrape point	1993.06.01 实施
400	GB/T 13807.1—2008	腰状杆螺柱连接副 型式分类	Connections with waisted stud—Tape classification	2009.02.01 实施，代替 GB/T 13807.1—1992
401	GB/T 13807.2—2008	腰状杆螺柱连接副 螺柱	Connections with waisted stud—Studs	2009.02.01 实施，代替 GB/T 13807.2—1992

（续）

序号	标准号	中文标准名称	英文标准名称	备　注
402	GB/T 13807.3—2008	腰状杆螺柱连接副螺母、受力套管	Connections with waisted stud—Nuts, extension sleeves	2009.02.01 实施，代替 GB/T 13807.3—1992
403	GB/T 13829.1—2004	槽销　带导杆及全长平行沟槽	Grooved pins—Full—length parallel grooved, with pilot	2004.08.01 实施，代替 GB/T 13829.1—1992
404	GB/T 13829.2—2004	槽销　带倒角及全长平行沟槽	Grooved pins—Full—length parallel grooved, with chamfer	2004.08.01 实施，代替 GB/T 13829.1—1992，GB/T 13829.2—1992
405	GB/T 13829.3—2004	槽销　中部槽长为1/3全长	Grooved pins—One - third - length centre grooved	2004.08.01 实施，代替 GB/T 13829.1—1992，GB/T 13829.3—1992
406	GB/T 13829.4—2004	槽销　中部槽长为1/2全长	Grooved pins—Half - length centre grooved	2004.08.01 实施，代替 GB/T 13829.1—1992
407	GB/T 13829.5—2004	槽销　全长锥槽	Grooved pins—Full - length taper grooved	2004.08.01 实施，代替 GB/T 13829.2—1992　部分
408	GB/T 13829.6—2004	槽销　半长锥槽	Grooved pins—Half - length taper grooved	2004.08.01 实施，代替 GB/T 13829.2—1992
409	GB/T 13829.7—2004	槽销　半长倒锥槽	Grooved pins—Half - length reverse—taper grooved	2004.08.01 实施，代替 GB/T 13829.2—1992
410	GB/T 13829.8—2004	圆头槽销	Grooved pins with round head	2004.08.01 实施，代替 GB/T 13829.3—1992
411	GB/T 13829.9—2004	沉头槽销	Grooved pins with countersunk head	2004.08.01 实施，代替 GB/T 13829.3—1992
412	GB/T 14210—1993	墙板自攻螺钉	Dry wall screws	1993.12.01 实施
413	GB/T 15389—1994	螺杆	Threaded rods	1995.10.01 实施
414	GB/T 15855.1—1995	扁圆头击芯铆钉	Flat round head drive rivets	1996.08.01 实施
415	GB/T 15855.2—1995	沉头击芯铆钉	Countersunk head drive rivets	1996.08.01 实施
416	GB/T 15855.3—1995	击芯铆钉技术条件	Specifications for drive rivets	1996.08.01 实施
417	GB/T 15856.1—2002	十字槽盘头自钻自攻螺钉	Cross recessed pan head drilling screws with tapping screw thread	2003.06.01 实施，代替 GB/T 15856.1—1995
418	GB/T 15856.2—2002	十字槽沉头自钻自攻螺钉	Cross recessed countersunk head drilling screws	2003.06.01 实施，代替 GB/T 15856.2—1995
419	GB/T 15856.3—2002	十字槽半沉头自钻自攻螺钉	Cross recessed raised countersunk head drilling screws with tapping screw thread	2003.06.01 实施，代替 GB/T 15856.3—1995
420	GB/T 15856.4—2002	六角法兰面自钻自攻螺钉	Hexagon flange head drilling screws with tapping screw thread	2003.06.01 实施，代替 GB/T 15856.4—1995
421	GB/T 15856.5—2002	六角凸缘自钻自攻螺钉	Hexagon washer head drilling screws	2003.06.01 实施，代替 GB/T 15856.5—1995
422	GB/T 16674.1—2004	六角法兰面螺栓　小系列	Hexagon bolts with flange—Small series	2004.08.01 实施，代替 GB/T 16674—1996
423	GB/T 16674.2—2004	六角法兰面螺栓　细牙　小系列	Hexagon bolts with flange with metric fine pitch thread—Small series	2004.08.01 实施
424	GB/T 16823.1—1997	螺纹紧固件应力截面积和承载面积	Stress area and bearing area for threaded fasteners	1997.12.01 实施
425	GB/T 16823.2—1997	螺纹紧固件紧固通则	General rules of tightening for threaded fasteners	1997.12.01 实施
426	GB/T 16823.3—2010	紧固件　扭矩-夹紧力试验	Fasteners - Torque/clamp force testing	2011.10.01 实施，代替 GB/T 16823.3—1997
427	GB/T 16824.1—1997	六角凸缘自攻螺钉	Hexagon head tapping screws with collar	1997.12.01 实施
428	GB/T 16824.2—1997	六角法兰面自攻螺钉	Hexagon flange head tapping screws	1997.12.01 实施

（续）

序号	标准号	中文标准名称	英文标准名称	备注
429	GB/T 16938—2008	紧固件 螺栓、螺钉、螺柱和螺母 通用技术条件	Fasteners—General requirements for bolts, screws, studs and nuts	2009.02.01 实施，代替 GB/T 16938—1997
430	GB/T 16939—1997	钢网架螺栓球节点用高强度螺栓	High strength bolts for joints of space grid structures	1998.04.01 实施
431	GB/T 17880.1—1999	平头铆螺母	Flat head riveted nuts	2000.05.01 实施
432	GB/T 17880.2—1999	沉头铆螺母	Countersunk head riveted nuts	2000.05.01 实施
433	GB/T 17880.3—1999	小沉头铆螺母	Small countersunk head riveted nuts	2000.05.01 实施
434	GB/T 17880.4—1999	120°小沉头铆螺母	120°Small countersunk head riveted nuts	2000.05.01 实施
435	GB/T 17880.5—1999	平头六角铆螺母	Flat head hexagon riveted nuts	2000.05.01 实施
436	GB/T 17880.6—1999	铆螺母技术条件	Specifications for riveted nuts	2000.05.01 实施
437	GB/T 18194—2000	铆钉杆径	Rivet shank diameters	2001.02.01 实施
438	GB/T 18195—2000	精密机械用六角螺母	Hexagon nuts for fine mechanics	2001.02.01 实施
439	GB/T 18230.1—2000	栓接结构用大六角头螺栓 螺纹长度按 GB/T 3106 C 级 8.8 和 10.9 级	Hexagon bolts for high—strength structural bolting with large width across flats (thread lengths according to GB/T 3106)—Product grade C—Property classes 8.8 and 10.9	2001.05.01 实施
440	GB/T 18230.2—2000	栓接结构用大六角头螺栓 短螺纹长度 C 级 8.8 和 10.9 级	Hexagon bolts forhigh - strength structural bolting with large width across flats (short thread length)—Product grade C—Property classes 8.8 and 10.9	2001.05.01 实施
441	GB/T 18230.3—2000	栓接结构用大六角螺母 B 级 8 和 10 级	Hexagon nuts for high - strength structural bolting with large width across flats—Product grade B—Property classes8 and 10	2001.05.01 实施
442	GB/T 18230.4—2000	栓接结构用 1 型大六角螺母 B 级 10 级	Hexagon nuts for structural boltingwith large width across flats, style 1—Product grade B—Property class 10	2001.05.01 实施
443	GB/T 18230.5—2000	栓接结构用平垫圈 淬火并回火	Plain washers for high - strength structural bolting hardened and tempered	2001.05.01 实施
444	GB/T 18230.6—2000	栓接结构用 1 型六角螺母 热浸镀锌(加大攻丝尺寸) A 和 B 级 5、6 和 8 级	Hexagon nuts for structural bolting, style 1, hot - dip galvanized (oversize tapped)—Product grades A and B—Property classes 5, 6 and 8	2001.05.01 实施
445	GB/T 18230.7—2000	栓接结构用 2 型六角螺母 热浸镀锌(加大攻丝尺寸) A 级 9 级	Hexagon nuts forstructural bolting, style 2, hot - dip galvanized (oversize tapped)—Product grade A—Property class 9	2001.05.01 实施
446	GB/T 22795—2008	混凝土用膨胀型锚栓 型式与尺寸	Expansion anchors for use in concrete—Type and dimension	2010.01.01 实施
447	GB/T 24425.1—2009	普通型钢丝螺套	General type wire thread inserts	2010.03.01 实施
448	GB/T 24425.2—2009	普通型盲孔用钢丝螺套	General type wire thread inserts for blind hole	2010.03.01 实施
449	GB/T 24425.3—2009	锁紧型钢丝螺套	Prevailing torque type wire thread inserts	2010.03.01 实施
450	GB/T 24425.4—2009	锁紧型盲孔用钢丝螺套	Prevailing torgue type wire thread inserts for blind hole	2010.03.01 实施
451	GB/T 24425.5—2009	钢丝螺套用内螺纹	Internal thread for wire thread inserts	2010.03.01 实施
452	GB/T 24425.6—2009	钢丝螺套技术条件	Specification for wire thread inserts	2010.03.01 实施

〔供稿单位：全国紧固件标准化技术委员会秘书处〕

经确认的紧固件制造者识别标志公告

全国紧固件标准化技术委员会(SAC/TC85)秘书处

2012年11月12日发布

编　号	紧固件产品制造者或经销单位	识　别　标　志
1.04	安徽省巢湖铸造厂有限责任公司	A
1.05	北京标准件工业集团公司	C或CC
1.10	沈阳东亿机械制造有限公司	D
1.01	河南省鹤壁标准件制造有限公司	H
1.08	济南高强标准件有限责任公司	J
1.09	上海友钜五金制品有限公司	L或LION
1.07	昆明紧固标准件有限责任公司	参议1M
1.15	河北冀南标准件有限公司	R
1.14	晋德有限公司	Y
2.102	广东自生电力器材股份有限公司	AD
2.150	上海爱瑞德五金有限公司	AF
2.148	安徽海程涂复科技有限公司	Ah
2.42	河北邦德威电力器材有限公司	BD
2.101	沈阳工具标准件制造有限公司	BG
2.64	淄博强大集团有限公司	BS
2.56	江苏标星螺丝制造有限公司	BX
2.144	海盐博远紧固件厂	BY
2.02	富奥汽车零部件有限公司紧固件分公司	CA
2.70	重天标准件工业公司	CB
2.62	常州中昊特种标准件制造公司	CH
2.96	安徽长江紧固件有限责任公司	CJ
2.161	浙江汉泰标准件有限公司	CK
2.74	北京南车时代制动技术有限公司	CP
2.04	常熟市标准件厂	CS
2.139	无锡市曙光高强度紧固件厂	CX
2.54	春雨(东莞)五金制品有限公司	CY
2.05	宁波东港紧固件制造有限公司	DG
2.125	沈阳市东乐标准件厂	DK
2.116	浙江迪特高强度螺栓有限公司	DL
2.26	上海铁院轨道交通科技有限公司苏州分公司苏州市东山标准件有限分司	DS
2.168	浙江金壁紧固件制造有限公司	DX
2.06	东风汽车紧固件有限公司	EQ
2.73	邯郸市飞达标准件厂	FD
2.170	永年县飞宇高强度标准件有限公司	FV
2.154	宁波中海紧固件制造有限公司	FZ
2.109	江都市大发螺丝厂	GH
2.92	常州高力紧固件有限公司	GL
2.07	浙江高强度紧固件有限公司	GQ
2.138	长沙百固标准件制造有限公司	GU
2.149	浙江汇博电力配件有限公司	HB
2.90	无锡市华东标准件制造有限公司	HC

（续）

编　号	紧固件产品制造者或经销单位	识　别　标　志
2.08	邯郸市标准件厂	HD
2.78	邯郸市恒发紧固件制造有限公司	HF
2.09	北京市宏光机电设备厂	HG
2.145	内蒙古红岗机械厂	H. G
2.178	西安航天华阳印刷包装设备有限公司	HH
2.10	杭州高压紧固件厂、杭州大通风能动力有限公司	HJ 或 B
2.115	浙江恒申紧固件制造有限公司	HK
2.158	邯郸市华隆紧固件有限公司	HL
2.163	浙江华锐标准件有限公司	HR
2.68	杭州弹簧垫圈有限公司、浙江日星标准件有限公司	HS
2.11	河南航天精工制造有限公司	HT
2.47	宁波市镇海华志高强度紧固件制造有限公司	HZ
2.95	福建嘉成高强紧固件有限公司	JC
2.28	宁波金鼎紧固件有限公司	JD
2.171	上海精恒实业有限公司	JH
2.99	宁波九龙紧固件制造有限公司	JL
2.142	北京金兆博高强度紧固件有限公司	JN
2.13	江都狮鹤高强度螺栓有限公司	JS
2.153	浙江龙游康龙线路器材实业有限公司	KL
2.97	邯郸市通达机械制造有限公司	KT
2.131	安徽凯翔紧固件有限公司	KX
2.108	上海罗光标准件制造有限公司	LG
2.128	宁波龙益金属工业有限公司	LI
2.118	上海乐扣五金有限公司	LK
2.48	宁波海信紧固件有限公司	LM
2.79	邯郸市华永标准件制造有限公司	LT
2.57	洛阳机车车辆配件有限公司	LW
2.155	嘉善龙翔紧固件有限公司	LX
2.105	宁波标准件厂	NB
2.141	宁波市鄞州横溪大港高强度厂	ND
2.44	宁波锦辉紧固件有限公司	NJ
2.66	上海南市螺丝有限公司	NL
2.167	宁波市鄞州钟公庙伟丰螺钉厂	NW
2.14	定西高强度螺钉有限公司	NS
2.176	江苏南翔不锈钢标准件有限公司	NX
2.15	宁波经济技术开发区甬港紧固件有限公司	NY
2.151	宁波市镇海金力高强度紧固件有限公司	NZ
2.173	上海敏智高强度螺栓有限公司	MZ
2.100	济南华阳紧固件有限公司	PB
2.67	温州经济技术开发区求精标准件厂	QJ
2.30	宁波群力紧固件制造有限公司、宁波市镇海康源紧固件有限公司	QL
2.173	徐州市瑞达高强度紧固件厂	RD
2.156	晋江市三国紧固件制造有限公司	RX
2.31	浙江一标紧固件有限公司	Ry
2.169	衢州天力紧固件有限公司	SC
2.32	上海东风汽车专用件有限公司	SD

（续）

编　号	紧固件产品制造者或经销单位	识　别　标　志
2.63	上海恒丰紧固件制造有限公司	SE
2.136	上海方大电子电器有限公司	SF
2.107	辉煌重工集团有限公司高强度标准件厂	SH
2.124	上海金山标准件有限公司	SJ
2.17	上海罗店螺帽总厂	SL
2.159	上海始能紧固件有限公司	SN
2.18	上海宝山特种紧固件厂	ST
2.33	上海标五高强度紧固件有限公司	SV
2.157	沈阳万达顺电力器材厂	SW
2.19	上海欣螺企业发展有限公司	SX
2.106	上海胜源标准件制造有限公司	SY
2.49	苏州富元标准件有限公司	SZ
2.140	沈阳市铁成标准件厂	TB
2.77	山东腾达不锈钢制品有限公司	TD
2.34	宁波时代紧固件制造有限公司	TF
2.165	深圳快渔五金有限公司	TV
2.22	晋江市同兴五金工业有限公司	TX
2.119	上海圣标贸易有限公司	WF
2.166	芜湖求精紧固件有限公司	WJ
2.143	河北信德电力配件有限公司	XD
2.81	温州市先锋标准件有限公司	XF
2.162	邢台钢铁线材精制有限责任公司	XG
2.72	北京先河交通设备技术有限公司	XH
2.146	苏州工业园区新凯精密五金有限公司	XK
2.123	苏州新凌高强度紧固件有限公司	XL
2.121	邢台市宁波紧固件有限公司	XN
2.35	无锡市标准件厂有限公司	XS
2.65[a]	张家港市新艺五金有限公司	XY
2.23	新疆新标紧固件泵业有限责任公司	XZ
2.24	上海远栋高强度紧固件有限公司	YD
2.160	南京云帆科技实业有限公司	YF
2.36	宁波新兴紧固件制造有限公司	YG
2.59	宁波永宏紧固件制造有限公司	YH
2.111	浙江元立金属制品集团有限公司	YL
2.175	宝鸡市云海标准件有限公司	YP
2.132	济南亿森电力配件制造有限公司	YS
2.40	张家港市锦力标准件制造有限公司	ZB
2.60	天津中成新高强度紧固件有限公司	ZC
2.25	浙江云翼标准件有限公司	ZE
2.152	上海振高螺母有限公司	ZG
2.172	邯郸市兆恒紧固件制造有限公司	ZH
2.52	宁波中京联合科技实业有限公司	ZJ 或 JZ
2.135	宁波市中联紧固件制造有限公司	ZL
2.147	海盐紧固件厂	ZM
2.84	张家港市强力标准件有限公司	ZQ
2.137	广东自生电力器材股份有限公司	ZS
2.122	浙江泰盛紧固件有限公司	ZT

（续）

编 号	紧固件产品制造者或经销单位	识 别 标 志
2.37	舟山市正源标准件有限公司	ZY
3.44	阿诺德紧固件（沈阳）有限公司	AFS
3.67	南通安赛乐紧固件有限公司	ASL
3.34	上海奥达科股份有限公司	ATC
3.18	湖北博士达科技发展有限公司	BSD
3.51	北京中车圣鑫科技发展有限公司	BSX
3.50	许昌四达电力设备有限公司	BJN
3.71	常熟市福熙机械零部件制造有限公司	CIS
3.53	宁波阜伟国际贸易有限公司	CNF
3.64	兴化市长江铁路器材有限公司	CXJ
3.54	杭州鼎铭尚实业有限公司	DMS
3.16	温州市三力紧固件有限公司	DSL
3.68	上海底特精密紧固件有限公司	DTF
3.45	广州凡易工业紧固件有限公司	FEX
3.47	苏州市富利达金属制品有限公司	FLD
3.57	苏州紧固之星五金有限公司	GGG
3.41	浙江晋财金属制品有限公司	GEM
3.73	浙江固尔耐紧固件制造有限公司	GEN
3.42	广州市尚易机械实业有限公司	GSY 或 YSY
3.22	常州市海云螺钉厂	HAI
3.36	上海哈迪威紧固件有限公司	HDW
3.56	上海黑山五金有限公司	HIS
3.49	上海群力紧固件机电有限公司	HQL
3.60	宁波市海威高强度紧固件有限公司	HWF
3.33	杭州嘉翔高强螺栓有限公司	HYZ
3.70	上海晋和五金紧固件有限公司	JHF
3.10	嘉兴汽车标准件股份有限公司	JQB
3.72	嘉兴市铄源紧固件制造有限公司	JSY
3.52	安徽六方重联机械股份有限公司	LFC
3.35	浙江龙游群力标准件有限公司	LQL
3.48	南京江标标准件有限公司	NJB
3.63	广东石西紧固件科技有限公司	SCI
3.13	上海圣迪威紧固件制造有限公司	SDW
3.01	上海标五高强度紧固件有限公司	SFC
3.03	上海高强度螺栓厂有限公司	SHS 或 G
3.46	海盐三马标准件有限公司	SHM
3.20	上海静标紧固件有限公司	SJB
3.40	邯郸市立功高强度紧固件有限公司	SLG
3.04	上海沪西高强度螺栓螺帽厂	SMC
3.39	上海煜强高强度钢结构配件有限公司	SMG
3.19	上海群力紧固件制造有限公司	SQL
3.14	上海申业紧固件有限公司	SSE
3.69	哈尔滨底特精密工具有限公司	STF
3.21	上海亚轻工贸有限公司	STG 或 [illegible]
3.17	上海特力紧固件制造有限公司	STL
3.37	上海瑞固实业有限公司	SWE
3.26	湖南申亿五金标准件有限公司	SYI

（续）

编　号	紧固件产品制造者或经销单位	识　别　标　志
3.62	上海乔普士五金机电有限公司	TFS
3.12	滕州市华标不锈钢制品有限公司	THB
3.55	上海劲虎五金有限公司	TIG
3.38	江苏圣迪威不锈钢有限公司	TME
3.66	天津市思恩机械设备有限公司	TSN
3.58	福州兴昌隆五金制品有限公司	XCL
3.61	福州兴昌隆五金制品有限公司	XLD
3.65	兴化市新迅达不锈钢标准件有限公司	XXD
3.07	烟台东发紧固件有限公司	YDF
3.42	广州市尚易机械实业有限公司	GSY 或 YSY
3.59	中国航空工业标准件制造有限责任公司	ZHB 或 ZB
3.43	衢州鸿通机械有限公司	ZHT
3.05	温州市瓯海华铁特种紧固件厂	FS－HT
4.01	深圳航空标准件有限公司	3L
4.03	常熟市常力紧固件有限公司	CS2
4.07	深圳市海德五金有限公司	9k
4.05	宁波市翔翔大型紧固件有限公司	NX·PY
4.09	河北新力紧固件有限公司	HBXL
4.06	济南实达紧固件有限公司	STAR
4.07	深圳市海德五金有限公司	9K
4.08	宁波中斌紧固件制造有限公司	FAST 或 SUN
4.10	宜路工业紧固系统(上海)有限公司	EALU
4.11	咸阳聚力石油机械制造有限公司	JL5
4.12	张家港市德嘉标准件有限公司	SZDJ
4.13	连云港兴怡紧固件有限公司	XYLX
5.01	上海金马高强紧固件有限公司	
5.02	武汉世标机电紧固件有限责任公司	
5.04	上海申光高强度螺栓有限公司	或 SG
5.05	陕西方圆汽车标准件有限公司	
5.06	贵州高山高强度螺栓有限公司	
5.08	定州市北方管件有限公司	DG
5.09	沈阳福田紧固件有限公司	
5.10	太原市恒力紧固件制造有限公司	
5.11	晋亿实业股份有限公司	或 CYI
5.13	河北任县高强度螺栓有限公司	或 T
5.14	上海特强汽车紧固件有限公司	或 TQ
5.15	山东高强紧固件有限公司	或　或 Z
5.16	河南伟瑞科技实业有限公司	或 VR
5.17	中铁山桥集团高强度紧固器材有限公司	
5.18	四川省简阳三和标准件有限公司	或 JB
5.19	苏州天隆紧固件有限公司、苏州航天紧固件有限公司	或 TL
5.20	郑州铁路新科机车车辆配件有限公司	或 ZZ
5.21	舟山市7412工厂	HJ 或 H
5.26	浙江乍浦实业股份有限公司	Wb 或 WB
5.27	山东美陵化工设备股份有限公司	或 ML
5.28	宁波安拓实业有限公司	或 K

（续）

编　号	紧固件产品制造者或经销单位	识　别　标　志
5.30	重庆汽车标准件厂	[illegible]或 ISI
5.31	浙江宏星紧固件有限公司	[illegible]
5.34	洛阳天通工贸有限公司	TT 或 [illegible]
5.35	重庆高强度标准件厂	Δ 或 O 或 HY
5.37	浙江海力集团有限公司	HL
5.38	佛山市南海区伟业高强度标准件有限公司	[illegible]
5.39	资阳晨风精密机械有限责任公司	[illegible]
5.40	上海徐浦标准件有限公司	XP 或 [illegible]
5.41	上海上标汽车紧固件有限公司	SQB 或 [illegible]
5.43	东明实业(嘉兴)有限公司	TONG 或 THE
5.44	杭州荣利标准件有限公司	RL
5.45	宁波市北仑特种紧固件有限公司	Ⓣ 或 TB
5.47	杭州华凌钢结构高强螺栓有限公司	LZ
5.48	晋江市融耀螺丝工业有限公司	[illegible]
5.51	南车眉山车辆有限公司	CSR
5.52	尼尔森植焊(天津)有限公司	[illegible] 或 TS
5.57	方圆集团有限公司	[illegible]或 FY
5.59	绍兴县永安高压紧固件有限公司	[illegible]或 YA
5.60	海盐正茂标准件有限公司	[illegible]
5.63	温州市龙湾泰盛紧固件有限公司	[illegible]
5.64	盈锋紧固系统(无锡)有限公司	[illegible]或[illegible]
5.65	诸城市龙强紧固件有限公司	[illegible]
5.66	海盐华胜紧固件有限公司	中
5.67	衢州巨力紧固件有限公司	[illegible]
5.68	永年县哈迪威紧固件制造有限公司	H D
5.69	陕西海丰石油机械制造有限公司	[illegible]
5.70	湖北冠邦机械有限公司	[illegible]
5.72[a]	宁波市镇海光力紧固件制造有限公司	NBGLC
5.73[a]	徐州新兴达克罗科技有限公司	[illegible]
5.74	海盐兴隆紧固件有限公司	[illegible]
5.75	杭州上强紧固件有限公司	S
5.76	稳砜风机配件(上海)有限公司	[illegible]
5.77	宁夏银恒紧固件制造有限公司	N
5.78	宁波市镇海东瑞高强度紧固件有限公司	[illegible]
5.79	哈尔滨吉城标准件有限公司	[illegible]
5.80	喜赛商贸(安徽)有限公司	CISER
5.81	山东鼎昌铁塔制造有限公司	DC
5.82	上海美固澄梵紧固件有限公司	[illegible]或 MG
5.83	浙江七丰五金标准件有限公司	[illegible]或 QF
5.84	绍兴山耐高压紧固件有限公司	[illegible]或 KS
5.85	上海广略实业有限公司	TL 或 TANDL
5.86	浙江奥展实业有限公司	[illegible]
5.87	安阳龙腾特钢制造有限公司	[illegible]
5.88	浙江嘉禾汽车部件有限公司	[illegible]

〔供稿单位:全国紧固件标准化技术委员会秘书处〕

大 事 记

2009—2011年紧固件行业大事记

2009年

1月

4日 中国机械通用零部件工业协会紧固件分会(以下简称紧固件分会)致电祝贺陈明昭当选中国台湾区紧固件工业同业公会第15届理事长。

31日 欧盟对原产于我国的钢铁紧固件征收惩罚性关税,正式立案生效。这个高达85%的关税涉及到我国1 800多家企业,涉案金额7.6亿美元。

2月

15日 完成2006—2008年紧固件领域重大技术装备发展总结报告。

5月

5日 紧固件分会第七届会员代表大会在上海召开。冯金尧再次当选会长。

6月

8日 提出我国紧固件行业三年振兴规划提纲。

24日 中国紧固件行业第4届高峰会议在广州举行。

7月

8日 完成'关于建设共性基础技术服务平台——中国紧固件行业技术中心(草案)"方案稿。

8月

28日 紧固件分会七届一次会长会议在上海举行。会议主要议题是:促进行业经济稳步回升,增强行业可持续发展的能力,进一步做好紧固件分会的各项工作。

29日 浙江省紧固件行业协会成立。

9月

23日 美国纽科公司(Nucor Fastener Division)向美国国际贸易委员会(ITC)和美国商务部(DOC)递交申请书,要求对我国出口的碳钢紧固件发起反倾销反补贴"双反"调查。

28日 在台湾省高雄市举行了2009年五地域紧固件协会交流大会。紧固件分会组团参加会议并考察了台湾省的紧固件企业。

10月

14日 美国商务部(DOC)发布公告:对我国碳钢紧固件进行反倾销反补贴合并调查。

11月

6日 在我国紧固件分会和紧固件企业的积极应对和强烈要求下,美国国际贸易委员会以6:0投票结果拒绝了对中国大陆和台湾公司在美国市场倾销某种标准钢紧固件的投诉展开调查。认定中国大陆和台湾省的部分输美碳钢紧固件不存在补贴或倾销,并终止调查。

12月

1日 第21届经济贸易与技术交流洽谈会在重庆举行。

2010年

1月

26日 为贯彻落实《装备制造业调整和振兴规划》,做强做大装备制造业,工业和信息化部装备工业司组织编制《基础零部件专项实施方案》,工信部装备司在上海召开紧固件行业实施方案座谈会,邀请部分地区紧固件企业参加。

2月

2日 紧固件分会组织召开了行业迎新团拜会,商务部宋和平局长等政府部门领导、协会领导和各地会员代表同美国、法国、德国、日本、中国台湾及中国香港等同行欢聚一堂。

6月

13日 完成《2010年机械工业名

牌产品评选试点紧固件行业情况报告》。

16—18 日 在上海举办了紧固件专业展览会。

17—19 日 第二十二届经贸与技术交流会在上海举行。会上，权威经济学家王德培所作的《宏观经济形势分析与预测报告》和材料专家所作的《关于紧固件线材情况分析报告》都受到与会代表热烈欢迎。

28 日 商务部发布 2010 年第 40 号公告，最终裁定，原产于欧盟的进口碳钢紧固件存在倾销，我国国内碳钢紧固件受到实质损害，且倾销与实质损害之间存在因果关系。自 2010 年 6 月 29 日起，对原产于欧盟的进口碳钢紧固件征收 6.1% ~26% 的反倾销税，实施期限 5 年。

月内 完成我国紧固件行业“十二五”发展规划初稿。

7 月

10 日 紧固件分会秘书处发文：根据工信部关于编制“十二五”规划工作的有关精神，组织行业专家编制完成《紧固件行业“十二五”发展规划》初稿。初稿转发给各位副会长、有关专家和部分企业领导征求意见。

8 月

18 日 受加工贸易单耗标准制定工作联络小组委托，加工贸易单耗标准审定小组对中国机械工业联合会承担制定的《加工贸易单耗标准（送审稿）》组织召开了审定会议。审定小组一致同意通过审定。

9 月

16—18 日 紧固件分会在上海召开了各地方协会会长会议，布置了相关工作并听取了各协会的汇报。会上，还研讨了紧固件行业的“十二五”发展规划，并参观了上海申光高强度螺栓有限公司新厂区。

10 月

8 日 在中国香港科学园高锟会议中心举行了 2010 年五地域紧固件协会交流大会，有会议代表 200 多人。本次大会的主题是“紧固件业与环保”。紧固件分会组团参加。

19—20 日 组织部分企业参观了在中国台湾高雄巨蛋体育馆举办的中国台湾国际扣件展览会。同时，紧固件分会代表出席了中国台湾区螺丝贸易协会 2010 年会员大会并作了《坚持科技创新调整转型，促行业持续发展》的主题演讲。

25—28 日 在上海召开了国际紧固件、弹簧及专用装备展览会。

11 月

8—10 日 美国拉斯维加斯举办了美国西部紧固件展览会。我国紧固件企业参展。

12 月

3 日 世贸组织（WTO）裁决欧盟对我国碳钢紧固件产品采取反倾销措施违反了 WTO 有关最惠国待遇和“反倾销协定”的有关规定。我国紧固件行业通过将近 3 年坦诚务实而又艰苦的努力，终于赢得了公正、公平的结果。

8—10 日 第二十三届经贸与技术交流会在西安举行。会上，国家工信部运行监测协调局副巡视员景晓波和韩行处长分别介绍了国内外经济形势和解读了“十二五”规划及有关国家政策。

2011 年

1 月

23 日 紧固件行业迎新团拜会在上海华亭宾馆举行。来自全国各地 60 多家紧固件协会代表、企业代表和国际友人欢聚一堂。

3 月

23 日 遵照国家工信部组织“质量兴业”活动的指示精神，结合中国紧固件行业的具体情况，制定完成了《中国紧固件行业“质量兴业”活动方案》，以便贯彻与实施质量兴业活动。

5 月

9 日 紧固件分会第七届第二次常务理事会在广东东莞举行。冯金尧会长作了主题为《坚持科学发展观，抓转型调整促新高》的中心发言，并详细解读了我国紧固件行业“十二五”发展规划。

27 日 上海球明汽车标准件厂在天津静海经济开发区的新厂开工。新厂总投资 3 亿元，建筑面积 3 万 m^2，达纲产销 2 亿元。

6 月

13—23 日 我国紧固件代表团共 10 人访问了美国。参观了美国科技紧固件展览会，分别与美国 IFI 机构、中西部紧固件协会及美国紧固件杂志进行了交流座谈，并考察了国民机器公司及 GII 公司等企业。

16—18 日 2011 年上海紧固件专业展暨第二届上海汽车紧固件展在上海光大国际会展中心举行。展会面积 2 万 m^2，400 多家展商参加

18 日 中国港资企业鹏驰五金制品（昆山）有限公司开业，该厂占地面积 5 万 m^2，年设计产能 5 万 t，产品以高端紧固件为主。

7 月

18 日 紧固件分会发表致欧盟

理事会的公开信，主要内容如下：中国机械通用零部件工业协会紧固件分会代表中国紧固件广大出口企业对世贸组织上诉机构的裁决表示欢迎和支持，并强烈要求欧盟立即取消对中国紧固件的歧视性反倾销措施。

28 日 世界贸易组织（WTO）上诉机构对于我国起诉欧盟对我国碳钢紧固件反倾销措施案，判定欧盟违规，并做出最终裁决。终裁获胜，体现了公平正义，国家商务部认为"小螺丝打了一个大官司"，是一个里程碑式的胜利，影响深远。

中央电视台、新华社等主流媒体都对此案作了专访和专题报道。此案是中欧间互有反倾销的第一案。

8 月

8 日 紧固件分会在浙江海盐召开了应对欧盟反倾销案工作会议。

28 日 安徽省紧固件协会成立。

9 月

23 日 紧固件分会在浙江乍浦实业股份有限公司召开了应对反倾销案后续工作研讨座谈会。

26 日 2011 年五地域紧固件协会交流大会在韩国首尔市隆重举行。来自五个地区的紧固件协会领导和企业代表约 170 多人出席了会议。此次大会的主题为"环境亲和性紧固件"。各地区协会负责人分别对本地区的紧固件产业现状作了分析报告。

27 日 紧固件分会团参观了韩国紧固件企业永信金属工业株式会社和三进精工株式会社。28 日代表团还参观了韩国紧固件工业展览会。

10 月

20 日 美国拉斯维加斯举办了固件展览会。

25—28 日 2011 年亚洲国际动力传动与控制技术展览会在上海浦东新国际展览中心成功举办。20 多家紧固件骨干企业参加了展会。

11 月

21—23 日 第 24 届全国紧固件经济贸易和技术洽谈会在合肥举行。工信部运行监测协调局副巡视员景晓波分析了零部件行业的运行情况以及当前的宏观经济形势和发展趋势等。会上，冯金尧会长作了"面对新形势，应对新挑战的紧固件行业分析报告"。来自全国各地超过 250 家的企业进行了产品展示、贸易洽谈。

22 日 由商务部组织召开的"碳钢紧固件反倾销案效果跟踪座谈会"在合肥举行。7 省市商务厅及相关企业代表共 30 人参加。

〔供稿单位：紧固件分会秘书处〕

中国机械通用零部件工业年鉴 2012

Ⅵ 粉末冶金行业卷

回顾我国粉末冶金行业60年发展历程，总结近年的经济运行状况，记录行业生产、技术和新产品发展情况；公布行业各项经济技术指标；分析国内外市场动向，提出行业发展的总体思路、发展目标及政策建议；概述粉末冶金行业质量与标准化工作

中国机械通用零部件工业总览

链传动行业卷

齿轮行业卷

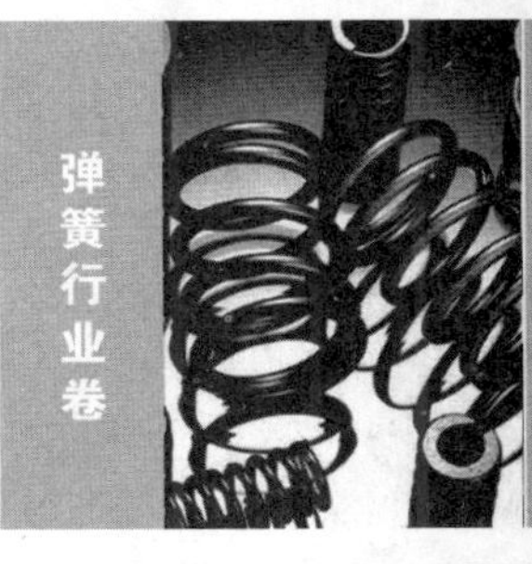
弹簧行业卷

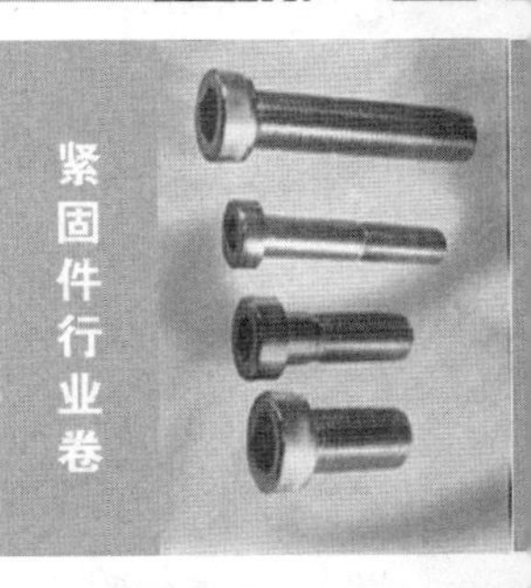
紧固件行业卷

粉末冶金行业卷

传动联结件行业卷

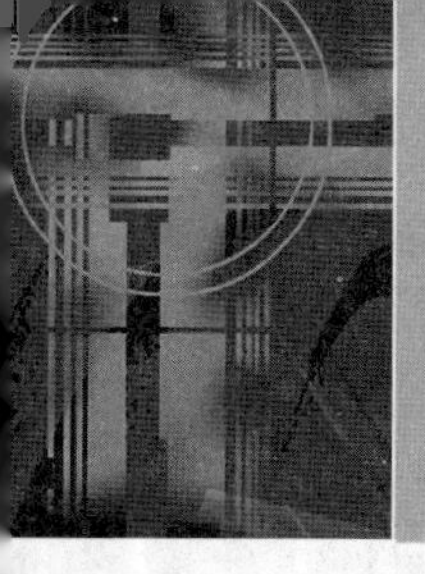

中国机械通用零部件工业总览

链传动行业卷

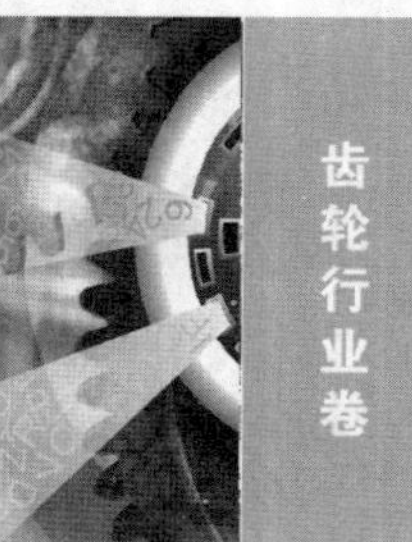

齿轮行业卷

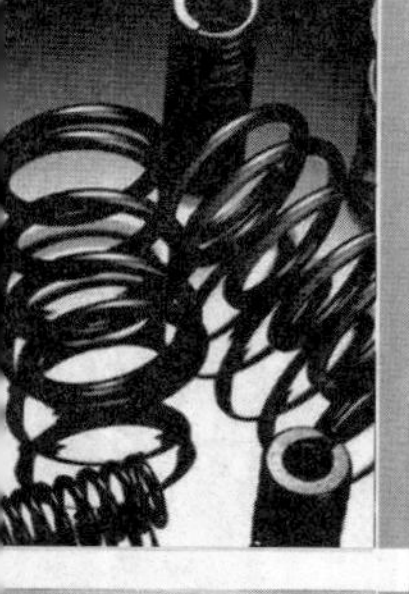

弹簧行业卷

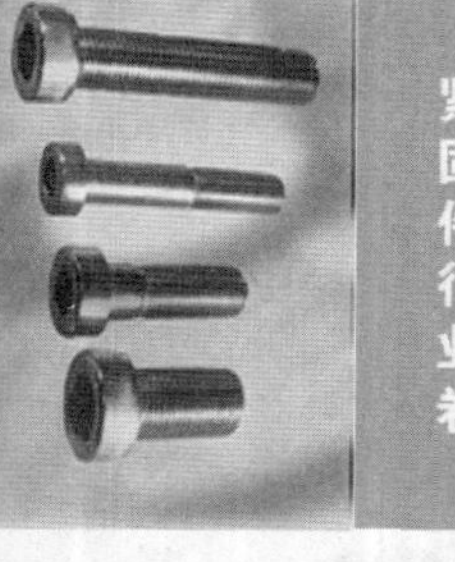

紧固件行业卷

粉末冶金行业卷

传动联结件行业卷

中国机械通用零部件工业年鉴 2012

Ⅵ 粉末冶金行业卷

综　　述

自主创新是提升我国粉末冶金零件行业竞争力的关键
——中国机械通用零部件工业协会粉末冶金分会2012年会主旨报告

2012年中国机械通用零部件工业协会粉末冶金分会年会，是在美国金融危机引发的全球经济进入“后危机时代”，欧债危机还在持续“发酵”，我国粉末冶金零件产业处于调整和发展的关键时期召开的。从“九五”到“十一五”(1996—2010年)期间，我国粉末冶金零件行业加快了发展步伐，产品结构进一步优化，取得了巨大进步和成绩。从规模上看，我国已经成为世界粉末冶金零件的生产大国，也是世界上最开放的市场之一。尽管我国粉末冶金产业国际化程度还比较低，但是随着下游产业国际化进程的加快，世界经济对我国粉末冶金产业发展的影响也越来越大。作为我国粉末冶金零件行业企业，在我国从生产大国向强国转变的过程中，面临的挑战更大、更严峻。面对挑战，只有一个选择：加快我国粉末冶金零件行业转型升级，加快提升技术创新能力，增强市场竞争力。这是做强我国粉末冶金产业的关键。

2012年粉末冶金零件行业年会的主题是：粉末冶金零件与关联产业的发展与展望。下面围绕这一主题，介绍我国粉末冶金产业发展现状，探讨我国粉末冶金行业面临的发展机遇，提出我国粉末冶金产业发展的建议。

一、我国粉末冶金零件行业发展现状

(一)我国粉末冶金零件行业面临的形势

1. 国际环境

国际金融危机以来，世界经济复苏进程缓慢，发达经济体市场需求持续低迷，实体经济复苏乏力，欧洲一些国家出现的主权债务危机更为全球经济的复苏“雪上加霜”，增加了未来经济走势的不确定性。尽管如此，发达国家并没有减轻对科技创新引领产业发展的重视程度，反而加快了科技创新的步伐，培育新兴市场，扩大在我国的投入力度，将先进的粉末冶金汽车零部件推向我国市场。

2. 国内发展环境

未来5年，我国工业经济仍处于重要的战略机遇期，但工业发展的内外部环境正在发生深刻变化。我国工业已进入必须以转型升级促进又好又快发展的新阶段，工业转型升级是我国加快经济发展方式转变的关键。经济增长不再只追求速度，而是讲究质量和效益，生产低水平、高能耗产品的企业将很难生存和发展。我国粉末冶金产业也一定要改变粗放的发展方式，坚持走集约式发展道路。

汽车工业是国民经济的支柱产业，汽车是最好的扩大内需的消费商品，对上下游相关产业有很强的拉动作用。“十二五”末期，我国汽车产量将达到2 800万~3 000万辆，预计自主品牌乘用车市场占有率将达到50%；汽车出口占汽车总产量的10%~15%。这是令粉末冶金产业界备受鼓舞的发展目标。

3. 粉末冶金零件行业的发展形势

(1)粉末冶金零件产销快速增长，产业规模壮大，产业集中度较大提升。2006—2011年粉末冶金零件行业主要经济指标见下表。

2006—2011年粉末冶金零件行业主要经济指标

指标名称	2006年	2007年	2008年	2009年	2010年	2011年
工业销售产值(当年价)(万元)	250 347	340 195	339 428	362 592	497 272	525 198
主营业务收入(万元)	246 469	329 033	324 638	346 407	484 088	519 017
利税总额(万元)	15 407	30 256	26 280	31 425	76 307	63 695
粉末冶金机械零件销售产量(t)	83 695	107 414	103 625	112 969	161 711	161 297

注：表中数据是53家粉末冶金零件企业的统计数据。

从表中看出，工业销售产值从2006年的25亿元增加至2010年的近50亿元，5年间增长近1倍；同期，主营业务收入和粉末冶金机械零件销售产量翻了近一番，利税总额翻了两番多。中国的粉末冶金产业规模迅速扩大，产量已位居亚洲第一位。

2011年，据53家企业的统计数据，销售产值超过亿元的企业由2005年的4家增加到15家，超亿元企业合计销售产值占全行业的77.4%，产业集中度明显提升。

“九五”至“十一五”期间，中国机协粉末冶金分会统计的粉末冶金销量平均复合年增长率为15.4%，销售收入平均复合年增长率达16.2%。1996—2011年我国粉末冶金行业销量和销售收入见下图。

(2)产品结构调整加快,粉末冶金零件快速发展。粉末冶金零件是汽车的重要基础零部件之一。在我国汽车工业产业结构调整及快速发展的带动下,粉末冶金零件行业的产品结构也随之发生了明显变化。中国机协粉末冶金分会统计的粉末冶金汽车零件消费量占粉末冶金零件总消费量的比重由"十五"期间的25.2%增至"十一五"期间的40.8%。一批创新产品相继批量生产,获得市场认可。如,汽车发动机可变气门正时系统(VVT)定子,相位器链轮,汽车变速箱齿环,同步器齿毂等粉末冶金汽车零件,以及纳米增强高性能铜基摩擦片、液压马达粉末冶金"阀盘"等工程机械零件。

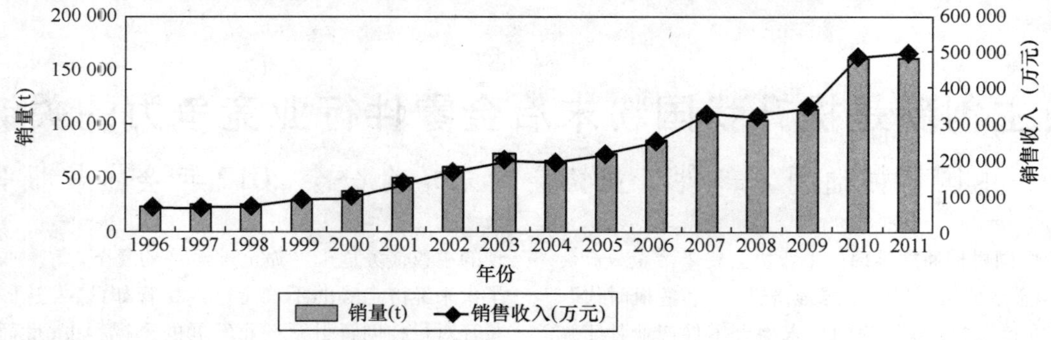

1996—2011年我国粉末冶金行业销量和销售收入

"十一五"与"十五"相比,粉末冶金摩托车零件占比由12.1%增至18.1%,粉末冶金汽车零件与摩托车零件的合计占比也由37.3%增长至58.9%(日本为90%以上)。随着汽车工业的发展,特别是汽车零部件国产化率的提高,粉末冶金汽车零件的占比还会迅速增加。

(3)技术改造成果显著。技术改造是企业实现技术进步、促进产品升级换代的重要途径。国家工信部发布的《工业转型升级规划(2011—2015年)》,是未来五年我国工业发展方式转变的指导性文件。

企业技术改造必须坚持以产业结构调整为主线、以市场需求为导向。为此,我国粉末冶金行业企业应采用高新技术和先进适用技术改造提升企业工艺、装备和管理水平,引进先进的CNC压机和测试仪器。目前,已有一批粉末冶金零件企业进行了较大规模的技术改造,使得行业的整体技术水平与先进国家的差距在逐渐缩小。

(二)我国粉末冶金零件行业存在的问题

(1)企业缺少拥有自主知识产权的核心技术,缺乏核心竞争力。国内粉末冶金企业拥有的专利技术主要集中在实用新型和外观设计专利,发明专利较少,高端技术多集中在国外公司。我国粉末冶金零件产品多处于中低档水平,高端产品的市场份额占比还比较低。

(2)缺少大型综合竞争力强的企业集团。国内粉末冶金企业虽然数量多达700多家,但普遍规模小。

(3)粉末冶金产业总体发展战略不够明晰,企业缺乏自主发展的战略目标,自主品牌建设缺乏规划,分散投资、重复投资现象比较普遍,企业间也缺乏必要的合作配合。

二、我国粉末冶金零件行业面临的发展机遇

1. 成本带来的机遇

我国被称为"世界工厂",得益于"人口红利"引发的劳动力优势。与发达国家和地区相比,劳动力成本低,使得我国大多数企业在与国外企业竞争中获得成本"优势"。

随着我国快速进入"老龄化"社会,"人口红利"的优势逐渐退去,如何在"后人口红利"时代减少人力成本过快增长引发的不利影响将是企业面临的一个考验。我国制造业的"出路"在于提高劳动力素质和工作技能,通过技术改造,提高工作效率,提升劳动力的"产出"能力。

2. 市场带来的机遇

(1)销售市场。汽车、摩托车、家电、工程机械及电动工具等行业都是粉末冶金零件的巨大市场。我国对粉末冶金零件的巨大市场需求,为我国粉末冶金企业提供了前所未有的发展机遇,并已引起到国际粉末冶金企业的关注,吸引了越来越多的国际著名粉末冶金企业在我国投资设厂。

(2)原材料及装备市场。我国粉末冶金行业的快速发展,为粉末冶金相关产业的发展提供了机会。以粉末冶金铁粉为代表的粉末冶金原材料供应商,以及粉末冶金压机、烧结炉等粉末冶金专用装备制造商,为我国粉末冶金零件企业提供了性价比较高的原材料及专用设备,使得我国粉末冶金零件的生产成本更具竞争优势,有了更多的竞争机会。

不论是劳动力成本,还是原材料及装备价格,都是我国企业生产过程中的资源成本优势,尽管我国巨大的市场优势尤在,但是随着工业产业结构的调整和"人口红利"优势的减弱,我国粉末冶金零件企业的竞争优势将会越来越小。抓住产业发展和结构调整的机遇,推动扩大性价比的竞争优势,坚持差异化竞争是未来提升我国粉末冶金零件企业实力的真正出路。

3. 产业发展带来的机遇

充分抓住我国产业结构调整的机遇,积极创造条件为节能家电、高效低排放汽车等产业配套,并利用粉末冶金技术在节能、降耗方面的优势,扩大粉末冶金工艺对铸造、锻造、机加工工艺的替代,这将为我国粉末冶金零件行业创造更大的发展机遇和空间。

三、提高我国粉末冶金产业自主创新能力是关键

由于我国具有巨大的市场空间,已经吸引很多国际知名的粉末冶金企业进入我国。我国粉末冶金零件企业的发展正面临前所未有的挑战，尤其在中高端粉末冶金汽车零件市场，国外竞争者更是拥有占先优势、技术优势，甚至资金优势。我国粉末冶金零件企业唯有积极提高自主创新能力，掌握核心技术，提升自身核心竞争力，采取差异化竞争，避免重复投资和低水平价格竞争，才能获得新的发展空间和机会。在提高粉末冶金产业的自主创新能力方面，应该重点从以下三个方面入手：

1. 积极培养核心技术人才

企业技术水平的提高，自主创新能力的提升，以及核心竞争力的形成，关键在于人才的培养。为核心技术人才创造更适合自身发展的环境和条件，也是企业培养人才的前提和关键。

2. 技术改造

通过技术改造提升企业的技术水平是目前我国多数企业坚持的发展路径。引进关键技术和关键设备将有助于企业搭建更高的技术发展平台，突破低端恶性竞争的"怪圈"，同时也有利于企业技术能力的提高和技术人才的培养。

3. 注重原创技术及自主技术的保护

粉末冶金企业应协调好引进技术与原创技术的关系，注重自主技术产权的保护，在行业内逐渐形成良好的保护技术产权的环境，才能形成企业培育自主创新能力的良好氛围。

粉末冶金零件企业肩负着我国粉末冶金产业"由大变强"的历史重任，增强企业自主创新能力、加快发展方式的转变是完成重任的关键。希望通过此次会议能进一步提高共识，加强企业自主创新能力建设，为提高我国粉末冶金零件行业的整体竞争力而共同努力！

〔撰稿人：粉末冶金分会陈越　东睦新材料集团股份有限公司曹阳〕

我国粉末冶金零件行业"十二五"发展规划

一、"十一五"期间我国粉末冶金零件行业主要情况

粉末冶金技术是节材、节能、短流程复杂零件的绿色制造技术，是特殊高性能新材料的核心制造技术。粉末冶金工艺具有比机加工、铸锻工艺更节能、更节材、批量生产效率更高、成本更经济等特点，广泛用于制造汽车、摩托车、家电、五金工具、各种产业机械、IT 业、航空航天、船舶等行业的铁基结构零件、铜基减摩自润滑零件和摩擦零件。粉末冶金工艺与其他工艺原材料利用率及能耗对比见表 1。

表 1　粉末冶金工艺与其他工艺原材料利用率及能耗对比

工　艺	原材料利用率(%)	能耗(MJ/kg)	工　艺	原材料利用率(%)	能耗(MJ/kg)
粉末冶金	95	29	热锻	80	49
铸造	90	38	机加工	50	82
冷/温挤压	85	41			

粉末冶金零件主要有：铁基或铜基粉末冶金结构零件、粉末冶金含油轴承、粉末冶金摩擦材料和摩擦片、粉末冶金多孔材料及过滤元件等。

"十一五"期间，我国粉末冶金零件行业基本上是由生产、技术比较薄弱的中、小型企业组成。据中国机械通用零部件工业协会粉末冶金分会的统计，2007—2009 年我国粉末冶金机械零件行业主要经济指标见表 2。

表 2　2007—2009 年我国粉末冶金机械零件行业主要经济指标

指标＼年度	2007		2008		2009	
销售量(t)	107 414	同比增长 28.3%	103 625	同比增长 -3.5%	112 969	同比增长 9.0%
销售额(万元)	340 195	同比增长 35.9%	339 428	基本持平	362 517	同比增长 6.8%
利税总额(万元)	30 256	同比增长 96.4%	26 280	同比增长 -13.1%	31 425.4	同比增长 19.6%
出口交货值(万元)	61 478	同比增长 74.0%	69 549	同比增长 13.1%	66 821	同比增长 -4.0%

注：以上数据是根据 53 家粉末冶金机械零件企业情况统计的。

据有关资料报道，国外发达国家和地区，如欧洲、美国及日本等，汽车粉末冶金零件用量占粉末冶金零件总产量的绝大比例。日本平均每辆汽车的粉末冶金制品用量是 8.7kg，欧洲为 9.0kg，美国已达到 19.5kg 以上，预计几年后，可能达到 22kg/辆。而我国平均每辆汽车粉末冶金零件用量约 4kg，与世界发达工业国家相比还有很大差距。

2009 年，随着我国汽车产量跃升到 1 379 万辆，我国已成为世界上最大也是竞争最激烈的粉末冶金零件市场。

粉末冶金零件除广泛应用于汽车、摩托车、家电、农机、机床、工程机械、舰船、军用枪械等各类主机外，高强度、高密度机械零件，摩擦材料，烧结金属过滤材料等也越来越多地应用于军工工业。粉末冶金制作的耐热耐蚀、难熔金属、

高温合金、超硬材料等制品，已用于运载火箭、导弹、航空发动机、核工业及军用电子工业。在现代科学技术中，纳米技术也是粉末冶金的一个新兴领域。所以，粉末冶金零件的市场前景十分广阔。

当前，粉末冶金零件行业上游的原材料、能源的价格继续上涨，下游的主机用户要求降低粉末冶金零件产品价格，挤压了粉末冶金零件行业的利润空间，给行业发展带来较大压力。

二、"十二五"期间我国粉末冶金零件行业的发展目标和市场需求分析

1. 发展目标

2011—2015年，粉末冶金零件市场销量年增长率为10%～15%，每辆轿车的国产粉末冶金零件用量达到6～7kg。

2. 市场需求分析

(1)巩固和扩大以汽车、摩托车、家电为重点的粉末冶金机械零件市场。

(2)发展航天、大型飞机、高速火车、船舶、工程机械、重载车辆等领域的粉末冶金摩擦材料和摩擦片市场。

(3)扩大在核工业、微电子产业、计算机领域的应用，努力为军工及武器装备提供优质粉末冶金零件。

(4)扩大出口，包括间接配套出口，加强国际市场合作。在市场竞争中，积极推行品牌战略，积极宣传和扩大品牌的影响，用质量确保品牌，用服务巩固品牌。

三、"十二五"期间我国粉末冶金零件行业发展思路及预测

1. 总体思路

在政府协调推动下，通过政产学研四结合，与上下游紧密合作，优势互补，调整产业和产品结构，淘汰低端，稳定中端，开发高端产品，打破发达国家对高性能粉末冶金零件的生产技术垄断，开发新技术，推动行业进一步实现节能减排与高效生产，确保国内粉末冶金原材料、加工装备以及零部件生产技术，达到国际先进水平，产品可替代进口，扩大出口，变跟踪仿制的"中国制造"为"中国创造"，向国内外客户和国防军工建设提供粉末冶金零件技术解决方案。提高行业整体竞争力，发展壮大大型骨干企业，建立一支在国际粉末冶金业界有一定声望的粉末冶金产业队伍。具体措施如下：

(1)强化市场经济理念，提高市场竞争能力，大力发展以汽车、摩托车为主导的高密度、高强度、高精度的粉末冶金结构零件。

(2)发挥粉末冶金规模化生产优势，推行精益化生产模式，追求精益求精和不断改善，提高生产效率，消除一切浪费，以最优品质、有效成本和最高效率对市场需求做出最迅速的响应。

(3)加强技术队伍建设，做好技术储备和人才培养工作。要加快提高企业人员技术素质，不断提高在职人员的生产技术水平，特别加快选拔、锻炼、培养技术带头人的步伐。做好技术储备，研究、探索和掌握粉末冶金高新技术，如：复合成形、烧结钎焊、烧结硬化、温压成形、注射成形、表面致密化及粉末锻造等。研发用于汽车行业的粉末冶金高新技术产品。

(4)大力提高产品的质量。提高质量的关键在于认真学习与执行国际标准、国家标准及行业标准和先进的材料标准，如MPIF35标准。深化质量管理，进一步完善质量管理体系，严把产品生产过程的质量关。认真研究学习SPC管理方法，并逐步予以推行。做到产品质量稳定，逐步达到六西格玛管理要求。

(5)持续创新，促进技术的全面进步，加强新产品开发，加强与用户(例如汽车生产企业)共同开发以缩短新产品推向市场的时间，是我国粉末冶金零件企业的重要目标。

(6)建立粉末冶金零件行业公共服务平台——国家级粉末冶金零件技术研发和质量检测中心。

(7)加强冶金技术的宣传，使粉末冶金零件的用户及政府相关部门了解、熟悉粉末冶金技术的优势，这也是推广粉末冶金零件应用的重要措施。

2. "十二五"末期(2015年)发展预测

(1)规模。年产量达到70万～80万t，年销售额达到165亿～175亿元(注：经咨询有关部门，到2015年我国汽车年产量预计可达2 000万辆以上)。

(2)自主创新能力。主导产品均拥有自主知识产权；到2015年新产品产值率达到20%；新产品开发推向市场时间由现在的1～2年缩短到0.5～1年。

(3)产业结构。培育一批紧跟市场需求、自主创新反应快、产品质量稳定、产品销售额在5亿元以上、品牌是中国机械名牌产品的一批龙头企业(5～10家)。

(4)市场占有率。2015年粉末冶金零件在汽车市场的销量占总销量的比重由2009年的40%增长到75%。

(5)人才队伍。技术人员占员工总数的30%以上。

四、"十二五"期间我国粉末冶金零件行业的重点任务

1. 夯实产业发展基础

"十二五"期间粉末冶金零件行业为重大工程、重大装备配套的关键零部件产品见表3，"十二五"期间粉末冶金零件行业标准计划见表4。

表3 "十二五"期间粉末冶金零件行业为重大工程、重大装备配套的关键零部件产品

序号	产品名称	主要技术指标	关键技术	市场需求预测
1	高密度、高强度、高精度铁基粉末冶金零件	产品密度：高度低于30mm的零件，密度7.25～7.6g/cm³，高度大于30mm的零件，密度≥7.2g/cm³； 强度≥1 000MPa； 精度：IT7级	1. 粉末冶金材料设计及粉末加热系统； 2. 高密度成形技术及高速成形CNC压机； 3. 烧结气氛控制技术：控制氧、碳、氮含量，以及烧结变形； 4. 开发高精度模具和模架及模壁润滑系统，解决异形复杂结构零件的精度问题； 5. 解决薄壁结构零件的烧结变形问题	主要用于汽车等高技术要求领域

（续）

序号	产品名称	主要技术指标	关键技术	市场需求预测
2	节材环保型高精度粉末冶金含油轴承	含油密度：7.0g/cm^3以上； 径向压溃强度：310MPa； 产品无污染达到欧盟RoHS指令环保条件； 抗腐蚀、表观硬度高、自润滑、运行噪声低；超微小粉末冶金含油轴承	1. 研发无铅、节铜、省能、价廉、优质的Fe－Sn－Cu粉末冶金含油轴承及添加适量稀土元素的新材料粉末冶金含油轴承，可节约含油轴承的有色金属用量； 2. 环保无污染达到欧盟RoHS指令环保条件的粉末冶金含油轴承； 3. 跟踪研发替代微小型滚动轴承的粉末冶金含油轴承	广泛用于汽车、摩托车、家电、缝纫机、IT产品（手机、计算机）、办公机械、各种微电机、食品机械、制药机械等领域，市场需求巨大
3	高性能粉末冶金摩擦材料及刹车片（盘）	大型客机用：使用寿命达1 500个循环，与国外水平相当； 高速火车用：达到日本、德国同类产品水平； 风力发电制动系统用：静摩擦系数≥0.48，动摩擦系数0.41～0.50，磨损率≤$0.1\times10^{-7}cm^3/J$； 船舶制动系统用：多孔隙摩擦片达到德国马森公司同类产品性能指标	粉末冶金摩擦材料烧结技术；粉末冶金摩擦材料配方及工艺控制技术	主要用于国内试航的波音大型客机的制动系统；时速200～320km/h高速火车的制动系统；节能风力发电制动系统（风速5～15m/s）

表4　“十二五”期间粉末冶金零件行业标准计划

序号	标准情况	标准简要内容
1	现有重点产品标准：粉末冶金常用标准有国家标准、行业标准和行业内部标准计130多个	主要是测试方法、原材料技术条件、零件制品技术条件和质量等方面的标准
2	急需制订的重点装备产品标准：加速制修订我国现行的粉末冶金标准，成为粉末冶金材料与粉末冶金零件的统一性能标准	推广应用ISO有关粉末冶金标准、美国MPIF标准及国外企业相关粉末冶金先进标准

2. 推进重大装备自主化

“十二五”期间粉末冶金零件行业重点发展的重大技术装备见表5。

表5　“十二五”期间粉末冶金零件行业重点发展的重大技术装备

序号	名　称	主要技术指标	关键技术	市场需求预测
1	粉末冶金成形压力机	公称压力≥200t	具有高速压制性能	市场需求量大，目前是需进口免税的粉末冶金零件专用设备（税则号84629910）
2	CNC粉末冶金成形压力机	公称压力≥100t	具有闭环反馈自控系统	市场需求量大，目前是需进口免税的粉末冶金零件专用设备（税则号84624900）
3	高性能的粉末冶金烧结炉		烧结温度控制技术及快速冷却技术	年需求量80～100台

3. 推进创新能力建设

“十二五”期间粉末冶金零件行业重点攻关的关键共性技术见表6，“十二五”期间粉末冶金零件行业公共服务平台建设计划见表7。

表6　“十二五”期间粉末冶金零件行业重点攻关的关键共性技术

序号	技术名称	主要技术指标	当前水平及与国外差距	市场需求预测
1	高速压制技术	可制造全致密度、高性能的粉末冶金零件	国外已用于工业生产，我国正研究	是汽车、航空航天、船舶、军工、IT业需要的粉末冶金零件的关键制造技术
2	温压成形及流动温压技术	高密度7.25～7.6g/cm^3、高强度≥1 000MPa、精度IT7～IT8级	国外已用于工业生产，我国正研究	
3	粉末注射成形技术	三维成形制造形状结构更为复杂的高精度零件	我国有少数企业生产，相当国外20世纪80年代水平	
4	烧结硬化技术	改善零件金相组织，提高零件性能	国外已用于工业生产，我国正研究	
5	烧结气氛控制技术	节能，改善环境	国外已用于工业生产，我国正研究	
6	烧结钎焊技术		国外已用于工业生产，我国正研究	
7	表面致密化技术	提高零件表面密度、硬度、强度	国外已用于工业生产，我国正研究	

（续）

序号	技术名称	主要技术指标	当前水平及与国外差距	市场需求预测
8	微波烧结技术	改善零件金相组织，提高零件性能	国外已用于工业生产，我国正研究	
9	粉末冶金生产用润滑剂、粘合剂等辅料的应用研究			

表7 “十二五”期间粉末冶金零件行业公共服务平台建设计划

序号	平台名称	依托单位	技术方向	现有基础	服务领域
1	国家级粉末冶金零件技术研发和质量检测中心	东睦新材料集团股份有限公司	具有与我国自主品牌汽车同步开发设计所需粉末冶金零件的能力	该企业是国家级高新技术企业，我国粉末冶金零件行业上市企业，其技术中心被列为“浙江省粉末冶金工程技术中心”	全国粉末冶金零件行业

五、促进我国粉末冶金零件行业发展的政策措施建议

（1）政府出面，由粉末冶金行业协会牵头组织，联合粉末冶金领域骨干企业、高校和研究机构，以及原分属冶金、机械、有色等部委下的行业管理机构，组成中国粉末冶金产业技术创新战略联盟，发挥集成优势，集中力量，协同攻克粉末冶金行业关键技术。

（2）紧密合作，强化信息交流与沟通协作，发挥现有资源效用，缩短研发周期，节约高昂的研发费用，借鉴发达国家的组织模式和行业促进模式，建立标准体系，建设相关数据库，培育专业人才，培育行业共性检测评价和信息服务等机构，推动粉末冶金行业数量巨大的中小企业的整体发展。

（3）瞄准国际技术前沿，配合政府组织制定行业“技术发展路线图”，前瞻性提出关键技术的研发目标、策略与措施，开展基础和应用研究，为行业的长期可持续健康发展奠定坚实基础。

〔供稿单位：粉末冶金分会秘书处〕

我国粉末冶金机械零件行业六十年

一、前言

建国前，我国没有粉末冶金行业。

我国粉末冶金机械零件行业服务于大机械工业，萌生于20世纪50年代初。建国不久，随着国家着手进行工业建设，粉末冶金机械零件行业应运而生。60年来，我国粉末冶金机械零件行业从无到有，从小到大，从初级到高级，经历了艰巨而漫长的发展过程。在前30年开创成长的基础上，通过改革开放以来30多年的努力，我国粉末冶金机械零件行业取得了巨大成就。

对我国粉末冶金机械零件行业60年来的发展历史予以记载，以弘扬成绩，借鉴经验教训，缅怀前贤，晓谕后继，已成为众多同仁的共识。鉴此，本文分阶段对各时期行业内重大事件及历史沿革做出梗概记叙。

二、兴起阶段（20世纪50年代初至60年代末）

1952年，上海中国纺织机械厂朱建霞、谢行伟等为解决纺织机械运行中不能注油的问题，用青铜锉屑制成含油轴承。1953年，研制成功雾化663青铜粉和铜基含油轴承，翌年建成车间投产，轴承产品用于1332型自动络筒机（每台6种153件）和出口台扇。同年，中国科学院上海冶金陶瓷研究所（现上海冶金研究所）吴自良、沈邦儒、金大康等研究成功电解法制铜粉和雾化法制锡粉，与黄永书等用电解铜粉和雾化锡粉研制出青铜含油轴承。1955年，朱建霞、谢行伟等研制成功雾化球形90－10青铜粉和青铜过滤器，用于为军工设备配套的柴油机，翌年投产。1956年，上海冶金陶瓷研究所卢肇基、沈邦儒、金大康、吴自良研究成功用木炭还原沸腾钢铁鳞制取铁粉的方法。随后，黄永书、吴自良用这种铁粉研制成功铁基含油轴承。1956年，朱建霞、谢行伟等设计制造钟罩式加压烧结炉，研制成功铜基粉末冶金摩擦片，用于舰艇，翌年投产（1962年转交杭州齿轮箱厂生产）。1957年，北京华北无线电器材联合厂韩凤麟等在研制粉末冶金弹带的基础上，研制成功铁基含油轴承并投入生产，在电动机、摩托车、自行车、汽车上试用。同年，第一机械工业部（以下简称一机部）机械科学研究院上海材料研究所成立粉末冶金研究室，仲文治等开展Höganäs法制造还原铁粉的研究。

铁基含油轴承制作过程简单易行，成本低廉，使用方便，尤其是可以部分代替当时供应紧张的滚珠轴承。所以，这项新产品一出现，便得到一机部特别是刘鼎副部长的重视。刘鼎副部长在章简家工程师陪同下，多次到北京华北无线电器材联合厂检查这个项目进展情况。1958年春，一机部在北京召开含油轴承推广大会，由汽车轴承局工艺处吴正若处长主持。大会介绍了木炭还原铁粉、雾化铜合金粉、铁基含油轴承和青铜含油轴承等生产技术，号召全国大力生产含油轴承。代表中有上海的谢行伟、沈邦儒、仲文治、徐联华和北京的韩凤麟等人，之后这些人仍从事粉末冶金技术研发工作。1958年上半年，一机部汽车轴承局下发关于发展铁基含油轴承的文件。6月20日《人民日报》发表文章《第一机械部决定推广含油轴承》，同时刊登孔桑的短评《地方也要办轴承工厂》。一机部和《人民日报》的动员，成为创建我国粉末冶金机械零件行业的开端。随后如雨后春笋一般掀起大搞含油轴承的热潮，在全国很快出现几十个含油轴承生产点，形势很好。至1958年底，全国约六七十家中小型轴承厂生产铁基含油轴承，其中主要有：上海合金轴瓦厂、宁波轴承厂及武汉辉煌轴承厂等。1958年，中国纺织机械厂建立粉末冶金车间。同年，长春第一汽车制造厂成立粉末冶金试制组，研制红旗牌轿车铜基零件，翌年开发出10种铜基零件并投入生产，1960年开始试制铁基零件。1959年，上海合金轴瓦厂建成含油轴承车间，研制成功上海58－I型三轮汽车小功率发动机粉末冶金摇臂衬套和手扶拖拉机含油轴承。当时生产厂点大多都是土法上马，类似作坊式工场，生产条件简陋。铁粉厂只能自产自用，采用轧钢铁鳞为原料，木炭为还原剂，在倒焰窑中加热还原；球磨机、混料机均为自制；没有专用压制设备，粉末成形采用通用塑料压机、冲压甚至手动压力机；烧结在倒焰窑中进行，用炭屑保护压坯。

“全国大办含油轴承”带有严重的盲目性。无论是生产厂家还是用户，大都对含油轴承生产工艺及其特性缺乏科学认识。生产厂家技术力量缺乏，并未完全掌握含油轴承的生产技术；质量意识薄弱，产品质量得不到保证。另一方面，用户对这种用粉末制造的新产品怀有疑虑，如何正确使用也不得要领，以致使用效果不好而对粉末冶金产品失去信心（甚至对含油轴承有诸如“烂泥轴承”和“豆腐渣轴承”的贬称）。结果，销售缩减，生产下滑，刚在全国兴起的红红火火“大办含油轴承”高潮便迅速跌落，至20世纪60年代初，坚持含油轴承生产的厂家就只剩上海合金轴瓦厂粉末冶金车间、宁波轴承厂粉末冶金车间、武汉辉煌轴承厂、北京天桥化工厂和北京第一通用机械厂粉末冶金小组等几家。当时将“粉末冶金”作为一项“少无切削新工艺”在全国推广，尚缺乏根基，兴起很快，衰败也快。

面对这种形势，在“调整，巩固，充实，提高”方针的指引下，一机部认真总结50年代末期推广铁基含油轴承的教训，认为不能以推广“新工艺”的简单方式来发展粉末冶金技术，必须建立专业队伍，建成独立产业，粉末冶金技术才能得到正常发展和巩固。一机部首先着手建设专业队伍，扶持建立一批专业生产厂和专业研究单位，以构建我国机械系统粉末冶金行业的基础和骨干。一机部技术司许绍高处长和章简家工程师为这项重大举措付诸实施做了大量工作。1960年，一机部确定上海合金轴瓦厂、宁波轴承厂、武汉辉煌轴承厂和天桥化工厂四家为发展重点，标志我国粉末冶金机械零件产业开始形成。天桥化工厂原是生产氧化铁的街道工厂，条件简陋。在一机部支持下，北京市决定在天桥化工厂的基础上建立天桥粉末冶金厂，生产还原铁粉和铁基零件。在北京华北无线电器材联合厂的大力支持下，天桥粉末冶金厂通过艰苦创业，于1961年3月建成投产成为我国第一家粉末冶金机械零件专业生产厂，当年生产产品近6万件。这家被一机部主管工程师吴正若誉为“鸡窝里飞出了凤凰”的小厂引起中央首长的重视，1964年秋，国务院余秋里副总理带团莅厂参观。

一机部十分重视产品质量和产品推广应用。积极组织产品质量评比和技术交流活动，要求试点厂认真对待新产品试制，进行PV值试验、台架试验和装车试验，并通过正式鉴定。生产厂家加强了对用户的技术服务和质量调查工作，耐心讲解产品正确使用要领，甚至在订货会和用户面前对产品做破坏性试验。宁波轴承厂1963—1964年对省内20个生产队无偿提供打稻机用含油轴承供装车试用；走访了粤、闽、赣、皖、苏、鲁、黔、陕、豫、冀、辽等16个省市75个单位，无偿提供产品，在汽车、柴油机、纺织机械和农业机械等179台设备中装机试用。几家试点厂通过大量细致周密的工作，使粉末冶金产品逐步获得用户的信任和欢迎，订货量不断增加，生产复苏。在国家经委大力推动下，粉末冶金机械零件很快又在全国得到推广。

这一时期，专业生产厂点迅速增加。1962年，长春第一汽车制造厂建立粉末冶金车间。1963年，阳泉粉末冶金厂建立；杭州齿轮箱厂建立粉末冶金车间；上海合金轴瓦厂含油轴承车间与恒茂汽车材料厂合并，筹建上海粉末冶金厂。1964年，在宁波轴承厂基础上建立宁波粉末冶金厂，杭州齿轮箱厂粉末冶金摩擦片车间投产，洛阳轴承厂建立粉末冶金轴承车间。同年，在北京市机械研究所粉末冶金研究室基础上建立北京市粉末冶金研究所，除从事科研以外，还承担一机部粉末冶金行业技术工作和标准化工作，以及中国机械工程学会粉末冶金学会工作。1965年，上海粉末冶金厂、青岛粉末冶金研究所实验厂和龙岩粉末冶金厂建立。北京市的粉末冶金厂已发展到11家。

这一时期，我国粉末冶金机械零件企业生产走入正轨并得到发展。上海材料所仲文治等改进还原铁粉的生产工艺，提出铁鳞和木炭分层装罐法，并在上海、宁波、武汉、重庆等地生产厂投产，为粉末冶金机械零件生产提供合格原料。各厂相继开发了汽车钢板销衬套、转向节衬套、摇臂衬套和气门导管等第一批粉末冶金铁基零件。上海合金轴瓦厂1961年率先研制成功4t载重汽车发动机铁基气门导管、汽车钢板销衬套、转向节衬套和双环球面含油轴承，其中转向节衬套用于为上海交通局汽车厂的汽车配套；1962年，上海合金轴瓦厂与华东汽配站签订10万件气门导管和钢板销衬套的试销合同，粉末冶金机械零件产品第一次纳入国家计划。1962年，武汉辉煌轴承厂到上海合金轴瓦厂参观学习后，开发了汽车钢板销衬套和转向节主销衬套。从1963年起，天桥粉末冶金厂的汽车钢板销衬套、转向节衬套和气门导管逐步纳入国家计划，1966年产量达480万件。1964年，北京市机械研究所研制成功铜铅合金－钢背复合材料轴瓦，并于1964年和1965年分别在北京广外粉末冶金厂和武汉汽车配件厂投产。1966—1967年，上海粉末冶金厂与上海材料所合作，研发了轿车发动机和农机机油泵内外转子、载重汽车和工矿机械机油泵齿轮。

国家和地方政府十分重视提高生产厂的生产能力和技术水平。1963年初，国家经委下达上海合金轴瓦厂粉末冶金技术改造项目经费26万元，其中2万美元用于购置日本

100t粉末冶金全自动液压机。1965年，上海市投资180万元，扩建上海合金轴瓦厂含油轴承车间。1965年5月1日正式挂牌的上海粉末冶金厂，成为20世纪60年代中期我国粉末冶金机械零件生产技术最先进的样板厂，拥有我国第一座生产还原铁粉的38.5m隧道窑（设计年生产能力700t），4台我国第一批仿日的100t粉末冶金全自动压机（上海第二锻压机床厂制造）和2台以转化煤气作保护气氛的推杆式烧结炉。企业在提高铁粉质量和开发新产品方面得到上海材料所和上海冶金陶瓷所大力支持。1965—1970年，一机部和地方政府共向宁波粉末冶金厂拨款132万元，进行基本建设。1968年，该厂购置天津锻压机床厂仿制的63t粉末冶金全自动压机，并投入使用。60年代末期，我国开始筹建隧道窑以取代土窑生产铁粉。不少厂家进行了必要的技术改造，把旧通用压机和冲床改造为自动和半自动压机，生产能力和技术水平得到提高。

据不完全统计，我国粉末冶金机械零件生产厂1965年有22家，1966年有59家。生产量（件数）增长率1965年为128%，1966年为188%。60年代末期产量达1 900万件以上。我国粉末冶金机械零件行业已具雏形，重新呈现欣欣向荣的景象。但是，总体上仍然处于生产规模小、产品品种少、技术水平低、工艺装备落后以及专业技术力量薄弱的状态。生产厂家缺乏新产品自主开发能力，致使我国粉末冶金机械零件长期未能走出品种少、水平低的困境，很多厂家的主导产品总是重复汽车钢板销衬套、含油轴承、气门导管和油泵转子等三五种产品。随着国民经济的发展，这一矛盾日益突出。

三、成长阶段（1970—1980年）

20世纪70年代，我国国民经济处于困难时期。工业原料缺乏，严重制约国民经济的恢复与发展。针对这种情况，国家提出了开源节流的方针。粉末冶金工艺节材、节能、成本低廉的优势，引起政府部门对发展粉末冶金机械零件行业的高度重视。国家计划委员会成立增产节约办公室，领导全国增产节约工作。一机部生产调度局于1972年成立增产节约办公室，将推广粉末冶金技术列为重点。1975年10月，一机部在南宁召开粉末冶金推广应用经验交流会，国家计委增产节约办公室，一机部科技局、农机局、调度局、情报所，以及全国28个省级政府机关派人参加会议。1976年12月，国家计委、一机部、冶金部在青岛联合召开全国粉末冶金工作座谈会，共同起草《关于发展粉末冶金技术的报告》，明确粉末冶金零件和原料铁粉生产分别由一机部和冶金部归口管理。南宁会议和青岛会议后，国家计委1977年发文（计生字98号），要求各省、市、自治区把发展粉末冶金行业纳入正常渠道，发展粉末冶金行业正式纳入国家议事日程。一机部将粉末冶金行业由科技局、农机局等多头管理改为由生产调度局增产节约办公室统一管理。

70年代初期，全国机械系统的粉末冶金生产厂、点已有200多家。产量占主要份额的普通轴套类产品技术水平有很大提高，以机油泵转子、机油泵齿轮为代表的异形结构零件的生产已很普遍。摩擦材料、双金属材料、磁性材料等生产都有较快发展。1970年，专业生产铣床用粉末冶金机械零件的北京天桥粉末冶金机床配件厂投产，产品直接为主机配套；上海粉末冶金厂建立专业生产粉末冶金齿轮的车间。粉末冶金制品已广泛应用于农机、汽车、机床、仪表、纺织机械、工程机械、机车、轮船等领域，在节约金属材料特别是节约铜材，降低能耗，提高主机质量方面发挥了重要作用。

70年代，我国粉末冶金机械零件生产厂家产品开发取得明显进展。随着成形技术的进步和粉末冶金热锻设备投入生产，高密度和复杂形状结构零件的品种和产量逐渐增多。1973年，上海粉末冶金厂斜齿轮全自动模具（架）投入生产，年产喷雾器斜齿轮100万件。1974年，宁波粉末冶金厂试制成功粉末冶金曲轴正时齿轮和平衡轴齿轮并投入生产。1976—1979年，粉末冶金热锻设备投入生产是70年代的重要成果，生产的产品包括行星齿轮、中间传动齿轮、滚动轴承等高密度、高强度制品。开发热锻技术的单位主要有：中国科学院金属研究所、北京市粉末冶金研究所、农机部第二设计院（即机械部第五设计院）、天津内燃机齿轮厂、沈阳粉末冶金厂、武钢粉末冶金车间等。复合减摩材料的开发投产是另一项重要成果，包括：金属塑料复合材料制品（1972年），烧结青铜浸渍塑料－钢背复合材料制品（1976年），三层复合材料自润滑轴承（1979年）等。

企业加强了技术改造，并得到设备生产厂家的大力支持。1973年，上海粉末冶金厂与上海第二锻压机床厂合作仿制粉末冶金全自动液压机，形成YA—79系列（125t、250t、630t）产品，前者拥有25台YA—79系列全自动液压机。同年，上海粉末冶金厂自主研发的气门导管30t全自动液压机投产。1977年，一机部电工局派出调查组对部分粉末冶金厂家烧结炉进行调研，并向南京电炉厂下达新产品试制任务。1978年，该厂设计制造出RST型液压推送式烧结炉，交付用户使用。粉末冶金厂家装备条件得到改善，生产技术水平得到提高：成形工序向单机自动化发展，阴模浮动技术已在生产中应用；烧结由土窑转为电炉，很多厂家采用了保护气氛；后续处理得到应用；仪器仪表用粉末冶金零件生产的三大难关即精度、强度、电镀逐步得到解决；已拥有成形磨床、电火花机床和齿轮磨床等模具加工设备。铁粉生产厂家加大了扩大生产规模和提高产品质量的力度。1979年，全国建成17条隧道窑铁粉生产线，还原铁粉生产由土窑逐步转为隧道窑，铁粉精还原投入生产。70年代末，上海粉末冶金厂还原铁粉生产规模达年产1 500t。

70年代，标准化工作纳入政府管理，1970年前共制定标准6个，至1979年达到17个。

我国粉末冶金机械零件生产在文化大革命中受到冲击，自60年代中期得到迅速增长的势头略有减缩，但1974年粉末冶金铁基零件生产量（件数）增长率仍为25%。1977年粉末冶金机械零件生产厂增加到大约300家。1964—1977年，铁粉产量由284t增至16 518t，铁基粉末冶金零件产量由302万件增至20 274万件，分别增长57倍和66倍，平均年增长率分别约为36.7%和38.2%。而同期日本铁基粉末冶金零件产量增长15倍，美国铁基粉末冶金零件铁粉耗用量增长约10倍。据对107家粉末冶金制品厂统计，1980年粉末冶金机械零件产量13 210万件，铁氧体产量11 500t(其中永磁8 000t，软磁3 500t)。我国粉末冶金机械零件行业自50年代初期兴起，经过30年的努力，至70年代末、80年代初已初具规模，达到了一定水平。

但是，粉末冶金机械零件行业发展很不平衡：有些厂家生产方向不明，任务不足；有的厂家工艺落后，产品质量不稳定。10年动乱期间，行政领导部门处于半瘫痪状态，各地的粉末冶金生产带有较大的盲目性。1967—1978年，农机用粉末冶金零件产量一直占粉末冶金零件总产量的一半左右，需求量大。面对市场的诱惑，盲目上马很多管理水平低、技术力量薄弱、工装落后、检验手段缺乏的生产厂家，重产值和产量而忽视质量，致使大量粗制滥造的农机用粉末冶金产品流入市场，用户退货时有发生。这种情况严重冲击了粉末冶金机械零件行业，导致产量下滑，由1977—1979年年产2万件跌至1980年的1.3万件。这是发生在70年代后期我国粉末冶金机械零件行业的第二次滑坡。

四、大发展阶段，跃上新台阶(1981—1990年)

在国民经济调整中，我国粉末冶金机械零件行业重新走上健康发展道路。据对107家粉末冶金制品厂统计，1981年产量由1980年13 210万件迅速回升至16 215万件，1982年又增至18 531万件。据对19家粉末冶金厂的调查统计，1980年粉末冶金零件总产量仅相当于1978年的68%，而1983年的总产量达到1978年的110%。更为可喜的是，进入20世纪80年代，国家的改革开放政策给我国粉末冶金机械零件行业创造了良好的发展机遇。汽车、家用电器、电子通信和办公机械等行业迅速发展，特别是引进主机机型中粉末冶金零件的国产化，对粉末冶金零件生产提出更高的技术要求，强有力地拉动了我国粉末冶金机械零件行业的发展。我国机械系统虽然已经形成粉末冶金行业，但从未纳入国家计划，原材料要用高价购买“议价材料”，还要自找产品销路。这种自生自灭状态严重阻碍粉末冶金行业向更高层次发展。粉末冶金零件生产不能满足国民经济发展要求，严重滞后于主机行业发展的状况，引起国家重视。

1982年5月，机械工业部组建通用基础件工业局，正式将粉末冶金零件作为一个行业纳入国家计划管理。这对于粉末冶金机械零件行业具有里程碑意义。从此我国粉末冶金机械零件行业正式纳入国家体制的规范管理，政府对这个行业的规划、投资、技术改造和技术引进、标准、质量、科研等方面的管理职能得以加强，使之步入正规发展道路。

机械部积极组织实施1981—1985年“六五”规划和1986—1990年“七五”规划，目的在于促进行业技术进步，关键措施是将技术改造与技术引进相结合。1982—1990年对粉末冶金机械零件行业累计投资7 000万元。机械通用基础件工业局李晓山局长积极策划组织技术改造与技术引进项目。国家和地方支持粉末冶金行业的技术引进项目主要有：

上海粉末冶金厂的铁基结构零件制造技术及关键设备及铁粉精还原技术，宁波粉末冶金厂的铁基结构零件制造技术及关键设备，北京粉末冶金二厂的青铜基含油轴承制造技术及关键设备，北京双金属轴瓦厂的双金属带材与DU带材制造技术及关键设备，北京粉末冶金一厂的电力机车受电弓滑板制造技术及关键设备，厦门粉末冶金厂的青铜过滤器制造技术及关键设备，杭州粉末冶金研究所的铜基摩擦片喷撒技术及关键设备，上海仪表粉末冶金厂的烧结铝基、铜基零件及软磁材料制造技术，南京粉末冶金厂的不锈钢结构零件和铁基结构零件制造技术。

先进技术和设备引自德、奥、日、美等工业发达国家。引进项目向生产高密度、高强度、高精度、复杂形状机械零件方面倾斜，主要为汽车、家用电器等主机产品配套服务。东风汽车公司粉末冶金厂、成都平和粉末冶金公司、韶关粉末冶金厂、北京市粉末冶金研究所也引进了相应的工艺设备和加工机床。1984—1989年，引进项目相继投产，包括：铁粉精还原炉、卧式雾化铜粉装置、全自动机械压机、全自动液压压机、网带式烧结炉、推杆式烧结炉、步进梁式烧结炉、氨分解装置、水蒸气处理炉等设备和装置和连续式双金属带材和CM(DU)带材、撒粉法铜基摩擦片、多孔性烧结青铜元件等制品生产线，以及铁基结构零件、微型高精度铜基含油轴承、电力机车受电弓滑板、铜基摩擦材料、铜基过滤元件等制品的制造技术。“六五”及“七五”规划的成功实施，使我国粉末冶金机械零件行业无论是生产规模还是技术水平都跃升新台阶，缩小了我国与国外先进水平的差距。重点企业的技术改造和引进项目取得成效，使其拥有80年代初期世界水平的主体生产设备和生产技术、模具制造技术和检测仪器，形成一批技术先进、生产能力强的骨干企业。

80年代，引进技术消化吸收和制造技术自主开发两个方面均收到成效，我国粉末冶金机械零件产品技术水平迅速提高。高强度、高精度、复杂形状机械零件的制造技术取得进展，某些特殊制造技术如组合连接和注射成形技术研发成功。已能批量生产高精度低噪声铜基含油轴承、电冰箱压缩机缸体和缸盖、汽车电机真空泵转子、汽车齿形带轮、全自动大功率洗衣机太阳轮、电气机车受电弓滑板、重负荷铜基摩擦片、金属基镶嵌型固体自润滑轴承、双金属带材与DU带材、无模烧结制造的多孔零件、全致密粉末冶金高速钢零件及全致密粉末冶金不锈钢零件等高水平机械零件。引进主机中的一批粉末冶金零件已实现国产化。

80年代，我国粉末冶金机械零件产品技术水平跃升的标志之一是，产品结构发生质的变化。80年代以前，结构零件产量所占份额很低，占比上升缓慢。1983年，据对20家粉末冶金生产厂统计，农机用粉末冶金零件中，结构零件只占6.3%，衬套类减摩零件占93.7%。据1985年统计，汽车粉末冶金结构零件与套类零件分别占23%和77%，而拖拉机粉末冶金结构零件与套类零件分别占12%和88%。1989年，据对136家粉末冶金制品厂统计，铁基结构零件与含油轴承（不含微型精密含油轴承），按重量计各占38%和62%，按件数各占42%和58%，结构零件份额增加。至1990年，结构零件产量明显超过套类零件，少数生产厂家的结构零件产量已占80%以上。

1981—1990年，我国粉末冶金机械零件行业主要经济指标迅速飙升：1989年，50家企业工业总产值为34 953万元，比1982年54家企业的8 210万元增长3.3倍，年均递增率23.2%；利润总额为2 631万元，比1982年848万元增长2.1倍；全员劳动生产率为16 836元/人，比1982年的5 435元/人增长2.1倍。1990年，据对54家企业统计，固定资产总额为15 950万元，比1982年的7 022万元增长1.3倍。80年代初期，我国粉末冶金机械零件基本没有出口。而1990年，据对17家粉末冶金厂统计，出口交货值共5 684万元，比1989年增长1倍。据中国机械通用零部件工业协会粉末冶金分会和中国钢结构工业协会粉末冶金协会统计，1989年136家结构零件和含油轴承生产厂合计产量为63 431万件（16 476t），6家复合减摩材料生产厂合计产量804万件，9家摩擦材料生产厂合计产量306万件。1989年，我国铁粉产量突破3万t大关，24家铁粉生产厂产量达30 426t；14家铜和铜合金粉生产厂合计产量4 638t。

80年代，我国粉末冶金专用设备制造大有起色。不少厂家在消化吸收引进先进技术装备的基础上，着手自主开发。上海粉末冶金厂与兄弟厂合作，加工制造的630t压机用模架，达到德国模架水平，确保了桑塔纳轿车发动机凸轮轴齿形带轮等大型、高水平产品的研制成功和批量生产。宁波粉末冶金厂陆续开发了结构复杂的A型、B型和C型模架，实现上二段下三段、横截面多孔的典型异形结构零件一次成形；并将引进模具、模架设计和制造技术移植应用到某些国产液压机和冲床上，用于生产多台阶复杂形状产品。一部分锻压机床厂也加大力度，试制生产新型粉末冶金零件压机。1984年8月，南京粉末冶金专用设备厂建立，开始供应粉末冶金专用烧结炉。1988年，晋江粉末冶金厂与北京工业设计院合作，试制出小型钢带连续还原炉，钢带宽度200mm；1990年开发了钢带宽度500mm的连续还原炉。80年代末、90年代初，开发的烧结设备和后处理设备有连续还原炉，钟罩式加压烧结炉，各种网带还原炉和推杆炉，高温钼丝炉，中空膜制氮装置，AX气氛发生器，蒸汽处理炉，真空浸油机和网带式热处理生产线等。

80年代，标准化工作取得突出成绩，1985年已制定的标准达76个，1990年达百个。1986年7月，国际标准化组织粉末冶金技术委员会ISO/TC119会议，接纳由北京市粉末冶金研究所提出的GB 4164—1984《金属粉末中可被氢还原氧含量的测定》为国际标准，标准号为ISO 4491－3。自1980年起，半官方的行业组织开展了全国性的产品质量评比和部优产品评选，促进了产品质量的提高。1986—1990年，每年均组织行业优秀产品评选活动，促进了高水平零件的开发。

我国粉末冶金机械零件行业在80年代取得长足进步，跃上新的台阶。在80年代末，开始形成具有一定规模、达到一定水平的粉末冶金机械零件行业，在为汽车、家用电器、农业机械和办公机械等主机行业提供国产化配套、零件及维修服务方面显示出强劲的发展势头。在大好形势下，中国机械通用零部件工业协会粉末冶金分会和中国钢结构协会粉末冶金分会先后于1988年10月和1989年12月相继成立，为粉末冶金机械零件行业今后的高速发展奠定了坚实的基础，营造了良好的氛围。

五、世纪之交的高速发展阶段（1991—2010年）

进入20世纪90年代，我国粉末冶金机械零件行业开局不佳：一是遇到资金投入的困难，粉末冶金项目未列入“八五”规划；二是受全国经济滑坡影响，企业经济效益明显下降，净产值劳动生产率和人均利税出现负增长，不少企业亏损。在这种情况下，协会积极配合企业多方寻找渠道，筹集资金。中国能源投资公司对12个企业：宁波粉末冶金厂、一汽散热器厂、扬州粉末冶金厂、南京粉末冶金厂、重庆华孚粉末冶金厂、黄石摩擦材料厂、韶关粉末冶金厂、长春粉末冶金厂、青岛粉末冶金厂、武钢粉末冶金公司、马钢铁粉厂和武汉粉末冶金厂下达节材项目。国家计委节约司向2个企业下达节材项目：上海粉末冶金厂和武进粉末冶金厂。以上14个项目计划投资1.8亿元以上。此外，江洲粉末冶金厂利用地方投资6 000多万元建成技术先进的生产线，设计能力年产1 000t以上。90年代期间，粉末冶金行业总投资（含地方投资和企业自筹）达7亿元，投资较大的企业约有20家。1993年以前，有24家企业引进国外先进设备和先进技术，包括压机43台、烧结炉10台、可控气氛装置10套，以及高档模具、高档检测设备、模具加工设备、后续加工设备等国外先进设备，进一步缩小与国外先进水平的差距。企业根据各自的情况，分别采取内涵式（晋江粉末冶金厂）、外延式（江洲粉末冶金厂）和滚动式（宁波粉末冶金厂）的发展模式，集中资金进行技术改造，加速新产品的研制与开发，提高产能和经济效益。

“八五”末期，引进车型桑塔那、夏利、大发的发动机，长安、东安的发动机及变速箱用粉末冶金零件实现国产化，并批量供货。“九五”期间，产品水平进一步提高，高密度、高强度、高精度、复杂形状零件开发取得突出成果。1990年，机械电子部机械基础产品司开始实施“机械基础产品行业1990—1995年重点技术进步及成果推广计划”，即“泰山计划”，其中包括粉末冶金行业“引进轿车粉末冶金结构件国产化”的项目5个子项。至1993年，已开发出6种车型（桑塔那、奥迪、高尔夫、大发、标致、切诺基）的粉末冶金结构件65种88件。以汽车凸轮轴正时齿轮为代表的部分产品已达到80年代中、后期的世界水平。1993年，中国机械通用零部件工业协会粉末冶金分会会长周开礼在《粉末冶金技术》期刊发表的专论《抓契机，促发展，振兴我国粉末冶金机械零件工业》中，总结了行业同人的共识，指出："要抓住引进车型国产化急需配套粉末冶金机械零件这个千载难逢的契机，推动粉末冶金机械零件生产上水平、迈大步。我国引进车型国产化必得胜利，粉末冶金机械零件工业必得振兴。一箭双雕，切勿坐失。"正是抓住了引进汽车车型及其他主机机型国产化急需配套粉末冶金机械零件的契机，通过多方面的努力，我国粉末冶金机械零件行业在90年代取得了高速发展。1996年初，德国Krebsöge烧结钢公司总裁Lothar Albano Müner博士访问上海粉末冶金厂时惊叹："想不到时隔15年，汽车上不少复杂的粉末冶金结构零件，中国已能大批量生产"，由此可见一斑。

90年代，我国粉末冶金机械零件行业发展的突出特点是，行业整体生产能力和技术水平进一步提升。一批技术装备先进的主体企业尤为突出，我国粉末冶金机械零件行业已基本上适应我国汽车、摩托车和家用电器的配套需求。

企业改制和合资企业兴起是90年代行业发展的重要特色。企业体制改革始于80年代后期，90年代大多数企业成为股份制企业和民营企业。国家对中小型企业的扶持政策，为其营造出良好的生存和发展环境。粉末冶金产业已经形成外资、合资、民营、股份制和国有等多种所有制并存的多元化资本结构。1994年，江门粉末冶金厂由国营企业改制为股份制，至2000年，通过新建、收购、扩建和引入台资，将经营地域扩大到湘、赣、豫。"八五""九五"期间，粉末冶金行业共吸收外资3 500万美元，成立与国外(地区)合资的企业共7家。1994年，扬州粉末冶金厂与我国香港保来得公司合资建立扬州保来得科技实业有限公司，总投资1 400万美元，1996年产量1 400t，1998年产量3 210t，1999年产量3 500t。1995年，宁波粉末冶金厂与日本东睦特殊金属工业(株)合资建立宁波东睦粉末冶金公司，5年内投资8 110万元，2000年生产能力达5 000t。合资企业在技术和产品质量方面起到示范作用，生产能力和效益处于领先地位。

随着资本结构的演变，企业专业化和规模化生产发展在90年代加快步伐，生产集中度明显提高。1981年尚无工业总产值超过800万元的企业，1988年有7家，而1991年达18家。1994年统计的41家企业中，总产值超过2 000万元的企业有7家，为41家的17.1%即约1/6，其产值和占41家产值总和的63.1%即几乎2/3；固定资产原价大于1 000万元的企业有15家，为41家的36.9%即1/3强，其固定资产原价和占41家总和的76.3%即3/4。90年代末，有10家企业的年生产能力达3 000～5 000t，有几家企业的总产值超过亿元。

在市场竞争大潮中，企业将通过ISO 9000质量管理体系认证作为产品顺利进入主机配套市场并走向国际市场的重大举措。到2000年通过认证的企业有：杭州粉末冶金研究所、宁波东睦粉末冶金公司、上海粉末冶金厂、江洲粉末冶金厂、东风汽车公司粉末冶金厂、武钢粉末冶金公司、海安鹰球粉末冶金公司、江门粉末冶金厂、莱阳粉末冶金厂、重庆华孚工业公司、扬州保来得科技实业有限公司、浙江中平粉末冶金公司及湖北南亚机械制造有限公司等。

90年代，我国已基本形成具有一定规模、达到一定水平的现代粉末冶金机械零件行业。1991—2000年的10年间，主要经济指标在高基数上继续增长。2000年统计的33家企业与1991年的55家相比，固定资产净值增长2.79倍；工业总产值增长1.06倍，利润总额增长4.28倍，产品产量增长近1倍，劳动生产率增长55%。2000年，我国粉末冶金机械零件按34家企业统计，产量达29 835t，为1991年的7 552t的3.95倍。就在这一年，即20世纪最后一年，我国粉末冶金机械零件产量在亚洲及大洋洲地区超过韩国，仅次于日本，跃居第二位。

我国粉末冶金机械零件行业以骄人的成绩进入新的纪元。由于市场需求尤其是汽车和摩托车市场需求骤增的拉动，粉末冶金机械零件行业新世纪的生产形势继续向好。"九五"至"十一五"期间，即1996—2010年，我国粉末冶金机械零件销售量和销售收入增势一直强劲不衰。据对34家企业统计，2000—2006年产量年均递增率为17.6%。2007年，按53家企业统计，我国粉末冶金机械零件年产量突破10万t大关，达110 843t；比上年56家企业的88 089t增长25.8%；净增22 754t，相当于20世纪末全国一年的产量。然而，2008年我国粉末冶金机械零件行业却因全球金融危机的冲击产量滑坡，按53家企业统计，产量为107 913t，同比下降2.6%。由于国家采取有效应对措施，众多企业通过调整产品结构，降低内部成本，开辟新的市场，使生产重新回升。2009年，按53家企业统计，产量达117 369t，比2008年增长8.8%；产量为"十五"末期2005年56家企业统计产量74 974t的1.57倍；2010年，工业总产值505 869万元，为2005年56家267 762万元的1.89倍。时隔9年，我国粉末冶金机械零件产量再次跃升，超过日本跃居亚洲及大洋洲地区首位。

2008年，据粉末冶金商务网统计，我国具有一定规模的粉末冶金机械零件生产企业增至540家。在长三角、珠三角、中部、川渝地区已形成产业带，西北、东北地区的行业也正在崛起。

我国粉末冶金机械零件行业产能集中度进一步提高。2004年，按55家企业统计，产量大于3 500t的厂家已有6家，产量和约占总和的3/5；其中1家产量达17 437t，接近总和的1/4。数据说明，前十位企业的销售量和销售收入合计占统计55家企业合计的比例，基本在70%以上，即不到1/5的企业，其销售量和销售收入合计几乎占统计企业总和的3/4。数据还表明，前十位企业的销售量虽占比逐年减少，但由于其产品档次较高，附加值较大，从而保持销售收入占比基本不变。由于硬实力和软实力的差异，高、中、低三类档次产品生产分工逐渐形成。

在新世纪，多元化资本结构的演变方兴未艾。2001年，在宁波东睦粉末冶金公司基础上成立的东睦新材料集团股份有限公司通过购并和直接投资设立组建8家控股子公司,形成专业化生产和就近配套服务网络,同时以总部为管理中心和技术中心,为各子公司和客户提供技术支持和服务,开发高端市场。2004年,东睦新材料集团股份有限公司在上海证卷交易所上市,成功发行4 500万股人民币普通股(A股),成为国内首家外资控股的上市公司和国内首家粉末冶金结构零件专业制造企业上市公司。世界著名粉末冶金厂家纷纷登陆我国,美国、加拿大、日本、韩国、瑞典及中国台湾已在我国合资或独资建厂,实施产品梯度转移。国内企业在经营管理中也不断引入新的理念,注重自主创新和塑造品牌,提升核心竞争力。

在新世纪,企业不断加大自主创新力度,新产品产值对工业总产值的贡献不断增加,2003—2009年新产品产值平均占工业总产值的14.5%。我国粉末冶金机械零件产品研发直指世界先进水平。2000年以来,高密度、高强度、高精度、复杂形状零件开发取得突出成果。众多厂家通过优选粉末材料、改进模具设计、提高模具精度、优化压制工艺参数、补偿装粉等措施,采用CNC压机及相应技术,或结合多种工艺如温压、熔渗、烧结硬化、激光烧结-热挤压、组合连接、烧结后表面滚压、烧结后高频淬火、烧结后蒸汽处理等技术,研发出多项新产品。东睦新材料集团股份有限公司研发的组合齿轮采用组合烧结技术,将3件分体齿轮装配成一体;扬州保来得科技实业有限公司采用烧结焊工艺研发的自动变速箱支架由两个复杂形状的分体,即圆形底盘和带有支撑的圆形顶盖构成,具有中空结构;东风汽车有限公司粉末冶金厂在国产普通压机上,采用精度高、刚性好、特殊结构的模具和模架及对锥孔补充装粉,实现高密度、大长径比、具有多个平行带台阶细长孔的异形结构件——摇臂轴支座的全自动成形;扬州意得机械公司采用摩擦片结构的小型旋转系统与温压系统结合,一次压制得到密度高于7.2g/cm^{3}的螺旋齿轮压坯;兴城粉末冶金有限公司与吉林大学合作,采用激光烧结-热挤压工艺,研发出发动机进(排)气门阀座;广东南方粉末冶金厂采用节能、环保、价廉且性能优良的Fe-3(Sn35Cu65)材料取代昂贵的CuSn10和含铅的663青铜,主产100多种含油轴承;北京摩擦材料厂通过加入少量多元合金元素,改善材料组织均匀性,研发出粉末冶金铁基摩擦材料BM-218G,用于生产苏-30飞机KT156Д210刹车装置刹车副,平均力矩、制动距离和制动时间3项性能均优于俄罗斯同类产品;黄石赛福摩擦材料有限公司研发出高性能摩擦材料配方的风电联轴器摩擦片,为国产第一台风力发电机配套。

我国粉末冶金相关行业与零件生产业同步发展。粉末冶金用钢铁粉末、铜和铜合金粉末已开发出多个系列品种,基本满足国内生产需要。2009年钢铁粉末产量29.47万t,是2000年的3.96倍,占世界总产量22%~24%;铜和铜合金粉末产量40 500t。专用设备制造业经过多年的改进和创新,普通粉末冶金专用压机和烧结炉整体水平不断提高,性价比优势突出,已基本满足我国粉末冶金零件行业生产的需求,不仅替代了进口,而且还出口美国等发达国家,以及供应美、法、日、英、德等国在我国的粉末冶金独资、合资企业。有的压机生产厂出口交货值超过总产值的1/3。国内有粉末成形专用压机制造厂40家以上,生产1~1 250t粉末冶金专用压机,年产量超过1 000台,已有成形压机、整形压机、整形/精整两用压机、快速压机、旋转压机、数控压机、HVC高速压机等门类,技术性能基本达到国外同类产品水平。成功应用了精整压机影像定位及测量控制、HVC高速压制、高密度压制、伺服仿形、移粉技术、浮动成形、双向脱模、浮动精整、双固定板模架结构、压机专用多关节机器人、压机专用开放式数控及嵌入式PC运动浮点控制、一键定位、电液比例控制等先进技术。烧结炉制造厂10家,形成自主品种和规格系列,功能、工艺适应性和可靠性有很大的改善和提高,RBO快速脱蜡、快速冷却、烧结硬化、吸热式碳势可控AX气氛等先进技术得到了应用。烧结炉炉型有网带式、推杆式、步进梁式及加压式;开发了用于金属粉末零件注射成形的步进梁式高温烧结炉;连续还原炉炉型有钢带式和推杆式;蒸汽处理炉炉型有井式和钢带式。钢带式还原炉采用先进的全波纹金属炉胆,明显延长使用寿命,提高产品品质,降低能耗。2000年前后,国内工业炉制造企业开发出新型网带式烧结炉和钢带宽度1 000mm的连续还原炉。

六、结束语

从冲床到CNC压机,从倒焰窑到温度和气氛精确控制的连续烧结炉,从简陋作坊到先进车间,从生产形状简单、性能不高的产品到高密度、高强度、高精度、复杂形状的结构件,以及门类繁多的特殊性能的制品,60年来我国粉末冶金机械零件行业取得令人瞩目的成就,我国已跻身于粉末冶金机械零件生产和应用大国之列。三代同仁为了祖国的繁荣昌盛,为了行业的兴旺发达,筚路蓝缕,殚精竭虑,付出了艰苦卓绝的努力。在继续前进的道路上,全体同仁以科学发展观为指导,走自主创新之路,克服前进中的困难,必将取得更加辉煌的成就。

在检阅我们已取得成就的同时,还应该看到,一直存在的整体实力不强和技术发展不平衡的问题,仍是约束我国粉末冶金机械零件行业进一步发展的桎梏。诸如:中、低档产品产能相对过剩,重复投资较多,市场价格竞争激烈;行业内大多数企业自主创新能力弱,尚未形成自主品牌,在制造能力和质量保证体系方面,参与国际市场高、中端产品领域竞争的实力不足,出口产品技术附加值普遍不高;行业内优势互补、强强联合的兼并重组远未完成,缺少大型企业集团;粉末冶金机械零件产业与上下游产业的资源尚未充分整合等。

2010年10月在北京成立的中国粉末冶金工业技术创新战略联盟,是行业发展进程中的重大事件。可以预期,战略联盟在构建产业技术创新链和产学研之间持续稳定的战略合作,打通技术瓶颈,全面提升行业创新能力,促进相关产业结构升级等方面,将做出巨大贡献,强有力地推动行业的进步与发展。

〔供稿单位:粉末冶金分会秘书处〕

行 业 概 况

粉末冶金零件行业发展现状及展望

一、概述

粉末冶金零件广泛应用于汽车、家电、工程机械、舰船、军用枪械、核材料和国防等领域，粉末冶金技术一直是备受世界关注的材料科学领域的一项新技术。粉末冶金行业已经成为成长最快的金属成形新技术产业。

二、国内现有工作基础

1. 粉末冶金行业基本形成完整的产业体系

我国粉末冶金行业起步于20世纪50年代，基本与日本同步，经过60年多的发展，已基本形成完整的产业体系，产值5 000万元以上制造厂家百余家。1990—2010年，对外合资、合作、引进项目计36项，其中技术引进27项，外资控股2项，外商独资项目7项；吸收外资近1亿美元；引进先进制造设备100多台(套)。

2. 粉末冶金产业国际化进程加快

2000年以来，随着国际各大汽车及汽车零部件公司登陆我国，国际知名的粉末冶金零件生产企业，诸如美国的GKN、霍克，意大利微齿，奥地利米巴，日本住友电工、日立粉末冶金、保来得、三菱材料PMG，中国台湾的青志、三林、耀威等，以及粉末冶金原料厂，如瑞典赫格纳斯，加拿大魁北克，美国海格纳士，日本福田、神户制钢等，都在我国独立设厂。一方面，构成对我国粉末冶金市场的强劲争夺，同时，也对提高我国粉末冶金产品的制造水平，对促进我国粉末冶金行业发展起到了积极的推动作用，加速了我国粉末冶金产业的国际化进程。

3. 粉末冶金行业技术取得较大进展

随着汽车工业的高速发展和国际国内两个市场的竞争加剧，国内粉末冶金产业加大了科研开发人力和财力的投入力度，技术取得较大进展。行业企业以自主创新引领发展，努力掌握产业核心技术，大力开发市场需求的低能耗环保型新产品、新材料和新装备。

以下是近年来获奖项目：

(1)2000—2010年粉末冶金行业获得国家级奖2项。①高性能炭/炭航空制动材料制备技术，获国家发明奖一等奖，完成单位中南大学。②轿车用高性能水雾化粉末材料的规模化生产技术，获国家科技进步奖二等奖，完成单位莱钢集团粉末冶金公司和中南大学。

(2)2000—2010年粉末冶金行业获得国家级新产品奖2项。①南京东部精密机械有限公司生产的C35500-1干粉压机。②北京天桥粉末冶金有限责任公司生产的出炉辊道固体润滑镶嵌轴承。

(3)2000—2010年粉末冶金行业获得省部级奖12项。①波音757飞机炭/炭航空刹车材料的研究与开发，获中国有色金属工业科学技术奖一等奖，完成单位中南大学。②高性能钨基复合材料的制备技术与应用，获中国有色金属工业科学奖一等奖，完成单位中南大学。③特种车辆发动机涡轮增压器自润滑浮动轴承研究，获中国有色金属工业科学技术奖二等奖，完成单位中南大学。④新型发动机用高性能铁基粉末冶金气门座和气门合金材料匹配研究，获中国有色金属工业科技技术奖二等奖，完成单位中南大学。⑤坦克涡轮增压器及汽车空调压缩机叶轮用铝基材料，获中国有色金属工业科学技术奖三等奖，完成单位中南大学。⑥高精度复杂形状轻武器合金钢两件的注射成形技术获三等奖。⑦苏－30飞机KT156Д210刹车装置国产粉末冶金刹车副研制获二等奖。⑧波音737－700/800飞机国产粉末冶金刹车盘副获二等奖。⑨歼七E飞机FJL205C机轮改进型刹车副研制获三等奖，完成单位北京北摩高科摩擦材料有限责任公司。⑩FY40型粉末成形机获二等奖，完成单位宁波汇众粉末机械制造有限公司。⑪摩托车从动齿轮获三等奖，完成单位宁波东睦新材料股份有限公司。⑫摇臂轴支座竖长孔成形工艺研究获三等奖，完成单位东风汽车有限公司粉末冶金厂。

(4)2000—2010年粉末冶金行业获中国机械通用零部件工业协会奖50多项。例如，宝马、奥迪轿车新型油泵内、外转子和滑套，GM400发动机用进、排气凸轮轴、带轮、曲轴带轮，D16/D20汽车变速器同步器齿毂系列，6V、7V系列汽车空调压缩机粉末冶金零件，粉末冶金自润滑轴承，风电联轴器摩擦片，苏－30飞机KT156Д210刹车装置粉末冶金刹车副，纳米铜基粉末冶金摩擦材料，全自动粉末压力机等。

4. 政策环境

(1)国家工信部。《装备制造业技术进步和技术改造(2010年)》目录中，粉末冶金有7个项目列入；《机械基础件、基础制造工艺和基础材料产业“十二五”发展规划》(2011年)中，明确高精度汽车粉末冶金零件，粉末冶金含油轴承，大型客机、高速列车、船舶制动用高性能粉末冶金摩擦材料及刹车片为重点发展项目。

(2)国家发改委。《产业结构调整指导目录(2011年本）》中，列入"鼓励类"的产品有：新型粉末冶金零件，高密度（≥7.0g/cm³）、高精度、形状复杂结构件，高速列车、飞机摩擦装置，含油轴承等。

（3）1996年，国家科技部将部分粉末冶金材料和粉末冶金零件列入《中国高新技术产品目录》和《中国高新技术出口产品目录》。

5. 粉末冶金技术创新体系建设情况

（1）1989年，经国家计委批准，依托中南大学建设粉末冶金国家重点实验室。1995年，实验室通过了国家验收并正式向国内外开放运行。

（2）1994年，经国家计委批准，依托中南大学建设粉末冶金国家工程研究中心。

（3）1996年10月，由浙江省科学技术委员会、浙江省计划与经济委员会、浙江省财政厅批复，依托杭州粉末冶金研究所组建的"浙江省纸基摩擦材料重点实验室"于1998年10月通过了省科委验收，经批准对外开放。

（4）2001年9月，浙江省科委批准，依托东睦新材料集团股份有限公司建立"宁波粉末冶金省级高新技术研究开发中心"。

（5）2002年，湖北省经贸委、省财政厅、省地税局、武汉海关联合批准，依托黄石赛福摩擦材料有限公司建立"湖北省企业技术中心"。

（6）2008年，江苏海安鹰球集团经批准建立"江苏省粉末冶金新材料工程技术研究中心"。

三、粉末冶金零件行业的发展展望

粉末冶金零件行业重点围绕汽车零部件、高端装备制造、航空、航天、轨道交通、工程机械等行业的市场需求，以及产业面临的技术瓶颈问题，开展对粉末冶金汽车零部件制造技术的研究。通过对金属粉末材料、产品、工艺、装备的研发，突破和掌握产业核心技术，提升前端研发能力和高端制造能力，满足汽车工业及国民经济相关行业快速发展对高性能粉末冶金零部件的巨大需求。

（1）大力推广采用国际先进标准（ISO，MPIF），以标准引领市场，提高产品质量和性能可靠性，适应市场需求变化。

（2）调整产品结构，加大对市场需要的新产品研制力度。结合汽车节能减排、小型化、轻量化、新能源、小排量、民族品牌等需要，开发粉末冶金配套产品，增加产品的技术含量。同时，加大对维修市场的服务力度，引领企业克服产品同质化。

（3）以成本为中心，推行5S管理，加强职工岗位技能培训，提升企业现场管理水平。

（4）推进行业改革，建立"战略联盟伙伴式"的上下游供需关系，促进与主机配套行业及原材料行业产业链建设，建立正常的行业市场竞争秩序。

四、粉末冶金行业自主化的进展展望

未来2—3年，是粉末冶金零件产业发展新的挑战和机遇期，是对行业企业自主创新和实践科学发展观能力的一次检验。

首先，坚持自主创新，走自主创新之路将成为行业企业发展的共识；其二，随着国家政治体制改革的全面深入展开，对基础零部件行业发展的重视程度为新中国成立以来之最。这无疑将会大大推动粉末冶金零件产业的进步和发展。产业发展特点如下：

第一，粉末冶金零件具有少无切削的技术特点，符合国家节能减排、保护环境的政策，符合汽车制造业对环保、节能、轻量化、降低成本等方面的要求。开发新一代粉末冶金配套零件，拓宽市场是关键。大力研究提高粉末冶金零件性能的新工艺、新材料将是当务之急。如采用表面致密化技术、温压工艺等提高齿形零件的表面硬度和密度，开发应用符合国际环保友好型的新材料，避免国际技术壁垒的干扰，以适应出口要求。汽车发动机、变速器用的上百种关键零件，诸如排气门阀座、连杆、ABS传感器齿圈、混合动力发动机曲轴带轮总成，各种齿轮、链轮、自动变速器零件，及中空凸轮轴等都具有巨大的发展潜力及市场商机。

第二，加快产业结构调整和产品结构优化的进程。具有自主知识产权的创新产品将会显著增加，同质化的产品将被市场淘汰。行业内部低价倾销的不正当竞争手段将进一步得到遏制，逐步形成行业自律、规范的、公平竞争的市场环境。

五、粉末冶金零件行业市场发展预测

目前，粉末冶金零件市场正经历着寒冬季节。从国内国际两个市场看，需求不足，订单减少，是当前粉末冶金零件企业面临的最大困难。但是，从长远来看，粉末冶金零件的市场发展前景仍十分广阔。全球经济已进入"后危机时代"，对我国粉末冶金零件行业的直接影响并不值得过分担忧。通过国家扩大内需基本可以弥补外销市场的损失。重要的是要坚定信心，化挑战为机遇，调整产品结构，实现产品升级，拓展市场，扩大贸易。

第一，我国的汽车、摩托车、家电，以及工程机械、电动工具等行业都是传统的粉末冶金零件的巨大市场。我国粉末冶金零件的巨大市场需求，吸引了越来越多的国际著名粉末冶金企业在我国投资设厂，已经强劲争夺我国粉末冶金市场份额。这既对我国粉末冶金零件企业造成了压力，同时，也使国内市场国际化，为我国粉末冶金零件产业提供了新的发展机会。

第二，汽车工业是国民经济发展的支柱产业，也是粉末冶金零件最大的配套市场。"十二五"末期，我国汽车产量将达到2 800万~3 000万辆，新能源汽车累计产销量达到50万辆，自主品牌乘用车市场占有率将达到50%，其中自主品牌轿车市场占有率达到40%。汽车出口占汽车总产量的10%~15%。2015年，汽车和零部件出口达到850亿美元，年均增长约20%。这是一个令粉末冶金产业界备受鼓舞的发展目标。

第三，"十二五"期间，家电行业将经历由规模扩张向产业升级的历史性转变。技术进步对材料及配套件品种、性能、质量提出了更高的要求。这是粉末冶金零件的一个潜在市场。

〔撰稿人：粉末冶金分会陈越〕

粉末冶金零件与汽车轻量化

一、前言

我国是世界上最大的汽车市场，因而节能、减排、保护生态环境也成为面临的重大难题。汽车轻量化是提高汽车的燃油经济性，实现节能、减排的重要措施。对于乘用车来说，并不是只有固定的零件如车身减轻重量重要，在提高效率与降低燃油消耗方面，减轻发动机和变速器的运动零件重量也很重要。在日本，每年生产的粉末冶金零件中90%左右用于汽车制造，在美国为75%，在欧洲约为80%。其主要原因是粉末冶金零件节能、省材、价格低廉，同时比几何形状完全相同的铸、锻件制品重量轻5% ~15%。

二、汽车用粉末冶金零件

现在的粉末冶金零件主要是以铁粉或钢粉为原料粉，用刚性模具，单轴向压制成形后，再经在温度1 100 ~1 280℃的保护气氛中烧结，制成具有所需强度、硬度及显微组织的零件。这种零件通常称之为铁基粉末冶金零件或烧结钢零件。

粉末冶金零件的生产始于1938年左右，最初是通用汽车公司的Maraine Product Division研制成功铁基粉末冶金油泵齿轮。经过70多年的发展，粉末冶金零件已从取代强度要求不高、形状较简单的铸铁件，逐步发展到能替代高强度铸、锻零件，如汽车发动机的连杆。粉末冶金零件的75%用于汽车的发动机与变速器。发动机的粉末冶金零件有凸轮轴与曲轴的带轮与链轮，辅助传动装置如油泵、水泵、喷油泵的零件，曲轴轴承盖，摇臂，直喷柴油机的喷油嘴体，液压泵的转子与定子等。变速器的粉末冶金零件有同步器毂与环、同步器滑块、手动变速器的换挡杆及自动变速器的行星齿轮架。

据最新报道，通用与福特汽车公司的新型6－挡变速器用的粉末冶金零件总量都在13.6kg左右。福特汽车公司的3.5L EcoBost涡轮增压V－6发动机用了81个粉末冶金零件，总重量为9.5kg，其中有气门导管，阀座圈（VSI），连杆，油泵，传感器环，VVT组件，凸轮轴链轮及毂。

据美国金属粉末工业联合会（MPIF）最新的调查统计，北美、欧洲、日本及韩国生产的汽车用的粉末冶金零件共计300多种，合计1 000多件。由此不难看出，粉末冶金零件产业虽小，但却是汽车产业的关键配套产业。

三、粉末冶金零件如何实现轻量化

粉末冶金零件生产工艺的本质性特性有二，一是具有可成形零件最终形状的能力，二是可根据零件使用性能调控各部位的孔隙度，即材料密度。

1. 通过控制材料密度减轻零件重量

粉末冶金零件的主要特点之一是，可根据产品的具体用途调整产品材料的孔隙度。例如，对于粉末冶金油泵齿轮，一般材料密度在6.5g/cm^{3}左右，比相同钢齿轮重量减轻18%左右。这种油泵齿轮，由于材料中含有18%左右孔隙，从而运转平静，噪声小。另外，表面附近的孔隙还可贮存油或润滑剂，从而具有良好的摩擦性能。

大部分发动机与变速器用粉末冶金零件的密度都在6.5 ~ 7.2g/cm^{3}之间，比相同的铸锻钢零件重量减轻9% ~18%。

2. 通过产品设计减轻零件重量

粉末冶金工艺可将一个零件的不同部位制成不同密度的材料，即一个零件既具有能承受高应力的高密度材料区，又有减轻重量的低密度材料区。举例如下：

（1）粉末冶金主轴承盖。汽车发动机的粉末冶金主轴承盖是一个具有不同材料密度区的零件。这个零件最初用灰口铸铁制造，后来改用球墨铸造铁制造，材料利用率约为60%。在20世纪90年代初改为采用粉末冶金生产。主轴承盖的功能有两个，一是对曲轴进行导向与固定，二是承受发动机产生的最高燃烧力与惰性载荷。主轴承盖在使用中可能产生两种应力状态：曲轴向上，应力压向主轴承盖；曲轴向下，主轴承盖不受应力。这表明，主轴承盖的“两条腿”，由于螺栓压紧定位，常常处于受压缩应力的状态，因此，可采用较低密度的材料。另一方面，主轴承盖的拱顶需承受高应力，所以需要高密度材料。有限元分析及试验证实表明，通过适当的设计能使粉末冶金零件各部位满足不同强度的要求。如通过适当的材料设计（合金化元素）、热处理及分段压制，粉末冶金零件可达到轻量化，并可降低噪声，节约成本，提高疲劳强度及切削性。

（2）乘用车齿轮箱中的粉末冶金斜齿圆柱齿轮。粉末冶金齿轮由于材料内部含有某种程度的孔隙度，因此，与由铸、锻齿轮相比，强度与耐磨性较差，一般不适用于重负荷工况。目前，通过采用横向辗压的选择性表面致密化技术，粉末冶金齿轮的强度与耐磨性有显著提高。乘用车齿轮箱的斜齿轮可以采用选择性表面致密化（Selective surface densification）技术制造。这样制造的齿轮主要特点在于烧结态的整体平均密度为6.98 ~7.02g/cm^3，经选择性表面致密化加工后，定量图象分析表明，形成了横向距离约1mm的、从表面的接近全密度到心部约有90%孔隙度的密度梯度。

在三轴总成的成对试验台进行的初步台架试验表明，经珩磨的粉末冶金齿轮承载能力和使用寿命与常规的齿轮相同。

由此可见，横向辗压选择性表面致密化技术，为制造适用于重负荷工况的轻量化粉末冶金齿轮类零件开辟了一条新途径。

3. 通过压制与连接工艺减轻零件重量

采用移送装粉与多轴压制可使制造的粉末冶金零件不同部位具有不同的密度，也可用连接的方法生产“特制零件”。

粉末冶金工艺的传统优势，诸如降低制造成本与减轻零件重量，通过和各种连接技术的结合，获得了进一步强化。例如，自动变速器与四轮驱动分动器的粉末冶金行星齿轮架已成为许多汽车生产厂家的主要选用产品。它由高强度粉末冶金钢齿毂（其内部的齿圈为耐磨材料，需要进行高频淬火）和金属支架焊接在一起组成。这种行星齿轮架的设计将轻量化结构和高强度巧妙地结合起来。既可减轻重量，又可降低生产成本。

粉末冶金双联链轮是用脉冲焊将两个粉末冶金零件焊接在一起制成的。这种新设计既减轻了重量，又降低了生产成本。为了耐磨，齿部要进行高频淬火。

4. 粉末冶金同步器组件

粉末冶金技术进一步发展的目标是生产成套的功能性组件。汽车手动变速器的同步器锁环功能是保证驱动齿轮和轴同步，以保证换挡时，轴与齿轮之间的转速相同。同步器组件一般包括惰轮与离合器齿轮、同步器锁环、同步器齿套及固定在主轴上的同步器齿毂。其中同步器齿毂、同步器齿套、同步器锁环及离合器齿轮都是用粉末冶金工艺生产的。这4种零件都是高强度、高密度、高硬度及高耐磨性零件。

同步器锁环的齿部需要高的强度、韧性、耐磨性，同时还必须将多孔性的青铜与黄铜基摩擦衬面焊接在同步器锥体上。

同步器的这种设计，能够减小零件高度，大大减轻变速器的重量。

四、结束语

粉末冶金零件由于材料中含有某种程度的孔隙度，因此，比几何形状相同的铸、锻件制品重量轻。粉末冶金工艺制造特定的零件时，可根据零件不同部分的性能要求，将其制成具有不同的材料密度。再者，利用粉末冶金的最佳化设计，可使粉末冶金零件达到最高的强度/重量比。

所有这些因素都意味着粉末冶金零件在汽车轻量化中具有重要作用。

〔撰稿人：粉末冶金分会韩凤麟〕

统计资料

2009—2012 年我国粉末冶金机械零件行业主要经济指标

序号	指标名称	单位	2009 年	同比增长(%)	2010 年	同比增长(%)	2011 年	同比增长(%)	2012 年	同比增长(%)
1	工业总产值(当年价)合计	万元	362 592	5	505 869	39.5	543 143	7.4	542 000	-0.2
	其中:新产品产值	万元	57 780	17.3	62 578	8.30	75 686	20.9	72 563	-4.1
2	工业销售产值(当年价)合计	万元	362 517	6.8	497 272	37.2	525 198	5.6	532 234	1.3
	其中:出口交货值	万元	66 821	-4	62 760	-6	56 867	-9.4	62 426	9.8
3	工业增加值	万元	106 663	5.8	152 971	43.4	150 943	-1.3	145 336	-3.7
4	主营业务收入	万元	346 407	6.7	484 088	39.7	519 017	7.2	526 985	1.5
5	利税总额	万元	31 425.4	19.6	76 306.9	142.8	63 694.7	-16.5	47 854.0	-24.9
6	利润总额	万元	17 804.5	84	37 598	111.2	40 796	8.5	26 831	-34.2
7	粉末冶金机械零件产量	t	117 369	8.8	163 609	39.4	161 205	-1.5	161 144	0.0
8	粉末冶金机械零件销售量	t	112 969	9	161 711	43.1	161 297	-0.3	158 032	-2.0

注:表中数据是粉末冶金机械零件行业 53 家企业的统计数据。

1991—2008 年我国粉末冶金机械零件行业主要经济指标

年份	企业数(家)	工业总产值(当年价)(万元)		工业销售产值(当年价)(万元)		工业增加值(万元)	主营业务收入(万元)	利税总额(万元)		全部从业人员平均人数(人)	全员劳动生产率(元/人)	粉末冶金机械零件产量(t)	产品销售率(%)	工业经济效益综合指数
		合计	其中:新产品产值	合计	其中:出口交货值			合计	其中:利润总额					
1991	50	37 961		31 808			35 462	2 823	1 370	16 160	19 683	12 231	84	
1992	67	59 946		48 204			43 243	4 765	1 955	21 554	22 364	12 547	81	
1993	66	61 604		58 696	8 723	21 729	59 988	6 330	3 541	19 408	11 196	20 786	95	1
1994	41	61 551		59 472	11 433	18 489	52 339	5 061	3 109	13 940	13 263	17 169	97	1
1995	44	54 366		50 492	1 182	20 480	47 080	6 732	3 640	13 658	15 636	16 477	93	1
1996	42	51 218		48 875	1 757	20 000	47 884	5 505	2 187	11 808	16 324	17 374	96	0.86
1997	39	54 210		51 683	4 185	21 618	50 947	3 551		12 079	17 230	17 338	97	1
1998	36	58 176		55 660	4 110	24 541	55 108	5 905	1 316	11 272	20 915	16 748	96.4	0.78
1999	38	71 642		68 322	6 953	28 600	65 276	9 015	4 115	10 999	25 021	20 251	96	1
2000	33	78 037		72 410	4 964	31 770	70 001	12 937	7 235	9 561	30 311	23 618	92	1.2
2001	34	116 953		108 050	18 565	41 463	107 911	14 437	7 649	10 891	38 071	34 582	94	1
2002	43	137 898		127 413	21 673	54 264	130 775	23 167	15 522	10 143	37 440	41 032	94	1.2
2003	51	168 832	26 035	158 882	27 910	60 779	154 686	27 529	18 436	11 540	36 375	52 412	95	1.2
2004	55	207 687	31 953	193 835	28 883	71 291	192 189	34 422	23 117	12 649	64 525	70 127	94	1.8
2005	56	241 944	25 779	220 695	43 824	66 924	216 556	27 139	15 814	12 725	49 130	74 974	95	1.37
2006	56	267 762	37 705	250 347	35 324	66 640	246 469	15 407	5 142	13 513	39 311	88 089	98	1.49
2007	53	355 949	56 342	340 195	61 478	89 966	329 033	30 256	14 693	14 243	63 195	110 843	95	1.4
2008	53	344 544	49 260	339 428	69 549	100 862	324 638	26 280	9 667	15 532	63 165	107 913	97	1.43

1981—1990 年我国粉末冶金机械零件行业主要经济指标

年份	企业数(家)	工业总产值(万元)	固定资产总值(万元)	利润总额(万元)	职工人数(人)	全员劳动生产率(元/人)
1981	42	6 171	5 585	323	12 682	4 555
1982	54	8 210	7 022	848	15 751	5 435
1983	54	11 474	7 664	1 480	16 694	6 994
1984	48	12 827	6 826(56 家)	1 866	15 566	8 627
1985	48	14 838	—	1 701	15 304	9 491
1986	47	16 836	—	1 748	16 026	10 691
1987	49	15 430	8 704	1 564	15 606	10 030
1988	39	25 867	7 957(31 家)	—	16 721	15 470
1989	56	35 788	13 933(50 家)	2 973	19 246	18 595
1990	54	39 184	15 950	1 994	18 679	21 181

注:1990 年按当年不变价计算,其余年度按 1980 年当年不变价计算。

2008—2012 年我国粉末冶金机械零件产品分类产量

序号	年份 产品名称	2008 年	2009 年		2010 年		2011 年		2012 年	
		产量(t)	产量(t)	同比增长(%)	产量(t)	同比增长(%)	产量(t)	同比增长(%)	产量(t)	同比增长(%)
1	铁基零件									
	含油轴承	9 054	7 849	-13.3	12 318	56.9	14 215	15.4	12 647	-11.0
	结构件	82 837	91 664	10.7	130 262	42.1	122 945	-5.6	121 663.6	-1.0
2	铜基零件									
	含油轴承	2 986	3 257	9.1	4 837	48.5	9 304	92.4	7 031.1	-24.4
	结构件	623	3 183	410.9	2 973	-6.6	1 689	-43.2	1 855.4	9.9
3	摩擦材料制品									
	铁基摩擦材料制品	1 553	1 245	-19.8	3 698	197.0	3 775	2.1	2 869.6	-24.0
	铜基摩擦材料制品	2 407	2 188	-9.1	4 136	89.0	4 379	5.9	4 475.7	2.2
	其他摩擦片	2 977	1 504	-49.5	1 878	24.8	3 047	62.2	3 326	9.2
4	过滤元件	12	5	-58.3	4	-20.0	8	100.0	1 256.7	15 608.8
5	其他	1 157	2 917	152.1	1 803	-0.4	1 935	7.3	2 908	50.3

注:表中数据是粉末冶金机械零件行业 53 家企业的统计数据。

1991—2012 年我国粉末冶金机械零件产品应用领域

单位(t)

年份	企业数(家)	机械零件销售产量	汽车配件		摩托车配件		农机配件		家用电器配件		矿山机械配件		电动工具配件		其他配件	
			产量	占比(%)	产量	占比(%)	产量	占比(%)	产量	占比(%)	产量	占比(%)	产量	占比(%)	产量	占比(%)
1991	50	9 785	2 446	25	781	8	1 565	16	1 565	16	1 465	15			1 963	20
1992	67	12 547	3 388	27	1 004	8	2 008	16	2 007	16	1 882	15	1 004	8	1 254	10
1993	66	19 850	6 153	31	1 985	10	2 184	11	2 581	13	2 779	14			4 168	21
1994	41	14 567	4 079	28	1 311	9	1 894	13	1 894	13	2 039	14			3 350	23

（续）

年份	企业数（家）	机械零件销售产量	汽车配件		摩托车配件		农机配件		家用电器配件		矿山机械配件		电动工具配件		其他配件	
			产量	占比（%）	产量	占比（%）	产量	占比（%）	产量	占比（%）	产量	占比（%）	产量	占比（%）	产量	占比（%）
1995	44	16 125	4 883	30	1 543	10	4 043	25	2 903	18	914	6			1 839	11
1996	42	16 511	5 066	31	1 611	10	3 577	21	3 163	19	1 308	8			1 776	11
1997	39	16 935	5 830	35	1 696	10	3 357	20	2 233	13	1 655	10			2 164	12
1998	36	24 163	6 287	26	2 448	10	2 519	10	2 479	10	1 527	7			8 903	37
1999	38	25 103	6 158	25	3 139	12.5	2 901	11.5	6 405	25.5	2 700	10.5	2 300	9	1 500	6
2000	33	24 651	7 395	30	3 408	14	3 098	13	2 873	11	2 465	10	2 100	9	3 312	13
2001	34	31 008	8 212.0	27	4 859	16	4 002	13.0	7 372	23	3 934	13	2 000	6	633	2
2002	43	39 327	10 939	28	3 248	8	3 109	8	10 430	27	2 595	7	4 000	10	4 719	12
2003	51	50 865	13 635	27	7 347	15	4 503	9	11 844	23	1 996	4	7 337	14	4 202	8
2004	55	66 934	23 091	35	9 250	14	2 619	4	16 566	24	5 435	8	5 845	9	4 126	6
2005	56	72 552	24 345	34	11 904	16	2 368	3	19 008	26	4 244	6	6 234	9	4 469	6
2006	56	83 695	31 191	37.3	13 428	16	2 334	2.8	19 472	23.3	4 304	5.1	7 715	9.2	5 263	6.3
2007	53	107 414	42 364	40	19 581	18	871	1	26 787	25	5 575	5	6 157	6	6 079	5
2008	53	103 625	35 627	35	17 984	17	1 352	1	26 821	26	5 604	5	6 934	7	9 379	9
2009	53	112 969	47 107	42	22 822	20	3 167	1	19 626.4	17.4	4 282	3.8	7 692	6.8	10 251	9
2010	53	161 711	75 884	48	18 233	11	3 529	2	34 119.0	21.0	9 640	6.0	9 951	6.0	10 355	6
2011	53	161 297	72 606	45	13 789	9	3 564	2	38 408.0	23.8	10 614	6.6	11 464	7.1	10 852	7
2012	53	158 033	73 023	46.2	16 661	10.5	4 000	2.5	36 490	23.1	8 934	5.7	8 484	5.4	10 441	6.6

2009—2011 年粉末冶金机械零件优秀新产品获奖项目

年度	序号	获奖等级	产品名称	获奖企业
2009	1	特等奖	真空泵粉末冶金内转子	东睦新材料集团股份有限公司
	2	特等奖	汽车转子泵粉末冶金转子	东睦新材料集团股份有限公司
	3	特等奖	粉末冶金组合齿轮	东睦新材料集团股份有限公司
	4	特等奖	VCT 系统烧结转子	东睦新材料集团股份有限公司
	5	特等奖	粉末冶金汽车自动变速器轮毂	扬州保来得科技实业有限公司
	6	特等奖	粉末冶金烧结焊自动变速器支架	扬州保来得科技实业有限公司
	7	特等奖	粉末冶金汽车行李箱传动齿轮	扬州保来得科技实业有限公司
	8	特等奖	粉末冶金差速齿轮	扬州保来得科技实业有限公司
	9	特等奖	C50 三号粉末冶金齿毂	重庆华孚工业股份有限公司
	10	特等奖	激光烧结热挤压制造进、排气门阀座	兴城粉末冶金有限公司
	11	特等奖	汽车、轿车差速器湿式炭 - 炭摩擦片	杭州粉末冶金研究所
	12	特等奖	高弹橡胶湿式离合器片	黄石赛福摩擦材料有限公司
	13	特等奖	粉末冶金免加工双凹阀板	浙江中平粉末冶金有限公司
	14	特等奖	粉末冶金双凸台活塞	浙江中平粉末冶金有限公司
	15	优秀奖	转向泵粉末冶金配油盘	东睦新材料集团股份有限公司
	16	优秀奖	粉末冶金内弧齿齿轮	扬州保来得科技实业有限公司
	17	优秀奖	粉末冶金汽车变速器齿环	扬州保来得科技实业有限公司
	18	优秀奖	汽车粉末冶金新型低噪声油泵齿轮	海安县鹰球集团有限公司
	19	优秀奖	平面波形对偶钢片摩擦片	杭州粉末冶金研究所
	20	优秀奖	胶粘型湿式铜基摩擦片	杭州粉末冶金研究所

（续）

年度	序号	获奖等级	产品名称	获奖企业
2010	1	特等奖	VVT链轮 F347729－0131	东睦新材料集团股份有限公司
	2	特等奖	粉末冶金滚套	东睦新材料集团股份有限公司
	3	特等奖	曲轴正时齿轮、链轮[5015425]	东睦新材料集团股份有限公司
	4	特等奖	变速器换挡块	东睦（天津）新材料集团股份有限公司
	5	特等奖	粉末冶金汽车 ABS 速度检知盘	扬州保来得科技实业有限公司
	6	特等奖	粉末冶金汽车转向器面凸轮	扬州保来得科技实业有限公司
	7	特等奖	粉末冶金烧结焊偏心斜齿轮	扬州保来得科技实业有限公司
	8	特等奖	BPSILON2 转向管柱系列粉末冶金零件	上海汽车粉末冶金有限公司
	9	优秀奖	粉末冶金高耐磨球铰	海安县鹰球集团有限公司
	10	优秀奖	飞机制动器摩擦片	杭州前进齿轮箱集团股份有限公司粉末冶金厂
	11	优秀奖	工程车辆湿式驱动桥用摩擦片	黄石赛福摩擦材料有限公司
	12	优秀奖	超细粉体材料专用无舟皿带式炉	湖南顶立科技有限公司
	13	优秀奖	FS79Z 系列干粉自动成型液压机及模架	南通富士液压机床有限公司
2011	1	特等奖	VVT 定子	东睦新材料集团股份有限公司
	2	特等奖	真空泵转子、联轴器[5015425]	东睦新材料集团股份有限公司
	3	特等奖	VVT 进/排气链轮[10110510a/10110511a]	东睦新材料集团股份有限公司
	4	特等奖	粉末冶金弧齿锥齿轮	扬州保来得科技实业有限公司
	5	特等奖	真空泵转子和连接器系列零件	上海汽车粉末冶金有限公司
	6	优秀奖	油泵齿轮[S007 703/S005 713]	东睦新材料集团股份有限公司
	7	优秀奖	平衡轴链轮总成 904 911 1	东睦新材料集团股份有限公司
	8	优秀奖	偏心环/转子[C14T1011033/C14T011034]	东睦新材料集团股份有限公司
	9	优秀奖	斜带轮[A839]	东睦新材料集团股份有限公司
	10	优秀奖	粉末冶金汽车刹车系统止推块	扬州保来得科技实业有限公司
	11	优秀奖	换挡柄[BS14R－1702015－07]	重庆华孚工业股份有限公司
	12	优秀奖	射钉枪快夹主体	海安县鹰球集团有限公司
	13	优秀奖	纳米材料增强高性能铜基摩擦片	杭州前进齿轮箱集团股份有限公司粉末冶金厂
	14	优秀奖	铜基喷撒摩擦片	杭州前进齿轮箱集团股份有限公司粉末冶金厂
	15	优秀奖	工程机械用液压马达粉末冶金阀盘	山西金宇粉末冶金有限公司
	16	优秀奖	汽车用凸轮轴、曲轴、带轮[465]	重庆江州粉末冶金科技有限公司
	17	优秀奖	轨道车用直径 380mm 离合器从动盘总成	重庆江州粉末冶金科技有限公司
	18	优秀奖	拖拉机制动器摩擦片	黄石赛福摩擦材料有限公司
	19	优秀奖	磁性材料干式成形液压机	南通富士液压机床有限公司

〔供稿单位:粉末冶金分会秘书处〕

质量与标准

粉末冶金行业现行国家标准和行业标准

序号	标准编号	标准名称	起草单位	采标情况
1	GB/T 2688—1981	滑动轴承　粉末冶金轴承技术条件	北京市粉末冶金研究所	
2	GB/T 4164—2008	金属粉末中可被氢还原氧含量的测定	北京市粉末冶金研究所	ISO 4491—3:1997 IDT
3	GB/T 6804—2008	烧结金属衬套　径向压溃强度的测定	北京市粉末冶金研究所	ISO 2739:2006 MOD
4	GB/T 9095—2008	烧结铁基材料渗碳或碳氮共渗硬化层深度的测定及其验证	一汽富奥汽车零部件有限公司散热器公司	ISO 4507:2000 IDT
5	GB/T 9096—2002	烧结金属材料(不包括硬质合金)冲击试验方法	北京市粉末冶金研究所	
6	GB/T 9097.1—2002	烧结金属材料(不包括硬质合金)表观硬度的测定　第1部分:截面硬度基本均匀的材料	北京市粉末冶金研究所	ISO 4498—1:1990 EQV
7	GB/T 10417—2008	碳化钨钢结硬质合金技术条件及其力学性能的测试方法	北京市粉末冶金研究所	
8	GB/T 10421—2002	烧结金属摩擦材料　密度的测定	杭州粉末冶金研究所	
9	GB/T 10422—2002	烧结金属摩擦材料　横向断裂强度的测定	杭州粉末冶金研究所	
10	GB/T 10423—1989	烧结金属摩擦材料　抗拉强度的测定	北京市粉末冶金研究所	
11	GB/T 10424—2002	烧结金属摩擦材料　抗压强度的测定	北京市粉末冶金研究所	
12	GB/T 10425—2002	烧结金属摩擦材料　表观硬度的测定	北京市粉末冶金研究所	
13	GB/T 10430—2008	烧结金属摩擦片粘结性能检验方法	北京摩擦材料厂	
14	GB/T 12767—1991	粉末冶金制品　表面粗糙度　参数及其数值	北京市粉末冶金研究所	
15	GB/T 13827—1992	烧结奥氏体不锈钢结构零件技术条件	上海材料研究所	ASTM B 525:1983 NEQ
16	GB/T 14667.1—1993	粉末冶金铁基结构材料　第1部分:烧结铁、烧结碳钢、烧结铜钢、烧结铜钼钢	北京市粉末冶金研究所	
17	GB/T 19076—2003	烧结金属材料规范	中南大学粉末冶金研究院	ISO 5755:2001 IDT
18	JB/T 2798—1999	铁基粉末冶金烧结制品金相标准	上海材料研究所	
19	JB/T 3063—2011	烧结金属摩擦材料　技术条件	杭州粉末冶金研究所	
20	JB/T 3064—2011	粉末冶金摩擦材料化学分析方法	北京市粉末冶金研究所	
21	JB/T 3593—1999	热处理状态粉末冶金铁基结构材料	北京市粉末冶金研究所	
22	JB/T 4114—1999	烧结纯铁软磁材料　技术条件	北京市粉末冶金研究所	
23	JB/T 4115—1999	液压泵、液压马达侧板用烧结双金属板材	北京双金属轴瓦厂	
24	JB/T 5965—2010	烧结高速钢制品　技术条件	上海材料研究所	
25	JB/T 6645—2007	粉末冶金制品　分类及代号表示方法	北京市粉末冶金研究所	
26	JB/T 6646—2007	烧结金属制品物理性能检测规范	北京市粉末冶金研究所	
27	JB/T 6647—2011	碳化物中总碳含量的测定　气体容量法	上海材料研究所	
28	JB/T 6648—2010	雾化6-6-3锡青铜粉	北京有色金属粉末厂	
29	JB/T 6649—2010	气雾化锡青铜球形粉末	厦门粉末冶金制品厂	
30	JB/T 6650—1993	飞机刹车用烧结金属摩擦片和对偶片	北京摩擦材料厂	
31	JB/T 6652—2010	船用齿轮箱离合器片技术条件	杭州粉末冶金研究所	
32	JB/T 7268—2007	湿式烧结金属摩擦材料摩擦性能试验方法	北京市粉末冶金研究所	

（续）

序号	标准编号	标准名称	起草单位	采标情况
33	JB/T 7269—2007	干式烧结金属摩擦材料摩擦性能试验方法	北京市粉末冶金研究所	
34	JB/T 7378—2010	烧结铁基制品碳氮共渗层深度的金相法测定	一汽富奥汽车零部件有限公司散热器公司	
35	JB/T 7379—1994	JZS 系列粉末冶金机油泵转子　技术条件	洛阳拖拉机研究所	
36	JB/T 7380—2010	水雾化 CuSn10 青铜粉	北京有色金属粉末厂	
37	JB/T 7381—2010	粉末冶金含油轴承 PV 值测定	北京市粉末冶金研究所	
38	JB/T 7905—1999	烧结金属材料(不包括硬质合金)　抽样	北京市粉末冶金研究所	
39	JB/T 7907—2011	粉末冶金机油泵齿轮　技术条件	杭州粉末冶金研究所	
40	JB/T 7908—1999	内燃机粉末冶金机油泵转子　技术条件	青岛粉末冶金厂	
41	JB/T 7909—2011	湿式烧结金属摩擦材料摩擦性能试验台试验方法	杭州粉末冶金研究所	
42	JB/T 8063.1—2011	粉末冶金材料与制品化学分析方法　铁基材料与制品中碳的测定(气体容量法)	北京市粉末冶金研究所	
43	JB/T 8063.2—2011	粉末冶金材料与制品化学分析方法　铁基材料与制品中铜的测定(氟化氢铵掩蔽-碘量法)	北京市粉末冶金研究所	
44	JB/T 8063.3—2011	粉末冶金材料与制品化学分析方法　铁基材料与制品中钼的测定(硫氰酸盐光度法)	北京市粉末冶金研究所	
45	JB/T 8063.4—2011	粉末冶金材料与制品化学分析方法　铁基材料与制品中铜的测定(碘化钾-硫代硫酸钠滴定法)	北京市粉末冶金研究所	
46	JB/T 8063.5—2011	粉末冶金材料与制品化学分析方法　铁基材料与制品中锡的测定(次磷酸钠还原-碘酸钾滴定法)	北京市粉末冶金研究所	
47	JB/T 8063.6—2011	粉末冶金材料与制品化学分析方法　铁基材料与制品中铅的测定(电解分离-EDTA 滴定法)	北京市粉末冶金研究所	
48	JB/T 8063.7—2011	粉末冶金材料与制品化学分析方法　铁基材料与制品中锌的测定(硫酸铅钡共沉淀-EDTA 滴定法)	北京市粉末冶金研究所	
49	JB/T 8063.8—2011	粉末冶金材料与制品化学分析方法　铁基材料与制品中铁的测定(EDTA-H202 光度法)	北京市粉末冶金研究所	
50	JB/T 8394—1996	粉末冶金天然金刚石修整片	北京市粉末冶金研究所	
51	JB/T 8395—2011	烧结锡青铜过滤元件　技术条件	厦门粉末冶金制品厂	
52	JB/T 8396—1996	粉末冶金罩式加压烧结炉	北京市粉末冶金研究所	
53	JB/T 9132—1999	烧结铁磷软磁材料　技术条件	北京市粉末冶金研究所	
54	JB/T 9134—1999	电力机车受电弓用粉末冶金滑板	北京市粉末冶金研究所	
55	JB/T 9135—2011	中型载重汽车铁基粉末冶金制动摩擦片	晋江粉末冶金制品厂	
56	JB/T 9137—1999	烧结金属摩擦材料金相检验法	杭州粉末冶金研究所	
57	JB/T 9139—1999	烧结锡青铜结构材料　技术条件	北京市粉末冶金研究所	
58	JB/T 10310—2011	摩托车离合器用粉末冶金从动齿轮　技术条件	上海粉末冶金厂	
59	JB/T 10311—2001	金属基镶嵌型自润滑轴承(衬)　技术条件	武汉粉末冶金厂	
60	JB/T 10766—2007	锻压机床离合器铜基干式摩擦片 技术条件	北京市粉末冶金研究所	
61	JB/T 10767—2007	装载机铜基湿式粉末冶金摩擦片 技术条件	北京市粉末冶金研究所	

〔供稿单位:粉末冶金分会秘书处〕

国际标准化组织(ISO)粉末冶金标准目录

序号	标准号	标准名称	备注
1	ISO 5755:2001	烧结金属材料规范	GB/T 19076—2003
2	ISO 2738:1999	烧结金属材料(不包括硬质合金)可渗性烧结金属材料　密度、含油率和开孔率的测定	GB/T 5163—2006
3	ISO 2739:2006	烧结金属衬套　径向压溃强度的测定	GB/T 6804—2008
4	ISO 2740:1999	烧结金属材料(不包含硬质合金)拉伸试样	GB/T 796—1987
5	ISO 3312:1987	烧结金属材料和硬质合金弹性模量测定	GB/T 5166—1998
6	ISO 3325:1996	烧结金属材料(不包括硬质合金)　横向断裂强度的测定	GB/T 5319—2002
7	ISO 3369:1975	致密烧结金属材料与硬质合金密度测定方法	GB/T 3850—1983
8	ISO 4003:1977	可渗透性烧结金属材料　气泡试验　孔径的测定	GB/T 5249—1985
9	ISO 4022:1987	可渗透性烧结金属材料　流体渗透性的测定	GB/T 5250—1993
10	ISO 4498—1:1990	烧结金属材料(不包括硬质合金)表观硬度的测定　第1部分:截面硬度基本均匀的材料	GB/T 9097.1—2002
11	ISO 4507:2000	渗碳、碳氮共渗的烧结铁基材料表面硬化层深度的测定与鉴定(显微硬度法)	
12	ISO 5754:1980	烧结金属材料(不包含硬质合金)无切口冲击试样	GB/T 5318—1985
13	ISO/TR 14321:1997	烧结金属材料(不包含硬质合金)金相制备与观察	
14	ISO 3954:1997	粉末冶金用粉末　取样方法	
15	ISO 9276—1:2001	粒度分析结果的表述　第1部分:图解表示法	
16	ISO 9276—2:2001	粒度分析结果的表述　第2部分:由粒度分布计算平均粒度/直径和各次矩	
17	ISO 9276—4:2001	粒度分析结果的表述　第4部分:分级过程的表征	
18	ISO 3923—1:1979	金属粉末　松装密度的测定　第1部分:漏斗法	
19	ISO 3923—2:1981	金属粉末　第2部分:斯科特(Scott)容量计法	
20	ISO 3953:1993	金属粉末　振实密度的测定	
21	ISO 4490:2001	金属粉末　流动性的测定　标准漏斗法(霍尔流量计法)	
22	ISO 3927:2001	金属粉末　(不包含硬质合金粉末)在单轴压制中压缩性的测定	
23	ISO 3995:1985	金属粉末　用矩形压坯的横向断裂测定压坯强度	
24	ISO 4492:1985	金属粉末　(不包含硬质合金粉末)与压制和烧结有关的尺寸变化的测定	
25	ISO 4497:1983	金属粉末　干筛分法测定粒度	
26	ISO 10070:1991	金属粉末　稳流条件下粉末层透气性试验　外比表面积的测定	
27	ISO 10076:1991	金属粉末　粒度分布的测定　液体中重力沉降光衰减法	
28	ISO 4491—1:1989	金属粉末　用还原法测定含氧量　第1部分:总则	
29	ISO 4491—2:1997	金属粉末　用还原法测定含氧量　第2部分:还原时的质量损失(氢损)法	
30	ISO 4491—3:1997	金属粉末　用还原法测定含氧量　第3部分:可被氢还原的氧含量	
31	ISO 4491—4:1997	金属粉末　用还原法测定含氧量　第4部分:还原提取法测量总氧含量	
32	ISO 4496:1978	金属粉末　铁、铜、锡和青铜粉末中酸不溶物含量的测定	
33	ISO 13944:1996	含有润滑剂的金属粉末　润滑剂含量的测定　修订的索格利特(Soxhlet)萃取法	
34	ISO 13762:2001	粒度分析　X射线小角散射法	

〔供稿单位:粉末冶金分会秘书处〕

粉末冶金零件行业通过质量体系认证的企业名录

序号	企业名称	通过质量体系认证的时间及类别
1	北京粉末冶金有限公司	2001年通过ISO 9002质量体系认证
2	北京北摩高科摩擦材料有限责任公司	1999年通过ISO 9001质量体系认证
3	北京天桥粉末冶金有限责任公司	2001年通过ISO 9002质量体系认证,2005年通过ISO/TS 16949质量体系认证
4	衡水市粉末冶金股份有限公司	2002年通过ISO 9001质量体系认证
5	山西金宇粉末冶金有限公司	2000年通过ISO 9000质量体系认证
6	山西东睦华晟粉末冶金有限公司	2001年通过ISO 9002:1994质量体系认证,2003年通过ISO 9001:2000和QS 9000:1998质量体系认证
7	上海汽车粉末冶金有限公司	1999年通过ISO 9002、QS 9000、VDA6.1质量体系认证,2006年通过ISO/TS 16949质量体系认证
8	上海材料研究所	2003年通过ISO 9001质量体系认证
9	上海巨联金属粉末有限公司	2002年通过ISO 9000质量体系认证
10	南京东睦粉末冶金有限公司	2000年通过ISO 9000质量体系认证
11	南京理工金宁粉末冶金有限公司	2000年通过ISO 9000质量体系认证
12	海安县鹰球集团有限公司	1999年通过ISO 9002质量体系认证
13	无锡锡山太湖粉末冶金厂	2001年通过ISO 9001质量体系认证
14	杭州粉末冶金研究所	1993年通过ISO 9002质量体系认证
15	东睦新材料集团股份有限公司	1997年通过ISO 9002:1994质量体系认证,2002年通过QS 9000、VDA6.1及ISO/TS 16949质量体系认证
16	浙江中平粉末冶金有限公司	1999年通过ISO 9002质量体系认证
17	浙江中达轴承有限公司	1999年通过ISO 9000质量体系认证
18	山东金珠粉末注射制造有限公司	2000年通过ISO 9000:2000质量体系认证
19	青岛信莱粉末冶金有限公司	2002年通过QS 9000质量体系认证
20	诸城华日粉末冶金有限公司	1997年通过ISO 9001质量体系认证,2003年通过ISO/TS 16949质量体系认证
21	莱州粉末冶金总厂	2002年通过德国TÜV公司的ISO/TS 16949质量体系认证
22	河南省淅川县粉末冶金有限公司	2001年通过ISO 9002质量体系认证
23	武汉钢铁集团粉末冶金有限责任公司	1997年通过ISO 9002质量体系认证
24	武汉辉煌粉末冶金有限责任公司	2001年通过ISO 9002质量体系认证
25	东风汽车有限公司粉末冶金厂	1997年通过ISO 9001质量体系认证,2002年通过QS 9000质量体系认证
26	黄石赛福摩擦材料有限公司	2000年通过ISO 9001质量体系认证
27	湖南省顶立科技有限公司	2000年通过ISO 9000质量体系认证
28	广东华金合金材料实业有限公司	2001年通过ISO 9002质量体系认证
29	广东江粉磁材股份有限公司	2000年通过ISO 9002质量体系认证
30	南方粉末冶金厂	2000年通过ISO 9002质量体系认证
31	重庆华孚工业股份有限公司	1999年通过ISO 9000和ISO/TS 16949质量体系认证
32	重庆江州粉末冶金科技有限公司	1998年通过ISO 9002质量体系认证,2005年通过ISO/TS 16949质量体系认证
33	重庆冶炼(集团)有限公司	2001年通过ISO 9002质量体系认证
34	重庆璧跃粉末冶金有限公司	2002年通过ISO 9000质量体系认证
35	成都平和粉末冶金有限公司	2001年通过ISO 9001质量体系认证
36	扬州保来得科技实业有限公司	1997年通过ISO 9002质量体系认证,1999年通过QS 9000质量体系认证,2003年通过ISO/TS 16949质量体系认证
37	龙口市亚泰有限责任公司	2001年通过ISO 9002质量体系认证
38	东莞佳阳模具有限公司	2004年通过ISO 9000质量体系认证
39	东莞达诚精密模具有限公司	2004年通过ISO 9000质量体系认证

（续）

序号	企业名称	通过质量体系认证的时间及类别
40	重庆聚能粉末冶金有限公司	2003 年通过 ISO 9000 质量体系认证
41	宁波金钟粉末冶金有限公司	2003 年通过 ISO 9000 质量体系认证
42	长春富奥东睦粉末冶金有限公司	2005 年通过 ISO 9000 质量体系认证
43	常州特密高石有限公司	1998 年通过 ISO 9000 质量体系认证
44	重庆智博粉末冶金有限公司	2002 年通过 ISO 9000 质量体系认证
45	阳泉煤销万德金属材料有限公司	2002 年通过 ISO 9000 质量体系认证
46	建德市易通金属材料厂	2002 年通过 ISO 9000 质量体系认证
47	元磁新材料(苏州)有限公司	2006 年通过 ISO 9000 质量体系认证
48	魁北克金属粉末(苏州)有限公司	2006 年通过 TS 16949 质量体系认证
49	有研粉末新材料(北京)有限公司	2000 年通过 ISO 9000 质量体系认证
50	宁波金鑫粉末冶金有限公司	2002 年通过 ISO 9001 质量体系认证
51	北京远东摩擦材料工业有限公司	2005 年通过 ISO 9000 质量体系认证
52	重庆奥顺特机械制造有限公司	2007 年通过 TS 16949 质量体系认证
53	东莞群胜粉末冶金有限公司	2003 年通过 ISO 9000 质量体系认证
54	吉凯恩粉末冶金丹阳有限公司	2006 年通过 ISO/TS 16949 质量体系认证
55	重庆帆禄昊机械制造有限公司	2003 年通过 ISO 9000 质量体系认证
56	爱斯姆合金材料(仪征)有限公司	2003 年通过 ISO/TS 16949 质量体系认证
57	宁波市北仑新港冶金机械有限公司	2003 年通过 ISO 9001 质量体系认证
58	吴江市明阳新材料科技有限公司	2007 年通过 ISO/TS 16949 质量体系认证
59	杭州东江摩擦材料有限公司	2000 年通过 ISO 9001 质量体系认证
60	扬州锻压机床集团有限公司	2001 年通过 ISO 9001 质量体系认证
61	无锡市恒特力金属制品有限公司	2000 年通过 ISO 9001 和 ISO/TS 16949 质量体系认证
62	山东呈瑞粉末冶金有限公司	2000 年通过 ISO 9001 质量体系和 ISO 14000 环境管理体系认证,2005 通过 ISO/TS 16949 质量体系和 ISO 18000 职业健康安全管理体系认证
63	龙岩金山粉末冶金有限公司	2003 年通过 ISO 9000 质量体系认证
64	山东莱芜金石集团有限公司	通过 ISO 9001 质量体系认证
65	江都市立德粉末冶金有限责任公司	2009 年通过 ISO/TS 16949 质量体系认证
66	广西南宁市鼎发粉末冶金有限责任公司	2003 年通过 ISO 9000 质量体系认证
67	永康市泰和粉末冶金有限公司	2009 年通过 ISO 9001 质量体系认证
68	合肥波林新材料有限公司	2009 年通过 ISO 9001 和 ISO/TS 16949 质量体系、ISO 14001 环境管理体系及 OHSAS18001 职业健康安全管理体系认证
69	邢台海博粉末冶金有限责任公司	2010 年通过 ISO 9001 质量体系认证
70	东睦(天津)粉末冶金有限公司	2009 年通过 ISO/TS 16949 质量体系认证
71	扬州派德粉末冶金有限公司	2011 年通过 ISO/TS 16949 质量体系认证
72	天津信特恩粉末冶金有限公司	2007 年通过 ISO/TS 16949 质量体系认证
73	山西新换塑料制品有限公司	2009 年通过 ISO/TS 16949 质量体系认证
74	桐城市汽车部件有限公司	通过 ISO 9001 和 ISO/TS 16949 质量体系认证
75	荣成市宏程新材料有限公司	通过 ISO 9001 和 ISO/TS 16949 质量体系认证
76	莱芜市新艺粉末冶金制品有限公司	通过 ISO 9001 和 ISO/TS 16949 质量体系认证
77	重庆成俊工贸有限公司	通过 ISO/TS 16949 质量体系认证
78	大庆石油管理局射孔弹厂	通过 ISO 9001 质量体系认证
79	姜堰市志远节能炉业设备制造厂	2010 年通过 ISO 9001 质量体系认证
80	安平县德益金属复合材料有限公司	2011 年通过 ISO 9000 质量体系认证
81	易趋宏挤压研磨机械(上海)有限公司	2010 年通过 ISO 9000 质量体系认证

〔供稿单位:粉末冶金分会秘书处〕

企 业 概 况

——粉末冶金零件行业主要企业介绍

上海汽车粉末冶金有限公司

上海汽车粉末冶金有限公司原名上海粉末冶金厂，1965年5月建立，为国内最早的粉末冶金专业厂家之一。公司1993年更名为上海合众汽车零部件公司粉末冶金厂，2002年更名为上海汽车股份有限公司粉末冶金厂，2006年9月更名为现在的上海汽车粉末冶金有限公司，为独立法人企业。公司隶属于上海汽车工业（集团）总公司，受上海华域汽车系统有限公司直接领导。

公司占地面积25 210m^2，建筑面积24 000m^2，是我国规模最大的汽车专业粉末冶金产品制造厂家之一，已有48年的发展历史，具有28年为轿车配套的经验，90%以上的产品配套于汽车领域。公司主要的整车客户有上汽、上海大众、一汽大众、上海通用、奇瑞汽车、长城汽车和东风汽车等。公司产品还出口到美国、巴西和加拿大等国家。

公司拥有一支较强的技术研发队伍，有技术人员48人，其中，高级工程师6人，工程师22人。公司拥有自主开发设计能力，秉承高技术、高品质、诚信第一的理念，依据客户的需求，为客户设计生产高品质的产品。公司以优异的高技术能级，不断开发新型产品，始终保持了粉末冶金行业的领先地位。公司自主开发粉末冶金制品制造工艺技术，拥有专利34项。随着汽车工业的发展，新材料、新工艺正快速应用于汽车零部件的设计中，供需双方密切合作、联合开发已成为一种趋势，产品开发已经从原来的来图加工发展到生产厂家与客户进行联合开发、同步开发。在转子类产品的开发中，公司在与客户积极沟通的基础上，为客户提供设计齿形、流量和高度计算、模拟验证及安装空间和工况条件的设计修正等，做到了真正意义上的与客户联合开发，提升了企业的自主研发和创新能力。公司同时拥有较强的模具设计能力和先进的模具制造能力。

以该公司为依托单位，联合同济大学和上海理工大学共同组建的上海市粉末冶金汽车材料工程研究中心已经顺利通过了上海市科委的专家验收。该中心充分发挥地区性产学研联合的优势，为研发新型汽车粉末冶金材料起到了重要作用。

公司在国内同行中率先通过ISO 9000、QS 9000、VDA6.1和TS 16949质量体系认证，并且通过大众（中国）、上海大众和一汽大众等汽车整车厂的A级质量能力和众多汽车部件厂的A级质量能力评审。公司熟练运用APQP、PPAP及QPN等开发产品的工作程序，拥有较为完备先进的检测和试验手段，能够满足产品理化性能和几何精度检测控制及新工艺、新材料研制的需要。

公司生产的主要零件为：

（1）发动机配件。带轮、链轮、凸轮轴轴颈、曲轴轴承盖、油泵齿轮、油泵转子及真空泵组件。

（2）变速器配件。手动变速器同步器齿毂、自动变速器行星齿轮支架、法兰盘及变速滑块拔叉。

（3）转向器配件。轮毂、导向挡块及可变管柱组件。

（4）空调器组件。

（5）底盘配件。减振器组件、ABS齿圈及排气组件。

公司的市场定位为：大力发展汽车传动类零件，如转子、齿毂及带轮等；适度发展园林机械类传动零件；限制发展家用电器用粉末冶金零件；探索发展粉末冶金热锻技术和温压工艺。

公司的宗旨为：通过清晰市场定位，发挥技术优势，争取国际大用户，使公司成为我国第一、世界领先和最可信赖的汽车传动类粉末冶金零件的优秀供应商。

公司愿景为：通过集中优质客户、减少品种和增大批量，运用流水线生产方式，发挥规模化生产优势。促进技术持续提升，通过自身发展、产学研结合及上下游产业关联合作的形式，保持公司在汽车传动类零部件行业的领先地位。

公司总体规划为：精益投资，分步实施，实现公司的“十二五”发展规划。

上海汽车粉末冶金有限公司在总经理邵健的领导下，坚持企业生产经营以转变理念为先导，以人本管理为核心，以强化质量为根本，以细化成本为抓手，围绕“高质量、高效率、低成本”的企业目标，进行结构调整和科技创新，在创新中发展、在发展中转型、在转型中提升，使公司成为我国第一、世界领先和最可信赖的汽车传动类粉末冶金零件的优秀供应商。

重庆华孚工业股份有限公司

一、企业简介

重庆华孚工业股份有限公司（简称华孚）创建于1954年，占地面积20万m^2（300亩），总资产3.5亿元，是一家生产各种中高强度粉末冶金零件和汽车用机油泵、缸盖、进气歧管、同步器总成、凸轮轴总成为主的专业制造商。公司粉末冶金制品年生产能力2万t,铝合金制品年生产能力4 000t,机油泵总成100万套,凸轮轴总成100万套,同步器总成100万套,摇臂总成100万件。公司现已形成22大系列主导产品,并成功研发和制造了500多种汽车零部件产品,为国内外汽车动力总成、变速器总成、通用机械和制冷机械等提供配套。公司的产销量已位居同行业前列。

华孚秉持50多年的研发经验,并一直坚持"用先进的技术工艺为客户创造价值"的理念,为客户提供人性化的服务。公司专业的研发团队运用CAD、CAPP、PDM、CAM等设计制造开发平台,为产品研发提供技术支持。

在华孚技术中心,汇集了一大批拥有丰富经验和先进技术的高素质员工,建立了六个各具竞争力的独立开发团队,分别负责处理各类典型的粉末冶金及铝合金产品的特殊需求,不断地开发先进的技术工艺。如烧结硬化技术、分段充填成形技术、粉末冶金组合连接技术、粉末冶金熔渗技术、CNC成形技术、铝合金进气歧管可变进气技术及中空粉末冶金组合凸轮轴技术等。公司员工的专业技能得到不断提高,团队的竞争力和凝聚力得到充分展现。

华孚在"以顾客为导向,谋求企业战略性发展"的经营宗旨下,形成了"诚信为本,一切以客户利益为中心"的经营理念,与国际接轨的管理模式与技术研发模式,使华孚的产品逐渐被世界所认可。

二、企业重要事件

1954年,公司创立。

1976年,公司开始进入粉末冶金行业。

1986年,公司生产的空气压缩机密封环、刮油环等粉末冶金制品荣获重庆市优质产品奖。

1987年,公司的"2525锥形轴套研制开发"项目列入重庆市"星火计划";产品开始出口到美国;开始试制汽车粉末冶金零件。

1991年,公司生产的JL462Q型发动机凸轮轴、曲轴正时带轮粉末冶金产品获"七五"全国星火计划博览会金奖;厂长李庆安获"全国优秀星火企业家"称号。

1997年,公司改制为重庆华孚工业股份有限公司;公司获重庆市"重合同守信用"企业称号。

1998年,公司当选为中国机械通用零部件工业协会粉末冶金分会副理事长单位。

1999年,公司通过ISO 9002:1994质量体系认证,并被工商银行重庆分行评为AAA级信用单位。

2000年,公司实现自营出口,进军全球市场;公司被评为重庆市质量效益型企业;公司被认定为重庆市高新技术企业。

2001年,公司被评为重庆市文明单位;公司技术中心被认定为重庆市市级技术中心。

2002年,公司被评为重庆市小巨人型企业;公司采用粉末冶金镶块新工艺生产的摇臂、奥拓轿车电喷进气歧管铸模获国家实用新型专利。

2003年,公司通过QS9000质量体系认证,并获国家级"守合同重信用"企业称号。

2004年,公司与东安实业合资成立了东安华孚股份有限公司。

2005年,公司通过ISO/TS16949:2002质量管理体系认证和ISO10012计量检测体系认证;公司被重庆市定为重要技术标准示范企业;占地面积3.33万m^2(50亩)、位于沙坪坝井口的新厂房开始正式投入生产;公司成为年人均产值达70万元的汽车粉末冶金零部件企业。

2006年,公司信息化、自动化建设取得成效,CAD、CAPP及PDM等技术在公司得到广泛运用;公司连续3年被评为重庆市质量效益型企业。

2007年,公司形成年产粉末冶金零件2万t的生产能力。

扬州保来得科技实业有限公司

一、企业简介

扬州保来得科技实业有限公司是由保来得(香港)工业股份有限公司和扬州盛得机械有限公司共同投资兴建的大型粉末冶金制品生产企业,是世界著名粉末冶金制造商——保来得集团的核心企业之一。公司自1993年投产以来,在决策层的稳健领导和全体员工的努力下,现已发展成为全国最大的粉末冶金含油轴承、机械结构零件生产基地之一。公司占地面积10万m^2(150亩),年营业额超过5亿元,年原材料耗用量约7 500t。

二、主要产品

公司的主要产品为:高精度含油轴承,汽车摩托车发动机、电动工具、家电及办公机械用粉末冶金结构件,电动工具齿轮变速器组件,这些高性能粉末冶金基础零部件为汽车、摩托车、电动工具、仪器仪表、家电、微型马达等多种国家优先支持的行业配套。公司通过对国外先进技术的消化吸收,同时加强集团内部的技术创新,已掌握了生产高密度、高精度、高强度粉末冶金零件的关键技术,产品达到国内、国际先进水平,适应了多种行业对高品质、低成本粉末冶金零件的需求,提高了所配套主机的质量、档次和竞争力。

杭州粉末冶金研究所

一、简介

杭州粉末冶金研究所是中国摩擦材料和粉末冶金行业的龙头企业,隶属于杭州前进齿轮箱集团股份有限公司。1965年建所,为部属厂管二类研究所。

该所拥有先进的科研和生产装备、齐全的检测手段、可靠的质量保证体系（ISO 9001：2000）和强大的研究开发能力，从事各类粉末冶金铜基摩擦材料、铁基摩擦材料、纸基摩擦材料、碳基摩擦材料、半金属摩擦材料、对偶钢件、粉末冶金结构零件、减摩零件以及粉末冶金专用检测仪器和设备的研究、开发和生产，为国内外400余家用户提供产品和技术服务。原中国机械电子工业部粉末冶金制品质量监督检测分中心设在该所。

该所拥有一条压制—烧结摩擦片生产线、一条粉末冶金零件生产线和一条国内唯一的引进喷撒—烧结摩擦片生产线，金属切削和电加工设备及专机42台（套），以及包括微机测控的湿式和干式摩擦磨损性能试验台在内的先进试验、检测设备共60余台（套）。浙江省政府、浙江省科学技术委员会在杭州粉末冶金研究所投资组建了浙江省纸基摩擦材料中间试验基地，专业从事纸基摩擦材料的研究、开发和生产，基地具有年产100万片纸基摩擦片生产能力。

该所开发生产的系列摩擦材料广泛应用于工程机械、农业机械、矿山机械、铲运车辆、重型车辆、通用机械、工业传动设备、船舶、汽车、军工设备、高速铁路机车等机械设备的各种离合器、制动器及传动带。开发生产的粉末冶金零件应用于柴油机、船用齿轮变速器、摩托车、电动工具等主机领域。

建所40余年来，完成国家、省、市下达的科研和新产品开发课题300余项，其中29项研究成果先后获国家、部委、行业、省市科技成果奖。负责参与编制粉末冶金国家标准、行业标准及专业标准19项。申请国家发明专利和实用专利10项。

二、技术引进

1983年6月，该所正式与奥地利米巴公司签署“粉末冶金摩擦片技术引进协议”。1984年8月开始实施，10月引进设备到厂，11月奥方专家来厂指导、安装和调试设备。1985年1月，用引进设备生产的喷撒摩擦片送国内有关用户装机考核试验和台位试验，5月完成米巴公司台位上的考核试验，均达到了预期效果。此后喷撒摩擦片转入正常批量生产。合同正式生效后，该所分先后两批、共13人赴奥地利米巴公司进行技术培训。

三、产品获奖情况

该所产品获全国科学大会奖2项，获部级科技成果奖7项。

1987年，静电纺纱高速轴承和铜基粉末冶金摩擦片获全国科学大会奖；1985年，喷撒法铜基粉末冶金摩擦片获机械工业部科学技术进步奖二等奖；1986年，HF－85WT型湿式烧结金属摩擦材料摩擦性能试验台获机械工业部科技进步奖二等奖，摩托车传动轴内外套获国家机械委通用机械局粉末冶金行业优秀新产品奖，H2A涡轮增压器止推轴承获国家机械委通用机械局粉末冶金行业优秀新产品奖；1989年，GB 6804—86烧结金属衬套径向压溃强度测定法获机械电子工业部科技进步奖三等奖；1991年，59－2A式中型坦克主离合器新型摩擦副获机械电子工业部科技进步奖三等奖，大型静电除尘器承磨片获机械电子工业部重大装备国产化科技进步奖二等奖。

海安县鹰球集团有限公司

一、公司简介

海安县鹰球集团有限公司（简称鹰球集团）创办于1985年12月，经过20多年的滚动发展，现已成为全国最大的粉末冶金制品生产企业之一，综合经济指标位于全国同行业前列。公司现为江苏省高新技术企业，中国机械通用零部件工业协会粉末冶金分会副理事长单位，中国金属学会、中国机械通用零部件工业协会粉末冶金标委会委员。

鹰球集团现占地面积8万m^2，建筑面积6万m^2，拥有四个厂区，总资产超过2亿元。公司拥有从美国、瑞士、法国等国家和中国台湾引进的先进生产设备和检测设备。主导产品包括各种粉末冶金精密含油轴承，粉末冶金中高强度齿轮、结构零件，高比重合金制品，不锈钢制品，金属粉末，高导、低损耗铁氧体软磁磁芯等。产品主要应用于各种微特电机、汽车、摩托车、电动工具、家用电器、通信器材、电子设备、纺机、农机及其他工业领域，为国内外多家知名企业的名牌产品配套。

鹰球集团先后通过ISO 9000质量管理体系认证和ISO 14000环境管理体系认证，建立了“江苏省粉末冶金新材料工程技术研究中心”，公司研发的产品和自制设备获得十多项国家专利，每年开发数百个新型号产品，多项产品被国内外多家客户列为免检产品。

目前，鹰球集团组织研制开发的稀土铜包铁合金含油轴承、粉末冶金高温自润滑轴承等产品，分别被评为国家级重点新产品、江苏省高新技术产品、江苏省名牌产品，荣获江苏省科技进步奖二等奖、南通市科技进步奖特等奖。公司多项产品打破了国外的技术封锁，填补了国内空白。鹰球集团正在实施的“民技军用”项目——“高性能粉末冶金精密微成形技术在武器装备生产中的研究与应用”，获得国家国防科工委项目资助，为增强企业核心竞争力积累了新的后劲。

面向21世纪，鹰球集团凭借20多年从事粉末冶金零件开发生产的经验，继续勇攀高峰，制定了中长期发展规划。公司将加大粉末冶金新产品、新工艺的研发投入，加速企业科技创新和企业技术改造，研发高性能、高质量的粉末冶金零件，开拓粉末冶金零件新的应用领域，满足客户对粉末冶金高端产品的需要，使公司成为具有国际水平的粉末冶金新材料、新产品的生产基地。

二、历史沿革

海安县鹰球集团有限公司创建于1985年12月，隶属于海安县文化系统，创建时工厂名称为海安县仪表粉末冶金厂（前身为海安县现代化教学设备厂），创办之初只有3间平房，几台压力机，共6人，全年产值9万元。1988年，工厂整体搬迁至永安中路38号，新征土地面积超过1 800m^2（2.8亩），年生产产品1 200多万件，年创产值61万元，利润18.3万元。1992年，公司更名为海安县鹰球粉末冶金有限公司。

1996年，企业改制成功，组建海安县鹰球集团有限公司，主导产品从单一产品发展到包括粉末冶金含油轴承、结构件、金属粉末、合金制品、软磁磁芯五大类800多种规格型号。1998年，公司启动技改项目，总投入1 800万元，引进国外先进设备及检测仪器，改造和新建厂房面积8 400m^2。企业被评为江苏省高新技术企业，江苏省建行AAA信用单位。

1999年，公司完成销售收入3 032万元，利税300万元，并被选为中国机械通用零部件工业协会粉末冶金分会理事单位。公司在海安工业园区内新征土地面积4.67万m^2（70亩），先后实施了2 600万元和2 800万元的技术改造项目，并从永安中路38号陆续搬迁至海安工业园区内。

2004年，公司被选为中国机械通用零部件工业协会粉末冶金分会副理事长单位，工业园区内科技大楼建成并全面投入使用，全年完成销售收入1.4亿元。

2009年，公司实现销售收入4.1亿元，实现利润1 500多万元。

诸城华日粉末冶金有限公司

诸城华日粉末冶金有限公司是1994年由山东诸城市龙昌粉末冶金股份有限公司与日本东邦亚铅株式会社、日本群马友好贸易株式会社共同投资创建的中日合资企业，注册资本484.5万美元，是集科研开发、生产制造、销售服务为一体的高新技术企业。公司致力于科技兴企的经营理念，建立以市场需求为导向的营销模式，依靠科技进步，加快提升产品自主创新能力，努力提升技术实力和品牌形象。经过10多年的发展，公司现有员工868人，各类中高级专业技术人员218人，公司固定资产达到2.9亿元，现已成为国内规模较大、现代化程度较高、发展速度较快的粉末冶金企业之一。公司被国家科学技术部认定为“重点高新技术企业”、项目认定为“国家级火炬计划项目”，被人民日报社评为“中国明星三资企业”，被中国机械联合会认定为机械工业粉末冶金制品标准化技术委员会委员，当选为中国机械通用零部件工业协会粉末冶金分会副理事长单位，被省工商行政管理局授予“重合同、守信用企业”和“中国企业信誉AAA级单位”，公司技术中心被省经济和信息化局评定为省级技术中心，产品被山东省技术监督局评定为“山东省名牌产品”。自1999年以来，先后通过ISO 9000质量管理体系认证、ISO 14001环境管理体系认证和OHSAS18000职业健康安全管理体系认证，并被评为AAAA级标准化良好行为企业。

公司拥有一支高素质的研究、开发、生产设计等方面的专业化队伍，技术研究开发力量雄厚，从国外引进先进成套设备及现代化的模具制造中心，建有两条技术水平高的粉末冶金生产线，处于国内领先水平。

公司的主导产品为粉末冶金制品，主要包括目前国际上最先进的“三高”产品，即高密度、高精度、高强度系列产品，产品竞争力强，技术水平处于国内领先水平。主要产品有粉末冶金偏心轮、汽车发动机轴承盖、气门导管、阀座、同步带轮、带轮、机油泵齿轮，各种铁铜基含油轴承及轿车用起动机超精细粉末冶金主动齿纶等系列产品。产品广泛应用于汽车、摩托车、家用电器、办公自动化设备、机床、电动工具、仪器仪表、农业机械、工程机械、石油机械、纺织机械等领域。公司的磁性材料产品一直大批量出口，而且出口量每年都在大幅度增长。出口的主要国家有日本、美国、加拿大、澳大利亚及菲律宾等国家及中国香港和中国台湾地区。国外一些著名的企业都在使用公司的产品。公司产品受到了国内外客户的广泛好评。

公司建有省级技术中心，各项科研设备先进齐全，技术力量雄厚，投入大量科研资金用于研究开发新产品和进行产品技术升级。公司的粉末冶金产品项目被列入“国家级火炬计划”、“星火计划”、“产学研项目”等各类国家级科研项目20多项，科研单位和企业合作完成开发计划20余项，获省市级科技进步奖若干项，开发各类新型粉末冶金产品100多项，获得各种专利30项。产品的销售量持续上升，市场占有率逐步提高，推动了粉末冶金行业的技术水平提升和发展。

“诚信经营铸造品牌，开拓创新成就未来”，面对成就和挑战，公司全体员工将努力进取，为中国粉末冶金行业的发展做出更大的贡献。

辽宁兴城粉末冶金有限公司

一、公司简介

辽宁兴城粉末冶金有限公司（兴城市精锻齿轮厂）成立于1996年12月14日，现有资产1亿元，占地面积10万m^2，建筑面积66万m^2，拥有六个车间，各类设备500余台（套），员工总数480余人（各类专业技术人员占20%）。公司地处风景优美的渤海之滨，交通十分便利。公司是中国锻压协会会员单位，中国机械通用零部件工业协会粉末冶金分会理事单位，与中南大学、东北大学等国内知名院校有着长期稳定的技术合作关系。

公司秉承“品质成就卓越”的经营理念，狠抓产品质量，努力为广大客户创造最大的价值。公司以振兴东北老工业基地为契机，大力进行技术升级改造，努力将粉末冶金零件及精锻汽车零部件做精做强。公司热忱欢迎新老顾客到公司光临指导，同时期望与您携手合作。

二、主要产品

1. 粉末冶金制品

公司生产的各种中高强度异形零件，为汽车、电动工具、机床、电机、摩托车、纺织机械等行业配套，年生产能力5 000t。

2. 精锻同步器齿环

该产品曾获得国家星火计划金奖，主要为各种轻型、重型车辆配套，年生产能力为500万件。公司被一汽集团评为精锻同步器齿环的优秀供应商。

3. 精锻行星、半轴齿轮

该产品为葫芦岛市名牌产品，可为各种轻型、重型车辆配套，年生产能力为200万件。

三、生产线及主要设备

1. 模具加工设备

公司拥有三轴高速加工中心、慢走丝线切割机及电火花成形机等设备。

2. 生产设备

公司拥有日本和中国台湾生产的全自动粉末压形机、网带式烧结炉、全自动渗碳炉、200～2 500t摩擦压力机、成形磨齿机、蜗杆磨齿机、滚齿机及数控车床等多种设备。

3. 检测设备

公司拥有三坐标测量仪、万能工具显微镜、金相显微镜、显微硬度计及粗糙度检测仪等多种检测设备。

北京天桥粉末冶金有限责任公司

北京天桥粉末冶金有限责任公司是国内第一家专业生产粉末冶金制品的企业，已有50多年的历史。公司占地面积1.43万m^2，建筑面积1.1万m^2，拥有固定资产原值3 354万元。现有职工208人，其中工程师以上职称的29人。主要生产设备130多台，其中由日本、美国引进的专用设备9台，计量检测设备45台。1983年，公司从日本住友电工公司引进粉末冶金高精度、低噪声含油轴承生产线，获北京市引进技术消化及创新二等奖。公司于2003年通过ISO 9001:2000质量管理体系认证，又于2008年12月通过ISO/TS 16949:2002质量管理体系认证。公司主导产品包括以汽车粉末冶金零件为主的铁基结构零件，各种规格的高精度低噪声铁基、铜基含油轴承，固体润滑镶嵌轴承、轴瓦，锶铁氧体永磁材料，铜基过滤元件，节能型磁性分离器，中、高压烧结式滤油器，不锈钢零件，锅炉用雾化器、雾化片等。

多年来公司重视新产品开发，始终与科研院所保持合作。公司与北京科技大学共同研制的Fe－Cu－C复合添加剂、易切削钢粉获国家五部委颁发的国家重点新产品奖，与北京科技大学共同开发研制的出炉辊道固体润滑剂镶嵌轴承获国家级新产品证书。公司与机械部设计院共同设计、开发、研制了以粉末冶金零件为核心部件的机床附件产品；节能型磁性分离器和滤油器，其中节能型磁性分离器获北京市经委技术开发项目三等奖。公司与北京汽车研究所共同开发研制的环保产品PCV阀体获北京市机械局科技进步奖三等奖。

为加速汽车用粉末冶金机械零部件的国产化，公司与天津一汽夏利汽车股份公司内燃机制造分公司、天津汽车齿轮有限公司共同开发研制了多种高强度、高精度、形状复杂的汽车用粉末冶金铁基结构件，大量替代进口。公司现已成为天津一汽夏利汽车股份公司内燃机制造分公司、天津汽车齿轮有限公司的定点配套生产厂家。公司汽车粉末冶金结构件产品的年产量在北京居首位，年销售额约占华北地区的80%。

为保证产品质量和良好的信誉，多年来公司非常重视人才的培养和工艺装备、检测设备的更新改造。多次派人员到日本、美国、韩国学习模架、模具的加工技术，引进200t压力机及模架、部分产品的模具等；更新模具生产专用设备，使公司具有各种工艺装备的设计能力和异形复杂模具的加工能力；具有生产产品所需的性能测试、金相组织及化学分析的检测手段；具有测量、测试用仪器、量具，包括检测产品精度、模具精度用的投影仪及气动量仪等先进检测设备。这些为确保产品质量打下了坚实的基础。

50多年来，公司从只生产粉末冶金简单配件的街道小厂，发展到现在以生产汽车零件为龙头的多种产品全面发展的新型有限责任制企业，始终离不开以董事长、总经理为首的团结、奋进的领导集体，离不开兢兢业业为粉末冶金行业发展做出贡献的技术专家，离不开蓬勃向上、热爱粉末冶金事业的技术业务骨干和良好的职工队伍，更离不开与公司密切合作、互利双赢的用户。公司将继续奉行“质量第一、信誉至上，一切为用户服务”的宗旨，为粉末冶金行业的发展做出新贡献。

宁波东方加热设备有限公司

一、公司介绍

宁波东方加热设备有限公司创建于1958年，已有50余年生产各类加热设备的历史。现是中国钢协粉末冶金分会副理事长单位，中国机械通用零部件工业协会粉末冶金分会理事单位，中国电器工业协会电炉及工业炉分会会员单位，中国仪器仪表协会实验室仪器分会常务理事单位。

公司主要产品有各类电、燃油、燃气和蒸汽加热的恒温干燥设备，各类工业电炉及环境试验设备。擅长按用户不同的工艺需要设计制造符合特殊要求的产品。20世纪70年代起，公司就以生产大型、非标准烘箱类产品形成优势特色。90年代末,率先开发了新颖的网带式烧结炉和填补国内空白的年产3 000t的铁粉二次还原炉,并以新一代的粉末冶金专用电炉领先于国内,提升了我国粉末冶金专用电炉水平,替代了进口,改变了依赖国外设备的状态。公司"红白菱"品牌的恒温干燥箱、固化炉、粉末冶金专用电炉等,在电机、变压器、摩擦材料、化工氯碱,乃至航天航空、粉末冶金新材料等领域享有很高的市场知名度。

公司生产的粉末冶金专用电炉主要有烧结炉、蒸汽处理炉和铁粉二次还原炉三个炉种。烧结炉有多种规格的网带式烧结炉、推杆式烧结炉及加压式烧结炉;蒸汽处理炉有直径ϕ1 200mm和ϕ650mm两种规格;还原炉有年产3 000t、5 000t和7 000t三种规格的钢带连续式铁粉精还原炉,以及用于铜、钴、镍等其他金属粉末的还原炉。公司产品行销全国,有部分产品出口到美国、韩国及印度等国家和中国台湾地区。

经过多年来的创新改进,公司在产品性能、工艺适应性以及产品的可靠性等方面,都有了进一步的改善和提高。公司还根据粉末冶金工艺需要开发了用于注射成形的高温步进梁式烧结炉和烧结硬化用的快速冷却装置。

公司现有职工160人,其中工程技术人员占15%。拥有较强的产品开发设计力量和工艺制造能力,具有先进的质量监控手段,已通过ISO 9001:2000质量认证,运用质量管理体系全面控制产品质量。

公司将坚持技术创新,以国内领先的高品质产品和诚信务实的服务,为我国粉末冶金工业继续发展作出新的贡献。

二、公司大事记

1998年5月,公司被列入宁波市企业产权制度改革试点单位,由公有制的宁波电热烘箱厂改制成宁波东方加热设备有限公司。

2000年3月,公司试制成功新颖的、国内领先水平的网带式烧结炉。

2001年11月,公司加入中国机械通用零部件工业协会粉末冶金分会和中国钢协粉末冶金协会。

2001年12月,公司试制成功国内第一台年产3 000t二次铁粉还原炉,填补国内空白,替代进口产品。

2002年4月,公司通过ISO 9001:2000质量管理体系认证。

2006年2月,公司生产的RHD－3A型3 000t/a钢带式铁粉二次还原炉荣获2005年度中国机械通用零部件工业协会粉末冶金行业优秀新产品奖特等奖。

2007年1月,公司当选中国钢协粉末冶金分会第四届理事会副理事长单位。

2007年5月,公司研制开发出用于金属粉末注射成形的高温步进梁式烧结炉。

2008年8月,公司迁至新厂房,占地面积12 000m^2,建筑面积13 500m^2。

黄石赛福摩擦材料有限公司

黄石赛福摩擦材料有限公司始建于1966年,1999年改制,现为有限责任公司。公司主要为国内外汽车、工程机械厂家提供配套的摩擦材料制品。公司设有技术中心,拥有先进的检测手段和雄厚的产品研发能力,主要从事新产品、新工艺的研发。公司已通过ISO 9001和ISO/TS 16949质量体系认证。

公司主要产品有铜基、铁基、纸基、碳基、喷钼、半金属及无石棉等3 000余种摩擦材料制品,广泛应用于汽车、工程机械、船舶等主机的离合或制动系统,取得了较好的经济效益和社会效益。公司生产的铜基产品曾多次被评为国家优质产品,纸基摩擦材料在2000年被国家科技部评为国家新产品,碳基摩擦材料在2004年被中国机械通用零部件工业协会评为优秀新产品特等奖,风电联轴器摩擦片2008年被中国机械通用零部件工业协会评为自主创新优秀新产品特等奖。公司被中国摩擦密封材料协会评为"2006—2010年度科技进步先进单位"、"综合实力21强企业",被中国机械通用零部件工业协会评为"2007—2008年度自主创新先进企业"。"黄摩"牌产品被评为"湖北名牌产品","黄摩"注册商标被认定为"湖北省著名商标"。2008年公司被评为国家级高新技术企业。公司在黄石市山南工业园增购近百亩厂地,正在兴建厂房,拟将老厂区全部迁到新厂区。

莱州市粉末冶金总厂

莱州市粉末冶金总厂是粉末冶金零件专业制造商,中国粉末冶金行业骨干企业。企业成立于1984年,占地面积6.5万m^2,建筑面积5万m^2,总资产1.2亿元,现有员工500余人,其中工程技术人员50人。2009年销售额超亿元。企业设有粉末冶金研究所和计算机信息管理中心。

公司设备精良,拥有瑞士、日本进口的具有国际先进水平的慢走丝和电火花等模具加工设备10台,10～1 000t各种规格的粉末冶金机械压力机、液压机80余台,氮基保护气氛的网带式和推杆式高温烧结炉及水蒸气处理炉、热处理炉等专用设备12台,各种CNC切削加工设备120多台,各种理化检测设备20多台,组成先进的粉末冶金零件生产线。企业采用先进的ERP管理软件,同时引进6S管理、TPS

管理、六西格玛管理及品管圈管理等先进管理模式，强化整体管理机制，为向客户提供优质优价的产品奠定了基础。工厂年产各种铁基、铜基粉末冶金零件 5 000t/3 000 万件，为国内外汽车、摩托车、家用电器等行业配套，其中多项产品荣获国家级新产品称号和山东省科技进步奖，产品大量出口美国、日本、欧盟、南美等国家和地区，是多家国际知名汽车零部件公司的 OEM 供应商。

公司于 2003 年通过 ISO 9001 和 ISO/TS 16949 质量体系认证。开拓创新的精神，科学严谨的管理，先进可靠的设备，优质高效的服务，满足了客户对高质量产品的需要。

公司竭诚欢迎国内外朋友来厂洽谈合作，交流技术，共谋发展。

天通吉成机器技术有限公司

天通吉成机器技术有限公司（缩写 TDG - MT），于 2002 年由天通控股股份有限公司（天通股份：600330）投资设立，是天通公司电子材料、电子元器件、专用装备三大核心产业之一。

公司是在 1952 年成立的国有海宁机床厂、1975 年成立的国有海宁第一轻工机械厂和 1995 年成立的海宁三强精密机械有限公司 3 家企业基础上，重组而成的专用成套装备制造企业，是国家高新技术企业。

公司位于浙江省海宁经济开发区，注册资本 2 566 万美元，占地面积 12.8 万 m^2，一期建筑面积 6.5 万 m^2。公司现有各类加工设备 288 台（套），其中大型关键设备 52 台（套），检测设备 32 台（套）。

公司致力于粉末成形压力机、数控铣镗机床、精密模具和环保、电子、新能源等专用成套设备的研发、制造、销售及服务。

公司与三菱综合材料技术株式会社和日立工业设备技术株式会社分别设有合资公司，致力于粉末成形压力机与 TFT - LCD 专用设备的研发。近年来与三菱、日立的技术合作，在环保、新能源、半导体专用装备方面又有新的拓展。

公司遵循“品种、质量、成套、服务”的宗旨，崇尚“客户为中心”的经营理念，弘扬“自信、诚心、创新”的企业精神，以“做精专用机床、做特环保设备、做专电子设备”为目标，严格按照 ISO 9000 和 ISO 14000 的要求，规范运营与管理，为客户、股东、员工和社会创造价值，实现健康长期发展。

南通富仕液压机床有限公司

南通富仕液压机床有限公司成立于 2002 年 9 月，是专业研发、生产粉末制品成形液压机及模架的高技术企业。产品主要应用于粉末冶金、电子陶瓷、磁性材料、硬质合金、复合材料等相关行业。公司通过数年的发展，现已成为加工和检测手段完善、产品系列齐全、研发队伍专业和服务团队精良的现代企业。

公司位于江苏省如皋市九华镇，占地面积 3.4 万 m^2（51 亩），建筑面积近 2 万 m^2，最大起重能力 32t，拥有主、关键设备近 80 台（套）。公司生产的液压机性能先进，模板采用龙门式加工中心镗孔，压力机梁采用数控龙门铣及落地式镗铣床加工，液压缸内孔采用特殊的滚压硬化工艺，以提高其耐磨性。

公司主要产品有 FS79Z 系列（四柱式）压力机及 FS79ZK 系列（框架式），规格有 400kN、1 000kN、1 600kN、2 000kN、2 500kN、3 150kN、4 000kN、5 000kN、6 300kN、8 000kN、10 000kN、12 500kN 及更高吨位，模架结构有上 1 下 1、上 1 下 2、上 2 下 2、上 2 下 2.5、上 2 下 3、上 2 下 3.5、上 3 下 3、上 3 下 3.5、上 3 下 4、上 4 下 4 等。其中下 2.5、下 3.5 为公司专利技术，专利号为：ZL2007 20151552.8。送料机构专利号为：ZL 2007 20151553.2。

压力机为公司总结国内外同行先进技术与工艺独立研发的产品，已出口到东欧及中国台湾地区，并在中国台湾设立总代理。公司通过数年的发展，“富仕液压”的品牌已有一定的市场影响力，获得用户好评。

公司依托多年服务于粉末冶金行业所积累的丰富经验，培养了熟悉行业发展动态、掌握粉末冶金成形工艺技术的科技服务队伍及压力机研发、改进、制造团队。

“为粉末冶金行业提供优良的装备”一直是公司的宗旨，公司将为之不懈努力！

重庆华浩冶炼有限公司

重庆华浩冶炼有限公司是重冶集团公司深化企业改革、整合优质资产而组建的新企业，成立于 2002 年，是集有色金属粉末产品、金属过滤材料、无氧铜材和电磁线生产、销售于一体的综合性企业，是重庆机电股份有限公司在中国香港上市的子公司，也是我国生产有色金属粉体材料的著名企业之一。公司地处重庆市南约 80km 的綦江县三江街道，毗邻渝黔、渝湘高速公路，渝黔铁路在三江站有专用支线直达公司料场，交通十分便捷。公司经过多次技术改造升级和产品的自主创新，近几年产品品种及生产规模取得了飞速的发展。

公司主营有色金属粉体材料和铜线材产品。年产电解铜粉4 000t，青铜粉、锡粉、青铜复合粉等其他有色金属和合金粉末2 000t，水雾化铜粉及预合金粉2 000t，铜材13 000t，电磁线1 000t。年销售收入5亿元。

2009年7月，公司投资1亿元进行"铜及铜基粉末生产技改"扩能项目。项目经重庆市经济委员会批准立项，是重庆机电股份公司上市募集资金使用的"十大"投资项目之一。2010年6月，公司依靠自身技术力量和生产经验进行工艺设计，选择先进的技术和设备，成功完成一期工程建设。二期工程正进入筹备动工阶段。二期工程完成后，将年产电解铜粉8 000t，各种有色金属和合金粉末12 000t。

公司具有较强的技术研发能力和完善的检验检测手段，建立了ISO 9001:2000质量管理体系。主要产品电解铜粉、铁青铜复合粉均为"重庆市名牌产品"，电工用铜线坯和纯铜线获"重庆知名产品"称号，"川星牌"系列产品已成为国内知名品牌。公司拥有铁青铜复合粉生产制备方法专利。2006—2008年，公司连续三年获"重庆企业100强"称号。2009年，公司获重庆市"建国60周年功勋企业"称号。

山西黎城粉末冶金有限责任公司

山西黎城粉末冶金有限责任公司位于黎城县黄崖洞镇，207国道、309国道及长邯高速公路穿境而过，交通便利。公司总部距长治市100km，距太原市200km。公司是集采矿、选矿及还原铁粉生产为一体的综合性企业，下辖4座矿山，6个分公司，年生产能力为原矿150万t，精矿粉40万t，超纯矿粉8万t，还原铁粉3万t。公司注册资本4 672万元，总资产3.6亿元，现有员工2 800余人，其中各类专业技术人员312人。

公司主导产品为低硫、低磷优质铁精矿粉，超纯矿粉，还原铁粉等。

公司始终坚持"诚信为本、质量第一"的经营方针和"整合资源配置、综合开发利用"的科学发展观，按照"依托矿、延伸矿、跨越矿"的发展思路，贯彻"发展中不忘稳健，稳健中寻求发展"的发展理念，加快产业结构调整步伐，走资源综合利用之路。坚持以当地矿产资源为依托，以新项目研发为方向，以发展粉末冶金新型材料为重点，引技术，扩规模，逐步实现由生产高级产品向生产高端产品的目标跨越。现已形成采矿—选矿—超纯矿粉—还原铁粉及超纯矿粉—超纯超细矿粉—橡塑磁粉—橡塑材料制品两大主导产业链条良性循环的规模经济新格局，成为山西省最大的集铁矿采选和新型粉末冶金材料生产为一体的综合加工基地，跻身长治市新百强调产和山西省百强调产重点企业之列。

公司先后获得"山西省优秀中小企业"、"长治市优秀企业"及全国"模范职工之家"等荣誉称号。2004年公司通过ISO 9001:2000质量管理体系认证。2003年公司被国家统计局评为"全国工业重点行业效益十佳企业"，2004年公司被认定为山西省首批"高新技术企业"，2006年公司被长治市委、市政府表彰为"民营经济发展特级明星企业"。

湖南顶立科技有限公司

一、企业简介

湖南省顶立有限公司创建于1999年，注册资本1 982万元，主要从事粉末冶金新材料制造装备的研发、生产和营销。2006年，公司引入崇义章源投资控股有限公司和新的自然人股东，共同组建成湖南顶立科技有限公司。公司主营业务为粉末冶金新材料装备和新能源材料装备的制造，主导产品包括铁铜基粉末冶金制品、钨钼和硬质合金、新能源动力电池材料的生产及真空热处理设备。

二、主要产品

1. 粉末冶金材料制造装备

公司生产无舟皿带式超细金属粉末还原炉、管式还原炉/烧结炉、真空脱脂炉、真空烧结炉、真空脱脂烧结淬火一体炉、高压水雾化制粉系统、压力烧结炉、网带炉、钼丝炉、中频烧结炉及脱脂炉等粉末冶金设备，应用在铁铜基粉末冶金、钨钼、硬质合金、金属注射成形等领域。

公司产品畅销国内，特别是珠三角地区为公司的重要客户集中地。据统计，该地区有50%以上的粉末冶金烧结炉为"顶立制造"。公司产品已销往美国、俄罗斯、伊朗、巴西、墨西哥、印度及南非等国家和中国香港地区。如株硬集团、自硬公司、厦门钨业、章源钨业、金川公司、金堆城钼业、安华钴业、重庆华浩、德国H. CStarck公司、日本Mabuchi公司、意大利MiniGear公司、南非SHUPOWDER公司及法国领先大都克公司等企业均是公司的客户。

公司装备制造拥有20余项专利，综合实力和技术水平都位居国内前列，是国内主要的粉末冶金装备供应商之一。

2. 真空热处理设备

公司产品包括真空双室油淬气冷炉、高压气淬炉、真空钎焊炉及真空回火炉等设备。目前，公司正与湖南省材料与热处理协会紧密合作，筹建湖南省洁净高效热处理中心，共同推动热处理事业的发展。

3. 新能源动力电池材料设备

新能源动力电池材料合成设备是公司新涉入的领域，

现已规模生产带式磷酸铁锂动力电池材料合成装备、全自动气氛保护推板窑、空气推板窑、回转窑及真空合成设备等。其中无舟皿磷酸铁锂动力电池材料合成带式装备为公司独有技术,具有多项专利,客户反映良好。

三、引进技术及消化吸收情况

公司十分重视引进技术的消化和吸收,并在此基础上创新,形成自主知识产权,赶超国外先进水平。

公司致力于新材料制备技术和先进装备的有机结合。在引进美国超细 WC - Co 复合粉末技术的基础上,进行消化吸收和创新,研制出成套先进装备生产线,成果已实现产业化,技术质量达到国际先进水平。

在引进技术消化吸收的基础上,公司创新性研制成功多管还原炉、无舟皿连续带式超细均匀粉末还原炉、全自动高温钼丝碳化炉、多功能喷雾干燥塔、真空脱脂烧结一体炉、压力烧结淬火多功能炉及超高温粉末球化炉等重大装备,产品技术性能指标达到或超过国外先进水平。

四、装备情况

公司拥有制造粉末冶金新材料装备所需的各种硬件与软件,包括车床、铣床、刨床、镗床、钻床,剪板机、折弯机和卷板机等加工设备,各种焊机、切割机、行车、叉车等生产设备,以及影像仪、真空检漏仪及氧分析仪等检测设备。

五、获奖情况

2009 年,公司被认定为"国家级高新技术企业",荣获长沙市"企业三百之星",并被选定为"长沙县专利示范企业",公司研制的超高温球化装备获"2009 年度长沙市优秀新产品奖"。截至 2009 年年底,公司共获授权专利 26 项,其中发明专利 6 项,实用新型专利 20 项。

宁波汇众粉末机械制造有限公司

宁波汇众粉末机械制造有限公司成立于 2001 年,位于长江三角洲杭州湾南岸著名港口城市——宁波,法定注册地址为宁波市镇海蟹浦广源工业开发区。公司是一家专业生产粉末成形机的国家高新技术企业,是中国机械通用零部件工业协会粉末冶金分会会员单位,也是目前国内唯一拥有自主知识产权的粉末冶金机械制造企业。经过近几年的快速发展,公司已颇具规模,拥有总资产 1.02 亿元,资信状况 AAA 级。公司占地面积16 151m^2,厂区建筑面积 12 000m^2,现有员工 200 余人。公司设有省级工程研发中心,拥有中高级研制人员和技术人员 40 多人,授权专利 30 多项,其中发明专利 12 项。2004 年 12 月,公司获得国家科技型中小企业技术创新基金立项,2007 年度已通过验收。2007 年,公司生产的 FY140 型粉末成形机通过国家级火炬计划项目验收,为省级重点领域首台(套)产品,公司被评为宁波市专利试点企业。2008 年 9 月,公司被认定国家高新技术企业,FY260 - 300 型粉末成形机被认定为国家火炬计划项目。企业经过不断的努力,先后获得多项国家级和地区荣誉:2004 年 12 月获得中国机械工业科学技术二等奖,同年又获得市级二等奖,FY40 型粉末成形机获得国家级重点新产品称号;2005 年 2 月获得市级科学技术进步奖;2006 年 2 月获得区科技进步一等奖;2007 年获宁波市科技进步三等奖;2009 年获得市政府创新特别奖。

经过研发人员的努力,公司首创的 FY 系列粉末成形机产品,达到当代国际同类粉末冶金成形机的精度等级,填补了国内空白,可替代进口设备,且出口前景较好。该机采用机电一体化设计,应用人机对话、计算机自动控制等方式,提高了自动化程度;全自动计算机控制,工效比目前国产压力机提高 2 ~ 3 倍,经济效益十分显著,且价格不到进口同类压力机的一半;同时,该机能成形目前国内压力机无法成形的高密度、高精度、高强度和较复杂粉末冶金零件。FY 系列粉末成形机的整体结构设计、自控系统设计和模架设计都处于国内领先水平,综合技术性能已达到国外同类产品的先进水平,其优异的工作特性完全可以取代进口成形压力机。该机是公司主要产品,应用于粉末冶金领域,是国家重点推广应用新材料的工作母机,为推广使用新材料奠定了坚实的基础。

公司成立以来,为了更好更多地研制生产高精度、高效率、高强度零件的大吨位粉末冶金成形机,已投入技改资金 4 000 多万元,拥有数百台当今国际最先进的加工设备,采用一套完整的管理体系与创新的工艺。公司技术力量雄厚,装备精良,检测手段齐全。由于对粉末冶金成形的原理有了透彻的理解,加之公司研制小组研发实力和技术基础扎实,所以公司能够不断地推出各种型号的系列粉末冶金成形机,并成功应用于各个领域。

自主创新是科技发展的灵魂,也是企业实现更快更好发展的动力源泉。公司要开拓创新,坚定不移地走自主创新之路,全力以赴做好建设创新型企业工作,力争把宁波汇众粉末机械制造有限公司建设成为国内一流、国际上有一定影响力的创新型企业。

扬州市海力精密机械制造有限公司

一、公司简介

扬州市海力精密机械制造有限公司(简称海力精机)前身是扬州市海信纺织机械制造有限公司,2001 年开始涉足粉末冶金行业,生产全自动粉末成形机。2003 年成立扬州市海力精密压铸机械制造有限公司,注册资本600万元,2009年销售收入已达6 000万元。2010年被认定为国家级高新技术企业,拥有29项实用新型专利及发明专利。公司是国家AAA级资信企业,在消化吸收德国、日本等工业发达国家同类先进机型技术的基础上,系统开发了广泛适用于粉末冶金、硬质合金、磁性材料、精密陶瓷和电碳等领域的全自动粉末成形压力机(0.8~500t)、全自动粉末冶金制品精整机(0.8~200t)系列产品及其他配套设备。海力精机现有HPP系列、HSP系列相关T、S、P、F、H、N、JZ等近20多个规格的机械压力机、精整机,产品全部通过了CE认证。公司还提供粉末成形解决方案和成形机智能控制软件等服务,承接各种粉末成形机的大修业务。

精心的设计,精湛的制造,精益的管理,全方位的服务和"我们共同发展让世界更美好"的理念,得到了用户的认可,获得了良好的社会信誉。重庆华孚、东磁集团、日本浦和、保来得、香港裕丰、株硬集团、飞达集团、厦门江鹭及长江集团等许多著名企业都成为了海力精机的合作伙伴。公司将继续大力发扬"自强、进取、开放、创新"的企业精神,坚持技术创新、产品创新、管理创新和服务创新,大力推进产品精品化和市场国际化。通过运用世界上领先的理论和技术、精良的设备和仪器、科学的管理和全体员工的不懈努力,为粉末冶金、电子元件等相关行业提供优质的产品及配套服务。

公司是一个蓬勃发展的企业,以增强客户满意度为宗旨,公司最大的意愿就是和客户共同发展、互利共赢。

二、主要产品

公司主要产品有HPP系列全自动粉末压力机和HSP系列粉末精整机。

(1)HPP系列全自动粉末压力机。该机包括HPP-P、HPP-S、HPP-T、HPP-N、HPP-F及HPP-H系列。其中HPP-P系列、HPP-S系列、HPP-T系列压力机均为中模浮动式。

HPP-P系列压力机特点:脱模位置恒定,曲轴、上冲体为V形导轨,单顶压采用压制凸轮,动力上置式。有HPP-200P、HPP-200PS、HPP-500P、HPP-600P、HPP-800P、HPP-1000P、HPP-1600P、HPP-2600P和HPP-5000P共9种型号。

HPP-S系列压力机特点是:单偏心轮、肘杆、摆臂、上冲体采用燕尾导轨,动力下置式,双顶压(气液缸)脱模位置恒定,无压制凸轮。有HPP-150S、HPP-200S、HPP-250S、HPP-450S、HPP-600S、HPP-1000S和HPP-2000S共7种型号。

HPP-T系列压力机特点;动力下置式,双偏心轮、双连杆、上横梁采用导柱式滑动,压制位置恒定,双顶压,无压制凸轮。有HPP-160T和HPP-500T共2种型号。

HPP-N系列、HPP-F系列、HPP-H系列压力机都是中模固定式。HPP-F系列压力机上冲与下冲联动,HPP-N系列压力机上冲、下冲可单独调整,HPP-H系列压力机为凸轮导柱式高速机。

(2)HSP系列粉末精整机。该机是公司充分吸收和消化国内外粉末冶金制品精整技术,自行设计制造的,可广泛用于各类粉末冶金制品长、外径及内径全精整,为实现一人多机、提高生产效率提供了最佳选择。

三、产品优势

(1)采用机械式强制同步压制,凹模下拉脱模的成形技术,可实现非同时双向加压,保证压制制品坯件的密度均匀性和尺寸一致性。

(2)可显示压制吨位,并带有超压保护功能,可有效保护机器和模具。

(3)上冲具有预加载功能,其行程可调,能够有效克服坯件在脱模时由于膨胀产生的开裂。

(4)采用摩擦片式气动离合器进行离合,由双联阀控制,因而延时较少,稳定性高,并附有制动装置。

(5)采用变频器变频控制,每分钟压制次数可调。

(6)压力机在装粉、压制以及推坯过程中实现全部自动化,精确保证压制坯件重量、尺寸的一致性,同时操作维修方便。

(7)所有的密封件、气动元件、电器元件均采用进口品牌,故障率低,显著提高了整机的稳定性。

四、技术水准

公司在引进消化、吸收美国、日本、德国等先进设备和技术的基础上,先后研制开发了HPP-S、HPP-P及HPP-T等系列全自动粉末成形机及相配套的机械手设备。产品在研制、开发过程中,通过与国内大专院校、科研院所合作,请相关国内外专家来公司指导等方式,不断创新设计,对产品的结构、功能等不断进行优化,研究,开发出的产品已达到或超过国外同类产品水平。

五、获奖和认证情况

2008年3月,海力精机通过国家技术标准委员会关于HPP系列全自动粉末成形机、HSP系列粉末精整机的标准化审议;2008年4月通过出口欧洲强制性安全CE认证,并取得证书;2008年7月获得江苏省民营科技企业协会颁发的证书,同月获得高新技术产品认定证书;2008年8月获得扬州市颁发的"重合同守信用企业"证书;2008年9月通过了中国人民银行南京分行确认的资信评估机构——江苏远东国际评估咨询有限公司的资信等级认证。

〔供稿单位:粉末冶金分会秘书处〕

企 业 概 况

——自主创新先进企业介绍

自主创新推动东睦发展

东睦新材料集团股份有限公司(以下简称东睦)的自主创新是在技术引进的基础上,通过消化吸收引进技术,逐步形成具有自主知识产权的独特核心技术,并在此基础上实现新产品价值的过程。东睦的自主创新之路是与机制创新密切相关的,观念和意识是决策的关键。

一、技术引进和消化吸收

"六五"期间,东睦的前身——宁波粉末冶金厂实施了技术改造,引进国外粉末冶金的先进设备和技术,并先后派遣了30多人次到国外培训,培育了较完整的技术开发队伍。随后的"七五"、"八五"期间,在消化吸收引进技术的同时,不断实施新的技术改造,并开始自主开发市场急需的粉末冶金新产品替代进口产品,为国内引进的冰箱压缩机生产线的国产化做出了贡献。当时东睦的冰箱压缩机粉末冶金零件的市场占有率曾高达90%以上。20世纪90年代起,国内的空调压缩机及高档国际品牌摩托车关键零部件国产化,为东睦的产品自主开发和市场开拓提供了机遇。

二、形成自主研发的机制

公司的自主研发在国内良好的市场需求氛围中得到快速发展。"八五"期间公司的自主研发能力大幅提升,技术水平和竞争能力显著提高。

在空调压缩机零件和摩托车离合器等主要粉末冶金零件国产化过程中,公司的自主研发发挥了主要作用。公司的综合技术能力保证了公司能够持续不断地自主研发,并逐渐形成了公司自主研发的机制。

公司在市场开发、新产品研制、生产保障、研发人员激励等方面协调发展,形成了良好的自主研发机制,保证了公司持续发展的动力,为公司实现自主创新和产品升级创造了条件。

三、管理机制创新助推自主创新的快速发展

为了进一步促进公司的自主创新,公司从制度创新、管理创新着手,加大激励力度。

(1)1995年,公司引进外资成立合资公司,着力解决收入分配问题,加大对自主研发、自主创新的激励力度,突破了原国有体制下的收入分配限制,解决了奖励"瓶颈"的制约,使得核心技术人员、骨干员工和管理人员得到更有效的激励。

(2)2000年,公司导入了股权激励的方式。为进一步激励公司管理层、核心技术人员和骨干员工,成立了由公司管理层、核心技术人员和骨干员工持股的投资公司,持有东睦40%的股份。这大大激发了骨干人员的责任感和积极性,为自主创新和企业发展提供了动力。管理机制的创新加快了公司自主创新的步伐,有多项专利申请了实用新型专利。

四、借助资本市场推进自主创新平台建设

为了推进新产品开发和自主创新,公司先后成立粉末冶金工程技术中心和模具制造中心,加大技术开发和模具制造的技术改造投入。2001年10月,公司的粉末冶金工程技术中心被浙江省科学技术厅认定为"宁波粉末冶金省级高新技术研究开发中心",公司的模具制造中心被宁波市经济委员会认定为"宁波市区模具中心"。

2001年开始,公司着手推进改制及资本市场融资计划,2004年5月公司成功发行股票并在上海证券交易所上市,成为国内粉末冶金制品制造企业中的首家A股上市公司,这也为公司发展带来新的机遇。

公司的募集资金项目,既包括提升公司自主创新能力的项目:合计投资1亿元的"扩建浙江省粉末冶金工程技术中心技术改造项目"和"扩建粉末冶金零件模具制造中心技术改造项目",也包括针对粉末冶金行业方向和市场需求进行技术改造的项目:合计投资约2.5亿元的"建设汽车、摩托车新材料粉末冶金制品生产线技术改造项目"和"扩大环保、节能型制冷压缩机粉末冶金生产能力技术改造项目"。

通过不断实施技术改造和募集资金项目建设,公司已经搭建成了更高起点的自主创新平台,为公司持续、稳定发展奠定了基础。公司于2002年3月被科技部火炬中心认定为"国家重点高新技术企业",2007年9月被科技部火炬高技术产业开发中心认定为国家火炬计划"重点高新技术企业"。

五、瞄准粉末冶金汽车零件市场开发高端产品,实现产业升级

在鼓励自主研发和自主创新的同时,公司积极塑造"东睦"品牌,形成公司的品牌优势,使得公司在制冷压缩机、摩托车、汽车及主要部件行业具有一定的影响力。

为了满足市场多层次的需求,公司通过兼并、收购等方式,在连云港、运城、天津、江门、长春、南京等地设立控股子公司,实现专业化生产,缩短客户服务半径,提升产品服务质量,积极打造“东睦”品牌。同时,集团本部则腾出产能和研发能力,积极开拓高端汽车零件,有效地实施产品差异化生产和集团整体产业升级。

2004—2010年,公司不仅主营销售收入由3.49亿元增长至8.97亿元,产品结构也发生了较大变化。2004年,公司的粉末冶金汽车零件销售额占总销售额的11.2%,摩托车零件销售额占总销售额的27.0%,压缩机零件销售额占总销售额的37.9%;2010年,公司的粉末冶金汽车零件销售额占总销售额的44.2%,摩托车零件销售额占总销售额的9.1%,压缩机零件销售额占总销售额的39.0%。由此可见,汽车产业已成为公司实现增长的最大市场。

近年来,公司已获得2项国家发明专利,另有7项发明专利申请已获受理;有18项新产品获中国机械通用零部件工业协会粉末冶金行业自主创新优秀新产品特等奖;2010年8月,公司设立博士后科研工作站的申请获得人力资源和社会保障部及全国博士后管委会批准。

技术是产业之源,产业创新主要是建立在技术创新基础之上的;自主创新是企业实现产品价值和企业价值,在竞争中处于优势地位的重要手段。东睦的自主创新之路,可概括为“引进技术—吸收消化—自主研发—自主创新—机制激励—投资保障—持续发展”。国家“十二五”期间的调整产业结构、改变增长方式和节能减排等产业政策,将会给中国粉末冶金产业带来更好的发展空间,给东睦带来更大的发展机遇。

〔撰稿人:东睦新材料集团股份有限公司曹阳〕

坚持技术创新　确保企业可持续发展

重庆华孚工业股份有限公司的技术创新可以用“一个中心、两个转移、三种方式、四个层面、五个持续”来概括。具体内容阐述如下:

一、一个中心

一个中心就是技术创新要围绕企业长远发展战略为中心,也就是把企业长远发展战略作为技术创新的目标。

(1)公司通过与各科研院校合作,共同组建了技术研发中心,并在粉末冶金制品的成形、烧结、热处理及铝合金浇注等工艺领域取得较大突破,为掌握当前世界领先的制造技术,为企业的长远发展奠定了技术创新基础。

(2)公司基本具备了现有系列产品的设计研发能力,并可与客户实现同步开发。公司积极引进和培养了一批掌握一定创新技术的设计型人才,以专业制造厂在现有系列产品上的设计能力和制造领域优势,参与了客户的同步开发工作,使公司拥有了自主知识产权的新产品,为企业的长远发展创造条件。

(3)自主研发与公司系列产品相适应的系统、模块、部件或总成类产品。公司将根据客户的需求,结合公司现有的系列产品,通过技术创新,自主研发相应的系统、模块、部件或总成类产品,以提高公司新产品的技术含量和价值,为企业的长远发展提供保障。

二、两个转移

两个转移即一是技术创新重心向研发转移,二是从单一技术向系统技术、关联技术的研究转移。

(1)公司有目的、有方向地投入了一定的资源,完善关键零部件性能实验室,为产品研发和工艺技术研发创造条件。

(2)制定技术创新战略发展规划,把握产品和技术研发的定位。公司将通过调研,结合汽车行业在提高升功率、降低废气排放、实现整车轻量化的总体目标上的定位,制定出企业技术创新战略发展规划,明确提出质量指标、技术指标、经济指标及技术人员的素质比例和获得各种专项奖励的目标,牢牢把握企业的产品和技术研发定位。

(3)运用相关技术,使技术创新从单一技术向系统技术和关联技术转移。公司将继续通过请进来或派出去的方式,造就一批掌握价值工程(VE)分析、有限元分析、试验设计(DOE)、快速成形和仿真技术等工具和技术手段的工程技术人员,确保企业技术创新的重心从单一技术向系统技术和关联技术的转移。

三、三种方式

三种方式即一是自主技术研发和技术引进相结合,二是自主技术研发和社会技术资源相结合,三是应用性研发和基础性研发相结合。

(1)对重点项目及课题,拟定自主技术研发或技术引进的规划。公司对确定的重点新产品开发项目及重点工艺技术研发课题,通过对项目及课题的难度评估和内部技术资源评估,拟定出切实可行的自主技术研发或技术引进的具体规划,确保项目或课题的成功。

(2)充分发挥社会技术资源,提高企业自主创新能力。公司通过提高对全球技术信息资源的搜寻能力、对全球技术资源的利用能力、对企业技术资源与社会技术资源的整合和协调能力,来提高企业自身的技术创新能力。

(3)把应用性研发与基础性研发相结合,全面提升企业的技术创新能力。公司在新产品开发项目和工艺技术研发课题中,把新材料、新工艺、新技术等应用性研发与公司自主的基础性研发相结合,使公司拥用自主知识产权的新产品或技术专利,全面提升企业的技术创新能力。

四、四个层面

四个层面即技术决策层、设计开发层、基础性技术研发层和持续改进层。

(1)以分厂厂长为首,各类技术专家组成的技术创新决策层。公司形成了以分厂厂长为首,由企业内外各类技术专家组成的技术委员会,充分发挥技术委员会在企业技术创新体系中的决策和领导作用,以确保企业新产品开发和基础性工艺技术研发工作卓有成效地开展，确保技术创新体系的有效运行。

(2)以技术中心各产品设计室为主的产品设计开发层。公司充分发挥各个产品设计室的职能，运用PDM技术不断提高新产品开发的质量先期策划(APQP)、生产件批准(PPAP)等工作质量和效率，以确保企业新产品开发的成功率及满足客户的需求。

(3)以专业工艺研究室为主的基础性技术研发层。公司充分发挥工艺研究室的作用，在粉末冶金混粉、压制、烧结、热处理及铝合金浇注等工艺领域有所突破和创新，为公司新产品的开发和老产品质量的提高及节能降耗作出应有的贡献。

(4)以制造部技术人员和技术工人组成的持续改进层。公司充分发挥制造部门工程技术人员和技术工人的作用，形成了一个持续改进的团队，通过技改技革、质量攻关等形式，持续不断地改进设备及工艺装备、完善工艺参数、提高过程能力来提高产品质量、降低消耗，确保技术创新成果的实施和巩固。

五、五个持续

五个持续即确保质量持续改进、技术持续发展、技术人员素质持续提高、科研成果持续积累及企业效益持续提高。

(1)质量持续改进。①过程能力持续改善。②不良品率持续降低。

(2)技术持续发展。①自主研发和客户共同开发的产品日趋增加。②基础技术研究达世界同行业先进水平。③大量应用计算机辅助设计和制造技术。④新品开发失败率大幅下降。

(3)人员素质持续提高。①中高级技术人员比例不断提高。②复合型人才比例不断增加。③技术人员英语水平不断提高。④信息资源搜寻、利用能力大大加强。

(4)科研成果持续积累。①专利技术拥有量持续上升。②自主知识产权的新产品持续增加。③政府支持的新产品数量持续上升。④企业数据库构建日趋完善。

(5)企业效益持续提高。①新产品利润持续上升。②劳动生产率大幅提高。③综合经济指标处于同行业领先地位。

几年来，公司每年投入技术创新和新产品研发资金近千万元，招聘和引进中、高级专业技术人才十多名，并与较多的科研单位和高等院校建立了长期合作和技术交流关系，公司技术中心组建了由国内外汽车发动机专家、粉末冶金材料专家、粉末冶金制品工艺专家、铝合金重力铸造专家等组成的专家技术委员会，为公司技术创新提供了必不可少的资金、人才和技术资源。同时，近年来公司在新技术、新材料、新工艺方面具有新的突破，采用真空烧结工艺、双层材料压制工艺、粉末冶金点焊工艺、烧结硬化工艺等研发制造出较多适用的汽车零部件产品。

总之，公司通过近年技术创新体系的不断完善，现已成为了较为专业的汽车粉末冶金零部件生产企业，在国内外享有较高声誉并已成功进入到世界各大知名企业全球采购体系。

〔撰稿人：重庆华孚工业股份有限公司李庆安〕

提高自主创新能力　开创企业发展新局面

扬州保来得科技实业有限公司(以下简称杨州保来得)是由保来得(香港)工业股份有限公司和扬州盛得机械有限公司共同投资兴建的大型粉末冶金制品生产企业，是世界著名粉末冶金制造商保来得集团的核心企业之一。公司成立于1993年，注册资本2 221.052万美元，占地面积10.7万m^2(160余亩)，是集汽车、摩托车、电动工具、家电、办公机械等粉末冶金机械结构零件以及精密含油轴承的研发、生产、销售为一体的科技型企业。

扬州保来得科技实业有限公司的自主创新是在立足本企业的基础上，通过消化吸收引进技术，逐步形成具有自主知识产权的独特核心技术，并在此基础上实现新产品价值的过程。扬州保来得的自主创新与公司的创新理念和创新机制密切相关，与公司管理层的创新决策密不可分。通过自主创新，扬州保来得实现了以下三大跨越：

第一，总量规模的跨越。从1993年建厂初期的年产值100多万元，到目前年产值近7亿元，公司生产能力、投资规模、主要经济指标一直保持行业领先的稳定增长速度。扬州保来得现已跻身国内粉末冶金制品行业最前沿，成为国内众多粉末冶金制品企业的行业标杆。

第二，产业层次的跨越。依托保来得集团的技术支持，扬州保来得与国内外众多知名企业成为战略合作伙伴。做精做强精密含油轴承的同时，公司产品在汽车、家电、电动工具以及齿轮变速器领域也保持了强劲发展，逐步形成“四业并举，多元发展”的新格局。扬州保来得已经成为国内外各行业企业强有力的合作伙伴。

第三，创新能力的跨越。扬州保来得是国家火炬计划汽车零部件产业化基地骨干企业、江苏省重点高新技术企业、江苏省自主创新型试点企业，并建有省级新型粉末冶金制品工程技术研究中心，科技开发能力和技术装备水平居于国内同行业前列，累计有30余项具有独立自主知识产权的新产品问世，10余件产品获得“省级高新技术产品”称号。

总结扬州保来得自主创新发展的历程，有以下五个方面的经验和体会：

一、立足自身，实施技术引进和消化吸收

在1993年合资初期，扬州保来得立足自身的技术，承袭保来得集团的技术优势、品牌优势和市场优势，率先在国内建立起精密含油轴承生产线。从设备引进到产品的设计、开模、量产、品检等方面全面吸收保来得集团的技术精髓，使“保来得”品牌高品质的微小含油轴承和精密大型轴承在国内微电机、家电等领域迅速开辟出广阔的市场。

在消化吸收引进技术的同时，扬州保来得不断实施新技术创新和新工艺研发。2000年左右，公司自主研发市场急需的粉末冶金新产品替代进口件、机加工件，为国内电动工具、摩托车等关键零部件的国产化做出了积极的贡献。2005年之后，随着国家对汽车产业政策的调整，公司立足对高技术难度、高精度的汽车零件研发，自主创新多项新材料、新工艺，成功为国内外多家汽车厂配套，为扬州保来得技术能力提升和市场拓展奠定了基础。

在技术领域，通过消化吸收和大胆创新，公司先后开发出粉末冶金螺旋齿轮、高密度粉末冶金冲击棘轮、粉末冶金中空轴承等一批高新产品，陆续被江苏省科技厅认定为省级高新技术产品，其中粉末冶金中空轴承被认定为国家级重点新产品。同时，公司还承担了粉末冶金气门座等国家级、江苏省级火炬计划。公司研究的新技术，如内径中空轴承加工方法、烧结焊工艺等，已经达到国际先进水平，并申请了国家专利。公司的工厂规模进行了二次扩大，产品类别已经达到3 500多种，在职员工发展到1 100多人，真正实现了创新带来的飞跃。

二、追求创新，形成自主研发的机制

如果说立足自身使扬州保来得走上技术革新的道路，那么追求创新则真正给扬州保来得插上腾飞的翅膀。公司秉承保来得集团的整体优势，虽然在管理水平、技术水平、产品品质等方面与国内同行业相比有较大的优势，但是真正形成企业竞争力，适应市场瞬息万变的法宝还是企业追求创新，形成自主研发的机制。

公司在市场开发、新产品研制、生产保障、研发人员激励等方面协调发展，形成了良好的自主研发机制。这一机制在国内良好的市场需求氛围中得到快速发展，保证了公司持续发展的动力，为公司实现自主创新和产品升级创造了条件。扬州保来得的自主研发机制包含三个层次：

一是技术层，公司先是调整组织结构，划拨优秀的技术人员成立了研发小组，专注于新产品、新技术、新材料的研究，目的是培育出核心的新产品系列和新技术方法。

二是推广层，在生产一线活跃着经验丰富的技术员组成的制造技术小组，主要职责是对新品试制、新技术推广过程中工艺技术难点进行攻关或改进，确保研究的新产品、新技术在生产过程中得到顺利实施。

三是情报层，公司设立了专门的信息中心，通过与MPIF、EPMA、国内粉末冶金协会、高校、大客户以及集团内部等多方面的密切接触，广泛收集粉末冶金行业的动态，把握国内外市场和技术的发展趋势，为自主研发提供有力的信息支持。

三、管理创新，助推自主创新的快速发展

为了进一步促进公司的自主创新，公司从制度创新、管理创新、人才培养等方面着手，实施管理创新，建立稳定的自主创新支撑系统。自主创新要长久的推行，企业内部强大的人力、物力、财力支持也是必不可少的。

一是创新人才培养。多年来公司始终坚持以人为本，大力实施“引才、育才、用才、留才”的人才战略，凡是进入扬州保来得的技术人才，都会得到多方面的技术培训，特别优秀的人员还会派出国外研修深造。在工作安排上，公司根据每个人的特长委以相关的工作任其自由发挥。另外在分配机制上，多层次的奖励制度和收入、福利方面的政策倾斜，力所能及为他们解除后顾之忧。

二是创新环境维持。创新不是停留在纸上谈谈，领导说说，开会讲讲就万事大吉，在创新环境的建立和维持等方面，公司除了在制度上有专案研发、合理化推进、改善提案等内部成文的规定支持以外，在实施过程中对创新工作设立有专用的研发试验活动区域，添置有必要的设备，配置有专业的人员。每季度还召开创新技术交流评比会议，促进更多的创新成果通过交流得到提高和应用，全面提高创新工作的效率。

三是创新经费保证。多年来扬州保来得一直坚持每年用于科技开发的经费投入不低于公司销售总额的5%，公司在创新研发方面的累计投入资金已超亿元。在保证经费充足的同时，公司还建立了经费管理制度，做到专款专用，确保研发创新工作所需的各项条件得到很好的保证。

最后，要实现技术创新与管理创新的同步发展。企业要发展，就要技术创新与管理创新两手都要抓，两手都要硬。对公司的创新工作来说，在专注技术创新的同时，与之匹配的管理创新也要同步进行。管理创新，不仅是指企业推行ISO 9001、ISO 14001、ISO/TS 16949等管理体系，实施6σ、看板管理、定置管理等管理方法，还要求企业能够做到在产品开发、项目管理、生产过程、销售服务等各个环节，把这些先进的管理体系和管理方法同我国的国情、厂情结合起来，让这些体系和方法为我所用。

四、文化创新，紧随自主创新的成长脚步

扬州保来得依靠自身特有的企业文化实现内聚人心、外树形象，把每个员工的个人价值取向与企业的价值取向融为一体，通过创新的合力不断地激发员工提高质量、降低成本，创造产品的竞争优势，以推进“保来得”品牌的建立。

近几年来，扬州保来得结合自身的实际，通过自主创新，不断将起点的资源转化为企业成长和发展的核心动力，实现了企业的快速发展和超越。凭借在技术、管理、品质方面的优势，扬州保来得获得了社会各界的普遍认可，先后获得“双密企业”、“高新技术企业”、“国家大型工业企业”及“优秀三资企业”等荣誉称号。

五、产业升级，激发自主创新发展的强大后劲

自主创新来源于市场、扎根于市场，更重要的是要满足市场、适应市场、创造市场。针对国内众多零件厂家集中在常规粉末冶金零件上的激烈竞争，包括部分产品的恶性比价竞争，公司走“以质取胜，面向高端”的路线，及时调整产品结构,实施“人无我有,人有我优,人优我新,人新我变”的创新竞争策略,通过研发新产品开辟新市场,开发新工艺提高产品档次,推广新技术缩小产品的技术差距。

目前,公司的粉末冶金汽车零件在国内外粉末冶金用户市场上已经占据非常重要的地位,为工具、家电及农机等配套的粉末冶金零件,在国内外客户中享有很高的声誉。公司研发的烧结焊技术助力伏特(FORD)公司生产出达到国际水平的变速器零件。

在保留保来得集团传统的含油轴承技术优势基础上,公司通过自主创新改变产品结构,开辟出广阔的机械结构零件,尤其是汽车零件市场,给企业的发展鼓足后劲。同时,公司坚持“营业人员技术化,技术人员市场化”的创新服务思路,并把技术、生产、品管三位融为一体,建立起在国内粉末冶金行业中具有竞争力的技术服务网络和快速反应机制,使扬州保来得成为国内粉末冶金零件行业的知名企业。

自主创新是企业在激烈的市场竞争中处于优势地位的重要手段,创新工作永无终点,扬州保来得的发展壮大正是由许多自主创新相连接并向前延伸的过程。相信只要公司充分利用现有的创新资源,建立创新机制,持续推进创新工作,企业就会获得持续的发展动力,在市场中赢得更大的发展机遇!

〔撰稿人:扬州保来得科技实业有限公司徐同〕

大 事 记

2009—2012 年粉末冶金机械零件行业大事记

2009 年

1 月

12—13 日 在北京召开了中国机械通用零部件工业协会(以下简称总会)秘书长工作会议。刘元杰会长主持会议。会议总结了 2008 年工作,制定了 2009 年工作计划。与会代表畅所欲言,交换了应对金融危机的措施和做法。对 2009 年的协会工作充满信心。同时对经济形势的困难也做好了心理准备。

22 日 国家工业和信息化部(以下简称工信部)下发了工信厅装(2008)100 号文件《关于开展 2006—2008 年装备制造业发展总结工作的通知》。文中提出 18 个重大技术装备领域。第十八项为“关键零部件、元器件和关键材料”。为贯彻上述文件,2009 年 1 月 22 日,中国机械通用零部件工业协会粉末冶金分会(以下简称粉末冶金分会)下发中机粉协〔2009〕02 号文件“关于报送粉末冶金零件制造业发展总结报告的通知”。下发 15 家单位(其中常务理事 11 家)。协会汇总企业资料,于 2009 年 2 月 15 日前将《粉末冶金零件制造业总结报告》上报工信部,争取国家政策和项目扶持。

3 月

10—11 日 在浙江宁波召开了粉末冶金分会六届一次常务理事会工作会议。常务理事单位的 10 位代表参加了会议。中国机械通用零部件工业协会刘元杰会长及粉末冶金分会名誉会长倪冠曹应邀出席会议。会议由芦德宝会长主持。

会议内容分两个部分。10 日,召开了全体会议。上午,研究粉末冶金分会工作;下午,交流企业生产经营形势及应对金融危机的思路及对策。11 日,全体与会代表访问了宁波东方加热设备公司、宁波汇众粉末机械制造公司及东睦公司新厂区,大家备受鼓舞。

23—25 日 芦德宝会长、秘书处陈越和沈基慎出席总会在重庆召开的四届八次常务理事扩大会议。工信部装备工业司重大技术装备处张荣瀚副处长出席会议并讲话。

4 月

7 日 以芦德宝会长为团长,倪冠曹名誉会长、秘书长陈越、副秘书长沈基慎、顾问韩凤麟一行 5 人,在上海会见了美国海格纳士公司欧洲及亚洲区总裁 Tom Witheford、首席技术官 Sim Narasimhan、中国业务开发经理王玮晔先生及中国销售经理何庆峰先生。双方就长期合作事项进行了友好磋商并达成协议。

5 月

13—14 日 在北京举办了“粉末冶金国际标准学习研讨会”。参加本次研讨会的代表共计 10 家单位的 13 人。研讨会聘请了韩凤麟教授主讲。

10 月

28—30 日 在南京水秀苑大酒店召开了以调整结构、创新发展为主题的“2009 年中国机械通用零部件工业协会粉末冶金分会年会暨产业发展论坛”。本次年会得到了工信部、中国汽车工程学会、中国汽车工业协会、中国家用电器协会、江苏省粉末冶金学会、美国海格纳士公司以及国内外粉末冶金界学者、专家和企业家的大力支持和热情无私的帮助。

年会由芦德宝会长主持。他作了题为“抓住机遇、迎接挑战、推进粉末冶金行业健康发展”的主旨报告,提出了我国粉末冶金零件行业应坚定信心,化挑战为机遇,推动行业持续稳定发展的六点建议。

年会期间,与会代表通过听取大会专题演讲报告以及交流讨论,基本理清了思路,认清面临的历史机遇和各种挑战,坚定了加强产品结构调整,走自主创新发展道路的信念。

11 月

28 日—12 月 2 日 在广州召开了“中国机械工程学会粉末冶金专业委员会换届会议暨粉末冶金学科报告会”。华南理工大学李元元校长当选为第六届理事长。原理事长王尔德任名誉理事长。

12 月

8—11 日 应奇瑞汽车发动机公

司郭家新部长的邀请,秘书处陈越、刘惠明、韩凤麟教授会同美国海格纳士上海办事处的王玮烨、于伟民一行5人组成的访问团对奇瑞汽车发动机公司进行了友好访问,并与发动机公司的技术人员就粉末冶金技术进行了交流。

23日 秘书处陈越、沈基慎、韩凤麟教授一同参加了工信部召开的“2010年装备制造业技术改造产品目录座谈会”。粉末冶金分会已将汽车粉末冶金零件申请列入工信部的《2010年装备制造业技术改造产品目录》,并上报了立项建议书及产品目录,包括10个粉末冶金零件产品。

月内 “2009年度中国机械通用零部件行业创新产品”评审工作完成,粉末冶金行业共有9家企业申报的21项新产品获得粉末冶金零件行业优秀新产品奖。

2010年

1月

28日 总会在北京召开了秘书长工作会议。总会所属六个分会的秘书长、副秘书长共16人参加了会议。

会议由刘元杰会长主持。首先传达了中国机械联合会贯彻落实中央经济工作会议的精神和部署,提出了编制“十二五”行业发展规划的指导意见和安排。杜国森秘书长做了2009年总会工作总结,并提出2010年工作计划。各分会相继发言,介绍其2009年工作情况和2010年工作思路及主要工作计划。粉末冶金分会陈越、沈基慎参加了会议。

3月

11日 粉末冶金分会在南宁召开了六届二次常务理事会工作会议。到会代表共16人。会议由芦德宝会长主持。会议主要对2009年秘书处的工作进行了小结,并提出2010年的重点工作。

(1)编制《中国机协粉末冶金零件行业“十二五”发展规划》。

(2)做好工信部项目的后续工作。

(3)做好行业统计信息工作。

(4)适时举办粉末冶金技术、标准学习班。

(5)做好粉末冶金分会2010年年会的准备工作。

秘书处推荐,芦德宝提名,常务理事会通过,聘任刘惠明为常务副秘书长。

会后,与会代表参观了南宁鼎发粉末冶金公司。

12日 总会在南宁召开了第五届会员代表大会,进行了换届选举。杨学桐当选为第五届理事会理事长。聘任王长明为秘书长,刘元杰为名誉理事长,杜国森为特别顾问。

15日 秘书处完成了粉末冶金零件行业34家企业2009年的资料统计,并与日本粉末冶金工业会进行了交换。

18日 陈越、沈基慎、刘惠明参加了钢协组织的“中国粉末冶金工业技术创新战略联盟(以下简称联盟)座谈会”。科技部政策法规司李新男副司长、新材料处谭克荣处长及中国钢协粉末冶金协会的理事长、副理事长共十多人出席会议。到会代表一致认为,应抓住历史机遇,积极申请成立联盟,推进行业跨越式发展。

23日 应钢协韩伟秘书长邀请,陈越参加了中国钢协粉末冶金协会秘书处扩大办公会。主要讨论举办中国钢协粉末冶金协会成立二十周年纪念会暨联盟论坛的有关事宜。韩伟提出由粉末冶金分会与中国钢协粉末冶金协会联合共同举办二十周年纪念活动。24日,粉末冶金分会随即向芦德宝会长请示汇报。芦德宝会长向常务理事会成员征求意见,10位常务理事全部同意与中国钢协粉末冶金协会联合筹备纪念活动。

4月

8日 收到中国钢协粉末冶金协会张绍林的《战略联盟报告》第一稿,拟向科技部汇报。完成三稿修改后,交给韩伟秘书长和金成海总经理,最后确认并上报。

20日 秘书处完成了2009年度粉末冶金行业经济运行统计年报。

22日 收到总会马桂珍邮件,内容是关于粉末冶金分会账户情况的说明。

总会关于分会银行账户问题的意见是:把粉末冶金分会的基本账户变更为一般账户。理由是分支机构不能设立基本账户。经认真研究,芦德宝会长同意了先开立专用账户的建议。5月26日下午,刘惠明会同总会会计马桂珍一起到办理了有关手续。

5月

20—22日 在北京召开了粉末冶金行业统计工作会议。21位代表到会。中国机械工业联合会统计信息部赵新敏主任做了专题报告。代表充分地交流了统计工作的经验。粉末冶金分会表彰了10名优秀统计员,17家优秀统计工作单位,并向他们颁发了证书和奖金。

6月

1日 工信部装备工业司发布了《装备产业技术进步和技术改造投资方向(2010年)》,粉末冶金行业7个项目列入其中。另外,山西金宇粉末冶金有限公司的项目通过陕西省报到了工信部。

2—8日 陈越、刘惠明参加了由中国粉末冶金商务网在浙江溪口主办的“2010粉末冶金技术论坛”。与会代表430人。会后,会同韩凤麟顾问拜访了宁波拓丰粉末冶金厂、建德市新丰粉末冶金厂、建德市易通金属材料公司、杭州粉末冶金研究所、浙江中平粉末冶金有限公司及宁波汇众粉末机械制造有限公司。

7日 由华青会计师事务所对协会2009年度和2010年1—5月会计

报表进行了审计。审计意见:中国机械通用零部件工业协会粉末冶金分会财务报表已经按照《民间分盈利组织会计制度》的规定编制,在所有重大方面公允反映了中国机械通用零部件工业协会粉末冶金分会2009年度和2010年1—5月的财务状况,以及2009年度的业务活动和现金流量。

21—22日 沈基慎参加了总会在北京召开的中国机械通用零部件行业“十二五”发展规划座谈会,并上交了《中国机协粉末冶金零件行业“十二五”发展规划(文字稿)》。

8月

11—12日 粉末冶金分会六届三次常务理事会工作会议在北京召开。到会代表共计23人。芦德宝会长主持会议。

会议审议通过了《中国机协粉末冶金零件行业“十二五”发展规划(草案)》。秘书处通报了2010年上半年粉末冶金零件行业经济运行有关情况。与会代表一致认为应组建行业战略联盟,加强产学研用紧密合作,解决粉末冶金产业面临的技术瓶颈及共性技术问题,实现资源共享。联盟将对粉末冶金行业产生历史性的积极影响。

会议同意秘书处组织出版《中国机械粉末冶金工业总览》2010年版。

10月

10—14日 两年一届的“世界粉末冶金大会”在意大利的历史名城佛罗伦萨举行。这次会议由欧洲粉末冶金协会承办。与会代表共计1 300人,来自49个国家和地区。大会共接受约500篇的口头报告和海报形式的学术论文。此外,参加此次大会展览的公司约130家,展出产品涵盖粉末冶金产业链。我国约有15篇论文被大会接受,参展公司有6家。

20—21日 “粉末冶金产业技术创新战略联盟论坛暨中国机协、中国钢协粉末冶金协会二十周年纪念会”在北京隆重召开。本次论坛的主题是总结经验,继往开来,发展新材料,共创未来,团结合作,提高粉末冶金产业核心竞争力。

会议由中国钢研科技集团有限公司总经理、党委书记才让主持。

本次会议受到国家相关政府部门的高度重视和支持。来自政府部门、行业协会、全国各地大学、研究院所学者教授、粉末冶金企业家及工程技术人员260余人参加了会议。

隆重举行了以产、学、研为主体构建的“粉末冶金产业技术创新战略联盟”签约仪式。33家粉末冶金企业、重点大学、研究院、用户成为第一批联盟成员。

召开了“粉末冶金产业技术创新战略联盟”第一届理事会。选举产生了第一届理事会正副理事长、聘任了名誉理事长,确定了专家委员会主任及副主任人选,聘任了正副秘书长。

在中国钢协、中国机协粉末冶金协会二十周年纪念活动中,韩凤麟教授、李献璐名誉理事长荣获“协会建设贡献奖”,上海汽车粉末冶金公司、东睦新材料集团股份公司、武汉钢铁集团粉末冶金公司和山东莱钢集团粉末冶金公司荣获“协会工作贡献奖”。

28日 美国海格纳士公司中国丹阳工厂在丹阳金陵饭店举行了开业庆典。该公司总裁Dave Kasputis主持开幕式。出席开幕式的还有GKN中国公司总裁Stefan Magirius,新厂备有高质量混粉设备、技术支持试验室以及品质保证设备,以便更好服务于中国市场。提供短期交货的备压预混粉以及其他产品。

来自全国各地的70余名粉末冶金界代表出席了开业庆典并参观了工厂。

11月

19—20日 “第十三届华东五省一市粉末冶金技术交流大会暨江苏省粉末冶金学会成立三十周年纪念大会”在南京隆重举行。来自全国各地的约250位粉末冶金行业代表参加了本次盛会。粉末冶金分会会长芦德宝出席会议并致辞。

为实现粉末冶金分会秘书处人员的新老交替,逐步实现其专业化、职业化、知识化、年轻化的四化目标,根据《中国机械通用零部件工业协会章程》对秘书长人选进行了调整,决定自2011年1月1日起,由刘惠明同志担任粉末冶金分会秘书长。

12月

月内 “2010年度中国机械通用零部件行业创新产品”评选结果揭晓,9家企业申报的共13项新产品获得粉末冶金零件行业优秀新产品奖。

2011年

2月

22—24日 粉末冶金分会在北京召开了“粉末冶金技术座谈会”,研究粉末冶金零件产业当前的生产技术状况,以及协会近期的技术活动。应邀参加本次会议的有粉末冶金分会常务理事单位的技术负责人及一些特约人士。

3月

20日 在福建武夷山召开了粉末冶金分会六届四次常务理事会工作会议。常务理事单位的14位代表参加会议。中国机械通用零部件工业协会常务副会长兼秘书长王长明、分会名誉会长倪冠曹应邀出席会议。

会议由芦德宝会长主持。全体代表认真细致地讨论了秘书处提出的2011年工作计划(草案)。形成如下决议:

(1)2011年6月下旬在苏州召开“粉末冶金成形技术研讨会”。

(2)通过了以下三项提议:①增补六届四次常务理事会成员单位。

②增补六届四次理事会成员单位。③组建"粉末冶金分会技术委员会"。

(3)统计工作安排。目前,粉末冶金分会发布的粉末冶金零件行业统计数据是53家企业的汇总数据,还不能覆盖全行业。希望以后要改进统计方法,对外发布的数据要进行加权修订,使统计数据尽量能够反映全行业的生产销售、市场配套比重等重要信息。尽量做到贴近实际。

21—22日 总会在福建武夷山召开了五届二次理事扩大会议。芦德宝会长主持了会议。

工信部装备司韩行副处长介绍了2010年我国机械工业发展的基本状况,并解读了工信部颁布的〔2010〕479号文件——"机械基础件产业振兴实施方案"。

王长明秘书长代表总会做了2010年工作总结报告和2011年工作计划。刘元杰名誉理事长介绍了我国机械通用零部件行业"十二五"发展规划。

会议增补了20个理事单位。投票选举了杭州前进齿轮箱集团总经理冯光、郑州机械研究所所长乔培新、北京标准件工业集团公司总经理丁海军为总会副理事长。

38家企业获得总会2009—2010年度"自主创新先进企业"荣誉称号,链传动分会获得"先进分会"称号,王民梁、汪士宏获得"优秀协会工作者"称号。会议对他们进行了表彰,并向他们颁发了荣誉证书。

会议还举办了企业经验交流会。最后,杨学桐理事长对本次会议进行了总结。

4月

月内 韩国粉末冶金学会李载星会长邀请芦德宝会长参加2011年10月30日—11月2日在韩国济州岛举办的"亚洲粉末冶金会议"。并邀请芦德宝会长担任国际咨询委员会委员。

6月

月内 秘书处完成联盟要求撰写的"高性能、高精度汽车粉末冶金零部件关键技术研发及产业化"项目可行性分析报告(讨论稿)。

28—30日 在苏州召开了"粉末冶金成形技术研讨会"。粉末冶金零件生产企业,原材料、设备、辅料等相关厂家,以及科研院所、大专院校共计110家单位的170余名代表出席了会议。

7月

22日 联盟秘书处"2011年第二次办公会"召开。韩伟秘书长主持会议。会议形成以下决议:

(1)抓紧做好联盟专家委一届一次会议准备工作,7月底前发出会议通知。

(2)制定《专家委工作条例》、分专业委员会设置方案。

(3)落实联盟有关领导出席会议事宜。

(4)落实"2012上海会议"的有关事宜。

(5)汇总上报课题事宜。

8月

26日 联盟在广州召开了"专家委员会一届一次会议",50余人参加了会议。

会议由联盟专家委员会副主任委员李元元教授和周少雄教授共同主持。

联盟理事长才让先生宣读联盟第一届专家委员会组成名单,并代表联盟理事会颁发《聘书》。经协商,第一届专家委员会由49名粉末冶金行业技术专家组成。其中,主任委员1名,副主任委员3名,委员27名,特聘委员16名,顾问2名。联盟秘书长韩伟简单通报了专家委的组建过程,联盟秘书处近期工作情况,以及国家科技部对产业联盟批复情况。

本次会议通报了粉末冶金产业技术的两个专项:

第一个项目是高性能、高精度汽车粉末冶金零部件关键技术研发及产业化;

第二个项目是粉末冶金用高性能金属粉末产业化研究。

26—29日 "2011全国粉末冶金学术会议暨海峡两岸粉末冶金技术研讨会"在广州召开。来自全国各高校、研究院、企业界的代表300余人,及以我国台湾粉末冶金协会张文成理事长为团长的代表团一行22人出席了本次会议。会议共收论文400余篇,大会演讲和分会场交流论文多达90余篇,是历届同类会议中,演讲论文最多的一次。

10月

月内 秘书处完成了工信部下达的任务,编写了《"十一五"期间粉末冶金零件行业发展报告》。

18日 粉末冶金分会在山东省莱芜市召开了"山东省粉末冶金零件行业部分企业座谈会"。来自山东地区的13家粉末冶金零件制造企业及莱芜政府和行业管理机构的领导共26位代表出席了会议。

12月

16—18日 "汽车发动机粉末冶金气门导管、阀门座圈生产技术座谈会"在北京召开。来自全国粉末冶金零件、设备及原材料生产企业的董事长、总经理、工程技术人员46人参加了座谈会。

会议由安徽桐城市汽车零部件公司的袁春副总经理介绍了该公司的生产状况和面临的问题,重庆华孚工业股份有限公司技术部长雷相兵介绍了该公司新的研究成果,毛增光主任做了"中国粉末冶金零部件在汽车中的应用现状及趋势"的报告,韩凤麟教授介绍了"汽车发动机气门导管生产工艺的发展”、“2000年以来汽车发动机排气门座圈(VSI)烧结合金进展”及“压缩天然气(CNG)发动机高耐磨性阀座材料的开发”。

月内 “2011年度中国机械通用零部件行业创新产品”评选完成,共有10家企业上报的19项新产品获得粉末冶金零件行业优秀新产品奖。

2012年

1月

6日 粉末冶金分会刘惠明秘书长参加了总会在河北省沙河市召开的秘书长工作会议。内容如下:

(1)传达学习国资委关于行业协会负责人工作职责的会议精神。

(2)传达学习国资委关于行业协会评估及品牌建设的文件。

(3)总结交流2011年总会和各分会的工作,商讨2012年协会的工作要点。

(4)学习协会章程及有关管理文件。

(5)推荐评选2011年度先进分会及优秀协会工作者。

2月

月内 粉末冶金分会秘书处(以下简称秘书处)完成了2011年度粉末冶金创新产品评选工作,审核了10家企业上报的19项新产品。这些产品经专家初评,最后由粉末冶金分会技术委员会正、副主任和秘书处共同评定汇总,并上报中国机械通用零部件工业协会核准。评出特等奖5项,优秀奖14项。

3月

24—26日 粉末冶金分会在西安召开了“六届五次常务理事会(扩大)会议”。常务理事单位、理事单位的40余名代表出席了会议。总会常务副会长兼秘书长王长明、副秘书长姚海光,中共陕西省委科技工委委员、纪工委书记郑明玺,陕西省机械研究院院长、陕西省机械工程学会粉末冶金分会理事长杜芳平,山西金宇粉末冶金有限公司董事长刘和气应邀出席了会议。

会议由会长芦德宝主持。粉末冶金分会刘惠明秘书长报告了2012年分会的工作计划,提交会议审议;秘书处通报了2011年粉末冶金零件行业统计数据;秘书处简要介绍了工信部、发改委等政府部门近期发布的有关行业发展的政策法规;粉末冶金分会副秘书长曹阳代表秘书处作了“2011年粉末冶金零件行业形势及2012年展望”的专题报告。

与会代表就以上内容进行了深入广泛的讨论,并对粉末冶金零件行业持续发展以及秘书处工作提出了以下非常积极实用的意见和建议:

第一,加强粉末冶金分会的统计分析工作,对统计数据进行深层次分析。重点收集国内独资企业和国外知名企业的信息,为行业企业发展提供参考。

第二,《信息视窗》要增加国外的信息量,特别是国外技术发展趋势、投资信息和市场信息等,这些信息是企业最需要的。

第三,粉末冶金分会要主动与用户行业如汽车、家电等企业建立紧密联系,定期或不定期地开展交流,共同研究市场和发展等问题;积极联合国外协会共同组织会议或活动,开展交流。

第四,加强人才培训与交流。开通人才交流渠道,开展人才交流、培训、招聘活动。加大对专业技术人才、专业操作工人的培训工作。组织制订《专业操作工人等级评定标准》。

第五,粉末冶金分会要及时把国家政府部门发布的有关政策传递给企业,合理运用这些政策为行业企业发展服务。

会议期间,与会人员参观了陕西法士特汽车传动集团公司、陕西华夏粉末冶金有限责任公司和山西金宇粉末冶金有限公司。

4月

23—25日 在上海召开了“2012第二届中国粉末冶金产业发展论坛暨2012中国(上海)国际粉末冶金工业展览会”。

本次论坛由粉末冶金产业技术创新战略联盟副理事长、专家委主任黄伯云院士主持。参会代表达280余人。外宾代表的档次比较高,包括印度粉末冶金协会会长Gopi、欧洲粉末冶金协会原会长cremer、日本PM2012横滨世界粉末冶金大会执行委员会主席TAKASHI SAITO和日本日立化成工业株式会社齐藤孝先生。印度粉末冶金协会会长Gopi作了大会致辞。

24日大会共17个报告,25日上午两个分会场共17个报告。论坛组织的报告水平及质量有一定高度,内容丰富,与会代表对综述性报告和专业性报告反映均较好。

论坛同期举办了“2012中国(上海)国际粉末冶金工业展览会”。展会面积达到5 000多平方米,共有来自国内外33个国家和地区的126家企业参展,展示了一大批近年来推出的新材料、新产品、新技术和新装备,代表了近年来国内外粉末冶金发展的先进水平。为期两天的展会共吸引了观众8 000余人,其中海外观众400余人。无论是展会的规模和参展容量,还是观展的人数和洽谈内容,本届展会都超过了上年同期展会。

月内 秘书处完成了2011年度统计信息发布,并与JPMA进行了2011年度的统计资料交换。

5月

31日—6月2日 中国粉末冶金商务网在浙江省金华市举办了“第五届粉末冶金技术商务论坛”。与会代表400余人。

6 月

30 日—7 月 2 日 粉末冶金分会技术委员会在北京市京都紫禁城饭店召开了“粉末冶金齿轮技术座谈会”。本次会议有参会单位 44 家，参会代表 59 人。会议由技术委员会主任委员毛增光、副主任委员宗华辉共同主持。

首先，由获得中国机械通用零部件工业协会 2011 年创新产品特等奖的东睦新材料集团股份有限公司、上海汽车粉末冶金有限公司及扬州保来得科技实业有限公司介绍了获奖产品的情况。这些获奖产品标志着我国粉末冶金零件的生产技术水平有了明显提高。接着，与会代表就粉末冶金齿轮的设计、生产等相关问题进行了深入地交流探讨。

9 月

5—7 日 粉末冶金分会刘惠明秘书长参加了总会在北京市延庆县召开的秘书长工作会议。会议主要内容如下：

(1)传达学习国资委关于行业协会建设的会议精神。

(2)汇报交流 2012 年上半年各分会的工作情况及分行业面临的经济形势。

(3)2012 年上半年我国机械通用零部件行业经济形势分析和下半年展望。

(4)总会 2012 年上半年工作总结及下半年工作安排。

(5)布置总会评估的相关工作。

(6)总会落实工信部“三基”专项工作的进展情况通报。

(7)布置评选“自主创新先进企业”和“专精特示范企业”的相关工作。

(8)落实《中国机械通用零部件工业年鉴》2012 年刊的相关工作。

(9)落实非盈利组织财务核算制度及正确填报财务报表的有关事项。

16—18 日 “中国机械通用零部件工业协会粉末冶金分会第七届会员代表大会暨产业发展论坛”于 2012 年 9 月 17 日在北京隆重召开。第六届理事会会长芦德宝主持了会议。粉末冶金分会会员单位代表及相关行业协会的专家、教授学者、企业家共 120 余人出席了会议。

首先，进行了粉末冶金分会第七届会员代表大会的换届选举。会议听取了粉末冶金分会秘书处关于换届筹备工作情况的汇报；审议并通过了“第七届会员(代表)大会换届选举办法”、“第六届理事会工作报告”、“第六届理事会财务工作报告”。会议通过了换届选举“监票人、计票人推荐名单”。

会议采取现场投票直选的形式等额选举产生了粉末冶金分会第七届理事会及协商选举产生了副会长单位和会长单位。选举东睦新材料集团股份有限公司为第七届理事会会长单位，芦德宝同志当选为会长。根据芦德宝会长提名，第七届理事会聘任倪冠曹为粉末冶金分会名誉会长，刘惠明为秘书长(专职)，曹阳为副秘书长(兼职)。

新任会长芦德宝做了换届大会总结。他对粉末冶金分会第六届理事会的工作给予了充分肯定，并强调新一届理事会应做好以下工作：忠实履行粉末冶金分会的宗旨，充分发挥其在行业管理中的指导作用；加强粉末冶金分会的队伍建设，进一步提升其为行业服务的专业能力；加强粉末冶金分会的制度建设，进一步完善其为行业服务的组织保障。

会议同期举办了“粉末冶金及关联产业发展论坛”。论坛以粉末冶金市场和技术发展趋势为主线，以推动行业转型升级为目标，通过粉末冶金企业和用户行业之间的深入交流，进一步推进了行业的可持续发展和进步。

在粉末冶金分会第七届会员代表大会上，由名誉会长倪冠曹代表粉末冶金分会发布了《中国机械粉末冶金工业总览》2012 年版的出版信息。

10 月

14—18 日 在日本横滨市召开了“世界粉末冶金大会”。会议注册人数 730 人。

我国有 40 余人参加了本次大会。17 日，“亚洲粉末冶金协会第四届理事会”召开。会议决定，“PM2018 年世界粉末冶金大会”由我国承办，APMA 和我国台湾粉冶金协会协办。此外还决定接受 CPMS、PMA 和 MPM2A 为亚洲粉末冶金协会的新成员。

我国粉末冶金产业技术创新战略联盟出席会议的正式代表为韩伟秘书长(代表才让理事长)、于洋博士和王崇琳教授。熊翔副院长和刘咏教授代表 CPMS 列席了会议。

16 日 秘书处一行 4 人(刘惠明、陈越、花军、韩凤麟)拜访了天津信特恩粉末冶金有限公司。该公司副总经理马士亮、总经理助理张庆蓉女士进行了接待，并介绍了该公司的基本情况。该公司是一家韩国独资公司，于 2005 年组建，2009 年投产。

30 日—11 月 1 日 由华东五省一市粉末冶金专业委员会主办、山东省机械工程学会粉末冶金专业委员会承办的“第十四届华东五省一市粉末冶金技术交流大会”在山东省济南市召开。来自我国粉末冶金行业的代表 200 余人参加了会议。

11 月

7 日 秘书处收到了由芦德宝会长亲自签名的“关于在职退休人员补助问题的通知”(传真件)。在职退休人员的补助问题历经一年时间，在芦德宝会长的亲自主持下，制定了制度，得以妥善解决。这为分会的制度化建设作出了贡献。12 月 20 日，秘书处为在职退休人员发放了退休金。

17—19 日 中国汽车工业协会在武汉召开了“2012 中国汽车零部件行业年会暨中国汽车零部件发展论坛”。会议主题为“合作、共赢、产业链”。粉末冶金分会参加了此次会议。东睦新材料集团股份有限公司作了题为“节能减排型粉末冶金汽车零部件简介”的报告。

24—25 日 中国工程院主办、中南大学粉末冶金国家重点实验室和中国材料研究学会粉末冶金分会承办的“中国工程科技论坛第 151 场—粉末冶金科学与技术发展前沿论坛”在中南大学国际报告厅隆重举行。来自中国科学院、中国工程院、香港城市大学和国内各大学、研究院所的粉末冶金专家学者以及国内粉末冶金企业的工程技术人员共计 87 人参加了会议。会议发表学术交流报告 58 篇。其中，关于当前粉末冶金发展的前沿技术报告，使与会代表受益匪浅。

月内 历时两个月时间，秘书处完成了《中国机械通用零部件工业年鉴》2012 年刊粉末冶金分卷的编写工作。粉末冶金分卷共包括七个部分。

12 月

9 日 “粉末冶金产业技术创新战略联盟第四次筹委会会议”在厦门市国际会展中心召开。秘书长韩伟主持了会议。到会人员有陈越、熊翔、曹阳、张志恒、荆慧、于水、宋久鹏、赵国璋及特邀人员程文庚。会议听取了北京蝶亿公关咨询有限公司、北京茵斯派克国际会展服务有限公司和厦门建发股份有限公司三个公司的介绍，初步安排了 2013 年筹委会的工作计划。

12 日 在总会特别顾问杜国森的主持下，秘书处刘惠明、陈越、花军和顾问韩凤麟参加了关于“2012 年机械工业品牌培育及表彰”产品的评选工作。粉末冶金零件行业共有四家企业申报了“2012 年机械工业品牌培育及表彰”。它们分别是：东睦新材料集团股份有限公司，上报产品为粉末冶金零件；海安县鹰球集团有限公司，上报产品为粉末冶金零件（粉末冶金含油轴承、中高强度结构零件）；杭州前进齿轮箱集团股份有限公司（粉末冶金研究所），上报产品为粉末冶金件；诸城华日粉末冶金有限公司，上报产品为粉末冶金制品。

各位专家认真阅读了各公司上报的资料，分别提出了初步评价意见。最后，粉末冶金分会对每个产品提出了初审及评价意见，并上报总会，等待中国机械工业联合会的最终评选结果。

〔供稿单位：粉末冶金分会秘书处〕

附　录

中国机协粉末冶金分会主要工作情况

中国机械通用零部件工业协会粉末冶金分会(Powder Metallurgy Association of China General Machine Components Industry Association,英文缩写:CMPMA of CMCA)简称中国机协粉末冶金分会,分会会标 CMPMA。

中国机协粉末冶金分会成立于 1988 年 10 月,是经国家民政部正式注册批准,以粉末冶金结构零件、烧结金属含油轴承、烧结摩擦材料及摩擦片等机械零件生产企业为主体,吸收粉末冶金,专用设备、金属粉末(含有色粉末)、辅料等的制造、销售企业,以及科研院所、大专院校、相关行业企事业单位自愿参加组成的跨地区、跨部门、跨所有制的全国行业组织。

中国机协粉末冶金分会现有在册团体会员单位 250 多家,集中了全国粉末冶金零件行业以及专用设备、金属粉末行业的精华。这些会员单位遍布全国各省、市、自治区,具有广泛性和代表性。

中国机协粉末冶金分会从 1988 年成立至今,经历了七次换届选举。2012 年 9 月,中国机协粉末冶金分会第七届会员(代表)大会,换届选举产生了第七届理事会理事长、副理事长、理事。东睦新材料集团股份有限公司董事长芦德宝当选为第七届理事会理事长。

中国机协粉末冶金分会代表和维护全行业的共同利益,团结行业力量,促进行业振兴与发展。该协会是市场经济下的中介组织,协助政府搞好行业管理,发挥其"桥梁"、"纽带"及政府部门参谋助手的作用,积极为政府、行业和企业服务。

一、中国机协粉末冶金分会的主要任务

(1)调查研究粉末冶金行业经济运行、企业改革、技术进步等方面的情况,向政府部门反映行业和企业的意见和要求。

(2)组织相关人员进行市场及技术发展趋势方面的调研,为行业企业提供信息与咨询服务。

(3)推进国际交流与合作。

(4)开展行业信息统计工作,发布与行业有关的经济技术等信息资料。

(5)参与制修订粉末冶金行业的标准。

(6)根据粉末冶金行业的特点,制定本行业的《行规行约》。

(7)宣传普及粉末冶金技术,组织行业培训。

二、2009—2012 年中国机协粉末冶金分会的主要工作

(一)积极争取国家对粉末冶金零件行业的政策和项目的支持

1. 贯彻落实国家工业和信息化部"三基规划"的要求

为贯彻落实《国民经济和社会发展第十二个五年规划纲要》关于"装备制造行业要提高基础工艺、基础材料、基础元器件研发和系统集成水平"的要求,在粉末冶金行业的重点企业中进行调研,撰写调研报告。在这项工作中得到了东睦新材料集团股份有限公司、重庆华孚工业股份有限公司、扬州保来得科技实业有限公司、山西金宇粉末冶金有限公司、海安县鹰球集团有限公司、杭州粉末冶金研究所等企业的大力支持,为撰写报告提供了翔实的数据和资料。

通过粉末冶金分会的不懈努力,在工信部组织制定并印发的《机械基础件、基础制造工艺和基础材料产业'十二五'发展规划》中,"高密度、高强度粉末冶金零件产品"列入重点发展项目。

2. 发改委发布粉末冶金零件列入《产业结构调整指导目录(2011 年本)》

《产业结构调整指导目录(2011 年本)》由发改委颁布并实施,这对于深入贯彻落实科学发展观,加快转变经济发展方式,推动产业结构调整和优化升级意义重大。粉末冶金零件历史性地首次列入《产业结构调整指导目录(2011 年本)》"鼓励类"产品。

3. 粉末冶金零件列入《装备产业技术进步和技术改造投资方向(2010 年)》

粉末冶金零件有 7 种产品列入工信部颁布的《装备产业技术进步和技术改造投资方向(2010 年)》目录中,为促进企业技术进步和技术改造起到了积极推动和引导作用。

(二)组织编制《粉末冶金零件行业十二五发展规划》

在编写过程中,根据国家有关政策精神,通过召开常务理事会议讨论和向重点企业征求意见,顺利完成了《粉末冶金零件行业十二五发展规划》的编制工作,为行业的发展提供指导建议。

(三)创建粉末冶金产业技术创新战略联盟

为了加强粉末冶金行业的产学研紧密合作,解决粉末冶金产业面临的技术瓶颈,开发关键、共性技术,开发高性能的粉末冶金制品,实现资源共享,形成产学研用新型战略合作关系,联合中国钢协粉末冶金分会、中国有色金属加工协会粉末冶金分会共同创建了粉末冶金产业技术创新战略联盟。

（四）调整组建中国机协粉末冶金分会技术委员会

根据我国粉末冶金行业发展和协会会员单位生产经营及企业发展的需要，更好地发挥行业内部技术骨干的专业知识和丰富的实践经验，为会员企业及全行业服务，在2004年第五届二次常务理事会成立的技术委员会基础上，重新调整组建了中国机协粉末冶金分会技术委员会，并制定了技术委员会工作条例。

技术委员会的职责是：通过召开行业技术座谈会或专题研讨会，深入分析国内外粉末冶金行业发展的趋势，交流生产技术，提高产品质量，制订粉末冶金产品标准，商讨共同关注的问题，解决企业存在的共性技术问题，推动行业技术发展。

（五）编辑出版2012年版《中国机械粉末冶金工业总览》

2012年版《中国机械粉末冶金工业总览》是协会成立以来编写的第二卷《总览》。包含了1960—2010年行业发展变化的很多方面，通过大量翔实数据反映行业发展和技术进步情况，《总览》凝聚了许多行业专家的心血。

（六）出版刊物、资料

编辑出版了《粉末冶金工业》（双月刊）、《信息视窗》（双月刊）、《统计资料》、《粉末冶金零件在汽车上应用》等刊物和资料。

中国机协粉末冶金分会遵循我国对外开放的方针和政策，热忱与世界各国同行及相关行业组织建立联系，开展多种形式的友好交往与合作，推动粉末冶金行业共同发展。

中国机协粉末冶金分会秘书处联络信息：

地址：北京市西城区月坛南街26号1号楼5050室

邮编：100825

电话：010－68596299

传真：010－68519230

E-mail：cmpma@126.com

http://www.cmpma.com.cn（中国粉末冶金网）

中国机械通用零部件工业协会粉末冶金分会第七届会员代表大会换届选举结果公报

中国机械通用零部件工业协会粉末冶金分会于2012年9月17日在北京召开了第七届会员代表大会，进行了换届选举。选举产生了第七届理事会理事长、副理事长和理事，聘任了名誉会长、秘书长、副秘书长及顾问。

选举结果如下：

一、第七届理事会理事长（会长）

芦德宝　东睦新材料集团股份有限公司

二、第七届理事会副理事长（副会长）

（14家单位，以单位名称首字笔画为序排列）

邵　健　上海汽车粉末冶金有限公司
刘和气　山西金宇粉末冶金有限公司
汪南东　广东江粉磁材股份有限公司
苏泉涌　兴城市粉末冶金有限公司
刘　起　北京天桥粉末冶金有限责任公司
严培义　宁波汇众粉末机械制造有限公司
申承秀　海安县鹰球集团有限公司
汪礼敏　有研粉末新材料（北京）有限公司
赵继华　杭州粉末冶金研究所
徐　同　扬州保来得科技实业有限公司
李庆安　重庆华孚工业股份有限公司
王舜昌　诸城华日粉末冶金有限公司
郑平龙　浙江中平粉末冶金有限公司（新增）
王三全　黄石赛福摩擦材料有限公司（新增）

说明：理事长单位和副理事长单位共15家组成常务理事会。

三、第七届理事会理事

（46家单位，以单位名称首字笔画为序排列）

邵　健　上海汽车粉末冶金有限公司
陈志跃　上海鸿明粉末冶金有限公司
刘和气　山西金宇粉末冶金有限公司
郑运东　山西东睦华晟粉末冶金有限公司
申贵喜　山西黎城粉末冶金有限责任公司
李　新　广东华金合金材料实业有限公司
汪南东　广东江粉磁材实业有限公司
苏泉涌　兴城市粉末冶金有限公司
包敢峰　无锡恒特力金属制品有限公司
芦德宝　东睦新材料集团股份有限公司
刘　起　北京天桥粉末冶金有限责任公司
王小香　北京粉末冶金有限公司
林增栋　北京粉末冶金研究所有限责任公司
王淑敏　北京北摩高科摩擦材料有限责任公司
李　宾　东风汽车零部件（集团）有限公司粉末冶金公司
温文和　东莞达诚精密模具有限公司
陈　龙　宁波东方加热设备有限公司
严培义　宁波汇众粉末机械制造有限公司
蔡小峰　宁波金钟粉末冶金有限公司
申承秀　海安县鹰球集团有限公司

曹西刚　巩义市粉末冶金有限公司
汪礼敏　有研粉末材料(北京)有限公司
李志银　阳泉煤销万德金属材料有限责任公司
赵继华　杭州粉末冶金研究所
韦　佳　杭州东江摩擦材料有限公司
徐　同　扬州保来得科技实业有限公司
栾长平　扬州市海力精密机械制造有限公司
刘世民　青岛信莱粉末冶金有限公司
谢家瑞　陕西华夏粉末冶金有限责任公司
华洲连　武汉钢铁集团金属资源有限责任公司粉末冶金分公司
刘传胜　武汉辉煌粉末冶金有限责任公司
李庆安　重庆华孚工业股份有限公司
温怀志　重庆江洲粉末冶金科技有限公司
万兴芳　重庆智博粉末冶金有限公司
骆大国　重庆聚能粉末冶金有限公司
伍怀秋　重庆奥顺特机械制造有限公司
朱玉龙　南方粉末冶金制品厂
许云灿　南京东部精密机械有限公司
郑平龙　浙江中平粉末冶金有限公司
张国强　浙江中达轴承有限公司
陈克信　晋江粉末冶金制品有限公司
王舜昌　诸城华日粉末冶金有限公司
王三全　黄石赛福摩擦材料有限公司
鲍仕陆　佛山市盈峰粉末冶金科技有限公司
李浩渊　莱州市粉末冶金总厂
戴　煜　湖南顶立科技有限公司

说明:原候选理事单位为47家,鉴于南京宏达玉川工业炉有限公司已经倒闭,经六届常务理事会研究决定,由秘书处征求意见后,提出增补一家理事单位,待2013年常务理事会议讨论通过。

四、理事长芦德宝提名、理事会通过聘任名单

倪冠曹　第七届理事会名誉会长
刘惠明　秘书长(专职)
曹　阳　副秘书长(兼职)
陈　越　特别顾问
韩凤麟　顾问

2012年9月17日

〔供稿单位:粉末冶金分会秘书处〕

中国机械通用零部件工业年鉴 2012

Ⅶ 传动联结件行业卷

回顾总结我国传动联结件行业近年发展情况，记录行业生产、技术和新产品发展情况；分析国内外市场动向，提出行业发展的总体思路、发展目标及政策建议；概述传动联结件行业质量与标准化工作

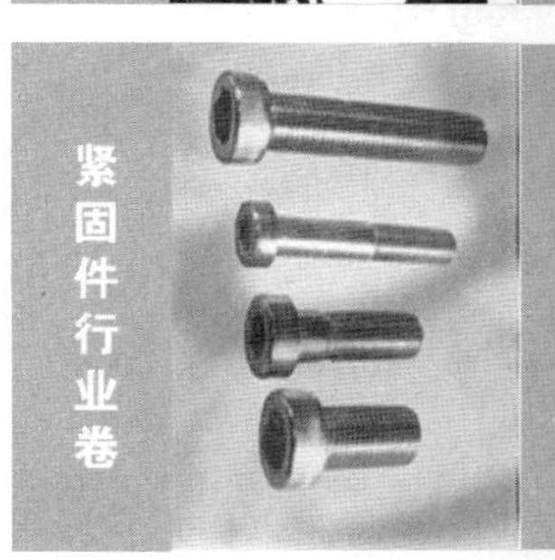

中国机械通用零部件工业年鉴 2012

Ⅶ 传动联结件行业卷

综述

2009—2012年我国传动联结件行业发展综述

智能制造装备高性能联轴器产业规划

传动联结件行业主要产品综述

行业概况

联轴器行业发展概况

离合器和制动器发展概况

超越离合器发展概况

质量与标准

我国传动联结件行业标准化工作概况

企业概况

中国机械通用零部件工业协会传动联结件分会会员单位简介

大事记

2009—2012年传动联结件行业大事记

附录

2010—2012年传动联结件行业获优秀新产品奖项目

中国机械通用零部件工业协会传动联结件分会简介

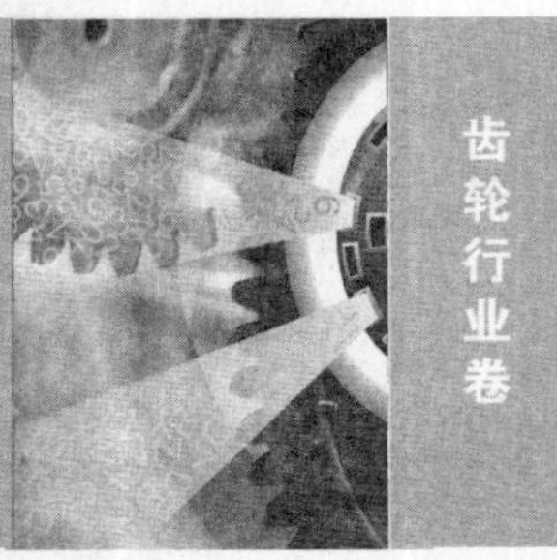

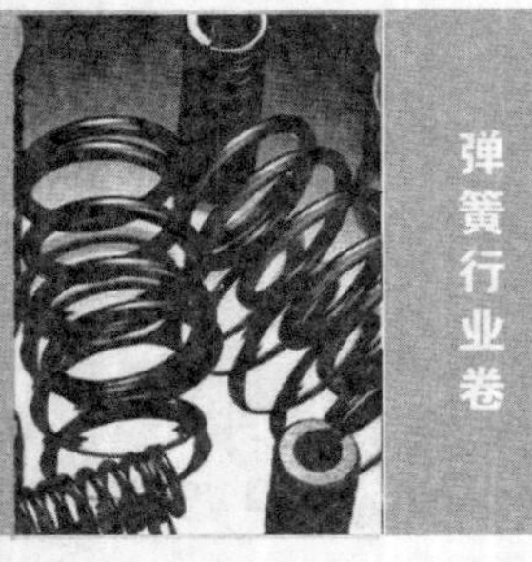

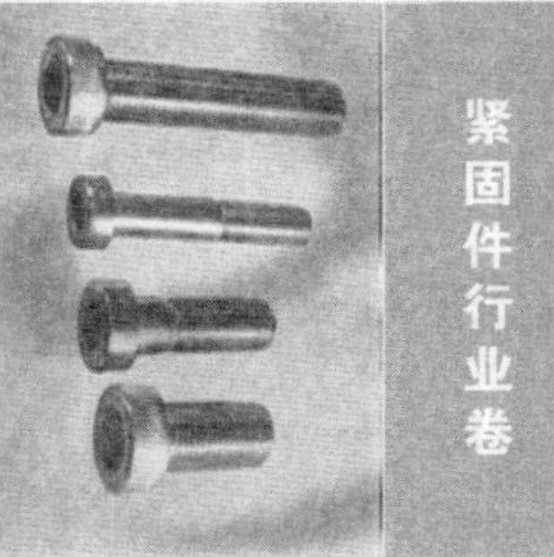

综　述

2009—2012 年我国传动联结件行业发展综述

传动联结件是各种机械传动中不可缺少的基础零部件。目前部分传动联结件已实现了专业化生产。机械产品大都要有各种形式的动力输入装置、运动及作用力输出装置，而现代机械的动力输入一般是通过电机的旋转来实现的，因此出现了适应各种功能需求的多样化的传动结构和传动元件。传动联结件通常是指联轴器、离合器、制动器、胀紧联结套、带传动副、凸轮传动机构、缓冲装置和键联结 8 类产品。

一、传动联结件行业发展的新要求

1. 创新驱动

传动联结件行业要以自主创新为驱动力，把自主创新作为转变发展方式的中心环节，提升基础零部件的服役寿命、精度的一致性与稳定性、可靠性；要创新研发模式，加强共性技术服务平台建设，加强人才培养，提高基础技术水平和创新服务能力。

传动联结件行业要结合国家重大装备项目，突破关键技术瓶颈，拥有一批自主知识产权的核心技术，实现从“中国制造”到“中国创造”的新跨越，在某些细分市场中拥有国际先进技术。

2. 调整转型

传动联结件行业要把产业组织结构和产品技术结构作为结构调整的主攻方向，加强产品结构、产业结构、商业模式的结构调整；坚持绿色发展，积极推进企业由“生产制造型”向“现代制造服务型”的转变调整，加快制造业服务化。

3. 提高质效

传动联结件行业要切实提高增长的质量、效益和效率，实现高质、高效的发展目标；力争实现销售额增速高于产值增速，利润增速高于销售额增速。而提高质量、效益的基础是创新跨越和调整转型。

二、传动联结件产品统计研究

传动联结件属于机械通用的基础零部件，它是机械传动中不可缺少的零部件，广泛用于纺织、印刷、航空、航天、汽车、机床、船舶、冶金、矿山、包装、风力发电及汽轮机等行业。我国传动联结件生产起步较晚，在 20 世纪 80 年代以前，主要是由主机厂自行生产，没有专业生产传动联结件的厂家。80 代后期，传动联结件的生产逐步走向市场化，并且以每年 30% 的速度增长。目前，我国传动联结件行业已有专业生产厂家 300 多家，2009 年的年产值达到 110 亿元，2012 年的年产值接近 135 亿元。2009—2012 年我国传动联结件行业生产发展状况见图 1。

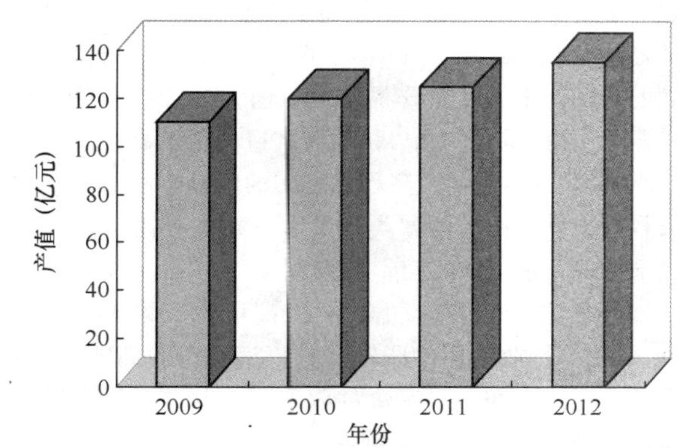

图 1　2009—2012 年我国传动联结件行业生产发展状况

近年来，我国工业技术水平不断提高，对传动联结件技术含量的要求也越来越高，高精度、高速度、大转矩、小体积、低噪声、高性能（多种控制）、安全及高寿命的联结件成为市场急需的产品。

我国固定资产投资中，约 2/3 的设备投资用于进口设备。光纤制造装备的 100%，集成电路芯片制造装备的 85%，石油化工装备的 80%，轿车工业装备、数控机床、纺织机械、胶印设备等约 70% 为进口产品。传动联结件是各主机设备中不可缺少的关键部件，主机进口带来了大量的进口传动联结件产品。目前，进口的高性能、高可靠性、高寿命的联结件产品占市场份额的 2/3 还多。

传动联结件行业在快速成长，表现为无论是产值、产量或企业数量都以每年 30% 的速度在增长。其中私营、民营、合资企业的增长速度更快，国营企业则相对平稳。由于传动联结件行业市场空间巨大，其产品技术含量较高（与其他零部件产品相比），利润亦高，吸引着众多企业纷纷投入该行业。

三、产品进出口情况

据海关提供的数据显示，传动联结件产品出口增长强劲，而进口却逐渐下降。这是符合我国企业发展现状的，即：越来越多的企业参与国际代工，进行产品出口；但进口则主要是围绕高端产品。2009—2012 年传动联结件进出口情况见表 1。

表1 2009—2012年传动联结件进出口情况

年份	出口金额(万美元)	进口金额(万美元)
2009	22 420. 67	33 056. 42
2010	28 820. 33	35 245. 61
2011	29 370. 26	32 689. 46
2012	32 640. 15	28 386. 72

四、当前存在的主要问题及差距

联结件是用来传递转矩或运动的基础传动件,它在传动系中占有很重要的位置,联轴器一旦失效,所有动力和运动全部切断,整个传动系统将无法运行。联轴器又是一个安全装置,由于它的价格远比原动机、减速器、主机要低,所以往往在传动系统超载时会设置联轴器断开或失效,以避免损坏更重要的零部件。联轴器应能够补偿由各种因素造成的径向误差、轴向误差和角向误差,不同工况可选用不同形式的联轴器来满足工作需要。目前,我国市场上生产的联轴器一般用于常规工况,联轴器制造质量不高,使用寿命短。高精度、高可靠性及高承载能力的联轴器相对较少,制造质量也与发达国家的同类产品有一定的差距,市场上这种高端产品几乎100%是依靠进口。

如何开发生产高精度、高质量、高可靠性的联结件(如高铁、风电等行业使用的联轴器),以适应我国高智能装备的需要已成为迫切需要解决的问题。从制造手段来讲,高精度、高质量联轴器的加工制造已不是问题,关键是其开发没有跟上,因为开发要求对使用工况、使用要求都必须非常了解,技术上也应非常成熟,包括材料选用、热处理、加工和装配精度、结构型式和参数、实验手段等方面。在"十二五"期间,传动联结件行业应从全方位赶超世界同类产品,为我国高端智能装备提供性能优良的动力传动件。

五、重点发展方向

1. 重点研发的产品

(1)最大力矩为80 000kN·m的大功率风力发电机用制动器、膜片联轴器。技术要求如下:

1)为1.5MW风力发电机配套,额定力矩为15 000kN·m,最大力矩为30 000kN·m,最大轴向纠偏量为±8mm,最大角向纠偏量为2°。

2)为2.5MW风力发电机配套,额定力矩为25 000kN·m,最大力矩为50 000kN·m,最大轴向纠偏量为±8mm,最大角向纠偏量为1.5°。

3)为4MW风力发电机配套,额定力矩为40 000kN·m,最大力矩为80 000kN·m,最大轴向纠偏量为±8mm,最大角向纠偏量为1.5°。

4)联轴器与制动盘、限矩器设计为一体,使齿轮箱与发电机间电绝缘,重量轻,打滑力矩精度为±10%。

(2)容量为20m³、35m³、55m³的大型全断面隧道掘进机和采煤机的鼓形齿联轴器、膜片联轴器、电磁离合器和智能化制动器。技术要求如下:

1)回转直径为220~520mm;许用转矩为12 000~51 000N·m。

2)适应矿山作业振动大、载荷不稳定的工况,过载系数大。

3)许用转矩是常规回转直径联轴器的2.5~3.5倍。

4)对材质和热处理的要求高,保证产品的寿命长。

5)工作环境恶劣,要求润滑性好、密封好。

(3)高性能紧急制动轨道交通制动器、联轴器。技术要求如下:

1)正常压力为750~900kPa,紧急制动响应时间≤1.7s,最大载荷下的列车紧急制动距离≤215m,平均制动减速度为1.0m/s²,紧急制动减速度为1.2m/s²。

2)常用制动冲击率为0.75m/s²,计算用制动粘着系数为0.14~0.16,停放制动要求满足AW3载荷。

2. 重点攻克的技术

(1)风电联轴器与制动盘、限矩器一体化设计制造技术。

(2)汽车湿式离合器动态接合特性技术。

(3)电液智能制动器可靠性分析技术。

3. 重点突破的制造工艺

1)水-空交替控时淬火冷却技术。

2)低压渗碳高压气淬技术。

3)精密零件先进表面改性技术。

4)复合共渗层超细晶深层扩散强韧。

4. 高可靠性联轴器、制动器、离合器三基规划项目

传动联接件行业高可靠性联轴器、制动器、离合器三基规划项目见表2。

表2 传动联接件行业高可靠性联轴器、制动器、离合器三基规划项目

序号	名 称	推 荐 企 业
1	大功率风力发电机制动器、膜片联轴器	无锡创明传动工程有限公司、德阳立达基础件有限公司、武汉正通动力传动有限公司
2	隧道掘进机和采煤机用鼓形齿联轴器、膜片联轴器、电磁离合器和智能化制动器	太原重工股份有限公司、泰尔重工股份有限公司
3	轨道交通制动器	浙江亚太机电股份有限公司

六、智能装备基础部件的研究方向

(1)超大转矩风电联轴器。针对我国海上风电的发展状况,5MW、7.5MW、10MW风力发电机组,甚至处于实验阶段的15MW、17MW风力发电机组,在传递超大转矩时,都需要新型的联轴器产品。而现行的标准,无法满足其要求,急需开展相关方面的研究,以期实现超大转矩风电联轴器的自主设计和生产。

(2)风电联轴器实验平台。随着风电行业的快速发展,我国自主设计风力发电机的能力进一步增强。针对风力发电机需要传递的转矩越来越大,而要求其本身的质量越来

越轻这一趋势，急需相关的实验平台来满足联轴器的转矩、振动等方面的测试需求。

（3）大功率风电机组制动器。风电机组在偏航的时候，是需要制动器来保证的，主要依靠风电制动器的机械制动。因此，急需开展对大功率风电机组制动器的研究，实现自主设计生产和国产化。

（4）高铁制动系统。目前，高铁、地铁等轨道交通的制动系统主要被德国科诺尔、法国阿尔斯通等公司所垄断。制动盘的碳纤维涂层，我国相关企业还需要在技术上进一步突破；智能控制系统也是我国有关企业的薄弱环节，需要加强研究，实现自主化。

（5）安全传动联结在线测量系统。针对船舶、冶金、港机等重大装备中，传动系统的振动幅度、传递转矩限值必须在一定范围内的要求，需要建立可靠的在线测量系统。目前，此类设备多为国外进口，我国要尽快自主生产高、精、尖测量系统。

〔撰稿人：传动联结件分会明翠新〕

智能制造装备高性能联轴器产业规划

一、现状和问题

联轴器是用来传递转矩或运动的基础传动件，它在传动系中占有很重要的位置，一旦联轴器失效，所有动力和运动全部切断，整个传动系统将无法运行。联轴器又是一个安全装置，由于它的价格远比原动机、减速器、主机的价格低，所以，往往在传动系统超载时设置联轴器断开或失效，以避免损坏更重要的零部件。联轴器应能够补偿由各种因素造成的径向误差、轴向误差和角向误差，不同工况可使用不同型式的联轴器来满足工作需要。目前，国内生产的联轴器一般用于常规工况，联轴器制造质量不高，使用寿命短。高精度、高可靠性及高承载能力的联轴器国内生产相对较少，制造质量也与发达国家同类产品有一定的差距，市场上这种高端产品几乎100%是进口。以开发生产高精度、高质量、高可靠性的联轴器（如高铁、风电等行业使用的联轴器）适应我国高智能装备的需要已成为迫切需要解决的问题。从制造手段来讲，高精度、高质量联轴器的加工制造已不是问题，关键是其开发没有开展，因为其设计开发要求对使用工况、使用要求非常了解，要求技术非常成熟，包括材料选用、热处理、加工和装配精度、结构型式和参数、实验手段等方面。在“十二五”期间，要联轴器行业从全方位赶超世界同类产品，为我国高端智能装备提供性能优良的动力传动件。

二、市场需求和产业化前景分析

1. 高速铁路和城市轨道交通车辆高性能联轴器

该类联轴器在我国没有真正开发与生产，没有形成产业化市场，大多数都需要进口。而国外有不少专业生产厂家制造，已形成规模产业化市场。该类联轴器用量大，我国应大力研究和开发，这需要进行大量的计算分析和试验，尤其是弹性套、连杆等方面的分析研究工作。由于该类联轴器用量大、备件多，一旦开发成功，形成专业生产的产业化市场，能替代国外进口产品，即可节约大量外汇，市场容量估计在100亿元以上，市场前景非常好。该类产品属于关键基础零部件，开发生产的必要性非常大。

2. 风电装备高性能限矩安全联轴器

随着我国风电产业的快速发展，高性能限矩安全联轴器的制造生产也已提上了议程。到目前为止，这类联轴器的大部分还依赖进口。由于该类联轴器使用量大，附加值高，一旦开发成功，很快就可以形成专业化的产业化市场，市场容量估计在100亿元。其技术难点主要在于精确的限矩、零部件运行可靠及寿命长。因此，该类联轴器属于朝阳产业，国家应大力鼓励发展。

3. 智能装备用高性能安全联轴器

随着用户市场对产品质量的要求越来越高，许多装备向自动化、精确控制方向发展，这其中要用到很多安全联轴器，有的需要精确限矩；有的是在精确限矩的基础上再加传感器，有效地进行设备自动化控制。该类联轴器适用范围广、用量大，市场容量估计约在8 000万元，目前，国内已形成专业化生产能力。

4. 大型露天矿自动化成套设备用联轴器

该类联轴器使用工况恶劣、振动冲击大，因此，要求其传递转矩大、可靠性高。以前使用的常规联轴器，由于不能满足这种工况要求，因而寿命短、维修工作量大。针对这种情况可根据不同工况选用不同的结构、参数，以满足振动冲击大、转矩大、寿命长的要求。露天矿自动化成套设备用量大、备件多，市场容量估计在6 000万元，故该类联轴器足可以形成产业化生产市场，

三、产业发展的重点领域及任务

1. 行业发展需重点解决的问题

（1）夯实产业发展基础。传动联结件属于机械通用基础零部件，它是机械传动中不可缺少的元件，广泛用于纺织、印刷、航空、航天、汽车、机床、船舶、冶金、矿山、包装、风力发电及汽轮机等行业。大型传动联结件主要指给重大装备配套的联结件，如轧钢流水线上用的十字轴式万向联轴器及大型汽轮机、船舶、核电站、风力发电、矿山机械、轨道交通车辆等装备上用的各种联轴器。由于国内产品存在质量、可靠性、寿命等问题，国内市场的90%被进口产品占据，国内生产企业只是停留在测绘、仿造阶段。

国家“十一五”期间确定的18个重大技术装备领域中要大量地用到大型传动联结件产品，目前急需研究基于高精度、高速度、大转矩、小体积、低噪声、高性能、高可靠性、高寿命的传动联结件，要以产品性能要求、试验方法、技术规范等关键技术为创新点。

(2)推进重大装备自主化。目前,我国传动联结件行业制造技术水平较低。我国传动联结件行业制造工艺和装备技术发展缓慢,加工设备数控率低,缺乏专用设备,磨削加工自动化水平低,大多数企业中作为生产主力的仍是传统加工设备。对提高传动联结件寿命和可靠性至关重要的先进热处理工艺和装备(如控制保护加热、渗碳渗氮、贝氏体淬火等)使用率低,对许多技术难题的攻关未能取得突破。钢材质量的提高,润滑、冷却、磨料磨具等相关技术的研发,尚不能适应传动联结件产品水平和质量提高的要求。因而,造成工序能力指数低,一致性差,产品加工尺寸离散度大,产品内在质量不稳定,从而影响了传动联结件的精度、性能、寿命和可靠性。

2. 产业发展模式

在"十二五"期间,我国传动联结件行业要实施新兴产业集群发展战略,推进研发创新能力和设计制造技术升级,提高产业集中度,提高核心竞争力,企业要实现生产专业化、系列化、规模化、标准化。

3. 产业化技术途径

(1)推进创新能力建设

1)以科技为先导,树立科学发展观。在产品设计、制造中,积极推动对电子、计算机、信息、新工艺、新材料及新能源等高新技术的应用;把集成创新与关键技术的突破结合起来,不断促进行业技术进步,改变行业内缺少自主知识产权的高性能产品,高档、高水平产品主要依赖进口的现状。

2)坚持可持续发展,做好节能、环保文章。以抓产品及系统的省能降耗、降低噪声、解决系统渗漏及水介质应用等问题为重点,围绕产品开发、设计、制造、包装、运输、售前、售后服务及废旧产品回收、再制造等产品全生命周期的各个环节,充分考虑资源和环境因素,最大限度地优化利用资源和减少环境污染。

3)坚持引进消化与自主创新相结合。我国多数企业产品技术主要源于引进,缺乏创新,而且自身科技开发大都投不足,缺少必要的研发、试验装备,人才流失,后继乏人,致使企业技术进步缓慢。对此,要充分利用发达国家产业转移的机遇,努力做好引进先进技术与在消化吸收基础上的创新工作,大幅度提高行业产品设计与制造水平。同时,积极推动产学研结合,创造条件加大对自主创新的投入,更快、更多地研制开发一批具有自主知识产权的新产品。

(2)重视对装备基础制造工艺的投入。装备基础制造工艺是指在生产过程中,按一定顺序逐渐改变生产对象的形状(铸造、锻造)、尺寸(机械加工)、相对位置(装配)和性质(热处理),将各种原材料、半成品加工成产品与装备的技术与方法装备基础制造工艺可划分为三大类,即切削、成形和特种加工。

长期以来,装备制造企业普遍存在重产品、轻工艺的倾向,先进的制造工艺研究开发和推广应用严重滞后,已成为影响装备制造业发展的主要制约因素之一。主要表现在以下方面:

1)基础制造工艺质量不高。

2)基础制造工艺能源、资源消耗大,污染严重。

3)工艺与装备结合不够紧密。

4)工艺环节专业化程度偏低。

5)工艺管理没有规范化、常态化。

6)基础数据积累不够,工艺研究严重弱化。

4. 产业发展关键共性技术

(1)高效清洁铸造工艺。

(2)先进锻压(塑性成形)工艺。

(3)先进高效焊接工艺。

(4)绿色节能热处理及表面处理工艺。

(5)高速、超高速切削/磨削等基础制造工艺。

5. 产业发展所需的重大装备

产业发展所需的重大装备有十字轴、叉头专用机床,数控加工中心,专用的磨削设备,内花键拉床(大功率)及辊轧设备(十字轴、花键轴)等。

四、发展策略

产业发展要依托客运专线和城市轨道交通、风电等重点工程装备,大力发展轨道交通装备和风电装备高性能联轴器、制动器。

五、政策及措施建议

(1)加强对新型基础件及关键零部件制造技术与装备发展的支持。

(2)加强新型基础件及关键零部件技术创新体系的建设和创新人才的培养。

(3)建立国家"新型基础件及关键零部件发展基金"。

(4)通过税收等手段推进高端及核心关键零部件产业化和自主化发展进程。

〔撰稿人:传动联结件分会明翠新〕

传动联结件行业主要产品综述

传动联结件是机械设备传动链中重要的通用部件,其性能与质量直接关系到机械设备的环保、节能、安全和性能。传动联结件广泛应用于冶金、矿山、起重运输、轻工机械、机床、车辆、纺织、包装和印刷等设备上,在机械传动领域占有十分重要的地位。

一、联轴器、离合器与制动器的分类、特点及应用

1. 联轴器的分类、特点及应用

联轴器主要用于联接两轴或轴和回转件,使其一同旋转并传递运动和转矩。不同类型的联轴器具有不同的特性与适用范围。根据 GB/T 12458—2003《联轴器分类》的规

定，可将联轴器分为刚性联轴器、挠性联轴器与安全联轴器三大类。

(1)刚性联轴器。刚性联轴器的特点是不能补偿两个被联接轴间的相对位移，也不能缓冲与减振，结构简单、重量轻。其主要用于两轴线能精确对中、转速不高及载荷平稳的场合。

(2)挠性联轴器。挠性联轴器又分为无弹性元件挠性联轴器、金属弹性元件挠性联轴器与非金属弹性元件挠性联轴器三类。

1)无弹性元件挠性联轴器。它主要包括滑块联轴器、链条联轴器、齿式联轴器和万向联轴器。这类联轴器共同的特点是无弹性元件，而具有挠性，对两轴相对位移有一定的补偿性能。这种功能主要是由于其自身具有相对可动元件的缘故。滑块联轴器用于小功率、高转速、无剧烈冲击载荷的场合，链条联轴器用于潮湿、多尘及高温场合。齿式联轴器(原包括直齿与鼓形齿两种，后来，性能先进的鼓形齿联轴器取代了直齿联轴器)承载能力大、工作可靠，广泛应用于高速重载传动场合。

万向联轴器按其传动特性(即以经过联轴器传动至输出轴后，产生的速度变化为特点)来分类，可分为非等速型(如 WJ 型单节球铰、WSD 型单节十字轴万向联轴器)、准等速型(如 SWC 型、SWP 型与 SWZ 型十字轴式万向联轴器)及等速型(如球笼式万向联轴器)三种。万向联轴器的特点是能够联接空间同一平面上相交的两轴传递运动与转矩，它不仅允许两轴间有相当大的折角($\beta \leqslant 25°$)，而且还允许折角在限定的范围内随需要而调整。非等速型万向联轴器是当折角大于零时，主动轴和从动轴间以变化着的瞬时角速度比来传递运动，但平均角速度比为 1；准等速型万向联轴器是在设计角度下工作时，联轴器以等于 1 的瞬时角速度比传递运动和转矩，而在其他接近设计角度情况下工作时，联轴器的瞬时角速度比近似于 1；等速型万向联轴器的特点是主动轴、从动轴始终以等于 1 的瞬时角速度比来传递运动和转矩。

2)金属弹性元件挠性联轴器。通常称为弹性联轴器，主要品种有膜片联轴器、蛇形弹簧联轴器、弹性阻尼簧片联轴器及挠性杆联轴器等。这类联轴器的弹性元件用金属材料制成，其目的是利用金属弹性元件的弹性，补偿联接两轴的相对位移，缓和冲击，改变轴系的自振频率，以免发生危险性的振动。

金属弹性元件挠性联轴器具有疲劳强度高、承载能力大、弹性模量大而稳定、性能易控制及寿命长等特点。膜片联轴器适用于载荷平稳的高速传动，也适用于立式传动；蛇形弹簧联轴器的等刚度型适用于转矩变化小的场合；而变刚度型适用于变转矩或逆转的场合。弹性阻尼簧片联轴器适用于驱动载荷变化大，有可能发生扭转振动的轴系；挠性杆联轴器适用于载荷平稳的高速传动轴系，并可与簧片联轴器组合使用；波纹管、弹性管及薄膜联轴器适用于各种精密传动系统。

3)非金属弹性元件挠性联轴器。通常亦称为弹性联轴器。非金属弹性元件的材质有两类：一类是由橡胶材料制成弹性元件的联轴器，主要品种有轮胎式联轴器、H 形弹性块联轴器，弹性块联轴器、多角形橡胶联轴器、弹性套柱销联轴器、芯型弹性联轴器、橡胶金属环联轴器及鞍形块联轴器等。橡胶弹性元件具有多向弹性、弹性模量小、变形量大、较高的阻尼减振性及电绝缘性能。这类联轴器主要适用于往复式发动机与工作机械之间、电动机与具有变动载荷工作机械之间、电动机与带有冲击载荷工作机械之间两轴的联接，适合于中小转矩传递场合；另一类是由工程塑料制成弹性元件的联轴器，主要品种有弹性柱销齿式联轴器、弹性柱销联轴器、梅花形弹性联轴器及径向弹性柱销联轴器等。工程塑料弹性元件的耐磨性好，比橡胶弹性元件的强度高，并具有良好的耐油性。这类联轴器适用于工作环境差，对缓冲与减振性要求不高及补偿两轴相对位移量较小的场合。

橡胶与工程塑料弹性元件联轴器对工作环境温度都有限制，标准中一般规定其工作环境温度为 $-20 \sim 80℃$。

(3)安全联轴器。该类联轴器的主要品种有内张式安全联轴器、蛇形弹簧安全联轴器、液压安全联轴器、钢砂式安全联轴器及钢球式节能安全联轴器等。

安全联轴器的特点是传递转矩的大小能在一定范围内调整，并在传递转矩超过限定值时，准确地使主、从动端脱开，以防止事故的发生。在传递转矩未超过限定的安全转矩的情况下，其作用同普通联轴器一样。

内张式与蛇形弹簧安全联轴器主要适用于运输机械；液压安全联轴器一般与鼓形齿式联轴器或与十字轴式万向联轴器配套应用于冶金机械；钢砂式与钢球式安全联轴器主要适用于无需调速的中高速传动场合，如离心机、鼓风机及球磨机等负载起动机械。

2. 离合器的分类、特点及应用

离合器是一种通过各种操纵方式，实现传动系统主、从动部分在同轴线上传递运动和转矩时，具有按合和分离功能的装置。离合器可以实现相对起动或停止，以改变传动件工作状态，从而达到改变传动比的目的，如传动系统主、从动端之间相互同步或异步。此外，离合器还具有在起动或过载时控制转矩大小的安全保护功能。

根据 GB/T 10043—2003《离合器分类》的规定，可将离合器分为两大类，即操纵离合器与自控离合器。操纵离合器按操纵方式又可分为机械式离合器、电磁离合器、液压离合器及气压离合器四种。

(1)机械式离合器。它是利用杠杆等机构直接操纵接合元件，使离合器分离或接合。机械式离合器主要品种有牙嵌离合器、转键离合器、齿式离合器、圆盘摩擦离合器及圆锥摩擦离合器等。牙嵌离合器通常用手工杠杆操纵，按合时产生冲击振动，只能在静止或低速下接合，用于不需要经常离合的场合；转键离合器用于各种曲柄压力机；齿式离合器用于转速较低、带载荷接合、传递转矩较大的机械传动或变速传动的场合；圆盘摩擦离合器主要用于需要经常离合、要求传动比不严及传动平稳的场合。

（2）电磁离合器。它包括电磁离合器与磁粉离合器。电磁离合器是通过激磁线圈的电流所产生的磁力来操纵接合元件，特点是动作灵敏度高，可湿式或干式两用，一般用于远距离控制传动系统和随动系统；磁粉离合器是利用导磁的磁粉间的电磁吸引力形成的磁粉链与工作面之间的摩擦力产生离合功能，主要用于接合频率高、需要调节起动时间或过载安全保护，以及要求自动调节转矩与转速的场合。

（3）气压离合器气压离合器的主要品种有片式离合器、气胎式离合器与浮动块式离合器等。它是利用压缩空气进行操纵，其特点是接合平稳、传递转矩大、接合频率高及动作迅速。气胎式离合器有轴向气胎与径向气胎两种型式，轴向气胎离合器用于传递大转矩、快速变换回转方向、远距离操纵或自动控制场合，径向气胎离合器主要用于钻机、工程机械、锻压机械等大型设备。LT 型高弹性摩擦离合器为气压双锥式高弹性离合器，它的特性是能够消除动力装置系统扭振。这种离合器主要用于柴油机主动力装置及辅助动力装置。

（4）液压离合器，目前尚无标准系列产品。

自控离合器分超越离合器、离心离合器和安全离合器三种，目前只有单项楔块式离合器已形成标准系列产品。其他尚无形成标准产品。

3. 制动器的分类、特点及应用

制动器的功能是减速、停止（保持停止状态）和支持（制动时能支持重物）。其按工作状态分为常闭式与常开式两类。常闭式是靠弹簧或重力使其经常处于抱闸状态，机械设备工作时松闸。常开式与其相反，制动器经常处于松闸状态，抱闸时需要施加外力。

制动器尚无分类标准。按结构形式一般可分为块式制动器、带式制动器与盘式制动器三类。如按制动系统驱动方式可分为电磁铁制动器、液压式制动器与液压—电磁式制动器三类。分别介绍如下：

（1）电磁铁制动器。其特点是构造简单、工作安全可靠、电磁铁寿命短，主要用于操作频繁，快速起动与制动的场合。

（2）液压式制动器。其构造复杂，但工作平稳、无噪声，主要用于操作不太频繁，不需快速起动、制动的场合。

（3）液压—电磁式制动器。其具有液压、电磁制动器两者的特点，可调整，但结构复杂，适用于高温与工作频繁的场合。

二、联轴器、离合器与制动器的选择

1. 联轴器的选择

（1）所需传递转矩大小、性质以及缓冲减振方面的要求。如：对于大功率重载传动，可选用工作可靠的齿式联轴器；对于载荷变化范围大、有可能发生扭转振动的轴系，应选择缓冲减振性能较好的簧片联轴器，也可选择具有变刚度特性卷簧联轴器、蛇形弹簧联轴器及弹性杆联轴器等；在超载时会引起设备事故或影响人身安全的情况下，需选用安全联轴器。在各联轴器产品标准中，一般都规定了转矩的计算方法及工况系数，选用时应符合有关规定。

（2）联轴器的转速。在相应产品标准中都有具体规定，选用联轴器的转速不得超出许用转速，如超过许用转速，联轴器外缘离心力大，易导致变形或材料破坏，磨损加剧。联轴器的许用转速主要是根据半联轴器材质确定。在产品标准中规定的许用转速如下：当半联轴器是铸铁件时，则最大外圆线速度应限制在 30m/s 以内；当半联轴器是铸钢或锻钢件时，则最大外圆线速度应限制在 45m/s 以内。

由于高转速联轴器会产生较大的不平衡离心力，导致整个轴系振动，因此，在高转速工况下，应选择平衡精度高的联轴器。对于接中间轴的各种联轴器，还要进行临界转速的验算。

（3）两轴的相对位移。由于联轴器的制造、安装以及运转中轴承磨损与基础下沉，工作时受载变形和热变形等各种原因影响，联轴器所联接的两轴之间会产生相对位移。除刚性联轴器没有补偿两轴相对位移的性能外，其他联轴器都有补偿性能，其补偿值在相应产品标准中都有规定。但标准中规定的补偿值不等于联轴器的安装允差。联轴器的安装精度要求见有关安装规范。

（4）联轴器的传动精度。刚性联轴器能保证传动精度；无弹性元件挠性联轴器，由于其零件间存在间隙，在起动、逆转或变速时，造成主、从动轴不同步转动，存在一定的空程或滞后量，降低了传动精度，影响工作机械的使用性能；有弹性元件挠性联轴器，由于弹性元件在传递转矩时产生变形，也会产生空程和一定的滞后量。对于精密传动和伺服传动，要求两轴同步转动不能滞后，应选择刚性或扭转刚度大且无间隙的挠性联轴器。

（5）联轴器的工作环境。选用联轴器时，应考虑工作环境的影响，如温度、腐蚀性介质等。高温对橡胶与工程塑料弹性元件影响较大，容易引起老化。凡对环境温度有限制的联轴器，在其产品标准中都规定了环境温度范围，如橡胶与工程塑料弹性元件联轴器，允许的环境温度为 $-20\sim70$℃。用于有腐蚀性介质的环境，联轴器需采用耐腐蚀材料制成。对于含有油、溶剂的环境，橡胶弹性元件应用耐油性好的丁腈橡胶或氯丁橡胶。同时，还要考虑用润滑油的联轴器漏油时对环境及产品的影响。

（6）联轴器的制造、安装与使用维修。在满足使用要求的前提下，应选择制造工艺性好、安装方便、维护简便的联轴器。

联轴器的外形尺寸要适合机器安装空间的要求，尤其是空间较小、拆装不便的场合。对于大型机组，应尽可能选择拆装、检修及更换易损件时不需沿轴向移动的联轴器，如带中间轴或中间套的齿式联轴器、挠性片联轴器及弹性柱销联轴器等；对于长期连续运转的机组，则应选择经久耐用、长期无需维修的联轴器，如膜片联轴器及齿式联轴器。一般金属弹性元件联轴器比非金属弹性元件联轴器的寿命长，无滑动摩擦比有滑动摩擦的联轴器耐用。对于立式传动宜选择夹壳或弹性块联轴器。

2. 离合器的选择

(1)原动机的起动特性。对于用三相笼式异步电动机驱动的传动系统，由于其最大转矩与额定转矩间的比值大，在加载过程中，离合器转速不会有明显降低。因此，可以允许离合器有较大的超载范围，故可以选择较大容量的离合器，以便在加载接合时，有可能迅速驱动，不致于出现过长时间的打滑现象，造成摩擦发热，加剧磨损；对于内燃机等原动机，在接合加载过程中，原动机转速会有显著下降，为避免原动机转速过分下降，应选择工作容量贮备较小的离合器。

(2)离合器的承载特性。对于工作载荷稳定，而起动时从动部分的惯性也很小的传动系统，可选择较小容量和尺寸小的离合器；而对于需承受冲击载荷的离合器或从动部分具有很大的惯性，以及需要在高转速下工作的离合器，如无有效的缓冲和减振装置，为防止离合器或其他传动件损坏，保持离合器正常运转，除考虑离合器容量外，更重要的是进行扭振计算。通过改变工作转速，使其远离轴系临界转速，避开共振区，或者在接合元件间增设减振装置，改变轴系刚度，消除共振。

(3)接合元件的性质。嵌合式接合元件传递转矩大、外形尺寸小，可保证接合后主、从动端之间的转速同步，而且没有发热和升温。但因接合元件由金属制成，刚性大，在有转速差时接合的瞬间，主、从动件将产生相当大的冲击，引起陡振和噪声，特别是在有载荷情况下高速接合，有可能损坏嵌合元件。因此，这种接合件的使用限于低速或相对转速差较小，在空载或轻载下接合的传动系统；摩擦式接合元件，由于在接合过程中可以允许主、从动接合元件间存在一定的滑差，虽然滑动会引起能量损耗和发热，但却能使主、从动接合元件能在较大转速差下进行接合，而且接合时柔性无冲击。

(4)操纵方式。操纵方式对离合器的工作性能和使用范围都有不同程度的影响，因而也影响到离合器的选择。依靠人力操纵的各种机械离合器，由于操纵力不大(≤400N)、反应慢，因而不宜用于接合频率高的传动，也不宜用来操纵大型离合器和需要远距离操纵的离合器，主要用在中小功率的机械设备上；气压操纵具有比较大的操纵力(比压为0.4~0.8N/mm^2)，离、合迅速，操纵频率较高，而且排气无污染，适用于各种容量的离合器和远距离操纵的离合器；液压操纵能产生很大的操纵力(比压为0.7~3.5N/mm^2)，而且有良好的润滑散热条件，适用于有润滑装置和不泄漏的机械设备，操纵体积小而转矩大的各种离合器；电磁操纵比较方便，接合迅速，耗时短，可以并入电路系统实行自动控制，且易实现远距离控制，特别适合于操纵各种频率高的中小型以及微型离合器。

(5)环境条件。为使离合器工作性能得到正常发挥，应考虑离合器的结构形式与环境条件。开式结构可用于宽敞无污染环境，而封闭式结构则能适应有粉尘和存在污染的场合。对于有防爆要求的环境，不宜选择普通的电磁离合器；要求保持环境严格清洁的场合，不宜选用液压操纵离合器。此外，不希望有噪声的环境，最好不选用无消声装置的一般气压离合器。具有橡胶元件的离合器，则应考虑环境温度和有害介质的影响。

3. 制动器的选择

(1)要考虑工作机械的工作性质和条件。对于起重机械的提升机构和变幅机构都必须采用常闭式制动器；对于水平行走的车辆以及起重机的运行和旋转机构，为控制制动转矩的大小，以便能准确停车，则多采用常开式制动器。

(2)应充分注意制动器的任务。如支持制动器的制动转矩必须有足够的储备，即应保持一定的安全系数；对于安全有高度要求的机构需设置双重制动器，如运送熔化金属的起重机提升机构，规定必须设置双重制动器，其中每一个都能安全地支持铁液包不致坠落；对于重物下降制动，则必须考虑足够的散热面积，使其将重物位能所产生的热量散出去，以免过热破坏或失效。

(3)考虑应用场所。安装制动器要有足够的空间，以保证安装与维修工作正常进行。当安装地点有足够的空间，则可选用外抱块式制动器；安装空间受限制时，则可选用内蹄式、带式或盘式制动器。

〔撰稿人：传动联结件分会明翠新〕

行 业 概 况

联轴器行业发展概况

联轴器是在传递运动和转矩的过程中联接两轴或联接轴与回转件，和轴一同回转而不脱开的一种机械装置。它是机械传动轴系中不可缺少的联接部件，其种类多、用量大、适用范围广，属通用基础传动件。

联轴器的种类很多，有刚性联轴器、挠性联轴器、弹性联轴器和安全联轴器等。它们的基本功能是传递运动和转矩。不同类型的联轴器，除基本功能相同外，还有其他各种辅助功能，如补偿轴向、径向、角向位移的功能，不同程度的减振、缓冲功能，以及过载安全保护功能等，用于满足不同机械设备传动系统的需要。

一、联轴器生产发展情况

随着机械工业和科学技术的发展，主机设备对联轴器提出了更高的要求，即它不但要满足高速、重载、高精度的要求，还应满足运转平稳、传动效率高，使用寿命长及维护简单等要求。为适应市场需求，满足不同传动系统的需要，目前国内已研发出许多不同类型的新型联轴器。

近年来，我国联轴器行业发展很快，而且标准化程度也很高。我国仅联轴器国家标准和行业标准就有140余项，数量远远多于国外工业发达国家，因为他们的标准多以生产厂家样本的形式出现，较少制订国家或行业标准。如此之多的标准，无疑将对联轴器的生产与应用起到极大的促进作用，同时也是为市场提供技术先进、质量可靠的联轴器产品的有力保障。

我国联轴器的技术水平，无论是结构型式还是技术参数及性能指标，绝大多数已达到国外同类产品的技术水平。但在产品加工精度、质量及使用寿命方面与国外产品相比，差距还很大，有的只能达到20世纪80年代国外产品的水平。究其原因主要有：一是与组织生产的形式、规模和管理水平有关；二是加工设备比较陈旧，生产效率低，加工精度差。

20世纪80年代以前，我国的联轴器都由主机厂自行生产，没有专业制造联轴器的厂家。80年代以后，联轴器的生产走向市场化，而且发展很快，逐步形成规模大小不等的专业生产厂家上百家，其年产值达到近百亿元。

二、联轴器技术水平现状

联轴器产品种类繁多，现将应用广泛和技术水平较高的几类产品加以介绍。

1. 万向联轴器

万向联轴器是应用极为广泛的联轴器之一，生产的专业厂家也较多。万向联轴器主要有SWP型、SWC型和SWZ型系列，公称转矩为1.25～85.00kN·m，回转直径ϕ80～1 100mm，轴线折角≤15°。

长春轿车消声器厂煤机分厂（万向联轴器专业生产厂）生产了带滚动止推轴承的SSWZ重型万向联轴器、SSWCZ超重型万向联轴器。该产品获得了2000年世界发明家国际协会的发明金奖。SSWZ重型万向联轴器的主要技术参数为：公称回转直径ϕ250～450mm，实际回转直径ϕ225～420mm，公称转矩45～450kN·m，疲劳转矩22.5～225 kN·m，轴线折角≤15°；SSWCZ超重型万向联轴器的主要技术参数为：公称回转直径ϕ500～1 000mm，实际回转直径ϕ450～900mm，公称转矩450～4 500kN·m，疲劳转矩225～2 250kN·m，轴线折角≤15°。

浙江乐清市虹桥万向轴有限公司在SWZ型万向联轴器的基础上，研制开发出了SWH型万向联轴器，其承载能力较原标准提高了25%。

万向集团的万向钱潮股份有限公司是国内生产万向联轴器规模较大的专业厂家，其产品主要为汽车行业配套。该公司的设计开发、生产制造及试验测试手段先进，是美国通用、福特等汽车公司定点配套供应商之一。其产品为国家机械工业名牌产品，被国家商务部列为重点支持和发展的产品。该公司年产万向联轴器300余万套。

2. 鼓形齿式联轴器

鼓形齿式联轴器是一种外齿轴套的齿形呈鼓形的齿式联轴器，是发展较早、比较常用的联轴器之一，它一般使用在低速重载的机械装置上。目前，国内该种联轴器的生产厂家较多，如：江阴市联轴器压铸厂、扬中市金星联轴器制造有限公司、宁波勤县华实传动机械厂、河北省冀州市联轴器厂等。其主要特点是：承载能力大，它比一般的齿式联轴器传递转矩高15%～20%，最大可达4 000kN·m，传动效率高，可达98.7%～99.9%；传动平稳，当外径为ϕ103～1 664mm时，转速为4 000～460r/min，转矩为0.355～4 000kN·m；拆装方便，鼓形齿两端的侧面间隙比中间部位大，轴向补偿值也较大，径向为0.4～6.3mm，角向为1°30′。但角向补偿值在高速大功率时小，并需要对套齿进行较好的润滑，而且由于加在主从动机上的载荷及转矩大，难以平衡，致使套齿易磨损，特别在高速重载时使用受到限制。

南京高速齿轮箱厂生产的鼓形齿式联轴器，转速可达

8 500r/min，转矩为0.15kN·m，外径尺寸为ϕ150mm。

沈阳鼓风机厂生产的鼓形齿式联轴器，转速可达20 000r/min，其转矩为2.06kN·m，外径尺寸为ϕ154mm。

3. 弹性阻尼联轴器

随着内燃机行业的不断发展，内燃机（如船舶推进装置）的扭转振动问题也越来越引起重视。很多情况下，抑制扭转振动或将危险共振转移到内燃机的工作转速范围之外是很有必要的，这需要在动力装置中加入弹性阻尼联轴器来完成。按弹性元件的材料划分，弹性阻尼联轴器分为金属弹性阻尼联轴器和橡胶弹性阻尼联轴器。

重庆齿轮箱厂有限责任公司生产的永进－盖斯林格弹性阻尼联轴器就是利用金属簧片的高弹性与通过油流动的理想粘性阻尼的组合，来产生扭转弹性和阻尼的，它是一种金属弹性阻尼联轴器。通过对它的合适选用能将扭转主临界转速移到内燃机工作转速范围之外，使得整个轴系能在内燃机工作转速范围之内安全运行。采用该联轴器通常还能降低内燃机曲轴、输出轴以及齿轮上的应力，若用一般无阻尼的、简单的弹性联轴器，则不能获得这样好的效果。弹性阻尼联轴器具有高阻尼、高弹性、寿命长、不老化、磨损小和易维修等优点。

永进－盖斯林格弹性阻尼联轴器（GED）有两种规格类型，即不可逆转型（N型）和可逆转型（U型）。不可逆转型用于不可逆转的内燃机，可逆转型的联轴器具有相同的正、反向簧片，只是正、反向簧片的排列顺序相反，可传递等同于额定转矩的反向转矩。不可逆转型的最大设计额定转矩可达6 520kN·m，而可逆转型的最大设计额定转矩为5 630kN·m。每种类型有三个系列，即55、85、140系列。它们传递相同的转矩，其中55系列最硬，140系列最软。

无锡伏尔康（VULKAN）科技有限公司利用德国技术生产的VULKAN－RATO高弹性联轴器，是一种橡胶弹性阻尼联轴器，它是利用联轴器结构中的橡胶产生弹性和阻尼的。

VULKAN－RATO高弹性联轴器共包括RATO－S、RATO－DG、RATO－R、RATO－DS系列四种产品，具体介绍如下：

1）RATO－S型高弹性联轴器适用性强，结构紧凑，装拆方便，当转矩为3.15～750kN·m时，转速为3 500～610r/min。

2）RATO－R型高弹性联轴器适用于高速或高功率密度的动力系统，当转矩为5～160kN·m时，转速为3 300～1 210r/min。

3）RATO－DG型高弹性联轴器适用于柴油发电机组或电动马达，当转矩为8～160kN·m时，转速为2 100～1 040r/min。

4）RATO－DS型高弹性联轴器适用于刚性安装的船用主推进装置，当转矩为16～100kN·m时，转速为2 100～1 250r/min。

南京泰克曼联轴器有限公司、上海大华联轴器厂和无锡船用减震器厂也生产橡胶高弹性联轴器。

4. 金属膜盘、叠片式挠性联轴器

金属膜盘、叠片式挠性联轴器，是目前动力传输中最先进的联轴器，目前国内能生产金属膜片挠性联轴器的厂家有20余家，如中国船舶工业总公司第七〇三研究所、上海材料研究所、武汉正通传动器材有限责任公司等。

无锡创明传动工程有限公司（原中国航空工业总公司第六一四研究所传动公司）是生产金属膜片挠性联轴器的专业厂家，生产金属膜盘挠性联轴器已有近20年的历史，其生产的普通型膜片联轴器技术成熟，已达到国际同类产品的先进水平。产品的最大设计转矩200kN·m，最大使用功率为25 000kW，最高使用转速为24 000r/min，最大线速度为183.4m/s，最大角向补偿能力为1°，最大轴向补偿能力为±7.5mm。为了提高产品性能，降低成本，该公司还开展了高速高性能金属膜片联轴器的开发研究。无锡创明传动工程有限公司生产的金属膜片挠性联轴器与国外产品性能对比见下表。

无锡创明传动工程有限公司生产的金属膜片挠性联轴器与国外产品性能对比

技术性能指标	公司新产品	公司原产品	美国产品	英国产品	日本产品
转矩（N·m）	4 000	4 000	4 000	4 000	4 000
转速（r/min）	22 000	15 000	22 000	23 000	22 500
重量（kg）	21.8	40.3	17.15	21.7	16.13
外径（mm）	179	238	173	172	170.9
角向补偿（°）	1/2	1/2	1/3	0.375	1/4
轴向补偿（mm）	2.4	2.2	2	2.31	1.52
双路传动及防飞功能	有	无	无	无	无
参考价格（万元）	1.6	1.8	20	5	8

由表中数据可见，该公司产品的各类性能指标已达国际同类产品的水平，而且具有了独特的双路传动及防飞功能等保护装置。

目前，该公司可生产外径为4in、5in、6in、8in、10in、12in和16in的7个系列膜盘弹性联轴器，产品已普遍适用于化工流程泵、透平压缩机等机组上，已交用户使用的产品最大功率为11 360kW，最高转速为13 531r/min。此外，该公司还生产航空用金属膜盘挠性联轴器。

5. 蛇形弹簧联轴器

蛇形弹簧联轴器是一种金属弹性元件挠性联轴器，它靠蛇形弹簧来传递转矩。该联轴器具有减振性好、使用寿命长、承受变动载荷范围大、起动安全、传动效率高、运行可靠、噪声低及润滑性好等优点。但是其制造工艺性差、加工困难、成本高,因此,应用上受到限制。该联轴器主要用于有严重冲击载荷的重型机械上,生产厂家较多,如上海振华港机(集团)宁波传动机械有限公司、江阴市联轴器压铸厂、宁波华实传动机械厂等。其中上海振华港机(集团)宁波传动机械有限公司生产的产品品种较多较全,有JS100、JS200、JS350、JS500、JS700五个系列产品,其最高许用转速为6 000r/min,最大公称转矩为800kN·m,外径尺寸可达ϕ1 270mm。

6. MT系列电磁推动器

无锡创明传动工程有限公司和中国航空动力控制系统研究所合作,开发了新型MT系列电磁推动器。电磁推动器传统的设计方法是:在选择电磁驱动装置磁路系统的结构形式时,根据电磁铁的工作边界条件,以静态吸力特性为基础,要求衔铁在全部行程范围内,静态吸力特性大于反力特性。因此,现有的各种传统电磁铁在实际使用中有能耗大、线圈温升高、易损坏等严重缺点。试验分析表明,实际电磁铁的接通过程并不取决于静态特性,而是取决于动态特性。因此,以动态特性为基础来满足静态的要求,并对此进行优化,是该产品的基本设计方法和技术创新之一。其他方面的创新如下:

1)磁路材料选用一般的低炭钢,价廉易得。为了减少磁涡流,在导磁体中,增设了去涡流槽道,以减少损失和提高吸合后的释放速度。

2)采用金属线圈骨架,以利于散热,降低线圈温升。

3)巧妙地利用了起动瞬间的降值电磁能量,实现了大励磁电流起动,小电流励磁保持。

4)着重考虑电磁推动器吸合推动过程的动态特性要求。

MT系列电磁推动器和其他型式的推动器相比,具有体积小、重量轻、操作频率高、节电、环保及维修方便等优点。其安装尺寸与ED电力液压推动器一样,可完全互换。其反应灵敏,操作频率高,可达2 000次/h(一般电磁铁和液压推动器操作频率为700~1 200次/h),工作时无电磁噪声。其节电效果显著,比MZD、MZS电磁铁节电90%,比YT、ED液压推动器节电30%以上。

该产品的主要技术性能指标为:①额定推力有300N、500N、800N三档,工作行程30~60mm;②启动时间0.25s,释放时间0.35s,反应灵敏,操作频率高,操作频率可达2 000次/h,通电持续率可达100%;③起动时电流约3~10A,维持电流为0.1~0.4A,节电效果显著;④体积小、重量轻,使用寿命可达50~100万次。

目前,该产品的多台样机已在钢厂生产线上进行三班制连续运行,情况良好,用户非常满意。

7. WGL型鼓形齿式联轴器

它是齿式联轴器机械传动中应用最多的联轴器,主要由两对内、外齿啮合齿轮联接而成,外齿轴向截面呈长方形者称直齿式,呈鼓形者称鼓形齿式。其传动性能取决于齿形参数的选取。通常直齿式的齿形参数,压力角为20°,内齿齿顶高为0.8m(m为模数,下同),内齿齿根高为1m,外齿齿顶高为1m,外齿齿根高为1.25m。由于直齿式的齿形体较高、较瘦,弯曲应力较大,易磨损,因此传动性能较差。后来,人们改用短齿加变位的鼓形齿式,使齿形体变矮变胖,其压力角为20°,齿高及内、外齿厚比、齿间隙等参数各异,设计者也各持己见,因此形成了很多项标准并存的现状,给专业生产厂家生产带来困难,使制造成本增加。

在概念上认为:WGL型鼓形齿式联轴器已不是传动齿轮的啮合原理,而是鼓形的渐开线花键齿的啮合,只不过它是以大圆定位,有较大的齿间隙和稍增加的齿高,并作成鼓形齿。其压力角为28°~30°,内齿的齿顶高和齿根高相等,均为0.8m,外齿的齿顶高为0.8m,齿根高为1.05m。

WGL型联轴器的特征如下:

1)它具有渐开线花键副的自动定心性能,在传动中产生一个径向分力,使其在高速转动时处于平稳的状态。这是解决齿式联轴器有较大的齿间隙和高速传动时要求G16级(或G63级)动平衡矛盾的最有效办法。

2)它具有较大的压力角(28°~30°),使齿形体变得矮胖,与现有齿形相比,齿的弯曲强度提高了40%,并提高了耐磨性和抗胶合能力,使用寿命提高。

3)齿向鼓形具有三段弧的$R_1 > R_2$,这一方面可以加强齿向强度,另一方面又可以有较大的联轴器角向补偿量。

4)内齿圈受扭转变形时有一薄壁处是利用弹性变形原理设计,这使齿的啮合更为均匀,同时接触的齿数增多。

5)采用具有较大变形量的双道密封,其中外道防尘,内道防油。性能比一般的O形密封圈要好。

6)应用模块化设计,相同的零件采用不同的装配形式,可得到不同的联轴器总长(或不同的外齿轴套距离)。这不仅可以简化设计、减少型号,更重要的是可使专业生产厂降低成本。这也是目前通用零部件设计的发展趋势,值得推广。

WGL型鼓形齿式联轴器又称大压力角三段弧鼓形齿式联轴器,其优点是承载能力高(提高30%)、使用寿命长,特别适用于高速、重载的传动。

8. 其他类型联轴器

弹性柱销联轴器和梅花型弹性联轴器具有制造简单、成本低等优点,常常使用在低速、轻载可以经常停车维护的场合,如农用清水泵上。此类联轴器需求量较大,生产厂家较多,如德阳立达基础件厂、宁波勤县华实传动机械厂、河北省冀州市联轴器厂、江阴市联轴器压铸厂等。

三、国内外联轴器发展趋势

目前,国内外主要是开发高速及高性能的各类联轴器,如弹性阻尼联轴器,高弹性联轴器,金属盘、片式挠性联轴器等。其中金属盘、片式挠性联轴器,因为它与传统的齿式联轴器等相比,具有无泄漏、低能耗、高精度、长寿命等特点,是当今动力传输中最先进的机械基础件。它具有高速、高性能、重量轻、补偿量大、防微动磨损技术、径向预拉伸技术、双路传动技术及防飞结构等。

目前国内外联轴器发展趋势为：

1)小型化。

2)轻重量化。

3)高精度化。

4)高弹性材料的研究。

5)涂层新技术应用。

6)强度分析越来越精细准确。

7)寿命长。

8)专业化流水线生产、降低成本。

四、联轴器产销状况和市场预测

联轴器是机械基础件，主要与工作母机配套使用，它在机械行业中应用广泛，随着国民经济的发展而发展，其产销状况直接取决于国民经济的发展水平。

万向联轴器主要是为汽车行业配套，它的产销量随着汽车产销量的增长而增加。在未来十年间，我国的汽车产销量将随着家庭用车量的增加而增加，因此，万向联轴器将有宽广的产销市场。

金属盘、片式挠性联轴器用来联接驱动机和从动机，使它们一同旋转，以传递转矩和运动，并补偿两轴间的三向位移(不对中)，同时有隔振和节能作用，已成为当今世界上动力传输装置中最先进的机械基础件。高速高性能金属盘片式挠性联轴器更适合于高速大功率的关键大型旋转设备。金属盘、片式挠性联轴器不仅用于航空、坦克等军品上，而且也用于石油化工、钢铁、制冷、制药、船舶、印刷机械、纺织机械、有色金属、火电和核电等国民经济各领域，如高速大功率的透平发电机组，200MW、300MW、600MW 发电机组中锅炉给水泵机组，各种离心、轴流压缩机组，工业燃机，螺杆压缩机，冷冻机，以及化工流程泵等。此外，尚有部分产品远销中国台湾并出口美国、印度、巴基斯坦及东南亚等国家和地区。

我国每年所需各种类型、大小规格的联轴器数量很大，再加上备品备件及产品出口量的逐年增加，其需求量将更大，因此联轴器具有很广阔的市场。虽然我国联轴器的市场很大，而且专业化的生产厂家也不少，规模较大的厂家年销售额可达近十多亿元，但这也只能满足一般需求。而对技术含量高、制造难度大、使用寿命长的大型联轴器，国内只有极少数生产厂家可以制造，还不能满足主机需求。

我国的联轴器销售环节缺乏规范化。由于少数用户只重视价格，忽略了质量，形成互相压价的现象，有的产品价格甚至还不到成本价，造成产品质量无法保证，扰乱了市场秩序。另外，还有少数专业生产厂家并没有形成一定的规模，技术落后、设备陈旧，很难制造出高质量的产品，也失去了部分市场。

五、联轴器产品进出口情况

从目前的情况看，联轴器产品的进口远远大于出口。但单独进口联轴器的情况并不多，绝大多数是随主机一起引进，或者是在与国外厂家合作生产的过程中，由于外商要求而进口。这些联轴器都是用于设备的主传动，要求其技术水平高、使用寿命长，制造难度较大，国内产品还难于满足。另外，为了保证进口设备的正常运转，不至于影响生产，作为备品备件也进口了一部分联轴器。由于国产化水平的不断提高，备品备件的进口数量也在不断减少，大部分产品已实现了国产化。虽然国产化的产品在质量上与进口产品相比还存在一定差距，使用寿命也只有进口的2/3，但其价格比进口产品低很多，非常具有竞争优势。联轴器的出口情况并不理想，还没有形成一定的批量，只有少量的产品出口到东南亚和其他少数非洲国家。其中一部分是随主机一起出口的，而另一部分则是单独出口的。随着我国联轴器的技术水平和产品质量的不断提高以及价格上的优势，其出口量将会逐年增加，达到一定的批量，获得很好的经济效益。

六、联轴器科技成果与新产品

自 20 世纪 80 年代以来，我国的联轴器产品有了快速的发展，为满足各种机械设备传动系统的需要，适应市场需求，新产品不断出现，已逐步形成了较完整的联轴器产品系列。近年来，不少企业为了获得更大的经济效益，越来越重视新技术，为此也投入了大量的人力和物力，经努力取得了不少科技成果，开发出不少具有自主知识产权、技术含量高的新产品。如液压安全联轴器、贯通式鼓形齿联轴器、贯通式十字万向联轴器、硬齿面鼓形齿联轴器、高弹性橡胶块联轴器等。联轴器已获得科技成果 20 多项，申请专利十多项。

七、联轴器行业存在的主要问题及差距

我国的联轴器行业虽然发展速度很快，品种规格很多，而且技术水平也不低，可基本满足需要，但还缺乏技术含量高、适应特殊要求的联轴器。另外，我国联轴器生产厂家的加工设备普遍都显得比较陈旧，加工手段落后，很难达到精度和质量的要求，而且生产效率也比较低，绝大部分属于单件小批生产。因此，在今后的工作中，除加大新产品开发外，还应从加工设备、工艺等方面采取措施以适应新产品的要求。

〔撰稿人：传动联结件分会明翠新〕

离合器和制动器发展概况

2009—2012 年，我国离合器、制动器的生产和销售受全球经济危机的影响，由陷入困境到逐渐恢复生产，虽然出口受到较大影响，但是整体形势还是乐观的。伴随着汽车制造业的迅猛发展，全国 120 余家车用离合器、制动器配套生产企业实现了产量、产值的高速增长，产业集中度得到进一步提高。2012 年我国车用离合器和制动器的产值和销售额均超过 100 亿元。其中，盖总成近 4 000 万件，从动盘总成 4 500 万件，液力变矩器 100 万套以上。我国汽车产量持续增长、汽车保有量的增加、出口市场需求的扩张三大因素推动我国汽车离合器行业继续向前发展。尤其是 DCT 技术在我国的发展，将使我国汽车摩擦片离合器行业获得新的发展机遇。此外，船用离合器一般以船用齿轮箱部件的形式出现。离合器和制动器还广泛应用于冶金、矿山、石油、化工、轻工、纺织、兵器、农机、航天航空和医疗等行业的机械设备中。

我国进口的离合器和制动器产品主要有：德国科比、德国伦茨、日本三木、日本三菱的电磁离合器和制动器，英国多福大功率钳盘式制动器，意大利 OMPI 气动离合器和制动器，以及美国双环公司含滑差离合器的船用齿轮箱等。

双质量飞轮是我国传统汽车离合器发展的一个方向。目前，我国已经有 Luk、Excedy 等外资企业在国内组装生产双质量飞轮，而国内的长春一东离合器股份有限公司、吉林大华机械制造有限公司、湖北三环股份有限公司等汽车离合器制造行业的重点骨干企业，也已经开始生产双质量飞轮。尤其是长春一东离合器股份有限公司已形成了年产 75 万套的生产能力，占领了国内中重型商用车市场的半壁江山。

浙江亚太机电股份有限公司随着近几年不断扩充产能，占据了国内制动器行业的领先地位。该公司广泛为国内外各大知名整车企业配套，如一汽大众、一汽轿车、上海通用、上海大众、北京奔驰、奇瑞汽车、东风汽车、神龙富康、华晨金杯、长安汽车、上汽通用五菱、江铃汽车、郑州日产和江淮汽车等，并自营出口北美、欧洲、澳大利亚等国家和地区。

液力变矩器的需求随着我国自动挡汽车所占比重的增加而加大。国内整车企业除上海萨克斯早已量产液力变矩器产品外，广州优达佳、上海 Excedy、南京 Valeo 等外资企业也相继开始组装生产液力变矩器。

吉林东光集团有限公司隶属于中国兵器工业集团，目前主营产品有以离合器、飞轮、飞轮齿环为核心的传动系产品，以制动器为核心的全制动系产品，照明灯具及汽车镜四大系列近千余种规格，拥有全资公司吉林汽车制动器厂、吉林瑞宝车灯有限公司，控股上市公司长春一东离合器股份有限公司，控股公司吉林大华机械制造有限公司以及吉林一汽实业东光汽车镜有限公司 5 家汽车零部件专业制造公司。年生产离合器总成 200 余万套，主要供应 CA6DL、CA4160、SQR、DA471 等车型，液压制动总泵 160 余万套，主要供应 JETTA、BORA、SQR、BYD 等车型。

长春一东离合器股份有限公司的前身为一汽东光离合器厂，是国内汽车离合器制造行业的龙头企业，产品主要为一汽集团、长安汽车提供整车配套，已形成了年产 75 万套的生产能力，是国内规模最大、系列最全的离合器生产厂家，行业地位较高。公司实行品牌战略，面向全国 64 家主机厂供货，在主机配套市场取得了较好的成绩，占领了国内中重型商用车市场的半壁江山。

近年来，我国离合器和制动器行业取得了长足进步，尤其是我国汽车工业的快速发展，带动了离合器的快速发展。但相比于世界发达国家的技术水平和创新能力，我国离合器和制动器行业仍然存在着一些问题和差距，主要表现为：国内生产的产品基本是传统产品、低附加值产品，缺乏知名品牌，缺乏创新能力；国内生产企业的数量虽多，但大型企业少，自主开发能力及创新能力仍比较薄弱，产品开发周期过长，技术难度大、使用场合重要、附加值高的产品仍依赖进口。目前，有半数以上的产品技术需从国外引进。因此，为推动我国离合器和制动器工业的持续发展，今后仍须大力提高研发能力，从型号改进、型号扩展向高新技术应用、核心技术开发的方向发展，提高产品的附加值和国际竞争能力，创造我国离合器和制动器行业更加美好的未来！

〔撰稿人：传动联结件分会明翠新〕

超越离合器发展概况

超越离合器（又称逆止器或单向轴承），是机电一体化产品中机械传动基础件。主要用于原动机和工作机之间或机器内部主动轴与从动轴之间动力传递与分离功能的重要部件。它是利用主、从动部分的速度变化或旋转方向的变换，具有自行离合器功能的一种自控离合器。

一、超越离合器的发展

超越离合器是随着机电一体化产品的发展而产生的功能基础件。啮合式超越离合器使用的历史悠久，滚柱式超越离合器于 1878 年以“换向电动机”为题载入德国专利中，用于换向机构上，有 100 多年发展历史。我国在 20 世纪 50—60 年代应用的较多，但因工作可靠性差、承载能力低、星轮加工困难等原因，在某些工况应用范围不断减少。其优点是滚柱磨损后能自动补偿，不致于使离合器“反转”，因此，在某些行业还有一定的应用范围。楔块式超越离合器是德国人 19 世纪发明的，自问世以来，以承载能力大、自锁可靠、反向解脱轻便、结构紧凑、操作方便，在机械传动中得到广泛的应用。首先是美国在飞机和兵器上推广使用，随后德国、日本等在印刷包装机械，意大利在无氧化铜生产线上等广泛的应用。国外有一些专门的研究机构和较大规模的专业生产工厂，生产制造各种类型规格的超越离合器供应世界各国。

我国对楔块式超越离合器的研制始于 20 世纪 70 年代初。现任北京新兴超越离合器有限公司总经理孔庆堂教授级高级工程师对楔块式超越离合器进行了较为系统的研究和试制，积累了丰富的经验，并有 5 项专利技术。1994 年，他在北京中关村创建了高新技术企业，专门从事研制、生产和销售各类超越离合器。本产品技术含量较高，要求加工精度高，历经 30 多个春秋，技术趋于成熟，产品已开始走向标准化、系列化，生产的产品接近并且有的达到了国外水平。北京新兴超越离合器有限公司和机械科学研究院为了推进超越离合器的发展，2002 年共同起草 JB/T 9130“单向楔块超越离合器”标准，在该标准中主要规定4种型号（CKA型、CKB型、CKZ型和CKF型）超越离合器，根据市场的需求，北京新兴超越人不断创新，注册自己的品牌“KCK”和“新兴超越”。现有CKA型、CKB型、CKZ型、CKD型、NYD(NJ)型等接触式及CKF型、NF型等非接触式单向超越离合器，高精度、大转矩滚柱式超越离合器和CKS型双向超越离合器共10多种类型，600多个规格系列。同时，紧跟市场，开拓新市场，开发研制出大转矩、特种需要的多功能的综合型离合器，满足市场各种需求。如：CGK型可控滚柱式超越离合器，它是与普通单向超越离合器具有不同功能的一种新型离合器，在自由状态时外环只能单向转动，不允许逆转。但是，根据需要，当转动某一个零件到某一个位置时，则外环双向（顺时针或逆时针）均能自由转动。适合于一些电子设备，包装设备等功能的要求。滚珠丝杠副在用于垂直方位传动时，如果部件重量没有平衡，不能自锁，必须防止当传动停止或电动机断电后，因部件自重而产生的逆转动，新研制开发的CGZS型是适合防止滚珠丝杠副逆转的自锁装置。同时，研究改变滚柱式超越离合器装的滚柱少、转矩小的缺点，改变了以往滚柱式超越离合器星轮的形状，增加滚柱数量的新型滚柱式超越离合器等等，为适应国内外市场对离合器各种用途的要求，为了更好的发展，开拓新市场，必须将超越离合器的研究和生产提高到一个崭新的阶段。

二、超越离合器的应用

超越离合器由于其出色的性能和使用效果而得到广泛的应用，作为防止逆转、精确定位及超越或传递转矩。用于各种机床、包装机械、印刷机械、轻工机械、食品机械、医疗机械、纺织机械、塑胶机械、造纸机械、石化机械、矿山机械、起重运输机械、电子设备、发电设备、减速机及各种试验台机械传动中。

三、超越离合器的市场预测与竞争态势

制造业关系着国家的发展，没有强大的制造业，我国现代化将难以实现。制造业是一个国家的支柱产业，特别是加入WTO后，我国的机械制造业得以迅速的崛起和发展，正逐步成为世界的机械加工基地。要全面提升创新能力，开拓出一条制造强国之路。我国经济运行调控纲要显示出机械行业经济运行预期有较大幅度的增长，以重大技术装备为主要产品的重型矿山机械、石化通用机械以及以数控机床为代表的高技术装备制造业仍维持了一个比较高的增长速度。2005年，在国务院常务会议讨论通过的“国务院关于加快振兴装备制造业的若干意见”中，把发展大小、精密高速数控设备、数控系统和功能部件列为国家重点的振兴目标之一，为机床行业的发展提供了前所未有的发展机遇，机械制业的起飞，给机械基础件行业的高速发展带来了生机，呈现出空前未有的好形势。同时，国家发改委也进一步把振兴功能部件作为国家的重点发展战略，“十一五”期间，要培育一批功能部件的龙头企业。加大政策支持力度，加快产业化进程，培育国产品牌，实现功能部件的发展，这必将进一步推动基础件行业的发展。

当前，超越离合器产品市场需求量有较大的幅度增加，由于国产机械设备技术提升，设备更新改造，特别是高转速、大转矩，特殊功能的需求范围的扩大，旺盛的食品、印刷和包装机械亟待开发，农业机械明显升温，新兴的电子产品，进口设备替代量增加及国外市场需求，给超越离合器行业带来激烈的竞争和良好发展的前景。市场需求量增加的同时，对其应用范围、品种、技术含量、生产周期，特别质量和寿命都提出更高的要求。要认清市场的变化形势，国内生产超越离合器的企业不断增加，德国、日本、美国等国的企业也把目光瞄准中国大市场，形成国内外企业的竞争，使市场的供求关系发生变化，当出现“僧多粥少”的现象时，部分企业因其自身的原因、技术工艺落后、品种单一、产品性能差、质量低下，把精力放在降价去占领市场的企业，会在市场竞争中逐步败下阵来，从竞争中逐步退出。要改变经营理念，以人为本，用市场和用户需求来促进企业开拓创新，增强综合经济实力，技术实力。从而使那些产品质量好，信誉度高，企业形象好的名牌企业，呈现出巨大的市场潜力和发展空间。使市场竞争走向有序化，促进行业的发展。“十一五”期间行业发展的重中之重，是从新产品创新，提高技术含量、质量、可靠性，快速地满足市场，以提高制造能力等方面入手。我们呼吁，中国的离合器同行，要联合起来，整合资源，优势互补，大家既是竞争对手，更主要的是合作伙伴，互利互惠，共同发展。每个企业应该产能发挥最好，突出某一优势，去做大做强，创品牌，爱护品牌，珍惜品牌的含金量，自觉地维护品牌的“尊严”，真正把“中国制造”这一品牌在世界上叫响，开拓市场，扩大市场，使中国逐步成为全世界机械基础件的生产基地。

〔撰稿人：传动联结件分会明翠新〕

质量与标准

我国传动联结件行业标准化工作概况

传动联结件行业对口的标委会是全国机器轴与附件标准化技术委员会(简称标委会),挂靠单位皆为机械科学研究总院中机生产力促进中心,两个秘书处由同一组人员兼任。

一、标准体系现状

1. 传动联结件行业现行标准状况

全国机器轴与附件标准化工作是在新中国成立初期以原苏联乌拉尔河新拉马托重型机械厂的企业标准为主展开的,经过对其标准的吸收、转化,建立了我国轴与附件的标准基础。

20世纪80年代,随着我国改革开放的深入,以及国家推行积极采用国际标准和国外先进标准的政策,结合冶金机械制造业的特点,通过技术引进、采用国外先进标准合作制造,在消化、吸收德国西马克公司标准的基础上,并筛选日本三菱重工、德国的德马克、奥姆科等国外公司的先进标准,对1972年版的《重型机械标准》进行了再次修订,使标准数量增加到了1 200多项,这中间也包括了动力传动件标准。通用动力传动标准的制、修订,使标准的技术水平有了一个大的飞跃,对促进机械制造行业的技术改造、技术进步起到了重要的作用。

50多年来,在全行业标准化工作者的努力下,动力传动标准化体系取得了长足的发展。其标准体系已基本形成,它涵盖了国家标准、行业标准等。现有的动力传动标准体系框架还存在许多问题,有待于进一步改善。我国动力传动标准化体系存在的问题主要体现在以下两方面:

(1)从标准的覆盖面上看,标准控制产品的数量偏少,标准数量与产品品种不太平衡。从标准级别来说,国家标准数量相对较少。

(2)大型冶金设备已向高速、高精度、高自动化、高效低耗方面发展,涉及到安全、卫生、环保、能耗方面的标准,目前还是空白。重要的专用动力传动基础件标准有待进一步研制与开发。

我国轴与附件领域现行标准情况见表1。

表1 我国轴与附件领域现行标准情况 (单位:项)

标准类型	国家标准			行业标准			合计
	强制性标准	推荐性标准	指导性技术文件	强制性标准	推荐性标准	指导性技术文件	
基础通用标准	0	53	0	0	90	0	143
产品标准	0	0	0	0	0	0	0
方法标准	0	0	0	0	0	0	0
管理标准	0	0	0	0	0	0	0
合　计	0	53	0	0	90	0	143

2. 标龄情况

在国家标准化管理委员会和中国机械工业联合会的安排下,机器轴与附件领域内的70%以上的标准在过去十年里已经做过制修订工作。未来我们会进一步加强标准的制修订工作,争取未来3年里,使80%的标准的标龄在5年以内。

3. 标准配套情况

联轴器、离合器和制动器标准体系的标准主要是针对动力传动的产品本身,与产品的材料性能、工艺工装、加工刀具、检测技术等相关的一系列标准,现在也基本完善。配套标准更新较快,能满足市场需求。

轴与轴伸标准是传动联结件涉及后主要相关标准,即解决如何联结动力源和输出动力问题。轴与轴伸标准基本完全配套动力源的相关标准要求的参数体系。

键与花键标准也是传动轴在动力传输过程中常用的相关标准。由于其本身就是给主轴传动配套,所以其配套标准发展已经相当的完善。

4. 专业领域国际标准化工作现状

(1)机器轴与附件的ISO国际秘书处是TC 14,国际秘书处设在德国VDMA。我国轴与附件领域实质性参与国际标准化组织情况见表2。

表2 我国轴与附件领域实质性参与国际标准化组织情况

ISO/IECTC/SC编号	承担国际秘书处中文名称	参加成员P/O身份	承担主席姓名	承担副主席姓名	承担秘书姓名	注册专家姓名	所在单位	国内对口标委会名称
ISO/TC 14	无	P	无	无	无	明翠新	中机生产力促进中心	全国机器轴与附件标准化技术委员会

(2)标委会与ISO/TC14开展的主要交流情况

1)提高国际标准提案。针对联轴器术语、离合器术语等四项国标,向ISO/TC 14提高国际标准提案。

2)商讨计划联合承担ISO/TC 14国际秘书处事宜。2009年2月,标委员同DIN就计划联合承担ISO/TC 14国际秘书处等相关事宜,在德国拜访了ISO/TC 14的国际秘书处。

3)追踪研究ISO/TC14相关标准。2008年,在制修订的国标GB/T 3478.1～GB/T 3478.9中,融入了ISO 4156标准的最新进展。

4)保持信息畅通。标委会与ISO/TC 14保持密切联系,保证信息及时、准确。根据ISO/TC 14的动态,及时调整标委会的工作计划与安排,同时,将有关意见和建议反馈给ISO/TC 14。

二、标准化工作开展情况

1. 召开国内标准化工作会议

2009—2012年,全国机器轴与附件标准化技术标委会共召开了3次国内标准化工作会议。2009—2012年标委会召开的国内标准化工作会议见表3。

表3 2009—2012年标委会召开的国内标准化工作会议

序号	时间	地点	会议名称	会议主要内容	参会人数(人)
1	2009.12	浙江温州市	全国机器轴与附件标准化技术委员会三届九次年会	(1)审议标委会2009年度工作总结及2010年度工作计划; (2)审查《胀紧联结套 型式与尺寸》等6项国家标准	44
2	2011.8	宁夏银川	全国机器轴与附件标准化技术委员会三届十次年会	(1)审议标委会2010年度工作总结及2011年度工作计划; (2)审查《SWZ大型整体轴承座十字轴式万向联轴器》等5项国家标准。	37
3	2012.12	云南腾冲	全国机器轴与附件标准化技术委员会三届十一次年会	(1)商讨TC 109全国机器轴与附件标准化技术委员会第四届换届会事宜; (2)审议标委会及传动联结件分会2012年度工作总结及2013年度工作计划; (3)审查《弹性套柱销联轴器》等17项国家标准	41

2. 标委会审查的标准项目

2009—2012年标委会审查的标准项目见表4。

表4 2009—2012标委会审查的标准项目

序号	标准级别	标准名称	审查方式	时间
1	国标	GⅡCL型鼓形齿式联轴器	会审	2009年
2	国标	GCLD型鼓形齿式联轴器	会审	2009年
3	国标	NGCLZ型带制动轮鼓形齿式联轴器	会审	2009年
4	国标	NGCL型带制动轮鼓形齿式联轴器	会审	2009年
5	国标	WGJ型接中间轴鼓形齿式联轴器型式、参数与尺寸	会审	2009年
6	国标	联轴器 术语	会审	2009年
7	国标	SWZ大型整体轴承座十字轴式万向联轴器	会审	2011年
8	国标	SWZ型整体轴承座十字轴式万向联轴器	会审	2011年
9	国标	胀紧联结套	会审	2011年
10	国标	大型鼓形齿式联轴器	会审	2011年
11	国标	电力液压鼓式制动器 技术条件	会审	2011年
12	国标	弹性套柱销联轴器	会审	2012年
13	国标	弹性柱销齿式联轴器	会审	2012年
14	国标	弹性柱销联轴器	会审	2012年
15	国标	滚子链联轴器	会审	2012年
16	国标	花键承载能力计算方法	会审	2012年
17	国标	离合器分类	会审	2012年
18	国标	离合器术语	会审	2012年
19	国标	联轴器分类	会审	2012年

（续）

序号	标准级别	标准名称	审查方式	时间
20	国标	联轴器轴孔和联结型式与尺寸	会审	2012年
21	国标	梅花形弹性联轴器	会审	2012年
22	国标	楔键　键槽的剖面尺寸	会审	2012年
23	行标	弹性块联轴器	会审	2012年
24	行标	钢砂式安全联轴器	会审	2012年
25	行标	钢球式节能安全联轴器	会审	2012年
26	行标	矩形花键　加工余量及公差	会审	2012年
27	行标	十字轴万向联轴器	会审	2012年
28	国标	磁粉离合器	会审	2012年

三、传动联结件行业相关的标准汇总

1. 传动联结件行业相关国际标准

传动联结件行业相关国际标准见表5。

表5　传动联结件行业相关国际标准

序号	标准号	标准名称	颁发年代
1	ISO 496:1973	主动机器和从动机器　轴高	1973
2	ISO 2491:1974	薄型平键及其键槽	1974
3	ISO 2492:1974	有钩头及无钩头的薄型楔键及其键槽	1974
4	ISO 3912:1977	半圆键及其键槽	1977
5	ISO 3117:1977	切向键及其键槽	1977
6	ISO 14:1982	圆柱轴用小径定心矩形花键　尺寸、公差和检验	1982
7	ISO 4156 - 1:2005	圆柱直齿渐开线花键　米制模数　齿侧配合　第1部分:总论	2005
8	ISO 4156 - 2:2005	圆柱直齿渐开线花键　米制模数　齿侧配合　第2部分:尺寸	2005
9	ISO 4156 - 3:2005	圆柱直齿渐开线花键　米制模数　齿侧配合　第3部分:检验	2005

2. 键与花键联结标准与国际、国外标准对照情况

键与花键联结标准与国际、国外标准对照情况见表6。

表6　键与花键联结标准与国际、国外标准对照情况

序号	标准号	标准名称	采用的国际或国外相关标准号
1	GB/T 12217—2005	机器　轴高	ISO 496:1977
2	GB/T 1569—2005	圆柱形轴伸	
3	GB/T 1570—2005	圆锥形轴伸	
4	GB/T 1095—2003	平键　键槽的剖面尺寸	AMSE B18.25.1M—1996
5	GB/T 1096—2003	普通型　平键	
6	GB/T 1097—2003	导向型　平键	
7	GB/T 1098—2003	半圆键　键槽的剖面尺寸	ASME B18.25.2M—1996
8	GB/T 1099.1—2003	普通型　半圆键	
9	GB/T 1099.2—2003	平底型　半圆键	
10	GB/T 1563—2003	楔键　键槽的剖面尺寸	ISO - R 774:1969
11	GB/T 1564—2003	普通型　楔键	
12	GB/T 1565—2003	钩头型　楔键	
13	GB/T 1566—2003	薄型平键　键槽的剖面尺寸	AMSE B18.25.1M—1996
14	GB/T 1567—2003	薄型　平键	
15	GB/T 1568—2008	键　技术条件	
16	GB/T 1974—2003	切向键及其键槽	ISO 3117:1977
17	GB/T 16922—1997	薄型楔键及其键槽	ISO 2492:1974

（续）

序号	标准号	标准名称	采用的国际或国外相关标准号
18	JB/T 7930—1995	键用型钢	
19	JB/T 58653—1993	键　产品质量分等	
20	GB/T 15758—2008	花键　基本术语	
21	GB/T 17855—1999	花键承载能力计算方法	DIN 5466. 1—1997
22	GB/T 1144—2001	矩形花键尺寸、公差和检验	ISO 14:1982
23	GB/T 10081—2005	矩形内花键　长度系列	
24	JB/T 9146—1999	矩形花键　加工余量及公差	
25	GB/T 3478. 1—2008	圆柱直齿渐开线花键　米制模数　齿侧配合　第 1 部分:总论	ISO 4156 - 1:2005 第 1 部分:总论
26	GB/T 3478. 2—2008	圆柱直齿渐开线花键　米制模数　齿侧配合　第 2 部分:30°压力角尺寸表	ISO 4156 - 2:2005 第 2 部分:尺寸
27	GB/T 3478. 3—2008	圆柱直齿渐开线花键　米制模数　齿侧配合　第 3 部分:37. 5°压力角尺寸表	
28	GB/T 3478. 4—2008	圆柱直齿渐开线花键　米制模数　齿侧配合　第 4 部分:45°压力角尺寸表	
29	GB/T 3478. 5—2008	圆柱直齿渐开线花键　米制模数　齿侧配合　第 5 部分:检验	ISO 4156 - 3:2005 第三部分:检验
30	GB/T 3478. 6—2008	圆柱直齿渐开线花键　米制模数　齿侧配合　第 6 部分:30°压力角 M 值和 W 值	
31	GB/T 3478. 7—2008	圆柱直齿渐开线花键　米制模数　齿侧配合　第 7 部分:37. 5°压力角 M 值和 W 值	
32	GB/T 3478. 8—2008	圆柱直齿渐开线花键　米制模数　齿侧配合　第 8 部分:45°压力角 M 值和 W 值	
33	GB/T 3478. 9—2008	圆柱直齿渐开线花键　量棒	
34	GB/T 5206—2006	圆柱直齿渐开线花键　量规	
35	GB/T 18842—2008	圆锥直齿渐开线花键	

3. 联轴器标准情况

我国现行联轴器标准情况见表 7。

表 7　我国现行联轴器标准情况

序号	标准号	标准名称
1	GB/T 3507—2008	联轴器公称转矩系列
2	GB/T 3852—2008	联轴器轴孔和联结型式与尺寸
3	GB/T 3931—2008	联轴器　术语
4	GB/T 12458—2003	联轴器分类
5	JB/T 7511—1994	机械式联轴器选用计算
6	JB/T 7934—1999	胀紧联结套　型式与基本尺寸
7	JB/T 8556—1997	选用联轴器的技术资料
8	JB/T 8557—1997	挠性联轴器平衡分类
9	GB/T 5843—2003	凸缘联轴器
10	JB/T 7006—2006	平行轴联轴器
11	GB/T 2496—2008	弹性环联轴器
12	GB/T 4323—2002	弹性套柱销联轴器
13	GB/T 5014—2003	弹性柱销联轴器
14	GB/T 5015—2003	弹性柱销齿式联轴器
15	GB/T 5272—2002	梅花形弹性联轴器
16	GB/T 5844—2002	轮胎式联轴器

（续）

序　号	标　准　号	标　准　名　称
17	GB/T 6069—2002	滚子链联轴器
18	GB/T 7549—2008	球笼式同步万向联轴器
19	GB/T 7550—2008	球笼式同步万向联轴器　试验方法
20	GB/T 10614—2008	芯型弹性联轴器
21	GB/T 12922—2008	弹性阻尼簧片联轴器
22	GB/T 14653—2008	挠性杆联轴器
23	GB/T 26103. 3—2010	GCLD 型鼓形齿式联轴器
24	GB/T 26103. 1—2010	GⅡCL 型鼓形齿式联轴器
25	GB/T 26103. 5—2010	NGCLZ 型带制动轮鼓形齿式联轴器
26	GB/T 26103. 4—2010	NGCL 型带制动轮鼓形齿式联轴器
27	GB/T 26104—2010	WGJ 型接中间轴鼓形齿式联轴器
28	GB/T 3931—2010	联轴器　术语
29	GB/T 26663—2011	大型液压安全联轴器
30	GB/T 26660—2011	SWC 大型整体叉头十字轴式万向联轴器
31	GB/T 26661—2011	SWP 大型十字轴式万向联轴器
32	JB/T 3241—2005	SWP 型剖分轴承座十字轴式万向联轴器
33	JB/T 3242—1993	SWZ 型整体轴承座十字轴式万向联轴器
34	JB/T 5511—2006	H 形弹性块联轴器
35	JB/T 5512—1991	多角形橡胶联轴器
36	JB/T 5513—2006	SWC 型整体叉头十字轴式万向联轴器
37	JB/T 5514—2007	TGL 鼓形齿式联轴器
38	JB/T 5901—1991	十字轴万向联轴器
39	JB/T 6139—2007	球铰式万向联轴器
40	JB/T 6140—1992	重型机械用球笼式同步万向联轴器
41	JB/T 7001—1993	WGP 型带制动盘鼓形齿式联轴器
42	JB/T 7002—2007	WGC 型垂直安装鼓形齿式联轴器
43	JB/T 7003—2007	WGZ 型带制动轮鼓形齿式联轴器
44	JB/T 7004—2007	WGT 型接中间套鼓形齿式联轴器
45	JB/T 7341. 1—2005	十字轴式万向联轴器用十字包 SWP 型
46	JB/T 7341. 2—2006	十字轴式万向联轴器用十字包 SWC 型
47	JB/T 7684—2007	LAK 鞍形块弹性联轴器
48	JB/T 7849—2007	径向弹性柱销联轴器
49	JB/T 8821—1998	WGJ 型接中间轴鼓形齿式联轴器　型式、参数与尺寸
50	JB/T 8854. 1—2001	GCLD 型鼓形齿式联轴器
51	JB/T 8854. 2—2001	GⅡCL、GⅡCLZ 型鼓形齿式联轴器
52	JB/T 8854. 3—2001	GⅠCL、GⅠCLZ 型鼓形齿式联轴器
53	JB/T 9147—1999	膜片联轴器
54	JB/T 9148—1999	弹性块联轴器
55	JB/T 5986—1992	钢砂式安全联轴器
56	JB/T 5987—1992	钢球式节能安全联轴器
57	JB/T 6138—2007	AMN 内张摩擦式安全联轴器
58	JB/T 7355—2007	AYL 液压安全联轴器
59	JB/T 7682—1995	蛇形弹簧安全联轴器
60	JB/T 3923—2005	柴油机喷油泵联轴器　型式及基本尺寸
61	JB/T 7009—2007	卷筒用球面滚子联轴器
62	JB/T 7846. 1—2007	矫正机用滑块型万向联轴器
63	JB/T 7846. 2—2007	矫正机用十字轴型万向联轴器
64	JB/T 9559—1999	工业汽轮机用挠性联轴器
65	JB/T 8869—2000	蛇形弹簧联轴器

4. 离合器标准与国际、国外标准对照情况

离合器标准与国际、国外标准对照情况见表8。

表8　离合器标准与国际、国外标准对照情况

序号	标　准　号	标　准　名　称	采用的国际或国外相关标准号
1	GB/T 3871.5—2006	农业拖拉机　试验规程　第5部分:转向圆和通过圆直径	
2	GB/T10042—2003	离合器术语	JIS B 0152—1997
3	GB/T10043—2003	离合器分类	
4	JB/T 1648—1999	湿式多片电磁离合器	
5	JB/T 3698—2008	单相离合器电动机	
6	JB/T 3699—2008	三相离合器电动机	
7	JB/T 5184—2004	拖拉机离合器　超速试验方法	
8	JB/T 5312—2001	汽车离合器分离轴承及其单元	
9	JB/T 5988—1992	磁粉离合器	
10	JB/T 6223—1992	波轮式全自动洗衣机减速离合器	
11	JB/T 6652—1993	船用齿轮箱离合器片　技术条件	
12	JB/T 6703.2—2007	拖拉机离合器　第2部分:技术条件	
13	JB/T 6703.1—2000	拖拉机离合器台架试验方法	
14	JB/T 6704—2007	拖拉机离合器盖、压盘总成　技术条件	
15	JB/T 6705—2006	机动车及内燃机用起动机单向离合器　技术条件	
16	JB/T 7005—2007	QPL型气动盘式离合器	
17	JB/T 8808—1998	DLM2型电磁离合器	
18	JB/T 8894—1999	往复式内燃机飞轮　离合器用　安装尺寸	
19	JB/T 9130—2002	单向楔块超越离合器	
20	JB/T 9190—1999	离合器摩擦面片尺寸	
21	JB/T 9836—2000	拖拉机离合器从动盘总成　技术条件	
22	JB/T 10163—1999	干式多片电磁离合器	

5. 制动器标准情况

制动器标准情况见表9。

表9　制动器标准情况

序　号	标　准　号	标　准　名　称
1	JB/T 3334.1—2000	水轮发电机用制动器　第1部分:立式水轮发电机用制动器
2	JB/T 3334.2—2000	水轮发电机用制动器　第2部分:卧式水轮发电机用制动器
3	JB/T 3721—1999	矿井提升机　盘形制动器闸瓦
4	JB/T 3812 — 1999	矿井提升机和矿用绞车　盘形制动器用碟形弹簧
5	JB/T 5948—1991	工程机械钳盘式制动器　技术条件
6	JB/T 5949—1991	工程机械蹄式制动器　技术条件
7	JB/T 5989—1992	磁粉制动器
8	JB/T 6406—2006	电力液压鼓式制动器
9	JB/T 6540—1993	制动器术语
10	JB/T 7019—1993	盘式制动器　制动盘
11	JB/T 7020—2006	电力液压盘式制动器
12	JB/T 7021—2006	鼓式制动器连接尺寸
13	JB/T 7149—2007	轮胎式装载机用制动器　台架试验方法
14	JB/T 7156—1993	钳盘式制动器　型式和基本参数
15	JB/T 7561—2002	WZ系列起重及冶金用涡流制动器技术条件
16	JB/T 7685—2006	电磁鼓式制动器
17	JB/T 8435—2006	气动盘式制动器
18	JB/T 8519—1997	矿井提升机和矿用提升绞车　盘形制动器
19	JB/T10196.1—2000	农用运输车　行车制动器

〔撰稿人:传动联结件分会明翠新〕

企 业 概 况

中国机械通用零部件工业协会
传动联结件分会会员单位简介

泰尔重工股份有限公司

泰尔重工股份有限公司成立于2001年12月,位于马鞍山市经济技术开发区,是集研发、生产和销售剪刃、万向轴、联轴器为一体的国家火炬计划高新技术企业。

公司秉着“精勤治业,追求卓越”的管理理念,经过十多年的快速成长和蕴积,现已成为中国钢铁工业协会理事单位、中国有色金属加工工业协会副理事单位、中国重型机械工业协会重型基础件分会理事单位、中国机械通用零部件工业协会会员单位、全国轧钢信息网网员单位,安徽省高新技术企业、安徽省“双高”企业及安徽省创新型试点企业。

公司2002年通过ISO 9001质量管理体系认证,2008年通过ISO 14001环境管理体系认证。

2005年“泰尔”商标被评为安徽省著名商标,2010年“泰尔”牌万向轴被认定为安徽省名牌。

2009年、2011年,公司两度被安徽省人民政府评为“守合同重信用先进单位”;2010年,公司被认定为安徽省创新型试点企业,并被确立为安徽省产学研联合示范企业及安徽省传动机械工程技术研究中心;2012年公司被确立组建安徽省博士后科研工作站。

公司“中、宽厚板轧机辊端用交错式十字万向联轴器”“TJGZ热连轧精轧机组重载鼓形齿式联轴器”“冷轧主传动十字轴式万向联轴器”分别于2008年、2010年、2011年被认定为国家重点新产品。

公司始终坚持“专业化、标准化、国际化”的基本发展思路和“以客户、员工为根本,以社会、股东为责任”的企业价值观,锐意进取,不断创新,于2010年1月在深圳证券交易所成功上市,股票简称“泰尔重工”、股票代码“002347”。

石家庄凯普特动力传输机械有限责任公司

石家庄凯普特动力传输机械有限责任公司(原石家庄链轮总厂)拥有各类金属切削机床及配套设备800余台,具备铸造、焊接、热处理、表面处理等门类齐全的热加工设备和手段。公司主要产品有各类标准链轮、锥套、同步带轮、V带轮、联轴器、齿轮、齿条、胀套、驱动器及其他各类传动件,近十个系列、上万种规格,产品全部采用国际标准(ISO)及先进工业国家标准(DIN、ANSI、BS)。公司于1996年通过ISO 9001质量管理体系认证,2006年通过ISO/TS 16949认证。优良的品质、严格的质量管理使得公司于1993年获得外贸自营出口权,产品远销亚洲、欧洲、北美洲、非洲和澳大利亚等地,是目前国内最大的系列链轮传动件出口企业,被国家经贸委、外贸部评为全国机电产品出口先进单位,被河北省评为“河北省著名商标企业”。

德阳立达基础件有限公司

德阳立达基础件有限公司位于我国西南史称天府之国的四川省德阳市,毗邻宝成铁路、108国道、成绵高速公路,交通方便。公司是德阳立达机电设备有限公司下属企业,是中国机械通用零部件工业协会传动联结件分会副理事长单位。近年来,公司通过全面机制改革,推动技术进步及创新,完善内部管理,于2002年通过了ISO 9001:2000版质量体系认证,建立起良好的市场运行机制。公司是我国传动类基础件研发基地,所开发研制的基础件产品在全国同行业中处于领先地位。

多年来,公司始终坚持技术创新和新产品开发,拥有一批专门从事基础件研发的专家、教授级高工,产品全部采用计算机CAD设计,并进行计算机有限元强度分析及三维模拟检测。

公司重点产品有:

1)各种规格型号的SWC、SWP、SWZ十字轴式万向联轴器;

2)高速、高精度主传动鼓形齿联轴器;

3)液压安全联轴器;

4)联轴器、胀套、手动超高压油泵、液压螺栓预紧器及液力螺母等。

中国船舶重工集团公司第七一一研究所

中国船舶重工集团公司第七一一研究所的主专业之一是传动技术。该所传动技术的研究和开发工作在国内处于领先水平,在行业中享有很高声誉。

该所传动机械工程事业部拥有先进的研究手段和试验设施,在齿轮传动技术,离合器、联轴器、制动器技术、液力传动技术,复合传动技术方面颇具实力,形成了隔声减振抗冲击特色的传动技术。传动产品形成产业化,具有一定规模并拥有专业制造工厂,已形成变速齿轮箱、高弹性联轴器、高弹性摩擦离合器、调速液力偶合器、液力变矩器等产品系列。

该所主要产品有：

1）联轴器：LS 型高弹性联轴器、LC 型高弹性联轴器、LB 型高弹性联轴器、LR 型高弹性联轴器、XL 型高弹性联轴器、WL 系列万向联轴器；

2）离合器：LT 型高弹性摩擦离合器、LQ 型气压离合器、ZEA 系列电磁离合器；

3）制动器：ZDK 系列电动遥控静态制动器、ZQQ 系列动态制动器。

无锡创明传动工程有限公司

无锡创明传动工程有限公司是由原中国航空工业第六一四研究所传动工程公司于 2001 年 5 月整体改制成立的股份制公司，2003 年被评定为江苏省高新技术企业。公司的前身第六一四研究所传动公司早在 20 世纪 80 年代初就开始从事叠片、膜盘挠性联轴器的研究、制造及应用服务工作。

公司主要产品有金属叠片挠性联轴器和金属膜盘挠性联轴器真空断路器。叠片联轴器产品有 8 大系列 250 多种型号，目前投入使用的最大转矩为 200kN · m，最大功率为 55 000kW，最大转速 60 000r/min，最大角向补偿能力为 1°，最大轴向补偿能力为 ±7.5mm。

无锡创明传动工程有限公司秉承“传递动力、创造明天”的理念，以优质的产品服务于客户。目前，公司已有数十万套各种型号的联轴器广泛应用于航空、船舶、石化、核电、造纸、煤炭及制冷等领域。

天津机床电器有限公司

天津机床电器有限公司（原天津市机床电器总厂）坐落于天津市东丽开发区七经路 8 号，占地面积 4.83 万 m^2，厂房建筑面积 2.11 万 m^2，是目前国内规模最大的专业化生产电磁离合器、制动器的企业。公司已有 50 多年研制开发电磁离合器的历史，是我国 500 家最大的电气机械及器材制造企业之一，设有国内唯一的电磁离合器研究所和国家技术监督局认定的电磁离合器检测中心。

公司“天字牌”商标于 2004 年被天津市授予“著名商标”称号。公司是我国研发生产电磁离合器技术实力最强、数控机床加工设备最多、制造技术水平最高、产品规格最齐全的专业化电磁离合器、制动器生产厂家。

乐清市虹桥万向轴有限公司

乐清市虹桥万向轴有限公司是专业从事十字型万向联轴器生产的企业，拥有铸钢、锻造热处理金属加工的各种设备。

目前，公司主要产品为 SWP、SWC、SWZ、SWL、LQA、LQB、ZK、SMF 以及新推出的 SWH 等系列各种型号万向联轴器，规格为 ϕ20 ~ 620mm，先后为国内重点工程配套生产十字型万向联轴器，长期为太原矿山机器厂、中国第二重型机械集团公司及陕西压延设备厂等厂家配套生产。公司配套的重点工程举例如下：包头钢铁公司年产 50 万 t 高速线材轧机；武汉钢铁公司年产 70 万 t 高速线材轧机；杭州钢铁厂高速棒材轧机；攀钢公司 1430 大板坯连铸机；上钢三厂 2000 大板坯连铸机；酒钢公司连铸机以及无缝钢管穿孔机、轧管机、中小型轧机等冶金设备。近年来，还向马来西亚、菲律宾、澳大利亚等国出口了用于轧钢机上的万向联轴器。公司主要产品还有造纸设备和木工设备。

公司制造的新式强力 SMF 型十字轴式万向联轴器集成了现有标准 SWP 型与 SWC 型结构的优点，提高了整体结构强度和抗冲击能力，延长了使用寿命，特别适用于各类轧钢机、矫正机、起重机械以及各种重载频繁正反转动的重型机械传动。

江阴市兴达聚氨酯制品有限公司

江阴市兴达聚氨酯制品有限公司成立于 2002 年，是一家专业生产聚氨酯制品的私营企业，是中国机械通用零部件工业协会会员单位。公司主要产品为联轴器弹性体、聚氨酯浇注产品及聚氨酯注塑产品，生产的各类产品为国内多家机械传动、冶金机械、造纸机械、纺织机械企业配套，并部分出口东南亚各国。公司以“质量创信誉，管理求效益，诚实守信，竭成服务”为宗旨，贯彻“从严求实，质量为先，顾客为中心，精益求精”的经营理念，为企业的未来和市场的发展而努力奋斗。

唐山创德传动机械有限责任公司

唐山创德传动机械有限责任公司是生产新型机械基础件的专业厂家。主要产品有胀紧联结套、紧定套、退卸套、联轴器及超越离合器（逆止器）。公司产品广泛应用于矿山机械、冶金机械、重型机械、纺织机械、轻工机械、包装机械、机床及加工中心、印刷机械、烟草机械及锻造机械等。目前，已为国内纺织机械、印刷机械、食品机械、矿山机械及冶金机械等主机配套，有些主机已远销欧美、东南亚等国家和地区。

主要产品有：胀紧联结套、退卸衬套、紧定套、联轴器和超越离合器。

中国北方车辆研究所

中国北方车辆研究所（又名中国兵器工业集团第二〇一研究所）是中国兵器工业集团公司下属的综合性大型科研基地、特种车辆技术开发中心和试验检测中心，属于国有独资事业单位。该所主要从事特种车辆整车及部件的研究、设计、试验与试制，利用现代设计方法开发新型车辆，进行总体、新型动力、传动、行走、操纵、电子电气、自动控制等技术的研究、开发。

该所主要产品有：

1）专用车整车：野外抢修车、飞机牵引车、带传送车；

2)汽车零部件:车辆轮胎中央充放气系统、高效紧凑换热器、可调式油气悬挂系统、车辆电子线束信息传输与控制系统、空气滤清器、特种车辆无刷电源系统、空气悬架系统、自动熄火装置、玻璃升降器;

3)汽车应用技术:车辆智能化操作系统、双燃料汽车改装技术、控制器局域网络技术、机器人技术、牵引力控制系统。

乐清市矿山机械厂

乐清市矿山机械厂创办于1984年。该厂位于风景秀丽的雁荡山以西40km处的国道旁,地理位置优越,交通便捷,是生产十字轴式万向联轴器的专业厂家。该厂技术力量雄厚,设备精良,产品规格齐全,并始终坚持"内强素质,外塑形象,求信誉,保质量"的经营理念,产品深受客户青睐并畅销全国各地。

该厂主要产品有:

1)SWC型万向联轴器:BH标准伸缩焊接式万向联轴器、BF标准伸缩法兰式万向联轴器、DH短伸缩焊接式万向联轴器、CH长伸缩焊接式万向联轴器、WH无伸缩焊接式万向联轴器、WF无伸缩法兰式万向联轴器、WD无传统短式万向联轴器;

2)SWP型万向联轴器:SWP、SWP十字轴式万向联轴器,ZK十字轴式万向联轴器,SWPZ十字轴式万向联轴器。

福建莆田智舟高新技术有限公司

地　址:福建省莆田智舟高新技术产业园
邮　编:351111
电　话:0594-3605392、3603344、3601595
传　真:0594-2685069、3601983
联系人:何海崯13015986696、郭德杰13706081909
E-mail:zhizhou@public.ptptt.fi.cn

福建莆田智舟高新技术有限公司生产经营以万向联轴器、三坐标测量机为主的各类机电产品,同时,承接机电一体化产品的更新、改造等服务,并经营机电类相关产品技术贸易。

公司生产的联轴器有十字轴式万向联轴器、快速折装联轴器、鼓形齿式联轴器、安全联轴器、弹性柱销联轴器及梅花弹性联轴器等。公司产品通过了国家级和省级鉴定,性能可靠、质量优良,被国内用户广泛采用。

昆山荣星动力传动有限公司

地　址:江苏省昆山高科技工业园环庆路1号
邮　编:215316
电　话:0512-57787236
传　真:0512-57797398
http://www.kswinstar.cn
E-mail:wingstar@pub.sz.jsinfo.net

昆山荣星动力传动有限公司是一家专业设计、制造传动联结件的股份制企业。公司主要产品有标准的和非标的SWJ型十字轴式万向联轴器及CLJ型鼓型齿式联轴器。

近年来,为满足大型重载设备的需要,公司在原有中小型系列基础上,又开发了穿孔机、万能轧机(含H型钢轧机)、板带轧机等大型轧钢设备用的重型十字轴式万向联轴器和重型鼓型齿式联轴器。

乐清市联轴器厂

地　址:浙江省乐清市柳市镇上金垟
邮　编:325604
电　话:0577-62722131(总机)
传　真:0577-62728326
http://www.coupling-cn.com
E-mail:yuef@mail.wzptt.zj.cn

乐清市联轴器厂是乐清市二轻工业局所属的集体所有制企业,又是煤炭工业局机械装备集团定点生产厂家、温州市先进企业、温州市重点企业。

公司主导产品为机械传动基础件——联轴器,种类涵盖万向联轴器、鼓形齿联轴器、弹性联轴器三大类20多个系列,广泛应用于冶金轧钢、矿山、工程、石油化工、起重及造纸机械等行业。

公司生产的联轴器品种有:①万向联轴器:如SWP型、SWC型、SWZ型,以及厂标准SWF型、LQA轻型、WSHL型等;②齿式联轴器:如G11CL型、G11CLZ型、WG型、WGT型、WGP型、G1CL型、G1CLZ型、CL型、CLZ型,以及厂标准WGL、WGLF、WGLL型等;③非金属弹性元件联轴器:如TL型、HL型、ZL型、ML型、KL型,以及厂标准LZL型等。

咸阳超越离合器有限公司

地　址:陕西省咸阳市毕塬西路14号
邮　编:712000
电　话:0910-3215252、3276859、3177281
传　真:0910-3160536
http://www.xy-cy.cn
E-mail:chaoyue@xy-cy.cn

咸阳超越离合器有限公司成立于1999年11月22日,是研发、生产、销售离合器的专业公司。公司位于陕西省咸阳市毕塬路14号,南临陇海线、西宝高速公路,北靠西安咸阳机场,西邻312国道,交通极为便利。

公司的主导产品有楔块式单向离合器、逆止器、装载机减速器用楔块式大超越离合器、滚柱式单向离合器、胀紧联结套、电磁离合器及离心式离合器。楔块式单向离合器于2001年3月获"陕西省新产品投产鉴定合格证书";装载机减速器用楔块式大超越离合器于2004年5月获科技部颁发的"国家级火炬计划项目证书";NF、ND系列逆止器于2005年10月获国家安全生产监督管理局矿用产品安全标志办公室颁发的"煤矿矿用产品安全标志证书"。

公司主要产品有:①ND 系列接触式逆止器;②超越离合器;③CKZL40/50 型楔块式大超越离合器。

国营长江船用机械厂

地　址:湖北省武汉市汉阳区月湖街铁桥南村 2 号
电　话:027 - 84804577、84804789
传　真:027 - 84804643
http://www.cjmmp.com
E-mail:webmaster@cjmmp.com

国营长江船用机械厂(国营第 463 厂)建于 1956 年,是原中国船舶工业总公司定点生产柴油机系列配件和气胎离合器的专业工厂。

该厂目前生产的主要产品有:转矩为 11 200 ~71 000N·m 的系列气胎离合器,缸径为 160 ~ 520mm 的系列柴油机铝活塞、合金铸铁气缸套,规格 $4\frac{1}{2}$ ~ $13\frac{1}{2}$的圆螺纹、偏梯形螺纹石油套管接箍系列。工厂生产的缸套材质品种多、规格齐全,并已成功开发出重油系列缸套,成为重油机市场的主导产品。

重庆长江工业炉制造有限公司

地　址:重庆市九龙坡区白市驿海龙工业园区
邮　编:401329
电　话:023 - 65704588、65700399、65704788
传　真:023 - 65705796、65701499
经营厂长:龚华(手机 13808367136)
http://www.cqcjdl.com.cn
E-mail:webmaster@cqcjdl.com.cn

重庆长江工业炉制造有限公司(原重庆长江电炉厂)创建于 1989 年,是西部地区著名的中外技术合作、科研、制造股份制科技型企业,是专业从事各类工业电炉、燃气炉、燃油炉和热处理生产线的设计、开发、制造、销售及服务为一体的综合型现代化骨干企业。公司是中国热处理行业协会及重庆热协理事会会员单位,并通过 ISO 9001:2000 国标质量体系认证。

公司环境优美,毗邻重庆天赐温泉,紧靠成渝高速公路,占地面积 2.5 万 m^2,其中生产厂区占地面积 2 万 m^2。总装起吊能力 >40t,起吊高度 >13m,拥有剪板、折弯、冲压、卷板、弯圆、自动焊接及其他机械加工中心、风机平衡测试台、X 光探伤仪、水压测漏仪、高精度炉温均匀检测仪、控制模拟检测台等全套生产检测装备及专机 200 余台(套),加工能力强,工艺水平先进,检测手段齐全。

北京新兴超越离合器有限公司

地　址:北京市昌平区沙河镇巩华城大街 88 号
邮　编:102206
电　话:010 - 69734232、69733042(办)
传　真:010 - 69733042
总经理:孔庆堂(教授级高级工程师)
手　机:13901153052
http://www.kck.com.cn
E-mail:kong@kck.com.cn;bjkck@126.com

北京新兴超越离合器有限公司(北京新兴超越科技开发有限公司)是北京市中关村高新技术企业。公司专门研制、生产和销售各种 CK 型楔块式超越离合器、逆止器和 CG 型滚柱式超越离合器、逆止器。CK 型楔块式单向离合器是该公司专利产品,由于其优良的性能和使用效果,多次获奖。

公司按 JB/T 9130—2002 生产的主要产品有 CKA 型、CKB 型(B200)、CKZ 型、CKF 型、单向接触式、单向非接触式楔块式超越离合器,CG 型滚柱式超越离合器和 CKS 型双向楔块式超越离合器等 10 多种类型、共 500 多个规格系列。

无锡市万向联轴器有限公司

地　址:江苏省无锡市胡埭镇人民西路 88 号
电　话:0510 - 85590778
传　真:0510 - 85598853
邮　编:214161
E-mail:office@bcwxz.com

无锡市万向联轴器有限公司的前身是1987 年末在一个破产的小机电厂基础上组建的乡镇企业,1996 年转制前解决了企业的生存和员工的生活问题,转制后进入快速发展期。近 9 年,可比产值增加了 10 倍,总资产增加了 8 倍。

公司主要产品有:SWC - I 和 SWC 型万向联轴器的十字轴总成,SWC - I 型 - 轻型十字轴式万向联轴器,SWCZ 型 - 重型十字轴式万向联轴器,SWCD 型 - 短型十字轴式万向联轴器。

镇江索达传动机械有限公司

地　址:江苏省镇江市丹徒新区镇荣公路 88 号
邮　编:212128
电　话:0511 - 85347508
传　真:0511 - 84452443
http://www.suoda.com.cn
E-mail:suoda@suoda.com.cn

镇江索达传动机械有限公司现有位于江苏省镇江市的丹徒新区工业园(占地面积 16 800m^2,建筑面积 6 983m^2)和五凤口(占地面积 4 000m^2,建筑面积 1 390m^2)的两个生产厂区。公司拥有员工 138 人,固定资产 1 073 万元。公司专业生产各种联轴器,共 29 个系列、580 余种规格。广泛用于冶金、矿山、造船、造纸及重型机械行业。2004 年,公司生产各类联轴器 6 762 套,年销售额 3 562 万元。其中出口额约 900 万元。公司技术先进,设备精良,测试手段齐全,质量保证体系完善。产品以其优良的品质深受用户好评。

公司主要产品有:UL 型轮胎式联轴器,QL 型滚柱联轴器,CL 型齿式联轴器,CLZ 型接中间轴齿式联轴器等。

湘潭钢铁集团有限公司

地　址:湖南省湘潭市岳塘区

邮　编:411101

电　话:0732－8653002

传　真:0732－8518130

http://www.hnxg.com.cn

湘潭钢铁集团有限公司(简称湘钢)位于湖南省湘潭市岳塘区,始建于1958年,是国内大型钢铁联合企业和线材、金属制品的重要生产企业之一。

湘钢拥有炼焦、烧结、炼铁、炼钢、轧材等一整套工艺装备。其中,进口高速线材轧机达到国际先进水平。近年来,湘钢围绕产品结构调整进行了一系列技术改造,全面优化了工艺结构,先后实现了全转炉、全连铸和“一火成材”,一批主要技术装备达到国内先进水平,全面完成了500万t主体工程和配套项目。

公司产品行销全国及出口到美国、日本、欧洲、韩国,2004年出口线材居全国第一。湘钢长期坚持实施用户满意工程,贯彻“打造精品钢材,追求顾客满意”的质量方针,以优良的工作质量和一流的产品质量服务于顾客。公司于1999年通过ISO 9002质量体系认证,2002年通过了ISO 9001:2000转版认证。公司生产的船用钢板先后通过了中国船级社和八国船级社工厂认证,锅炉、压力容器用钢板获得全国工业产品生产许可证。

邯郸市恒力传动机械有限公司

地　址:河北省邯郸市迎宾道北段西侧

邮　编:056001

电　话:0310－8126977、6163167

传　真:0310－8126987

联系人:张京生

手　机:13803209095

http://www.hlcdjx.com

邯郸市恒力传动机械有限公司是专业设计和生产各种联轴器,公司“以人为本、以质取信、服务至上、创新争先”为宗旨,产品质量是其对更高品质坚持不懈的追求。

公司专业设计和生产各种联轴器,共三十余种系列、上千种规格,广泛用于冶金、矿山、造纸、化工及重型机械行业。公司技术先进、设备精良、测试手段齐全,质量保证体系完善,产品以优良的品质深受用户好评。

乐清市威力康联轴器有限公司

地　址:浙江省温州市乐清市乐成镇南岸村

邮　编:325600

电　话:0577－62519585

传　真:0577－62515868

http://www.weilikang.com

Email:weilikang@sina.com

乐清市威力康联轴器有限公司创建于1983年,历经20余年的发展,现已成为集设计、制造、安装、调试于一体的万向联轴器和冶金配件专业生产厂家。多年来,公司致力于提高产品质量,引进和吸收国内外先进技术,并且通过了ISO 9001:2000质量管理体系的认证,在产品质量和售后服务方面深受国内广大用户的赞誉和信赖。公司严格按照机械行业标准生产联轴器,主要产品有SWP、SWC、SWZ十字轴式万向联轴器和鼓形齿联轴器。

武汉博能设备制造有限公司

地　址:湖北省武汉市桥口区额头湾经济工业园2号

邮　编:430035

电　话:027－83212539

传　真:027－83241576

东北办事处电话:13352402536

http://www.whboneng.cn

E-mail:whbn@whboneng.cn

武汉博能设备制造有限公司位于武汉市额头湾经济工业园,占地面积11 000m²,建筑面积5 500m²,专业的生产设备、成功的制造经验、完善的质量保证体系(公司已通过ISO 9001:2000国际质量体系认证)和诚信的服务是该公司为用户提供优质产品和优良服务的可靠保证。

公司生产多种系列近400个品种的联轴器,主要产品有:SWC型十字万向联轴器、SWP型十字万向联轴器、SWZ型十字万向联轴器和WS/WSD型十字轴式万向联轴器等。公司在不断满足用户需要的基础上,研发了螺旋齿面及高精度、高转速的十字万向联轴器,填补了国内空白,同时新的应用领域正在开发。公司被用户确认为信得过的合作伙伴。

慈溪飞龙同步带有限公司

地　址:浙江省宁波慈溪市龙山镇

邮　编:315311

电　话:0574－63781987

传　真:0574－63782458

http://www.nb－feielong.com

E-mail:web@nb－feilong.com

慈溪飞龙同步带有限公司专业制造加工符合ISO国际标准和我国国家标准的多种型号、规格的同步带轮,并经营相应型号的橡胶同步带。公司产品遍及全国各地,部分出口国外。

公司设备精良,配备了制造优质产品所需的各种机床及相应的检测仪器。技术管理人员具有十多年的带轮制造经验,并拥有一支具有较高技术素质的工人队伍。

公司产品广泛应用于纺织、机床、烟草、通信电缆、轻工、化工、冶金、仪器仪表、食品、矿山、石油及汽车等各行业的各种类型的机械传动中。

山西惠荣传动轴有限责任公司

地　址:山西省平遥市平沁路干坑村

电　话:0354－5658028、5658325

传　真:0354－5658325

手　机:13834815159

E-mail:py27ljt@163.com

山西惠荣传动轴有限责任公司坐落在世界文化遗产、中国历史文化名域——山西省平遥县古城的中心地段,环境优雅,交通十分便捷。公司通过了 ISO 9001:2000 国际质量管理体系认证。

公司是专业生产联轴器的厂家,占地面积 1.5 万 m^2,是投资规模大、技术力量强、设备先进齐全的民营企业。公司技术力量雄厚、工艺先进、检测手段齐全,拥有一批高素质的工程技术人员和先进的加工设备及检测设备,为稳定提高产品质量和新产品开发提供了可靠的保证。公司产品广泛用于冶金、矿山、船舶、运输、轻纺、造纸、化工及通用机械等行业,为客户提供所需的配套装置。

恒星科技控股集团

地　址:浙江省萧山经济技术开发区鸿达路 66 号

邮　编:311215

电　话:0571－82601111

传　真:0571－82605888

联系人:高铁英

http://www.cngear.com

E-mail:manager@cngear.com

恒星科技控股集团创建于 1976 年,是国内最早生产涡轮减速机和自动开门机的专业厂家之一。经过 30 多年的艰苦创业,铸就了恒星品牌的优良形象,公司规模日益状大。目前,恒星科技控股集团还拥有中新合资杭州福成机械门业有限公司、中德合资杭州中德传动设备有限公司、杭州福特减速机有限公司、上海恒传机械有限公司等五家子公司。

公司的关键加工和检测设备均从国外著名厂家引进。如:从德国引进了高精度数控蜗杆磨床、滚齿机、三坐标测量机、齿轮测量中心、光谱仪;从日本引进了卧式加工中心、热处理生产线;从我国台湾引进了立式加工中心等 40 多台(套)生产加工和检测设备。公司建有两个测试中心。2005 年公司被认定为“国家级高新技术企业”。

刘家峡石化密封件厂

地　址:甘肃省永靖县刘家峡镇古城路 388 号

邮　编:731602

电　话:0930－8851486

传　真:0930－8851597

联系人:薛改林

http://www.liumh.com

刘家峡石化密封件厂生产的 LMJBJ 集装式焊接金属波纹管机械密封是荣获两项国家级专利的产品。该产品已在独山子、格尔木、银川、克拉玛依、广州等地区的各大炼油厂的油泵上广泛使用,以工作可靠、泄漏量小、使用寿命长、端面磨损能自动补偿、功率损耗小、对转轴没有磨损等优点赢得了客户的一致好评。该厂还生产弹簧式机械密封、挠性联轴器、活塞杆、薄壁瓦等 40 多个规格的产品,以满足客户的多方面需求,并于 1999 年通过 ISO 9001 国际质量体系认证。

武汉正通传动技术有限公司

地　址:湖北省武汉市正通大道 99 号

邮　编:430051

电　话:027－84674487

传　真:027－84631790

联系人:余晓锁

http://www.ptc.cn

武汉正通传动技术有限公司是一家专业从事机械基础件生产的企业,现具备年生产各类符合国家标准、行业标准的弹性联轴器、刚性联轴器以及非标联轴器 16 万套的能力。

公司产品目前广泛应用于重型机械、冶金机械、包装机械、印刷机械、食品机械、医疗机械、纺织机械、塑料机械、造纸机械、起重运输机械、石油化工机械、水泥机械及发电设备中,公司产品畅销国内 28 个省市,长期为国家重点工程(如西气东输工程等)配套,并已销往我国台湾,还出口至德国、菲律宾、韩国等国家。

沈阳鸿翔复合弹性设备有限公司

地　址:辽宁省沈阳市沈河区北一经街 96－1 号

邮　编:110014

电　话:024－88472546(办公室)、23078158(工厂)、88472323(总经理)

传　真:024－88472546

http://www.fhth.cn

E-mail:syhx_fhth@fhth.cn

沈阳鸿翔复合弹性设备有限公司是我国从事复合弹性制品研究的专业单位。目前,公司生产的复合弹性制品,除满足国内用户需要外,还远销国外,产品质量和交货期均受到国内外用户的好评。公司技术力量雄厚,可以根据用户需要,设计和制造各种高性能的减振器、缓冲器、复合弹簧、橡胶弹簧、联轴器、特种减振垫、大载荷波纹膨胀节及特种减振制品(耐高温、耐低温、耐腐蚀、耐高电压、耐辐射)。

宁波伏龙同步带有限公司

地　址:浙江省慈溪市龙山镇

邮　编:315311

电　话:0574－63780033(总机)

传　真:0574－63780109、63781500

http://www.fulong－drivingbelt.com

E-mail:fulong@timingbelt.cn

宁波伏龙同步带有限公司是1984年成立的同步带专业生产厂家，于1997年通过了ISO 9001质量体系认证。公司年产各类传动带800万条，带轮40万套，现有模具2 000多个，传动带的最大周长可达38m。公司可为客户设计、定制各种型号同步带，可按需求提供全套的产品测试报告。

公司主要产品有工业同步带、汽车同步带、双齿同步带、多楔带、切割V带、平带及同步带轮。

浙江省乐清市重型机械配件厂

地　址：浙江省乐清市宁康西路157号
邮　编：325600
法人代表：赵百林（13806602022）
联系人：林志伟（13505871717）、叶宝飞（13968738291）
电　话：0577－62522038、62523692
传　真：0577－62522038
http：//www. lzpshenli. com
E-mail：lzp@ lzpshenli. com

浙江省乐清市重型机械配件厂是温州市机械工业总公司的重点企业，是国内最早生产十字轴式万向联轴器的专业厂家。

公司主要产品有SWP型万向联轴器、SWC型万向联轴器、SWL－III型联轴器、NGCLZ带制动轮鼓形齿式联轴器等。

冀州市联轴器厂

地　址：河北省冀州市刘杨180号
电　话：0318－8693695、8688723
http：//www. jzlzq. com

冀州市联轴器厂是国内较早注册的专业厂，在30年的创业发展中，开发的产品有许多已成为国内标准产品。公司是国家机器轴与附件标准化技术委员会理事成员，成为行业研究开发基地。公司产品曾获国家级新产品奖。公司于2000年通过了ISO 9000质量体系认证，是国家重点工程（如宝钢、武钢、一重、二重等）定点配套厂家。

公司生产的主要标准产品有高弹性联轴器、弹性联轴器、鼓形齿联轴器、限矩联轴器、气动制动器、气动离合器和带制动轮联轴器，共计六大类、30多个品种、上千种规格，在国内冶金、矿山、起重等行业广泛使用。

山西大新传动技术有限公司

地　址：山西省新绛县文庙路20号
邮　编：043100
电　话：0359－7522469、7521838
传　真：0359－7522047
联系人：张新辉（13903593183）、
张英杰（13934393003）
http：//www. xindaxin. com
E-mail：market@ xindaxin. com，office@ xindaxin. com

山西大新传动技术有限公司成立于1998年3月，地处国家级历史文化名城——山西省新绛县的文庙路20号。公司企业性质为股份有限责任公司，2001年被山西省科学技术厅认定为“山西省民营科技型企业”，专业生产新型机械基础件。公司主要产品有胀紧联结套、退卸衬套、紧定套、弹性柱销联轴器、锥套型弹性联轴器、单片电磁离合器和精密齿轮等，共计21大系列、800余种型号规格，现已配套于纺织机械、印刷机械、矿山机械、食品机械、造纸机械及数控机床等行业。

上海球明标准件有限公司

地　址：上海市嘉定区华亭镇霜竹公路135号
邮　编：201811
电　话：021－59974579、59971887
传　真：021－59970251
E-mail：sqm@ sqm88. com. cn

上海球明标准件有限公司生产的各种标准和非标准钢丝螺套，是一种新型的紧固件，主要由高精度菱形截面的不锈钢丝经精密加工制造而成的内、外螺纹同心的弹簧状零件，其型式有普通型和锁紧型。当钢丝螺套旋入工程塑料、有色金属、铸铁等低强度基体中时，即能形成标准的6H级螺纹孔。组成的螺旋副具有连接强度高、抗振、抗冲击、耐磨及保护基体螺纹的功能，可成倍提高基体的使用寿命。另外，钢丝螺套可以对损坏的基体螺孔进行修复，以恢复基体螺孔的使用功能，延长整机使用寿命。公司配套供应专用螺钉攻牙和安装工具。

由公司采用独特先进工艺研制生产的双圈螺旋销（双圈弹性圆柱销）也是一种新型的紧固件。该产品具有高抗剪性，广泛应用于各领域替代普通弹性圆柱销，特别是更适于汽车工业和流水生产线使用。

镇江恒宇传动机械有限责任公司

地　址：江苏省镇江市丹徒区高资镇石马南路99号
邮　编：212000
电　话：0511－85756563
手　机：13906107021

镇江恒宇传动机械有限责任公司位于江苏省镇江市丹徒区高资镇。公司资金实力雄厚，生产经营能力强大，已发展成为业内一家较具实力的生产型企业，是集研发、生产、销售减、变速机为一体的现代企业。公司主要产品有S系列斜齿轮蜗杆蜗轮减速机、R系列斜齿轮减速机、K系列螺旋锥齿轮减速机、F系列平行轴斜齿轮减速机、J系列大功率硬齿轮减速机、HD系列换向器等十大系列、上万种规格，广泛应用于钢铁冶金、矿山机械、啤酒饮料、食品包装、纺织印染、橡胶塑料、石油石化、起重运输、制药制革及环保等行业的机械传动领域。

太原钢铁(集团)有限公司技校实习工厂

地　址:山西省太原市杏花岭区柏杨树街 70 号
邮　编:030003
电　话:0351－3013907、3016029、3019241
传　真:0351－3136060

太原钢铁(集团)有限公司技校实习工厂(联轴器厂)位于山西省太原市杏花岭区,占地面积 4 000m²。该厂拥有雄厚的资金和技术实力,是专业从事联轴器的研制、开发和制造的综合型企业。该厂先后引进国内外先进技术,不断完善自身的产品,在用户中享有很高的信誉,现有数控车床、数控铣床、加工中心、镗床、立式车床、滚齿机、插齿机、铣床、磨床、各种型号的普通车床及 20 卷板机等各种设备上百台,生产能力初具规模,并于 2003 年取得了 ISO 9000 质量体系认证。近年来,该厂为太钢、临钢等周边大型钢铁冶金企业配套生产了大量的联轴器。该厂还专门为太钢研制了不锈钢氩氧炉的吹氧管,填补了我国在该领域的一项空白。

南京超春传动机械有限公司

地　址:江苏省南京市溧水县永阳镇私营经济园
电　话:025－57208733
传　真:025－57208112
手　机:13357715889、13770800770
http://www. cc－cd. com

南京超春传动机械有限公司拥有车床、铣床、刨床、磨床、插床及滚齿机等配套齐全的机械加工设备,还配备了井式回火炉、井式渗碳炉和箱式电阻炉等热处理设备。

公司自 1994 年以来,专业从事十字轴式万向联轴器的核心部件——十字包、十字轴和轴承的生产,处于业内领先地位。公司产品配套后进入国内各大钢铁公司,并出口东南亚、澳大利亚和拉美,赢得了良好声誉。公司生产的鼓形齿联轴器进入冶金企业并被大量使用。

济南时代试金仪器有限公司

济南时代试金仪器有限公司是北京时代集团公司(000611,时代科技)和济南试金集团有限公司投资成立的高技术企业,是时代试金集团的四大成员之一,是专门从事机电一体化设备的开发、制造、销售与服务的综合性高新技术企业。

公司的主导产品有弹簧试验机、动静万能试验机、动平衡试验机、冲击试验机、硬度计、人造板试验机、绕线机、滚轮架、焊接变位机、自动焊操作机十大系列。各系列主要产品的技术水平和市场占有率历年来在业界始终处于领先地位,并先后多次荣获国家级、省部级奖励。

公司将依靠时代集团公司的技术优势、市场网络优势及先进管理优势,发扬多年的加工制造优势,遵循“自我设计、协同工作、创造卓越”的企业管理宗旨,迅速做强做大,为我国仪器制造业的辉煌作出应有的贡献。

成都蜀江轴承制造有限责任公司

地　址:四川省成都市温江区永盛镇文明西街 53 号
邮　编:611130
电　话:028－82620187、82620388
传　真:028－82621388
联系人:刘世泽
网络实名:蜀江轴承
http://www. cdbearing. com
E-mail:cdsjzc@ 163. com

成都蜀江轴承制造有限责任公司位于环境优美、交通便利的成都市温江区“国家级生态示范区”内、成温邛高速公路旁,紧邻温江国家级台商经济开发区,距成都市区和双流国际机场均为 20km。

公司具有专业的滚动轴承设计开发、生产制造能力,拥有精良的检测手段和完善的质量保证体系,可设计开发、生产制造外径 1 600mm 以内的各类大型、特大型的标准、非标准和特殊型滚动轴承。公司特色产品为:SWC 和 SWP 型十字轴式万向联轴器用组合轴承和十字包,剖分式(单、双列)圆柱滚子轴承,剖分式调心滚子轴承,超薄壁大型、特大型(球、滚子)轴承等。

一拖众成配件公司

地　址:河南省洛阳市涧西区建设路 170 号
邮　编:471004
电　话:0379－64213149、
　　64966460(市场营销部)、
　　64220047(办公室)
传　真:0379－64213144
http://www. yituo. com. cn
E-mail:ytzcpj@ yituo. com. cn

一拖众成配件公司可为各种机型的拖拉机、收获机、工程机械、动力机械及汽车等产品提供配套零部件。公司下属的离合器厂、散热器厂、弹簧厂、驾驶室厂、高压油管厂、座椅厂、冲压厂 7 个生产单位及市场营销部,可向全国各地用户提供各种规格的主离合器、散热器、弹簧、驾驶室及覆盖件、高低压油管、座椅、车厢、车架、冲压件九大系列优质产品。

公司主要产品有:11in 离合器合件、1002 履拖离合器合件、12in 离合器合件、东方红离合器系列、500 轮拖离合器合件。

〔撰稿人:传动联结件分会明翠新〕

大　事　记

2009—2012年传动联结件行业大事记

2009年

3月

月内　中国机械通用零部件工业协会传动联结件分会(以下简称传动联结件分会)在重庆召开常务理事会议,研究确定2009年的工作重点。

5月

19—28日　应德国机械制造商协会(VDMA)、欧洲齿轮传动零部件制造商协会(EUROTRANS)和意大利MAINA公司的邀请,以中机生产力促进中心明翠新研究员为团长的代表团一行7人圆满完成了赴德国、意大利出席"第十届国际齿轮峰会及汉诺威工业博览会"的出访任务。此次出访为中国动力传动行业与全球动力传动业开展信息交流搭建了友好的平台,为国内外同行间开展技术与商务合作铺平了道路。

8月

月内　传动联结件分会召集业内知名专家,在北京召开了动力传动会议,重点讨论了轴与附件标准体系和标准草案等相关材料。

10月

月内　传动联结件分会组织行业内企业参加了2009亚洲国际动力传动与控制技术展览会(PTC)。考虑到各企业的经济情况,没有特装展位,业内企业依旧组团参展。分会为企业申请到非常好的展台位置,取得良好的展出效果。

12月

月内　传动联结件分会2009年年会在浙江乐清召开。与会代表讨论了在金融危机形势下如何迎接挑战及行业的发展趋势。会议同时审查通过了8项有关联轴器国家标准的送审稿。

2010年

1月

月内　传动联结件分会会员单位——泰尔重工股份有限公司成功在深圳证交所中小企业板块上市,开创了联轴器生产企业在资本市场发展的先河。

6月

3—13日　代表团一行14人应西班牙机床制造商协会(AFM)、西班牙DANOBAT及瑞典Voith、Turbo、Safeset等公司的邀请,圆满完成了赴西班牙、瑞典参加"动力传动技术交流与商务合作论坛"的出访任务。

7月

13日　EMERSON动力传动全球副总裁Mr. Brad Gossard及中国区经理叶晓霖一行4人造访传动联结件分会,中机生产力促进中心明翠新研究员、机械科学研究总院副总工程师于革刚等负责接待。双方就关于加强中国动力传动行业市场研究、技术研讨及标准化工作等进行了交流。

10月

月内　传动联结件分会组织业内企业参加了2010亚洲国际动力传动与控制技术展览会(PTC),参展企业取得了良好的宣传效果和市场交流机会。

月内　德国EAC受VDMA委托访问了传动联结件分会,并就行业中小企业科技创新、行业发展趋势及市场需求等进行了一系列交流。

年内标准化工作:

(1)全国机器轴与附件标委会与中国标准出版社联合组织编写出版了《联轴器标准汇编》。

(2)完成传动联结件行业标准5项;完成全国机器轴与附件标准化技术委员会工作的"十二五"规划,提出了未来五年行业的标准体系。未来五年拟制修订标准79项。

年内项目及行业规划工作:

(1)完成国家标准化管理委员会质检专项"10-174装备制造业动力传动全球化标准战略总体研究报告"项目验收。

(2)行业协会网站正在逐步上线运行中,取得业内企业积极反馈。

(3)完成传动联结件行业"十二

五”发展规划。

(4)完成中国战略性新兴产业传动联结件部分的规划初稿。

(5)完成基础部件智能装备传动联结件部分的初稿。

2011 年

3 月

月内 应欧洲齿轮传动与零部件制造商协会(EUROTRANS)、德国机械制造商联合会(VDMA)的邀请,中机生产力促进中心明翠新研究员、机械科学研究总院副总工程师于革刚研究员一行圆满完成了赴欧洲出席“第十一届国际齿轮高峰会议及技术交流”的任务。

8 月

月内 传动联结件分会开通了中国动力传动网(www.chinaptc.org)。它是为企业服务的平台,及时为广大企业提供信息服务。

月内 传动联结件分会2011年年会在宁夏召开。会上大家充分交流企业发展现状,共同探讨了业内发展的共性问题。同时,与会代表审查通过了6项国家标准。

10 月

月内 传动联结件分会组织业内企业参加了2011亚洲国际动力传动与控制技术展览会(PTC),参展企业取得了良好的宣传效果和市场交流机会。

年内主要工作:

(1)经过不懈地努力,联轴器等作为关键零部件被列入《重大技术装备自主创新指导目录》。

(2)制定了《机械基础件、基础材料和基础制造工艺“十二五”发展规划》中传动联结件部分的内容。

(3)推进企业品牌建设,开展“自主创新先进企业”和“专、精、特示范企业”等评优活动。

2012 年

3 月

月内 传动联结件分会通知业内会员单位申报2012年中国机械通用零部件工业协会优秀新产品奖。经最终评定,山西大新传动技术有限公司的“ZJ－JQJ剪切机胀紧联结套”被评定为“2012年中国机械通用零部件工业协会优秀新产品”。

6 月

月内 传动联结件分会组织业内企业积极参与“专、精、特企业”评选活动。经企业自愿申报、行业专家评选,最后本行业的安徽泰尔重工股份有限公司评为“专、精、特企业”。

7 月

月内 传动联结件分会秘书处开展全国三基规划落实情况及产业集聚区调研工作。

10 月

28 日 “2012国际动力传动峰会”在上海明悦大酒店召开。业界上百名代表与美国、德国及法国等多国动力传动专家汇聚一堂,共同探讨了当前世界范围内动力传动面临的问题和面对的挑战与机遇。

月内 传动联结件分会组织业内企业参加了2012亚洲国际动力传动与控制技术展览会(PTC),参展企业获得了良好的宣传效果和市场交流机会。

12 月

月内 传动联结件分会在云南腾冲召开传动联结件分会2012年年会。与会代表就“十二五”国内外新的发展态势,三基规划发展情况,企业面临的挑战进行了热烈交流。同时,与会代表审查了17项国家标准。

年内开展的工作:

(1)发布传动联结件分会“十二五”发展规划。2012年是“十二五”深入发展的一年,也是国家调整结构、主攻高端装备制造的关键之年。这为传动联结件行业发展高附加值产品,取代进口,提供了很好的发展契机。

(2)完成《中国机械通用零部件工业年鉴》2012年刊传动联结件分卷的编撰工作。

(3)号召传动联结件行业企业向专、精、特的发展方向,进一步培育行业名优品牌,促进企业提高产品质量,提升市场竞争力。

〔撰稿人:传动联结件分会明翠新〕

附 录

2010—2012年传动联结件行业获优秀新产品奖项目

2010—2012年传动联结件行业获优秀新产品获奖奖项目见下表。

2010—2012年传动联结件行业获优秀新产品奖获奖项目

年度	获奖等级	产 品 名 称	获 奖 单 位
2010	优秀奖	SJ-LX注塑机专用支架及联轴器	山西大新传动技术有限公司
2011	特等奖	6MW风机试验台用SWC1280型十字万向联轴器	德阳立达基础件有限公司
	优秀奖	带液压调整器的贯通式联轴器	德阳立达基础件有限公司
2012	特等奖	ZJ-JQJ剪切机胀紧联结套	山西大新传动技术有限公司

〔撰稿人:传动联结件分会明翠新〕

中国机械通用零部件工业协会传动联结件分会简介

中国机械通用零部件工业协会传动联结件分会,是经中华人民共和国民政部批准、具有社会团体法人资格的全国性社会团体,于2003年6月正式成立。中国机械通用零部件工业协会传动联结件分会是以传动联结件行业的制造企业为主体,由有关企业和企业团体、经营公司、科研设计单位、高等院校和团体自愿组成的,不以营利为目的的、不受地区、部门隶属关系和所有制限制的全国性行业组织。中国机械通用零部件工业协会传动联结件分会拥有包括联轴器、离合器、制动器、胀紧联结套、同步带传动、缓冲装置、凸轮间歇机构、键联结等领域的50多家协会会员,秘书处设在北京。

中国机械通用零部件工业协会传动联结件分会以"维护全行业共同利益,促进行业发展"为宗旨。在政府、国内外同行业企业和用户之间发挥桥梁、纽带和中介组织作用,在国内同行业企业间发挥自律性协调作用。中国机械通用零部件工业协会传动联结件分会主要任务是:①调查研究行业的现状及发展方向,向政府反映行业、企业的要求;②接受政府部门委托,提出行业发展规划建议;③制订贯彻本行业的技术标准、技术规范、检定规程及合格评定;④提出产品质量保证措施;⑤组织技术、经济、质量、市场、经营等管理经验及动态信息的交流和咨询服务;⑥促进内外经贸技术合作,开拓国内、国际市场;⑦组织人才培训;⑧推广新技术;⑨出版行业信息资料、组织行业信息网;⑩举办国际、国内零部件展览会等。以多种服务形式,推动行业发展。

秘书处挂靠在机械科学研究总院生产力促进中心。联系方式如下:

地 址:北京市海淀区首体南路2号713

邮 编:100044

电 话:010-88301713

传 真:010-88301713

E-mail:mingcuixin@gmail.com

联系人:明翠新

〔撰稿人:传动联结件分会明翠新〕

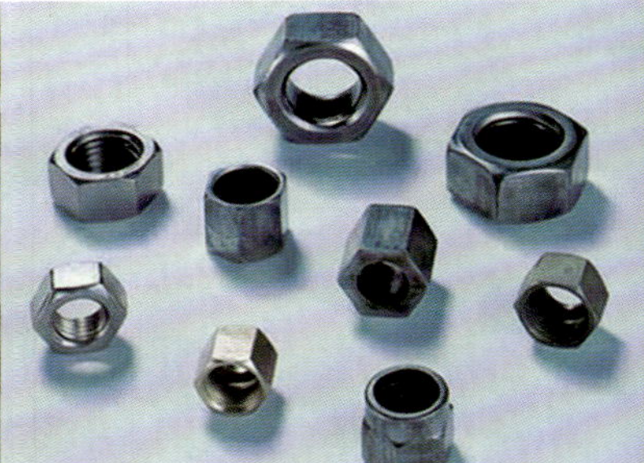

Yeswin 友信